Ulrich Luz · Das Evangelium nach Matthäus

EKK
Evangelisch-Katholischer Kommentar
Zum Neuen Testament

Herausgegeben von
Norbert Brox, Rudolf Schnackenburg,
Eduard Schweizer und Ulrich Wilckens

in Verbindung mit
Otto Böcher, François Bovon, Gerhard Dautzenberg,
Joachim Gnilka, Erich Gräßer, Martin Hengel,
Paul Hoffmann, Traugott Holtz, Hans-Josef Klauck,
Ulrich Luck, Ulrich Luz, Helmut Merklein, Rudolf Pesch,
Jürgen Roloff, Wolfgang Schrage, Peter Stuhlmacher,
Wolfgang Trilling, Anton Vögtle, Samuel Vollenweider,
Hans Weder und Alfons Weiser

Band I/2
Ulrich Luz
Das Evangelium nach Matthäus
2. Teilband
Mt 8–17

Benziger Verlag
Neukirchener Verlag

Ulrich Luz

Das Evangelium nach Matthäus

2. Teilband
Mt 8–17

Benziger Verlag
Neukirchener Verlag

CIP-Titelaufnahme der Deutschen Bibliothek

EKK: evangelisch-katholischer Kommentar zum Neuen
Testament / hrsg. von Norbert Brox ... in Verbindung mit Otto
Böcher ... – Zürich; Braunschweig: Benziger; Neukirchen-
Vluyn: Neukirchener Verl.
  Früher hrsg. von Josef Blank †
NE: Brox, Norbert [Hrsg.]; Blank, Josef [Hrsg.]; Evangelisch-
  Katholischer Kommentar zum Neuen Testament
I. Luz, Ulrich: Das Evangelium nach Matthäus.
Teilbd. 2. Mt 8-17. – 1990

Luz, Ulrich:
Das Evangelium nach Matthäus / Ulrich Luz. – Zürich;
Braunschweig: Benziger; Neukirchen-Vluyn: Neukirchener
Verl.
  (EKK; I)
Teilbd. 2. Mt 8-17. – 1990
  ISBN 3-545-23119-4 (Benziger)
  ISBN 3-7887-1334-8 (Neukirchener Verl.)

© 1990 by Benziger Verlag GmbH, Zürich und Braunschweig
und Neukirchener Verlag des Erziehungsvereins GmbH, Neukirchen-Vluyn
Alle Rechte vorbehalten
Umschlaggestaltung: Atelier Blumenstein + Plancherel, Zürich
Gesamtherstellung: Breklumer Druckerei Manfred Siegel KG
ISBN 3-545-23119-4 (Benziger Verlag)
ISBN 3-7887-1334-8 (Neukirchener Verlag)

Eduard Schweizer
dem Lehrer und Freund

Vorwort

Mit einem dankbaren Stoßseufzer schicke ich das fertige Manuskript zum zweiten Band an den Verlag. Er ist kapitelmäßig etwas knapper, umfangmäßig etwas dicker geworden als gehofft, aber immerhin: Er ist geworden! Sehe ich ihn jetzt so vor mir liegen, so frage ich mich, wer ihn lesen wird. Die »impliziten« und die »idealen« Leser/innen treten ja bei der Gattung Kommentar auseinander: Ich denke, daß sich Priester und Pfarrer/innen auf die Auslegung der sie z.B. für eine Predigt interessierenden Einzelperikopen konzentrieren werden; Kollegen und Kolleginnen werden die Literaturverzeichnisse und Anmerkungen als Matthäuslexikon benutzen; Studentinnen und Studenten in Examensnöten werden für ihre Spezialgebiete die Exkurse lesen. Meine idealen Leserinnen und Leser aber sehen ganz anders aus: Matthäus selbst wollte ja, daß seine Geschichte nicht als Steinbruch benutzt, sondern von Anfang bis Schluß *ganz* durchgelesen würde. Gibt es Leserinnen und Leser, die das mit meinem Kommentar ebenso machen? Bei einem so dicken Wälzer ist das schon eine Zumutung! Darum möchte ich, gleichsam als Werbeagent in eigener Sache, einen Vorschlag machen: Wer diesen Band, wie das für die matthäische Geschichte sein soll, von vorne bis hinten ganz durchgearbeitet hat, soll mir doch bitte ein Brieflein schicken (Marktgasse 21, CH 3177 Laupen). Sie oder er bekommt dann dermaleinst den dritten Band von mir geschenkt!
Dieses Vorwort gibt mir auch Gelegenheit, den vielen, die mir zum ersten Band geschrieben haben, herzlich zu danken (ich habe aus Zeitgründen meist nicht antworten können!). Am meisten gefreut haben mich Briefe von Pfarrer/innen, die mit dem Kommentar predigten (manchmal sogar in lectio continua!). In vielen Briefen stand zu lesen, daß ich ja eine ganz unglaubliche Menge von Material verarbeitet hätte. Das ist auch wahr, war aber nicht meine Absicht. Was meine Absicht war und ist, kommt vor allem bei der *Wirkungsgeschichte* heraus: Sie zeigt, wie die Texte bei verschiedenen Menschen, zu verschiedenen Zeiten, in verschiedenen Konfessionen immer wieder *neu* verstanden worden sind: Sie sind nicht bei ihrem Ursprungssinn stehengeblieben, sondern sie haben sich verändert. Sie erwiesen sich nicht so sehr als Reservoir, sondern als Produzenten von Sinn in neuen Situationen. An der Produktion dieses neuen Sinns, den der Text für seine Ausleger/innen in ihrer Situation gewann, war ihr Glaube und ihr Leben bzw. Glaube und Leben ihrer Kirche ebenso beteiligt wie der damalige Text als Teil des ganzen Evangeliums

und der ganzen Bibel. Ich bin überzeugt, daß auch wir heute biblische Texte nur dann im vollen Sinn des Wortes »verstehen«, wenn wir uns selbst mit unserem ganzen Leben, Glauben und Unglauben in sie hineinbegeben und in unserer eigenen Situation in ihnen einen neuen Sinn, *unseren eigenen* Sinn entdecken, wie dies die Väter getan haben. Dann leben und »wirken« sie. Verstehen und Applikation gehören dann ebenso zusammen wie bei Matthäus selbst Verstehen und Tun (13,19-23).

Daraufhin ist der Kommentar geschrieben. Die Wirkungsgeschichte soll unsere Phantasie anregen und verschüttete Potenzen der Texte sowie aus der eigenen Geschichte entstandene Geprägtheiten und Vorverständnisse entdecken helfen. Der historisch-kritisch eruierte Ursprungssinn bzw. die innerneutestamentliche Wirkungsgeschichte der Jesusüberlieferungen soll die Richtung angeben, in die die Texte wirken wollen, und verhindern, daß wir die Texte vereinnahmen und nur zum Sprachrohr unserer eigenen Überzeugungen machen. Beides, der *Richtungssinn der Texte und die Freiheit zum Neuen, die sie schenken*, sind konstitutiv für unser heutiges Verstehen. Auf dieses heutige Verstehen der matthäischen Texte ist schließlich auch meine Rolle als Kommentator angelegt. Wenn Verstehen biblischer Texte bedeutet, daß wir uns in sie hineinbegeben und sie im Medium unseres eigenen Glaubens, Denkens und Lebens auslegen und praktizieren, dann darf ein Kommentator nicht, wie wir es als gute historisch-kritische Exegeten gelernt haben, hinter seinem Kommentar verschwinden, sondern er muß für seine Leserinnen und Leser greifbar werden. Ich habe gelernt, daß ich mich selbst in meinem Kommentar zeigen muß und sichtbar werden lassen muß, in welche Richtung *ich* heute mit den Texten gehen würde bzw. sie mit mir. Selbstverständlich bin ich hier subjektiv, manchmal sogar etwas prophetisch; selbstverständlich bin ich immer auch geprägt und damit einseitig. Ich kann nur sagen: Wenn ich – subjektiv, als Protestant, als Mann, als Schweizer etc. – versuche, den Richtungssinn »meiner« Texte in die Gegenwart hinein auszuziehen, so will ich nicht präskriptiv oder ›gesetzlich‹ sein, sondern ich will bloß Gesprächspartner sein, damit andere das gleiche in ihrer Situation auf *ihre* Weise versuchen und so zu *ihrem* Verständnis des Textes heute kommen.

Zwei Fragen, die mir oft gestellt werden, möchte ich hier kurz »beantworten«. Die erste lautet: Wann kommt der dritte Band? Die Antwort lautet: Hoffentlich in etwa vier Jahren. Die zweite Frage lautet: Werden es drei oder vier Bände? Die Antwort lautet: Ich weiß es wirklich noch nicht.

Zum Schluß bleibt mir die Freude des Dankens. Der erste Dank gilt all denen, die in treuer Arbeit und unendlich langen, ganztägigen Sitzungen das Manuskript mit mir durchgearbeitet haben. Diesen Arbeitssitzungen verdanke ich viel. Es sind dies über kürzere oder längere Strecken Vicky Balabanski, Bernd Berger, Andreas Dettwiler, Mirjam Horakova, Christian Inäbnit, Urs Müller, Bernhard Neuenschwander, Isabelle Noth, Stefan Schwarz, David du Toit und vor allem Christian Riniker, dessen kritischem Blick der Kommentar viel mehr verdankt, als gelegentliche Nennungen vermuten lassen. Andreas En-

nulat hat zu manchen Textabschnitten wirkungsgeschichtliches Material gesammelt. Herzlich danken möchte ich dem Herausgeber, Rudolf Schnackenburg, und meinen katholischen Partnern, Joachim Gnilka und vor allem Paul Hoffmann, für ihre hilfreichen Notizen zum Manuskript. Sibylle Tobler hat viel geschrieben, bevor ihr der Computer diese Arbeit abnahm. Erika, Urs und Marc-Ivan Reber haben mich in die terra nova des Computers eingeführt. Isabelle Noth hat die Korrekturen gelesen. Der Schweizerische Nationalfonds hat wieder einen Beitrag zur Verfügung gestellt, der es mir ermöglichte, studentische Hilfsassistent/inn/en anzustellen. Die Sektion Theologie der Martin-Luther-Universität Halle hat mir die Benutzung der dort liegenden Materialien des Corpus Judaeo-Hellenisticum ermöglicht. Die Bibliothekarinnen unseres Seminars waren unermüdlich in der Beschaffung von in Bern nicht vorhandener Literatur. Der Neukirchener Verlag und die Druckerei Manfred Siegel KG haben den Band wiederum vorbildlich betreut. Ihnen allen möchte ich ganz herzlich danken.
Einen dreifachen, ganz besonderen Dank zum Schluß: Der erste Dank gilt meinen Berner Studentinnen und Studenten, die nicht nur wiederholt »meinen« Matthäus ertragen haben, sondern vor allem auch meine Abwesenheit während eines ganzen Jahres, die mir ermöglichte, dieses Buch fertig zu schreiben. Der zweite besondere Dank gilt meiner Frau und meinen Kindern, für die meine ständige Arbeitswut eine wirkliche Belastung ist. Wenn einem drei Kinder erklären, sie würden später gewiß nie Theologie studieren, weil man da so viel arbeiten müsse, gibt das schon zu denken. Der dritte Dank gilt meinen neutestamentlichen Lehrern aus alten Zürcher Zeiten, die mein Leben und damit auch dieses Buch geprägt haben: Hans Conzelmann und Eduard Schweizer. Hans Conzelmann ist aus seinem langen Leiden erlöst worden und ist nicht mehr bei uns. Eduard Schweizer möchte ich mit der Widmung danken.

Laupen, im September 1989   Ulrich Luz

Inhalt

Vorwort VII

Vorbemerkungen, Abkürzungen und Literatur (Ergänzung zu Bd. I² 1989) 1

B Jesu Wunder in Israel (8,1-9,35) 5
1 Jesus heilt in Israel (8,1-17) 8
1.1 Jesus heilt einen Aussätzigen (8,1-4) 8
1.2 Der Glaube des Hauptmanns von Kafarnaum (8,5-13) 11
1.3 Jesus heilt die Schwiegermutter des Petrus und viele Kranke (8,14-17) 17
2 Ans jenseitige Ufer des Sees (8,18-9,1) 20
2.1 Nachfolge in den Sturm (8,18-27) 20
2.2 Die beiden Besessenen in Gadara (8,28-9,1) 30
3 Der Konflikt mit Israels Führern (9,2-17) 34
3.1 Der Menschensohn vergibt Sünden (9,2-8) 35
3.2 Jesu Erbarmen mit den Zöllnern (9,9-13) 40
3.3 Der Bräutigam (9,14-17) 45
4 Abschließende Wunder (9,18-34) 49
4.1 Die Tochter des Oberen und die blutflüssige Frau (9,18-26) .. 50
4.2 Die beiden Blinden (9,27-31) 57
4.3 Die Heilung des besessenen Stummen (9,32-34) 62
Abschließendes Gesamtbild (9,35) 64
Zusammenfassung: Die Wunder des Messias Israels 64
Schluß: Zur Bedeutung der matthäischen Wundergeschichten heute 68

C Die Jüngerrede (9,36-11,1) 74
1 Einleitung (9,36-10,5a) 80
1.1 Die Aufgabe: Die Not des Volkes (9,36-38) 80
1.2 Die Beauftragten (10,1-5a) 82
2 Jesus sendet die Jünger zu Israel (10,5b-23) 86
2.1 Der Auftrag (10,5b-15) 86
2.2 Die Verfolgung der Jünger (10,16-23) 104
3 Das Leiden der Jünger in der Nachfolge (10,24-42) .. 118
3.1 Wie der Meister, so die Jünger (10,24f) 118

3.2	Verkündigung ohne Furcht (10,26-33)	121
3.3	Familienspaltung und Kreuz (10,34-39)	133
3.4	Gastfreundschaft für die Jünger (10,40-42)	148
4	Abschluß der Jüngerrede (11,1)	153
Zusammenfassung: Grundaussagen der Jüngerrede		154
Schluß: Überlegungen zur Bedeutung der Jüngerrede heute		156

D	Übergang: Die Krisis Israels vertieft sich (11,2-30)	162
1	Jesus und Johannes der Täufer (11,2-19)	163
1.1	Die Täuferanfrage (11,2-6)	163
1.2	Der Entscheidungsruf des wiedergekommenen Elija (11,7-15)	171
1.3	Diese widerspenstige Generation (11,16-19)	182
2	Der Appell an Israel: Gericht und Einladung (11,20-30)	191
2.1	Weherufe über die Städte Israels (11,20-24)	191
2.2	Die Einladung des Sohns an die sich Mühenden und Belasteten (11,25-30)	196

III	Jesus zieht sich aus Israel zurück (12,1-16,20)	225
A	Der Konflikt mit den Pharisäern (12,1-50)	226
1	Der Sabbat (12,1-21)	226
1.1	Die Jünger hungern am Sabbat (12,1-8)	227
1.2	Die Heilung eines Behinderten am Sabbat (12,9-14)	236
1.3	Der heilende Gottessohn (12,15-21)	242
2	Die erste Abrechnung mit den Pharisäern (12,22-50)	250
2.1	Beelzebul und Gottes Geist (12,22-37)	251
2.2	Jonazeichen und Rückkehr der Dämonen (12,38-45)	271
2.3	Jesu wahre Familie (12,46-50)	285

B	Die Gleichnisrede (13,1-53)	291
1	Einleitung (13,1-3a)	296
2	Die Rede zum Volk (13,3b-35)	298
2.1	Der Samen im vierfachen Acker: Vom Verstehen der Gleichnisse (13,3b-23)	298
2.2	Der Taumellolch im Weizenfeld (13,24-30)	320
2.3	Senfkorn und Sauerteig (13,31-33)	326
2.4	Abschluß der öffentlichen Rede (13,34f)	336
3	Die Rede zu den Jüngern (13,36-52)	337
3.1	Erklärung der Geschichte vom Taumellolch (13,36-43)	337
3.2	Vom Schatz im Acker und von der Perle (13,44-46)	348
3.3	Vom Schleppnetz (13,47-50)	356
3.4	Abschluß: Vom verstehenden Schriftgelehrten (13,51f)	361
Zusammenfassung: Grundaussagen der Gleichnisrede		375
Zum Sinn der Gleichnisrede heute		376

C	Der Rückzug Jesu aus Israel und die Entstehung der Gemeinde (13,53-16,20)	380
1	Der Mord an Johannes und der erste Rückzug Jesu (13,53-14,33)	383
1.1	Jesus lehrt in Nazaret (13,53-58)	383
1.2	Der Tod Johannes des Täufers (14,1-12)	388
1.3	Die Speisung der Fünftausend (14,13-21)	394
1.4	Jesus und Petrus auf dem See. Das erste Gottessohnbekenntnis (14,22-33)	404
2	Der Streit um wahre Reinheit und der Rückzug nach Phönizien (14,34-15,39)	413
2.1	Heilungen in Gennesaret (14,34-36)	413
2.2	Der Streit um Rein und Unrein (15,1-20)	414
2.3	Die Begegnung mit der kanaanäischen Frau (15,21-28)	429
2.4	Heilungen und die zweite Speisung (15,29-39)	438
3	Die zweite Zeichenforderung und der Rückzug nach Cäsarea Philippi (16,1-20)	443
3.1	Zweite Zeichenforderung und Rückzug Jesu (16,1-4)	443
3.2	Warnung vor der Lehre der Pharisäer und Sadduzäer (16,5-12)	445
3.3	Das zweite Gottessohnbekenntnis und die Verheißung an Petrus (16,13-20)	450
IV	Jesu Wirken in der Gemeinde (16,21-20,34)	484
A	Jüngererfahrungen auf dem Weg ins Leiden (16,21-17,27)	485
1	Der Leidensweg (16,21-28)	486
2	Die Verwandlung des Gottessohns und das Leiden des Menschensohns (17,1-13)	503
3	Die Kraft des Berge versetzenden Glaubens (17,14-20)	518
4	Jesus kündigt sein Leiden an (17,22f)	526
5	Die Tempelsteuer (17,24-27)	527

Exkurse

Davidssohn im Matthäusevangelium	59
Zur matthäischen Gleichnisdeutung	366
Petrus im Matthäusevangelium	467
Der Menschensohn im Matthäusevangelium	497

Vorbemerkungen, Abkürzungen und Literatur

(Ergänzung zu Bd. I² 1989)

1. Vorbemerkungen

- Bei denjenigen Texten, deren Quelle das Markusevangelium ist, enthalten die *Analysen* nur ausnahmsweise einen Abschnitt »Traditionsgeschichte und Herkunft«. Es gibt genügend gute Markuskommentare, die darüber informieren, insbesondere Gnilka und Pesch. Von dieser Regel bin ich nur dort abgegangen, wo ich von gängigen Meinungen erheblich abweiche und/oder wo dies für die Interpretation des *mt* Textes wichtig ist.
- Im Unterschied zu Bd. I werden *Kommentare zu biblischen Büchern abgesehen von Mt* zitiert mit: Verfasser, Abkürzung des bibl. Buches, Reihe, Erscheinungsjahr, also z.B.: R. Schnackenburg, Eph, 1982 (EKK 10).
- Die Verweise auf die wortstatistischen Tabellen (Bd. I, Einl. 3.2 und 3.3) entsprechen der zweiten, ergänzten Auflage von Bd. I (1989).
- Übersetzungen, z.B. aus lateinischen und griechischen Quellen sind, sofern an der betreffenden Stelle oder im Literaturverzeichnis nichts anderes vermerkt ist, von mir.

2. Abkürzungen

- Auf das *Abkürzungsverzeichnis zum ThWNT*, X 53-86 (für antike Literatur, Hilfsmittel etc.), sei dringend hingewiesen, insbesondere auf die dort angegebenen griech. Abkürzungen für Bücher der LXX, die dann angewendet werden, wenn Zählung oder Titel des Buches sich vom MT unterscheidet (also z.B. ψ, 1Βασ, Ιερ etc.).

Zusätzliche Abkürzungen für Reihen oder Zeitschriften

ANTJ	Arbeiten zum Neuen Testament und Judentum, Bern – Frankfurt/M.
CommBibl	Commenti Biblici, Roma
Forum	Forum (Foundation and Facets), Sonoma 1985ff
GNComm	Good News Commentary, Cambridge
JStNT.S	Journal for the Study of the New Testament, Supplement Series, Sheffield
NEB	Die Neue Echter Bibel, Würzburg
NIGTC	New International Grek New Testament Commentary, Exeter
NTOA	Novum Testamentum et Orbis Antiquus, Göttingen
SBA.NT	Stuttgarter Biblische Aufsatzbände. Neues Testament, Stuttgart
SBL.SP	Society of Biblical Literature. Seminar Papers, Cambridge/Mass. - Missoula, Chico
SKK.NT	Stuttgarter Kleiner Kommentar. Neues Testament, Stuttgart
TSaJ	Texte und Studien zum Antiken Judentum, Tübingen

Sonstige Abkürzungen
hbrMt   hebräischer Text des Mt des Schem-Tob (Ibn Schaprut), 14. Jh., vgl. Howard, Gospel (Literaturverzeichnis)
MA   Minor Agreement (zwischen Mt und Lk gegen Mk)
Vit Proph   Prophetarum vitae fabulosae ..., hrsg. Th. Schermann, Leipzig 1907

3. *Literatur*

1. *Kommentare bis 1800*

Augustinus, Aurelius (354-430), Quaestiones Evangeliorum, hrsg. A. Mutzenberger, 1980 (CChr.SL 448) (= Quaest)

Chromatius v Aquileia (ca. 400), Tractatus in Matthaeum, 1974 (CChr.SL 9A), 185-498; übers. und zitiert nach: Cromazio di Aquileia, Commento al Vangelo di Matteo, 2 Bde., Roma 1984 (Collana di testi Patristici 46/47)

Luther, M. (1483-1546), Annotationes in aliquot capita Matthaei, 1912 (WA 38), 443-668 (= WA 38)

2. *Matthäuskommentare ab 1800*

Davies, W.D. – Allison, D.C., A Critical and Exegetical Commentary on the Gospel according to Saint Matthew I, 1988 (ICC)

Fabris, R., Matteo, 1982 (CommBibl)

Fritzsche, C.F.A., Evangelium Matthaei, Leipzig 1826

France, R.T., The Gospel according to Matthew, 1985 (TNTC 1)

Gnilka, J., Das Matthäusevangelium, 2 Bde., 1986/88 (HThK I, 1-2)

Lachs, S.T., A Rabbinic Commentary on the New Testament. The Gospels of Matthew, Mark and Luke, New Jersey – New York 1987

Lightfoot, J., A Commentary on the New Testament from the Talmud and Hebraica. Matthew – I Corinthians, Bd. II: Matthew – Mark (Nachdr. Grand Rapids 1979 [= 1859])

Limbeck, M., Matthäus-Evangelium, 1986 (SKK.NT 1)

Ryle, J.C., Matthew: Expository Thoughts on the Gospel, Nachdr. Edinburgh 1986 (= 1856)

Sand, A., Das Evangelium nach Matthäus, 1986 (RNT)

Schnackenburg, R., Matthäusevangelium, I: 1,1-16,20, 1985; II: 16,21-28,20, 1987 (NEB I,1-2)

Smith, R.H., Matthew (Augsburg Commentary to the NT), Minneapolis 1989

Spinetoli, O., Matteo: Il vangelo della chiesa, Assisi ⁴1983 (Commenti e studi biblici)

Tresmontant, C., Evangile de Matthieu, Paris 1986

3. *Monographien und Aufsätze zu Matthäus*

Anderson, J.C., Over and over and over again. Studies in Matthean repetition, Diss. Chicago 1985

Anno, Y., The Mission to Israel in Matthew: The Intention of Mt 10,5b-6, considered in the Light of the Religio-Political Background, Diss. Chicago 1984

Bauer, D.R., The Structure of Matthew's Gospel. A Study in Literary Design, 1988 (JStNT.S 31)

Brooks, S.H., Matthew's Community. The Evidence of his Special Sayings Material, 1987 (JStNT.S 16)
Donaldson, T.L., Jesus on the Mountain. A Study in Matthean Theology, 1985 (JStNT.S 8)
Edwards, R.A., Matthew's Story of Jesus, Philadelphia 1985
Geist, H., Menschensohn und Gemeinde, 1986 (FzB 57)
Howard, G., The Gospel of Matthew according to a Primitive Hebrew Text, Macon 1987
Köhler, W., Die Rezeption des Matthäusevangeliums in der Zeit vor Irenäus, 1987 (WUNT II/24)
Levine, A.J., The Social and Ethnic Dimensions of Matthean Salvation History, Lewiston – Queenston 1988 (Studies in the Bible and Early Christianity 14)
Luz, U., Die Wundergeschichten von Mt 8-9, in: Tradition and Interpretation in the New Testament (FS E.E. Ellis), hrsg. G. Hawthorne – O. Betz, Grand Rapids – Tübingen 1987, 149-165
Orton, D.E., The Understanding Scribe. Matthew and the Apocalyptical Ideal, 1989 (JStNT.S 25)
Overman, J.A., The Gospel of Matthew and Formative Judaism. A Study of the Social World of the Matthean Community, Diss. masch. Boston 1989
Schenke, L. (Hrsg.), Studien zum Matthäusevangelium (FS W. Pesch), 1988 (SBS)
Schnackenburg, R., Petrus im Matthäusevangelium, in: A cause de l'Evangile (FS J. Dupont), 1985, 107-125 (LeDiv 123)
Wilkins, M.J., The Concept of Disciple in Matthew's Gospel, 1988 (NT.S 59)

4. *Übrige Literatur*

Bauer, W. – Aland, K., Griechisch-deutsches Wörterbuch zu den Schriften des Neuen Testaments und der frühchristlichen Literatur, Berlin ⁶1988 (zitiert: Bauer, Wb)
Bovon, F., Das Evangelium nach Lukas I (Lk 1,1-9,50), 1989 (EKK III/1)
Codex iuris canonici, hrsg. Papst Johannes Paul II, Rom 1983 (zitiert: CIC)
Denis, A.M., Concordance Grecque des Pseudépigraphes d'Ancien Testament, Louvain-la-Neuve 1987
Drewermann, E., Das Markusevangelium, 2 Bde., Olten 1987/88
Fitzmyer, J., The Gospel according to Luke I, 1981; II, 1985 (AncB 28)
Lührmann, D., Das Markusevangelium, 1987 (HNT 3)
Dupont, J., Etudes sur les Evangiles Synoptiques, hrsg. F. Neirynck, 2 Bde., 1985 (BEThL 70A, 70B) (fortlaufende Paginierung)
Ennulat, A., Die Minor Agreements. Ein Diskussionsbeitrag zur Erklärung einer offenen Frage des synoptischen Problems, Diss. Bern 1990
Hoffmann, E.G. – Siebenthal, H. v., Griechische Grammatik zum Neuen Testament, Riehen 1985
Klauck, H.-J., Allegorie und Allegorese in synoptischen Gleichnistexten, 1978 (NTA NF 13)
Kloppenborg, J., The Formation of Q, Philadelphia 1987
Marshall, I.H., The Gospel of Luke, 1978 (NIGTC)
Mayser, E., Grammatik der griechischen Papyri aus der Ptolemäerzeit, 2 Bde. in 6 Teilen, Nachdr. Berlin 1970
Montefiore, C.G., The Synoptic Gospels I, hrsg. L. Silberman, Nachdr. New York 1968
Moulton, J.H., A Grammar of New Testament Greek, I, Nachdr. Edinburgh ³1985; II

(von J.H. Moulton und W.F. Howard), Nachdr. 1986; III (von N. Turner), 1983; IV (von N. Turner), 1976 (zitiert: Moult-How-Turner)

Neirynck, F., Evangelica (hrsg. F. van Segbroeck), 1982 (BEThL 60)

Sato, M., Q und Prophetie, 1988 (WUNT II/29)

Schiller, G., Ikonographie der christlichen Kunst, 5 Bde., Gütersloh 1966-1980

Schmithals, W., Das Evangelium nach Markus, 2 Bde., 1979 (ÖTK II,1-2) (fortlaufende Paginierung)

Schürer, E., The History of the Jewish People in the Age of Jesus Christ, bearb. von G. Vermes, F. Millar, M. Black, I, Edinburgh 1973; II, 1979; III/1, 1986; III/2, 1987 (zitiert: Schürer-Vermes)

Schürmann, H., Gottes Reich – Jesu Geschick, Freiburg 1983

Schwarz, G., ›Und Jesus sprach‹. Untersuchungen zur aramäischen Urgestalt der Worte Jesu, 1987 (BWANT 118)

Schweizer, E., Das Evangelium nach Markus, ^{14}1975 (NTD 1)

Theißen, G., Urchristliche Wundergeschichten, 1974 (StUNT 8)

– Lokalkolorit und Zeitgeschichte in den Evangelien, 1989 (NTOA 8)

Thoma, C. – Lauer, S., Die Gleichnisse der Rabbinen, I: Pesiqta de Rav Kahana (PesK), 1986 (JeC 10)

Tödt, H.E., Der Menschensohn in der synoptischen Überlieferung, Gütersloh 1959

Trilling, W., Studien zur Jesusüberlieferung, 1988 (SBA 1)

Zeller, D., Kommentar zur Logienquelle, 1984 (SKK.NT 21)

B Jesu Wunder in Israel (8,1-9,35)

Literatur: Burger, C., Jesu Taten nach Matthäus 8 und 9, ZThK 70 (1973) 272-287; *Gatzweiler, K.,* Les récits de miracles dans L'Évangile selon saint Matthieu, in: Didier, Evangile 209-220; *Gerhardsson, B.,* The Mighty Acts of Jesus according to Matthew, 1979 (SMHVL 1978/79:5); *Held,* Matthäus; *Hull, J.M.,* Hellenistic Magic and the Synoptic Tradition, 1974 (SBT 2,28), 116-141; *Hengel, R. und M.,* Die Heilungen Jesu und medizinisches Denken, in: Medicus Viator (FS R. Siebeck), hrsg. P. Christian, D. Rössler, Tübingen 1959, 331-361; *Kingsbury, J.,* Observations on the ›Miracle Chapters‹ of Matthew 8-9, CBQ 40 (1978) 559-573; *Légasse, S.,* Les miracles de Jésus selon Matthieu, in: X. Léon-Dufour (éd.), Les Miracles de Jésus selon le Nouveau Testament, Paris 1977, 227-249; *Loos, H. van der,* The Miracles of Jesus, 1965 (NT.S 9); *Luz,* Wundergeschichten; *Schlingensiepen,* Wunder passim; *Theißen,* Wundergeschichten passim; *Thompson, W.G.,* Reflections on the Composition of Mt 8,1-9,34, CBQ (1971) 365-388.

1. *Aufbau.* Unser Abschnitt ist der zweite Hauptteil innerhalb der großen Inklusion 4,23/9,35. Er läßt sich am besten in vier fast gleichlange[1] Unterabschnitte einteilen, die auch durch gemeinsame Leitworte bestimmt sind (8,1-17; 8,18-9,1[2]; 9,2-17; 9,18-35). Es fällt aber schwer, sie unter klare Themen zu stellen.
Held[3] sieht in 8,1-17 das christologische Thema des Gottesknechts, in 8,18-9,17 das Thema »Jesus als Herr der Gemeinde«, in 9,18-34 das Thema »Glaube«. Für Kingsbury ist in 9,1-17 die »Trennung von Israel« das Thema[4]. Für den ganzen Abschnitt steht Schniewinds Formulierung von Jesus als »Messias der Tat«[5] im Vordergrund. Dagegen wurde mit Recht eingewandt, daß unser Text auch zwei Streitgespräche ohne Wunder (9,9-17) enthalte. Für neuere Untersuchungen wurde deshalb »Kirche« als Grundthema unserer Kapitel wichtig[6].

Aufbau

Obwohl Matthäus in fast allen Texten unserer Kapitel die Worte Jesu in den Vordergrund und das Erzählerische zurücktreten läßt, erzählt er Geschichten und stellt nicht »Themen« dar. So spielen für seinen Aufbau erzählerische Momente die Hauptrolle: *8,1-17* bieten einen geschlossenen Ablauf: Jesus steigt vom Berg, begegnet unterwegs dem Aussätzigen, geht in die Stadt (8,5) und dort ins Haus (8,14). Das gleiche gilt für *8,18-9,1:* Jesus will der Menschenmenge ausweichen (8,18), fährt ans jenseitige Ufer (8,24-28), heilt dort die Besessenen und kehrt dann in seine Stadt zurück (9,1). Auch *9,2-34* bilden einen geschlossenen Ablauf. Oft wird die folgende Perikope zeitlich eng an die vorangehende angeschlossen (8,18.28; 9,1.14.18.31f). Matthäus will also

---

[1] 8,1-17.18-9,1 je ca. 36 Nestlezeilen; 9,2-17 ca. 38 Nestlezeilen; 9,18-35 ca. 35 Nestlezeilen.
[2] V 1 ist Übergangsvers. V 1a gehört aufgrund des geographischen Horizontes und der Stichworte ἐμβαίνω εἰς τὸ πλοῖον (vgl. 8,23) und διαπεράζω (vgl. 8,18) eher zum Vorangehenden. V 1b gibt bereits den Ort der folgenden Geschichte an.
[3] Held, Matthäus 236f.
[4] *568.
[5] Schniewind 36.106.
[6] Burger* 287; Künzel, Studien 145f.

einen Erzählungsablauf bieten⁷, obwohl ihm dabei Ungeschicklichkeiten passieren⁸. Die Behandlung der »Themen« gleicht am ehesten einem Seil oder einem ›Zopf‹, der bald den einen, bald den andern Strang in den Vordergrund treten läßt⁹. Seine Stränge laufen durch: So ist der in 8,18-27 dominierende Nachfolgegedanke durch 8,1.10 vorbereitet und taucht in 9,9.27 wieder auf. Das Thema »Glaube« (9,18-31) wird durch 8,10.13; 9,2 vorbereitet. Die Auseinandersetzung mit Israel (9,2-17) wird in 9,32-34 wieder aufgenommen. Der in 8,2-17 dominierende Titel κύριος taucht nicht zufällig in der Jüngergeschichte 8,18-27 wieder auf. In Mt 8-9 gibt es also Nebenstränge, die zu Hauptsträngen, und Hauptstränge, die wieder zu Nebensträngen werden. Das Bild des ›Zopfes‹ drückt dabei zugleich aus, daß das im Erzählungsstrang verwobene Geflecht matthäischer Themen zielgerichtet ist: Am Ende von Kap. 9 steht die Jesusgeschichte nicht mehr am selben Ort wie am Anfang von Kap. 8. »Jesusgeschichte« bedeutet für Matthäus nicht einfach eine zeitlich-geographische Abfolge von Begebenheiten. Dagegen spricht die gewisse Monotonie von ›Strängen‹, die wir in diesem ›Zopf‹ beobachten. Die Repetitionen sind gewollt: Die Wunder Jesu vor allem, von denen schon 4,23 sprach, der Nachfolgegedanke, die sich anbahnenden Konflikte mit Israels Führern wiederholen sich. Ebenso wie das Markusevangelium erzählt Matthäus eine ›theologische‹ Geschichte Jesu: Er beginnt mit der Schilderung des Wirkens des Messias in seinem Volk. Das Ziel dieses Wirkens ist das Entstehen von Jüngerschaft (8,18-27), die er durch den Sturm ins heidnische Land führen wird (8,28-34). Wie es durch das Wirken Jesu zur Jüngerschaft kommt, wird nochmals 9,9-13 geschildert. Zugleich beleuchtet das ganze Kap. 9, wie es durch Jesu Wirken zum Konflikt in Israel kommt, der mit der Spaltung 9,32-34 seinen ersten Höhepunkt erreicht. Schon jetzt wird deutlich, daß Kap. 11f und Kap. 14-16 genau diese Geschichte von Jesus, der Jüngergemeinde und Israel weiterführen werden.

Wir formulieren darüber hinaus eine *Vermutung*: In Kap. 8 beginnt eine Jesusgeschichte, die einen ›doppelten Boden‹ hat. Die Oberflächenstruktur unseres Textes schildert eine Abfolge von Wundern und Streitgesprächen, die geographisch und chronologisch miteinander verbunden sind. Sie sind Teil der Geschichte Jesu mit seinem Volk, die mit seiner Hinrichtung und seiner Auferstehung enden wird. Es ist eine Geschichte eines zunehmenden Konflikts und

---

⁷ Held, Matthäus 214-234 beobachtet, daß Mt die Wundergeschichten auf die Gespräche konzentriert und die Erzählelemente zurücktreten läßt. Er hat aber die Tatsache, daß Mt primär einen Erzählungsfaden schaffen wollte und sie nicht einfach als Exempla für bestimmte Lehren faßte, übersehen.

⁸ Ungeschickt ist z.B. die Anwesenheit der Volksmenge (8,1) in Verbindung mit dem Schweigegebot (8,4), die Anwesenheit staunender »Menschen« (8,27, diff. Mk!) trotz des Fehlens der »anderen Boote« (Mk 4,36) beim Seesturm, die Erzählung der Hirten von »allem«, »auch über die Besessenen« (8,33), obwohl ihre Herde weit weg war (8,30), die Erwähnung des Glaubens der Träger des Gelähmten, obwohl die Episode vom Aufgraben des Daches fehlt (9,2) etc. Ein realistischer und genauer Erzähler ist Mt nicht!

⁹ Burger* 283 spricht aufgrund der Verwendung verschiedener Quellenstränge von einer »Collage«. Die Zielgerichtetheit der mt Erzählung (vgl. u.) wird aber mit diesem Vergleich nicht erfaßt.

Aufbau – Quellen

einer Spaltung im Volk. Dahinter steht eine Tiefendimension: Auf dieser zweiten Ebene beginnt Matthäus die Grundgeschichte seiner eigenen Gemeinde zu erzählen, die mit dem Wirken Jesu in Israel begann, dort zur Bildung der Jüngergemeinschaft und zu ihrer Trennung von Israel führte und mit ihrer Sendung zu den Heiden enden wird. Einen solchen doppelten Boden hatten wir bereits im Prolog beobachtet, der vordergründig eine Kindheits- und Anfangsgeschichte Jesu war, hintergründig aber eine Prolepse des Weges, den der König Israels und die Seinen gehen werden: von der Davidsstadt Betlehem bis ins Galiläa der Heiden[10].

2. *Quellen*. Die Anordnung der einzelnen Texte ist in unserem Abschnitt gegenüber Mk und Q verschieden. Das ist auffällig, ja einmalig. Matthäus hat zwei markinische Abschnitte (1,40-2,22; 4,35-5,43) miteinander verschachtelt und durch Q-Stoffe ergänzt. Er hat aber keine anderen Quellen als Mk und Q benutzt[11]. Er hat zwar aus seinen Quellen ein ganz neues Ganzes geschaffen, aber sie trotzdem auch in der Anordnung behutsam behandelt. Die Reihenfolge der beiden Markusabschnitte bleibt fast immer (mit Unterbrechungen) erhalten. In Q war Mt 8,5-10.13 (= Lk 7,1-10) der nächste auf die Feldrede folgende Text; Mt 8,11f (= Lk 13,28f) schloß an 7,22f an (= Lk 13,26f). Den Täuferabschnitt Q = Lk 7,18-35 ließ Mt weg, aber 8,19-22 (= Lk 9,57-62) ist der übernächste auf die Geschichte vom Hauptmann von Kafarnaum folgende Q-Text. Nur am Schluß in 9,27-34 ist der Evangelist von diesem konservativen Verfahren abgegangen und hat zwei Texte aus ganz anderen Zusammenhängen eingefügt. Das bedarf besonderer Aufmerksamkeit.

Quellen

Für das Verständnis des Matthäus haben diese Beobachtungen eine wichtige Konsequenz: Matthäus kann nicht der Meinung gewesen sein, durch Aneinanderreihung von Geschichten aus verschiedenen Quellenstücken oder gar durch seine kühne Verdoppelung von zwei Erzählungen in 9,27-34 den korrekten, chronologischen Ablauf der Geschichte Jesu gefunden zu haben. Dennoch schildert er einen chronologischen Ablauf und verknüpft die einzelnen Geschichten zeitlich und geographisch miteinander. Der zeitliche Ablauf ist also, ›historisch‹ betrachtet, fiktiv; dem Evangelisten muß das bewußt gewesen sein[12]. Auch die Quellenanalyse stützt also unsere These, daß es dem Evangelisten auf die ›innere‹, theologische Geschichte Jesu ankommt.

---

[10] Vgl. Bd. I 85.
[11] Schweizer 39f vermutet aufgrund der anordnung und der MA, daß Mt eine Zusammenstellung von Jesusworten und -taten im Anschluß an die Feldrede benutzt habe, die der Auseinandersetzung mit Israel diente. Unwahrscheinlich! 1. Mt kennt keine anderen Taten Jesu als solche, die auch bei Q und Mk stehen. 2. Die Anordnung spiegelt seine red. Interessen (vgl. u.) und ist 3. gegenüber dem Mk-Ev konservativ (vgl. u.), basiert also auf Mk. 4. MA gibt es beim ganzen Mk-Stoff; sie bilden deshalb keine Basis für eine besondere Erklärung von Mt 8f. Sie sind m.E. entweder red. Verbesserungen des Mk durch Mt/Lk oder vorred. Verbesserungen des Mk-Textes, also Teil einer leicht veränderten (»durchgesehenen« zweiten?) »Auflage« des Mk, die Mt/Lk benutzten, oder aufgrund mündlicher Tradition entstanden.
[12] Ähnliches gilt wohl schon für Mk, der etwa die Gleichnissammlung Mk 4 oder die Novellensammlung 4,35-5,43 in einen chronologischen Erzählungsfaden hineinstellt.

1 Jesus heilt in Israel (8,1-17)

Die drei Geschichten dieses Abschnitts sind durch die Leitworte προσέρχομαι (V 2.5), λέγων ... κύριε (V 2.5f), ἅπτομαι mit χείρ (V 3.15), ὕπαγε (V 4.13), das nachfolgende (ἀκολουθέω, V 1.10) Volk (vgl. auch V 14f), Jesu Vollmacht im Wort (λόγῳ V 8.16) und den Bezug aller Heilungen auf Israel[1] eng miteinander verbunden. Der ganze Abschnitt entfaltet 4,23b: Er »heilte jede Krankheit und jede Schwäche im Volk«. Ebendarauf greift auch das Zitat V 17 mit dem Stichwort νόσος zurück, das diesen ersten Abschnitt abschließend interpretiert.

1.1 Jesus heilt einen Aussätzigen (8,1-4)

Literatur: Held, Matthäus 202-204.243f.
Weitere Literatur** bei Mt 8-9 o. s. 5.

1 **Als er aber vom Berg hinabstieg, folgten ihm große Volksmengen.**
2   **Und siehe, da trat ein Aussätziger herzu, fiel vor ihm nieder und sagte:**
            »Herr, wenn du willst, kannst du mich rein machen!«
3   **Und er streckte die Hand aus, berührte ihn und sagte:**
            »Ich will es, werde rein!«
    Und sofort wurde sein Aussatz rein.
4 **Und Jesus sagt zu ihm: »Sieh zu, sag's niemandem, sondern geh, zeig dich dem Priester und bring die Opfergabe dar, die Mose befohlen hat, ihnen zum Zeugnis!«**

Analyse 1. *Aufbau*. Die kleine Geschichte ist kunstvoll aufgebaut: Ihre Mitte ist V 3a, chiastisch gerahmt durch die parallel formulierte Bitte des Aussätzigen und die Antwort Jesu in V 2b/3b (2× θέλω, 3× καθαρίζω) bzw. durch die Exposition und die Konstatierung der Heilung V 2a/3c (λεπρός/λέπρα). Ausführlich ist die Einleitung in V 1, ebenso das abschließende Wort Jesu in V 4, das besonderes Gewicht bekommt.

2. *Quellen*. Ohne die red.[1] Einleitung V 1 stammt der Text aus Mk 1,40-45. Wie oft, kürzt Matthäus und läßt so den Dialog deutlicher hervortreten. Auffällig sind die zahlreichen »kleineren Übereinstimmungen« mit Lk 5,12-16[2]. Sie entsprechen oft mt

---

[1] Für 8,1-4 ergibt sich das durch καθαρίζω und V 4, für 8,5-13 durch die thematische Gegenüberstellung des Hauptmanns zu Israel, für 8,14-17 durch das Erfüllungszitat. Diese Grundausrichtung wird 9,33b wieder aufgenommen.

[1] Vgl. 4,25; 5,1 und Bd. I Einl. 3.2 unter ὄρος, ἀκολουθέω, ὄχλοι.
[2] V 2: ἰδού, λέγων κύριε ohne ὅτι. V 3: Fehlen von σπλαγχνισθείς, Umstellung von ἥψατο und αὐτοῦ, λέγων, θέλω ohne αὐτῷ, εὐθέως, Fehlen von Mk 1,43. V 4: Fehlen von μηδέν.

und lk Sprachgebrauch[3], könnten also zur Not[4] als Verbesserung des Markustextes, die beide Evangelisten unabhängig voneinander vorgenommen haben, erklärt werden. Ganz unverständlich bleibt aber, warum Mt/Lk σπλαγχνισθείς weggelassen hat (vgl. Mt 9,36)[5]. So muß man fragen, ob es zur Zeit des Matthäus verschiedene Mk-Rezensionen gegeben hat. Mk 1,45 wird weggelassen, weil Jesus nach Mt 8,4 nicht wie bei Mk an einen einsamen Ort zieht oder weil Matthäus vermeiden möchte, daß der Geheilte Jesus ungehorsam ist. Mk 1,44.45a wird von Matthäus am Schluß dieses ganzen Hauptteils in 9,30f gebraucht. Ein Beispiel für seine sorgfältige und der Tradition verpflichtete Redaktion![6]

V 1 leitet von der Bergpredigt über zur neuen Geschichte. Jesus steigt vom Berg wie einst Mose vom Sinai (vgl. Ex 19,14; 32,1; 34,29)[7]. Matthäus schließt den Rahmen um die Bergpredigt und kehrt zurück zur Situation von 4,25. Wie dort, folgen Jesus die Volksmassen nach: Sie waren auf dem Berge dabei (7,28). Das Wort »nachfolgen« kennzeichnet sie als potentielle Kirche. Aber erst in V 18-27 wird der Evangelist diesen Gedanken wieder aufgreifen. Da tritt ein Aussätziger[8] zu Jesus, fällt ihm zu Füßen[9] und redet ihn mit der hoheitsvollen Anrede κύριε an. Matthäus hat diesen Titel in 7,21f zum ersten Mal auf den Gerichtsherrn Jesus bezogen. Er braucht ihn konsequent: Die Jünger (8,25; 14,28.30; 16,22; 17,4; 18,21) und die beim Herrn Schutz suchenden Kranken (8,2.6.8; 9,28; 15,22.25.27; 17,15; 20,30f.33) reden Jesus so an. Der Titel erscheint nicht im Munde von Außenstehenden und ist nicht bloße Höflichkeitsanrede[10]. Von dieser christologischen Dimension her wird »wenn du willst« verständlich: Alles hängt vom souveränen Willen Jesu ab, der selbst als Herr, der seine Vollmacht von Gott hat, erscheint[11]. Das Ausstrecken der

Erklärung 1

2

3

---

[3] Vgl. Bd. I Einl. 3.2 unter λέγων, κύριος, εὐθέως. Zum Zurücktreten von Gemütsbewegungen Jesu bei Mt vgl. Allen XXXI.
[4] Die Häufigkeit solcher ›unabhängiger‹ Verbesserungen innerhalb von zweieinhalb Versen macht diese These problematisch. Schwierig ist die Auslassung von ὅτι in V 2. Sie entspricht mt, nicht aber unbedingt lk Sprachgebrauch. Σπλαγχνίζομαι ist für Mt wichtig (vgl. 9,36; 20,34). Daß das mk Messiasgeheimnis zurücktritt, ist nach Ennulat, Agreements 415 charakteristisch für eine deuteromk Rezension, die Mt und Lk benutzten. Die übrigen MA lassen sich von einer solchen Hypothese her nicht besonders leicht verstehen.
[5] Nach Gnilka, Mk I 93 ist ὀργισθείς Urtext. Textkritisch unwahrscheinlich!
[6] Der konservative Mt greift oft später auf zunächst weggelassenen Markustext zurück. Ein eigenartig pietätvolles Verfahren! Modern gesprochen: Hatte Mt einen ›Papierkorb‹, in den er nicht gebrauchte Markusschnipsel warf, zur möglichen späteren Wiederverwendung? Sein Gedächtnis, das vermutlich ›Papierkorbfunktion‹ hatte, muß ausgezeichnet gewesen sein.
[7] Vgl. o. die Analyse zu 7,28f.
[8] Unter Aussatz können verschiedene, auch harmlosere Hautkrankheiten subsumiert werden, vgl. Pesch, Mk I, 142. Mt hat aber darunter sicher nicht eine harmlose Hautkrankheit verstanden, sondern den Aussatz, von dem Lev 13f die Rede ist und dessen Heilung nach den Rabbinen so schwer wie die Auferweckung eines Toten ist (Pesch ebd. 143). Daß er diese Heilungsgeschichte als erste erzählt, ist auch unter dem Gesichtspunkt der Schwere des Falls zu verstehen. Mk 1,29-31 wäre am Anfang von Kap. 8-9 zuwenig gewichtig gewesen!
[9] Vgl. Bd. I 120.
[10] Zu κύριε als Anrede vgl. Geist, Menschensohn 349-364.
[11] Schon Johannes Chrysostomus 25,1 = 350 fiel auf, daß der Aussätzige nicht zum Herrn sagte: »Wenn du Gott bittest..., kannst du mich rein machen.«

Hand, eine geläufige alttestamentliche Wendung[12] und in Heilungsgeschichten üblicher Gestus des Wundertäters[13], meint hier mehr: Matthäus braucht später diese Wendung, um den machtvollen Schutz zu symbolisieren, unter dem die Jünger Jesu stehen (vgl. zu 12,49). Jesus »will«; und seine Vollmacht heilt den Kranken augenblicklich. Zu Jesu Souveränität paßt, daß Matthäus keine Gemütsbewegung mehr erwähnt (vgl. Mk 1,41a.43a)[14].

4 Der Schlußvers 4 ist nicht leicht verständlich. Entgegen seiner sonstigen Gepflogenheit übernimmt Matthäus hier das markinische Schweigegebot, obwohl der markinische Schlußvers 45, der ihm erst seinen Sinn gibt, fehlt. Vermutlich will er damit den nun folgenden Befehl einschärfen[15]: Tu überhaupt nichts anderes, als mit deiner Opfergabe[16] zum Priester zu gehen, wie es nach Lev 13f verlangt wird! Es ist für Matthäus wichtig, daß der Geheilte auf Befehl Jesu die Mosetora hält (vgl. 5,17-19!). Auch das dreimal gebrauchte Leitwort καθαρίζω zeigt, daß wir uns im Raum Israels und seines Gesetzes befinden. Μαρτύριον wurde – bis heute, aber wahrscheinlich zu Unrecht – als ein Gerichtszeichen gegenüber Israel gedeutet[17]. Gemeint ist vielmehr ein positives Zeugnis[18], zunächst für die Priester, dann aber für das ganze zuhörende Volk: Jesus hält als Messias Israels die Tora.

Zusammenfassung und Wirkungsgeschichte

Unsere kleine Geschichte zeigt also eine eigenartige »Doppelheit«: Einerseits redet der Aussätzige Jesus als »Herrn« an und fällt ihm zu Füßen; er verhält sich also wie ein Jünger, und Jesus streckt über ihn seine Hand aus wie über die Jünger (12,49; 14,31). Damit wird er für die Leser/innen des Evangeliums, die ja auch Jünger/innen sind, zur Identifikationsfigur. Andererseits befinden wir uns deutlich im Raum Israels: Der Aussätzige ist ein Jude, und Jesus befiehlt ihm, das Gesetz zu halten. Für Matthäus ist das kein Widerspruch, denn er will ja zeigen, wie Jesus »im (heiligen) Volk« (4,23) heilt und wie hier ein Vertreter Israels den Weg zu Jesus findet, ohne daß dies eine Untreue gegenüber dem Volk bedeuten würde. Der geheilte Aussätzige verkörpert gleichsam die grundsätzliche Einheit von Jüngerschaft und Israel und ist so ein »Zeugnis« für das Volk.

---

[12] LXX über 80mal. Eine Anspielung auf die Wunder Moses und Aarons in Ägypten, wo es beim Ausstrecken der Hand nicht um Berührungen geht, ist für Mt wie für Mk unwahrscheinlich (gegen Pesch, Mk I 145). Vgl. ferner Bovon, Lk I 239.
[13] Vgl. Theißen, Wundergeschichten 71f.100f.
[14] Beda 39 deutet die »maiestatis suae potestas« antihäretisch: »Ich will« richtet sich gegen Photinus (Ultra-Athanasianer), der Befehl Jesu gegen Arius, die Berührung gegen die Manichäer.
[15] Schweizer 136 deutet von 12,16-21 her auf den Gottesknecht, der nicht zankt noch schreit. Aber wer hätte dieses sporadische Schweigegebot vor 12,16-21 so verstehen können?
[16] Δῶρον, ein im mt judenchristlichen Sondergut häufiges Wort (vgl. 5,23f; 23,18f), meint abgesehen von 2,11 (dort Plur.!) bei Mt durchweg das Opfer, wie LXX Lev/Num.
[17] Johannes Chrysostomus 25,3f = 354: »nicht: zu ihrer Besserung, noch: zu ihrer Belehrung, sondern ... zur Anklage, zur Überführung«; ähnlich z.B. Euthymius Zigabenus 281; Maldonat 173.
[18] Vgl. 10,18; 24,14. Zur Krise in Israel ist es in der mt Erzählung bis jetzt noch gar nicht gekommen.

Die kirchliche Auslegung hat immer wieder die Transparenz unserer Geschichte für die christliche Existenz und damit die eine Seite dieser »Doppelheit« betont: Der Aussätzige ist der Typ des Glaubenden, der zu Christus kommt und von ihm beschenkt wird. Sein Geschenk wurde in der Regel übertragen verstanden; es geht um die Befreiung vom »geistlichen Aussatz«, von der tödlichen Sünde[19]. Die körperliche und soziale Seite der Hilfe Christi wurde selten ernst genommen[20]. Vor allem aber wurde die Einbindung dieses Wunders Jesu in das Volk Israel kaum ernst genommen. V 4 wurde meist umgangen: Die Gesetzestreue Jesu geht nur bis zu seinem Tod[21]; sie war Zeichen seiner Demut[22]; sie ist für uns Ansporn zur Dankbarkeit[23].

Die Auslegungsgeschichte zeigt also, daß der zweite Aspekt unseres Textes, die Zuwendung Jesu zu Israel, kaum je zum Tragen gekommen ist. Liegt hier ein unausgeschöpftes Sinnpotential unserer Geschichte, das heute, nach dem Holocaust, auszuloten wäre? Von Matthäus her ist Vorsicht am Platz: Unsere Geschichte darf nicht isoliert gedeutet werden, sondern nur als Anfang jener ganzen Geschichte, die erzählt, wie sich Israel von Jesus, der sich ihm zuwandte, abwandte. Die ursprüngliche Einheit von Israel und Jesusjüngerschaft wird im Matthäusevangelium zerbrechen. Vielleicht muß man heute trotzdem das auslegungsgeschichtlich unausgeschöpfte Sinnpotential der Liebe Jesu zu Israel ausschöpfen. Man kann dies aber nur, indem man in eigener theologischer Verantwortung die Last, die hier die matthäische Theologie bedeutet, sachkritisch aufarbeitet.

1.2 *Der Glaube des Hauptmanns von Kafarnaum (8,5-13)*

Literatur: Chilton, B., God in Strength, 1979 (SNTU.B 1), 179-201; *Dupont, J.*, ›Beaucoup viendront du levant et du couchant...‹, ScEc 19 (1967) 153-167; *Held*, Matthäus 182-186; *Hoffmann, P.*, Πάντες ἐργάται ἀδικίας. Redaktion und Tradition in Lk 13,22-30, ZNW 58 (1967) 188-214; *Jeremias, J.*, Jesu Verheißung für die Völker, Stuttgart 1956, 47-54; *Kloppenborg*, Formation 117-121; *Marguerat*, Jugement 243-257; *Schnider, F. – Stenger, W.*, Johannes und die Synoptiker, 1971 (BiH 9), 54-88; *Schulz*, Q 236-246; *Wegner, U.*, Der Hauptmann von Kafarnaum (Mt 7,28a; 8,5-10.13 par; Lk

---

[19] Z.B. Augustin (Quaest) App 4 = 120 (Lepröse = wer die Bergpredigt nicht erfüllt); Euthymius Zigabenus 280 (Sünde = seelische Lepra); Calvin I 247; Lapide 189 (»tropologice ... peccatum mortale«).

[20] Dies geschieht wieder vermehrt seit dem Humanismus (z.B. Erasmus [Paraphr] 48; Beza 35) und seit der Aufklärung. Paulus I 632 äußert die bemerkenswerte sozialgeschichtliche Beobachtung, daß die Verbreitung von Lepra eine Folge der Armut sei. Der Gedanke an das körperliche Wunder wird in der klassischen Auslegung meist zurückgedrängt, u.a. bei Luther II 279 mit dem Hinweis, Wunder pflegten vor allem in der Anfangszeit einer neuen Lehre zu geschehen.

[21] Das wörtlich verstandene Kultgesetz ist mit Jesu Auferstehung zu Ende gekommen (z.B. Thomas [Lectura] Nr. 688). Häufig heißt es: Christus wandelt nach dem Gesetz, aber sein Heilen geht über das Gesetz hinaus (z.B. Anselm v Laon 1320). Calov 250 bündelt: Als Gottmensch ist Jesus Herr des Gesetzes; kraft seines »officium« hielt er aber auch das Ritualgesetz.

[22] Hieronymus zu 8,4.

[23] Darauf läuft Johannes Chrysostomus 25,3f = 354-359 hinaus.

7,1-10). Ein Beitrag zur Q-Forschung, 1985 (WUNT II 14); *Zeller, D.*, Das Logion Mt 8,11f/Lk 13,28f, BZ NF 15 (1971) 222-237; 16 (1972) 84-93.
*Weitere Literatur*** bei Mt 8-9 o. S. 5.

5 Als er nach Kafarnaum hineinging, trat ein Hauptmann zu ihm und bat ihn **6** und sprach: »Herr, mein Sohn liegt gelähmt zu Hause, schrecklich gequält.« **7** Er sagt ihm: »Ich soll kommen und ihn heilen?«[1] **8** Der Hauptmann aber antwortete und sprach: »Herr, ich bin nicht gut genug, daß du unter mein Dach kommst; nein, sag's nur mit einem Wort, so wird mein Kind gesund werden! **9** Auch ich bin ja ein Mensch unter Befehlsgewalt und habe Soldaten unter mir. Sage ich diesem: ›Geh!‹, so geht er, und einem anderen: ›Komm!‹, so kommt er, und meinem Sklaven: ›Mach das!‹, so macht er es.« **10** Als aber Jesus das hörte, wunderte er sich und sprach zu denen, die ihm nachfolgten: »Amen, ich sage euch: Bei niemandem habe ich so großen Glauben in Israel gefunden. Ich sage euch aber:
11 Viele werden von Osten und Westen kommen,
   und mit Abraham, Isaak und Jakob zu Tisch liegen im Himmelreich;
12 die Söhne des Reichs aber werden in die Finsternis draußen geworfen werden;
   dort wird Heulen und Zähneknirschen sein.«
13 Und Jesus sagte zum Hauptmann: »Geh, es geschehe dir, wie du geglaubt hast!« Und der Sohn wurde in jener Stunde gesund.

Analyse **1.** *Aufbau.* In dieser ausführlichsten Wundergeschichte des ersten Abschnitts dominiert das Gespräch. Sie wurde deshalb oft als Mischform zwischen Apophthegma und Wundergeschichte bezeichnet. Besonders auffällig ist, daß Jesus in V 10-12 sich zur nachfolgenden Volksmenge wendet und ihr eine »regelrechte Rede«[2] hält. Auf ihr liegt das Gewicht. Die Topik der Heilungsgeschichte tritt demgegenüber stark zurück. Auffällig ist für die Leser/innen das aus der vorangehenden Geschichte wieder auftauchende Stichwort κύριε (2mal). In der Geschichte selbst ist der Stamm πιστ- als Rahmung des entscheidenden Jesuslogions V 11f besonders wichtig (V 10.13).

2. *Quellen*
a) *V 5-10.13.* V 5a erinnert an den später weggelassenen Vers Mk 2,1. Sonst stammt die Geschichte aus Q, wo sie unmittelbar hinter der Feldrede stand (Lk 7,1-10 nach 6,20-49). In Q gehörte sie mit dem Täuferkomplex Lk 7,18-35 vermutlich zu einem Abschnitt israelkritischer Texte[3]. Nur beim Dialog V 8-10 = Lk 7,6b-9 sind die wörtlichen Übereinstimmungen hoch[4]. Dennoch wird der Dialog nur als Teil einer Ge-

---

[1] Das Sätzchen ist als Frage zu übersetzen, a) weil nur dann das betonte ἐγώ sinnvoll ist, b) weil auch in der verwandten Geschichte 15,21-28 Jesus die Bitte der Heidin ablehnt.
[2] Held, Matthäus 185.
[3] Kloppenborg, Formation 119.121.
[4] Matthäismen (vgl. Bd. I Einl. 3.2) sind: ἀποκριθεὶς δέ, μόνον. Παρ' οὐδενί (V 10) ist nicht aus sprachlichen, sondern aus inhaltlichen Gründen mt.

schichte verständlich, die von Anfang an mit überliefert worden sein muß[5]. Die Einleitung wird in Lk 7,2-6a sehr verschieden überliefert. Der fromme heidnische Hauptmann schickt jüdische Älteste als Gesandte zu Jesus. Während hier der Lukastext sehr stark red. gefärbt ist, überliefert Mt vermutlich den Q-Text ziemlich wörtlich[6]. Ob die lk Einleitung 7,2-6a auf eine Rezension von Q (Q[Lk]) oder auf lk Red. zurückgeht, kann hier offenbleiben[7]. In V 13 hat Mt, wie der Vergleich mit 15,28 zeigt, weitgehend selbst formuliert.

b) *V 11f.* Die wichtigste mt Änderung ist aber der Einschub des Logions V 11f, dessen ursprüngliche Stellung in Q bei Lk 13,28f erhalten ist[8]. Vermutlich hat Mt auch dieses Logion ziemlich wörtlich aus Q übernommen[9]. M.E. ist die mt Form mit ihrem schönen Parallelismus gegenüber Lk 13,28f, wo das Logion dem Kontext eingepaßt wurde, primär. Sprachlich eindeutig red. ist nur τῶν οὐρανῶν. Die typisch »matthäische« Formel vom Heulen und Zähneknirschen wird durch Lk als trad. ausgewiesen; Mt hat sie also in Q gefunden und mehrmals red. eingefügt (13,42.50; 22,13; 24,51; 25,30). Wahrscheinlich verhält es sich mit τὸ σκότος τὸ ἐξώτερον, das 22,13; 25,30 repetiert wird, ebenso[10]. Auch bei υἱοὶ τῆς βασιλείας spricht alles für Tradition, da Lk den Spruch in seinem Kontext in die 2. Person setzen muß. Mt nimmt den Ausdruck 13,28 red. wieder auf. Vielleicht hat also der konservative Mt aus unserem Spruch drei Wendungen in sein Vorzugsvokabular übernommen. Einen deutlicheren Hinweis darauf, wie wichtig er ihm ist, kann es kaum geben!

3. *Traditionsgeschichte und Herkunft*

a) *V 5-10.13.* Die joh Rezension unserer Geschichte in Joh 4,46-53 ist sekundär und trägt zur traditionsgeschichtlichen Rekonstruktion nichts bei. Wie die meisten Heilungsgeschichten, so *kann* auch diese einen historischen Kern haben, zumal sie eine Lokaltradition von Kafarnaum zu sein scheint; aber ebenso wie bei fast allen gilt auch hier, daß sichere Aussagen unmöglich sind.

b) *V 11f* ist ein zweigliedriges Gerichtswort mit schönem Parallelismus. Das Gewicht liegt auf dem zweiten Teil, der Drohung gegen die Söhne der βασιλεία, d.h. gegen Israel. Das Logion nimmt die traditionellen Topoi von der endzeitlichen Völkerwallfahrt zum Zion[11] und von der eschatologischen Mahlzeit[12] auf, verbindet sie und

---

[5] Nach Manson, Sayings 63 stand nur der Dialog in Q. Dagegen spricht aber auch die Variante Joh 4,46-54.

[6] Matthäismen (vgl. Bd. I Einl. 3.2) sind in V 5-7: Προσέρχομαι, λέγων, κύριε, λέγει (Präs. historicum bei Jesuswort, vgl. Bd. I Einl. 3.1), evt. βασανίζομαι, ἐλθών. In V 13: ὑπάγω, πιστεύω, γενηθήτω, ὥρα ἐκείνη. Zur Einzelanalyse vgl. Wegner* 91-276. Vgl. zu V 13 die verwandten Formulierungen 9,22; 15,28; 17,18 (auch Heilung eines Kindes). Von der im Wortlaut ganz verschiedenen Fassung Joh 4,46-53 her ist zu fragen, ob »jene Stunde« (vgl. Joh 4,52.53) zur Trad. gehört. Dafür spricht auch die jüd. Fernheilung bBer 34b = Bill. II 441. Dann ist eine weitere Wendung mt Redaktionssprache von der Trad. veranlaßt worden.

[7] Wegner* 250-255 rechnet damit, daß Mt 8,5-10.13 = Q vor Lk als Sondergut weiter bearbeitet wurde.

[8] Vgl. Bd. I 395f.

[9] Der Q-Text von Mt 8,11f ist umstritten, vgl. Hoffmann* 205-210; Chilton* 181-195.

[10] Die Wendung könnte trad. sein, denn lk ἐκβάλλω ἔξω ist red., vgl. Lk 4,29; Apg 7,58; 9,40. Lk stellt durch ἔξω eine Stichwortverbindung zu 13,25 her.

[11] Die beste Übersicht über das Material gibt Zeller*: Es liegt nicht ein bestimmtes atl. Zitat vor, sondern ein in jüd. Texten verbreiteter Topos, der in verschiedenen sachlichen Kontexten verwendet werden konnte.

[12] Grundstelle ist Jes 25,6, vgl. ferner äth Hen 62,14; slav Hen 42,3ff Sokolov = Bill. IV 1138 Anm. 1; Aboth 3,17f (Akiba); rabb. Belege bei Bill. IV 1154-1159.

wendet sie gegen Israel. Das »schockierende Novum«[13] besteht darin, daß es die Völkerwallfahrt, von der die alttestamentlich-jüdische Tradition in der Regel ad maiorem gloriam Israels sprach, gegen Israel wendet: Annahme der »vielen« Heiden, aber Ausschluß Israels. Vermutlich war das Wort, ähnlich wie das Johannes des Täufers Mt 3,9f, ein zugespitztes Drohwort, nicht eine von Unabänderlichem kündende Weissagung[14]. Es kann durchaus auf Jesus zurückgehen[15].

Erklärung 5f: Als Jesus in seinen Wohnort (vgl. 4,13) Kafarnaum kommt, begegnet ihm ein Hauptmann, am ehesten ein im Dienste des Herodes Antipas stehender heidnischer Kommandant einer Hundertschaft[16]. Er bittet ihn für seinen Sohn[17], der gelähmt mit einer offenbar akuten und schmerzhaften Erkrankung[18] zu

7: Hause liegt. Jesu Antwort, eine erstaunte Frage, weist die Bitte ab: Als Jude kann Jesus nicht das Haus eines Heiden betreten[19]. Matthäus liegt daran, die

8f: Gesetzestreue Jesu herauszustellen. Der heidnische Hauptmann bestätigt sie, wenn er zugibt, nicht gut genug zu sein, daß der Herr sein Haus betrete. Damit drückt er einerseits seine Unterwerfung unter den κύριος aus[20], andererseits akzeptiert er, daß dieser ein Jude und zu Israel gesandt ist. Dennoch aber gibt er nicht auf. Schon zum zweiten Mal hat er Jesus als »Herrn« angesprochen, also mit der Anrede des Schutzflehenden, der alles von Jesus erwartet. »Sag's nur mit einem Wort«[21] drückt das unbegrenzte Zutrauen zur Vollmacht Jesu aus, der durch sein eigenes Wort Kranke gesund machen kann. V 9 ist nicht leicht zu deuten. Man wird vom fast allgemein vertretenen Text ὑπὸ ἐξουσίαν ausgehen müssen, nicht, wie viel leichter wäre, von einer Lesart »mit Befehlsgewalt«[22]. Traditionsgeschichtlich ist es am ansprechendsten,

---

[13] Zeller* 87.
[14] So Sato, Q 138: Es ist auch unsicher, ob ursprünglich das ganze Volk angeredet war.
[15] Dafür sprechen: die Parr Lk 14,16-24 und 11,31f; die »Erbschaft« Johannes des Täufers (Mt 3,9f!); das bei Jesus verbreitete Motiv vom eschatologischen Mahl; die Semitismen (mit unterschiedlichem Gewicht: Parallelismus; inkludierendes πολλοί = Unzählige; υἱοὶ τῆς βασιλείας und schließlich (nur inter alia!) das Unähnlichkeitskriterium. Chilton* 197-199 meint, nur V 11 gehe auf Jesus zurück, während die Gerichtsankündigung in V 12 erst auf Q zurückgehe. Es gibt aber m.E. keine wirklichen Gründe für eine traditionsgeschichtliche Dekomposition des antithetischen Parallelismus V 11+12.
[16] Herodes Antipas hat eigene Truppen (Jos Ant 18,113f). Kafarnaum ist Grenzort. Zur römischen Truppenorganisation vgl. T.R.S. Broughton, in: Jackson-Lake, Beginnings V 427-429. Eine centuria, die der Hauptmann befehligt, umfaßt 100 Mann, die übergeordnete Kohorte (σπεῖρα) 600.
[17] Παῖς meint hier den Sohn und nicht den Knecht (womit alte Auslegungen, die in unserer Geschichte einen Ausdruck von Solidarität zwischen Herren und Knechten sahen, wegfallen). Gründe: 1. Mt braucht in V 9 δοῦλος für »Sklave«; 2. Mt hat bisher παῖς im Sinn von »Kind« gebraucht (2,16). 3. In der verwandten Geschichte 17,14-21 meint παῖς eindeutig »Sohn« (17,15.18). Vgl. auch u. S. 246f zu 12,18.
[18] Medizinisch genaue Angaben interessieren den Erzähler nicht, sondern nur die Schwere des Falls (vgl. Lk 7,2; Joh 4,47). Joh 4,52 spricht von Fieber.
[19] Vgl. Apg 10,28; 'Ohaloth 18,7 = Bill. II 838.
[20] Dieser Gedanke ist für die altkirchliche Auslegung sehr wichtig, vgl. Johannes Chrysostomus 26,4 = 369 im Anschluß an ἄνθρωπος V 9: »Du bist Gott, ich ein Mensch«.
[21] Λόγῳ = Dat. instrumentalis. Die Formulierung ist semitisch wie griech. ungebräuchlich (vgl. nur Phalaris, Ep 121,1 [hrsg. R. Hercher, Epistolographi Graeci, Paris 1873, 444]) und hebt λόγος heraus.
[22] So sy^sin nach Merx, Evangelien II/1 136f.

eine falsche Gräzisierung einer aramäischen parataktischen Konstruktion anzunehmen[23]. Das Partizip ἔχων hätte dort der Hauptaussage entsprochen, εἰμὶ ὑπὸ ἐξουσίαν einer konzessiv zu verstehenden Nebenaussage: Obwohl ich nur ein Mann in untergeordneter Stellung bin, habe ich unter mir Soldaten, denen ich befehlen kann. Diese Formulierung entspricht exakt der Situation eines Subalteroffiziers, der im Unterschied zum Kommandanten einer Kohorte[24] in unmittelbarem Kontakt mit der Truppe steht. Auf der Ebene des Matthäus bleibt der Text schwierig. Vielleicht impliziert, aber jedenfalls nicht ausgesprochen ist der Gedanke: Wenn schon ich, als kleiner Offizier, Befehle geben kann, um wieviel mehr dann du! Die Antwort des Hauptmanns setzt Jesus in Erstaunen. Er wendet sich zu der ihm seit 8,1 nachfolgenden Volksmenge und hält ihr eine kleine Rede: Bei keinem einzigen in Israel hat Jesus solchen Glauben gefunden wie bei diesem Heiden! »Glaube« bedeutet das bedingungslose Zutrauen zu Jesu helfender Macht, das sich nicht abweisen läßt. Wie immer in synoptischen Texten, so ist es auch hier Jesus, der das Verhalten eines Menschen als »Glaube« qualifiziert; nur ausnahmsweise sprechen Bittsteller von ihrem eigenen Glauben. Das scharfe Wort will V 11f vorbereiten. Die Anrede an das »nachfolgende« Volk macht deutlich, daß der Evangelist hier die Oberfläche der Erzählung bewußt durchbricht und von seiner Tiefenebene her formuliert: Jesus ist bisher ja nur wenigen Menschen begegnet; negative Erfahrungen in Israel hatte er noch keine einzige. Dennoch setzt V 10 bereits einen negativen Verlauf der Begegnung Jesu mit Israel voraus. Daß dem so ist, weiß die matthäische Gemeinde aus dem Ganzen der Jesusgeschichte und aus ihrer eigenen Erfahrung in Israel. Darum haben V 10-12 »Signalcharakter« auf Kommendes hin[25].

Auch das allgemeine, nicht auf die konkrete Situation bezogene Logion V 11f nimmt Zukünftiges vorweg. Sein Signalcharakter ergibt sich auch daraus, daß Wendungen aus diesen Versen im ganzen Evangelium immer wieder anklingen. Matthäus hat Israels Nein zu Jesus und die Zerstörung Jerusalems erlebt. Er erfuhr die Zuwendung der vielen Heiden zu Jesus und fordert seine eigene Gemeinde zur Heidenmission auf. Das Drohwort ist für ihn also eine Weissagung, die seine eigene Situation genau trifft: Die Heiden von Ost und West werden sich dem Gott Israels zuwenden. Sie werden mit den Patriarchen Israels im Gottesreich zu Tische liegen. Die Söhne des Reichs aber verlieren die βασιλεία (vgl. 21,43)[26]. Ihr Los ist die Finsternis[27]. Ἐξώτερον drückt zugleich im Bild den Ausschluß aus dem Festsaal (vgl. 22,13) und in der Sache

---

[23] Wellhausen 36; Beyer, Syntax 278; Jeremias* 26 Anm. 98.

[24] Χιλίαρχης ist LA von sy^{sin} in V 8 und 13; nur schon deshalb ist die LA o. Anm. 22 sekundär.

[25] Ähnlich ist es z.B. bei 13,10-15 und bei 17,17, vgl. u. S. 311f und 522f.

[26] Die kirchliche Auslegung deutete diesen Vers erstaunlich zurückhaltend; das Hauptinteresse liegt durchweg auf V 7-9. Oft findet man Hinweise auf Röm 11, z.B. bei Musculus 196: Nicht alle Juden sind verworfen.

[27] »Finsternis« als Attribut der Scheol und des Gehinnom ist verbreitet, vgl. Bill. IV 1076-1078; Gnilka I 304.

die unendliche Distanz zum Gottesreich aus. »Heulen und Zähneknirschen« ist Ausdruck fürchterlichen Schmerzes[28]. Den Schrecken der Hölle hat Matthäus sehr real gedacht, auch wenn er sie nicht vorstellungsmäßig ausmalte[29].

13 Mit dem Schlußvers wendet sich Jesus zum Hauptmann zurück. Sein Glaube wird von Jesus nicht im Stich gelassen. Γενηθήτω erinnert an das Unservater (Mt 6,10) und zeigt, wie sehr Glaube für Matthäus Gebetsglaube ist. Nun erst schenkt Jesus dem glaubenden Hauptmann die Erfüllung seiner Bitte. Sie wird ganz knapp konstatiert: Zur selben Stunde wurde das Kind gesund.

Zusammenfassung   Unsere Geschichte ist mehrdimensional. Zunächst wird ein Wunder erzählt. Daß es geschehen ist, ist für Matthäus wichtig[30], denn es zeigt die Souveränität des Herrn, auf dessen bloßes Wort hin der Knabe augenblicklich gesund wird. Das Wunder geschieht zweitens an einem Heiden, aber in einem Abschnitt der Erzählung, der von den Wundern Jesu in Israel spricht. Für den Evangelisten ist wichtig, daß gerade dieser Heide das Gesetz und den heilsgeschichtlichen Vorrang Israels respektiert (vgl. 15,21-28). Das dient aber nur als Hintergrund für das ›Signal‹ in V 10-12: Aus der Sicht der Gemeinde, die das Ende der Geschichte Jesu kennt und die um die kommende Heidenmission weiß, wird der Hauptmann zum Erstling der Heidenkirche[31]. Die Weissagung Jesu läßt ahnen, daß später die Heiden zum Gott Israels kommen werden, während Israel selbst draußen bleibt[32]. An dieser Stelle der Geschichte sind unsere Verse ein anfängliches Wetterleuchten; erst am Ende der Wirksamkeit Jesu für Israel wird das Heil für die Heiden stehen. Wie es dazu kam, wird der Evangelist später erzählen; er läßt es hier bei einem Wetterleuchten bleiben und kehrt zu seinem Thema zurück, nämlich den Wundern, die Jesus in Israel tat. In ihrem Zusammenhang ist der Hauptmann von Kafarnaum eine Randerscheinung mit Zukunftsperspektive. Diese Perspektive aber ist für die Leser in der matthäischen Gemeinde wichtig, denn in der Jesusgeschichte

---

[28] Das ergibt sich für κλαυθμός aus 13,42.50 (Feuer); 24,51 (Vierteilung des Knechts); äth Hen 108,3.5 (Weinen/Schmerzgeheul); slav Hen 40,12 (Heulen/Klagen). Zähneknirschen kann man bei verschiedenen Gelegenheiten, aber vom Kontext her ist gleich wie bei κλαυθμός zu deuten. Es ist also nicht nötig, an die Kälte der Hölle (Zähneknirschen bei Schüttelfrost), an die Wut der Verurteilten, wenn sie die Erlösten sehen (vgl. Lk 13,25-28; 4Esr 7,83; MidrQoh 1,15 = Bill. IV 1040) oder an die »verzweiflungsvolle Reue« der Verurteilten (K.H. Rengstorf, Art. βρύχω κτλ., ThWNT I 640,14) zu denken.

[29] Das ist z.T. in der Auslegungsgeschichte geschehen. Die Kälte der Hölle (vgl. oben Anm. 28) wurde oft mit 24,19 begründet (Heulen vor Hitze, Zähneklappern vor Kälte). Schwierig war es, den Gedanken an Feuer mit der »Finsternis draußen« zu verbinden; da führte zum Gedanken des finsteren Feuers, z.B. bei Maldonat 178. Metaphorisch hat man den Ausdruck kaum gedeutet, denn das »Heulen und Zähneknirschen« eignete sich als Belegstelle für die leibliche Auferstehung (z.B. Hieronymus z.St.).

[30] Unsere Geschichte ist also gerade nicht eine geschichtstheologische »Parabel«, mit deren Hilfe Mt ein »grundsätzlich-theologisches Problem« lösen will (gegen Frankemölle, Jahwebund 113).

[31] Thomas v Aquino (Lectura) Nr. 694: »Centurio ... praesidens ad salutem gentium.« Er ist »Stammvater im Glauben der Heidenchristen« (Schnider-Stenger* 76).

[32] So drohte schon Johannes der Täufer: Gott wird *dem Abraham* aus Steinen Kinder erwecken (3,9).

erkennen sie ihren eigenen Weg wieder, der sie – nach Ostern – in einen Konflikt mit Israel, aus Israel hinaus ins Heidenland und dort zur Verkündigung des Evangeliums an die Heiden führt[33]. Zugleich ist unsere Geschichte für die Gemeinde noch in anderer, direkter Weise bedeutsam. Sie stellt den Glauben des Hauptmanns heraus und will den Leser/innen Mut zum eigenen Glauben machen. Der Hauptmann wird für sie zur Identifikationsfigur. So hat es mit Recht immer schon die kirchliche Auslegung gesehen, für die der Hauptmann entweder zum Typus für wahre Demut[34] oder zum Modell des Glaubens[35] wurde. Die Geschichte wird so für die eigene Erfahrung der Leser/innen direkt transparent. Die Erfüllung der Bitte des Hauptmanns wird zur Verheißung an die Gemeinde, die vom Bestand ihres Herrn lebt (28,20).

1.3 Jesus heilt die Schwiegermutter des Petrus und viele Kranke (8,14-17)

Literatur: Held, Matthäus 159-162; *Fuchs, A.*, Entwicklungsgeschichtliche Studie zu Mk 1,29-31 par. Mt 8,14-15 par. Lk 4,38-39, SNTU.A 6-7 (1981/82) 21-76; *Lamarche, P.*, La guérison de la belle mère de Pierre et le genre littéraire des évangiles, NRTh 87 (1965) 515-526; *Léon-Dufour, X.*, La guérison de la belle mère de Simon-Pierre, in: ders., Etudes d'Evangile, Paris 1965, 125-148.
Weitere Literatur** bei Mt 8-9 o. S. 5.

14 Als Jesus ins Haus des Petrus kam, sah er dessen Schwiegermutter daliegen und fiebern. 15 Und er berührte ihre Hand, und das Fieber verließ sie, und sie stand auf und diente ihm.
16 Als es spät wurde, brachte man ihm viele Besessene, und er trieb die Geister durch das Wort aus und heilte alle Kranken,
17 so daß erfüllt würde, was durch den Propheten Jesaja gesagt wurde:
  »Er hat unsere Schwächen weggenommen
  und die Krankheiten weggetragen«.

1. *Aufbau.* Der Text besteht aus drei Teilen, nämlich der Heilung der Schwiegermutter des Petrus (V 14f), dem Summar (V 16) und dem Erfüllungszitat (V 17). Der Heilungsbericht ist um »er berührte ihre Hand« herum chiastisch aufgebaut. Im Kontext weisen die Stichworte βέβλημαι und λόγῳ auf 8,5-13, das Stichwort ἅπτομαι mit χείρ auf 8,1-4 zurück. Προσήνεγκαν, δαιμονιζόμενοι, πάντας τοὺς κακῶς ἔχοντας und ἐθεράπευσεν weisen auf 4,24 hin, νόσος aus dem Zitat V 17 auf 4,23, die »Titelverse« unseres Abschnitts.

Analyse

---

[33] Vgl. Bd. I 65-70.
[34] Z.B. Johannes Chrysostomus 36,4 = 370; Hieronymus 49; Strabo 113.
[35] Z.B. Johannes Chrysostomus 26,3f = 363.366; Luther (WA 38) 467 (Glaube eines unwürdigen Heiden – wie wir); Calvin I 251f.

2. *Quelle* ist Mk 1,29-34. Das wichtigste Merkmal der mt Bearbeitung ist die Kürzung[1]. Manche Einzelheiten fallen weg; der Text wird klarer und durchsichtiger[2]. Trotz einiger weniger Übereinstimmungen mit Lk lag hier Mt kaum ein anderer Mk-Text vor als der uns überlieferte[3]. Das Erfüllungszitat aus Jes 53,4 hat die Formulierung des übrigen Textes nirgendwo bestimmt; es gibt also kein Indiz dafür, daß es bereits vor Mt mit dem Mk-Text verbunden gewesen wäre.

3. *Das Erfüllungszitat* stammt aus Jes 53,4 und entspricht in seinem Wortlaut am ehesten dem hebr. Text. Von den griech. Übersetzungen besteht zu Aquila eine gewisse Affinität. Um eine vom Evangelisten selbst hergestellte Übersetzung aus dem Hebräischen kann es sich nicht handeln[4]; das einzige Wort, das genau in den mt Kontext paßt, νόσος, steht auch bei Aquila; im übrigen ist die Sprache kaum mt[5]. Es stammt also am ehesten aus einer vormt Sammlung oder Bearbeitung von Mk 1,32-34[6].

Erklärung 14f   Durch die Straffung wird die kleine Geschichte bei Matthäus zur reinen Jesusgeschichte. Die Jünger verschwinden. Keine Bitte wird mehr an Jesus gerichtet. Er sieht die kranke Frau, ergreift allein die Initiative und heilt sie. Ihm allein dient sie nach der Heilung. Jedes biographische oder novellistische Interesse fehlt auch hier, wo es um die Familie des Petrus geht. Nur auf die Tat Jesu allein kommt es an.

Natürlich konnte es nicht ausbleiben, daß sich wenigstens die Auslegungsgeschichte für die näheren Umstände, etwa für den Ort des Hauses des Petrus, für die Tatsache, daß er als Apostel offenbar noch ein Haus besaß, oder für seine Familienverhältnisse interessierte. Aus den vielen hier erörterten Fragen ist eine von Bullinger gestellte notierenswert: »Wir sehen hier, daß ein Verheirateter von Christus zum Apostel berufen wurde ... Hieronymus räumt ein, daß alle Apostel verheiratet gewesen seien, außer Johannes. Woher kommt es also, daß die römischen Päpste den Bischöfen und den übrigen Dienern der Kirche die Frauen wegnahmen?«[7] Die Anfrage wird untermalt durch einen Verweis auf 1Kor 9. Soviel ich sehen konnte, ist sie damals von der katholischen Exegese nie aufgenommen und beantwortet worden, obwohl die alktkirchli-

---

[1] Es fallen weg: Mk 1,29a (die Verknüpfung mit Mk 1,21-28 erübrigt sich); die drei Jüngernamen (die Berufungsgeschichte 4,18-22 liegt bei Mt weit zurück); die Frage an Jesus Mk 1,30b; die redundanten Zeit- und Personenangaben von Mk 1,32; die Publikumsnotiz Mk 1,33; das Schweigegebot an die Dämonen aus Mk 1,34c (nachdem die Geschichte Mk 1,21-28 von Mt nicht erzählt wurde, wäre es kaum verständlich gewesen und hätte außerdem einen glatten Übergang zum Erfüllungszitat erschwert).
[2] Die häufigen mk Subjektswechsel werden in *V 14f* reduziert. *V 16*: Das Gewicht liegt nun auch quantitativ auf der mit zwei Verben berichteten exorzistischen und heilenden Tätigkeit Jesu V 16bc.
[3] Gegen Fuchs*; Ennulat, Agreements 40.43 läßt die Frage offen. M.E. kann man nur bei der Streichung von Mk 1,33 fragen, ob den Großevangelisten eine andere Markusrezension vorlag; aber sie können auch unabhängig voneinander diese unnötige mk Zusatzbemerkung gestrichen haben.
[4] So Rothfuchs, Erfüllungszitate 71.
[5] Ἀσθένεια ist Hap. leg. und als Übers. für חֳלִי ganz ungebräuchlich. Βαστάζω (vgl. Aquila Jes 53,11) kommt noch 2mal in der Trad. vor.
[6] Vgl. Bd. I 138f.
[7] Bullinger 200.

chen Überlieferungen über die Frau und die Tochter des Petrus[8] in den Kommentaren immer wieder angeführt wurden. Die Frage harrt noch immer einer Antwort[9].

Das nun folgende Summar hat eine dreifache Funktion: Einerseits soll es dem Leser verdeutlichen, daß die bisher erzählten Wundergeschichten lediglich drei Beispiele von vielen Heilungen sind. Darum greift der Evangelist hier die Formulierungen von 4,23f nochmals auf. Andererseits geht es ihm darum, die absolute Vollmacht Jesu herauszustellen. Darum heilt hier Jesus, im Unterschied zum Markustext, *alle* Kranken, und darum heilt er sie, wie schon in V 8.13, souverän durch sein Wort. Schließlich kann Matthäus damit das Zitat von V 17 vorbereiten. 16

Das Erfüllungszitat wurde oft überinterpretiert. Vom Kontext her, wo von der Souveränität des heilenden Jesus die Rede ist, kann ἔλαβεν und ἐβάστασεν nur »wegnehmen« und »forttragen« bedeuten[10]. Αὐτός betont die Souveränität Jesu. Das Zitat zeigt also, wie Jesus als Messias Israels vollmächtig in seinem Volke heilt. Für Matthäus ist wichtig, daß dies dem vom Propheten geweissagten Plan Gottes entspricht. Das Jesajazitat wird so, ähnlich wie später 9,13, zu einer Art Deutewort der Geschichte Jesu. Vom Leiden des Gottesknechtes ist also im matthäischen Kontext nicht die Rede. Dem entspricht der Zitatausschnitt. Das Wort παῖς θεοῦ taucht hier, anders als 12,18-21, nicht auf. Es wird hier genau derjenige Teil von Jes 53,3-5 herausgegriffen, der nicht vom Leiden des Gottesknechts spricht. Unser Zitat ist ein Beispiel dafür, daß frühchristliche wie damalige jüdische Exegese einzelne Schriftworte manchmal (!) völlig unabhängig von ihrem Kontext zitiert. 17

Daß dies heute der Exegese so oft Mühe macht, hängt mit der klassischen Auslegungsgeschichte unseres Zitates zusammen, das sehr dogmatisch gedeutet wurde. Für die alte Exegese war von Jes 53,5 her wichtig, daß Christus die Sünden auf sich nahm[11]. Reformatorisch geprägte Exegese deutete gern vom Kreuzestod her: »Gott läßt sich aus der Welt herausdrängen ans Kreuz, Gott ist ohnmächtig und schwach in der Welt... Es ist Matth 8,17 ganz deutlich, daß Christus nicht hilft kraft seiner Allmacht, sondern kraft seiner Schwachheit.«[12] Matthäus sagt eher das Gegenteil. Solche Exegesen überhöhen den Text. Sie nehmen aber den Einzeltext zugleich hinein ins Ganze des christlichen Glaubens. Sie sind dann – und nur dann – legitim, wenn die Ausleger/innen wissen, daß sie damit – auf eigene theologische Verantwortung und von ihrem eigenen Verständnis des Glaubens her – etwas Neues aus dem Text machen. Wirkungsgeschichte

---

[8] Clemens v Alexandria, Strom 3,52f; 7,63f; Euseb, Hist Eccl 3,30.
[9] R. Schnackenburg, Randnotiz: »Warum reden evangelische Theologen eigentlich so wenig vom unverheirateten Paulus?«
[10] Held, Matthäus 248-250. Vgl. zu λαμβάνω 5,40; 15,26.
[11] Z.B. Chromatius 40,4 = II 40. Zwingli 252 löst das Problem: Mt rede vom Geringeren, schließe aber das Größere ein, um zu zeigen, daß Christus Arzt der Seele *und* des Körpers sei.
[12] D. Bonhoeffer, Widerstand und Ergebung, München – Hamburg 1964 (Siebenstern Taschenbuch 1), 178 (Brief vom 16. 7. 1944).

2 Ans jenseitige Ufer des Sees (8,18-9,1)

Der zweite Abschnitt ist durch eine geographische Klammer zusammengehalten: Jesus geht aus seiner Stadt Kafarnaum weg, hinüber ans jenseitige Ufer (πέραν 8,18), besteigt dabei das Boot (ἐμβαίνω εἰς τὸ πλοῖον 8,23) und kehrt in 9,1a wieder zurück (ἐμβαίνω εἰς πλοῖον, διαπεράζω). Diese geographische Klammer umfaßt zwei sehr verschiedene Perikopen, nämlich die Nachfolgegeschichte 8,18-27 und die erste von zwei Wundergeschichten (8,28-9,1), auf die dann wiederum eine Nachfolgegeschichte folgt (9,9-13). Die äußere geographische Gliederung und die innere Gliederung, die Abfolge von Wundergeschichten und Nachfolgegeschichten, überlagern sich also.

2.1 Nachfolge in den Sturm (8,18-27)

Literatur: Bornkamm, G., Die Sturmstillung im Matthäusevangelium, in: G. Bornkamm – G. Barth – H.J. Held, Überlieferung und Auslegung im Matthäusevangelium, 1960 (WMANT 1), 48-53; *Casey, M.*, The Jackals and the Son of Man, JStNT 12 (1985) 3-22; *Geist*, Menschensohn 251-256; *Goldammer, K.*, Navis Ecclesiae, ZNW 40 (1941) 76-86; *Held*, Matthäus 189-192; *Hengel, M.*, Nachfolge und Charisma, 1968 (BZNW 34); *Hilgert, E.*, The Ship and Related Symbols in the New Testament, Assen 1962; *Iersel, B.M.F. – Linmans, A.J.M.*, The Storm on the Lake, in: Miscellanea Neotestamentica II, hrsg. T. Baarda u.a., 1978 (NT.S 48), 17-48; *Kahlmeyer, J.*, Seesturm und Schiffbruch als Bild im antiken Schrifttum, Diss. Greifswald 1931 = Druck Hildesheim 1934; *Kingsbury, J.D.*, On Following Jesus: The ›Eager‹ Scribe and the ›Reluctant‹ Disciple (Matthew 8,18-22), NTS 34 (1988) 45-59; *Klemm, H.G.*, Das Wort von der Selbstbestattung der Toten, NTS 16 (1969/70) 60-75; *Kratz, R.*, Auferweckung als Befreiung, 1973 (SBS 65), 37-56; *Léon-Dufour, X.*, La tempête apaisée, in: ders., Études d'Évangile, Paris 1965, 153-182; *Schulz*, Q 434-442; *Schwarz*, Jesus 91-97.
Weitere Literatur** bei Mt 8-9 o. S. 5.

18 Als aber Jesus eine Volksmenge um sich sah, befahl er, ans andere Ufer zu fahren. 19 Da trat einer herzu, ein Schriftgelehrter, und sagte ihm: »Meister, ich will dir überallhin nachfolgen, wo du hingehst«. 20 Und Jesus sagt ihm:
 »Die Füchse haben Höhlen,
  und die Vögel des Himmels haben Nester,
 aber der Menschensohn hat nicht,
  wo er sein Haupt hinlege«.
21 Ein anderer aber, von den Jüngern, sagte ihm: »Herr, erlaube mir, zuerst wegzugehen und meinen Vater zu begraben«. 22 Jesus aber sagt ihm: »Folge mir nach und laß die Toten ihre Toten begraben!«
23 Und als er ins Boot einstieg, folgten ihm seine Jünger nach.
24   Und siehe, ein großes Beben geschah auf dem See, so daß das Boot
                         von den Wellen zugedeckt wurde;
    er aber schlief. 25 Da traten sie herzu, weckten ihn
 und sagten: »Herr, rette! Wir gehen unter!«

26   Und er sagt ihnen: »Wie ängstlich seid ihr, Kleingläubige!«
     Da stand er auf und fuhr die Winde und den See an.
     Und es entstand eine große Windstille.
27   Die Leute aber erstaunten und sagten: »Was ist das für einer, daß
     ihm die Winde und der See gehorchen?«

1. *Aufbau.* Die Perikope ist eine Einheit, durch die Stichworte ἀπέρχομαι (V 18f.21), ἀκολουθέω (V 19.22f) und μαθητής (V 21.23) bestimmt. Bereits V 18 befiehlt Jesus die Überfahrt, die V 23 einsetzt und V 28a vollendet ist. V 19-22 unterbrechen den Zusammenhang zwischen dem Befehl Jesu und seiner Ausführung. Die Sturmstillungserzählung V 23-27 ist als Ringkomposition chiastisch aufgebaut[1]. Im Zentrum stehen die Worte der Jünger V 25b und Jesu V 26a. Mit V 26 tritt also die große Wende ein. Die Worte der Jünger und Jesu, Jesu »Schlafen« und »Aufstehen«, das »große Beben« und die »große Windstille« entsprechen sich antithetisch. Der Nachfolge der Jünger (V 23) steht am Schluß in V 27 die Reaktion der Leute gegenüber. Dieser Vers durchbricht mit der Erwähnung der ἄνθρωποι die Erzähleben: Jesus ist ja vom Volk weggefahren, nur die Jünger sind bei ihm. Die Perikope enthält zwei Rückverweise auf 6,25-34 (τὰ πετεινὰ τοῦ οὐρανοῦ, ὀλιγόπιστος). Mt 14,22-23 haben mit V 23-27 so viele Stichworte gemeinsam, daß jene zweite Sturmstillung zur Vertiefung und Weiterführung unserer Geschichte wird[2].

2. *Quellen.* Die mk Geschichte von der Sturmstillung Mk 4,35-41 dient als Rahmen für die beiden Nachfolgeapophthegmata aus Q Lk 9,57-60 = Mt 8,19-22. Eine solche Perikopenverbindung ist bei Mt ungewöhnlich. *V 18* ist von Mt »jesuzentrisch« neu formuliert[3]. *V 19-22* stimmen im ganzen mit Lk 9,57-60 überein. Im einzelnen ist Sicherheit in der Rekonstruktion von Q nicht möglich. Ich rechne damit, daß εἷς γραμματεύς bereits in Q stand[4]. In V 21f hat Mt wohl die ursprüngliche Stellung von ἀκολούθει μοι erhalten[5]. Den Befehl »du aber geh weg und verkündige das Gottesreich« (Lk 9,60b) konnte er vor dem gemeinsamen Einsteigen ins Schiff nicht brauchen; vermutlich hat er ihn weggelassen. Auf Mt gehen προσελθών (V 19), die Präzisierung τῶν μαθητῶν (V 21)[6] und vielleicht die beiden Anreden διδάσκαλε (V 19) und κύριε

---

[1] Vgl. die graphische Anordnung der Übersetzung und Ennulat, Agreements 134. Gerhardsson** 53 zählt in V 23-25 und 26f je 83 Silben. Auch beide Hauptteile V 18-22 und 23-27 sind fast genau gleich lang.
[2] Ἐμβαίνω εἰς τὸ πλοῖον, εἰς τὸ πέραν, ὄχλος, κύματα, θάλασσα, κελεύω, κύριε σῶσον, ὀλιγόπιστος, ἄνεμος.
[3] Ἐκέλευσεν! Vorangestelltes Partizip ἰδών (vgl. Bd. I Einl. 3.2) dient bei Mt meist zur Begründung einer Handlung.
[4] Daß ein (jüd.!) Schriftgelehrter Jesus nachfolgen will, paßt nicht ins mt Konzept, vgl. zu 3,7; 5,20 und Mt 22,34-40 diff. Mk 12,28-34. Εἷς im Sinne eines Indefinitpron. kann mt sein (9,18; 21,19; 26,69; 18,24?).
[5] Lk stellt den Imp. voraus, a) weil dies dem Gattungstyp »Nachfolgegeschichte« entspricht und b) weil die Bitte des Fragers unmotiviert ist, wenn gar nicht von einer Berufung die Rede war. Die mt Reihenfolge ist »lectio difficilior«.
[6] Vgl. Bd. I Einl. 3.2. Durch die Präzisierung τῶν μαθητῶν erklärt Mt seinerseits, warum der Frager von sich aus um eine Erlaubnis bittet: Er war eben schon Jünger und muß so nicht zuerst berufen werden. Außerdem entsteht so eine wichtige Stichwortverbindung zu V 23.

(V21) zurück⁷. Die bei Lk V61f überlieferte dritte Nachfolgeepisode stand wahrscheinlich noch nicht in Q⁸.
V23-27 sind eine red. Bearbeitung von Mk 4,36-41. Die »Minor Agreements« mit Lk 8,22-25 sind zwar in den meisten Fällen, aber nicht immer gut als Sprache der beiden Evangelisten zu erklären. Sie sind überaus zahlreich. Lag den Großevangelisten eine andere Rezension von Mk vor⁹? Gegenüber Mk bringt die mt Fassung eine Straffung: Details, die inhaltlich nicht unbedingt nötig sind, fallen weg; umständliche Formulierungen werden vermieden (vgl. Mt V23a mit Mk 4,36a; Mt V24b mit Mk 4,37bc; Mt V26bc mit Mk 4,39). Der bei Mk nachhinkende V40 ist Mt 8,26a besser plaziert. Er bildet nun das Zentrum der V23-27. Um so auffälliger ist in dieser geschliffenen, knappen Erzählung der Schlußvers 27 mit den ἄνθρωποι¹⁰.

3. *Herkunft*. Das zweite Nachfolgeapophthegma *V21f* dürfte als ganzes auf eine Begebenheit im Leben Jesu zurückgehen: Es ist respektlos-radikal und enthält keine allgemeingültige Weisung, die als Gemeinderegel nachösterlich entstanden sein könnte. Im Unterschied dazu ist das Logion *V20* aus dem ersten Nachfolgeapophthegma herauslösbar. Die Entscheidung über seine Herkunft von Jesus fällt am Menschensohntitel. M.E. kann das Wort gut auf Jesus zurückgehen, aber es ist nicht sicher auszumachen, in welchem Sinne: Man braucht das Wort nicht titular zu verstehen: Im Gegenüber zu den Füchsen und den Vögeln kann Jesus gut von sich »als Mensch« reden und so eine scharfe rhetorische Pointe schaffen¹¹. Hat er aber, wie ich meine, sich selbst für den kommenden Menschensohn-Weltrichter gehalten, so kann er auch mit dem Hinweis darauf den Gegensatz verstärken: Sogar die Füchse und Vögel haben das, was der kommende Weltrichter-Menschensohn nicht hat!¹² So oder so ist hier nicht von einem »gegenwärtig-wirkenden Menschensohn«, der vom zukünftigen Weltrichter

---

⁷ Κύριος ist »Leitwort« von Kap. 8 und ergibt insbesondere eine Verbindung zu V25. Διδάσκαλος als Anrede von Außenstehenden: 12,38, vgl. 9,11; 17,24; in der Trad. auch 19,16; 22,16.24.36.
⁸ Begründung bei Gnilka I 310 Anm. 3.
⁹ Προσελθόντες, λέγοντες und οἱ μαθηταὶ αὐτοῦ können *auch* (weniger deutlich) lk Red. sein, ebenso δέ (V27 / Lk V25) und der Ersatz des Praes. historicum (V25 / Lk V24). Ἐμβαίνω εἰς πλοῖον könnte bei beiden Evangelisten aus Mk 4,1 stammen. Die Auslassung von Mk 4,36a (sehr umständliche Formulierung!), der »anderen Schiffe« Mk 4,36b (für die Erzählung nicht nötig), von γεμίζεσθαι τὸ πλοῖον Mk 4,37c, des »Sitzkissens« Mk 4,38a (überflüssige Details) und von σιώπα, πεφίμωσο Mk 4,39b (kein Exorzismus) sind verständlich. Der Plur. ὑπακούουσιν V27 / Lk V25 legt sich nahe. Θάλασσα (V24) bzw. λίμνη (Lk V23) entsprechen red. Formulierung. Auch θαυμάζω kann mt/lk Red. sein. Nicht evident ist die Red. bei der Auslassung von οὐ μέλει σοι (Mk 4,38c) und ἐκόπασεν ὁ ἄνεμος (Mt 14,32! Mt betont sonst die wörtlichen Übereinstimmungen mit 14,22-33).

Auffällig ist ferner der Plur. ἄνεμοι V27 / Lk V25 (entspricht nicht der lk Red.).
¹⁰ Mt Vokabeln sind außer den in Anm. 2.3.7.9 genannten: ἀκολουθέω, μαθητής, ἰδού, σεισμός, σῴζω, ἄνθρωπος (vgl. dazu Bd. I Einl. 3.2); mt ist das Praes. historicum bei λέγει (Bd. I Einl. 3.1). Ὅχλον περὶ αὐτοῦ könnte aus Mk 3,32 stammen; vgl. aber Mk 4,36.
¹¹ Vgl. C. Colpe, Art. ὁ υἱὸς τοῦ ἀνθρώπου, ThWNT VIII 406,6ff: Aram. בַּר נָשׁ kann nur »ich« heißen, wenn ein »generischer Sinn ... mitklang«, also z.B. »ich als Mensch«. Der Sinn wäre dann: Die Füchse und Vögel haben eine Wohnung, ich aber, obwohl ich ein Mensch bin, habe keine ...
¹² Der Umweg über die Heimatlosigkeit der Weisheit (äth Hen 42 u.a.!), den Gnilka Mt I 311f zur Erklärung des Logions sucht, ist unnötig. Das Logion redet von der Heimatlosigkeit Jesu, und der Ausdruck »Menschensohn« (egal, ob titular verstanden oder nicht) verschärft *rhetorisch* ihren Skandal. Dessen Schärfe soll man gerade nicht durch Rekurs auf einen weltanschaulichen Hintergrund entschärfen!

faktisch oder auch nur semantisch unterschieden werden müßte, die Rede. Die *Sturmstillungsgeschichte* ist eine nachösterliche Bildung, die in den Farben der Jonageschichte erzählt wurde, und verkündet, daß Jesus mehr ist als Jona, nämlich ein Schutz- und Rettergott für die Gemeinde[13]. Sie enthielt wohl schon vor Mk eine christologische und eine ihr nachgeordnete soteriologisch-ekklesiologische Dimension.

Jesus befiehlt, ans andere Ufer wegzufahren. Wem gilt sein Befehl? Richtet er sich prinzipiell an alle, so daß dann in den folgenden Versen zwei Beispiele von Reaktionen geschildert werden[14]? Dann deuteten unsere Verse an, wie aus dem Volk heraus Jüngerschaft entsteht. Da Matthäus aber seit 4,18-22 und 5,1 die Existenz von Jüngern voraussetzt[15], meint er wohl eher dasselbe wie Markus: Jesus und seine Jünger gehen vom Volk weg.

Erklärung 18

Vor dem Abfahren kommt ein Schriftgelehrter zu Jesus und bietet seine Nachfolge an. Die Anrede διδάσκαλε macht klar, daß er kein Jünger ist[16]. Jesus weist in pointierter Paradoxie auf die Schwierigkeit der Nachfolge hin: Der kommende Weltrichter, der Menschensohn, hat auf Erden das nicht, was sogar die Füchse und die Vögel des Himmels selbstverständlich haben. Obwohl Matthäus eine Tradition vom festen Wohnsitz Jesu zu kennen scheint (4,12f), wird er Jesus als ständig Wandernden schildern. Zum ersten Mal kommt hier der Ausdruck ὁ υἱὸς τοῦ ἀνθρώπου vor. Matthäus braucht ihn hier in einer öffentlichen Rede Jesu. Haben die Volksmengen, die zuhörten, ihn verstanden? Griechisch ist der Ausdruck nicht; als Übersetzung des aramäischen בַּר נָשׁ ist der doppelt determinierte griechische Ausdruck auch ungewöhnlich. Eine allgemein verbreitete Erwartung »des« kommenden Menschensohns hat es im zeitgenössischen Judentum nicht gegeben; wahrscheinlich ist nur, daß Dan 7,13f, wo von jemandem »wie ein Menschensohn« die Rede ist, in gewissen jüdischen Kreisen messianisch exegesiert wurde (vgl. äth Hen 70f; 37-69); dort hat man dann für die Endzeit einen »Menschensohn«, der mit den Wolken des Himmels kommt, erwartet. Aber wie dem auch sei: Für die zuhörenden Volksmengen war diese Wendung entweder sprachlich eigentümlich und geheimnisvoll oder ein weltanschaulicher Nonsense, da Jesus ja offensichtlich den Ausdruck auf sich bezog. Für die christlichen Leser/innen des Matthäus aber war dieser Ausdruck gefüllt durch alles, was sie aus der christlichen Überlieferung über Jesu Leiden, Sterben, Auferstehen und vor allem über sein Kommen zum Gericht schon wußten. Für die christlichen Leser/innen war also dieses Jesuswort Ausdruck eines Paradoxes, nämlich, daß der, der auferstanden ist und als Weltrichter kommen wird, in absoluter Armut und Heimatlosigkeit leben mußte. Die Jünger in der matthäischen Geschichte wissen das allerdings auch noch nicht. Aber sie wird Jesus immer

19f

---

[13] Pesch, Mk I 276.
[14] Thompson** 372.
[15] 8,1-17 hat Mt Jesus ins Zentrum der Erzählung gestellt und deshalb die Jünger nie erwähnt.

[16] So schon Hieronymus zu 8,21. Vgl. richtig Kingsbury* 48f: Ein jüd. Schriftgelehrter bittet nach jüd. Brauch um Schülerschaft bei Jesus, wird aber von Jesus darauf hingewiesen, daß es bei seiner Nachfolge um etwas ganz anderes geht.

wieder in das Geheimnis des Geschicks des Menschensohns Jesus einführen und unterrichten. Die Volksmengen aber werden es letztlich nicht verstehen[17].

Die Pointe des Wortes liegt also in der Heimatlosigkeit und absoluten Armut Jesu, der einst die Welt richten wird. Die nachfolgende Abfahrt Jesu, das wiederholte ἀπέρχομαι und die Vertreibung Jesu aus dem Gadarenerland (8,34) zeigen, daß Matthäus Jesu Heimatlosigkeit buchstäblich versteht. Fehlt deshalb sogar das Kissen, worauf Jesus im Schiff sein Haupt legt (vgl. Mk 4,38)? Auch die Armut Jesu ist buchstäblich zu verstehen. Der Leser erinnert sich an 6,25-34[18], wo es um Gottes wunderbare Fürsorge für die bettelarmen Nachfolger Jesu ging.

Wirkungsgeschichte Die Auslegungsgeschichte ist bedenkenswert, weil sie genau diesen Punkt zurückdrängt: Zwar wird fleißig betont, daß der Schriftgelehrte ein »Sklave des Geldes« gewesen sei und unlautere Absichten gehabt habe[19]. Daß aber Nachfolge grundsätzlich unter der Aufforderung zur Armut steht, weiß man kaum mehr[20]. Der Titel »Menschensohn« erlaubte, Jesu Armut in einen größeren Kontext hineinzustellen: Der Gottessohn Jesus ist wahrer Mensch (= Menschensohn) geworden und zeigt durch seine Armut an, daß sein Königreich nicht von dieser Welt ist[21]. Die christologische Konzentration erleichterte aber auch das Umgehen der wirklichen Armut. Oft betonen protestantische Ausleger, die sich gegen die wirkliche Armut der katholischen Mönche wehren müssen, daß nicht der Besitz von Häusern etc. unevangelisch sei, sondern nur die Bindung an sie[22]. Besonders verfehlt ist die Auslegung, die im heimatlosen Menschensohn den »rastlos Wirkenden« sieht, der »nur Arbeit ohne Rast« hat[23]. Der gestreßte Jesus! Solche Beobachtungen müssen nachdenklich machen, weil sie andeuten, wo es heute die Fremdheit Jesu zurückzugewinnen gilt[24].

21f Der zweite, der Jesus vor seiner Abfahrt begegnet, ist ein Jünger und redet deshalb Jesus als κύριος an. Seine Bitte ist verständlich: Er möchte vor der Abfahrt seinen verstorbenen Vater begraben und damit eine Pietätspflicht erfüllen, die im Judentum[25] wie im Hellenismus[26] ganz zuoberst steht. Gemessen

---

[17] Vgl. u. Exkurs bei 16,21-28.
[18] Τὰ πετεινὰ τοῦ οὐρανοῦ (6,26).
[19] Johannes Chrysostomus 27,2 = 387. Häufig sind die Vergleiche mit Simon Magus.
[20] Liber Graduum (hrsg. M. Kmosko, 1926 [PS I/3]) 15,13 = 367 deutet auf die ehelosen perfecti. Lapide 197 verteidigt in schwieriger Argumentation die Armut nur einiger religiosi (der Franziskaner) gegen Waldenser, Wycliftten etc.
[21] Z.B. Bullinger 84A, vgl. Luther (WA 38) 469.
[22] Bucer 91 (Häuser sind eine Gabe Gottes; wichtig ist innere Distanz nach 1Kor 7,29-31); Musculus 204 (Bindung der Herzen an irdische Reichtümer ist schlimm); Brenz 386 (keine Bindung an irdische Güter).

[23] Referiert bei Schlatter 286f.
[24] Die Beispiele aus der Auslegungsgeschichte zeigen, in welche Gegenrichtung die Verfremdung Jesu zu gehen hätte. Ein gutes Beispiel einer Verfremdung von Mt 8,20 gibt J. Pöschl bei A. Grabner-Haider, Jesus N., Zürich 1972, 81-84: Jesus als Außenseiter, Autostopper, Arbeitsscheuer.
[25] Belege bei Bill. I 487-489. Im zeitgenössischen Judentum wurden die atl. Gebote verschärft: Begräbnis von Angehörigen geht vor allen anderen Toragboten (Berakh 3,1); die Unreinheit von Leichen wird eingeschränkt (Hengel* 10).
[26] Hengel* 11; Wettstein I 352.

daran kann Jesu Antwort schlechterdings nur schockierend wirken[27]. Er formuliert ein Oxymoron: »Laß die Toten sich untereinander selbst begraben«[28]; dich geht das jetzt nichts an! Das Wort ist skandalös[29], in der Situation eines Todesfalls in der Familie ganz besonders. Man darf dies nicht zu schnell zudecken. Den schönen Satz Augustins: »Amandus est generator, sed praeponendus est Creator« (man soll den Erzeuger lieben, aber den Schöpfer voranstellen)[30] soll erst nachsprechen, wer ermißt, was er bedeuten kann! Jesus, der auch positiv zum Gebot der Elternehrung Stellung nimmt (Mk 7,9-13), spricht hier vom Bruch mit der Familie um des Gottesreichs willen, den er offenbar selbst vollzogen hat (Mk 3,31-35!), von seinen Nachfolgern forderte (Lk 14,26) und den auch die nachösterliche Gemeinde immer wieder erlebte (Mk 10,28-30; Mt 10,34-36). Mit dem Gebot der Liebe sind solche Forderungen kaum vereinbar. Sie sind Ausdruck des tiefen Gegensatzes, der zwischen dem Gottesreich – auch dem von Jesus verkündeten Gottesreich – und der Welt besteht. Diesen Gegensatz hat ein Nachfolger, der alles verläßt und Jesu Wanderleben und seinen Auftrag am Gottesreich übernimmt, zeichenhaft zu leben. So hat die Nachfolgeforderung Jesu einen tiefen Ernst und eine radikale Kompromißlosigkeit, aber auch etwas Unmenschliches an sich.

Die kirchliche Auslegung hat das gespürt und deshalb immer wieder versucht zu mildern. So betonte man häufig, es gäbe ja viele Leute, um Tote zu begraben, aber nur wenige Gottesreichverkünder[31]. In neuerer Zeit versuchte man, die Härten mit Hilfe des Aramäischen zu mildern, so daß die »Unentschlossenen«[32] oder gar die dafür zuständigen Totengräber[33] ihre Toten zu begraben hätten. Viel folgenreicher war, daß man durchweg das erste νεκρός auf die geistlich Toten deutete. Die »Toten«, die »ihre Toten« begraben sollen, sind dann die Ungläubigen, die Sünder und die Heiden, mit denen man nichts zu tun haben soll[34]. »Zwischen den Gläubigen und den Ungläubi-

Wirkungsgeschichte

---

[27] Der Vergleich mit der Berufung Elischas, dem Elija erlaubt, von Vater und Mutter Abschied zu nehmen (1Kön 19,20f), macht das deutlich.
[28] Fritzsche 323.
[29] »The ethical concept of filial piety was changed by Christ. His Church was a militant church. He had come not to send peace but a sword« (Montefiore II 564).
[30] Sermo 100,2 = PL 38,603.
[31] Seit Origenes fr 161 = GCS Orig XII 80 häufig. Bereits Origenes bemerkt, dieses Gebot scheine »ἄτοπον ... καὶ ἐναντίον«.
[32] Black, Muttersprache 208: מתינין = Zögernde; מיתהון = ihre Toten.
[33] F. Perles, Zwei Übersetzungsfehler, ZNW 19 (1919/1920) 96: לְמִקְבַּר = begraben, Inf. pe'al; לְמְקַבֵּר = Begrabende, Part. Pa'el. Also: »Überlaß die Toten den Totengräbern!«. Weitere Versuche referiert Schwarz, Jesus 92-97, der über ihre Motive in entlarvender Offenheit Auskunft gibt: »Ist das (sc. die Schroffheit Jesu) im Ernst vorstellbar?... Ehe wir uns dazu bereitfinden, ihm diese ›unmenschliche Schroffheit und Lieblosigkeit‹ zuzutrauen, sollten wir prüfen, ob es nicht möglich sei, den vorliegenden griechischen Wortlaut auf eine Fehlübersetzung ... zurückzuführen« (92f). Sachkritik unter dem Deckmantel der Aramaistik!
[34] Die kirchliche Auslegung vertritt durchweg diese Deutung. Geistlich Tote = Sünder, z.B. Augustin, CivD 20,6 = BKV I/28 1227; ders. (Quaest) App 6 = 121 (»non credentes«); später oft, z.B. Brenz 387 (Türken, Heuchler). Die metaphorische Deutung des ersten νεκρός auf die geistlich Toten ist trotz Klemm* bis heute verbreitet.

gen wird die verwandtschaftliche Liebe zurückgezogen«[35]. Denn die Welt ist offenbar »ein Totenreich«, mit dem man nichts zu tun haben will[36]. Die kirchliche Auslegung hat das Wort, indem sie Jesu Oxymoron als eine Metapher mit verborgenem Sinn verstand, verallgemeinert und damit auch verfehlt.

Wie ist solche Deutung vom Text her zu beurteilen? In einem vordergründigen exegetischen Sinn ist sie falsch. Das Logion ist ein Oxymoron und kein metaphorisches Rätselwort. Es lädt nicht ein, einen verborgenen Sinn von »tot« zu entdecken, sondern will schockieren und verfremden. Die »toten« Totengräber sind vermutlich keine »geistlich« Toten, sondern wirklich Tote[37], und die kirchliche Deutung ist m.E. eine Umdeutung, die dem Logion eine allgemeine Anwendbarkeit sicherte. Denn eine allgemeine Verhaltensanweisung wollte dieses schroffe Jesuswort nicht geben, sowenig wie die Forderung, alles aufzugeben und Jesus nachzufolgen, eine an alle gerichtete Forderung war. Die Nachfolger/innen Jesu, wandernde Propheten, hatten vielmehr einen *besonderen* Auftrag zur Verkündung des Gottesreichs, und zu diesem Auftrag gehörten auch schroffe Zeichenhandlungen[38], die den abgrundtiefen Graben zwischen Gottesreich und Welt darstellen.

Schon früh, vermutlich schon vor Markus, ist bekanntlich »nachfolgen« zur Chiffre geworden, die – unabhängig von konkreter Wanderschaft und radikaler Besitzlosigkeit – auf *alle* Christen übertragen wurde. Damit ist die Aufgabe, auch dieses Logion zu verallgemeinern, schon früh gegeben. Wir wüßten gerne, was Matthäus selbst, der Evangelist des Liebesgebots, zu unserem Wort gedacht hat. Er verrät es uns hier nicht, deutet aber in 10,37 die Richtung an, in die er wohl denkt: Es geht darum, die eigene Familie nicht *mehr* zu lieben als Christus. Diese Art der Verallgemeinerung ist aber eine andere als die kirchliche Deutung auf die geistlich Toten, d.h. die Nichtchristen: Eine Kirche, die sich mit Hilfe dieses Wortes von der »geistlich toten« Welt abgrenzte, nahm ja für sich ohne weiteres in Anspruch, auf die Seite Jesu und des Gottesreichs zu gehören. Luther, der unsere Stelle vom Unterschied zwischen der ersten und der zweiten Tafel des Dekalogs her auslegte, hat das sehr scharf gespürt: Die Heuchler verwenden das vierte Gebot gegen das Wort Gottes. Unter das vierte Gebot, die Elternehrung, fällt aber auch die Kirche: »So schreien sie heute: ›Die Kirche, die Kirche! Die Väter, die Väter!‹«[39] Auch

---

[35] Thomas v Aquino (Lectura) Nr. 722 (»retrahitur germanitatis affectus«); ähnlich schon Hilarius 7,11 = SC 254,192: »Der vollkommene Glaube ist durch keine Bindung an eine säkulare Pflicht, die man sich gegenseitig leisten muß, gefesselt.« So kann reden, wer den christlichen Glauben als ein διαπερᾶν ἀπὸ τῶν προσκαίρων ἐπὶ τὰ αἰώνια (Origenes fr 159 = GCS Orig XII 79) versteht.
[36] B. Bauer, Kritik II 50.
[37] Bei einer metaphorischen Deutung von νεκροί auf geistlich Tote könnte das Wort nur dann seine beabsichtigte Wirkung haben, wenn die Metapher unmittelbar evident wäre. Das ist sie aber nicht. Jüd. gibt es sie zwar gelegentlich, aber sie muß immer erklärt werden: »Tote in ihrem Leben« u.ä. (Bill. I 489; III 652).
[38] Gnilka I 314 weist mit Recht hin auf atl. Zeichenhandlungen wie Jer 16,1-9 als – allerdings bei weitem überbotene – Analogien.
[39] Luther (WA 38) 470.

die Kirche und ihre Ansprüche gehören ja vielleicht auf die Seite der Väter und des Reiches der Welt, dem man absagen muß, zumal dann, wenn sie *weiß*, daß sie nicht geistlich tot ist.

Fragen bleiben allerdings auch gegenüber dem Jesuswort. Auch wenn deutlich ist, daß ein Oxymoron nicht eine allgemeine Wahrheit enthält, und wenn klar ist, daß es hier um eine Art prophetischer Zeichenhandlung geht, die mit dem besonderen Auftrag der Nachfolge verbunden ist, und nicht um ein verallgemeinerbares Verhalten – ein Unbehagen bleibt. Was ist das für ein Zeichen, das ausgerechnet dort gesetzt wird, wo der Mensch eigentlich zu Pietät und Liebe gerufen ist? Die Frage muß aber auch von Jesus her an uns zurückkommen: Wie oft ist es doch in der Kirchengeschichte geschehen und wie oft geschieht es heute, daß Verharren in überkommenen Bindungen und Strukturen – kirchlichen, politischen, familiären –, das fast immer bequemer ist als der Aufbruch in die Armut und Heimatlosigkeit, mit dem Hinweis auf die Pflichten gegenüber der Gemeinschaft, ja der Liebe verbrämt worden ist? Das Gegenüber von »verharrenden« Reformationskirchen und »aufbrechenden« Täufergemeinschaften im 16. Jh. ist dafür nur ein Beispiel[40]. Die Fragen – in beide Richtungen – sollen nicht unausgesprochen bleiben.

Jesus steigt ins Boot; seine Jünger folgen ihm nach. Das Boot gerät in ein gro- 23–27 ßes »Beben«. Das Wort σεισμός hat Matthäus einerseits deshalb gewählt, weil Erdbeben zu den Drangsalen der Endzeit gehören, in denen die Gemeinde sich befindet[41]. Andererseits wird σεισμός leichter als das markinische λαῖλαψ für eine innere, psychische Dimension transparent[42]. Das Wasser versinnbildlicht die Macht des Todes und der Finsternis, die die Jünger bedroht. Matthäus arbeitet zunächst die *christologische Dimension* der Erzählung heraus. Jesus schläft, als die Wasser das Schifflein schon zudecken. Darin zeigt sich nicht der überlegene Mensch, der jederzeit Herr der Situation ist[43], sondern der Herr der Elemente, der über ihrem Ansturm steht. Die alte Kirche hat hier sachlich zu Recht von der Gottheit Jesu gesprochen[44]. Die Jünger re- 25 den ihn mit dem der Gemeinde aus dem Gottesdienst vertrauten alttestamentlichen Gottesprädikat »Herr« und mit der Gebetsbitte »rette«[45] an. Σῴζω meint die Rettung auch aus der eschatologischen ἀπώλεια, die hinter ἀπολλύμεθα hörbar wird. Der Herr greift auf das Gebet hin ein und schafft durch sein Wort die große Stille. Auch der für Matthäus entscheidende 27 Schlußvers betont die christologische Dimension. Die ἄνθρωποι, die fragen, wer »dieser« sei, können nicht die Jünger sein, die ihn soeben als »Herrn« angesprochen haben. Vielmehr tritt hier der Evangelist gleichsam aus dem Rah-

---

[40] Vgl. Bd. I 303.
[41] Vgl. 24,7; 27,54; Apk 6,12; 8,5; 11,13.19; 16,18; Ass Mos 10,4; s Bar 70,8; G. Bornkamm, Art. σείω κτλ., ThWNT VII 196,36ff.
[42] Vgl. 21,10; Bauer, Wb s.v. σείω Nr. 2; Liddell-Scott s.v. σεισμός Nr. 2 (σεισμὸς τοῦ σώματος!).

[43] Das »audaces fortuna iuvat« der antiken Parallelen über die Souveränität Caesars und anderer im Sturm (Wettstein I 353) bestimmte die Auslegung des Rationalismus, z.B. Paulus I 347.
[44] Vgl. Gnilka, Mk I 198 Anm. 35.
[45] Vgl. Bd. I 60.

men der Geschichte heraus und läßt die Menschen, denen seine Gemeinde das Evangelium verkündet, so sprechen, wie sie auf Jesu Wunder reagieren sollen. Jesu Wunder geschehen vor dem Forum der Welt und sind ein Stück Verkündigung. V 27 zeigt auch, daß für Matthäus das einmalige Geschehensein des Wunders unaufgebbar ist, denn *darauf* bezieht sich das Staunen der Menschen. Unsere Geschichte ist also für ihn nicht nur eine als Wundergeschichte verschlüsselte Darstellung von Glaubenserfahrungen, sondern ein Bericht über ein wirklich geschehenes Wunder, das erst im nachhinein für Erfahrungen der Gemeinde mit demselben Herrn, der es getan hat, transparent wird[46].

Zur christologischen tritt die *soteriologisch-ekklesiologische Dimension*: Das Boot wurde von der alten Kirche[47] bis heute[48] auf das »Schifflein der Kirche« gedeutet.

Vom antiken Sprachgebrauch her ist das nicht selbstverständlich. Am verbreitetsten ist die politische Deutung des Schiffes auf den Staat[49]; daneben ist das Schiff in der Antike Bild für das Leben oder die Seele[50]. In jüdischen Texten ist weniger die Metapher des Schiffes als diejenige des Sturmes verbreitet. Der Sturm als das Bedrohende, Gefahr und Tod kann den einzelnen und auch einmal die Gemeinschaft treffen. Im Zusammenhang mit dem bedrohlichen Sturm kann auch vom Schifflein als Bild für das Leben die Rede sein[51]. Nur in einem vereinzelten Text ist vom Schiff Israels die Rede (Test N 6,2-9). Unser Text kann also auf jeden Fall nicht an eine feste jüdische Metapher vom Schiff anknüpfen; und an die antike Metapher vom Staatsschiff knüpft er nicht an. Zunächst legt sich von hellenistischen und von jüdischen Texten eher die Deutung auf den einzelnen (»Schifflein des Lebens« etc.) nahe[52]. Dennoch bleibt es m.E. richtig, daß unser Text vom Schifflein der Gemeinde spricht. Das ergibt sich aber nicht aufgrund einer bereits feststehenden metaphorischen Bedeutung des

---

[46] Das Opus imperfectum 23 = 755 betont stellvertretend für die gesamte altkirchliche Deutung, daß neben der allegorischen Deutung die »simplicitas historiae« wichtig bleibe.
[47] Seit Tertullian, Bapt 12 = BKV I/7 290. Vgl. das Material bei Goldammer* und H. Rahner, Symbole der Kirche, Salzburg 1964, 304-360.473-503 (Schifflein des Petrus).
[48] Bornkamm* hat dieser Deutung zum Durchbruch verholfen. Wichtig ist vor allem K. Goldammer, Das Schiff der Kirche. Ein antiker Symbolbegriff aus der politischen Metaphorik in eschatologischer und ekklesiologischer Umdeutung, ThZ 6 (1950) 232-237.
[49] Alkaios fr 46a D und 46b D (hrsg. M. Treu, München 1952, 40f); fr 119 D = ebd. 42f; Horat Carm 1,14; weitere Belege bei Rahner (o. Anm. 47) 324-329; Kahlmeyer* 39-48; Goldammer (o. Anm. 48) pass.
[50] Kahlmeyer* 19-22.26-39 (26: »sehr reicher Stoff«). Beispiele für Leben = Seefahrt,

Sturm im Schiff: Eur Or 340-344 (Schicksal des Reichen); Eur Heracl 427-430 (Schicksal der Flüchtlinge).
[51] Vom einzelnen: Sir 33,2 (der Verächter des Gesetzes ist wie in einem Sturm); Ep Ar 251; s Bar 85,10f (Hafen = Tod, Weltende); 4Makk 7,1-3 (Vernunft = Steuermann; Meer der Triebe; Sturm der Marter); Philo, Leg All 3,223f; 1QH 6,22-24 (»ich war wie ein Seemann im Schiff im Toben der Meere«); 3,6 (»Seele ... gleich einem Schiff«).13-16 (Schiff); 7,4 (Schiff); 8,31; Ps 42,8; von der Gemeinschaft: Ps 46,3f; 93,3f (ohne Schiff). Weitere Belege bei Hilgert* 26-39.
[52] Sie wird in der alten Kirche neben der ekklesiologischen Deutung immer auch vertreten. Beispiele: Origenes, Hom in Cant 3 = GCS 33,226; die altchristlichen künstlerischen Darstellungen zeigen das Schifflein des Lebens (Grabmäler!) und das Schifflein der Kirche: U. Weber, Art. Schiff, LCI IV 63; für die Neuzeit vgl. u. Anm. 56.

Schiffes, sondern aufgrund der matthäischen Ekklesiologie, die bei den »Jüngern« an die Gemeinde denken läßt. Die Metapher vom »Schifflein der Kirche« ist also vermutlich aufgrund der metaphorischen Bedeutung des »Sturms« und der Transparenz des Begriffs der Jünger für die Gemeinde durch unseren Text entstanden. Durch die Begegnung mit der antiken Metapher vom Staatsschiff ist später die ekklesiologische Deutung des Schiffleins in unserem Text verfestigt worden.

Das Jüngerschifflein wird im Sturm erschüttert und gefährdet. Σεισμός und κύματα sind nicht präzise zu deuten; hier assoziieren die Leser ihre eigenen Erfahrungen. Der Evangelist mag insbesondere an die Verfolgungen, die seine Gemeinde betrafen (5,11f; 10,16-39; 23,34-37), gedacht haben. Für ihn besteht das Zentrum der Not in der Angst der Jünger. Darum redet der Herr sie zunächst an. Er benennt ihre Angst als *Kleinglauben* und erinnert die Leser des Evangeliums damit nicht nur an den Text von der Fürsorge Gottes 6,25-33, sondern vor allem an ihren eigenen Glauben, aus dem die Jünger jetzt herausgefallen sind. »Kleinglaube« charakterisiert auch die Situation der Gemeinde in der eigenen Zeit des Matthäus. Worin besteht er? Ist es Glaube, auf den keine Taten folgen[53]? Sicher ist für Matthäus πίστις immer aktiver Glaube; aber hier geht es nicht primär darum. Kleinglaube besteht vielmehr darin, daß der Jünger die Macht und Gegenwart seines Herrn aus seinem Sinn verliert und dann nicht mehr handeln *kann*. Die Stärke des Glaubens besteht in nichts anderem, als daß er sich dem Herrn zuwendet und von ihm gehalten wird[54]. Das erzählt unsere Geschichte. Ekklesiologisch ist sie also ein Zeugnis dafür, wie der Herr bei seiner Gemeinde ist »alle Tage bis ans Ende der Welt« (28,20).

24

26

In unsere Geschichte können, ja müssen eigene *Erfahrungen* eingetragen und »in« ihr neu verstanden werden. Richtig verstehen kann sie nur, wer selbst »im Schiff« ist.

Zusammenfassung und Wirkungsgeschichte

In der Auslegungsgeschichte sah die Konkretion je nach Situation und Interpret sehr verschieden aus. Ich gebe drei Beispiele: *Petrus Chrysologus*, Bischof von Ravenna in der ersten Hälfte des 5. Jh.s, entdeckte in unserer Geschichte das Wunder der Christianisierung Roms. Die »Nebelschleier der Dämonen«, »die Wolken der Mächte«, »die Strudel der Völker« und »die Klippen des Unglaubens« wurden von Christus gezüchtigt, der die Römer zu Christen machte und der Kirche Frieden unter christlichen Fürsten schenkte[55]. *August Hermann Francke* deutete den Text individualistisch: Jesus »tritt ... in das Schiff unseres Hertzens und läßt solches von dem Lande des irdischen Lebens abstoßen«. Wer Jesus »in das Schiff (seines) Hertzens (nimmt) und dann (sich) recht mit ihm vereiniget«, wird »auch mit ihm vollendet werden«[56]. *Heinrich Schlier*

---

[53] Léon-Dufour* 169f.
[54] Luther II 298: »Der kleine Glaube (ergreift) den Herrn« und – im Sinne der reformatorischen Deutung des Textes – »sein Wort«.

[55] 20 = 112.
[56] Predigt von 1701, in: Werke in Auswahl, hrsg. E. Peschke, Witten 1969, 339.346.

spricht in einer eindrücklichen Auslegung auf dem Höhepunkt des Kirchenkampfes von dem scheinbar stillen und gleichgültigen Meer und dem plötzlichen »Getöse des heidnischen und halbheidnischen Sturmes« und formuliert dann gut reformatorisch: »Erst da, wo die Kirche kein Wunder mehr verlangt, weil ihr Herz im Wunder seines Wortes erleuchtet und gefestigt ist, aber da gewiß erhebt sich der Herr nun gegen die Welt und bannt ihre Gewalten in seine große Stille«[57].

Die Frage ist: Öffnet sich unser Text *jeder* Erfahrung und erlaubt er jede Interpretation, oder setzt er solchen Selbsteintragungen und Interpretationen auch Grenzen? Ich möchte drei Grenzen nennen, die mir von Matthäus her wichtig scheinen: 1. Matthäus sieht den Glauben als Zentrum des Textes. Glaube lebt davon, daß der auferstandene Herr mit seiner Kraft dem Zweifler aufhilft. Andere Erfahrungen als solche, in denen der Glaube durch die Begegnung mit dem lebendigen Herrn verwandelt wurde, können in unseren Text nicht einbezogen werden[58]. 2. Matthäus spricht von einer Erfahrung der Jünger, also einer Erfahrung in einer Gemeinschaft. Um *nur* private Erbauung und ein nur in diesem Sinn verstandenes »Schiff des Herzens« geht es ihm nicht. 3. Gottes Hilfe und menschliches Ringen liegen ineinander. Nachfolge ist nichts Passives. Matthäus hat vor die Erfahrung der Sturmstillung einen kräftigen Hinweis auf das gesetzt, was von den Nachfolger/innen gefordert ist (19-22). Im Unterschied zum Unglauben ist Kleinglaube die Verzweiflung derer, die etwas mit Gott *gewagt* haben. Und gerade sie erfahren die Macht des Herrn.

2.2 Die beiden Besessenen in Gadara (8,28-9,1)

Literatur: Annen, F., Heil für die Heiden, 1976 (FTS 20), 207-209; *Baarda, T.*, Gadarenes, Gerasenes, Gergesenes and the ›Diatessaron‹ Traditions, in: Neotestamentica et Semitica (FS M. Black), hrsg. E. Ellis – M. Wilcox, Edinburgh 1969, 181-197; *Féliers, J.*, L'exégèse de la pericope des porcs de Gérasa dans la patristique latine, StPatr 10, 1970 (TU 107), 225-229; *Held*, Matthäus 162-165; *Pesch, R.*, Der Besessene von Gerasa, 1972 (SBS 56), 50-56.
Weitere Literatur** bei Mt 8-9 o. S. 5.

**28 Und als er ans andere Ufer ins Land der Gadarener kam, begegneten ihm zwei Besessene, die aus den Gräbern herauskamen. Sie waren ganz schlimm, so daß niemand mehr auf jenem Weg vorbeigehen konnte. 29 Und siehe, sie schrien und sagten: »Was haben wir mit dir zu tun, Sohn Gottes? Bist du hierhergekommen, um uns vorzeitig zu quälen?« 30 Weit von ihnen weg war aber eine große Schweineherde auf der Weide. 31 Da baten ihn die Dämonen und sagten: »Wenn du uns austreibst, schick uns in die Schweineherde!«
32 Da sagte er ihnen: »Geht!«**

---

[57] Das Schifflein der Kirche, 1935 (TEH 23), 7.20.

[58] Das träfe z.B. auf Petrus Chrysologus (o. Anm. 55) zu.

Sie fuhren aus, und gingen weg in die Schweine, und siehe, die ganze Herde stürmte den Abhang hinunter ins Meer, und sie kamen im Wasser um. 33 Die Hirten aber flohen, gingen weg in die Stadt und berichteten alles, auch das von den Besessenen. 34 Und siehe, da kam die ganze Stadt hinaus, um Jesus zu begegnen; und als sie ihn sahen, baten sie ihn, von ihrem Gebiet wegzuziehen. 9,1 Er stieg ins Schiff und fuhr ans andere Ufer. Und er kam in seine eigene Stadt.

1. *Aufbau.* Im Unterschied zu 8,1-4 oder 8,14f ist diese Geschichte nicht aus der Perspektive Jesu erzählt. Nur am Anfang (V 28a), am Schluß (V 9,1) und vor allem im Zentrum (V 32a) ist er handelndes Subjekt. Sonst läuft alles indirekt auf Jesus zu: Durch den »Spiegel« der Besessenen, der Dämonen, der Hirten und der Stadtbewohner merken die Leser/innen, wie sehr Jesus im Zentrum steht. Dem entspricht der Aufbau: Um das Zentrum V 32a herum ist die Geschichte mit Hilfe mehrerer Inklusionen chiastisch aufgebaut: πέραν/διαπεράζω (V 28a/9,1a); ὑπαντάω/ὑπάντησις (V 28b/34a); δαιμονιζόμενοι (V 28b/33b); βοσκομένη/βόσκοντες (V 30/33a); ἀγέλη (V 30.31b/32c). Aus den Wundergeschichten 8,1-17 sind mehrere Stichworte aufgenommen[1], aber kaum eines aus 8,18-27.

Analyse

2. *Die Quelle* Mk 5,1-21a ist stark gekürzt, wodurch einerseits die Geschichte einfacher und klarer, andererseits aber auch unanschaulicher wird[2]. Die Bearbeitung geht ganz auf das Konto des Matthäus[3].

Die Geschichte ist aus der Sicht des Evangelisten schwer zu deuten. Er hat so viele Einzelheiten aus seiner Markusquelle weggelassen, daß man kaum im einzelnen nach Gründen fragen kann. Eine klare redaktionelle Tendenz wird kaum sichtbar. Ist das Urteil Wellhausens zutreffend, daß der Evangelist »die anstößige Geschichte nicht« übergehen konnte, sie aber auch nicht liebte und sie deswegen »kurz ab«machte[4]? Am auffälligsten ist das Fehlen von Mk 5,18-20. So ist die Hauptfrage für die Interpretation, was Matthäus mit seinen Kürzungen bezweckte bzw. was an der markinischen Erzählung ihn störte. Betrachten wir zuerst die *Veränderungen* gegenüber Markus. Die Geschichte spielt bei ihm in der Nähe von Gadara[5], nicht mehr im Gebiet von Gerasa[6]. Beides waren bekannte Dekapolisstädte. Ein Syrer wie Matthäus konnte

Erklärung

---

[1] V 28 δαιμονιζόμενοι vgl. 4,24; 8,16; V 31 ἐκβάλλω vgl. 8,16; V 32 ὑπάγω vgl. 8,4.13.
[2] 8,29 reden nach Mt die Besessenen, nicht die Dämonen.
[3] Mt Vorzugsvokabeln (vgl. Bd. I Einl. 3.2): V 28: δαιμονίζομαι, λίαν, ὥστε, ἐκεῖνος. V 29: ἰδού, ὧδε, καιρός. V 32: ἰδού. V 33: ἀπέρχομαι, δαιμονίζομαι. V 34: ἰδού, ἰδών, ὅπως, μεταβαίνω. Die wenigen MA sind sämtlich als unabhängige Red. durch Mt/Lk erklärbar.
[4] Wellhausen 39; vgl. Trilling, Israel 134f.
[5] Γαδαρηνῶν dürfte bei Mt Urtext sein.

Baarda* weist darauf hin, daß Gadara textkritisch in der syrischen Überlieferung besonders stark verwurzelt ist: sy^p, sy^h, der byzantinische und Teil des Cäsarea-Textes lesen in allen Evv. »Gadarener«. Diese LA stand vermutlich auch im syrischen Diatessaron. Hbr Mt liest vermutlich Gergesa, mit sehr vielen MSS zu Lk 8,26.37 und wenigen Textzeugen zu Mt (u.a. f$^{1.13}$).

[6] Wäre in Mk 5,1 Gergesa zu lesen (Gnilka, Mk I 201), so hätte Mt wie 15,39 einen ganz unbekannten Ortsnamen vermieden.

durchaus wissen, daß die wichtige Handelsstadt Gadara – auch als Zentrum der Philosophie bekannt – nur etwa 10 km vom See entfernt war und dort Gebiet hatte[7], was für das über 50 km weit vom See entfernt liegende Gerasa nicht zutrifft. Auch zur Vorstellung vom »biblischen Land«[8] würde Gadara besser passen als das an seiner Peripherie gelegene Gerasa. Aber dazu paßt die Schweineherde schlecht! Der Judenchrist Matthäus weiß, daß eine große Schweineherde nicht ins heilige Land gehört: Schweine sind nach der Bibel unreine Tiere (Lev 11,7) und waren für die Juden um so verpönter, als sie in den meisten hellenistischen Kulten ein wichtiges Opfertier waren[9]. So denkt Matthäus wohl nicht an das biblische Land, in dem die Stadt lag, sondern korrigiert den markinischen Text nach seinem geographischen Wissen, wobei er sich vermutlich gar nicht überlegt hat, um welche πόλις (V 34) im Land der Gadarener es sich handelt[10]. Wahrscheinlich ist, daß er sich nicht nur die Schweinehirten als Heiden denkt, sondern auch die von ihnen alarmierte Bevölkerung der Stadt. Der Schluß der Geschichte besteht dann darin, daß die heidnische Bevölkerung den Messias Israels bittet, ihr Gebiet umgehend wieder zu verlassen. Die Zeit für die Verkündigung an die Heiden ist noch nicht gekommen. Aber man wünschte sich, Matthäus hätte das deutlicher gesagt.

Andere Veränderungen sind noch schwerer zu deuten. Warum spricht Mt von zwei Besessenen? Die häufig zu lesende Vermutung, er wolle für die Streichung von Mk 1,23-28 einen Ersatz schaffen, ist zu gewagt[11]. Er verfährt in 9,27-31; 20,29-34 genauso, ohne etwas ersetzen zu müssen. Lk 24,4 (vgl. Mt 26,60; Lk 7,18) zeigt, daß eine Verdoppelung durchaus im Rahmen erzählerischer Freiheiten liegt[12]. Mt streicht den Namen »Legion« – aus politischen Gründen in der nach 70 für einen Juden(christen) heiklen Situation?

Warum ist die Schweineherde »weit weg« (V 30)? Damit Jesus nichts mit unreinen Schweinen zu tun hat? Oder weil die Besessenen auch für die Schweine gefährlich sind[13]? Wir wissen es nicht. Schwierig ist schließlich der Einschub von πρὸ καιροῦ V 29. Vielleicht steht die Vorstellung im Hintergrund, die Macht der Dämonen sei auf diesen Äon begrenzt[14]. Oder ist angedeutet, daß die Zeit der Heidenmission noch nicht da ist? Πρὸ καιροῦ kann aber auch eine ganz simple präpositionale Wendung mit dem Sinn »vorzeitig« sein[15]. Καιρός ist bei Mt kein terminus technicus für das Eschaton. Also muß man der Wendung nicht ein großes Gewicht geben und kann auf

---

[7] Nach Jos Vit 42 grenzt das Gebiet von Tiberias an das von Gadara und Hippos. Da die Grenze zu Hippos der See bildete, schließt diese St nicht aus, daß das Gebiet von Gadara am Südufer bis an den See reichte; gegen Pesch, Mk I 285.
[8] Vgl. Bd. I 181.
[9] KP V 46.
[10] Ist es die etwas entfernte Großstadt Gadara selbst, so hat sich der Evangelist bei der Erzählung wenig genaue Vorstellungen gemacht (vgl. πᾶσα ἡ πόλις V 34). Πόλις kann aber auch nur einfach eine befestigte Ortschaft meinen, vgl. zu 9,1-8. Zur Formulierung vgl. 21,10.
[11] Zuletzt Gundry 158.
[12] Vgl. Bultmann, Tradition 343-346.
[13] Pesch* 53f.
[14] Vgl. äth Hen 16,1; 55,4; Bill. IV 527.
[15] 1Makk 6,36; Liddell-Scott s.v. καιρός III 1b.

eine theologisch-heilsgeschichtliche (Über?)Deutung auch verzichten[16]. Die Dämonen wollen vielleicht einfach noch etwas am Leben bleiben.

Am schwersten zu deuten sind natürlich die massiven Kürzungen. Einleuchtend ist die Kürzung von Mk 5,18-20: Jesu Wirksamkeit im Heidenland hat keine Folgen. Einleuchtend ist auch die Streichung von Mk 5,8-10: Der Aufbau der Erzählung wird so stringenter. Fragen kann man sich, ob Mt »dämonistische« Aussagen nicht liebt und vermeiden möchte[17]. Dafür spricht, daß er Mk 5,21-43 und Mk 9,14-27 ähnlich massiv kürzt, Mk 1,23-28 ganz wegläßt und das Wort von der Rückkehr der unreinen Geister (12,43-45) als Gleichnis deutet. Diese These sieht also sicher etwas Richtiges, obwohl Mt auf der anderen Seite die Tatsache der Exorzismen überhaupt nicht verschweigt und die Vollmacht der Jünger, Dämonen auszutreiben, sogar betont (10,1.8). Weggefallen sind vielmehr die realistischen Schilderungen des Zustandes der Besessenen (Mk 5,3-5); ja sogar, daß sie am Schluß gesund sind (Mk 5,15), erwähnt Mt nicht mehr[18]. Die Besessenen sind für Mt an sich offenbar überhaupt nicht wichtig. Sie haben literarisch die Funktion, die Macht des Gottessohns zu »spiegeln«. Die Kürzungen stehen im Dienst einer positiven Erzählabsicht.

Kurz und bündig berichtet der Evangelist: Jesus fährt hinüber ans heidnische Ostufer des Sees. Zwei »schlimme« Besessene, die in unreinen Gräbern wohnen, begegnen ihm. Matthäus verweilt nicht bei der Schilderung ihres Zustands. Er berichtet nichts von den vergeblichen Bändigungsversuchen, ihrem Geschrei und ihrer Selbstverstümmelung. Von Anfang an ist sein Interesse auf die Begegnung der beiden mit Jesus konzentriert. Es ist, als ob die Dämonen Jesu Macht schon spürten: Sie wissen, daß der Gottessohn sie vernichten wird, bevor ihre Zeit um ist. Darum kommt es bei Matthäus auch nicht zu einem Gespräch zwischen den Dämonen und Jesus. Der Gottessohn läßt sich darauf gar nicht ein. Während sie ihn schreiend anreden und darum bitten, wenigstens in einer weit entfernten Schweineherde weiterleben zu dürfen, schweigt Jesus. Er spricht nur ein einziges Wort: »Weg mit euch!«[19] Wirkungsvoller könnte der Evangelist Jesus nicht ins Zentrum stellen[20]. Sehr schön spürt Johannes Chrysostomus die Macht Jesu und »spiegelt« sie literarisch im Gehabe der Dämonen: »Sie, die andere nicht ihres Weges ziehen ließen, bleiben stehen beim Anblick dessen, der ihnen den Weg versperrt«[21]. Um Jesus und die Macht seines Wortes also geht es.

Zusammenfassung

---

[16] Strecker, Weg 88 deutet den Ausdruck auf sein Verständnis der Geschichte bei Mt: Der καιρός des Eschatons ist in der Zeit Jesu noch nicht da, ähnlich Annen* 209.

[17] Bei Mt fehlen also fast alle die Züge, die für eine psychologische Interpretation unserer Geschichte wichtig sind. Mk 5,1-20 ist dafür hervorragend geeignet, wie die eindrückliche Exegese von E. Drewermann, Tiefenpsychologie und Exegese II, Olten 1985, 247-277 deutlich macht. Mt 8,28-34 sperrt sich aber gerade gegen eine solche Exegese: Die Menschen sind – etwas überspitzt gesagt – hier fast nur Demonstrationsobjekte für die – einzigartige! – Macht des Gottessohns, die gerade nicht paradigmatisch ist für das, was jeder beliebige Therapeut tut.

[18] So O. Böcher, Matthäus und die Magie, in: Schenke, Studien 14f.

[19] Ὑπάγω hat hier den starken Sinn von »weggehen«, wie 4,10 und 16,23. Gemeint ist, daß Jesus ein Machtwort spricht, nicht, daß er eine Konzession macht.

[20] Gnilka I 320 spricht richtig von »christologischer Konzentration«.

[21] 28,2 = 400.

Der Rest der Geschichte schildert die Wirkung dieses einen Wortes: Die Dämonen fahren in die Schweine, diese stürzen in den See, und die Dämonen (!²²) sterben. Die erschreckten Hirten laufen in die Stadt und mobilisieren die gesamte Bevölkerung. Sie kommt zu Jesus, wie wenn er ein Fürst wäre²³. Aber sie holen ihn nicht in die Stadt, sondern bitten den Messias Israels, ihr Gebiet zu verlassen. Ob dies aus Verärgerung über den Verlust der Schweine oder eher aus Angst vor Jesu Gottesmacht geschieht, sagt der Evangelist nicht. Deutlich ist nur, daß Jesus unter den heidnischen Gadarenern keine Spur hinterläßt: Wir hören nichts weiter über die Geheilten, schon gar nicht, daß sie Jesus nachgefolgt wären (vgl. Mk 5,18-20), obwohl der Kontext Mt 8,18-27 das nahelegen würde. Wichtig ist allein, daß Jesus über den See zurückkehrt ins israelitische Kerngebiet, denn er ist der heilende Messias Israels (4,23; 8,1-17).

3 Der Konflikt mit Israels Führern (9,2-17)

Der dritte Abschnitt besitzt kaum »eigene« verbindende Stichworte. Es liegen drei Streitgespräche Jesu mit den Schriftgelehrten, den Pharisäern und den Johannesjüngern vor. Das dritte, die Fastendebatte, findet am Schauplatz des zweiten, des Zöllnergastmahls statt. Dadurch wird die Auseinandersetzung mit Israel sein dominierendes Thema. Dazu paßt, daß in allen drei Texten die Existenz der Kirche sichtbar wird; ἀκολουθέω (8,19.22f; 9,9) und μαθηταί (8,21.23; 9,10.14) sind nach rückwärts verbindende Stichworte. Neben diesem dominierenden Thema gibt es noch ein anderes: Wiederum führt der Erzähler seine Leser von einer Heilungs- zu einer Nachfolgegeschichte. Der Erzählfaden von 8,1-27 klingt nochmals an.
Quellenmäßig kehrt der Evangelist mit 9,1b zu Mk 2 zurück und spinnt so den Faden weiter, den er 8,4 bzw. 8,16 liegengelassen hatte. Die mk Fortsetzung der soeben erzählten Geschichte von den Gadarenern wird er erst in V 18-26 bringen. Warum er sein »Geflecht« so und nicht anders anordnete, kann man kaum mehr schlüssig sagen. Wahrscheinlich war ihm – nach der relativ unbetonten, sich an die Sturmstillung gut anschließenden Geschichte 8,28-34 – der Erzählungsfaden von Mk 2 darum wichtig, weil er vom Widerstand von Israels Führern gegen Jesus erzählte. Er ist, wie 9,33f zeigt, ein so wesentlicher »Faden« im matthäischen »Geflecht«, daß ihn der Evangelist nicht länger zurückstellen wollte. Die drei abschließenden Heilungswunder 9,18-32 bilden dann dazu einen positiven Kontrast.

---

[22] Bewußt formuliert Mt ἀπέθανον nach ὥρμησεν (V 32). Daß dabei die Schweine mit den Dämonen starben, bereitet ihm (dem Juden!) keinen Kummer. Die altkirchliche Auslegung gibt viele Erklärungen: Die Welt soll sehen, wie schlimm diese Dämonen waren. Ein einziger geretteter Mensch ist viel mehr wert als eine Schweineherde. Die Schweine meinen lasterhafte Menschen, die ins Verderben kommen etc. Wem das als Erklärung nicht genügt, der mag sich mit Wettstein I 356 trösten: Man konnte die ertrunkenen Schweine ja noch einpökeln.

[23] Schlatter 295 weist hin auf Jos Ant 11,227; Bell 7,100.

3.1 Der Menschensohn vergibt Sünden (9,2-8)

Literatur: Dupont, J., Le paralytique pardonné (Mt 9,1-8), NRTh 82 (1960) 940-958; *Greeven, H.*, Die Heilung des Gelähmten nach Matthäus, WuD 4 (1955) 65-78; *Held*, Matthäus 165-168.260f; *Hummel*, Auseinandersetzung 36-38; *Lange*, Erscheinen 55-64; *Neirynck, F.*, Les accords mineurs et la rédaction des Évangiles. L'épisode du paralytique (Mt IX 1-8 / Lc V 17-26, par. Mc II 1-12), EThL 50 (1974) 15-30; *Reicke, B.*, The Synoptic Reports on the Healing of the Paralytic. Matthew 9,1-8 with parallels, in: Studies in New Testament Language and Text (FS G.D. Kilpatrick), hrsg. J.K. Elliott, Leiden 1976, 319-329; *Sand*, Gesetz 64-68; *Vargas-Machuca, A.*, El paralitico perdonado en la redación de Mateo (Mt 9,1-8), EstB 44 (1969) 15-43.
*Weitere Literatur*** bei Mt 8-9 o. S. 5.

**2 Und siehe, man brachte ihm einen Gelähmten, der auf einem Bett lag. Und als Jesus ihren Glauben sah, sprach er zum Gelähmten: »Faß Mut, mein Kind, deine Sünden sind vergeben!«
3 Und siehe, einige von den Schriftgelehrten sprachen bei sich selbst: »Dieser lästert!« 4 Und Jesus sah[1] ihre Gedanken und sprach: »Wozu denkt ihr Böses in euren Herzen? 5 Was ist denn leichter, zu sagen: ›deine Sünden sind vergeben‹ oder zu sagen: ›steh auf und lauf herum!‹? 6 Damit ihr aber seht, daß der Menschensohn Macht hat, auf Erden Sünden zu vergeben –«,
da sagt er dem Gelähmten: »Steh auf[2], nimm dein Bett und geh nach Hause!« 7 Und er stand auf und ging weg, nach Hause. 8 Als es aber die Volksmengen sahen, fürchteten sie sich und lobten Gott, der solche Macht den Menschen gab.**

1. *Aufbau.* Die Erzählung hat sechs Teile: 1. Der Gelähmte wird herzugetragen V 2a (A); 2. Jesus spricht zum Gelähmten V 2bc (B); 3. die zentrale Auseinandersetzung Jesu mit den Schriftgelehrten V 3a-6a (C); 4. Jesus spricht zum Gelähmten V 6bc (B'); 5. der Gelähmte geht selbst weg V 7 (A'); 6. der abschließende Kommentar der Volksmassen V 8 (D). Wieder liegt eine Ringkomposition vor, mit der durch ihre Länge herausgehobenen Anrede Jesu an die Schriftgelehrten als Zentrum. Die Teile 3 und 4 setzen stereotyp mit καὶ ἰδὼν ὁ Ἰησοῦς ... αὐτῶν εἶπεν ein und machen auf eine Eigenart der Erzählung aufmerksam: Jesus steht allein im Zentrum. Nur er redet in dieser Geschichte. Ihre wichtigsten Leitausdrücke sind ἀφίενται αἱ ἁμαρτίαι (V 2b.5a.6a) und ἐξουσία (V 6a.8b). In V 6a tauchen sie beide auf; hier liegt der Höhepunkt, der bei Mt besonders deutlich durch den Anakoluth[3] markiert ist. Der Abschluß V 8 ist gewichtig; er nimmt den Höhenpunkt V 6a wieder auf. Auffällig sind die vielen Stichworte, die Mt aus 8,1-17 übernimmt. Hingegen gibt es keinen Anknüpfungspunkt an 8,28-34.

Analyse

---

[1] Das typisch mt ἰδών ist wahrscheinlicher als die schwächer bezeugte LA εἰδώς, die vermeidet, daß Jesus (unsichtbare) Gedanken »sieht«; vgl. Metzger, Commentary 24.

[2] Der Matthäismus ἐγερθείς ist viel besser bezeugt als das von den Parr inspirierte ἔγειρε.

[3] Mt verstärkt den Anakoluth durch τότε.

2. *Quelle und Redaktion.* Die ausführlichere Mk-Erzählung 2,1-12 wird gestrafft. Das Zentrum, personal Jesus und inhaltlich V 3a-6a, tritt deutlicher heraus. Entsprechend kürzt Mt vor allem am Anfang. Seiner Kürzung fällt auch das farbige Detail, daß die Träger des Gelähmten das Dach ausgruben, zum Opfer[4]. Der Glaube der Träger wird nur dadurch illustriert, daß sie den Gelähmten herantragen[5]. Die Änderungen entsprechen fast durchweg mt Sprache[6]. Auffällig sind die zahlreichen Minor Agreements. Man kann sie an vielen Stellen mit unabhängiger Redaktion des Mt und des Lk erklären; ebenso denkbar ist aber an manchen Stellen eine von unserem Mk-Text etwas verschiedene (sekundäre?) Mk-Rezension, die Mt und Lk benutzten[7].

Erklärung Jesus ist wieder in Kafarnaum, seiner Stadt[8], in der er wohnt (vgl. 4,13), zurück aus dem Heidenland in Israel. Ganz knapp berichtet der Evangelist, daß ein Gelähmter auf seinem Bett zu Jesus getragen wird. Wichtig ist allein, was Jesus dem Kranken sagt: »Kind, deine Sünden sind jetzt[9] vergeben«. Θάρσει (faß Mut) ist ein gewichtiges Wort, weil es bei Matthäus, anders als bei Markus[10], nur im Munde Jesu vorkommt. Die christlichen Leser/innen, die selbst von der Erfahrung der Sündenvergebung herkommen, spüren: Diesem Mann ist das Entscheidende, das Heil widerfahren. Von Anfang an ist die Geschichte auf die Sündenvergebung hin angelegt: Die Sünde trennt den Menschen von Gott; sie ist auch der Grund von Krankheit[11]. Dadurch, daß diese Geschichte von der Sündenvergebung handelt, wird sie transparent; jede/r christliche Leser/in kann sich in ihr wiederfinden.

Die Schriftgelehrten werden nicht eingeführt. Sie treten auch nicht in einen

---

[4] Das ist kein Hinweis auf eine alte Textfassung, gegen Schlatter 297.
[5] Neirynck* 223f.
[6] Red. sind (vgl. Bd. I Einl. 3.2): V 1: ἴδιος, πόλις. V 2: καὶ ἰδού, προσφέρω αὐτῷ, βάλλω. Zu θαρσέω vgl. 9,22. V 3: καὶ ἰδού, ἐν ἑαυτοῖς. V 4: καὶ ἰδών, ἐνθυμε-, πονηρός. V 5: γάρ. V 6: τότε, ἐγερθείς. V 7: ἐγερθείς, ἀπέρχομαι. V 8: ἰδὼν δέ, ὄχλοι, φοβέομαι, ἐξουσία. Mt ist auch die Vermeidung von mk φέρω (V 3), δύναμαι (V 4), κράβατος (V 4.9-12); zu εὐθύς (V 8.12) vgl. Bd. I Einl. 3.3.
[7] V 2: καὶ ἰδού mt und lk Red. V 2.6: κλίνη statt mk κράβατος: An sich lag es nahe, das populäre (lat. und aram. Lehnwort; neugr. Bett = κρεβάτι!) und vulgäre κράβατος (Phryn Ecl S 62 Lobeck empfiehlt statt dessen σκίμπους = Sofa) durch den neutralen Oberbegriff κλίνη zu ersetzen; auffällig bleibt die Präp. ἐπί bei Mt/Lk; außerdem vermeidet Lk das Wort sonst nicht (Apg 5,15; 9,33!). V 2.4: εἶπεν statt λέγει: Mt und lk Red. ist möglich, vgl. Neirynck, Agreements 223-225, aber bei einem Jesuswort auffällig, vgl. Bd. I Einl. 3.1. V 5: Fehlen von τῷ παραλυτικῷ und von καὶ ἆρον ... σου; mt/lk Red. ist naheliegend. V 6: ἐπὶ τῆς γῆς ἀφιέναι ἁμαρτίας: Die Umstellung ist red. kaum zwingend erklärbar; V 7: ἀπῆλθεν εἰς τὸν οἶκον αὐτοῦ: Mt Red. ist denkbar; zu Lk vgl. 1,23. Auffällig bleibt die große Zahl der MA in unserem Text.
[8] Πόλις wird von Mt (ebenso von den übrigen Evv. und Jos) nicht im Sinne der hellenistischen Stadt mit einer Verfassung, sondern im Sinne des LXX-Sprachgebrauchs verwendet. LXX kennt ἄστυ nicht; πόλις wird nicht im verfassungsmäßigen Sinn gebraucht. In Übersetzung von עִיר ist πόλις jede befestigte Siedlung. Auf keinen Fall kann man mit der Vorliebe des Mt und Lk für πόλις begründen, sie seien Städter gewesen, gegen Kilpatrick, Origins 125.
[9] Präs.: jetzt in diesem Moment. Das Perf. ἀφέωνται (zahlreiche MSS nach Lk) betont die bleibende Wirkung.
[10] Mk 10,49 wird von Mt gestrichen, weil nicht Jesus spricht. Weiß Mt im voraus, daß er 9,28; 20,32 das Wort auslassen wird, und bringt er es deshalb (auch zweimal!) bereits im voraus in 9,2.22?
[11] Lev 26,14-16; Dtn 28,21f; 2Chr 21,15.18f; Joh 5,14; 9,2; 1Kor 11,30; Rabb. Parr bei Bill. I 495f; Lit. bei Pesch, Mk I 156 Anm. 16.

Disput mit Jesus ein, sondern murren nur innerlich. Warum Jesus ihrer Meinung nach lästert, berichtet Matthäus nicht mehr. In Mk 2,7 wurde ihr Vorwurf mindestens indirekt verständlich: Sie interpretierten offenbar die von Jesus zugesprochene Sündenvergebung *Gottes* (Passivum divinum!) als Eigenmächtigkeit eines Menschen, der sich selbst neben Gott stellt und sich göttliche Vorrechte anmaßt. Matthäus läßt das weg; seinen judenchristlichen Lesern, die von vornherein glauben, daß in Jesus Gott selbst handelt, und die überdies vielleicht bereits die sehr restriktiven Bestimmungen der Mischna über Gotteslästerung kennen[12], wird es überhaupt nicht mehr eingeleuchtet haben, warum Jesu Zuspruch der Sündenvergebung eine Lästerung sein soll. Die Schriftgelehrten reagieren also in den Augen der Leser/innen böswillig auf Jesus. Matthäus bestätigt das negative Bild der Schriftgelehrten: Ihre Gedanken sind »böse«. Aber Jesus ist ihnen von vornherein überlegen und durchschaut sie. Seine Frage setzt voraus, daß es leichter ist, »zu sagen, deine Sünden sind vergeben«, als »zu sagen«, daß ein Gelähmter aufstehen und gehen soll, denn nur für dieses Sagen muß man den Tatbeweis antreten[13]. V 6 6a bildet den Höhepunkt der Geschichte. Jesus bezeichnet sich als Menschensohn. Die Schriftgelehrten merken, daß er von sich selbst spricht. Für die Gemeinde aber spricht Jesus als der endzeitliche Weltrichter, auf den sie wartet. Er ist es, der »auf der Erde«[14], d.h. jetzt schon, Sünden vergibt. Die Sündenvergebung, die auch die Gemeinde erfahren hat, geschieht also im Blick auf das letzte Gericht. Sie hebt das Gericht des Menschensohns nicht auf; aber die vergebene Sünde ist im letzten Gericht gelöst[15]. Nach diesem Höhepunkt, dem Gnadenzuspruch des Menschensohns, bricht der Satz ab[16].
Jesus wendet sich nun wieder dem Gelähmten zu, um den Tatbeweis zu liefern. Die Schriftgelehrten verschwinden aus dem Blickfeld. Während man Mk 2,12 so verstehen *kann*, daß auch sie (πάντες!) ins Gotteslob einstimmen, ist das bei Matthäus nicht der Fall; sie sind Jesu Feinde. Jesus befiehlt dem Gelähmten, nach Hause zu gehen. Dieser führt den Befehl getreu aus[17]. Für Matthäus ist der Gehorsam des Geheilten wichtig. Die Demonstration des Wunders durch das Tragen des Bettes ist nicht mehr nötig. 6bf

V 8 wendet den Blick weg vom Gelähmten. Die Volksmengen geraten in 8 Furcht; das ist eine typische Haltung auch der Jünger, die Jesus durch seine Zuwendung immer wieder überwindet (z.B. 10,26-28; 14,27.30f; 17,6f). Sie preisen Gott, nicht etwa wegen des Wunders Jesu, sondern weil er »den Men-

---

[12] Sanh 7,5: Der Gotteslästerer ist nur schuldig, wenn er den Namen Gottes deutlich ausspricht.
[13] Es geht um das εἰπεῖν! Plastisch Lapide 206: Es ist leichter, über tartarische als über italienische Probleme zu schreiben, »quia ... ille a nemine falsitatis argui potest«.
[14] Aus der Umstellung von ἐπὶ τῆς γῆς sind nicht große Folgerungen zu ziehen. Höchstens die Berührungen mit 28,18 werden durch die Nähe zu ἐξουσία etwas enger (vgl. Lange, Erscheinen 64).
[15] Vgl. 16,19; 18,18!
[16] Der/die Vorleser/in muß hier eine Pause machen, damit V 6a im Ohr der Hörer/innen noch nachwirken kann. Der Anakoluth ist rhetorisches Kunstmittel.
[17] Repetition von Formulierungen als Ausdruck des Gehorsams auch 1,24f; 2,13f.19f.

schen« die Macht zur Sündenvergebung geschenkt hat. Τοῖς ἀνθρώποις ist nach 9,6 auffällig. Hier ist nicht von Jesus als »einem unter den Menschen«[18] die Rede, sondern es geht um die Vollmacht der *Gemeinde* zur Sündenvergebung[19].

Sünden- *Sündenvergebung* ist ein wichtiges matthäisches Thema. Von Anfang an hatte der
vergebung Evangelist den Gottessohn als denjenigen eingeführt, der sein Volk von seinen Sünden erlösen wird (1,21). In unserer Geschichte wird durch den überraschenden Schluß der Blick nochmals zurückgelenkt auf die ἐξουσία des Menschensohns in V 6a: Von dort her kommt die ἐξουσία der Gemeinde. Hinterher erweist sich, daß nur im Bereich des »Sagens« die Heilung eines Kranken schwieriger ist: Viel größer ist die *Tat* der Sündenvergebung, deren indirekten Tatbeweis die Heilung nun bildet. So weist die Heilung hin auf die umfassende Vollmacht des Menschensohns. Das Stichwort ἐξουσία taucht 28,18 wieder auf: Ein Stück von »aller Macht«, die dem Erhöhten »im Himmel und auf der Erde« gegeben ist, ist seine Macht zur Sündenvergebung »auf der Erde«. Die Gemeinde erfährt sie z.B. im Abendmahl, wo Sündenvergebung geschieht (26,28). Sie erfährt sie aber auch im Gebet, wie die Vergebungsbitte im Unservater (6,12+14!) zeigte. Dort wird zugleich deutlich, daß Gottes Vergebung nicht losgelöst von menschlichem Vergeben geschieht. Ähnlich stellen Mt 18,15-35 die Realität erfahrener und gelebter Vergebung als Grundordnung der Gemeinde heraus; ἐπὶ τῆς γῆς taucht in den beiden Worten vom Binden und vom Lösen wieder auf (16,19; 18,18).

So erinnert 9,8 die Gemeinde an das, was sie selbst erfahren hat und nun leben darf. 9,6 erinnert an die Herkunft dieser Erfahrung: Die Vollmacht des »Menschen«sohns ist es, die die »Menschen« zur Sündenvergebung ermächtigt.

Zusammen- Für Matthäus wird die vorgegebene markinische Geschichte zu einem grundfassung legenden Ausdruck seines eigenen Glaubens. Hatte Markus die traditionelle Geschichte von der Heilung des Gelähmten christologisch akzentuiert und zu einer Geschichte von der Vollmacht des Menschensohns gemacht, so führt Matthäus noch über ihn hinaus, indem er von dem spricht, was die Vollmacht des Menschensohns für seine Gemeinde bedeutet[20]. Ist der Menschensohn

---

[18] Wolzogen 264. Eine andere Variante der christologischen Deutung von V 8 gibt Calvin I 262: Die Volksmenge täuscht sich; Gott gibt diese Vollmacht nur dem Menschen Christus; ähnlich Lohmeyer 169. Früher galt unsere St oft als Beleg für kollektives Verständnis von Menschensohn, vgl. z.B. J. Weiss 91; M'Neile 116f.

[19] Dieser Deutung haben Dupont* 952-958 und Greeven* 74-78 zum Durchbruch verholfen; vgl. aber schon Schlatter 301; Bultmann, Tradition 13. Unmöglich ist die Deutung von τοῖς ἀνθρώποις als Dat. commodi = zugunsten der Menschen (Bengel 64; W. Schenk, ›Den Menschen‹ Mt 9,8, ZNW 54 [1963] 275) wegen 10,1; 21,23; 28,18.

[20] Gegenüber Mk bedeutet das eine Verdeutlichung, aber nicht eine radikale Umdeutung: Schon mit dem Einschub von Mk 2,5b-10 wurde die Geschichte christologisch interpretiert und die Vollmacht des Menschensohns ihr Skopus. »Menschensohn« hat als christologischer Titel im Mk-Ev eine »inklusive« Dimension: Der Weg des Menschensohns präfiguriert den Weg der Gemeinde.

derjenige, dem alle Gewalt im Himmel und auf der Erde gegeben ist, so bedeutet das, daß seine Vollmacht weiter geschieht, überall dort, wo er bei den Seinen ist, alle Tage bis ans Ende der Welt. So ist für ihn unsere Geschichte nicht nur ein Hinweis auf die spektakuläre damalige Gegenwart Gottes im Menschensohn, sondern zugleich ein Hinweis auf die Wirklichkeit, aus der die Gemeinde durch den Menschensohn dauernd lebt.
Wie die meisten anderen matthäischen Geschichten, ist auch unsere mehrdimensional. Sie ist auch heilsgeschichtlich bedeutungsvoll, weil sich in ihr zum ersten Mal die Feindschaft der Schriftgelehrten gegenüber Jesus manifestiert. Die Schriftgelehrten verschwinden zwar wieder aus ihr, und Matthäus konzentriert sich am Schluß ganz auf die positive Reaktion der Volksmengen bzw. der Menschen. Aber sie werden – als Feinde Jesu – wieder auftauchen (12,38; 15,1 etc.). Ihre Feindschaft bildet hier ein noch vereinzeltes Präludium, dessen Bedeutung erst der Fortgang der Matthäusgeschichte enthüllen wird.

Die kirchliche Auslegung hat die grundsätzliche Dimension unseres Textes gespürt. Auch sie hat Grundaussagen ihres eigenen Glaubens in ihm entdeckt, ähnlich wie Matthäus sein Verständnis des Glaubens in dem ihm überkommenen Markustext gefunden hat. Besonders wichtig sind drei Dimensionen:

Wirkungsgeschichte

a) Unser Text wurde mit der *Trinitätslehre* verbunden. Die Frage lautete: Warum übte Jesus gerade als »Menschensohn« (= Mensch) das göttliche Vorrecht der Sündenvergebung (vgl. Mk 2,7) aus? Diese Frage ist keine Spielerei. Indem die Ausleger klarmachten, daß gerade der Mensch Jesus diese göttliche Macht ausübte[21], hielten sie fest, daß die Sündenvergebung zum Zentrum des Heilswerks des Gottmenschen gehörte. Unser Text zeigt so, daß der Sohn »die Macht aus der Gottheit in seine menschliche Natur hinabführte wegen der untrennbaren Einheit mit ihr«[22]. Er formuliert also das Zentrum des soteriologischen Gehalts der Inkarnation.
b) Obwohl der *Gelähmte* bei Mt nicht im Zentrum der Geschichte steht, hat ihn die Auslegung mit sachlichem Recht zum *Typus des Christen* gemacht. Sie hörte aus unserem Text etwa heraus, daß Gott oft die Bitten der Kranken um physische Gesundheit nicht direkt beantworte, sondern ihnen etwas viel Wichtigeres schenke[23]. Auch wenn Mt das Zeichen der Heilung nicht abwerten will, ist es durchaus in seinem Sinn, daß nur die Befreiung von der Sünde Grund aller wahren Gesundheit ist[24]. Nicht erst die Reformation sah, daß das Wort der Gnade das Grundlegende ist: »Es ging das Wort aus, und das Wunder folgte hinterher«[25].

---

[21] Thomas v Aquino (Lectura) Nr. 750 formuliert prägnant: »Ideo dicit hominis quia Dei est dimittere peccata«. In der Regel beschränkte sich die Auslegung darauf, z.B. mit Hilarius 8,6 = SC 254,201 festzuhalten, daß hier Jesus als Gott handle.
[22] Cyrill v Alexandria fr 103 = Reuss 185f (das ganze Fragment ist eine klassische Formulierung monophysitischer Christologie).
[23] Petrus Chrysologus 117f (= sermo 50).

[24] Zwingli 255: »Man kann nicht von Gesundheit reden, wo die Gründe der Krankheit nicht entfernt sind«. Daraus ergibt sich: Alles, was wir von Christus erbitten, ist Heuchelei, wenn nicht die Bitte um Sündenvergebung dabei ist.
[25] Ἐξῆλθε τὸ ῥῆμα καὶ τὸ θαῦμα ἐπηκολούθησεν (Cyrill v Alexandria aaO [Anm. 22]).

c) Interessant ist die kontroverstheologische Ausrichtung unseres Textes in der Exegese des 16. und 17. Jh.s. In Luthers eindrücklicher Auslegung stehen der Sünder, der das Wort des Evangeliums von der Vergebung hört, und die »Legisten und Werkmenschen«, denen dieses Wort unerträglich ist, einander gegenüber[26]. Für alle von der Reformation herkommenden Ausleger wurde sie zum Ausdruck der Rettung allein durch Gnade. Nicht aufgrund von Fasten oder anderer wortreicher Betriebsamkeit, sondern allein aufgrund des »ministerium praedicationis Evangelii« geschieht Sündenvergebung[27]. »Also geschieht die Sündenvergebung notwendigerweise allein aus der Gnade Gottes«; Christus hat nicht zu Satisfaktionen, sondern nur zum Gebet aufgefordert[28]. Die katholische Exegese witterte hier einen rein passiven Glauben und polemisierte entsprechend[29]. Sie sah etwas für Mt Wichtiges, auch wenn sie den evangelischen »Häretikern« Unrecht tat. Daß unser Text im Sinne des Evangelisten ein Grundtext der Gnadenbotschaft ist, hatte die nachreformatorische Exegese besonders deutlich gesehen. Und daran, daß die Gnade den Menschen nicht einfach passiv macht, sondern ihn durch sein eigenes Vergeben für andere Menschen zum Ausdruck der vergebenden Macht des Menschensohns werden läßt, erinnern Matthäus und mutatis mutandis die Exegeten der Gegenreformation.

Die drei Grundtypen von Auslegung unserer Geschichte haben etwas gemeinsam: Sie spiegeln die Freiheit, mit der spätere Ausleger überlieferte Geschichten gebrauchten, um sie zur Sprache des eigenen Glaubens zu machen. Es ist die gleiche Freiheit, die wir schon bei Matthäus selbst im Umgang mit seiner Tradition konstatierten.

3.2 Jesu Erbarmen mit den Zöllnern (9,9-13)

Literatur: Bacon, Studies 37-49; *Glynn, L.E.,* The Use and Meaning of ἔλεος in Matthew, Diss. Berkeley 1971, 56-71; *Guelich, R.A.,* Not to annul the Law, rather to fulfill the Law and the Prophets, Diss. Hamburg 1967, 39-46; *Hill, D.,* The Use and Meaning of Hosea 6,6 in Matthew's Gospel, NTS 24 (1977/78) 107-119; *Hummel,* Auseinandersetzung 38-40.97-99; *Kiley, M.,* Why »Matthew« in Matt 9,9-13?, Bib. 65 (1984) 347-351; *Pesch, R.,* Levi-Matthäus (Mc 2,14 / Mt 9,9; 10,3). Ein Beitrag zur Lösung eines alten Problems, ZNW 59 (1968) 40-56.
Weitere Literatur** bei Mt 8-9 o. S. 5.

9 Und als Jesus von dort weiterging, sah er einen Menschen am Zoll sitzen, der Matthäus hieß, und sagt ihm: »Folge mir nach!« Und er stand auf und folgte ihm nach. 10 Und es geschah, als er im Hause zu Tische lag, siehe, da kamen viele Zöllner und Sünder und lagen mit Jesus und seinen Jüngern zu Tische. 11 Und als es die Pharisäer sahen, sagten sie zu seinen Jüngern: »Weswegen ißt euer Lehrer mit den Zöllnern und Sün-

---

[26] Luther (WA 38) 478.
[27] Brenz 393.
[28] Musculus 211. Vgl. Calov 257: Der Text erwähnt nicht die Liebe der Träger, sondern ihren Glauben.
[29] Lapide 204; Maldonat 190-192.

Mt 9,9-13: Analyse. Erklärung

dern?« 12 **Er aber hörte es und sprach: »Nicht die Gesunden brauchen den Arzt, sondern die Kranken! 13 Geht aber und lernt, was es bedeutet: ›Erbarmen will ich und nicht Opfer!‹ Denn ich kam nicht, Gerechte zu berufen, sondern Sünder!«**

1. *Aufbau*. Die Geschichte besteht aus der einleitenden Berufung des Matthäus (V 9), der Anfrage der Pharisäer beim Gastmahl (V 10f) und der dreigliedrigen Antwort Jesu (V 12f). Mit der vorangehenden Perikope besteht keine direkte Verknüpfung, wohl aber durch ἀκολουθέω (V 9) und μαθηταί (V 10f) eine mit 8,18-27. Der gleiche Anfang[1] weist auf die ähnlich aufgebaute Geschichte 9,27-31 voraus[2], die ebenfalls vom Erbarmen Jesu mit seinen Nachfolgern erzählt[3].

Analyse

2. *Quelle*. Zugrunde liegt Mk 2,13-17. Die sprachlichen Änderungen sind alle red.[4], auch die »Minor Agreements« mit Lk 5,27-32 sind hier alle aus der Red. verständlich[5]. Die gegenüber Mk wesentlichsten Änderungen, der Name Matthäus statt Levi in V 9 und der Einschub von Hos 6,6 in V 13, müssen also im Kontext der Theologie des Evangelisten interpretiert werden.

Die nächste Episode ereignet sich nach dem Evangelisten beim Weggehen vom Ort der Heilung des Gelähmten. Er sagt aber nicht, daß Matthäus sie miterlebt habe[6], vielmehr »sah« Jesus ihn am Zoll sitzen. Die Initiative zur Berufung geht also ganz von Jesus aus: Er spricht sein Befehlswort; Matthäus gehorcht umgehend. Das Präsens historicum λέγει hebt das Bleibend-Gültige von Jesu Wort heraus[7].

Erklärung 9

Statt Levi wird Matthäus berufen. Μαθθαῖος, aram. מתי[8] oder מתא[9], ist eine ähnliche Verkürzung wie Jannai, Zakkai, Jochai oder Nathai[10] und geht auf Mathanja oder Mathithja (2 Kön 24,17; Neh 8,4 = Geschenk Jahwes) zurück. Eine andere Abkürzung

Matthäus

---

[1] Παράγω / ἐκεῖθεν / ὁ Ἰησοῦς / ἀκολουθέω.
[2] Auch 9,27-31 folgt jemand Jesus nach, der ins Haus (V 10/28) geht.
[3] Ἔλεος V 13 / ἐλεέω V 27.
[4] Vgl. Bd. I Einl. 3.2. Mt sind V 9: ὁ Ἰησοῦς, ἐκεῖθεν, ἄνθρωπος durch Partizip näher bestimmt, λεγόμενος mit Namen; V 10: καὶ ἰδού. V 11: ἰδών, διδάσκαλος als Anrede von Außenstehenden (vgl. zu 8,19 o. S. 23). V 12: δέ. V 13: πορευθείς mit Imp.; μαθητής, εἰ δὲ ἐγνώκειτε τί ἐστιν + Hos 6,6 (vgl. 12,7); γάρ.
[5] Die gemeinsamen Streichungen sind als unabhängige Red. verständlich: Mk V 15c klappt nach; Mk V 16aβ ist überflüssig nach V 15b und wird in der Frage V 16c ohnehin wörtlich wiederholt. Das red. Summar Mk V 13 hat weder bei Mt noch bei Lk eine Funktion. Viele Einzelheiten, u.a. besonders deutlich die mk Unklarheit, in wessen Haus das Essen stattfindet (Lk: in Levis Haus; Mt: wahrscheinlich in Jesu Haus), und das eigenartige mk »Schriftgelehrte der Pharisäer«

(Mt: Pharisäer; Lk: Pharisäer und Schriftgelehrte) zeigen, daß Mt und Lk unabhängig voneinander Mk redigierten. Διὰ τί (statt ὅτι) kann mt Red. sein (vgl. 9,14). Das gilt wohl auch für εἶπεν, obwohl Mt bei Jesusworten gerne Praes. historicum setzt. Gegenbeispiele sind aber 9,2.4, vgl. 12,24 (nach ἀκούσας).
[6] In der altkirchlichen und konservativen modernen Auslegung spielen die Wunder 8,1-9,8 eine große Rolle bei der Antwort auf die Frage, warum Mt erst jetzt berufen worden sei: Die Gnade Jesu ist so groß, daß er erst dann beruft, wenn die Berufenen zusagen können, also Mt erst, nachdem er viel von Jesus gehört und gesehen hat.
[7] Vgl. Bd. I Einl. 3.1.
[8] Sanh 43a als Name eines Jesusjüngers.
[9] Auf einer palmyrenischen Inschrift bei Dalman, Gr 178 Anm. 5.
[10] Für Jonatan, Sacharja, Jochanan, Natanja; weitere Belege bei Dalman, Gr 178-180. HbrMt gibt מתתיה und transkribiert anschließend den griech. Namen.

desselben Namens ist Μαθθίας[11]. Warum hat Mt den Namen Levis geändert? Seit alters stehen sich zwei Erklärungen gegenüber: Nach der einen sind Levi und Matthäus zwei Namen bzw. Name und Beiname desselben Mannes[12]. Dies ist sehr unwahrscheinlich, da Mt durch λεγόμενος einen Namen, nicht einen Beinamen einführen will[13] und da zwei verschiedene aramäische[14] Namen für dieselbe Person kaum zu belegen sind.

Es bleibt nur die andere, in der alten Kirche sehr selten vertretene[15] Möglichkeit, mit zwei verschiedenen Personen zu rechnen. Mt hat also den unbekannteren Levi durch Matthäus, der Mitglied des Zwölferkreises war und den er 10,3 als Zöllner bezeichnet, ersetzt. Warum? Man kann daraus schließen, daß der Zwölferkreis für Mt wichtig gewesen ist. »Die Jünger« sind für ihn an den meisten Stellen selbstverständlich die Zwölf[16]. Durch diese Identifikation der für seine eigene Gemeinde transparenten Jünger mit dem einmaligen Zwölferkreis des irdischen Jesus hält Mt fest, daß Jüngersein jederzeit Bindung an den irdischen Jesus und Gehorsam gegenüber seinen Geboten bedeutet[17]. Deshalb hatte er auch das Evangelium als εὐαγγέλιον τῆς βασιλείας, d.h. als Verkündigung des irdischen Jesus vom Himmelreich, charakterisiert[18]. Und analog hat er 27,56 die unbekannte Salome durch die Mutter der Zebedäiden ersetzt, die er auch 20,20 auftreten läßt[19]. Auch hier wird eine Überlieferung auf den Zwölferkreis konzentriert, ohne daß sich daraus etwas für die Abfassung des Mt ergibt.

Warum wurde gerade Matthäus und nicht ein anderes Mitglied des Zwölferkreises mit dieser Berufungsgeschichte ausgezeichnet, z.B. Thomas oder Bartholomäus? Einfach aus Zufall[20]? Oder weil der Name Matthäus eine symbolische Bedeutung hat[21]? Oder weil Matthäus Ahnherr und Stammapostel des Kirchengebiets war, aus dem unser Evangelium stammt[22]? Gegen diese These spricht aber, daß dann der Verfasser über den Stammapostel seiner eigenen Gemeinde so wenig wüßte, daß er ihn mit einer »fremden« Berufungsgeschichte versehen mußte. Auch sonst weiß er nichts über ihn zu berichten. Wahrscheinlicher scheint mir eine andere Vermutung: Man wußte

---

[11] Zahn 371 Anm. 50.
[12] Seit Hieronymus 55 dominiert die Erklärung, daß die übrigen Evangelisten »propter veracundiam et honorem Mathei« den bekannten Namen des Zöllners verschwiegen und statt dessen den Stammesnamen Levi wählten, während der bescheidene Mt selbst solche Hemmung nicht kannte und zu seiner Vergangenheit stand. Es gibt viele Varianten dieser Erklärung, z.B. Mt als »Beschneidungsname« (Gaechter 290; bei jüd. geborenen Kindern gab es aber keinen besonderen Beschneidungsnamen) oder als Ehrenname der Berufung (A. Wikenhauser – J. Schmid, Einleitung in das Neue Testament, Freiburg ⁶1973, 230 als Möglichkeit).
[13] Mt braucht λεγόμενος mit Namen (2,23; 26,36; 27,16.33) und ὁ λεγόμενος mit Beinamen (1,16; 4,18 etc.).
[14] Häufig ist ein semitischer und ein griech. Name; zwei semitische Namen kamen etwa bei Scheidung und Doppelehe vor, sind aber sehr ungewöhnlich (gegen Bill. II 712).

[15] Herakleon bei Clemens v Alexandria, Strom 4,9 = 71,3; Origenes, Cels 1,62.
[16] Strecker, Weg 191f; Pesch* 50-53; Walter, Kirchenverständnis 27. Allerdings zeigt m.E. Mt 8,21f, daß es Mt nicht darum geht, daß jeder μαθητής ein Mitglied des Zwölferkreises ist: 8,21f ist dies nicht nur nicht erwähnt, sondern es fehlt vor allem die dann unentbehrliche Notiz, daß der Jünger Jesu Verbot, den Vater zu begraben, befolgt hätte (gegen Walter ebd.).
[17] Luz, Jünger 142f: Die Identifikation der Jünger mit den Zwölfen bei Mt steht nicht im Dienst der Historisierung.
[18] Vgl. Exkurs zu 4,23-25 Bd. I 181-183.
[19] Pesch* 54f.
[20] Beare 225 (»at random«).
[21] Kiley* versteht Μαθθαῖος als den »Lernenden«, vgl. V 13: μάθετε. Aber die Namen der zwölf Jünger haben sonst nirgends symbolische Bedeutung (Ausnahme: Mt 16,18, wo sie erklärt ist).
[22] Fenton 136; Pesch* 41.55f.

von Matthäus noch, daß er Zöllner war; deshalb paßte die Berufungsgeschichte Levis. Fazit: Daß die mt Gemeinde den Apostel Matthäus als Stammapostel und Traditionsgaranten verehrte, ist unwahrscheinlich. Daß der Apostel Matthäus das Evangelium geschrieben hat, ist, wenn er Mk 2,14 als Quelle benutzte, sozusagen unmöglich. Als Erklärung, warum unser Buch ein εὐαγγέλιον κατὰ Μαθθαῖον geworden ist, bleibt die Vermutung, daß das von Späteren aus Mt 9,9 erschlossen wurde[23].

Jesus liegt im Haus zu Tisch[24]. Wessen Haus ist gemeint? Lukas berichtet eindeutig (5,29), daß Levi eine Einladung gab. So hat es später die kirchliche Auslegung durchweg verstanden und Jesu Teilnahme als Ausdruck seines Heilswillens und seiner Demut gedeutet[25]. Die Vorstellung des Matthäus ist wohl, daß Jesus, der in Kafarnaum einen Wohnsitz hatte (4,13, vgl. 9,1), dort »im Haus« zu finden ist (9,10.28; 13,1.36; 17,25)[26] und an seinem Wohnort die Tempelsteuer zahlt. Ob das Haus Jesus, Petrus (vgl. 8,14) oder sonst jemandem gehörte, interessiert Matthäus nicht[27]. Wie verhält sich das zu den vielen anderen Stellen, an denen er das ständige Unterwegssein Jesu betont (z.B. 8,19f.23.28; 9,1; 11,1; 13,54; 15,21.29; 16,13 etc.)? Der Gedanke liegt nahe, an die Analogie späterer Wanderradikaler zu denken, die aus ihren Gemeinden zur Mission aufbrachen und dann wieder in sie zurückkehrten[28]. 10

Die Pharisäer sehen[29], daß Jesus mit den verachteten und unreinen Zöllnern und mit anderen groben Sündern[30] zusammen ißt, und machen deshalb den Jüngern Vorhaltungen. »Lehrer« ist Christusbezeichnung von Außenstehenden[31]. »Euer« deutet die Trennung zwischen Pharisäern und Jüngern an und entspricht darin z.B. dem Possessiv »ihre Synagogen«. Von den Schriftgelehrten ist nicht mehr die Rede; sie waren bereits in 9,3-6 an der Reihe. Dem Evangelisten liegt in 9,1-17 daran, den Graben, der sich zwischen Jesus und den verschiedenen jüdischen Gruppen auftut, zu skizzieren; darum ist den Schriftgelehrten, den Pharisäern und den Johannesjüngern je eine Perikope gewidmet. 11

---

[23] Vgl. auch Bd. I 76f.
[24] Ἀνάκειμαι hat im Unterschied zum offeneren κατάκειμαι meist den technischen Sinn »zu Tisch liegen«.
[25] Z.B. Johannes Chrysostomus 30,2 = 422 (Christus will Gutes stiften); Petrus v Laodicea 94; Rabanus 875 (Gelegenheit zu lehren); Christian v Stavelot 1336 (humilitas); Paschasius Radbertus 372 (um Gnade zu schenken).
[26] An allen St, wo Mt ἐν τῇ οἰκίᾳ ohne anderes Attribut und in narrativem Zusammenhang mit Jesus als Subj. braucht, ist Kafarnaum als Ort mindestens vermutbar: 9,10.28 nach 9,1; 13,1.36 (Lage am See); 17,25 nach 24.
[27] Vgl. Analyse zu Mt 4,12-17 Bd. I 169f: Es gibt vielleicht alte Trad. über Jesu Wohnort in Kafarnaum.

[28] Das trifft ja nach der synoptischen Überlieferung z.B. auch auf Petrus zu, der seihe Familie (und sein Haus) zurückließ und behielt.
[29] Ἰδόντες ist wie üblich formelhaft. Manche Ausleger, z.B. Zahn 373f, überlegen, daß ein solches Gastmahl an einem so kleinen Ort wie Kafarnaum nicht verborgen bleiben konnte und daß die Pharisäer die Jünger an der Haustür abpaßten. Gut ausgedacht!
[30] Kaum wahrscheinlich ist, daß Mt hier an die Tischgemeinschaft mit den Heiden in der Gemeinde dachte (Hummel, Auseinandersetzung 39; Gnilka I 332). Der (trad.) Text ist aus jüd. Perspektive formuliert. Mahlgemeinschaft zwischen Pharisäern und עַם הָאָרֶץ ist verpönt (Bill. I 498f).
[31] Vgl. Anm. 7 zu 8,18-27.

12 Jesus antwortet anstelle der Jünger. Das Bild vom Arzt, für das es hellenistische Parallelen gibt, zeigt, daß der Judenchrist Matthäus die verbreiteten Hemmungen von Juden, denen Ärzte suspekt waren, weil sie häufig unrein
13 waren, ebensowenig teilt wie der gebildete und vornehme Jesus Sirach und vielleicht auch Jesus selbst[32]. Zwischen die sprichtwörtliche Wendung vom Arzt und das Schlußlogion schiebt Matthäus das Zitat aus Hosea 6,6[33] ein. Es ist hier recht störend und sprengt den Kontext. Von einem »Opfer« ist bisher nicht die Rede gewesen; nur implizit ergibt sich für die Leser, die ja die Pharisäer kennen, daß das, was Hosea mit »Opfer« meinte, auf die pharisäische Reinheitstora zielte, die Gemeinschaft mit Zöllnern und Sündern unmöglich machte.

Seit alters wurde diskutiert, wie die Antithese zwischen Barmherzigkeit und Opfer zu verstehen sei. Zwei Möglichkeiten stehen sich gegenüber: Entweder versteht man καὶ οὐ als absolute Antithese. Dann wird das Opfer von Jesus (und Hosea) abgelehnt. Wer in der alten Kirche so verstand, dachte daran, daß Hosea das Ende des Kultes im Neuen Bund weissagte[34]. Heutige Vertreter dieser Deutung nehmen an, daß für Mt das Zeremonialgesetz abgeschafft sei[35]. Wahrscheinlicher ist aber, καὶ οὐ im Sinne eines »Hebraeorum idioma«[36] als dialektische Negation komparativisch zu deuten. Gemeint ist dann: Barmherzigkeit will ich *mehr* als Opfer. So verstanden es eindeutig Hosea selbst[37], das Targum und die zeitgenössische jüdische Exegese[38]. So paßt es schließlich am besten zu Mt selbst, der das Kultgesetz nicht abschaffte, sondern gegenüber dem Liebesgebot zurücktreten ließ (5,18f; 5,23f; 23,23-28). Er versteht Hos 6,6 im Sinne eines ganzheitlichen Gehorsams: Wenn jemand gegenüber seinem Nächsten nicht barmherzig ist, nützen ihm alle seine Opfergaben nichts[39]. Das Kultgebot läßt sich von der Liebe nicht ablösen und ihr nicht entgegenstellen. Nur unter dem Vorzeichen der Liebe ist es für Mt gottgewollt. Das zeigt Jesus durch seine Praxis.

[32] Parr bei Wettstein I 358f. Zur jüd. Skepsis gegenüber Ärzten vgl. K. Seybold – U. Müller, Krankheit und Heilung, 1978 (BKon 1008), 87-90. Das »Lob des Arztes« steht Sir 38,1-15.
[33] LXX, B u.a. lesen in Hos 6,6 ähnlich wie das Targum ἤ = מִן, vgl. Hill* 109.
[34] Sehr selten, weil Hos 6,6b (LXX und Vg) eindeutig komparativisch ist. Vgl. aber Luther (WA 38) 482, der explizit gegen die Patristik so deutet: Nur ein Gerechtfertigter, der liebt, kann in allen seinen Taten (auch labores und sacrificia!) Gott gefallen. Mit anderer Argumentation Cocceius 17: »Tempus esse, in quo Deus sacrificia sit rejecturus«; ähnlich Lohmeyer 173.
[35] Strecker, Weg 32.
[36] Maldonat 196, ähnlich z.B. Calvin I 266; Musculus 232 (»magis«). Heute wird diese Deutung vor allem dort vertreten, wo die grundsätzliche Gültigkeit des Gesetzes für Mt bejaht wird, z.B. bei Barth, Gesetzesverständnis 77; Hummel, Auseinandersetzung 43 (»Überordnung«).

[37] Vgl. Hos 6,6b.
[38] TgHos 6,6 bei Bill. I 499. Die Rabb. deuten meist von Spr 21,3 her. Am wichtigsten ist Johanan ben Zakkai in Aboth RN 4 = Bill. I 500: Nach der Zerstörung Jerusalems werden die Liebeswerke »und nicht« das Opfer zur grundlegenden Sühnemöglichkeit für Israel. Johanan begründet das mit Hos 6,6 und will dadurch selbstverständlich nicht das Opfer abwerten. Die ethische Akzentuierung der Überlieferung durch Mt und Johanan aufgrund (jesuanischen und) prophetischen Erbes geschieht unabhängig voneinander. Vgl. Bd. I 71f.
[39] Anselm v Laon 1331 (»Gott verachtet nicht Opfer, sondern Opfer ohne Barmherzigkeit«); Musculus 233: »Die Juden irren darin, daß sie meinen, durch Opfer allein (ex opere operato) ..., ohne Glauben und Liebe zu dienen«.

Für den Evangelisten ist dieses Hoseazitat grundlegend; er wird es deshalb in 12,7 wiederholen. Es ist christologisch, erst in zweiter Linie paränetisch zu verstehen[40] und erläutert Jesu Verhalten zu den Zöllnern und Sündern im Lichte des Alten Testaments. An die Adresse der Pharisäer gerichtet meint es: Geht und lernt[41], daß ich das Gebot des Propheten erfülle! Es ist also formal eine Erläuterung zu 5,17, und zwar in zweierlei Weise: Es deutet an, was dort mit »und die Propheten« gemeint sein könnte, und es bestätigt, daß für Matthäus die Erfüllung von Gesetz und Propheten primär durch das *Verhalten* Jesu geschieht. Es ist auch ein Kommentar zu 5,20: Die Pharisäer zeigen mit ihrem Einwand, was weniger gute, Jesus dagegen, was bessere Gerechtigkeit ist[42]. Das bedeutet aber weit mehr, als daß Jesus seinen Jüngern ein Vorbild gibt. Vielmehr zeigt die ganze Jesusgeschichte: Aus dem Verhalten Jesu entsteht Erbarmen für die Zöllner, die Kranken und die Heiden. So ist das Zitat aus Hos 6,6 über unsere Perikope hinaus im Kontext von Mt 8-9 eine Art »Deutewort« für Jesu Heilungen: In ihnen manifestiert sich die Barmherzigkeit, von der Hosea spricht. Es ist nicht zufällig, daß fortan Kranke Jesus mit ἐλέησον anreden werden (9,27; 15,22; 17,15; 20,30f). Erst nach der christologischen Dimension kommt dann die paränetische: Jesus »will« Barmherzigkeit. Das entspricht der Seligpreisung Mt 5,7. Den Vorrang der christologischen Deutung vor der paränetischen bestätigt der aus Markus übernommene Schlußsatz. Hier geht es nicht wie beim Hoseazitat darum, daß Jesus *mehr* die Sünder ruft als die Gerechten, sondern um eine wirkliche Antithese[43]. Daß er an anderen Stellen durchaus mit wirklichen Gerechten im Judentum rechnet, denen Gott natürlich nahe ist, überlegt er sich hier offenbar nicht[44].

3.3 Der Bräutigam (9,14-17)

Literatur: Cremer, F.G., Die Fastenansage Jesu, 1965 (BBB 23); ders., »Die Söhne des Brautgemachs« (Mk 2,19 parr) in der griechischen und lateinischen Schrifterklärung, BZ 11 (1967) 246-253; ders., Der Beitrag Augustins zur Auslegung des Fastenstreitgesprächs, Paris 1971; Hahn, F., Die Bildworte vom neuen Flicken und vom jungen Wein

---

[40] Guelich* 45f; Glynn* 64f; Held, Matthäus 245f.
[41] Rabb. Ausdruck צא למד (Bill. I 499).
[42] Glynn* 65-71.
[43] Gegen Pesch, Mk I 166. Diese Deutung ist m.E., obwohl sie viele Schwierigkeiten inhaltlicher Art lösen würde, philologisch kaum möglich: V 13b ist par zu V 12 formuliert; die Gesunden haben den Arzt nicht weniger nötig, sondern überhaupt nicht. Οὐκ – ἀλλά kann im Unterschied zu καὶ οὐ keine dialektische Negation ausdrücken. Dieses Argument gilt auch für Mk 2,17 und zu Mt 15,11 (vgl. u. S. 423f).
[44] Vgl. 1,19; 13,17; 23,29.35. In der auslegungsgeschichtlichen Diskussion darüber, ob die »Gerechten« ironisch verstanden seien, zeigen sich gewisse konfessionelle Akzente. Die Reformatoren bevorzugen im allgemeinen die ironische Auslegung (Luther [WA 38] 483; Bullinger 92, aber im Anschluß an viele altkirchliche Ausleger, z.B. Cyrill v Alexandria fr 105 = Reuss 187; Photius v Konstantinopel fr 37 = Reuss 287; Johannes Chrysostomus 30,3 = 426; Hieronymus zSt), während viele Katholiken darauf hinweisen, daß es auch wirkliche Gerechte gegeben habe, z.B. Josef oder Nathanael (Lapide 209; Maldonat 196; vgl. Migne 623f).

(Mk 2,21f. parr), EvTh 31 (1971) 357-375; *Roloff*, Kerygma 235-237; *Ziesler, J.,* The Removal of the Bridegroom: A Note on Mark 2,18-22 and Parallels, NTS 19 (1972/73) 190-194.
*Weitere Literatur*** bei Mt 8-9 o. S. 5.

14 Da kommen die Jünger des Johannes zu ihm und sagen: »Warum fasten wir und die Pharisäer viel[1], deine Jünger aber fasten nicht?« 15 Und Jesus sagte zu ihnen: »Können etwa die Hochzeitsgäste trauern, solange der Bräutigam mit ihnen ist? Es werden aber Tage kommen, in denen der Bräutigam von ihnen weggnommen wird, und dann werden sie fasten. 16 Niemand aber setzt einen ›Aufnäher‹ von ungewalktem Stoff auf ein altes Kleid,
    denn sein Füllstück reißt vom Kleid,
    und es entsteht ein schlimmerer Riß.
17 Und man gibt nicht jungen Wein in alte Schläuche;
    sonst reißen die Schläuche;
    der Wein wird verschüttet, und die Schläuche gehen kaputt.
Sondern man gibt jungen Wein in neue Schläuche,
    und beide werden bewahrt.

Analyse Die folgende Perikope schließt mit τότε unmittelbar an. Nach Mt spielt sie noch am Gastmahl. Sie zerfällt in die beiden Teile V 14f und V 16f, die untereinander nicht erkennbar verbunden sind. In *V 14f* glättet Mt einige Umständlichkeiten des Mk-Texts: Nur die Johannesjünger wenden sich an Jesus, und dies direkt. Die mt Perikope – und erst sie – ist also ein Streitgespräch. Die umständliche mk Einleitung Mk 2,18a und der überflüssige Zwischensatz Mk 2,19c fallen weg. Das Doppellogion *V 16f* ist gegenüber Mk nur wenig verändert. Einige kleine Besonderheiten gehen auf die mt Redaktion zurück[2]. Bei anderen muß das Urteil offenbleiben[3]. Auffällig sind wieder die kleinen Übereinstimmungen mit Lk. Sie lassen sich zum großen Teil, aber nicht vollständig als unabhängige Redaktion des Mk-Textes durch beide Evangelisten verstehen[4].

---

[1] Πολλά (Adv.) ist auffällig, weil Mt sonst den bei Mk häufigen adverbialen Gebrauch vermeidet (vgl. Bd. I Einl. 3.3). Weil es bei Mk fehlt, ist es eher Urtext.
[2] Vgl. Bd. I Einl. 3.2. V 14: τότε, προσέρχομαι mit αὐτῷ, λέγων. V 15: evt. ἐφ' ὅσον (vgl. 25,40.45); Reminiszenz an Mk 2,19b?. V 16: δέ, γάρ – die mk Formulierung mit εἰ δὲ μή (par zu V 22) ist sicher ursprünglich. V 17: οὐδέ.
[3] Der Parallelismus zwischen V 16 und V 17a-d ist bei Mt stellenweise undeutlicher als bei Mk – entgegen der sonstigen mt Red.

V 16b ist die flüssigere mt Formulierung wohl jünger als die unbeholfene mk. Der Schluß καὶ ἀμφότεροι συντηροῦνται ist mt Sondergut, läßt sich jedoch nicht klar als red. erweisen.
[4] Unabhängige Red. können (!) sein: die Streichung von Mk 2,18a und 2,19c, ἀπὸ (τοῦ) ἱματίου V 16b / Lk 5,36b (an anderer St!), βάλλω bzw. βλητέον V 17d / Lk 5,38. Unwahrscheinlich ist Red. bei ἐπιβάλλω V 16a / Lk 5,36b, γέ V 17b / Lk 5,37b, ἐκχέω bzw. ἐκχύνομαι V 17c / Lk 5,37c.

Aussagen über die matthäischen Akzente in dieser Perikope sind schwierig. Erklärung

Die einleitende mk Notiz, daß die Jünger des Johannes und der Pharisäer fasten (Mk 14f
2,18a), streicht Mt. Seine Leser wissen, daß die Pharisäer regelmäßiges Privatfasten
empfehlen[5] und daß Johannes der Täufer ein Asket war (3,4; vgl. 11,18). Sie wissen
wohl auch, daß die Pharisäer keine »Jünger« haben. Die Johannesjünger vertreten
auch ein Anliegen der Pharisäer (»wir und die Pharisäer«). Sie gehören hier anders als
14,12 hinein in die Reihe der jüdischen Gegner Jesu, die in 9,2-17 den Bruch zwischen
Jesus und Israel einleiten. Das ist auffällig, weil sonst Mt Johannes den Täufer mit Jesus zusammenrückt[6].
Die Antwort Jesu ist nicht einfach. Für die mt Leser/innen ist der Bräutigam selbstverständlich Christus (vgl. 22,1-14; 25,1-13). Dann unterscheidet unser Text zwei Zeiten:
die Zeit der Freude, als der Bräutigam bei den Hochzeitsgästen war, und die Zeit der
Trauer, wenn er abwesend sein wird. Meint also Mt, daß die Zeit der Abwesenheit Jesu zwischen Auferstehung und Parusie eine Zeit der Trauer sei[7]? Das paßt aber
schlecht: 28,20 und ähnliche Texte deuten diese Zeit gerade als Zeit, in der Jesus bei
seiner Gemeinde gegenwärtig ist. Die beiden Allegorien 25,1-13 und 25,14-30 verstehen sie zwar als Zeit der Abwesenheit Jesu, aber nicht als Zeit der Trauer, sondern der
Arbeit und der Wachsamkeit. Oder darf man πενθέω rein vom Bild her verstehen:
Hochzeitszeit ist keine Trauerzeit? Das wäre viel einfacher; aber die Leser/innen werden beim Bräutigam von vornherein an Christus denken.
Klar ist nicht zuletzt durch das Fehlen von ἐν ἐκείνῃ τῇ ἡμέρᾳ[8], daß in der Zeit nach
Jesu Tod grundsätzlich gilt, daß die Gemeinde fastet. Aus unserem Text läßt sich aber
keine Fastentheologie ableiten. Man sollte ihn an diesem Punkt nicht theologisch
überfrachten[9]. Er setzt einfach voraus, daß die Gemeinde nach dem Willen Christi fastet. In welchem Geist das geschehen soll, sagt er 6,16-18; wie es praktisch geschah,
könnte Did 8,1 zeigen: Jene Gemeinde kennt ein regelmäßiges Mittwoch- und Freitagfasten.
Das Doppelwort vom Flicken und vom Wein schließt, anders als bei Lk, direkt an das 16f
Streitgespräch an. Wie schon bei Mk bleibt unklar, wozu der Gegensatz zwischen dem
Alten und dem Neuen so sehr betont wird; die christliche Gemeinde und ihre Gegner
fasten ja gleichermaßen. V 17e spricht von der Bewahrung des Weins *und* der Schläuche. Zeigt sich darin ein Interesse des Mt für das Alte, das etwa der Erfüllung des Gesetzes durch Jesus (5,17) oder dem Schriftgelehrten entspricht, der Altes und Neues

---

[5] Bill. II 242f; Did 8,1 (mt bestimmte Gemeinde!): Die Heuchler fasten am Montag und Donnerstag.
[6] Vgl. 3,1f.15; 11,2f.18f; 14,2.12; 21,32.
[7] Sofern man den Bräutigam metaphorisch auf Christus und die Söhne auf die Gemeinde deutet, ist eine solche Auslegung fast unausweichlich. Ihr kann Ziesler* 192f entgehen: Er deutet V 15 die Söhne auf die Pharisäer, von denen der Bräutigam geschieden ist und die deshalb trauern müssen. Aber die Pharisäer haben ja immer gefastet!
[8] Vielleicht dachte Mk an ein besonderes Karfreitagsfasten.

[9] Strecker, Weg 189 deutet Trauern als Ausdruck des »Abstand(s) von diesem Äon« und des »Warten(s) auf die zukünftige Basileia«. Leitend dafür ist Mt 5,4. Gnilka I 336 verbindet diesen Hinweis mit der prophetischen Heilserwartung (Jes 61,2f u.a.) und weiß, daß »das christliche Fasten bei Mt ... auf die Vergangenheit gerichtet (ist), insofern es den Tod Jesu kommemoriert, aber auch eschatologisch gestimmt, insofern es die Ankunft der Basileia erwartet«. Schön – und zugleich erstaunlich, was man alles einem Text entnehmen kann!

aus seinem Schatz holt (13,52)[10]? Das ist fraglich, denn bewahrt werden nach V 17e der *neue* Wein und die *neuen* Schläuche! So betont m.E. das Doppelwort am ehesten die grundsätzliche Unvereinbarkeit des alten, durch die jesusfeindlichen Schriftgelehrten, Pharisäer und Johannesjünger repräsentierten Israel mit Jesus und der Jüngergemeinde. »Beide werden bewahrt« könnte Mt auf die Verkündigung Jesu und ihr »Gefäß«, die Gemeinde, gedeutet haben. Aber das ist nur vermutbar.

Zusammenfassung und Wirkungsgeschichte 2–17

Der Schlüssel zum Verständnis von V 16f ist wohl ihre Stellung im Makrotext von Mt 9,2-17: Damals, als Jesus und seine Jünger zusammen mit den Zöllnern und Sündern aßen und sich ihnen, nicht den Gerechten zuwandten, damals machten ihnen jüdische Gegner ihre Freiheit vom Fasten zum Vorwurf. Damals zeichnete sich die Spaltung zwischen Jesus und Israel bereits ab. Jesus weist in seiner Antwort darauf hin, daß seine Jünger etwas Neues sind, Söhne des Bräutigams, nur von ihm und seiner Gegenwart oder Abwesenheit bestimmt. Am Schluß von drei Geschichten, die vom Aufbrechen eines Risses zwischen ihm und den Führern Israels erzählen, spricht Jesus in zwei grundsätzlichen Bildworten von der Unvereinbarkeit von Altem und Neuem: Sie deuten an, daß der »Riß«, der sich in 9,2-15 aufgetan hat, grundsätzlicher Art ist. Hier gibt es keine verbindenden Flicken. Jesus ist das Neue in Israel, das nur in neuen Schläuchen bewahrt werden kann. Statt der schwierigen Überlegungen, warum das »alte« Fasten der Gemeinde plötzlich ein neuer Flicken bzw. ein neuer Wein sein soll, schlage ich also vor, die Bildworte nicht nur auf V 14f, sondern auf den ganzen Abschnitt V 2-15 zu beziehen. Die Unvereinbarkeit von Neu und Alt bezieht sich also auf Jesus und das von Pharisäern und Schriftgelehrten bestimmte Volk Israel. Daß es sich hier um etwas Unvereinbares handelt, ist allerdings im jetzigen Moment der matthäischen Geschichte noch nicht sichtbar. Erst an wenigen Beispielen hat sich die Spannung zwischen beiden angekündigt. Die Fortsetzung der Geschichte wird das verdeutlichen. Insofern weisen unsere Bildworte über den bisherigen Stand der matthäischen Geschichte hinaus und bekommen Signalfunktion[11].
Matthäus hat also durch seinen Kontext für dieses sehr offene Doppelgleichnis eine Sinnrichtung angedeutet, ohne seinen Sinn präzise und exklusiv einzuengen. Auch die kirchliche Deutung hat diesen offenen und »schwebenden« Text immer wieder neu konkretisiert: Marcion deutet den Text auf das Verhältnis von Altem Testament und Evangelium[12], das Thomasevangelium (log 47) auf die Unmöglichkeit, zwei Herren zu dienen. Augustin deutet auf die fleischlichen Sinne und den neuen Menschen, Origenes auf Gesetz und Gnade, Chromatius auf die Kirche und die Perfidie der »alten« Synagoge, Luther auf die Gerechtigkeit des Gesetzes und des Glaubens[13]. Gibt es irgend-

---

[10] Gundry 171 weist hin auf Mt 5,17-20; Klauck, Allegorie 173: »Interesse an den positiven Werten der atl. Überlieferung«.
[11] Wenn Jesus ursprünglich an »sich und die Seinigen« (Jülicher, Gleichnisreden II 197) oder an »die anbrechende Gottesherrschaft« (Hahn* 371) gedacht hat, hat sich Mt kaum vom ursprünglichen Sinn entfernt.
[12] Tertullian, Marc 3,15.
[13] Augustin, Sermo 186 = PL 38,999f; Origenes fr 178 = 86; Chromatius 46,3 = II 88f; Luther (WA 38) 486.

eine Konkretion, die vom Text her »verboten« ist? Zur Deutung dieser Bildworte gehört ja gerade, daß man – wie Matthäus selbst auch – die allgemeinen Bilder vom eigenen Verständnis des Glaubens her in der eigenen Situation neu füllt. Die Grenzen möglicher Neudeutungen kommen also nicht vom Bildwort, sondern vom Kontext bzw. vom Ganzen der Theologie des Matthäus her. Er unterscheidet zwischen der Synagoge bzw. Israel, das er dem Alten zurechnet, und seiner Bibel bzw. seinem Gesetz, das mit zum Neuen gehört, weil Jesus es erfüllt (5,17). Insofern liegt z.B. die Deutung des Chromatius, aber nicht diejenige Marcions oder des Origenes innerhalb seines »Richtungssinns«. Wir werden aber heute, analog wie er, aber nicht wie er, nicht nur das Matthäusevangelium, sondern das Ganze der Bibel bedenken, wenn wir von unserem eigenen Glauben her die alten Bildworte neu füllen. Dann ist – z.B. von Paulus her und im Lichte der vom christlichen Verständnis der Bibel mitverursachten tragischen Geschichte der christlich-jüdischen Beziehungen in den 1900 Jahren seit Matthäus – seine Trennung zwischen dem Volk Israel und *seinem* (!) Erbe, der Bibel und dem Gesetz, neu zu bedenken.

4 Abschließende Wunder Jesu (9,18-34)

Wiederum fügt Mt die folgenden Wunder in einen zusammenhängenden Erzählungsfaden ein: Noch während des Zöllnergastmahls (9,10-17) taucht der ἄρχων auf. Jesus geht in dessen Haus (9,23) und kehrt dann ins Haus zurück, wo er gewöhnlich weilt (9,28, vgl. 9,10). Dorthin folgen ihm die beiden Blinden. Gerade als sie herausgehen, bringt man ihm den Stummen (9,32). Unser Abschnitt, der vier Heilungsgeschichten umfaßt, ist durch zahlreiche gemeinsame Stichworte verbunden[1].
Überaus dicht sind auch die Verbindungen zu Kap. 8[2]. Alle Themen und manche Motive der vorangehenden Abschnitte tauchen in diesem Schlußabschnitt nochmals auf. Das Thema des Glaubens (9,22.28f) nimmt 8,10.13 auf. Die Nachfolge der Blinden (9,27, vgl. 19) erinnert an 8,18-27; 9,9. Die Szenerie dieser Geschichte (9,27) nimmt diejenige von 9,9f auf. Das »Schlafen« und »Auferwecktwerden« des Mädchens (9,24f) entspricht dem Verhalten Jesu im Boot (8,25f). Der Christustitel κύριος 9,28 nimmt den christologischen Grundtenor von 8,2-25 auf. Die Anwesenheit der Jünger (9,19) erinnert daran, daß es 8,18-27; 9,8-15 um die Gemeinde ging. Die Volksmassen sprechen 9,33 nochmals aus, daß der Evangelist Wunder Jesu in Israel erzählte (vgl. bes. 8,1-17). Die ablehnende Reaktion der Pharisäer 9,34 hält fest, daß es in 9,2-17 um Jesu willen in Israel zur Spaltung kam. So ist der Titel »Abschließende Wunder« nicht Verlegenheitsausdruck. Vielmehr will der Evangelist nochmals alle »Stränge« seines

---

[1] Λαλέω (V 18.33); ἄρχων (V 18.23.34); ἀκολουθέω (V 19.27); πίστις/πιστεύω (V 22.28f); οἰκία (V 23.28); ἐκβάλλω (V 25.33f); ὅλη ἡ γῆ ἐκείνη (V 26.31 je am Perikopenschluß).

[2] Προσκυνέω (8,2; 9,18); χείρ (8,3.15; 9,18.25); ἥψατο (8,3.15; 9,29, vgl. 20f); σῴζω (8,25; 9,21f); ὥρα ἐκείνη (8,13; 9,22); ἐλθών ... εἰς τὴν οἰκίαν (8,14; 9,23.28); δύω/κράζω/ λέγων (8,28f; 9,27); γενηθήτω (8,13; 9,29); ὅρα + μηδείς (8,4; 9,30); προσήνεγκαν (8,16; 9,32, vgl. 9,2); ἐθαύμασαν (8,27; 9,33). Der ganze Abschnitt macht so dem Leser einen »vertrauten« Eindruck.

»Zopfes« zeigen und bündeln³. Das abschließende Nein der Pharisäer zu Jesus (9,34) ist ein für die Fortsetzung (vgl. 12,24!) folgenreicher »Ertrag« dieses Teils der Erzählung.

Auffällig ist unser Abschnitt im Blick auf seine quellenmäßige Herkunft. Die erste Doppelgeschichte entspricht Mk 5,21-43. Da Mt in 8,23-34 bereits Mk 4,35-5,20 wiedergab, ist das nicht überraschend. V 27-34 entstammen aber ganz anderen Zusammenhängen aus Mk (10,46-52) und Q (Lk 11,14f). Überdies werden beide Geschichten später nochmals erzählt (20,29-34; 12,22-24). Mt tut hier also etwas, was er sonst mit seinen Quellen kaum machte. Warum? Der Grund ergibt sich aus 11,5f: Dem Evangelisten lag daran, für alle Wunder, die er Jesus den Johannesjüngern aufzählen läßt, ein Beispiel zu geben. Für die Heilung von Blinden (τυφλοὶ ἀναβλέπουσιν) und Stummen (κωφοὶ ἀκούουσιν) fehlte ihm bisher noch eine passende Geschichte. Darum sind diese beiden Erzählungen vorweggenommen.

4.1 Die Tochter des Oberen und die blutflüssige Frau (9,18-26)

Literatur: Held, Matthäus 168-170.204-207; *Hutter, M.*, Ein altorientalischer Bittgestus in Mt 9,20-22, ZNW 75 (1984) 133-135; *O'Callaghan, J.*, La variante ΕΙΣ/ ΕΛΘΩΝ en Mt 9,18, Bib. 62 (1981) 104-106; *Robbins, V.K.*, The Woman who touched Jesus' garment: Sociorhetorical Analysis of the Synoptic Accounts, NTS 33 (1987) 502-515; *Rochais, G.*, Les récits de résurrection des morts dans le Nouveau Testament, 1981 (MSSNTS 40), 88-99.
*Weitere Literatur*** bei Mt 8-9 o. S. 5.

18 Während er das zu ihnen redete, siehe, da kam einer¹ von den Oberen², fiel vor ihm nieder und sagte: »Meine Tochter ist soeben gestorben; aber komm, leg ihr deine Hand auf, so wird sie leben«. 19 Da stand Jesus auf und folgte ihm und (auch) seine Jünger. 20 Und siehe, eine Frau, die zwölf Jahre Blutfluß hatte, trat von hinten herzu und berührte die Quaste seines Gewandes. 21 Sie sagte nämlich bei sich selbst: »Wenn

---

³ Vgl. o. S. 6. Das Thema des Glaubens ist also nicht *das* Thema unseres Abschnitts (so Held, Matthäus 236, unter Ausklammerung von V 32-34!), sondern *ein* Thema. Es fehlt in der Geschichte von der Tochter des ἄρχων (diff. Mk 5,36).

¹ Zum textkritischen Problem vgl. O'Callaghan*. Urtext ist von der Bezeugung her ΕΙΣΕΛΘΩΝ. Unsicher ist, ob das als εἷς ἐλθών oder als εἰσελθών aufzulösen ist. Obwohl nachgestelltes εἷς im Sinn von τις ungewöhnlich für Mt ist (oder gerade deswegen!), ist εἷς ἐλθών zu lesen: So haben die meisten MSS, die ἐλθών durch προσελθών und εἷς durch τις ersetzten, verstanden. Außerdem hat Mt in Mk 5,22 εἷς gelesen.

² Ἄρχων statt mk ἀρχισυνάγωγος. Denkt Mt auch an einen Synagogenvorsteher? Das ist unwahrscheinlich, denn die Veränderung muß erklärt werden. Obwohl ein ἄρχων auch einmal ἀρχισυνάγωγος sein kann (W. Schrage, Art. συναγωγή κτλ., ThWNT VII 843,25), gilt doch generell, daß ἄρχων ein städtischer Amtsträger ist. Bei Jos sind ἄρχοντες die städtischen Führer (Bell 2,405.407.570). Ins Aram. und Mittelhebr. ging ἄρχων im Sinn von »Herrscher«, »städtischer Beamter« als Lehnwort ein (אַרְכוֹן, vgl. Krauss, Lehnwörter 129 und Jastrow s.v.). Die Übersetzung »Beamter« trifft die Sache auch nicht genau, weil nicht unbedingt ein festes städtisches Amt gemeint ist, sondern allgemeiner die führende Stellung. Gut ist frz. »un notable« (Bonnard 134).

Mt 9,18-26: Analyse

ich nur sein Gewand berühre, werde ich gerettet!« 22 Jesus aber wandte sich um, sah sie und sagte: »Faß Mut, Tochter, dein Glaube hat dich gerettet!« Und die Frau wurde von jener Stunde an gerettet. 23 Als Jesus zum Haus des Oberen kam und die Flötenspieler und die lärmende Menge sah, sagte er: »Geht weg! Das Mädchen[3] ist nicht gestorben, es schläft!« Da lachten sie ihn aus. 25 Als die Menge herausgetrieben war, ging er hinein, ergriff seine Hand, und das Mädchen stand auf. 26 Und diese Kunde ging aus in jenes ganze Land.

1. *Aufbau.* Der Text zerfällt in vier kleine Szenen mit je verschiedenem Schauplatz: im Hause des Zöllnergastmahls (V 18f), unterwegs (V 20-22), vor dem Haus des ἄρχων (V 23-25a) und – davon überhaupt nicht abgegrenzt – in seinem Haus (V 25bc). V 26 ist abschließende Bemerkung (vgl. 8,27; 9,31). Abgesehen vom ἄρχων ergreift nur Jesus das Wort[4]. Die zweite Szene V 20-22 ist durch das Stichwort σῴζω (3mal) herausgehoben. Jesus nimmt den Gedanken der Frau (V 21) durch sein Wort auf, so daß eine Art rhetorischer Syllogismus entsteht: Das Berühren des Kleides wird als πίστις verstanden[5].

Analyse

2. *Quelle.* Gegenüber Mk 5,21-43 fallen die zahlreichen Kürzungen auf. Sie haben u.a. zur Folge, daß der Zusammenhang der beiden Geschichten von der Tochter des Jairus und von der Blutflüssigen verlorengeht. Jesus wird nun nicht mehr durch die Blutflüssige aufgehalten, so daß er zu spät kommt, um das kranke Mädchen zu heilen; es ist von Anfang an tot (9,18). Die abschließende Notiz von der Verbreitung der Kunde in V 26 hat keinen Anhalt am mk Grundtext; Mt hat sie aber nicht völlig frei gestaltet, sondern nimmt entweder Mk 1,28 oder einen Schlußsatz einer deuteromk Rezension von Mk 5,21-43, die Mt und Lk als Quelle vorlag, auf[6]. Die »Minor Agreements« sind überhaupt sehr zahlreich[7]; unser Text gehört zu denjenigen synoptischen

---

[3] Κοράσιον wird bei Phryn Ecl 73f (Lobeck) als παράλογον (ungehörig) getadelt.
[4] Bei Mk auch die Frau (ἔλεγεν. Mt: ἔλεγεν ἐν ἑαυτῇ), die Jünger und die Leute des Archisynagogen.
[5] Robbins* 506f.
[6] Vgl. Lk 4,14b vor der lk Parallelperikope zu Mk 6,1-6. Eine deuteromk Schlußnotiz von der Verbreitung der Kunde über Jesus würde zur Reduktion des »Messiasgeheimnisses« passen, die Ennulat, Agreements 415 für eine ihrer (wenigen) theologischen Besonderheiten hält.
[7] 1. Ἰδού ... ἄρχων (V 18, Lk 8,41). 2. θυγάτηρ und 3. evt. der schon eingetretene Tod (V 18, Lk 8,42?). 4. προσελθοῦσα ὄπισθεν ἥψατο τοῦ κρασπέδου (V 20, Lk 8,44). 5. ἐλθὼν εἰς τὴν οἰκίαν (V 23, Lk 8,51). 6. τῆς χειρὸς αὐτῆς (V 25, Lk 8,54). 7. ἐξῆλθεν/φήμη/ὅλη (V 26, Lk 4,14b). 8. verschiedene gemeinsame Auslassungen aus Mk 5,23.29.33.34.41. Nr. 4 und 5 (Lk sagt sonst εἰσέρχομαι εἰς οἰκίαν) sind als lk Red. nicht verständlich; φήμη (Nr. 7) ist mt und lk Hap. leg. Wie in anderen Texten sind die MA näher bei der mt als bei der lk Red. Daß Lk Mt als Nebenquelle benutzt habe, ist wegen der unterschiedlichen Plazierung von Nr. 5 und Nr. 7 unwahrscheinlich; außerdem würden die (geringfügigen) lk Auslassungen dann schwerer verständlich. Bovon, Lk I 443 rechnet mit gemeinsamer mündlicher Trad.

Texten, die deutliche Hinweise für die Existenz einer deuteromk Rezension geben. Die übrigen mt Besonderheiten sind auf die Red. zurückzuführen[8].

Erklärung 18f
Der Text ist knapp, unanschaulich und hält nur das Wesentliche fest. Noch während des Zöllnergastmahls kommt einer von den Oberen und fällt Jesus huldigend zu Füßen[9]. Es ist nicht mehr ein Synagogenvorsteher, sondern irgendein Vornehmer, vielleicht ein höherer Beamter. Mit ihm konnte sich die hörende Gemeinde leichter identifizieren als mit einem Vorsteher der ihr feindlichen Synagoge[10]. Sein Kind ist, anders als Mk 5,23, eben gestorben. So ist die Begegnung mit der blutflüssigen Frau nicht eine Verzögerung einer dringlichen Heilung, und entsprechend geht es Matthäus nicht darum, den Glauben des Oberen auf die Probe zu stellen und zu vertiefen (so Mk 5,35f). Dafür wird das Wunder gesteigert: Der Beamte wirft sich vor Jesus nieder. Er stellt die Bitte an Jesus so, wie sie Jesus in V 25 erfüllen wird[11]. Jesu Hand ist in den vorangehenden Geschichten zum Symbolwort für seine helfende Macht geworden (8,3.15). Die Gemeinde weiß, daß auch sie selbst unter Jesu ausgestreckter Hand, d.h. im Bereich seiner mächtigen Hilfe, stehen darf (12,49; 14,31; 19,13-15). So wird diese Geschichte für ihre eigene Erfahrung transparent. Jesus entspricht der Bitte des ἄρχων sofort[12].

20 Unterwegs tritt eine Frau zu ihm. Außer daß sie seit zwölf Jahren an dauernden Blutungen[13] litt, sagt Matthäus nichts von ihr. Was sie in den zwölf Jahren ihres Blutflusses durchgemacht hat und was das für sie an sozialer und religiöser Segregation bedeutet hat, können die judenchristlichen Leser/innen des Evangeliums sich ausdenken. Warum sie von hinten an Jesus herantritt und sich damit begnügt, Jesu Kleid zu berühren, können die Leser/innen nur ahnen: wahrscheinlich aus Scheu wegen ihrer Unreinheit[14], die sie ja durch die Berührung auf Jesus überträgt. Kurz, die Schilderung der Frau und ihrer Not ist so knapp, daß man nicht den Eindruck hat, daß der Evangelist an ihr

---

8   Vgl. Bd. I Einl. 3.2. Mt sind V 18: ἰδού, προσελθών, προσκυνέω, ἄρτι, τελευτάω. Der einleitende Gen. abs. ist durch Mk 5,35 inspiriert. V 19: ἐγερθείς. V 20: ἰδού; γυνή mit Part. (vgl. 26,7) entspricht ἄνθρωπος mit Part.; zu κράσπεδον vgl. Mk 6,56. V 21: ἐν ἑαυτῇ, μόνον. V 22: στρέφω (vgl. 16,23 Part.); ἰδών, ὥρα ἐκείνη (wörtlich gleich 15,28; 17,18); zu θαρσέω vgl. 9,2. V 23: ἐλθών ... εἰς τὴν οἰκίαν wie 2,11; 8,14; 9,28; 17,25. V 24: ἀναχωρέω, γάρ. V 25: εἰσέρχομαι, ἐγείρω. V 26: γῆ, ἐκεῖνος. Von Mt gerne vermieden werden (vgl. Bd. I Einl. 3.3): πάλιν, θυγάτριον, εὐθύς, ξηραίνω, πολλά, εἰσπορεύομαι, ἀνίστημι, διαστέλλομαι, μηδείς. Die Kürzungen lassen sich ausnahmslos als mt Red. erklären. Gerade bei dieser Geschichte war früher die Annahme einer gegenüber Mk eigenständigen mt Überlieferung sehr verbreitet, vgl. noch Grundmann 274; Bonnard 134f. Sie ist unnötig, vgl. Rochais* 89-97.
9   Vgl. Bd. I 120.
10 Im Dienste der Identifikationsmöglichkeit steht m.E. auch das Fehlen des Namens Jairus. Vgl. Mk 9,27-31, wo Bartimäus fehlt.
11 V 18: ἐλθών / ἐπίθες τὴν χεῖρα ... / ζήσεται. V 25: εἰσελθών / ἐκράτησεν τῆς χειρὸς αὐτῆς / καὶ ἠγέρθη.
12 Ἐγερθείς weist auf V 25 voraus. Daß Jesus dem ἄρχων »nachfolgt«, ist eigenartig. Ἠκολούθει ist wohl ein »Überbleibsel« aus dem gestrichenen mk V 24. Das Impf. ist Lectio difficilior (gegen Nestle[26]).
13 Αἱμορροοῦσα, wie Lev 15,33.
14 Vgl. Zabim 5,1.6 = Bill. I 520. Menstruierende dürfen nicht am Passa teilnehmen (Jos Bell 6,426).

ein besonderes Interesse habe[15]. Hingegen erwähnt er, daß Jesus ein Gewand mit Schaufäden trägt; er ist als frommer Jude dargestellt (vgl. Num 15,38-40; Dtn 22,12)[16]. Wichtig ist Matthäus, daß die Frau ein unbegrenztes Zutrauen in Jesu Macht hat; sie erhofft sich von der Berührung mit seinem Gewand Heilung[17]. Dieses Zutrauen wertet er positiv: Indem die Frau Jesu Gewand berührte, hat sie Glauben gezeigt[18]. 21

Jesus wendet sich um und sieht sie an. In unserer Geschichte sind Volksmenge (Mk 5,24.30f) und Jünger (Mk 5,31) nicht mehr erwähnt; alles geschieht allein zwischen der Frau und Jesus. Jesus, der ihr ins Herz sieht und ihre Absicht kennt, spricht ihr Mut zu; ihr Glaube hat sie gerettet. Die Geschichte wird durch die Kürzungen zu einem Paradigma des matthäischen Glaubensverständnisses. Glaube ist etwas Aktives, ein Wagnis unbegrenzten Vertrauens auf Jesus (vgl. 14,28f). Auf solche Wagnisse, wie zweideutig sie auch sein mögen, antwortet Jesus und spricht Gottes Hilfe zu (8,10.13; 9,29; 15,28). Von seiten des Menschen ist Glaube gewagtes Gebet[19]; dem zweideutigen und schwachen menschlichen Wagnis hilft Gott mit seiner Kraft auf[20]. Die Heilung, die die Frau erfährt, ist transparent für viel mehr, nämlich Rettung, wie sie jede/r Christ/in im Leben mit Gott erfährt (vgl. 8,25f). Darum ist diese Geschichte paradigmatisch, auch für Gesunde. »Rettung« ist etwas Konkretes: Darum gehört zu ihr auch die Heilung; und darum erzählt Matthäus von ihr anhand wirklicher Heilung. Die Rettung und die Heilung gehören zusammen, genauso wie der Glaube und die »magische« Berührung des Kleides durch die Frau. Die Rettung ist aber mehr als die Heilung: Das drückt Matthäus aus, indem er zuerst erzählt, daß Jesus der Frau aufgrund ihres Glaubens die Rettung zuspricht und erst hinterher von der Heilung berichtet[21]. Das drückt er auch durch die sorgfältig gewählten Zeitformen aus: Die ein- 22

---

[15] So ist wohl für Mt auch nicht wichtig, daß hier Jesus bzw. die Gemeinde zwei Frauen aufnimmt, was Bovon, Lk I 445 für Lk heraushebt.
[16] Κράσπεδον existiert auch aram. als Lehnwort (כְּרוּסְפְּדִין Pl.) für צִיצִת. Die Schaufäden, die den Juden an den Gesetzesgehorsam erinnern sollen, befinden sich an den vier Zipfeln des Gewandes und sind normalerweise drei oder vier Finger lang (Bill. IV 281 sub n.o).
[17] Das Anfassen des Gewands und der Schaufäden ist ein Bittgestus, vgl. Sach 8,23; 1Sam 15,27; orientalische Parr bei Hutter*.
[18] Oft werden die mt Kürzungen als Reduktion magischer Züge interpretiert, z.B. bei Hull** 136 (die Frau »expects magic but instead is met by the healing grace of the Messianic Servant«); Gerhardsson** 47 (»everything is at the conscious, personal level«); O. Böcher, Matthäus und die Magie, in: Schenke, Studien 15 (»nur die abergläubische Hoffnung der Frau, nicht ... der vom Erfolg bestätigte Weg zur magischen Heilung«). Aber gerade den »magischsten« Zug, nämlich die Berührung des Gewandsaums Jesu, läßt Mt nicht weg. V 22 nimmt V 21 positiv, nicht kritisch auf (σωθήσομαι/σέσωκεν).
[19] Luther II 334: »Glaube kann nicht sein ohne Gebet, sowenig als Feuer ohne Hitze«.
[20] Calvin I 272 macht das nicht ohne Recht zum Skopus: Der Glaube der Frau ist mit allerhand Fehlern und Irrtum untermischt, aber Christus tadelt sie nicht, sondern nimmt »ihren bruchstückhaften, schwachen Glauben ... gnädig an«.
[21] Ähnlich ist die Reihenfolge in 8,10+13.26; 9,28f; 15,24-28.

malige, zu »jener Stunde« geschehene²² Heilung ist konkreter Ausdruck der dauernd wirklichen²³ Rettung durch den Glauben.

23 Jesus kommt nun zum Haus und sieht dort die jüdisch wie griechisch im Leichenzug unentbehrlichen Flötenspieler²⁴ und das lärmende Volk²⁵, womit Matthäus vermutlich die Weinenden und Klagenden von Mk 5,38f meint.

24 Die Totenklage kommt zu einem brüsken Ende. Jesus sagt, daß das Kind nicht gestorben sei, sondern schlafe²⁶. Natürlich denkt er damit nicht an einen Scheintod²⁷. Er spricht auch nicht die allgemeine Lehre aus, daß angesichts der Hoffnung auf die künftige Auferstehung *jeder* Tod eines Christen nur ein Schlaf sei²⁸, sondern der Satz will verfremden: Jesus spricht nur von *dieser* Toten und will auf seine eigene Macht hinweisen. Für *ihn* ist dieser Tod kein endgültiger Tod, denn er wird jetzt zeigen, daß er über ihn Macht hat. Natürlich

25 versteht das nur der/die glaubende Leser/in des Matthäusevangeliums, nicht aber das »lärmende« Volk, das ihn auslacht. Jesus wirft es hinaus. Die Auferweckung wird ganz schlicht berichtet; sie geschieht genauso, wie der ἄρχων in V 18 erbeten hat. Es fehlen die Jünger; Matthäus muß nicht gegenüber einer zweifelnden Leserschaft auf Zeugen hinweisen. Es fehlt ebenso die Demonstration der Auferweckung durch das Herumgehen und das Essen des Mädchens. Es fehlt das aramäische Erweckungswort; Matthäus sagt nur, daß Jesus die Hand des Mädchens ergreift, so daß es auferweckt wurde. Diese Formulierung und nur sie wird für die Gemeinde transparent: Auch sie steht unter dem Schutz Jesu, und auch sie wird er, der Auferstandene, einmal auferwecken. Die Kürzung der markinischen Geschichte durch Matthäus konzentriert den Leser geradezu auf diese Assoziationen hin²⁹.

²² Ἀπὸ τῆς ὥσας ἐκείνης betont zusammen mit dem Aor. ἐσώθη die einmalige Heilung. Wundergeschichten sind bei Mt trotz ihrer Transparenz Berichte über einmalige Geschehnisse. Rabb. sprachliche Analogien bei Schlatter 318.
²³ Σέσωκεν (Perf.) V 22b im Unterschied zu ἐσώθη V 22c. Zum reflektierten Tempusgebrauch bei Mt vgl. Bd. I Einl. 3.1.
²⁴ J. Marquardt, Das Privatleben der Römer (1886), Nachdr. Darmstadt 1975, 351f; Luc De Luctu 12.19; weitere Belege bei Wettstein I 362f; jüd. Belege Keth 4,4 (auch der Ärmste in Israel stellt zwei Flötenspieler und ein Klageweib); Jos Bell 3,437.
²⁵ Wieder ein Beispiel für konservative Mt-Red.: Mt will das Volk der mk Erzählung doch nicht ganz verschwinden lassen.
²⁶ Schlaf als Metapher für Tod: Καθεύδω wird selten so gebraucht, vgl. nur A. Oepke, Art. καθεύδω, ThWNT III 436,11ff; Bauer, Wb s.v. καθεύδω 2a (LXX!). Üblich ist diese Bedeutung bei κοιμάομαι, vgl. neugriech. κοιμητήριο = Friedhof und die bei jüd. Grabsteinen in Rom übliche Formel ἐν εἰρήνη ἡ κοίμησις αὐτοῦ (αὐτῆς).
²⁷ In der Aufklärung war das die übliche Erklärung, z.B. Olshausen 327 (»tiefe Ohnmacht«). Paulus I 425f.439f berichtet über die Gefahr, lebendig begraben zu werden bei der in Palästina sehr schnell nach dem Tod erfolgenden Grablegung. Schon vor der Aufklärung machten Ausleger darauf aufmerksam, daß die Menge, die Jesus auslacht, solche Erklärungen ausschließe, vgl. z.B. Theophylakt 232 (sie werden zu Zeugen für das Wunder); Thomas v Aquino (Lectura) Nr. 787; Zwingli 261.
²⁸ So z.B. Origenes fr 185 = 88; Musculus 249f; dagegen mit Recht Luther II 338: Es geht nicht um den »St. Michaels Schlaf, in dem man schläft bis an den jüngsten Tag«, sondern darum, daß Christus diesen Tod anders sieht als die Menschen: »Vor euch ist sie tot, aber vor mir schläft sie«.
²⁹ Vgl. Held, Matthäus 169: »Kürzungen... als ein Mittel der Interpretation«.

Die Abschlußnotiz V 26 zeigt, daß Matthäus mit dem markinischen Messias- 26
geheimnis nichts im Sinn hat[30]. Sie gehört hinein in den ganzen Erzählfaden
von Mt 8-9: Am Schluß der beiden Kapitel häufen sich Notizen über die Wirkung von Jesu Wundern im Volk (V 26.31, vgl. 33.35 πάσας!). Jesu Wirksamkeit erfaßt sein ganzes Volk. Dadurch wird die Aussendung der Jünger in Mt
10 vorbereitet, und die Ablehnung Jesu durch die Schriftgelehrten, Pharisäer
und Johannesjünger (9,2-17) erhält die ihr zukommende Dimension.

Wiederum erzählt Matthäus eine Jesusgeschichte, die erst dann wirklich ver- Zusammen-
standen ist, wenn die eigenen Erfahrungen der Gemeinde mit dem auferstan- fassung und
denen Herrn durch sie beleuchtet und bestimmt werden. Darum ist es sachge- Wirkungs-
mäß, daß auch die spätere Kirche in dieser Geschichte ihre eigene Sicht Chri- geschichte
sti und ihre eigenen Erfahrungen mit ihm entdeckt hat.

a) Vom Glauben an den Auferstandenen her mußte unsere Geschichte neue Dimensionen bekommen. Nicht so sehr durch einzelne Totenauferweckungen als durch
seine eigene *Auferstehung* zeigt Christus, daß der Tod wirklich nur ein Schlaf ist, nämlich »recreatio ad vitam«[31]. So wird bei Luther – nicht weltanschaulich, sondern als
Zeugnis des Glaubens – V 24 zum Zentrum der Geschichte: »Christus lacht den Tod
höchstpersönlich... aus und nennt ihn Schlaf«. Die Geschichte schenkt dem Glauben
Trost: »Mein Grab ist (in Wirklichkeit) mein Bett...; ich sterbe nicht, ich schlafe«[32]. In
anderer Weise faßt Ephraem der Syrer den christologischen Skopus unserer Geschichte: Sie wird, was sie bei Mt selbst nicht direkt war, zum vorausweisenden Zeugnis von Jesu Tod und Auferweckung[33].
b) Ihre eigenen Erfahrungen mit dem Auferstandenen haben die Ausleger in zweierlei Weise in unserer Geschichte gefunden. Weitverbreitet war im Altertum und
Mittelalter die *heilsgeschichtliche Allegorisierung*. Die blutflüssige Frau, die später zu
Jesus kommt und zuerst geheilt wird, wurde auf die Heidenkirche, die Tochter des
Synagogenvorstehers auf die Synagoge gedeutet; die Abfolge der beiden Wunder verstand man dann im Sinn von Röm 11,25[34]. Das erlaubte verschiedene einzelne Allegorisierungen: Der Blutfluß ist der Götzendienst, die Ärzte der Frau (Mk 5,26) sind
die Philosophen. Die Frau berührt nur das Kleid Jesu, denn die Heiden kamen nicht
direkt in Kontakt mit dem irdischen Jesus. Jairus, der Erleuchter, ist Mose. Die Flötenspieler sind die Gesetzeslehrer, die das jüdische Volk in die Irre führen. Spätestens an
diesem Punkt pflegten sich dann antijüdische Untertöne in die Auslegungen einzu-
schleichen. Das jüdische Volk ist nicht eine »turba credentium«, sondern eine »turba
tumultuantium«. »Wenn nicht zuerst die Hände der Juden, die voller Blut sind, gerei-
nigt sind« (vgl. Mt 9,25!), »wird ihre tote Synagoge nicht auferstehen«. So schreibt

---

[30] Auch Mk 1,34c fehlt bei Mt. Rochais* 96:
Als Glaubensgeschichte hat unser Text allgemeine Gültigkeit, und das Messiasgeheimnis
ist nicht nötig.
[31] Brenz 406.
[32] Luther (WA 38) 489.
[33] Ephraem Syrus 155.
[34] Vgl. Gnilka, Mk I 219-221. Die alte Auslegung trägt durchweg die im mt Text fehlen-

den Angaben aus Mk und Lk ein und kom-
mentiert z.T. sogar direkt den mk Text. Schöne Beispiele für die heilsgeschichtliche Allegorisierung bei Hieronymus 59f; Hilarius 9,5f
= SC 254,208-210; Ambrosius, In Luc 6,54-
64 = BKV I/21 589-594; Beda 48f; Rabanus
879-883; Strabo 116f; Paschasius Radbertus
380-387; Thomas v Aquino (Lectura) Nr.
778-786.

Hieronymus[35] in markantem Unterschied zum Text, und Unzählige schrieben es von ihm ab. Dazu gehörte, daß der Glaube des Synagogenvorstehers gegenüber dem der Blutflüssigen oder auch gegenüber dem des Hauptmanns von Kafarnaum immer wieder abgewertet wurde[36].

c) Neben der heilsgeschichtlichen Interpretation steht die *persönliche*. Die Identifikation der Hörer/innen erfolgt in diesem Fall direkt über die menstruierende Frau bzw. über das Mädchen oder seinen Vater. Die Frau ist ein Beispiel des Glaubens, der gegen alle Hoffnung glaubt[37]. Oder sie ist ein Beispiel unvollkommenen Glaubens, der meint, sich vor Jesus verstecken zu können[38]. Das Mädchen ist die durch ihre Sünden gestorbene Seele[39]. Allegorisch sind die Flötenspieler die Schmeichler, die Volksmenge weltliche Gedanken[40]. Die tunica Jesu steht für die Heilmittel des Glaubens, das Evangelium und die Sakramente[41]. Eine andere Art der Identifikation kennt Johannes Chrysostomus: Er stellt die drei Jünger, die ins Zimmer hineingehen (Mk 5,37), der Volksmenge gegenüber, die draußen bleibt. Seine Botschaft lautet: Versinkt nicht angesichts des Todes in Trauer! Bleibt nicht, wie das Volk, draußen, sondern geht, wie Petrus, hinein! Laßt euch zum Wunder Christi führen, das den Tod überwindet[42]!

Solche Auslegungen haben verstanden, daß die matthäische Geschichte ihre Hörer/innen einbeziehen und sie zum lebendigen Christus führen will, der ihnen Glauben schenkt (V 20-22) und der für sie der »Überwinder des Todes«[43] ist (V 24f). Der *christologische* Skopus ist von Matthäus her gesehen der primäre. Wie die Rettung der Blutflüssigen mehr ist als ihre Gesundheit (obwohl diese dazugehört), so weist die Auferstehungsgeschichte hin auf die umfassende Lebensmacht Christi, die jene einmalige Begebenheit übersteigt[44]. Die *heilsgeschichtliche* Applikation (die ja vor allem an dem von Matthäus weggelassenen Ausdruck »Synagogenvorsteher« hängt), ist bei dieser Geschichte für Matthäus nur indirekt wichtig: Auch diese beiden Wunder gehören zu den Taten des Messias am Volk Israel, das ihn einst ablehnen wird. Wichtig ist ihm dagegen die *persönliche* Applikation durch seine Leser/innen auf ihren eigenen Glauben und ihre eigene Auferstehungshoffnung. Für heutige Leser/innen besteht allerdings ein Problem darin, daß uns heute Wunder als erfahrbare Hinweise auf die viel umfassendere Lebensmacht Christi weniger oder nicht zur Verfügung stehen, wie diese Totenauferweckung besonders deutlich machen kann[45]. Dann wird unsere symbolische Deutung der mat-

---

[35] 60.
[36] Vgl. Gnilka, Mk I 220.
[37] Bullinger 94A.
[38] Euthymius Zigabenus 316.
[39] Z.B. bei Rabanus 883f; ausgeführt bei Lapide 214.
[40] Thomas v Aquino (Kette I) 369.
[41] Brenz 404.
[42] 31 = 436-449, bes. 443.447f.
[43] Schniewind 121.
[44] Luther, Predigt über Mt 9,18-26 = WA 11,205 formuliert zu den Wunderheilungen Jesu grundsätzlich: »Omnia ... miracula, quae fecit euserlich an leuten, sunt indicia beneficiorum, quae intus facit in animabus credentium«. Nicht im Sinn einer Aufforderung zur Verinnerlichung, sondern im Sinn der Wundertaten als zeichenhafter Hinweise auf eine sie übersteigende Lebenswirklichkeit Christi trifft dieser Satz das Zentrum des mt Wunderverständnisses.
[45] Mt 10,8 rechnet damit, daß in der Gemeinde auch Tote lebendig werden.

thäischen Wundergeschichten leicht zur *nur* symbolischen und ihr Hinweis auf die Leben schaffende Kraft des Glaubens zur Spiritualisierung. Matthäus geht demgegenüber davon aus, daß die von ihm erzählten Jesuswunder wirklich geschehen sind. Hier besteht – mindestens bei einer Totenauferweckung – für heutige Deutung eine prinzipielle Schwierigkeit. Da m.E. die Erfahrung einer Totenauferweckung für uns nach wie vor undenkbar ist, sehe ich dafür keine Lösung.

4.2 Die beiden Blinden (9,27-31)

Literatur: Burger, Davidssohn 74-77; *Fuchs, A.*, Sprachliche Untersuchungen zu Matthäus und Lukas. Ein Beitrag zur Quellenkritik, 1971 (AnBib 49), 18-170; *Held*, Matthäus 207-213.
Weitere Literatur** bei Mt 8-9 o. S. 5.

27 Und als Jesus von dort weiterging, folgten ihm zwei Blinde nach, die schrien und sagten: »Erbarm dich unser, Sohn Davids!« 28 Als er aber ins Haus kam, traten die Blinden zu ihm. Und Jesus sagt ihnen: »Glaubt ihr, daß ich das tun kann?« Sie sagen ihm: »Ja, Herr!« 29 Da berührte er ihre Augen und sagte: »Nach eurem Glauben geschehe euch!« 30 Da wurden ihre Augen geöffnet. Und Jesus fuhr sie an und sprach: »Seht zu, niemand soll es erfahren!« 31 Sie aber gingen hinaus und breiteten die Kunde von ihm in jenem ganzen Land aus.

1. *Aufbau.* Die Geschichte ist einmal mehr sehr knapp und farblos. Um so mehr fällt die umständliche Szenerie auf: Die Blinden begegnen Jesus unterwegs (V 27) und folgen ihm ins Haus (V 28). Sie müssen ihre Bitte (V 27) nochmals bekräftigen (V 28). Dicht sind die Bezüge zu früheren Geschichten: Am auffälligsten ist die Wiederholung der Szenerie von 9,9-13 (παράγων ἐκεῖθεν, Nachfolge, Ortswechsel ins Haus). An die beiden Besessenen erinnert die Zweizahl der Blinden, die ebenfalls schreien (δύο, κράζω, λέγοντες [8,28f/9,27]). An 8,1-4 erinnern δύναμαι, ἥψατο und das mit ὁρᾶτε μηδείς eingeleitete Schweigegebot. Außerdem nimmt Mt Züge auf, die er in 8,1-4 aus der Mk-Quelle 1,40-45 wegließ (ἐμβριμάομαι, ἐξελθών + διαφημίζω Mk 1,43.45); es ist, als ob Mt trotz seiner Kürzungen möglichst wenig von Mk preisgeben möchte! An den Hauptmann von Kafarnaum erinnert V 29b (vgl. 8,13). Der Schluß (ἐν ὅλῃ τῇ γῇ ἐκείνῃ) erinnert an 9,26. So präsentiert die Geschichte sich fast wie ein Flickenteppich[1] aus vorangegangenen Geschichten. Mt erzählt also die Geschichte vom blinden Bartimäus bewußt in einer Weise, die an die vorangehenden Geschichten aus 8-9 erinnern will. Der Leser soll spüren: Jesus heilt hier »typisch«.

Analyse

---

[1] Klostermann 83: »aus lauter bekannten Flicken zusammengestückt«.

2. *Quelle.* Die Erzählung stammt ausschließlich aus Mk 10,46-52². Nur in V 30bf nimmt Mt den früher weggelassenen Vers Mk 1,43 auf. Mt wird die mk Geschichte vom blinden Bartimäus in 20,29-34 in einer Fassung, die Mk im ganzen näher steht, wieder bringen. Die Veränderungen sind redaktionell³. Man kann höchstens fragen, ob die Mt zur Verfügung stehende Textfassung von der unsrigen leicht verschieden ist⁴. Es spricht also alles dafür, daß auch die zweifache Verdoppelung auf sein Konto geht: Aus einem Blinden werden zwei; aus einer Geschichte werden zwei. Leichter verständlich ist die Verdoppelung des Blinden, die in 8,28 ihre Parallele hat: Sie erleichtert die Typisierung, verstärkt die Übereinstimmung mit 11,5⁵ und entspricht einem Gesetz volkstümlicher Erzählweise⁶. Größere Probleme stellt die Verdoppelung der Geschichte: Mt muß vor 11,5 eine Blindenheilung erzählen. Aber er hätte ja die Geschichte nur vorziehen und in Kap. 20 weglassen können! Außerdem erzählt er sie in 20,29-34 so verschieden⁷, daß der/die Leser/in den Eindruck zweier verschiedener Blindenheilungen hat. Nur: Warum erzählt er beide Male von der Heilung *zweier* Blinder? Deutlich ist, daß Mt unsere Probleme hinsichtlich historischer Wahrhaftigkeit nicht hatte; erleichtert wurde ihm das dadurch, daß Dublettenbildungen in der synoptischen Überlieferung immer wieder festzustellen sind⁸. Die Wahrheit einer evangelischen Geschichte hängt offenbar für Mt nicht daran, daß sie im einzelnen historisch getreu berichtet wird. Nur so ist auch die Freiheit zu verstehen, mit der er in Kap. 8-9 einen neuen – zeitlich zusammenhängenden, aber historisch fiktiven – Erzählungsfaden schaffen konnte.

Erklärung Dem vorbeigehenden Jesus folgen zwei Blinde nach. Die Szene erinnert an
27 9,9f: Der Leser weiß, daß es wieder um die Nachfolge geht. Die beiden Blinden tragen keine Namen (anders Mk 10,46; vgl. Mt 9,18!), was die Identifikation erleichtert. »Blindheit« hat bei Matthäus auch metaphorische Bedeutung.

---

² Fuchs* 18-37 gibt einen detaillierten Überblick über die Forschungsgeschichte.
³ Mt sind nach Bd. I Einl. 3.2 ἐκεῖθεν, ἐλθών (εἰς τὴν οἰκίαν vgl. zu 9,23), προσέρχομαι, ναί (vgl. 13,51!), κύριε als Anrede der Schutzbefohlenen, τότε, λέγων. Ἀκολουθέω (V 27) ist Vorwegnahme von Mk 10,52. Ὀφθαλμοί mit ἀνοίγω (V 30) ist LXX-Sprache (über 15mal; Jes 35,5; 42,7 mit τυφλοί).
⁴ Fuchs* 168-170 vermutet einen Deuteromk. Die MA sind aber hier weniger zahlreich als anderswo. Mt bzw. lk Red. sind λέγων (V 27; 20,30; Lk 18,38); παράγω bzw. παρέρχομαι (V 27; 20,30, vgl. 9,9; Lk 18,37). Als mt, aber nur mit Mühe als lk Red. erklärbar ist die Auslassung des Namens Bartimäus und die Anrede κύριε in Wundergeschichten (V 28; 20,33; Lk 18,41, vgl. 8,2; Lk 5,12).
⁵ An die ausgelassene Geschichte Mk 8,22-26 erinnert unser Text nicht, ebensowenig wie 8,28-34 an Mk 1,23-28. Nur 20,34 greift das »liegengebliebene« (Mk 8,23) ὄμμα auf. Der Hinweis auf Mt 11,5f ist natürlich nur bedingt stichhaltig: Es werden auch nicht zwei Aussätzige geheilt und zwei Tote auferweckt.

⁶ Vgl. die bei 8,28 (o. S. 32) genannten Parr aus Mt und Lk und das Material bei Bultmann, Tradition 343-346 zur volkstümlichen Zweizahl.
⁷ In 9,27-31 fehlen u.a.: die Lokalisierung Jericho, das begleitende Volk, das Sitzen der Blinden am Wege, der Tadel des Volkes und das Erbarmen Jesu. In 20,29-34 fehlen Glaubensmotiv und Schweigegebot. Die Besonderheiten unserer Textfassung hängen einerseits damit zusammen, daß der Kontext ein anderer ist als Mk 10 / Mt 20, andererseits damit, daß Mt Motive aus früheren Geschichten in unseren Text aufnehmen will. Daß unser Text eine red. Bearbeitung von Mt 20,29-34 sei (so Held, Matthäus 208f), ist unmöglich; Mt 20,29-34 war ja noch gar nicht geschrieben.
⁸ Vgl. Bd. I 21f. Die Dubletten, die durch die Zusammenarbeitung von Mk und Q entstanden, sind nicht Versehen, sondern Absicht.

Schon in der Tradition bedeutet »blind« sein auch, unverständig zu sein oder im Dunkel des alten Äons zu leben[9]. Vermutlich sind bereits bei Markus die Blindenheilungen mit solchen Obertönen zu lesen. Bei Matthäus wird in der großen Wehrede fünfmal die Blindheit der jüdischen Führer festgehalten (23,16-26, vgl. 15,14). 13,13-15 wird Jesus Israels Blindheit und Taubheit feststellen. Alles das weiß der/die Leser/in jetzt natürlich noch nicht. Aber er/sie wird sich später daran erinnern, zumal wenn der Evangelist wiederum redaktionell über die Heilung von Blinden (und Tauben) berichten wird (12,22; 15,30f; 20,30f; 21,14). Er führt hier ein Motiv ein, das er öfter wiederholen wird und das in Kap. 23 mit der Trennung zwischen den blinden Führern Israels und dem Blinde heilenden Jesus gipfelt. In diesen Kontext hinein gehört die Bitte um Erbarmen an den Davidssohn Jesus.

Exkurs: Davidssohn im Matthäusevangelium

Literatur: Berger, K., Die königlichen Messiastraditionen des Neuen Testaments, NTS 20 (1973/74) 1-44; *Burger,* Davidssohn 72-106; *Duling, D.C.,* The Therapeutic Son of David: An Element in Matthew's Christological Apologetic, NTS 24 (1977/78) 392-410; *Frankemölle,* Jahwebund 167-170; *Gibbs, J.M.,* Purpose and Pattern in Matthew's Use of the Title ›Son of David‹, NTS 10 (1963/64) 446-464; *Hummel,* Auseinandersetzung 116-122; *Kingsbury, J.D.,* The Title ›Son of David‹ in Matthew's Gospel, JBL 95 (1976) 591-602; *Loader, W.R.G.,* Son of David, Blindness and Duality in Matthew, CBQ 44 (1982) 570-585; *Nolan,* Son 145-215; *Strecker,* Weg 118-120; *Suhl, A.,* Der Davidssohn im Matthäus-Evangelium, ZNW 59 (1968) 57-81.

Davidssohn ist ein im Mt-Ev besonders profilierter Christustitel. *Traditionsgeschichtlich* hat man in der Forschung einerseits auf die im vorchristlichen Judentum spärlich und im nachchristlichen häufiger belegte Erwartung des königlich-messianischen Davidssohns hingewiesen[10]. Andererseits fiel auf, daß in Mk 10,47f und dann vor allem bei Mt Davidssohn eine Jesusanrede von Kranken, vorzugsweise von Blinden (Mk 10,47f; Mt 9,27; 20,30f, vgl. 12,23; 15,22; 21,15) an den Wundertäter Jesus ist. Das führte zur Frage, ob nicht der Davidssohn der Evangelien ein eschatologischer Antityp des ersten Davidssohns, nämlich Salomos, des großen Weisen und Kenners alles Dämonischen, sei[11]. Die Hypothese ist aber schwierig, weil Salomo nach jüdischer Überlieferung nicht heilt[12]. Vielleicht ist wichtiger, daß David selbst im Judentum mit Heilungen in Verbindung gebracht wurde[13]. Auch die für die messianische Zeit erwarteten Wunder bilden eine traditionsgeschichtliche Brücke zu den Evange-

---

[9] Vgl. W. Schrage, Art. τυφλός κτλ., ThWNT VIII 276,4-278,6; 280,26-281,34.
[10] Die Erwartung eines davidischen Messias ist verbreitet. Der Titel Davidssohn ist aber vorchristlich nur Ps Sal 17,21, rabb. dann häufiger belegt.
[11] Berger* 3-9; weitere Lit. bei Duling* 392f Anm. 4.

[12] Zu Berger*: Die – sehr spärlichen (sicher nur in Test Sal!) – zeitgenössischen jüd. Salomo-Belege verbinden Salomo mit Exorzismen. Das paßt zu Mt 12,23; 15,22, aber gerade nicht zu Mk 10,46-52 und zu den übrigen mt Belegen, die von Jesu Heilungstätigkeit umfassend (Duling* 393-399) reden.
[13] Jos Ant 6,166.168.

lien¹⁴. *Theologisch* galt der Forschung der mt Davidssohn vor allem als der Irdische, Vergangene¹⁵, im Unterschied zum κύριος (22,41-46), oder als der Messias Israels, der dann von seinem Volk abgelehnt wird¹⁶.

Der Davidssohntitel im Matthäusevangelium muß m.E. primär aus dem Erzählungsgang des Evangeliums heraus gedeutet werden. Der Evangelist baut sein Profil in drei Stufen auf:
1. Im »Buch der Urkunde« Kap. 1 führt er ihn ein. Er interpretiert ihn in 1,2-16 im Sinne der Abstammung Jesu von der königlichen Linie Davids, also nicht als Antityp zum »weisen« Davidssohn Salomo. 1,18-25 schildert, wieso Jesus, trotz seiner Jungfrauengeburt, dieser jüdischen Erwartung entspricht. Jesus ist wirklich der Messias Israels¹⁷.
2. Im Hauptteil des Evangeliums, Kap. 8-20, schildert Matthäus den Davidssohn als den heilenden Messias Israels. Hier ist der Davidssohntitel *nur* mit Wundergeschichten und fast ausschließlich mit Blindenheilungen verbunden. Der Messias Israels hilft also Israels Blindheit auf. Dabei ist wichtig, daß der Davidssohntitel erst am Schluß des Wunderzyklus Mt 8f zum erstenmal vorkommt: Zuerst *erzählt* der Evangelist, wie Jesus »im heiligen Volk« (4,23) heilt; erst dann läßt er die Blinden Jesus als Davidssohn anreden. In seinem Sinn *erzählen* also die Kap. 8 und 9, wer der Davidssohn ist. Darum steht der Titel auch gehäuft am Schluß der öffentlichen Wirksamkeit Jesu in Israel, 20,30f und 21,9.15. Gegenüber der Hoffnung Israels auf den königlichen Messias, die Matthäus aufnimmt (Kap. 1), bedeutet das eine Korrektur: Israels Messias ist in Wahrheit der, der die Kranken seines Volkes heilt (8,1-9,31), der heilende Gottesknecht (8,17), der freundliche König, der die Gelähmten und Blinden im Tempel heilt (21,1-15). Die Kranken sind Israeliten. Die beiden Blinden in 9,27-31 formulieren gleichsam die von Gott gewollte Antwort Israels an seinen Messias. 12,22-24 nimmt Matthäus das Motiv der Blindheit wieder auf und stellt die Reaktion der wahren Israeliten derjenigen der Pharisäer gegenüber. Die Bitte der heidnischen Kanaanitin an den Davidssohn Israels um Heilung ihrer Tochter (15,21-28) akzentuiert nur, daß Jesus der Messias Israels ist. *Fazit*: In der Tradition knüpft Matthäus an Mk 10,46-52 an¹⁸. Aber der primäre Interpretationsrahmen für sein Verständnis der Davids-

---

[14] Vgl. Nolan, Son 165f.
[15] Bornkamm, Enderwartung 30; Burger, Davidssohn 89; Strecker, Weg 119f.
[16] Walker, Heilsgeschichte 129. Kingsbury* betont, daß der Davidssohntitel mt eine eingeschränkte Bedeutung habe und vor allem der Polemik gegen Israel diene (601f). Hummel, Auseinandersetzung 120 weist darauf hin, daß Davidssohn gerade ein für die pharisäischen Gegner des Mt wichtiger Titel war.
[17] Suhl* hält Mt 1,23f für den entscheidenden Schlüssel für die mt Davidssohnvorstellung: Der Davidssohn ist der Immanuel (62-69.75-81); die Davidssohn-Appellationen der Kranken wollen Jesus auf seiner Immanuel-Zusage behaften. Man kann aber m.E. nicht sagen, daß 1,18-25 die *Davidssohnschaft* Jesu durch Immanuel interpretiert werde.
[18] Wieder ein Fall, wo Mt eine relativ isolierte Aussage eines seiner theologischen Väter aufgreift und beträchtlich erweitert, vgl. Bd. I 56-59.

sohnschaft ist seine eigene Erzählung, nicht irgendein traditionsgeschichtlich davor liegendes Konzept[19].

3. Im Schlußteil seines Evangeliums stellt Matthäus einerseits für seine Gemeinde fest, daß der Davidssohn mehr ist als nur Messias Israels, nämlich der Herr der Welt, der die Gemeinde begleitet und ihr hilft (22,41-46). Er entfaltet damit, was die Kranken Israels schon andeuteten, wenn sie den Davidssohn als »Herrn« anredeten (9,27.28; 15,22; 20,31-33; vgl. 21,9). Andererseits stellt er die Herrschaft des Davidssohns Jesus, die die Gemeinde erkennt, der dauernden Blindheit der Pharisäer und Schriftgelehrten Israels schroff gegenüber (23,16-26). Die Pharisäer werden gegenüber dem Blinde heilenden Davidssohn zu Blinden[20]. Diese Perspektive der ganzen Matthäuserzählung erinnert an die Blindenheilung von Joh 9, jenes eindrückliche Kapitel, das am Schluß ganz »matthäisch« von der bleibenden Blindheit der Pharisäer spricht (9,41).

Der Davidssohntitel zeigt somit exemplarisch, wie Matthäus einzelne Begriffe oder Konzeptionen seiner Erzählung unterordnet. Man wird ihm nicht gerecht, wenn man systematisch fragt, welcher Titel in seiner Christologie über- oder untergeordnet sei[21]. Man versteht ihn auch nicht, wenn man nach der theologischen Konzeption fragt[22], welche der Davidssohntitel eingefügt ist. Voll verständlich wird seine Absicht erst, wenn man darauf achtet, wie der Titel sich im Laufe der Erzählung verändert und welches Ziel der Evangelist in seiner Erzählung mit Hilfe dieses Titels erreicht. Die matthäische Christologie verstehen heißt die matthäische Jesus*geschichte* verstehen!

Die Blinden wenden sich an den Messias Israels, den der Evangelist bisher als 27 Heiler »in seinem Volk« beschrieben hat (4,23). Ἐλέησον ἡμᾶς ist ein Ausdruck, der der Gemeinde aus den Psalmen und vielleicht auch aus ihrem Gottesdienst vertraut gewesen ist[23]. Er erleichtert ihre Identifikation mit den Blinden. Wie die Blinden, so wendet auch sie selbst sich an Jesus, der »Barmherzigkeit will« (9,13).

Jesus willfahrt der Bitte nicht sogleich. Die Blinden müssen warten, ihr Glau- 28 be wird nochmals erfragt. Wie in 8,8-10.13; 9,20-22 macht Matthäus deutlich, daß der Glaube der Heilung vorangeht[24] und ein aktiver, beharrlicher Glaube sein muß[25]. Die beiden Kranken wenden sich an Jesus als ihren »Herrn«, ebenso wie die Gemeinde (8,25). Der Glaube der Blinden wird für 29

---

[19] Vgl. bes. Loader* 574-580.
[20] Gibbs* hat erstmals auf die Bedeutung der Blindheit für die Geschichte Jesu als Davidssohn hingewiesen.
[21] Kingsbury* fragt, welcher christologische Titel für Mt der grundlegende und welche nachgeordnet seien.
[22] Frankemölle, Jahwebund 168: Die leitende »theologische Konzeption« des Mt ist für die Davidssohnschaft die Erfüllung aller messianischen Hoffnungen in Jesus.
[23] Vgl. Bd. I 59f.
[24] Hilarius 9,9 = SC 254,214: »Quia crediderant viderunt, non quia viderant crediderunt«.
[25] Luther II 339: Der Glaube muß hartnäckig, beharrlich, ohne Scheu, grob und unverschämt sein.

30a die Gemeinde zum Modellfall ihres eigenen; die Hilfe Jesu gibt ihr selbst Mut. So gilt die Zusage κατὰ τὴν πίστιν γενηθήτω ὑμῖν auch ihr selbst. Aber kann die Gemeinde diese Hilfe auch auf sich selbst beziehen? Daß Jesus auf wunderbare Weise Kranke heilt, ist wohl auch für sie die Ausnahme! Zweierlei ist hier zu sagen: Einmal sind die Obertöne und die symbolische Dimension zu beachten, die gerade in der alttestamentlichen Formulierung »die Augen öffnen« mitschwingen. Sicher hat Jesus nicht jede/n gesund gemacht, aber doch öffnet er jeder/m die Augen, indem er seiner Gemeinde den Glauben an Gott den Vater schenkt. Zum anderen bleiben aber für die Gemeinde die Erfahrungen konkreter Glaubenswunder wichtig (vgl. 17,19f). Identifikation mit den Blinden dieser Geschichte bedeutet keinesfalls *nur* Spiritualisierung der Zusage Jesu, sondern auch die Zuversicht, daß der Herr in Krankheit und Not konkret hilft. So wird diese Geschichte durchsichtig für die eigene Zuversicht der Gemeinde; sie bildet aber zugleich eine wichtige Etappe in der Geschichte, wie der Messias Israels die Blinden Israels durch seine heilende Liebe zum Sehen führt.

30bf Das Schweigegebot und seine anschließende Übertretung sind schwer zu deuten. In einem modernen Bild: Matthäus scheint aus seinem Papierkorb, in den er nicht gebrauchte Markustexte warf, einen verwendbaren Zettel gezogen zu haben! Die Gelegenheit, die Breitenwirkung von Jesu Heilungstätigkeit in Israel zu betonen, ergriff er am Schluß seines Wunderzyklus gerne. Damit wird klar, daß der Davidssohn nicht eine Randerscheinung in Israel gewesen ist. Die zusammenfassende Reaktion der Volksmassen (9,33) wird vorbereitet.

4.3 Die Heilung des besessenen Stummen (9,32-34)

32 Als sie hinausgingen, siehe, da brachte man ihm einen besessenen Stummen[1]. 33 Als der Dämon ausgetrieben war, begann der Stumme zu sprechen. Und die Volksmengen erstaunten und sagten: »Noch nie ist so (etwas) in Israel sichtbar geworden!« 34 Die Pharisäer aber sagten: »Durch den Herrscher der Dämonen treibt er die Dämonen aus!«[2]

Analyse Wieder weckt die kleine Wundergeschichte Erinnerungen an früher Erzähltes, und zwar vor allem an 9,2-8, die einzige Heilungsgeschichte aus Mt 8,1-9,26, die in V 27-31 nicht angeklungen war[3]. Aber nicht auf dem Wunder liegt das Hauptgewicht, son-

---

[1] Ἄνθρωπον (Nestle[26]) ist vielleicht doch eher späterer, mt Diktion entsprechender Zusatz. Der kürzere Urtext ist nicht nur von ℵ und B, sondern auch von Teilen der anderen Textfamilien bezeugt.
[2] V 34 fehlt in D u.a. Er ist nicht nur gut bezeugt, sondern auch kompositionell als Fortsetzung von 9,1b-17 und als Vorbereitung auf 10,25 unentbehrlich.
[3] Zu ἰδοὺ προσήνεγκαν αὐτῷ vgl. 9,2, zu ὄχλοι 9,8. Der Inhalt der Reaktion der ὄχλοι ist unter Aufnahme des in 9,8 ausgelassenen Mk-Textes formuliert: οὐδέποτε, οὕτως. Immer wieder nimmt der konservative Mt »liegengebliebene« mk Ausdrücke auf!

dern auf der Reaktion Israels (V 33f). Die ganze Geschichte geht auf Q zurück (= Lk 11,14f); Mt wird sie nochmals, stärker variiert, bringen[4] (12,22f). Die zweifache Reaktion auf das Wunder ist bereits in Q angedeutet (Lk 11,14c.15). Die positive Reaktion des Volkes hat Mt ausgebaut[5]; für die negative der Pharisäer übernimmt er das, was in Q Lk 11,15 von »einigen« Leuten gesagt ist. Ἔλεγον stammt aus Mk 3,22. Alle Änderungen sind mt Redaktion[6].

Auf die programmatische Geschichte von der Heilung der beiden Blinden folgt eine doppelte Reaktion Israels. Sie wird durch eine kurze Episode einer Heilung eines besessenen Stummen[7] eingeleitet. Blindheit und Stummheit gehören in der Tradition[8] und bei Matthäus zusammen (12,22; 15,30f). Jesus erfüllt auch durch diese Tat die Verheißungen Israels (11,5f). Entscheidend ist die Reaktion: Die Pharisäer – Matthäus nennt hier wie 12,22 sie, weil sie für ihn die wichtigsten der in 9,2-17 auftretenden Gegner Jesu sind[9] – werfen Jesus Komplizenschaft mit dem Teufel[10] vor. Der schwerwiegende Vorwurf läßt den tiefen Graben ahnen, der sich zwischen Jesus und ihnen auftun wird. Ihnen gegenüber steht die Reaktion des Volkes. Θαυμάζω meint nicht Glauben, wohl aber eine grundsätzlich positive Reaktion[11]. Das Volk steht für diejenigen Menschen, die Jesus potentiell annehmen[12]. Ihre Reaktion markiert zugleich die Grenze der Verstehbarkeit von Wundern »von außen«: Sie sind für Matthäus besondere Ereignisse, die die Aufmerksamkeit der Menschen zu erregen vermögen. Mehr als ihre äußere Fassade wird aber den Volksmassen nicht verstehbar. Die Tiefendimension und die ins eigene Leben hineinreichende Kraft der Wunder Jesu bleibt ihnen verborgen. Sie erschließt sich nur in der Begegnung mit Jesus selbst, die Matthäus mit den Stichworten πίστις und ἀκολουθέω umschreibt. Ἐν τῷ Ἰσραήλ weist nochmals hin auf eine wichtige Dimension von Kap. 8-9: Der Messias Israels vollbrachte seine Heilungen in und für sein Volk Israel.

Mit dieser Notiz von der gespaltenen Reaktion Israels schließt Matthäus seinen ersten Bericht über Jesu Taten ab. Er wird ähnliche Notizen später folgen lassen (12,22-24; 21,14-16). Die Schlußnotiz weist so darauf hin, welchen Ort Kap. 8-9 im Ganzen des Evangeliums haben. Sie leiten die Spaltung ein, die der Messias in seinem Volk bewirkt und die mit dem Nein Israels zu Jesus enden wird[13].

Erklärung
32
33
34

---

[4] Die Annahme, Mt benutze eine Sonderüberlieferung (Schweizer 150), ist unnötig: Mt verfährt mit Q ebenso wie mit Mk 10,46-52.
[5] Red. sind λέγων, φαίνω. Ἐν τῷ Ἰσραήλ nimmt sachlich die Grundaussage von 8,1-17 auf und entspricht ἐν τῷ λαῷ 4,23 und Davidssohn 9,27. Zu οὐδέποτε, οὕτως vgl. o. Anm. 3.
[6] Zu ἰδού, προσφέρω αὐτῷ, δαιμονίζομαι vgl. Bd. I Einl. 3.2. Ἐξέρχομαι (sc. aus dem Haus von 9,28) und ἐκβάλλω (vgl. 8,31!) verankern unsere Geschichte im Kontext.

[7] Κωφός kann stumm oder taub heißen; ein von Geburt auf tauber Mensch kann nicht sprechen. Auch hier gibt es eine übertragene Bedeutung: »ohne Erkenntnis«, »dumpf« (Liddell-Scott s.v. 3c-5b).
[8] Jes 29,18; 35,5; 42,18f; 43,8.
[9] Vgl. Bd. I 148.
[10] Vgl. u. S. 258 zu 12,24.
[11] 8,27; 15,31; 27,14.
[12] Zu den ὄχλοι vgl. Bd. I 180.
[13] Zur Einbindung in den weiteren Kontext des Mt vgl. Luz** 152-158.

Abschließendes Gesamtbild (9,35)

35 Und Jesus zog in allen Städten und Dörfern umher, lehrte in ihren Synagogen, verkündigte das Evangelium des Reichs und heilte jede Krankheit und jede Schwäche.

Erklärung   Der Kreis schließt sich: Der Evangelist wiederholt 4,23 mit geringen Variationen[1]. Die Leser/innen blicken zurück auf Kap. 5-9. Sie wissen nun, was das »Evangelium des Reichs« ist (Kap. 5-7) und wie der Messias Israels alle Krankheiten heilt (Kap. 8-9). Sein Wirken umfaßt alle Dörfer und Städte des Landes (vgl. 9,26.31); es ist kein verborgenes Ereignis in einem Winkel Israels. Die alttestamentliche Farbe[2] gewinnt jetzt volles Relief: Nach Kap. 8-9 (8,17!) und 5-7 (5,17; 7,12!) wissen die Leser/innen, daß Jesus durch sein Wirken die Schrift erfüllt.

Zusammen-   *Zusammenfassung: Die Wunder des Messias Israels*
fassung Mt
8–9   Literatur s.o. S. 5.

1. *Die Wunder als Teil der Jesusgeschichte.* Die herrschende Deutung der matthäischen Wundergeschichten, repräsentiert etwa durch die Arbeit von Held[1], fragte nach den in ihnen dargestellten »Themen«, etwa der Christologie, dem Glauben, der Nachfolge etc. Die Wundergeschichten bekamen dadurch einen lehrhaften Grundzug; sie tendierten dazu, zu Paradigmen für bestimmte Themen der christlichen Lehre zu werden. Solche Interpretationstendenz ist tief in neuzeitlicher, vor allem protestantischer Wunderinterpretation verwurzelt, die dazu neigt, nach der Bedeutung von Wundergeschichten zu fragen und die Frage nach dem in ihnen berichteten Geschehen davon zu trennen und zurücktreten zu lassen[2]. Unsere Interpretation hat gezeigt, daß dies nicht einfach falsch ist. Aber es reicht nicht aus. Alle matthäischen Geschichten wollen Berichte von Geschehenem sein; der Evangelist versteht sie keineswegs nur als Veranschaulichungsmittel für theologische Themen. Vor allem zeigte sich, daß sie eine konstitutive Funktion für die ganze matthäische Jesus*geschichte* haben: Es ist nicht Zufall, daß Jesus sein Wirken in Is-

---

[1] Ὁ Ἰησοῦς ist nach 9,33f nötig; zu τὰς πόλεις πάσας καὶ τὰς κώμας vgl. Mk 5,56. Mk 6,56 wurde bereits in 9,20 benutzt; V 56a wird von Mt in 14,34-36 gestrichen und hier vorausschauend verwendet.
[2] Vgl. LXX Dtn 7,15; 28,59-61; 2Chr 21,15.

[1] Held, Matthäus 234-283, vgl. Légasse*; Kingsbury*.
[2] A. Suhl, Die Wunder Jesu. Ereignis und Überlieferung, in: ders. (Hrsg.), Der Wunderbegriff im Neuen Testament, 1980 (WdF 295), 500: Im NT wird kaum ein Wunder um seiner selbst willen überliefert, sondern seine Erwähnung »steht ... stets im Dienste einer ... Absicht, die *nicht auf das Wunder als solches zielt*« (Hervorhebung nicht im Orig.). Demgegenüber wird es im folgenden gerade um die Einheit des geschehenen Wunders und der durch seine Kraft ausgelösten Erfahrungen gehen, die *zusammen* das Wunder ausmachen.

rael mit Heilungen und Wundern beginnt. Die Taten Jesu bewirken etwas: Die Jesusgeschichte steht am Ende von Kap. 9 nicht mehr am selben Punkt wie am Anfang von Kap. 8. Matthäus stellt nicht einfach als geschickter Katechet eine Gruppe von Wundergeschichten zusammen, die dann theologisch interpretierbar wären, sondern er erzählt eine zusammenhängende Geschichte, die mit Wundern Jesu an den Kranken Israels beginnt[3]. Nicht um *Lehre* über Glauben und Jüngerschaft, die in den Wundergeschichten narrativ verschlüsselt würde, geht es, sondern um eine Erzählung, die berichtet, wie Glaube und Jüngerschaft in Israel *gestiftet wurde* durch das barmherzige Handeln des Messias. Insofern ist die in den Geschichten selbst und in der ganzen Matthäuserzählung berichtete *Wirkung* der Wunder der Schlüssel zu ihrem Verständnis. Das schließt ein, daß die Sprachform der Wundergeschichte für das, was sie sagen will, unersetzbar ist und keine zufällige Gestalt auch anders sagbarer Wahrheiten[4].

2. *Die Wunder Jesu als Ausdruck seines Erbarmens.* Inhaltlich war an der von Matthäus zusammengestellten Folge von Wundergeschichten wichtig, daß es fast ausschließlich um Heilungen ging. Sie geschahen an Menschen in Israel, die in Not waren. Für sie bedeuteten die Wunder eine besondere Erfahrung, die die Ausweglosigkeit ihrer Not durchbrach. Matthäus selbst hat diese Erfahrung in alttestamentlichen Worten als ἔλεος gedeutet (9,13 = Hos 6,6). Für ihn beginnt also die Jesusgeschichte mit Jesu Erbarmen gegenüber dem Volk Israel und damit mit dem gnädigen Handeln Gottes. Dieses Erbarmen geht allem anderen voraus: der Nachfolge der Jünger, dem staunenden Abwarten des Volkes, der Verleumdung durch die Pharisäer und der Aussendung der Jünger. Alles das ist nach Matthäus nur Reaktion auf das Handeln des Immanuel.

3. *Die Transparenz der »inklusiven« Jesusgeschichte.* Natürlich bleibt richtig, daß diese Wunderberichte eine kerygmatische Funktion haben, auch wenn sie nicht in einem ausschließlichen Sinn »Träger einer Verkündigung, Lehre oder Ermahnung sind«[5]. Ich würde vorschlagen, für diese kerygmatische Funktion den Begriff der »Transparenz« zu verwenden[6]. Dieser Begriff möchte im Unterschied zu einer direkt lehrhaften Deutung der Wundergeschichten als reiner Illustrationen oder reiner Symbolgeschichten die Unumkehrbarkeit des Verhältnisses zwischen Bericht und eigener Erfahrung hervorheben: Es ist der vorgegebene Bericht, der eigene Erfahrungen der Gemeinde

---

[3] Bei Held aaO zeigt sich das Problem schon darin, daß er die Wundergeschichten völlig unabhängig von ihrem Ort im Ganzen der mt Erzählung interpretieren kann.

[4] H. Weder, Wunder Jesu und Wundergeschichten, VF 29 (1984) 49: Die Sprachform der Wundergeschichten ist unersetzbar und kann nicht in die von ihnen gemeinte »Aussage« transformiert werden.

[5] Held, Matthäus 286.

[6] Vom »Transparenten« spricht bereits K. Barth, KD IV/2 234 im Anschluß an Heitmüller. Ausgezeichnet formuliert er ebd. 242: Die Wundergeschichten sind, »indem Jesus in den von ihnen berichteten Handlungen *Geschichte* macht, faktisch zugleich deren *Gleichnisse*«. Von hier aus kann er die allegorische Exegese der Wundergeschichten durch die Kirchenväter positiv werten.

verstehbar werden läßt oder bewirkt. Die vergangene Jesusgeschichte hat gegenüber eigenen Erfahrungen ein sachliches Prae[7]. Dem Begriff der »Transparenz« entspricht derjenige der »inklusiven Geschichte«[8] Jesu, die eigene Erfahrung mit ihr einschließt und darum als »meine« bzw. »unsere« Geschichte entfaltet werden kann.

Die Exegese hat ergeben, daß die matthäischen Wundergeschichten in verschiedenerlei Weise transparent werden. Je nachdem, ob in ihnen die Gemeinde ihre eigene Grundgeschichte erkennt (inklusive Geschichte als »unsere« Geschichte) oder ob sie Erfahrungen einzelner Christen direkt bewirken oder beleuchten (inklusive Geschichte als »meine« Geschichte), könnte man von »direkter« oder »indirekter« Transparenz sprechen.

4. *Die Wundergeschichten als Grundgeschichte der Gemeinde (indirekte Transparenz).* Manche Wundergeschichten waren primär als Teil der gesamten Jesusgeschichte wichtig. Die Gemeinde erkennt, daß sie sich selbst dem barmherzigen Handeln des Messias in Israel verdankt (8,1-4.14-17). Sie erfährt, wie aus dem Handeln Gottes heraus Jüngerschaft entstehen kann (8,18-22 nach 8,1-17; 9,9-13 nach 9,2-8; 9,27-31). Sie sieht in der gefährlichen Fahrt der Jünger ans heidnische Ufer ihre eigene Geschichte unterwegs von Israel zu den Heiden präformiert (8,23-34). Sie erkennt beispielhaft bereits in der Jesusgeschichte, wie Gottes Heilshandeln über Israel hinausdrängt (8,5-13.28-34). Sie sieht, wie sich in ihr die Spaltung in Israel anbahnt, die dann später ihre eigene Geschichte bestimmt (9,32-34). Sie erfährt also Jesu Geschichte als Grundlegung ihrer eigenen Geschichte. Sie erfährt so auch die Kontinuität des Handelns Gottes vor und nach Ostern. Sie erkennt so, daß die Geschichte Jesu ihre eigene Geschichte vor-bildet. So wird sie indirekt, d.h. geschichtlich vermittelt, transparent.

5. *Die Wundergeschichten als Grund eigener Erfahrung (direkte Transparenz).* Die matthäischen Wundergeschichten waren aber auch in unmittelbarem Sinn Vor-Bild eigener Erfahrungen. Dies gilt zunächst für die Wunder selbst. Auch die Gemeindeglieder erfahren und tun Wunder wie die von Jesus berichteten. Mt 10,1.8 wird zeigen, daß Heilungen konstitutiv für den Auftrag der Jünger sind, d.h. von Matthäus als Wesensmerkmal der Kirche gesehen werden[9]. Mt 17,19f sind Wunder als Ausdruck des Glaubens verstanden. Zugleich zeigt diese Stelle, daß es offenbar in der matthäischen Gemeinde Probleme gab, weil Heilungen auch ausbleiben konnten. Matthäus bagatellisiert

---

[7] Natürlich gilt diese These nur grundsätzlich und nicht in jedem einzelnen Fall. Etwa die Geschichten von der Sturmstillung oder der Speisung sind als symbolische Verschlüsselungen eigener Erfahrungen mit Hilfe trad. (atl.) vorgegebener Motive und Geschichten entstanden. Für andere Wundergeschichten, etwa die Summare oder die von Mt verdoppelten Heilungswunder, ist evident, daß sie keinen direkten Anhalt an geschichtlichen Begebenheiten haben. Aber gerade hier ist klar, daß die Geschichte Jesu die Voraussetzung für sekundäre Entstehung von Wundergeschichten ist. Auch bei der Speisungsgeschichte läßt sich das zeigen (Mahlzeiten Jesu; Abendmahl!).

[8] U. Luz, Art. Geschichte/Geschichtsschreibung/Geschichtsphilosophie IV, TRE XII 596.

[9] Vgl. u. S. 93.

das nicht, sondern mahnt zum Glauben. Es geht aber auch um andere Erfahrungen als Wunder: So ist etwa die physische Heilung eines Blinden (9,27-31) nur gleichsam der Kern dessen, was geschieht, wenn in ganzheitlichem Sinn Blinde durch Jesus zum Sehen kommen und seine Nachfolger werden. In anderen Geschichten geht es um Führung und Bewahrung durch Jesus (8,23-27), um Glauben (8,5-13 etc.), um Sündenvergebung (9,2-8) oder um das Aufleuchten der kommenden Auferweckung von den Toten (9,18-26). Dabei geht es nicht um symbolische oder allegorische Deutung in dem Sinn, daß die Geschichten von etwas anderem reden wollen als dem, wovon sie vordergründig reden, sondern darum, daß die von ihnen berichtete wirkliche Erfahrung einen Erfahrungsbereich erschließt, der weiter ist als das Berichtete.

6. *Die matthäischen Wundergeschichten als Zeugnis für den Immanuel.* Nicht nur die damals geschehene Geschichte, sondern auch die durch sie direkt oder indirekt bewirkte gegenwärtige Erfahrung macht also die Wirklichkeit von Jesuswundern aus. In der Erfahrung ihrer wirkenden Kraft in der Geschichte der Gemeinde und im eigenen Leben kommen sie zu ihrer ganzen Wirklichkeit. Christologisch gesprochen: Jesus, der »damals« Wunder getan hat, ist für Matthäus immer der »Immanuel« (1,24), der alle Tage bei seiner Gemeinde ist bis ans Ende der Welt (28,20). So entspricht die Erfahrung, daß die Wunder ihre Kraft in eigenen Erfahrungen der Gemeindeglieder erweisen, der Grundstruktur der matthäischen Christologie. Graphisch läßt sich das vielleicht folgendermaßen darstellen:

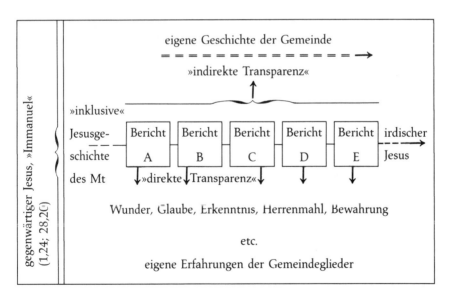

Diesem Verständnis der matthäischen Wunder entspricht wiederum, daß sie nicht von außen verstanden werden können. Der Evangelist deutet die Grenzen des Verstehens von außen durch die Reaktion der Volksmengen unmißverständlich an (9,33, vgl. 12,23; 15,31; 21,15f). Ein volles Verständnis ist nur denjenigen möglich, die sich von den Wundern selbst zum Glauben, zur Nachfolge und zu eigener Erfahrung des Herrn bewegen lassen. Wie das gesamte Matthäusevangelium wollen also auch die matthäischen Wundergeschichten nicht primär missionarischer Verkündigung[10] dienen, sondern haben innergemeindliche Funktion.

Das Wirklichkeitsverständnis der Wundergeschichten hat Vorläufer im AT, wo die Grundgeschichte Israels zu »unserer« oder sogar »meiner« Geschichte werden kann[11]. Die direkte Transparenz der Wundergeschichten, die die Christ(inn)en hinführt zu einer analogen Erfahrung des Herrn, von dem sie berichten, im eigenen Leben, scheint aber noch einmal etwas anderes zu sein als die Identifikation der einzelnen Israeliten mit ihren Vätern, die Träger der Grundgeschichte Israels waren. Auch in den Mysterien erfahren die Mysten direkt das Schicksal ihres Gottes. In den Mysterien geht es aber um ausschließlich kultische Erfahrung, der eine mythische »Geschichte« entspricht. Wirkliche volle Sachparallelen gibt es m.E. nur im NT selbst, wo schon vor Matthäus manche Wundergeschichten für eigene Erfahrungen direkt transparent waren (z.B. Mk 4,35-41; 6,30-44.45-52; 10,46-52). Das ist nicht verwunderlich, wenn das Wirklichkeitsverständnis der Wundergeschichten der Christologie entspricht.

Schluß: Zur Bedeutung der matthäischen Wundergeschichten heute

Wir sind geprägt durch eine theologische Tradition, die Wunder verdrängt hat. Dies gilt zumal für den Protestantismus. Im ganzen gilt für unser Denken, daß die Frage nach dem berichteten Ereignis des Wunders und die Frage nach seiner Bedeutung bzw. nach seiner Transparenz sich fast völlig voneinander gelöst haben. Die Bedeutung des Wunders hat sich gegenüber den Wunderberichten weithin verselbständigt, während das Faktum des Wunders nicht nur schwierig, sondern auch bedeutungslos wurde. Konkreter: Über den kerygmatischen Sinn von Wundergeschichten schöne Predigten zu machen fällt den meisten leicht, aber mit den ihnen zugrunde liegenden Begebenheiten und Erfahrungen tun sich manche schwer. Aber hängt nicht die Wahrheit von Predigten an dem, was sich in der Geschichte ereignet? Zum besseren Verständnis unserer eigenen Situation werfen wir einen Blick in die Geschichte:

Wirkungsgeschichte

a) *Wunder als Durchbrechung der Naturgesetze.* Geistesgeschichtlich sind die Weichen für die »Emanzipation« von der berichteten Geschichte wohl dort gestellt worden, wo der Begriff »Wunder« in erster Linie im Gegenüber zu einem bestimmten

---

[10] Z.B. G. Schille, Die urchristliche Wundertradition, 1967 (AzTh I 29), 25f postuliert das für die reine Gattung Wundergeschichte, die allerdings in der synopt. Trad. kaum anzutreffen sei, Suhl (o. Anm. 2) 502 für die ursprüngliche Wunderüberlieferung.

[11] Vgl. Dtn 26,5-10 (»mein Vater«, »uns«); Ex 20,2 (»der dich aus Ägypten geführt hat«) u.ö. Im Dtn ist Israel (z.Z. Joschijas) unmittelbar am Sinai präsent.

Verständnis von Natur und Naturgesetz verstanden wurde. Das ist nicht erst bei Spinoza, Descartes oder Lessing der Fall, sondern bereits in der mittelalterlichen Tradition. Für Thomas v Aquino geschieht das Wunder »praeter ordinem totius naturae creatae« (an der Ordnung der ganzen geschaffenen Natur vorbei)[12]. Da Thomas annimmt, daß Gott selbst die erste Ursache (causa prima) alles Geschaffenen ist und alle Kausalität der Schöpfung setzt[13], kann letztlich nur *er* im Bereich der von ihm gesetzten Schöpfungsordnungen Wunder tun, nicht aber irgendein Geschöpf, das immer der es bestimmenden Ordnung des Schöpfers untersteht. Wenn Geschöpfe, z.B. Menschen oder Engel, nach der von Gott *ihnen* gesetzten Ordnung handeln, sind dies keine Wunder im eigentlichen Sinn[14]. Die Wunder Jesu interpretiert Thomas als Ausdruck seiner göttlichen Natur[15] und erklärt sie so prinzipiell zu etwas schlechthin Besonderem, das unmittelbar mit Gott selbst in Verbindung zu bringen ist. Dem entspricht grundsätzlich das Wunderverständnis sowohl der protestantischen Orthodoxie[16] als auch des Katholizismus[17]: Wunder sind Beweismittel des Wirkens Gottes. Demgegenüber mußte der Gegenschlag der Neuzeit erfolgen: Die Bedeutung der rationalistischen Wunderkritik liegt nicht darin, daß sie die Mehrzahl der Jesuswunder für nicht geschehen erklärte. Im Gegenüber zur Theologie reicht ihre Bedeutung m.E. tiefer: Auch indem sie Wunder natürlich erklärte und als historisch geschehen bejahte, entzog sie ihnen ihre theologische Bedeutung, denn nur, was *nicht* im Bereich der weltlichen Gesetzmäßigkeiten (causae secundae) erklärbar ist, kann auf der Basis des orthodoxen Denkens zum Hinweis auf Gott werden. Das so verstandene Wunder mußte durch das neuzeitliche wissenschaftliche Denken seine theologische Bedeutung verlieren – und zwar das zum unhistorischen, legendären Bericht gewordene wie das für möglich »erklärte« Wunder[18]. An dieser Problematik ändert sich nicht viel, wenn die Wirklichkeit von Wundern aus dem Bereich des Physischen in den Bereich des Psychischen verlegt wird[19]. Damit wird – verdienstlicherweise – der durch den Rationalismus verstellte Zugang zur *menschlichen* und religiösen Wirklichkeit

---

[12] Thomas v Aquino, STh I qu 110 art 4 corpus.
[13] Thomas v Aquino, STh I qu 105 art 6 vergleicht Gott mit einem Familienvater bzw. einem Herrscher, der den ordo domus bzw. regni setzt.
[14] STh I qu 110 art 4 lehnt Thomas z.B. den Gedanken ab, daß Engel Wunder tun können: Sie unterstehen als Engel und in ihrer besonderen Engelnatur der ihnen entsprechenden besonderen Schöpfungsordnung. Thomas gibt ein Beispiel: Zur Natur des Steins gehört, daß er zu Boden fällt. Der Mensch, der ihn hochwerfen kann, setzt diese Ordnung außer Kraft, tut aber damit kein Wunder, sondern handelt entsprechend der Ordnung *seiner* besonderen Natur.
[15] STh III qu 43 art 2 und 4.
[16] H. Heppe, Die Dogmatik der evangelisch-reformierten Kirche (hrsg. E. Bizer), Neukirchen-Vluyn 1935, 202. Vgl. z.B. J.H. Heidegger ebd. 213: »Sed quod nulla creatura potest et quod Deus sine causis secundis operantibus ita facit solus ... miraculum proprie dictum est«.
[17] DS Nr. 3009 (= 1790); Nr. 3034 (= 1813) = Vaticanum I (miraculis divinam religionis christianae originem rite probari); NR Nr. 66 (Pius X.: »ganz sichere Zeichen des göttlichen Ursprungs der christlichen Religion«).
[18] Lessings Grundthese, daß »zufällige Geschichtswahrheiten« (unter die die Wunder Gottes fallen) nie »der Beweis von Nothwendigen Vernunftwahrheiten ... werden« können (Über den Beweis des Geistes und der Kraft, in ders., Ges. Werke in zehn Bänden [hrsg. P. Rilla], VIII, Berlin 1956, 12), müßte konsequent durchdacht nicht nur auf die in der Vergangenheit geschehenen Wunder (von denen wir nur Nachrichten haben), sondern auf alle Wunder angewandt werden und führt m.E. zu einer prinzipiellen Unmöglichkeit, aus geschehenden Wundern eine Wahrheit zu beweisen.
[19] E. Drewermann, Tiefenpsychologie und Exegese II, Olten 1985, 64.239f.

von Wundern wieder geöffnet, aber über die theologische Relevanz dieser Wirklichkeit ist mit dem Hinweis auf Psyche und Gefühl noch gar nichts gesagt.

b) *Wunder als religiöse Interpretation der Wirklichkeit überhaupt.* Theologisch wichtiger scheinen mir die Versuche, menschliche Wirklichkeit im ganzen als Wunder zu verstehen, weil ihnen ein anderes Gottesverständnis entspricht. Am deutlichsten wird dies wohl bei Spinoza sichtbar, der Gott gerade mit den »Werken, die wir klar und deutlich erkennen«, d.h. der Vollkommenheit des Naturgesetzes verbindet und nicht mit den scheinbaren Ausnahmen davon; sie begreift Spinoza als Ausdruck noch vorhandener menschlicher Unwissenheit[20]. Aber auch bei den Reformatoren gibt es Tendenzen in eine ähnliche Richtung: Gott ist ja der Herr der gesamten Schöpfung. »Daß aus der Erde(n) ein Weizenkorn oder ein anderlei Gewächs kommen soll, ist so groß ein Mirakel, als wenn Gott aus dem Himmel das Manna auf diesen Tag noch gäbe«[21]. Gott hält vielmehr mit Wundern zurück, um das »Gewöhnliche« nicht verächtlich zu machen[22]. Wirkungsmächtig ist dann im Protestantismus vor allem der Entwurf Schleiermachers geworden: Er ordnet das Wunder dem Natürlichen zu und versteht es als die religiöse Interpretation von »Begebenheiten«: »Alle Begebenheiten in der Welt als Handlungen eines Gottes vorstellen, das ist Religion«[23]. Die Schwierigkeit, die diese Ausweitung des Wunderbegriffs bietet, besteht darin, daß auch sie de facto die Frage nach den in den biblischen Wundergeschichten erzählten Geschehnissen bedeutungslos werden läßt: Ist *alles* Wunder und *jede Begebenheit* ein Hinweis auf Gott, so hat nicht nur ein »Wunder« vor einer nicht-mirakulösen Begebenheit nichts voraus, sondern es zeigt sich, daß die theologische Bedeutung von Begebenheiten oder »Wundern« ausschließlich eine Frage ihrer Interpretation ist: Die Frage ist, ob der Mensch als Religiöser oder Gläubiger eine Begebenheit als Wunder *versteht*. Was er als Wunder versteht, ist letztlich gleichgültig.

c) *Die Diskrepanz zwischen Kerygma und Geschichte.* Es ist von daher nicht verwunderlich, daß in heutiger neutestamentlicher Forschung quer durch alle Konfessionen hindurch primär nach der kerygmatischen *Bedeutung* des Wunders gefragt wird. Protestanten gehen hier allerdings weiter: Das eigentliche Wunder ist die Vergebung der Sünden und der Glaube. Im Anschluß an diese reformatorische These[24] kann Bultmann geradezu die Zweideutigkeit von Wundern als das theologisch eigentlich Wichtige bezeichnen[25]. Neuere Forschung an den Wundern beschäftigte sich überwiegend mit redaktionsgeschichtlichen Fragen, d.h. mit der Bedeutung der Wunder für den Glauben und die Theologie der Evangelisten[26]. Das Berichtete selbst kann er-

---

[20] B. Spinoza, Tractatus Theologo-Politicus, in: ders., Opera/Werke (hrsg. G. Gawlick – F. Niewöhner), I, Darmstadt 1979, 201.
[21] M. Luther, Predigt von 1525, WA 16,301.
[22] Vgl. U. Mann, Das Wunderbare, 1979 (HsTh 17), 26f.
[23] Über die Religion. Reden an die Gebildeten unter ihren Verächtern, 2. Rede, Kritische Gesamtausgabe (hrsg. H.J. Birkner), I. Abt., 2. Bd., Berlin 1984, 214.
[24] Vgl. z.B. M. Luther, Promotionsdisputation von F. Bachofen, 1543, WA 39/II, 236,22ff; Predigt von 1535, WA 41, 19.
[25] R. Bultmann, Zur Frage des Wunders, in: ders., GuV I, 227.
[26] Paradigmatisch für Mk: K. Kertelge, Die Wunder Jesu im Markusevangelium, 1970 (StANT 23); L. Schenke, Die Wundererzählungen des Markusevangeliums, 1974 (SBB); D.-A. Koch, Die Bedeutung der Wundererzählungen für die Christologie des Markusevangeliums, 1975 (BZNW 42); für Mt: Held, Matthäus; für Lk: U. Busse, Die Wunder des Propheten Jesus, 1977 (FzB 24).

staunlich eilig zugunsten seiner Bedeutung abqualifiziert werden. Am Faktum »der Fernheilung als solchem sei dem Erzähler erstaunlich wenig gelegen«, weiß z.B. G. Klein zu Mt 8,5-13 zu berichten, und das entspricht seiner Feststellung über Jesus selbst, daß wir »dessen gewiß sein« können, »daß für ihn seine eventuellen Krafttaten keine überragende Bedeutung hatten«[27]. Schmithals versteht die Wundergeschichten des Mk-Ev als metaphorische Geschichten eines begnadeten Erzählers, der das Christuskerygma erzählerisch entfaltet. Die Frage, »was... er an Überlieferungen bzw. an historischen Erinnerungen besessen haben mag«[28], kann und will er nicht stellen. Schmithals repräsentiert neuzeitlich-protestantisches Wunderverständnis am konsequentesten. Katholische Exegese folgt der radikalen protestantischen Ausklammerung der Frage nach dem wirklich Geschehenen nur zögernd[29]. Vor allem läßt sich diese Frage in der Praxis nicht ausrotten: Pfarrer/innen, die Wundergeschichten auslegen, werden von Schüler/innen und Gemeindegliedern immer wieder gefragt: »Was ist denn eigentlich passiert?«

Fazit: Unsere eigene Situation ist durch ein Auseinanderbrechen der Frage nach dem (historischen oder physischen) Geschehen und seiner (theologischen) Bedeutung geprägt. Das Geschehen droht bedeutungslos, die Bedeutung grundlos zu werden. Diese Situation ist ziemlich beklemmend, denn keine »existentiale Auslegung... (kann) das menschliche Fragen nach den *realen* Voraussetzungen des Glaubens ersetzen«[30]. In einer Religion, die sich nicht wie die indische als »Religion des ewigen Weltgesetzes« versteht, sondern die Welt »von dem Wirken eines ... ihr unendlich überlegenen persönlichen Gottes abhängig« macht[31], muß die Frage nach dem den Glauben konstituierenden besonderen *Geschehen* gestellt werden, sonst gibt diese Religion sich selbst auf. Welche Impulse können in dieser Situation die matthäischen Wundergeschichten geben?

d) *Der Richtungssinn der matthäischen Wundergeschichten.* Für Matthäus sind Jesu Wunder besondere Taten. Sie durchbrechen normale Wirklichkeitserfahrung. Aber um welche Wirklichkeitserfahrung geht es? Von Matthäus her erweist es sich als ein Irrweg, hier an das Naturgesetz zu denken[32]. Nicht das Naturgesetz wird durch die Taten des Davidssohns durchbrochen, sondern menschliches Leiden, menschliche Angst, Bedrohung und Blindheit. Nicht die Macht des Naturgesetzes wird gebrochen, sondern die Macht des Teufels (vgl. Mt 9,34; 12,22-30). Nicht auf die Grenzen der Kausalität weisen die Wunder, sondern auf das Ende der durch Krankheit und Leid beherrsch-

---

[27] G. Klein, Wunderglaube und Neues Testament, in: ders., Ärgernisse, München 1970, 45.52.
[28] W. Schmithals, Das Evangelium nach Markus, 1979 (ÖTK 2/1), 44.
[29] Man vergleiche etwa die behutsame Kritik von Kertelge, Wunder (o. Anm. 26) 203-208.
[30] B. Schilling, Die Frage nach der Entstehung der synoptischen Wundergeschichten in der deutschen Forschung, SEÅ 35 (1970) 78.
[31] H. v Glasenapp, Die fünf großen Religionen, Düsseldorf 1952, 1f als grundlegende Bestimmung der Religionen östlich und westlich des Hindukusch.
[32] Vgl. H.G. Fritzsche, Lehrbuch der Dogmatik I, Göttingen 1964, 140-145; G. Ebeling, Dogmatik des christlichen Glaubens, Tübingen 1979, I 332; II 462.

ten Welt im Reich Gottes (so Jesus) bzw. auf den Christus, der als »Gott mit uns« dieser Welt widerspricht (so Matthäus). Daß in Jesu Wundern etwas »Besonderes« geschieht, ist also fundamental wichtig, aber nicht deswegen, weil aus einer sogenannten Durchbrechung von Naturgesetzen ein Beweismittel Gottes gebastelt werden könnte, sondern deswegen, weil die Taten Jesu dem, was der leidende Mensch in der Welt erfährt, widersprechen. Zum Naturgesetz wollen sich also die Taten Jesu gar nicht verhalten, wohl aber zum Leiden Israels und zu den Alltagserfahrungen leidender Menschen. Sie beschreiben Erfahrungen, die Menschen normalerweise gerade *nicht* machen[33]. Die entscheidende Frage ist also nicht die abstrakte nach der Denkmöglichkeit von Wundern[34], sondern die konkrete nach der Wirklichkeit von *besonderen* Erfahrungen von Heil, Hilfe und Ganzheit mitten in der von Unheil, Entfremdung und Leiden dominierten Welt.

Als Ausgangspunkt für den Umgang mit den matthäischen Wundergeschichten hilfreich scheint mir das Wunderverständnis Augustins, der Wunder nicht im Gegenüber zum Naturgesetz, sondern als Erfahrung von Ungewöhnlichem und Überraschendem versteht[35]. Hilfreich scheint mir auch der Barthsche Begriff des »Außerordentlichen«: Das »Außerordentliche« weist auf das Reich Gottes, das im Gegensatz zur Welt steht und in ihr das »Befremdliche, Verwunderliche, das Unbegreifliche« ist[36].

Das »Besondere« der matthäischen Wundergeschichten hängt mit der Christologie zusammen. Sie erzählen, wie Gott mit Jesus und »mit uns« wirksam war und ist. Durch sie wurde Lesern und Leserinnen gesagt, wie der irdische Jesus »alle Tage bis ans Ende der Welt« (28,20) bei seiner Gemeinde ist. Die Frage nach der Wahrheit der matthäischen Wundergeschichten stellt sich von hier aus zunächst konkret als Frage nach den *eigenen* Erfahrungen von Heil: Machen wir in unserem Leben »besondere« Christuserfahrungen wie die in den Wundergeschichten angesprochenen: Heilung, Bewahrung, Zum-Sehen-Kommen, Sündenvergebung, geschenktes Leben? Aber auch ihr Vorhandensein oder Nichtvorhandensein entscheidet noch nicht über die Wahr-

---

[33] Darum verfehlt die Schleiermachersche Interpretation des Wunders als religiösen Ausdrucks für »Begebenheit«, soviel Richtiges theologisch in ihr steckt, gerade das, was in den synopt. Wundergeschichten das entscheidende ist: Welt ist nicht – oder weithin nicht – einfach »wunderbar«, sondern durch Leiden, Krankheit, Angst und Not bestimmt. Gerade der Widerspruch dagegen ist das »Besondere« der Wunder Jesu.

[34] Denkmöglich sind die synopt. Heilungswunder und Exorzismen – mit Hilfe von Psychologie, Parapsychologie, Psychosomatik, Religionswissenschaft und Medizin – inzwischen wohl alle (was noch nicht heißt, daß sie alle historisch geschehen sind). Anders steht es bei Naturwundern und Totenauferstehungen, die man wohl als z.Z. nicht (noch nicht?) denkmöglich bezeichnen muß.

[35] »Miraculum voco, quidquid arduum aut insolitum supra spem vel facultatem mirantis apparet« (De Util Cred 16,34 = CSEL 25/1, 43,16f).

[36] KD IV/2 238. In bezug auf die Welt bezeichnet Barth die Wunder als »weltfremd« (235), im Blick auf Analogien und Naturgesetze locker als »relativ außerordentlich« (ebd.). Vgl. die hilfreichen positiven Bestimmungen des ganzen Abschnitts ebd. 233-274.

heit der Wundergeschichten. Sie sind ja *Geschichten*, die etwas *bewirken* wollen. Dann lautet die Frage: Haben diese Wundergeschichten die Kraft, den Alltag des Leidens in der Welt zu durchbrechen und uns zu solchen Erfahrungen zu führen? Spätestens hier verkehrt sich die *allgemeine* Frage nach der weltanschaulichen Möglichkeit von Wundern in die *existentielle*, ob wir uns durch sie in eine Bewegung bringen lassen wollen: Matthäus umschreibt sie mit »ins Schiff steigen«, »ins Haus hineingehen«, »nachfolgen«, kurz, mit dem Wagnis, das Jesus dann als Glauben qualifiziert (9,22). Die Wundergeschichten christologisch als Erzählungen von der Wirksamkeit des vergangenen und gegenwärtigen Jesus verstehen heißt, die in ihnen erzählte Wirksamkeit Jesu als *Hilfe* in Anspruch zu nehmen. Nur dann, wenn man sich so von ihnen bewegen läßt, werden sie verstehbar: Nicht von außen, sondern nur in der eigenen Beziehung zu Jesus erschließen sie sich dem Verstehen. Sie haben also ihre Wahrheit nicht einfach in sich (z.B. als naturwissenschaftlich »trotzdem« mögliche Begebenheiten), sondern sie *erweisen* ihre Wahrheit, indem sie zu analogen Erfahrungen von Leben und Heil ermutigen und solche bewirken. Sie sind nicht einfach Berichte von geschehenen Ereignissen, sondern sie sind Ereignisse, die im Verstehen wieder Ereignis werden wollen. In diesem Sinn sind sie »transparent«.

C Die Jüngerrede (9,36-11,1)

Literatur: Anno, Y., The Mission to Israel in Matthew: The Intention of Matthew 10,5b-6 considered in the Light of the Religio-Political Background, Diss. Chicago 1984; *Beare, F.W.*, The Mission of the Disciples and the Mission Charge: Matthew 10 and Parallels, JBL 89 (1970) 1-13; *Bonhoeffer, D.*, Nachfolge, München 1971, 174-193; *Boring, M.E.*, Sayings of the Risen Jesus, 1982 (MSSNTS 46), 141-150.158-169.208-212; *Brooks,* Community 47-57; *Brown, S.*, The Mission to Israel in Matthew's Central Section, ZNW 69 (1978) 73-90; *Combrink, H.J.B.*, Structural Analysis of Mt 9,35-11,1, Neot 11 (1977) 98-114; *Dungan, D.*, The Sayings of Jesus in the Churches of Paul, Philadelphia 1971, 41-75; *Goulder,* Midrash 338-353; *Hahn, F.*, Das Verständnis der Mission im Neuen Testament, 1963 (WMANT 13), 103-111; *Harnack, A.*, Die Mission und Ausbreitung des Christentums in den ersten drei Jahrhunderten, Leipzig [4]1924, 39-48; *Kloppenborg,* Formation 190-203.206-216; *Lange,* Erscheinen 250-260; *Ogawa,* Histoire 234-240; *Stadtland-Neumann, H.*, Evangelische Radikalismen in der Sicht Calvins. Sein Verständnis der Bergpredigt und der Aussendungsrede (Mt 10), 1966 (BGLRK 24), 42-49; *Tashijian, J.S.*, The Social Setting of the Mission Charge in Q, Diss. Claremont 1987; *Uro, R.*, Sheep among the Wolves. A Study on the Mission Instructions of Q, 1987 (AASF 47); *Weaver, D.J.*, The Missionary Discourse in the Gospel of Matthew. A Literary Critical Analysis, 1990 (JStNT.S 38).

Stellung 1. *Stellung im Evangelium.* Auch die zweite Rede ist sehr sorgfältig ins Evangelium hineinkomponiert. Allerdings läßt sich keine so schöne ringförmige Komposition wie bei der Bergpredigt entdecken. Nur 9,35 entspricht 11,1b und 10,1 entspricht 11,1a.

Deutlich ist die inhaltliche Verklammerung der Rede nach rückwärts: Der Verkündigungsauftrag an die Jünger 10,7b entspricht der Verkündigung Jesu in 4,17. Der Heilungsauftrag in 10,8 erinnert an einige der in Kap. 8-9 berichteten Taten Jesu[1]. Dem Wirken Jesu in Israel (4,23; Kap. 8-9) entspricht die Sendung der Jünger zu Israel (10,5f.23; 11,1). Das Heilen Jesu 9,35c entspricht der Vollmacht, die den Jüngern gegeben wird (10,1c). Das Verhalten und das Geschick der Jünger entspricht den Geboten der Bergpredigt: Die Jünger sind wehrlos (10,10.16, vgl. 5,38-42), arm (10,9-14, vgl. 6,19-34) und verfolgt (10,16-23.38f, vgl. 5,10-12). Sie stehen unter Gottes Fürsorge (10,28-31, vgl. 6,25.31) und brauchen sich nicht zu sorgen (10,19, vgl. 6,25-34). Matthäus hebt also heraus, daß der Auftrag an die Jünger kein anderer ist als Jesu eigener Auftrag, ebenso wie ihre Vollmacht und ihr Geschick kein anderes ist als dasjenige Jesu. Inhaltlich entspricht ihre Verkündigung ihrer Lebensform.

11,1-7 schließt bruchlos an den Erzählungsfaden von Kap. 8-9 an. Matthäus kann dies, weil er ja keine Aussendung der Jünger berichtet (wie Mk 6,7-13.30 oder Lk 10,1.17-20). Nicht die ausgesandten Jünger, sondern Jesus selbst

---

[1] Vgl. 8,16f; 9,35; 9,18-26; 8,1-4; 8,28-34; 9,32-34.

geht nach Beendigung dieser Rede weg (11,1b)². Von der Schlußwendung 11,1 her gesehen hat diese Rede ebensowenig wie die übrigen matthäischen Reden eine unmittelbare Funktion im Erzählungsfaden: Sie hat keine direkten Folgen und erweist sich von da her als »zum Fenster hinaus« gesprochen. So nimmt 11,1-7 den Erzählungsfaden wieder dort auf, wo ihn Matthäus in Kap. 9 liegengelassen hatte; entsprechend sind die Rückbezüge von 11,1-7 auf Kap. 3-9 besonders dicht³. Im Blick auf das, was im matthäischen Bericht folgt, kann man die Aussendungsrede als Ankündigung kommender Ereignisse verstehen: Der folgende Hauptteil Kap. 12-16 erzählt von der Trennung von Jüngern und Israel und macht damit deutlich, was das Wort von den Schafen unter den Wölfen (10,16) meint. Um den Widerstand Israels und die neue Familie der Jünger (vgl. 10,25.34-37) wird es im folgenden gehen. Das Kreuztragen und der Verlust des Lebens steht Jesus bevor. Auch im einzelnen klingen in Kap. 10 bereits Themen späterer Abschnitte an: Stellen, die sich vom Ganzen her als Vorverweise auf Kommendes erweisen, sind etwa 10,6 (vgl. 15,24; 28,18-20), 10,15 (vgl. 11,20-24), 10,17-22 (vgl. 24,9-14), 10,25 (vgl. 12,22-30), 10,38f (vgl. 16,16-21; 27,31-56), 10,40-42 (vgl. 18,1-14; 25,31-46). Wenn Matthäus an dieser Stelle den Fluß seiner Erzählung durch eine zweite Rede unterbricht, hat das einen mehrfachen Sinn: Am frühest möglichen Ort, nachdem es zur ersten Sammlung einer Jüngergruppe gekommen ist, belehrt Jesus die Jünger über Auftrag und Gestalt des Jüngerseins. Er wendet damit das, was er bisher getan und gelehrt hat, ekklesiologisch an. Daß die Rede innerhalb der Matthäusgeschichte keine unmittelbaren Folgen hat, sondern gleichsam zum Fenster hinaus gesprochen ist, deutet an, daß sie über die damalige – einmalige – Situation hinaus bedeutungsvoll sein will. Die zahlreichen Vorausverweise auf die kommende Geschichte oder kommende Worte Jesu dienen nicht nur der didaktischen Einschärfung durch Vorwegnahmen und Repetitionen, sondern zeigen vor allem auch, daß Jesus Herr dieser Geschichte ist und sich selbst in seinen Worten und Taten treu bleiben wird.

2. *Aufbau.* Die Gliederung unserer Rede ist nicht einfach. Deutlich erkennbar ist

(1) die *narrative Einleitung in 9,36-10,5a.* Sie beginnt gleich wie die narrative Einleitung zur Bergpredigt⁴, ist aber dann ausführlicher und enthält abge-

Aufbau

---

² Patte 138f schließt daraus, daß das Mt-Ev nicht narrativ, sondern didaktisch organisiert sei, und analysiert dann anschließend die von Mt verhandelten Themen mit Hilfe der Oppositionen des Textes. Zu Unrecht! Er verkennt die Geschlossenheit der erzählenden Teile des Mt (also von 8-9.11-12 etc.), in die diese Rede Jesu, wie andere, eingelegt ist, und schlägt literarisch die mt Reden und die Erzählteile über einen Leisten. Mt selbst wollte – angedeutet durch die Redenschlüsse – den Reden eine Sonderstellung *in* der Erzählung geben.
³ 11,3 bezieht sich auf 3,11b, 11,5a-d auf die Wunder Kap. 8-9, 11,5fin und 6 auf die Makarismen 5,3(-12), 11,7 auf 3,1.5.
⁴ Nach 4,23 par 9,35 vgl. 5,1 par 9,36: ἰδὼν δὲ τοὺς ὄχλους. Ähnlich T. Keegan, Introductory Formulae for Matthean Discourse, CBQ 44 (1982) 428f.

sehen von der Aufzählung der Apostel (10,1-4) zwei für die Deutung der Rede wichtige Logien (9,36.37f), die in der Rede selbst wieder anklingen. Die eigentliche Rede wird man in zwei Hauptteile[5] gliedern, die etwa gleich lang sind.

(2) *Der erste Hauptteil umfaßt 10,5b-23:* Wie der zweite, so wird auch er durch ein Amen-Wort mit οὐ μή abgeschlossen (V 23.42). Das Stichwort Ἰσραήλ bildet eine Inklusion (V 6.23). Er zerfällt in die beiden Unterabschnitte *V 5b-15* und *16⁶-23*. Sie enthalten je an ihrem Anfang die auffälligen Stichworte ἀποστέλλω und πρόβατον (V 5f.16), die beide schon durch die Einleitung vorbereitet sind (9,36; 10,2a). Beide enden mit einem Ausblick auf das Gericht in einem Amen-Wort (15.23). Im ersten Abschnitt dominieren Imperative, im zweiten Futura. Der erste Abschnitt enthält die eigentlichen Sendungsbefehle, der zweite spricht von der Verfolgung, die zur Sendung gehört.

(3) *Der zweite Hauptteil 10,24-42* ist nicht eindeutig zu gliedern. *V 24f* haben eine Schlüsselfunktion: Sie verbinden das Geschick der Jünger mit dem des Meisters, dessen Hausgenossen sie sind. Von hier aus legt sich nahe, *V 34-39* vom Thema der Bindung an Jesus bzw. an die bisherigen »Hausgenossen« (οἰκιακός V 25.36) her zu bestimmen. Jesu Kommen bedeutet eine Spaltung bisheriger Hausgenossenschaft (V 34-36; 3mal κατά), denn die Bindung an ihn muß allem anderen vorangehen (V 37-39; 3mal οὐκ ἔστιν μου ἄξιος, 7mal μου, ἐμέ) und führt so ins Leiden. *V 26-33* sind durch das Stichwort φοβέομαι bestimmt und wollen die Verkündiger ermutigen. V 32f gehören aus inhaltlichen Gründen dazu: Hier wird klar, von welcher Verkündigung in 26-31 die Rede war. Beide Abschnitte betonen so den christologischen Grundansatz von V 24f (λέγω ὑμῖν V 27.32f, ἦλθον V 34f, ἐμέ V 37-39.40a, ἀμὴν λέγω ὑμῖν V 42). Eine Verheißung an die Jünger und die, die mit ihnen solidarisch sind, schließt die Rede ab *(V 30-42)*.

Der wichtigste Unterschied beider Hauptteile liegt in ihren *Zeitstrukturen:* Den ersten Hauptteil rahmen jene beiden Worte, die die Sendung der Jünger auf Israel beschränken (10,5f.23). In diesem Hauptteil gibt es außerdem Worte, die erkennen lassen, daß von der Mission in Israel die Rede ist (V 17f, vgl. 16). Ob sie die Leser/innen des Matthäusevangeliums auch als in ihre eigene Gegenwart hinein gesprochen verstanden, muß die Auslegung zeigen. Im zweiten Hauptteil dagegen gibt es keine Begrenzung auf Israel mehr; hier

---

[5] Radermakers 135-147, Combrink* 109-111 und N.W. Lund, Chiasmus in the New Testament, Chapel Hill 1942, 262-271 schlagen eine Gliederung von 5-42 in fünf Abschnitte vor, die chiastisch (5-15/34-42; 16-23/26-33) um das Zentrum 24f angeordnet seien. Die Entsprechungen der Abschnitte A und E bzw. B und D sind aber sprachlich nicht deutlich. R. Riesner, Der Aufbau der Reden im Matthäus-Evangelium, ThBeitr 9 (1978) 176 gliedert die zwei Hauptteile in 10,1(!)-16 und 17-42. Der eigene Gliederungsvorschlag verdankt viel den Beobachtungen von Weaver* 71-126.
[6] V 16 könnte aus formalen Gründen (Inklusion mit V 5f) zum Vorangehenden gerechnet werden, gehört aber aus inhaltlichen Gründen zu V 17-23. Außerdem wechselt in V 16 das Bild.

kann die Gemeinde alle Worte Jesu als direkt in ihre eigene Situation hinein gesprochen verstehen.

3. *Die Quellen*verhältnisse sind komplex. Wie alle anderen Reden ist auch die Jüngerrede eine bewußt vom Evangelisten gestaltete Komposition. Eine Aussendung gibt es bei Markus (6,7-13.30f) und in Q (Lk 10,2-16). Die Plazierung der Jüngerrede liegt von beiden Quellen her relativ, aber nicht zwingend nahe: In seiner Markuswiedergabe war Matthäus erst bis Mk 5,43 (= Mt 9,26) vorgestoßen, hatte aber in seinem Kap. 5-9 rahmenden Vers 4,23 = 9,35 bereits Formulierungen aus Mk 6,6 verwendet. Aus Q hatte er Lk 9,57-60 vorgezogen (= Mt 8,19-22), so daß nun Lk 10,2-16 an der Reihe ist. In beiden Quellen aber gibt es noch übersprungene Stoffe (Mk 2,23-4,34; 6,1-6a; Q = Lk 7,18-35). Der Evangelist lehnt sich also weitgehend an seine Quellen an; die genaue Plazierung der Jüngerrede entspringt jedoch seinem freien Entscheid: Er will die Jüngerrede unmittelbar auf den Zyklus von Jesu Taten (Mt 8-9) folgen lassen.

Quellen

Eine ähnliche Freiheit zeigt sich auch in der Gestaltung im einzelnen. Die Einleitung 9,36-10,4 ist nicht nur besonders lang, sondern auch besonders eigenständig; Mt rahmt ein Logion aus der Aussendungsrede (9,37f = Lk 10,2 Q) und die Einleitung zur mk Aussendungsrede (10,1 = Mk 6,7) mit zwei aus anderen Kontexten stammenden Mk-Stücken (9,36 = Mk 6,34?; 10,2-4 = Mk 3,16-19). Die Aussendungsrede von Q liefert, anders als in der Bergpredigt, nur in sehr lockerem Sinn den Gesamtrahmen: Ihr entsprechen 10,7-16 und der Schluß 10,40 (= Lk 10,16 Q). Zu Beginn (10,7-16) hält sich Mt textlich an die Aussendungsrede seiner Quellen, wobei er das über den gemeinsamen Kernbestand beider Aussendungsreden (Mk 6,8-11; Lk 10,4-12 Q) hinaus erhaltene Q-Material teils sehr freizügig neu plaziert, teils in andere Abschnitte seines Evangeliums verschiebt[7]. 10,17-39 fügt er zusätzlichen Stoff an die Aussendungsrede seiner Quellen an (ähnlich in 13,24-52; 18,10-35; 24,37-25,46). Das erste Überlieferungsstück stammt aus Mk (10,17-22 = Mk 13,9-13), die folgenden Stücke meistens aus Q[8]. Das Mk-Stück wird vom Evangelisten, wie in anderen Fällen auch[9], verdoppelt (Mk 13,9-13 = Mt 10,17-22 und 24,9-14). Die aus Q stammenden Stücke werden im wesentlichen entsprechend der Reihenfolge der Quelle wiedergegeben: Mt geht die Quelle durch und exzerpiert, was thematisch in seine eigene Rede paßt. Auch das ist ein von anderen Reden her bekanntes Verfahren[10]. An kompositorisch entscheidenden Stellen fügt er zusätzliches Material aus Sonderüber-

---

[7] So verfährt er überhaupt mit Q: Nur in der Bergpredigt hält sich Mt an den Aufriß der Feldrede von Q (weil kein mk Pendant existiert), in Mt 23 dagegen nur zum geringen Teil. Der Aufriß von Lk 17,22-37 wird von Mt teilweise, derjenige von Lk 12,39-59 ganz zerstört.

[8] Ähnliche Fälle, wo Mt in einem Stoffnachtrag das Material aus Q am Schluß nach Material aus anderen Quellen bringt, sind Mt 5,25f (nach 5,23f = Sondergut), Mt 5,38-48 (nach den »primären« Antithesen), Mt 13,31-33 (nach 13,24-30). Mt kann aber auch anders verfahren. Noch wichtiger ist, daß in allen Reden mit Ausnahme der Bergpredigt der erste Teil aus Markus stammt.

[9] Vgl. Bd. I 21f und Komm. zu 9,27-31.

[10] Vgl. Bd. I 394 und V. Taylor, The Original Order of Q, in: New Testament Essays (FS T.W. Manson), hrsg. A.J.B. Higgins, Manchester 1959, 246-269.

ditionen ein (10,5f.23.24f.41f, vgl. etwa 5,17-19; 18,20; 23,8-11). Es fällt auf, daß Mt in anderen Reden immer wieder dieselben Verfahrensweisen mit seinen Quellen anwendet – m.E. eine überzeugende Bestätigung der der Analyse zugrunde liegenden Zweiquellenhypothese[11]. Im ganzen schafft er trotz schonungsvoller Behandlung seiner Quellen eine neue Rede mit klar erkennbarem, neuem Profil.

Adressaten 4. *Die Adressaten.* Die Rede richtet sich an die »zwölf Jünger« (10,1; 11,1), die Matthäus aber auch als die »zwölf Apostel« bezeichnen kann (10,2). Die Doppelheit der Bezeichnung »Apostel« und »Jünger« macht auf ein Problem aufmerksam: »Jünger« ist ein für die Gemeinde transparenter Ausdruck, die »Apostel« dagegen sind eine einmalige Größe der Anfangszeit der Kirche. Wem gilt nun die Rede? Gilt sie den Aposteln der Anfangszeit oder grundsätzlich der Gemeinde?

Die Schwierigkeit, vor der der Ausleger steht, liegt darin, daß Mt hier überhaupt nicht zu unterscheiden scheint. Worte, die nur für die Anfangszeit gelten können (10,5f.23), Worte, die deutlich die Situation einer vergangenen Zeit durchschimmern lassen (z.B. 10,17f), und Worte, die zeitlos gültig sind, wechseln ab, ohne daß irgendwo eine Begrenzung der Gültigkeit durch den Evangelisten angedeutet wäre. Indem Mt zwischen den »transparenten« Jüngern und den »vergangenen« Aposteln nicht unterscheidet, zeigt er, daß er Vergangenheit und Gegenwart zusammensehen will. Erst in der Auslegungsgeschichte wurde es wichtig, beides zu unterscheiden. Die Unterscheidung war ein Mittel, Worte, die der eigenen kirchlichen Realität widersprachen, auf die Anfangszeit der Kirche zu beschränken[12]. Eine andere Chance, die in der Beschränkung der Gültigkeit der Aussendungsrede auf die Apostel liegt, besteht darin, daß man so einzelne Logien nicht auf die ganze Gemeinde beziehen mußte, sondern sie auf die Amtsträger beschränken konnte. Auch damit wird die Herausforderung, die in der Rede liegt, ein Stück weit entschärft[13]. Demgegenüber scheint Mt solche einfachen Unterscheidungen unmöglich zu machen.

Mit dieser Schwierigkeit verbindet sich eine andere: Manche Worte der Aussendungsrede sprechen die sogenannten Wanderradikalen an, d.h. Jünger unterwegs (10,5f.9-14.23.40), andere dagegen richten sich ausdrücklich an seßhafte Christen (10,41f). Die meisten Worte können unterschiedslos von Wan-

---

[11] Ein Beispiel für die Schwierigkeit anderer Hypothesen: Goulder, Midrash muß damit rechnen, daß Mt mit dem mk Material sehr verschieden verfährt: Er paraphrasiert Redestoffe erweiternd (345-347 für 10,7-15, 347-353 für die midraschartige Erweiterung 10,23-42), während er die mk Erzählstoffe durchweg rigoros verkürzt. Auch 10,17-22.38f erweitern die Markusquelle nicht. Das red. Vokabular ist überdies in den sog. midraschähnlichen Zusätzen zu Mk verhältnismäßig gering.

[12] Vgl. u. Anm. 24.30.39.69 zu Mt 10,5-15.

[13] Häufig ist diese Beschränkung bei 9,37: Die Arbeiter sind die Lehrer bzw. Prediger (z.B. Dionysius bar Salibi 308; Christian v Stavelot 1343B). Im Limapapier über das Amt 9 (= Taufe, Eucharistie und Amt. Konvergenzerklärungen der Kommission für Glauben und Kirchenverfassung des Ökumenischen Rates der Kirchen, Frankfurt-Paderborn 1982, 31) wird Mt 10,1-8 als eine der biblischen Begründungen für das ordinierte (!) Amt gebraucht (»Die Kirche war niemals ohne Personen, die spezifische Autorität und Verantwortung innehatten«).

derradikalen und von seßhaften Gemeindegliedern auf sich bezogen werden. Wiederum scheint aber Matthäus keinen Unterschied zu machen: Die Adressaten sind immer die gleichen.

V 40-42 geben uns Informationen über die Situation der mt Gemeinde: Sie hat mit Wanderradikalen intensive Berührungen[14]. Nach V 42 sind auch gewöhnliche Gemeindeglieder unterwegs. Die Verwendung von μικροί für wandernde Gemeindeglieder in 10,42 und für Christen überhaupt in Kap. 18 zeigt, daß Mt nicht grundsätzlich unterscheidet. Das entspricht der Sicht anderer Texte: Den ursprünglich von den Wanderradikalen sprechenden Text 6,25-33 bezieht Mt auf die ganze Gemeinde. Die Vollkommenheit, nach Mt 5,48 das Ziel für die ganze Gemeinde, besteht nach 19,21 darin, daß der »reiche junge Mann« allen Besitz verkauft und Jesu Nachfolger, d.h. Wanderradikaler wird. Das scheint auch der historischen Wirklichkeit am ehesten zu entsprechen: Von einer grundsätzlichen Unterscheidung zwischen wandernden und seßhaften Christen wird man absehen müssen[15]. Apg 13,2f zeigt exemplarisch, wie seßhafte Christen als Wanderradikale aufbrechen, während Did 12f Weisungen für das Seßhaftwerden von Wanderradikalen gibt. Versteht man das Verhältnis von Seßhaften und Wanderradikalen als ein fließendes, so wird verständlich, weshalb Mt in unserer Rede die ganze Gemeinde als potentielle Wanderradikale ansprechen kann: Sie erfüllen durch ihre Verkündigung stellvertretend den der ganzen Gemeinde gegebenen Auftrag. Entsprechend ist die Gemeinde mit »ihren« Wanderradikalen solidarisch (vgl. 10,10.40-42). Wanderradikalismus ist eine besondere Möglichkeit christlicher Vollkommenheit (19,16-30). Nur so wird m.E. verständlich, warum Mt in unserem Kapitel keinen Adressatenwechsel andeutet, obwohl er Wanderradikale und Seßhafte anredet.

Unsere Auslegung möchte ernst nehmen, was die Verklammerung unserer Rede im Evangelium ergeben hat: Beschenkt mit derselben Vollmacht wie Jesus, haben die Jünger denselben Heilungs- und Verkündigungsauftrag wie ihr Meister. Sie entsprechen in ihrem Leben dem εὐαγγέλιον τῆς βασιλείας Jesu, der Bergpredigt, und werden dasselbe Geschick erleiden wie Jesus. Alles das spricht dafür, der Aussendungsrede grundsätzliche ekklesiologische Bedeutung zuzuerkennen: In ihr verlängert Matthäus die Wirksamkeit Jesu in die Kirche hinein. In ihr spricht Matthäus von der Jesusgestalt der Kirche. *Wir nennen sie darum Jüngerrede, nicht Aussendungsrede:* Der Begriff μαθητής rahmt die Rede am Anfang (9,37; 10,1), in der Mitte (10,24f) und am Schluß (10,42; 11,1). Diese grundsätzliche These wird sich nun allerdings an der Deutung der historisierenden und einschränkenden Verse, die nur für eine bestimmte Zeit oder eine bestimmte Gruppe der Gemeinde gültig zu sein scheinen, bewähren müssen.

---

[14] Vgl. Bd. I 66.
[15] U. Luz, Die Kirche und ihr Geld im Neuen Testament, in: W. Lienemann (Hrsg.), Die Finanzen der Kirche, München 1989, 535-537.

1 Einleitung (9,36-10,5a)

Die beiden Abschnitte 9,36-38 und 10,1-5a sind durch keine gemeinsamen Stichworte aufeinander bezogen und auch inhaltlich verschieden. Die Namenliste der Apostel 10,2-4 wirkt auf den ersten Blick wie ein Exkurs, der dadurch nötig wurde, daß Matthäus die mk Textfolge umstellt und Mk 3,13-19 als nötige Voraussetzung für Mk 6,7-13 noch nachtragen muß. Die Interpretation wird zeigen, daß das nicht *nur* so ist: Ein impliziter inhaltlicher Zusammenhang liegt beiden Abschnitten zugrunde.

1.1 Die Aufgabe: Die Not des Volkes (9,36-38)

Literatur* bei Mt 9,36-11,1 o. S. 74.

36 Als er die Volksmengen sah, bekam er Erbarmen mit ihnen, denn sie waren geplagt und niedergeschlagen wie ›Schafe, die keinen Hirten haben‹. 37 Da sagt er zu seinen Jüngern: »Die Ernte ist groß; Arbeiter aber gibt es (nur) wenige: 38 Bittet also den Herrn der Ernte, Arbeiter in seine Ernte zu schicken!«

Analyse Wieder beginnt Mt einen neuen Hauptteil nicht mit einer Zäsur, sondern mit einem Übergang[1]. V 36a schließt an das vorangehende Summar direkt an. Wie wichtig für Mt der folgende *V 36bc* ist, ergibt sich erst aus der Quellenanalyse: Mk 6,34a-c wird aus der Speisungsgeschichte hierher vorgezogen. Σκύλλω ist ein Wort aus einem 9,18-26 weggelassenen Mk-Abschnitt (Mk 5,35), das der »konservative« Mt nicht verlieren möchte[2]. Die meisten übrigen Änderungen in V 36 sind red.[3] *V 37f* enthalten nach einer mt Einleitung[4] das erste Logion der Aussendungsrede von Q (Lk 10,2) ohne Veränderungen[5]. Ἐργάτης bildet ein Bindeglied zu 10,10. Dieses Logion könnte aufgrund seines eschatologischen Verständnisses der Verkündigungstätigkeit der Jünger und wegen seines Optimismus auf Jesus zurückgehen[6].

Erklärung Das Erbarmen mit dem hirtenlosen Volk steht am Anfang der Jüngerrede.
36 Matthäus macht dadurch klar, daß Jüngerschaft grundsätzlich auf das Volk bezogen, d.h. Sendung ist. Gemeinde ist eo ipso missionarische – im Sinne der Verkündigung durch Werke, Zeichen und Worte – Gemeinde. Σκύλλω bedeutet »plagen«, »bedrängen«, ῥίπτω »zu Boden werfen«, passiv »darnieder-

---

[1] Vgl. Bd. I 19.
[2] Σκύλλω ist mt und mk Hap. leg. Vgl. auch Anm. 3 zu 9,32-34.
[3] Zu ὁράω (ἰδών), δέ, ὄχλος Plur., ὡσεί vgl. Bd. I Einl. 3.2. Red. ist ferner ῥίπτω (vgl. 15,30; 27,5). Weder red. noch LXX-Sprache noch gutes Griech. (Bl-Debr-Rehkopf § 229 Anm. 5) ist σπλαγχνίζομαι περί.
[4] Vgl. zu τότε, λέγω mit Dat. Bd. I Einl. 3.2; zum Praes. historicum bei λέγω Bd. I Einl. 3.1.

[5] Die Veränderung der Wortstellung ἐργάτης ἐκβάλῃ dürfte auf Konto des Lk gehen, vgl. Hoffmann, Studien 263.
[6] Für Echtheit plädiert z.B. Hahn* 32 Anm. 3; andere vertreten eine Q-Bildung, z.B. Uro* 208f: optimistische Perspektive der Heidenmission. Tashijian* 220 weist mit Recht darauf hin, daß die frühen Schichten der Aussendungsrede noch nicht mit einer negativen Antwort Israels rechnen.

liegend«, »niedergeschlagen«. Die »Schafe, die keinen Hirten haben« sind eine mehrfach vorkommende alttestamentliche Wendung[7]; man sollte sie nicht im Sinne einer einzigen alttestamentlichen Stelle einengen. Deutlich ist aber von der alttestamentlichen Sprache her, daß an das Volk Israel gedacht ist[8]. Die offene Formulierung läßt vielfältige Assoziationen von Not zu[9]. Für Matthäus leidet offenbar das ganze Volk Not; die in Kap. 8 und 9 erzählten Geschichten von Kranken sind für das ganze Volk repräsentativ. Der Singular ποιμήν legt keine direkte Polemik gegen die jüdischen Führer nahe[10], am ehesten könnte man noch von 2,6 her vermuten, daß Matthäus beim Hirten an Jesus selbst denkt. Er beginnt also seine Jüngerrede mit einem Hinweis auf die Gnade, das Erbarmen Jesu mit dem Gottesvolk.

Die Not des Volkes Israel zu heilen wird also der Auftrag der Jünger sein. Vom Alten Testament und dem Judentum her ergibt sich für das Bild der Ernte das Gericht als fester Assoziationshorizont[11]. In der Logienquelle schwang vermutlich ein stark eschatologischer Ton mit: die Sammlung Israels für das Gottesreich durch die Verkündigung der Jünger ist Endzeitgeschehen. Auch Matthäus ist dieser endzeitliche Horizont vertraut (3,12; 13,39); auch für ihn ereignet sich in der Verkündigung der Jünger ein Stück Gericht vorweg (10,13-15, vgl. 34-36). Umgekehrt sind die Erntearbeiter[12] 13,39.41 (vgl. 24,31) die Engel des Menschensohns, gerade nicht die Jünger. Die Bilder von der Mission als Ernte und vom Kommen des Menschensohns als Ernte stehen bei ihm unverbunden nebeneinander. Wichtig war unser Wort für den Evangelisten nicht nur wegen seiner endzeitlichen Perspektive, sondern auch, weil er so an den Anfang seiner Jüngerrede eine Aufforderung zum Gebet stellen konnte (vgl. Apg 13,1-3). Wie sich schon in der Bergpredigt zeigte, ist für ihn das Gebet die Grundlage der missionarischen Existenz der Jünger. Mit einem Aufblick zum Herrn der Ernte, dessen Werk die Jünger tun, beginnt also die Jüngerrede; mit dem Hinweis auf ihn, der in den Gesandten präsent ist (10,40), endet sie.

37f

Das Nebeneinander der beiden so verschiedenen Bilder vom Hirten und der Ernte hinterläßt beim Leser eine gewisse Unsicherheit. Im Hirtenbild domi-

Zusammenfassung

---

[7] Num 27,17; 3Βασ 22,17; 2Chr 18,16; Jud 11,19; Ez 34,5.
[8] Vgl. die Wiederaufnahme in 10,6.
[9] Von 9,35ff und 10,1 her wird man zunächst an die Not denken, die in Mt 8f die Kranken Israels an Jesus herantrugen. Im Rückblick von 9,36 auf Mt 8-9 repräsentieren die Kranken und Besessenen das Volk Israel.
[10] So wird häufig im Anschluß an Sach 11,16f gedeutet. Aber auf diese Stelle ist nicht angespielt; von schlechten Hirten ist in 9,36 gerade nicht die Rede.
[11] Uro* 201 (AT und jüd. Material). – R. Schnackenburg (Randnotiz) möchte auf ein sich in der Urkirche anbahnendes Verständnis

der Mission deuten. Zu vergleichen wäre hier nicht nur Joh 4,36-38, sondern auch der pln Sprachgebrauch von καρπός. Dagegen spricht allerdings die sonstige Verwendung des Bildes bei Mt. Wichtig für die Entscheidung ist die Frage, ob Mt Naherwartung vertreten hat (was ich bejahen würde).
[12] Dafür braucht aber Mt gerade nicht den Begriff ἐργάτης, der aus der Missionssprache stammt und auf 10,10 vorausweist. Den gleichen Sprachgebrauch bezeugt Pls, auffälligerweise immer mit Blick auf seine Gegner (2Kor 11,13; Phil 3,2). Vgl. Anm. 44 zu 10,5-15.

niert das Positive, das Erbarmen. Im Bild der Ernte schwingt auch ein anderes Moment mit: das Bedrohliche des Gerichts. Matthäus löst die Unsicherheit nicht auf, sondern läßt die beiden Bilder unverbunden nebeneinander stehen. Auch im Auftrag an die Jünger 10,7-15 wird ein Stück dieser Ambivalenz spürbar werden. Wir stehen hier vor einem der großen Verstehensprobleme des ganzen Evangeliums: Wie ist der erbarmende Hirte und der Gerichtsherr-Menschensohn zusammenzudenken?

1.2 Die Beauftragten (10,1-5a)

Literatur: Salerno, A., Un nuovo aspetto del primato di Pietro in Mt 10,2 e 16,18-19, RivBib 28 (1980) 435-439.
Weitere Literatur** bei Mt 9,36-11,1 o. S. 74.

1 Und er rief seine zwölf Jünger zusammen und gab ihnen Macht über die unreinen Geister, um sie auszutreiben und um jede Krankheit und jede Schwäche zu heilen.
2 Das sind aber die Namen der zwölf Apostel:
   als erster Simon, der Petrus genannt wird,
   und sein Bruder Andreas
   und Jakobus, der Sohn des Zebedäus,
   und sein Bruder Johannes,
3 Philippus und Bartholomäus,
   Thomas und Matthäus, der Zöllner,
   Jakobus, der Sohn des Alphäus, und Thaddäus[1],
4 Simon der Kanaanäer[2] und Judas aus Iskariot[3], der ihn auch verriet.
5 Diese Zwölf sandte Jesus aus und gebot ihnen:

Analyse 1. *Aufbau*. Die Apostelliste V 2-4 ist eingerahmt durch die Bevollmächtigung und Sendung der Zwölf (V 1-2a.5)[4]. Die Formulierung der Vollmacht in V 1bc greift zurück auf 4,23; 9,35; außerdem nimmt Mt Stichworte aus 9,6.8 (ἐξουσία) und 8,16 (πνεῦμα, ἐκβάλλω) auf. Ἔδωκεν ἐξουσίαν weist auf die christologische Schlüsselstelle 28,18

---

[1] Ist Λεββαῖος (mit Teilen der westl. Überlieferung und Origenes) oder Θαδδαῖος (mit den wichtigsten alexandrinischen MSS und Teilen der westl. Überlieferung) ursprünglich? Die meisten MSS harmonisieren und verstehen den einen Namen als Beinamen des anderen. Die Textzeugen für Θαδδαῖος sind gewichtiger. Nach M'Neile 132 stammt Λεββαῖος von hebr. לֵב = Herz, Θαδδαῖος von aram. תַּדְיָא = Brust. Dalman, WJ I 40 denkt an den griech. Namen Θευδᾶς und versteht Λεββαῖος als dazu gehörigen aram. Namen. Die Sache bleibt rätselhaft.

[2] Sehr viele MSS lesen Κανανίτης. Sie verstehen offenbar die Bezeichnung als nomen gentilicium (wie z.B. Ἱεροσολυμίτης).

[3] Die LA schwanken zwischen Ἰσκαριώθ (so auch Mk/Lk), Σκαριώτης (D etc.; von hebr. סכר piel = ausliefern [sehr selten] oder von sicarius oder von שׁקר = lügen, betrügen?) und Ἰσκαριώτης (so die wichtigsten MSS und Mt 26,14). Diese LA ist nicht nur am besten bezeugt, sie paßt auch zur mt Tendenz einer begrenzten Gräzisierung von Aramaismen, vgl. Bd. I 56 Anm. 98.

[4] Δώδεκα (V 1); ἀπόστολοι (V 2a); δώδεκα ἀπέστειλεν (V 5a).

Mt 10,1-5a: Analyse. Erklärung

voraus; δώδεκα μαθηταί bildet zusammen mit 11,1 eine Inklusion. Die kompositionelle Verklammerung, die Mt durch den Eingangsvers erreicht, ist also sehr intensiv.

2. *Quelle*. V 1 ist weithin red.[5] Auch die Übereinstimmungen mit Lk 9,1 sprechen nicht dagegen[6]. V 2-4 entsprechen der Zwölferliste von Mk 3,16-19. Die Einleitung V 2a ist wohl red. gestaltet[7]. Durch die Umstellung von Andreas wird V 2b-e zu einer Reminiszenz an die Jüngerberufung 4,18-22[8]. Nach dieser betonten Rückerinnerung gestaltet Mt die Liste so, daß er je zwei Apostel paarweise miteinander verbindet. Red. ist ebenfalls die im Anschluß an Mk 6,7f formulierte Redeneinleitung V 5a. Auch die anderen Änderungen gegenüber Mk sind red.[9]

Jesu Antwort auf die Not Israels besteht darin, daß er die zwölf Jünger zu sich ruft. Dreimal erscheint in kurzen Abständen das Wort δώδεκα (V 1.2.5). Matthäus weiß, daß die zwölf Jünger den zwölf Stämmen Israels entsprechen (19,28)[10]. So ist der Abschnitt 9,36-10,6 ganz auf Israel bezogen. Daß Jesus zwölf Jünger hat, setzt Matthäus voraus; anders als Mk 3,13-15 erzählt er aber nichts von der Einrichtung des Zwölferkreises. Nicht um seine damalige Konstitution geht es, sondern um seine Bevollmächtigung durch Jesus, die das ganze Wirken der Kirche bestimmt. Die Jünger partizipieren an seiner eigenen Vollmacht; das machen die Rückverweise auf 4,23; 9,35 und 8,16 deutlich. Ihre Macht ist, so wird 28,18-20 herausstellen, Ausdruck der Macht des Herrn, der bei seiner Gemeinde bleibt. Es geht also Matthäus nicht nur um einen Bericht über die Anfänge der Kirche. Darum braucht er in 10,1 wohl auch das für die Gegenwart transparente Wort μαθηταί, nicht ἀπόστολοι[11]. Auf der anderen Seite interpretiert er die Jünger durch die Apostel und hält auch

Erklärung

---

[5] Mk 3,13 und 6,7 stehen im Hintergrund. Zu μαθητής, ὥστε, θεραπεύω, μαλακία, νόσος vgl. Bd. I Einl. 3.2; zum Part. und zum Aor. ebd. 3.1; zu den Verklammerungen o. S. 74; προσκαλεσάμενος τοὺς ... μαθητάς (vgl. 15,32) ist eine von Mt übernommene red. mk Formel.
[6] Vorliebe für den Aor., νόσος (Plur.!) und θεραπεύω sind auch lk beliebt; die Umstellung von Vollmachtsübertragung und Aussendung (Lk 9,2 par Mt 10,5) drängt sich auf. Die MA sind allerdings so zahlreich, daß man auch fragen kann, ob die ursprüngliche Q-Einleitung in der Aussendungsrede hinter Mt 10,1 / Lk 9,1 steckt (Uro* 74f).
[7] Sprachlich läßt sich das allerdings nicht beweisen; aber der Verzicht auf die mk Namen*gebung* (Mk 3,16b.17b) und der Verzicht auf einen Bericht über die *Einsetzung* des Zwölferkreises (Mk 3,16a: ἐποίησεν) entsprechen sich. Ὄνομα ist aus Mk 3,16f, ἀπόστολος aus Mk 6,30 vorgegeben.
[8] Mit Ausnahme von πρῶτος kommen alle Worte von V 2b-e in 4,18.21 vor. Lk 6,14 stellt »seinen Bruder Andreas« auch um. Lautete schon der beiden Evangelisten vorliegende Mk-Text so, oder hat Lk, der nach 5,1-11 Andreas nachtragen mußte, unabhängig von Mt redigiert?
[9] V 2: Zu ὁ λεγόμενος vgl. Bd. I Einl. 3.2, zur Stellung der Apposition Bd. I 174 Anm. 1. V 3: Zu ὁ τελώνης vgl. 9,9, zu Ἰσκαριώτης 26,14. V 4: Zu παραδούς vgl. 27,3f. Unklar bleibt die Umstellung von Thomas und Matthäus.
[10] Seit Origenes fr 195 I = GCS Orig XII 94 spekulierte man über eine weitergehende Symbolik der Zwölfzahl: 12 Engellegionen, 12 Stunden des Tages, 12 als vollkommene Zahl (3 × 4!), 12 Patriarchen, 12 Steine im Jordan (Jos 4), Kombination von Trinität und 4 Weltgegenden etc. Besonders ausgiebig ist die Symbolik bei Rabanus = Thomas v Aquino (Kette I) 378f.
[11] Μαθητής ist Leitwort am Anfang, im Zentrum (V 24f) und am Schluß (V 42; 11,1) der Jüngerrede.

durch die Zahl »zwölf« fest, daß er von den damaligen zwölf Jüngern Jesu spricht. Matthäus stellt also die damalige Sendung der Zwölf als Urbild der bleibenden Sendung der Gemeinde dar.

Die Vollmacht der Jünger, Wunder zu tun – hier allein und in V 7f gleichgewichtig mit dem Verkündigungsauftrag genannt –, ist für die Gestaltwerdung der Kirche eminent wichtig. Werden Wunder für eine Besonderheit gehalten, die lediglich am Anfang der Kirchengeschichte nötig war, weil ungebildete Fischer eine neue Wahrheit der ganzen Welt verkünden mußten[12], dann wird etwas verpaßt bzw. verdrängt, was für Matthäus grundlegend ist.

2a Vor Matthäus wurde der Apostelkreis schon bei Markus (6,7.30), neben ihm auch in der Apokalypse und bei Lukas mit den Zwölfen identifiziert. Im Unterschied zur Apokalypse ist aber Matthäus nicht am himmlischen Wesen der apostolischen Kirche (Apk 21,14) und im Unterschied zu Lukas weniger an der durch das Zeugnis der zwölf Apostel gesicherten Traditionskontinuität interessiert[13]. Der Ausdruck ἀπόστολος dient ihm hier zusammen mit der folgenden Namenliste dazu, das Jüngersein an den irdischen Jesus zu binden[14]. Ebenso ist es *Jesu* Botschaft (εὐαγγέλιον τῆς βασιλείας!), die die Jünger verkünden, *seine* Wunder, die sie fortsetzen, und *seine* Präsenz, die sie bestimmt (10,40, vgl. 28,16-20). Die Erwähnung der zwölf Apostel erinnert also daran, daß der Erhöhte der Irdische ist.

2b-4 Die Namenliste ist literarisch eine belehrende Zwischenbemerkung. Die Änderungen gegenüber der Markus-Quelle sind im allgemeinen leicht verständlich: Vorweg werden die vier Jünger genannt, deren Berufung Mt 4,18-22 erzählt worden war. Ebensowenig wie von der Konstitution des Zwölferkreises spricht Matthäus von der Namengebung an Petrus und die Zebedäiden (Mk 3,16f). Simon ist von Anfang an Petrus[15]. Der Beiname »Donnersöhne« dürfte für seine Gemeinde keine Rolle mehr gespielt haben. Matthäus ist, in deutlicher Rückerinnerung an 9,9, der Zöllner. Die Beinamen von Simon und Judas bleiben schwer erklärbar. Für Καναναῖος kann man vermuten, daß der Evangelist nicht an den Ortsnamen Kana[16] und auch nicht an das biblische Kanaanäer (= Χαναναῖος) dachte, sondern, wie Lk 6,15; Apg 1,13 übersetzen, an den Eiferer[17], den Zeloten Simon. Eine Übersetzung war für seine Leser offenbar nicht nötig. Ἰσκαριώτης verstand der Evangelist wohl im Sinne eines nomen gentilicium: der Mann aus »Iskaria«[18]. So ist es ihm, der kaum das Hebräische, wohl aber die griechische Nomenbildung kannte, am ehesten zuzu-

---

[12] Vgl. Maldonat 210; Bullinger 97B.
[13] Anders die kirchliche Auslegung seit Origenes fr 194 = GCS Orig XII 93: Zur Unterscheidung von den Falschaposteln nennt Mt explizit die 12 Apostel.
[14] Vgl. Luz, ZNW 62 (1971) 142f.145 und Anm. 16 zu Mt 9,9-13.
[15] 4,18; 8,14 im Unterschied zu Mk. Σίμων kommt bei Mt nur als Anrede vor (16,17; 17,25).

[16] Dann wäre Καναῖος o.ä. zu erwarten.
[17] Vgl. hebr./aram. קנא = eifern.
[18] Vgl. z.B. Πατριώτης, Ἡρακλειώτης, Κωρυκιώτης, Μασσαλιώτης, Πηλουσιώτης, Σικελιώτης, Ἀφαμιώτης. Vgl. Schwyzer I 500 und W. Dittenberger, Ethnica und Verwandtes, Hermes 41 (1906) 181-188.

trauen[19]. Am schwierigsten bleibt das weder durch 4,18-22 noch durch die Markusquelle bestimmte noch geläufiger matthäischer Sprache entsprechende πρῶτος vor Petrus.

Die Vulgata übersetzt: »Primus Simon«. Für die kirchliche Auslegung aller Zeiten wichtig war der Hinweis, daß Petrus zeitlich als erster berufen wurde. Recht häufig findet sich der Gedanke, daß auch das »meritum« des Petrus zu seiner Erstplazierung führt[20]. Das konnte mit einem Hinweis auf 16,18 verbunden werden; aber nur selten wurde die Linie über Petrus hinaus zum Papsttum gezogen[21]. Erst im 16. Jahrhundert wird der Text extrem strittig. Manche Protestanten deuten – im Anschluß z.B. an Johannes Chrysostomus – auf den Zeitpunkt der Berufung, nicht auf die besonderen Qualitäten des Petrus[22]. Die Frage blieb dann aber, warum überhaupt πρῶτος erwähnt sei; daß Petrus in 4,18-20 als erster berufen wurde und 10,2 als erster dastehe, müsse nicht noch eigens erwähnt werden. Außerdem werde umgekehrt Judas immer an den Schluß der Liste gestellt, weil er unwürdig war[23]. Die von Katholiken immer wieder gestellte Frage lautete, ob die »dignitas« des Petrus aus 10,2 ausgeklammert werden könne[24]. So gaben manche Protestanten ein mögliches »Verdienst« des Petrus zu, bestritten aber, daß das irgendeine kirchenrechtliche Bedeutung für den römischen Papst habe[25]. Demgegenüber wollten in der Gegenreformationszeit manche katholischen Ausleger[26] in unserer Stelle »die Unterordnung der Apostel, Bischöfe und aller Gläubigen unter das eine Haupt« des Papstes[27] finden.

Wirkungsgeschichte

[19] Daß Ἰσκαριώθ von אִישׁ קְרִיּוֹת (= ein Mann aus dem judäischen Ort Kerijoth, vgl. Jos 15,25) stammen könnte (so offenbar Joh 14,22 D!), ist Mt nicht bewußt; der Art. ὁ wäre dann unnötig.
[20] Der Begriff des »meritum« taucht seit Hieronymus 63 auf. Vgl. z.B. Paschasius Radbertus 403 (»in meritis primus«, mit Bezug auf Mt 16,18); Euthymius Zigabenus 324 (obwohl Petrus jünger ist als sein Bruder Andreas, ist er ihm an Festigkeit überlegen).
[21] Am prägnantesten bei Albertus Magnus 443: »Petrus ... dicatur primus. Non tamen dicitur Andreas secundus ... sed omnes secundi sunt Petro ad iurisdictionem: quia non unus sub alio, sed omnes sub Petro«. Ganz anders bezieht dagegen Augustin unsere Stelle auf Mt 16,18: Petrus ist wegen Mt 16,18 der erste Apostel, aber der Fels ist das Bekenntnis des Petrus, also eigentlich Christus selbst (In Joh Ev Tract 124,5 = BKV I/19 1174f).
[22] Z.B. Zwingli 263; Calov 265 (»principatus ordinis«). Vgl. Johannes Chrysostomus 32,3 = 457f: Mk zählt die Apostel nach ihrer Würde auf, Mt ohne Ordnung.
[23] Jansen 91.
[24] Maldonat 211. Die Gegner Maldonats stützen sich dabei vor allem auf die unterschiedliche Reihenfolge der Apostel in den verschiedenen ntl. Listen. Den besonderen Zorn Maldonats erregt Theodor v Beza 43, der fragt, ob πρῶτος, dem keine weitere Zahl mehr folge, eine spätere Glosse zur Stabilisierung des Papsttums sein könnte. Er findet allerdings nur wenig Gefolgschaft.
[25] Z.B. Calvin I 293; Cocceius 18 deutet den »Primat« des Petrus typologisch und kommt dabei Mt recht nahe: Die besonderen Offenbarungen an und Versuchungen des Petrus zeigen ihn als »ὑπόδειγμα lapsorum, gratia ipsius (sc. Jesu) conservatorum«. Bengel 69 formuliert scharf: »Primus ... inter apostolos, non supra apostolos; ... quid hoc ad papam Romanum?«
[26] Maldonat 210f bemerkt mit großem Bedauern, daß zu seiner Zeit auch viele Katholiken den Text unrichtig deuten.
[27] Salmeron IV/2 13 = 4,341f: Weil dem primus kein secundus etc. folge, sei der absolute Vorrang des Petrusprimats gemeint; R. Bellarmin, De summo pontifice, Sedan 1619, I/18 = 123-126: Um den Zeitpunkt der Berufung könne es nicht gehen, weil Andreas vor dem jüngeren Petrus berufen worden sei, um die persönliche Tugend des Petrus deswegen nicht, weil der verheiratete Petrus gegenüber dem jungfräulichen Johannes geringer gewesen sei; Lapide 219 (Zitat).

Kehren wir von den konfessionell bestimmten Überinterpretationen zum Text zurück: Petrus wurde zuerst berufen. Warum ist das durch πρῶτος herausgehoben? Eine Antwort kann erst aufgrund späterer Texte gegeben werden[28]. Sie wird lauten: Der von Jesus zuerst berufene Petrus ist für Matthäus besonders wichtig, weil er in exemplarischer Weise zeigen kann, daß Jüngersein grundsätzlich nichts anderes bedeutet als dies, an der *damaligen* und *einmaligen* Geschichte Jesu mit seinen Jüngern zu partizipieren. Πρῶτος zielt aber weder auf eine besondere kirchliche Kompetenz oder ein Amt des Petrus[29] noch gar auf eine besondere Sukzession in der späteren Kirche. Vielmehr wird in Petrus die ἐξουσία, die Jesus *allen* Jüngern gibt, in *besonderer* Weise deutlich.

5a V5a, die eigentliche Einleitung zur Rede, knüpft betont an V 1-4 an: Jesus sandte jene Zwölf aus, denen er Vollmacht über Dämonen und Krankheiten gegeben hatte und deren Namen vorher genannt waren. Zuerst gibt also Jesus den Jüngern seine Vollmacht, erst nachher sendet er sie aus. Durch die Anknüpfung an V 1-4 erhält die Rede auch ihren klaren Ort in der Jesus*geschichte*: Es geht im folgenden nicht einfach um eine zeitlose Missionsinstruktion, sondern um einen Auftrag Jesu an seine Jünger an einem ganz bestimmten Punkt seiner Geschichte. Was die Jünger *immer* tun sollen, wurzelt also in einem von Jesus *damals* gegebenen Auftrag.

2 Jesus sendet die Jünger zu Israel (10,5b-23)

2.1 Der Auftrag (10,5b-15)

Literatur: Bartnicki, R., Tätigkeit der Jünger nach Mt 5b-6, BZ 31 (1987) 250-256; *Brown, S.*, The Two-fold Representation of the Mission in Matthew's Gospel, StTh 31 (1977) 21-32; *Cerfaux, L.*, La mission apostolique des Douze et sa portée eschatologique, in: Mélanges E. Tisserant, Città del Vaticano 1964, 43-66; *Conti, M.*, Fondamenti Biblici della povertà nel ministero apostolica (Mt 10,9-10), Anton. 46 (1971) 393-426; *Frankemölle, H.*, Zur Theologie der Mission im Matthäusevangelium, in: K. Kertelge (Hrsg.), Mission im Neuen Testament, 1982 (QD 93), 93-129; *ders.*, Jahwebund 123-130; *Harvey, A.E.*, »The Workman is Worthy of his Hire«. Fortunes of a Proverb in the Early Church, NT 24 (1982) 209-221; *Hoffmann*, Studien 254-284.287-304.312-331; *Laufen*, Doppelüberlieferungen 201-295; *Levine*, Dimensions 13-57; *Schürmann, H.*, Mt 10,5b-6 und die Vorgeschichte des synoptischen Aussendungsberichtes, in: ders., Untersuchungen 137-149; *Schulz*, Q 404-419; *Trilling*, Israel 99-105; *Zumstein*, Condition 429-435.
Weitere Literatur** zur Jüngerrede o. S. 74.

---

[28] Vgl. den Exkurs »Petrus im Matthäusevangelium« bei 16,13-20.
[29] Anders Sand 218: Der vorangestellten Vierergruppe kommt »eine besondere, gemeindekonstituierende Bedeutung« zu, die »eine in der Mt-Gemeinde ansatzweise bereits vorhandene ›Ämter‹struktur ... rechtfertigt«. Begründungen werden leider nicht geboten. Vor solchen an kontroverstheologisch sensitiver Stelle geäußerten Behauptungen kann nur gewarnt werden.

5b »Geht nicht auf den Weg zu den Heiden,
und in eine Stadt der Samaritaner geht nicht hinein!
6 Geht vielmehr zu den verlorenen Schafen des Hauses Israel!
7 Geht aber und verkündet:
›Das Himmelreich ist nahe herbeigekommen!‹
8 Heilt Schwache,
erweckt Tote,
reinigt Aussätzige,
treibt Dämonen aus!
Umsonst habt ihr empfangen, umsonst gebt!
9 Verschafft euch nicht Gold, Silber oder Kleingeld[1] in eure Gürtel,
10 keinen Sack auf den Weg, nicht zwei Unterkleider, keine Schuhe
und keinen Stock;
denn der Arbeiter ist sein Essen wert.
11 Wenn ihr in irgendeine Stadt oder ein Dorf hineinkommt,
forscht, wer es darin wert ist,
und bleibt dort, bis ihr hinausgeht!
12 Wenn ihr aber ins Haus hineinkommt, gebt ihm den Gruß!
13 Und wenn es das Haus wert ist, soll euer Friede auf es kommen!
Wenn es aber nicht wert ist, soll euer Friede zu euch zurückkehren!
14 Und wer euch nicht aufnimmt und auf eure Worte nicht hört –
geht hinaus aus dem Haus oder jener Stadt und schüttelt den
Staub von euren Füßen!
15 Amen, ich sage euch:
Erträglicher wird es für das Land Sodom und Gomorra am Gerichtstag sein als für jene Stadt!

1. *Aufbau.* Die Befehle Jesu erinnern zunächst an sein eigenes Wirken: Wie Jesus Analyse (9,37), so sollen die Jünger die Schafe Israels (10,6) weiden. Seine Verkündigung (4,17) sollen sie weitertragen (10,7) und seine Taten (8,1-4.17.28-34; 9,18-26.32-35) ausführen (10,8). Der Text enthält lauter imperativische Sätze; nur das abschließende Amen-Wort V 15 verändert diese Grundstruktur und setzt eine deutliche Zäsur. *V 5bf* enthalten ein doppeltes, parallel formuliertes Verbot und ein einfaches, aber entsprechend längeres Gebot. *V 7f* gebieten, zu verkündigen und zu heilen; durch die Inhaltsangabe wird die Verkündigung und durch drei beispielhafte Imperative das Heilen konkretisiert. Das Nachsätzlein mit dem doppelten δωρεάν ist rhetorisch sehr auffällig. Es folgt *V 9f* das siebenfache Erwerbsverbot. Die mittleren Glieder haben je eine Zusatzbestimmung mit εἰς, so daß ein Doppelsatz mit spiegelverkehrter Symmetrie entsteht. Wieder klappt ein Nachsatz auffällig nach, mit dem aus 9,37f bekannten Wort ἐργάτης und dem vorangestellten Leitwort ἄξιος, das in V 11-13 (und in V 37f) in dichter Folge repetiert wird. Der Aufbau von *V 11-13* ist nicht ganz klar: Vermutlich

---

[1] Χαλκός = νομισμάτιον λεπτόν (Poll Onom 9,92). Pollux weist hin auf umgangssprachliche Wendungen wie οὐκ ἔχω χαλκόν oder ὀφείλω χαλκόν. Χαλκός in diesem Sinn ist unattisch; die Attizisten sagen χαλκίον (ebd. 9,90).

spricht V 11 davon, wie die Jünger in der Stadt oder im Dorf, in das sie kommen, einen geeigneten Gastgeber finden sollen. V 12.13a sprechen dann vom anschließenden Eintritt in ein einzelnes Haus und von der positiven Aufnahme dort. V 13bf entfalten sehr viel ausführlicher, wie die Jünger bei einer unfreundlichen Aufnahme das Haus und die Stadt wieder verlassen sollen. Der erste Teil V 11-13a spricht also in zwei Etappen vom Hineingehen (εἰσέλθητε/εἰσερχόμενοι), der zweite Teil – Haus und Stadt zusammennehmend – vom Hinausgehen (ἐξερχόμενοι V 14b). Zwischen V 13a und V 13b (parallele Formulierung!) wendet sich die Bewegungsrichtung.

2. *Quellen*[2]. Mt arbeitet Mk 6,8-11 und Q = Lk 10,4-12 in einen neuen Text zusammen. Er hält sich dabei eher an den jeweils ausführlicheren Wortlaut und nimmt sich vor allem gegenüber Q in Wortlaut und Plazierung einige Freiheiten heraus. Sondergut sind V 5f und 8fin Einzelheiten:

V 5bf: Das Logion, das m.E. nicht red. ist[3], ist Mt entweder aus seinem Sondergut oder aus Q^Mt zugekommen; hingegen dürfte die Plazierung auf Mt zurückgehen[4].

V 7f: Mt formuliert den Sendungsauftrag bereits hier in lockerem Anschluß an Lk 10,9 und Mk 3,15; 6,13 selbst[5]; dabei wird der Verkündigungsauftrag von 4,17 und der Heilungsauftrag von Mt 8-9 her konkretisiert. V 8fin formuliert den mt Skopus von V 9f. Ob das Sätzchen bereits (in Q^Mt?) überliefert war, läßt sich nicht mehr sagen.

V 9f: Mt formuliert eine Ausrüstungsregel, die fast so lang ist wie diejenige von Mk 6,8f, aber inhaltlich eher so streng wie die kurze Regel in Q = Lk 10,4a[6]. Während Lk 10,4 aber eine *Besitz*regel ist, ist Mt 10,9f als Verbot des *Erwerbens* formuliert. Dazu paßt, daß die bei Mk und Q unbekannte alttestamentliche Trias »Gold-Silber-Kleingeld« vorangestellt wird[7]. Weder sie noch das Verbum κτάομαι lassen sich sprachlich als mt erweisen. Da aber das Verbot, mit Verkündigung und Heilungen Geld zu verdienen, dem Skopus von V 8e und dem von Mt hierher verschobenen Sätzchen vom Arbeiter V 10b entspricht, ist die ganze Überarbeitung am ehesten mt. Auch τροφή (statt μισθός) geht wohl auf Mt zurück[8].

V 11-14: Statt der zwei Logien vom Eingehen in ein Haus (Lk 10,5-7) und in eine Stadt (Lk 10,8-11) formuliert Mt ein einziges. Die Möglichkeit eines positiven Empfangs

---

[2] Q-Texte bei Polag, Fragmenta 44-46 und bei Laufen, Doppelüberlieferungen 245; ausführliche Rekonstruktion auch bei Hoffmann, Studien 263-284.

[3] Gegen H. Kasting, Die Anfänge der urchristlichen Mission, 1969 (BEvTh 55), 113f; Frankemölle, Jahwebund 129f; Uro** 54-56; Gnilka I 362. Das red. Vokabular (πορεύομαι, πρόβατον, ἀπόλλυμι, vgl. Bd. I Einl. 3.2 und Mt 4,15) reicht m.E. dafür nicht aus. Gut begründet ist die These Trillings, Israel 99-101: 10,5bf ist ein trad., vollständiges Logion, während in 15,24 Mt einen Teil dieses Logions red. wieder aufgenommen und in einen neuen Kontext eingepaßt hat.

[4] Vgl. die kompositionell wichtigen Bezüge zu 9,33.36; 10,16. Schürmann* 139 vermutet, Mt habe das Wort auch deshalb hier plaziert, weil er Lk 10,3 (Schafe!) nach hinten verschoben habe. Bloßes Postulat ist seine These, das Logion habe in Q, und zwar zwischen Lk 10,7 und 8, gestanden; es sei von Lk durch die Perikope vom Samariter-Dorf 9,51-56 ersetzt worden (ebd. 141-149).

[5] Mt streicht ἐφ᾽ ὑμᾶς Lk 10,9 (Anpassung an 3,2; 4,17). Πορευόμενοι stellt die Verbindung zu V 6 her. Κηρύσσειν und θεραπεύειν sind Stichworte aus 9,35.

[6] Mt übernimmt die Stichworte πήρα, χαλκός, εἰς τὴν ζώνην, εἰς ὁδόν, δύο χιτῶνες und ῥάβδος aus Mk 6,8f, πήρα und ὑπόδημα aus Q = Lk 10,4. Ἄργυρος könnte ebenfalls in Q gestanden haben, vgl. Lk 9,3.

[7] Ex 25,3, ferner Num 31,22; Jos 6,19.24; 1Chr 22,14; 29,2; Dan 2,35.45 in Verbindung mit anderen Metallen.

[8] Μισθός ist bei Mt der Lohn im jüngsten Gericht. Zu τροφή vgl. Bd. I Einl. 3.2.

wird nur knapp ausgeführt (das entsprechende Q-Material war z.T. schon in V 7f vorgezogen), so daß, wie oft bei Mt, der Gerichtsgedanke dominiert. Lk wird deshalb näher beim Wortlaut von Q stehen. Die Bearbeitung ist größtenteils mt, auch wenn sich sprachlich nicht alles schlüssig zeigen läßt[9].
V 15 entspricht im großen und ganzen[10] Q = Lk 10,12.

3. *Herkunft.* In ihren verschiedenen Fassungen geben die Sprüche Einblick in die Geschichte des urchristlichen Wanderradikalismus und zeigen, wie er sich im 1. Jh. entwickelt und den Verhältnissen angepaßt hat. Der urchristliche Wanderradikalismus ist aber nur verständlich als Fortsetzung des Wanderlebens der Jünger mit Jesus. Gerade deshalb darf man hinsichtlich der Echtheit der meisten Logien relativ optimistisch sein: Jesus ist der Initiator einer Bewegung von Wanderradikalen[11]. Jesu Ruf in die Nachfolge ist zu verstehen als Auftrag zur Mitarbeit in der Verkündigung des Reiches Gottes auf der Wanderschaft mit Jesus[12]. Von daher ist die Aussendung gleichsam der Ernstfall der Nachfolge und paßt ausgezeichnet zu Jesus. Für ein hohes Alter unserer Logien spricht auch, daß sie doppelt überliefert und oft variiert worden sind. Insbesondere die Ausrüstungsregel Lk 10,4 ist so radikal formuliert, daß bei allen Evangelien eine ausdrückliche Milderung nötig war[13]: Mk hat sie angepaßt, indem er Stock und Sandalen zugestand (6,8f); Lk hat sie z.T. außer Kraft gesetzt (22,35f); Mt hat sie in eine Erwerbsregel umfunktioniert. Kurz, wir dürfen damit rechnen, daß die meisten Logien von Lk 10,2-12 / Mt 10,9-16 auf Jesus zurückgehen; möglicherweise ist auch eine einmalige Jüngeraussendung durch Jesus historisch. Nicht auf Jesus zurückgehen werden, abgesehen von Zusätzen wie Mt 10,8e.10b, vor allem Lk 10,12 / Mt 10,15 (vermutlich in Q eine sekundäre Bildung aufgrund von Lk 10,14)[14] und *Mt 10,5f*: Mit seinem schroffen Nein auch gegen die Samaritaner, seiner Bezeugung nur bei Mt und mit seiner »technischen« Verwendung des Ausdrucks »verloren« (vgl. Lk 19,10; 1Kor 1,18 u.a.) paßt dieses Wort am besten in eine judenchristliche Gemeinde,

---

[9] Der Einfluß von Mk ist in V 11b und V 14a bestimmend. Mt Red. ist wohl: V 11: κώμη (Bezug zu 9,35), ἐξετάζω (vgl. 2,8), ἄξιος (Leitwort von Kap. 10, übernommen aus Lk 10,7 = Q); V 14: λόγοι (vgl. für Jesus: 7,24-28). Ist ἀσπάζομαι (V 12) Reminiszenz an den weggelassenen Versteil Lk 10,4b = Q?
[10] Mt sind (vgl. Bd. I Einl. 3.2) ἀμήν, γῆ, ἡμέρα κρίσεως. Γομόρρας ist sekundäre (vgl. 11,24!), naheliegende, aber, weil Gen 19 nur die Sodomiten nicht gastfreundlich waren, nicht ganz passende Ergänzung des Q-Textes.
[11] G. Theißen, Wanderradikalismus, in: ders., Studien 91: Es dürften mehr Worte echt sein, »als manchen modernen Skeptikern lieb ist«.
[12] M. Hengel, Nachfolge und Charisma, 1968 (BZNW 34), 82f.

[13] Eine nicht geringe Schwierigkeit liegt allerdings darin, daß Jesus, »der Fresser und Weintrinker« (Mt 11,19), mit der Härte der Ausrüstungsregel nicht leicht zusammenzudenken ist. Uro** 133 rechnet deshalb mit einer nachträglichen asketischen Radikalisierung der Jesusbewegung in Q. Auf der anderen Seite ist aber die Tatsache der Heimatlosigkeit Jesu (Nachfolgeforderung!) sehr gut verbürgt, und Mt 10,9 ist kohärent mit anderen radikalen Forderungen Jesu an seine Nachfolger (z.B. Lk 9,60; 14,26f). Ein direkter Widerspruch existiert nicht, da Mt 10,9 keine Speisevorschrift enthält, vgl. Lk 10,7. Man wird auch zwischen grundsätzlicher Askese und prophetischen Zeichenhandlungen – und dazu gehört m.E. die Ausrüstungsregel – unterscheiden müssen.
[14] Vgl. Lührmann, Redaktion 62f.

die sich gegenüber der Heidenmission abgrenzte und ihre eigene Aufgabe allein in der Verkündigung an Israel sah[15].

Erklärung Es gibt wenige Evangelientexte, die den Abstand zwischen ihrer Ursprungssituation und unserer eigenen Zeit so deutlich spürbar werden lassen, wie dieser. Das liegt einerseits an den veränderten kirchlichen Verhältnissen: Im Text ist von Wanderradikalen die Rede, die bettelarm und ohne festen Wohnsitz durchs Land ziehen; wir leben in einer Kirche, die über stabile Institutionen, Gebäude und Gehälter verfügt. Andererseits liegt das vor allem an V 5f, dem Gebot Jesu an die Apostel, nur zu Israel zu gehen, das längst überholt zu sein scheint. So ist es kein Wunder, wenn in Teilen der Auslegungsgeschichte die Meinung vorherrschte, es gehe in diesem Text nicht um allgemeingültige Anweisungen für christliche Mission, sondern um etwas Einmaliges, Überholtes[16], gleichsam einen »Probeversuch« der Mission[17], der dann nach Ostern durch eine definitive Gestalt ersetzt wurde. Die Frage nach der bleibenden Gültigkeit der einzelnen Anweisungen stellt sich bei diesem Text mit besonderer Schärfe.

5b-6 Nachdem die Jünger von Jesus seine Vollmacht erhalten haben, schickt er sie auf den Weg. Sie sollen nicht auf einen Weg gehen, der zu den Heiden führt[18]. Noch auffälliger ist, daß sie auch nicht in samaritanische Städte[19] gehen sollen, denn es gibt in den Evangelien mehrere Texte, die bezeugen, daß Jesus gegenüber den Samaritanern viel offener war als die meisten Juden damals[20] (Lk 9,51-56; 10,30-35; 17,11-19; Joh 4). Die verlorenen Schafe des Hauses Israel[21] sind im Gegenüber zu den Heiden und den Samaritanern nicht (partitiv) die Sünder, Deklassierten und Marginalisierten in Israel, sondern (explikativ) ganz Israel[22]. Matthäus stellt dieses Wort betont an den Anfang. Es klingt

---

[15] Herkunft des Logions von Jesus wird heute kaum vertreten. Dafür spräche aber immerhin, daß im ganzen Urchristentum die Heidenmission als etwas Neues empfunden wurde und nie direkt als durch den irdischen Jesus befohlen verstanden wird (vgl. Mt 28,16-20; Lk 24,47; Apg 10; Gal 1,16). Aber gerade das ist auch ein Argument gegen die Echtheit: Wo Heidenmission sowieso nicht zur Debatte stand, braucht sie auch nicht explizit verboten zu werden. Das Hauptargument gegen jesuanische Herkunft des Wortes ist aber das Verbot, nicht zu den Samaritanern zu gehen, das m.E. im Widerspruch zu Texten wie Lk 10,30-35 steht.

[16] Calvin I 295; Bucer 103D (»temporaria«); Dickson 125 (»temporary commandment«).

[17] A. Neander, Das Leben Jesu Christi, Hamburg 1839, 504. Bengel 70 vergleicht die Aussendung mit dem Vikariat der Theologiestudenten, die nachher wieder in die »schola« zurückkehren.

[18] Nicht: durch heidnisches Gebiet. Ὁδός + geographischer Begriff im Gen. »Weg nach«: 4,15; Ἰερ 2,18; Ex 13,17.

[19] Daß undeterminiertes πόλις = מדינה semitisierend Provinz (so J. Jeremias, Jesu Verheißung für die Völker, Stuttgart 1956, 17 Anm. 60 zur Erklärung des Sg.) heißt, ist mindestens für Mt unwahrscheinlich, da πόλις in der Bedeutung »Stadt« in Mt 10,5-23 Leitwort ist (6mal).

[20] Ausführliche Materialsammlung bei Bill. I 538-560.

[21] LXX-Sprache! Vgl. H. Preisker – S. Schulz, Art. πρόβατον κτλ., ThWNT VI 689,28ff; 690,15ff. Οἶκος Ἰσραήλ ist in der LXX häufig.

[22] Dafür spricht auch der Makrotext: 4,23; 9,35! Levine, Dimensions 56f betont von 9,37f her den sozialen Aspekt: Es geht um die Schafe, gerade nicht ihre Hirten.

auch für urchristliche Ohren schroff, denn die Heidenmission war zur Zeit des Matthäusevangeliums erfolgreich und wurde von vielen Gemeinden getragen. Trotzdem ist es nicht, etwa durch ein νῦν, eingeschränkt. Es entspricht der eigenen Sendung Jesu zu Israel, wie sie Mt 8-9 beschreibt. 15,24 wird der Evangelist den traditionellen V 6 nochmals aufnehmen und ihn redaktionell auf die Sendung Jesu zuspitzen: Ich bin *nur* zu den verlorenen Schafen des Hauses Israel gesandt. Wieder ist die Formulierung schroff exklusiv[23]. Demgegenüber bedeutet der Missionsbefehl, zu allen ἔθνη zu gehen (28,19), eine wirkliche Kehre. Wie verhalten sich beide Texte zueinander?

Eine *historische Erklärung* des Unterschiedes zwischen Mt 10,5f und Mt 28,16-20 rechnet entweder mit zwei verschiedenen Stadien der Wirksamkeit Jesu[24] oder damit, daß der eine der beiden Texte, nämlich Mt 28,16-20, nachösterlich sei[25], oder schließlich damit, daß beide Texte nachösterlich seien und vielleicht aus verschiedenen Gemeinden oder Zeiten stammten. So oder so gilt, daß eine historische nicht an die Stelle einer *sachlichen Erklärung* treten kann. Wir haben zu fragen: Wie hat Mt das Nebeneinander der beiden Texte verstanden, deren Spannung er mit »eine(r) gewisse(n) Raffiniertheit«[26] gestaltet hat? Es gibt folgende Erklärungsmöglichkeiten:
a) Mt 10,5f meinen gar nicht eine Sendung zu Israel. Dies vertritt die klassische allegorische Interpretation, die das Verbot der Samaritanermission auf die Häresien, das Verbot der Heidenmission auf heidnische Lehren, die Philosophie oder heidnische Feste und vor allem das Theater bezog[27]. »Israel« meint dann das wahre Israel, nämlich die Kirche. Dieser Ausweg ist ungangbar und übrigens schon von den Voraussetzungen der kirchlichen allegorischen Exegese her fragwürdig, da diese ja meistens den Wortsinn vertiefen, nicht ersetzen will.
b) Eine kirchengeschichtliche Erklärung: In der mt Gemeinde gibt es einen partikularistisch-judenchristlichen Flügel; eine andere Gruppe in der Gemeinde möchte auch die Heiden missionieren (vgl. V 18). Durch den Kontext und den Missionsbefehl versucht der Evangelist, die Position derer zu stärken, die die Heidenmission als eine legitime Möglichkeit auch der matthäischen Gemeinde bejahen[28]. Aber das ist unbefriedigend: Soll man denn annehmen, daß Mt 10,5b-6 nur für seine Gemeinde, aber nicht für die übrige Kirche gelte, und erst noch nur bis auf weiteres?
c) 10,5f gilt nur den Zwölfen, dagegen der Missionsbefehl der ganzen Kirche[29]. Auch das ist ganz unbefriedigend: Der Missionsbefehl richtet sich, abgesehen von Judas, an dieselben Jünger wie 10,5f.

d) Alle anderen Interpretationen nehmen an, daß V 5f nur für die Zeit Jesu gilt. Dann hat also Matthäus die auf Israel begrenzte Mission der Jünger als

---

[23] Οὐκ ... εἰ μή. Πρῶτον Mk 7,27 wird gestrichen.
[24] Z.B. Schlatter 798; Zahn 712 (»Vorübung«).
[25] Klostermann 232; Manson, Sayings 180; Harnack** 43 (von 10,5f und 23 her ist »es unmöglich, die Rede Jesu als eine nur vorläufige Aussendungsrede zu fassen«).
[26] Harnack** 45 Anm. 2.
[27] Z.B. Didask 13 = 72 Achelis-Flemming; Hilarius 10,3 = SC 254,218.
[28] Vor allem Brown* 30-32, vgl. ders., The Matthean Community and the Gentile Mission, NT 22 (1980) 215-221.
[29] Goulder, Midrash 343.

Vergangenheit gesehen³⁰. Daran ist sicher richtig, daß V 5f die Aussendungsrede im Erzählungsfaden des Matthäusevangeliums situieren. In vergleichbarer Weise dienen in anderen Reden narrative Zwischenbemerkungen wie 13,36a und 24,1-3a der Einordnung der Rede in den Makrotext der Matthäuserzählung. Inhaltlich geht es darum, daß die Jünger den Auftrag Jesu übernehmen sollen. Und auch Jesus hat bisher – von 8,28-34 abgesehen – die Grenzen Israels nicht überschritten. 15,24 wird Jesus noch einmal an seine ausschließliche Sendung zu Israel erinnern, in einem Moment, in dem sich die Krise in Israel schon so zugespitzt hat, daß er zum »Rückzug« in heidnisches Gebiet gezwungen ist. Aber erst 28,19f finden wir eine grundsätzlich andere Orientierung. Nun sollen die Jünger πάντα τὰ ἔθνη zu Jüngern machen. Die beiden Stichworte πορεύομαι und ἔθνη zeigen, daß 28,19 wohl bewußt auf 10,5f Bezug nimmt.

Zwei Fragen stellen sich: Was ist erstens der Sinn der Sendung Jesu und seiner Jünger zu Israel? Es könnte hier um die Erfüllung biblischer Verheißungen gehen³¹. Dafür spricht jedenfalls die biblische Sprache des Verses³². Die zweite Frage ist schwieriger: Wie verhält sich 10,5f zum Missionsbefehl 28,19f? In dieser Frage steht zugleich der Sinn der Matthäuserzählung im ganzen zur Debatte.

Zwei Interpretationen sind möglich: Man kann erstens die Sendung der Jünger zu allen ἔθνη als *Ausweitung* ihrer Sendung nur zu Israel deuten. Das matthäische Denkmodell wären dann das zweier konzentrischer Kreise: Israel steht in der Mitte, die Völker gruppieren sich darum herum³³. Ἔθνη in 28,19 müßte man mit »Völker« übersetzen, damit Israel Zentrum des Kreises und weiterhin Adressat der Jesusbotschaft bleiben kann. V 5f wären dann im Missionsbefehl gleichsam »aufbewahrt« und würden die Kontinuität der nachösterlichen Gemeinde zu Jesus und zu Israel herausstellen³⁴. Man kann aber auch zweitens die Sendung der Jünger zu allen ἔθνη als *Ablösung* ihrer Sendung nur zu Israel deuten. Matthäus würde dann eine Substitutionsthese vertreten. Die Heidenkirche ersetzte Israel (vgl. 21,43). Ἔθνη müßte man dann mit »Heiden« übersetzen. Nach 28,19f gäbe es eine Sendung der Jünger zu Israel wenigstens prinzipiell nicht mehr. V 5f wären dann im Missionsbefehl nicht aufbewahrt, sondern durch ihn »aufgehoben«. In diesem Fall hätten V 5f die Funktion, den Gedanken der Schuld Israels vorzubereiten: Obwohl sich Jesus und seine Jünger ausschließlich ihm zuwandten, hat es Jesus abge-

---

30 Die Interpretation ist alt. Schon Tertullian, Fuga 6,1 = CChr.SL 2,1142 beschränkt den Text auf die Apostel; Hieronymus 65 unterscheidet die Zeit vor und nach der Auferstehung. Heute findet sie zahlreiche Vertreter, z.B. Strecker, Weg 196; Bornkamm, Auferstandene 181f; A. Vögtle, Das christologische und ekklesiologische Anliegen von Mt 28,18-20, in: ders., Evangelium 266. Vgl. auch o. Anm. 16 und u. Anm. 69.

31 Kasting aaO (o. Anm. 3) 113.
32 Vgl. o. Anm. 21 und Frankemölle, Jahwebund 128 Anm. 227.
33 Z.B. Kilpatrick, Origins 122f; Hahn** 111; Frankemölle, Jahwebund 121 (ἔθνη = Völker in 28,19 ist nicht Gegentyp zu Israel, sondern zur Jüngergemeinde unmittelbar nach Ostern), ders.*, 124; Bartnicki* 155f; Gnilka I 362f; Levine, Dimensions 46.
34 Frankemölle, Jahwebund 142.

lehnt³⁵. Die Alternative ist vorläufig noch nicht entscheidbar. Immerhin gibt es zwei Indizien, die in Richtung der zweiten Deutungsmöglichkeit weisen: Einmal fällt auf, daß V 5f *exklusiv* partikularistisch formuliert sind. Der Missionsbefehl erscheint von hier aus als etwas Neues, das nicht schon von Jesus her angelegt ist, als eine Kehrtwendung. Sodann legt der bewußte Rückbezug von 28,19 auf 10,5f nahe, ἔθνη an beiden Stellen gleich zu deuten. An unserer Stelle ist aber klar, daß ἔθνη die Heiden im Gegensatz zu Israel und nicht die Völker mit Einschluß Israels meint³⁶.

Bereits beim nun folgenden Verkündigungs- und Heilungsauftrag wird nichts mehr von einer zeitlichen Begrenzung spürbar. Der Verkündigungsauftrag an die Jünger ist gleich formuliert wie bei Johannes dem Täufer (3,2) und Jesus (4,17, vgl. 9,35). Die Jünger verkünden auch nach Ostern nicht das Kerygma vom leidenden und auferstandenen Christus, sondern Jesu eigene Botschaft (28,20). Daß sie hier mit der Nähe der Gottesherrschaft umschrieben wird, spricht nicht dafür, daß Matthäus mit einer großen Ferne der Parusie rechnete. Vor allem ist die Gottesherrschaft der Horizont der ethischen Verkündigung Jesu³⁷. Neben dem Verkündigungsauftrag steht gleich gewichtig der Heilungsauftrag. Die drei Beispiele für Krankenheilungen nehmen Geschichten aus Mt 8-9 auf und entsprechen z.T. den Formulierungen von 11,5. Heilungen und Verkündigung hängen eng zusammen: An den Heilungen geht den Volksmengen auf, daß sich in Israel etwas Unerhörtes zuträgt (9,33). An ihnen sieht Johannes der Täufer, daß Jesus der Kommende ist (11,2-6). In den Wundern Jesu erkennt die Gemeinde auch eigene Erfahrungen und erfährt so den gegenwärtigen machtvollen Beistand ihres Herrn. Der Heilungsauftrag gehört also konstitutiv mit der Verkündigung zusammen, so daß diese nicht zum bloßen ethischen Anspruch wird, sondern konkrete Heils-, ja Heilungserfahrung einschließt. Nicht umsonst hat Matthäus vor seiner Jüngerrede von der ἐξουσία der Jünger (10,1) gesprochen und den in der Logienquelle eher beiläufig erwähnten Heilungsbefehl (Lk 10,9) programmatisch an den Anfang gestellt.

7.8a-d

---

³⁵ Auch diese Interpretation hat altkirchliche Wurzeln. Sie taucht überall dort auf, wo zur Erklärung auf das in der Synagoge beginnende Missionsmodell der Apg und auf die Schuld der Juden hingewiesen wird, z.B. Origenes fr 197 = GCS Orig XII 95; Cyrill v Alexandrien fr 113 = Reuss 190; Gregor d Gr. 4,1 = 35 Übers. Von den Neueren vertreten sie z.B. Trilling, Israel 103; Walker, Heilsgeschichte 63 (»die Auflehnung ... des Volks entzündet sich an dem ... ihm allein zugekehrten Heil«); Anno** 325-337 (die Schuld Israels wird um so größer, nachdem Jesus die Jünger nur zu ihm sandte).
³⁶ Wenn die zweite Deutung richtig ist, ist die Frage noch offen, *wann* die Kehrtwendung von der Israelmission zur Heidenmission stattfindet. Auf Oberflächenebene der mt Geschichte ist Ostern die große Zäsur. Viele von Mt übernommene Worte, z.B. 5,11f; 10,17f.23 oder 23,34-39, deuten aber darauf hin, daß die mt Gemeinde nach Ostern zunächst Israelmission getrieben hat. Also findet auf der Ebene der eigenen Geschichte der Gemeinde, die wir mit »indirekter Transparenz« bezeichneten (vgl. o. S. 66f), die Wende später statt. Hat sie schon stattgefunden? Oder schreibt Mt sein Ev, um sie zu bewirken? Vgl. dazu Bd. I 66-70.
³⁷ Vgl. Bd. I S. 144f.173f und den Exkurs 181-183.

Wirkungs- Für spätere Christen entstanden hier Probleme, weil die Erfahrung von Wundern oft
geschichte ausblieb (vgl. schon 17,19f). Vielleicht werden sie bereits in der textkritischen Überlieferung sichtbar, die dahin tendiert, die Vierzahl der Wunderbefehle zu reduzieren. Ein eindrücklicher Zeuge für die Schwierigkeiten ist Johannes Chrysostomus, der nur mit einiger Mühe für die Priester und Lehrer zu seiner Zeit das Modell der Apostel beanspruchen kann. Wichtiger als die Wundertaten sind ihm die Tugenden (10,9f!), durch die die Verkünder sich auszeichnen sollen. Wunder seien oft dubios, »Täuschung der Phantasie oder sonst sehr verdächtig«, wie schon das Beispiel der Korinther zeige[38]. Das größte Wunder sei die Freiheit von der Sünde. Johannes Chrysostomus markiert einen Verdrängungsprozeß, der meistens eher implizit stattgefunden hat: An unserem Text wurde wichtig, welche Lehre die Apostel predigen sollen; der ganze V 8 tritt zurück oder wird gar verschwiegen[39]. So ist es in den meisten westlichen Kirchen bis heute geblieben[40]. Für Matthäus aber sind Wundererfahrungen konstitutiv für den Glauben, ebenso wie die Wundertaten für das Wirken Jesu. Sie konkretisieren die Gnade, also das, was die Jünger »umsonst« empfangen haben. Sie sind Ernstfälle eines sicherlich über sie hinausreichenden Glaubens (vgl. 9,22.29f; 17,19f) und erfahrene Gebetserhörung (vgl. 8,25; 9,27). Das Verschwinden solcher Erfahrungen kann aus seiner Sicht nicht einfach belanglos sein.

V 8 stellt m.E. eine wichtige Frage auch an die heutige Kirche. Sie ist mit dem Hinweis, daß wir heute die Liebe als Wunder erfahren können, noch nicht beantwortet[41], aber auch nicht durch einen bloßen Appell zum Gehorsam gegenüber dem matthäischen Heilungsgebot. Jesus heilte und trieb Dämonen aus, weil das für ihn Zeichen des anbrechenden Gottesreichs waren. Matthäus erzählt davon und gibt das als Auftrag an seine Kirche weiter, weil er von Jesus her darum weiß, daß »Krankheit ... dem Heilswillen des Schöpfergottes (widerspricht), der das Leben will und nicht den Tod«, und daß es von hier aus letztlich kein Sich-Abfinden mit ihr geben darf[41a]. Aber: Ist diese radikale Sicht die ganze Wahrheit des Evangeliums? Sie kann auch sehr lieblos und gnadenlos sein für die, die die Last von Krankheiten und Behinderungen zu tragen haben. Ist Gesundwerden die einzige Form der Befreiung von Krankheit, oder kann z.B. auch dies eine Form von Heilung sein, in einer Krankheit einen Sinn, vielleicht sogar eine Chance zu erkennen? Solche Fragen, nicht nur von Matthäus und Jesus her, sondern auch an sie, werden wir stellen müssen, wenn wir den Befehl, Kranke zu heilen, als Auftrag zum Gebet, vielleicht zur Handauflegung, aber auch zur Seelsorge und zur Diakonie zu konkretisieren versuchen.

---

[38] 32,6-8 = 465-472, Zitat 32,7 = 470.
[39] Luther (WA 38) 495; weitere Beispiele für Zurücktreten von V 8: Für Thomas v Aquino (Lectura) Nr. 818 sind keine Wunder mehr nötig, nachdem der Glaube einmal anerkannt ist. Für Hieronymus 65 sind die Wunder wichtig, weil die Apostel ungebildet und unberedt waren und eine »Verstärkung« brauchten; Christian v Stavelot 26 = 1346C und Faber Stapulensis 44Bf interessieren sich vor allem für die geistlich/geistig »Kranken« und »Toten«.
[40] Ist es Zufall, daß im Gespräch der Bauern von Solentiname das Gespräch über Lk 9,1f sich auf die Heilung konzentriert (E. Cardenal, Das Evangelium der Bauern von Solentiname II, Wuppertal 1978, 13f)?
[41] So Gnilka I 371. Es geht aber nach Mt um mehr: Hier sollte man nicht nur an die grundlegende Bedeutung der charismatischen Bewegung, sondern z.B. auch an die grundlegende Wichtigkeit der therapeutischen Mission z.B. von E. Drewermann für die Kirche (!) erinnern.
[41a] K. Seybold – U. Müller, Krankheit und Heilung, 1978 (BKon), 166.

Die Verse 8e und 10b markieren einen neuen Schwerpunkt: Durch zwei 8e.10b sprichwortartige Sätzchen hat Matthäus die alte Ausrüstungsregel gerahmt. Die knappe Sentenz »Umsonst habt ihr empfangen, umsonst gebt!«, die die Gaben der Jünger an die Gabe Jesu zurückbindet[42], scheint zwar vordergründig in Spannung zu stehen mit der sprichwortartigen Sentenz V 10b[43], daß der Arbeiter sein Essen bekommen soll. Die Spannung löst sich aber, wenn man beachtet, daß Matthäus das ihm vorgegebene μισθός durch τροφή ersetzt hat[44]. Die Bearbeitung ist in diesem Fall polemisch: Nur die Nahrung, gerade keinen Lohn soll der Arbeiter bekommen[44a]. Die alte Sentenz wird dadurch vor einem naheliegenden Mißverständnis gesichert. Gemeint ist: Geldzahlungen für die Boten des Evangeliums oder Wunder gegen Entgelt kommen überhaupt nicht in Frage. Damit ist auch die Interpretation der Ausrü- 9f stungsregel in V 9-10a bestimmt: Κτήσεσθε muß wörtlich verstanden werden. Es geht nicht um Besitz – ob ein Wanderradikaler eventuell etwas zu Hause zurückläßt, steht nicht zur Debatte –, sondern darum, daß man sich für Verkündigung und Wunder nicht entschädigen lassen soll, abgesehen vom Essen, für das Gott durch die Gemeinden und andere Menschen schon sorgen wird (vgl. 6,26). Nur so wird auch die Voranstellung des Geldes und die plerophore Aufzählung Gold, Silber und Kleingeld im Gürtel[45] verständlich. Darin steckt wohl eine Steigerung: Nicht den geringsten Rappen sollt ihr für eure Arbeit annehmen! Die nachfolgende Aufzählung des Proviantsacks[46], der beiden Untergewänder, der Schuhe und des Stocks paßt dann allerdings nicht so recht; man kann sich schlecht eine Entlöhnung in Naturalien vorstellen, die in einem Stock oder einem Proviantsack besteht. Da κτάομαι ein recht allgemeines Verb ist und auch etwa »sich verschaffen« heißen kann, wirkt in V 10 wohl auch die alte Ausrüstungsregel nach, und es ist auch davon die Rede, was man auf die Reise nicht mitnehmen soll. Matthäus ist also zweierlei wichtig: Einmal, daß die Evangeliumsverkündigung kein Geschäft sein soll, und zum anderen – in Aufnahme der alten Q-Überlieferung –, daß das Gottesreich nicht verkünden kann, wer für seine Nahrung vorgesorgt hat.

---

[42] Nicht nur der Imperativ »gebt umsonst«, sondern auch die Erinnerung an das Empfangen ist wichtig (Zumstein, Condition 435). Sprichwortartige Parr zu Mt 10,8e bei Dalman, Jesus 203.
[43] Die Parr bei Harvey* 211 Anm. 9 sind allerdings nicht wörtlich.
[44] 1Tim 5,18 zitiert den Spruch (als γραφή!) mit μισθός. Die von Mt geprägte Did formuliert 13,1 wie Mt. Pls kennt das apostolische Unterhaltsprivileg und beansprucht es für sich nicht (1Kor 9). Dort tauchen die Stichworte ἐργάζομαι (V 6.13) und μισθός (V 17f) auf. 2Kor 11,13 sind die (ψευδ-)ἀπόστολοι, denen gegenüber Pls sich rühmt, von den Korinthern kein Geld genommen zu haben (2Kor 11,7: δωρεάν!), ἐργάται δόλιοι. Es ist gut möglich, daß Pls den Spruch in seiner Q-Form kannte.
[44a] HbrMt fügt ein: »Empfangt keinen Lohn!«
[45] Im Gürtel bewahrte man das Geld auf (Bill. I 565; Wettstein I 368f).
[46] Πήρα ist ein allgemeines Wort für den Proviantsack (Suid IV 126 Adler: θήκη τῶν ἄρτων) und meint ohne Determination durch den Kontext nicht den Bettelsack z.B. des Kynikers (W. Michaelis, Art. πήρα, ThWNT VI 121,1).

in guten Schuhen[47] unterwegs ist, in normaler Kleidung daherkommt[48] und mit einem Stock gegen Überfälle gewappnet ist[49]. Für Matthäus gehören Armut und Wehrlosigkeit zur Verkündigung des Evangeliums[50].

In der alten Ausrüstungsregel der *Logienquelle* war die Verkündigung der Boten mit demonstrativer Armut und Wehrlosigkeit verbunden. Das Allernötigste wurde verboten: Ohne Schuhe lebt man unter dem Existenzminimum[51]. So entsprach es aber dem verkündeten Evangelium, der Frohbotschaft für die Armen (Q = Lk 6,20), der Wehrlosigkeit (Q = Lk 6,29), der Feindesliebe (Q = Lk 6,27f), dem Bruch mit allen irdischen Verwandten (Q = Lk 14,26) und dem Leben allein für das Gottesreich (Q =

---

[47] Ὑπόδημα ist im Unterschied zu σανδάλιον (Mk 6,9) allgemeiner Oberbegriff für Schuh (Poll Onom 7,80-94). Σανδάλια (mit nur einer Sohle und Riemen zum Schnüren) gehören zu den λεπτὰ ὑποδήματα (ebd. 86), neben denen es auch ὑποδήματα κοιλά mit Oberleder und bis an die Waden reichende Stiefel gibt. Ὑπόδημα ist vorzugsweise der »ganze« Schuh; Pollux bemerkt 7,84: Τὰ δὲ μὴ κοιλὰ αὐτὸ μόνον ἀποχρῶν (mißbräuchlich) ἐστιν εἰπεῖν ὑποδήματα. Zu Mk braucht dann kein Widerspruch zu bestehen, wenn man ὑποδήματα nur als Schuhe mit Oberleder versteht. Natürlicher – und für Q anzunehmen – ist aber ein generelles Verbot von Schuhen.

[48] Das Tragen eines Untergewandes unter dem Obergewand oder dem Mantel ist bei Juden das Normale: Jos Ant 17,135f (ἐντὸς χιτῶν bei einem [königlichen] Sklaven); Bill. I 566; Krauss, Archäologie I 523 Anm. 47; 593 Anm. 466f (Fälle von mehr als einer כְּתוֹנֶת). Es geht kaum nur um ein Verbot von besonderem Luxus; Unterkleider eignen sich naturgemäß als Demonstrationsobjekt für Reichtum nur bedingt, vgl. aber Krauss ebd. 161. Wichtig sind Beça 32b = Bill. I 566 (manche sagen: wer nur ein Hemd hat, hat kein Leben) und die Belege über Kleiderarmut in extremen Situationen bei Krauss ebd. 135. Als »nackt« (Nacktheit ist unter allen Umständen zu vermeiden!) bezeichnen Juden, Griechen und Römer auch Menschen, die nur ein Unterkleid haben (Krauss ebd. 128; A. Oepke, Art. γυμνός κτλ., ThWNT I 773,50ff; 774,2f). Römisch ist das Tragen einer wollenen Tunica interior unter der Tunica das Normale; dazu kommt im Freien die Toga (Marquardt, Privatleben II 552f). Die kynischen Philosophen tragen größtenteils keine Unterkleider als Zeichen des einfachen Lebens (Luc Cynicus 20; Epict Diss 3,22,45-47 (ἐν τριβωνάριον [abgetragenes Mäntelchen] = γυμνός); Diog L 6,13 (Antisthenes trägt nur einen Mantel, den er doppelt umschlägt).

[49] Ῥάβδος ist ein allgemeines Wort für Stöcke aller Art. Das Verbot eines Stocks ist sehr auffällig, da man vor Überfällen, Hunden u.ä. nie sicher war. Deshalb tragen wandernde Essener eine Waffe bei sich, obwohl sie als friedfertig bekannt sind (Jos Bell 2,125.134), ebenso kynische Philosophen (C. Schneider, Art. ῥάβδος κτλ., ThWNT VI 969 Anm. 21) und wandernde Rabbinen (GenR 100,2fin zu 49,33: Aus der Ausrüstung für Tote ergibt sich, daß Pantoffeln und [!] Schuhe und Stock Normalausrüstung eines Rabbi unterwegs sind). Vgl. ferner Schneider aaO Anm. 22; Krauss, Archäologie II 312 zum Stock als Waffe. Verzicht auf einen Stock ist ein *sehr* auffälliges Zeichen vermutlich der Wehrlosigkeit. Daß er schon früh wieder konzediert wurde (Mk 6,8, vgl. 1Kor 4,21), ist verständlich.

[50] Auch für die Rabbinen gilt das Verbot, mit der Tora Geld zu verdienen (Aboth 1,13; 4,5; bNed 62a = Bill. I 562). Später waren Einzelvorschriften nötig, die die Bezahlung der Lehrer u.a. für Kinderhüten, Buchstabenunterricht oder als Armenunterstützung (Bill. I 563 sub d) regelten. Der Unterschied liegt darin, daß die rabb. Regelungen sich nur auf den Mißbrauch der Tora zu Erwerbszwecken bezogen und daß Armut als solche nie konstitutiv für den Unterricht in der Tora war wie bei den christlichen Wanderradikalen für die Verkündigung des Gottesreichs.

[51] Vgl. Beça 32b o. Anm. 48. Barfuß gehen Leidtragende, Gebannte, Fastende und das Volk am Versöhnungstag (Krauss, Archäologie I 183f), aber nicht außerhalb der Ortschaften (Bill. I 569). Keine Schuhe zu haben ist Ausdruck extremster Armut: Schab 129a = Bill. I 568 (lieber den Balken des Hauses verkaufen als keine Schuhe haben; nur verhungern ist noch schlimmer); Schab 152a = ebd. (wer keine Schuhe hat, ist kein Mensch); weitere Belege bei Krauss ebd. 184. Zum Zustand der Wege im Orient vgl. Krauss ebd. II 323f.

Lk 12,31). Die Ausrüstungsregel⁵² hatte vermutlich nichts mit der Heiligkeit der Boten zu tun⁵³ und schon gar nichts damit, daß die Boten deshalb mit wenig Gepäck reisen sollten, weil sie ja ohnehin in gastfreundlichen Häusern verpflegt würden⁵⁴. Es geht vielmehr um eine demonstrative, schockierende Armut und Wehrlosigkeit, die dem Gottesreich entspricht. Sie ist Beglaubigungszeichen für die Verkündigung⁵⁵ und am ehesten in Analogie zur prophetischen Zeichenhandlung zu verstehen⁵⁶.

Die *matthäische Interpretation* ist gerade nicht eine »kalte« Außerkraftsetzung dieser Regel. Eine Analogie zu Lk 22,36 gibt es bei Matthäus nicht. Er hatte vielmehr die grundsätzliche Bedeutung der Armut für das Leben eines Christen bereits in 6,19-34 betont⁵⁷. Die Armutsregel bleibt als Gebot Jesu für die eigene Gegenwart gültig und wird durch das μὴ κτήσεσθε χρυσόν, μηδὲ ἄργυρον, μηδὲ χαλκόν nur mit einem Akzent versehen, der für die eigene Gegenwart aufgrund der Erfahrungen mit Wanderradikalen offenbar besonders wichtig war: dem Erwerbs- und Bettelverbot. Religiöse Bettelei war damals im Schwange und wurde immer wieder als etwas ganz Übles dargestellt⁵⁸. Um sich nicht zu diskreditieren, mußten sich hier die Boten Jesu grundsätzlich unterscheiden. Dazu kommt, daß man offenbar auch mit herumreisenden Christen recht verschiedene Erfahrungen gemacht hatte⁵⁹. Die

---

⁵² Pointiert spricht Sato, Q 311 von »Abrüstung«.
⁵³ Ber 9,5: Man soll mit verhülltem Haupt und ohne Stock, Schuhe, Tasche und Staub an den Füßen auf den Tempelberg kommen, dort nicht spucken und ihn nicht als Abkürzungsweg benutzen. Von hier aus deutet z.B. Schniewind 129: Seid »wie die Anbetenden«. Dagegen mit Recht Hoffmann, Studien 323f: Die Parallele ist nur partiell.
⁵⁴ Calvin I 295. Ähnlich deutet Dungan** 68 den *mt* Text als »›non-provision‹ passage«: Die Jünger können sich ja darauf verlassen, daß sie von den Brüdern verpflegt werden. Genauso ist es bei den Essenern des Bell 2,124-126. G. Schille, Frei zu neuen Aufgaben, Berlin 1986, 63-69 macht einen originellen Vorschlag: Barfuß gehen könne man nur in Städten, wohin auch die Mission in den Häusern (V 13) gehöre. Q sei nachmk und setze städtische Verhältnisse voraus. Nein! Auch in antiken Städten ging man – bei nicht immer gepflasterten Straßen – nicht barfuß!
⁵⁵ Conti* 425 (»dovute credenziali«).
⁵⁶ Eine ähnliche, wenn auch nicht völlig identische Zeichenhandlung ist Jes 20,2-4 (Jesaia ist barfuß und »nackt«, d.h. im Untergewand). Vgl. auch Mart Jes 2,10f (Armut in der Wüste als prophetisches Zeichen gegen das Unrecht).
⁵⁷ Vgl. Bd. I 354.357f.362f.370-375 und u. S. 317f.352f.356.493 und Bd. III zu 19,16-30.

⁵⁸ Die Belege sind sehr zahlreich, z.B. Luc Fugitivi 14-21 (Kyniker); Apul Met 8,24-30 (Dea Syria); Juv 6,542-591 (jüd., chaldäische und andere Traumdeuter und Horoskopverkäufer); syrische Inschrift aus Kefr Hauar bei Deissmann, LO 87 (Dea Syria). Besonders instruktiv ist die Parallele zu V 11-15 in umgekehrter Optik Menander, Sent 43 (Übers. nach Krauss, Archäologie III 26): »Nicht bewirte den Pfaffen ... Lädst du (ihn ein) ..., in dein Haus einzutreten: beim Eintreten segnet er dich, beim Hinaustreten flucht ... er«; das dargebotene Essen packt er in einen Sack für seine Familie und flucht erst noch!
⁵⁹ Christlicher Wanderbettel: Pls wehrt sich gegen die Pseudapostel, die (im Namen des apostolischen Unterhaltsprivilegs?) die Gemeinden brandschatzen (2Kor 11,6-13; 12,13.17). Did 11,5f.9.12 (Nähe zu Mt!) muß sich gegen geldgierige Wanderapostel und -propheten wehren: Die Gemeinde soll sie nur drei Tage beherbergen; dann sollen sie arbeiten. Sie sollen nur Proviant, kein Geld auf den Weg bekommen (vgl. Mt 10,10b!); ein Prophet, der Geld verlangt, ist ein Pseudprophet, ähnlich Herm m 11,12. Lukian erzählt, wie der ehemalige Kyniker und spätere Christ Peregrinus reich wurde (Peregr Mort 11-16). Vgl. auch Jul Or 7, 224B (Oeuvres complètes II, hrsg. G. Rochefort, Paris 1963, 70).

matthäische Zuspitzung der Regel auf das Erwerbsverbot hatte wohl aktuelle Gründe. Aber sie ändert nichts daran, daß Armut für Matthäus grundsätzlich zum Evangelium und zur Jüngerexistenz gehört. Darin entsprechen die Jünger dem Meister (8,20).

Wirkungsgeschichte Die Frage, wie wir heute mit dieser Ausrüstungsregel umzugehen haben, ist besonders schwierig, weil sie bereits in den Evangelien verschieden ausgelegt, erleichtert (Mk 6,8f) und abgeschafft (Lk 22,36) wurde. Paulus und andere Missionare in der Diaspora haben anders missioniert. Außerdem ist gerade hier der Abstand der Zeiten besonders groß: An die Stelle des frühchristlichen Wanderradikalen ohne (feste!) Schuhe traten spätchristliche festangestellte Pfarrer/innen mit Auto. Im Lauf der Geschichte hat sich so viel verändert, daß auch hier Veränderungen wohl unabdingbar sind. Auf der anderen Seite fällt auf, daß – ausnahmslos! – alle Veränderungen zugleich Abschwächungen waren. Die Wirkungsgeschichte vermag die Probleme zu illustrieren:

a) Die Abschwächungsversuche der herrschenden *kirchlichen Auslegung* setzen dort ein, wo es Differenzen zwischen den einzelnen Evangelientexten gab: Petrus und Paulus gingen natürlich in Mantel und Schuhen[60]. Ein Wanderstab ist erlaubt, nur kein Stab zum Schlagen[61]. Barfußgehen ist gut zur Abhärtung; Gehen in Sandalen ist weniger beschwerlich als in hohen Schuhen[62]. Mehrmals »entdeckt« wurde die Möglichkeit, vor ὑποδήματα ein δύο zu ergänzen; verboten ist dann nur das Mitnehmen von Ersatzschuhen[63]. Gut verwenden ließ sich der Text als Mittel der Polemik gegen kirchliche Gegner, die angeblich im Luxus leben und umhervagabundieren[64]. Auch die allegorische Auslegung, die im einzelnen viel theologisch Fundamentales entdeckte, ist im ganzen ein Mittel, die Härten des Textes zu umgehen[65]. Im Sinne der Zweistufenethik ist Besitzlosigkeit für Priester und Bischöfe ein consilium, nicht ein praeceptum[66]. Hermeneutisch interessant ist der Versuch, die Widersprüche zwischen den einzelnen Evangelientexten auf den *Wort*sinn zu verschieben, während der dahinter liegende *Grund*sinn in allen Evangelien gleich sei[67]: Es geht dann in unseren Texten

---

[60] Bullinger 99A.
[61] Zwingli 266; Lapide 226.
[62] Hieronymus 66 (nach einem Rat Platos!); Lapide 225 rühmt, wie praktisch gerade Sandalen sind.
[63] Maldonat 215; Jansen 93; Schanz 289f. Paulus IV 291f: man soll sich keine Schuhe schenken lassen (μὴ κτήσεσθε)!
[64] Eus Hist Eccl 5,18,7 (Apollonius gegen die Montanisten); Luther (WA 38) 497 (mit Hilfe von 2Tim 3,6 wendet sich L. prinzipiell gegen Wanderprediger); Musculus 286; Bullinger 99B (gegen päpstlichen Luxus und päpstliche Delegaten, die nicht einmal mehr zu Fuß reisen); Cocceius 18 (gegen Ablaßverkäufer).
[65] Beispiele: *Barfuß gehen*: Augustin (Cons) 2,30 (75): ohne Sorge; Christian v Stavelot 26 = 1347A: kein Zudecken des Evangeliums; *ein Chiton*: Hilarius 10,5 = SC 254,220f: nur Christus anziehen; Apollinaris v Laodicea fr 47 = Reuss 14: nicht Christus und den alten Menschen anziehen; *kein Stock*: Ambrosius, In Luc 7,60f = BKV I/21 651f: der Geist des Strafens; Maldonat 215 zu Mk 6,8: der Mosestab zum Wundertun; Hilarius ebd.: die Wurzel Jesse.
[66] Thomas v Aquino, STh 2/II qu 185 art 6 corpus und ad 2.
[67] Lapide 224: Vom »modus praecise ad litteram« ist die »substantia« des Textes zu unterscheiden, nämlich die Bewahrung des Sinns vor Geiz; ähnlich auch Luther (WA 38) 496.

um Warnung vor dem Stolz, der Habsucht und um Gottvertrauen[68]. Von der Ebene des Konkreten wird ihr Zentrum auf die Ebene der Gesinnung verschoben. Ähnlich ist der Versuch zu beurteilen, die konkrete Gestalt dieses Ausrüstungsbefehls als nur für die Anfangszeit der ersten Apostelmission gültig zu erklären[69]. Einfach macht es sich Olshausen: »Die angeführten Einzelheiten sind nicht zu pressen, sondern in der großartigen Freiheit zu nehmen, in der die Apostel selbst sie auffassen«[70].

b) *Buchstäblichen Gehorsam* gegenüber der Ausrüstungsregel finden wir selten, seltener noch als bei den Geboten der Bergpredigt. Die wandernden Brüder der pseudoclementinischen Briefe ad Virgines, deren Leben stark von Mt 10 geprägt ist, sind in erster Linie Asketen, d.h. jungfräulich; ihre wichtigste Sorge ist nicht die Armut, sondern auf ihrer Wanderschaft nicht bei Frauen einzukehren[71]. Die Briefe setzen selbstverständlich voraus, daß sie zu Hause Besitz haben[72]. Von heidnischen religiösen Bettlern unterscheiden sie sich dadurch, daß sie nicht vor lasterhaften Heiden das Evangelium entwürdigen[73]. Eine große Rolle spielt dann die Ausrüstungsregel bei den Wanderpredigern des Hochmittelalters[74] und später bei den Bettelorden. Franz von Assisi habe nach Anhören des Evangelientextes Mt 10,9f seine Schuhe weggeworfen[75]. In der ersten Franziskanerregel ist unsere Ausrüstungsregel zentral[76], in der zweiten nicht mehr. Noch wichtiger ist sie bei den Waldensern. Sie ist ein Sondergebot für Prediger, die sich auf die via apostolica begeben[77].

c) Ein geradezu paradigmatischer Anwendungsfall für unsere Regel wäre die Frage nach *kirchlichen Besoldungen*. Der auslegungsgeschichtliche Befund ist weithin negativ. Eine gewisse Rolle spielt im Gefolge von Mt 10,10b die Formel: der Unterhalt vom Volk, der Lohn von Gott[78]. Eine Konkretion gibt Ps Clem Hom 3,71: Einem Bischof, der arm ist, eine Unterstützung zu zahlen, ist keine Sünde, aber nur, wenn er arm

---

[68] Meist wird der Text parallel zu 6,25-34 auf die Warnung vor sollicitudo gedeutet (seit Johannes Chrysostomus 32,4 = 461 häufig). Verbreitet sind auch die Mahnungen zur Mäßigkeit, z.B. Theophylakt 237 (τροφή, nicht τρυφή [Luxus]). Zwingli 265 empfiehlt den Mittelweg zwischen täuferischem Lohnverzicht und päpstlichem Anhäufen von Reichtümern: Mäßigkeit.
[69] Vgl. o. Anm. 30. Ein markanter Vertreter der Deutung des Textes allein auf die erstmalige Aussendung der Apostel ist Calvin I 291f.295: Es sollen deshalb nicht alle Diener am Wort der Norm von Mt 10 unterworfen werden. Das Argument hatte bereits im Mittelalter für die Inquisitoren im Kampf gegen die Wanderradikalen eine Rolle gespielt (vgl. G. Schmitz-Valckenberg, Grundlehren katharischer Sekten des 13. Jahrhunderts, 1971 [VGI NF 11], 66.74).
[70] 340, aufgrund der Verschiedenheit der synoptischen Textfassungen.
[71] 1,10f; 2,1-5 = ANFa VIII 58f.61f.

[72] Ebd. 2,1 = 61. 1,10f warnt vor Müßiggang.
[73] Ebd. 2,6,3 = 62.
[74] H. Grundmann, Religiöse Bewegungen im Mittelalter, Hildesheim ²1961, 17.21. Vgl. die Schilderung Roberts v Arbrissel bei J. v Walter, Die ersten Wanderprediger Frankreichs: I Robert von Arbrissel, 1903 (SGTK 9,3), 128 (barfuß, rauhe Gewänder, löcherige Büßerkleidung).
[75] W. Goez, Art. Franciscus von Assisi, TRE XI 300; K. Esser, Anfänge und ursprüngliche Zielsetzungen des Ordens der Minderbrüder, 1966 (SDF 4), 119.
[76] Regula non bullata Nr. 14, vgl. zum Geldverbot Nr. 8, abgedruckt bei H.U. v Balthasar, Die großen Ordensregeln, Einsiedeln 1974, 300.295f.
[77] Mokrosch-Walz, Mittelalter 119; K.V. Selge, Die ersten Waldenser, 1967 (AKG 37), I 49f.116f.
[78] Augustin, Sermo 46,5 = CChr.SL 41,533; Johannes Chrysostomus, nach Lapide 226.

ist[79]. Johannes Chrysostomus bekennt frei, wenn auch nicht ohne Gewissensbisse, Schuhe und ein zweites Gewand zu besitzen[80]. Thomas v Aquino und Luther sind sich darin einig, daß Prediger frei von weltlichen Sorgen sein müssen, aber nicht habsüchtig sein dürfen[81]. Mehr als Lebensunterhalt und Kleidung soll der Pfarrer nach Zwingli und Musculus nicht haben[82]. Später wird das noch mehr gelockert: Im Grunde genommen ist es egal, ob ein Diener des Evangeliums reich ist und dann aus eigenen Mitteln lebt oder ob er arm ist und von seinen Brüdern unterstützt wird[83]. Die täuferischen Prediger erhielten kein festes Gehalt, sondern wurden von den Gemeindegliedern unterhalten[84]. Die Frage nach dem Lohn des Pfarrers war in den Disputationen ein Streitpunkt; die Prädikanten verteidigten ihren Lohn mit Hilfe von Lk 10,7b[85].
In der heutigen Diskussion um kirchliche Besoldungen und die Gestalt der Kirchen spielt unser Text keine Rolle. Der, gemessen an Mt 10,9, sehr gemäßigte Satz, daß »die Rechte des studierten Mannes, die gesellschaftlichen Ansprüche eines Standes ... für den, der Jesu Bote geworden ist, keine Geltung mehr« haben, steht bezeichnenderweise in einem Buch, das als radikal gilt[86]. Die Wanderradikalen genießen – wenn überhaupt – nur heimliche Sympathie[87]. Es bleibt bei der Erfahrung, die Kierkegaard machte: Nachdem er aufgrund unseres Textes zu dem Schluß gekommen war, daß die Entlöhnung staatsbeamteter Geistlicher »stracks gegen Christi Anordnung« sei und daß es buchstäblich keinen einzigen ehrlichen Geistlichen gebe, trug er diese Meinung einmal dem Bischof Mynster vor. »Darauf antwortete Bischof Mynster zu meinem Erstaunen: ›Da ist etwas dran.‹ Die Antwort hatte ich eigentlich nicht erwartet; denn freilich war es unter vier Augen, aber Bischof Mynster pflegte sonst in diesem Punkt die Vorsichtigkeit selbst zu sein«[88].

Unser Text gehört zu den am stärksten verdrängten der Evangelien. Ist er ad acta zu legen? Oder wie ist sein Richtungssinn in veränderter Situation geltend zu machen? Wir stellen die Frage bis zur Zusammenfassung zurück.

11-15 Die folgenden fünf Verse gehören zusammen. Wahrscheinlich meinte Matthäus, daß die Jünger beim Eintritt in ein Dorf oder in eine Stadt zuerst bei

---

[79] Dabei ist Lk 10,7 zitiert. Auch Origenes versteht den Lohn kirchlicher Mitarbeiter als Armenunterstützung, vgl. 16,21 zu Mt 21,12 = GCS Orig X 546: kein Reichtum, μόνον διαζῆν.
[80] 32,6 = 467.
[81] Thomas v Aquino, STh III qu 40 art 3 corpus (bejaht wird »terrenorum possessio«, abgelehnt wird »nimia... sollicitudo«; Luther (WA 38) 496 (»licet vivere de Euangelio«, auch mit Familie; abgelehnt wird »avaricia, fastus [Stolz] et luxus«).
[82] Vgl. Zwingli o. Anm. 68. Musculus 289: nur Lebensunterhalt und Kleidung, »corporalis necessitas«.
[83] Calvin I 295 meint, daß man Gold, Silber, Tasche etc. ja zu Hause lassen könne. Zinzendorf II 717f sieht verschiedene Möglichkeiten: Verkündiger können von ihrem Vermögen leben und davon noch Gutes tun; sie können eine Nebenarbeit haben; es übernimmt eines von den christlichen »Geschwistern« seinen Unterhalt, oder es »findt« sich »von sich selbst«.
[84] Schleitheimer Bekenntnis 5, in: Der linke Flügel der Reformation, hrsg. H. Fast, Bremen 1962, 65. Bereits im 17. Jh. wird die Kirchensteuer biblisch mit Lk 10,7b (μισθός!) begründet (Kleve 1662 und 1687), vgl. F. Giese, Deutsches Kirchensteuerrecht, Stuttgart 1910, 27f.
[85] H. Fast, Heinrich Bullinger und die Täufer, 1959 (SMGV 7), 25.143; Zofinger Gespräch von 1532 = QGT.Schweiz IV 221.
[86] Bonhoeffer** 181.
[87] Vgl. G. Theißen, Soziologie der Jesusbewegung, 1977 (TEH 194), 111 Anm. 39.
[88] Der Augenblick 7,8, Ges. Werke 34. Abt., Düsseldorf 1959, 253.255.

den Bewohnern Erkundigungen über geeignete Unterkunftsmöglichkeiten einziehen sollten. Sie sollen also nicht mehr zum ersten besten Haus gehen, sondern »schlechte« Häuser von vornherein meiden. Die Logienquelle war hier viel unbekümmerter[89]; hinter dem matthäischen Text mögen Erfahrungen zweideutiger und schwieriger Missionssituationen stecken. Erst nach diesen Erkundigungen sollen sie ins Haus gehen. Hinter dem Befehl, in dem einmal bezogenen Quartier zu bleiben (V 11c), mögen schon früh gemachte (vgl. Mk 6,10) problematische Erfahrungen mit Missionaren/innen stehen: Man soll nicht hinterher nach einem besseren Quartier schielen oder den Eindruck von Unstetigkeit machen. Beim Eintritt ins Haus sollen sie den Friedensgruß 12f sprechen. Damit ist nicht der alltägliche semitische Gruß שָׁלוֹם gemeint, sondern ein besonderer Segensgruß, der ein Stück dingliche Präsenz von Gottes Heil über das Haus verbreitet und auch wieder zurückgezogen werden kann. Im Hintergrund der Formulierung stand vielleicht ursprünglich die Erinnerung an das Targum von Jes 52,7, das von der Offenbarung der Gottesherrschaft und vom endzeitlichen Frieden spricht[90]. Die entscheidende Frage ist, ob sich das ausgewählte Haus wirklich als würdig erweist. Die Reaktion seiner Bewohner/innen muß dem ihnen geschenkten Frieden entsprechen. Zunächst zeigt sich das einfach daran, ob sie die Boten Jesu aufnehmen oder nicht. Falls nicht, leben sie nicht mehr im Bereich von Gottes endzeitlicher 14 Friedenswirklichkeit. Die Boten verlassen deshalb das Haus und die Stadt und brechen alle Gemeinschaft mit ihnen ab. Das besagt die Symbolhandlung des Abschüttelns des Staubs von den Füßen[91]. Sie ist kein Entlastungssymbol[92], keine Verfluchung und auch keine Gerichtsankündigung, sondern ein Gerichtsvollzug[93]: Indem der Gottesfriede zu den Boten zurückkehrt und diese die Gemeinschaft abbrechen, liegt das Haus oder die Stadt außerhalb der Heilssphäre des Gottesfriedens. An der Begegnung mit den Jesusjüngern entscheidet sich endgültig Heil oder Unheil. Das Gerichtswort V 15 besiegelt nur, 15 was bereits geschehen ist: Im jüngsten Gericht wird es dem exemplarisch sündigen Gebiet von Sodom und Gomorra[94] besser gehen als dieser Stadt. Das

---

[89] Vgl. Hoffmann, Studien 273.
[90] Text bei Bill. III 8.
[91] Das Abschütteln des Staubs von den Füßen ist wohl eine spontan kreierte prophetische Zeichenhandlung, also eine Analogie zu Neh 5,13 (Ausschütteln des Gewandes!) und keine Kopie. Die (spätere) rabb. Überzeugung, daß heidnisches Land unrein sei (Belege bei Bill. I 571), führte nicht zu einem Ritus des Staub-Abschüttelns; dieser ist von Billerbeck geschaffen (!) worden. Der Sinn der Zeichenhandlung ist der demonstrative Abbruch aller Gemeinschaft, vgl. Apg 13,51; 18,6.
[92] Beispiele: Erasmus (Paraphrasis) 60: Die Boten bezeugen, keinen irdischen Vorteil von diesem Haus gehabt zu haben. Oder: Die Boten betonen die Mühe, die sie sich für dieses Haus gegeben haben (seit Hieronymus verbreitet).
[93] L. Schottroff – W. Stegemann, Jesus von Nazareth – Hoffnung der Armen, 1978 (UB 639), 69: »Die Boten verstehen sich nicht als Richter«; sie verkünden ja die Feindesliebe. Doch! Sie entscheiden zwar nicht über das Gericht Gottes, aber indem sie Träger der Heilssphäre des eschatologischen Friedens sind, der zu ihnen zurückkehrt, werden sie zu Instrumenten des Gerichts.
[94] Sodom und Gomorra gelten als exemplarisch sündig: Bill. I 571-576.

feierliche Amen und die biblische Sprache des Wortes[95] erhöhen den Ernst und die Unausweichlichkeit.

Wirkungs-
geschichte
Das syrische Stufenbuch, der Liber Graduum, bietet in seiner 5. Homilie »Über die Milch der Kleinen« eine Auslegung unserer Stelle, die auf ein fundamentales Sachproblem aufmerksam machen kann. Das ganze Stufenbuch unterscheidet zwischen den Geboten für die Vollkommenen und den Geboten für die Anfänger oder gewöhnlichen Christen, eben der »Milch der Kleinen«. Überraschenderweise ordnet es unsere Gebote an die Wanderradikalen nicht den Vollkommenen, sondern den »Kleinen« zu. »Weil sie (sc. noch) Kinder in der Wahrheit waren, ... fürchteten sie sich, zu den Heiden hineinzugehen«. Die Kleinen, Ungefestigten grüßen niemanden auf dem Weg und schütteln den Staub von ihren Füßen. Die Kleinen sind es, die nur zu den Würdigen gehen, »damit ihr Geist nicht Schaden leide«. Für die Vollkommenen aber gilt: »Gott schickt uns zu den Völkern, nicht zu gerechten Schafen«. Sie übernachten bei den Sündern und Zöllnern, genau wie Jesus selbst. Wenn jemand sie nicht aufnimmt, schütteln sie nicht den Staub von ihren Füßen, sondern bitten für die, die sie verfolgen[96]. Auch Zwingli fragt, ob dieses Gebot Jesu nicht die Sünder und Schwachen vernichten statt aufrichten könnte[97].

Wer mit dem Gebot Jesu von V 14 umgeht, muß sich fragen, ob und wie es von der Liebe regiert werden kann. Im Namen Gottes den Staub von den Füßen zu schütteln kann nach innen ein Akt der Schwäche und des Selbstschutzes von Menschen sein, die es nicht wagen, sich selbst Fremdem und Neuem auszusetzen. Nach außen kann es ein Akt extremer eigener Selbstverabsolutierung und Lieblosigkeit und gerade kein Zeichen Gottes sein. Hier steckt eine Gefahr dieses Textes. Auf der anderen Seite legt eine Kirche, die niemals mehr den Staub von ihren Füßen schütteln kann, weil sie neben den Häusern derer, die ihre Botschaft nicht annehmen, ihre Kathedralen und Paläste stehen hat, kaum für die Wahrheit Gottes, sondern für ihre eigene Unfreiheit Zeugnis ab. Der fürstlich behausten, aber unfreien Kirche stellt unser Wort die Frage, ob sie noch in der Lage ist, Menschen vor verpflichtende Entscheidungen zu stellen, wie dies der unbehauste, aber freie Menschensohn und seine Jünger taten.

Zusammen-
fassung und
heutiger Sinn
Die Botschaft des ganzen Textes ist, daß die Vollmacht und die Lebensform Jesu von seinem Auftrag her voll und ganz auf seine Jünger übergeht. Sie stehen an seiner Stelle, in ihrer Wehrlosigkeit, Heimatlosigkeit und in ihrer Armut. Jüngerleben ist übernommenes Jesusleben. Darum ist es für Matthäus so

---

[95] Zu γῆ mit geographischer Bezeichnung vgl. Bd. I Einl. 3.2. Ἡμέρα κρίσεως nachbibl.-jüd. PsSal 15,12; Jud 16,17; 4Esr 7,102.113; 12,34; Rabb. bei Schlatter 335.

[96] Hrsg. M. Kmosko, PS I/3, 1926, 101-138; Zitate 107.127.134. Hom 30 über die Gebote des Glaubens und der Liebe ordnet auch 10,5 den (niederen) Geboten des Glaubens zu (ebd. 895).

[97] 267. Sowohl Zwingli als auch Bullinger 100B bekämpfen ein leichtfertiges Verlassen der Kirche aufgrund dieser Stelle (gegen die Täufer).

wichtig, von diesem Jesus zu berichten. Jesusleben ist prophetisches Zeichen, das die Wahrheit seiner Botschaft vom Gottesreich verkörpert. Darum wird für Matthäus die Botschaft zerstört, wenn das Leben der Boten nicht »stimmt«. Von wem spricht Matthäus hier? Jesu »Missionsinstruktion« galt zunächst den Wanderradikalen, den Nachfolgern im buchstäblichen Sinn des Wortes. Ist also hier von einem Spezialfall von Jüngerschaft die Rede? Matthäus schreibt für eine seßhafte Gemeinde. Aber er unterscheidet nicht zwischen den »zwölf Aposteln« des Anfangs und den Jüngern, die für die ganze Gemeinde transparent werden. Wir vermuteten, daß für ihn die Missionsverkündigung eine Aufgabe für die *ganze* Gemeinde ist und entsprechend das Leben als Wanderradikale eine Lebensform für jedes Gemeindeglied. Da Wehrlosigkeit und Armut der Boten Gebote der Bergpredigt konkretisieren (vgl. 5,38-42; 6,25-34), gilt wohl, daß jede/r in Freiheit tun soll, soviel er/sie kann auf dem Weg zur Gerechtigkeit. Jedenfalls identifiziert sich die Gemeinde in hohem Maß mit den Wanderradikalen und ihrem Auftrag.
Wie läßt sich das in die Gegenwart übertragen? Zunächst ist einmal das übrige Neue Testament zu bedenken. Etwa der Verzicht des Paulus auf den apostolischen Unterhaltsanspruch, der Verzicht auf den herkömmlichen Stil des Wanderradikalismus in den großen städtischen Zentren Griechenlands und Kleinasiens und sowieso der Übergang zur Missionsverkündigung der Gemeinden vor Ort in der späteren Zeit bezeugen eine große Freiheit im Umgang mit Jesu Geboten. Für unsere eigene westeuropäische Situation, wo die christlichen Volkskirchen in einer komplexen Weise zu einem Faktor und Ferment des gesellschaftlichen Ganzen geworden sind, mag das um so mehr gelten. Auf der anderen Seite zeigte die Wirkungsgeschichte drastisch, daß mit dieser »großartigen Freiheit«[98] Jesu so ziemlich alles verdrängt und entschuldigt worden ist. Zum grundlegenden *Richtungssinn* des Matthäusevangeliums gehört, daß »Evangelium« die *verbindlichen* Gebote Jesu bedeutet. Verkündigung heißt, daß sie in Werken (5,16) und im Leben der Verkündiger/innen Gestalt gewinnen. Vielleicht würde Matthäus unseren westeuropäischen Kirchen ihren Anspruch, »Evangelium des Reichs« zu verkünden, grundsätzlich absprechen, nicht wegen ihrer Verkündigung, auch nicht deswegen, weil sie *seine* Gestalt der Kirche nicht unbesehen übernehmen, sondern deswegen, weil sie überhaupt kaum mehr in die von ihm gewiesene *Richtung* gehen und kaum mehr Zeichen der Armut, der Heimatlosigkeit und der Machtlosigkeit an ihrer Gestalt tragen, die die »bessere Gerechtigkeit« und damit das Evangelium erkennbar werden ließen.
Ich denke, es gehe hier wie bei der Bergpredigt[99] darum, Schritte in doppelter Weise zu wagen: Auf der einen Seite ist es der *ganzen* Institution Kirche, allen ihren Gliedern und Amtsträgern, aufgetragen, kleine, aber bewußte und aktive Schritte in Richtung auf eine größere Armut und Machtlosigkeit, auf eine größere Ganzheitlichkeit ihrer Verkündigung und Distanz von der Welt zu

[98] Olshausen o. Anm. 70.   [99] Vgl. Bd. I 304.393f.418.420.

machen, und zwar so, daß die bestehende Gestalt der Kirchen nicht einfach negiert, wohl aber verändert wird[100]. Eine *evangelische* Legitimität volkskirchlicher Wirklichkeit gibt es nicht, nur eine faktische »Legitimität«! Auf der anderen Seite ist es für die ganze Kirche unerläßlich, daß *in* ihr (nicht: neben ihr!) einzelne Gruppen und Gemeinschaften stellvertretend für die ganze Kirche *Zeichen* radikaler Heimatlosigkeit, Gewaltlosigkeit, Armut und ganzheitlicher Verkündigung setzen.

2.2 Die Verfolgung der Jünger (10,16-23)

Literatur: Bammel, E., Matthäus 10,23, StTh 15 (1961) 79-92; *Crawford, B.S.,* Near Expectation in the Sayings of Jesus, JBL 101 (1982) 225-244; *Dupont, J.,* »Vous n'auriez pas achevés les villes d'Israel avant que le fils de l'homme ne vienne« (Mat 10,23), NT 2 (1958) 228-244; *Feuillet, A.,* Les origines et la signification de Mt 10,23, CBQ 23 (1961) 182-198; *Geist,* Menschensohn 227-238; *Giblin, C.H.,* Theological Perspective and Matthew 10,23b, TS 29 (1968) 637-661; *Grässer,* Parusieverzögerung 137-141; *Hampel, V.,* »Ihr werdet mit den Städten Israels nicht zu Ende kommen«. Eine exegetische Studie über Matthäus 10,23, ThZ 45 (1989) 1-31; *Hare,* Theme 96-114; *Kümmel, W.G.,* Die Naherwartung in der Verkündigung Jesu, in: ders., Heilsgeschehen I, 457-470; *Künzi, M.,* Das Naherwartungslogion Matthäus 10,23. Geschichte seiner Auslegung, 1970 (BGBE 9); *Lange,* Erscheinen 252-260; *McDermott, J.M.,* Mt 10,23 in Context, BZ NF 28 (1984) 230-240; *Reicke, B.,* A Test of Synoptic Relationships: Matthew 10,17-23 and 24,9-14 with Parallels, in: W. Farmer (Hrsg.), New Synoptic Studies, Macon 1983, 209-229; *Sabourin, L.,* »You will not have gone through all the Towns of Israel, before the Son of Man comes« (Mat 10,23b), BTB 7 (1977) 5-11; *Schürmann, H.,* Zur Traditions- und Redaktionsgeschichte von Mt 10,23, in: ders., Untersuchungen 150-156; *Schweitzer, A.,* Geschichte der Leben-Jesu-Forschung, Tübingen ⁶1951, 405-410; *Vögtle, A.,* Exegetische Erwägungen über das Wissen und Selbstbewußtsein Jesu, in: ders., Evangelium 296-344.
*Weitere Literatur*** zur Jüngerrede o. S. 74.

16 Siehe, ich sende euch wie Schafe mitten unter die Wölfe;
 werdet also klug wie die Schlangen und lauter wie die Tauben!
17 Nehmt euch in acht vor den Menschen!,
 denn sie werden euch an die Gerichte übergeben,
 und in ihren Synagogen werden sie euch peitschen,
18 und vor Statthalter und Könige werdet ihr meinetwegen
 geführt werden,
 ihnen zum Zeugnis und den Heiden.
19 Wenn sie euch aber übergeben, kümmert euch nicht,
 wie oder was ihr reden sollt,
 denn es wird euch zu jener Stunde geschenkt werden,
 was ihr reden sollt.

---

[100] Vgl. dazu die Richtungsangaben bei U. Luz, Die Kirche und ihr Geld im Neuen Testament, in: W. Lienemann (Hrsg.), Die Finanzen der Kirche, München 1989, 554.

20 Denn nicht ihr seid es, die reden,
    sondern der Geist eures Vaters ist es, der durch euch redet.
21 Es wird aber der Bruder seinen Bruder zum Tod übergeben,
    und der Vater sein Kind;
    und Kinder werden gegen ihre Eltern aufstehen
    und sie töten;
22 Und ihr werdet von allen gehaßt sein um meines Namens willen.
    Wer aber bis zum Ende durchhält, der wird gerettet werden.
23 Wenn sie euch aber verfolgen in dieser Stadt[1], flieht in die nächste!
    Amen, ich sage euch nämlich:
    Ihr werdet die Städte Israels nicht zu Ende bringen, bis der Menschensohn kommt.

1. *Aufbau.* Der Abschnitt besteht aus einem Einleitungssatz (V 16) mit den Stichworten ἀποστέλλω und πρόβατον aus 10,5f[2], einem Schlußsatz (V 23b-d), der wie V 15 durch ἀμὴν λέγω ὑμῖν eingeleitet ist und vom Gericht spricht, und den Zwischensätzen V 17-23a. Auf der einen Seite entsteht so eine gewisse Parallelität zu V 5-15. Auf der anderen Seite weist aber auch V 23 auf V 5f zurück (πόλις, Ἰσραήλ), so daß die Inklusion V 5f/23 den ganzen ersten Hauptabschnitt der Rede rahmt. Die Zwischensätze bestehen aus einem einleitenden Imperativ (V 17a), zwei durch futurisches παραδίδωμι eingeleiteten Ankündigungssätzen (V 17b-18.21f) und zwei durch ὅταν δέ eingeleiteten Verhaltensanweisungen (V 19f.23a). Dabei hat der abschließende V 23b gegenüber der Anweisung 23a eine ähnliche begründende Trostfunktion wie der Zuspruch V 19bc-20 gegenüber V 19ab. Bestimmendes Stichwort des Abschnitts ist παραδίδωμι. Dadurch wird klar, daß unser Abschnitt, obwohl mit V 5-15 eng verbunden, ein anderes Thema hat.

2. *Quellen.* V 16a stammt aus der Aussendungsrede von Q = Lk 10,3. Der Vers wurde von Mt aufgespart, weil er den Abschnitt über die Verfolgung passend einleitet. *V 16b* fehlt in Q. Da sich ähnliche Vergleiche auch in jüdischen Texten finden[3] und da eigentlich nur die Wehrlosigkeit und Arglosigkeit der Taube, nicht aber die Listigkeit der Schlange zur mt Theologie paßt, wird man hier eher einen vormt Zusatz (Q^Mt?) als mt Red. vermuten. Nur *V 17a* dürfte red. Einleitung sein[4]. *V 17b-22* sind aus Mk 13,9-13 vorgezogen[5]. Καὶ τοῖς ἔθνεσιν V 18b entspricht dem mk καὶ εἰς πάντα τὰ ἔθνη 13,10[6]; den Rest dieses Verses, der von der Völkermission spricht, hat Mt aus inhaltlichen Gründen (vgl. 10,5f!) gestrichen. V 18-20 hat außerdem eine Parallele in Q

---

[1] Der Langtext »und wenn sie euch in der anderen verfolgen, so flieht (wieder) in eine andere« (vor allem westl. HSS, aber auch Θ f[1.13] und Origenes) bezeugt das Bestreben, den Ratschlag zur Flucht als grundsätzlich gültigen Befehl zu interpretieren.
[2] Vgl. o. S. 76.
[3] Vgl. u. Anm. 27f.
[4] Vgl. Mt 6,1; 7,15; 16,11f.
[5] Reicke* 213 hält dieses in der Tat bei Mt auffällige (nicht einmalige!) Verfahren für »too artificial« und nimmt an, daß Mt 10,17-22 und 24,9-13 (ebenso wie die anderen synoptischen Parr) literarkritisch unabhängige Varianten derselben Jesusüberlieferung sind.
[6] Schweizer 156: Mt las in seinem Mk-Text keine Satzzeichen und dachte sich vielleicht das Ende des mk Satzes erst hinter ἔθνη (Mk 13,10). Allerdings würde dann die unsymmetrische Verbindung εἰς μαρτύριον αὐτοῖς καὶ εἰς... schwierig. Auch Mt 24,14 zeigt, daß Mt anders las.

(Lk 12,11f), die deutlich einwirkt. Sie steht unmittelbar hinter dem Abschnitt Q = Lk 12,2-9, den Mt für V 26-33 verwenden wird[7]. Ihr verdankt Mt μὴ μεριμνήσητε, mit dem er eine der in Mt 10 häufiger vorkommenden Reminiszenzen an Mt 6,25-34 herstellt. Hier wie bei der Verwendung von Mk 13,9-13 zeigt sich, daß Mt auch die von ihm noch nicht verwendeten Teile seiner Quellen überblickt. Red. ist in V 17 μαστιγόω. Dieses Verb weist zusammen mit »in ihren Synagogen« und dem Motiv von der Verfolgung von Stadt zu Stadt (V 23a) voraus auf 23,34, wo Mt dasselbe Thema der Verfolgung der Christusbotschaft in Israel nochmals aufnehmen und zu einer Gerichtsankündigung an Israel zuspitzen wird. Red. ist auch in V 20 der Hinweis auf den »Vater«. V 23 ist Sondergut. Bedenkenswert ist der Vorschlag, daß das Logion aus Q oder eher Q^{Mt} stammt, wo es hinter Q = Lk 12,11f gestanden haben könnte; die Struktur der beiden Logien ist sehr ähnlich[8]. Neuerdings wird vorgeschlagen, daß der Vers ganz oder teilweise von Mt stammen könnte[9]. M.E. reichen aber die sprachlichen Indizien für eine solche These nicht aus[10]. Die Einfügung des Logions erfolgte aber auf jeden Fall durch Mt; leitend waren dabei für ihn die Stichwortverbindung τέλος/τελέω V 22/23 und die kompositorischen Bezüge auf V 5f.14f und 19.

3. *Traditionsgeschichte und Herkunft*. Ursprünglich liegen vier Einzellogien vor:
a) *Mt 10,16a* deutet die Verfolgungssituation nur allgemein an; es gibt keine zwingenden Gründe, dieses Logion Jesus abzusprechen.
b) *Mt 10,17b-20* (= Mk 13,9.11; Lk 12,11f) ist ein ursprünglich zusammengehöriges Logion, das im Laufe der Überlieferungsgeschichte die Verfolgungssituation der Jünger immer stärker betonte. Es dürfte auf einen prophetischen Zuspruch des Geistes an die nachösterliche, in Israel missionierende Gemeinde zurückgehen[11].
c) *Mt 10,21f* (= Mk 13,12f) sind wie Mt 10,34-36 von Mi 7,6 bestimmt. Der Wechsel von der 3. (V 21) in die 2. Pers. Plur. (V 22) gleicht demjenigen in V 17f. Das Wort hat seine Gestalt wohl in der nachösterlichen Gemeinde gefunden. Ob ein Kern dieser Tradition auf Jesus zurückgeht, ist bei Mt 10,34-36 zu erörtern.
d) Die Überlieferungsverhältnisse von *Mt 10,23* sind komplex. Umstritten ist 1., ob das Logion einheitlich oder ob V 23a eine sekundäre Situationsangabe für V 23b ist, und 2. seine Herkunft.
ad 1: Ich würde für Einheitlichkeit des ganzen V 23 votieren. Οὐ μὴ τελέσητε τὰς πόλεις τοῦ Ἰσραήλ (V 23b) setzt etwas voraus, nämlich entweder V 23a oder eine andere

---

[7] Q = Lk 12,10 läßt Mt weg, weil er es in 12,32 mit der entsprechenden Mk-Par kombinieren wird.
[8] So vor allem Schürmann*. M.E. wäre aber eine Stellung hinter Q = Lk 10,12 (vox πόλις) oder die Annahme von Sondergut ebensogut möglich.
[9] Frankemölle, Jahwebund 130 als Möglichkeit; McDermott* 236-240 für V 23b; Gnilka I 374f.

[10] Red. sind διώκω, πόλις, ἀμὴν (γὰρ) λέγω ὑμῖν, ἕως, vgl. Bd. I Einl. 3.2. Nicht red. sind τελέω (von Mt red. anders verwendet), das nach 10,14f etwas überraschende Motiv der Flucht, ἐν τῇ πόλει ταύτῃ (zu erwarten wäre nach V 14 ἐκείνῃ) und ἕτερος mit Art. (vgl. 6,24).
[11] Vgl. Pesch, Mk II 287.

Aussage, die später durch V 23a ersetzt worden wäre¹². Ersteres ist die einfachste Annahme. Ἐν τῇ πόλει ταύτῃ (V 23a) setzt wiederum etwas voraus: Im heutigen Kontext bezieht es sich wohl auf V 14f zurück¹³. Ursprünglich war vielleicht die konkrete Stadt gemeint, auf die der Sprecher hinwies¹⁴. Auch die Formparallelen zu V 23b sprechen eher für Einheitlichkeit¹⁵.

ad 2: Die Entscheidung darüber, ob das Wort auf Jesus zurückgeht, ist auch dann, wenn man ein einheitliches Logion annimmt, nicht ohne weiteres zugunsten der frühen Gemeinde zu fällen. Kein zwingendes Argument für die Echtheit ist der Hinweis auf die unerfüllte Prophezeihung in V 23b; eine solche kann auch auf einen urchristlichen Propheten zurückgehen¹⁶. Kein Argument gegen die Echtheit bilden die Formparallelen zu Amen-Worten mit οὐ μή¹⁷. Nicht zwingend ist m.E. auch die Überlegung, der Ratschlag zur Flucht statt zum Bekenntnis sei nicht jesuanisch¹⁸. Die Interpretation wird zeigen, daß der Skopus des Wortes nicht in der Beschränkung der Mission der Jünger auf Israel liegt, sondern im Trost, den die nahe Ankunft des Menschensohns gibt. Dieser Skopus ist grundsätzlich durchaus mit Jesu Verkündigung im Einklang¹⁹. So wird die Entscheidung daran fallen müssen, ob die in V 23a vorausgesetzte Verfolgungssituation der Jünger in Israel während des Wirkens Jesu denkbar

---

¹² Für die Uneinheitlichkeit hat sich vor allem Kümmel* 466f stark gemacht: Τελέω (V 23b) könne nicht »zu Ende kommen mit« (so z.B. die Zürcher Bibel) heißen, und darum passe V 23b nicht zu V 23a. Τελέω heißt »zu Ende bringen«, »vollenden«, »ausführen«. Mit τελέω können auch Objekte verbunden werden, deren Ausführung oder Beendigung nicht in der Absicht des Subjekts lag. Liddell-Scott s.v. τελέω s.v. 1,5 notiert etwa: πόνος, βίος, νοῦσος. Das Problem besteht nicht in der »singulären« *Wort*bedeutung von τελέω, sondern in der von Kümmel nicht als solche gewürdigten Breviloquenz, nämlich dem griech. gut möglichen »Wegfall des Substantivs mit naheliegender Ergänzung aus (dem) Zusammenhang« (Mayser, Grammatik II/1 20). »Beendigt« werden ja nicht die Städte Israels, sondern die Mission in ihnen. Kümmel erkannte die Breviloquenz nicht und versuchte wörtlich zu übersetzen; so kam er zu der »singulären« deutschen Übers. »zu Ende kommen mit«.
¹³ Vögtle* 330f vermutet, daß der (für ihn sekundäre) V 23a von V 14 her gebildet worden sei.
¹⁴ Das ungeschickte Demonstrativpron. ταύτῃ hält J. Jeremias, Jesu Verheißungen für die Völker, Stuttgart 1956, 17 Anm. 70 für einen Semitismus (pleonastisches aram. Demonstrativpron.). Dagegen spricht, daß aram. »der eine – der andere« meist mit gleichen Pron. umschrieben wird (Dalman, Gr 114f). Ἕτερος für »ein anderer« ist in volkstümlicher Koine häufig (Moult-Mill 257).
¹⁵ Mit V 23b verwandt sind andere, mit ἀμὴν λέγω ὑμῖν eingeleitete Logien, die eine mit οὐ μή verneinte Weissagung durch einen ἕως-Satz terminieren (Mk 9,1; 13,30; 14,25; vgl. Mt 5,18.26; 23,39; Joh 13,38 und o. Bd. I 229f). Von diesen Logien sind Mk 14,25; 13,30 ohne vorausgehenden Kontext nicht verständlich; Mt 5,26; 23,39 und Joh 13,38 sind literarisch Abschluß eines umfassenderen Textes; nur Mt 5,18; Mk 9,1 sind ursprünglich isolierte Logien. Mt 17,20 ist hier nicht einschlägig, da die Struktur dieses Logions eine andere ist (gegen McDermott* 238f).
¹⁶ C. Colpe, Art. ὁ υἱὸς τοῦ ἀνθρώπου, ThWNT VIII 439,2ff: Die Gemeinde hätte eine irrige Weissagung Jesu nicht überliefert. Das hat sie aber im Falle von Mk 14,25 getan. Außerdem hat sich die spätere Kirche an dieser Weissagung nie gestoßen.
¹⁷ Vgl. o. Anm. 15. Auf Jesus geht sicher Mk 14,25, wahrscheinlich Mt 5,25f zurück (gegen Boring** 209; Crawford* 242f).
¹⁸ Anders Boring** 210. Der Unterschied zwischen dem Ausziehen aus einer Stadt (10,14) und dem Fliehen aus ihr ist aber nicht groß.
¹⁹ Die Beschränkung der Jünger auf die Städte Israels wird erst dann programmatisch, wenn man unser Logion mit 10,5f zusammenliest (gegen Tödt, Menschensohn 58). Für Herkunft von Jesus plädiert Hampel* 24-27.

ist. Die Antwort lautet meist negativ; aber diese negative Antwort hängt wiederum an der negativen Entscheidung über zahlreiche andere Logien, deren Authentizität ähnlich unsicher ist (z.B. Lk 10,10f; Mt 10,16a.28.34-36.38.39; 11,20-23; 23,37-39). Da aus relativ sicheren Logien mindestens Konflikte innerhalb der Familien (Lk 14,26), mit jüdischen Gegnern (z.B. Lk 11,15-20) und eine mögliche Gerichtssituation (Lk 12,8f) zu erschließen sind, da die Aussendung der Jünger durch Jesus als solche wahrscheinlich ist und da das bewußte Zugehen Jesu auf seinen eigenen Tod voraussetzt, daß er für sich selbst mit Verfolgung rechnete, wird man mindestens sagen können: Daß das ganze Logion auf Jesus zurückgeht, ist nicht ausgeschlossen.

Erklärung Dieser Textabschnitt schwankt in seinen Zeitstrukturen. In der matthäischen Erzählung ist er Teil der Aussendung der Jünger zu Lebzeiten Jesu. Bereits die Ausleger der alten Kirche notierten aber, daß manche Aussagen Jesu erst nach Ostern erfüllt wurden[20]. Heutige Auslegung fragt oft, ob unser Text auf die Zeit der Israelmission der matthäischen Gemeinde, auf die er zurückblickt, beschränkt werden müsse[21]. Darum habe ihn Matthäus im Kontext der Heidenmission seiner Gegenwart in veränderter Fassung wiederholt (24,9-14). Vor allem mache der auf V 5f zurückverweisende V 23 eine Ankündigung, die für die matthäische Gemeinde vermutlich nicht mehr zutreffe. Aber die wörtlichen Wiederholungen aus den V 18 und 22 in 24,9.13f zeigen, daß die »damalige« Aussendung der Jünger zu Israel eine Gegenwartsbedeutung für die Heidenmission der Kirche haben muß. Der Ausblick auf das Ende in 10,22b zeigt, daß man nicht einfach zwischen »vergangener« Israelmission und »endzeitlicher« Heidenmission unterscheiden kann. Außerdem enthält V 18fin sogar einen Hinweis auf die Heiden. Man verstand deshalb unseren Text »typologisch«, so daß die *ganze* Missionstätigkeit der Kirche direkt in Jesu Aussendung wurzelt[22]. Da eine alternative Entscheidung unmöglich ist, lautet die Frage, in welcher Weise für Matthäus die *vergangene* Situation der Aussendung der Jünger zu Israel grundsätzliche, typologische Bedeutung hat.

16a V 16a schlägt gegenüber V 5-15 ein neues Thema an: Das Nebeneinander von Schafen und Wölfen läßt an Gewalterfahrungen denken. Der eschatologische

---

[20] Origenes 12,16 = GCS Orig X 106f; Johannes Chrysostomus 33,3 = 478.
[21] Walker, Heilsgeschichte 77 (»zurückliegende[r]‹ Israel-Text«); Lange, Erscheinen 254 (»historisierend«). Strecker, Weg 41 sieht den Übergang von der Aussendung der Jünger zur Schilderung des Geschicks der Gemeinde zwischen V 16 und 17; er muß dann in V 23, der eher zu V 5-16 zu passen scheint, die πόλεις τοῦ Ἰσραήλ zusammen mit Knabenbauer I 455 und J. Munck, Paulus und die Heilsgeschichte, 1954 (AJut 26,1), 251 Anm. 12 auf die von Juden mitbewohnten hell. Städte der Diaspora deuten, um den direkten Gegenwartsbezug retten zu können. Eine andere Art der heilsgeschichtlichen Periodisierung unterscheidet zwischen der in der Aussendungsrede beschriebenen »Dauersituation« der Kirche (W. Marxsen, Der Evangelist Markus, ²1959 [FRLANT 67], 138) und der in Kap. 24 geschilderten, noch zukünftigen Endzeit (ähnlich Grässer, Parusieverzögerung 139).
[22] Zumstein, Condition 444 (zwischen der Deutung von 10,17-22 und 24,9-14 besteht dann kein prinzipieller Unterschied); ähnlich Brown** 74.90 (»transparency«); Giblin* 654-661 (die Mission der 12 Jünger ist repräsentativ für die Mission der Kirche überhaupt, die als Werk des Christus verstanden wird).

Friede, in dem Wolf und Schaf einträchtig miteinander leben werden (Jes 11,6; 65,25), ist ja noch nicht da. In alttestamentlicher und jüdischer Tradition stehen Schafe und Wölfe oft nebeneinander, wenn Israels Situation unter den Völkern beschrieben wird[23]. Wenn Jesus oder die früheste Gemeinde nun so gerade die Situation der Jünger *in Israel* beschreiben, bedeutet das eine Verfremdung des Bildes, die schockiert und auf V 18-23 vorbereitet. Die Jünger erfahren in den Städten Israels nicht nur Abweisung (V 14f), sondern Gewalt. Ihrerseits sollen sie als Schafe die Wehrlosen sein, die »nicht einmal in Gedanken sich an (ihren) Verfolger(n) rächen«[24] wollen. Das entspricht der Bergpredigt (5,38-48), dem Verzicht auf den schützenden Stock (10,10) und dem Friedensgruß (10,12f). Die Leser/innen, die das Evangelium fortlaufend lesen, wissen, daß die Situation der Christen als Schafe unter den Wölfen nicht nur während der Erstmission in Israel gefährlich ist: Auch ihre eigenen Erfahrungen mit den Falschpropheten hatte der Evangelist in 7,15 so beschrieben[25]. Die Abfolge von V 7-15 und V 16 macht von vornherein deutlich, daß es durch den Verkündigungsauftrag Jesu zu den Konflikten kommt. Wichtig ist deshalb das betonte ἐγώ: Jesus selbst hat die Jünger in diese Situation gesandt. Er steht von vornherein über ihr[26]. Sie kommt für die Jünger nicht überraschend.

Es folgt eine allgemeine Verhaltensanweisung: Seid klug wie die Schlangen 16b und lauter wie die Tauben! Schwierig ist das Verhältnis beider Aussagen zueinander. Die Taube war für Griechen und Juden ein Vorbild der Lauterkeit, Wehrlosigkeit und Reinheit[27]. Die Schlange gilt schon Gen 3,1 als »listig« (עָרוּם, LXX: φρόνιμος). Ein jüdischer Text stellt ebenfalls die listige Schlange und die lautere Taube nebeneinander, aber antithetisch[28]. Die Lauterkeit der Taube läßt sich gut mit der Gewaltlosigkeit der Schafe verbinden. Die Listigkeit der Schlange aber bereitet Mühe. Sie ist ohne weitere Hinweise im Text nicht eindeutig mit dem Gehorsam der »Klugen« in Gleichnissen (7,24-27; 25,1-12) oder dem rechtzeitigen Fliehen in Verfolgungen (10,23a!) zu verbinden[29]. Man wird diese allgemeine weisheitliche Mahnung zur Schlauheit nicht pressen und vor allem nicht theologisch überfrachten dürfen.

---

[23] H. Preisker – S. Schulz, Art. πρόβατον κτλ., ThWNT VI 689,28ff; Schafe im Gegenüber zu Wölfen äth Hen 89,55; 4Esr 5,18; Tanch 32b = Bill. I 574; EstR 10,11 zu 9,2 (das Schaf, das unter 70 Wölfen bewahrt wird).
[24] Basilius, Regulae brevius 245 (Übers. K.S. Frank, St. Ottilien 1981, 327).
[25] Προσέχετε ἀπό... bestärkt diesen Rückverweis.
[26] Vgl. Johannes Chrysostomus 33,1 = 473 (»daß keinem der Gedanke kam, sie hätten wegen der Machtlosigkeit ihres Herrn solches zu leiden«).
[27] H. Greeven, Art. περιστερά κτλ., ThWNT VI 65,20; 66,30ff. Ἀκέραιος ist häufig par. zu ἁπλοῦς (Wettstein I 371).
[28] MidrHL 2,14 (101a) = Bill. I 574f (Israel ist vor Gott תָּמִים wie eine Taube, unter den Heiden listig wie eine Schlange. In anderen Texten wird Israel mit einer Taube verglichen, aber nicht mit einer Schlange.
[29] Die Erklärung des Hieronymus 69 (»per prudentiam devitent insidias«) wird später auf V 23a bezogen, z.B. bei Maldonat 218; Calvin I 300 (die Schlangen sind auf Flucht bedacht); Bullinger 101A (sich nicht unklug in Gefahren stürzen); Olshausen 345.

Wirkungs- Die kirchliche Auslegung hatte mit der Schlangenklugheit Mühe, seit sich die Kir-
geschichte chenväter im Namen der Einfalt der orthodoxen Taube gegen die vermeintliche Klug-
16b heit der gnostischen Schlange wehren mußten[30]. Man versuchte, sie auf mannigfache
Weise christlich »heimzuholen«: Oft findet man den verbreiteten, antiker Literatur
entnommenen Hinweis, die vom Menschen angegriffene Schlange rolle sich zusammen und beschütze mit dem Körper ihren Kopf: Ebenso solle der »kluge« Christ seinen »Kopf«, den Glauben bzw. Christus, beschützen[31]. Andere Ausleger sehen die
Klugheit der Schlange dialektisch mit der Lauterkeit der Taube zusammen[32]. Später
ist daraus das Postulat einer »mittleren Linie« »zwischen kluger Benutzung der Menschen und Verhältnisse« und »treuherziger Hingabe an die große Sache« geworden[33].
K. Barth überbietet mit der »Harmlosigkeit der Taube« die »Diplomatie« der »Schlangenklugheit«[34]. Das jeweilige Weltverständnis des Auslegers findet hier sein Tum-
melfeld!

17-20 Das Logion V 17b-20 führt hinein in die komplexe Zeitstruktur unseres Tex-
17a tes. Matthäus leitet mit dem allgemein formulierten »nehmt euch in acht vor
den Menschen« (V 17a) an zu einem allgemeinen Verständnis des Wortes: Von
17b-18 allen ungläubigen Menschen droht Gefahr. Das traditionelle Logion aber
spricht nur von der von Juden drohenden Gefahr. Συνέδριον hat noch nicht
den technischen Sinn eines jüdischen Sanhedrin mit 71 oder 23 Mitglie-
dern[35], sondern heißt allgemein Gerichtshof[36]. Mit der Geißelung in Synagogen ist die Strafe der 39 Geißelhiebe gemeint, die nach der Mischna von einem Dreimännergericht für schwere Gesetzesübertretungen ausgesprochen
und vom Synagogendiener vollzogen wurde[37]. Ἡγεμών hat in der neutestamentlichen Literatur fast ausschließlich die Bedeutung »Statthalter«. Bei βασιλεῖς werden die Leser/innen an Klientelkönige wie Agrippa I. denken. Beispielhaft ist etwa der Paulusprozeß der Apostelgeschichte. Er zeigt, daß man
das Logion nicht unbedingt aus palästinischen Verhältnissen erklären muß,

---

[30] Tertullian, Scorp 15 = BKV I/24 226f; ders., Val 2f = CChr.SL 1,754f (Taube als Symbol der Christen; Schlange als Räuber des göttlichen Bildes und Tier der Geheimniskrämerei); für die Ophiten vgl. Epiphanius, Haer 37,7,6 = GCS 31,60.
[31] Diese Erklärung wird seit Origenes fr 202 = GCS Orig XII 97 immer wieder repetiert. Einflußreich war die vierte Eigenschaft der Schlange in Physiologus 11 (übers. U. Treu, Berlin ²1981, 26), vgl. Vergil, Georg 3,422-424.
[32] Z.B. Gregor d Gr., Pastoralregel 3,11 = BKV II/4 156 (die Schlangenklugheit macht die Taubeneinfalt scharfsinnig, und die Taubeneinfalt mildert die Schlangenklugheit; im Übermaß ist beides schlecht); Opus imperfectum 24 = 757; Luther (WA 38) 499 (vorsichtig gegen heimtückische, aufrichtig gegen gute Menschen).
[33] J. Weiss 309. B. Häring, Das Gesetz Christi II, München-Freiburg 1967, 464: Schlangenklugheit und Taubeneinfalt entsprechen der Spannung des »In-der-Welt«- und doch nicht »Von-der-Welt«-Seins.
[34] Barth, KD IV/3 723.
[35] Sanh 1,6.
[36] Wie bei Philo und Josephus, vgl. E. Lohse, Art. συνέδριον, ThWNT VII 859,30-47. Auch griech. kann συνέδριον (untechnisch) einen Gerichtshof bezeichnen (ebd. 12-15).
[37] Vgl. 2Kor 11,24; jüd. Mak 3,12; Bill. III 527-530. Wie weit diese späteren Regelungen der Mischna in den Synagogen des ersten Jh.s gegenüber den Christen angewendet wurden, entzieht sich unserer Kenntnis. Man kann also aus der Synagogenstrafe der Geißelung nicht sicher schließen, daß die Christen wegen Gesetzesübertretung bestraft wurden, vgl. Hare, Theme 44-46.

daß sie aber andererseits nirgendwo eindeutig überschritten werden[38]. Wie in 23,34, wo Matthäus sich auf 10,17.23 zurückbeziehen wird, geht es wohl um Erfahrungen, die die Gemeinde in der zurückliegenden Zeit der Israelmission machte. Ἕνεκεν ἐμοῦ und εἰς μαρτύριον αὐτοῖς machen klar, daß es zu diesen Verfolgungen einzig wegen der Verkündigung kommt. Μαρτύριον meint wie 8,4 und 24,14 nicht das Gerichtszeugnis gegen die Statthalter und Könige, sondern das Verkündigungszeugnis für sie. Mit αὐτοῖς sind die Statthalter und Könige, vielleicht auch diejenigen, die »übergeben« und »geißeln«, gemeint. Καὶ τοῖς ἔθνεσιν schließt darum schlecht an, weil mindestens die Statthalter auch Heiden waren. Matthäus will durch diesen nachklappenden Zusatz den Rahmen der Verkündigung der Jünger an die Juden (V 5f.23) sprengen und den Leser an das erinnern, was er selber in seiner Gegenwart erfährt und wovon erst später die Rede sein wird (vgl. 24,9-14; 28,18-20).
Es gibt also ein komplexes Ineinander verschiedener Zeitebenen: Von vornherein ist klar, daß nicht von Erfahrungen der Jünger zu Lebzeiten Jesu gesprochen wird. Der matthäische Jesus blickt in die Zukunft. Er spricht aber nicht von der Gegenwart der Leser/innen, sondern von der vergangenen Zeit, als sie noch unter der Jurisdiktion der Synagoge standen und ausgepeitscht wurden. Durch V 17a und 18fin wird aber deutlich, daß diese vergangenen Ereignisse typischen Charakter haben; die Widerfahrnisse der Israelmission werden sich in der Heidenmission wiederholen (vgl. 24,9f.14). V 17f zielen so *indirekt* auf die Gegenwart; die vergangene Verkündigungsgeschichte in Israel hat bleibenden Anredecharakter. Darüber hinaus aber wird indirekt noch eine dritte Zeitebene sichtbar: Jeder Leser wird durch παραδίδωμι an die Passion Jesu erinnert. Eine Übergabe ans Synhedrium, eine Geißelung[39] und eine Rechenschaftsablage vor dem Statthalter fanden auch in der Leidensgeschichte Jesu statt. Die Leser/innen werden so darauf vorbereitet, daß das Leiden der Verkündiger/innen Übernahme von Jesu eigenem Geschick bedeutet (vgl. 10,24f). Die drei Zeitebenen entsprechen sich also typologisch: In jeder Zeit wiederholen sich die Erfahrungen der früheren.

V 19f folgt die zu V 17f gehörende Verheißung: Gott[40] wird den Jüngern den 19f Geist schenken. Erfahrungshintergrund der Verheißung ist die urchristliche Prophetie. In der Situation des Prozesses werden alle Jünger die prophetische Gabe haben. Jene Bedrängnis wird zugleich die endzeitliche Stunde der Begabung mit dem Geist sein. Daß er »Geist eures Vaters« genannt wird, unterstreicht die göttliche Liebe. In gewisser Weise bedeutet unser Logion eine

---

[38] Hare, Theme 108 deutet V 17 auf jüd., V 18 auf heidnische Verfolgungen. Καὶ τοῖς ἔθνεσιν wäre dann = καὶ τοῖς λοιποῖς ἔθνεσιν. Das ist nicht unmöglich, aber im Blick auf V 23 und die die Heidenmission betonende Wiederaufnahme des Textes 24,9-14 schwieriger! Auch 23,34-36 spricht explizit und 5,11f (12b!) implizit von Verfolgungen durch Juden.
[39] 27,26 mit dem lat., dem römischen Prozeß vor Pilatus entsprechenden Wort φραγελλόω, 20,19 aber mit μαστιγόω bezeichnet.
[40] Pass. divinum.

Vorstufe zum johanneischen Parakletgedanken⁴¹. Seine Besonderheit im Kontext des Matthäusevangeliums besteht aber gerade darin, daß es nicht in eine allgemeine und umfassende Rede vom Geist eingebettet ist. Matthäus spricht vom Geist selten, meist in Verbindung mit Jesus (1,18.20; 3,16; 4,1; 12,18.28). Den Gedanken der Geistbegabung der Christen läßt er zugunsten des Gedankens der Gegenwart Jesu bei seiner Gemeinde (18,20; 28,20) zurücktreten. Abgesehen von der Taufformel 28,19 (vgl. 3,11) wird nur hier den Jüngern der Geist verheißen. Das macht deutlich, daß hier, in der Verfolgung, an eine ganz besondere, tragende Erfahrung Gottes gedacht wird.

Wirkungs-
geschichte
17-20

In der Auslegungsgeschichte wird eine gewisse Reserve gegenüber dieser Zusage immer wieder sichtbar. Augustin wendet den Text auf die Alltagssituation des Predigers an und muß sich dann dagegen wehren, daß man sich auf das Predigen nicht mehr vorbereitet. Nur ist die Vorbereitung durch das Gebet wichtiger als die rhetorische Vorbereitung⁴². Thomas v Aquino warnt mit Berufung auf Johannes Chrysostomus, Gottes Verheißung gelte dem Prediger nur dann, wenn er keine Zeit zur Vorbereitung habe; »er darf nicht Gott versuchen, wenn er Zeit zum Nachdenken hat«. Besonders wichtig ist ihm die Abwehr antirationaler Gedanken: Der Geist Gottes unterscheidet sich vom Geist des Teufels dadurch, daß er die ratio nicht außer Kraft setzt⁴³. Besonders ausgeprägt scheinen die Reserven gegenüber dem Geist in der reformierten Tradition: Die Hauptsorge ist hier, daß die Prediger wegen der Zusage des Geistes das Bibelstudium vernachlässigen⁴⁴. Denen, die wie die Apostel ungebildet sind, wird fleißiges Predigthören und sorgfältiges Katechismusstudium als Ersatz empfohlen⁴⁵. Vielleicht ist es nicht zufällig, daß in den meisten Bekenntnisschriften ein Hinweis auf unserem Text fehlt; das einzige Mal, wo er vorkommt, steht er im Zusammenhang mit der Inspiration der Schrift⁴⁶.

Sicher war es in der Perspektive des matthäischen Jüngerverständnisses sachgemäß, die Zusage dieses Textes über die Prozeßsituation hinaus auszuweiten. Doch zeigte sich dabei oft die Tendenz, die *besondere* Erfahrung des prophetischen Geistes und des *konkreten* Gehaltenseins in Notsituationen zugunsten der allgemeinen Präsenz des Geistes zurückzudrängen. Die Auslegungsgeschichte gibt hier wichtige Hinweise auf das, was insbesondere reformatorische Kirchen durch die – theologisch zwar wesentliche – »Verallgemeinerung« des Geistes verloren haben. Der matthäische Text, der mit seiner fast singulären Verwendung des Wortes »Geist« den Akzent auf eine ganz besondere Erfahrung legt, wird hier zur Anfrage.

21f Das Logion von der Spaltung in den Familien übernimmt Matthäus unverän-

---

⁴¹ Vgl. bes. Joh 15,26 (Zeugnis des Parakleten in Prozeßsituation!).
⁴² De Doctr Chr 4,15,32 = BKV I/49 189f.
⁴³ (Lectura) Nr. 847(Zitat).849.
⁴⁴ Vgl. z.B. Zwingli 269 (menschliches iudicium und opera sind nötig); Bucer 1068 (Schriftstudium); Musculus 304 (wer das Schriftstudium vernachlässigt, spricht nicht aus dem hl. Geist); Cocceius 19 (die Verheißung gilt nur für die, die sich für das Schriftstudium Mühe geben).
⁴⁵ Brenz 427.
⁴⁶ Confessio Helvetica posterior 1 = BSKORK 223,19.

dert aus Markus. Daß er davon in 10,34-36 nochmals, ebenfalls auf der Basis von Mi 7,6, spricht, zeigt, wie wichtig ihm diese Erfahrung ist. Wie 23,34-36 spricht er sogar von der Tötung der Gläubigen[47]. Daß hinter dem Logion Erfahrungen in der Mission (διὰ τὸ ὄνομά μου!) an *Israel* stehen[48], ergibt sich daraus, daß die judenchristliche Gemeinde hier von ihren Brüdern und Vätern spricht. »Ihr werdet von *allen* gehaßt sein« (vgl. 24,9!) ist aber ein Hinweis darauf, daß diese Erfahrungen allgemeine Gültigkeit haben. Auch die Verheißung an die, die bis zum Ende durchhalten[49], übernimmt Matthäus in unserem Text. Dieser Vorblick aufs Ende zeigt zusammen mit 10,23b, daß es nicht im Sinne des Evangelisten wäre, die bereits zurückliegende Israelmission der Gemeinde von der Enderwartung zu lösen und als historische Erfahrung der endzeitlichen Heidenmission (24,9-14) gegenüberzustellen[50]. Die *ganze* Zeit der Aussendung der Jünger steht vielmehr unter dem Vorzeichen des Endes.

V 23 ist eine bekannte crux interpretum. Vom a) ursprünglichen Sinn und b) der vormatthäischen Interpretation ist zu unterscheiden, wie c) der Evangelist das Wort verstanden haben könnte. 23

a) Die Echtheit blieb uns sehr unsicher; darum sind auch über den Sinn des Logions bei *Jesus* nur ganz vorsichtige Vermutungen möglich. Im Unterschied zu Lk 17,26f geht es nicht um das plötzliche, sondern um das baldige Kommen des Menschensohns. Trotzdem steht aber nicht die weltanschauliche Vorstellung der Naherwartung im Zentrum, sondern das Kommen des Menschensohns ist – wie andere Naherwartungsaussagen in apokalyptischen Texten und vielleicht auch bei Jesus (Mk 14,25) – Anrede und Trost für Angefochtene[51]. Der Trost besteht gerade in der Nähe seines Kommens[52]. Das Gewicht liegt nicht auf dem Befehl zur Flucht (23a), sondern auf

---

[47] Zur Verfolgung der mt Gemeinde durch das Judentum vgl. Hare, Theme 19-129 passim; Gal 4,29; 6,12; 1Thess 2,15f etc.
[48] Von den jüd. Parr, die von den Spaltungen und Kämpfen der Endzeit reden, handeln Jub 23,16.19; 4Esr 6,24; sBar 70,1-3; Sota 9,15; Sanh 97a (= Bill. I 586) nicht von Kämpfen in der Familie; äth Hen 56,7 spricht nur von der Zerstörung der Familien; 99,5 spricht vom Mord an Kleinkindern aus Hunger, und nur äth Hen 100,2 ist mit unserer St direkt vergleichbar. Die geschichtlichen Erfahrungen, die man aus Mi 7,6 herauslas, überformen deutlich den apokalyptischen Topos.
[49] Sprachlich ebenfalls möglich ist die Übers. »wer durchhält bis zuletzt« (εἰς τέλος adverbial; Bauer, Wb s.v. τέλος 1dγ). Aber εἰς τέλος kann in Analogie zu 24,13 (zwischen 24,6 und 14) nur auf das Weltende bezogen werden. Dann bleibt nur die Wahl, dieses Sätzlein entweder als pietätvoll mitgeschlepptes Traditionsgut oder als Zeugnis für mt Naherwartung zu interpretieren: Mindestens einige Zeitgenossen werden das Ende erleben.
[50] Gegen Marxsen aaO o. Anm. 21). Zur mt Naherwartung vgl. Exkurs bei Mt 24.
[51] Naherwartung bei Jesus setzen auch Lk 12,49f; Mk 14,25; Formulierungen mit ἐγγίζειν und (unsicher) Mk 9,1; Lk 12,54-56 voraus. Freilich ist die Nähe des Endes oft Voraussetzung und nicht Skopus solcher Worte.
[52] G. Delling, Art. τέλος κτλ., ThWNT VIII 61 Anm. 20: »Der Skopus ... ist nicht der Termin der Parusie, sondern der Zuspruch«. Nein! Der Zuspruch besteht gerade im Hinweis auf den nahen Termin. Falsch ist die die Naherwartung de facto eliminierende Deutung Schmids 181 (es wird für die Missionare »immer wieder eine Zuflucht in der Verfolgung« geben) bzw. Zahns 405 (es wird »nicht an einer israelitischen Stadt fehlen«). Der Trost besteht nicht in der großen Zahl israelitischer Städte, sondern im nahen Kommen des Menschensohns.

dem Trost in der Situation des Fliehen-Müssens (23b)[53] von einer Ortschaft Israels[54] in eine andere. A. Schweitzer* hatte unser Logion zum Ausgangspunkt seiner These gemacht, daß Jesus das Gottesreich noch während der Galiläamission seiner Jünger erwartete. Mein eigener hypothetischer Interpretationsversuch unterscheidet sich von seinem nicht prinzipiell, sondern nur dadurch, daß ich nicht soviel zu wissen beanspruche: Über eine ursprüngliche Verbindung unseres Logions mit der Jüngeraussendung Jesu läßt sich nichts sagen, da seine Stellung in Mt 10 sekundär ist[55]. Denkbar wäre z.B. auch ein ›Sitz im Leben‹ als Abschiedswort Jesu, das vom Weitergehen der Gottesreichverkündigung nach seiner Hinrichtung sprechen würde. Jedenfalls muß unser Logion – falls es auf Jesus zurückgeht – in die letzte Zeit vor seinem Tode gehören, als der Widerstand gegen die Gottesreichverkündigung in Israel schon offenkundig war.

b) Auch die Interpretation unseres Logions in der *vormt Tradition* ist sehr unsicher, da sich nur dann, wenn es im Kontext von Q oder Q^{Mt} gestanden hätte, etwas Deutliches sagen ließe. Durch die Verbindung mit Lk 12,11f würde der Trostcharakter verstärkt. Die Naherwartung und die zentrale Bedeutung des kommenden Menschensohns paßten gut zur Logienquelle. Nicht weiter gedeutet werden die Verfolgungen; zur Frage, ob sie Teil der endzeitlichen Wirrnisse sind, gibt der Text nichts her[56]. Er paßt sehr gut in die Situation des nachösterlichen palästinischen Wanderradikalismus.

Wirkungs-geschichte Unser Text stellt vor das Problem, daß sich Jesus in seiner Naherwartung getäuscht hat. Auch wenn er nicht auf Jesus zurückgehen sollte, bleibt es dabei, daß urchristliche Propheten im Namen des erhöhten Herrn die Naherwartung Jesu aufnahmen, betonten und sogar zeitlich terminierten (vgl. Mk 9,1). Ein Problem ist das aber erst seit der Neuzeit, die alte Kirche hat es kaum bemerkt[57]. Beiläufig taucht es zum ersten Mal bei Hermann Samuel Reimarus auf[58]. Seine dringlichste Gestalt hat es in den Entwürfen von A. Schweitzer und M. Werner gefunden[59]. Erstaunlich bleibt, wie wenig die Exegese dieses grundsätzliche Problem aufnahm: Ein großer Teil nicht nur der katholischen Exegese verfährt offenbar bis heute nach dem Prinzip: Was ein Wort nicht bedeuten darf, bedeutet es auch nicht[60]. Vor allem in der protestantischen For-

---

[53] Man muß sich sogar überlegen, ob nicht der Imp. φεύγετε ursprünglich im Sinne eines semitisierenden Konditionalsatzes zu verstehen ist: »Wenn man euch verfolgt ... und ihr in eine andere Stadt fliehen müßt«, vgl. die Belege für semitische Konditionalsätze + Imp. bei Beyer, Syntax 251.

[54] Πόλις = עיר = befestigte Ortschaft. Vgl. Anm. 8 zu Mt 9,1-8.

[55] Wer mit einer direkten oder indirekten Selbstidentifikation Jesu mit dem Menschensohn rechnet, kann außerdem nicht wie Schweitzer* ein Kommen (eines anderen!) Menschensohns zu Jesu Lebzeiten annehmen.

[56] Gegen Schürmann* 153 mit Anm. 17 und Bammel*: Der Text gibt in dieser Richtung nichts her.

[57] M. Werner, Die Entstehung des christlichen Dogmas, Bern-Leipzig 1941, 72f Anm. 112 versteht das Fehlen von Spuren von Mt 10,23b im 2. Jh. als Hinweis auf die Verlegenheit der Kirche; dagegen mit Recht Künzi* 127-129.

[58] Das Anliegen von Reimarus, Von dem Zwecke Jesu und seiner Jünger (hrsg. G.E. Lessing), Braunschweig 1778, II § 8 = 150. Sein Hauptanliegen ist allerdings nicht dies, sondern zu zeigen, daß Jesus seine Messianität politisch verstand.

[59] Schweitzer*; Werner aaO (o. Anm. 57).

[60] Vgl. das Referat von Künzi* 125-134.148-158.

schung des 19. und 20. Jahrhunderts erwies sich die Unechtheitserklärung des Logions als Mittel, das Problem auszuklammern[61]. Auch die Dogmatiker strafen dieses unbequeme Logion durch Vernachlässigung[62].

Vor der Aufklärung sah die Auslegungsgeschichte dieses Problem nicht. Das exegetische Interesse konzentrierte sich meistens – zu Unrecht – auf V 23a und damit auf die Frage, ob die Flucht eines Christen erlaubt sei. Immer wieder wurde betont, daß sie im Dienste der Verbreitung des Evangeliums stehen müsse[63]. Für viele Randgruppen, etwa Täufer, Puritaner oder Hugenotten, wurde die Flucht zum Mittel der Bewahrung und Verbreitung des Evangeliums[64]. Wer an diesem Punkt rigoristischer dachte, interpretierte die Aufforderung zur Flucht als bloße Erlaubnis oder beschränkte sie auf die Apostelzeit[65]. Seit Augustin wurde im Anschluß an Mt 10,23 festgelegt, wann ein Hirt seine Herde verlassen dürfe; leitender Gesichtspunkt war, daß die Gemeinden nicht ohne Hirten blieben[66].

V 23b wurde viel weniger beachtet. Verschiedene »Auswege« waren dafür verantwortlich, daß von vornherein kein Problem entstand. Man konnte die Städte Israels allegorisch auf die Städte des neuen Israel, also auf die Heidenmission deuten[67]. Oder man konnte die Israelmission, z.B. im Sinn von Röm 11,11-24, als während der Heidenmission bis zum Weltende weitergehende Missionstätigkeit verstehen[68]. Man konnte das Kommen des Menschensohns auf Jesu Anwesenheit zu seinen Lebzeiten[69], auf seine Auferstehung[70], auf die Hilfe des Geistes[71] oder auf das Gericht an Jerusalem im Jahre 70[72] deuten. Man konnte diese Auswegmöglichkeiten auch kombinieren. Nur wenn das Kommen des Menschensohns auf die Parusie und zugleich die

---

[61] Warum wird man mit dem Irrtum eines anonymen urchristlichen Jesuspropheten soviel leichter fertig als mit einem Irrtum Jesu?
[62] K. Barths KD geht nur auf V 23a ein. Auf Mt 10,23b gehen ein: H. Thielicke, Der evangelische Glaube II. Gotteslehre und Christologie, Tübingen 1972, 160 (»praesens aeternum«[!] Jesu); M. Schmaus, Katholische Dogmatik IV/2, München 1959, 150 (innergeschichtliche Deutung im Sinn von u. Anm. 69-72). Sonst habe ich in Dogmatiken der Gegenwart nichts gefunden!
[63] Vor allem seit Hieronymus 70: »tribulationis occasio ... euagelii seminarium«.
[64] Vgl. Barth, KD IV/3 717.
[65] Clemens v Alexandrien, Strom 4,76,1f = BKV II/19 54f (Flucht als relatives Gebot, damit der Christ für seinen Verfolger nicht Ursache wird, etwas Böses zu tun); ähnlich der Märtyrer Markus von Arethusa bei Gregor v Nazianz, Or IV (in Jul) 87-89 = BKV I/59 126-129; Tertullian, Fuga 6 = CChr.SL 2 1142-1144 (einmalige Erlaubnis an die Apostel allein zur Flucht aus Israel im Interesse der Heidenmission); ders., Ad uxorem 1,3 = BKV I/7 64 (Flucht ist Konzession an die Schwachen); Origenes bei Künzi* 18 (Flucht = Erlaubnis). Oft wird die Flucht auch als Ratschlag interpretiert, der zur Schonung der Verfolger oder, um Gott nicht zu versuchen, angezeigt ist. Der Donatist Gaudentius lehnt eine Flucht von Amtsträgern kategorisch ab, Augustin beruft sich ihm gegenüber auf Mt 10,23 (Contra Gaud 1,16[17]-1,17[18] = CSEL 53,211-213).
[66] Ep 228 an Honoratus 2 = BKV I/30 803f (wird ein Amtsträger allein verfolgt, so soll er fliehen, wenn die Kirche dadurch nicht verlassen ist; werden alle verfolgt, soll er bleiben); Thomas v Aquino, STh 2/II qu 185 art 5 (wenn das Heil der Herde die Anwesenheit des Hirten nötig macht, muß er bleiben).
[67] Rupert v Deutz 1496.
[68] Hilarius 10,14 = SC 254,232f.
[69] Johannes Chrysostomus 34,1 = 492 (Verfolgungen vor Jesu Passion) und die von ihm abhängige griech. Exegese. Die lat. Exegese deutet vorwiegend auf die (de facto ferne) Parusie (Künzi* 166).
[70] V. a. in der mittelalterlichen Exegese: Künzi* 168, neuerdings: Levine, Dimensions 51.
[71] Seit Calvin I 304.
[72] Seit Bullinger 1028 (Zerstreuung Israels als Strafe des Menschensohns).

»Städte Israels« ausschließlich auf die erstmalige Verkündigung in ihnen zur Zeit Jesu oder der Urkirche gedeutet wird, bestehen die Schwierigkeiten des Logions. Das ist in der alten Kirche niemals geschehen. Wer aber heute sich der Auswege der alten Kirche bedient, muß sich m.E. den Vorwurf der »Ausflüchte« gefallen lassen[73].

c) Hilft die Interpretation unseres Logions durch *Matthäus* selbst aus den Schwierigkeiten? Auch hier sind Aussagen sehr schwierig, weil der Evangelist das ihm vorgegebene Wort nicht veränderte. Die Interpretation ist deshalb ausschließlich auf den Kontext angewiesen. Matthäus sprach in V 16-22 über die Verfolgungen der Jünger in Israel. V 23 schließt an V 22 an und zeigt, was der Haß aller für Konsequenzen für die Jünger hat. Nicht nur der Geist (V 20), sondern vor allem das nahe Kommen des Menschensohns tröstet die verfolgten Jünger. Damit ist die Perspektive, die über unserem Abschnitt steht, dieselbe wie diejenige von Kap. 24,9-36, und die Transparenz der damaligen Situation der Israelmission zur gegenwärtigen Situation der Heidenmission wird erneut deutlich. Überlegenswert ist auch, ob für Matthäus die Flucht der Jünger ein Ausdruck ihres Verzichtes auf Widerstand (vgl. V 10.16a.b) gewesen sein könnte[74].

Schwierigkeiten bereitet aber die *Verbindung mit V 5f.* Erst von V 5f her erscheint die Aufforderung zur Flucht der Jünger in eine andere Stadt Israels als Beschränkung der Flucht auf die Städte Israels. Dann aber entstehen für beide dort erwogenen Interpretationsmöglichkeiten der Israelmission[75] Schwierigkeiten: Wenn sie in der eigenen Gegenwart des Matthäus noch weitergeht, so darf man V 23 nicht von V 5f her deuten, obwohl die gemeinsamen Stichworte πόλις und Ἰσραήλ dies nahelegen, denn die Mission der Gemeinde geht nun *auch* zu den Heiden, nicht mehr ausschließlich zu den Städten Israels[76]. Diese Schwierigkeit ist aber gering im Vergleich zu derjenigen, die bei der anderen Interpretation entsteht: Versteht man Israel- und Heidenmission im Sinn von 21,43 als zwei sich zeitlich folgende Epochen und die Geschichte der matthäischen Gemeinde so, daß sie sich von der Israel- zur Heidenmission umorientiert[77], so »stimmt« unser Logion überhaupt nicht mehr: Nicht durch das Kommen des Menschensohns, sondern durch den Befehl des Auferstandenen, zu den Heiden zu gehen, ist die Mission und die Verfolgung der Gemeinde in Israel zu Ende gekommen. Das Grundproblem des Matthäus müßte dann eigentlich – bei aller Verschiedenheit der zeitlichen Perspektive – das gleiche gewesen sein wie unser Problem heute: Nicht der Menschensohn kam, sondern die Kirchengeschichte. Es gibt keine Anhaltspunkte im Text, die andeuten, ob und wie Matthäus dieses Problem reflektierte.

---

[73] So Feuillet* 187 gegenüber Dupont* 241-243 (gemeint ist nur das Wiedersehen der Jünger mit dem irdischen Menschensohn Jesus). Der Vorwurf eines »échappatoire« trifft wohl auch Feuillet selbst (er deutet im Anschluß an J.A.T. Robinson: unpräzise Ausdrucksweise Jesu, die später auf die Parusie bezogen wurde).

[74] Basilius, Regulae brevius 244 (vgl. o. Anm. 24) deutet von Mt 5,39 her. Vgl. auch die Flucht der Arianer aus Konstantinopel unter Theodosius bei Sokrates, Hist Eccl 5,7 = PG 67,573.576.

[75] Vgl. die beiden Möglichkeiten o. S. 92f.

[76] Gnilka I 379: Israelmission als »dauernde Aufgabe«.

[77] Vgl. Bd. I 66-70.

Liegt also bei der ersten Deutung das Problem »nur« beim Scheitern der Naherwartung und bei der Aufhebung der Exklusivität der Israelmission (V 5f), so wird bei der zweiten Deutung V 23 »falsch«. Gibt es Auswege? Hat *Matthäus* an die hellenistischen Städte mit ihrer jüdischen Diaspora gedacht[78]? Dann würde sich 21,43 nur auf das Judentum Palästinas beziehen. Wahrscheinlicher ist mir, daß für ihn nicht nur 10,5f, sondern auch 10,23 durch den Missionsbefehl korrigiert waren[79]. Nur gibt es in 28,18-20 zwar Reminiszenzen an 10,5f, nicht aber an 10,23, so daß man auch das nur postulieren kann.

V 23 bleibt im Rahmen des Matthäusevangeliums schwierig. Die Schwierigkeiten sollen wenigstens nicht verschwiegen werden. Wir nehmen also an, daß für Matthäus unser Logion teilweise nicht mehr galt. Seine bleibende Bedeutung liegt für ihn darin, daß die Gemeinde dauernd in der Welt gehaßt und verfolgt blieb und ihre Hoffnung auf das Kommen des Menschensohns setzte.

Der Kernpunkt des ganzen Textes ist die Überzeugung des Matthäus, daß die Verkündigung, und damit die Jüngerschaft Jesu, *notwendigerweise* Leiden mit sich bringt. Darum gewinnen die mit Hilfe von Mk 13,9-13 ausgedrückten Erfahrungen der Gemeinde in der Israelmission eine grundsätzliche Bedeutung. Luther übersetzt V 22 sachlich zu Recht: »Und *müsset* gehasset werden von jedermann«. An diesem Punkt zeigt sich eine tiefe Konvergenz zwischen Matthäus und Paulus[80]. »Apostolat« ist »wesentlich und nicht nur zufällig ... aktives Leiden und ... leidende Aktivität«[81]. V 24f wird Matthäus den christologischen Grund dieser Überzeugung andeuten. V 26-39 werden sie entfalten.

Zusammenfassung

Das tiefste Sachproblem, vor das dieser Text stellt, besteht darin, daß heute oft – vor allem in den Ländern der Ersten Welt – die vom Leiden unbeirrt redende Kirche überhaupt nicht leidet, obwohl das Leiden nach Matthäus *notwendige* Folge der Verkündigung und Lebensform Jesu ist. *An der Kirche leidende einzelne wie etwa Kierkegaard vermögen das Fehlen des Leidens der Kirche* nicht zu kompensieren, sondern nur darauf aufmerksam zu machen. Unseren Text verstehen heißt also, mit Johannes Chrysostomus zu fragen, wo für die Kirche der ›Exerzierplatz‹ zur Einübung in das Leiden sein könnte. Ist er nur das Leben des einzelnen, wie etwa der Kampf des Ijob zeigen kann[82]? Oder gibt es ein ›Exerzitium‹ auch auf dem Feld kirchlicher Gestalt? So deutet es z.B. K. Grebel kritisch gegen Th. Müntzer an, wenn er über die Schafe unter den Wölfen reflektiert: »Man soll ouch dass evangelium und sine annemer nit schirmen mit dem schwert oder sich selbs«[83].

---

[78] Vgl. o. Anm. 21.
[79] Geist, Menschensohn 231: Mt faßt »im Rückblick eine bestimmte heilsgeschichtliche Phase ... ins Auge«.
[80] Vgl. etwa 2Kor 4,10f oder 1Kor 15,31.
[81] J. Moltmann, Kirche in der Kraft des Geistes, München 1975, 387.
[82] Johannes Chrysostomus 33,6 = 247, Zitat 246.
[83] QGT.Schweiz I 17.

3 Das Leiden der Jünger in der Nachfolge (10,24-42)

3.1 Wie der Meister, so die Jünger (10,24f)

Literatur: Gaston, L., Beelzebul, ThZ 18 (1962) 247-255; *Jülicher*, Gleichnisreden II 44-50; *Limbeck, M.*, Beelzebul – eine ursprüngliche Selbstbezeichnung Jesu?, in: Wort Gottes in der Zeit (FS K.H. Schelkle), hrsg. H. Feld – J. Nolte, Düsseldorf 1973, 31-42; *MacLaurin, E.C.B.*, Beelzeboul, NT 20 (1978) 156-160; *Riesner*, Jesus 256-259; *Schulz*, Q 449-451; *Wanke*, Kommentarworte 21-26.
*Weitere Literatur*** zur Jüngerrede o. S. 74.

**24 Kein Jünger ist mehr als der Meister
und kein Knecht mehr als sein Herr.
25 Es ist genug für einen Jünger, wie sein Lehrer zu werden[1],
und ein Knecht wie sein Herr.
Wenn sie den Hausherrn Beezebul[2] betitelt haben,
um wieviel mehr seine Hausgenossen?**

Analyse 1. *Aufbau.* Das Wort bildet den Übergang vom ersten zum zweiten Hauptabschnitt der Rede. Das rahmende Stichwort μαθητής (10,1.42; 11,1) taucht im Zentrum wieder auf. Das Thema »Verfolgung« wird aus V 16-23 aufgenommen und christologisch vertieft. Zugleich klingt mit dem Stichwort οἰκιακός das Thema der zerstörten alten und der in der Verfolgung gewonnenen neuen Gemeinschaft an, das vor allem für V 34-42 wichtig wird. Der Spruch ist durch zwei Parallelismen und einen Abschlußsatz klar gegliedert. Eine allgemeingültige Gnome erhält durch den Abschlußsatz (V 25cd) eine Zuspitzung auf Jesu Situation[3].

2. *Quelle.* Eine knappere Parallele steht in der Feldrede Lk 6,40. Johannes nimmt das Wort zweimal auf (13,16; 15,20). Oft wird es Q zugewiesen[4]. Man kann aber weder die Ergänzungen als mt[5] noch die Kürzungen als lk erweisen. Die joh Parallelen sprechen dafür, daß mindestens V 24b (vielleicht auch V 25b) bereits vormt ist. Stammt V 25cd von Mt? Das ist unwahrscheinlich, denn Mt erzählt die Beelzebulpe-

---

[1] Ἀρκετόν + Dat. ἵνα ist griech. nicht üblich und entspricht genau der Formulierung שׁ... דיו des rabb. Sprichwortes u. Anm. 6.
[2] Βεεζεβούλ (א B, auch 12,24.27) ist die schwierigste LA. Wurde sie in das (korrekte?) Βεελζεβούλ und in das atl. (2Kön 1,2-6) Βεελζεβούβ verbessert? Allerdings könnte Βεεζεβούλ auch von einem griech. Schreiber zur Vermeidung der ungewöhnlichen Buchstabenkombination – λζ – geschrieben worden sein (Gaston* 247). Die frühe und breite christl. Bezeugung von Βεελζεβούλ (Test Sal, Valentinianer, Origenes, vgl. Gaston* 250) könnte dafür sprechen.
[3] Nach Jülicher, Gleichnisreden II 45 liegt ein »tadelloses Gleichnis« mit Anwendung vor. Kaum! Die Jünger sind selbst auch μαθηταί (und δοῦλοι), und Jesus ist διδάσκαλος (und κύριος). Nicht ein Gleichnis wird auf eine Sachhälfte übertragen, sondern eine allgemeine Wahrheit auf einen besonderen Fall.
[4] Schulz, Q 449-451; Schürmann, Lk I 364-372; Gnilka I 374.
[5] Zu den mt Parallelismen vgl. Bd. I Einl. 3.1. Κύριος (profan oder als Jesusbezeichnung abgesehen von der Anrede) und πόσῳ μᾶλλον sind keine Matthäismen (gegen Gundry 195); die red. Vokabel οἰκοδεσπότης (Bd. I Einl. 3.2) kommt sonst nur in Gleichnissen vor.

rikope, die für das Verständnis vorausgesetzt ist, erst später (12,22-27). Aller Wahrscheinlichkeit nach ist also die Langform eine von Mt übernommene Sondertradition.

3. *Herkunft.* Die Formulierung »es ist genug für den Knecht, wenn er ist wie der Herr« entspricht einem jüdischen Sprichwort[6]. Die Erinnerung daran erklärt vermutlich den von den Nominativen von V 24ab und 25b abweichenden Dativ V 25a. Auch die Parallelisierung von Schüler und Diener[7] und verschiedene (auch verschieden wahrscheinliche!) Semitismen[8] weisen hin auf judenchristliches Milieu. Entstanden ist das ganze Logion wohl in einer judenchristlichen Gemeinde, die Überlieferungen wie Mt 12,22-27 oder solche von der neuen Familie Jesu (Mk 10,29f; 3,31-35) kannte. Auf Jesus zurückführen kann man nur dann Teile des Wortes, wenn man bereit ist, recht komplizierte und unbeweisbare literarkritische Operationen in Kauf zu nehmen[9].

»Dies bedarf mehr des Nachdenkens als der Erklärung; denn an sich ist es klar«, schreibt Calvin[10] zu diesem Text. Die Erklärungen können in der Tat kurz sein: Μαθητής und διδάσκαλος konnten die Leser/innen des Matthäusevangeliums nicht einfach als neutrale, allgemeine Begriffe auffassen, denn sie verstanden von vornherein sich selbst als Jünger/innen und hatten *einen* Lehrer (23,8). Auch war ihnen κύριος als gottesdienstliche Anrede an Jesus vertraut[11], bei δοῦλος erleichterten die religiöse Tradition dieses Wortes im Judentum[12] und die vielen Jesusgleichnisse, die von Knechten handeln, den Bezug auf die Leser/innen. Für sie enthielt also der allgemeine und selbstverständliche Satz V 24.25ab[13] von vornherein mehr als eine schöne Allgemeinheit. Sie verstanden ihn auch metaphorisch als eine Aussage über sich selbst, obwohl die explizite Anwendung erst in V 25cd folgt.
Wer von Mt 10,17-22 her auf unser Wort stößt, wird sofort Assoziationen zur

Erklärung

24

---

[6] Belege bei Bill. I 578.
[7] Von den Jüngern Elijas bis zu den Rabbinenschülern gilt, daß Schüler zugleich Diener waren (K.H. Rengstorf, Art. μανθάνω κτλ., ThWNT IV 430,18ff; 431,15ff; 437,3ff; vgl. Jos Ant 8,354: Elischa als μαθητὴς καὶ διάκονος.
[8] J. Wellhausen, Einleitung in die drei ersten Evangelien, Berlin ²1911, 12 versteht den Nom. V 25b als semitisierendes Hyperbaton, Black, Muttersprache 129 den Aor. ἐπεκάλεσαν im Sinne eines semitischen Perf. Vielleicht lag dem Spruch ein aram. Wortspiel zugrunde, etwa zwischen בְּעֵיל בֵּיתָא (Hausherr) und בְּעֵיל זְבוּל. זְבוּל heißt (allerdings nur hebr. belegt) »himmlischer Wohnsitz«, »Tempel«, was eine gewisse Nähe zu »Haus« ergibt. Eine direkte Übersetzung von בְּעֵיל זְבוּל mit οἰκοδεσπότης ist aber kaum möglich (gegen MacLaurin*). Weitere mögliche Semitismen bei Riesner, Jesus 258. Am gewichtigsten ist m.E. das o. Anm. 6 genannte semitische Sprichwort.

[9] Riesner, Jesus 257f nimmt an, Mt habe zwei ursprüngliche Jesusworte (24a + 25a; 24b + 25b) verbunden und daran 25cd angeschlossen.
[10] I 305.
[11] Vgl. Bd. I 60.
[12] Δουλεύειν (τῷ κυρίῳ!) ist Ausdruck für den Gottesdienst in der LXX; einzelne oder Gruppen sind »Knechte Gottes« (griech. meist παῖς).
[13] Wettstein I 373 stellt dem eine griech. These gegenüber: πολλοὶ μαθηταὶ κρείσσονες διδασκάλων. Im traditionsorientierten jüd. Lehrbetrieb ist ein solcher Satz kaum denkbar. Zu Mt 10,24a gibt es allerdings keine direkten jüd. Parallelen. In jüd. Kontext macht er deutlich, daß Eigenständigkeit kein Ziel ist, daß ein Jünger grundsätzlich der Tradition seines Lehrers verpflichtet bleibt und ihm während seiner Jüngerschaft Unterordnung und auch Dienstleistungen schuldig ist.

Entsprechung zwischen Jünger und Meister haben: Die Jünger werden »übergeben« (V 17.19.21), gegeißelt (V 17), vor Statthalter geführt (V 18) und getötet (V 21) wie der Meister. Der vorangehende Kontext ließ die Passion Jesu aufleuchten. Aber die grundsätzliche Formulierung οὐκ ἔστιν führt über V 17-22 hinaus: Dem/r Leser/in wird endgültig klar, daß es dort nicht nur um spezielle Erfahrungen der Israelmissionare ging. Leiden und Verfolgung sind vielmehr notwendige Erfahrungen für alle Jünger/innen, weil sie so sein *müssen* wie der Meister. V 24f sind also diejenige »Schaltstelle« in unserer Rede, an der die Partikularität der vergangenen Israelmission, die V 5-23 bestimmte, endgültig aufgesprengt wird. Die Sendungsrede wird zur Jüngerrede. Die besonderen Leidenserfahrungen der Israelmission waren, so zeigt sich nun, notwendiger Ausdruck der Jüngerschaft.

25cd Die Anwendung des Wortes in V 25cd ist demgegenüber beschränkt. Man hat Jesus den Beinamen[14] Beelzebul (vgl. 12,22-27) gegeben.

Beelzebul, was etwa »Herr der (himmlischen) Wohnung« oder »Herr des Tempels« heißt, ist wohl der ursprüngliche, nur aus dem NT und späteren christlichen Texten bekannte sowie aus ugaritischen Texten erschließbare Name des Baal von Ekron, der 2Kön 1,2-16 in בַּעַל זְבוּב (= »Herr der Fliegen«) »kakophonisiert« worden ist[15]. Jüdisch ist der Name, abgesehen von einem einzigen Zaubertext[16], nicht belegt. Das spricht aber nicht dagegen, daß er sich in der Überlieferung gehalten hat. Nach neutestamentlicher Überlieferung (Mt 12,24 parr, vgl. 9,34) und späteren Texten[17] ist er Herrscher der Dämonen, wie in späten rabbinischen Texten Aschmedai[18]. Er ist wohl vom Teufel zu unterscheiden. Eigenartig ist, daß er im NT unter seinem wirklichen Namen erscheint und nicht, wie gerade in den Teilen der Textüberlieferung, wo man Hebräisch konnte[19], in der Form von 2Kön 1. Doch müssen heidnische Götternamen nicht zwingend verballhornt werden. Die relative Schwierigkeit, die so besteht, ist geringer als bei anderen Erklärungen[20].

---

[14] Ἐπικαλέω mit doppeltem Akk.: einen Beinamen geben. Wie schon Euthymius Zigabenus 340 bemerkte, trifft dies auf Mt 12,22-27 nur cum grano salis zu.

[15] Ugaritisches Material bei MacLaurin*. E. Jenni, Art. Baal-Sebub, BHH I 175f deutet זְבוּל vom Ugaritischen her als »Erhabenheit«. Vom mittelhebr. זְבוּל her ist eher an (himmlisches) Wohnen, Tempel oder Himmel zu denken. Da das Wort relativ selten ist, fällt das Fehlen eines aram. Äquivalents nicht sehr ins Gewicht. Als erledigt gelten müssen frühere Erklärungen, etwa von זֶבֶל (Jauche, Kompost) oder von דְּבָבָא (Feind) her, die mit waghalsigen Veränderungen in der Vokalisierung oder sogar im Konsonantenbestand operieren müssen.

[16] R. Reitzenstein, Poimandres, Leipzig 1904, 75f. Die zahlreichen Belege des Test Sal gelten meist als christlich.

[17] Hipp Ref 6,34,1 (von den Valentinianern); Test Sal 3,6.

[18] Bill. IV 510-513.

[19] Sy$^{s.p}$; Hieronymus (Vg.); außerdem in wenigen altlat. MSS.

[20] Gaston* 252-255 vermutet, daß Jesu eigener Anspruch, »Herr des Hauses« (sc. des Tempels) zu sein, Anlaß zum Beelzebul-Vorwurf der Pharisäer gewesen sei. Belege fehlen allerdings; außerdem paßt Mt 12,24 parr gerade nicht dazu, wohl aber zu der durch Test Sal und den Text Anm. 16 belegten Rolle Beelzebuls in der Magie. Nach Limbeck* ist Beelzebul keine jüd. Teufels-, sondern eine Jesusbezeichnung (vgl. V 25c!), die ihn disqualifizieren soll. Unklar bleibt ihr Verhältnis zu 2Kön 1,2-16. Schwierig ist dann auch der jüd. Beleg o. Anm. 16.

Der Beelzebul-Vorwurf gehört in der Tradition mit den Exorzismen Jesu zusammen (12,22-27). Den Auftrag zu Exorzismen hatten auch die Jünger (10,1.8). Von da aus erfuhren und erwarteten die Gemeindeglieder die gleichen Vorwürfe wie ihr Herr. Für den Evangelisten und die Leser/innen des Matthäusevangeliums konkretisiert der Kontext unser Logion: V 24f helfen den Jüngern zu verstehen, daß ihr Leiden (V 17-22) kein anderes ist als dasjenige des Herrn und Meisters. Im folgenden wird von der Spaltung der Familien (V 34-37) und der neuen Gemeinschaft in Jesu Namen (V 40-42) die Rede sein. Darauf weist V 25cd voraus. Während διδάσκαλος und δοῦλος vor allem die Unterordnung unter Jesus betonen, läßt οἰκιακός eher an die Verbundenheit mit ihm denken[21]; der Gedanke an die neue Familie Gottes, der Jesus vorsteht, taucht auf (vgl. 2,46-50)[22].

Jesu Leiden ist Grundmodell für das Schicksal seiner Jünger. Durch seinen Auftrag entsteht es; von seinem eigenen Weg her wird alles verstehbar, was Jesus den Jüngern in dieser Rede ansagt. Wichtig ist besonders das Moment des Trostes, der von der ganzen Jesusgeschichte her auf das Leiden der Jünger fällt: Es geschieht nicht nur in den Fußstapfen des Meisters, sondern steht zugleich unter der Perspektive seiner eigenen Auferstehung. Nicht zu Unrecht sprach deshalb Thomas v Aquino vom »Geschenk des Leidens für Christus«[23]. Matthäus empfindet den Hinweis auf das Leiden Jesu deutlich als Trost, denn er fährt V 26 fort: »Fürchtet euch *also* nicht!« *Zusammenfassung*

3.2 Verkündigung ohne Furcht (10,26-33)

Literatur: Higgins, A.J.B., »Menschensohn« oder »ich« in Q: Lk 12,8-9 / Mt 10,32-33?, in: Jesus und der Menschensohn (FS A. Vögtle), hrsg. R. Pesch – R. Schnackenburg, Freiburg 1975, 117-123; *Kloppenborg,* Formation 208-216; *Kümmel, W.G.,* Das Verhalten Jesu gegenüber und das Verhalten des Menschensohns. Markus 8,38 par. und Lukas 12,8f par. Matthäus 10,32f, in: Jesus und der Menschensohn aaO (s.o. zu Higgins) 210-224; *Pagani, S.,* Le versioni latine africane del Nuovo Testamento: Considerazioni su Mt 10,32-33 in Tertulliano e Cipriano, BeO 20 (1978) 255-270; *Pesch, R.,* Über die Autorität Jesu. Eine Rückfrage anhand des Bekenner- und Verleugnerspruchs Lk 12,8f par., in: Die Kirche des Anfangs (FS H. Schürmann), hrsg. R. Schnackenburg u.a., Leipzig 1977, 25-55; *Sato,* Q 144f.174f.274-277; *Schulz,* Q 66-76.157-161.461-465; *Wanke,* Kommentarworte 66-74; *Zeller,* Mahnsprüche 94-101.
Weitere Literatur** zur Jüngerrede o. S. 74.

---

[21] Οἰκιακός meint weniger »Hausgenossen« als »Familien- oder Geschlechtsgenossen« (Bauer, Wb s.v.).

[22] Die kirchlichen Ausleger weisen häufig auf Joh 15,15 (φίλοι statt δοῦλοι) als Par hin, vgl. Johannes Chrysostomus 34,1 = 494.
[23] (Lectura) Nr. 861.

26 Fürchtet euch also nicht vor ihnen!
   Es gibt ja nichts Verhülltes,
      was nicht enthüllt werden wird,
   und (nichts) Verborgenes,
      was nicht bekannt werden wird.
27 Was ich euch im Dunkeln sage,
      das sagt im Licht!
   Und was ihr ins Ohr zu hören bekommt,
      das verkündigt auf den Dächern!
28 Und fürchtet euch nicht vor denen,
      die den Leib töten, die Seele aber nicht töten können,
   fürchtet euch aber eher vor dem,
      der Leib und Seele verderben kann in der Hölle!
29 Verkauft man nicht zwei Spatzen für einen As?
   Und keiner von ihnen wird ohne euren Vater auf die Erde fallen!
30   - Aber bei euch sind sogar die Haare auf dem Kopf alle gezählt! -
31 Fürchtet euch also nicht!
   Ihr seid mehr wert als viele Spatzen!
32 Denn jeder, der sich zu mir bekennen wird vor den Menschen,
   zu dem werde auch ich mich bekennen vor meinem Vater in den
                                                        Himmeln!
33 Jeder aber, der mich verleugnet vor den Menschen,
   den werde auch ich verleugnen vor meinem Vater in den Himmeln!

Analyse 1. *Aufbau.* Die V26-31 sind ringförmig aufgebaut: Das antithetische Doppellogion V28 steht in der Mitte (»fürchtet euch nicht« – »fürchtet euch aber eher«), umgeben von den beiden Logien V26b-27b und V29f und den Rahmensätzen V26a und V31 (»fürchtet euch also nicht«). Der abschließende V31 hat ein Achtergewicht, indem V31b auch V29 aufnimmt. V30 fällt als Zwischenbemerkung formal auf. V29b bildet mit dem Stichwort πατήρ zugleich eine Brücke zum Schlußlogion V32f. Dieses ist formal und inhaltlich selbständig, gehört aber zu diesem Abschnitt, den es mit einem Ausblick auf das letzte Gericht abschließt, ähnlich wie die V15.23.39 am Schluß von V6-14.16-22.34-38.

2. *Quellen.* Der Abschnitt stammt, wie 10,34-36 und wohl auch z.T. 10,19f, aus den Jüngersprüchen von Q (= Lk 12,2-9). Die Einleitung V26a ist red.[1] Auf Mt zurück geht ebenfalls die Umstrukturierung von V27: An die Stelle der Ankündigung, daß die verborgene Verkündigung der Jünger offenbar sein wird, tritt die Aufforderung an die Jünger, die verborgene Verkündigung Jesu öffentlich weiterzusagen[2]. Die V28-31

---

[1] Vgl. Bd. I Einl. 3.2 unter οὖν, φοβέομαι. Red. ist der (kategorische, Bl-Debr-Rehkopf § 337.3) Imp. Aor.; der Imp. Praes. φοβεῖσθε V 28.31 ist Q-Text.
[2] Sprachlich ist der Nachweis schwierig; mt sind die Imp. Aor. (vgl. o. Anm. 1) und ἀκούω (vgl. Bd. I Einl. 3.2). Das wichtigste Argument ist der Kontext der Jüngerinstruktion V26-31; lk Red. ist in V3 ἀνθ᾽ ὧν, πρός. Ἐν τοῖς ταμείοις dürfte als Opposition zu ἐπὶ τῶν δωμάτων Q-Text sein. Die Gegenposition vertritt Wanke, Kommentarworte 67.

dürfte Mt dagegen im ganzen in der Gestalt von Q überliefern. Nur geringfügige stilistische Änderungen sind ihm zu verdanken[3]. In V 32f geht die Ersetzung von »Menschensohn« durch »ich« und die Ersetzung der »Engel Gottes« durch »meinen Vater in den Himmeln« auf Mt zurück[4]. Mt erreicht so einen schönen Parallelismus zwischen V 32 und V 33.

3. *Herkunft.* Wir müssen mit drei ursprünglich selbständigen Logien rechnen: V 26b-27.28-31.32f. V 26b-27 besteht aus einer weisheitlichen Gnome (»alles Verborgene kommt einmal an den Tag«) und einer Anwendung auf die Verkündigung der Jünger. V 26b für sich genommen – und Mk 4,22 zeigt, daß das Wort einmal selbständig war – ist also eine Sentenz[5]. Sie wurde durch V 27 = Lk 12,3 auf die Verkündigung der Jünger bezogen. Schwer zu sagen ist, ob die Futura ἀκουσθήσεται und κηρυχθήσεται ursprünglich auf die Gegenwart, nämlich die Verkündigung der Gemeinde[6], oder eschatologisch, nämlich auf das Endgericht[7], bezogen waren. M.E. ist spätestens für Q vom Kontext her (Lk 12,8f!) die eschatologische Deutung wahrscheinlicher. Die Entstehung kann man sich verschieden denken: Entweder hat Jesus eine geläufige Sentenz aufgenommen und auf seine Verkündigung bezogen. Dann würde Lk 12,2f ähnlich wie die Kontrastgleichnisse den Gegensatz zwischen der Verborgenheit jetzt und der Offenbarung dermaleinst betonen. Oder ein urchristlicher Prophet hat eine Sentenz oder ein Jesuswort[8] aufgenommen und auf die Verkündigung der Jünger bezogen, um sie, die das Gottesreich »in den Kammern« verkünden, durch den Ausblick auf seine endzeitliche Offenbarung zu ermutigen[9]. Eine eindeutige Entscheidung ist kaum möglich.

---

[3] Gegen Polag, Fragmenta 58. Als mt Red. wird man δέ, μᾶλλον (V 28), οὖν (V 31) verstehen, vgl. Bd. I Einl. 3.2; mt ist außerdem der Sing. πωλεῖται (V 29). Πεσεῖται ἐπὶ τὴν γῆν ἄνευ τοῦ πατρὸς ὑμῶν (V 29) ist trotz red. sprachlicher Färbung wohl trad., weil die entsprechende lk Formulierung sehr deutlich red. ist.
[4] Zu οὖν, κἀγώ, πατὴρ ἐν τοῖς οὐρανοῖς vgl. Bd. I Einl. 3.2. Λέγω (δὲ?) ὑμῖν (Lk 12,8) ist eher von Mt gestrichen worden (Pesch* 30-33). Ἐνώπιον (Lk 12,9) ist deutlicher red. als ἔμπροσθεν bei Mt. Sehr schwierig ist ἀρνηθήσεται Lk 12,9. Steckt hier noch eine Erinnerung daran, daß das Wort ursprünglich kein Menschensohnwort war (P. Vielhauer, Gottesreich und Menschensohn in der Verkündigung Jesu, in: ders., Aufsätze zum Neuen Testament, 1965 [ThB 31], 77)? M.E. wollte Lk eher das schwerfällige ὃς ἂν ἀρνήσηταί με ... καὶ ὁ υἱὸς τοῦ ἀνθρώπου ἀρνήσεται αὐτόν vermeiden und die Formulierung im zweiten Teil des Parallelismus verkürzen. Die lk Formulierung (mit ἐνώπιον τῶν ἀγγέλων τοῦ θεοῦ) versteht ἀρνηθήσεται gerade nicht als pass. divinum. Ob ursprünglich υἱὸς τοῦ ἀνθρώπου oder »ich« zu lesen war, ist umstritten und hängt mit der Gesamtbeurteilung der Menschensohnfrage zusammen. Ich rechne mit urspr. υἱὸς τοῦ ἀνθρώπου und schließe mich damit u.a. Higgins* an.
[5] Die Selbständigkeit von Lk 12,2 zeigen Mk 4,22; Ev Thom log 5f. Bultmann, Tradition 99f weist hin auf das Sprichwort: »Die Sonne bringt es an den Tag«. Sprichwortartige Parr: Soph fr 301 (The Fragments of Sophocles I, hrsg. A.C. Pearson, Cambridge 1917, 217) = Aulus Gellius, Noctes Atticae 12,11 (hrsg. T.E. Page, II, 1948 [LCL] 394); Soph Ai 646f; Soph Oed Tyr 1213; Soph Oed Col 1454; Eur Hipp 1051; Aelian fr 62; Menander, Sententiae 639.829.839 (hrsg. S. Jäkel, Leipzig 1864, 70.80f) (»die Zeit bringt es an den Tag« o.ä.); Aboth 2,4 (Hillel: »Jedes Wort wird am Ende gehört werden«).
[6] So z.B. Kloppenborg, Formation 210f. Bereits Q = Lk 12,2f ist dann eine indirekte »exhortation to bold preaching«, die Mt durch seine Umformulierung nur verdeutlicht hätte.
[7] So z.B. Hoffmann, Studien 132: »endzeitliche Rehabilitierung der Gruppe und ihrer Botschaft«.
[8] So Sato, Q 245.
[9] Vgl. Schulz, Q 464.

V 28-31 sind m.E. ein einheitliches Logion[10], abgesehen von der sekundär eingefügten, sprichwortartigen[11] Bemerkung in V 30. Formal ist es ein Mahnspruch weisheitlichen Stils[12], im Aufbau mit Verbot und Gebot, dazwischen gefügter Begründung und abschließendem Imperativ sehr kunstvoll und nicht weiter dekomponierbar. Inhaltlich geht es nur vordergründig um Mahnung; das eigentliche Ziel des Wortes ist es, von V 29 her den Jüngern Mut zuzusprechen. Über die Herkunft des Logions läßt sich kaum mehr etwas aussagen.

V 32f, ein doppelgliedriges Menschensohnwort, sind kaum einer herkömmlichen Gattung zuzuordnen: Galt es gemeinhin als prophetischer »Satz heiligen Rechts«[13], so wurde im Gegenzug dazu seine weisheitliche Struktur besonders betont[14]. M.E. gibt es die prophetische Gattung der Sätze heiligen Rechtes nicht[15], andererseits ist aber unser Wort keinesfalls weisheitlich: Das in 12,8f sprechende autoritative »Ich« entzieht sich weisheitlichem Denken und erinnert eher an die biblischen Prophetengestalten[16]. Die Urteile der Forscher über die Herkunft des Logions spiegeln natürlich die jeweiligen Positionen zur Menschensohnfrage. Die Differenzierung zwischen dem »Ich« Jesu und dem Menschensohn läßt sich m. E. nicht befriedigend erklären, wenn man eine Gemeindebildung annimmt. Eine Gerichtssituation, wie sie das Logion voraussetzt, kann ich mir im Vorfeld von Jesu Passion schon denken. Ich rechne also damit, daß das Logion auf Jesus zurückgeht. Die älteste Fassung ist dabei diejenige von Q; Mk 8,38 ist auf der ganzen Linie sekundär[17].

Erklärung 26 Um die Überwindung der Furcht in der Verfolgung geht es in diesem Abschnitt. Die Grundlage ist in V 24f gelegt: Die Jünger wissen, daß es ihnen nicht anders ergeht als ihrem Meister, und brauchen deshalb (οὖν) keine

---

[10] Die Dekompositionsversuche, z.B. bei Zeller, Mahnsprüche 95f und ähnlich bei Gnilka I 390 (ursprüngliche Einheit V 29.31b; sehr frühe Ergänzungen V 28.30.31a), überzeugen m.E., wie schon die vielen Vorbehalte bei Zeller verraten, nicht.

[11] Vgl. 1Sam 14,45; 2Sam 14,11; 1Kön 1,52; Lk 21,18; Apg 27,34.

[12] Kloppenborg, Formation 208f (mit Hinweis auf die Sachpar 4Makk 13,14f); Sato, Q 174f. Exakte Formparr für diesen formal komplizierten Text gibt es allerdings nicht.

[13] Seit E. Käsemann, Sätze heiligen Rechtes im Neuen Testament, in: ders., Versuche II 78f.

[14] Vgl. K. Berger, Zu den sogenannten Sätzen heiligen Rechts, NTS 17 (1970/71) 26.33f.39f.

[15] Vgl. die Modifikation der Bergerschen These durch Sato, Q 264-278: Der allgemeine Gedanke der Talio wird in verschiedener Weise sowohl in der Weisheit als auch in der Prophetie verwendet. Von »Rechtssatz« könnte man höchstens in metaphorischem Sinn sprechen.

[16] Sato, Q 276 weist besonders hin auf Analogien bei Jer, z.B. 26,16-19; 38,6-13; 39,15-18; 43,1-7: Das Verhalten gegenüber dem Propheten bedeutet zugleich, Jahwe zu gehorchen oder ungehorsam zu sein.

[17] Obwohl die Gegenüberstellung von ὁμολογέω und ἀρνέομαι später v.a. im Zusammenhang mit dem Martyrium technische Sprache der Gemeinde geworden ist (vgl. Kümmel* 218), ist sie gegenüber mk ἐπαισχύνομαι ursprünglich: Ἐπαισχύνομαι ist Gemeindesprache (C. Colpe, Art. ὁ υἱὸς τοῦ ἀνθρώπου, ThWNT VIII 450 Anm. 331) und paßt zur Ausweitung τοὺς ἐμοὺς λόγους (vgl. Röm 1,16; 2Tim 1,8; Pesch* 36). Der Aramaismus ὁμολογέω ἐν (Bl-Debr-Rehkopf § 220.3; Bauer, Wb s.v. ὁμολογέω Nr. 4) bezeugt ebenfalls das Alter dieser LA. Auch andere Elemente von Mk 8,38 sind sekundär: ἐν τῇ γενεᾷ ... ἁμαρτωλῷ weitet ebenfalls über die Gerichtssituation hinaus aus. V 38fin tauchen Vorstellungen aus Mk 13,24-27 auf (ἔρχεσθαι, δόξα), vgl. Dan 7,13; äth Hen 61,8.10 (Herrlichkeit, Engel). Nur das generalisierende πᾶς Mt 10,32 (nicht Mt 10,33!) könnte in Q sekundär hinzugewachsen sein.

Angst zu haben vor »ihnen«, die sie vor Gericht mißhandeln und schmähen[18]. 26
V 26 gibt dafür eine zusätzliche Begründung. Wie sie zu verstehen ist, war seit alters umstritten. Die Frage lautet: *Wann* wird das Verhüllte enthüllt werden? In der Geschichte oder im letzten Gericht? Liegt also der Trost für die Jünger im schließlich unausweichlichen Erfolg ihrer guten Sache im Lauf der Zeit, oder liegt er in ihrer endgültigen Aufdeckung im letzten Gericht?

Zwei Umstände machten es später verführerisch, den Vers auf die Enthüllung der Wahrheit in der Zeit zu deuten: einmal die Erinnerung an das bekannte griechische Sprichwort von der Zeit, die die Wahrheit an den Tag bringt[19], und sodann die Situation der nachkonstantinischen Kirche, deren Verkündigung öffentlich und anerkannt war. So wurde V 26b oft geschichtlich gedeutet: Die verborgene Verkündigung Jesu wird in der Gegenwart von allen gehört[20]. Der Trost lautet dann: Fürchtet euch nicht – die Anfechtung ist vorübergehend. »Wenn erst das Evangelium offenbar ist, hört die Anfeindung auf«[21]. Dann wird es allerdings schwierig, die Kirche im Sinn des Mt grundsätzlich als leidende Kirche zu verstehen. Kierkegaard hat diese Schwierigkeit am schroffsten formuliert: »Wo alle Christen sind, sogar die Freidenker, ist die Lage folgende: Sich Christ zu nennen ist das Mittel, mit dem man sich gegen alle möglichen Ungelegenheiten und Unbequemlichkeiten des Lebens sichert.«[22] Der Trost, der von dieser Auslegung von V 26b ausginge, wäre durch die Geschichte aufs eindrücklichste bestätigt. Nur: Ist sie richtig? Neben der Deutung auf die Zeit stand von alters her diejenige auf das Endgericht, wie sie am eindrücklichsten Thomas a Celano in seinem »Dies irae« formuliert hat: »Quidquid latet apparebit, nil inultum remanebit«[23]. Versteht man V 26b von der Offenbarung der Wahrheit durch Gott im jüngsten Gericht her, so wird der Text für heutige Leser/innen fremd: Trost und Grund zur Furchtlosigkeit darin zu finden, daß Gott im Endgericht seine Wahrheit offenbaren wird, indem er den Menschensohn sich zu den Seinen bekennen und die anderen verdammen läßt (V 32f), ist für die meisten heutigen Menschen nicht leicht.

Wirkungsgeschichte 26f

Mir ist wahrscheinlich, daß Matthäus in diesem zweiten Sinn verstanden werden will. Beweisen läßt sich das allerdings nicht, zumal deshalb nicht, weil der Evangelist das eschatologische Kommentarwort Q = Lk 12,3 paränetisch umformulierte. Man kann nur darauf hinweisen, daß vermutlich schon in Q die Futura von Lk 12,2f eschatologisch verstanden wurden und daß der mat-

---

[18] Weavers** 107: Αὐτούς bezieht sich auf das Subj. der VV 17-23.25b.
[19] Vgl. o. Anm. 5. Daran erinnern z.B. Johannes Chrysostomus 34,1 = 495 (»die Zeit wird alles enthüllen«) und Euthymius Zigabenus 340. Bereits Bullinger 1038 weist hin auf Sophokles (o. Anm. 5).
[20] Z.B. Johannes Chrysostomus 34,1 = 495 (»alle werden euch Retter und Wohltäter des Erdkreises nennen«); Erasmus (Paraphr) 62 (»aliquando«); Calvin I 307 (»wenig später«); Maldonat 221; Olshausen 349 (»Enthüllung aller Geheimnisse Gottes in der Kirche durch den Geist«).

[21] Klostermann 90.
[22] Zeitungsartikel vom 21. 3. 1855 = Ges. Werke, 34. Abt., Düsseldorf 1959, 36.
[23] »Was verborgen ist, wird erscheinen, nichts wird ungerächt bleiben« (Thomas a Celano, Dies irae 6,2f, bei: K. Langosch, Hymnen und Vagantenlieder. Lateinische Lyrik des Mittelalters mit deutschen Versen, Darmstadt ²1958, 86-89). Auf das Endgericht deuten z.B. Hieronymus 70; Hilarius 10,16 = SC 254,234; Theodor v Mopsuestia fr 55 = Reuss 114; Cyrill v Alexandria fr 123 = Reuss 193. Viele Ausleger verbinden beide Auslegungen.

thäische Kontext voller Hinweise auf das letzte Gericht ist (10,15.23.28-31.32f.39.41f), so daß diese Deutung schon von daher für die Leser/innen näher liegt.

27 Die Fortsetzung des Textes aber mußte sie überraschen: Der Evangelist macht aus der Verheißung Lk 12,3 (Q) eine Aufforderung: Die Jünger sollen sich bereits jetzt der im letzten Gericht erfolgenden endgültigen Offenbarung entsprechend verhalten. V 27 sagt also, was das Eschaton für die Verkündigung bedeutet: Man soll öffentlich verkündigen, von den Flachdächern[24] palästinischer Häuser, für alle hörbar[25]. Solche paränetische Akzentuierungen sind typisch für den Evangelisten, dem es immer wieder darum geht, daß die Jünger jetzt schon dem kommenden Himmelreich entsprechen, indem sie seine Gerechtigkeit suchen (vgl. 6,33). Da spätestens seit 10,24f die Aussendungsrede zu einer allgemeinen Jüngerrede geworden ist, wissen sich durch diesen Verkündigungsauftrag *alle* Gemeindeglieder angesprochen.

28 V 28-31 spitzen diesen Auftrag zu. Die Aufforderung, sich nicht vor[26] denen zu fürchten, die nur den Leib töten können, steht in der Tradition der Martyriumsparänese[27]. Ein solches Wort zeigt ebenso wie die direkten Hinweise (5,11f; 10,17-22; 22,6; 23,34-36), daß die Gemeinde sich verfolgt wußte und das Martyrium als Möglichkeit vor sich sah. Die Unterscheidung von Leib, den Menschen töten können, und Seele, die sie nicht töten können, spiegelt den Einfluß griechischer, dichotomischer Anthropologie auf weite Kreise des Judentums[28]. Wichtig ist, daß die griechische Vorstellung von der unsterblichen Seele hier gerade nicht übernommen wurde: Auch die Seele kann Gott in der Hölle vernichten. Der Gehinnom wird hier nicht im Sinne des späteren rabbinischen Judentum als zwischenzeitlicher[29], sondern als endgültiger Strafort verstanden: Die Strafe für die Bösen wird darin bestehen, daß sie dort ganz, mit ihren Seelen, vernichtet werden[30].

---

[24] Δῶμα (Haus, Zimmer) wird nach Auskunft des Hieronymus, Ep 106,63 = CSEL 55,278 in den orientalischen Provinzen im Sinn von »tectum« gebraucht.

[25] Tanch 243b = Bill. I 580: Der Synagogendiener bläst am Freitag vor Sabbatbeginn vom höchsten Dach der Stadt.

[26] Φοβέομαι ἀπό ist atl., aber kein eindeutiger Semitismus (Bauer, Wb s.v. 1a); für die LXX charakteristisch wäre φοβέομαι ἀπό προσώπου. Wohl aber entspricht der LXX, daß die Aufforderung zur Gottesfurcht V 28b ohne ἀπό formuliert ist: LXX sagt nie ἀπό in Verbindung mit θεός oder κύριος.

[27] 2Makk 6,30 (Leiden κατὰ τὸ σῶμα, Freude κατὰ ψυχήν aus Gottesfurcht); 4Makk 13,13-15 (Dahingabe der Leiber; Bewahrung der Seele vor ewiger Qual; keine Angst vor dem, der meint, töten zu können); weitere Belege bei Zeller, Mahnsprüche 96-100; griech. Belege z.B. Epict Diss 2,2,15 (Menschen können töten, aber nicht schaden); ebd. 3,13,17 (nicht der Mensch wird getötet, sondern nur sein σωμάτιον); (Ps) Themist Or 12 (hrsg. G. Downey, III, Leipzig 1974, 140f) (du tötest den Leib, die Seele wird wegfliegen).

[28] A. Dihle – E. Lohse, Art. ψυχή κτλ., ThWNT IX 630,21ff.50ff; 631,12ff.30ff.42-633,27; 634,22-635,20.

[29] Vgl. Bd. I 253 Anm. 19.

[30] In besonderer Nähe zu Mt 10,28 stehen äth Hen 22,13 (die Seelen der Sünder werden am Tag des Gerichts nicht auferweckt); äth Hen 108,3 (neben ihrer ewigen Qual ist von der Tötung der Geister die Rede); RH 16b,34 (= Bill. IV 1033 = TSanh 13,4f: Die sündigen Israeliten werden in der Scheol 12 Monate gepeinigt, dann werden Leib und Seele vernichtet, und sie werden zu Staub; im Unterschied zu Sektierern, Apostaten, Epikuräern etc., die ewig gepeinigt werden). Weitere Belege bei Volz, Esch 321.

Die Absicht unserer Stelle ist es nicht, Aussagen über anthropologische Fragen oder **Wirkungs-**
über das Leben nach dem Tode zu machen. Sie will mit Hilfe solcher Aussagen die Ge- **geschichte**
meinde ermahnen. Dennoch konnte es nicht ausbleiben, daß in der Auslegungsge- **28**
schichte unsere Stelle zu einem locus »inter primos religionis nostrae«[31] für die Unsterblichkeit der Seele geworden ist. Unser Text verstärkt die allgemeine Überzeugung, daß der Leib nach dem Tode vergehen wird: Er ist ja nur eine »Maske« der Seele[32]. Sinnliche Liebe wird mit dem Leibe zu Ende sein[33]. Was stirbt, ist dann eben »nur« der Leib; der eigentliche Tod ist dagegen das »Entbehren dessen, der gesagt hat: ›Ich bin das Leben‹«[34]. Mit dem Gedanken der Unsterblichkeit der Seele wird der Gedanke der Auferstehung des Leibes verbunden[35]. Die schwierige Aussage, daß Gott in der Hölle »Leib *und* Seele verderben kann«, läßt sich dann auf zwei Arten deuten: Er *kann* die Seele verderben – aber er tut es nicht[36]. Oder: Das ›Verderben‹ – vom ›Töten‹ sei gerade nicht die Rede – besteht darin, daß Gott die Seele ewiger Qual preisgibt[37]. Alle diese Aussagen, die den christlichen Glauben während Jahrhunderten maßgeblich prägten, sind in unserem Text noch nicht vorausgesetzt. Er kennt keine unsterbliche Seele, weiß aber darum, daß die »Seele« im Unterschied zum Leib der Verfügbarkeit des Menschen entzogen ist. Dadurch bleibt in der Schwebe, wie das Verhältnis von sichtbarem σῶμα und unsichtbarer ψυχή zu denken ist. Der Text läßt offen, wie er sich das Leben jenseits des Todes denkt. Positiv gilt: Er gibt keinen Anhalt zu einer Abwertung des Körperlichen als uneigentliches Selbst.

Leib und Seele in der Hölle vernichtet nicht der Teufel[38], sondern Gott. Ihn gilt es zu fürchten. »Gottesfurcht« ist in alttestamentlich-jüdischer Tradition eine vertraute Forderung, die verschiedene Akzentuierungsmöglichkeiten zuläßt[39]. An unserer Stelle läßt »Gottesfurcht« an den strafenden, richtenden Gott, der unbegrenzte Macht hat, denken. Dabei liegt der Gedanke, daß der Mensch durch die Gottesfurcht heteronom bestimmt sei, ferne: Schon in den meisten jüdischen Texten liegen Gottesfurcht und Liebe zu Gott eng beieinander; beide konvergieren im Gehorsam gegenüber seinem Willen[40]. Gerade unser Text eignet sich schlecht dazu, einen jüdischen Gott der Furcht und einen christlichen Gott der Liebe gegeneinander zu stellen. Eher kann man sa-

---

[31] Bullinger 104A.
[32] Johannes Chrysostomus 34,5 = 505, vgl. auch Novatian, Trin 25 = CChr.SL 4,143.
[33] Johannes Chrysostomus 34,4 = 502f.
[34] Origenes fr 209 = GCS Orig XII 100.
[35] Z.B. Zwingli 271; Calvin, Institutio 3,25,7. Die Verbindung mit dem Gedanken der unsterblichen Seele geschieht z.B. nach Bullinger 104A so, daß sich die Auferstehung *nur* auf den Leib bezieht, der dann mit seiner Seele zum jüngsten Gericht wiedervereinigt wird. Dies ist allgemeine Überzeugung der protestantischen Orthodoxie.
[36] Musculus 310.
[37] Lagrange 208 (ἀπολέσαι = »rendre misérable«); Gaechter 343. Die orthodoxen Kommentare verstehen in der Regel das Leiden der Seele in der Hölle metaphorisch als ihren »Tod«.
[38] So z.B. Lührmann, Redaktion 50; Meier 112. Vom Teufel ist im ganzen Text nie die Rede. Auf Gott deuten schon Justin, Apol 1,19; Irenäus, Haer 3,18,5.
[39] Vgl. G. Wanke, Art. φοβέω κτλ., ThWNT IX 197-199 und H. Balz, ebd. 201-203. Grundlegende Akzentuierungsmöglichkeiten sind: Gottesfurcht als Gehorsam (Elohist, Dtn, Gesetzespsalmen, Test XII u.a., rabb. Texte), Gottesfurcht als Gotteserkenntnis und entsprechender Wandel (Weisheit), Gottesfurcht als Vertrauen und Verbundenheit mit Gott (Psalmen), Gottesfurcht als Epiphanie-Furcht (apokalyptische Texte).
[40] Seit Dtn 10,12.20; 13,5; vgl. Dtn 6,5//13.

gen, daß unabhängig voneinander im Judentum und im Christentum die Frage nach dem Verhältnis von Gottesliebe und Gottesfurcht aufgebrochen ist[41]. Unser Text macht deutlich, daß mit dem Gedanken der Gottesfurcht theologisch die Souveränität Gottes verbunden ist. In der Macht Gottes, nicht in der Unzerstörbarkeit eines menschlichen Seelenkerns liegt der Trost für die Jünger. Von der Macht Gottes her gesehen ist die Macht der Menschen begrenzt auf den sichtbaren Leib und erreicht nicht das ganze Selbst des Menschen, seine »Seele«.

29-31 Der Gedanke an die Macht Gottes wird aber sogleich vertieft. Der mächtige Gott ist »euer Vater«, der sich sogar um die Sperlinge kümmert. Sperlinge waren ein geläufiger Artikel auf dem Markt[42], mit Abstand der billigste Vogel[43], der Geflügelbraten der kleinen Leute[44]. Der römische As ist gängige Münze; für zwei As kann man sich eine Tagesration Brot kaufen[45]. Der Text formuliert also bewußt überspitzt: Kein einziger[46] Sperling wird zur Jagdbeute ohne den Willen Gottes. Die Macht Gottes über seine Geschöpfe wird von der Gemeinde ähnlich intensiv und konkret erfahren wie seine Fürsorge im Zuspruch Mt 6,26[47]. Der Schluß von den Sperlingen auf die Menschen ist fast humorvoll: Um den Wert eines Menschen aufzuwiegen, braucht es schon viele Sperlinge[48]! Der Zwischengedanke V 30 formuliert ähnliches mit dem Beispiel der Haare, die auch in jüdischen Texten Gottes Fürsorge illustrieren[49]: Ein einziges Haar ist ein ganz geringfügiger Teil des ganzen Menschen.

---

[41] Sota 31a und Parr bei Bill. II 112f (Liebe zu Gott steht über der Furcht vor Gott); pBerakh 9,14b,40 und Parr bei Bill. IV 338f (Pharisäer aus Furcht und Pharisäer aus Liebe); 1Joh 4,16-18 (abgelehnt wird die Furcht, nicht die Gottesfurcht).

[42] Sie tauchen im Maximaltarif von Diokletian auf und werden in Bündeln à 10 Stück verkauft (Deissmann, LO 234f). Nur schon deshalb sollte man nicht an das Opfer denken (gegen Bill. I 582).

[43] Deissmann, LO 235. Den Preis für ein Taubenpaar (Opfertier!) gibt die Mischna Ker 1,7 mit 1/4 Silberdenar bis 1 Golddenar an.

[44] LevR 3,1 zu 2,1 zitiert als Sprichwort: Wer einen Garten mietet, ißt Vögel (צִפֳּרִין; in der LXX wird צִפּוֹר oft mit στρουθίον übersetzt); vgl. ferner bBerakh 57b (Vogelfleisch ist schlecht für Kranke); EkhaR 3,6 zu 3,17 (80 Arten Vogelhirn bei einem Gastmahl).

[45] Ἀσσάριον, vom lat. Adj. assarius, ist keine Verkleinerungsform, sondern übliche Übertragung von »as« ins Griechische. Der Wert wird in der Literatur unterschiedlich mit 1/24 oder 1/16 Denar angegeben. D. Sperber, Roman Palestine 200-400. Money & Prices, Ramat-Gan 1974 (Bar-Ilan Studies in Near Eastern Languages and Culture), 28.157 vermutet, daß unter Antigonus (40-37 v.Chr.) das jüd. Münzsystem dem röm. angepaßt wurde, so daß ein As = 1/16 Denar wäre; in den Mischnatexten hat sich das ältere Münzsystem erhalten. Pea 8,7 schreibt als Tagesration, die einem wandernden Armen zu geben ist, ein Brot im Wert eines Pundion (= 2 As) vor, so daß der Preis für zwei Sperlinge etwa den Kosten des Brots für eine Mahlzeit entsprechen würde.

[46] Ἔν ... οὖν ist vielleicht Semitismus (Bl-Debr-Rehkopf § 302 Anm. 3).

[47] Verwandt ist pSchebi'ith 9,38d,22 und Parr bei Bill. I 582f (kein Vogel geht ohne den Himmel zugrunde). Formal noch enger verwandt ist Q = Lk 12,24/Mt 6,26 mit gemeinsamen, in Q ziemlich nahe beieinanderstehenden (Lk 12,7.24) Stichworten διαφέρετε mit Gen., ὑμεῖς, πατὴρ ὑμῶν. Hat Lk 12,24 Q auf unsere St eingewirkt, oder liegt eine sekundäre Angleichung beider St aneinander in Q vor?

[48] Jeremias, Theologie 179 will πολλά inkludierend verstehen: alle Sperlinge (der Welt). Wellhausen 50 nimmt eine Fehlübers. aus dem Aram. an: Ihr seid viel besser als Sperlinge (vgl. Mt 6,26!). Beides ist unnötig.

[49] Bill. I 584 und die St o. Anm. 11.

Gott, der Herr über Leib und Seele, ist liebender Vater. Die Gemeinde ist in ihrem Leiden von ihm getragen, ähnlich wie 10,20 von seinem Geist und 28,20 vom Herrn. Gottes Macht und Gottes Liebe gehören eng zusammen: Sie stiften Gottesfurcht und machen frei von Menschenfurcht.

Zusammenfassung und Wirkungsgeschichte 28-31

Unser Text ist außerordentlich wirkungsmächtig geworden, und zwar als klassische Belegstelle des dogmatischen »locus de providentia«. Er taucht normalerweise im Zusammenhang mit den Ausführungen über die providentia Dei specialis auf[50], also jener Fürsorge Gottes, die sich über die Ordnungen und Naturgesetze hinaus auf jeden einzelnen Akt eines Menschen und jede Begebenheit bezieht. »Nichts geschieht uns aus Zufall und ohne den Willen unseres allerbesten himmlischen Vaters«[51]. Natürlich sind solche Sätze an sich spekulativ und geeignet, alles als gottgewollt zu rechtfertigen[52]. Versteht man die Fürsorge Gottes als Theorem, so ist sie von jedem Todesfall und jedem Krieg, ja von jedem in eine Falle gegangenen Sperling her zu hinterfragen. Aber die Tradition wußte in der Regel genau, daß nicht das der Sinn solcher Providenzaussagen ist. Zwingli formuliert, nachdem er die Frage gestellt hat, ob Räuberei und Verrat gemäß dem Willen Gottes geschehen: Eine solche Frage »ist das sicherste Argument dafür, daß ich Gott noch nicht kenne. Denn ich möchte ... Gott mit *meinem* Fuß ausmessen, nämlich dem Gesetz, unter dem *ich* lebe«[53]. Und die Confessio Belgica meint zu demselben Problem: »Es genügt uns, Christi Jünger zu sein, um nur das zu lernen, was er selbst durch sein Wort uns lehrt«[54]. Für den ganzen locus von der speziellen Providenz Gottes gilt, was in seiner klassischen neutestamentlichen Belegstelle Mt 10,29-31 exemplarisch zu fassen ist: Der rechte »Gebrauch der göttlichen Providenz« ist, »uns in größten Gefahren zu trösten«, daß nämlich »jener Gott wahrhaftig unser Vater ist«[55], aber nicht, über die Weltordnung zu spekulieren.

Damit ist der »Gebrauch« auch unserer Verse klar umschrieben: Sie wollen von Christus her Gottes Treue in eine Notsituation hinein zusprechen. Löst man sie von Christus und von konkreter gelebter Not, so werden sie zu religiöser Schönfärberei, die darum der Wirklichkeit der Welt nicht gerecht wird, weil sie die Grenzen des Geheimnisses Gottes übersteigt.

Das Wort vom Bekennen und Verleugnen Jesu schloß schon in Q den Abschnitt ab. Die matthäische Bearbeitung hebt heraus, daß Gott, der Herr des Gerichts, kein anderer als der himmlische Vater ist, der für die Seinen sorgt und zu dem sie beten, weil er ihr Vater ist (vgl. 6,5-14). Das Wissen um den

Erklärung 32f

---

[50] Calvin, Institutio 1,16,4f; Konkordienformel, Solida Declaratio XI 4 = BSLK⁴ 1959, 1065; H. Schmid, Die Dogmatik der evangelisch-lutherischen Kirche (hrsg. H.G. Pöhlmann), Gütersloh ⁹1979, 123.132; H.-J. Kraus, Reich Gottes: Reich der Freiheit. Grundriß systematischer Theologie, Neukirchen-Vluyn 1975, 209 (»providentia Dei specialissima«).
[51] Confessio Belgica (1561) 13 = BSKORK 124, vgl. Heidelberger Katechismus 1 = ebd.

149: »... und also bewaret, das one den willen meines Vatters im Himmel kein har von meinem haupt kan fallen, ja auch mir alles zu meiner seligkeit dienen muss«.
[52] Ein Beispiel: Cyprian, Ep 59,5 = BKV I/60 577 verteidigt mit Mt 10,29 die Legitimität von Bischöfen.
[53] Zwingli 272.
[54] Ebd. (o. Anm. 51).
[55] Bullinger 104B.

himmlischen Vater wird zum tragenden Moment unseres Abschnitts, das dann dem Bruch mit den irdischen Vätern (10,35.37) wirkungsvoll gegenübertreten wird. Das Hauptgewicht liegt auf V 32: Es geht um Trost an die leidenden Jünger. Die alles entscheidende Offenbarung (V 26!) geschieht im Gericht, wenn sich Jesus zu seinen Bekennern bekennen wird. Damit ist mehr gemeint, als daß Jesus als Gerichtszeuge wirkt[56], und auch mehr, als daß er im Sinne der frühen Parakletvorstellung fürbittend für seine Jünger eintritt[57]. Bereits 7,21-23 haben deutlich gemacht, daß Jesus der Herr des Gerichts ist: Sein »Bekennen« vor dem Gericht ist unumstößliches Gerichtswort (vgl. 7,23). Ob der Herr dann sagen wird »Ich habe euch nie gekannt!« (7,23) oder »Kommt, ihr Gesegneten meines Vaters!« (25,34), entscheidet über Tod und Leben. Zum ersten Mal in unserem Kapitel spricht hier Matthäus von der Rettung der Jünger im Gericht. Er weiß, daß sie nicht selbstverständlich ist: Die Möglichkeit der Verdammung besteht für die Jünger[58], wenn die Furcht vor den Menschen sie überwältigt und sie sich nicht mehr öffentlich zu Jesus stellen. Matthäus weiß aber, daß die Rettung im Gericht Gnade ist: Jesus trägt seine Jünger/innen durch die Vollmacht, die er ihnen schenkt (10,1), durch seinen Zuspruch, durch sein eigenes Lebensmodell (10,24f) und durch seine Hinweise auf den Vater, der über dem Gericht steht. Ὁμολογεῖν hat hier noch den allgemeinen Sinn von »ja sagen, übereinstimmen, sich öffentlich zu jemandem stellen« und denkt noch nicht an besondere Gerichts- oder Bekenntnissituationen.

Wirkungsgeschichte 32f
Die Auslegungsgeschichte hat darüber intensiv nachgedacht. Ὁμολογεῖν war ein geeigneter Begriff, die besonderen Anliegen jeder Zeit und die beonderen Akzente jedes Glaubensverständnisses aufzunehmen. Zunächst war unser Text ein klassischer Martyriums-Text; die Homologie war das Bekenntnis zu Christus vor den Richtern und das Zeugnis mit dem eigenen Leben[59]. Später wurde die rechte Lehre wichtiger, die echte von falschen Christen unterschied: Das rechte Bekenntnis lautet nun, daß Christus Gott ist[60]. In der Reformationszeit wurde die persönliche Beziehung zu Christus, also das personale Moment des ὁμολογεῖν, wichtig: Das Bekenntnis zu Christus

---

[56] Tödt, Menschensohn 83. Aber wie hätte Mt zwischen der Rolle Jesu als Zeuge (= »ich«) und derjenigen als Richter (= »Menschensohn«, z.B. 25,31) unterscheiden können?

[57] Vgl. z.B. Röm 8,34; 1Joh 2,1.

[58] Pesch* 32 will zwischen dem Fut. ὁμολογήσει und dem Konj. Aor. ἀρνήσηται unterscheiden und bezieht letzteren auf die in der Vergangenheit geschehene Verleugnung Jesu durch die Verfolger V 25b. Die Zeiten werden aber oft promiscue gebraucht (Bl-Debr-Rehkopf § 380.2). Wahrscheinlicher (aufgrund von 26,70.72 und dem mt Gerichtsverständnis überhaupt) ist es, V 33 als eine der Gemeinde drohende Möglichkeit zu verstehen.

[59] Beispiele: 2Tim 2,12 (früheste Aufnahme unseres Textes in einem fiktiven Abschiedsbrief des gefangenen Paulus!); Act Acacii 3,5; Mart Iren 3,3 (= G. Krüger, Ausgewählte Märtyrerakten, 1929 [SQS NF 3], 59.103); Origenes, Exhortatio 34 = BKV I/48 190; Tertullian, Scorp 9 = BKV I/24 555-557; Fuga 7,2 = CSEL 76,29 (»quomodo confitebitur fugiens?«); Cyprian, Ep 58,3f = BKV I/60 561f; H. v Campenhausen, Das Bekenntnis im Urchristentum, in: ders., Urchristliches und Altkirchliches, Tübingen 1979, 222f; Pagani* 266.

[60] Cyrill v. Alexandria fr 125 = Reuss 193.

schließt die Benutzung anderer Heilsmittel, etwa die Fürbitte durch Heilige oder das Vertrauen auf »päpstliche Messen«, aus[61]. Außerordentlich wichtig wird auch wieder der schon in den Martyrer-Texten zentrale Gedanke, daß das Bekenntnis öffentlich, vor den Menschen zu geschehen habe; ein stilles Bekennen im Versteck des Herzens gibt es nicht[62]. Durch die ganze Auslegungsgeschichte hindurch zieht sich der Gedanke, daß das Bekenntnis nicht nur durch Worte, sondern auch durch die Praxis der Christen zu geschehen habe[63]. Das Bekenntnis fordert den *ganzen* Menschen[64]; der Text soll in den Alltag hineinwirken. Nicht nur Martyrer/- oder Pfarrer/- und Lehrer/innen, die die rechte Lehre öffentlich zu vertreten haben, sondern jede/r Christ/in ist zum Bekenntnis gefordert[65]. Interessant ist auch der – philologisch verfehlte – Versuch, die präpositionale Konstruktion ὁμολογέω ἐν mystisch von der Verbundenheit mit Christus her auszulegen, die ein Bekennen überhaupt erst ermöglicht[66]. Solche Versuche zeigen, wie vom Ganzen des christlichen Glaubens her immer wieder neue Akzente in einem alten Text aufblitzen. Die Frage ist nicht nur, wie weit sie exegetisch »gedeckt« sind. Der christliche Glaube in seiner geschichtlichen Entwicklung schafft sich in den einzelnen Bibeltexten ein *Sinnpotential, das den Ursprungssinn übersteigt*. Mitbestimmt vom Zentrum des eigenen Christusglaubens und nicht allein vom Ursprungssinn des Textes her, kann ein/e Ausleger/in im Gespräch mit den Auslegungen von Vätern, Schwestern und Brüdern versuchen, in eigener theologischer Verantwortung für die Gegenwart legitime von illegitimen Auslegungen zu unterscheiden. Wohl aber wird er/sie den Ursprungssinn des Textes daraufhin befragen, welche *Richtungen* er für spätere Textentdeckungen weist und welche korrigierenden Fragen er ihnen stellt[67].

Für das matthäische Verständnis des Bekenntnisses scheint die Verbindung von Verkündigung und Leben entscheidend: Die Verkündigung der Jünger muß inhaltlich Christusverkündigung sein (ἐν ἐμοί). Dabei geht es für Matthäus im Bekenntnis »zu mir« um »alles, was ich euch geboten habe« (28,20). Auch das ganze Kap. 10 macht deutlich, daß jesusförmige *Existenz* zum Bekenntnis gehört (10,7-14.17-22.24f.38f), also Armut, Wehrlosigkeit und Leiden um Jesu willen. Das Bekennen und Verleugnen Jesu vor Gericht ist nur verdichteter Ausdruck dessen, was das ganze Leben aller Christen/innen »vor den Menschen« bestimmen muß.

Heutige Leser/innen haben Schwierigkeiten mit diesem Text. Der von Matthäus der Gemeinde dargebotene Trost scheint nicht mehr zu trösten: Weder der Gedanke an die Macht Gottes, der in der Hölle Leib und Seele vernichten kann, noch der Gedanke an das Endgericht des Menschensohns, der nicht nur

Zusammenfassung 26-33

---

[61] Musculus 315; Bullinger 105B.
[62] Vgl. Calvin I 311 und ders., Excuse a Messieurs les Nicodémites, 1867, CR 34, 589-614, dort bes. 594.603f.
[63] Erstmals 2Clem 3,2 in Aufnahme von Mt: »Womit ... bekennen wir ihn? Dadurch, daß wir tun, was er sagt«.
[64] Barth, KD IV/1 869: Das Bekenntnis ist »keine *besondere* Aktion des Christen. Verlangt ist nur, daß er sei, der er *ist*«.

[65] Zwingli 273 (»qui ministri publici non sunt ... confiteri debent ... non ore solum, sed et corde et factis, imo tota vita«).
[66] Origenes fr 213 = GCS Orig XII 102; Tertullian, Scorp 9 = BKV I/24 556.
[67] Zum »Richtungssinn« biblischer Texte vgl. Bd. I 157.416-420 und U. Luz, Erwägungen zur sachgemäßen Interpretation neutestamentlicher Texte, EvTh 42 (1982) 504.

begnadigt, sondern auch verurteilt, noch auch der Gedanke an Gottes Fürsorge, die zu oft schon bei den Sperlingen zu versagen scheint, sind leicht zu bejahen. Es ist verführerisch – und in der Auslegungsgeschichte nicht selten passiert –, dem Text auf einer Ebene zu begegnen, die seinem Skopus nicht entspricht, nämlich auf der Ebene weltanschaulicher Diskussion theologischer Aussagen über das Jenseits, das Gericht oder die Vorsehung. Demgegenüber ist wichtig, daß der Text zunächst von einem *Auftrag* spricht, nämlich vom Auftrag zu furchtloser, öffentlicher Verkündigung. Dieser Auftrag bestimmt das ganze Leben und führt zu einer »Schafsexistenz« der Jünger in Wehrlosigkeit und Leiden. Nicht zu *allgemeiner* Reflexion über theologische Probleme will also Matthäus anleiten, sondern zu einer kompromißlosen und mutigen Verkündigung von »allem, was ich euch geboten habe« (29,20). Erst im Gehorsam gegenüber diesem Auftrag kann über die in unserem Text angeschnittenen theologischen Fragen sachgemäß nachgedacht werden.

Sie konzentrieren sich auf Gott. Es fällt auf, daß unser Text die dunkle Seite Gottes nicht verschweigt. Er vernichtet Leib und Seele in der Hölle (V 28d) und stellt auch der Gemeinde die Möglichkeit des Vernichtungsgerichts vor Augen (V 33). Damit werden zunächst einmal die richtigen Relationen gesetzt: Nicht als Gegenstand der Reflexion begegnet Gott hier den Betrachtenden, sondern als Herr begegnet er denen, denen er einen Auftrag gegeben hat. Nicht die Frage, ob Gottes Fürsorge wirklich funktioniert oder ob Gottes vernichtendes Gericht mit seiner Liebe vereinbar ist, steht zur Debatte, sondern die Frage nach dem Urteil Gottes über die Erfüllung seines Auftrages. Dies wollen die dunklen Aspekte Gottes in diesem Text zunächst einmal einschärfen. Sie führen von Spekulationen über Gott und den Weltlauf ebenso weg wie von der Frage, wessen Bekenntnis zu Jesus nun wohl das richtige sei. Sie stellen ausschließlich vor die Frage nach dem *eigenen* Mut und dem *eigenen* Bekenntnis vor den Menschen. Insofern haben die dunklen Aussagen über Gott eine aktivierende Kraft, vielleicht sogar eine befreiende Wirkung.

Nun stehen sie aber scheinbar unverbunden mit jenen Aussagen zusammen, die das Hauptgewicht tragen: Gott, der die Gemeinde auch verurteilen kann, ist der Vater Jesu (V 32f). Der Gott, der den Menschen in der Hölle vernichten kann, ist »mit ihm« und bewahrt ihn. Der dunkle Hintergrund macht die Zusage größer: Gerade derjenige, in dessen Hand auch die Vernichtung liegt, verspricht den Jüngern seine Liebe. Es ist klar, daß damit nicht ein verrechenbares Gottesbild beabsichtigt ist: Matthäus behauptet nicht, daß keine Sperlinge auf den Boden fallen, und sowieso nicht, daß den Jüngern Leiden und Not erspart bleiben. Der Schlüssel zum Verständnis liegt in der Person Jesu: An ihn ist die Vaterschaft Gottes gebunden. Er, dessen Nachfolge zum Kreuz und zum Verlust des Lebens führen wird (10,38f), spricht davon, daß alle Haare auf dem Haupt gezählt sind. Das heißt dann, daß nur die Nachfolge der Ort ist, wo der Gedanke der Fürsorge und der Vaterschaft Gottes durchbuchstabiert und eingeübt werden kann. Einen Ort, der die Tätigkeit des Vaters und Weltrichters abstrakt zu hinterfragen erlaubte, kennt Matthäus nicht.

3.3 *Familienspaltung und Kreuz (10,34-39)*

Literatur: Arens, E., The Ἦλθον-Sayings in the Synoptic Tradition, 1976 (OBO 10), 64-90; *Barta, K.A.*, Mission and Discipleship in Matthew: A Redaction-Critical Study of Mt 10,34, Milwaukee 1979; *Black, M.*, Uncomfortable Words III. The Violent Word, ET 81 (1969/70) 115-118; *Dautzenberg, G.*, Sein Leben bewahren, 1966 (StANT 14), 51-67; *Dinkler, E.*, Jesu Wort vom Kreuztragen, in: ders., Signum Crucis, Tübingen 1967, 77-98; *Frings, C.*, Untersuchungen zu den Texten vom Kreuztragen in der Synopse, Diss. Gregoriana Roma 1971; *Fung, M. Ho Ka*, Crucem tollendo Christum sequi, 1984 (MBTh 52); *George, A.*, Qui veut sauver sa vie la perdra; qui perd sa vie la sauvera, BVC 83 (1968) 11-24; *Koolmeister, R.*, Selbstverleugnung, Kreuzaufnahme und Nachfolge: Eine historische Studie über Mt 16,24, in: Charisteria I. Kopp, 1954 (PETSE 7), 64-94; *Laufen,* Doppelüberlieferungen 315-342; *Schneider, J.*, Art. σταυρός κτλ., ThWNT VII 577-579; *Schulz, A.*, Nachfolgen und Nachahmen, 1962 (StANT 6), 79-97; *Schulz,* Q 258-260.430-433.444-449; *Schweizer, E.*, Art. ψυχή κτλ., ThWNT IX 640-643; *Tannehill, R.*, The Sword of his Mouth, 1975 (Semeia.S 1), 140-144; *Vidal, M.*, Sequimiento de Cristo y evangelización (Mt 10,34-39), Salm. 18 (1971) 289-312; *Wanke,* Kommentarworte 76-81.
Weitere Literatur** zur Jüngerrede o. S. 74.

34 **Denkt nicht, ich sei gekommen, um Frieden auf die Erde zu bringen. Ich bin nicht gekommen, um Frieden zu bringen, sondern das Schwert.**
35 **Denn ich bin gekommen,**
   einen Menschen gegen seinen Vater zu entzweien
   und eine Tochter gegen ihre Mutter
   und eine Schwiegertochter gegen ihre Schwiegermutter,
36 **und seine eigenen Hausgenossen sind Feinde des Menschen.**
37 **Wer Vater oder Mutter mehr liebt als mich,**
   ist meiner nicht wert.
   Und wer Sohn oder Tochter mehr liebt als mich,
   ist meiner nicht wert.
38 **Und wer nicht sein Kreuz nimmt und hinter mir nachfolgt,**
   ist meiner nicht wert.
39 **Wer sein Leben findet, wird es verlieren;**
   und wer sein Leben um meinetwillen verloren hat, wird es finden.

1. *Aufbau.* V 34-36 handeln von der Sendung Jesu, V 37-39 von den Nachfolgern. Durch das dreimalige ἦλθον und das dreimalige κατά sind V 34-36 rhetorisch wirkungsvoll gegliedert. Weitere rhetorisch wichtige Worte sind βαλεῖν εἰρήνην (2mal), ἄνθρωπος (2mal) und das die letzten vier Glieder abschließende αὐτοῦ/αὐτῆς (je 2mal). Πατήρ, μήτηρ und θυγάτηρ bilden die Brücke zur nächsten Einheit V 37-39. In ihr wird ein Relativsatz (V 38a) durch je zwei parallele Partizipialsätze gerahmt. Die ersten drei Glieder werden durch οὐκ ἔστιν μου ἄξιος, die letzten beiden durch ein Futur + αὐτήν abgeschlossen. Das letzte Glied V 39b ist etwas länger; ἕνεκεν ἐμοῦ schießt über. Dadurch wird die Aufmerksamkeit auf das Pronomen der 1. Person ge-

lenkt: 6mal μου oder ἐμέ gehen dem ἕνεκεν ἐμοῦ voraus. Die formale Geschlossenheit dieser Logien ist also sehr groß. Zugleich tauchen in dem Abschnitt Stichworte auf, die ihn mit der ganzen Rede verklammern: εἰρήνη (V 34, vgl. V 13), οἰκιακοί (V 36, vgl. V 25), ὑπέρ mit Akk. (V 37, vgl. V 24), ἄξιος (V 37f, vgl. V 10-13).

2. *Quellen.* Beide Logiengruppen stammen wohl aus Q. Beide Male bleiben aber Unsicherheiten.

a) *V 34-36* hat seine Entsprechung in Lk 12,51-53. Lk 12,51-59 ist ein Q-Abschnitt, bei dem die geringe Übereinstimmung des Wortlauts auffällt. In V 34 bleibt der Umfang der Red. unsicher[1]. Am sichersten ist das wiederholte ἦλθον in 34b/35a red.[2] Im folgenden ist Lk durch die Einleitung in 12,52, Mt durch den Schlußvers 36 erweitert. Lk 12,53 und Mt V 35f spielen auf Mi 7,6 an. Mt ist vom Wortlaut der LXX eher weiter entfernt als Lk, aber er nimmt in V 36 auch noch Mi 7,6d auf. Hinter οἰκιακοί könnte der MT von Mi 7,6d stehen. Da Mt dieselbe Stelle schon V 21 aufnahm und den Text nicht vereinheitlichte, ist es unwahrscheinlich, daß er den Wortlaut verändert hat[3]. Aber auch der lk Text, insbesondere die sechs Gegensatzpaare in 12,53 und das dazu nicht passende Drei-gegen-Zwei in 12,52 läßt sich nicht ganz auf Red. zurückführen. Fazit: Am wahrscheinlichsten ist, daß das Logion den Evangelisten in Q^{Mt} bzw. Q^{Lk} verschieden überliefert war.

b) Die drei alten Logien *V 37-39* standen nicht nur in Q = Lk 14,26f, sondern z.T. auch bei Mk (8,34f) und Joh (12,25f) zusammen und bildeten eine sehr alte Spruchgruppe[4]. Vermutlich hat Lk das Logion vom Preisgeben des Lebens in die eschatologische Rede 17,33 verschoben, um das dem Leiden des Menschensohns (17,25) entsprechende Leiden der Jünger zu betonen[5]. In *V 37* geht οὐκ ἔστιν μου ἄξιος auf Mt zurück, dem es nicht um das Jünger-Werden, sondern um die Bewährung der Jüngerschaft geht. Wahrscheinlich ist auch die Formulierung φιλῶν... ὑπὲρ ἐμέ und damit der schöne Parallelismus mt[6], während auf Lk in 14,26 εἴ τις ἔρχεται πρός με, vielleicht die Erweiterung der Familienglieder durch Brüder und Schwestern und fast sicher ἔτι τε καὶ τὴν ψυχὴν αὐτοῦ, eine Reminiszenz an den von hier »verschobenen« Q-Vers Mt 10,39 (= Lk 17,33!), zurückgeht[7]. In *V 38* ist ἀκολουθεῖ statt ἔρχεται und

---

[1] Schwierig ist a) das Verhältnis zu 5,17: 5,17 ist stark red. gestaltet. Sind 5,17 und 10,34 red., oder ist 10,34 das »Modell«, nach dem Mt 5,17 gebildet hat? Schwierig ist b) das Verhältnis zu Lk 12,49: V 34 enthält Reminiszenzen an den (vermutlich von Mt aus Q weggelassenen) V Lk 12,49 (ἦλθον, βαλεῖν ἐπὶ τὴν γῆν). Spricht das dafür, daß Mt V 34 nach dem Modell von Q = Lk 12,49 neu formuliert hat? Aber auf der anderen Seite ist auch Lk 12,51 stark red. gestaltet (παραγίνομαι, διαμερισ-, evt. δοκεῖτε ὅτι, οὐχί – ἀλλά). Fazit: Non liquet.
[2] Verstärkung des Parallelismus, vgl. Bd. I 33; Repetition von Schlüsselworten, vgl. Bd. I 21.
[3] Schulz, Q 258 hält Lk V 52 für red., Polag, Fragmenta 64 seine Streichung bei Mt.
[4] Wanke, Kommentarworte 79-81 hält V 39 für ein altes Kommentarwort, das in der Paränese die Nachfolgeforderung verdeutlichte.
[5] Vgl. u. die Reminiszenz in Lk 14,26 und Laufen, Doppelüberlieferungen 315-321.
[6] Zu ἄξιος in Schlußstellung vgl. Bd. I Einl. 3.2, zum Parallelismus Bd. I 33. Φιλέω ist ebensowenig Mt-Red. wie μισέω Lk-Red. Ὑπὲρ ἐμέ verklammert aber V 37 mit V 24.
[7] Zu ἔρχομαι πρός... vgl. Lk 6,47; 7,7; zu ἔτι τε καί Apg 21,28. Ἑαυτοῦ ist lk. Für die Liste der Familienglieder ist abzuwägen: Hat Mt durch Kürzungen einen schöneren Parallelismus geschaffen, oder hat Lk die Liste erweitert? Für letzteres spricht, daß auch Lk 18,29 die Ehefrauen, nicht aber die Ehemänner angeführt werden. Vertritt die lk Red. eine »männliche« Prespektive (E. Schüssler-Fiorenza, In Memory of Her, Crossroad – New York 1983, 145f)?

die Schlußwendung mit ἄξιος eher mt, βαστάζει und ἑαυτοῦ eher lk[8]. V 39 ist der formal auffällige Zusatz ἕνεκεν ἐμοῦ (vgl. Mk 8,35 / Mt 16,25) fast sicher mt, während bei den übrigen Besonderheiten Entscheidungen schwierig sind[9].
c) Auf den Evangelisten Mt zurück geht die *Plazierung* beider Logiengruppen; in diesem Teil der Jüngerrede komponiert er sehr selbständig[10].

3. *Traditionsgeschichte und Herkunft.* Ob V 34-36 ein einheitliches Logion sind oder ob ein altes Logion V 34 durch den apokalyptisch-atl. Topos von der Familienspaltung V 35f nachträglich erläutert wurde, ist unsicher[11]. Ich neige dazu, die Einheitlichkeit zu vertreten, weil das rätselhafte Wort vom »Bringen des Schwertes« von vornherein einer Erklärung bedarf, die in V 35f gegeben wird. Ist das richtig, so ist die beliebte These nicht mehr möglich, daß V 34 auf Jesus zurückgehen könnte[12], während V 35f eine Erweiterung durch die Gemeinde darstellen. Natürlich kann die Gemeinde, die auch in Mk 13,12 ihre eigene Situation mit Hilfe von Mi 7,6 deutete, das Wort gebildet haben. Da aber Mi 7,6 bereits im Judentum bei der Beschreibung der Endzeit eine Rolle spielt[13] und Jesus mindestens in seiner eigenen Familie eine Spaltung bewirkte (Mk 3,31-35), kann man auch mit einem Jesuswort rechnen[14]. Non liquet: Beide Möglichkeiten sind in der Interpretation zu bedenken.
Bei *V 37-39* ist wenigstens dies unbestritten, daß wir es mit drei selbständigen Einzellogien zu tun haben. Während V 37 und 39 meistens auf Jesus zurückgeführt werden, ist dies bei V 38 sehr umstritten. Auch hier sind die Probleme im Zusammenhang der Interpretation zu bedenken.

Das Schwertwort ist schwierig. Inhaltlich ist es »gefährlich und beinahe unerträglich«[15] und scheint »more appropriate to the Qur'an than to the Gospels«[16]. Mit dem Friedensgruß, den die Jünger in die Häuser tragen sollen (10,13), und mit den Jüngern als Friedensstiftern (5,9, vgl. Mk 9,50) paßt es nicht recht zusammen, eher schon mit dem Christus der Apokalypse, der das Schwert im Mund trägt (1,16; 2,12.16; 19,15.21). Kam hier Jesus in Wider-

Erklärung 34-36

---

[8] Zu ἀκολουθέω vgl. Bd. I Einl. 3.2. Das auffällige ὀπίσω erinnert an die semitisierende Q-Formulierung ἔρχομαι ὀπίσω. Zu ἄξιος (Mt) / μαθητής (Lk): Die Annahme einer Übers.-Variante aus dem Aram. (T.W. Manson, The Teaching of Jesus, Cambridge 1963, 237-241), die mit dem ungewöhnlichen ostaram. Wort שׁוּלְיָא = Lehrling (statt תַּלְמִיד) und dem doch recht verschiedenen שׁוֵי = gleichwertig arbeitet, ist unnötig und kompliziert.
[9] Ζητέω, περιποιέομαι und ζωογονέω können lk sein, aber εὑρίσκω (vgl. Bd. I Einl. 3.2 und 16,25b) könnte auch mt sein.
[10] Lk 12,2-9 (Q) und Lk 12,11f (Q) wurden von Mt vorher verwendet (10,26-33.17-19), Lk 12,22-34 (Q) brauchte er bereits in der BP. Lk 12,39-46 (Q) war offenbar für die eschatologische Rede bereits vorgeplant. Lk 12,49f (Q?) paßte in der Jüngerrede überhaupt nicht.

So bot sich Lk 12,51-53 (Q) dem »exzerpierenden« Mt als nächstes Stück an.
[11] So z.B. Sato, Q 295; Gnilka I 394.
[12] Arens* 84-86 hält V 34b für vielleicht jesuanisch. Das Wort würde dann strukturell Mk 2,27b entsprechen. F. Mußner, Wege zum Selbstbewußtsein Jesu, BZ NF 12 (1968) 166 hält V 34 für jesuanisch, weil die Gemeinde ein politisch so mißverständliches Wort nicht gebildet hätte. Das ist nicht schlüssig: Nur wenn man V 34 von V 35f löst und μάχαιρα als Schwert versteht, wird das Wort politisch.
[13] Sota 9,15 = Bill. I 586.
[14] Daß Jesus nie auf atl. St zurückgegriffen habe – ein eigentliches Zitat liegt nicht einmal vor –, ist eine petitio principii.
[15] Brenz 438.
[16] Black* 115.

spruch zu sich selbst, weil er selbst »seine extreme Ethik nicht verwirklichen«[17] konnte?

Wirkungs- Die Wirkungsgeschichte zeigt zwei Tendenzen. Nach manchen – nicht kirch-
geschichte lich-orthodoxen – Auslegern tauchen hier Spuren eines ursprünglich gar
34-36 nicht friedfertigen Revolutionärs Jesus auf.

Nach Reimarus haben die Jünger Jesus als »Erlöser des Volks Israel von der weltlichen Knechtschaft« verstanden und erst nach seinem Tode »ihr voriges Systema von der Absicht, der Lehre und den Verrichtungen Jesu geändert«[18]. Hier nimmt die nicht abreißen wollende Kette von Versuchen, Jesus als politischen Revolutionär verstehen zu wollen, ihren Anfang. Neuere Vertreter sind z.B. K. Kautzky, R. Eisler oder S.G.F. Brandon[19]. Ganz anders sieht E. Bloch das Kämpferische an Jesus: Für ihn ist der Inhalt des großen Advents die Liebe und das Friedensreich, aber »wo es um die Krisis, das heißt Scheidung, Ent-scheidung der noch kämpfenden Endzeit geht, dort ist Jesu Predigt härter als die aller bisherigen Propheten des Olam-ha-Schalom. Dann ist von Feindesliebe wenig mehr die Rede, es erscheint eben... überraschender geistlicher Krieg«[20], und Jesus wurde letztlich zu Recht als Empörer verstanden und hingerichtet. Der Unterschied zwischen Jesus und Bar Kochba besteht nach Bloch nicht darin, daß Jesus politisch harmloser gewesen wäre, vielmehr darin, daß er sich nicht als Kämpfer für eine Restauration des davidischen Reichs, sondern als »neuer,... eschatologischumwerfender Exodus: – *in Gott als Mensch*« setzte[21].

Demgegenüber klingt die theologische Auslegung unseres Textes viel harmloser.

Der innere *Friede* Christi wird dem äußerlichen Frieden der Welt gegenübergestellt. Allein diesen lehnt Jesus ab, um zum wahren Frieden des Herzens zu führen. Klassisch formuliert z.B. Brenz: Zuerst muß man den Frieden des Reiches Christi »im Gegensatz zu irdischen Reichen verstehen... Zweitens: Was über den Frieden des Reiches Christi gesagt wird, muß man vom Frieden des Gewissens verstehen, von der Befriedung, die durch Christus zwischen Gott und dem Menschengeschlecht geschaffen wurde. Wer diese Befriedung erkennt, dem kann nichts mangeln, und er hat Frieden auch mitten in Kriegen und in den Anfechtungen dieser Welt«[22]. Der wahre Friede ist also der unter den Söhnen des Friedens, d.h. in der Gemeinde[23]. Nicht selten kann es

---

[17] J. Klausner, Jesus von Nazareth, Jerusalem 1952, 548.
[18] Von dem Zwecke Jesu und seiner Jünger, hrsg. G.E. Lessing, Braunschweig 1778, 115.117 (= Von dem Zwecke der Lehre Jesu, § 30).
[19] K. Kautsky, Der Ursprung des Christentums, Stuttgart 1910, 386; R. Eisler, ΙΗΣΟΥΣ ΒΑΣΙΛΕΥΣ ΟΥ ΒΑΣΙΛΕΥΣΑΣ II, Heidelberg 1930, 254-271; S.G.F. Brandon, Jesus and the Zealots, New York 1967, 321.
[20] E. Bloch, Atheismus im Christentum, Frankfurt/M. 1968, 181f.
[21] Ebd. 183.
[22] Brenz 438f. Ähnlich z.B. Faber Stapulensis 47 (101: »pax coelestis... in corda fidelium«); Dickson 136.
[23] PsClem Recg 2,26-31 wird der Widerspruch zwischen Mt 5,9 und 10,34 diskutiert: Mt 5,9 bezieht sich auf die Gläubigen, Mt 10,34 auf die Ungläubigen, die die Lehre ablehnen. Opus imperfectum 26 = 767: »pax bona... inter fideles... pax mala... inter infideles«.

so zur Abwertung des weltlich-politischen Friedens kommen[24]. Das Wort diente zur Abgrenzung der Kirche gegenüber der *Welt:* Mit den Feinden Gottes darf man keine Freundschaft schließen[25]. In der allegorischen Auslegung ist deshalb die Deutung der »Mutter« und der »Schwiegermutter« von V 35 auf die Synagoge verbreitet[26]. Seit der Reformation ist die Unterscheidung von »passivem« und »aktivem« Schwert wichtig. Das erstere ist an unserer Stelle gemeint[27], d.h. »nicht ein Schwert, das die Jünger zu führen haben, wohl aber ein Schwert, das gegen sie gezückt und geführt wird«[28]. Das Wort wird dabei fast durchweg konsekutiv und nicht final verstanden: Nicht *um* das Schwert zu bringen, ist Christus gekommen, sondern durch das Kommen des Christus kam es zu Scheidungen und Kämpfen. Deren Ursache ist die Bosheit der Welt[29]. Sodann diente das Wort zur Rechtfertigung des geistlichen Kampfs gegen *Häretiker*[30]: In Fragen der Lehre darf man keine Konzessionen machen um des äußerlichen Friedens willen[31]. Das Schwert, das Jesus bringt, wird im Anschluß an Hebr 4,12 und Eph 6,17 gerne auf das Schwert des Wortes Gottes bzw. des Geistes gedeutet[32]. Dann steht der Deutung des Wortes auf den *geistlichen Kampf im Innern des Menschen* nichts mehr im Wege. Jesus hat z.B. den Kampf zwischen Fleisch und Geist auf die Erde gebracht[33]. Die Gnostiker deuteten ihn als Kampf zwischen dem Pneumakern des Menschen und der Materie[34]. Moderner gedacht geht es um den »inneren Kampf um die Wahrheit«[35].

Wir wenden uns nun der Erklärung zu und versuchen anschließend, zu den verschiedenen Deutemöglichkeiten in der Auslegungsgeschichte Stellung zu nehmen. V 34 formuliert eine Antithese. Sie richtet sich vermutlich gegen die im damaligen Judentum verbreitete Erwartung eines messianischen Friedefürsten[36]. Während »Frieden werfen« eine semitische Wendung ist[37], ist die Verbindung von βάλλω mit μάχαιρα sprachlich ganz ungewöhnlich. Die ungewöhnliche Formulierung und die ungewöhnliche Aussage verlangen eine Erklärung, die in V 35 mit Formulierungen aus Mi 7,6 gegeben wird: Jesus ge-

Erklärung 34

---

[24] Bullinger 106A: Einem weltlichen Frieden stimmen »blutrünstige Soldaten, Ehrgeizige, Lasterhafte« etc. zu; Salmeron 9,54 = IX 425 (1): Der weltliche Friede ist »infida, inconstans atque perniciosa«.
[25] Cyrill v Alexandrien fr 126 = Reuss 193.
[26] Beda 55; Anselm v Laon 1347B; Paschasius Radbertus 432; Dionysius bar Salibi 297 = II 220.
[27] Luther (WA 38) 509.
[28] Barth, KD IV/3 717.
[29] Luther (WA 38) 509; Calvin I 312 nach Johannes Chrysostomus 35,1 = 508.
[30] Z.B. Cyrill v Alexandrien gegen Nestorius: III. Brief an Nestorius = BKV II/12 87.

[31] Musculus 317.
[32] Z.B. Origenes fr 214 = GCS Orig XII 102; Tertullian, Marc 3,14,4f; Hilarius 10,23 = SC 254,242 (Predigt des Evangeliums); Augustin (Quaest) App III = 120.
[33] Origenes fr 214 = GCS Orig XII 102; vgl. Erasmus (Paraphrasis) 63F: Das Schwert schneidet die Begierden aus dem Herzen.
[34] Pist Soph 116.
[35] Ewald 250.
[36] Jes 9,5f; 11,5-10; Mal 3,23f (Familienzusammenführung durch den kommenden Elija); s Bar 73.
[37] Bill. I 586.

braucht das »Kurzschwert«[38] zum »Zweiteilen«[39] der Familien. Im Unterschied zu Apk 6,4 läßt also die Erklärung von »Schwert« nicht an Krieg denken. Εἰρήνη = שָׁלוֹם ist mehr als Gegenbegriff zu »Krieg«. Die Familienspaltung wird drastisch, in extremen Formulierungen[40] ausgeführt: Das dreimalige κατά und die vorangestellten ἐχθροί schärfen die Feindschaft ein, die die Sendung Jesu in die Familien bringt. Dahinter stehen nicht nur Traditionen, sondern, wie V 37 zeigt, Erfahrungen der Gemeinde, die, wie z.B. 8,21f zeigen, Jesus und seine Botschaft ausgelöst haben. Gegenüber der Tradition enthält das Wort einen Verfremdungseffekt. Er ist noch größer, weil man die Spaltung in den Familien auf den jüdischen Topos vom Streit der Familien und Freunde in der Endzeit beziehen darf: Solche Spaltungen erwartete man im Judentum für die Zeit *vor* dem Kommen des Messias und verstand sie als Ausdruck eines letzten Triumphs der Sünde und des Bösen[41]. In unserem Wort sind sie mit dem Kommen Christi verbunden: Gerade die Sendung Christi wird die Schrecken der Endzeit bringen.

Am leichtesten ist dieses Wort aus der *Gemeinde* deutbar. Im Hintergrund stehen dann die auch Mk 13,12 angedeuteten Erfahrungen von Spaltungen in der Familie, die durch die Jesusverkündigung entstanden sind. Sie werden mit Hilfe von Mi 7,6 als geweissagte Ereignisse der Endzeit verstanden. Wie dort, aber anders als Lk 12,52f geht es um die Entfremdung der jüngeren Generation von der älteren; vermutlich hatten sich die gläubigen Söhne und Töchter mit ihren Eltern auseinanderzusetzen. Anders als Mi 7,6 fehlen aber alle negativen Töne: Der Ungehorsam der Kinder wird nicht bedauert oder verurteilt. Im Gegenteil – er wird durch das Kommen Jesu hervorgerufen[42] und entspricht darum Gottes Willen[43].
Auch als *Jesuswort* läßt sich Mt 10,34-36 verstehen. Es ist dann einerseits mit dem Wort vom Feuer Lk 12,49, andererseits mit dem Wort vom Haß der Nachfolger gegen ihre Familienangehörigen Lk 14,26 zusammenzusehen. Auch das schroffe und parallellenlose Wort von den Hausgenossen, die im Eschaton getrennt werden (Lk 17,34f), gehört indirekt hierher: Jesus spricht in diesen Worten vom Gericht und vom Bruch

---

[38] Μάχαιρα ist das große Messer (Liddel-Scott s.v. 1), als Waffe der Säbel oder das Kurzschwert, im Unterschied zum großen, breiten Schwert (= ῥομφαία). Ξίφος (LXX selten, im NT nie) ist der allgemeinste Ausdruck. Alle drei Wörter können allgemein für »Schwert« stehen. Übertragener Gebrauch von μάχαιρα ist in der LXX sehr selten (W. Michaelis, Art. μάχαιρα, ThWNT IV 530, 30f), später etwas häufiger (z.B. im NT Röm 8,35; Eph 6,17; vgl. Bauer, Wb s.v. μάχαιρα Nr. 2).
[39] Beide Ausdrücke sind hier, wie der Kontext V 35f ergibt, metaphorisch zu verstehen. Διχάζω paßt zu μάχαιρα ebenso wie Lk 12,52f das allgemeine διαμερίζω zu διαμερισμός.

[40] Vgl. Tannehill* 142.
[41] Jub 23,16.19f; äth Hen 100,2; 4Esr 6,24; Sota 9,15; bSanh 97a (= Bill. I 586). Vgl. weitere St bei Mt 10,16-23 Anm. 48.
[42] Ἦλθον mit Inf. hat hier (wie Mk 1,24; 2,17; 10,45; Lk 12,43; 19,10; Mt 5,17) finalen und nicht konsekutiven Sinn.
[43] Mit der politischen Frage nach Krieg und Frieden hat also das Logion nichts zu tun. Falsch ist m.E. K. Wengst, Pax Romana. Anspruch und Wirklichkeit, München 1986, 82: Mt 10,34 wende sich gegen eine Domestikation von Jesu Wirken durch die antizelotische Friedenspartei.

mit der Welt, den das Kommen des Gottesreichs und damit auch seine Sendung bedeutet. Er selbst hat ihn gegenüber seiner Familie vollzogen (Mk 3,31-35) und mutet ihn auch seinen Nachfolger/innen zu. Gottes Reich ist nicht nur ein Aufbruch radikaler Liebe, sondern bedeutet zugleich auch einen Bruch mit der Welt, dessen Ausdruck bei den Nachfolgern Besitz-, Berufs- und Familienverzicht sind. Nicht eine enge politische Deutung dieses Wortes, die Jesus als Revolutionär versteht, wohl aber eine eschatologische etwa im Sinne Blochs, die ihn in den Anbruch des ganz anderen Gottesreichs hineinstellt, entspricht der Grundstruktur der Verkündigung Jesu[44].

Für *Matthäus* ist zunächst der christologische Aspekt wichtig: Das dreimalige »ich bin gekommen« stellt heraus, daß das Leiden der Jünger direkt zur Sendung Jesu gehört. V 36 ist durch ein gemeinsames Stichwort (οἰκιακοί) mit dem christologischen Introitus V 24f verbunden. Nach Matthäus lebt die Gemeinde in der Endzeit, zu der Spaltungen in den Familien gehören[45]. Inhaltlich bedeuten V 34-36 gegenüber V 26-31 eine Steigerung, weil die »Feinde des Menschen« hier seine engsten Familienangehörigen sind. Daß es in der Verfolgung der Gemeinde um Leben und Tod geht, wird nicht durch das hier metaphorisch gebrauchte Wort »Schwert«, sondern von V 38f her deutlich werden. Zugleich enthält V 36 indirekt eine positive Aussage: Die Jünger wissen, daß sie »Hausgenossen« Jesu sind (V 25!).

Wir blicken zurück auf Erklärung und Wirkungsgeschichte: *Negativ* gilt auf der einen Seite: Unser Wort enthüllt keinen Revolutionär Jesus. Jesus ist nicht gekommen, um einen politischen Aufstand gegen Rom auf die Erde zu bringen. Schon der unmittelbare Kontext V 35f macht diese Deutung unmöglich. Und auf der anderen Seite: Jesus ist nicht bloß gekommen, um einen Kampf im Innern des Menschen in Gang zu bringen, sondern es geht, wie V 35f ebenfalls deutlich machen, um eine wirkliche Auseinandersetzung, nicht nur unter den Menschen überhaupt, sondern bis hinein in den engsten Familienkreis – bei den engen Familien und Clanbindungen im Orient keine geringe Sache! Zwischen diesen beiden unmöglichen Möglichkeiten muß man *positiv* nach dem Sinn des Wortes suchen: Das Kommen Jesu und seine Gottesreichbotschaft stehen quer zu familiären und gesellschaftlichen Bindungen. Es ist der *Friedens*gruß der Jünger, der die Spaltung bewirkt (vgl. V 12-14). Und es ist die Ablehnung des Friedensgrußes, die die Spaltung mit unerhörter Schärfe besiegelt (vgl. V 15). Als Folge dieser Spaltung haben die Jünger zu leiden (vgl. V 17-23; V 38f nach V 37). Insofern kommt die durch die reformatorische Auslegung formulierte Leitlinie dem Richtungssinn des Textes nahe: Die Gewalt, die Folge der durch das Evangelium bewirkten Spaltungen ist – von anderer Gewalt redet der Text nicht –, kann man nur erleiden. *Indirekt* hat unser

Zusammenfassung 34-36

---

[44] Allerdings steht wohl nicht der Vorstellungskreis des »heiligen Kriegs« hinter dem Topos der Familienspaltung, wie dies O. Betz, Jesu Heiliger Krieg, NT 2 (1958) 129f vermutete.
[45] Vgl. Bd. I 403 und Bd. III zu 24,10-12.

Wort auch politische Bedeutung: Die Botschaft vom endgültigen Frieden, von der Umkehrung weltlicher Herrschaft und von der Liebe Gottes zu den Unterprivilegierten hat eine politische Dimension und weckt den Widerstand all derer, die Herrschaft und Privilegien verteidigen. Die Jünger, deren Leben dieser Botschaft entspricht und die aus den Strukturen der Welt aussteigen, sind für sie keine erfreulichen Gestalten.

Die Wirkungsgeschichte weist auch indirekt darauf hin, wo heute die Bedeutung unseres Wortes liegen könnte: Das Wort wurde mindestens auch verinnerlicht; die Entdeckung seiner echten oder falschen politischen Dimensionen wurde eine Angelegenheit von Außenseitern der Exegese. Das Christentum ist heute in der abendländisch-westlichen Gesellschaft in der Regel kein Grund mehr zu Spaltungen in der Familie, sondern gesellschaftlich gesehen die gemeinsame Basis von Söhnen und Vätern, Töchtern und Müttern, Familien, Volkskirchen und Staaten – oder mindestens: die von Müttern und Vätern *erwünschte* gemeinsame Basis. Von den Spaltungen *redet* man vor allem. In diesem Auseinanderklaffen von ursprünglicher Wirkung des Evangeliums und weitgehender Selbstverständlichkeit des Christentums in der Gesellschaft heute liegt m.E. das eigentliche Skandalon unseres Wortes.

Erklärung Den Standort des Evangelisten Matthäus auf dem weiten Weg von ursprüng-
37 licher radikaler Eschatologie bis zum Christentum als Ferment unserer heutigen westlichen Gesellschaft hilft V 37 erkennen: Für seine Fassung des Spruches vom Hassen der eigenen Familie charakteristisch ist das komparativische Moment. Familiäre Liebe wird von Matthäus grundsätzlich bejaht (15,3-6; 19,19). Aber es kann ein Konflikt entstehen zwischen Christusnachfolge und Loyalität gegenüber der Familie; dann gilt es, Christus *mehr* zu lieben. Grundsätzlich bedeutet das die gleiche Praxis, die wir auch bei Epiktet finden: »Das Gute muß man höher achten als jede Verwandtschaft«[46]. Sie entspricht dem matthäischen *Weg* zur Vollkommenheit (5,20.48). Der Nachsatz »ist meiner nicht wert« ist dagegen nicht komparativisch formuliert. Matthäus denkt, wie der Gebrauch von ἄξιος in 10,11-13; 22,8 und der Kontext (V 32f.40-42) deutlich machen, im Horizont des letzten Gerichts, das auch über die Jünger ergehen wird und das nur in einem Ja oder in einem Nein endet.

Das ursprüngliche Jesuswort war radikaler, nämlich antithetisch formuliert. Es ging um eine Bedingung des Jüngerwerdens: »Wer Vater und Mutter nicht haßt . . ., kann nicht mein Jünger sein«. Für sein Verständnis ist die selbstverständliche Feststellung, daß damit nicht Haß im Sinne eines psychischen Affekts gemeint ist[47], weniger wichtig als die andere, daß Jesus das Nein des

---

[46] Epict Diss 3,3,5. Dies entspricht auch jüd. Praxis: Vgl. Jos Ant 11,145-147 (die in Mischehen Lebenden entlassen z.Z. Esras um des Gesetzes willen ihre Frauen); Bell 2,134 (die Essener dürfen ihre Verwandten nur mit Zustimmung der Aufseher unterstützen); bJeb 5b Bar = Bill. I 587 (Sabbatheiligung als Pflicht gegen Gott kommt vor Elternehrung).
[47] O. Michel, Art. μισέω, ThWNT IV 694,31f.

Nachfolgers zur eigenen Familie mit dem stärksten möglichen Wort »hassen« und in der grundsätzlichsten möglichen Form der Bedingung aussprach[48]. Nachfolge als besonderer Dienst an der Verkündigung der Gottesherrschaft und Bindung an die Familie waren für ihn offenbar unvereinbar (vgl. Lk 9,60; Mk 1,20).

Die Auslegungsgeschichte hat im wesentlichen auf der mt Linie weitergedacht: Es gibt einen ordo der Liebe: Gott, Vater, Mutter, Kinder. Nur im Falle von necessitas soll man das Gebot der Elternliebe übertreten[49]. Die erste Tafel der zehn Gebote kommt grundsätzlich vor der zweiten, an deren Anfang das Gebot der Elternliebe steht[50]. Nur dann, wenn uns die Eltern am Tun von Gottes Willen hindern, darf das vierte Gebot zurücktreten[51]. Das ist auf jeden Fall nicht der Normalfall von Nachfolge, sondern ein »ethischer Grenzfall«, der nicht verallgemeinert werden darf, eine Handlung »prophetischer Menschen« mit »besonderen ... Aufgaben«. Die Praxis des weniger Liebens besteht dann nicht in Haß und Streit, sondern vielleicht auch in einer »Distanz ... in aller Ruhe und sogar in gegenseitigem Einvernehmen«[52]. Luther warnt davor, dieses Jesuswort zum Vorwand für das Ausleben pubertärer Regungen zu nehmen[53]. Das alles bleibt m.E. auf der Linie des Mt; verschoben werden die Akzente erst, wo das zweitwichtigste Gebot der Elternehrung vor allem betont wird[54]. In lutherischer Tradition wird später der Kontext der Zwei-Reiche-Lehre wichtig: Das Gebot der Elternehrung gehört zum »bürgerlichen Leben«; der Christ hält sich auf alle Fälle daran, er ist nur innerlich davon »emancipiert«[55]. Eine Gesinnungsethik finden wir akzentuell schon bei Calvin, der sich gegen den Sonderweg des Mönchtums wehrt und deshalb das ganze Gewicht auf die *Bereitschaft*, Gott mehr zu gehorchen, legt: »So besteht der wahre Verzicht, den der Herr von den Seinen fordert, nicht so sehr in der Handlung als in der Gesinnung«[56].

Die ursprüngliche Redikalität des Jesusgebotes wird am deutlichsten in der zeichenhaft radikalen Lebensform des Mönchtums aufbewahrt: Abschied von der Familie ist das Kennzeichen des vollkommenen Wegs, Bleiben bei den Eltern das des »Seitenwegs«[57]. Eltern, Brüder, Verwandte, Vermögen, das eigene Leben sind nach Makarius Teil dessen, was in der Welt vorgeht; das »einsame Leben« darf allein auf die Liebe Christi bezogen sein[58].

Das Matthäusevangelium steht zwischen der grundsätzlichen Forderung des Bruchs mit der Welt und der bloßen innerlichen Bereitschaft dazu. Es gibt das

---

[48] Zu vergleichen sind Aussagen über die Heiligkeit Levis: Dtn 33,9; 4QTest 15-17 (Levi kennt seine Familie nicht mehr) und Ex 32,27.29 (Tötung von Familienangehörigen, die zum goldenen Kalb halten).
[49] Hieronymus 74.
[50] Luther (WA 38) 511: »Prima tabula est supra secundam ... Deus supra creaturas«.
[51] Cyrill v Jerusalem, Cat 7,15 = BKV I/41 128; Thomas v Aquino, STh 2/II qu 26 art 7 ad 1.
[52] Barth, KD III/4 297.296.293.
[53] Luther (WA 38) 511.
[54] Musculus 319f: Nach Christus kommt gleich das Elterngebot. Wenn wir Christus in besonderer Weise gegenüber den Familiengliedern lieben wollen, »necesse erit, ut eos diligamus«.
[55] Zinzendorf II 757.
[56] Calvin I 317. Zur Verwurzelung der Gesinnungsethik in der reformatorischen Theologie vgl. Bd. I 195f.
[57] Liber Graduum, hrsg. M. Kmosko, 1926 (PS I/3), 19,9 = 467.
[58] Makarius, Hom 45,1 = BKV I/10 320.

»alte« Gebot, die Eltern zu ehren, nicht einfach preis. Wurden in den Antithesen die alttestamentlichen Dekaloggebote verschärft und so zugleich verwandelt und erhalten, so wird hier das vierte Gebot überboten und damit im Konfliktfall relativiert. Damit eröffnet Matthäus prinzipiell – ohne daß dies im Text explizit ausgesprochen würde – die Möglichkeit, Konflikte von der Liebe her zu entscheiden.

38f Die V 38f verschieben den Blickpunkt nochmals. Sie sprechen nicht mehr vom Verhältnis der Jünger zu anderen Menschen, sondern von den Konsequenzen, die dieses alles, auch der Bruch mit der eigenen Familie, für das eigene Leben hat.

38 Die Frage nach dem *ursprünglichen Sinn des Wortes vom Kreuztragen* ist heftig umstritten[59]. Sie ist mit der anderen Frage, ob es sich um ein Jesuswort handelt, verquickt. Folgende Auslegungsmöglichkeiten stehen sich gegenüber:

Ursprünglicher Sinn

1. Die Wendung »Kreuz nehmen« knüpft direkt an den römischen Brauch an, daß Verurteilte ihr Kreuz selber zur Richtstätte tragen müssen. Das Wort bezieht sich dann auf die den Nachfolgern bevorstehende Hinrichtung und meint wörtlich: Jeder Nachfolger muß zu seiner Hinrichtung gehen. Damit ist die Bereitschaft zum eigenen Tod zur Bedingung der Jüngerschaft gemacht[60]. Diese Deutung hat zwei Schwierigkeiten:

a) Die Reihenfolge »Kreuz nehmen – hinter mir her gehen« scheint unlogisch, da die Hinrichtung erst die Konsequenz der Nachfolge ist. Diese Schwierigkeit verschwindet, wenn man bedenkt, daß der Verurteilte das Kreuz am Anfang des Weges zur Hinrichtung aufnimmt (λαμβάνει)[61]. Dann wird die ganze Nachfolge als Weg zur Hinrichtung verstanden. Erleichtert wird ein solches Verständnis dadurch, daß der Gang des zu Kreuzigenden zur Richtstätte in der Antike oft große Beachtung fand[62].

b) Kann man annehmen, daß Jesus bzw. die Gemeinde wirklich mit der besonderen Todesart für politische Verbrecher rechneten, also mit einem »Zelotentod«[63]? Das ist aber gut denkbar, denn die Kreuzigungsstrafe ist bei weitem die verbreitetste Form der »verschärften Todesstrafe« gewesen, da andere Formen, wie z.B. die Verurteilung

---

[59] Gute Übersicht über die Deutungsmöglichkeiten bei Schneider*; Fung* 14-25.
[60] So z.B. Schürmann, Lukasevangelium 542f; vgl. Gnilka I 398; J.G. Griffiths, The Disciple's Cross, NTS 16 (1969/70) 358-364 (Jesus als gewaltloser Opponent Roms).
[61] Jeremias, Theologie 232 im Anschluß an A. Fridrichsen, Ordet om a baere sit kors, in: Gamle Spor Og Nye Veier Tydninger og Tegninger (FS L. Brun), Kristiania 1922, 17-34. Erst Lk spricht vom *Tragen* des Kreuzes, von dem auch in allen nichtchr. Parr die Rede ist und das dem Leiden des Christen entspricht (Lk 9,23: καθ' ἡμέραν). Q und Mt sprechen, im Vergleich mit den Parr singulär, vom *Aufnehmen* des Kreuzes (vgl. Mk 8,34: αἴρω).

[62] Die Rabb. vergleichen den Weg Isaaks, der nach Gen 22,6 das Opferholz trägt, mit dem eines zu Kreuzigenden (GenR 56 [36c]; PesiqR 31 [143b] bei Bill. I 587). Artemid On 2,56 (σταυρόν ... βαστάζειν); Plut Ser Num Vind 9 = II 554B (ἕκαστος ... ἐκφέρει τὸν ἑαυτοῦ σταυρόν); Cic Divin 1,26 (furcam ferens) sprechen im wörtlichen Sinn vom Hinrichtungsweg.
[63] M. Hengel, Die Zeloten, ²1976 (AGJU 1), 266 rechnet damit, daß Jesus eine zelotische Formel aus dem allgemeinen Sprachgebrauch übernommen habe. Eine solche ist aber nicht belegt.

ad bestias, nicht beliebig zur Anwendung kommen konnten[64]. Sie war nicht auf politische Verbrechen beschränkt[65].
2. Die Wendung vom »Kreuz nehmen« ist übertragen zu verstehen im Sinn von »leiden«, »Schmerzen haben«. Wenn das Wort auf Jesus zurückgehen sollte, wäre die Koinzidenz mit seinem eigenen Kreuzestod zunächst eine zufällige[66]. Diese Deutung ist sehr schwierig. Es gibt zwar ein paar ganz spärliche Belege für metaphorische Verwendung von »Kreuz« im Lateinischen[67], aber nicht im Griechischen oder Semitischen. Ohne einen Hinweis im Kontext hätte niemand die Bedeutung einer solchen Metapher verstanden. Außerdem würde das besondere Bild vom Kreuz »nehmen« nicht erklärt.
3. Das Kreuz ist im Sinn von Ez 9,4-6[68] als Taw, d.h. als Jahwezeichen, das »Kreuz nehmen« somit als Versiegelung verstanden[69]. Dafür spricht, daß auch die urchristliche Taufe als Versiegelung verstanden wurde[70] und daß unsere Stelle bei Clemens v Alexandrien auf die Taufe gedeutet zu sein scheint[71]. Sonst liegen aber keine Zeugnisse vor, daß Jesus seine Jünger »tätowiert« hätte. Nachösterlich legt die Formulierung mit σταυρός (nicht z.B. σφραγίς oder σημεῖον) den Gedanken an das Kreuz Jesu viel näher. Schwierig ist auch, daß die jüdischen Belege für Taw-Zeichen sozusagen ausschließlich von Ossuarien oder aus Nekropolen stammen[72]. Nur der Brauch, Grabstätten mit dem Jahwezeichen zu schmücken, ist also reich belegt, während es für einen jüdischen Ritus der Versiegelung mit dem Taw-Zeichen keine direkten Belege gibt[73].

---

[64] Th. Mommsen, Römisches Strafrecht, Leipzig 1899, bes. 917-924: Kreuzigung, Ertränkung, Verbrennung, Überführung ad bestias gehören zu den Formen der verschärften Todesstrafe (summa supplicia), im Unterschied zur »einfachen« Hinrichtung durch das Schwert. Aus praktischen Gründen konnten die übrigen Formen der verschärften Todesstrafe nicht allgemein angewendet werden und traten gegenüber der Kreuzigungsstrafe zurück.
[65] In den Sentenzen des Paulus (M. Hengel, Mors turpissima crucis, in: Rechtfertigung [FS E. Käsemann], hrsg. J. Friedrich u.a., Tübingen 1976, 146; vgl. auch die Liste bei Mommsen aaO 1045) werden als Grund für Kreuzigungsstrafe u.a. genannt: Mord, Magie schwerster Art, schwere Testamentfälschung, Grabschändung, Weissagung de salute dominorum, Menschenraub. Nach Hengel (o. Anm. 63) 33f ist die Kreuzigungsstrafe eher eine schichtspezifische Strafe für peregrini und humiliores als eine Strafe für politische Vergehen.
[66] Als Jesuswort z.B. Sand 231 (»Bereitschaft zur Leidensnachfolge [nicht zum Martyrium]«; J. Ernst, Anfänge der Christologie, 1972 (SBS 57), 140 (»allgemein... Selbstverleugnung«, vgl. die Fassung von Mk 8,34!).

[67] Die Belege bei Hengel (o. Anm. 65) 165f sind wenig ergiebig. Wegfallen müssen die Vergleiche (Philo, Poster C 61; ders., Som 2,213, vgl. Plat Phaed 83cd: Die Seele ist durch die Lust wie durch einen Nagel am Leib befestigt). Es bleiben einige rhetorische (Sen Vita Beata 19,3 [cruces = cupiditates]; Cic Fin 5,84 [crux = dolor]) und poetische (Catull, Carm 99,4 für Liebeskummer) Metaphern. Die übrigen von Hengel angegebenen Belege denken alle an wörtlich zu verstehende Kreuze = Hinrichtung. Fazit: Die von den Vertretern dieser Interpretation meist vertretene selbstverständliche Übertragung Kreuz = Leiden ist auch von den wenigen lat. Parr her keineswegs selbstverständlich.
[68] Vgl. Ps Sal 15,6-9; Apk 7,2-8; 14,9-12.
[69] Dinkler*.
[70] 2Kor 1,22, vgl. Röm 4,11; Herm s 9,16,3f.
[71] Strom 7,79,5 = BKV II/20 83: Ἐὰν μὴ τὸ σημεῖον βαστάσητε, vgl. E. Dinkler, Kreuzzeichen und Kreuz, in: ders., Signum Crucis, Tübingen 1967, 43f. Allerdings wird bei Clemens auch oft σημεῖον im Sinn von Kreuz gebraucht, ohne daß die Taufe damit gemeint wäre, vgl. Quis Div Salv 8,2; Strom 6,87,2; Exc Theod 42,2; 43,1 = GCS 17,120.
[72] Dinkler, aaO 49-52.
[73] Dinkler* 90 weist lediglich hin auf die Salbung der Priester mit dem Buchstaben »X«.

Fazit: Die zweite Interpretation scheitert m.E. an der Unmöglichkeit einer allgemeinen Deutung von »Kreuz nehmen« auf »leiden«, die dritte an ihrer zu schmalen historischen Basis. Die erste Deutung ist bei weitem die wahrscheinlichste. Es geht beim Antreten zum Kreuzesweg um die Bereitschaft zum Martyrium als Bedingung zum Jüngersein.

Jesus   Geht das Logion auf Jesus zurück? Die äußere Bezeugung könnte dafür sprechen: Das Wort ist in Q, bei Mk und bei Joh (12,26) bezeugt. Außerdem läßt sich von diesem Wort aus die »existentielle« Deutung des Kreuzes bei Paulus (vgl. z.B. Gal 6,14) verstehen. Aber das ist noch nicht entscheidend. Geht das Logion auf Jesus zurück, so muß man annehmen, daß er ganz klar mit seinem eigenen gewaltsamen Tod gerechnet hat. Nach heutigen Erkenntnissen ist das denkbar, zumal kurz vor seiner Passion. Außerdem müßte er für seine Jünger mit einem ähnlichen Schicksal gerechnet haben. Auch das kann man z.B. angesichts von Lk 12,8f; Mt 10,39 nicht einfach ausschließen[74]. Auch die Annahme einer Gemeindebildung bringt Schwierigkeiten mit sich: Eine allgemeine Metapher für »leiden« kann »Kreuz« gerade nach dem gewaltsamen *Tod* Jesu nicht gewesen sein. Das zeigt auf seine Weise Mk, der das Logion neu formuliert, damit es so gedeutet werden kann (Mk 8,34). Von der Bereitschaft zur Hinrichtung als Bedingung der Jüngerschaft zu sprechen aber war wenig aktuell, nachdem es bald einmal klar war, daß das Martyrium der Jünger doch wohl die Ausnahme und nicht die Regel war[75]. Außerdem müßte man bei einer Gemeindebildung doch eher eine christologische Formulierung erwarten, die vom Aufnehmen des Kreuzes *Jesu* gesprochen hätte. *Fazit:* Es bleiben überall Schwierigkeiten, aber sie scheinen mir bei der Annahme eines Jesuswortes am geringsten.

Gemeinde   Von der *Gemeinde* wurde unser Logion mit demjenigen vom Lebenpreisgeben (Mt 10,39 / Mk 8,25) zusammengestellt. Auch das spricht dafür, daß es zunächst im wörtlichen Sinn vom Tod verstanden wurde. Man hat also in der Frühzeit noch eine Zeitlang den Hinrichtungstod als Endpunkt des Kreuzesweges verstanden. Noch Ignatius bezeugt dies[76]. Ein neues Verständnis des Logions ist erst bei Markus wahrscheinlich: Er formuliert nicht mehr konditional, sondern paränetisch und stellt die Selbstverleugnung voran. Der Kontext seines Evangeliums, d.h. sein Konzept der Leidensnachfolge in Mk 8,27-10,52 (aber noch nicht die semantische Bedeutung der Wendung αἴρω τὸν σταυρὸν αὑτοῦ!), macht klar, daß bei ihm mit Kreuztragen die Leidensnachfolge gemeint ist.

Matthäus setzte das markinische Verständnis der Leidensnachfolge voraus. Daß die Jüngerrede schon von V 16 an das Leiden um Jesu willen zum Thema hat, zeigt, wie wichtig das für ihn ist. Leiden ist die notwendige Folge der Verkündigung und die notwendige Gestalt der Jüngerschaft. Darum denkt hier der Evangelist nicht so sehr von den faktischen Erfahrungen seiner Gemeinde her, sondern von Christus: Leiden und Verfolgung sind die Lebensform des Meisters (V 24f). Sie zeigt sich in Verfolgungen, Prozessen, Familienspaltungen und schließlich im Martyrium. Weil es dabei um die frei gewählte Lebensform Jesu geht, ist das »Nehmen« des Kreuzes nicht Hinnehmen alles

---

[74] Vgl. die o. S. 108 genannten St.
[75] Hinweis von Chr. Riniker, dem ich für die Interpretation dieses Verses viel verdanke.
[76] Ign R 4,2; 5,3. Fung* 32 rechnet mit Einfluß von Mt 10,38 / Lk 14,27.

dessen, was geschieht, sondern eine aktive Lebensform des Leidens, die der Jünger auf das Gericht hin zu bewähren hat. Dort wird er sich als Jesu »würdig« erweisen.

V 39 führt den Gedanken weiter und läßt den Auftrag an die Jünger in eine Verheißung ausmünden: Wer sein Leben preisgibt, wird es finden. Was ist hier mit »Leben« gemeint? Die kirchliche Auslegung unterscheidet ziemlich einhellig zwischen dem irdischen Leben, das man preisgibt, und dem ewigen Leben, das man erlangt[77]. Daran ist etwas Richtiges: Die Wendung ψυχὴν ἀπολλύναι meint vom biblischen Sprachgebrauch[78] her in V 39b den Tod, in V 39a – wie in 10,28 – den Verlust des Lebens in der Hölle. Das bei Matthäus neue Verb εὑρίσκω macht im Unterschied zu ζητέω (Lk 17,33) oder θέλειν ... σῶσαι (Mk 8,35) deutlich, daß es um etwas geht, was man sich nicht selbst verschaffen, sondern nur erlangen kann; es paßt gut zum Leben nach dem Tod in V 39b, aber inhaltlich schlecht zu V 39a[79]. Matthäus denkt also an den Tod und das ewige Leben. Aber zugleich macht das Logion deutlich, daß »Leben« eine einzige und unteilbare Sache ist[80]. Irdisches und ewiges Leben sind hier nicht im Sinn eines Spiels mit einem Wort, das zwei ganz verschiedene Sachverhalte meint, mit ψυχή bezeichnet[81]. Ψυχή meint vielmehr ein einziges, unteilbares Gut, das Gott dem Menschen schenkt: Wahres »Leben« ist nicht das, was der Mensch selbst sich aneignet, sondern das, was Gott ihm geben wird, gerade durch den *Tod* hindurch. Die genaue Parallelität der beiden Versteile verstärkt den Charakter des Lebens als einer nur durch sein Gegenteil hindurch verheißenen Gabe Gottes. Der Skopus des Verses ist die Verheißung für den, der um Jesu willen auf sein Leben verzichtet (V 39b)[82], nicht etwa die Aufforderung zu einer besonderen Anstrengung, zur Askese[83], zum Mut[84] oder zum Bewahren der Ehre[85]. Während also V 38 vermutlich im Sin-

---

[77] Z.B. Origenes fr 217 = GCS Orig XII 103; Cyrill v Alexandrien fr 128 = Reuss 194; Euthymius Zigabenus 345 etc.

[78] Lev 7,20f.25.27; 17,10; 20,6; 23,30; 1Makk 9,2. עָבַד נֶפֶשׁ enthält stets das Moment des Verlierens durch eigenen Willen, vgl. K.G. Kuhn, Der tannaitische Midrasch Sifre zu Numeri, 1959 (RT II/3), 505.

[79] Vgl. Schweizer* 642,31f. Sachlich richtiger ist Mt 16,25 formuliert: ὅς ... θέλῃ τὴν ψυχήν ... σῶσαι. Der mt Sprachgebrauch ist vielleicht von der LXX inspiriert; vgl. Ieρ 45,2; vgl. 46,18 (ἔσται ἡ ψυχὴ αὐτοῦ εἰς εὕρεμα = er wird leben).

[80] Dautzenberg* 66f übers. darum mit »Existenz«, Albright-Mann 129 mit »self«. Schweizer* 636,5ff: Ψυχή enthält im Unterschied zu ζωή eine individuelle Note und drückt zugleich die Bindung des Lebens an den Körper aus.

[81] Maldonat 223: »similibus ambiguis vocabulis«.

[82] Eindrücklich drückt es Gregor d Gr., Hom in Ev 32,4 = PL 76,1235 (inspiriert durch Joh 12,24?) aus: Ein Bauer kann das Getreide nicht in der Scheune aufbewahren, wo es über kurz oder lang verdirbt, sondern nur, indem er es in den Boden sät.

[83] So die jüd. Parr bTamid 66a; bBerakh 63b = Bill. I 587f.

[84] So die antiken Parr in der Cohortatio der Feldherrenrede (J.B. Bauer, ›Wer sein Leben retten will ...‹, Mk 8,35 Parr., in: Neutestamentliche Aufsätze (FS J. Schmid), hrsg. J. Blinzler u.a., Regensburg 1963, 7-10). Schon Johannes Chrysostomus 55,2 = 789 braucht den Hinweis auf den Feldherrn als homiletisches Mittel.

[85] Plato, Crito 48b läßt Sokrates den Grundsatz vertreten, daß nicht das Leben, sondern das Gut-leben das Erstrebenswerte sei. Epict Diss 4,1,165: Sokrates konnte man nicht αἰσχρῶς retten, sondern ἀποθνῄσκων σῴζεται.

ne der Leidensnachfolge des Markusevangeliums vom Leiden des Jesusjünger spricht, handelt V 39 von seiner extremsten Gestalt, dem Martyrium, und stellt es unter Jesu Verheißung, ohne es zur Bedingung der Jüngerexistenz zu machen. Damit ist in V 39 etwas vom ursprünglichen, radikalen und dann später gemilderten Sinn des Logions vom Kreuznehmen aufgenommen.

Wirkungs- Bei Matthäus sprechen die beiden Worte nicht nur vom Martyrium, sondern
geschichte lassen dieses bereits im Leben beginnen. Es ist Zuspitzung des Leidens für
38f Christus, seine Konzentration (nicht sein Grenzfall!). Dem entspricht zum Teil die Auslegungsgeschichte[86]: Martyrium und andere Formen des Leidens tauchen nebeneinander auf.

In der alten Kirche vor der konstantinischen Wende dominiert die Deutung auf das *Martyrium*[87]. Das Sterben des Gläubigen geschieht »nicht in sanften Fiebern und in Betten, sondern in Martyrien, wenn du dein Kreuz aufnimmst und dem Herrn folgst«[88]. Das Schwert des Herrn »ist nicht in den Himmel gebracht worden, sondern auf die Erde«; nach dieser Regel bezieht Tertullian den ganzen Abschnitt V 34-39 auf das Martyrium[89]. Das Martyrium war der Konzentrationsfall des Kreuzes; darüber hinaus aber gilt, daß die ganze Existenz des Christen kreuzförmig sein soll: Die Forderung der Selbstverleugnung in Mk 8,34 / Mt 16,24, aber auch häufig herangezogene Paulusstellen wie Gal 2,20 oder 6,14 führten dazu, daß »jeglicher Gedanke . . ., jedes Wort und jede Tat« unter das Vorzeichen der Selbstverleugnung und des Kreuzes gestellt werden muß[90].

Für die *gemilderte Deutung* unseres Wortes gibt es viele Zeugnisse: Kreuz meint »nicht das Holz«, sondern »Geduld in Ungerechtigkeiten und Mißhandlungen, Mühen, Schweiß und Leiden, Entzug und Entleerung der Welt«[91]. Kreuz meint jegliches Leiden: »Wenn ich vom Kreuz spreche, dann denke ich nicht an das Holz, sondern an das Leiden. Im übrigen findet sich das Kreuz in Britannien, in Indien und auf dem gesamten Erdkreis«. So formuliert nicht etwa ein Heutiger, sondern Hieronymus[92]. Bei Clemens und Origenes verbindet sich das Kreuztragen mit ihrer Schau christlicher Vollkommenheit[93]. So ist »jede Tat des Vollkommenen ein Zeugnis für Christus Jesus«, und jeder, der sich von der Sünde enthält, nimmt sein Kreuz auf sich[94]. Auch der eigene Leib kann Form und Gestalt des Kreuzes haben[95]. Entsprechend gibt es viele Verwirklichungsformen und Gestalten des Kreuztragens. Zu diesen gehören auch die besonderen asketischen Lebensformen des Mönchtums. Der Mönch ist σταυροφόρος par excellence[96]. Das Wort vom Kreuztragen bezieht sich auf die perfecti oder auf die

---

[86] Dazu Koolmeister*; Fung*.
[87] Vgl. z.B. Tertullian, Scorpiace 11 = BKV I/24 564 (zu V 39); Irenäus, Haer 3,18,4 (zu Mt 16,24f); auch noch Johannes Chrysostomus 55,2 = 787 (zu 16,24).
[88] Tertullian, De Anima 55,5 = CChr.SL 2,863.
[89] Tertullian, Scorpiace (o. Anm. 87) 10 = 563.
[90] Origenes 12,24 = GCS Orig 10, 124.
[91] Dionysius bar Salibi 297 = II 220.

[92] Hieronymus, Hom in Ps 95,10 = CChr.SL 78,154.
[93] Fung* 43-61.
[94] Origenes 12,24 = GCS Orig 10, 124f.
[95] Tertullian, De idolatria 12 = BKV I/7 156.
[96] Basilius bei Fung* 100. Vgl. z.B. seine ausführliche Auslegung von Mt 16,24 in den Regulae fusius 8,1 (Basilius von Caesarea, Die Mönchsregeln, hrsg. K.S. Frank, St. Ottilien 1981, 105f).

ehelosen Wanderasketen in Syrien⁹⁷. Kreuztragen bezieht sich auf den Besitzverzicht: Wie kann ich Christus nachfolgen, wenn ich mit Gold beladen bin⁹⁸? Auch das Wort vom Verlieren des Lebens wurde auf den Besitzverzicht gedeutet⁹⁹.

In dieser bunten Aufzählung von Konkretionsversuchen der kirchlichen Ausle- Zusammen-
gung gab es auch solche, die von dem, was Matthäus sagte, deutlich abwichen. fassung
Die Frage stellt sich: Welche Konkretionen sind vom Text her legitim? Wo lassen sich Grenzen festmachen? Wir versuchen, *Richtungssinn* und *Grenzen* des Textes vom Ganzen matthäischer Theologie her näher zu bestimmen:
a) Bei Matthäus geht es um eine bewußte Bereitschaft¹⁰⁰ zum Leiden, die im Martyrium kulminiert. Damit ist zwar ein aktives, eigenes Verhalten der Jünger gemeint, *nicht aber eine asketische Übung um ihrer selbst willen*. Hier liegt eine erste der Applikation gesetzte Grenze. In die Nähe solcher problematischer Auslegung kommen wir insbesondere dort, wo das Kreuz auf das Verhältnis des Menschen zu sich selbst bezogen wird. Leiden um Christi willen steht – von Mt 10,39 her – nicht unter dem Vorzeichen der Selbstvervollkommnung, sondern der Liebe.

Eine Grenzüberschreitung finden wir wohl in der Gnosis. Hier bedeutete das Kreuznehmen: Sich der Welt entkleiden, die Welt der Materie verlassen¹⁰¹. Der wahre Gnostiker bei Clemens haßt Vater und Mutter, indem er alles Fleischliche gering achtet, und trägt so sein Kreuz¹⁰². Vom Ideal der Askese her bestand »Kreuz tragen« in Verneinung des eigenen Willens, der Lüste, der Liebe zum Leben und des eigenen Leibes¹⁰³. Die Imitatio Christi von Thomas a Kempis versteht »den Weg des heiligen Kreuzes« und das »tägliche Absterben« als Methode zum wahren, inneren Frieden: »Du mußt überall geduldig seyn, wenn du innern Frieden haben und die ewige Krone verdienen willst«¹⁰⁴. Hieronymus bezieht in einem Brief an Eustochium das Kreuz auf Eheverzicht: »Kein Soldat zieht mit seiner Frau ins Feld«¹⁰⁵. Im allgemeinen hat aber die Auslegungsgeschichte erstaunlich scharf unterschieden: »Einer ... quält sein Fleisch für leeren Ruhm ... Der scheint das Kreuz zu tragen, aber er folgt dem Herrn nicht«¹⁰⁶. Cocceius formuliert klar: »Man muß es aber aus der Hand Gottes empfangen, nicht aber für sich selbst machen«¹⁰⁷.

b) Eine zweite Grenze, die vom ganzheitlichen Verständnis des christlichen Glaubens bei Matthäus her nicht überschritten werden darf, ist die *exklusive Spiritualisierung* des Kreuzes, die oft mit der asketischen Deutung zusammengeht.

---

⁹⁷ Liber Graduum, hrsg. M. Kmosko, 1926 (PS I/3), 30,26 = 924; PsClem Ad Virg 2,5,4 = ANFa VIII 62.
⁹⁸ Hieronymus, Ep 14,6 = BKV II/16 285.
⁹⁹ Afrahat (G. Bert, Leipzig 1888) Hom 6 = 93.
¹⁰⁰ Das Stichwort der Bereitschaft taucht häufig auf, z.B. Opus imperfectum 26 = 769 (»paratus ... ad omne periculum«); Calvin I 317.

¹⁰¹ Fung* 36f.
¹⁰² Strom 7, 59,5-7 = BKV II/20 83.
¹⁰³ Euthymius Zigabenus 473 (zu 16,24).
¹⁰⁴ Thomas a Kempis, Vier Bücher von der Nachfolge Jesu Christi, Stuttgart 1839, 2,12.3f (Zitate 179.181).
¹⁰⁵ Ep 22,21 = BKV II/16 86.
¹⁰⁶ Strabo 120.
¹⁰⁷ 19.

Hierzu hat offensichtlich das Preisgeben der ψυχή in V 39 die Wege geebnet. Etwa Hilarius deutet das Kreuz auf die mortificatio des Leibes mit seinen Sünden und Begierden, das Preisgeben der ψυχή auf die »Verachtung des Gegenwärtigen«[108]. Tauler spricht vom Abtun aller gottfremden Sorge[109]. Dionysius der Karthäuser deutet das Kreuz auf die »Pein der Buße, die Kreuzigung der Laster und Begierden«, das »Leben« auf die »Freuden der Welt«[110].

c) Schwierig scheint mir vom matthäischen Grundgedanken eines aktiven Gehorsams gegenüber Jesu Geboten her schließlich das Verständnis des Kreuztragens als *rein passives Hinnehmen* von Unrecht und Elend.

Brenz spricht vom »adversa tolerare«[111]. Thomas a Kempis weiß: »Du wirst finden, daß man immer etwas leiden muß«[112]. J. Smolik fragt dagegen, ob nicht »wir Christen ... zu einer Sakralisierung des Status quo durch unsere Auffassung des Kreuzes beigetragen haben«, indem das Sich-Abfinden mit Not und Ungerechtigkeit »eher als christliche Tugend statt als Sünde verstanden wurde«[113]. Demgegenüber hat schon J. Scheffler in seinem einflußreichen Lied »Mir nach, spricht Christus, unser Held« unsere Verse völlig richtig unter das Motto des Kampfes gestellt: »Wer nicht gekämpft, trägt auch die Kron' des ewgen Lebens nicht davon«[114]. Hier ist verstanden, daß das Kreuztragen für Matthäus eine *Praxis* ist, die der Jünger im Gericht verantwortet, wo herauskommt, ob der Jünger »würdig« war.

3.4 Gastfreundschaft für die Jünger (10,40-42)

Literatur: Friedrich, J., Gott im Bruder, 1977 (CThM.A7), 87-108; *Hill, D.*, Δίκαιοι as quasi-technical term, NTS 11 (1964/65) 296-302; *Légasse, S.*, Jésus et l'enfant, 1969 (EtB), 76-85; *Michel, O.*, Art. μικρός κτλ., ThWNT IV 650-656; *Schulz*, Q 457-459; *Vidal, M.*, La ›Recompensa‹ come motivación del comportamiento moral cristiano, Salm. 19 (1972) 261-278.
*Weitere Literatur*** zur Jüngerrede o. S. 74.

**40 Wer euch aufnimmt, nimmt mich auf;
und wer mich aufnimmt, nimmt den auf, der mich gesandt hat.
41 Wer einen Propheten aufnimmt, weil es ein Prophet ist,
wird Lohn eines Propheten erhalten;
und wer einen Gerechten aufnimmt, weil es ein Gerechter ist,
wird Lohn eines Gerechten erhalten.**

---

[108] 10,26 (zu Mt 10,39) = SC 254,248.
[109] Predigt über Mt 6,33, abgedruckt bei Mokrosch/Walz, Mittelalter 184.
[110] 132.
[111] 445.
[112] AaO (o. Anm. 104) 2,12,3 (180).
[113] J. Smolik, Die Revolution des Kreuzes, CV 11 (1968) 233f.
[114] EKG 256, Strophe 6.

42 Und wer einem dieser Kleinen auch nur einen Becher kühles Wasser
zu trinken gibt, weil es ein Jünger ist:
Amen, ich sage euch:
Er wird seinen Lohn nicht verlieren!

1. *Aufbau.* Die sorgfältige Gliederung des vorangehenden Abschnitts wird weiter- Analyse
geführt: Auf vier Partizipialsätze (V 40f) folgt herausgehoben ein genereller Relativsatz als Abschluß (V 42). Die Länge der Sätze steigert sich; V 42 hat als längster Satz
und durch das »Amen, ich sage euch« deutlich eine Abschlußposition. Aus V 37-39
wird das Pronomen der 1. Pers. (3mal in V 40), aus V 38f λαμβάνω (2mal in V 41) und
ἀπόλλυμι (V 42) aufgenommen. Leitwort in V 40f ist δέχομαι (6mal), in V 41f εἰς ὄνομα mit Gen. (3mal) und μισθός (3mal). Προφήτης, δίκαιος und εἷς τῶν μικρῶν
τούτων bilden eine absteigende Reihe. Δέχομαι verklammert außerdem mit V 14, nur
ist jetzt der Blickpunkt nicht mehr bei den wandernden Jüngern, sondern bei den seßhaften Brüdern.

2. *Quellen.* V 40 hat in Lk 10,16, Mk 9,37 (= Mt 18,5) und Joh 13,20 Parallelen[1],
V 42 in Mk 9,41. V 41 ist mt Sondergut. Nach der Zweiquellentheorie hat Mt in V 40
auf den Schluß der Aussendungsrede von Q (Lk 10,16) zurückgegriffen, ihn aber unter Verwendung des später fast ganz weggelassenen Mk 9,37-41 ergänzt. Die mk Perikope vom fremden Exorzisten (Mk 9,38-40) paßte aus formalen Gründen nicht in eine Rede; zugleich macht sie wohl, wie ein Vergleich von 12,30 mit Mk 9,40 zeigt, dem
gemeindebewußten Evangelisten auch inhaltlich Mühe. V 40 ist also eine Neufassung
von Lk 10,16, den Mt im Anschluß an Mk 9,37 auf die Aufnahme der Jünger bezogen
hat. *V 41* wird sehr verschieden beurteilt: Mir ist mt Red. unwahrscheinlich, obwohl
sie sprachlich möglich wäre[2]. Aber die Bezeichnung »Gerechte« für eine besondere
Gruppe von christlichen Wanderjüngern ist nicht mt; auch die fast technischen Ausdrücke »Prophetenlohn« und »Gerechtenlohn« fallen auf[3]. Mt hat hier ein judenchristliches Logion aufgenommen. Auch *V 42* ist schwer zu beurteilen. Stammt dieser
Vers aus Mk 9,42, oder ist er eine ältere Variante davon? Εἷς τῶν μικρῶν τούτων
könnte Tradition sein, weil es auch in Mk 9,42 vorkommt und den Stichwortanschluß
von Mk 9,37-50 ergänzt[4]. Unsicher ist auch, ob εἰς ὄνομα μαθητοῦ ein alter Semitismus[5] oder red. Anpassung an V 41 ist. Ψυχροῦ ist kaum red., im Unterschied zu
μόνον[6]. Es gibt also einige Gründe dafür, für V 42 eine alte, eigenständige Tradition

---

[1] Vgl. auch Ign Eph 6,1; Did 11,4.
[2] Vgl. Bd. I Einl. 3.2 s.v. δίκαιος, λαμβάνω, μισθός, προφήτης. Wirken die Logien V 40 (δέχομαι) und V 42 (εἰς ὄνομα, μισθός) auf die Formulierung ein? Luhrmann, Redaktion 111 rechnet mit Q^Mt, Schweizer 164 mit nachträglicher Gemeindebildung, Gundry 202 und Gnilka I 400 (als Ersatz für Mk 9,38-40) mit mt Red.
[3] Die Zusammenstellung von Propheten und Gerechten kommt zwar nur bei Mt vor, wird aber an den beiden anderen St 13,17 und 23,29 auf die atl. Zeit bezogen. Hat hier Mt wieder aus einer Trad. einen Ausdruck über-
nommen und ihn dann selbst red. fruchtbar gemacht? Vgl. auch Test D 2,3 (in einer länge-ren Reihe).
[4] Vgl. Schweizer, Mk 106.
[5] Vgl. Bill. I 590f. Entsprechung ist בְּשֵׁם, nicht בְּשֵׁם. Ersteres meint »anstelle von«, »on behalf of«, letzteres »in der Tradition von« (H. Kosmala, »In my name«, ASTI 5 [1966/67] 89-93). Auch der konditionale Relativsatz ist (wie Mk 9,41) Semitismus, οὐ μή mit Konj. Aor. dagegen »niedere Koine« (Bl-Debr-Rehkopf § 365 Anm. 1).
[6] Zu μόνον vgl. Bd. I Einl. 3.2 s.v.

und nicht nur Mk 9,41 als Quelle anzunehmen. Unsicher ist auch, wer für die Zusammenstellung der Logien verantwortlich ist. Hat Mt V 41(f) bereits in seinem Q-Exemplar zusammen mit V 40 vorgefunden? Aus theologischen Gründen würde man gern annehmen, daß er es war, der V 42 an V 40f anfügte. Aber andere als theologische Gründe gibt es dafür nicht: V 42 entspricht dem Kirchenverständnis des Mt.

3. *Herkunft.* Wenn die Aussendung der Jünger auf Jesus zurückgeht, wird man das auch für V 40 nicht ausschließen können. V 41 setzt wohl bereits nachösterliche Gemeindestrukturen voraus. Über die Herkunft von V 42 läßt sich ebensowenig Sicheres sagen wie über seinen ältesten Sinn. Mir ist wahrscheinlicher, daß der Vers von Anfang an von der Gastfreundschaft gegenüber Jüngern sprach, als daß es ursprünglich um Kinder ging[7].

Erklärung Die Jüngerrede schließt mit Heilszusagen. Zunächst lenkt Matthäus zur Si-
40 tuation der Wanderschaft zurück, von der seit V 16 eigentlich nicht mehr die Rede war. Für die angesprochenen wandernden Jünger bedeutet Jesu Wort einen abschließenden Zuspruch: In ihnen begegnet Jesus selbst, in Jesus Gott. Die Schicksalsidentität von Jüngern und Meister, die seit V 24 im Blick auf das Leiden akzentuiert wurde, wird nun nach der positiven Seite hin angedeutet. Im Hintergrund steht das jüdische Botenrecht[8] – ein Bote vertritt vollmächtig seinen Auftraggeber – und die rabbinische Hochschätzung der Lehrer[9]. Wem gilt im Sinne des Matthäus dieser Zuspruch?

Die Frage ist seit alters umstritten. Schon im Urchristentum war unser Wort sehr verbreitet. Ignatius bezog es auf den Bischof (Eph 6,1), die Didache auf die Apostel, wie dort allgemein die Wanderprediger genannt werden (11,4, vgl. 12,1), der erste Clemensbrief auf die Apostel, die dann in den Städten und Dörfern Episkopen und Diakone einsetzten (42,1.4). Von hier aus verband es sich dann mit der apostolischen Sukzession[10]. Später wurde es auf das Papsttum bezogen[11]. Demgegenüber steht die Deutung auf die ganze Kirche[12]. In der reformatorischen Exegese wurde unser Vers vor allem auf das Predigtamt bezogen[13].

---

[7] Gegen die Deutung auf Gastfreundschaft gegenüber Kindern (= μικροί) hat Friedrich* 98-100 gute Gründe beigebracht. Man müßte schon mit einem verbreiteten Betteln wandernder Kinder rechnen!
[8] Berakh 5,5: Did 41b = Bill. I 590. Übertragen Tanch 52b = Klostermann 93 (Gebote als Gesandte Gottes). Vgl. Apg 9,4: »Was verfolgst du *mich*?«
[9] Berakh 63b; Keth 11b; NuR 22 (192d); MekhEx 18,12 (67a); Sanh 110a (alle bei Bill. I 589f).
[10] Cyprian, Ep 66,4 = BKV I/60 284f (mit Lk 10,16); Vaticanum II, Konstitution über die Kirche 7 = NR Nr. 463.
[11] Konzil von Konstantinopel 869/70, Can 21 contra Photium = DS[36] Nr. 661.
[12] Augustin, In Joh Ev Tract 89,2 = BKV I/19 942f (nur diejenigen Heiden, die die Verkündigung der Kirche nicht gehört haben, haben eine Entschuldigung für die Sünde des Unglaubens).
[13] Luther (WA 38) 514 (»nobis praedicantibus est gloria et consolatio«); Catechismus Genevensis Nr. 307 = BSKORK 34,40ff; Confession de foy (1559) Nr. 25 = ebd. 72,10ff; Calvin, Inst 4,3,3 (zu Lk 10,16).

Zwar sprach Matthäus in V 5 (vgl. 11,1) von der Aussendung der zwölf Apostel. Die ganze Rede machte aber deutlich, daß sie für die Jünger transparent sind. Der abschließende V 42, der die angesprochenen »ihr« durch »einen von diesen Kleinen« interpretiert, bestätigt dies. Jeder Christ ist im Sinne des Matthäus an der missionarischen Verkündigung der Kirche beteiligt; jedem gilt darum Jesu Verheißung. In V 41f setzt Matthäus zu einer dreifachen Exemplifizierung des »ihr« an. An die Stelle der Gegenwart Gottes tritt die eschatologische Zusage des himmlischen Lohns.

41f

Der *vormt* V 41 ist eine bedingte Heilszusage[14] für die Aufnahme von Propheten und Gerechten. »Propheten« sind im Sinne von 23,34 als Wanderpropheten zu verstehen. Schwieriger ist die Deutung der »Gerechten«. Obwohl es dafür weder jüdisch noch christlich direkte Belege gibt[15], macht doch die Redeweise von einem besonderen »Gerechtenlohn« wahrscheinlich, daß es auch bei ihnen um eine besondere Gruppe von Frommen gehen dürfte[16], vielleicht wandernde Asketen, die nicht Propheten waren und die sonst für die mt Gemeinde nie mehr belegt sind. Unser Vers zeigt also Verhältnisse einer früheren Zeit[17]; er läßt uns einen Blick tun in die Struktur des urchristlichen Wanderradikalismus[18]. Für die Aufnahme eines Propheten bzw. eines Gerechten wird ein besonderer Lohn versprochen, der Lohn, der dem Propheten und dem Gerechten im Eschaton zusteht[19]. Der Skopus unseres Logions besteht darin, daß für den geringfügigen Dienst der Gastfreundschaft der ungeheuer große Lohn zugesprochen wird, der im Eschaton den Propheten und Gerechten zusteht. Diese Interpretation wird durch die Gattung der Heilszusage und das Futurum λήμψεται bestätigt[20]. Unser Logion rechnet also mit verschiedenen himmlischen »Lohnklassen«, durchbricht aber diesen Gedanken von vornherein dadurch, daß Lohn weit über Gebühr verheißen wird.

41

V 41 entspricht dem matthäischen Aussagewillen nur bedingt. Durch die Zufügung von V 42, der die »Kleinen« auf die Stufe der Propheten und Gerechten rückt, werden diese ihres besonderen Status entkleidet. Für Matthäus

---

[14] Berger, Formgeschichte 167f.
[15] Einzelne, wie Noach, Abraham, Abel, Josef etc., können als »Gerechte« bezeichnet werden (jüd.: G. Schrenk, Art. δίκαιος, ThWNT II 188,13-20; Przybylski, Righteousness 44f; christl.: Mt 1,19; 23,35; Lk 2,25).
[16] Hill*.
[17] Trilling, Amt 38f. E. Meyer, Ursprung und Anfänge des Christentums I, Nachdr. Darmstadt 1962, 143 Anm. 1 rechnet mit einer dreistufigen Gemeindeordnung von Propheten, bewährten Christen und gewöhnlichen Jüngern, andere, wie M'Neile 150 und Gundry 203, rechnen mit vier Gruppen mit Einschluß der Apostel von V 40. Die Analogie zu 1Kor 12,28, wo den »Gerechten« die »Lehrer« entsprechen würden, ist unmittelbar einleuchtend. Aber solche Analyse nimmt die traditionsgeschichtlichen Verhältnisse nicht ernst: Der Text hat eine komplizierte Entstehungsgeschichte bis hin zu Mt. Ob es in seiner eigenen Gemeinde noch eine *besondere* Klasse von »Gerechten« gegeben hat, bleibt von seinem eigenen Sprachgebrauch von δίκαιος her fraglich.
[18] Das weiß noch das Opus imperfectum 26 = 770f: Die Propheten und Gerechten sind die »propter Deum peregrinante(s)«.
[19] Gregor d Gr., Hom in Ev 20,12 = PL 76,1165: Teilhabe am himmlischen Prophetenlohn.
[20] Ebendies spricht gegen die Deutung von Hill* 299, wonach es sich um den Lohn handle, den ein Prophet und ein Gerechter gibt, also z.B. Prophetie und Unterweisung.

sind »Gerechte« alle Christen, die sich auf dem Wege zur Vollkommenheit befinden (5,20.48). Ihre Gerechtigkeit wird im letzten Gericht erscheinen (13,43.49; 25,37.46); er spricht sonst den Christen nicht schon jetzt dieses Prädikat zu. Auch den Gedanken eines abgestuften himmlischen Lohns liebt er sonst nicht[21]:

Die Frage, ob es gradus meriti bzw. dignitatis gebe, wurde in der nachreformatorischen Exegese zum kontroverstheologisch wichtigen Thema. Von katholischer Seite wurde dies bejaht, von evangelischer nicht bestritten[22]; der Akzent lag aber dort darauf, daß Gottes Lohn »ad ... liberalitatem« bemessen sei[23]. Dieser Gedanke eines Lohnes über Gebühr, der bereits im vormt V 41 steckt, wird vom Evangelisten im abschließenden V 42 besonders betont.

42 In V 42 setzt der Evangelist einen neuen Akzent. Nicht nur die Aufnahme von Propheten und Gerechten, sondern auch die Aufnahme »eines dieser Kleinen« steht unter der Verheißung himmlischen Lohns. Dieser traditionelle Ausdruck wird ihm später in seiner Gemeinderede wichtig sein (18,6-14). Im Judentum können als »Kleine« sowohl die sozial Schwachen[24] als auch die Kindischen und Unreifen[25] als auch die Frommen[26] bezeichnet werden. Im Urchristentum werden Mk 9,42 die nichtbesonderen, unbedeutenden Christen so bezeichnet[27]. Matthäus, der einen bewußten Gegensatz zu den »besonderen« Propheten und Gerechten schaffen will, hat den Ausdruck gleich verstanden. Gewöhnliche Christen sind ebenso wichtig wie Propheten und Gerechte. Ein ähnliches unhierarchisch-geschwisterliches Gemeindeverständnis wird uns 18,1-14 und 23,8-12 begegnen. Wichtig ist auch Matthäus der Gedanke des Gnadenlohns: Μόνον ist wohl auf ποτήριον ψυχροῦ zu beziehen[28]. Die altkirchliche Auslegung betont zu Recht: Jeder, auch der Arme, kann diese Bedingung erfüllen[29]. Es geht hier nicht um einen verdienten Lohn, sondern um eine ganz unverhältnismäßige Entlöhnung für simple Hilfsbereitschaft[30]. Die bescheidene Gabe eines Bechers kalten Wassers[31] geschieht εἰς ὄνομα μαθητοῦ. Es geht also nicht um eine allgemeine Empfeh-

---

[21] Marguerat, Jugement 44. Er kennt ihn aber, vgl. Bd. I 239.
[22] Maldonat 224; Bullinger 108B (»nemo ... pius negat ... esse mercedem«, aber »non tanquam debitum ... sed tanquam gratiam«).
[23] Confessio Helvetica posterior 16 = BSKORK 248.
[24] Michel* 651,16ff.51ff; Schlatter 353 (Gegensatz: Söhne der Kleinen – Königssöhne).
[25] Für Gelehrtenschüler: Bill. I 592; Michel* 652,18ff.
[26] S Bar 48,19.
[27] Daran hängt die Pointe von Mk 9,42: Ein Ärgernis für die Kleinen führt zu einer ganz drastischen Strafe; ähnlich in unserem Lo-

gion: Der »unbedeutende« Christ entspricht dem geringfügigen Liebesdienst; dem steht die übergroße Lohnverheißung rhetorisch wirksam gegenüber.
[28] Μόνον ist im Mt-Ev bei Subst. nachgestellt (5,47; 21,19), bei Verben vorangestellt (3mal).
[29] Hieronymus 76 (kaltes Wasser erfordert nicht einmal Holz zum Kochen); Luther (WA 38) 516 (man kann rhetorisch den Dienst nicht kleiner machen, als es hier geschieht).
[30] Makarius, Ep 2 = BKV I/10 387: »ungemessene Menschenfreundlichkeit (Gottes)«.
[31] Ψυχρόν (sc. ὕδωρ) für kaltes Wasser ist stehender Ausdruck, vgl. Bauer, Wb s.v. 1b.

lung der Gastfreundschaft, nicht um »heidnische Wohltaten«[32], sondern um die Aufnahme eines Jüngers qua Jünger. Wer die Aufnehmenden sind, ist nicht sicher: Von V 11-14 her könnte man an nichtchristliche Häuser denken[33]. Dagegen spricht aber, daß die Nichtchristen ja das Matthäusevangelium nicht lesen. Durch unsere Verse angesprochen fühlen sich Christen, die seßhaft zu Hause sind. Sie werden zum Schluß zur Gastfreundschaft und Solidarität mit den Wandernden ermuntert[34]. Für die wandernden »Kleinen« ist der Vers eine Verheißung: Sie dürfen wissen, daß ihr Kommen für die, die sie aufnehmen, eine kostbare Gabe ist, die himmlischen Lohn mit sich bringt. Sie sind Träger himmlischer Verheißung und dürfen so trotz allem Leiden ihren Auftrag mit Freude erfüllen.

So kehrt die Rede am Schluß nochmals zu ihrem Anfang zurück. Noch einmal werden die wandernden Jünger ins Auge gefaßt. Nochmals wird deutlich, daß die seßhaften Christen mit dem Auftrag der Wandernden verbunden sind. Wie andere Reden, so endet auch diese mit einem Ausblick aufs Gericht. Nachdem aber vorher so viel vom Leiden die Rede war, ist er nicht drohend, sondern verheißend[35]. Vor allem aber wird den Zuhausebleibenden deutlich gemacht, welcher Segen die wandernden Brüder für sie sind: Begegnung mit Christus, ja mit Gott und himmlischer Lohn sind der Solidarität mit ihnen verheißen.

Zusammenfassung

4 *Abschluß der Jüngerrede (11,1)*

1 Und es geschah, als Jesus seine Befehle an die zwölf Jünger beendet hatte[1], da zog er von dort weg, um in ihren Städten zu lehren und zu verkündigen.

Der Abschluß der Rede folgt dem üblichen Schema[2]. Er ist ganz red. gestaltet[3]. V 1a weist auf 10,1, V 1b auf 9,35 zurück. Der Abschluß ist Übergangsvers[4]: V 1b deutet zugleich die allgemeine Szene für die folgenden Kapitel an.

Analyse

Die einzige Abweichung vom üblichen Abschlußschema ist διατάσσων τοῖς δώδεκα μαθηταῖς. Diese Rede war also eine Jüngerrede; sie galt nicht dem

Erklärung

---

32   Luther (WA 38) 516.
33   Insofern ist unser Text die nächste Par zu 25,31-46 und zugleich das stärkste Argument für die Deutung der »geringsten Brüder« auf christliche Missionare.
34   Vgl. Euthymius Zigabenus 345: Christus »öffnet den Jüngern die Häuser der Gläubigen«.
35   Weavers** 123: V 40-42 sind positive Entsprechung zu V 15.

1   Zu τελέω mit Part. vgl. Bl-Debr-Rehkopf § 414 Anm. 10.
2   Vgl. Bd. I 415f.
3   Vgl. Bd. I Einl. 3.2 zu γίνομαι, τελέω, μαθητής, μεταβαίνω ἐκεῖθεν, διδάσκω, κηρύσσω, πόλις. Zu τοῦ mit Inf. vgl. Bd. I 33. Singulär ist nur das Hap. leg. διατάσσω.
4   Vgl. Bd. I·19.

Volk. Sie ist Befehl Jesu; ihre Verbindlichkeit wird nochmals eingeschärft. V 1b lenkt zurück zum Wirken Jesu in »ihren« Städten (vgl. 9,35). Matthäus nimmt den Erzählfaden auf, wo er ihn 9,35 liegengelassen hatte. Es folgt also kein Aussendungsbericht; erst nach Ostern werden die Jünger verkünden. Matthäus erzählt vielmehr die Geschichte des Wirkens Jesu in Israel weiter, die nun immer deutlicher eine Geschichte von Spannungen und Scheidungen wird.

Zusammenfassung: Grundaussagen der Jüngerrede

Unsere Ausgangsfrage lautete, ob die matthäische Jüngerrede eine grundlegende ekklesiologische Bedeutung habe oder ob sie eher Anweisungen enthalte, die sich nur auf eine vergangene Epoche, nämlich die Zeit der Israelmission der Kirche, beziehen, oder ob sie nur einem Teil der Gemeinde, nämlich den Wanderradikalen, gelte. Die Auslegung zeigte, daß die ausschließlich auf die Israelmission bezogenen Logien V 5f (und 23) der Einordnung der Rede in den Erzählungsfaden des Matthäusevangeliums dienten. Die damalige Aussendung der Jünger zu Israel aber erwies sich als Urbild der Sendung der Gemeinde. Den Auftrag zur Mission verstand Matthäus als Aufgabe der gesamten Kirche und die Existenz als Wandermissionar als Möglichkeit des Gehorsams für jeden Christen[1]. So gilt die *These: Die Jüngerrede ist der grundlegende ekklesiologische Text des Matthäusevangeliums.* Sie zeigt, wie die Jünger den Verkündigungsauftrag Jesu und seine Vollmacht übernehmen und wie ihr Leben durch die Bergpredigt, also Jesu Evangelium der Gottesherrschaft, und durch das Geschick Jesu geprägt ist.

Was sind die grundlegenden Merkmale des matthäischen Verständnisses der Kirche in der Jüngerrede? Man könnte zunächst sagen: Kirche ist christusgestaltig. Sie ist aber nicht in der Weise christusgestaltig, daß sie, etwa als mystischer Leib Christi, die geistliche Wirklichkeit des gekreuzigten und auferstandenen Christus sichtbar repräsentiert, sondern darin, daß sie das Leben und die Sendung des *irdischen* Jesus über seinen Tod hinaus weiterführt. Matthäus, für den der erhöhte Herr kein anderer ist als der irdische Jesus (28,20), denkt auch die Kirche vom irdischen Jesus her. Darin unterscheidet er sich von denjenigen neutestamentlichen Autoren, die ihr Verständnis von Kirche vom Auferstandenen[2] her entwerfen. Für Matthäus ist die Kirche also *jesusgestaltig*. So drückt er es im zentralen Logion 10,24f aus. Was heißt das?

1. Die Kirche *verdankt sich Jesu Erbarmen* (9,36) und damit der Gnade. Diese Dimension ist am Anfang der Rede relativ knapp angedeutet. Die Kirche

---

[1] Vgl. o. S. 78f.
[2] Das gilt v.a. für das Verständnis der Kirche als Leib Christi, das dann später in Verbindung mit platonischen Denkschemata für die Unterscheidung von himmlischer und irdischer Kirche konstitutiv wurde (Ignatius, Hippolyt, Origenes etc.).

verdankt sich dem Gebet zum Herrn (9,37). Sie empfängt Jesu eigene Vollmacht (10,1, vgl. 40). Darum vertreten die Jünger auch den abwesenden Herrn (10,40).

2. Die Kirche *übernimmt Jesu Auftrag an der Welt*. Verkündigung (10,7.27.32, vgl. 4,17) und Heilen (10,1.8, vgl. 4,23; 9,35) sind dabei gleichgewichtig. Während Jesu Verkündigung bei Matthäus primär ethisch akzentuiert ist, bedeutet der Heilungsauftrag, daß die Verkündigung der Jünger eingebettet ist in konkrete Heilserfahrung. Dieser doppelte Auftrag Jesu, Verkündigung und Heilen, zielt dabei über die Kirche hinaus auf die Welt, die das Reich des Menschensohns ist (vgl. 13,38.41). Kirche sein heißt von Anfang an (10,5a!): gesandt sein.

3. Die Kirche *übernimmt Jesu Lebensgestalt*. Dieses Merkmal ist zusammen mit dem folgenden wohl das Wichtigste für das matthäische Kirchenverständnis. Es fällt auf, daß die Jüngerrede fast ausschließlich eine Rede über das Verhalten und das Geschick der Jünger ist. Das entspricht der matthäischen Christologie: Matthäus erzählt die Geschichte Jesu als Geschichte des gehorsamen Gottessohns, der alle Gerechtigkeit (3,15), Gesetz und Propheten (5,17) erfüllt. Das entspricht auch dem matthäischen Verständnis von Verkündigung: Das Licht, das die Jünger in der Welt sind, besteht nicht so sehr in ihren Worten, sondern vielmehr in ihren Werken, die sie leuchten lassen sollen und um derentwillen die Menschen den Vater im Himmel preisen werden (5,14-16). Darum handelt Matthäus so ausdrücklich von der *Praxis* der Jüngerschaft. Im einzelnen hebt die Jüngerrede folgende Verhaltensmerkmale besonders hervor: die Wanderschaft (10,5f.11.14.16.23.40-42), die Armut (10,8b-10, vgl. 40-42) und die Wehrlosigkeit (10,10.16.38f). Sie sind für die Kirche konstitutiv, weil sie dem Verhalten Jesu und damit wiederum seiner Verkündigung entsprechen.

4. Das nächste Hauptmerkmal besteht darin, daß die Kirche *Jesu Leiden teilt*. Das Geschick der Jünger ist kein anderes als das des Meisters (10,24f). Der Verkündigungsauftrag führt sie in tödliche Gefahr (10,27-31). Deutlich werden die Etappen der Passionsgeschichte in Erinnerung gerufen bzw. vorweggenommen (10,17-19.38f). Auch die Erfahrung der Spaltungen in den Familien wurzelt in der Sendung Jesu (10,34-37). Warum der Auftrag Jesu ins Leiden führt, wird von Matthäus nicht reflektiert; es ist offenbar nach seiner Erfahrung einfach so. Es geht ihm dabei nicht um Leiden allgemein, sondern um das Leiden, das aus dem Nein der Welt gegenüber Jesus entspringt, aus dem Haß »aller um meines Namens willen« (vgl. 10,22). Die Kirche sucht das Leiden nicht, aber es ist unausweichlich, weil es dem Geschick Jesu entspricht und weil die Jünger in allem Jesus zu entsprechen haben. Darum kann er es mit dem Begriff ἀκολουθεῖν verbinden (10,38). Wenn die Jünger nicht ins Leiden kommen, sind sie offenbar Jesus in ihrer Verkündigung und ihrer Praxis nicht gleich gewesen.

5. Die Kirche *geht auf das Gericht Jesu zu*. Das Gericht, das die Boten symbolisch an den Städten Israels vollziehen und ihnen androhen (10,14f), steht

auch ihnen selbst bevor. Im Schlußteil der Rede wird diese Perspektive wichtig (10,32f.37-39.40-42). Dabei wissen die Jünger, daß der Richter kein anderer als der Immanuel ist, der Menschensohn Jesus, der sie in der Macht seines Vaters (10,29f.32f) richten wird. Die Jüngerrede stellt also die Kirche in die Spannung zwischen der Bevollmächtigung durch Jesus und dem Getragensein durch den Vater einerseits und dem Gericht, in dem sich ihre Praxis und ihr Leben vor dem Menschensohn und dem Vater zu bewähren haben, andererseits. Diese Spannung ermöglicht die Dynamik, die im matthäischen Kirchenverständnis steckt: Kirche ist nicht einfach Kirche, sondern sie *wird* Kirche, indem sie in ihrem Gehorsam und in ihrem Leiden ihre Vollmacht und ihren Auftrag bewährt.

6. Der *ekklesiologische Schlüsselbegriff* unserer Rede ist μαθητής, der am Anfang (9,37; 10,1), im Zentrum (10,24f) und am Schluß (10,42; 11,1) der Rede auftaucht. Er hat bei Matthäus den Rang eines ekklesiologischen Fundamentalbegriffs. Er erschließt ein *personales Kirchenverständnis*: nicht die »Kirche« als geistige oder institutionelle Größe, sondern allein der Herr ist den Jüngern vorgegeben, die seine Kirche bilden. Er erschließt ein *demokratisch-geschwisterliches Kirchenverständnis*: Der Jüngerbegriff läßt keine grundsätzlichen Unterscheidungen innerhalb der Kirche zu, sondern stellt alle Jünger/-innen in Auftrag und Vollmacht einander gleich (vgl. 23,8-10). Er erschließt ein *dynamisches Kirchenverständnis*: Jüngerschaft ist gelebter und gelittener Gehorsam auf dem Weg mit Jesus; darin, und nur darin, liegt das »Wesen« der Kirche. Kap. 13 und Kap. 18 werden diese Linien weiterführen und vertiefen.

Schluß: Überlegungen zur Bedeutung der Jüngerrede heute

Die Jüngerrede des Matthäusevangeliums eröffnet an manchen Punkten einen tiefen Gegensatz zwischen dem, was Kirche als gelebte Jüngerschaft Jesu in den Augen des Matthäus sein soll, und dem, was sie in ihrer Geschichte war oder heute ist. »Armut«, »Wehrlosigkeit«, »Wanderschaft« oder »Leiden« deuten diesen Gegensatz an. Dennoch besteht m.E. die Bedeutung der Jüngerrede nicht einfach darin, daß sie der heutigen Kirche eine andere Gestalt vorschreibt. So deutlich auf der einen Seite eine bestimmte Praxis über das Sein oder Nichtsein von Kirche entscheidet, so sehr macht auf der anderen Seite Matthäus deutlich, daß diese Praxis nicht einfach unverändert in jeder Situation die gleiche sein kann, sondern sich mit der Situation auch verändert. Etwa die Veränderungen der Ausrüstungsregel oder die in die Jüngerrede Jesu integrierten Erfahrungen der nachösterlichen Mission machen dies deutlich. Auch hier wird man im Blick auf die Praxis, die das Wesen der Kirche ausmacht, mit dem Begriff des »*Richtungssinns*«[3], den die Texte angeben, das am

---

[3] Vgl. U. Luz, Vom Sinn biblischer Texte, in: Worin besteht der Sinn des Lebens? (FS M. Machoveč), hrsg. H.G. Pöhlmann, Gütersloh 1985, 86.

ehesten formulieren, was der Evangelist wollte. Um den Richtungssinn der matthäischen Jüngerrede zu formulieren, muß man m.E. fundamentaler als bei den Aussagen der Einzeltexte ansetzen, nämlich bei den grundsätzlichen Implikationen des Jüngerbegriffs für das Verständnis der Kirche. Wir versuchen, sie im Gegenzug zu der bei uns dominanten theologischen Tradition zu erfassen, die die irdische Kirche von der unsichtbaren Kirche und damit christologisch vom Auferstandenen her denkt. Sie prägt die protestantische wie die katholische Kirche in je unterschiedlicher Weise nachhaltig.

Protestantische Ekklesiologie pflegt im Anschluß an die Augsburgische Konfession die sichtbare Kirche als »eine Versammlung aller Gläubigen, bei welchen das Evangelium rein gepredigt und die heiligen Sakrament lauts des Evangelii gereicht werden«[4] zu bestimmen. Evangelium und Sakramente sind die einzigen notae, die in der Zweideutigkeit der Welt für die sichtbare Kirche konstitutiv sind. In ähnlicher Weise äußert sich Calvin: Daß »Gottes Wort lauter gepredigt ... wird und die Sakramente nach der Einsetzung Christi verwaltet werden«, sind die beiden »symbola« der sichtbaren Kirche[5].

In dieser reformatorischen These verbinden sich verschiedene Anliegen. Es entspricht der Rechtfertigungslehre, daß die wahre Kirche in der Welt nicht an dem erkennbar werden kann, was Menschen aus ihr, mit ihr und für sie machen, sondern nur an dem, was Gott ihr schenkt. Die sichtbare Kirche ist nur durch die ihr anvertrauten Gaben Gottes konstituiert. Damit verbindet sich auch eine Abgrenzung, die vor allem Calvin, aber auch Luther[6] sehr deutlich herausarbeiten: Die sichtbare Kirche wird nicht an ihrer eigenen Heiligkeit oder Gerechtigkeit erkennbar. Der »Wahn einer vollkommenen Heiligkeit« zerstört vielmehr die Kirche, und »unbedachter Eifer um die Gerechtigkeit« wird zur Sünde, wenn die Gemeinschaft mit denen, deren Früchte des Lebens der Lehre nicht entsprechen, aufgekündigt wird[7]. Calvin wendet sich hier gegen die Donatisten, Katharer und Wicllfiten, aber auch gegen die Täufer zu seiner Zeit.

M.E. vermag aber die reformatorische Bestimmung eine wirkliche Unterscheidung zwischen wahrer und falscher sichtbarer Kirche nicht herbeizuführen, sondern höchstens, vorschnellen und sich selbst absolut setzenden Unterscheidungen zu wehren. Schon Calvin sah das Problem deutlich: Was ist, wenn das Wort Gottes in der Kirche jahrhundertelang verdunkelt war? Wer entscheidet darüber, welches Wort der Kirche dem Evangelium entspricht? Auch in der Verwaltung der Sakramente können sich Fehler einschleichen. Wer sagt, ob sie peripher sind oder ob sie die rechte Verwaltung der Sakramente zerstören?[8] Man könnte sagen: Wort und Sakramente sind notae des *Begriffs* der sichtbaren Kirche, aber ob die kirchliche Wirklichkeit diesem Begriff entspricht, ist eine völlig offene Frage[9]. Vor allem bleibt offen, worin eigentlich die »con-

---

[4] Confessio Augustana VII = BSLK ⁴1959, 61.
[5] Calvin, Institutio 4,1,9.8.
[6] Vgl. Predigt von 1531: Es gibt keine größere Sünderin als die Kirche; heilig ist sie nur, sofern sie um Vergebung bittet (WA 34/I 276, 7ff).
[7] Institutio 4,1,13.
[8] Vgl. Institutio 4,1,12.
[9] Vgl. D. Bonhoeffer, Sanctorum Communio, 1960 (TB 3), 85 (gegen eine theoretische Deduktion einer Lehre von der Kirche aus dem Glauben): »Was begrifflich notwendig ist, ist darum noch nicht wirklich«.

gregatio *sanctorum*«, von der die Augsburgische Konfession spricht, wirklich besteht. In der reformatorischen Tradition wurde aus mancherlei Gründen der Gedanke des corpus permixtum, das die sichtbare Kirche ist, zum zentralen Gedanken. Damit aber wird die Heiligkeit der Kirche zum Attribut, das nur noch geglaubt werden kann. Reicht das aus? Es ist nicht zufällig, daß Luther in verschiedenen Schriften die Zahl der notae ecclesiae vermehrt und z.B. in »Von Conciliis und Kirchen« auch das Leiden und die Verfolgung zu einer notae ecclesiae gemacht hat[10]. In der reformierten Tradition nach Calvin wurde andererseits zunehmend häufiger die disciplina bzw. die oboedientia zu einer dritten nota ecclesiae[11]. Damit ist zum ersten Mal in reformatorischer Tradition der für Matthäus wichtige Gedanke des Gehorsams in einer bestimmten Brechung wieder aufgenommen.

Das Problem, das die reformatorische Tradition stellt, besteht m.E. in folgendem: Wenn man die sichtbare Kirche nur von den sie konstituierenden göttlichen Gaben her versteht und völlig davon absieht, in welcher Gestalt von Kirche diese Gaben vorhanden sind, droht eine Art ekklesiologischer Doketismus. Die wahre sichtbare Kirche, der Wort und Sakrament gegeben sind, kann von der wirklichen Gestalt der Kirche getrennt werden[12]. Wie die Kirche aussieht und was sie tut, ist letztlich irrelevant, solange Wort und Sakrament ergehen. Das Verständnis der sichtbaren Kirche ist dann idealistisch und vermag die wirkliche Kirche kaum mehr zu bewegen[13]. Kirche bleibt immer Kirche der Sünder.

Auch *katholische Ekklesiologie* versteht Kirche in augustinischer Tradition im Spannungsfeld zwischen sichtbarer und unsichtbarer Kirche. Der Unterschied zu reformatorischer Ekklesiologie liegt darin, daß die wahre Kirche nicht nur im Wort und Sakrament, sondern auch in der Institution Kirche sichtbar wird. Die übernatürliche Gemeinschaft tritt im sichtbaren Lehramt, im sichtbaren Priesteramt, im sichtbaren Hirtenamt und im ganzen sichtbaren Leib der Kirche in Erscheinung[14]. Die Konstitution über die Kirche des Zweiten Vatikanischen Konzils identifiziert die im Credo bekannte Kirche mit der von den Nachfolgern Petri und den Bischöfen geleiteten katholischen Kirche[15]: Die wahre Kirche ist die katholische. Während reformatorisches

---

[10] Von den Konziliis und Kirchen, WA 50,628-643.
[11] Vgl. schon Calvin, Brief an Sadolet, in: ders., Opera Selecta (hrsg. P. Barth u.a.) I, München 1926, 467. Zur reformierten Orthodoxie vgl. H. Heppe – E. Bizer, Die Dogmatik der evangelisch-reformierten Kirche, Neukirchen-Vluyn 1935, 541f (Locus XXVII Anm. 19).
[12] Calvin, Institutio 4,1,1 führt die Kirche als »externum subsidium« des Glaubens ein, um dann flugs wieder (Institutio 4,1,2f) entgegen seiner Absicht von der unsichtbaren Kirche zu reden. In den lutherischen und reformierten »Normaldogmatiken« von H. Schmid und H. Heppe wird die Kirche als zweitletzter Locus unmittelbar vor der Eschatologie, aber nach den Sakramenten abgehandelt.
[13] Ob es hier erlaubt ist, die eigene (zwinglische!) Trad. als besonders sprechendes Beispiel anzuführen? Weil die sichtbare Kirche allein aus dem Wort geboren ist, gehört ihre Gestalt und ihre Praxis zu den äußerlichen Dingen, die der christliche Magistrat ordnen kann.
[14] Entwurf des 1. Vaticanums zu einer Konstitution über die Kirche 4 = NR Nr. 389.
[15] Konstitution über die Kirche 1,8 = NR Nr. 411.

Dynamische Ekklesiologie 159

Kirchenverständnis in Gefahr steht, die wirkliche, sichtbare Kirche von der wahren zu trennen und aus seinen Überlegungen auszuklammern (»Doketismus«), entspricht katholisches Kirchenverständnis eher einer inkarnatorischen Christologie: Die Kirche trägt sowohl die Züge des Menschgewordenen als auch des Auferstandenen an sich. Sie ist sichtbar-unsichtbar wie der Gottessohn[16]. Die sichtbare und die unsichtbare Kirche werden also analog den beiden Naturen Christi in einem Geheimnis miteinander verbunden. Die Problematik dieser Verbindung besteht darin, daß die sichtbare Kirche, soweit sie in ihrer Gestalt direkt mit der unsichtbaren Kirche identisch ist, zur unveränderbaren Größe wird[17]. Ein vom Auferstandenen bzw. den beiden Naturen Christi her gedachtes Kirchenverständnis scheint immer einen statischen Zug zu besitzen.

Demgegenüber setzt das matthäische Nachdenken über die Kirche an einem Punkt ein, der in reformatorischer wie katholischer Dogmatik in der Regel nicht bei der Wesensbestimmung der Kirche abgehandelt wird, sondern anderswo, meistens in der Lehre von der Heiligung oder in der Ethik oder überhaupt nicht[18]. Es setzt ein bei der *Jüngerschaft* und der *Nachfolge*. Matthäus versteht Kirche von ihrer *Vollmacht* und ihrem *Auftrag* her; für ihn sind deshalb die entscheidenden Merkmale der Kirche ihre Taten des Gehorsams, Gerechtigkeit, Liebe, und die Folgen dieser Taten, Feindschaft, Leiden und Tod. Gegenüber reformatorischer Tradition erreicht er damit etwas ganz Wesentliches: Er stellt seine Kennzeichen der Kirche mitten hinein in die Konkretheit, aber auch in die Strittigkeit der Welt. Er versteht Kirche genau von dem her, was reformatorische Tradition von ihr abzulösen scheint, nämlich von ihrer Existenz in der Welt. Der in reformatorischer Tradition so häufige Anschein von ekklesiologischem Doketismus ist hier im Ansatz unmöglich[19].

---

[16] M. Schmaus, Katholische Dogmatik III/1, München ³⁻⁵1958, 400f; H. Leis, Dogmatik II, Kevelaer 1972, 64 (»in Analogie zu dem gottmenschlichen Wesen Jesu«), vgl. K. Rahner, Die Gliedschaft in der Kirche nach der Lehre der Enzyklika Pius' XII. »Mystici Corporis Christi«, in: ders., Schriften zur Theologie II, Einsiedeln ⁷1964, 89. Die Formulierungen inspirieren sich an der Enzyklika Mystici Corporis von 1943.

[17] »Gemäß dieser Auffassung glaubt die Kirche an sich selbst (Schmaus)« (A. Adam, Art. Kirche III, RGG³ III 1311).

[18] Es gibt natürlich Kirchen und Gemeinschaften, die sich selbst von der Jüngerschaft her verstanden. Hierher gehören de facto wohl die mittelalterlichen Armutsbewegungen (Waldenser, Franziskaner, Wicl1fiten), die Täufer und ihre Nachfahren (vgl. »Disciples of Christ«!). Sehe ich recht, so gehörte es aber zu ihren Eigenschaften, daß sie – systematisch letztlich wohlbegründet! – nicht eine *Lehre* von der Kirche als Jüngerschaft entwarfen, sondern fast nur von der Praxis der Kirche sprachen. Hier liegt m.E. einer der Gründe, warum es in der spätmittelalterlichen franziskanischen Theologie so leicht möglich war, die trad., augustinisch geprägte Ekklesiologie der franziskanischen Bewegung überzuordnen und sie auch dadurch in die Gesamtkirche zu integrieren.

[19] Ich weiß mich hier einig mit dem Anliegen von J. Moltmann, Die Kirche in der Kraft des Geistes, München 1975, 368: »Wir können die Kennzeichen der Kirche ... nicht nur nach innen orientieren und sie von Wort und Sakrament her begreifen, sondern müssen sie gleichermaßen nach außen orientieren und im Blick auf die Welt begreifen«. Moltmann führt dies ebd. 368-388 im Blick auf die Einheit, Katholizität, Heiligkeit und Apostolizität der Kirche durch.

Mit katholischem Kirchenverständnis verbindet den matthäischen Ansatz eben dies, daß auch er von der wirklichen, in der Welt existierenden Kirche spricht. Aber im Unterschied dazu versteht er Kirche dynamisch: Sie ist nie einfach so, wie sie ist, Kirche, sondern in ihrem Gehorsam und in ihren Taten. Sie verfügt über ihr Kirchesein nicht, sondern hat das, was ihr geschenkt und aufgetragen ist, immer in ihrem Gehorsam zu bewähren. Kirche existiert also nicht abgesehen von ihrem Gehorsam und ihren Taten; sie »ist« nicht einfach Kirche, sondern sie *wird* Kirche, indem sie den ihr geschenkten Auftrag und die ihr geschenkte Vollmacht in ihren Taten bewährt.
Matthäus bietet also gegenüber reformatorischem Kirchenverständnis die Chance, von Kirche konkret und weltbezogen zu reden. Gegenüber dem katholischen Kirchenverständnis bietet er die Chance, von Kirche dynamisch und ohne Selbstverabsolutierung zu reden. Beides ist möglich, weil Matthäus Kirche an den konkreten Menschen Jesus bindet, dessen *Geschichte* er *erzählt*. Kirche – Jüngerschaft Jesu – ist nicht einfach, sondern sie *wird*, indem Jesus, der in seinem Volke heilt, die Jünger an seiner Vollmacht partizipieren läßt und ihnen einen Auftrag gibt. Kirche – Jüngerschaft Jesu – ist nicht einfach, sondern sie *bleibt*, indem dieser Jesus in verschiedener Weise bei ihr ist, alle Tage bis ans Ende der Zeit, und ihr aufhilft, wenn ihr eigener Glaube nicht ausreicht. Kirche – Jüngerschaft Jesu – ist nicht einfach, sondern sie *wird* als das, was sie sein soll, *erscheinen*, dann, wenn der Menschensohn Jesus aus seinem Reich Schafe und Böcke sondert, um ein letztes Mal daran zu erinnern, daß Gott allein beurteilt, was wahre Kirche gewesen ist. So geschieht es, daß die Kirche ihr eigenes Kirchesein nicht *definieren* kann, sei es jenseits ihrer konkreten Wirklichkeit in dem, was sie bloß verkündet, oder sei es in ihrer konkreten Wirklichkeit in dem, was sie als Institution ist. Sie kann ihr Kirchesein nur *erweisen*, in ihren Entscheidungen, in ihren Taten der Gerechtigkeit und der Liebe und in den Folgen, die diese Taten für sie selbst haben können. Aber auch darüber verfügt nicht sie, sondern allein der, der einmal über sie richten wird.

Gegenüber *zwei Anfragen* ist das matthäische Kirchenverständnis abzusichern: Die eine Frage ist die, ob hier nicht letztlich doch das, was wahre Kirche ist, an den Taten des Menschen abzulesen ist. Dann wäre Kirche nichts anderes als das Ergebnis menschlicher Aktivität, und es ließe sich an ihrer Entschiedenheit oder Radikalität ablesen, wie weit sie wahre Kirche ist. Dies wäre eine ekklesiologische Spielart von Werkgerechtigkeit. M.E. liegt sie bei Matthäus fern: nicht nur deswegen, weil den Jüngern ihre Vollmacht und ihr Auftrag erst geschenkt werden, und auch nicht nur deswegen, weil ihnen Jesus in ihrem Gehorsam ständig aufhelfen muß, sondern vor allem deswegen, weil der Gerichtsgedanke der Kirche jede Möglichkeit, ihr Kirchesein selbst zu beurteilen, aus der Hand schlägt. Die Kirche kann nichts anderes tun, als sich im Gehorsam zu bewähren und dann das Urteil über das, was sie gewesen ist, in die Hand des Weltrichters Jesus zu legen. Gerade der – richtig verstandene! – Gerichtsgedanke ist es also, der jede Werkgerechtigkeit unmöglich macht!
Damit stellt sich aber eine zweite Frage: Bedeutet diese Jünger-Ekklesiologie nicht,

Dynamische Ekklesiologie

daß jede Möglichkeit einer »nota ecclesiae«, die erkennen hilft, wo die sichtbare Kirche wirklich *ist*, ausgeschlossen ist? Wenn einerseits Matthäus nur die Richtung angibt, wie der Gehorsam gegenüber dem Auftrag Jesu in der Kirche Gestalt annehmen muß, nicht aber definiert, wieviel z.B. an Armut, Heilungsgaben, Wehrlosigkeit oder Leiden vorhanden sein muß, damit eine Kirche wirklich Kirche ist, und wenn andererseits das Urteil über die Taten der Jünger allein bei Gott liegt, bedeutet das dann nicht letztlich, daß sichtbare Kirche prinzipiell verborgen ist wie die guten Samen unter dem Unkraut? Diese Möglichkeit würde Matthäus wieder in die Nähe reformatorischer Ekklesiologie bringen. Allerdings wohl nur scheinbar, denn für Matthäus ist die *Lebens*gestalt Jesu und der Gehorsam gegenüber seinen Geboten eine »nota« ecclesiae; nur läßt sie sich nicht quantitativ eindeutig machen.

In der »Richtung« des matthäischen Gedankens des Weges zur Vollkommenheit, auf dem die Kirche *geht,* läßt sich sagen: Die für Matthäus entscheidende nota der sichtbaren Kirche ist das *Gehen auf einem Weg.* Eine Kirche, die nicht in Bewegung ist und sich um den Gehorsam gegenüber ihrem Herrn nicht mit allen Mitteln müht, ist für Matthäus keine Kirche. Ebendas dürfte der Sinn der matthäischen Aussage sein, daß die wahre Familie Jesu diejenigen sind, die den Willen des Vaters tun (Mt 12,50).

D Übergang: Die Krisis Israels vertieft sich (11,2-30)

Literatur: Dibelius, M., Die urchristliche Überlieferung von Johannes dem Täufer, 1911 (FRLANT 15), 6-39; *Edwards, J.,* Matthew's Use of Q in Chapter Eleven, in: J. Delobel (Hrsg.), Logia, 1982 (BEThL 59), 257-275; *Hoffmann,* Studien 190-233; *Kraeling, C.H.,* John the Baptist, New York 1951, 123-157; *Meier, J.,* John the Baptist in Matthew's Gospel, JBL 99 (1980) 383-405; *Schönle, V.,* Johannes, Jesus und die Juden. Die theologische Position des Matthäus und des Verfassers der Logienquelle im Lichte von Mt 11, 1982 (BET 9); *Trilling, W.,* Die Täufertradition bei Matthäus, in: ders., Studien 45-65 (= BZ NF 3 [1959] 271-289); *Verseput, D.,* The Rejection of the Humble Messianic King, 1986 (EHS XXIII/291); *Wink, W.,* John the Baptist in the Gospel Tradition, 1968 (MSSNTS 7), 27-41.

Kap. 11 ist nicht nur Abschluß des ersten Hauptteils des Evangeliums, sondern auch Übergang zum zweiten[1]. Es bezieht sich in V 5f und in V 21.23 zurück auf Jesu Wundertaten von Kap. 8-9. Besonders in seinem zweiten Teil weist es, z.B. durch die Stichworte γενεὰ αὕτη, κρίσις und υἱὸς τοῦ ἀνθρώπου, voraus auf Kap. 12.
Die innere Gliederung von Mt 11 stößt auf Schwierigkeiten. Man kann natürlich sagen, hier trage Mt Material aus Q nach, das er bisher nicht bringen konnte. Dann wäre Mt 11 nicht mehr als eine Sammlung von Nachträgen[2]. Das wird aber der mt Erzählkunst nicht gerecht. Das Kapitel ist zur Hauptsache (V 7-30) eine Rede Jesu an die Volksmassen. Mt hat sie aber nicht als eine seiner fünf Reden gekennzeichnet. Anders als diese hat sie kein klares Thema, ist aber dafür direkt funktional in den Erzählungsfaden eingebaut.
Sie zerfällt in zwei Teile, V 2-19 und V 20-30. V 20 enthält einen Neueinsatz des Erzählers. Der folgende Teil V 20-30 zerfällt in zwei Teile, die sich antithetisch gegenüberstehen: Negativ die Gerichtsankündigung an die galiläischen Städte V 21-24, positiv der Heilandsruf an die Mühseligen und Beladenen des Volkes (V 28-30). Noch ist also die Situation offen, noch ergeht die Einladung an ganz Israel. Das ist das Fazit Jesu (und des Erzählers Matthäus) am Ende des ersten Teils seiner Geschichte. Dem Heilandsruf vorangestellt ist der sog. Jubelruf (V 25-27), einer der grundlegenden christologischen Texte des Evangeliums. Er wird sich als mannigfach im Evangelium verklammert erweisen: In ihm »bündelt« Matthäus die Christusschau seines Buches ein erstes Mal und bereitet weitere Grundtexte wie 16,16f und 28,16-20 vor.
Der vorangehende Redeteil über Johannes V 2-19 bereitet die Gerichtsankündigung vor. Jesus spricht von der Sendung Johannes des Täufers und macht deutlich: Er ist der Vorläufer Elija (V 10.14, mit abschließender Aufmerkformel V 15). Das Gleichnis von den spielenden Kindern (V 16-19) enthält eine letzte Warnung: Aus den gegenüber Johannes offenen Volksmassen (V 7-9) ist hier »dieses Geschlecht« geworden, das Jesus und seinen Elija Johannes ablehnt (V 16-19). V 7-15 bereiten die Anklage vor und verstärken sie; seinen eigenen Elija lehnt Israel ebenso ab wie Jesus. Der einleitende Abschnitt V 2-6 schließlich bereitet V 7-15 vor und führt zugleich auf die Gerichtsrede hin: Die »Werke des Christus« verstärken das Gericht über ein Israel, das durch diese Machttaten nicht zur Buße kommt (V 20-24).

---

[1] Vgl. Bd. I 25.
[2] Schmid 188 zu 11,2-13,53: »lose aneinandergereihte Stücke«.

Man kann also sagen: Mt 11 ist die abschließende Rede des Messias Jesus an sein Volk Israel nach seiner ersten Wirksamkeit. Jesus zieht gleichsam das Fazit aus Kap. 8-10. Johannes, der letzte prophetische Zeuge, und die Taten des Christus werden, wenn sie nicht zur Buße führen, zur anklagenden Instanz. Aber noch ist die Einladung für das ganze Volk offen. Kap. 12-16 werden schildern, wie das Volk auf sie antwortet[3].

1 Jesus und Johannes der Täufer (11,2-19)

1.1 Die Täuferanfrage (11,2-6)

Literatur: Dupont, J., L'ambassade de Jean Baptiste, NRTh 83 (1961) 805-821.943-959; *George, A.*, Paroles de Jésus sur les miracles (Mt 11,5.21; 12,27.28 et par), in: J. Dupont (Hrsg.), Jésus aux origines de la christologie, 1975 (BEThL 40), 283-301; *Kümmel, W.*, Jesu Antwort an Johannes den Täufer. Ein Beispiel zum Methodenproblem in der Jesusforschung, in: ders., Heilsgeschehen II 177-200, *Marcheselli Casale, C.*, »Andate e annunciate a Giovanni ciò che udite e vedete« (Mt 11,4; Lc 7,22), in: Testimonium Christi (FS J. Dupont), Brescia 1985, 257-288; *Pesch, R.*, Jesu ureigene Taten?, 1970 (QuD 52), 36-44; *Sabugal, S.*, La embajada mesiánica del Bautista (Mt 11,2-6 par), Madrid 1980; *Sato*, Q 138-140; *Sheerin, D.*, St. John the Baptist in the Lower World, VigChr 30 (1976) 1-22; *Simonetti, M.*, Praecursor ad inferos. Una nota sull' interpretazione patristica di Matteo 11,3, Aug. 20 (1980) 367-382; *Stuhlmacher, P.*, Das paulinische Evangelium I, 1968 (FRLANT 95), 218-225; *Vögtle, A.*, Wunder und Wort in urchristlicher Glaubenswerbung (Mt 11,2-5 / Lk 7,18-23), in: ders., Evangelium 219-242.
Weitere Literatur** zu Mt 11 o. S. 162.

2 Johannes aber, der im Gefängnis von den Taten des Christus gehört hatte, schickte durch seine Jünger und ließ ihm sagen: 3 »Bist du der, der kommen wird, oder sollen[1] wir einen anderen erwarten?« 4 Und Jesus antwortete und sprach zu ihnen: »Geht und meldet dem Johannes, was ihr hört und seht:
5 Blinde sehen wieder
und Gelähmte gehen,
Aussätzige werden rein
und Taube hören,
und Tote werden auferweckt,
und Armen wird das Evangelium verkündet,
6 und glücklich ist, wer sich über mich nicht ärgert!«

---

[3] Verseput* 2f denkt in dieselbe Richtung, sieht aber das Eigengewicht von Kap. 11 nicht, weil er Kap. 11 von vornherein von Kap. 12 her liest: »The chosen nation falls under judgement, while a new family of God appears«.

[1] Konj. Praes., vgl. Bl-Debr-Rehkopf § 366 Anm. 2.

Analyse 1. *Aufbau.* Der Text besteht aus einer Frage des Johannes (V 2f) und einer – längeren - Antwort Jesu (V 4-6). Diese Antwort ist fein gegliedert: V 5 besteht aus sechs Kurzsätzen: Die ersten beiden mit καί verbundenen Satzpaare stehen asyndetisch nebeneinander; die letzten beiden Sätzchen sind jeweils mit καί eingeleitet. Mit καί schließt auch V 6 an; auf diesem überlangen Abschlußsatz liegt das Gewicht. Der Text ist formal und inhaltlich mit seinem Kontext verklammert: Der Leser erinnert sich bei der Frage des Johannes, daß dieser 3,11 vom kommenden Feuertäufer gesprochen hatte. Das Verb ἔρχομαι verklammert auch nach vorwärts: Nicht nur Jesus ist der Kommende, sondern auch Johannes ist der, der als Elija »kommen« mußte (V 14). Von »Werken« ist V 19 wieder die Rede. Vor allem erinnert sich der Leser bei der Aufzählung der Wunder in V 5 an das, was er Mt 8-9 gelesen hat: Für alle fünf Wunder gibt es in diesen Kapiteln ein Beispiel, nämlich die Blinden- (9,27-31), die Gelähmtenheilung (9,2-8), die Reinigung eines Aussätzigen (8,1-4), die Heilung eines Tauben (9,32-34) und die Totenauferweckung (9,18-26). Die Verkündigung des Evangeliums an die Armen erinnert an die Bergpredigt (vgl. 5,3).

2. *Redaktion und Quelle.* Mt benutzt den Q-Text Lk 7,18-35, den er jetzt nachträgt, nachdem er die Aussendungsrede in Kap. 10 vorweggenommen hat. Von Mt gestaltet ist die Einleitung in V 2[2]. Mt ist in V 3 wohl ἕτερος[3]. Lk 7,20f sind ebenso wie die Einleitung Lk 7,18 ganz lk. Lk ist vielleicht auch die Umstellung von »sehen« und »hören« in V 22; für Lk ist das Sichtbare, nämlich die Wunder, entscheidender Hinweis auf Gottes Handeln. Wahrscheinlich hat Q das Hören und Sehen im Praes. formuliert; der lk Aor. entspricht dem red. V 21.

3. *Herkunft.* Die erste Frage ist, ob der Text traditionsgeschichtlich dekomponierbar ist. In diesem Fall ist die Szene eine Illustration zu einem alten Logion (Jesu oder der Gemeinde), das entweder nur V 5 oder V 5f umfaßte. Je nachdem stellt sich dann die zweite Frage, diejenige nach der Historizität, für die ganze Szene oder nur für das ältere Logion. Bei beiden Fragen besteht in der Forschung kein Konsens.

3.1 Bis auf einen Punkt wirkt der Text *einheitlich.* Die einzige Schwierigkeit, die für eine traditionsgeschichtliche Dekomposition sprechen könnte[4], besteht darin, daß Jesus auf die Frage des Täufers keine direkte Antwort gibt. Er spricht nicht von sich, sondern allgemein von der gegenwärtigen Heilszeit. Aber es ist die Frage, ob die formale Uneinheitlichkeit nicht inhaltlich als Ausdruck der Sache des Textes interpretiert werden muß (vgl. Erklärung). Geht man davon aus, daß die Beweislast der traditionsgeschichtlichen Dekomposition eines Textes bei denen liegt, die sie behaupten, so muß man versuchsweise von der Einheitlichkeit des Textes ausgehen. Erst wenn der Gesamttext in seinem historischen Kontext nicht sinnvoll deutbar ist, darf man dann, wenn formale Indizien kaum vorhanden sind, dekomponieren. Nur beim Makarismus V 6 möchte ich die Frage offenlassen, ob er eine nachträgliche Applikation

---

[2] Zu ἀκούσας, ἔργον, Χριστός und πέμψας vgl. Bd. I Einl. 3.2. Δεσμωτήριον ist Hap. leg., setzt aber die Situation von 4,12 voraus. Was der Täufer nach Mt hört, sind die von Mt in Kap. 8-9 berichteten Taten Jesu.

[3] Vgl. Bd. I Einl. 3.2. Bei Mt heißt ἕτερος ohne Art. oft »ein anderer«. Lk hätte sein ausgesprochenes Lieblingswort ἕτερος nicht weggelassen.

[4] Es dekomponieren z.B. Bultmann, Tradition 22; Schürmann, Lk I 413f; Sato, Q 141.

und Verallgemeinerung der Antwort Jesu ist: Er scheint sich nicht nur an Johannes und seine Jünger zu richten; und sein warnender Ton paßt schlecht zu der positiv gestellten Frage des Johannes. Auf der anderen Seite erfordert die Frage der Johannesjünger eine Aussage über Jesu Person, die in V 5 gerade nicht gegeben wird, sondern erst – auch hier indirekt – in V 6. Non liquet.

3.2 Bei der Frage nach der *Echtheit* ist die Uneinigkeit der Forschung vollends groß. Die Perikope ist ein beliebtes Exempel für Kriteriendiskussionen der Echtheitsfrage. Die wichtigsten Argumente für Gemeindebildung[5] sind: 1. Der Täufer, der das Kommen Gottes oder des Menschensohns als endzeitlichen Feuerrichters erwartete, hätte an Jesus, der ja als Mensch auf Erden wirkte, gar keine solche Frage stellen können[6]. 2. Bei V 5 ist zu fragen, ob eine solche nicht nur beschreibende, sondern prophetisch gedeutete Aufzählung der Wunder der Jesuszeit im Munde Jesu denkbar sei[7]. 3. Bei einer jesuanischen Bildung wäre auffällig, daß die für Jesus selbst so wichtigen Exorzismen nicht erwähnt sind[8].
Der zweite und der dritte Einwand lassen sich m.E. überwinden: Daß nicht Jesus, sondern erst die Gemeinde nach ihm sein Wirken im Lichte biblischer Prophetie interpretierte, ist eine petitio principii. Die Exorzismen brauchen nicht ausgeschlossen zu sein, wie etwa die Heilung des tauben Besessenen (Lk 11,14) zeigt. Der erste Einwand wiegt dagegen sehr schwer.
Die widersprüchlichen Thesen der Forschung zeigen m.E. umgekehrt, daß die Erklärung des Apophthegmas aus einer Gemeindesituation sehr schwierig ist. Geht es darum, den Täufer »zum Zeugnis für Jesu Messianität« aufzubieten[9]? Aber der Täufer bezeugt ja gar nichts. Geht es darum, der »Unsicherheit der Gemeinde« zu begegnen[10]? Aber warum sind dann nicht die Jünger die Fragenden (vgl. z.B. Mk 8,27-30!)? Warum der Umweg über die Täuferjünger, der den sonst von der frühen Gemeinde als Elija hochgeschätzten Täufer zu einem Zweifler und damit einem »dangerous example not to be followed by Christians« machte[11]? Oder geht es um Polemik gegen die nichtchristlichen Täuferjünger? Aber der Text berichtet ja nicht, daß Jesu Antwort den Täufer überzeugte. Geht es um den Beweis gegenüber Täufern, daß Jesus und nicht der Täufer der wahre eschatologische Prophet sei1[12]? Aber diese These setzt voraus, daß Johannes der Täufer, der wohl keine Wunder vollbrachte, bei seinen Jüngern als eschatologischer Prophet galt – eine gewagte Annahme! Oder ging es darum, unschlüssige Täuferjünger zum Anschluß an die Jesusgemeinde aufzufordern[13]? Aber hier bleibt schwierig, daß Jesu Wunder gerade *nicht* zeigen, daß er der vom Täufer wohl erwartete kommende Menschensohn ist. Der Hinweis auf Jesu Wunder war so für Täuferanhänger kaum sehr überzeugend. Am ehesten könnte ich mir denken, daß unsere Perikope das Resultat einer innerchristlichen christologischen Reflexion der Gemeinde darüber ist, wie sich die apokalyptische Messiaserwar-

---

[5] Prägnant vertreten von George*, Pesch*, Stuhlmacher* und vor allem Vögtle*.
[6] Kraeling** 127.
[7] Hoffmann, Studien 211; Sato, Q 143: Der Bezug auf Jes 61,1 gehört auch bei den Seligpreisungen zur ältesten Gemeindetradition, vgl. Bd. I 201.
[8] Z.B. Gnilka I 410; Vögtle* 233f; Sato, Q 143 (die Exorzismen fehlen, weil sie im AT nicht vorkommen).
[9] Bultmann, Tradition 22.
[10] Sand 238.
[11] Gundry 207.
[12] Stuhlmacher* 220; Sabugal* 130-132. 200f (für Q).
[13] Z.B. Schürmann, Lk I 413.

tung der Täufer und das eigene Bekenntnis zu Jesus Christus zueinander verhalten[14]. Aber warum dann die Anfrage der *Täufer*jünger? Kurz: Die Schwierigkeiten, einen überzeugenden Sitz im Leben für ein von der Gemeinde gebildetes Apophthegma zu finden, sprechen für sich und gegen Gemeindebildung.
Für die Historizität[15] spricht, daß ein zweifelnder Täufer nachösterlich singulär, d.h. nicht unmöglich, aber schwer denkbar ist[16]. In unserer Perikope könnte sich die – historisch wohl zutreffende – Erinnerung erhalten haben, daß das Verhältnis des Täufers zu Jesus bestenfalls ambivalent war. Nur von einer solchen Haltung aus kann man erklären, warum nach seinem Tod ein Teil seiner Jünger Jesusanhänger wurde, ein anderer nicht. Für die Historizität des Logions spricht weiter das Kohärenzkriterium (vgl. Lk 11,31f; Mk 2,19, und vor allem Lk 10,23f)[17]. Auch die Indirektheit, mit der Jesus seinen Anspruch geltend macht, paßt zu ihm. Beweiskräftig ist aber keines dieser Argumente.
Als *Fazit* gilt für mich: Dann, und nur dann, wenn 1. Johannes nicht Gott, sondern den Menschensohn als den Kommenden erwartete, wenn 2. Jesus sein eigenes Wirken als das des kommenden Weltrichter-Menschensohns verstand und dies 3. gegenüber seinen Jüngern auch sagte (so daß Johannes davon gehört haben konnte), läßt sich die Johannesfrage und damit die ganze Episode als historisch authentisch verstehen. Ich halte das für möglich. Dann allerdings würde sie zu einem wichtigen Zeugnis dafür, wie Jesus seine Wunder im Anbruch des Gottesreiches verstand.

Erklärung Jesus

Johannes der Täufer – ob schon im Gefängnis oder nicht, wissen wir nicht – läßt Jesus durch seine Jünger fragen, ob er der von ihm angekündigte kommende Menschensohn sei (vgl. 3,11f). Der Täufer mag davon gehört haben, daß Jesus in seinem Jüngerkreis vom Feuerrichter (Lk 12,49) und von seinem Weg als Menschensohn sprach. Die natürlichste Erklärung für seine Frage ist, daß der Täufer bisher damit nicht gerechnet hatte[18], aber durch die Berichte über Jesus stutzig wurde[19]. Jesus verweigert eine direkte Antwort auf seine Frage und verweist statt dessen indirekt auf die in seinen Heilungswundern erfahrbare Heilszeit, die vielleicht schon er mit alttestamentlich-prophetischen Bildern deutet. Ähnlich sprach er auch Mk 2,19 von der Hochzeitszeit und Lk 10,23f von der Heilszeit, die Propheten und Könige zu sehen und zu hören hofften. Lk 11,20 sieht er in seinen Exorzismen den Finger Gottes und das Gottesreich am Wirken. Nur soviel sagt er den Johannesjüngern. Geht auch die abschließende Seligpreisung auf ihn zurück, so fährt er fort: Die Frage, wer der Kommende ist, kann nicht theoretisch entschieden werden. Hier sind persönliche Entscheidungen nötig, für oder gegen Jesu Anspruch. Die Heilungen der Heilszeit sollen dazu helfen.

---

[14] Im Anschluß an Kraeling** 128-131.
[15] Prägnant vertreten von Kümmel*, vgl. auch W. Wink, Jesus' Reply to John, Forum 5 (1989) 126f.
[16] Dibelius** 37.
[17] Vgl. die Stichworte ἰδεῖν-ἀκούειν. Als nachösterliche Weiterentwicklung des Jesusworts Lk 10,23f (so z.B. Vögtle* 240-242) kann man aber Mt 11,2-6 nicht ohne weiteres verstehen: Die Berührungspunkte sind nur gerade die genannten Stichworte und der (inhaltlich ganz andere) Makarismus.

[18] Pointiert vertreten durch Strauss, Leben I 399-413; A. Neander, Das Leben Jesu Christi, Hamburg 1839, 96-101.
[19] Historisch wäre es dann nicht so, daß der Täufer aus irgendwelchen Gründen an Jesu Messianität zu zweifeln begann, wie dies in der Auslegungsgeschichte oft behauptet wurde, sondern umgekehrt: Der Täufer hörte von Jesus und kam deshalb auf die Frage: Könnte Jesus der »Kommende« sein?

Der Evangelist Matthäus erzählt, wie Johannes, der schon vor Beginn der Matthäus
Wirksamkeit Jesu in Galiläa gefangengesetzt wurde (4,12), im Gefängnis von 2
den »Werken des Christus« hört. Mit den Werken sind Jesu Worte und Taten,
alles in Mt 5-9 Berichtete, gemeint[20]. Ὁ Χριστός ist bei Matthäus titular im
Sinn von »Messias Israels« und parallel zu »Davidssohn« zu verstehen[21].
Ebenso wie der Davidssohntitel, so muß auch der Christustitel bei Matthäus
von der *Erzählung* des Evangeliums her ausgelegt werden: Im Prolog hatte er
ihn als den verheißenen Messias Israels eingeführt (1,1.16f; 2,4). Wer dieser
Messias ist, macht erst die Geschichte deutlich, die der Evangelist erzählt: In
der Verkündigung an die Armen (Mt 5-7) und in den Heilungswundern (Mt
8-9) hatte er sich seinem Volk zugewandt. Durch seine Jünger schickt[22] Jo- 3
hannes zu Jesus in Galiläa. Bei der Frage »Bist du der Kommende?« hat man
an verschiedene alttestamentliche Stellen gedacht[23]; eine bestimmte messianische Erwartung ist aber mit diesem Ausdruck nicht verbunden. Matthäus
denkt wohl an das Johanneswort vom Stärkeren, »der nach ihm kommt«
(3,11), also an den Menschensohn[24]. Das heißt: Wie in 3,11 beim Feuerrichter, so muß man auch hier zugleich an Jesu Zukunft als Weltrichter-Menschensohn denken. Es ist nicht zufällig, daß der Evangelist in den Kapiteln 11
und 12, wo das Gericht über Israel erstmals am Horizont erscheint, über den
kommenden Menschensohn häufiger spricht (11,19; 12,32.40).

Wieso wird der Täufer, der doch – für die Gemeinde und den Evangelisten! – Jesus als Wirkungs-
Kommenden angesagt hatte, nun auf einmal ein Zweifler? Schon Luther ärgert sich geschichte
über diese Frage[25]: »Das meiste, was ich über dieses Evangelium in Schriften finde, 3
handelt davon, ob St. Johannes nicht gewußt habe, daß Jesus der rechte Christus ist;
aber das ist eine unnötige Frage und ist nicht viel daran gelegen«[26]. In der alten Kirche
hatte u.a. Tertullian zu behaupten gewagt, Johannes habe an Jesu Messianität gezweifelt[27], stieß aber auf einhelligen und erbitterten Protest. Die normale Antwort
wurde, daß Johannes Jesus nicht um seinetwillen, sondern um seiner Jünger willen
habe fragen lassen[28]. Seit Origenes verstanden manche ὁ ἐρχόμενος futurisch und
deuten die Frage des vor seinem eigenen Tode stehenden Johannes dahin, ob Jesus
auch in die Unterwelt kommen würde, so daß ihn Johannes nach seinem Tode auch

---

[20] Bestimmte Vorstellungen über »messianische Taten« gibt es im Judentum nicht; vom
Messias erwartete man keine Heilungswunder. Der Ausdruck ἔργα τοῦ Χριστοῦ ist eine
mt Bildung und von Mt her zu interpretieren.
[21] Vgl. o. den Exkurs zu υἱὸς Δαυίδ bei
9,27-31.
[22] Πέμπω διά ist nicht notwendigerweise
ein Semitismus, sondern griech. ebensogut
möglich, vgl. Moult-Mill s.v. πέμπω; zu absolutem πέμπω vgl. Wettstein z.St.
[23] Vorgeschlagen wurden u.a. Ps 118,26
(vgl. Mt 21,9; 23,39); Jes 59,20; Hab 2,3; Gen
49,10 (mit προσδοκία; das Targum deutet

messianisch: Dupont* 816); Sach 9,9 (vgl. Mt
21,5); 14,5.
[24] Vgl. Bd. I 149. Vielleicht darf man auch
Dan 7,13 und das verbreitete Maranatha assoziieren.
[25] Zur Auslegungsgeschichte vgl. Dupont*
806-813; Sabugal* 5-27; Simonetti*.
[26] II 372.
[27] Marc 4,18 = CSEL 47, 477f; Bapt 10 =
BKV I/7 287.
[28] Origenes fr 220 II = GCS Orig XII 165;
Johannes Chrysostomus 36,2 = 526; Augustin, Serm 66,3f = PL 38, 432.

dort als Vorläufer ankündigen könnte²⁹. Die protestantische Exegese seit der Aufklärung befreundete sich wieder mit dem echtem Zweifel des Johannes. Je nach theologischem Standort waren die Farben verschieden: Manche fanden verständnisvoll, in einer Gefängniszelle könnten allerlei Zweifel und Ängste auch über wackere Männer kommen³⁰. Ein anderer wußte, daß Zweifel zum »religiösen Zustand« eines Propheten gehören³¹. Verbreitet ist die These von der messianischen Ungeduld des Täufers, dessen Zweifel darin ihren Grund haben, daß Jesus seine messianische Offenbarung zu lange hinauszögerte³². In der Gefängniszelle sei auch solche Ungeduld verständlich! Aber zugleich gibt es für Jesu Zögern einleuchtende pädagogische Gründe: Er wolle eben zuerst innerlich die Herzen des Volkes gewinnen³³. Nicht ohne Stolz meldet Knabenbauer, daß zu seiner Zeit »sozusagen alle« Protestanten Johannes an Jesu Messianität zweifeln lassen, während die Katholiken jeden Schatten eines Zweifels von ihm zu entfernen suchten³⁴.

Erklärung 3 Es gibt kein Anzeichen dafür, daß Matthäus dieses Problem des Zweifels des Johannes gesehen hätte³⁵. Da er in seinem ganzen Evangelium den Täufer sehr stark verchristlicht³⁶, ist aber die Frage des Johannes gerade in seinem Evangelium auffällig. Geht es um bloß unbedacht mitgeschleppte Tradition? Oder ist Matthäus der grundsätzliche Aspekt der Frage des Johannes wichtig: So offen, wie Johannes (und seine Jünger!) Jesus fragen, soll man an Jesus herantreten, damit er sein Wirken erschließt? Den Johannesjüngern gegenüber stehen dann nach ihrem Weggang die skeptischen Volksmengen (V 7-19). Johannes und seine Jünger wären dann nicht so sehr als Einzelgestalten, sondern als Repräsentanten des positiv eingestellten Teils Israels wichtig. Aber das alles ist nicht explizit gesagt.

4 In seiner Antwort weist Jesus auf die eigene Erfahrung der Fragenden: »Was ihr hört und seht«. Das »Hören« ist vorangestellt und bildet mit V 5fin (»den Armen wird das Evangelium verkündet«) chiastisch eine Klammer um die Wunder Jesu. Die Voranstellung entspricht derjenigen der Bergpredigt vor Kap. 8-9. Anders als Lk 7,21 findet es Matthäus nicht nötig, die Johannesjünger Jesu Wunder unmittelbar erleben zu lassen; ihm genügen die Berichte von Kap. 8-9, die hier zusammengefaßt werden. Das zeigt, daß Matthäus mehr von der Situation der Jünger (die dabeigewesen sind) oder seiner Leser (die Kap. 8-9 gelesen haben) aus denkt, als »historisch« von der Situation der Johannesjünger. Inhaltlich ist die Zusammenfassung ganz klar auf den Be-

---

²⁹ Seit Origenes, Hom in 1Reg 28,3-25 = GCS Orig IV 290,30-32. Im Westen wurde diese Deutung durch Hieronymus 77f; ders., Ep 121 ad Algasiam 1 = CSEL 56, 5 verbreitet aufgrund der futurischen Vg-Übersetzung »qui venturus es«. Vgl. Sheerin* 7-17; späteres Material bei Simonetti* 372-382.
³⁰ Z.B. Olshausen I 361 (im »dunkeln Kerker in Machärus ... eine finstere Stunde«); Meyer 218 (»psychologisch ... begreiflich«); Lightfoot II 191 (»why am I so long detained in prison?«).
³¹ Zahn 417f.
³² Paulus I 694-699; B. Weiss 214.
³³ Paulus I 696.
³⁴ I 476.
³⁵ Oder verstand er das »Rohr, das vom Wind bewegt wird« (V 7) im Sinne des Zweifels des Johannes? Das ist kaum anzunehmen.
³⁶ Vgl. Bd. I 144.149.173 und u. S. 180. 390.512, ferner Trilling** 63-65.

richt von Kap. 8-9 bezogen³⁷, aber in der Formulierung und im Aufbau ebenso klar von prophetischen Hoffnungsformulierungen bestimmt. Im Hintergrund stehen mehrere AT-Stellen, vor allem Jes 61,1 (εὐαγγελίσασθαι πτωχοῖς, τυφλοῖς ἀνάβλεψιν); Jes 29,18f (ἀκούσονται ... κωφοί, τυφλῶν ... πτωχοί)³⁸; Jes 35,5f (...τυφλῶν, ... κωφῶν ἀκούσονται, χωλός); Jes 42,18 (κωφοί ἀκούσατε, τυφλοί ἀναβλέψατε), und zudem vielleicht die Aussätzigenheilungen und die Totenauferweckungen der Zeit Elijas und Elischas (1Kön 17,17-24; 2Kön 4,18-37; 5,1-27).

Im *Judentum*³⁹ ist die Hoffnung verbreitet, daß im neuen Äon oder in der messianischen Zeit Krankheiten und Not verschwinden werden. Darin entspricht der neue Äon der Zeit am Sinai⁴⁰ oder der Elijazeit⁴¹. Späte Texte können sich für diese Hoffnung auf Jes 35,5f beziehen⁴². Gott, der Arzt Israels, wird die Krankheiten beseitigen⁴³. Jüdische Texte, nach denen der Messias heilen wird, gibt es nicht. Von endzeitlichen Propheten wird erwartet, daß sie Wunder aus der Zeit des Exodus wiederholen werden, aber keine Heilungen⁴⁴. Der Qumrantext 11QMelch, der den Freudenboten von Jes 61,1 auf den eschatologischen Propheten deutet, spricht nicht von Wundern. Man sollte also nicht die Hoffnung auf einen eschatologischen Propheten zum Deutungsansatz der Perikope machen⁴⁵.

Jesu Antwort biegt zudem die Frage der Johannesjünger ab. Die Frage der Johannesjünger nach der *Person* Jesu beantwortet Jesus mit einem Hinweis auf die gegenwärtige *Heilszeit*, die die Frager erleben können. Zur Heilszeit gehören nicht nur Jesu Wunder, sondern – vor allem – die Verkündigung des Evangeliums an die Armen (vgl. 5,3). Er wendet also gerade nicht eine bestimmte messianische Erwartung auf seine Person an. Erst im abschließenden Makarismus V 6 kommt Jesu Person explizit vor. Σκανδαλίζω, ein spätes jüdisches und christliches Wort, heißt: »eine Falle stellen«, »ein Hindernis aufstellen«, dann allgemeiner: »einen Anstoß geben«, »ins Verderben führen«, »zur Sünde verführen«. Ἐν bezeichnet die Person oder Sache, durch die der Anstoß kommt⁴⁶. Bei Matthäus (und Markus) wird das Wort von der endgültigen Abwendung von Jesus in der Passion (26,31.33) und in der Endzeit

---

³⁷ Vgl. o. Analyse 1. Schon in der Q-Tradition ging es um die Wunder *Jesu*. Das zeigt die ›unbiblische‹ Aufnahme von Aussätzigenheilung und Totenauferweckung. Außerdem hat auch Q eine Heilungsgeschichte (Lk 7,1-10) als Beispiel vorangestellt. Mt schließt sich hier in seiner Komposition an Q an.

³⁸ Beide Stellen bilden so den Rahmen für Mt 11,5. Es ist also voreilig, einseitig Jes 61,1 (und die damit vielleicht [!] verbundene Erwartung eines eschatologischen Propheten) zum »Oberthema« der Antwort Jesu zu machen, gegen Stuhlmacher* 219; W. Grimm, Weil ich dich liebe. Die Verkündigung Jesu und Deuterojesaia, 1976 (ANTJ 1), 128f.

³⁹ Vgl. bes. Hoffmann, Studien 206-208 und Marcheselli Casale* 269-278.
⁴⁰ Bill. I 594f.
⁴¹ Pesiq 76a,13 = Bill. I 594 (um 300).
⁴² Tanch B § 7 (24a) = Bill. I 594; Sanh 91b (= ebd.).
⁴³ Z.B. Jub 23,30; vgl. äth Hen 96,3; s Bar 29,7; schöne Parr aus jüd. Gebeten bei J. Heinemann, Prayer in the Talmud, 1977 (SJ 9), 58.
⁴⁴ Jos Bell 2,259-262; 7,438-440; Ant 20, 97-99.
⁴⁵ Vgl. Stuhlmacher* o. Anm. 38.
⁴⁶ Bauer, Wb s.v. σκανδαλίζω 1b.

(24,10) gebraucht: Darauf weist unsere Stelle ebenso wie 13,57; 15,12 voraus. Die allgemeine Formulierung in der 3. Person zeigt, daß es um mehr geht als um eine Warnung an die Johannesjünger[47]. Vielmehr folgt hier am Schluß die christologisch-paränetische Zuspitzung unseres Textes, die für den Evangelisten grundsätzlich gilt: Es geht ihm nicht darum, daß man das rechte Wissen über Jesus hat. Sondern es geht darum, daß man sich den Heilserfahrungen, zu denen Jesus einlädt, nicht verschließt. Diese Heilserfahrungen erheben einen Anspruch; sie nötigen zur Entscheidung für oder gegen Jesus[48]. Ebendeswegen ließ der Evangelist Jesus nach seiner Heilungstätigkeit in Israel (Kap. 8-9) den Jüngern den Auftrag geben, Israel vor die Entscheidung zu stellen (Kap. 10).

Zusammenfassung Der Sinn unseres Textes muß zunächst vom Ganzen der Matthäusgeschichte her festgestellt werden. Nach der programmatischen Verkündigung und nach den Wundern des Messias Israels muß Israel eine Antwort auf die Frage geben, wer Jesus eigentlich ist. Wie kann es diese Antwort geben? Nicht, indem es eine korrekte messianologische Antwort formuliert, sondern nur, indem es sich auf die Erfahrung der *Geschichte* Jesu wirklich einläßt und sich von ihr zur Lebensentscheidung Jesus gegenüber führen läßt. Unser Text ist ein Musterbeispiel, wie Matthäus christologische Titel und Vorstellungen in seine Jesusgeschichte hineinnimmt und ihr unterordnet. Er ist ein Musterbeispiel dafür, was *narrative Christologie* heißt und wie sie den Menschen verpflichtet. Am Täufer und seinen Jüngern zeigt also Matthäus den Erkenntnisweg auf, »den auch die Jünger gehen mußten und das Volk gehen sollte«[49]. Es geht darum, sich einzulassen auf die Geschichte, die Taten des Christus. Keine »abstrakte« christologische Antwort kann dieses Sich-Beteiligen-Lassen an der Geschichte des Christus ersetzen. Der Täufer und seine Jünger zeigen positiv die Heilsmöglichkeit für Israel[50]. Die Fortsetzung der Geschichte wird dann in Gestalt prophetischer Warnungen, deren Zentralfigur wiederum Johannes der Täufer sein wird, die negative Möglichkeit, das Nein Israels, verdeutlichen.

---

[47] Sabugal* 49-55, vgl. 76: Es geht um Polemik und Mission gegenüber Täufern und pharisäischem Judentum. M.E. standen die mt Gemeinden nicht in direktem Kontakt zu Täufern, vgl. Bd. I 151 Anm. 7. Ein (indirekter) missionarischer Appell an Israel ist V 6 m.E. nur im Rahmen der mt Jesusgeschichte.
[48] Dadurch, daß die Reaktion des Täufers nicht berichtet wird und der warnende Makarismus den Abschluß des Textes bildet, betont Mt den exemplarischen Entscheidungsruf.
[49] Schmid 189.
[50] Wenn der Text auf Jesus zurückgeht, zeigt er auch, daß der Entwurf einer Jesuserzählung in Gestalt eines *Evangeliums* von Jesus selbst her ein inneres Recht hat.

1.2 Der Entscheidungsruf des wiedergekommenen Elija (11,7-15)

Literatur: Betz, O., Jesu heiliger Krieg, NT 2 (1958) 116-137; *ders.,* The Eschatological Interpretation of the Sinai Tradition in Qumran and in the New Testament, RQ 6 (1967) 89-107; *Cameron, P.S.,* Violence and the Kingdom. The Interpretation of Mt 11,12, 1984 (ANTJ 5); *Catchpole, D.,* On doing Violence to the Kingdom, IBS 3 (1981) 77-92; *Danker, F.W.,* Luke 16,16 – An Opposition Logion?, JBL 77 (1958) 231-243; *Harnack, A. v.,* Zwei Worte Jesu, SPAW.PH 1907, 942-957; *Hoffmann,* Studien 50-79; *Karlstadt, A.,* Das reich Gotis leydet gewaldt und die gewaldrige nhemen oder rauben das selbig, Wittenberg 1521; *Koppenborg,* Formation 108-117; *Kosch, D.,* Die Gottesherrschaft im Zeichen des Widerspruchs, 1985 (EHS 23/257); *Kümmel, W.,* »Das Gesetz und die Propheten gehen bis Johannes« – Lukas 16,16 im Zusammenhang der heilsgeschichtlichen Theologie der Lukasschriften, in: ders., Heilsgeschehen II 75-86; *Merklein,* Gottesherrschaft 80-95; *Moore, W.E.,* ΒΙΑΖΩ, ΑΡΠΑΖΩ and Cognates in Josephus, NTS 21 (1974/75) 519-543; *Schrenk, G.,* Art. βιάζομαι κτλ., ThWNT I 608-613; *Schulz,* Q 229-236.261-267; *Schlosser, J.,* Le règne de Dieu dans les dits de Jésus, 1980 (EtB), I 155-167; II 509-539; *Schweizer, A.,* Ob in der Stelle Matth 11,12 ein Lob oder ein Tadel enthalten sei?, ThStKr 9 (1836) 90-122; *Theißen, G.,* Das »schwankende Rohr« (Mt 11,7) und die Gründungsmünzen von Tiberias, ZDPV 101 (1985) 43-55; *Wanke,* Kommentarworte 31-35; *Weiss, J.,* Die Predigt Jesu vom Reiche Gottes, Göttingen ³1964, 192-197.
*Weitere Literatur*** zu Mt 11 o. S. 162.

7 Als sie aber gingen, fing Jesus an, zu den Volksmengen über Johannes zu reden:
  »Warum[1] seid ihr in die Wüste hinausgezogen?
    Um ein Schilfrohr zu sehen, das im Winde schwankt?
8 Aber warum seid ihr hinausgezogen?
  Um einen Menschen zu sehen in weichen Kleidern?
    Siehe: die, die weiche Kleider tragen, sind in den Königspalästen.
9 Aber warum seid ihr hinausgezogen?
  Um einen Propheten zu sehen?
    Ja, ich sage euch, sogar mehr als einen Propheten!
10 Dieser ist es, über den geschrieben steht:
  ›Siehe, ich sende meinen Boten vor dir her,
    der deinen Weg vor dir bereiten wird‹.

---

[1] Τί kann man auch mit »was?« übersetzen. Dann gehören die Infinitive θεάσασθαι und ἰδεῖν in den jeweils ersten Fragesatz. Eine sichere Entscheidung ist nicht möglich. Für die oben gegebene Übersetzung spricht die Wortstellung προφήτην ἰδεῖν V 9a (so ℵ*B¹ etc. diff. Lk 7,26), während die in Nestle²⁶ gegebene umgekehrte Reihenfolge beides zuläßt. Hat die Mehrheit der Textzeugen Mt an Lk angepaßt? Oder haben einige Textzeugen die Unklarheit beseitigen wollen? Sie dürfte durch wörtliche Übersetzung aus dem Aram. entstanden sein: Dort sind mit מָה eingeleitete rhetorische Fragesätze üblich; מָה wird nicht übersetzt. Der aram. Urtext dürfte also gemeint haben: »Seid ihr etwa ... hinausgezogen, um ein im Winde schwankendes Rohr zu sehen?«, vgl. Beyer, Syntax 100f Anm. 7.

11 **Amen, ich sage euch:**
  Unter den von Frauen Geborenen ist kein Größerer aufgestanden
                          als Johannes der Täufer,
  aber der Kleinste im Himmelreich ist größer als er.
12 **Von den Tagen des Johannes des Täufers bis jetzt erleidet aber das**
                                                    Himmelreich Gewalt,
  und Gewalttätige nehmen es weg.
13 **Alle Propheten und das Gesetz bis zu Johannes haben (es) ja geweis-**
                                                                   sagt,
14   **und wenn ihr es annehmen wollt:**
  Er ist Elija, der kommen soll. 15 **Wer Ohren hat, soll hören!**

Analyse 1. *Aufbau.* V 7a leitet eine längere Jesusrede ein, die nur in V 20a durch eine kurze Zwischenbemerkung unterbrochen ist. Eine erste klar gegliederte Einheit ist V 7b-10, eingeleitet durch drei parallele rhetorische Fragen und abgeschlossen durch ein mit einem Definitionssatz (»dieser ist«) eingeführtes Schriftzitat. Eine weitere Definition bringt V 14 mit »er ist«. V 7-10 und V 11-14 bilden zwei Abschnitte, wobei der zweite recht unstrukturiert ist. Eine Merkformel schließt in V 15 den ersten Hauptabschnitt ab.

2. *Quellen.* V 7-11 stammen in Fortsetzung von V 2-6 aus Q = Lk 7,24-28. Mt ändert hier den Wortlaut kaum[2]. Dagegen sind *V 14f* ganz redaktionell[3].
V 12f sind sehr unsicher. Üblicherweise wird das Logion Q zugerechnet[4]. Die Unsicherheiten sind aber groß: Lk 16,16-18 steht nicht in einem Q-Zusammenhang und ist in Q nicht sinnvoll zu plazieren. Die Rekonstruktion des Q-Wortlauts stößt auch bei Mt 5,18.32 = Lk 16,17f auf Schwierigkeiten. Man muß in allen drei Logien bei beiden Evangelisten ein ungewöhnlich hohes Maß an Redaktion annehmen, so daß der gemeinsame Wortlaut minimal ist[5]. Ich verzichte auf die Rekonstruktion eines eventuellen Q-Wortlauts. Mt zu verdanken sind wohl 1. in V 12a ἀπὸ δὲ τῶν ἡμερῶν Ἰωάννου τοῦ βαπτιστοῦ ἕως ἄρτι[6]; 2. in V 13 πάντες und ἐπροφήτευσαν[7]; unklar bleibt die Reihenfolge von »Propheten« und »Gesetz«; 3. die Umstellung von Lk 16,16a (= Mt 11,13) und Lk 16,16bc (= Mt 11,12)[8]. Aus der Tradition vorgegeben war ein Logion, dessen erste Hälfte vielleicht etwa wie Lk 16,16a lautete und zu des-

---

[2] Red. sind in *V 7a* πορεύομαι, in *V 10* ἐγώ (mit LXX); die Änderungen in Lk 7,25b sind lk. In *V 11* sind red.: τοῦ βαπτιστοῦ, τῶν οὐρανῶν, evt. ἀμήν, vgl. Bd. I Einl. 3.2.
[3] Εἰ θέλεις (-ετε) + Inf. 4/0/0; αὐτός ἐστιν: vgl. 16,20. Μέλλω: Bd. I Einl. 3.2 und 16,27. Die Kurzfassung der Aufmerkformel von V 15 entspricht 13,9.43.
[4] Lk 16,16 steht in einem kleinen Block von Logien über das Gesetz (Lk 16,16-18), der nicht von Lk geschaffen wurde, da er nicht zum Hauptskopus von Lk 16 paßt.
[5] Vgl. Bd. I 229f.269.
[6] Vgl. Bd. I Einl. 3.2 zu ἀπό, ἡμέρα, ἕως, ἄρτι. Vgl. ferner zu ἡμέραι mit Gen. der Per-

son 2,1; 23,30; zu ἀπό-ἕως vgl. 1,17 Red. (3x); 26,29 Red.; 27,45 Red.; zum Ganzen vgl. Mt 3,1.
[7] Zu προφητεύω vgl. 7,22. V 13 entspricht dem mt Schriftverständnis (Erfüllungszitate!). Umgekehrt entspricht aber Lk 16,16a der exegetisch üblichen (lk?) Periodisierung der Geschichte, so daß Sicherheit nicht zu erreichen ist.
[8] Mt 11,12 schließt aus formalen Gründen (gemeinsame Stichworte!) gut an 11,11 an; Mt 11,13 bereitet den red. V 14 vor. In einem ursprünglich selbständigen Logion wäre die mt Reihenfolge nicht verständlich.

Mt 11,7-15: Analyse. Erklärung

sen zweiter Hälfte wohl βασιλεία ,,, βιάζεται καὶ βιασταὶ ἁρπάζουσιν αὐτήν gehörte.

3. *Traditionsgeschichte und Herkunft.* V 7b-9 sind ein zusammengehöriges, dreigliedriges Jesuswort, das durch den überlangen, durch emphatisches ναὶ λέγω ὑμῖν eingeleiteten Schlußsatz V 9c abgeschlossen wird. Es ist einheitlich; nur V 8c dürfte eine vor Mt eingefügte erklärende Glosse sein. Der Aorist ἐξήλθατε könnte darauf hinweisen, daß die Wirksamkeit des Johannes bereits zurückliegt. Dann wäre das Wort von Jesus – genau wie Mt es einordnet – gebildet worden, als Johannes im Gefängnis oder schon hingerichtet war. Es wurde später durch die Gemeinde in doppelter Weise durch V 10 und V 11-14 vertieft und interpretiert: Das Schriftzitat *V 10* ist wohl ein Gemeindezusatz[9]. *V 11* ist ein ursprünglich selbständiges, einheitliches Logion, dessen beide Teile in strengem antithetischen Parallelismus aufeinander bezogen sind[10]. Im Kontext von Q ist es ein »Kommentarwort« zu V 7-9[11]. Es stammt aus inhaltlichen Gründen m.E. eher aus der Gemeindeüberlieferung (vgl. Erklärung). Der »Stürmerspruch« *V 12f* war eine »>störende< Überlieferung«[12]. Insbesondere Lk scheint den Sinn von ἁρπάζω nicht mehr verstanden zu haben. Das spricht für hohes Alter[13].

Jesus wendet sich nun an die Volksmassen. Er beginnt seine Rede über Johannes den Täufer mit drei geschliffenen rhetorischen Fragen. Sie zielen darauf, das Einverständnis der Hörer zu gewinnen: »Ihr seid doch nicht etwa in die Wüste hinausgezogen, um ein im Winde schwankendes Schilfrohr zu sehen?« Die Wüste ist zunächst der Ort, wo man – dem Jordan entlang – Schilf finden kann. Die Wüste ist ein Ort, wo man damals auch Menschen in feinen Kleidern in den königlichen Winterpalästen finden konnte[14]. Die Hörer stimmen zu; sie sind ja in die Wüste – den alten, schon biblischen Offenbarungs-

Erklärung 7–9

---

[9] Nur in der traditionsgeschichtlich sehr späten Versuchungsgeschichte gibt es in Q sonst noch mit γέγραπται eingeleitete Schriftzitate.

[10] Es ist aus inhaltlichen Gründen beliebt, V 11b für sekundär zu halten. Die scheinbar widersprüchlichen Urteile über Johannes den Täufer könnten so im Sinn einer Korrektur diachron erklärt werden (so z.B. Bultmann, Tradition 178; Hahn, Hoheitstitel 375; Gnilka I 419). Aber die antithetischen Entsprechungen zwischen V 11a und b sind sehr eng: μείζων – μικρότερος, ἐν γεννητοῖς γυναικῶν – ἐν τῇ βατιλεία... Insbesondere das sonst banale ἐν γεννητοῖς γυναικῶν erfordert eine Entsprechung. Ein so bruchloser Parallelismus darf nicht aus inhaltlichen Gründen traditionsgeschichtlich dekomponiert werden. V 11a ist rhetorisch gut verständlich als Vorbereitung, die die negative Aussage von 11b über den Täufer steigert und heraushebt (Schlosser* I 160). Damit fällt auch der Versuch weg, in V 11a den ursprünglichen Schluß von V 7b-9 zu finden (z.B. Dibelius** 12; Bultmann aaO). Dagegen spricht übrigens schon Ev Thom log 78 = V 7f; log 46 = V 11.

[11] Wanke, Kommentarworte 34.

[12] Kosch* 47.

[13] Andererseits hilft uns hier die Frage nach einem aram. Urtext nicht weiter; es gibt keine eindeutige und direkte Rückübersetzungsmöglichkeit. Dies zeigen Dalman, Worte I 114f; Black, Muttersprache 211 Anm. 2 (»offenkundig unheilbare St«) und – entgegen ihrer Absicht – Daube, New Testament 285-292; Schwarz, Jesus 256-260.

[14] Gegen Theißen* 43: Man denke etwa an die Herodespaläste von Jericho, Kypros, Massada.

ort[15] – gezogen, weil sie hofften, einen Propheten zu sehen. Bis dahin befindet sich Jesus mit seinen Hörer/innen in voller Übereinstimmung. Übereinstimmung bildet den Boden für Einverständnisse, die unausgesprochen bleiben können. Man hat immer wieder gefragt, ob solche nicht hinter den Bildern unseres Textes stehen. Für sich betrachtet, sind sie relativ banal. Schilf gibt es in der Wüste am Jordan in jeder Menge: Ist lediglich gemeint, daß die Leute nicht wegen einer »alltäglichen Sache«[16] in die Wüste gehen? Das zweite Bild vom Menschen in weichen Kleidern scheint dagegen unpassend, weil es aus einem ganz anderen Bereich stammt. Es verlockt dazu, übertragen im Gegenzug zum Charakter des Johannes zu deuten: Der Asket Johannes in seinem Kamelhaarkleid ist das Gegenteil eines Höflings in weichen Kleidern. Muß man das erste Bild vom Schilfrohr auch übertragen deuten? Man könnte an mangelnde eigene Urteilsfähigkeit[17], an negativ verstandene Anpassungsfähigkeit und Charakterlosigkeit[18] im Anschluß an die verbreitete Äsop-Fabel vom Schilf und der Eiche[19] oder allgemeiner an Schwäche denken. Das sind alles Eigenschaften, die man Johannes dem Täufer zumal nach seiner Auseinandersetzung mit dem Tetrarchen Herodes bestimmt nicht anlasten konnte. Darüber hinaus kann man fragen, ob beide Bilder nicht versteckte Anspielungen auf Herodes Antipas enthalten. Bei »einem Menschen« (Singular!) »in weichen Kleidern« ist das ohnehin möglich; und beim Schilfrohr hat Theißen* darauf hingewiesen, daß Herodes Antipas in seiner ersten Zeit bis nach der Gründung von Tiberias bis etwa 26 n.Chr. Münzen mit dem persönlichen Emblem eines Schilfrohrs prägen ließ[20]. Also ein versteckter Spott unter Untertanen, ein Stück schwarzen Humors gegenüber einem ungeliebten Herrscher, den man direkt nicht kritisieren durfte? Der Sinn wäre dann: Es ging euch ja gerade nicht um *diesen* (bekannten!) Windbeutel und Weichling! Das ist durchaus möglich. Dann wäre der verallgemeinernde Deutehinweis des Zusatzes V 8c auf die Königspaläste völlig richtig[21]. Und das Einverständnis, das Jesus mit seinen Hörern durch seine rhetorischen Fragen herstellte, wäre hinterhältig-abgründig!
Aber hier liegt noch nicht der Skopus des Logions. Er liegt vielmehr bei V 9c. Jesus sagt betont: Johannes ist mehr als ein Prophet. Hier trennt er sich vermutlich von seinen Hörern, ohne eine klare und handhabbare Formel dafür zu liefern, wer nun Johannes eigentlich war. Jesu Wort mag bei seinen Hörern, die zunächst beifällig schmunzelten, ein Stück Nachdenklichkeit zurückgelassen haben. Einem, der mehr als ein Prophet ist, gebührt ein besonderer Gehorsam.

---

[15] W. Schmauch, Orte der Offenbarung und der Offenbarungsort im Neuen Testament, Göttingen 1956, 27-47.
[16] Klostermann 96; Schönle** 67.
[17] Vgl. Luc Hermot 68: Wer nicht urteilsfähig ist, gleicht »einem Schilfrohr ..., das in jedem Wind sich beugt, auch wenn nur ein kleines Lüftchen weht und ihn bewegt«.
[18] Schweizer 169: »Windfahne«; Meier** 393: »vacillating crowd-pleaser«.
[19] Vgl. Theißen* 44f. Die Fabel ist später auch den Rabbinen bekannt (Taan 20b Bar = Bill. I 598; Flusser, Gleichnisse 52).
[20] Theißen* 45-49.
[21] Ebenso wie die Deutung Ev Thom log 78 auf »eure Könige und Großen«.

Die beiden folgenden Verse präzisieren das unklare »mehr als ein Prophet«. Sowohl die vormatthäischen Traditionsschichten als auch Matthäus selbst verraten ein Bedürfnis nach genauerer Bestimmung des Täufers. Dem dient in V 10 das mit Reminiszenzen an Ex 23,20 angereicherte[22] Zitat aus Mal 3,1, 10 das im Urchristentum verbreitet auf den Täufer bezogen wurde (Mk 1,2; Lk 1,17.76)[23]. Wichtig ist, daß es schon Mal 3,23f und später im Frühjudentum seit Sir 48,10 auf die Wiederkunft Elijas bezogen wurde. Matthäus wird in V 14 diese allgemein bekannte Deutung explizit festhalten. Die zweite Erläuterung, das alte Kommentarwort V 11, ist schwierig. Das Hauptproblem ist, 11 wie Matthäus den Satz, daß im Himmelreich der Kleinste größer sei als der Täufer, mit seiner eigenen, an vielen Stellen sichtbar werdenden Tendenz verbindet, den Täufer zu verchristlichen und mit dem Gottesreich zu verbinden[24].

Schon als traditionelles Logion bietet V 11 viele Schwierigkeiten. Klar ist V 11a: Un- Tradition ter den geschaffenen, vergänglichen Menschen[25] hat Gott niemanden aufstehen las- 11 sen[26], der größer ist als Johannes der Täufer. Inhaltlich wird man dabei weniger an die Lebensführung des Johannes[27] als an seinen Auftrag und den Inhalt seiner Verkündigung denken. Schwierig ist V 11b: Ist μικρότερος komparativisch oder superlativisch zu verstehen? Im ersten Fall kann man an Jesus denken, der jünger[28] oder weniger geehrt ist als sein Meister Johannes[29]. Dagegen spricht aber ἐν τῇ βασιλείᾳ τοῦ θεοῦ, das von seiner Stellung her und als Gegensatz zu ἐν γεννητοῖς γυναικός wohl attributiv zu μικρότερος zu ziehen ist. Μικρότερος im Gottesreich heißt nicht (in der Welt) »jünger«. Man wird das Logion also eher generell deuten; ὁ μικρότερος ist vermutlich ein Superlativ, also: »der Kleinste im Gottesreich«[30].
Wie ist »*im Gottesreich*« zu deuten? a) Klassisch ist die Deutung auf das seit Jesus gegenwärtige Gottesreich, d.h. die Kirche. Sie läuft auf die allgemeine These hinaus: »Der geringste Christ ist ... als Christ mehr als der größte Jude«[31]. Die Kirchenväter

---

[22] Aus Ex 23,20 stammt ἀποστέλλω (Mal: ἐξαπ.) und πρὸ προσώπου σου. Σου (Mal: μου) macht die Deutung auf den Messias (statt auf Gott) formal möglich.

[23] Das hohe Alter dieses Zitates zeigt sich daran, daß seine zweite Hälfte in V 11c nicht auf dem LXX-Text, sondern auf dem MT basiert. Der MT liest zusammen mit Symmachus und Theodotion das Piel פנה = (den Weg) bereiten, die LXX das Qal פנה = ἐπιβλέψεται (schauen nach). Auch die Verbindung von Mal 3,1 mit Ex 23,20 weist auf hohes Alter, denn sie ist vermutlich schon jüd. (Stendahl, School 50, vgl. ExR 32 [93d] bei Bill. I 597).

[24] Vgl. bes. Trilling** und Wink**.

[25] Biblizismus, vgl. z.B. Ijob 14,1; 15,14; 25,4; jüd. 1QH 13,14; 18,12f.16.23.

[26] Biblizismus, vgl. Ri 2,16; 3,9; 1Kön 11,14.23. Passivum Divinum!

[27] Klassisch Cyrill v Jerusalem, Katechese

3,6 = BKV I/41 53 (Askese); Petrus Chrysologus, serm 127 = PL 52,549 (sanctitas, iustitia, virginitas, pudicitia, castitas, poenitentia).

[28] Das ist eine mögliche, aber seltene Bedeutung von μικρός: Liddell-Scott s.v. μικρός II 2.

[29] Eine in der alten Kirche verbreitete Deutung: z.B. Johannes Chrysostomus 37,2 = 540f; Opus imperfectum 27 = 775; Luther (WA 38) 519; dagegen deutet Calvin I 324 auf alle Diener am Evangelium. Diese Deutung hat sich bis heute gehalten, vgl. F. Dibelius, Zwei Worte Jesu, ZNW 11 (1910) 190-192; O. Cullmann, Ὁ ὀπίσω μου ἐρχόμενος, in: ders., Vorträge und Aufsätze 1925-1962, Tübingen-Zürich 1966, 173f; Suggs, Wisdom 46f; Hoffmann, Studien 221-224; Schlosser* I 165.

[30] Entsprechend dem Neugriech.: Art. + Komp. = Superlativ.

[31] Wellhausen 54.

wiesen zur Begründung auf die Wiedergeburt, die Gotteskindschaft der Christen, die Taufe oder den heiligen Geist[32]. Diese Deutung ist aber schwierig: Auch die Glieder der Kirche sind von Frauen geborene Menschen. Und: Wer wäre in der Kirche »der Geringste«? Bei dieser Deutung müßte man auf jeden Fall mit Gemeindebildung rechnen. Rechnet man mit einem Jesuswort, so könnte man b) an das gegenwärtig anbrechende Gottesreich denken, das Jesus z.B. den Armen (= die Kleinsten!) zuspricht. Aber die Formulierung »im« Gottesreich ist dann sehr schwierig. Oder ist c) an die künftige Gottesherrschaft gedacht, in die man »eingehen« wird und in der Gott durch sein Gerichtsurteil die Rangordnung bestimmen wird[33]? Gegen diese Deutung spricht das präsentische ἐστίν. Außerdem schließt sie Johannes faktisch – vielleicht unbeabsichtigt – aus dem künftigen Gottesreich aus. M.E. spricht der formelhafte Sprachgebrauch ἐν τῇ βασιλείᾳ eher für Gemeindebildung. In der Gemeinde war auch das Bedürfnis, den heilsgeschichtlichen Ort des Täufers grundsätzlich zu bestimmen, am ehesten gegeben, auch wenn die Aussage unseres Logions gerade nicht der sonst vorherrschenden Tendenz zur Christianisierung des Täufers entspricht[34]. Denn es will Johannes gerade der alten Welt zuordnen und nicht dem neuen Äon, dessen Keimzelle die Kirche ist. »Im Gottesreich« braucht man von diesem Skopus her nicht alternativ präsentisch oder futurisch zu deuten. Zuzugeben ist, daß eine präzise Deutung des Logions schwierig bleibt.

12f Der ursprüngliche Sinn des nun folgenden »Stürmerspruchs« ist eines der größten Rätsel der Synoptikerexegese. »Es gibt wenige Worte Jesu, über die sich eine solche Flut von Erklärungen in verschiedenen Kombinationen ergossen hat und deren Verständnis doch so unsicher geblieben ist«, schrieb Harnack vor über achtzig Jahren[35]. Es ist heute noch so.
Wir beginnen mit lexikalischen Überlegungen. Βιάζομαι ist im Griechischen dem Gegensatz »Freiwilligkeit-Zwang« zugeordnet und enthält m.E. praktisch immer ein negatives Moment[36]. Am verbreitetsten ist das Medium mit aktivem Sinn (»Gewalt anwenden, vergewaltigen, bedrängen«). Häufig belegt ist auch das Passivum dazu[37]. Absolut gebrauchtes, intransitives Medium (»gewaltsam auftreten«) ist seltener[38]. Eine Verwendung des intransitiven Mediums im positiven Sinn ist mir nie begeg-

---

[32] Cyrill v Alexandria fr 136 = Reuss 196; Theodor v Heraklea fr 75 = Reuss 76f.
[33] Z.B. M'Neile 154. Für diese Interpretation könnte auch der jüdische Hintergrund der Frage nach dem Großen oder Kleinen sprechen. Die Texte unterscheiden zwischen dieser und der künftigen Welt (MidrRuth 1,17 [128a]; BM 85b; PesiqR 83 [198b] bei Bill. I 598); weitere St bei Lachs 193 Anm. 8. Das Logion enthält aber keine zeitlichen Unterscheidungen.
[34] P. Hoffmann (Randbemerkung): Es paßt so auch nicht zu Q.
[35] *947.
[36] Vgl. die Lexikographen: Hesych β 590 definiert βιάζεται = βιαίως κρατεῖται. Pollux 1,110 bezieht das Verb auf Sturm und Wellen; 6,132: βιάζομαι ist die Perversion von ἰσχύς ebenso wie Betrug die der Weisheit, vgl. 8,7. Moore* 534 als Fazit zum Sprachgebrauch bei Josephus: »The direct employment of physical violence is almost invariably implied in their usage«. Wichtige Konnotationen bei Josephus sind ferner: βιά(ζομαι) geschieht gegen den Willen des Betroffenen und ohne Rechtsgrundlage (ebd. 535f).
[37] Liddell-Scott s.v. (I/1).
[38] Moore* 520 zu Josephus. Hellenistische Belege bei Schrenk* 609 Anm. 3 (von der Ananke, einer Überschwemmung, vom Rasen des Ares).

net³⁹. Βιαστής (»Gewalttäter«) ist ein sehr seltenes, spätes und immer negativ belastetes Wort⁴⁰. Ἁρπάζω (»rauben, wegtragen, entführen, ausreißen, plündern, schnell ergreifen«) kann vielfältig gebraucht werden. Negativer Sinn überwiegt, zumal in Verbindung mit einem Wort des Stammes βια-⁴¹. Wir wenden uns nun den die Auslegungsgeschichte bestimmenden Interpretationstypen zu:

Seit langem hat es sich eingebürgert, die Interpretationstypen danach einzuteilen, ob sie dem Verbum βιάζομαι 1. einen medial-intransitiven oder 2. einen passiven Sinn geben und ob sie V 12a a) in positivem oder b) in negativem Sinn verstehen. So ergeben sich drei Deutungstypen⁴²:

Wirkungsgeschichte

1a. *Medial-positive Deutung.* Das Reich Gottes bricht seit Johannes dem Täufer unaufhaltsam an⁴³, und die Menschen, d.h. die Anhänger Jesu, ergreifen es eifrig⁴⁴. Diese Deutung von V 12b läßt sich aber mit der Wortbedeutung von ἁρπάζω schwer, mit βιαστής kaum und mit der Kombination beider überhaupt nicht vereinbaren. Darum wurde vorgeschlagen, V 12b antithetisch zu verstehen: Das Gottesreich bricht unaufhaltsam an, *aber* es gibt Gewalttäter, die es rauben⁴⁵. Es ist aber schwierig, den mit καί eingeleiteten V 12b als antithetischen Parallelismus zu verstehen; außerdem scheint βιασταί das Verb βιάζομαι sinngleich aufzunehmen. Der Vorteil der medial-positiven Deutung wäre, daß sie gut an den vorausgehenden Satz Lk 16,16a anschlösse: Mit Johannes dem Täufer ist die Zeit von Gesetz und Propheten zu Ende, und nun bricht unaufhaltsam etwas Neues, das Reich Gottes an. Aber sie ist aufgrund der Wortbedeutung von βιάζομαι unmöglich.

2a. *Passiv-positive Deutung.* Dem Reich Gottes wird von den Hörern des Wortes Gewalt angetan, d.h. es wird ungestüm erstrebt⁴⁶. Der Nachsatz V 12b wurde meist positiv gedeutet: Die Menschen überwinden alle Hindernisse, die sie vom Gottesreich trennen, durch Reue, Askese, inständiges Hören des Wortes etc. Dem gleichen

---

³⁹ Die dafür meist angeführte St Epict Diss 4,7,20f ist m.E. passiv zu verstehen. Auch die oft zitierte St Ex 19,24 hat negativen Sinn: Wenn die Israeliten sich zum Sinaj »drängen«, wird Gott sie vernichten. In dieser AT-St sieht Betz (RQ 6)* 99 den biblischen Hintergrund für Mt 11,12f.
⁴⁰ Hesych β 594: γυναῖκας βιάζεται. Weitere (spärliche) profane Belege bei Schrenk* 613,4f.7-11. Nur das altertümliche, bei Pindar häufige Subst. βιατάς hat positiven Sinn (»kräftig, mutig«), doch sollte man es nicht ohne weiteres mit βιαστής identifizieren.
⁴¹ Häufig bei Josephus (Moore* 530-534), vgl. Pollux 5,60.
⁴² Die Kombination 1b ist inhaltlich sinnlos.
⁴³ Die mediale Deutung ist vor allem im Protestantismus seit Melanchthon verbreitet, vgl. Cameron* 55f. Von Neueren vertreten sie z.B. Harnack* 952-955, Manson, Sayings 134, Betz (RQ 6)* 103 oder Merklein, Gottesherrschaft 83.
⁴⁴ Positiv deutete man V 12b in der alten Kirche seit Irenäus, Haer 4,37,7 (μετὰ σπουδῆς) und Clemens v Alexandria, Quis Div Salv 21,3 (βιαίως, μᾶλλον δὲ βεβαίως[!]). Ähnlich heute z.B. Merklein, Gottesherrschaft: Die Basileia verlangt »neue, gewaltsame, außergewöhnliche Aktionen« (89). Βιασταί sind »Menschen, die zu allem entschlossen sind« (82).
⁴⁵ So deuten z.B. Betz (RQ 21)* 103 und Kosch* 26. Der Schwierigkeit, daß eine positive und eine negative Aussage so hart nebeneinanderstehen, versuchen Danker* 236f.240, Jeremias, Theologie I 114 und Schlosser* II 522 zu entgehen: Sie verstehen V 12b als Aufnahme eines pharisäischen Vorwurfs durch Jesus: Die Pharisäer werfen den Jüngern Jesu vor, βιασταί zu sein, die das Heilige usurpieren. Aber was soll das bloße Zitat eines Vorwurfs, den Jesus dann nicht widerlegt?
⁴⁶ Diese Deutung ist die in der alten Kirche verbreitetste und wurde auch von den Reformatoren übernommen. Neuere prägnante Vertreter sind selten, z.B. Schniewind 145 (das von den Pharisäern erhoffte Herbeidrängen des Endes ist tatsächlich geschehen).

Grundtyp gehört die Deutung Albert Schweitzers an: Das Gottesreich wird herbeigenötigt, d.h. »die Schar der Büßenden ringt es Gott ab, so daß es jeden nächsten Augenblick kommen muß«[47]. Auch dieser Deutungstyp vernachlässigt die negativen Konnotationen von βιάζομαι/βιαστής und muß mit der Schwierigkeit, daß V 12b kaum positiv verstanden werden kann, fertig werden.

2b. *Passiv-negative Deutung.* Das Reich Gottes erleidet Gewalt, Gewalttäter nehmen es in Besitz[48]. Die Vertreter dieser Deutung denken dann meist an die Zeloten, oft auch an die jüdischen Gegner Jesu oder Johannes des Täufers. Ihre Schwierigkeit besteht darin, daß der Vordersatz Q = Lk 16,16a nicht recht paßt: Nach der Aussage über die Zeit von Gesetz und Propheten erwartet man eine positive Aussage über das Reich Gottes und nicht eine über »eine unerfreuliche Begleiterscheinung der neuen Zeit«[49]. Hingegen schließt sich der negative Schlußsatz V 12b ausgezeichnet an den ebenfalls negativen V 12a an.

12f Die Entscheidung kann nur vom – eindeutigen! – Sprachgebrauch von βιάζομαι her und darum nur zugunsten der dritten Deutung fallen. Dem Gottesreich wird seit Johannes dem Täufer Gewalt angetan. V 12b erläutert dann geheimnisvoll, durch wen. Oft hat man an die Zeloten gedacht. Für diese Deutung spricht, daß auch in jüdischen Texten vom gewaltsamen Herbeizwingen des Weltendes durch die Zeloten die Rede ist[50]. M.E. darf man aber nicht allgemein an die Zeloten denken, da es sie schon längst vor Johannes dem Täufer gegeben hat. Höchstens an übereifrige Anhänger des Täufers und Jesu könnte man denken, die das Gottesreich an sich reißen, z.B. solche aus zelotischen Kreisen[51]. Am natürlichsten ist es aber, an die Gegner des Johannes und Jesu zu denken, die das Gottesreich gewaltsam wegnehmen[52]. Die allgemeine Formulierung schließt ebenso politische Gegner (Herodes Antipas!) wie das religiöse Establishment ein. Für Jesus wiegt ihr Widerstand schwer: Er richtet sich gegen das Reich Gottes selbst. Q = Lk 16,16a ist bei dieser Deutung schwierig: Möglicherweise will dieser Satz den eschatologischen und widergesetzlichen Charakter der Gewalt hervorheben: Bis zu Johannes wurden Gesetz und Propheten beachtet, aber von da an, in

---

[47] Geschichte der Leben-Jesu-Forschung, Tübingen ⁶1951, 404. Für diese Interpretation sprechen die zahlreichen, späten und antizelotischen jüdischen Äußerungen, daß das Kommen des Messias durch Buße, Halten der Gebote, Torastudium etc. beschleunigt werden kann (Bill. I 599f, aber nie mit Verben, die ein Moment der Gewalt oder des Zwangs enthalten).

[48] Erster Vertreter dieses Deutungstyps war Karlstadt*; später fand er im 18. Jhdt. wieder einige Anhänger und wurde von A. Schweizer* so überzeugend vertreten, daß er bis heute zum verbreitetsten geworden ist. Prägnante neuere Vertreter: J. Weiss*, Schrenk*.

[49] Harnack* 951.

[50] MidrHL 2,7 (99a) und die anderen bei Bill. I 599 genannten St.

[51] Also z.B. Judas Iskariot oder die Leute von Joh 6,15. Für Johannes sind uns keine zelotischen Anhänger belegt. Auslegungsgeschichtlich hat diese Interpretation in der Neuzeit Anlaß zu indirekter Polemik gegeben, z.B. bei A. Schweizer* 113 (»in der Reformationszeit der Zelotismus in Form des Anabaptismus«); J. Weiss* 196 (»Fanatiker«). Historisierend ordnet F.C. Baur diese St, die er für judenchristliche Gemeindebildung hält, ein: Die Gewalttäter sind die Heidenmissionare, die dem Gottesreich Gewalt antun (Kritische Untersuchungen über die kanonischen Evangelien, Tübingen 1847, 616 Anm.).

[52] Ἁρπάζω kann bei dieser Deutung nicht »rauben« im Sinn von »entführen«, »ergreifen«, sondern nur im Sinn von »entfernen«, »wegführen« meinen. Das paßt gut zu 13,19 Red. (»rauben« = zerstören der Frucht der Verkündigung).

der Endzeit, bricht der Widerstand gegen das Gottesreich aus »mit Gewalt, also ... widergesetzlich«[53]. Dann wäre der Hintergrund von Mt 11,12f nicht die Vorstellung von der Verfolgung der Gerechten und auch nicht der allgemeine Gedanke eines heiligen Krieges, sondern eher die endzeitliche Drangsal oder der endzeitliche Kampf der Bösen gegen das Gute[54]. Aber hier sind nur Vermutungen möglich.

Versucht man, das spannungsvolle Ineinander von Hoheits- und Niedrigkeitsaussagen über Johannes in V 11-14 auf der Ebene des Matthäusevangeliums zu verstehen, so muß man sich vor Überspitzungen hüten: Das Ziel des matthäischen Gedankens liegt in V 14: Johannes ist der von den Propheten geweissagte (vgl. V 10.13!) Elija. Er gehört einerseits zu den Propheten, die weissagten[55], andererseits aber ist er mehr als sie, nämlich der verheißene Elija. Dem entspricht eine gewisse Unausgeglichenheit in der Einordnung des Johannes: Matthäus betont, daß Johannes das Gottesreich verkündigt (3,2), obwohl er nicht seine Zeichen tut (11,2-6). Er erleidet aber die Gewalt mit, die am Gottesreich geschieht, wie der Evangelist schon angedeutet hat (4,12; 11,2) und noch erzählen wird (14,3-12). In seinem Leiden präludiert er das Geschick Jesu. Dieses Geschick verbindet beide aber gerade wieder mit den Propheten: Gewalt erleiden ist Prophetengeschick (21,33-39; 23,29-37). So ist Johannes, obwohl Verkündiger des Gottesreichs, zugleich der letzte Prophet (V 13)[56]. Dem entspricht, daß gerade nach den alten jüdischen Quellen der wiederkehrende Elija prophetische Aufgaben haben wird[57]. Als wiedergekommener Prophet Elija ist Johannes gleichsam die personifizierte Kontinuität zwischen dem Gottesreich und den auf Jesus hin weissagenden Propheten Israels[58].

11-14
Matthäus

Geht man davon aus, daß Johannes gleichsam das Bindeglied zwischen Israel und dem Gottesreich bildet, so bietet es keine unüberwindlichen Schwierigkeiten, daß Matthäus in V 11-13 sehr verschiedene Aussagen über ihn miteinander verbunden hat[59]. Der traditionelle V 11b leitet einen Zwischengedanken ein, der nicht auf der Linie dessen liegt, was Matthäus eigentlich sagen will. Er will ja Johannes nicht grundsätzlich vom Gottesreich ausschließen, sowenig er ihn an seinen Wundern (11,2-6, vgl. 13,16f) und an seiner

---

[53] A. Schweizer* 118. Ich denke mit ihm, daß der ursprüngliche Sinn von Lk 16,16a keineswegs darin bestand, die Zeit von Gesetz und Propheten für beendigt und aufgehoben zu erklären. Das wäre m.E. auch für Q undenkbar.
[54] Vgl. 1QpHab 2,6; 4QpPs 37, 2,14 (die Gewalttätigen עָרִיצִים am Bund [in der Endzeit]); 1QH 2,11f.21.25-29 (Krieg der Gewalttäter gegen den Frommen); in Q vgl. Lk 12,50.51-53, ferner Catchpole* 80; Betz (NT 2)* 128f (B. denkt an den Kampf zwischen Gott und Belial und sieht in den Gewalttätern auch die bösen Geister).

[55] Ἕως wird bei Mt in der Regel inklusiv gebraucht, vgl. 1,17; 2,15; 20,8; 23,35; 27,8.
[56] Wenn ἕως in V 12 inklusiv zu deuten ist, muß man es V 13 auch inklusiv deuten. Den Inhalt der Prophetie kann ἕως dagegen nicht angeben.
[57] Vgl. TgMal 3,23 (Prophet!); Sir 48,10 (ἐλεγμοί); Bill. IV 785 (Elija als Verkündiger).
[58] Man kann also nicht sagen, der Täufer stehe »over against the prophets and the law and together with Jesus« (Meier** 403).
[59] Die moderne akademische Frage, ob der Täufer in den alten oder in den neuen Äon gehöre, kennt Mt nicht.

Freude (9,14f; 11,18f) teilhaben läßt. Allerdings ist der Kleinste im Himmelreich größer als er. Vor allem aber gilt: Johannes, Jesus und die Jünger erleiden die gleiche Gewalt, wenn das Himmelreich anbricht. Matthäus muß V 11b wohl nicht »regelrecht zurücknehmen«[60], wohl aber absichern. Das geschieht durch V 12, der Johannes wiederum mit dem Gottesreich zusammenbringt[61]: V 18f werden diesen Gedanken weiterführen. Matthäus deutet also in V 12 gleichsam zwischenhinein seinen eigenen Grundgedanken an, daß das Reich Gottes jeden Propheten und Verkündiger ins Leiden führt. Leiden ist zugleich Zeugnis. Und so wird der Täufer, der ja nichts weniger als der wiedergekommene Elija ist, zum Zeugen gegen Israel, das das Gottesreich ablehnt. Die Gerichtspredigt von V 16-24 wird so vorbereitet.

13 V 13 bereitet den Hauptgedanken vor[62]: Γάρ schließt wohl über V 11b-12 zurück an V 11a an und führt ihn weiter. Πάντες betont den grundsätzlichen und umfassenden Anspruch des Matthäus auf das prophetische Zeugnis, wie er auch in den Erfüllungszitaten zum Ausdruck kommt. Johannes gehört hinein in die ganze Reihe der Propheten[63], die geweissagt haben. Der letzte Pro-
14 phet Johannes aber ist mehr als ein Prophet: Was schon die Schilderung in 3,4[64] und das Zitat V 10 andeuteten, macht nun V 14 explizit: Johannes ist der wiedergekommene Elija. Matthäus betont dies, denn so gewinnt sein Zeugnis und sein Bußruf an Israel (und indirekt an die Gemeinde!) letztes Gewicht. Israel steht vor der Entscheidung, ob es ihn annehmen will. Die matthäische Geschichte wird zeigen, daß es Johannes, seinen Elija, und den Menschen-
15 sohn Jesus, seinen Messias, ablehnen wird. Der warnende Weckruf in V 15 will das Volk auf diese grundsätzliche Entscheidung aufmerksam machen. Vom Ende der matthäischen Geschichte her klingt er wie ein Fanal vor der verpaßten Entscheidung Israels.

Zusammenfassung und Wirkungsgeschichte

Die Auslegung hat deutlich gemacht, daß unser Text primär eine Funktion im Makrotext hat: Er will nicht über Johannes oder über das Gottesreich belehren, sondern er will zeigen, wie Jesus Johannes den Täufer, Israels Elija, in Anspruch nimmt, um das Volk mit letzter Dringlichkeit zur Entscheidung zu rufen. So bereitet dieser Text die kommende Krise vor. Matthäus formuliert ihn mit Hilfe traditioneller Einzellogien über Johannes, die er verwendet, ohne ihren Sinn ganz auszuschöpfen, und die vor ihm ihre eigenständige Funktion in der Gemeinde und nach ihm ihre eigenständige Wirkungsgeschichte gehabt haben. Hier, bei den einzelnen Logien, die Matthäus nur aufnahm, und nicht beim ganzen Textstück im Makrotext, liegen bis heute die

---

[60] Schönle** 127.
[61] Zeitliches ἀπό ist bei Mt in der Regel inklusiv, vgl. 1,17; 19,8; 20,8; 23,35; 24,21; 27,45 und Trilling** 52f.
[62] Man darf also V 13 nicht – von der Tradition her – als Teil des »Stürmerspruchs« interpretieren, sondern muß – vom mt Gedankengang her – V 13 als Vorbereitung des Hauptskopus von V 14 verstehen, nach dem »accessoire« (Loisy I 673) V 11b-12.
[63] Mt stellt die Propheten voran und läßt das Gesetz folgen, um deutlich zu machen, daß es ihm hier um die weissagende Funktion beider geht, vgl. Berger, Gesetzesauslegung I 223f.
[64] Vgl. Bd. I 145.

größten Schwierigkeiten, wenn es darum geht, sie für die Gegenwart auszulegen. Sie sind beim theologisch zentralsten Logion des Abschnitts, dem »Stürmerspruch«, am größten und sollen deshalb an diesem Beispiel exemplarisch erörtert werden[65].

Manchmal vermitteln Jesusworte den Eindruck, bloße sprachliche Hülsen zu sein, die im Laufe der Auslegungsgeschichte immer wieder mit ganz neuem Sinn gefüllt wurden. Im Fall des Stürmerspruchs ist dieser Eindruck besonders stark: Der Evangelist Matthäus hat den Sinn des traditionellen Wortes vermutlich nicht voll ausgeschöpft; dieser ist so wenig deutlich erkennbar, daß ein Exeget es kaum wagen kann, seinen eigenen, von ihm mit vielen Fragezeichen und Unsicherheiten rekonstruierten Ursprungssinn zur Norm und Richtschnur neuer Aktualisierungen zu machen, z.B. in der Predigt. Bereits innerbiblisch ist wohl Lukas der erste gewesen, der 16,16 die vorgegebene sprachliche Hülse ganz neu gefüllt hat.

In der späteren Auslegungsgeschichte des Wortes spiegeln sich Grundverständnisse des Evangeliums in bestimmten Kirchen und Epochen: Für die alte Kirche, besonders die östliche, ist die asketische Auslegung charakteristisch, die sich vor allem an V 12b festmachte: Das Himmelreich »rauben« heißt nicht nur, dem Götzendienst und dem alten Ethos abzusagen[66], sondern, das durch die Tugend besitzen zu wollen, was wir durch die Natur nicht erhalten haben[67]; ja, die »Raubenden« sind die sich selbst gewaltsam Unterdrückenden[68]. Neben dieser Interpretation stand im Mittelalter oft die auf Hilarius[69] zurückgehende heilsgeschichtliche: Die gläubigen Heiden rauben das Gottesreich von Israel. Gegen die asketische Interpretation der alten Kirche wandte sich Karlstadt, der als erster und für zwei Jahrhunderte als einziger die Gewalt als böse, widergöttliche deutete: »Gotis reych wirt yn anfechtung und vervolgung witzig, klueg, starck und uberaus groß und vil«[70]. Mit dieser Interpretation kann Karlstadt nicht nur die für ihn pelagianische altkirchliche Interpretation widerlegen, sondern zugleich die angefochtenen und verfolgten reformatorischen Gemeinden trösten und erst noch den »aller hochste pontifex« unter die bösen Gewalttäter einreihen. Die »normale« reformatorische Deutung ist aber eine andere: Strukturell dieselbe wie diejenige der alten Kirche, versieht sie sowohl das Gottesreich als auch die Gewalt mit neuem inhaltlichen Akzent. Es geht nun um die Predigt des Evangeliums; der Text spricht von der »Frucht des Wortes«, und die Gewalttäter sind die, »die hören und so hören, daß sie durch keine Kraft abgehalten werden können«[71]. »Rau-

---

[65] Die Auslegungsgeschichte referiert Cameron*.
[66] Cyrill v Alexandria fr 139 = Reuss 197.
[67] Hieronymus 80.
[68] »Qui affligunt seipsos violenter« (Dionysius bar Salibi II 226). Am Schluß einer Heiligengeschichte aus Ägypten (Apophthegmata Patrum 1152 = Weisung der Väter, übers. B.

Miller, Trier ²1980, 399) steht Mt 11,12 als Fazit zusammen mit dem Satz: »Es ist also gut, daß der Mensch sich wegen Gott in allem Gewalt antue«.
[69] 11,7 = SC 254, 260.
[70] Karlstadt* (unpaginiert; drittletzte Seite oben).
[71] Luther (WA 38) 519.

ben« heißt: die Gnade »avidissime« begehren, »Gewalt« ist der »ardor audiendi«[72]. Wiederum füllt sich also die Worthülse mit einem neuen Grundverständnis des Evangeliums. Dafür noch zwei Beispiele aus neuerer Zeit: Für den frommen Liberalen Johannes Weiss kommt es darauf an, daß es »etwas Blasphemisches ist, auf Gottes Herrschaft Gewalt zu üben, ... anstatt gehorsam, demütig und gläubig zu warten, bis es Gott gefallen wird, seine Herrschaft zu errichten«[73]. Für Eduard Schweizer steht von der dialektischen Theologie her im Zentrum, daß die Gegenwart des Reiches »schon unter dem Zeichen des Kreuzes« steht und »Angefochtenheit, Vergewaltigung, Leiden« bedeutet[74].

Was ist hier geschehen? In allen Fällen entstand aus der Worthülse des Stürmerspruchs vom Zentrum des Glaubens her, so wie ihn ein Ausleger oder eine Kirche verstand, ein neuer Sinn. In allen Fällen war nicht der Text allein an dieser Sinnproduktion beteiligt, sondern auch der Ausleger, und dies wiederum nicht allein, sondern im Gespräch mit anderen Auslegern und als Glied der Kirche. Und in allen diesen Fällen war der Gesprächspartner der Ausleger nicht nur der einzelne Text, sondern gleichsam der ganze geglaubte Christus, als schenkender und fordernder, als gekreuzigter und auferstandener[75]. Er ist der wichtigste Sinnproduzent des neuen Sinns eines Textes. Er füllt die Worthülsen. So bekommen schon im Matthäusevangelium die einzelnen Texte ihren Sinn vom Ganzen der matthäischen Christusgeschichte, vom matthäischen Christus her. Aber zugleich lebt dieser Christus immer nur in und aus den Worthülsen, den überlieferten Texten, deren Sinn er immer wieder verändert, und in und aus der Geschichte, von der diese Texte erzählen.

1.3 Diese widerspenstige Generation (11,16-19)

Literatur: Arens, E., The ΗΛΘΟΝ-Sayings in the Synoptic Tradition, 1976 (OBO 10), 221-243; *Burnett*, Testament 81-94; *Christ, F.*, Jesus Sophia, 1970 (AThANT 57), 63-80; *Cotter, W.J.*, Children Sitting in the Agora, Forum 5 (1989) 63-82; *Flusser*, Gleichnisse I 151-155; *Hoffmann*, Studien 224-231; *Jülicher*, Gleichnisreden II 23-36; *Légasse, S.*, Jésus et l'enfant, Paris 1969, 289-317; *Leivestad, R.*, An Interpretation of Matt 11,19, JBL 71 (1952) 179-181; *Linton, O.*, The Parable of the Children's Game,

---

[72] Bullinger 111B.112A.
[73] *196.
[74] 170.
[75] Im Fall von Mt 11,12f ist die regulierende Kraft des Einzeltexts relativ gering und die Innovationskraft des »ganzen Christus«, der die Kirche durch die Auslegungsgeschichte hindurch begleitet, relativ groß, weil der Sinn des Einzeltextes früh (schon bei Lk?) dunkel geworden ist und weil manche spätere Neuaktualisierungen prägnanter und kräftiger sind als die biblische bei Mt. Man mag das in einer Kirche, die von der perspicuitas der Schrift lebt, bedauern oder sich über die Innovationskraft des Christus freuen: Wichtig ist, daß Mt 11,12f in gewisser Weise ein Extremfall ist. Bei den meisten Texten ist die Klarheit des traditionellen Sinnes und damit das Gewicht des Einzeltextes als einer der Kräfte, die neuen Sinn hervorbringen, größer als in diesem Fall.

NTS 22 (1975/76) 159-179; *Lührmann*, Redaktion 29-31; *Mussner, F.*, Der nicht erkannte Kairos (Mt 11,16-19 / Lk 7,31-35), Bib. 40 (1959) 599-613; *Orbe, A.*, El Hijo del hombre come y bebe (Mt 11,19; Lc 7,34), Gr. 58 (1977) 523-555; *Russ, R.*, ... Und ihr habt nicht getanzt, in: ders. (Hrsg.), Gott bei den Tänzern und Narren, Trier 1980, 55-73; *Sahlin, H.*, Traditionskritische Bemerkungen zu zwei Evangelienperikopen, StTh 33 (1979) 69-84; *Sato*, Q 179-183; *Schulz*, Q 379-386; *Suggs*, Wisdom 33-58; *Wanke*, Kommentarworte 35-40; *Zeller, D.*, Die Bildlogik des Gleichnisses Mt 11,16f / Lk 7,31f, ZNW 68 (1977) 252-257.
Weitere Literatur** zu Mt 11 o. S. 162.

16 Womit aber soll ich diese Generation vergleichen?
Sie gleicht Kindern, die auf den Marktplätzen sitzen und den anderen[1]
zurufen; 17 sie sagen:
  ›Wir haben für euch Flöte gespielt,
   und ihr habt nicht getanzt!
Wir haben das Klagelied angestimmt,
  und ihr habt nicht auf die Brust geschlagen!‹
18 Denn Johannes ist gekommen, aß nicht und trank nicht,
  und sie sagen:
  ›Er hat einen Dämon!‹
19 Der Menschensohn ist gekommen, aß und trank,
  und sie sagen:
  ›Siehe, der Mensch ist ein Vielfraß und Weintrinker,
   der Zöllner Freund und der Sünder!‹«
Und die Weisheit bekam wegen ihrer Werke[2] Recht.

1. *Aufbau.* Der Textabschnitt besteht aus einem kurzen Gleichnis und einem Deutewort. Das dreimal repetierte λέγουσιν hilft, die Deutung auf das Gleichnis zu beziehen. Die Aussagen des Deutewortes V 18-19d über Johannes und Jesus sind formal parallel; aber die Überlänge des an Jesus gerichteten Vorwurfs und die Verwendung von »Menschensohn« statt des Namens deuten an, wo das Gewicht liegt. V 19e wirkt unvermittelt und angehängt, schlägt aber durch das Stichwort ἔργα den Bogen zurück zu V 2. Das Sätzchen ist am ehesten als Erzählerkommentar zu deuten.

2. *Quelle und Redaktion.* Der Abschnitt stammt aus Q und ist dort die Fortsetzung von 11,7-11 = Lk 7,24-28[3]. Der Wortlaut stimmt im ganzen gut überein; die unterschiedlichen Einzelfragen sind aber meist nicht sicher zu entscheiden. Eher für mt

Analyse

---

[1] Ἑταίροις in manchen Textzeugen ist typischer Itazismus. Er ist an sich schlecht bezeugt, aber Linton* 166 macht m.R. darauf aufmerksam, daß der von sehr vielen MSS vertretene Zusatz αὐτῶν eigentlich nur zur LA ἑταίροις passe, so daß sich die Zahl der Zeugen, die »Gefährten« *meinten*, vielleicht vergrößert.

[2] Daß die meisten Textzeugen mit Lk 7,35 τέκνων lesen, zeigt, daß die lk ekklesiologische Deutung als leichter verständlich empfunden wurde als die mt christologische. Τέκνων liest auch Vg mit dem textus receptus; deshalb wurde ἔργων kaum ausgelegt.
[3] Lk 7,29f ist Red.

würde ich halten: in V 16 die Reduktion der lk Doppelfrage[4], in V 17-19 3x λέγουσιν[5], in V 18f ἦλθεν statt ἐλήλυθεν[6] und in V 19e ἔργων[7]. Die übrigen Differenzen sind eher als lk Redaktion zu erklären, wobei in V 17 κόπτω/κλαίω ganz schwierig bleibt[8].

3. *Entstehung und Herkunft.* Das Gleichnis V 16f und die Deutung V 18f passen nach Meinung der meisten Ausleger nicht recht zusammen[9]. Das Gleichnis V 16f wird allgemein für jesuanisch gehalten, da keine wirklichen Gründe dagegen sprächen. Die Deutung V 18f gilt aber meist als Gemeindebildung. Dagegen spricht, daß kein Mensch ohne eine Erklärung versteht, warum »diese Generation« mit den spielenden Kindern verglichen werden kann. Die bunte Palette der Deutevorschläge, die zu diesem Gleichnis von der Forschung angeboten wird (vgl. unten), spricht Bände: Das Gleichnis braucht einen Kommentar; und es ist doch zu fragen, ob nicht der in V 18f überlieferte der ursprüngliche ist. Wahrscheinlich scheint mir, daß V 19e sekundär angefügt wurde: Er ist kein ursprünglich selbständiges Logion[10] und auch kein Sprichwort[11], sondern eine Erweiterung, die V 16-19d voraussetzt[12]: Sie hat mit der Jesus ablehnenden Generation nichts mehr zu tun, sondern hier stellt sich die Q-Gemeinde selbst als »Kinder der Weisheit« der Jesus ablehnenden Generation Israels gegenüber.

Erklärung Jesus 16–19d

Seit jeher bildete die Frage nach dem ursprünglichen Sinn des Gleichnisses eine crux interpretum. Es stehen sich drei Grundmöglichkeiten gegenüber:

a) Die verbreitetste Deutung bezieht »diese Generation« auf die in V 17 *angesprochenen* Kinder: Sie werden aufgefordert, Hochzeit zu spielen, wollen aber nicht tanzen. Sie werden aufgefordert, Beerdigung zu spielen, wollen sich aber nicht wie bei einer Totenklage auf die Brust schlagen. Sie sind *passiv, widerspenstig, Spielverderber,* die sich nirgendwo engagieren wollen. Hier liegt dann das tertium comparationis für

---

[4] Vgl. 13,31 diff. Mk 4,30; Lk 13,18. Es bleibt aber auffällig, daß Mt überhaupt ein Gleichnis mit einer Frage einleitet.

[5] Mt betont den Parallelismus (3x λέγουσιν).

[6] Vgl. 17,12 (diff. Mk 9,13); 21,32.

[7] Vgl. 11,2. Die früher beliebte Erklärung der Differenz zwischen Mt und Lk durch Übersetzungsvarianten des aram. עבדי fällt damit weg; außerdem wäre die Übersetzung von עבדא (Knecht) durch τέκνον mehr als auffällig.

[8] Daß κόπτω für die Leser des Lk »zu palästinensisch« gewesen sei (Schürmann, Lk I 424 Anm. 115), wird durch Lk 8,52; 23,27 widerlegt.

[9] Man ordnete Johannes (allegorisch!) der Totenklage, Jesus dem Flötenspiel zu und stellte dann fest, daß die Reihenfolge beider in V 17 und 18f umgekehrt sei. Die Uneinigkeit der Kinder untereinander (ἀλλήλοις) passe nicht zu den klaren zwei Parteien von V 18f: Johannes und Jesus einerseits, ihre Gegner andererseits. V 19e passe ohnehin nicht als Deutung des Gleichnisses. Beispiele für solche Argumentation: Klostermann 99; Schulz, Q 381; Hoffmann, Studien 227-230; Arens* 22f; Gnilka I 423.

[10] Gegen Christ* 63-75, der dies ebenso stillschweigend voraussetzt wie die Herkunft von V 19e von Jesus.

[11] So Leivestad* im Sinn von: »Weisheit zeigt sich an den Taten«. Es gibt aber keine Belege, und L. kann auch die Abänderung in das für ihn sekundäre τέκνα nicht erklären.

[12] Auch der zweite Weisheitstext von Q, Lk 11,49-51, ist eine sekundäre Zufügung. Die Weisheitsaussagen sind also in Q traditionsgeschichtlich sekundär, vgl. Kloppenborg, Formation 143f. Dafür spricht auch der dritte Weisheitstext in Q, Lk 13,34f, der ebenfalls einen Q-Abschnitt abschließt.

»diese Generation«. Sie ist dumm[13]; sie will nicht[14]. Was will sie nicht? Hier muß man etwas eintragen: Ohne eine Sachhälfte ist dieses Gleichnis nicht verständlich.

Die Einleitung V 16a ist aber bei dieser Deutung nicht nur, wie oft in jüdischen Gleichnissen, ungenau, sondern gerade verkehrt, denn sie vergleicht ausdrücklich diese Generation mit den ansprechenden Kindern[15]. Im Gegensatz dazu verlockt diese erste Deutung, Johannes und Jesus mit den ansprechenden Kindern zu vergleichen. Es ergibt sich so nämlich die – von der kirchlichen Auslegung weidlich ausgenützte – Chance zu einer schönen Allegorie: Johannes stimmt die Totenklage an, Jesus leitet die Hochzeitsfreude des Gottesreichs durch sein Flötenspiel ein[16]. Dann aber entsteht eine andere Schwierigkeit: In V 18f ist die Reihenfolge der Spieler vertauscht – Jesus ist doch der Fröhliche, Johannes der Traurige! Geringere Schwierigkeiten bietet ein anderer Typ der allegorischen Auslegung, der bei den ansprechenden Kindern nicht nur an Johannes und Jesus, sondern an die Frommen Israels, z.B. die Propheten denkt[17].

b) Der zweite Lösungstyp vergleicht diese Generation nicht mit den angesprochenen, sondern mit den *ansprechenden* Kindern[18]. Wiederum ist das Gleichnis ohne eine Sachhälfte völlig unverständlich. Wenn man V 18f mit einbezieht, vertreten Johannes und Jesus die angesprochenen Kinder. Aber wie? Fordern seine Gegner den schroffen Bußprediger Johannes zu »messianischer Freude«, den fröhlichen Hochzeiter Jesus aber zur Totenklage auf[19]? Aber Johannes »tanzte nicht nach ihren Flöten«, Jesus »trauerte nicht nach ihren Klagen«[20]. Diese Deutung ist zwar von der Gleichniseinleitung her korrekt, aber künstlich. Um sie »natürlicher« zu machen, griff J. Jeremias auf die Hilfe eines Palästinakenners zurück, der offenbar auch bei palästinischen Kindern Bescheid weiß: Die sprechenden Kinder sind die Faulen, die sitzen bleiben wollen; ihren Gespielen und Gespielinnen muten sie den anstrengenden Part zu: das Tanzen und die Totenklage[21]. »Ihr wollt nur kommandieren«, hält dann Jesus dieser

---

[13] In diese Richtung deuten die spärlichen und späten rabb. Parr: Sanh 103a (Rab Papa) = Bill. I 604; EkhaR 12. Proöm. nach Zeller* 256, auch die in der Antike weithin bekannte (Cotter* 69f) Äsopfabel 11 (Hausrath 17 [BSGRT]) von den Fischen, die nach der Flöte nicht tanzen wollen.

[14] Z.B. Schürmann, Lk I 424: »die durch nichts ... in Bewegung zu bringen waren« und »jedesmal ablehnend reagierten«; Bonnard 164: »décidé à ne pas ›entrer dans le jeu‹«; Zeller* 256: »daß Israel nicht auf den Ruf Gottes hören wollte«; Gundry 212 (»stubbornness of ›this generation‹«).

[15] Sahlin* 78f ändert sie darum (im Aram.!) ab. Es ist natürlich richtig, daß es bei Mt wie im Judentum *ungenaue* Gleichniseinleitungen gibt (z.B. Mt 13,45; 22,2; 25,1; vgl. schon Grotius I 341; Jeremias, Gleichnisse 100f; Verseput** 105), aber diese Einleitung nähme nicht nur ein beliebiges charakteristisches Themawort des Gleichnisses auf, sondern das einzige, das gerade falsch ist.

[16] Vgl. Knabenbauer I 502; Légasse* 295f.

[17] Z.B. Paschasius Radbertus 443f (Propheten und Apostel gegen »omne genus Iudaeorum«); Strabo 121 (die humiles spiritu in Israel); Albertus Magnus 489; Thomas v Aquino (Lectura) Nr. 936 (David als »Vorsänger« für Israel; Tanzen = spirituelle Freude; Totenklage = Buße).

[18] M.W. zuerst vertreten von Euthymius Zigabenus 356.

[19] Holtzmann 67. Ähnlich, nur etwas weniger farbig, Linton* 177: »They asked both John and Jesus to observe traditional customs«.

[20] Meyer 223.

[21] Jeremias, Gleichnisse 161. Der Kenner ist F.F. Bishop, Jesus of Palestine, London 1955. Eine neue Variante dieser Deutung gibt Cotter* 67f: Καθήμενοι, ἐν ἀγορᾷ und προσφωνεῖν beziehen sich auf »the world of judicial courts«; diese Generation gleicht kindischen Richtern. Aber sind die sprachlichen Parr wirklich klar genug, daß die Dissonanz zwischen dem kindischen Spiel und der imitierten Erwachsenenwelt erkennbar wird?

Generation vor. Dieser Deutungstyp hat keine Probleme mit der Gleichniseinleitung und der Reihenfolge. Aber sonst sind seine Probleme groß: Vor allem ist ja in V 18f nicht von den Erwartungen die Rede, welche die Juden an Johannes und Jesus haben, sondern von ihrer Reaktion auf sie.

c) Der dritte Lösungstyp geht davon aus, daß »diese Generation« nicht mit einer Gruppe von Kindern verglichen wird, sondern mit *allen*[22]. Die einen Kinder wollen Hochzeit spielen, die anderen Beerdigung, und sie können sich nicht einigen. Das tertium comparationis kann man dann verschieden ansetzen. Man kann vom *verpaßten Spiel* als Vergleichspunkt ausgehen: Wenn man sich nicht einigt, kann man nicht spielen. Die Pointe ist »das verhagelte Spiel«[23], theologischer: der »verpaßte Kairos«[24]. Diese Deutung ist hübsch[25], aber sie hat den Nachteil, daß ausgerechnet der Skopus vom Gleichniserzähler gar nicht ausgesprochen wird. Man muß m.E. eher – wie es auch die Gleichniseinleitung nahelegt – von den Kindern ausgehen. Dann könnte das tertium comparationis die kindliche *Launenhaftigkeit*[26] sein, der »launenhafte Eigensinn, der immer gerade das nicht will, was ihm angeboten wird«[27]. Dieser Deutungsvorschlag ist mit der (ungenauen, aber nicht falschen) Gleichniseinleitung vereinbar. Die Bildhälfte ist ebenfalls ungenau, denn es ist ja nicht gesagt, daß verschiedene Kinder die Spielvorschläge machen. Er ist auch auf eine Deutung angewiesen: Man muß erklären, worin die Launenhaftigkeit dieser Generation besteht. Aber er hat den Vorteil, daß er nicht dazu verführt, Johannes und Jesus allegorisch in das Gleichnis einzutragen, denn es sind ja *alle* Kinder Teil »dieser Generation«.

Nicht wirklich ausgewertet wurde bisher die *Gegensätzlichkeit der Spielwünsche* (Hochzeitsspiel/Beerdigungsspiel). Tanz und Trauer sind traditionell vorgegebene Oppositionen[28]. Auch die Vorwürfe der Juden an Johannes und Jesus sind gegensätzlich: Ebendas, was man an Johannes tadelt, möchte man von Jesus haben. Der Vergleichspunkt liegt m.E. nicht beim Charakter der Kinder, sondern bei ihren gegensätzlichen Wünschen. So entspricht das Gleichnis der – ohnehin nötigen – Deutung am besten: Die gleiche Gegensätzlichkeit charakterisiert auch die Vorwürfe der Juden an Johannes und Jesus; durch das dreimalige λέγουσιν macht Matthäus zusätzlich auf die Entsprechung aufmerksam. Jesus sagt: Wie spielende Kinder wißt ihr nicht, was ihr eigentlich wollt![29] Ihr wollt *alles* und könnt euch auf nichts festlegen. Vielleicht steckt dahinter: Ihr entlarvt durch eure Widersprüchlichkeit, daß ihr letztlich gar nicht wollt!

---

[22] So bereits Maldonat 236, der an dieser Stelle sehr moderne, Jülicher vorwegnehmende Grundsätze zur Gleichnisauslegung vorträgt: »In parabolis non personae personis, non partes partibus, sed totum negotium toti negotio comparetur«.

[23] Formulierung von Zeller* 254.

[24] Titelformulierung des Aufsatzes von Mussner*. Der Sache nach vertreten diese Deutung z.B. Dibelius** 17; Hoffmann, Studien 226.

[25] Sie ist die einzige Deutung, die ohne die Erklärung von V 18f auskommt.

[26] Vgl. die Parr bei Epict Diss 3,15,5-7 (Wechselhaftigkeit des Kinderspiels); 4,7,5 (Gedankenlosigkeit der Kinder beim Spiel).

[27] Jülicher, Gleichnisreden II 32, ähnlich Mussner* 606; Schmid 194.

[28] Vgl. Koh 3,4 (Klagen hat seine Zeit – Tanzen hat seine Zeit); Sir 22,6 (Musik in der Trauer ist nicht zeitgemäß); Spr 25,20; Sach 12,10 LXX (κατορχέομαι – κόπτομαι); 1 Makk 9,41; Ovid, Heroides 12,137-142.

[29] Vgl. Johannes Chrysostomus 37,4 = 547 (jüdischer Selbstwiderspruch); Olshausen 371: »die eine Hälfte will dieses, die andere jenes«; Loisy I 697: Die Juden »se contredisent eux-mêmes dans les jugements qu'ils portent sur Jean et sur Jésus«.

Als *Ergebnis* scheint mir klar, daß das Gleichnis und die Deutung zusammengehören. Offen ist noch die Frage nach der Herkunft des ganzen Textes. Die Schwierigkeit, ihn auf Jesus zurückzuführen, liegt beim Menschensohntitel. »Menschensohn« ist hier titular zu verstehen: Wenn man davon ausgehen darf, daß im Aramäischen bloßes »Menschensohn« nicht ein einfaches Äquivalent für »ich« ist, sondern »ich« mit einer verallgemeinernden Konnotation meint (»ich« als Mensch; ein Mensch wie ich)[30], so gilt: Nicht-titulares »Menschensohn« paßt hier, wo Jesus nur von Johannes und sich selbst redet, gerade *nicht*[31]. Sehr gut paßt dagegen der Titel »Menschensohn«, weil dadurch die Anklage an diese Generation verschärft wird: Gerade den, der als Weltrichter kommen wird, nennt ihr Fresser und Weintrinker! Es gibt nun für die Herkunft von V 16-19c drei Erklärungsmöglichkeiten. Wer – wie ich – der Meinung ist, daß schon Jesus sich für den kommenden Menschensohn gehalten hat, steht bei diesem Logion der Schwierigkeit gegenüber, daß V 18f nur als öffentliches Scheltwort zu verstehen ist. Hat Jesus in der Öffentlichkeit von sich selbst als Menschensohn gesprochen[32]? Das ist bei recht vielen synoptischen Worten vom gegenwärtigen Wirken des Menschensohns der Fall, von denen mindestens einige auf Jesus zurückgehen *können*[33]. Oder man kann zweitens annehmen, daß ein ursprüngliches Ich-Wort Jesu nachträglich durch den Menschensohntitel rhetorisch zugespitzt worden ist. Dafür könnte immerhin der rhetorische Duktus des Textes sprechen: V 18f wollen ja Jesus und Johannes parallelisieren; durch den Gebrauch des Menschensohntitels wird aber Jesus gerade über Johannes gestellt. Die dritte Möglichkeit ist, daß der ganze Text V 16-19d Gemeindebildung ist. Dagegen spricht, daß mindestens der Vorwurf, Jesus sei Fresser und Weintrinker, auf jeden Fall in der Sache auf die Zeit Jesu zurückgeht. Fazit: V 16-19d *können* durchaus auf Jesus zurückgehen.

Die adversative Partikel δέ bildet den Auftakt für einen markanten Stimmungsumschwung in der Rede Jesu. Ihren Grund wird erst V 18 deutlich machen: »Diese Generation« hat Johannes den Täufer, der als Elija im Anbruch des Gottesreichs zu Israel gekommen war (V 12-14), abgelehnt. Γενεὰ αὕτη meint hier nicht, wie dies vom Griechischen her naheliegen könnte, »dieses Geschlecht«, nämlich Israel, sondern »diese Generation«, nämlich die Zeitgenossen des Johannes und Jesu[34]. Das ergibt sich einerseits aus dem hinter

Erklärung Matthäus 16a

---

[30] C. Colpe, Art. ὁ υἱὸς τοῦ ἀνθρώπου, ThWNT VIII 406,4-9 (mit Belegen). Es ist mir deshalb rätselhaft, warum derselbe Verf. ebd. 434,19 für Mt 11,19 vorschlagen kann: »Nun kommt einer, der ißt und trinkt...«. בַּר נָשָׁא meint hier gerade Jesus im Unterschied zu anderen Menschen!
[31] Gegen Bultmann, Tradition 166.
[32] Vgl. Sato, Q 181.
[33] Vgl. Lk 9,58; 11,30; 12,10; Mk 2,10.28; Lk 19,10. Bei Lk 9,58 ist m.E. am ehesten mit Echtheit zu rechnen, vielleicht auch bei Lk 11,30 und Mk 2,10. In den drei Logien Lk 7,34f; 9,58 und 11,30 fungiert jeweils *rhetorisch* ein bestimmter den Hörern bekannter Zug des Wirkens Jesu (das Essen und Trinken, die Heimatlosigkeit, die Bußpredigt) als »Identifikationsmittel«, das für die Hörer klarmacht, wer mit dem Menschensohn gemeint ist (Hinweis Chr. Riniker).
[34] Mit Légasse* 302-306; Verseput** 106f gegen M. Meinertz, ›Dieses Geschlecht‹ im Neuen Testament, BZ NF 1 (1957) 283-289 (für M. ist der negative moralische Akzent von γενεά primär).

Matthäus stehenden biblischen und jüdischen Sprachgebrauch[35], andererseits aus Parallelstellen[36] und schließlich aus dem Kontext: V 12 hatte von der *Zeit* des Johannes und Jesu gesprochen. Matthäus denkt also zunächst im Rahmen seiner Geschichte an Jesu Zeitgenossen. Die Aufnahme des Wortes γενεά in 12,39-45 und vor allem 23,36 wird aber zeigen, daß das damalige Israel keine Ausnahme war.

16b-19d Seine Zeitgenossen vergleicht also der matthäische Jesus mit den spielenden Kindern. Die Deutung V 18f ist dabei klarer als das Gleichnis selbst: Johannes der Täufer und Jesus werden einander durch das zweimalige ἦλθεν zugeordnet. Beide werden abgelehnt und erleiden das gleiche Geschick. Der doppelte Vorwurf vermittelt den Eindruck von Verstocktheit Israels. Zugleich aber macht die größere Länge von V 19a-d und die Art des Vorwurfs das Übergewicht Jesu deutlich. Der Vorwurf, Jesus sei ein Fresser und Weinsäufer und Freund der Zöllner und Sünder, trifft ins Zentrum der Sendung Jesu. Während die Askese des Johannes wohl von vielen Menschen positiv beurteilt wurde, sind »Fresser« und »Weinsäufer« traditionell negativ belastete Worte[37]. Matthäus hat den Vorwurf schon 9,10-13 illustriert: Jesu Gegner – dort Pharisäer – lehnen das Erbarmen des Messias Israels ab. Vor allem aber macht der Menschensohntitel deutlich, wie katastrophal ihr Vorwurf ist: Der »Menschensohn« kommt – und Matthäus denkt bei diesem Titel immer an Jesus, der einst auferstehen und die Welt richten wird[38] –, und Israel mißversteht ihn als einen »Menschen«, der schlemmt und trinkt[39]. Das zweimalige ἄνθρωπος ist keine Redundanz[40], sondern ein prägnantes Wortspiel: »Diese Generation« mißversteht den kommenden Menschensohn Jesus als Menschen!

19e Im abschließenden Schlußsätzlein 19e hat Matthäus eine bedeutsame Änderung angebracht. Nicht, wie in Q, von[41] ihren Kindern, sondern wegen[42] ihrer Werke wurde die Weisheit gerechtfertigt. Die hypostasierte Weisheit ist im Judentum ein Ausdruck des heilsamen Waltens Gottes, das die Welt gestaltet (Spr 8,22-31), die Geschichte lenkt (Sap 10-12) und die Menschen erfüllt. Sie kann in Menschen übergehen (Sap 7,27) und Menschen als Kinder haben (Spr 8,32f; Sir 4,11). In Q stellte die Gemeinde des Menschensohns sich selber

---

[35] Hebr. דּוֹר heißt primär »Menschenalter, Generation«; dieser Sinn geht auf die Übersetzungsvokabel γενεά in der LXX über, vgl. etwa Jer 8,3; Ps 95,10; Jub 23,15f.22 (»diese Generation«, sc. die [böse] Generation der Endzeit); 1QpHab 2,7 (הַדּוֹר הָאַחֲרוֹן).

[36] 23,36; 24,34 (immer mit Attribut αὕτη); 1,17 (4x). Der Sprachgebrauch des Mt ist aber nicht einheitlich; an anderen St tritt die zeitliche Nuance zurück und die qualitative (Attribut: πονηρά) in den Vordergrund (z.B. 12,39.45), ohne daß die jeweils andere Nuance dadurch ausgeschlossen wäre.

[37] Zu φάγος vgl. φαγονέω = fett sein, träge sein. Οἰνοπότης kann zwar auch neutral sein,

vgl. aber Spr 23,20. Hingegen denke ich nicht, wie oft angenommen, daß das Gegenüber zu Dtn 21,20 in unserem Text eine Rolle spielt; die Formulierung ist zu verschieden. Hellenistische Parr bei Cotter* 75f.

[38] Vgl. o. zu 8,20; 9,6; zu Q Hoffmann, Studien 149. Man muß sich beim Mt vom Gedanken einer verschiedenen semantischen Bedeutung des Titels in den drei »Gruppen« von Menschensohnworten gründlich frei machen.

[39] Vgl. u. S. 500f.

[40] M'Neile 158.

[41] Ἀπό = ὑπό beim Passiv: Bauer, Wb s.v. ἀπό V 6.

[42] Bauer, Wb s.v. ἀπό V 1.

all denen, die Johannes und Jesus ablehnten, gegenüber: Von der Gemeinde bekam die göttliche Weisheit, deren Gesandte Johannes und Jesus sind (vgl. Lk 11,49), recht. Wenn nun Matthäus an die Stelle der »Kinder« der Weisheit ihre »Werke« setzt, so bekommt unser Vers indirekt einen christologischen Sinn. Man kann zwar die Weisheit auch als die Macht Gottes verstehen, die *hinter* Jesus und Johannes steht und durch sie als »Freunde Gottes und Propheten« (Sap 7,27) handelt. Aber Matthäus knüpft wahrscheinlich an 11,2 an: Die Werke der Weisheit sind die Heilungswunder und die Verkündigung des Christus – und nicht des Johannes – in Israel. V 19e ist bei ihm ein Kommentarwort nur zu V 19a-d und nicht, wie in Q, zu V 18f. Vermutlich werden also indirekt[43] Jesus und die Weisheit identifiziert[44]. Man darf sich diese Identifikation m.E. nicht als einen bewußten theologischen Neuentwurf vorstellen. Matthäus identifiziert nie direkt Jesus mit der göttlichen Weisheit, sondern er setzt nur gerade ihre Identität voraus[45]. Die christologischen Konsequenzen, die diese im Urchristentum verbreitete Identifikation haben könnte und die etwa durch Joh 1,1-18; Phil 2,6-11; Kol 1,15-20 etc. illustriert werden, nämlich Präexistenz und Inkarnationsgedanken, überlegt er sich nicht. Dennoch macht er mit V 19e einen weiteren Schritt[46] in Richtung auf eine Steigerung von Jesu Hoheit. Während in Q die göttliche Weisheit Johannes und Jesus als ihre Gesandten auf die gleiche Ebene stellt, deutet Matthäus seine besondere Hoheit an: Jesu Taten sind die Werke von Gottes Weisheit. Gegen alle Ablehnung und Vorwürfe von seiten Israels spricht die Geschichte der Taten des Christus, die Matthäus erzählt, die deutlichste Sprache.

Unser Text gewinnt seinen Sinn primär innerhalb des Makrotextes der Matthäusgeschichte: Er ist die erste Reaktion Jesu auf die sich abzeichnende Ablehnung durch seine Zeitgenossen. Während er in Q auch etwas vom eigenen Standort der Gemeinde gegenüber dem ablehnenden Israel andeutete (Lk 7,35), wird eine ähnliche Dimension in der matthäischen Fassung kaum sichtbar. Dem entspricht, daß seine Auslegungsgeschichte sich hauptsächlich auf die Frage nach dem Textsinn konzentrierte und nicht viele Aktualisierungsmöglichkeiten sichtbar werden ließ[47]. Wenn überhaupt Ausleger mit Gestalten im Text sich identifizierten, dann mit Jesus, bezeichnender- und

Zusammenfassung und Wirkungsgeschichte

---

[43] Ähnlich 11,28-30, wo man von funktionaler Identität Jesu und der Weisheit sprechen könnte (vgl. u. S. 218), und 23,34, wo σοφία durch ἐγώ ersetzt wird.
[44] So u.a. Suggs, Wisdom, bes. 57; Burnett, Testament 88-92. Skeptisch bleibt Verseput** 116f.
[45] Die Inkarnation der göttlichen Weisheit in Jesus (»Wisdom has ›become flesh and dwelled among us‹«; Suggs, Wisdom 57) ist also *nicht* das Zentrum der mt Christologie.

Mt 11,19e bleibt eine Zusatzbemerkung, mit der Matthäus auf den grundlegenden Charakter der *Taten* des Christus, die er in seinem Buch erzählt, hinweisen will.
[46] Schon der Menschensohntitel in V 19a war ein solcher Schritt.
[47] Russ* 71 Anm. 1: Der Text (sc. Lk 7,32f) kommt in den sonntäglichen Perikopen nicht vor; Mt 11,16f ist »auch aus der werktäglichen Lectio continua gestrichen worden«.

bedauerlicherweise nie mit »dieser Generation«! Einige Ausleger notieren ähnliche Erfahrungen wie Jesus. Luther stellt z.B. fest: Wo das Evangelium verkündet wird, sagt die Welt auf jede nur mögliche Art und Weise »Nein«, auch wenn das »Nein« nur vorgeschoben ist[48]. Ganz selten spielte unser Text eine Rolle, wenn es um die Frage des Fastens und der Askese ging[49].

Da der Evangelist den Text innerhalb seiner Jesusgeschichte als Anklage an die *damalige* Generation brauchte und ihn auch nicht in seine eigene Gemeindesituation übertrug, stellt sich hier die Frage nach seinen von ihm *nicht ausgeschöpften Sinnpotenzen* besonders deutlich. Ich gebe dafür ein heute besonders wichtiges Beispiel: Da Mt den Täufer und Jesus zusammensah, stellte sich die Frage kaum, was es bedeutete, daß Jesus aß und trank und Johannes gerade nicht. Und auch in der Auslegungsgeschichte wurde das Verhalten beider nur gelegentlich unter dem Gesichtspunkt göttlicher Pädagogik positiv gewürdigt[50]. Die *Freude* des Gottesreichs, und damit der Gegensatz zwischen Johannes und Jesus, gewann kein eigenes Gewicht. In dieser Richtung enthält unser Text noch wenig ausgeschöpfte Sinnpotentiale. Dafür zwei ganz verschiedene Beispiele aus der Auslegungsgeschichte, charakteristischerweise beide aus Liedern:

»Die Gnade tanzt.
Flöten will ich, tanzet alle! Amen.
Ein Klagelied anheben will ich, trauert alle! Amen.
...
Die zwölfte Zahl tanzt oben. Amen.
Dem All gehört der Tanzende. Amen.
Wer nicht tanzt, begreift nicht, was sich begibt.«[51]

Und:

»›I danced for the scribe and the Pharisee,
but they would not dance and they would not follow me.
I danced for the fishermen, for James and John,
and they came with me and the dance went on.
...
I am the Lord of the dance‹, said he.«[52]

---

[48] Er weist (WA 38) 522 auf seine Erfahrungen mit den »Papisten« hin: Zuerst sind wir als »Heuchler des Teufels« getadelt worden, als wir zölibatär lebten, nach der Heirat dagegen als »fleischlich«. Er meint, das alles sei nur so, weil seine Gegner die Verkündigung des Evangeliums ablehnten. Brenz 462 weist daraufhin, daß immer, wo das Evangelium wirklich gepredigt wird, »tot dissidia oriuntur«.
[49] Vgl. Orbe* 524-533 (Valentin, Irenäus).
[50] Eindrücklich ist das von Johannes Chrysostomus 37,3 = 544 gewählte Bild vom Jäger: Wie Jäger ein Wild von zwei Seiten her einkreisen, um es sicher zu fangen, so bot Gott Israel einerseits den Weg der Askese, andererseits den der Geselligkeit an, um es zu gewinnen.
[51] Act Joh 95,11-17 (valentinianisch?).
[52] Lord of the Dance, in: Feiert Gott in eurer Mitte. Liederbuch der Teestube Würzburg, Neuhausen-Stuttgart 1979, Nr. 36.

2 Der Appell an Israel: Gericht und Einladung (11,20-30)

2.1 Weherufe über die Städte Israels (11,20-24)

Literatur: Comber, J., The Composition and Literary Characteristics of Matth 11,20-24, CBQ 39 (1977) 497-504; *Marguerat,* Jugement 259-264; *Mussner, F.,* Gab es eine ›galiläische Krise‹?, in: Orientierung an Jesus (FS J. Schmid), hrsg. P. Hoffmann, Freiburg 1973, 238-252; *Oberlinner, L.,* Todeserwartung und Todesgewißheit Jesu, 1980 (SBB 10), 86-93; *Soares, P.,* De usu textus Matthaei 11,20-24 apud exegetas posttridentinos usque ad annum 1663, Diss. Roma (Gregoriana) 1952; *Theißen,* Lokalkolorit 49-54.
*Weitere Literatur*** zu Mt 11 o. S. 162.

20 **Damals fing er an, den Städten, in denen sehr viele seiner Machttaten geschehen waren, Vorwürfe zu machen, weil sie keine Buße getan hatten:**
21 **»Wehe dir, Chorazin, wehe dir, Betsaida!**
   Denn wenn in Tyrus und Sidon die Machttaten geschehen wären,
      die bei euch geschehen sind,
   so hätten sie längst in Sack und Asche Buße getan!
22   **Wahrhaftig[1], ich sage euch:**
   Es wird Tyrus und Sidon am Gerichtstag erträglicher gehen als euch!
23 **Und du, Kafarnaum!**
   Wirst du etwa bis zum Himmel erhöht werden?
   (Nein,) zum Hades wirst du abfahren[2]!
   Denn wenn in Sodom die Machttaten geschehen wären,
      die bei dir geschehen sind,
   so stünde es bis heute!
24   **Wahrhaftig, ich sage euch:**
   Es wird dem Land Sodom am Gerichtstag erträglicher gehen
         als dir!«

1. *Aufbau.* Der Text besteht aus einer Einleitung (V 20) und zwei parallelen Gerichtsworten. Die Einleitung enthält Stichworte der folgenden Verse (ἐγένοντο, δυνάμεις, μετενόησαν). Die beiden Gerichtsworte enthalten je ein Scheltwort (V 21.23), bestehend aus Weheruf und Begründung, und ein Drohwort (V 22.24). Da ihr Parallelismus sonst fast exakt[3] ist, fällt der Überschuß im V 23bc (μὴ ... καταβήσῃ) besonders auf.

Analyse

---

[1] Πλήν (eigentlich adversativ: indessen) kann aufgrund des LXX-Sprachgebrauchs bes. bei Schwüren Beteuerungspartikel sein: »ja«, »gewiß«, »fürwahr« (Berger, Amenworte 79f; Schenk, Sprache 411f).
[2] Zu lesen ist wohl καταβήσῃ und nicht καταβιβασθῇς, das vermutlich eine Anpassung an die Passivform ὑψωθήσῃ ist.

[3] Bis hin zu dem auffälligen ὑμῖν in V 24: Es wird ja anders als V 21 nur eine Stadt angeredet. In V 24 fehlt gegenüber 10,15 καὶ Γομόρρων; damit ist die Entsprechung zur *einen* Stadt Kafarnaum gewahrt.

2. *Quelle.* V 20 ist von Mt unter Aufnahme von Wendungen aus den folgenden Worten verfaßt[4]. Der übrige Text stammt aus Q. Er gehörte wohl ursprünglich in den Zusammenhang der Aussendungsrede (Lk 10,13-15). Vermutlich hatte ein Q-Redaktor das alte Drohwort Lk 10,13f durch V 12, der nur V 14 variiert, mit der vorangehenden Sendung der Boten in eine Stadt (Lk 10,8-11)* verbunden[5]. Als zweites Gerichtswort enthielt Q wohl nur noch den lapidaren Spruch gegen Kafarnaum Lk 10,15, der dem mt »Überschuß« in V 23bc entspricht. Mt hat dann das Gerichtswort gegen Kafarnaum parallel zum ersten ausgebaut[6]. Inhaltlich neu und red. ist nur V 23fin ἔμεινεν ... σήμερον[7], außerdem V 22.24 ἡμέρα κρίσεως[8]. Mt gibt hier ein Musterbeispiel traditionsorientierter Redaktion!

3. *Herkunft.* Gehen die beiden Gerichtsworte auf Jesus zurück? Das Urteil darf hier nicht durch Abneigung gegen den Gerichtsgedanken beeinflußt werden. Immerhin kann man dagegen sagen, daß Jesuswunder in Chorazin sonst nicht bekannt sind und daß auch die Weherufe Lk 11,39-48 wohl sekundär durch die unbedingte Gerichtsankündigung Lk 11,49-51 ergänzt wurden[9]. Das sind zwei allerdings schwache Argumente für Gemeindebildung. Andererseits könnten die inhaltlich ähnlichen und vermutlich echten Logien Lk 11,31f; 13,28f für Herkunft von Jesus sprechen. Auch in ihnen werden im Gericht die Heiden Israel vorgezogen. Der Unterschied besteht aber darin, daß unsere Worte definitiver und unbedingter klingen als die Drohung Lk 13,28f und die Anklage Lk 11,31f. Trotzdem spricht m.E. mindestens beim Wort gegen Chorazin und Betsaida mehr für als gegen die Echtheit[10]. Beim stärker alttestamentlich gefärbten Wort gegen Kafarnaum kann man eher mit Gemeindebildung rechnen[11]. Vielleicht wurde dieses Wort von urchristlichen Propheten bei ihrer erfolglosen Israelmission formuliert.

Erklärung 20–24

Der ganze Text, vor allem aber der einleitende V 20, weckt Erinnerungen. 9,35 war davon die Rede, daß Jesus in allen Städten und Dörfern Israels lehrte und heilte. 4,17 hatte Jesus, wie 3,2 schon der Täufer Johannes, seine Predigt mit dem Wort μετανοεῖτε (tut Buße!) angefangen. Dies geschah, nachdem Jesus sich in Kafarnaum niedergelassen hatte (4,13). Besonders die Reminiszenzen an 4,12-17[12], die zweitletzte Perikope des Prologs, sind in unserem Text, der zweitletzten Perikope des ersten Hauptteils, dicht. Unmittelbar vor Au-

---

[4] Mt sind außerdem τότε, πόλις, evt. vorangestelltes πλεῖστος (vgl. 21,8); zu τότε ἤρξατο vgl. 4,17; 16,21.
[5] Lührmann, Redaktion 62f.
[6] Bei ὑμῖν V 24 zeigt sich die Nachahmung besonders deutlich: Mt liebt Parallelismen!
[7] Zu μέχρι τῆς σήμερον vgl. 28,15.
[8] Zur mt Vorliebe für Parallelismen vgl. Bd. I 33. Λέγω ὑμῖν V 22 könnte mt sein, vgl. Bd. I 44. Das Fehlen von (lk V 13) καθήμενοι ist kaum zu beurteilen; als Trauer und Bußbrauch ist sowohl das Tragen von Sackkleidern als auch das Sitzen auf Säcken bezeugt, vgl. Schlatter 379.

[9] Sato, Q 199.
[10] Für Echtheit von 11,21f z.B. Hahn, Mission 27 (nur bei Jesus sei ein solches antithetisches Aufgreifen des AT möglich); Mussner* 244 (als Beleg für die »galiläische Krise« im Leben Jesu); Schweizer 173; Gnilka I 430 (der provokante Ton passe zu Jesus). Für hohes Alter spricht, daß keine christlichen Gemeinden in Tyrus und Sidon vorausgesetzt sind (Theißen, Lokalkolorit 54).
[11] Aber hätte man nachösterlich Jesu Ablehnung ausgerechnet in »seiner« Stadt Kafarnaum lokalisiert?
[12] Vgl. bes. Marguerat, Jugement 264.

gen steht ferner die Erinnerung an Mt 10,11-15, die Anweisung Jesu an die zwölf Jünger für die Mission in einer Stadt. Sie endet mit dem Gerichtswort V 15, das genau V 24 entspricht. Die Machttaten (V 21.23) nehmen wenigstens inhaltlich Jesu Zusammenfassung seiner Taten in V 5 und damit indirekt Kap. 8-9 auf. Das alles bewahrt uns davor, V 20-24 auf die leichte Schulter zu nehmen und »bloß« als Weherufe über einige Städte zu interpretieren. Dazu kommt eine andere Überlegung: Für den Leser des Evangeliums müssen diese schroffen Weherufe Jesu überraschend kommen. Sie liegen »narratologisch« falsch, denn von Jesus wurden bisher keine Wunder in Chorazin und Betsaida berichtet. In Jesu »eigener« Stadt (9,1) Kafarnaum geschahen allerdings viele Wunder (8,5-17; 9,1-34), aber man kann aufgrund der matthäischen Geschichte gewiß nicht sagen, daß ganz Kafarnaum Jesus abgelehnt hätte. So werden die Leser diese Weherufe in erster Linie proleptisch verstanden haben: Sie, Judenchristen in Syrien, die eine erfolglose Israelmission in ihrem alten Heimatland Palästina hinter sich haben, wissen, daß Israel keine Buße getan hat! Sie verstehen diese Gerichtsworte Jesu als Voraussage der Verurteilung Israels am Ende der Jesusgeschichte[13]. Sprachlich weist deshalb 11,23fin auf Mt 28,15 voraus, ebenso wie Mt 11,25-30 Anklänge an Mt 28,16-20 aufweisen wird.

Unser Text hat also grundsätzliche Bedeutung als Abschluß eines ganzen Hauptteils des Evangeliums. Er deutet nicht nur an, daß die erste Phase von Jesu Wirksamkeit in Galiläa zu einem vorläufigen Ende gekommen ist. Er »signalisiert« vielmehr bereits exemplarisch, daß Jesu Wirken in Israel mit dem Gericht über Israel enden wird. Der Ausbau der Gerichtsworte durch den Evangelisten und der strenge Parallelismus erhöhen ihr Gewicht. Wichtig sind auch die Verstärkungen und Steigerungen in den beiden Weherufen: Nach Chorazin und Betsaida[14] folgt Kafarnaum, *die* Stadt Jesu. Auf der Gegenseite folgt auf Tyrus und Sidon, die im Alten Testament wegen ihres Reichtums und Hochmuts angeprangert werden, Sodom, *die* exemplarische Stadt des Frevels schlechthin[15]. Der zweite Weheruf gegen Kafarnaum erhält durch seine größere Länge und seine feierliche biblische Sprache größeres Gewicht: Das Gegenüber von Aufsteigen in den Himmel und Sturz in die Unterwelt ist zwar ein verbreiteter rhetorischer Topos[16], wird aber hier in bewußtem Anklang an das Gerichtswort gegen Nebukadnezzar Jes 14,13-15 formuliert. Die Verdoppelung und Repetition der Verse 21f in V 23f macht das Ganze feierlich und gewichtig.

---

[13] Comber* 503 meint, »a new stage« im Verhältnis Jesu zu Israel zeichne sich in diesem Text ab.

[14] Chorazin liegt ca 3 km nördlich des Sees, Betsaida östlich der Jordanmündung in den See. Betsaida wurde vor 2 n.Chr. von Philippus ausgebaut und zu Ehren der Tochter des Augustus in Julias umbenannt (Jos Ant 18,28; Bell 2,168). Die Bevölkerung war jüdisch, da Julias am jüdischen Krieg teilnahm (Jos Vit 398-406). Vgl. Schürer-Vermes II 171f.

[15] Vgl. Jes 1,9f; Klgl 4,6-16; Ez 16,46-56; Jub 20,5; TestN 3,4; 3Makk 2,5; Bill. I 572-574.

[16] Vgl. Am 9,2; Obd 4; Ez 28,2-8; 31,14; PsSal 1,5; Ovid, Tristia 1,2,19.

Wie definitiv ist das den galiläischen Städten angekündigte Gericht? Οὐαί ist starker Ausdruck der Klage[17]. Der ὅτι-Satz erklärt aber den Grund der Klage noch nicht, sondern erst die in V 22.24 folgende Gerichtsankündigung mit ihrer totalen Umkehr der Verhältnisse. Unsere Frage ist also nicht von οὐαί, sondern erst von V 22.24 her zu beantworten[18]. Die beiden Drohworte sind provokativ scharf formuliert. Beide Male werden den Städten Israels heidnische Städte gegenübergestellt[19]. Wie 8,11f werden die hergebrachten biblischen Wertungen auf den Kopf gestellt: An die Stelle der biblischen Fremdvölkerorakel[20] treten Gerichtsankündigungen gegen Israel. Im Gericht wird es den Heiden besser gehen als den Städten Galiläas. Dabei hätte doch jeder Hörer »die Bewohner von Tyrus und Sidon ... für frevlerische Gottesverächter gehalten«![21] Ἡμέρα κρίσεως macht klar, daß der Evangelist auf den eschatologischen Gerichtstag blickt. Das biblische Bild aus Jes 14,13.15 im Scheltwort gegen Kafarnaum wird so wohl auch zur wörtlich zu nehmenden Ankündigung: Kafarnaum steht der Sturz in den Hades bevor[22]; ihm wird es gehen wie damals Nebukadnezzar. Das Gericht ist also unwiderruflich. Nun muß das allerdings im Ganzen der Matthäuserzählung interpretiert werden: Der matthäische Jesus wird noch weiter in den Ortschaften Galiläas heilen und lehren (Kap. 12-15). Das Gericht ist erst angekündigt, und der weitere Verlauf der Matthäusgeschichte wird die Ankündigung dann bestätigen. Von hier aus gesehen hat unser Text, ebenso wie 8,11f, Signalfunktion.

Worin besteht die Schuld der galiläischen Städte? Warum hätten sie in Sack und Asche[23] Buße tun sollen? Man hat allerlei aus der Formulierung »wirst du bis zum Himmel erhöht werden« zu erschließen versucht, m.E. umsonst. Es geht hier nicht um die Selbstgerechtigkeit oder ein falsch verstandenes Erwählungsbewußtsein[24] dieser Städte. Es geht allein darum, daß sie die »Machttaten«, die Jesus wirkte, nicht als Ruf zur Buße erkannten. Δυνάμεις sind Jesu Heilungen als auffällige, spektakuläre Machttaten (vgl. 7,22; 13,54.58; 14,2). Matthäus ist mit der ganzen synoptischen Tradition nicht der

---

[17] Die biblisch-hebräische Differenzierung zwischen der Totenklage bzw. ihrer prophetischen Aufnahme (הוֹי) und dem Angst- oder Klageruf (אוֹי) wirkt seit der LXX im griech. Sprachbereich kaum nach.
[18] Gegen Verseput** 122-124.
[19] Im AT ist Ez 16,44-58 zu vergleichen: Samaria und Sodom (!) versus Jerusalem. Vergleichbar ist auch die Reihe der Fremdvölkerorakel Am 1,3-2,16, die in Gerichtsworte gegen Juda und Israel ausmünden.
[20] Gegen Tyrus und Sidon: Jes 23; Ez 26-28; Joel 4,4; Sach 9,2-4.
[21] Calvin I 333.
[22] ᾍδης = שְׁאוֹל wird eher neutral das Totenreich und nicht negativ den Ort der Verdammnis meinen, vgl. u. S. 463.
[23] Vgl. Bd. I 327 mit Anm. 64.65.
[24] Schweizer 173 anschaulich, aber phantasievoll: Kafarnaum tat sich »etwas darauf zugute ..., daß der bekannte Prophet Jesus bei ihnen zu Hause war«; Patte 163 (aufgrund der [von ihm recht subjektiv interpretierten] Opposition Israel/Heiden): Sie sind »privilegierte« Israeliten, die ihre Erhöhung zum Himmel für garantiert ansehen. Besonders erbaulich sagt Fenton 184: »Capernaum's impenitence comes from pride, which tries to make itself like God«. Am interessantesten ist hier das Bedürfnis der Kommentatoren, etwas zu erklären, während für Mt die Ablehnung Jesu als Grund der Verurteilung genügt.

Meinung, daß sie an sich schon klären, wer Jesus ist (vgl. 12,38-40; 16,1-4). Aber sie führen zum Staunen und zur *Frage*, wer dieser außerordentliche Jesus ist (9,33; 12,23). Diese Machttaten erfahren zu haben und sich von ihnen nicht zur Buße führen zu lassen ist schlimmer als alle Sünden von Sidon, Tyrus und Sodom. Die Wunder Jesu können so bei Matthäus zum Grund der Anklage werden[25].

Obwohl unser Text im Matthäusevangelium an einer entscheidenden Stelle steht, wird er in der Auslegungsgeschichte wenig beachtet. Er hätte sich zur Polemik gegen das ungläubige Judentum gut geeignet, wurde aber kaum so verwendet[26]. Häufig gab er Gelegenheit zu Erwägungen über Prädestination und Präszienz, denn Christus schien ja vorherzusehen, daß die Tyrier und Sidonier glauben würden. Häufig gab er auch Gelegenheit zur Differenzierung in der Gnadenzuteilung: Im Unterschied zu den phönizischen Städten, die von Jesus nur hörten, ist den Galiläern auch die im Wirken Christi bestehende besondere Gnade zuteil geworden[27]. Aber bereits die alten Autoren warnen davor, den Text dogmatisch zu überfrachten[28]. Die Möglichkeiten paränetischer Deutung sind sehr begrenzt. Dann sahen die Kommentatoren, daß den eigenen Gemeinden ja noch schlimmere Strafen drohen mußten, hat doch z.B. Deutschland das Evangelium während Jahrhunderten und nicht nur, wie die galiläischen Städte, während zwei Jahren gehört[29]!

In neuerer Zeit ergehen sich die Kommentare vor allem in »sachlichen« Mitteilungen über die geographische Lage von Chorazin u.ä. Sind das Anzeichen einer gewissen Verlegenheit, die der Text bereitet? Noch Gaechter spricht unter Berufung auf alttestamentliche Traditionen unbefangen von »sittliche(r) Kollektivschuld«, während Beare sich ein Verfahren »en masse« im jüngsten Gericht nicht vorstellen mag[30]. J. Weiss nimmt Jesus in Schutz und begrenzt zugleich indirekt die Bedeutung des Textes: Im »gewaltigen Hochgefühl von der überragenden Wichtigkeit seiner Sendung« ist Jesus »erschüttert von dem entsetzlichen Geschick«, das den galiläischen Städten bevorsteht, aber »beleidigt . . ., weil sie ihn nicht hören wollen«, ist er nicht[31].

Das schwierigste Sachproblem liegt nicht bei der Gerichtsankündigung als solcher. Gottes Gericht gehört m.E. zum Zentrum von Jesu Gottesreichverkündigung und bewahrt diese davor, zu einer Botschaft von harmloser Liebe zu werden. Es liegt vielmehr beim Definitiven dieser Gerichtsankündigung.

Zusammenfassung und Wirkungsgeschichte

---

[25] Ein bei Held, Matthäus völlig vernachläßigter Aspekt. Held interpretiert die mt Wundergeschichten gerade nicht von ihrer Funktion im Makrotext her, vgl. Luz, Wundergeschichten 150.
[26] Augustin, De dono perseverantiae 9 = 22f (= PL 45, 1005f) spricht beiläufig vom selbstverschuldeten Unglauben der Juden.
[27] Vgl. Lapide 250; Soares* bes. 120-124.
[28] Calvin I 334 (»spitzfindige Fragen über die geheimen Pläne Gottes«); Maldonat 238 (»zur Erklärung dieser Stelle nicht nötig«).

[29] Bullinger 114B. Luther (WA 38) 523 formuliert prägnant: »Nihil horribilius quam verbum Dei habere et negligere«. Johannes Chrysostomus 37,5 (= BKV I/25 548f) bezieht sich zurück auf die Situation der Aussendung und hält seinen Hörern mangelnde Gastfreundschaft vor.
[30] Gaechter 373; Beare 264.
[31] 319f.

Es liegt bei Matthäus darin, daß er sie im Rahmen einer Geschichte überliefert, die erzählt, wie das Reich Gottes Israel weggenommen wird (vgl. 21,43). Und wenn es sich um Worte Jesu handeln sollte, so müßte man auch ihm gegenüber um des Gottesreichs willen auf dem Unterschied beharren zwischen einer Gerichts*drohung*, die den Menschen beflügeln kann (vgl. Lk 16,1-8!), und einer Gerichts*vorhersage*, die ihm die Türen verschließt.

2.2 Die Einladung des Sohns an die sich Mühenden und Belasteten (11,25-30)

Literatur: Arvedson, T., Das Mysterium Christi. Eine Studie zu Mt 11,25-30, 1937 (AMNSU 7); *Betz, H.D.*, The Logion of the Easy Yoke and of Rest (Mt 11,28-30), JBL 86 (1967) 10-24; *Cerfaux, L.*, Les sources scripturaires de Mt 11,25-30, in: Recueil L. Cerfaux III 1985 (BEThL 71), 139-159; *ders.*, L'évangile de Jean et le ›logion johannique‹ des synoptiques, ebd. 161-174; *Christ, F.*, Jesus Sophia, 1970 (AThANT 57), 81-119; *Deutsch, C.*, Hidden Wisdom and the Easy Yoke, 1987 (JStNT S 18); *Dupont, J.*, Les »simples«« (petāyim) dans la Bible et à Qumrân. A propos des νήπιοι de Mt 11,25; Lc 10,21, in: ders., Etudes II 583-591; *ders.*, Béatitudes III 521-537; *Feuillet, A.*, Jésus et la sagesse divine d' après les évangiles synoptiques, RB 62 (1955) 161-196; *Frankemölle, H.*, Die Offenbarung an die Unmündigen. Pragmatische Impulse aus Mt 11,25f, in: ders., Biblische Handlungsanweisungen, Mainz 1983, 80-108; *Grimm, W.*, Der Dank für die empfangene Offenbarung bei Jesus und Josephus, BZ NF 17 (1973) 249-257; *ders.*, Weil ich dich liebe. Die Verkündigung Jesu und Deuterojesaja, 1976 (ANTJ 1), 102-111; *ders.*, Jesus und das Danielbuch I: Jesu Einspruch gegen das Offenbarungssystem Daniels (Mt 11,25-27; Lk 17,20-21), 1984 (ANTJ 6/1), 3-69; *Grundmann, W.*, Die ΝΗΠΙΟΙ in der urchristlichen Paränese, NTS 5 (1958/9) 188-205; *Harnack*, Sprüche 189-216; *Hoffmann*, Studien 104-142; *Klijn, A.F.J.*, Matthew 11,25/ Lk 10,21, in: New Testament Textual Criticism (FS B. Metzger), hrsg. E.J. Epp – G.D. Fee, Oxford 1981, 3-14; *Künzel*, Studien 84-94; *Lange*, Erscheinen 152-167; *Légasse, S.*, La révélation aux ΝΗΠΙΟΙ, RB 67 (1960) 321-348; *ders.*, Jésus et l'enfant, 1969 (EtB), 122-185; *ders.*, Le logion sur le Fils révélateur (Mt 11,27 par Lc 10,22), in: J. Coppens (Hrsg.), La notion biblique de Dieu, 1985 (BEThL 41), 245-274; *Luck, U.*, Weisheit und Christologie in Mt 11,25-30, WuD 13 (1975) 35-51; *Marchel, W.*, Abba, Père!, ²1971 (AnBib 19A), 142-167; *Mertens, H.*, L'hymne de jubilation chez les synoptiques, Gembloux 1957; *Norden, E.*, Agnostos Theos, Nachdr. Darmstadt 1956, 277-308; *Randellini, L.*, L'inno di giubilo: Mt 11,25-30; Lc 10,20-24, RivBib 22 (1974) 183-135; *Schulz*, Q 213-228; *Schumacher, H.*, Die Selbstoffenbarung Jesu bei Mat 11,27 (Luc 10,22), Freiburg 1912; *Stanton, G.*, Matthew 11,28-30: Comfortable Words?, ET 94 (1982) 3-9; *Strecker*, Weg 172-175; *Suggs*, Wisdom 71-108; *Winter, P.*, Matthew 11,27 and Luke 10,22 from the first to the fifth Century, NT 1 (1956) 112-148; *Zumstein*, Condition 130-152.

Zur Auslegungs- und Wirkungsgeschichte: Athanasius, In illud: ›Omnia mihi tradita sunt . . .‹, PG 25, 207-220; *Benrath, G.A.*, Wyclifs Bibelkommentar, 1966 (AKG 36), 236-242.354-362; *Houssiau, A.*, L'exégèse de Matthieu XI,27B selon saint Irénée, EThL 29 (1953) 328-354; *Irenäus*, Haer 4,6; *Kierkegaard, S.*, Einübung im Christentum, in: Ges. Werke 26, Düsseldorf-Köln 1951, 3-68; *Ochagavia, J.*, Visibile Patris Fi-

lius, 1964 (OrChrA 171), 62-70; *Orbe, A.*, La revelación del Hijo por el Padre según San Ireneo (Adv. haer. IV 6), Gr. 51 (1970) 5-86.
Weitere *Literatur*** zu Mt 11 o. S. 162.

25 Zu jener Zeit antwortete Jesus und sprach:
»Ich preise dich, Vater, Herr des Himmels und der Erde,
daß du das vor den Weisen und Klugen verborgen hast
und es den einfachen Leuten offenbart hast.
26 Ja, Vater, denn so wurde es wohlgefällig vor dir.
27 Alles wurde mir von meinem Vater übergeben,
und niemand kennt[1] den Sohn außer der Vater[2],
und niemand kennt den Vater außer der Sohn,
und jeder, dem es der Sohn offenbaren will.
28 Kommt alle zu mir, die ihr euch abmüht und belastet seid,
ich will euch Ruhe geben!

---

[1] Harnack, Sprüche 195-201 und Winter* 135-140 vermuten aufgrund der überwiegenden Überlieferung der frühen Kirchenväter von Justin, Apol 1,63,3.13 bis Euseb, im Urtext (Harnack: nur in Lk 10,22 = Q) habe ἔγνω statt γινώσκει gestanden. Irenäus, Haer 4,6,1 vertritt entschieden das Praes. und vermutet, häretische Exegese, die mit einer Gotteserkenntnis im Alten Testament nichts anfangen könne, liege der LA ἔγνω zugrunde. Justin belegt im ungekürzten Zitat Dial 100,1 aber auch die praes. LA, die somit nicht einfach antihäretische Gegenkorrektur sein kann. Das Kompositum ἐπιγνώσκει taucht erstmals bei Euseb, Ctr Marc 1,1,6 und bei Cyrill v Jerusalem, Cat 4,7; 6,6 auf. Man kann die LA der Kirchenväter nicht nur mit dem beliebten Hinweis auf Freiheit und Ungenauigkeit ihrer Zitationsweise abtun, denn sie sind an drei Punkten recht konstant: Sie vermeiden weitgehend 1. das mt Kompositum ἐπιγινώσκω zugunsten des (lk!) Simplex, 2. die lk Formulierung τίς ἐστιν; und sie setzen 3. häufig Aor. statt Praes. Die ersten beiden Punkte entsprechen dem Q-Text. Urtext von Mt oder Lk ist der Aor. nicht; diese Annahme ist aufgrund der sehr eindeutigen Überlieferung der Handschriften unmöglich. Muß man eine recht feststehende mündliche Überlieferung annehmen? Der Aor. erklärt sich vielleicht dadurch, daß man die unpassende ingressive Nuance ausschließen wollte, die dem griech. γιγνώσκω anhaftet: Γιγνώσκω heißt (wie lat. nosco) zunächst »kennenlernen, erfahren, wahrnehmen«; der Aor. entspricht lat. novi und betont das nach der »Übergabe« von »allem« (V 27a) herrschende vollkommene »Kennen« zwischen Vater und Sohn, vgl. Gal 4,9 etc. Oder ist der Aor. eine Anpassung an παρεδόθη?

[2] V 27b und c sind bei der Mehrzahl der Kirchenväter vor Clemens v Alexandria (Ausnahme: Irenäus) und auch später oft umgestellt, aber kaum in der handschriftlichen Überlieferung (Winter* 113-115.140-143). Die Umstellung verschiebt den Akzent: Beim Text von Nestle²⁶ scheint der Inhalt der Offenbarung des Sohns vor allem das Geheimnis des Vaters zu sein. Bei der Variante geht es vor allem um das Geheimnis des Sohns. Wiederum ist m.E. kaum denkbar, gegen das Zeugnis fast aller MSS die Umstellung zum mt oder lk Urtext zu erklären. Dogmatische Gründe für eine bestimmte Reihenfolge sehe ich (anders als Irenäus o. Anm. 1!) keine, sondern eher stilistische: An V 27a schließt V 27c besser an als V 27b: Die Übergabe (der Erkenntnis) an den Sohn hat zur Folge, daß nur der Sohn den Vater erkennt. V 27d schließt gut an V 27c an (dann erkennt nicht nur der Sohn den Vater, sondern auch die νήπιοι), weniger gut an V 27b (weil dann die »Erkenntnis« des Vaters und der Menschen unmittelbar nebeneinanderstehen). Ist die LA der Kirchenväter ein Versuch, den schwierigen Übergang von V 27a zu 27b zu verbessern? Diese Schwierigkeit könnte auch dazu geführt haben, daß im lateinischen Codex a V 27b fehlt. Das ist aber keinesfalls der Urtext (gegen Winter* 129-134). – Für die Anm. 1 und 2 danke ich den Mitarbeitern des Instituts für Neutestamentliche Textforschung in Münster für ihre Hilfe.

29 **Nehmt mein Joch auf euch und lernt von mir,**
   daß³ ich freundlich bin und von Herzen demütig,
   so werdet ihr Ruhe für eure Seelen finden.
30 **Denn mein Joch ist mild und meine Last ist leicht!«**

Analyse 1. *Aufbau.* Der Text steht zu den Weherufen an die galiläischen Städte in schroffem Gegensatz. Matthäus überbrückt ihn mit einer verbindenden Einleitung, aber ohne Adressatenwechsel. Das nun folgende Gebet und die Einladung Jesu sind in gehobener Sprache formuliert, mit vielen sich wiederholenden Stichworten und Parallelismen. Nach der Einleitung folgen zwei viergliedrige Sprüche und ein sechsgliedriger Spruch. Der erste, das Dankgebet V 25f, folgt dem Aufbauschema a.b.b'.a' mit antithetischem Parallelismus in den Mittelgliedern und dem verbindenden Stichwort πατήρ in a und a'. Das zweite Logion, das Offenbarungswort V 27, ist durch die Stichworte πατήρ und ἀποκαλύπτω mit dem ersten verbunden und nach dem Schema a.b.b'.c aufgebaut. Das Leitwort πατήρ verbindet die ersten drei Teilsätze, das Leitwort υἱός die Teilsätze 2-4. Das dritte Logion V 28-30 hat keine verbindenden Stichworte zu den anderen; sein Aufbauschema ist formal a.b.c. d.b'.a', wobei sich der Stamm φορτ- in a und a', der Stamm ἀναπαυ- in b und b' und außerdem ζυγός in c und a' entsprechen. Nur V 29b (= Glied d) ist nicht durch Stichworte verklammert. Syntaktisch folgen sich zweimal eine Aufforderung (a.c) und eine Verheißung (b.b'); eine Begründung schließt das Ganze ab (a'). Auch von der syntaktischen Struktur her ist der ὅτι-Satz V 29b (Glied d) nicht im Logion verankert.
Bemerkenswert sind die Verbindungen zu anderen Texten: An das Unservater erinnern πατήρ und οὐρανός / γῆ, an 28,18f οὐρανός, γῆ, (πάντα) (παρ)εδόθη, ὁ υἱός und auch μανθάνω-μαθητεύω. An 16,16f erinnern υἱός, πατήρ und ἀποκαλύπτω. Alle drei Texte sind mt Schlüsseltexte. Eng sind auch die Verbindungen mit dem unmittelbaren Kontext: Ἐν ἐκείνῳ τῷ καιρῷ und ἀποκριθείς⁴ beziehen sich inhaltlich auf den vorangehenden Text. Mit 12,1-8 verbindet unseren Text die gleiche Einleitung. So ergibt sich das Bild eines schon durch seine Querverbindungen zu anderen Texten herausgehobenen Schlüsseltextes am Ende des ersten Hauptteils, der zugleich eng mit dem unmittelbar vorangehenden Kontext verbunden ist und bruchlos zum nächsten Text weiterführt.

2. *Quelle und Redaktion.* V 25-27 stammen aus Q = Lk 10,21f, vermutlich in Fortsetzung von Q Lk 10,13-16 (vgl. Mt 11,20-24). Die Einleitung ist bei beiden Evangelisten red., so daß man nur noch vermuten kann, in Q seien die Logien auch eingeleitet gewesen. Im übrigen gibt es im Wortlaut kaum Differenzen⁵. Das weisheitliche Wort V 8-30 fehlt bei Lk; es gibt keinen Grund anzunehmen, Lk habe es weggelassen. Es stammt aus Sondergut. Aus inhaltlichen Gründen ist wahrscheinlich, daß erst Mt es

---

³ Ὅτι läßt sich mit »daß« oder mit »weil« übersetzen. Gegen die meisten neueren Autoren, aber u.a. mit Strecker, Weg 174 ziehe ich »daß« vor: Μανθάνω steht bei Mt auch 9,13; 24,32 mit Objekt. Vgl. auch Εσθηρ 1,1n; Barn 9,7; Philo, Leg All 3,51; Liddell-Scott s.v. III 3; Moult-Mill s.v., anders Sir 8,9.
⁴ Ἀποκριθείς steht nur 22,1 (vgl. 12,38) an einem Perikopenanfang, und auch dort, um die folgende Perikope mit der vorangehenden zu verbinden.
⁵ Das Simplex κρύπτω, ἐπιγινώσκω und οὐδέ dürften mt sein (vgl. Bd. I 34, Einl. 3.2 und 401 Anm. 3), τίς ἐστιν dagegen lk, ebenso die Vermeidung der stilistisch unschönen Verdoppelung des Verbs in Mt V 27bc.

Mt 11,25-30: Analyse

an V 25-27 angefügt hat. Es zeigt besonders in V 29b Matthäismen; vielleicht hat Mt diesen mit dem Kontext nicht durch Stichworte verbundenen Textteil geschaffen[6]. Denkbar ist auch, daß er in V 28a πάντες und dort und in V 30 das Bild von der Last eingefügt hat[7]. So könnte man hypothetisch einen fünfgliedrigen Spruch ohne Synonyme als Tradition vermuten, bei dem je zwei Imperative mit Verheißung durch eine Begründung abgeschlossen wurden:
  Kommt zu mir, die ihr euch abmüht,
    und ich will euch Ruhe geben.
  Nehmt mein Joch auf euch,
    und ihr werdet Ruhe für eure Seelen finden,
      denn mein Joch ist gütig.

3. *Traditionsgeschichte und Herkunft.* Gesichertes Ergebnis der Forschung ist, daß Mt 11,25-30 kein einheitlicher Text ist, sondern daß drei Logien vorliegen. Zwar wurde vor allem in der religionsgeschichtlichen Schule oft ein dreiteiliges Formschema postuliert, bestehend aus Lobpreis, Selbstgespräch des Offenbarers (Empfang der Gnosis) und Einladung[8]. Die dafür beigebrachten Parallelen erwiesen sich aber als wenig beweiskräftig[9]. Vor allem wurde klar, daß methodisch die literarkritische Analyse den Vorrang vor Formgeschichte und Religionsgeschichte haben muß. Die drei Logien sind hinsichtlich Form und Herkunft unterschiedlich zu bewerten:
(1) *V 25f* ist eine Todah, ein Dankgebet bzw. Lobpreis, wie wir sie aus dem Psalter (vgl. vor allem Ps 9.138; Sir 51,1-12) und vor allem aus den Lobliedern von Qumran kennen[10]. Gegenüber den Qumrantexten fällt nicht nur die Kürze auf, sondern auch, daß

---

[6] Evt. mit V 29aβ καὶ μάθετε ἀπ' ἐμοῦ, vgl. Künzel, Studien 90f, ähnlich Légasse, Enfant* 132-135 und Stanton*. Sprachlich ist das möglich, vgl. nach Bd. I Einl. 3.2 das mt Vorzugsvokabular: Δεῦτε, πᾶς, κἀγώ, μανθάνω, πραΰς, εὑρίσκω, γάρ. Inhaltlich ist das sogar wahrscheinlich, vgl. 5,5.8; 18,4; 21,5; 3,12). Auch formal ist das wahrscheinlich, vgl. das Fehlen von verbindenden Stichworten. Weitergehende Vorschläge für mt Red. (bei Gundry 219: Das ganze Logion V 28-30 ist red.) lassen sich m.E. sprachlich nicht zureichend begründen.

[7] Künzel, Studien 89, vgl. Dupont, Béatitudes III 526. Φορτίζω und ἐλαφρός sind zwar Hapaxlegomena. Φορτίον kommt noch 23,4 vor. Dort hat Mt βαρέα ergänzt, ein genaues Gegenstück zu φορτίον ἐλαφρόν in V 30. Das Bild von der Last fehlt in den weisheitlichen Kontexten, die Mt 11,28-30 im ganzen prägen.

[8] Norden* 277-308 (mit Hinweis auf Sir 51; Od Sal 33; Corp Herm 1,27-32 u.a.); Dibelius, Formgeschichte 279-284. Arvedson* führt diese These weiter und reduziert das dreiteilige Formschema auf zwei Teile, die der Liturgie einer Mysterienfeier der Inthronisation Christi entsprechen. Mit anderer Begründung Cerfaux, Sources*: Der durchgehende weisheitlich-apokalyptische Schriftbezug spreche für Einheitlichkeit und jesuanischen Ursprung.

[9] Sir 51 ist kein einheitlicher Text, vgl. 11QPsa 21,11-17 = Sir 51,13-20. Wirkliche Sachparr existieren nur zwischen Mt 11,28-30 und Sir 51,23-29. Die übrigen Parr Nordens* sind weit entfernt und schon im Aufbau verschieden, vgl. u. Anm. 108.

[10] Eine besonders nahe Par ist 1QH 7,26-33: »Ich preise dich, Herr! Denn du hast mich unterwiesen in deiner Wahrheit und in deinen wunderbaren Geheimnissen mir Wissen gegeben«. Zum Formschema gehört die Einleitung mit אוֹדְךָ אֲדֹנָי כִּי (1QH 7,26) = ἐξομολογήσομαί σοι, κύριε, ὅτι (= ψ 137,1). Zur Form vgl. G. Morawe, Aufbau und Abgrenzung der Loblieder von Qumran, 1961 (ThA 16), bes. 29-37; J. Robinson, Die Hodajot-Formel im Gebet und Hymnus des Frühchristentums, in: Apophoreta (FS E. Haenchen), 1964 (BZNW 30), 194-201. HbrMt formuliert hier mit dem auch in den Targumen beliebten שבח. An solchen St zeigt sich, daß er keinen »Urtext« vertritt (gegen Howard, Gospel 225 und passim).

Jesus nicht für sich selbst, sondern für die Erfahrung anderer Gott lobpreist. Deshalb haben manche Autoren von einer bloß äußerlichen Gebetsform gesprochen; seinem Wesen nach sei der Vers eine »Predigt«[11] bzw. eine Lehre. Damit ist mindestens das Überlieferungsinteresse der Gemeinde getroffen. V 25f gilt meist und mit Recht als jesuanisch: Nicht nur die Form, sondern auch die Sprache ist semitisierend[12]; inhaltlich paßt der Lobpreis zu Jesus.

(2) *V 27* ist ein eigenartiges Logion, das seine nächsten Parr im Joh-Ev hat[13]. Formal ist es eigenartig, weil zwischen V 27a und b ein Übergang von der 1. in die 3. Person stattfindet. Entsprechend finden sich im Joh-Ev keine Parr zum *ganzen* Logion. Die Indizien für semitischen sprachlichen Hintergrund sind nicht eindeutig[14]. Vor allem aus inhaltlichen Gründen nehmen hier die meisten Autoren m. R. eine Gemeindebildung an: Vom »Sohn« hat Jesus kaum gesprochen, von der wechselseitigen und exklusiven Erkenntnis des Vaters und des Sohns auch nicht[15]. M.E. kann das Logion nicht für sich stehen; πάντα V 27a setzt etwas voraus. Man versteht es aufgrund der mit V 25f gemeinsamen Stichworte am besten als ein Kommentarwort zu V 25f: Es erläutert, wie die Offenbarung an die νήπιοι geschieht[16].

(3) Der »Heilandsruf« *V 28-30* hat seine nächsten Parr in jüdischen Einladungen der Weisheit[17]. Wenn man die mt Red. wie oben vorgeschlagen ansetzt, gibt es im Grundbestand keine spezifisch jesuanischen Züge mehr. Zu einer weiteren traditionsgeschichtlichen Dekomposition gibt das sehr geschlossene Logion keinen Anlaß[18]. Es kann ein Zitat aus einer jüdischen Weisheitsschrift, aber ebenso christliche Bildung sein[19].

Erklärung Als »Ader und Quelle ... des allerheiligsten Evangeliums und ganzes Geheimnis Christi« bezeichnete Bullinger, als »die kostbarste Perle« des Matthäusevangeliums Lagrange unseren Text[20]. Warum? Wir zitieren eine klassische Auslegung unseres Textes: »Glauben mußt du ... an den einen und einzigen Sohn Gottes, unsern Herrn Jesus Christus, Gott, erzeugt aus Gott, Leben, erzeugt aus dem Leben, Licht, erzeugt aus dem Licht. Ähnlich ist er in

---

[11] Dibelius, Formgeschichte 282; Schulz, Q 215.
[12] Semitisierend ist ἐξομολογοῦμαι; bei griech. Formulierung wäre das in der LXX übliche Futur zu erwarten; ὁ πατήρ als Ersatz für Vokativ (vgl. Bl-Debr-Rehkopf § 147,2); zu den jüd. Parr zu κύριε τοῦ οὐρανοῦ καὶ τῆς γῆς, σοφοὶ καὶ συνετοί, εὐδοκία ἐγένετο ἔμπροσθέν σου vgl. u. S. 204-207.
[13] Vgl. u. Anm. 92. 97.
[14] Jeremias, Abba 48-50 weist auf: 1. das Asyndeton in V 27a, 2. οὐδεὶς ... εἰ μή = nur (vgl. aber Beyer, Syntax 110f: kein direkter Semitismus), 3. die Wiederholung des Verbs, 4. die Parataxe, 5. den Parallelismus von 27bc als Umschreibung des semitisch fehlenden Reziprokpronomens »einander«. Für semit. Ursprache beweiskräftig ist nichts; Nr. 5 setzt außerdem eine bestimmte (nicht zwingende) Interpretation des Logions voraus. Nach Dalman, Worte I 232 Anm. 2 ist aram. קֳדָם mit Pass. (= ὑπό) selten.
[15] Anders nur wenige Autoren, z.B. Jeremias, Abba 49-54 (V 27bc sind ein Vergleich); Marchel* 147-152 (der Jubelruf offenbart erstmals Jesu Sohnes- und Vatergeheimnis, aber erst nach dem Petrusbekenntnis von Caesarea Philippi); Mertens* 46-49 (Nähe zu anderen synopt. St).
[16] Πάντα bezieht sich auf ταῦτα zurück.
[17] Vgl. u. S. 217f.
[18] Gegen Grimm (Weil)* 104f, der Mt 11,28 als von Jes 55,1f bestimmten »messianischen Ruf« (ebd. 108) abtrennt.
[19] Das stärkste Indiz für ursprünglich semitische Formulierung ist, daß in V 29c eine Formulierung aus Jer 6,16 MT (diff. LXX) vorliegt. Jesuanische Herkunft kann natürlich nicht zwingend ausgeschlossen werden.
[20] Bullinger 115; Lagrange 226.

allem dem Erzeuger. Nicht in der Zeit hat er das Sein erhalten, sondern vor aller Ewigkeit ist er ewig vom Vater in unfaßbarer Weise geboren worden. Er ist die Weisheit Gottes und die persönliche, wesenhafte Kraft und Gerechtigkeit ... Nichts fehlt ihm zur göttlichen Herrlichkeit. Er kennt den Erzeuger, wie er vom Erzeuger gekannt wird. Um es kurz zu sagen, denke an das Wort, das in den Evangelien geschrieben ist: ›Niemand kennt den Sohn außer der Vater, und niemand kennt den Vater, außer der Sohn‹«[21].

Unser Text wurde von der alten Kirche bis zur katholischen Exegese anfangs unseres Jahrhunderts trinitarisch gedeutet. Für die Begründung der Trinitätslehre, vor allem in ihrer antiarianischen Wendung, spielte er eine wesentliche Rolle. Die Geschichte seiner Auslegung ist noch nicht geschrieben. So können nur exemplarisch einige Akzente nachgezeichnet werden:

Wirkungsgeschichte

Irenäus* wendet sich gegen die gnostische und marcionitische Exegese, die den Text auf den Sohn deutete, der erstmals den bisher unbekannten Vater offenbarte[22]: Für ihn ist der Sohn das präexistente Wort, das seit der Schöpfung am Werke war[23]. Das ist die Grundlage aller späteren Exegese: Seither wird die Präexistenz Christi mit Mt 11,27 verbunden[24].
Wichtig wurde unser Text in der Auseinandersetzung im arianischen Streit für die Auslegung der Trinität. Die Arianer leugneten von 11,27 her die ewige Gottheit Christi, weil es doch eine Zeit gegeben haben müsse, in der Christus noch nicht »alles übergeben war«[25]. In der orthodoxen Auslegung werden, wenn ich recht sehe, zwei Auslegungsmöglichkeiten sichtbar:
a) Die meisten Väter denken wie Irenäus an den präexistenten Sohn Gottes. Macht und Gotteserkenntnis werden dann dem Gott, nicht dem Menschen Jesus zugesprochen. Unser Text bezeugt geradezu klassisch die wesenhafte Gottheit Christi[26]: »Nur die göttliche Natur der Dreiheit erkennt sich selbst«[27]. Der Vorgang der wechselseitigen Erkenntnis von Vater und Sohn muß von jedem menschlichen Erkennen grund-

---

21 Cyrill v Jerusalem, Kat 4,7 = BKV I/41 65.
22 Die direkten Quellen sind spärlich, vgl. Houssiau* 329-332; Orbe* 7-15. Gnostisch deutet Simon bei PsClem Hom 17,4,3f; 18,4,2-5; 18,15 (mit Widerlegung durch Petrus) und Clemens Al, Paed 1,20,2f = BKV II/7 221. Auf den bisher verborgenen Gott deutet Marcion nach Tertullian, Marc 4,25,1 = CSEL 47, 503.
23 Haer 4,6,3 = BKV I/4 339.
24 Z.B. Tertullian, Marc 2,27,5 = CSEL 47, 373; Athanasius, Contra Ar 3,35 = BKV I/13 291 (der Sohn als Logos und Weisheit); PsClem Rec 2,48 (so konnten Mose und die Propheten ihn verkünden).
25 Athanasius* 1 = 209.
26 Tertullian, Marc 2,27,5 = CSEL 47, 373 (»ipse erat Deus«); Gregor v Nyssa, Eunom 2,28 = Jaeger 322f (der Sohn *ist* im Vater und umgekehrt); vgl. später etwa Thomas v Aquino (Lectura) Nr. 965 (aequalitas, consubstantialitas), Jansen 113 (»maiestas Patri aequalis«). In Verbindung mit 1Kor 2,10f (der Geist erforscht die Tiefen Gottes) wird unsere St zum Zeugnis für die innertrinitarische Gotteserkenntnis (Basilius, Contra Eunomium 1,14 = SC 299, 220.
27 Cyrill v Alexandria fr 148 = Reuss 200, vgl. Hilarius, De Trin 2,6f = BKV II/5 110f (jedes menschliche Wort ist zu schwach für die hier gemeinte Erkenntnis des Vaters und des Sohns).
28 So Origenes, Princ 1,2,8 = GCS 22,38; 2,4,3 = ebd. 131; Cyrill v Alexandria, De Trin 11 = PG 75, 1161.

sätzlich unterschieden werden[28]. In der ihm eigenen Weise verstand Augustin das Geschehen der Trinität als einen Denk- und Offenbarungsvorgang: Der Sohn, Gottes ewiges Wort, ist zugleich – Augustin ist hier gar nicht so weit vom Text entfernt! – Gottes Weisheit, in der die Gottheit sich erkennt und die am Schluß die Menschen erleuchtet[29]. Nach der Meinung vieler Väter ist in unserem Text von der »aeterna generatio« der Trinität die Rede, jenem innertrinitarischen Grund aller geschichtlichen Erlösung also, die Albertus Magnus in einem altvertrauten Bild den Vater mit der Sonne, den Sohn mit dem Licht vergleichen läßt: Die Sonne gebiert Licht, sie hat dem Licht alles übergeben, ja sie ist das Licht, welches schließlich allein die Menschen erleuchtet[30].

b) Demgegenüber bezieht Athanasius* V 27a gegenüber den Arianern – scheinbar mißverständlich, aber m.E. tiefer und auch sehr viel biblischer – die »Übergabe von allem« nicht auf den präexistenten Schöpfungsmittler, sondern auf den Zeitpunkt der Inkarnation des ewigen Logos: Damals, als Christus »wurde, was er (vorher) nicht war, wurde ihm alles übergeben«[31]. Nicht dem Gott Christus, sondern dem Menschen Jesus, genauer: dem Gottmenschen Jesus ist alles übergeben. Sonst wäre ja die »Übergabe« ein vorzeitlicher Schöpfungsakt[32]. Der menschgewordene Sohn, der allein den Vater kennt (V 27b), kann kein Geschöpf sein[33]. Das Interesse des Athanasius liegt bei der Soteriologie: V 27a macht keine abstrakten christologischen Aussagen über den Gott Jesus, sondern ist unmittelbar auf die Erlösung bezogen: Gott hat alles dem *Menschgewordenen* übergeben, damit er den Menschen rette. Der Versuch, Mt 11,27a-c als Aussage nur über die Gottheit Jesu zu verstehen, gleicht dem Versuch, das Licht von der Sonne zu trennen[34]. Im Mittelalter versuchte man, beide Denkansätze miteinander zu verbinden: So formuliert etwa Dionysius der Karthäuser: Gemäß der göttlichen Natur wurde Christus von Ewigkeit her die ganze Fülle und Vollendung der Gottheit »übergeben«, gemäß der menschlichen Natur bei der Inkarnation die Autorität über alles Geschaffene[35].

Aber nicht nur die klassische Trinitätslehre, sondern auch ihren Zusammenbruch zeigt die Auslegungsgeschichte. Ihr Anfang deutet sich bei Hugo Grotius und J.L. Wolzogen an. Grotius faßt sich bei der Exegese unseres Textes sehr kurz: Es geht um die Beschlüsse des göttlichen Heilsplanes, die der Sohn kennt. Jesus weiß also, daß man zur Gotteserkenntnis nur durch Glauben, zum Glauben nur durch Sündenbewußtsein und Buße kommt[36]. Calov hat mit scharfem Verstand sofort erfaßt, wovon Grotius *nicht* spricht: Es geht ihm nicht um die *Person* Christi, sein Wesen und damit um die Trinität[37]. Bereits schärfer faßt Wolzogen den Punkt: Es geht um eine *Erkenntnis* Christi,

---

[29] Trin 7,3,4 = BKV II/11 241.
[30] Albertus Magnus 498f; vgl. Jansen 112 (aeterna generatio); Calov 281 (communicatio divinae maiestatis hypostatica).
[31] Athanasius* 213.
[32] »Wenn nämlich die Schöpfung gemeint wäre, dann hatte er ja vor der Schöpfung nichts und scheint durch die Schöpfung etwas dazuzukommen. Aber das zu denken sei ferne!« (ebd. 3 = 213).
[33] Athanasius, Contra Ar 2,22 = BKV I/13 149; 4,16 = ebd. 361f.
[34] Athanasius* 3 = 216.
[35] 144.
[36] I 349: Christus handelt »de decretis Divinae dispensationis«, die allein der Sohn kennt (»conscius ipsi solus est Filius«).
[37] 281.

seine Einsicht in den Heilsplan des Vaters. Das bedeutet das Ende der klassischen Trinitätslehre[38]: An die Stelle der zweiten Person der Trinität tritt ein Mensch, dem eine besondere Gottes*erkenntnis* bzw. eine besondere Gottes*erfahrung* zuteil wird. Und eben davon spricht nun unser Text vor allem für die kritischen protestantischen Exegeten des 19. Jahrhunderts. Hier wird die Gottheit Jesu gleichsam subjektiviert und durch Jesu Gottesbewußtsein ersetzt.

Wiederum müssen wir es bei einigen Beispielen bewenden lassen. F.C. Baur versteht das Gottesbewußtsein Jesu ethisch: »Wer so spricht, wie Jesus in der Bergrede ..., muß auch das Bewußtsein in sich haben, daß er nur als Gesandter Gottes so sprechen kann. Dasselbe Bewußtsein spricht sich ... Matth 11,25f aus, nur unmittelbarer und persönlicher«[39]. R. Rothe spricht von einer moralischen, nicht einer metaphysischen Gottgleichheit Jesu[40], P. Wernle von seiner Vertrautheit mit dem Vater[41]. J. Weiss betont stärker die religiöse Erfahrung Jesu: Es geht um das Geheimnis seiner Persönlichkeit. »Ihm ist wie eine plötzliche Eingebung der wunderbare Heilsratschluß Gottes klar geworden ..., das innerste Wesen Gottes hat sich ihm erschlossen«. Ein solcher »Augenblick seligen Gottesschauens« macht einsam: »Niemand ahnt etwas von dem Geheimnis seiner Seele: niemand kennt den Sohn ... Nur wenige sind berufen, das Geheimnis zu erfahren«[42]. Für Holtzmann äußert sich in Mt 11,25-27 das »triumphierende Selbstgefühl« des »religiösen Genius«, das »aus den Tiefen seines Gemütslebens« aufbricht[43]. Für Harnack – eine subjektivistische Variante Augustins! – ist Jesu Gottes*erkenntnis* das entscheidende: »Die Gotteserkenntnis ist die Sphäre seiner Gottessohnschaft ... Jesus ist überzeugt, Gott so zu kennen, wie keiner vor ihm«[44]. Fragt man so, so kann man natürlich auch biographisch fragen, wie diese besondere Gotteserkenntnis zustande gekommen ist. Schon Ritschl hat hier auf die Taufvision Jesu verwiesen[45].

Wir stehen damit in unserem Jahrhundert. Die Frage nach dem Sohnesbewußtsein und nach der Religion Jesu ist aus der Exegese von Mt 11,25-27

---

[38] Wolzogen 282 schreibt für die, die Latein können (die übrigen brauchen es nicht zu verstehen!): »Eccur vero Christus sic loqueretur, si ipse esset idem ille Deus summus, qui Pater est? Quid ipsi Pater sive dare, sive revelare potuit, quod non ipse jam antea habuerit aut sciverit? Quid etiam Pater humanae Christi naturae dare aut revelare potuit, si cum secunda Trinitatis persona, a qua omnia habuit ac scivit, conjuncta fuit & arctissime coaluit?«
[39] F.C. Baur, Vorlesungen über neutestamentliche Theologie, Leipzig 1864 (= Nachdr. Darmstadt 1973), 114.
[40] R. Rothe, Dogmatik II/1, hrsg. D. Schenkel, Heidelberg 1870, 89. Ebd. 91 in Aufnahme von Mt 11,27: »Eine solche Erkenntniss Gottes und eine solche Conformität mit seinem Willen (ist) gar nicht anders möglich als in der reellen Gemeinschaft mit Gott, wie sie sich als Einheit mit ihm vollendet«. Die Einheit des Sohnes mit dem Vater ist also »noch im Werden begriffen«.
[41] P. Wernle, Jesus, Tübingen ²1916, 327 (»aus des Vaters Gesinnung heraus handeln«). Vgl. auch B. Weiss 227: Nicht »übermenschliches Bewußtsein«, sondern, »daß sein Wille ... gänzlich mit dem seines Vaters übereinstimmt«, ist das entscheidende.
[42] J. Weiss 322f.
[43] H.J. Holtzmann, Lehrbuch der neutestamentlichen Theologie I, Tübingen ²1911, 345.341
[44] A. Harnack, Das Wesen des Christentums, Ausgabe Leipzig 1908, 81.
[45] A. Ritschl, Die christliche Lehre von der Rechtfertigung und Versöhnung II, Bonn 1900, 96f. Vgl. heute ähnlich Jeremias, Theologie I 67.

weithin verschwunden, weil V 27 nicht mehr für jesuanisch gehalten wird und V 25f eine direkte Antwort auf diese Frage nicht erlaubt. Die Frage nach den trinitarischen Dimensionen dieser »Perle« des Matthäusevangeliums wird kaum mehr gestellt. In der protestantischen Exegese hängt das damit zusammen, daß ihr konservativer Flügel die Echtheit des Wortes und damit seinen semitischen Charakter zu verteidigen versucht. Dann steht man natürlich meilenweit von der Trinitätslehre entfernt – und dafür in einer sachlichen Nähe zu den Fragestellungen des 19. Jahrhunderts[46]. Im Katholizismus scheinen die klassischen Deutungen unseres Wortes in die Dogmatik abgewandert zu sein[47], im Protestantismus oft nicht einmal das[48]. Die »Quelle« des hergebrachten Glaubens[49] ist stillschweigend versiegt; über ihren Verlust wird in der Exegese nicht gesprochen[50]. Er wird heute vom Fundamentalismus angemahnt: »Niemand kennt den Vater, denn nur der Sohn und wem es der Sohn will offenbaren‹... Wir bekennen das Evangelium, daß der ewige Sohn Gottes in dem geschichtlichen Jesus von Nazareth Mensch wurde und zugleich Gott blieb... Es muß daher die falsche Lehre verworfen werden, Jesus sei nur ein bloßer Mensch«[51].

Die Exegese unseres Textes muß dieser Verlust-Geschichte nachdenken. Was verbindet ihn mit seiner trinitarischen Auslegung durch die Kirche? Kann unser Text noch und wieder eine »Quelle« des Glaubens werden?

Erklärung Jesus 25b.26   Der Lobpreis V 25f ist zunächst als Gebet Jesu zu interpretieren. Er richtet sich, in für Jesus charakteristischer Verbindung, an den Vater und den Herrn (V 25b). »Vater« ist vorzügliche Gottesanrede Jesu[52]. Neben sie tritt »Herr des Himmels und der Erde«: Gott ist, wie dies auch die dritte Unservaterbitte sagt, nicht nur Schöpfer, sondern Herr der Geschichte, der nach Tob 7,17; 1QGenAp 22,16 Segen und Freude spendet.

Jesus formuliert hier im Stile jüdischer Gebetssprache[53] und macht deutlich,

---

[46] J. Jeremias (vgl. u. S. 208) ist das schönste Beispiel dafür, wie total man diesen Text verfehlen kann, wenn man seine Echtheit um jeden Preis retten will!
[47] Vgl. M. Schmaus, Katholische Dogmatik I, München ⁶1960, 390 (trinitarisch); K. Adam, Jesus Christus, Augsburg ³1934, 206-211 (»Welchen Inhalt umschließt Sein Sohnesbewußtsein«?, ebd. 206).
[48] Fehlanzeige bei E. Brunner, P. Tillich, G. Ebeling, H.-J. Kraus; knappe Erwähnungen bei K. Barth, KD IV/2 385.862f.
[49] Vgl. o. Anm. 20.
[50] Markante Ausnahme ist die emphatisch-trinitarische Monographie Schumachers*. Sonst taucht die trinitarische Dimension unseres Textes nur noch in verstohlenen Reminiszenzen auf, etwa bei Marchel* 160f (»une vraie égalité, voir identité de connaissance«);

Mertens* 72 (»nature divine du fils«); Trilling I 256 (»in der Tiefe ... ist er dem Vater gleich«); Gaechter 381 (»Einheit des gleichen Ich« von Jesus als Mensch und Sohn Gottes).
[51] Düsseldorfer Erklärung der Bekenntnisbewegung »Kein anderes Evangelium« (1967), zitiert nach Krumwiede, Neuzeit 210.
[52] Vgl. Bd. I 339-341.
[53] Neben Tob 7,17AB, 1QGenAp 22,16 und der bei Jeremias, Theologie 183 zitierten Tefilla gibt es zwar keine exakten Parr mehr. Vgl. aber die ähnlichen Formulierungen »Herr des Himmels« (Dan 2,37), »Gott des Himmels und der Erde« (2Esr 5,11), »Gott des Himmels« (mit ἐξομολογεῖσθαι ψ 135,26), »Jahwe, Gott des Himmels und Gott der Erde« (Gen 24,3, vgl. 7); weitere Belege bei Klijn* 5. Rabbinisch verbreitet ist »Herr der Welt« (Bill. II 176).

wie wenig für ihn die Anrede »Vater« und hergebrachte jüdische Gebetstradition auseinandertreten[54]. Der Anrede entspricht der Abschluß des Lobpreises in V 26: Auch hier verbindet sich die Anrede »in der Tat[55], Vater[56]« mit einer traditionellen jüdischen Gebetsformel »so wurde es gnädiger Wille vor dir«[57]. Neben der Vateranrede betont diese Gebetsformel wiederum die absolute Souveränität der Liebe Gottes. So zeigen die beiden Gebetsanreden, wie Jesus bewußt den Blick auf Gott, den liebenden Vater und Herrn richtet: Er steht im Mittelpunkt. In seinem Willen liegt alles Heil des Menschen beschlossen[58].

Den Grund für seinen Lobpreis formuliert Jesus in einem antithetischen Parallelismus. Natürlich dankt Jesus Gott nicht dafür, daß er die Weisen nicht erwählt hat, sondern nur dafür, daß er sich den Unmündigen offenbart hat, während er den Weisen verschlossen blieb; die beiden antithetischen Sätzchen stehen rhetorisch wirkungsvoll in volkstümlicher semitisierender Parataxe[59]. Fern steht dem Lobpreis auch jedes resignative Moment: Gott, der Herr von Himmel und Erde, hat nicht bei den Weisen versagt[60]! Beide Überlegungen machen aber auf das aufmerksam, was in unserem Text das entscheidende ist: die antithetische Gegenüberstellung von Weisen und Unmündigen. Die »Weisen« sind jüdisch je nach Kontext und Situation verschiedene Gruppen: die Weisheitslehrer Israels, die »Schüler« der Weisheit, die Anhänger apokalyptischer Gruppen[61], die Sektenmitglieder und neben ihnen der besondere Stand der Weisen in Qumran[62] und vor allem die Schriftgelehrten[63]. Im Laufe der Zeit ist der frühjüdische Sprachgebrauch »technischer« geworden: Die »Weisen« sind eine bestimmte Gruppe, ein Stand, der dem »gewöhnlichen Volk« gegenübersteht. Die allgemeine, artikellose Formulierung und die Parallelisierung mit dem untechnischen συνετοί widerrät aber

25c.d

---

[54] Vgl. Bd. I 341.
[55] Ναί bei nachdrücklicher Wiederholung der eigenen Aussage (Bauer Wb s.v. 3) entspricht vermutlich nicht אָמֵן, sondern aram. הֵין, אִין.
[56] Die Wahl der aramaisierenden Übersetzung ὁ πατήρ erfolgt hier ebenso aus rhythmischen Gründen (nach dem kurzen ναί) wie die von πάτερ (nach dem langen ἐξομολογοῦμαί σοι) in V 25b. Auch die griech. Übersetzung dieses Gebets ist – wie beim Unservater! – sehr kunstvoll.
[57] Vgl. Mt 18,14 (in ähnlichem Kontext). Jüdisch (nicht atl.) entspricht: יְהִי רָצוֹן מִלְּפָנֶיךָ, vgl. Dalman, Worte I 173.
[58] Wenn Calvin I 342 hier die Prädestination ins Spiel bringt, so entspricht das der theozentrischen Ausrichtung des Texts: Wir sollen »seinen Willen als höchste Weisheit und Gerechtigkeit anerkennen« und daran lernen, daß Gottes Gnade unverdient ist. Ebendies führt aber nicht »in ängstliches Fragen, an welchem Zeichen« man »des geheimen Beschlusses Gottes sicher sein« könne, sondern zu Christus, dem Grund der Gewißheit des Heils (V 27!).
[59] Vgl. Jes 12,1; Röm 6,17 und Beyer, Syntax 259-286; Moult-How-Turner III 342; Mayser, Grammatik I/3, 184-186.
[60] Michaelis II 131.
[61] Dan 12,3; äth Hen 104,12; 4Esra 12,38; s Bar 28,1.
[62] U. Wilckens, Art. σοφία κτλ., ThWNT VII 505,19-28: In Qumran gibt es einen doppelten Sprachgebrauch: חכמים sind die Glieder der Sekte und ein besonderer Stand von Weisen.
[63] Sir 38,24-39,11; Josephus (z.B. Ant 20,264), Qumran (o. Anm. 62) sind Etappen auf dem Wege zum rabbinischen Sprachgebrauch, wo חָכָם weitgehend technisch Ehrenbezeichnung des rabbinischen Gelehrten geworden ist. Weiteres Material bei U. Wilckens, Art. σοφία κτλ., ThWNT VII 497-508.

Versuchen, hier von vornherein nur an bestimmte Menschengruppen, z.B. die Schriftgelehrten, zu denken⁶⁴: Alle, die in Israel als »weise« gelten oder sich dafür halten, sind betroffen, die ganze religiöse Aristokratie. Der Gegenbegriff νήπιος enthält eine doppelte Nuance: Wörtlich meint er »Säugling, Kind«, übertragen »unreif, unmündig«. Im hebr. פֶּתִי, das man als semitisches Äquivalent voraussetzen muß⁶⁵, ist die negative Nuance noch stärker: Als Übersetzungsausdruck kann νήπιος geradezu »einfältig, ungebildet, dumm« heißen⁶⁶. Der Ausdruck ist stark: Gerade nicht denen, die normalerweise darauf Anspruch erheben, hat sich der Vater offenbart, sondern dem einfachen Volk. Wer ist damit gemeint? Auch hier muß man wieder eine offene Deutung suchen: Der Vater offenbart sich nicht den religiösen Eliten, egal, ob apokalyptischer, essenischer oder schriftgelehrter Couleur. Jesus wird an seine Zuhörer/innen denken: die Frauen, die Galiläer/innen, die armen Leute auf dem Land, die gar keine Zeit und Möglichkeit haben, zu den »Weisen« in die Schule zu gehen. Am ehesten läßt sich der ›Am ha aräz‹ mit den νήπιοι identifizieren⁶⁷. Der Lobpreis gehört hinein in Jesu Gottesreichverkündigung, die Gott in erster Linie⁶⁸ zu den Armen, Einfachen und Deklassierten Israels bringt. Das unbestimmte ταῦτα wird man deshalb am besten auf das Gottesreich beziehen.

Jüdische Überlieferung

Die Wendung »Weise und Verständige« erinnert an die Bibel (LXX: Spr 16,21; Dan 1,4, vgl. Sir 16,28). Wie verhält sich also die Erfahrung Jesu zur alttestamentlichen und jüdischen Tradition? Viele Exegeten betonen hier Jesu Einzigartigkeit. Liegt hier ein »›unicum‹ au sein de la pensée biblique«⁶⁹ vor? Besonders auffällig ist der Kontrast zu Dan 2,20-23, einem Lobpreis Daniels, der Gott dafür dankt, daß Jesus den Weisen seine Weisheit schenkt und an den Mt 11,25f zahlreiche wörtliche Anklänge besitzt⁷⁰. Grimm versteht Jesu Lobpreis als bewußten »Einspruch gegen das Offenbarungssystem Daniels«⁷¹.

---

64 Verseput** 137 für Mt: breiter Referent.
65 In der LXX steht νήπιος für עוֹלָל = Säugling und für פֶּתִי = einfältig. Die Opposition »weise« und die Parr (vgl. u. Anm. 66f) zeigen, daß man von פֶּתִי ausgehen muß, vgl. Légasse, Enfant* 168-176. Dagegen hat HbrMt sekundär עניים.
66 Sap 12,24; 15,14 neben ἄφρων. Hier zeigt sich auch ein Unterschied zwischen Mt 11,25f und dem ähnlichen, aber viel griechischer gedachten pln Paralleltext 1Kor 1,18-25; 3,1-4.18-23: Νήπιοι sind bei Pls die *noch nicht Reifen* im Gegensatz zu den τέλειοι; Gegenbegriff zu σοφοί sind die μωροί (1Kor 1,25.27; 3,18), die sachlich, aber nicht terminologisch den νήπιοι an unserer St entsprechen. Auf die Besonderheit unserer St auch gegenüber dem Gebrauch von νήπιος in Hebr 5,13; Eph 4,14 etc. weist Grundmann* hin. Abhängigkeit des Pls von Mt 11,25-27 besteht keine.

67 Vgl. 4QpNah 3,5 (die פְּתָאֵי אֶפְרַיִם sind die von den Pharisäern verführten Nichtmitglieder der Sekte, auf deren Anschluß an die Gemeinde die Frommen hoffen); 11QPs 154 (= Kol. XVIII), 4.7 (die פותאים sind das Volk, dem die Sekte verkündet); Joh 7,49.
68 Vielleicht darf man auf das Fehlen des bestimmten Artikels bei σοφῶν καὶ συνετῶν hinweisen.
69 Légasse (RB 67)* 341.
70 Besonders an Theodotion: θεὸς τοῦ οὐρανοῦ, σοφία, σύνεσις, ἀποκαλύπτω, ἀπόκρυφα, ἐξομολογοῦμαι. Die Analogien wurden oft beobachtet, z.B. von Cerfaux (Sources)* 140-145; Grimm (BZ NF 17)* 252-254; ders. (Einspruch)* 25-69; Randellini* 199-201; Frankemölle* 91-95.
71 Grimm* (1984), Buchtitel! Daß sich unser Text mindestens in seiner griech. Fassung bewußt auf Dan 2,20-23 bezieht, ist möglich.

Es ist nicht zu leugnen, daß Jesus einem breiten Strom apokalyptischen, essenischen und rabbinischen Denkens widerspricht: Für die Apokalyptiker sind die Weisheit und die Geheimnisse der Zukunft verborgen (vgl. äth Hen 42) und werden durch den Seher (z.B. äth Hen 103,2) den wenigen Weisen offenbart (4Esra 12,36-38; 14,26; s Bar 46,2-5; 48,3). Für die Essener sind die Geheimnisse Gottes verborgen vor den Menschen (1QS 11,6); Gott offenbart sie allein den Gliedern der Sekte. Für die Rabbinen ist Weisheit mit Tora und Studium verbunden[72] und darum nicht für alle. Dem Gedanken der Verborgenheit der Weisheit entspricht jüdisch ihre Offenbarung an wenige und der Appell zum intensiven Studium. Aber schon in weisheitlichen Texten sind die Akzente anders: Zwar ist auch hier die Weisheit verborgen (Hi 28,12-23; Bar 3,15-4,4; Sir 1,4-9), denn sie ist bei Gott, und nur er kann sie schenken. Aber er hat sie Israel geschenkt (Bar 3,37; Sir 24,3-17), und darum ruft sie ihre Kinder in Israel zu sich (Bar 4,1-4; Sir 4,18-22). Die Aufrufe der Weisheit an die ἀπαίδευτοι (Spr 8,5; Sir 51,23) und die Unverständigen (Spr 9,4; vgl. Sap 9,4f) sind möglich, weil Gottes Weisheit in Israel zugänglich ist. Vollends in der Gesetzesfrömmigkeit der Psalmen tauchen andere Töne auf: »Das Zeugnis des Herrn ... macht Einfältige weise« (Ps 19,8, vgl. 119,130). Darum weiß sich der »Einfältige« in Gottes Hand (Ps 116,6)[73]. Die Qumranfrommen können an diese positive Bewertung der »Einfältigen« anknüpfen und sich selbst einmal als die »Einfältigen Judas« bezeichnen[74]. Hier befinden wir uns in sachlicher Nähe zu Mt 11,25f. Nur die antithetische Formulierung des Jesusgebets weist über den jüdischen Kontext hinaus. Das gilt aber ebenfalls vom prophetischen Protest gegen die eigenmächtige Weisheit der Mächtigen, denen der Heilige Israels sein Nein entgegenstellt (Jes 5,21; 29,14-19; Jer 9,22f). Jesus, der die einfachen Leute den Weisen Israels gegenüberstellt und ihnen Gottes Offenbarung zukommen läßt, lebt also gerade in seiner Antithese zum herrschenden Strom jüdischer Frömmigkeit aus biblischen Wurzeln.

Die nachösterliche Gemeinde fügt nun diesem Jesuswort ein Kommentarwort an. Es erläutert ταῦτα und hält den Ort fest, an dem die Offenbarung Gottes für sie geschieht. Es geht für sie in V 25f um das, was der Vater dem Sohn »übergeben« und dieser den Seinen kundgetan hat. Es geht für sie in V 25f also nicht um allgemeine Offenbarungswahrheiten, sondern um das, was sich durch Jesus ereignet hat. Das Gewicht liegt auf V 27d, wo wiederum von der Offenbarung an die Menschen gesprochen wird[75]. Die νήπιοι sind nun die, denen es der Sohn offenbaren will, d.h. die Gemeinde. Zusammen mit der christologischen erfolgt also in V 27 eine ekklesiologische Konzentration von V 25f. Sie bedeutet zugleich eine Verengung[76]: Nun ist nicht mehr von allen einfachen Leuten Israels die Rede, sondern von der Gemeinde. Diese »Einfäl-

27 Gemeindetradition

---

[72] Vgl. Ab 2,7 (»viel Tora, viel Leben, viel Gelehrtenschule, viel Weisheit«); MidrQoh 1,7 (= Bill. I 661): Gott hat die Weisheit nicht den Törichten gegeben, sondern den Weisen (Dan 2,21!), damit in den Synagogen und nicht in Theatern und Badehäusern davon gesprochen werde.
[73] Vgl. Sap 10,21 (die Weisheit öffnet den Mund der Stummen und macht die Sprache der Säuglinge verständlich).
[74] 1QpHab 12,4. Vgl. 1QH 2,9: Der Lehrer wird zur Klugheit für die Einfältigen.
[75] Hoffmann, Studien 108f.
[76] Vgl. die ähnlichen Folgen der Zufügung von Mt 5,11f zu den ursprünglichen drei Seligpreisungen (Bd. I 201).

tigen« haben wieder ihr besonderes Wissen: Sie wissen um das Geheimnis des Vaters und des Sohnes. Durch V 27 rückt also die Offenbarung Gottes an die νήπιοι strukturell wieder in größere Nähe zu den apokalyptischen Texten und den Texten von Qumran, wo es auch um eine besondere Gruppe von Menschen und ihr Wissen ging. Zugleich aber machen V 27a-c christologische und theologische Aussagen von großer Tiefe, die weit mehr sind als eine bloße Vorbereitung von V 27d.
Die Interpretation ist strittig. Schwierig ist
1. die Bedeutung des absoluten ὁ υἱός in V 27b-d,
2. die Frage, was Jesus in V 27a »übergeben« worden ist, und
3. der Sinn von γινώσκειν und der reziproken Erkenntnisaussage in V 27bc.
Die beiden ersten Fragen hängen zusammen.

Der Sohn ad 1   Absolutes »der Sohn« kommt im NT außer hier noch Mk 13,32/Mt 24,36; 1Kor 15,28, sowie im Hebräerbrief und häufig im Johannesevangelium vor. Die Forschung unterscheidet diesen Titel von »Sohn Gottes« und versucht, ihn eigens religionsgeschichtlich abzuleiten. Ein Konsens hat sich bisher nicht ergeben. Es stehen sich im wesentlichen drei Versuche gegenüber:

a)   Nur für unser Logion (und Joh 5,19f) paßt der Versuch von J. Jeremias, einen *Vergleich* zum Ausgangspunkt zu nehmen[77]. Nicht von *dem*, sondern von *einem* Sohn sei ursprünglich die Rede gewesen: Ein Vater und ein Sohn kennen einander. Einem Sohn wird von seinem Vater alles anvertraut, z.B. wenn er als Handwerksbursche zum Vater in die Lehre geht. Dieser Versuch muß m.E. ausscheiden: Das Logion zeigt keine Spur eines Vergleichs. V 27d wäre zudem in einem Vergleich unverständlich und die Exklusivität der Vater-Sohn-Beziehung in V 27bc schwer verständlich[78]. Jeremias will den jesuanischen und aramäischen Ursprung des Wortes um jeden Preis retten, d.h. auch um den Preis einer Veränderung des Wortlautes und einer geradezu totalen Veränderung des Sinns.
b)   Hilfreicher ist der Versuch, unsere Stelle – zusammen mit 1Kor 15,28 und Mk 13,32 – aus der *Menschensohnchristologie* abzuleiten[79]. Das an sich weisheitlich geprägte absolute »der Sohn« stünde dann statt »Menschensohn«. Dann könnte man V 27a auf dem Hintergrund von Dan 7,14 verstehen; es wäre von der Übergabe der Macht an den Sohn die Rede. P. Hoffmann hat an diese Ableitung eine kühne Hypothese geknüpft: In unserem Logion sei Jesus zum ersten Mal mit dem Menschensohn identifiziert worden. Daß Jesus zum Menschensohn erhöht worden sei, sei das Osterkerygma der Gemeinde von Q[80]. Dagegen spricht: Man *muß* das πάντα μοι παρεδόθη in V 27a nicht von Dan 7 her interpretieren[81]. V 27b und c scheinen keine Parallelen

---

[77]   Abba 51-54; Theologie I 65-67.
[78]   Warum soll *nur* ein Vater seinen Sohn und *nur* ein Sohn seinen Vater kennen?
[79]   Vgl. vor allem E. Schweizer, Art. υἱός κτλ., ThWNT VIII 372-375.
[80]   Studien 139-142.
[81]   Die Formulierung ἐδόθη αὐτῷ ἐξουσία spricht nicht dafür; oft wird denn auch der Umweg über Mt 28,18 beschritten.

im Bereich der Menschensohnchristologie zu haben[82]. Warum statt »Menschensohn« »der Sohn« steht, ist – zumal in der Logienquelle mit ihrer Menschensohnchristologie – unverständlich. M.E. muß man an allen drei Stellen differenziert fragen, wie weit Motive der Menschensohnchristologie einwirken, aber den Ausdruck »der Sohn« wird man von daher nicht erklären können.

c) Der dritte Vorschlag will den Titel »der Sohn« von der jüdischen *präexistenten Weisheit* ableiten[83]. In der Tat erinnert vieles in V 27 an die Gestalt der Weisheit: Menschen können von sich aus die verborgene Weisheit nicht erkennen; Gott kennt die Weisheit; die Weisheit kennt Gott[84]. Diese Ableitung paßte gut zum »weisheitlichen« Kontext in V 25f. Πάντα μοι παρεδόθη müßte man dann in erster Linie von der Übergabe von Erkenntnissen, also als »Traditionsvorgang« verstehen. Schwierig an dieser These ist aber, daß Q sonst eine Identifikation von Christus und Weisheit nicht zu kennen scheint. Schwierig ist auch, daß die (weibliche!) Weisheit nirgendwo in den Quellen als »der Sohn« bezeichnet wird.

M.E. kann man den Titel »der Sohn« nicht religionsgeschichtlich ableiten. An fast allen Stellen ist das Gegenüber von »der Sohn« und »der Vater« konstitutiv. Es ist also »der Vater«, der das Gegenüber »des Sohns« rhetorisch – und nicht religionsgeschichtlich – fordert[85]. An den meisten anderen Stellen im NT ist überdies die Gottessohnschaft Jesu nachweislich und vorausgesetzt[86]. *Gemeint* ist also: der Gottessohn. *Gesagt* wird aber in rhetorischer Gegenüberstellung zum »Vater«: »der Sohn«.

Geht man bei der Interpretation unserer Stelle von der Rhetorik aus, so macht sie vor allem die Einzigartigkeit und Besonderheit des Gegenübers von Vater und Sohn deutlich: »Vater« und »Sohn« bezeichnet ein besonderes, enges und einzigartiges Verhältnis. »Sohn« ist jemand von vornherein in bezug auf seinen Vater und »Vater« von vornherein in bezug auf seinen Sohn. Die Beziehung zum Vater ist nichts Zusätzliches, Akzidentelles im Sohn und umgekehrt[87]. Das, was im Alltag die Beziehung eines Vaters zu seinem Sohn ausmacht, ist zwar für die rhetorische Figur unseres Textes Voraussetzung[88],

---

[82] Légasse, Logion* 255 weist auf äth Hen 49,2 (im Erwählten wohnt der Geist der Weisheit, Einsicht und Lehre) und 46,3 (der Menschensohn offenbart alles Verborgene, denn Gott hat ihn erwählt), aber diese St erhellen weder die Exklusivität, noch die Wechselseitigkeit des Erkennens in V 27bc.

[83] Vgl. bes. Feuillet* 179-184; Christ* 87-91 und Suggs, Wisdom 89-95 in je verschiedener Weise. Christ* identifiziert schon den irdischen Jesus mit der Weisheit, ohne dies je zu begründen. Suggs geht den Umweg über den gerechten Gottessohn von Sap 2.4f. So kommt er aber m.E. nur zu einer »typical figure« (ebd. 93) und gerade nicht zur einzigartigen Gestalt »des« Sohns von Mt 11,27.

[84] Vgl. bes. Sap 8,9; 9,1.4.9; Joh 1,18; weitere Belege bei Christ* 89.

[85] Eine sprachliche Parr ist MechEx zu 12,1 (= Winter-Wünsche 3f): Elija forderte die Ehre des Vaters und nicht des Sohnes, Jona forderte die Ehre des Sohnes und nicht des Vaters, Jeremia forderte die Ehre des Vaters und des Sohnes. Auch dieser Text ist eine rhetorische Ad-hoc-Bildung von absolutem »der Vater« und absolutem »der Sohn«, die die Vaterschaft Gottes und die Gottessohnschaft Israels voraussetzt.

[86] Einzig für Mk 13,32 und unsere St läßt sich das nur postulieren.

[87] Anders wäre es etwa, wenn statt »Sohn« das Wort »junger Mensch« verwendet wäre. Dann wäre die Beziehung zum Vater etwas Akzidentelles.

[88] Ein profanes Beispiel gibt Tob 5,2א: Tobija sagt von dem ihm damals noch ganz unbekannten (künftigen Schwiegervater) Raguel: Αὐτὸς οὐ γινώσκει με καὶ ἐγὼ οὐ γινώσκω αὐτόν.

aber nicht so, daß er nur gleichnishaft redete. Vielmehr ist der Vater von vornherein Gott und der Sohn wieder von vornherein Jesus. Auch der bestimmte Artikel deutet an, daß hier »der Vater« und »der Sohn« in eigentlicher Rede[89] gebraucht werden. Daß es auch irdische Väter und Söhne gibt, macht das, was sonst ganz unerkennbar und unsagbar wäre, nämlich die eigentliche Vaterschaft Gottes und die eigentliche Sohnschaft Jesu, wenigstens ahnungsweise verstehbar und aussagbar.

27a ad 2 Bei der Interpretation von παραδίδοσθαι V 27a stehen sich zwei Möglichkeiten gegenüber. Man kann
a) mit dem Hauptstrom der kirchlichen Interpretation das πάντα auf die Jesus übertragene Macht beziehen[90]. Dann kann man πάντα umfassend deuten: »das Himmlische, das Irdische und das Unterirdische«[91]. So entspricht es am ehesten der trinitarischen Interpretation unseres Textes. Für diese Interpretation spricht Mt 28,18 als Parallele[92]. Religionsgeschichtlich entspricht sie der Menschensohnchristologie: V 27a heißt dann, daß jetzt schon, in irdischer Niedrigkeit, dem Menschensohn alle Macht gegeben wurde[93]. Man hat aber auch πάντα enger gefaßt und mit soteriologischem Interesse gedeutet, z.B. auf die Menschen, die der Sohn zum Vater führen soll[94], auf die Kirche, wo sich in der Gegenwart die Herrschaft Christi sichtbar zeigt[95], oder auf Jesu Vollmacht in seinem Wirken[96]. Doch legt πάντα eine Einengung nicht nahe.
b) In vielen neueren Interpretationen steht nicht die Macht, die Jesus übergeben wurde, im Vordergrund, sondern seine Weisheit, die Kenntnis des Vaters. Jesus sind die himmlischen Geheimnisse vom Vater anvertraut worden[97]. Das wichtigste Argument für diese Deutung ist der Kontext: Sowohl in V 25f, als auch in V 27b-d ist von Erkennen und Offenbarung die Rede. V 27a begründet dann direkt V 27b und c: Wenn alle Erkenntnis dem Sohn vom Vater geschenkt wurde, so können Vater und Sohn sich wechselseitig als Gleiche erkennen. Kein sehr starkes Argument für diese Interpretation ist das Verbum παραδίδωμι: Es wird zwar als terminus technicus für »tradieren« in jüdischen und auch hellenistischen profanen und religiösen

---

[89] Vgl. Eph 3,15: Die Vaterschaft Gottes ist nichts von irdischen Vätern Abgeleitetes, sondern ἐξ οὗ (sc. Gott) πᾶσα πατριὰ ... ὀνομάζεται.
[90] Vgl. o. S. 201f. Von Neueren z.B. Marchel* 159; Schulz, Q 222; Hoffmann, Studien 120f.
[91] Opus Imperfectum 28 = 777f.
[92] Schon Olshausen 379; de Wette 73. Hierher gehören auch Joh 3,35; 13,3, vgl. 5,26; 10,29.
[93] Hoffmann, Studien 121f; Schweizer 176f.
[94] Hieronymus 86; Beda 59. Vgl. Joh 17,2.
[95] Luther II 426 (Predigt von 1546).
[96] Maldonat 240: »Potestas gubernandi servandique homines«; Johannes Chrysostomus 38,2 = 558f: die Fähigkeit, Dämonen auszutreiben als Ausdruck der Gottheit Jesu.
[97] So schon Hilarius 11,12 = SC 254,266; von Neueren z.B. Norden* 290f (Geheimlehre im Sinne der Mystik); Wellhausen 57 (παράδοσις unmittelbar von Gott); Cerfaux (Evangile)* 162f; Deutsch* 33f (geheimes Wissen über den Vater). – In die Nähe dieses Interpretationstyps gehören Joh 5,20; 7,16.28f; 8,19.38; 12,49.

Texten gebraucht⁹⁸, meint aber immer »horizontale« Überlieferung an spätere Generationen und nicht himmlische Offenbarung von oben⁹⁹.
Das allgemeine πάντα spricht eher für die erste, der Kontext aber entschieden für die zweite Deutung. Das letztere Argument ist stärker: Da V 27 ja als Kommentarwort zu V 25f entworfen wurde, wird sich V 27a auf die Offenbarung, von der dort die Rede war, zurückbeziehen. Mt 28,18 wird es dann allerdings um mehr gehen, nämlich um alle »Macht« im Himmel und auf der Erde. Matthäus hat jenen Vers vermutlich redaktionell gebildet, und zwar so, daß er das traditionelle Logion 11,27 aufnahm und bewußt ausweitete¹⁰⁰.

ad 3   Es stehen sich heute zwei Interpretationen des wechselseitigen Erkennens von Mt 11,27b und c gegenüber: eine »alttestamentliche« und eine »mystische«. Beide setzen sich vom griechischen, »theoretischen« Verständnis des Erkennens ab.   *Reziprozität*

a)   Die alttestamentliche Interpretation weist darauf hin, daß »Erkennen« in der Bibel immer etwas Konkretes und Ganzheitliches ist, ein Erfahren, ein Nahesein. Ist von Gottes eigenem »Erkennen« die Rede, so verbindet sich damit der Gedanke der Erwählung, denn Gott ruft diejenigen, die er erkennt und liebt¹⁰¹. Ist von menschlicher Gotteserkenntnis die Rede, so verbindet sich damit der Gedanke des An-Erkennens, des Gehorsams¹⁰². Die wechselseitige Erkenntnis von Vater und Sohn ist also in Wirklichkeit eine unsymmetrische¹⁰³: Der Vater hat den Sohn erwählt, der Sohn hat den Vater im Gehorsam anerkannt¹⁰⁴. Die Einheit von Vater und Sohn – wenn man überhaupt von Einheit sprechen kann – ist bei dieser Interpretation eine Einheit des Willens.

Obwohl dieser Interpretationstyp in die heutige »biblisch-theologische« Landschaft paßt, ist er schwierig: Die Schwierigkeit besteht nicht darin, daß in den alttestamentlichen Texten reziproke Aussagen fehlen. Sie besteht auch nicht darin, daß Erkenntnis des Vaters und des Sohnes nach 11,25f sicher auch ein noetisches Moment enthält – daß der Vater dem Sohn den göttlichen Heilsplan mitteilt und dieser ihn den Seinen offenbart, läßt sich mit der alttestamentlichen Interpretation durchaus vereinbaren¹⁰⁵. Schwierig sind aber die beiden gleichlautenden Präsentia ἐπιγινώσκει. Sie

---

⁹⁸ Bauer, Wb s.v. (3.).
⁹⁹ Man muß bei dieser Deutung παραδίδωμι entweder metaphorisch verstehen oder im Sinne von »schenken« (= δίδωμι) deuten, vgl. Mt 13,11.
¹⁰⁰ Lange, Erscheinen 209.488 (bei abweichender Interpretation von 11,27).
¹⁰¹ Vgl. Jer 1,5; Am 3,2; Hos 13,5 etc.
¹⁰² Hos 4,1; Jes 11,2 (// Gottesfurcht); Jer 22,16 (// Recht und Gerechtigkeit für Elende und Arme) etc.
¹⁰³ Es gibt denn auch kaum reziproke Aussagen; am ehesten könnte man noch auf Ex 33,12f verweisen: Weil Gott Mose kennt, will Mose auch Gottes Pläne wissen.

¹⁰⁴ Vertreten wird dieser Auslegungstyp z.B. von J. Dupont, Gnosis, ²1960 (Universitas Catholica Lovaniensis, Diss II/40), 61f; Hahn, Hoheitstitel 324-326; Schweizer aaO (o. Anm. 79) 374,15f; Sand 252.
¹⁰⁵ Hoffmann, Studien 128-130 betont – wie vor ihm schon Maldonat 241 – aufgrund apokalyptischer Parallelen das noetische Moment im Erkennen: Gott erkennen heißt seine Pläne erkennen. Im rabb. Judentum wird das noetische Moment verstärkt: Gott erkennen heißt sein Gesetz erkennen, d.h. weise sein.

sprechen nicht dafür, daß von der vorausgehenden göttlichen Erwählung und der nachfolgenden Antwort des Sohnes darauf die Rede ist – der Übersetzer müßte dann schon unser Logion gehörig »mystisch« mißverstanden haben. Die größte – und m.E. unübersteigbare – Schwierigkeit dieser Deutung liegt aber in der Exklusivität der Erkenntnis, um die es geht. Es heißt ja nicht, daß der Vater nur den Sohn »erwählt« habe – das mag hart klingen, aber noch hingehen –, sondern, daß *nur* der Vater den Sohn »erwählt« habe. Das aber ist sinnlos – wer soll den Sohn denn sonst erwählt haben? Und es heißt auch nicht, daß der Sohn nur den Vater anerkenne, sondern, daß *nur* der Sohn den Vater »anerkenne«. Das ist zwar nicht sinnlos, aber für die zum Gehorsam aufgerufene Gemeinde recht entmutigend. Aus dem Scheitern der alttestamentlichen Interpretation ist zu lernen, daß jede Deutung von Mt 11,27 sich an der Exklusivität der Beziehung von Vater und Sohn zu bewähren hat[106].

b) Die *»mystische«* Interpretation[107] ging aus von mystischen Reziprozitätsaussagen. Unser Text beschreibt dann die Unio Jesu mit dem Vater, die sich in der wechselseitigen Wesenserkenntnis beider vollzieht. Als verwandt empfand man natürlich Joh 10,14f: »Ich erkenne die Meinen und die Meinen erkennen mich, wie mich der Vater erkennt und ich den Vater erkenne«. Darüber hinaus wies man hin auf Gal 4,9; 1 Kor 8,3; 13,12 und einige mehr oder weniger nahe Parallelen aus der »hellenistischen Mystik«[108].

Diese Deutung ist im Strudel der von der dialektischen Theologie inspirierten Angriffe auf die sog. urchristliche Mystik reichlich unmodern geworden. Bei Paulus hat man alttestamentliche Grundmomente in seinem Verständnis der Erkenntnis Gottes nachgewiesen[109] und für Joh 10,14f mindestens behauptet. Man hat die grundsätzlichen Unterschiede zwischen dem Neuen Testament und benachbarten Texten, vor allem den Oden Salomos und dem Corpus Hermeticum, betont[110]. Da man aber weithin nicht mehr erkannte, daß es auch in mystischer Verbindung mit Gott einen bleibenden Unterschied zwischen Gott und dem Mysten gibt, neigte man dazu, aus theologiegeschichtlich verständlichen Gründen, das Kind mit dem Bade auszuschütten.

Mir scheint es unbestreitbar, daß in manchen mystischen Texten mit 11,27bc ver-

---

[106] Hoffmann, Studien 123: Die Reziprozität ist der Exklusivität der Erkenntnis von Vater und Sohn untergeordnet.
[107] Klassisch vertreten von Norden* 303-307; Arvedson* 152-157.
[108] Corp Herm 1 (Poimandres), 31f (keine Reziprozitätsaussage); 10 (Schlüssel), 15 (Gott γνωρίζει καὶ θέλει γνωρίζεσθαι); Od Sal 7,12f (keine Reziprozitätsaussage); 8,12 (keine Reziprozitätsaussage); Ev Thom log 3 (wenn ihr euch erkennt, werdet ihr erkannt werden – und ihr werdet Söhne des Vaters sein; Abhängigkeit von 11,27?); Tract Trip NHC I 87,15f (der Sohn ist die Gnosis des Vaters, den er sie erkennen lassen wollte); Pap Lond 122,50 bei W. Bousset, Kyrios Christos ²1921 (FRLANT 21), 48 (»Ich kenne dich, Hermes, und du mich. Ich bin du und du ich« – aber es geht hier um Zauberpraktiken); ein später Isis-Zauberpapyrus (bei Norden* 291). Mit Abstand die nächste Par bietet der (mystisch-pantheistische) Echnatonhymnus = J.P. Pritchard, The Ancient Near East, Princeton 1958, 230: »Du bist in meinem Herzen. Es gibt keinen anderen, der dich kennt außer deinem Sohn Nefer-kheperu-Re Wa-en-Re, denn du hast ihn geschickt gemacht in deinen Plänen und in deiner Stärke«.
[109] Vgl. Dupont aaO (o. Anm. 104) passim.
[110] Z.B. Schnackenburg, Joh II, 1971 (HThK IV/2), 374f.

wandte Aussagen auftauchen. Über die spärlichen Reziprozitätsaussagen hinaus gilt es, das weitere gedankliche Umfeld solcher Texte zu betrachten: Von der Weisheit sagt die *Sapientia Salomonis* in gut weisheitlicher Art, daß sie Menschen unzugänglich sei (9,17). Sap Sal 8 ist sie aber »Mystin des göttlichen Wissens« (8,4). Wer mit ihr sich verbindet, gewinnt Unsterblichkeit (8,17). Hier liegt formal der alttestamentliche Erkenntnisbegriff vor: Erkennen bedeutet Beteiligtsein, Erfahrung, Liebe, Anerkennen. Aber zugleich geht es um mehr: Gott erkennen bedeutet, daß die Weisheit, »der Spiegel der göttlichen Wirklichkeit« »in fromme Seelen übersiedelt« (7,26f). Der so begnadigte Mensch allein vermag Gott zu erkennen, »denn Gott liebt niemand außer dem, der der Weisheit beiwohnt« (7,28). Gott erkennen bedeutet also Gemeinschaft mit Gott, ja andeutungsweise Wesensgleichheit. Diese Sprache ist mystisch und deutet zugleich an, in was für einem Milieu es zu Texten wie Mt 11,27 kommen konnte. Ähnliche Töne entdecken wir bei *Philo*. Die höchste Stufe der Gotteserkenntnis, dem »Gottseher« vorbehalten, der aus der Welt der Sinne und der Welt der Vernunft auswanderte, ist mystische Erfahrung Gottes, wenn Gleiches durch Gleiches erkannt wird, Licht durch Licht (Spec Leg 1, 42), Sonne durch Sonne, Gott durch Gott (Praem Poen 45). Auch hier ist der Erkenntnisbegriff ungriechisch; Philo umschreibt ihn mit Bildern, nicht nur des Sehens, sondern auch des Essens und Trinkens, der Ruhe, der Liebe (Rer Div Her 79; Fug 137f; Som 2,232). Hier kommt es zur Gottesschau: Über den von Sehnsucht zum Gipfel des rein Geistigen Emporgetragenen ergießen sich reine Strahlen vollen Lichts, so daß das geistige Auge geblendet wird (Op Mund 71). Abraham, dem Schauenden, der sich zu Gott aufmachte, kommt Gott entgegen. »Darum heißt es nicht, daß der Weise Gott sah, sondern daß ›Gott‹ dem Weisen ›erschien‹« (Abr 79f). »Zur Wahrheit . . . gelangen nur die Menschen, die die Vorstellung von Gott durch Gott gewinnen« (Praem Poen 46), wenn Gott selbst dem begehrenden Auge des Geistes sich zeigt. Wir haben hier Ansätze zur Vergottung und auch zu Reziprozitätsaussagen, aber zugleich wird der absolute Gnadencharakter der Gotteserkenntnis nicht aufgehoben: Letztlich ist alle Erkenntnis Gottes eigene Erkenntnis, und menschliche Erkenntnis gibt es nur als geschenktes Erkennen[111].

Ich meine, daß im Milieu mystischer Transformation alttestamentlichen Glaubens die Aussage unseres Verses vorbereitet ist. Die hier gemeinte Erkenntnis ist Erkenntnis vom Gleichen durch Gleiches: Der Sohn, dem der Vater alle Erkenntnis »übergeben hat«, wird von ihm erkannt und erkennt ihn[112]. Gotteserkenntnis ist also Erkenntnis Gottes selbst in Gott. Ebenso wie sich der »Gottschauer« bei Philo von Sinnesmenschen und Geistesmenschen grundsätzlich unterscheidet, ebenso ist V 27 die Gotteserkenntnis des Sohnes eine nicht-sinnliche, göttliche Erkenntnis. Ebenso wie in den mystischen Aussagen geht auch hier die Gotteserkenntnis allein von Gott aus. Und ebenso wie dort ist das Sein des Erkennenden nicht ein von ihm selbst ablösbarer Akt: Der Sohn ist Sohn, indem er den Vater erkennt. Allerdings sind auch sehr große Unterschiede festzuhalten, die unserer Aussage ein unver-

---

[111] Ὁ δὲ δεικνὺς ἕκαστα ὁ μόνος ἐπιστήμων θεός (Migr Abr 40).
[112] Der Weg von Philo zu Origenes ist nicht weit: Princ 2,4,3 reflektiert Origenes den Unterschied zwischen (sinnlichem) Sehen und γινώσκειν, das allein der vollkommenen geistigen Natur des Vaters und des Sohnes zukomme (= GCS 22,131).

kennbares originales Gepräge geben: Hier steht nichts, wie vor allem bei Philo, von einem Weg zur Weisheit aus der Sinnenwelt heraus auf die Spitze des Geistigen, sondern es geht einlinig um den Weg vom Vater zum Sohn und erst von ihm zu den Menschen. Die Reihenfolge der Versteile, auch die Reihenfolge von V 27b und c, ist unumkehrbar. Weiter: In V 27 übernimmt der Sohn die Rolle des mit der Weisheit Vereinigten, bzw. des vollkommenen »Mysten« – und nur er. Es geht ausschließlich und exklusiv um Christus und gerade nicht um ein für jeden Menschen grundlegendes mystisches Verhältnis. Jedenfalls nimmt V 27d nicht, wie Joh 10,14b, die Gläubigen in eine analoge Beziehung zum Vater hinein, sondern braucht den von γινώσκω unterschiedenen terminus ἀποκαλύπτω. Die ihnen aus freiem Entschluß des Sohnes »geoffenbarte« Erkenntnis ist nicht von der selben Art wie die dem Sohn vom Vater gleichsam »natürlich« – man beachte das Präsens ἐπιγινώσκει! – geschenkte. Darum gehört zu dem, was ihnen offenbart ist, nicht nur das Wissen um das Geheimnis des Vaters, sondern auch das Wissen um das Geheimnis des Offenbarers, des Sohns.

25-27
Matthäus

Der Evangelist Matthäus hat den Text kaum verändert. Durch seine Einführung mit ἐν ἐκείνῳ τῷ καιρῷ und ἀποκριθείς hat er ihn eng mit dem Vorangehenden verbunden. Jesu Lobpreis ist sein Kontrapunkt zum Wehe über die galiläischen Städte. Neben das Gerichtswort tritt übermächtig der Dank für die Berufung der Gemeinde aus den Reihen des »einfachen Volks« als Kontrapunkt. Ταῦτα ist nun aus dem Kontext zu interpretieren und bezieht sich auf den Sinn der ganzen Geschichte Jesu in Israel[113]. »Sohn« ist bei Matthäus nicht von »Sohn Gottes« zu unterscheiden (vgl. 28,19). So erinnert V 27 den Leser an die Taufgeschichte, wo Gott durch den Geist die Gottessohnschaft Jesu offenbarte (3,17). Er erinnert auch an 1,21-23 und 2,15, wo durch Gott selbst – nämlich durch den Engel bzw. die Schrift – das Geheimnis der Gottessohnschaft Jesu kund wurde[114]. Er bereitet 16,16f, die Offenbarung der Gottessohnschaft an Petrus, und 17,5, die Verklärung vor. 26,63f und 27,43 werden zeigen, wie die Weisen Israels – Hohenpriester, Schriftgelehrte und Älteste – die Gottessohnschaft Jesu verkennen und so abschließend ihren Unglauben entlarven. V 27a erinnert auch – obwohl wörtliche Anklänge fast fehlen[115] – an die Versuchungsgeschichte, wo der Satan dem Gottessohn die Herrschaft übergeben wollte. Und er weist vor allem voraus auf 28,18-20, wo nicht nur Gott dem Sohn alle Macht im Himmel und auf der Erde übergeben hat, sondern Jesus dies zugleich den Seinen offenbart.

Zusammen-
fassung und
Wirkungs-
geschichte

Die Auslegung macht deutlich, daß die spätere trinitarische Auslegung vom Richtungssinn von V 27 her ein tiefes Recht hat. In diesem Vers dachte die nachösterliche Gemeinde fundamental*theologisch* darüber nach, was das Heil, das den νήπιοι durch Jesus widerfahren ist, bedeutet. Die Trinitätslehre

---

[113] Deutsch* 29: »The person of Jesus, ... his deeds, ... their significance«.
[114] Vgl. Bd. I 105.129.156.
[115] Nur: Ταῦτά σοι πάντα δώσω (4,9).

teilt mit unserem Text das Anliegen, dieses Heil in Gott selbst und im Sohn zu verankern. Im Sohn und seiner Offenbarung ist Gott selbst am Werk[116]. Die exklusive Formulierung der wechselseitigen Erkenntnis heißt dann in ihrer Sprache: Der Sohn gehört wesenhaft – nicht nur akzidentell[117] – auf die Seite des Vaters. Ohne Jesus läßt sich Gottes Gottheit nicht denken. Ohne den Vater gibt es keinen Weg zu Jesus. Beide gehören zusammen. Gott wird nur als Geschenk des Sohnes, nur durch Offenbarung verstehbar. Es geht also in 11,27 um das, was der Sohn *ist*, und nicht um das, was er von sich hält. Unsere Auslegung wollte deutlich machen, warum die Reduktion der trinitarischen Reflexion auf eine Frage des Selbstbewußtseins Jesu nicht dem entspricht, was unser Text anstoßen will.

Nun ist damit für uns heute freilich noch nicht alles gesagt. Daß in unserem Jahrhundert die Trinitätslehre aus der Auslegung unseres Textes gleichsam sang- und klanglos verschwunden ist, kann ja nicht einfach rückgängig gemacht werden. Vielleicht ist die Trinität in ihrer klassischen sprachlichen Gestalt heute wirklich vergangen, bzw. höchstens noch für die »Weisen« verstehbar, nicht aber für die νήπιοι, das einfache Volk. Sie repristinieren zu wollen könnte deshalb der Intention unseres Textes stracks zuwiderlaufen. Aber dennoch muß das, was sie gewollt hat, die Richtung für den Umgang mit unserem Text heute abgeben: Es muß darum gehen zu begreifen, daß man Gott nicht ohne Jesus erfassen kann. Es geht bei Matthäus darum, daß Jesus »Immanuel« ist, d.h. *Gott* mit uns. Dann, wenn man nicht an Jesus die Frage nach *Gott* stellt, verfehlt man auch ihn und damit zugleich die vom Text gemeinte Gotteserfahrung für die Menschen. Beispiele für solche allgemeine Gottgläubigkeit oder rein »menschliche« Jesusfrömmigkeit gibt es in unserer Zeit genug.

Wir schließen mit einem Blick auf zwei anders akzentuierte Auslegungen in der Wirkungsgeschichte, die heute »Korrektivfunktionen« haben könnten. Da ist einmal die *mystische Auslegung*, die es durch die ganze Kirchengeschichte hindurch gegeben hat. Ich gebe zwei Beispiele. Der Karthäuser Dionys formuliert nach seinem Fazit aus 11,27d, daß die Trinität nicht »ex lumine naturali« erkannt werden könne, eine Art Postskript (»postremo«): Er fragt sich, wie die durch die Offenbarung des Sohnes geschehende Gotteserkenntnis im Leben zustande kommen könnte, und sagt: Es geschieht, indem wir von uns ablassen, »um vereinigt zu werden (uniamur) mit Gott, als einem gleichsam unbegreiflichen und weiterhin unbekannten Seienden, was sein Wesen betrifft«[118]. In diesem »postremo« ist sowohl das Prae Gottes als auch sein blei-

---

[116] S. Franck, Paradoxa, hrsg. S. Wolgast, Berlin 1966, 27 formuliert ausgezeichnet als Fazit zu Mt 11,27: »Summa: Gott selbst muß alles im Menschen sein. Was er nicht selbst ist, tut, liebt, bittet, weiß in uns, das ist Sünde ... Ja, niemand kann Gott erkennen, lieben, bitten etc. als Gott selber«.

[117] Vgl. Ev Thom log 61: »Ich bin der, der aus dem Gleichen ist. Man hat mir von (den Dingen) meines Vaters gegeben«. Marchel* 160 formuliert aufgrund der Praesentia: »Il ne s'agit pas d'une connaissance acquise ..., mais bien d'une connaissance permanente«.

[118] 145.

bendes Geheimnis in der unio gewahrt[119]. Meister Eckhart formuliert in der Predigt »Haec est vita aeterna« zu unserem Text: »Und dar umbe: sol der mensche got bekennen (= kennen), in dem sîn êwigiu saelichkeit bestât, sô muoz er ein einiger sun sîn mit Kristô des vaters; und dar umbe: wellet ir saelic sîn, sô müezet ir ēin sun sîn, niht vil süne, mêr: ēin sun ... Und dar umbe: sult ir ēin sun sîn mit Kristô, sô müezet ir ein einiger ûzvluz sîn mit dem êwigen worte«[120]. Auch hier ist Wesentliches aus unserem Text aufgenommen: Seligkeit besteht in der Erkenntnis Gottes[121]; unserer Erkenntnis ist Christus vorgeordnet; dies ist kein Naturvorgang, sondern an das Wort gebunden. In beiden Auslegungen ist V 27d, die Offenbarung durch den Sohn, durch mystische Erfahrung vertieft und konkretisiert, ohne daß das unumkehrbare Gefälle von Gott zum Menschen, das unser Text setzt, angetastet würde. Matthäus selber wird die Applikation des Erkennens des Vaters und des Sohnes in V 28-30 nicht mystisch akzentuieren. Aber die beiden Beispiele mögen helfen, die Angst vor den mystischen Sinnpotentialen unseres Textes zu verringern.

Die zweite Auslegung ist die *paränetische*, die wir z.B. im Pietismus besonders schön beobachten können. Hier kehrt das Gewicht der Auslegung zu V 25 zurück. Nun stehen die νήπιοι im Vordergrund des Interesses, aber nicht mehr, wie bei Jesus, als die »Dummen«, die die Menschen sind, sondern als die Einfältigen, die sie werden sollen. Für einen Christen gilt es, so sagt Zinzendorf, daß er »was zurük holen muß von dem Kinder-Sinn, den ein Kind von zwey Jahren hat«. Gemeint ist damit nicht Dummheit, sondern ein »fröliches, kindliches, einfältiges Wesen«, »dem überflüssigen Nachdenken, dem Spintisieren in Herz-Wahrheiten« Absterben und die »selige Einfalt«, »in der man weiß, was man will, weil man nichts weiter weiß, als was man von Ihm hört«. Wird man nicht in dieser Weise Kind, so kommt bei den Christen »die alte patriarchalische Lebens-Art wieder hervor«, und zwar schlimmer als vorher[122]. Die »Demut« von 11,29 legt das aus. Es gibt kaum einen Text, mit dem sich Zinzendorf so intensiv beschäftigt hat wie mit diesem. A.H. Francke beschäftigt sich in seiner hermeneutischen Schrift »Christus der Kern Heiliger Schrift« im Anschluß an unseren Text mit der Applikation der Christologie, die als »äußerliche Wissenschafft« noch keineswegs verstanden ist. »Sondern du must dich vor Gott erniedrigen als ein Kind und alles dein Bibel-Lesen in demüthiger Erkänntniss deiner Untüchtigkeit mit gantz ernstlichem und inniglichem Gebeth und Seufftzen zu GOtt anfangen«. Man muß seine Sünde und sein Elend als schwere Last erkennen und so ein νήπιος *werden*. Den »weisen« Theologen ruft Francke zu: »Multi sunt Theologi gloriae, pauci crucis«[123]. Hier wird unser Text paränetisch appliziert.

Erklärung 28-30

Die traditionsgeschichtliche Entwicklung von Mt 11,25-30 verlief ähnlich wie diejenige der Seligpreisungen[124]: In der Logienquelle wurden die ursprünglich »offenen« Seligpreisungen christologisch interpretiert und ihre

---

[119] In der »unio« wird also gerade nicht der Unterschied zwischen Gott und Mensch aufgehoben.

[120] Deutsche Werke II, Stuttgart 1971, 378f.

[121] Vgl. Origenes, Comm in Joh 1,16: In der endgültigen Apokatastasis werden *alle* »Gott betrachten, um in der Erkenntnis des Vaters Gestalt gewinnend – wie jetzt einzig der Sohn den Vater erkannt hat – allesamt in vollkommener Weise seine Söhne zu werden« (= GCS 10, 20).

[122] Zinzendorf II 799.804.800.

[123] Christus der Kern Heiliger Schrift (1702), in: Werke in Auswahl, hrsg. E. Peschke, Berlin 1969, 235.245.247.

[124] Vgl. Bd. I 200-202.215f.

Gnadenverkündigung auf die verfolgte Gemeinde bezogen. Vor und bei Matthäus setzte dann der Prozeß der Ethisierung ein: Die Gnade ist nicht einfach billige, selbstverständliche Gnade, sondern an eine menschliche Haltung und an menschliche Praxis gebunden. Dieses Stadium der beginnenden »Ethisierung« zeigt in unserem Text die Zufügung von V 28-30 durch Matthäus: Hier geht es – auch – darum, daß die νήπιοι sich durch ihre *Haltung* bewähren (11,29f). In der Auslegungsgeschichte entsprach dieser Akzentverlagerung die Entwicklung von der reformatorischen und orthodoxen Auslegung hin zum Pietismus, die textlich eine Akzentverschiebung zu V 29f, inhaltlich eine solche zur Applikation und zur Paränese bedeutete. Wie bei der Bergpredigt, so wird sich auch jetzt wieder die Frage erheben, ob damit die Gnade, von der V 25-27 sprechen, nicht zerstört wird. Diese Grundfrage ist an der Auslegung von V 28-30 zu prüfen.

Den Versen 28 und 30 liegt traditionsgeschichtlich eine Einladung der Weisheit zugrunde. Zunächst sollen deshalb unsere Verse auf ihrem weisheitlichen Hintergrund interpretiert werden. Die nächsten Analogien sind Sir 51,23-29; 24,19-22, vgl. Sir 6,18-37; Sap 6,11-16[125]. Ältere Beispiele sind Spr 8,1-21.32-36; 9,4-6, jüngere die Lehre des Silvanus NHC VII 89, 5-13 und Od Sal 33,6-13. Zu diesen Texten gehört formal oft eine eigentliche Einladung, eine Aufforderung und eine Verheißung; aber der Aufbau entspricht nicht einem festen Formschema. So steht etwa in unserem Text nicht die Verheißung, sondern eine Begründung am Schluß. In diesen Texten und anderen verwandten Weisheitstexten tauchen zahlreiche Motive unseres Textes auf: Die Weisheit oder ihr Lehrer wenden sich an die Ungebildeten (Sir 51,23), die Unverständigen (Silv 89,7), diejenigen, die sie begehren (Sir 24,19) oder sich um sie *mühen*[126]. Weil Weisheit immer auf Praxis hinaus will, bedeutet »sich mühen« um die Weisheit: ein Leben in Gehorsam und Gerechtigkeit. Das Bild vom »Joch« ist biblisch und jüdisch verbreitet, und zwar zunächst im profanen Sinn: So ist vom Joch der Fremdherrschaft, der Sklaverei, des Schicksals oder vom »menschlichen Joch« etc. die Rede. Daneben hat sich auch ein religiöser Sprachgebrauch herausgebildet: Im Sirachbuch ist die Rede vom »Joch der Weisheit« (Sir 6,24; 51,26). Da in Sir 24 die Weisheit mit der Tora identifiziert wurde, ist damit nichts anderes gemeint als das »Joch der Gebote« bzw. der Tora, eine verbreitete jüdische Wendung[127]. Verwandt sind auch die Ausdrücke »Joch Gottes« (Jer 2,20; 5,5; sl Hen 34,1f) oder »Joch der Gottesherrschaft«.

Verbreitet ist der Gedanke, daß die Menschen bei der Weisheit »Ruhe« finden werden (Sir 6,28; 51,27, vgl. 24,7). Dieses Bild, das ursprünglich mit der Verheißung der Landnahme zusammenhängt, wurde später von den Propheten ins Eschatologische

Weisheitswort

---

[125] Hier spricht, wie überall in Sap, nicht die Weisheit, sondern der Lehrer in ihrem Namen. Auch Sir 51,23 spricht im Unterschied zu Spr 8f; Sir 14,19ff und zur Lehre des Silvanus nicht die Weisheit, sondern ihr Lehrer.
[126] Κοπιάω heißt »müde werden« oder »sich mühen«. In den weisheitlichen Parr dominiert die zweite Bedeutung »sich abmühen« (um die Weisheit), vgl. Sap 6,14; Sir 24,34; 33,18; Sap 9,10; 10,17. Σιρ 51,27 ist von den Mühen der Weisheit um ihre Söhne die Rede.
[127] Vgl. s Bar 41,3; rabb. Belege bei Bill. I 608 b.c.

gewendet und bei Philo und in der Gnosis zum Symbol für das absolut transzendente Heilsgut[128]. Es ist schwer zu entscheiden, wieviel an Heilsgeschichtlichem, Endzeitlichem und Transzendentem in einem so offenen Bild jeweils mitschwingt: In der Weisheit kann auch die simple Erfahrung des Predigers eine Rolle spielen, daß Weisheit immer mit Ruhe und Überlegenheit, Torheit mit Lärm und Geschrei einhergeht (Koh 9,17). Hilfreich ist es, andere mit dem Erlangen der Weisheit verbundene Bilder zu betrachten: In den Sprüchen und im Sirachbuch ist es das Stillen von Durst und Hunger (Spr 9,4f; Sir 24,20-22; 51,24; vgl. 15,3), die Freude (Sir 6,28; 15,6), das Ehrengewand und die Krone (Sir 6,31, vgl. 7,16-18). Diese Bilder sprechen dafür, die Gaben der Weisheit nicht nur ins Eschaton zu verbannen: Gemeint ist, daß das Leben mit der Weisheit bzw. mit dem Gesetz hier und jetzt Freude, Erfüllung, Freiheit, Ruhe, Klarheit und Macht mit sich bringt. Darum ist das Joch der Weisheit ein *gütiges Joch*. Auch dafür gibt es in unseren weisheitlichen Texten Parallelen: Sir 51,26 betont, daß die Weisheit nahe ist und sich finden läßt. Von denen, die sie lieben, ist sie leicht zu schauen, denn sie sucht die, welche ihrer würdig sind, und erscheint ihnen auf offener Straße (Sap 6,12.16). Wer früh sich aufmacht, wird keine Mühe haben (Sap 6,14). Umsonst ist sie zu kaufen (Sir 51,25). Für den Toren ist sie ein holpriger Weg, aber der Weise, der ihr dient, muß sich nur wenig mühen und wird schon am nächsten Tag ihre Frucht essen (Sir 6,19f).

Bei diesen Aussagen liegt – für uns! – das Interpretationsproblem: Warum ist der Weg der Weisheit und des Gesetzes, die »Mühe«, zu der sie ja auffordert, ein leichter Weg? Muß man hier von einem Paradox sprechen[129]? Wahrscheinlich muß man das erst von einem christlichen Standort aus. Für einen Juden, der sich aufmacht zur Hochzeit mit der Weisheit, indem er im Gesetz lebt und ihm gehorcht, ist dieser Gehorsam Freude und Erfüllung.

28-30 Matthäus Bei Matthäus ruft Jesus an der Stelle der Weisheit. Der Sohn allein ist der Weg zu Gott. Mindestens funktional wurde er von Matthäus mit der Weisheit identifiziert[130]. Wie in 11,19 und 23,34 liegt aber m.E. hier nicht die entscheidende matthäische Aussage, sondern nur ihre Voraussetzung. Die zentrale Aussage ist vielmehr, daß Jesus »freundlich und von Herzen demütig ist« (V 29a). Dennoch gibt die Nähe Jesu zur der Weisheit für unser Logion einen wichtigen Grundton ab. Indem Jesus ungebrochen ins Haus der Weisheit eingefügt wird, wird auch eine Kontinuität zum Gesetz mitgesetzt, mit der das Judentum die Weisheit identifizierte. Wenn Matthäus in V 29 die νήπιοι auf den Weg des Lernens ruft, wird diese Kontinuität noch verstärkt[131]: Wie

---

[128] Vgl. Ex 33,14; Dtn 12,9f; Jes 14,3; 32,18; Jer 6,16 (= Mt 11,29b); 2Thess 1,7; Apk 14,13; Hebr 3,11-4,11; Ev Thom log 90; Corp Herm 13,20; Dupont, Béatitudes III 527f.
[129] Deutsch* 117.137.
[130] Das betonen u.a. Christ* 116f (der Heilandsruf ist vermutlich schon jesuanisch); Suggs, Wisdom 96; Deutsch* 130f (Jesus ist Weisheitslehrer und Weisheit).

[131] Luck* deutet den ganzen Text im Horizont der Weisheit, legt aber das Gewicht darauf, daß durch die Erkenntnis *des Sohnes* dieser Horizont eine entscheidende Umwertung erfährt (49). M.E. ist das für V 25-27 richtig, während durch V 28-30 der ganze Text eher wieder verstärkt weisheitliche Akzente bekommt.

im Judentum bedeutet μανθάνω etwas Praktisches, das Lernen eines Verhaltens.

Jesus ruft: Kommt *alle* zu mir! Nach der sich abzeichnenden Krise in Israel 28 (11,7-19) und nach den Weherufen über die galiläischen Städte (11,20-24) ist das ein wichtiger Akzent. Noch ist der Zugang zu Gott für ganz Israel offen. Die Fortsetzung des Evangeliums wird zeigen, wie Israel darauf antwortet. Κοπιάω heißt: »sich (in körperlicher oder geistiger Arbeit) mühen«; weder der Kontext des Matthäusevangeliums noch der weisheitliche Hintergrund des Wortes[132] noch die in V 29 folgenden Imperative raten zu der seit Luther verbreiteten »passiven« Übersetzung »mühselig«[133]. Dann ist das passive Partizip πεφορτισμένοι nicht als Interpretament, sondern als Weiterführung von κοπιῶντες zu verstehen. Was meint die »Last«? Im Kontext des Evangeliums kommt man nicht umhin, von 23,4 her zu interpretieren: Die Schriftgelehrten und Pharisäer sind es, die den Menschen schwer zu tragende Lasten aufbinden, sie selbst aber nicht tragen. Die vorgegebene Tradition wird also vom Evangelisten antipharisäisch akzentuiert[134]. Ist diese Interpretation richtig, so sind die Adressaten unseres Logions nach wie vor das ganze Volk Israel, nicht etwa nur die Jünger[135]. Warum ist die pharisäische Gesetzesinterpretation eine Last? Eine ähnliche Frage muß man an Apg 15,10 stellen. Dort kann man eine Antwort geben, weil ein heidenchristlicher Verfasser dem Petrus das Wort vom »Joch« in den Mund legt, »das weder unsere Väter noch wir zu tragen vermochten«. Beim Judenchristen Matthäus fällt die Antwort aber nicht leicht, zumal sein Jesus das ganze Gesetz mit allen Jotas und Häklein zu halten befiehlt (5,18f). Warum also ist das Gesetz, ausgelegt und auferlegt durch die Pharisäer, schwer, hingegen dann, wenn Jesus es befiehlt, ein »mildes Joch« und eine »leichte Last«?

Die kirchliche Auslegung hat viele Antworten versucht. Das christliche Cliché der Wirkungs-Tora als eines Bündels von vielen, unübersichtlichen und eigentlich sinnlosen Einzel- geschichte vorschriften hat ein wirkliches Verständnis des Textes (und auch des Judentums) er- φορτίον schwert[136]. Solche Auslegung wurde wesentlich durch die Aufklärung verstärkt. Die ἐλαφρόν Fülle »pharisäischer Vorschriften und Cerimonien« war hier ebenso belastend wie das christliche Joch »von Dogmen und Geheimnislehren«[137]. Kant hat darum das leichte Joch Christi als das Sittengesetz des mündigen Menschen verstanden: Es sind die

---

[132] Vgl. o. Anm. 126. Die einzige mt Par ist 6,28, wo von körperlicher Arbeit die Rede ist.
[133] Vgl. dagegen Vg: »laboratis«; »Zwingli« (Froschauerbibel 1531): »die arbeytend«; Einheitsübersetzung: »die ihr euch plagt«; New English Bible (1961): »whose work is hard«.
[134] Künzel, Studien 89; Deutsch* 43.
[135] Gegen Dupont, Béatitudes III 530 und Stanton* 7 (die νήπιοι sind V 25-27 Jünger): Beide unterschätzen das πάντες und die Bedeutung des mt Makrotextes, der die Geschichte Jesu mit Israel erzählt.

[136] Vgl. z.B. Michaelis II 136: »Die pharisäische Auslegung« lockte die Menschen »in einen Irrgarten von Skrupeln«. Schon die altkirchliche Auslegung bereitete diese Tendenz vor, vgl. z.B. Hieronymus 87; Strabo 123. Paschasius Radbertus 454 weist darauf hin, daß das Gesetz Christi nur zwei Vorschriften (das doppelte Liebesgebot) kenne.
[137] Paulus II 704.

Pflichten, die jeder »als von ihm selbst und durch seine eigene Vernunft ihm auferlegt betrachte(n kann, und die) er daher . . . freiwillig auf sich nimmt«. Deshalb sind »nur die moralischen Gesetze . . . göttliche Gebote«[138]. Im Grunde genommen ist die Antwort Kants gar nicht so weit von der klassischen christlichen Antwort entfernt: Etwa Thomas v Aquino versuchte den Ausgleich zwischen Mt 5,19 und den Antithesen einerseits, Mt 11,28 andererseits so herzustellen, daß er das Zeremonialgesetz aufgehoben sein ließ und zugleich feststellte, zum Naturgesetz füge Christus nur wenig hinzu[139]. Die schwere Last ist also das jüdische Gesetz, das leichte Joch die lex Evangelica. Tiefer denkt Maldonat[140], der vier Gründe sieht, warum das jüdische Gesetz ein hartes Joch ist: 1. die unendliche . . . Vielzahl der Vorschriften über das Naturgesetz hinaus; 2. die Strafen für Gesetzesübertretungen, die in einem Geist der Furcht und der Knechtschaft stehen; 3. der Zwang im Gesetz bzw. die Freiwilligkeit der Liebe im Evangelium und 4. die fehlende Gabe des heiligen Geistes im alten Bund. Am tiefsten ist aber wohl die Antwort Augustins: »Was auch immer hart ist in dem, was uns auferlegt ist: die Liebe macht es leicht«[141].

Erklärung 30 Für Matthäus wäre die Antwort leicht, wenn auch er, wie später der Jakobusbrief und die alte Kirche, das Zeremonialgesetz abgeschafft und den Willen Gottes mit dem »vernünftigen« Naturgesetz identifiziert hätte. Wir haben diese Möglichkeit bei der Auslegung von Mt 5,17-20 abgewiesen[142]. Eine andere oder eine weniger strenge Tora als die alttestamentliche verkündigte Jesus nicht. Auch bei ihm besteht die Einladung Jesu aus Imperativen. »Sein« Joch darf gerade nicht im Gegensatz zur Tora interpretiert werden, die zu erfüllen er gekommen ist.

29 Daß das Joch angenehm und die Last leicht ist, hängt für Matthäus mit Jesus zusammen, der sie auflegt. Hat er an die didaktischen Qualitäten des Lehrers Jesus gedacht, der anders als die Rabbinen mit seinen Schülern Geduld hat und nicht schnell und hart straft[143]? »Demütig im Herzen« ist aber viel mehr als eine didaktische Qualifikation, und πραΰς paßt schlecht als Kontrast zum Judentum, das z.B. Hillel im Unterschied zu Schammaj wegen seiner Milde preist[144]. Oder ist Jesus darum πραΰς, weil er »in die Reihe der Sünder tritt,

---

[138] I. Kant, Die Religion innerhalb der Grenzen der bloßen Vernunft, hrsg. K. Vorländer, Hamburg ⁸1978 (PhB 45), 201 Anm.
[139] STh 1/II qu 107 art 4.
[140] 241f.
[141] Augustin, Sermo 96,1 = PL 38, 584; ähnlich Dionysius bar Salibi II 231.
[142] Vgl. Bd. I 233f.239f; Luz, ZThK 75 (1978) 424-426.
[143] Die Interpretation ist nicht erst neueren Datums, vgl. Theodor v Mopsuestia fr 67 (= Reuss 118: Langmut und Geduld zeichnen Jesus aus); Cyrill v Alexandria fr 150 (= Reuss 201): ἐν ἁπλοῖς ῥήμασιν. Die Neueren verstehen es im Gegenüber zu den jüdischen Lehrern, z.B. Zahn 443 im antijüdischen Jargon

seiner Zeit: Jesus ist »nicht ein unbarmherziger und hochmütiger Meister . . . wie die Gesetzeslehrer seiner Zeit«. Schlatter 387 weiß zu berichten: Die Lehrer sind »Perfektionisten«, da sie auch »den göttlichen Zorn vertreten«. Jesus etwa nicht? Es ist erstaunlich, wie antijüdische Grundstimmung den Blick an sich sachverständiger Gelehrter trüben kann. Montefiore, Gospels II 610 beklagt sich mit Recht über »the German Protestant explanations«!
[144] Schab 30b.31a; Sota 48b und weitere Belege (auch für andere Rabbinen) bei Bill. I 198f. Zur Demut des Mose: Ned 38a. Nach Jos Ant 13,294 sind die Pharisäer mild im Strafen.

sich taufen läßt und so für die Sünder eintretend den Weg ans Kreuz geht«[145]? Wir müssen vom Wortsinn der beiden Ausdrücke ausgehen. Πραΰς und ταπεινός sind schon alttestamentlich miteinander verbunden (Jes 26,6; Zef 3,12; vgl. Spr 16,19)[146]. Auch die Verbindung von ταπεινός mit dem Dativ der Beziehung τῇ καρδίᾳ ist biblisch vorgegeben (Dan 3,87 LXX). Griechisch hat ταπεινός allgemein einen negativen Klang. Im Alten Testament rückt das Wort in den Bedeutungskreis von עָנִי/עָנָו und kann so eine positive Bedeutung bekommen: Gott erwählt den Geringen. Der Dativ τῇ καρδίᾳ verinnerlicht die Niedrigkeit; dabei kann man sowohl an einen Zustand (seelisch »am Boden«)[147] oder eine Haltung (»demütig«)[148] denken. Die übrigen Stellen, an denen der Wortstamm bei Matthäus vorkommt (18,4; 23,11f, vgl. 18,10; 20,26-28; 23, 8-10), machen klar, daß es um die Haltung der Demut geht. Damit ist diejenige menschliche Haltung gemeint, die sich selber in der Liebe zugunsten des anderen zurückstellt[149]. Auch πραΰς meint bei Matthäus eine Haltung, wie sie im Einzug des Königs, der auf einem Esel nach Jerusalem reitet (Mt 21,5), zum Ausdruck kommt und wie sie 5,5 glücklich gepriesen wird: »demütig«, »freundlich«[150]. Wenn man zusätzlich bedenkt, daß μάθετε ὅτι wahrscheinlich »lernen, *daß*« heißt[151], so wird klar, daß Matthäus hier an das Beispiel Jesu denkt, der selbst den Willen des Vaters in seinem Leben verkörpert und so das Gesetz erfüllt. Jesus ist selbst »freundlich« gegenüber den Menschen, wie etwa die folgenden beiden Geschichten Mt 12,1-14 deutlich machen; er ist demütig und gewaltlos, wie die Passionsgeschichte am besten zeigt. Matthäus denkt hier wohl nicht anders als ein Jude auch, der Demut mit dem Lernen der Tora verbindet und sie für eine entscheidende Eigenschaft eines Lehrers hält. Seine antijüdische Frontstellung drückt sich nur so aus, daß seiner Meinung nach die Pharisäer und Schriftgelehrten in der Praxis nicht demütig sind, sondern die ersten Plätze, ehrerbietige Begrüßungen und

---

[145] Barth, Gesetzesverständnis 139 Anm. 1.
[146] Vgl. rabb. Pesiqt 5,44a (bei W. Grundmann, Art. ταπεινός κτλ., ThWNT VIII 14,17-19): Saul ist עָנָיו וּשְׁפַל רוּחַ und wird darum König. Frühchristlich sind beide Stämme 2Kor 10,1; Kol 3,12; Eph 4,2; 1Clem 30,8; Ign Eph 10,2; Herm m 11,8 = 43,8 miteinander verbunden. Oft steht zusätzlich ἡσύχιος oder ἐπιεικής.
[147] So ψ 33,19 (ταπεινοὶ τῷ πνεύματι).
[148] Vgl. Test R 6,10 (Demut gegenüber Levi); Test Jos 6,2 (Gebet und Fasten); Test D 6,9 (ἀληθής, μακρόθυμος, πρᾶος; vermutlich ist die St eine christliche Auslegung von Mt 11,29). Für die Rabbinen ist Demut eine entscheidende Tugend und insbesondere Voraussetzung für das Verstehen der Tora: Aboth 6,5 (Tora wird durch Demut erworben); Aboth RN 11; Tanch כי תבא 24b (Tora hält sich bei den Demütigen auf) und weitere St bei Bill. I 192f.

[149] Immer wieder hat Zinzendorf sich mit der Demut beschäftigt und kam dabei zu großartigen Formulierungen: Demut ist nicht die Betrachtung des Sündenelends, denn »der Heiland«, der ja sündlos war, »hatte nichts demühtigendes an sich« (872). Demut ist auch nicht Selbsthaß, sondern nur: »er nahm sich nicht Zeit, an sich zu denken, über Seine Person und Verrichtung gloriös zu werden« (874). »Nicht Gefallen an sich selber haben, das Gute so hurtig expediren, daß die Linke nicht weiß, was die Rechte thut, sich nicht Zeit nehmen, über das vergangene Gute zu denken, weil man gleich wieder ein anders Object hat, das heißt vom Heiland Demuth gelernt« (873).
[150] Vgl. Bd. I 209.
[151] Vgl. o. Anm. 3.

Titel lieben (23,5-7). Jesus dagegen lebt, was er lehrt[152], und gerade das Beispiel, das er – nach Matthäus im Unterschied zu den Pharisäern (23,4!) – gibt, macht sein Joch »freundlich und leicht«[153]. Ob er, wie Augustin[154], dachte, daß die Liebe, die *immer* Richtschnur und Kanon für die Gewichtung der Gesetzesvorschriften ist (Mt 23,23!), einen neuen, freien und so »unbelasteten« Gehorsam ermöglicht, ist schwer zu sagen. Darüber hinaus muß man wohl an die »Ruhe« denken, die er verspricht: Dem Gottessohn ist die Macht des Vaters übergeben, und er, der Fordernde und Gehorsame, will seine Gemeinde begleiten bis ans Ende der Welt (28,18-20). Und schließlich gehört zur »Ruhe«, die Jesus verheißt, für Matthäus auch die Zukunft des Gottesreichs (vgl. Mt 5, 3-12).

Zusammenfassung und Wirkungsgeschichte
Die späteren Interpreten von Mt 11,28-30 versuchten, den Text neu anzuwenden. Wenn wir aus der Wirkungsgeschichte einige Linien herausgreifen, so stellt sich dabei immer wieder die Frage nach Grenze und Legitimität dieser Anwendungen.

1. Immer wieder neu wurde gefragt, was »sich mühen und belastet sein« heißen könnte. Die kirchliche »Normaldeutung« aller Zeiten bezog sich auf die Last der Sünde und des Gesetzes[155]. Eindrucksvoll ist ein langer, in den Annotationes gut versteckter Exkurs des Erasmus über die Lasten, die die katholische Kirche und ihre Würdenträger den Menschen auferlegen[156]. P. Tillich spricht statt von der Last des Gesetzes von der Last der Religion und vom Menschen, der »dauernd unter dem Anspruch (steht), Dinge glauben zu sollen, die er nicht glauben kann« und darunter leidet[157]. Die Bauern von Solentiname schließlich beziehen den Text auf »die Last des ausgebeuteten Volkes«[158]. Kirchengeschichtlich haben sie einen Vorgänger in Luther, dem gerade von seiner »passiven« Übersetzung »Mühselige« her eine Ausweitung auf alle Anfechtung, »Hunger, Armut, Schand oder andere Trübsal« nahelag[159]. Der Text wurde also ausgeweitet. Geht man von der grenzenlosen Liebe Christi aus, so ist klar, daß keine Mühe und keine Last von seinem »Heilandsruf« ausgenommen werden darf und daß die Aufgabe heutiger Interpretation darin besteht, von dieser Liebe her immer wieder in neuen Situationen zu entdecken und ernst zu nehmen, wo Mühen und Lasten sind. Der Text wurde also als Botschaft der *Gnade* verstanden.

2. Dies gilt vor allem für die reformatorisch geprägte Exegese. »O ingens et opulenta misericordia tam dulciter vocantis ad sese peccatores miseros!«, ruft Luther

---

[152] Die alte Auslegung unserer St in Test D 6,9 (o. Anm. 148) fährt weiter: ἐκδιδάσκων διὰ τῶν ἔργων τὸν νόμον κυρίου.

[153] Wie das Beispiel Jesu *Gnade* sein kann, zeigt Kierkegaard* 36.48 sehr schön: Bei der Einübung ins Christentum kann das »ungeheuerliche Halt...«, welches die Bedingung dafür ist, daß der Glaube entsteht« nur durch den entstehen, dem das Leben kostete, nicht aber durch einen »gepflegten Mann im seidenen Talar... mit angenehmer, wohllautender Stimme« (36).

[154] Vgl. o. Anm. 141. Ein Argument dafür wäre die (nicht explizite) Interpretation des »milden Jochs« durch ἔλεος in 12,7.

[155] Z.B. Origenes fr 245 = GCS Orig XII 114; Hieronymus 86; Luther (WA 38) 527 (die Anfechtung durch das Gesetz); Bucer 113; Jansen 113 etc.

[156] 63f (von 1525).

[157] P. Tillich, In der Tiefe ist Wahrheit. Religiöse Reden I, Stuttgart ⁵1952, 92f.

[158] E. Cardenal, Das Evangelium der Bauern von Solentiname I, Wuppertal 1976, 171.

[159] II 415 (Predigt von 1517).

aus¹⁶⁰. Immer wieder wird das »alle« (V 28) betont. Zehnmal wiederholt Brenz in seiner eindrücklichen Auslegung auf nur sieben Zeilen das Wort »omnes«¹⁶¹. Wirkungsmächtig wurde der Text, weil er in der Zwinglischen und anglikanischen Liturgie als Einladung zum Abendmahl gebraucht wurde¹⁶². Manchmal fiel es allerdings den Auslegern schwer, die verheißene Gnade konkret in der Gegenwart zu entdecken, zumal wenn sie das Hauptgewicht auf die Last der Sünde legten. Dafür ein Beispiel: »It is sufficient in this life that we find rest to our souls, although our bodies be troubled«¹⁶³. Wird die Gnade nur noch für die Zukunft verheißen, so vermag der Text in der Gegenwart nichts mehr zu bewegen. Darum mahnt E. Bloch zu unserem Text: »Jesus (ist) am wenigsten als Drückeberger in unerscheinende Innerlichkeit oder auch als Quartiermacher für ein völlig transzendentes Himmelreich aufgetreten«¹⁶⁴.

3. Daß unser Text bei Mt einen *paränetischen Skopus* hat, ja, den »Jubelruf« paränetisch ins Leben hinein zuspitzt, ist in der Auslegungsgeschichte nie völlig vergessen worden. Sein Zentrum wurde seit 1Clem 16,17¹⁶⁵ und Test D 6,9 in der Demut gesehen. Harnack spricht im Blick auf das 2. Jh von der christlichen Trias πραΰτης, ἐπιείκεια, ταπεινοφροσύνη¹⁶⁶. Auslegungsgeschichtliche Schwerpunkte gibt es bei Augustin¹⁶⁷, im Mönchtum¹⁶⁸ und bei Wyclif. Letzterer ist Mt darum vielleicht besonders nahe, weil er unter dem Joch Jesu die lex Evangelica versteht und betont, daß Demut immer konkrete Taten erfordere¹⁶⁹. Meist wurde in der Auslegungsgeschichte die Demut mit der Nachfolge, bzw. der Kreuzesnachfolge zusammengesehen¹⁷⁰. Manchmal verbanden sich mit Demut asketische Forderungen, so z.B. die Selbstkasteiung¹⁷¹ oder das Martyrium in einer Verfolgungssituation¹⁷². Im ganzen aber überwogen gegenteilige Töne: Das Joch Christi besteht nicht in einer speziellen Askese, nicht in besonderem Fasten, wohl aber in Nächstenliebe und Geringschätzung des Reichtums¹⁷³. Besonders eindrücklich hat Augustin formuliert: »Wenn du groß sein willst,

---

¹⁶⁰ (WA 38) 526. Calvin, Inst III 4,3; III 12,7 legt den Heilandsruf von Jes 61,1f her aus.
¹⁶¹ 471.
¹⁶² Stanton* 4; F. Schmidt-Clausing, Zwinglis liturgische Formulare, Frankfurt/M. 1970, 26. Vgl. auch Luthers Großen Katechismus, BSLK ⁴1959, 721; Konkordienformel, ebd. 996 (die »schwachgläubigen, blöden, betrübten Christen ... sind die rechten, wirdigen Gäste für ... dies hochwirdige Sakrament«).
¹⁶³ Dickson 158, vgl. Zwingli 283: Ruhe und Frieden für die Gewissen. Solche und ähnliche Auslegungen waren natürlich sehr oft von paulinischen Aussagen über das Leiden des Apostels, bzw. der Christen (z.B. 1Kor 4,9-13; 2Kor 1,3-11; 4,7-15 etc.) inspiriert.
¹⁶⁴ Atheismus im Christentum, Frankfurt/M. 1968, 176.
¹⁶⁵ »Wenn der Herr so demütig war (ἐταπεινοφρόνησεν), was sollen dann wir tun, die wir durch ihn unter das Joch seiner Gnade gekommen sind?«.
¹⁶⁶ A. v. Harnack, Sanftmut, Huld und Demut in der alten Kirche, in: Festgabe J. Kaftan, Tübingen 1920, 121, vgl. 118: Πραΰς ist in der christlichen Literatur der Frühzeit eines der häufigsten Worte.
¹⁶⁷ Vgl. O. Schaffner, Christliche Demut. Des hl. Augustin Lehre von der Humilitas, 1959 (Cass.17), z.B. 129.131f.
¹⁶⁸ Vgl. Gregor v Nazianz Or 14,4 = BKV I/59 275f; A. Dihle, Art. Demut, RAC III, 1957, 765-771.
¹⁶⁹ *354-362, mit beherzigenswerten Mahnungen an »uns Theologen«, die der von der Schrift geforderten Demut z.B. durch die allegorische Auslegung oder durch die Unterscheidung zwischen consilia und praecepta entgehen (357). Aber das sei superbia; ohne aktive (!) Demut gebe es kein Verstehen der Schrift.
¹⁷⁰ Z.B. Calvin I 345: Kriegsdienst des Kreuzes.
¹⁷¹ Herm s 7,4 = 66,4: Bloße Buße reicht nicht; nötig ist βασανίσαι τὴν ἑαυτοῦ ψυχήν.
¹⁷² Origenes, Mart 32 = BKV I/48 187.
¹⁷³ Johannes Chrysostomus 46,4 = 662f.

beginn mit dem Geringsten. Du willst ein hohes Gebäude errichten, denk zuerst an das Fundament der Demut... Wer ein Fundament ausgräbt, muß sehr tief hinabsteigen«[174]. Ähnlich eindrücklich sagt Luther in kritischer Auseinandersetzung mit den vielen Regeln des Mönchtums: »Lerne, lerne, lerne also freundlich (mitis) zu sein, und du hast unendliche Werke getan!«[175]

Matthäus hat den christologischen Grundtext V 25-27 mit einem paränetischen Appell (V 28-30) verbunden. Demgemäß scheint für ihn in der *Verbindung* von Gnade und Paränese die entscheidende Richtung des Textes zu liegen. Wird die Christuserkenntnis von der Paränese gelöst, so wird sie zur abstrakten Lehre oder zur folgenlosen religiösen Erfahrung. Wird die Paränese von der Christologie gelöst, so wird sie zur bloßen religiösen oder asketischen Übung. Matthäus dagegen stellt uns am Ende des ersten Hauptteils in diesem Text eine Art Summarium seiner ethischen Christologie bzw. christologischen Ethik vor Augen. Es geht ihm um den Gottessohn, dem allein sich der Vater mitteilte und der allein sich und den Vater mitteilt. Um den Gottessohn also geht es, dessen Geheimnis Matthäus im Prolog angedeutet und in der Taufgeschichte erstmals enthüllt hat. In ihm allein wird der Vater erkennbar. Aber dieser Gottessohn geht einen *Weg* auf der Erde. Er geht einen Weg des Gehorsams und der Demut, von der Versuchung bis zur Passion. Die Offenbarung des Vaters und des Sohnes geschieht so und nur so, daß der Gottessohn die Seinen ruft, mit ihm auf dem *Weg* des Gehorsams zu gehen. Offenbarung, Heil, Gotteserkenntnis geschieht im Leben, in konkreter Praxis, nicht vor und neben ihr. Um das deutlich zu machen, verbindet Matthäus den Jubelruf des Gottessohns mit dem Heilandsruf. Gnade und Praxis gehören bei ihm zusammen, wie Inhalt und Form derselben Sache. Wer sich auf den Weg des Gottessohns einläßt, empfängt seine Offenbarung, und wem der Sohn sich offenbart, der ist schon auf dem Weg. Darum ist der Weg des gehorsamen Gottessohns, den Matthäus erzählt und zu dem er einlädt, und die Offenbarung des Geheimnisses des Vaters und des Sohnes für ihn ein und dasselbe.

---

[174] Augustin, Serm 69,2 = PL 38,441; vgl. Serm 117,17 = ebd. 671: »Möchtest Du die Höhe Gottes verstehen, dann verstehe zuerst seine Niedrigkeit!«
[175] (WA 38) 528.

III Jesus zieht sich aus Israel zurück (12,1-16,20)

Dieser Hauptabschnitt erzählt vom »Rückzug« Jesu vor den Angriffen der feindlichen Führer Israels. Dreimal ist ein solcher Rückzug durch das Wort ἀναχωρέω gekennzeichnet (12,15; 14,13; 15,21); zweimal ist er anders ausgedrückt (13,36a; 16,4b). Dem Rückzug geht jeweils eine Auseinandersetzung mit Israels Führern voraus. Der Abschnitt besteht aus drei Teilen: Das Präludium in Kap. 12 wird durch Auseinandersetzungen und Polemik bestimmt. Sein Aufbau gleicht dem von Kap. 11: Auf eine Schilderung von Jesu Wundern (12,1-21, vgl. 11,2-6) folgt eine warnende Rede (12,22-37, 11,2-19) und schließlich eine Gerichtsankündigung an Israel (12,38-45; 11,20-24), die einer Heilsankündigung an die Gemeinde gegenübersteht (12,46-50; 11,25-30). Die Parabelrede Kap. 13,1-53 ist im Unterschied zur Bergpredigt und zur Jüngerrede narrativ strukturiert: Sie enthält zahlreiche Neueinsätze und Unterbrüche und in ihrem Zentrum 13,36 wiederum einen Rückzug Jesu »ins Haus«, wo er eine Belehrung nur für die Jünger beginnt. Der anschließende Erzählteil 13,53-16,20 ist dreiteilig; hier wiederholen sich die leitenden Themen (Auseinandersetzungen, Rückzüge, symbolische Jüngerszenen, Bekenntnisse) besonders dicht[1]. Mit der Bekenntnisszene 16,13-20 ist ein Abschluß dieses Hauptabschnittes erreicht. Zugleich ist dieser Text mit dem folgenden durch Inklusionen besonders eng verklammert[2]. Hier zeigt sich ebenso wie im Übergangsabschnitt 4,12-22 und im Übergangskapitel 11, daß der Erzähler Matthäus seine Hauptabschnitte nicht voneinander trennt, sondern ineinander übergehen läßt.

Die Zusammengehörigkeit des Hauptabschnittes zeigt sich auch an den zahlreichen Wiederaufnahmen von Motiven und Themen aus Kap. 12f und aus dem Übergangskapitel 11 in 13,53-16,20. Der Leser hat bei der Lektüre Déjà-vu-Effekte und fühlt sich ständig an schon Bekanntes erinnert. Wir notieren einige Beispiele anhand des jeweiligen »Gegenübers« Jesu[3]:

Jesus und seine Gegner:
    11,20-24; 14,2 (vgl. 13,54-58):   Ablehnung der δυνάμεις
    12,38f; 16,1f.4:   Zeichenforderung
    11,6; 13,57; 15,12:   σκανδαλίζεσθαι der Gegner Jesu
    12,22-24; 15,14.30, vgl. 9,27-31:   Blindenheilungen – Blindheit der Gegner

---

[1] Vgl. u. Einl. zu 13,53-16,20.
[2] Vgl. u. S. 452f.
[3] Nur solche, wo die mt Red. die Bezüge geschaffen oder verstärkt hat.

Jesus und das Volk:
    12,15; 14,14.35f; 15,29-31, vgl. 8,16f: Heilungssummarien
    11,5; 15,30:   Taube, Gelähmte, Blinde
    11,21f; 15,21:   Machttaten in Tyrus und Sidon
    12,15; 14,13; 15,21, vgl. 16,4c: »Rückzüge« Jesu aus Israel
Jesus und Johannes der Täufer:
    11,12.18f; 14,3-12, vgl 17,12:   Feindschaft gegen Johannes
    11,2-4; 14,12:   Johannesjünger und Jesus
Jesus und die Gemeinde:
    11,25-27; 16,16-18, vgl. 14,33   Offenbarung des Gottessohns
    13,10-23.36ff; 15,11-20, vgl. 17,19f: Jüngerunterweisung

Betrachtet man die Erzählung an der Oberfläche, so erhält man wieder, wie bei Kap. 8 und 9, den Eindruck eines Musikstückes, in dem zahlreiche Themen und Motive sich wiederholen. Das Bild eines »Zopfes«, in dem immer wieder ein Erzählstrang an die Oberfläche kommt, ist auch hier hilfreich. Die Repetitionen sind dabei ein erzählerisches Kunstmittel: Matthäus erreicht so den Eindruck der Folgerichtigkeit und Unausweichlichkeit seiner Geschichte[4]. In vielen Fällen haben sie direkt mit der Tiefenstruktur der matthäischen Geschichte[5] zu tun: Sie machen den Leser auf das aufmerksam, worum es eigentlich geht – um die Trennung der Jesusjünger von Israel, um die Gründung der Gemeinde und deren Weg zu den Heiden.

A   Der Konflikt mit den Pharisäern (12,1-50)

1   Der Sabbat Jesu (12,1-21)

Literatur: Guelich, R., ›Not to Annul the Law, rather to Fulfill the Law and the Prophets‹, Diss. Hamburg 1967, 46-64; *Lohse, E.,* Art. σάββατον κτλ., ThWNT VII 1-35; *Rordorf, W.,* Der Sonntag, 1962 (AThANT 43), 55-74; *Verseput, D.,* The Rejection of the Humble Messianic King, 1986 (EHS XIII/291), 155-206.

Der Abschnitt erweist sich als zusammengehörig. Wie oft bei Mt besteht er aus drei Szenen[1]. Die ersten beiden Szenen 12,1-8 und 9-14 spielen am gleichen Sabbat, zuerst auf dem Feld, dann in der Synagoge. Die beteiligten Personen sind dieselben: Jesus und die Pharisäer. Eine Reaktion der Pharisäer auf beide Vorfälle wird erst in 12,14 berichtet: Sie wollen Jesus vernichten. Beide Szenen sind durch die Stichworte σάββατον (V 1.2.5.8.10.11.12) und ἔξεστιν (V 2.4.10.12) miteinander verklammert. Beide sind gleich strukturiert: Auf einen Einwand der Pharisäer setzt Jesus mit ὁ δὲ εἶπεν αὐτοῖς zu einer langen Antwort an (V 3-8.11f). Die Schlußszene mit dem Erfül-

---

[4] Vgl. die Bemerkungen von J.C. Anderson, Double and Triple Stories. The Implied Reader and Redundancy in Matthew, Semeia 31 (1985), bes. 82-85.

[5] Vgl. o. S. 5-7, u. S. 382 und u. S. 484.
[1] Vgl. Bd. I 20.

lungszitat 12,15-21 bildet gleichsam ein Kontrastprogramm zu den Konflikten: Nach dem Todesbeschluß der Pharisäer zieht sich Jesus zurück – das wichtige Stichwort ἀνεχώρησεν taucht auf (vgl. 14,13; 15,21). Die Volksmassen folgen ihm. Jesu Heilen – 12,9-14 gab nochmals ein Beispiel dafür – kommt dem ganzen Volk zugute[2]. Quellenmäßig übernimmt Mt von hier an den Markusfaden ab Mk 2,23 ohne wesentliche Umstellungen. Q-Stoff und Sondergutstoff ist in den Mk-Faden eingefügt. Größere zusammenhängende Q-Stücke wird es, von 12,22-45 und 24,37-51 abgesehen, nicht mehr geben.

1.1 Die Jünger hungern am Sabbat (12,1-8)

Literatur: Aichinger, H., Quellenkritische Untersuchung der Perikope vom Ährenraufen am Sabbat Mk 2,23-28 par Mt 12, 1-8 par Lk 6,1-5, in: Jesus in der Verkündigung der Kirche, hrsg. A. Fuchs, 1976 (SNTU A 1), 110-153; *Benoit, P.*, Les épis arrachés (Mt 12,1-8 et par), SBFLA 13 (1962/63) 76-92; *Cohn-Sherbok, D.M.*, An Analysis of Jesus' Arguments concerning the Plucking of Grain on the Sabbath, JStNT 2 (1979) 31-41; *Glynn, L.E.*, The Use and Meaning of ELEOS in Matthew, Diss. Berkeley 1971, Teil IV; *Hübner*, Gesetz 113-128; *Hummel*, Auseinandersetzung 40-44.97-103; *Levine, E.*, The Sabbath Controversy according to Matthew, NTSt 22 (1975/76) 480-483; *Marco, M.H.*, Las espigas arrancadas en sábado (Mt 12,1-8 par), EstB 28 (1969) 313-348; *Murmelstein B.*, Jesu Gang durch die Saatfelder, Angelos 3 (1930) 111-120; *Robbins, V.*, Plucking Grains on the Sabbath, in: B. Mack – V. Robbins, Patterns of Persuasion, Sonoma 1989, 107-141; *Sanders, E.P.*, Priorités et dépendances dans la tradition synoptique, RSR 60 (1972) 519-540; *Schotroff, L. – Stegemann, W.*, Der Sabbat ist um des Menschen willen da. Auslegung von Mk 2,23-28, in: W. Schottroff – W. Stegemann (Hrsg.), Der Gott der kleinen Leute II, München – Gelnhausen 1979, 58-70; *Schweizer, E.*, Mattäus 12,1-8: Der Sabbat. Gebot und Geschenk, in: Glaube und Gerechtigkeit. R. Gyllenberg in memoriam, Helsinki 1983, 169-179.
*Weitere Literatur*** zu Mt 12,1-21 o. S. 226.

**1 Zu jener Zeit ging Jesus am Sabbat durch die Saaten; seine Jünger aber hatten Hunger und fingen an, Ähren zu rupfen und zu essen.
2 Die Pharisäer aber, die das sahen, sagten zu ihm: »Siehe, deine Jünger tun, was man am Sabbat nicht tun darf!«
3 Er aber sagte ihnen: »Habt ihr nicht gelesen, was David tat, als er Hunger hatte, und seine Begleiter? 4 Daß[3] er ins Haus Gottes ging und sie die Schaubrote aßen, was weder er noch seine Begleiter essen durften, sondern allein die Priester?
5 Oder habt ihr nicht im Gesetz gelesen, daß die Priester am Sabbat im Tempel den Sabbat entweihen und unschuldig sind? 6 Ich aber sage euch: Hier ist Größeres als der Tempel!**

---

[2] Θεραπεύω: Verbindendes Stichwort V 10/15.

[3] Πῶς ist hier am besten mit »daß« zu übersetzen, vgl. Moult-Mill 561; W. Schenk, EWNT III 492.

**7 Wenn ihr aber verstündet, was es bedeutet: ›Barmherzigkeit will ich und nicht Opfer‹, so hättet ihr die Unschuldigen nicht verurteilt!
8 Denn Herr ist der Menschensohn über den Sabbat«.**

Analyse   1. *Aufbau.* Die Perikope ist sehr geschlossen: Nach einer kurzen Situationsangabe (V 1) formulieren die Pharisäer einen Vorwurf. V 3 setzt Jesus zur Antwort an, die den Hauptteil der Perikope einnimmt. Sie ist kunstvoll gegliedert: Nach zweimaligem οὐκ ἀνέγνωτε (V 3.5), das je ein biblisches Argument in Frageform einleitet, kommt in V 7 das abschließende Fazit: Ihr habt nicht erkannt, denn sonst hättet ihr euch anders verhalten. Durch die rhetorisch zupackende Anrede liegt das Gewicht auf V 7. V 8 ist angehängte christologische Begründung. Durch mehrmaliges σάββατον, ἔξεστιν, ἱερεύς und ἀναίτιος ist die Perikope im Innern verklammert. V 7a weist auf 9,13 zurück. Die Pharisäer und der Menschensohn sind die großen Antagonisten des ganzen Kapitels 12 (vgl. V 14.24.38; V 32.40).

2. *Redaktion und Quellen.* Der Vergleich der drei synoptischen Parr ist kompliziert, weil es bei unserem Text außerordentlich viele Übereinstimmungen zwischen Mt und Lk gibt. Mt hat den längsten Text – die Verse 5-7 anstelle von Mk 2,27 sind sein Sondergut. Lk hat den kürzesten – auch bei ihm fehlt Mk 2,27. Muß man Lk als ältesten Text annehmen, weil er den kleinsten gemeinsamen Nenner aller drei Evv. darstellt[4]? Oder muß man von Mt als ältestem Text ausgehen[5]? Es ist aber z.B. sehr schwierig, den bibelkundlichen Irrtum »Abjatar« in Mk 2,26 als sekundär zu erklären oder – im zweiten Fall – zu verstehen, warum Mk die jüdisch klingenden Verse Mt 12,5f weggelassen, hingegen den (äußerlich?) ebenso jüdischen V 27 zugefügt hätte. Im ganzen bewährt sich auch hier die Hypothese, daß Mt den mk Text geglättet und verbessert hat[6]. Einen Teil der »Minor Agreements« kann man als unabhängige mt/lk Red. erklären, z.B. die Umstellung von »am Sabbat« in V 2//Lk 6,2[7], die Auslassung des doppeldeutigen wahrscheinlichen Latinismus ὁδὸν ποιεῖν V 1//Lk 6,1[8] oder die Auslassung »zur Zeit des Hohenpriesters Abjatar«[9]. Kaum so erklärbar ist aber εἶπεν (V 3)[10], die Auslassung von οὐδέποτε[11], von χρείαν ἔσχεν (V 3)[12] und der Plural μόνοι

---

[4] So Sanders* 534f.
[5] Marco* 313-322 (nur Mt 12,7 ist Red.; Mk 2,27 ist Ersatz für Mt 12,5f); Benoit* 81-87.90-92 (Mt – und z.T. Lk – repräsentieren älteste Tradition, obwohl sie literarisch sekundär sind); C.S. Mann, Mk, 1986 (AncB 27), 237 (Griesbach-Hypothese).
[6] Stilistische Verbesserungen sind V 1: Mt vermeidet mk ἐγένετο mit Verbum finitum oder Inf. (vgl. Mk 1,9par; 4,4par); von ἤρξαντο hängt τίλλειν ab, d.h. die inhaltlich wichtigste Aussage; V 2: εἶπαν (Vereinheitlichung des tempus); V 2/3: δέ (2x); V 3/4: 2x μετά (Angleichung der Präp.). Mt Sprache ist: πορεύομαι, ἰδών, ἰδού, οὐδέ, vgl. Bd. I Einl. 3.2.
[7] Eine für bibelfeste Interpreten naheliegende Präzisierung: Dtn 23,26 erlaubt das Ährenrupfen, aber nicht am Sabbat.
[8] Ὁδο(ν)ποιεῖν kann heißen: »sich einen Weg bahnen« und (lat. iter facere) »wandern,

reisen«. Im ersten – m.E. trotz Marco* 338f unwahrscheinlichen – Fall würde die Übertretung bei Mk darin bestehen, daß die Jünger sich einen Weg durch das Feld bahnten und zu diesem Zweck Ähren ausrissen.
[9] Die Angabe ist falsch; nach 1Sam 21,2 war Ahimelech, der Vater Abjatars, Priester in Nob. Bei der Annahme einer unabhängigen mt/lk Red. muß man aber erklären, warum beide Evangelisten die Angabe weglassen und nicht korrigieren. Schmid, Matthäus 75 weist darauf hin, daß Mt und Lk relativ oft unbekannte Namen weglassen.
[10] Mt neigt bei Jesusworten dazu, Praes. historicum zu setzen, vgl. Bd. I 34.
[11] Bei Mt beliebt, vgl. bes. 21,16.42.
[12] Vgl. Mk 2,17; 11,3; 14,63 mit ihren Parr. Zur mt Betonung des Hungers der Jünger hätte die Wendung gut gepaßt (Ennulat, Agreements 74).

(V 4)[13]. Wenn man nicht annehmen will, daß Mt und Lk zwei verschiedene Quellen benutzten[14], muß man eine von unserem Mk-Text etwas verschiedene, vermutlich spätere Mk-Rezension annehmen[15]. Am schwierigsten ist die Frage, warum Mk 2,27 von Mt/Lk nicht überliefert wird. Hierfür gibt es verschiedene Erklärungsmöglichkeiten, die aber alle nicht voll befriedigen: Mt und Lk können aufgrund der mündlichen Überlieferung noch gewußt haben, daß Mk 2,27 mit seiner besonderen Einleitung ein Zusatz zum ursprünglichen Kern Mk 2,23-26 ist[16]. Bei Mt gilt, daß Mk 2,27 seinen geschlossenen Gedankengang (vgl. Erklärung) gestört hätte[17]. Auch der Vorschlag, daß Mt/Lk eine deuteromk Textrezension ohne Mk 2,27 vorlag, ist möglich, erklärt aber hier keine der Schwierigkeiten. Als wenig überzeugend erwies sich der Versuch, inhaltliche Gründe für die Auslassung anzuführen[18]. Eine wirklich befriedigende Erklärung gibt es nicht.

V 5-7 sind eine zusätzliche Begründung, die das wenig stichhaltige Argument mit David V 3f ergänzt. Sprachlich sind V 5f weitgehend, aber nicht durchgehend red.[19]. V 7 mit dem schon aus 9,13 bekannten Hoseazitat ist mt Red.[20]. Oft hält man V 5f für ein traditionelles Argument aus einer judenchristlichen Gemeinde, V 7 für mt Red.[21]. Die Interpretation wird aber zeigen, daß V 5-7 einen geschlossenen Gedankengang bilden, der wohl als ganzer dem Evangelisten zuzuweisen ist[22]. Ich halte also auch V 6 nicht für ein ursprünglich selbständiges Jesuswort[23], sondern für einen formal nach dem Muster von 12,41f gebildeten mt Satz[24].

Die Perikope ist formal durch den gleichen Anfang mit »zu jener Zeit«, aber auch inhaltlich eng mit 11,25-30 verbunden: Die Geschichte der Konflikte in Israel, die sich Kap. 9 und 11 angebahnt hatte, geht ohne Unterbruch weiter. Von 11,25-30 her gehören die Pharisäer zu den »Weisen und Verständigen«, denen Gott die Wahrheit verschlossen hat; die Jünger repräsentieren die νήπιοι[25]. »Barmherzigkeit« (V 7) wird entfaltet, was das »milde Joch« meinte. In V 1, der Exposition, betont Matthäus den Hunger der Jünger. Damit will er

Erklärung

---

[13] Mt Red. wäre μόνον.
[14] So Hübner, Gesetz 117-119 (Q und Mk sind Quellen von Mt/Lk). Aber dann muß man die Fälle erklären, wo Mt/Lk nicht Mk folgten, obwohl es von ihrer eigenen Sprache oder Theologie her nahegelegen hätte. Schwierig sind dann auch die Differenzen von Mt/Lk untereinander.
[15] Aichinger* 141-153 und Ennulat, Agreements 77 vertreten eine Deuteromarkushypothese, weil die Mehrzahl der Agreements eine sprachliche oder inhaltliche Verbesserung bedeutet.
[16] Nur: Mk 2,28 ist vermutlich noch später, nämlich durch den Vf. der vormk Streitgesprächsammlung, zugefügt worden und wurde von Mt/Lk übernommen.
[17] Vgl. u. S. 232.
[18] Die Exegeten versuchten auf inhaltlicher Ebene recht Widerspruchsvolles: Mk 2,27 ist je nach Auslegung zu liberal, zuwenig christologisch, zu sehr oder zuwenig jüdisch etc.
[19] Red. sind vielleicht ἤ vor Frage (vgl. 26,53), ἀναγινώσκω mit Schriftzitat (vgl. 19,4; 21,16; hier aber in Aufnahme von V 3 = Mk 2,25), νόμος, λέγω δὲ ὑμῖν, ὧδε (vgl. Bd. I Einl. 3.2). Βεβηλόω ist LXX-Sprache.
[20] Zu γινώσκω vgl. Bd. I Einl. 3.2, zu τί ἐστιν und das Zitat 9,13, zu καταδικάζω 12,37.
[21] Bultmann, Tradition 14; Barth, Gesetzesverständnis 76f, vgl. ähnlich Bd. I 61.
[22] Das Argument V 5 kann für sich natürlich trad. sein, die in sich geschlossene Schlußfolgerung V 5-7 aber kaum.
[23] Schweizer* 171.
[24] V 6 wäre nicht verständlich ohne ein vorangehendes Wort, das vom Tempel spricht. 12,41d.42d bestätigen, daß solche »Überbietungslogien« Abschlußfunktion haben, aber nicht selbständig sind.
[25] Rupert v Deutz 1525.

nicht nur die Situation der Jünger an diejenige Davids (V 3) anpassen, sondern mit Blick auf die jüdischen Diskussionen über das Sabbatgebot sagen: Die Jünger haben es nicht mutwillig, sondern aus Not übertreten. Daß Matthäus ausdrücklich sagt, daß die Jünger aßen, ist vielleicht mehr als eine erzählerische Selbstverständlichkeit: Judenchristliche Leser wissen, daß zur Sabbatfeier das gute Essen gehört[26]. Von da her ist das Ährenrupfen höchstens das Minimum dessen, was den Jüngern am Sabbat zusteht. Gegen das Verhalten der Jünger[27] protestieren die Pharisäer, die zu Beginn des jüdischen Widerstandes gegen Jesus allein als Gegner auftreten[28]. Das Rupfen von Ähren galt als Teil des Erntens, einer am Sabbat verbotenen Hauptarbeit[29]; an anderen Tagen wäre das erlaubt gewesen[30].

2

3f Jesu Antwort ist dreiteilig. Sein erstes Argument entstammt der Geschichte von Davids Besuch beim Priester Ahimelech in Nob (1Sam 21,1-7). Wie bei Markus ist sie auf ihre Anwendung auf Jesus hin formuliert: David fragt den Priester nicht; er ist souveräner Akteur. Er empfängt nicht die Schaubrote, sondern er ißt sie einfach. Von der sexuellen Enthaltsamkeit der Gefährten Davids ist nicht mehr die Rede. Sie sind noch stärker beteiligt als bei Markus. Vom Sabbat ist in 1Sam 21 nicht die Rede; aus Lev 24,8 ist aber zu erschließen, daß sich die Geschichte am Sabbat zugetragen haben muß, wenn die Schaubrote hergerichtet waren. So setzt es jedenfalls die rabbinische Exegese durchwegs voraus. Sie ist auf verschiedene Weise bestrebt, David von Vorwürfen zu entlasten. Eine Entlastung ähnelt derjenigen bei Matthäus: Aus Hunger haben David und seine Leute die heiligen Brote gegessen[31]. Hunger gilt den Rabbinen als Lebensgefahr; Lebensgefahr bricht aber seit jeher die Einhaltung des Sabbatgebots[32]. So entlasteten später die Rabbinen David;

---

[26] Einen Sabbat soll man durch Essen und Trinken und Torastudium heiligen (Pes 68b Bar = Bill. I 611). R. Jehoschua ben Chananja, auf den diese Überlieferung zurückgeht, sagt ausdrücklich: »Die Freude an einem Festtag ist ... ein Gebot«. Auch ein reines Gewand gehört zur Sabbatfreude (MidrHL 5,16[121b] = Bill. I 611). Fasten am Sabbat ist verboten (Lohse** 16,21ff). Vgl. das reiche Material bei Bill. I 611-615. Bemerkenswert ist: Teilnahme am Synagogengottesdienst gilt im Unterschied zum guten Essen nicht als Gebot.

[27] Von Mt ist das betont, vgl. die Anklage an die Unschuldigen V 7fin und die Anpassung des Davidbeispiels: David und seine Begleiter werden einander gleichgestellt (ἔφαγον statt: ἔφαγεν ... καὶ ἔδωκεν).

[28] Vgl. Bd. I 148: Mt liebt es, die Gegner Jesu in Zweiergruppen zusammenzustellen. 12,1-37 läßt Mt nur die Pharisäer in Aktion treten (vgl. auch 9,32-34). Der Beginn des Widerstandes gegen Jesus geht nach Mt von den Pharisäern aus.

[29] Schab 7,2; das Ausrupfen gilt nach dem späten Text pSchab 7,9b,67 = Bill. I 617 als verboten. Der ebenfalls späte Text Schab 128a spezifiziert und mildert aber gerade für unseren Fall: »Man darf mit der Hand abkneifen und essen, nicht aber mit einem Geräte; man darf etwas zerreiben und essen ... mit den Fingerspitzen« (vgl. Lk 6,1).

[30] Vgl. o. Anm. 7. Später wurde diese Erlaubnis in BM 87b auf die Taglöhner des Eigentümers eingeschränkt. Davon weiß unser Text noch nichts.

[31] Jalqut zu 1Sam 21,5 § 130; Men 95b/96a; das gesamte Material bei Murmelstein* 112-115; Bill. I 618f.

[32] Joma 8,6. Weiteres Material bei Lohse** 15,7ff. Faktisch galt dieser Grundsatz seit der Makkabäerzeit. Die St o. Anm. 31 zeigen, daß man (mindestens zur Entlastung Davids!) den Grundsatz der Lebensgefahr auch sehr weit auslegen konnte.

und so entlastet der matthäische Jesus seine Jünger. Das alles ist also korrekt rabbinisch – bis auf einen einzigen Punkt: Man kann nicht mit einem (haggadischen) Beispiel eine Halaka begründen³³. Matthäus will aber, wie V 7 zeigt, nicht auf eine in einer Grenzsituation mögliche Ausnahme, sondern auf einen Auslegungs*grundsatz* für das Gesetz hinaus. Seine Argumentation ist also für jüdische Ohren noch unvollständig.
Darum folgt in V 5f ein weiteres Argument: Die biblisch gebotenen Sabbatopfer (Num 28,9f) setzen das Sabbatgebot außer Kraft³⁴. Das ist sogar in der strengen Sabbathalaka der Essener so³⁵; für die Rabbinen gilt grundsätzlich, daß an eine bestimmte Zeit gebundene Pflichtgebote das Sabbatgebot brechen³⁶. Es geht aber nicht nur um ein Beispiel dafür, daß aus anderen Gründen das Sabbatgebot auch übertreten werden mußte, sondern Jesus fährt nun weiter mit einer Art Qal-Wachomer-Schluß: Hier ist Größeres als der Tempel. Was ist größer als der Tempel? Man verstellt sich m.E. den matthäischen Gedankengang, wenn man zu schnell über das neutrische μεῖζον hinwegliest und V 6 christologisch deutet³⁷: Weder sagt Jesus von sich selbst, daß er größer sei als der Tempel, noch darf man hier einfach den Gedanken des Gottesreichs eintragen³⁸. Vielmehr bleibt im Kontext noch offen, was »größer als der Tempel« ist. M.E. gibt hier der folgende Vers 7 näher Aufschluß. Er nimmt den Gedanken des Opfers am Sabbat durch das Wort θυσία nochmals auf und überbietet ihn durch die Barmherzigkeit: »Wenn nämlich wegen des Opfers eine Verletzung des Sabbats erlaubt werden muß, wieviel mehr muß sie dann den Elenden wegen der Barmherzigkeit erlaubt werden, denn Gott ist die Barmherzigkeit willkommener als das Opfer«³⁹. Das, was größer ist als der Tempel, ist also die Barmherzigkeit, die in Jesu Auslegung des Willens Gottes das Größte geworden ist. In seiner eigenen Zeit bildete wohl für Matthäus die Zerstörung des Tempels einen Hinweis darauf, wie wahr Jesus den Willen Gottes ausgelegt hatte. Auch Rabbinen formulierten, unter Berufung auf Hos 6,6 und Spr 21,3, damals ähnliche Grundsätze⁴⁰. Für Matthäus ist allerdings die Barmherzigkeit nicht nur ein Ersatz für den nach 70 nicht mehr möglichen Opferkult, sondern ein echtes *Mehr*⁴¹: Barmherzigkeit ist das Zen-

---

33 Vgl. Daube, New Testament 67-71; Cohn-Sherbok* 33-36.
34 Es ist ganz unnötig und von der allgemeinen Formulierung in V 5f her auch nicht naheliegend, mit Levine* an den עמר (abgeschnittene Ähren) von Lev 23,10-14 zu denken, der nach Men 10,1.3 auch am Sabbat geerntet werden durfte.
35 CD 11,18; Jub 50,10f.
36 Das gilt z.B. für Beschneidung, für Gebote im Zusammenhang mit dem Kalender, den »Tempeldienst«, das Pesach (bereits bei Hillel, vgl. Lohse** 10 Anm. 63), die Festhütte; vgl. bes. Schab 130-137 und das Material bei Bill. I 620-622; Lachs 198.
37 So lesen bereits C L Δ u.a.: μείζων; ähnlich z.B. Sand 155; Gnilka I 444. Aber auch die Neutra in 12,41f sind m.E. nicht direkt christologisch zu deuten, vgl. u. S. 280f.
38 So Schweizer* 171.
39 Knabenbauer I 529; ähnlich Ogawa, Histoire 126f.
40 Vor allem Johanan ben Zakkai (o. Anm. 38 zu 9,9-13).
41 Formal ähnlich ist DtR 5 (201d) = Bill. I 500, aber mit anderer Begründung: Wohltätigkeit ist hier größer als Opfer, weil ihre Sühnekraft größer ist.

trum von Gottes Willen, den Jesus durch sein Verhalten erfüllt (5,17; 9,13). Sie fordert er von den Pharisäern. V 7 macht er ihnen mit Hos 6,6 zugleich einen Vorwurf: Sie hätten das aus ihrer eigenen Schrift erkennen können! V 7 ist also kein im Argumentationszusammenhang isolierter ethischer Grundsatz, der sich direkt an die Gemeinde richtet[42] – dagegen spricht die direkte Anrede an die Pharisäer. Unser Interpretationsvorschlag, V 7 als Interpretation und antipharisäische Zuspitzung des μεῖζον von V 6 zu verstehen, hat den Vorzug, Mt 12,3-7 als einheitlichen Gedankengang deuten zu können[43]. Wie in 9,13, wo das Matthäus wichtige Zitat aus Hos 6,6 schon einmal vorkam, muß man die Negation im Hoseazitat dialektisch und nicht antithetisch deuten. Gott will also Barmherzigkeit *mehr* als Opfer. Jesus will die Opfergesetze nicht außer Kraft setzen, sonst hätte weder sein eigenes Argument *mit* ihnen in V 5 noch das komparativische μεῖζον in V 6 einen Sinn. Die schriftkundigen Pharisäer hätten sich also gegenüber den Jüngern anders verhalten müssen, wenn sie dieses Größere begriffen hätten. Also denkt Jesus hier weder direkt an das Verhalten der Jünger[44] noch an sein eigenes[45] noch an die Barmherzigkeit Gottes[46], die über allem steht, sondern daran, daß die Pharisäer gegenüber den Hunger leidenden Jüngern hätten barmherzig sein müssen. Dann hätten sie die Hauptsache in der Tora, »Recht, Barmherzigkeit und Treue« (23,23) erfüllt und, wie V 3-6 klarmachten, auch nicht eine Übertretung des Sabbatgebots gutgeheißen. Ist das richtig, so gewinnt der Hunger der Jünger eine zentrale inhaltliche Bedeutung weit über das hinaus, daß er nach jüdischen Grundsätzen eine Übertretung des Sabbatgebots entschuldigt: Die Hungernden werden zum Maßstab der Barmherzigkeit, die Gott will, und damit letztlich auch zum Maßstab rechter Sabbaterfüllung[47]. So

---

[42] Z.B. Hummel, Auseinandersetzung 43f (V 7 »hat die Kirche des Matthäus im Auge, die am Sabbat Liebeserweisungen vollbringt«); Hill* 116 (»concerned ... with the Church of Matthew's own day«).

[43] Künstlich ist der Interpretationsvorschlag von Roloff, Kerygma 76-78: David hat die Ordnung des Tempels gebrochen (V 3f); die Priester im Tempel haben das Recht des Sabbats gebrochen (V 5f); also ist Jesus, der (»in gleicher Weise wie David«) mehr ist als der Tempel, auch Herr über den Sabbat. Dann hätten also V 5f die Aufgabe, Jesus auf die gleiche Stufe wie David zu stellen! Formal interessant ist der Vorschlag von Robbins* 132-139, der eine Abfolge verschiedener rhetorischer Argumente annimmt: V 3f ἐκ παραδείγματος, V 5 aufgrund einer Analogie, V 6 aufgrund eines Vergleichs (πρὸς τί), V 7 ἐκ κρίσεως.

[44] Richtig Barth, Gesetzesverständnis 77: »Die Jünger haben mit ihrem Ährenraufen ja nicht gerade das Sittengesetz erfüllt«.

[45] So Roloff, Kerygma 76: Jesus gab den Jüngern das Ährenraufen frei. Davon steht aber nichts im Text! Im Unterschied zu 9,13 wird hier Hos 6,6 nicht christologisch, sondern polemisch und indirekt paränetisch angewendet. Anders auch Guelich** 53 (Gott ist in seiner Barmherzigkeit in Christus am Werk) und Verseput** 169-173 (173: »the humble Saviour«).

[46] Barth, Gesetzesverständnis 77 (»weil Gott selbst ... barmherzig ist, will er unsere Barmherzigkeit«).

[47] Schottroff-Stegemann* 66. Vgl. Calvin I 347: »Als ob der Sabbat ... zu diesem Zweck eingesetzt wäre, daß hungrige Menschen an ihm zugrunde gehen«. Deutlich ist auch Zwingli, Von Erkiesen und Fryheit der Spysen, in: Zwingli Hauptschriften. Der Prediger I, Zürich 1940, 17: »Vermerckend ir wol, daß die Notdurfft nit nun menschlich, sunder gotlich gsatzt übertrifft und pricht!«. Zu ergänzen wäre: Eben dieses »Brechen« kann die Mitte von Gottes Gesetz sein!

verstanden ist die Barmherzigkeit die Mitte von Gottes Willen, den Jesus verkündet, und mehr als der Tempel.

Schon in der ersten und sechsten Antithese hatte Jesus durch sein souveränes »Ich aber sage euch« die Liebe als Mitte des Willens Gottes der Mosetora gegenübergestellt, ohne diese aufzuheben. Dieselbe Souveränität Jesu drückt Matthäus hier in V 8 mit den Worten von Mk 2,28 aus: Der Menschensohn ist Herr über den Sabbat. Der Menschensohn ist Jesus, der sich hier in jüdischen Ohren eine Autorität anmaßt, die er nicht hat. Für die Leser/innen des Evangeliums wird er einst auferstehen und über die Welt, d.h. über Pharisäer und Jünger, richten. V 8 hält für sie fest, daß es in V 7 nicht um ein allgemeines Prinzip der Liebe und nicht um die Autonomie des Menschen überhaupt[48] gegenüber dem Sabbatgebot geht, sondern um den von Jesus endgültig und verbindlich formulierten Willen des Vaters, des biblischen Gottes, der auch das Sabbatgebot einschließt. Es zeigt sich in unserem Text eine ähnliche Spannung wie in Mt 5,17-48[49]: Jesus widerspricht der Tora in ihrer Tiefe nicht, aber es ist kraft seiner absoluten Souveränität, daß er ihr nicht widerspricht. 8

Die matthäische Gemeinde hat vermutlich den Sabbat gehalten. 24,20 zeigt, daß sie das wohl konsequent tat: Wer betet, daß die Drangsal nicht am Sabbat hereinbrechen möge, zeigt, daß sie/er nicht leicht bereit ist, das Sabbatgebot bei eigener Lebensgefahr preiszugeben[50]. Barmherzigkeit als Richtschnur für den Umgang mit Sabbat- und Reinheitsgeboten: Das war wohl die Praxis der matthäischen Gemeinde, die sie vom Menschensohn Jesus gelernt hatte. Nicht um Außerkraftsetzung von Teilen der Tora, nämlich des Zeremonialgesetzes, geht es also[51], sondern um Unterordnung der ganzen Tora unter ihre eigene Mitte, die Barmherzigkeit (Hos 6,6). Die ganze Argumentation des Matthäus ist in ihrer Tiefe sehr jüdisch, aber sie hat eine neue Grundlage: Sie basiert darauf, daß durch den *Menschensohn* Jesus das biblische Gebot der Barmherzigkeit das größte Gebot wird, größer wird als der Tempel[52]. Eben von *dieser* Grundlage aus legt sie den jüdischen Glauben nicht beiseite, sondern läßt sich ein auf die jüdische Diskussion, wann das Sabbatgebot vor dem

Zusammenfassung

---

[48] Die in der neueren Forschungsgeschichte einflußreiche, vom Nebeneinander von Mk 2,27 und 28 inspirierte Fehlinterpretation von ὁ υἱὸς τοῦ ἀνθρώπου auf jeden Menschen geht bis auf Grotius I 358 und Wolzogen 285 zurück.
[49] Vgl. Bd. I 242.249f.
[50] Vgl. Schweizer* 174.
[51] Strecker, Weg 32f vertritt am prägnantesten die These, daß für Mt das Zeremonialgesetz abgeschafft war und nur das Sittengesetz bleibe; ähnlich Walker, Heilsgeschichte 139. Dagegen wenden sich etwa Glynn* 98; Hummel, Auseinandersetzung 38-45 (45: »eine gültige ..., der pharisäischen widersprechende Halacha über den Sabbat«); Geist, Menschensohn 313f. Vgl. auch Bd. I 240. Zu den theologie- und geistesgeschichtlichen Wurzeln dieser Interpretation vgl. u. Anm. 61-63.
[52] Das Specificum des Mt gegenüber dem Judentum liegt also in V 8. Von ihm aus sagten die kirchlichen Ausleger nicht zu Unrecht, der *Gott* Christus sei der Herr des Sabbats, z.B. Calov 285 gegen die o. Anm. 48 genannte Interpretation von Grotius.

Grundsatz, Leben zu schützen, zurücktreten muß[53]. Sie läßt sich so tief ein auf die jüdische Sabbatdiskussion, daß man sagen muß: Wenn sie den Sabbat für bloß veraltetes und abgeschafftes Zeremonialgesetz gehalten hätte, hätte sie sich einiges an gedanklichen Umwegen sparen und das kürzer sagen können. Sie weiß wohl auch, daß der Sabbat »ein kostbares *Geschenk* in (Gottes) Schatzkammer« (Schab 10b) ist. Sie hat eine tiefe Affinität zum *sozialen* Grundzug des biblischen Sabbatgebots: Wie in Dtn 5,14f ist der Sabbat für die Armen, die Hungrigen bzw. die Sklaven da. Innerjüdisch vertritt Matthäus eine radikal andere Position als die Essener, die einen »lebendigen Menschen« während des Sabbats auch in einem »Wasserloch« oder »sonst einem Ort« liegen ließen, wenn seine Rettung nur mit einer Leiter oder einem Seil möglich war (CD 11,16f). Die matthäische Gemeinde ordnet *grundsätzlich* das Sabbatgebot dem Liebesgebot unter. Damit macht sie von Jesus her einen Schritt, den sonst im Judentum keine Gruppe machte. Aber sie hat auch jüdische Verwandte, z.B. die Hilleliten, die erlaubten, am Sabbat Leidtragende zu trösten und Kranke zu besuchen[54]. Sie vertritt gleichsam den Extremfall einer Interpretationsrichtung der Tora, die gerade mit dem hillelitischen Pharisäismus auch im Judentum zunehmend wichtig geworden ist[55].

Wirkungs- Die Wirkungsgeschichte unseres Textes ist bis zur Reformationszeit recht uninteres-
geschichte sant, da der Eindruck vorherrschte, dieser Text habe vor allem für die eigene Zeit Jesu Bedeutung gehabt und nicht für die nachösterliche Kirche, in welcher der Sabbat nicht mehr galt. Aus der nachreformatorischen Interpretationsgeschichte hebe ich zwei Punkte heraus:
1. *Gesetz und Evangelium.* Bei den Reformatoren verband sich unser Text mit der Gegenüberstellung von Gesetz und Evangelium, und zwar in jeweils verschiedener Akzentuierung. *Luther* interpretiert *heilsgeschichtlich*: »Es ist aus mit Mose und ewrem ding«[56]. Christus hat die Menschen von Gottes Ordnung befreit, weil er selber Gott ist. Der Mensch kann mit Tempel und Sabbat machen, was er will, nur: Wenn er daraus ein Gesetz macht, ist es Sünde[57]! *Zwingli* und *Melanchthon* übernehmen aus der alten Kirche und aus dem Humanismus die *Unterscheidung von Zeremonial- und Sittengesetz*: »Der Herr hat uns vom Gesetz der äußeren Traditionen befreit«[58]. *Calvin*, in seinem Denken zentral vom Alten Testament geprägt, warnt: »Im übrigen täuschen sich meiner Ansicht nach die, die meinen, hier werde der Sabbat völlig abgeschafft«[59].

[53] Es ist nicht zufällig, daß Irenäus, Haer 4,8f gerade anhand unseres Textes die Einheit der beiden Testamente aufzeigt, vgl. etwa 4,9,2 zu 12,6: »Von mehr oder weniger ist aber nicht die Rede bei Dingen, die unter sich keine Verbindung haben oder gar ... gegeneinander kämpfen«.
[54] Vgl. Schab 12a.
[55] Montefiore, Literature 242 meint zu V 7, das sei »sound Rabbinic doctrine ... at its best ... and not very unusual«. Das ist nicht ganz unrichtig, aber wahrscheinlich übertrieben!

[56] (WA 38) 532. Vom biblischen Sabbatgebot kann Luther sagen: Es »gehet ... uns Christen nichts an, denn es ein ganz äußerlich Ding ist wie andere Satzungen des Alten Testaments« (Großer Katechismus, BSLK [4]1959, 580).
[57] Predigt von 1534 = II 433.
[58] Zwingli 283, vgl. Melanchthon 175f (»Lex de sabbato sanctificando, si litteram spectes, caeremoniale est, et si spiritum, morale«).
[59] I 350.

Es geht vielmehr um seinen *rechten Gebrauch*, nämlich *von der Liebe her*. Von allen Reformatoren steht Calvin Matthäus am nächsten[60]. In nachreformatorischer Zeit wird aufgrund altkirchlicher[61] und humanistischer Wurzeln[62] im Sinne Zwinglis und Melanchthons unser Text mit Hilfe der Gegenüberstellung von *Zeremonialgesetz und Sittengesetz* ausgelegt[63], eine Interpretation, die von der frühen Aufklärung bis heute wichtig geblieben ist[64]. Dort, in der frühen Aufklärung und ihrem naturrechtlichen Denken, hat sie eine wesentliche Wurzel.

2. *Sonntagsheiligung*. Welche Rolle spielte unser Text für die Frage der Sonntagsheiligung und der körperlichen Arbeit am Sonntag? Die Antwort auf diese Frage muß lauten: fast keine[65]. Man darf nicht vergessen, daß für die christliche Kirche im Unterschied zum Judentum nie die Ruhe von körperlicher Arbeit, sondern der Gottesdienst das Zentrum des Sonntags gewesen ist. Der Sabbat ist ja abgetan; er ist keine Schöpfungsordnung, sondern den Juden mit allen anderen Opfergesetzen nachträglich wegen ihrer Herzenshärtigkeit gegeben[66], während Gott selbst von seiner Fürsorge für die Welt nie ruht[67]. Die für das Verständnis des Sabbats in der alten Kirche wichtigen neutestamentlichen Texte waren Kol 2,16f und Hebr 3,7-4,11, nicht Mt 12 und andere synoptische Texte. Der Christ soll »ständig Sabbat feiern«[68] und nicht bloß einen Tag pro Woche nicht arbeiten; er soll von den Werken der Welt ablassen und frei werden für geistliche Werke[69]. Die Geschichte von David und Ahimelech wird denn auch ganz konsequent in der alten Kirche zum Typus des »geistlichen« Feierns, des Abendmahls[70]. So hat man sich vom jüdischen Sabbat – anders als Jesus und Matthäus – grundsätzlich gelöst[71]. Die für das Christentum später maßgebenden Gesetze über den arbeitsfreien Sonntag stammen vom Heiden (!) Konstantin und haben die Kirche nur sehr zögernd interessiert und beschäftigt[72]. Die Arbeitsruhe am Sonntag ist aus der Sicht der Reformatoren ein Stück Ordnung »von Alters her«[73], nützlich zur Förderung des gottesdienstlichen Lebens der Kirche und zur christlichen Erziehung des gewöhnlichen Volks und darüber hinaus menschlich wichtig für die, welche die ganze Woche körperlich arbeiten[74]. Nur dort wird die Sache anders, wo die Ord-

---

[60] Vgl. Bd. I 243f zu 5,17-20.
[61] Der Sache nach ist diese Unterscheidung bereits in der Unterscheidung des Irenäus zwischen den mosaischen praecepta servitutis, die weissagende oder erzieherische Funktion haben, und der lex Christi enthalten.
[62] Erasmus (Paraphrasis) 71 spricht von »quaedam instituta« wie Speisen, Kleider, Fasten, Festtage, die nicht an und für sich gut sind, sondern nur wenn sie nicht »superstitiose« gebraucht werden, sondern zur pietas führen. Analog dazu Melanchthon, s.o. Anm. 58.
[63] Vgl. Cocceius 22 zu V 7 (»iugum legis ceremonialis – studium amoris«); Grotius I 356 (Liebesgebot ist dem Zeremonialgesetz immer überlegen), ähnlich Wolzogen 285.
[64] Vgl. o. Anm. 51.
[65] Calixt 160 leitet indirekt aus unserem Text ab, man dürfe am Sonntag das tun, »was ohne Schaden und Verderben für den Menschen nicht unterlassen werden kann«.

[66] Justin Dial 18,2; 19,6; 43,1 etc.
[67] Didaskalia 26 = Achelis-Flemming 137.
[68] Justin Dial 12,3.
[69] Origenes, Hom in Num 23,4 = GCS Orig VII 215,34-216,13.
[70] Rordorf** 113.
[71] Luther formuliert im Großen Katechismus, man heilige den Sonntag »nicht also, daß man hinder dem Ofen sitze und kein grobe Erbeit tue oder ein Kranz aufsetze oder sein beste Kleider anziehe, sondern ... daß man Gottes Wort handle und sich darin übe« (BSLK ⁴1959, 582).
[72] Vgl. die Analyse der kaiserlichen Ruhetagsgesetze und ihrer kirchlichen Rezeption bei Rordorf** 160-171.
[73] Luther, Großer Katechismus = BSLK ⁴1959, 582.
[74] Ebd. 580f; Genfer Katechismus BSRK 132f.

nung des siebten arbeitsfreien Tages ganz entgegen der Tradition der alten Kirche wieder die Würde einer naturrechtlichen Ordnung gewinnt. Das war später in beiden großen westlichen Konfessionen der Fall[75]. Auf dieser Basis waren dann wieder »halakische« Konsequenzen aus unserem Text möglich. So wurde z.B. in beiden Konfessionen aus Mt 12,5 gefolgert, die für den Gottesdienst nötigen Arbeiten müsse der Pfarrer bzw. der Priester am Sonntag auf alle Fälle tun, »etiamsi servilia sint«[76].

Die Wirkungsgeschichte stellt uns zunächst vor ein theologiegeschichtliches Grundproblem: Unsere Kirchen sind nicht Erben des gesetzestreuen Judenchristentums z.B. des Matthäus, sondern des gesetzesfreien Heidenchristentums, für das das Sabbatgebot nicht mehr galt. Weder die jesuanische noch die matthäische Treue zum Sabbatgebot und zum jüdischen Gesetz überhaupt ist für uns direkt verbindlich. Der Sonntag ist nicht der christliche Sabbat. Was hat uns heute Jesu Erneuerung des Sabbats von der Barmherzigkeit als Mitte des von Gott gewollten Lebens zu sagen? Ich würde vorschlagen, an die Stelle des mosaischen Gesetzes, das nicht mehr das unsere ist, einmal unsere überkommenen christlichen oder heidnisch-christlichen Ordnungen zu setzen. Zu ihnen gehört auch der hergebrachte arbeitsfreie siebte Tag. Dieses Gesetz ist von Matthäus her nicht einfach abzuschaffen, sondern von der Barmherzigkeit her zu leben. Da gibt es m.E. klare Entscheidungen in der Perspektive unseres Textes: Z.B. die heute vor allem aus wirtschaftlichen Gründen wieder geforderte Sonntagsarbeit ist weithin unbarmherzig und im Widerspruch zum Wohl der Menschen, wenn sie regelmäßig das *gemeinsame* Ausruhen, z.B. von Familien mit ihren Kindern, zerstört. Barmherzigkeit ist mehr als Profit und Wachstum! Die Entscheidungen aber müssen im Sinn des Textes von der Liebe und dem Wohl des Menschen her fallen, zu deren Instrument überkommene Gesetze, z. B. das der Sonntagsheiligung, werden sollen.

1.2 Die Heilung eines Behinderten am Sabbat (12,9-14)

Vgl. *Literatur*** bei Mt 12,1-21 o. S. 226.

9 **Und als er von dort wegging, kam er in ihre Synagoge.**
10 **Und siehe, (da war) ein Mensch mit einer steifen Hand.**
   Und sie befragten ihn und sagten: »Darf man am Sabbat heilen?[1]**«, damit sie ihn anklagen könnten.**
11 **Er aber sagte ihnen: »Wer unter euch wird der Mensch sein, der ein einziges Schaf hat, und wenn das am Sabbat in eine Grube fällt, wird er es dann nicht ergreifen und aufrich-**

---

[75] Für die evangelische Seite vgl. z.B. die Westminster Confession 21,7 = BSRK 589f, für die katholische den Catechismus Romanus III/4 qu 6.

[76] Dickson 120; Catechismus Romanus III/4 qu 22 (Zitat).

[1] Ich lese θεραπεύειν mit BC𝔐 u.a.; θεραπεῦσαι (Nestle[26]) ist Anpassung an Lk 14,3.

ten? **12 Wieviel mehr ist nun ein Mensch als ein Schaf? Deshalb darf man am Sabbat Gutes tun!« 13 Da sagte er zu dem Menschen: »Streck deine Hand aus!« Und er streckte sie aus, und sie wurde wieder gesund wie die andere. 14 Die Pharisäer aber gingen hinaus und faßten einen Beschluß gegen ihn, um ihn zu vernichten.**

1. *Aufbau.* Die Geschichte ist um das Bildwort vom Schaf in der Grube herum ringförmig nach dem Schema A.B.C.D.C'.B'.A' komponiert[2]. A und A' sind Einleitung und Abschluss: Jesus geht in »ihre« Synagoge hinein (V 9); die Pharisäer gehen hinaus (V 14). B und B', bzw. C und C' entsprechen sich nicht nur inhaltlich, sondern auch durch Stichworte[3]. Die Auseinandersetzung mit den Pharisäern steht nun ganz im Zentrum; die Heilung des Mannes wird an das Ende verschoben. Dadurch wird unsere Geschichte der Gattung nach eindeutig zum Streitgespräch. Am Schluß gehen die Pharisäer, die Jesus seit 12,2 begleitet haben und in unserer Geschichte nicht eigens eingeführt wurden, weg[4]; diese Schlußnotiz bezieht sich also auf den ganzen Abschnitt 12,1-13. Auch durch den unmittelbaren zeitlichen Anschluß in V 9a, durch verschiedene gemeinsame Stichworte und einen fast parallelen Aufbau[5] hat Mt deutlich gemacht, daß 12,1-8 und 12,9-14 ein zusammengehörendes Geschichtenpaar sind.

2. *Quellen und Herkunft.* Diesen geschlossenen Aufbau erreicht Mt, indem er die Heilungsgeschichte Mk 3,1-6 stilistisch überarbeitet[6] und strafft[7]. Außerdem schiebt Mt ein zusätzliches Argument Jesu ins Zentrum (V 11-12a). Diese Verse sind traditionell und zeigen sprachlich semitischen Hintergrund[8]. Das Beispiel vom in die Grube

---

[2] Vgl. Ennulat, Agreements 79.
[3] B,B': Ἄνθρωπος, χείρ; C,C': ἔξεστιν τοῖς σάββασιν. Zur Erklärung dieser Formulierung ist es also unnötig, auf Lk 14,3 zurückzugreifen (gegen Gundry 226).
[4] Die Herodianer fehlen im Unterschied zu 22,16, weil Mt in diesen ersten Konflikten Jesu mit dem Judentum nur die Pharisäer auftreten läßt, vgl. o. Anm. 28 zu 12,1-8.
[5] Exposition 12,1.10a; Gegnerfrage 12,2. 10b; Antwort Jesu (ὁ δὲ εἶπεν αὐτοῖς ...) 12,3-8.11f. V 11f sind formal gleich aufgebaut wie V 5-7: jüdische Analogie 12,5.11; Überbietung 12,6.12a; inhaltliche Konkretion von der Liebe her 12,7.12b.
[6] *V 9:* Μεταβὰς ἐκεῖθεν stellt die Verbindung zu 12,1-8 her, vgl. 11,1; 15,29; πάλιν fehlt, weil Mt Mk 1,21-28 weggelassen hat; vgl. auch Bd. I Einl. 3.3. *V 10a:* Die Formulierung ist äußerst knapp; zu mk ξηραίνω vgl. Bd. I Einl. 3.3. Ἐπερωτάω, an sich mt Meide-Vokabel, wird von Mt fast immer für feindliche Fragen gebraucht, vgl. Schenk, Sprache 261. Dadurch, daß Mt den Gegnern die Frage nach dem, was am Sabbat erlaubt ist, in den Mund legt, schafft er die Entsprechung zwischen C und C'. *V 13:* Die unschöne mk Repetition von χείρ wird vermieden. *V 14:* Zu mk εὐθύς vgl. Bd. I Einl. 3.3, zum Latinismus συμβούλιον λαμβάνειν = consilium capere Bd. I Einl. 3.2 s.v. λαμβάνω.
[7] Der Aufbau wird bei Mt übersichtlicher, indem sich Jesus erst V 13 an den Kranken wendet (diff. Mk 3,3).
[8] Der Relativsatz hat konditionalen Sinn; τίς ... ἄνθρωπος ὅς entspricht hebr. מִי־הָאִישׁ אֲשֶׁר mit konditionalem Sinn: Wenn jemand ein einziges Schaf hat ... Die ntl. Belege unterscheiden sich von den von Beyer, Syntax 290f gegebenen, semitischen Belegen dadurch, daß die einleitende Frage durch ein zupackendes ἐξ ὑμῶν ergänzt und daß der Hauptsatz nicht imperativisch, sondern als rhetorische Frage formuliert ist, vgl. Mt 6,27; 7,9f; Lk 11, 5-7; 14,28; 15,4.8; 17,7-10. Liegt eine für Kurzgleichnisse beliebte Redeweise Jesu vor, die dann von der Gemeinde auch in andere Bereiche übertragen wurde? An unserer St liegt aber kein Gleichnis vor, sondern eine halakische Analogie; darum darf man hier nicht einfach mit ipsissima vox Jesu rechnen, gegen H. Greeven, ›Wer unter euch ...?‹, WuD 3 (1952) 95f.101.

gefallenen Haustier, ein »Musterfall« in jüdischer Sabbatauslegung[9], wurde vielleicht in der Auseinandersetzung über die Sabbatpraxis gebraucht, die die aramäisch sprechende Gemeinde zu führen hatte; auch in der lk Geschichte von der Heilung des Wassersüchtigen taucht es auf (Lk 14,5). Neu ist, daß es in V 12a nicht einfach als Beispiel stehenbleibt, sondern durch einen Vergleich zwischen Schaf und Mensch überboten und verstärkt wird. Da dieser πόσῳ-μᾶλλον-Schluß in der Sache dem für Mt zentralen Liebesgebot entspricht, könnte V 12a mt sein[10]. Aus Mk 3,5 fehlt nicht nur der Zorn Jesu, sondern auch die Verhärtung der Gegner, wie auch anderswo bei Mt (vgl. Mk 1,43par; Mk 6,52; 8,17par).

Erklärung 9 Unmittelbar im Anschluß an das Ährenrupfen geht Jesus in »ihre« Synagoge. Gemeint ist wohl nicht, wie das aus dem Kontext nahelüge, die Synagoge der Pharisäer, sondern wie sonst, die Synagoge der Juden[11]; Matthäus formuliert hier aus dem Blickwinkel seiner Leser bzw. seiner Gemeinde, die nicht mehr zur Synagoge gehört. Vermutlich dort – aber das ist dem Erzähler ganz unwichtig – tritt ein Mann in seinen Gesichtskreis, der seine Hand nicht mehr bewegen kann[12]. Matthäus erzählt nichts von der Begegnung zwischen Jesus und ihm; sein Interesse konzentriert sich auf den Konflikt mit den pharisäischen Gegnern. Die Fronten sind – aus der Sicht des Matthäus, der über den Ausgang der ganzen Geschichte Bescheid weiß und für den die Pharisäer das Zentrum des der Gemeinde feindlichen Judentums sind[13] – von vornherein klar: Die Gegner wissen offenbar schon, daß Jesus am Sabbat heilen wird, und fragen nur, um ihn gerichtlich anzuklagen.

11 Die Antwort Jesu setzt mit einem konkreten, im Judentum oft diskutierten Fall ein: Ist es erlaubt, ein am Sabbat in eine Grube gefallenes Tier zu retten? Die Essener beantworteten diese Frage mit einem kategorischen Nein; die späteren Rabbinen empfanden das offenbar als hart und entwickelten eine subtile Mittellösung: Man darf dem Tier helfen, aber aus der Grube herauskommen muß es selbst[14]. Wichtig ist aber, daß Jesus gerade nicht auf eine solche »halbliberale« Sabbatpraxis Bezug nimmt. Er fragt rhetorisch: »Welcher Mensch unter euch wird nicht sein Schaf heraufholen?« und setzt damit eine selbstverständliche, nicht etwa umstrittene Praxis voraus. Er spricht von einer Praxis von Bauern, die Schafe haben, nicht von einer Halaka von Gelehrten. Vielleicht können wir hier noch einen Blick in eine nicht essenische, aber

---

[9] Vgl. u. Anm. 14.
[10] Hummel, Auseinandersetzung 44 (Analogiebildung zu 6,26; 10,31). Der πόσῳ-μᾶλλον-Schluß setzt V 12b (= Mk!) voraus.
[11] Vgl. Bd. I 179.
[12] Die medizinischen Diagnoseversuche waren vielfältig, von der »Normallösung« Atrophie (z.B. Gaechter 393) über die einfühlende Theorie bei Albertus Magnus 518 (der Maurer [vgl. u. bei Anm. 21] hat sich durch zu intensiven Gebrauch seiner Hand und infolge der Trockenheit des Kalks eine »Nervenaustrocknung« zugezogen) bis zur psychologischen Erklärung Drewermanns, Mk I 282 (»tiefenpsychologisch ... ein hysterisches Symptom«). Sprachlich läßt ξηρός den Schluß zu, daß die Hand starr war und sich nicht mehr bewegen ließ, vgl. 3Βασ 13,4; Test S 2,12f.
[13] Vgl. Bd. I 148.
[14] CD 11,13f, vgl. 16; Schab 128b = Bill. I 629 (man darf dem Tier Decken und Polster unterlegen und es füttern, aber es muß selbst herauskommen).

Mt 12,11f

auch nicht rabbinische Sabbatpraxis[15] bei galiläischen Bauern tun. Außerdem spricht Jesus von einem Mann, der *ein* Schaf hat. Im Griechischen wie im Aramäischen hat im Lauf der Sprachentwicklung das Zahlwort »eins« auch den Sinn des unbestimmten Artikels angenommen; doch ist das bei Matthäus nur ganz selten der Fall, zumal nicht bei nachgestelltem ἕν. Matthäus hat sicher, wie schon die Nathanfabel 2Sam 12,3, an das einzige Schaf eines armen Mannes gedacht[16]. Wir haben in unserem Logion möglicherweise einen der spärlichen Hinweise, daß zwar nicht das Matthäusevangelium, wohl aber einzelne seiner Traditionen von ländlich-ärmlichen Verhältnissen Palästinas her formuliert sind[17]: Der arme Bauer ist auf sein einziges Schaf angewiesen und wird es deshalb selbstverständlich retten.

Für Matthäus ist aber die Sabbatpraxis des kleinen Bauern noch kein in sich zwingendes Argument. Er fährt mit einem Schluß vom Kleineren auf das Größere weiter: Den gemeinsamen Nenner zwischen beiden muß man aus V 12b erschließen: Wenn man schon am Sabbat einem Schaf selbstverständlich etwas Gutes tut, um wieviel mehr dann einem Menschen! In V 12 argumentiert Matthäus also auf einer anderen Ebene, nämlich von der Liebe her, die für ihn die Mitte des göttlichen Willens ist. Von ihr aus wird klar, was am Sabbat zu tun ist – wenn schon für ein Schaf, um wieviel mehr dann für einen Menschen! Hier wird klar, daß die »Barmherzigkeit« grundsätzlich mehr ist als Opfer und Sabbat. Es wird deutlich, was es für Matthäus heißt, daß am doppelten Liebesgebot das ganze Gesetz und die Propheten »hängen« (22,40), und was die Funktion der »gewichtigen« Gebote gegenüber den anderen ist (vgl. 23,23)[18]. *Formal* ist also V 12b eine Halaka[19], nämlich die Grundregel der Sabbatpraxis der matthäischen Gemeinde. *Inhaltlich* geht es aber um eine *grundsätzliche* Unterordnung des Sabbatgebots unter die Liebe: Es wird zwar nicht aufgehoben, sondern bleibt Wille Gottes. Aber die Fälle, wo es übertreten werden darf, ja muß, lassen sich nicht mehr halakisch regeln wie bei Tieren, die in eine Grube fallen. Darum ist es gewiß nicht zufällig, daß der Judenchrist Matthäus aus Mk 3,4 den Hinweis auf das »Retten von Leben« weggelassen hat: Lebensgefahr bzw. Lebensrettung war für die Schriftgelehrten die »Grenzlinie«, die eine Übertretung des Sabbatgebotes möglich machte[20].

---

[15] Οὐχὶ κρατήσει καὶ ἐγερεῖ setzt gerade voraus, daß man das Schaf *aktiv* heraufholt, also mehr tut, als ihm Polster und Kissen unterzulegen (vgl. o. Anm. 14).

[16] Von hier aus erledigen sich nicht nur Deutungen im Sinn einer allgemeinen Tierfreundlichkeit (z.B. Lohmeyer 185; Gaechter 394), sondern vor allem die verbreitete antijüdische Deutung, die in der kirchlichen Tradition seit Hieronymus 90 und Beda 61 anzutreffen ist: Die Pharisäer retten am Sabbat ihr Schaf aus Geiz (vgl. Albertus Magnus 518; Thomas v Aquino [Lectura] Nr. 988; Erasmus [Paraphrasis] 71). Ein Nachklang findet sich bei Schlatter 400: »Die traditionelle Ethik schätzte das Eigentum hoch, versagte dagegen dem Menschen die Liebe«.

[17] Vgl. Bd. I 412. Lk 14,5 spricht nicht von einem einzigen Tier und auch nicht von einem Schaf, sondern von einem Ochsen.

[18] Verseput** 183f.

[19] Hummel, Auseinandersetzung 45.

[20] Jüdisch ist Heilen am Sabbat bei Lebensgefahr erlaubt, wobei der Grundsatz »gedehnt« werden darf (man kann z.B. in gewissen Fällen ein an sich am Sabbat verbotenes Heilmittel als Speise zu sich nehmen), vgl. das Material bei Bill. I 623-629.

Darum geht es aber gerade nicht: Die Liebe läßt sich nicht begrenzen. Während rabbinisch Lebensrettung eine Grenze für das Sabbatgebot ist, wird bei Matthäus die Liebe zu seiner Mitte. Diese Mitte ist aber für Matthäus nichts dem jüdischen Gesetz Fremdes. Das wird er nicht erst in der Perikope vom Doppelgebot (22,34-40) zeigen, sondern das zeigt er wohl auch in unserer Perikope daran, daß er Jesus mit der *Sabbat*praxis der einfachen Leute argumentieren lassen kann.

13 V 12 ist der Höhepunkt der Perikope. V 13 berichtet kurz und knapp die Heilung des Manns: Jesus befiehlt, der Mann gehorcht, und seine Hand wird gesund. Matthäus scheint sich hier so wenig für ihn zu interessieren wie in der Exposition V 10a. Wichtig ist ihm dagegen Jesus: Sein Handeln ist ein konkretes Beispiel dafür, was es heißt, am Sabbat Gutes zu tun. Es kommt also hier nicht primär auf das Wunder der Heilung an. Vielmehr ist die Heilung
14 ein konkreter Modellfall der Liebe. Noch wichtiger ist ihm, was Jesu Sabbatheilung auslöst: Die Pharisäer trennen sich von Jesus und den Seinen, gehen hinaus und fassen den Beschluß, Jesus zu töten. Die Wendung »einen Beschluß fassen« (συμβούλιον λαμβάνειν) hat Signalfunktion: Sie weist voraus auf die Passionsgeschichte, wo wiederum ausschließlich Jesu Gegner ihre Beschlüsse fassen werden (27,1.7; 28,12, vgl. 22,15). Zum ersten Mal im Evangelium kommt das Ende der Jesusgeschichte, die Passion, explizit in den Blick. Matthäus und seine Leser wissen hier mehr als die Jesusanhänger in der Geschichte selbst: Sie wissen, daß der Todesbeschluß der Pharisäer endgültig ist und zum Ziele kam; sie wissen auch, daß der Riß im Volk Israel nicht mehr zu heilen ist. Von diesem Wissen lebt unser Vers; von ihm aus gewinnt er seine unheimliche Dunkelheit. Und so erinnert er die Lesergemeinde des Matthäusevangeliums auch indirekt daran, daß durch den Beschluß, Jesus zu töten, eine unaufhebbare Distanz zwischen ihr und den Pharisäern aufgebrochen ist. Bildlich gesprochen: Die Pharisäer sind »hinausgegangen«.

Zusammenfassung und Wirkungsgeschichte   Unsere Geschichte will also zunächst einmal *ethisch* festhalten, was das Gebot Jesu für den Sabbat ist, bzw. wie das biblische Sabbatgebot ins Licht der Barmherzigkeit gestellt wird. Sie applizieren heißt: in konkreter Situation Menschen mit »erstorbenen Händen« (oder Herzen) suchen, die wegen des Sabbats (oder anderer religiöser Gesetze) nicht geheilt (bzw. heil) werden können. Sie applizieren heißt entdecken, wo und wie Barmherzigkeit mehr ist als Opfer, bzw. wie Gottes Gesetz gerade durch die Liebe in seiner Tiefe erfüllt wird.

Aus der Wirkungsgeschichte dafür zwei – für den Exegeten vielleicht nicht ganz selbstverständliche – Beispiele: Hieronymus nimmt aus dem *Hebräerevangelium* den Passus auf, daß der Mann ein »Maurer war, mit seinen Händen seinen Lebensunterhalt verdiente« und Jesus bat, zu verhindern, daß er »schimpflich um Nahrungsmittel betteln« müsse[21]. Die Exegese pflegt – in gewisser Weise mit Recht – dies als eine spä-

---

[21] Hieronymus 90.

tere legendäre Ausschmückung zu kennzeichnen, die jenen Judenchristen, die hinter dem Hebräerevangelium stehen, ein bißchen half, das Skandalon von Jesu Sabbatübertretung der jüdischen Grenzlinie »Gefährdung des Lebens« anzupassen. Man *muß* es nicht so sehen. Man kann auch sagen: Das Hebräerevangelium ist ein Versuch einer narrativen Applikation unseres Textes. Es macht den Versuch, die »abgestorbene Hand« deutlicher zu beschreiben, um die Liebe zu konkretisieren. »Einem Menschen zur Selbsthilfe verhelfen« ist gar keine ganz unmoderne Konkretion der Liebe. Das andere Beispiel: Wenn E. *Drewermann* die erstorbene Hand mit einer tiefenpsychologischen Diagnose versieht[22], so wird – und muß – der Exeget über solcher Überforderung des Textes seine Stirne runzeln. Man kann es aber auch anders sehen: Es liegt vielleicht ein Versuch vor, durch eine »moderne« Diagnose *heutige* Menschen auf ihre seelische und körperliche Starre aufmerksam zu machen und die Frommen unter ihnen zu fragen, inwiefern vielleicht gerade die Religion eine Heilung verhindert, so daß sie »das eigene Leben« nicht mehr »selber ›in die Hand nehmen‹« können[23]. Nicht daß die Evangelisten den Menschen von Mk 3,1-6par so beschrieben hätten! Auch diese Exegese ist in Wirklichkeit eine Applikation, die spätgeborenen Lesern des Mt hilft, die erstorbenen Hände im eigenen Erfahrungsbereich zu entdecken.

Darüber hinaus will der Text die matthäische Gemeinde *an ihre eigene Geschichte in Israel erinnern*. Er will sie daran erinnern, daß Jesus überkommene jüdische Religiosität in eine Krise führte, indem er die Liebe provokativ in ihre Mitte stellte. Nicht, daß das im Sinn des Matthäus »das Ende des Judentums«[24] bedeutet hätte! D. Flusser[25] macht darauf aufmerksam, daß eine Heilung am Sabbat nur durch ein *Wort*, ohne körperliche Arbeit, nicht als Gesetzesübertretung taxiert zu werden braucht[26]. Aber man hätte eine solche Heilung eines Behinderten gefahrlos auf den folgenden Tag verschieben oder wenigstens diskret außerhalb der Synagoge durchführen können. Genau das wollte Jesus offenbar nicht. Es ging ihm um eine Herausforderung überkommener religiöser Identität Israels[27], um einen Anstoß, ja um eine Provokation im Namen der Liebe[28]. Die Pharisäer, und unter ihrer Führung Israel, sind nach Matthäus diejenigen, die diese Herausforderung der Liebe nicht aufnahmen und so ihr eigenes Gesetz verpaßten. Das führte nach ihm zu Jesu Tod und zur Trennung der Gemeinde Jesu vom großen Rest Israels. Diesen Provokationen der Liebe durch Jesus verdankt die Gemeinde also letztlich ihre Identität. Und das ist wiederum eine Herausforderung an sie.

Es ist also nicht zufällig und nicht zu Unrecht, daß in der Auslegungsgeschichte immer wieder – meist unter dem Vorzeichen allegorischer Interpretation – die *christolo-*

---

[22] Vgl. o. Anm. 12.
[23] Drewermann, Mk I 283.
[24] L. Goppelt, Christentum und Judentum im ersten und zweiten Jahrhundert, Gütersloh 1954, 47.
[25] D. Flusser, Jesus, Reinbek 1968, 47.
[26] So schon Athanasius, Hom de Semente 16 = PG 28, 168.
[27] Der Sabbat wurde seit dem Exil als besonderes Kennzeichen Israels und als grundlegend für seine Identität verstanden, vgl. Lohse** 5,47ff; 8,5ff. Damit war er auch ein »neuralgischer Punkt« für Israels Identität.
[28] Flusser aaO spricht eher untertreibend von »pädagogische(n) Angriffe(n) gegen die Stockfrommen«.

gische und heilsgeschichtliche Dimension unseres Textes entdeckt wurde. Schon der valentinianische Verfasser des »Evangeliums der Wahrheit«, einer der vielen christlichen Gnostiker, die die Gnade besonders tief erfaßten, dankte dafür, daß der Sohn auch am Sabbat für das Schaf arbeitete, das in die Grube gefallen war, und daß er es aus der Grube heraufbrachte, denn es ziemt sich nicht, daß am Sabbat die Rettung ruht[29]. Vor allem im Mittelalter wurde unsere Geschichte heilsgeschichtlich gedeutet: Die erstorbene Hand symbolisiert den Sündenfall, von dem es in der Synagoge keine Heilung gibt, sondern erst durch Christi am Kreuz ausgestreckte Hand[30]. Eine schöne Vertiefung unserer Geschichte im Licht des *ganzen* Evangeliums! Aber nur, solange sie nicht zur Selbstvergewisserung des eigenen Heils*besitzes* wird, während die Synagoge in ihrem eigenen »Geiz«[31] bleibt. Vom Text her müßte man pointiert sagen: Christi am Kreuz ausgestreckte Hand ist darin wirksam, daß er seine Kirche in ihren *eigenen* religiösen Gesetzen immer wieder provokativ an die Liebe erinnert.

1.3 Der heilende Gottessohn (12,15-21)

Literatur: Cope, Matthew 32-52; *Grindel, J.C.M.*, Matthew 12,18-21, CBQ 29 (1967) 110-115; *Gundry*, Use 110-116; *Lindars, B.*, New Testament Apologetic, London 1961, 144-152; *Neyrey, J.*, The Thematic Use of Isaiah 42,1-4 in Matthew 12, Bib. 63 (1982) 457-473; *Rothfuchs*, Erfüllungszitate 72-77; *Stendahl*, School 107-115. *Weitere Literatur*** zu Mt 12,1-21 o. S. 226.

15 Als aber Jesus es erkannt hatte, zog er sich von dort zurück. Und es folgten ihm viele[1]**, und er heilte sie alle,**
16 und er fuhr sie an, sie sollten ihn nicht bekannt machen, 17 damit erfüllt würde, was durch den Propheten Jesaja gesagt wurde:
18 »Siehe, mein Kind[2]**, das ich erwählt habe,**
    mein Geliebter, an dem meine Seele Gefallen fand.
Ich werde meinen Geist auf ihn legen,
    und er wird den Heiden den Urteilsspruch verkünden.
19 Er wird nicht streiten noch schreien,
    und es wird niemand seine Stimme auf den Straßen hören.
20 Geknicktes Rohr wird er nicht brechen,
    und glimmenden Docht nicht auslöschen,
    bis er den Urteilsspruch zum Sieg führt.
21 Und auf[3] **seinen Namen werden die Heiden hoffen«.**

Analyse 1. *Aufbau.* Die Perikope beginnt mit einer Situationsbeschreibung in vier knappen Hauptsätzen (V 15f). Sie bilden die Basis für ein langes Erfüllungszitat (V 18-21), in

---

[29] Ev Ver = NHC I 32,18-25.
[30] Hieronymus 90; Christian v Stavelot 1364; Strabo 124; Thomas v Aquino (Lectura) Nr. 985 etc.
[31] Vgl. o. Anm. 16.

[1] Ὄχλοι ist m.E. sekundäre Zufügung aufgrund der ähnlichen Wendungen 4,25; 8,1; 19,2, vgl. 20,29.
[2] Vgl. u. S. 246f.
[3] Möglich ist auch die Übersetzung: Durch seinen Namen (Dat. instr.).

dem Gott selbst spricht. Seine fünf Doppelglieder sind z.T. in Parallelismen formuliert (V 18a.b; V 19a.b; V 20a.b). Das Zitat beginnt mit einer Ichrede Gottes (V 18a-c), die unvermittelt in Aussagen über den παῖς übergeht (V 18d-20), deren letzte durch einen Temporalsatz abgeschlossen wird (V 20c). Der alleinstehende letzte Satz V 21 hat ein neues Subjekt (»die Heiden«) und hebt sich dadurch ab. V 18d wirkt proleptisch, weil er die beiden für die Schlusssätze V 20c und 21 wichtigen Stichworte κρίσις und ἔθνη vorwegnimmt.

2. *Quellen*. Für die Formulierung der Einleitung V 15f greift Mt auf das Heilungssummar Mk 3,7-12 zurück. Er nimmt es aber nur zum Teil auf[4]. Die Einleitung V 15a ist weithin red.[5] Der Wortlaut des Erfüllungszitats aus Jes 42,1-4 entspricht weder dem masoretischen Text noch der LXX. Wieder stehen sich hier zwei Grundhypothesen gegenüber[6]: Entweder hat Mt dieses Zitat aus einer Quelle übernommen, oder er bzw. seine »Schule« haben selbst einen targumartigen eigenen Text hergestellt. Die textlichen Probleme können aber nicht unabhängig von den inhaltlichen besprochen werden.

Ganz eng schließt die neue Perikope an die vorangehende an. Jesus durch- **Erklärung** schaut die Pläne der Pharisäer. Er ist nicht ein Spielball ihrer Anschläge. Daß **15** er sich zurückzieht, ist darum keine Flucht und kein Zeichen von Angst. Wichtig ist, daß viele Menschen ihm, nicht den Pharisäern folgen. Dadurch werden die späteren Rückzüge Jesu präludiert, bei denen es zur Bildung von Gemeinde in Israel kommt (14,13; 15,21)[7]. Wie in 8,16 heilt Jesus *alle* Kranken; die Heilung von 12,9-14 ist beispielhaft für Jesu ganzes Wirken. Er be- **16** fiehlt den Kranken, ihn nicht publik zu machen. Bei Markus hatte dieser Befehl den Geistern gegolten und sich auf die Gottessohnschaft Jesu bezogen. Matthäus interessiert das meiste, was mit dem markinischen Messiasgeheimnis zusammenhängt, nicht. Insbesondere die Vorstellung, daß die Dämonen Jesu Gottessohnschaft kennen, muß für ihn, der sie vom Gehorsam Jesu gegenüber dem Willen des Vaters her verstand, »geradezu unsympathisch und anstößig gewesen« sein[8]; die Dämonen sind ja als Trabanten des Teufels ihrerseits Gott völlig ungehorsam! Daß Matthäus hier das Schweigegebot überhaupt bringt, muß damit zusammenhängen, daß es Ausdruck der Verborgenheit und der »Stille« ist, die nach V 19a den παῖς θεοῦ auszeichnet. **18-21** Die Brücke von V 16 zum Erfüllungszitat ist aber schmal; das Zitat bedeutet

---

[4] Nicht aufgenommen wird die Angabe der Herkunft der Leute (Mk 3,7b-8a), weil Mt sie schon in 4,25 verwendete, und die bei Mt unpassende Notiz vom Schifflein Mk 3,9. Es fehlen weiter einige Details der Heilungstätigkeit Jesu Mk 3,10b und, was inhaltlich am interessantesten ist, das Bekenntnis der Dämonen Mk 3,11. An diesem Punkt verfährt Mt analog in 8,16 mit Mk 1,32-34.
[5] Zu δέ, γνούς, ἀναχωρέω, ἐκεῖθεν vgl. Bd. I Einl. 3.2. V 15a ist nach V 9a formuliert und verbindet mit der vorangehenden Perikope.
[6] Vgl. den Exkurs »Erfüllungszitate« Bd. I 137f.
[7] Anders meinen Strabo 125; Albertus Magnus 520 und heute wieder Gundry 228, der Rückzug Jesu sei ein Beispiel für die in 10,23 den Jüngern gebotene Flucht von einer Stadt in die andere.
[8] W. Wrede, Das Messiasgeheimnis in den Evangelien, Göttingen ³1963, 154.

gegenüber der erzählenden Einleitung einen weit ausladenden thematischen Überhang. Wenn es richtig ist, daß es vor Matthäus noch nicht mit Mk 3,7-12 verbunden war, so muß man sagen: Nicht weil Matthäus vom Schweigegebot redete, hat er das Erfüllungszitat aus Jes 42 hier angefügt, sondern umgekehrt: Weil Matthäus hier, in der Mitte seines Evangeliums und an dem Punkt seiner Erzählung, wo die Scheidung von Israel beginnt, dieses so lange und wichtige Erfüllungszitat bringen wollte, hat er das markinische Schweigegebot stehenlassen, um wenigstens eine kleine Brücke zum Zitat zu haben. Auf ihm liegt also alles Gewicht.

Das Erfüllungszitat ist in verschiedener Hinsicht ein Sonderfall: Es ist das längste Zitat, das Mt aufgenommen hat. Zugleich ist es das im Kontext und vokabelmäßig[9] und inhaltlich am schlechtesten verankerte Zitat: Anknüpfungspunkt des Zitats ist das Schweigegebot Jesu an die Geheilten in V 16, während in V 19 vom Schweigen *Jesu* die Rede ist! Während bei den meisten anderen Erfüllungszitaten entweder das ganze Zitat durch den Kontext interpretiert ist[10] oder mindestens unschwer von ihm her gefüllt werden kann[11], enthält Mt 12, 18-21 eine ganze Reihe von Aussagen über den Gottes»knecht«, die den Kontext weit überschreiten. Fazit: Hier ist unsere Gesamtthese[12] schwierig, daß die Erfüllungszitate in der mt Gemeinde von Schriftgelehrten erarbeitet worden sind, und zwar vor Mt, aber in Verbindung mit den Stoffen, zu denen sie jetzt im Mt-Ev gehören.
Inhaltlich scheint es zwei Alternativen zu geben: Entweder ist das Zitat nur an einem einzigen Punkt mit dem Kontext verknüpft, nämlich beim Schweigegebot V 16/19, oder es ist eine den unmittelbaren Kontext weit übergreifende, aber nie explizite Verschlüsselung der gesamten Jesusgeschichte an zentraler Stelle. *Traditionsgeschichtlich* lauten die Alternativen: Entweder hat Mt wie wahrscheinlich bei den übrigen Erfüllungszitaten den Wortlaut des Zitats im wesentlichen aus der Tradition übernommen[13], oder er hat ihn selbst im Blick auf das Ganze seiner Jesusgeschichte gestaltet[14]. Die jeweils ersten und die jeweils zweiten Grundalternativen haben eine Affinität zueinander. Bei beiden Alternativen gibt es Zwischenlösungen.

18-21 1. *Wortlaut und Traditionsgeschichte.* Die Probleme sind hier leider so kompliziert
Analyse wie bei keinem anderen Erfüllungszitat. Mt 12,18-21 steht im ganzen dem *masoretischen Text* von Jes 42,1-4 am nächsten. V 19b, 20a und z.T. V 18a.b (ἡρέτισα, ὁ ἀγαπητός) und V 20b (τυφόμενον) könnte man als freie Übersetzungen des MT ver-

---

[9] Es gibt überhaupt keine Verknüpfung mit dem unmittelbaren Kontext, sondern nur mit 3,17; 17,5. Vergleichbar ist hier nur noch das im Kontext aber klare Zitat Mt 2,18. Bei allen anderen Erfüllungszitaten ist das Zitat mindestens durch eine, oft aber durch mehrere Wortbrücken (vgl. bes. 1,23; 4,15f; 27,9f) mit dem Kontext verbunden.
[10] Mt 1,23; 2,6.15.23; 8,17; 13,35; 27,9f.
[11] Mt 2,18; 4,15f (hier mit Sinnüberschuß: Galiläa = »Heidenland«); 21,5, vgl. 3,3; 13,14f.

[12] Vgl. Bd. I 138f.
[13] Pointiert: Lindars* 148.151; Strecker, Weg 67-70; Bd. I 138.
[14] Pointiert vertreten von Barth, Gesetzesverständnis 117-120; Rothfuchs, Erfüllungszitate 72-77; weitgehend auch Gundry, Use 111-116. Eine Zwischenlösung vertritt Stendahl, School 109-115: Die mt Schule formulierte nicht einfach frei, sondern wählte von ihren eigenen theologischen Absichten her bestehende Textvarianten aus. Das ist aber unwahrscheinlich, vgl. Bd. I 138 Anm. 28.

stehen. V 18d ἀπαγγελεῖ entspricht vielleicht dem *Targum*[15]. Der *LXX* entspricht V 21 fast wörtlich; in V 18a (παῖς), V 19 (οὐδέ) und V 20a (συντετριμμένον) muß man mit ihrem Einfluß rechnen. Bei den beiden schwierigsten Problemen können (müssen aber nicht!) Verschreibungen[16] mitspielen: Die Auslassung von Jes 42,4a und die Zusammenziehung von Jes 42,3c und 4b in V 20c können durch eine Haplographie (2x מִשְׁפָּט/κρίσις) bedingt sein[17]. Bei ἐρίσει hat man den aram. Stamm רב angenommen, der im Hebr. »streiten«, im Ostaram. »Lärm machen, schreien« heißt[18]; diese Annahme ist aber sehr schwierig[19]. Von keinem atl. Text her erklärbar bleibt εἰς νῖκος[20]. Mindestens für ἐρίσει und εἰς νῖκος, vielleicht aber auch anderswo, muß man mit *targumisierender Spontanübersetzung* ad sensum rechnen.
Sie fand vermutlich in christlichen Kreisen statt, aber es fragt sich, auf welcher traditionsgeschichtlichen Stufe. *Red. Bearbeitung* des Zitats ist in V 21 gut möglich: Mt könnte wie in 4,4; 13,14f das ihm vorgegebene Zitat aus der LXX ergänzt haben[21]. Allenfalls möglich ist sie auch V 18a.b bei der (nur teilweisen!) Angleichung an die Taufund die Verklärungsstimme (Mt 3,17; 17,5). Aber warum hat Mt die Angleichung nicht konsequent durchgeführt? Vor allem: Warum sagt er nicht υἱός, sondern bleibt bei dem für ihn singulären christologischen παῖς? Andere, für die Red. in Anspruch genommene Textänderungen scheinen mir ganz unwahrscheinlich[22]. In allen Fällen, abgesehen von V 21, scheint mir also wahrscheinlicher, daß schon vor Mt der Wortlaut von Jes 42,1-4 von der christologischen Interpretation her verändert wurde. Zu solchen christologisch bedingten vormt Verdeutlichungen gehören also vielleicht in V 18 die teilweisen Anpassungen an die Taufstimme[23], das Verkündigungswort ἀπαγγέλλω und V 20 εἰς νῖκος. Verständlich wird von der christologischen Deutung her auch die Reserve gegenüber dem LXX-Text, der den Text kollektiv auf Israel deu-

---

[15] יגלי = er wird offenbaren.
[16] Durch Verschreibung kam es wohl auch in der LXX Jes 42,4c zu dem merkwürdigen ΤΩΟΝΟΜΑΤΙΑΥΤΟΥ statt ΤΩΟΝΟΜΩΑΥΤΟΥ: Eine ähnliche Verschreibung passierte 2Παρ 6,16; Ex 16,4A und ψ 118,165 (Grindel* 112). Diese Vermutung steht schon bei Maldonat 251.
[17] So schon Hieronymus, Ep 121,2,6 ad Algasiam = CSEL 56,10. Um eine simple Haplographie handelt es sich aber nicht, da ἕως ἂν aus Jes 42,4b, hingegen ἐκβάλῃ aus Jes 42,3c stammen dürfte.
[18] Stendahl, School 111.
[19] In keinem aram. Dialekt sind beide Bedeutungen zusammen belegbar. Hebr. רִיב meint den Rechtsstreit, griech. ἐρίζω Zank, Rivalität oder allenfalls einen Disput.
[20] MT und LXX: »zur Wahrheit«. Maldonat 250 vermutete ein aram. זָכוּתָא (so die Peschitta zu Mt 12,20), was »Freispruch, Unschuld, Güte, Sieg«, aber nicht eigentlich »Wahrheit« heißen kann. K. Elliger, Deuterojesaja, ²1989 (BK XI/1), 215 weist darauf hin, daß לאמת »zur Wirklichkeit« meint und damit inhaltlich gar nicht weit von εἰς νῖκος entfernt ist.
[21] Mit traditionsgeschichtlicher Zweistufigkeit bei V 18-20/21 rechnen Schlatter 402; Bacon, Studies 475; Kilpatrick, Origins 94; J. Jeremias, Art. παῖς θεοῦ, ThWNT V 698,31ff und Schweizer 183. Dagegen spricht höchstens der von der LXX abweichende (aber klassische) Dat. τῷ ὀνόματι.
[22] Barth, Gesetzesverständnis 118 hält ᾑρέτισα für mt. Es taucht zwar in der LXX gelegentlich als Übersetzung für בחר auf, ist aber im NT Hap. leg. Die freie Übersetzung ἐν ταῖς πλατείαις für kontextbestimmte Anpassung des Mt zu erklären (Barth aaO 119; Rothfuchs, Erfüllungszitate 75) ist mehr als waghalsig, wo doch Mt nie Straßen im Zusammenhang mit Jesu Wirken erwähnt. Ähnlich schwierig ist die mt Herkunft von ἐκβάλλειν (Rothfuchs aaO 76), das Mt zwar gern, aber meistens für Dämonen braucht.
[23] Jeremias, aaO (Anm. 21) 699,20ff rechnet aufgrund von Joh 1,34 sogar damit, daß in der Taufstimme ursprünglich Jes 42,1 zitiert wurde.

tet²⁴. Es hat also wohl vor Mt neben »mechanischen« Textveränderungen auch inhaltlich bedingte gegeben.
Wegen der schwachen Verknüpfung mit dem mt Kontext möchte ich bei diesem Zitat, anders als bei den anderen Erfüllungszitaten, mit einem vormt christologischen Testimonium rechnen, das erst spät, vielleicht erst durch Mt selbst, mit dem Summar von Mk 3,7-12 verbunden wurde.

18-21 Erklärung

2. *Inhalt.* Warum bringt Matthäus hier ein so langes Zitat? Wäre es ihm *nur* um das stille und verschwiegene Wirken Jesu gegangen²⁵, so hätte V 19 als Zitat genügt. Man muß darum das ganze Zitat im Kontext des Evangeliums zu deuten versuchen. Es geht bei Jes 42,1-4 nicht nur um den Einzelzug des Rückzugs Jesu und des Schweigegebots von V 15f; die Stelle »malt« vielmehr »den ganzen Christus«²⁶. Matthäus fügt also das Zitat ein, weil er seine Leser/-innen an diesem Punkt seines Evangeliums mit Hilfe der Bibel an das Ganze der Christusgeschichte erinnern will.

Aber woran im besonderen? Auffällig ist, wie verschieden die Exegeten das matthäische Interesse an Jes 42,1-4 bestimmen. So hebt etwa J. Weiß die »Bescheidenheit und stille Zurückhaltung« Jesu heraus²⁷; für G. Barth ist seine »Demut und Niedrigkeit besonders« wichtig²⁸, für R. Walker die Verkündigung an die Heiden²⁹. Die Schwierigkeit der Deutung besteht darin, daß der Wortlaut des Zitats so offen ist, daß man oft nicht sagen kann, was im Sinne des Matthäus gewollte Assoziationen der Leser sind und wo Beliebigkeit der Deutung anfängt. Wir versuchen, von Matthäus gewollte Assoziationen nachzuzeichnen, mit dem Wissen, daß die Nachzeichnung oft nicht kontrollierbar ist und daß das Zitat jedenfalls im Sinne des Matthäus in erster Linie Assoziationen erlauben, nicht begrenzen wollte.

18 Gott selbst weist durch das Bibelwort auf seinen παῖς hin. Παῖς meint im Griechischen meist das Kind³⁰, viel seltener den Diener³¹. Auch für das NT und Matthäus gilt dies³². Seine Leser werden unseren Text von der Taufgeschichte her verstanden haben und dachten wohl: Nun ist vom Sohn Gottes,

---

24 Vgl. bes. Jes 42,1a.b: Ἰακώβ, Ἰσραήλ. Tg Jonathan deutet messianisch.
25 So Strecker, Weg 69f (»spezielle Situation des Bios Jesu«).
26 Luther (WA 38) 535.
27 J. Weiß 326.
28 Barth, Gesetzesverständnis 120.
29 Walker, Heilsgeschichte 78 (»Heiden-Heilands-Geheimnis«).
30 Im Hinblick auf Abstammung (Gegensatz: Vater, Eltern) oder im Hinblick auf das Alter. Das Wort ist unabhängig vom Geschlecht. Für »Diener, Sklave« wird es viel seltener gebraucht und betont dann im Unterschied zu δοῦλος eher die Zugehörigkeit zu einer familia als das u.U. als ungerecht empfundene Abhängigkeitsverhältnis (vgl.

für die LXX K.H. Rengstorf, Art. δοῦλος κτλ., ThWNT II 69,3ff). Das hell. Judentum »neigt dazu, den παῖς θεοῦ als *Gottes Kind* zu verstehen« (J. Jeremias, aaO [Anm. 21] 683,6f). Sap 2,18; 5,5 sprechen deshalb vom »Sohn«, auch wenn Jes 53 einwirkt (2,13 ist παῖς synonym); vgl. auch die Übersetzungsvarianten in 4Esr 13,32.37.52; 14,9 (Sohn: lat sy sa; Knecht bzw. Jüngling: arab).
31 Ähnlich lat. puer, neugr. παιδί, dt. Knabe/Knappe.
32 Vgl. o. Anm. 17 zu 8,5-13. Mit Ausnahme von 14,2 (παῖδες des Herodes) ist das bei Mt immer so. 24,49 formuliert er red. statt παῖδας καὶ ... παιδίσκας: συνδούλους.

von dem jene Geschichte sprach, in »biblischer« Sprache die Rede³³. Es gibt also bei Matthäus sowenig wie sonst im Neuen Testament eine eigene »Gottesknechtchristologie«. Vielmehr kennt er nur eine Gottessohnchristologie³⁴, die er hier ein einziges Mal, in einem Bibelzitat, sprachlich variiert. »Geliebt« und »Gefallen finden« verweisen den Leser wörtlich an die Taufgeschichte (3,17). Der LXX-Ausdruck αἱρετίζω³⁵ »erwählen, adoptieren« erinnert sachlich an sie. Dort ist auch die Geistbegabung Jesu, von der der Prophet weissagend im Futur spricht, erfolgt (3,16). In den Exorzismen, die Matthäus im zweiten Teil unseres Kapitels erzählt, erweist Jesus seinen Geistbesitz gegenüber seinen Gegnern, den Pharisäern (12,28, vgl. 32)³⁶. Der Leser wird also durch das Jesajazitat gleichsam an den Anfang der Jesusgeschichte zurückversetzt, dorthin, wo ebenfalls Gott selbst den Menschen offenbart hatte, wer Jesus ist. In der anschließenden Versuchungsgeschichte hatte Matthäus die Gottessohnschaft Jesu durch seinen Gehorsam ausgelegt. Ebendas wird auch das Jesajawort in V 19f tun. Vorher steht aber merkwürdig unvermittelt V 18d: »Er wird den Heiden³⁷ κρίσις verkünden«. Die Bedeutung von κρίσις ist eine alte crux interpretum. Zur Auswahl stehen »Recht«³⁸ und »Gerichtsurteil«³⁹. Nun heißt κρίσις profangriechisch nie »Recht«⁴⁰, und auch Matthäus hat das Wort bis jetzt nur für das Endgericht gebraucht und wird das auch weiterhin so tun⁴¹. Das ist um so wichtiger, als κρίσις ein Leitwort ist, das unseren Text mit dem folgenden verbindet (vgl. V 36.41f). Auch im hebräischen Text von Jes 42,1 meint מִשְׁפָּט das göttliche Urteil, nur daß dieses jetzt nicht mehr Unheil, sondern Heil für Israel beinhaltet⁴². Κρίσις heißt also wahrscheinlich »Urteilsspruch«. V 20c.21 wird andeuten, daß dieser Gerichts-

---

³³ Abgesehen von Mt 12,18 kommt im NT christologisches παῖς θεοῦ nur noch Apg 3,13.26; 4,25.27 vor. Auch hier ist es eine sprachliche Variation: Lk läßt die Urapostel in der heiligen Stadt Jerusalem den Auferstandenen in biblischer Sprache als Gottesknecht verkündigen.
³⁴ Ihr Zentrum, der Gehorsamsgedanke (vgl. Bd. I 156f.164.166), liegt auch inhaltlich nahe bei Sap Sal (vgl. o. Anm. 30).
³⁵ Übersetzungsvokabel für בחר, vgl. בחירי Jes 42,1.
³⁶ Neyrey* und Cope, Matthew 32-46 weisen m.R. auf die engen Beziehungen des Zitats zum folgenden Kontext 12,22-(m.E.)45. Ohne alle ihre Thesen übernehmen zu wollen, greife ich im folgenden einige ihrer Beobachtungen auf.
³⁷ Unser Text gibt keinen Hinweis darauf, ob ἔθνη mit »Heiden« oder mit »Völker« zu übersetzen ist.
³⁸ Diese Interpretation hat ihre Vorläufer in der nachreformatorischen Exegese, wo der forensisch-eschatologische Sinn immer mehr abhanden kommt, vgl. Bullinger 120 (die Ge-

rechtigkeit im Evangelium, d.h. die Sündenvergebung); Musculus 340 (»doctrina et cognitio veritatis«). Seit der Aufklärung wird sie ethisiert, vgl. Paulus II 80 (»was recht ist, wie man handeln soll«); Fritzsche 429 (»quod fieri par est«) und verallgemeinert, vgl. G. Fohrer, Das Buch Jesaja II, 1964 (ZBK), 47.49 (»Wahrheit«, »Glaubenserkenntnis«, »religiöse Wahrheit«), ohne jemals zur allein herrschenden zu werden.
³⁹ Neutral, im Sinn von Freispruch oder von Verurteilung. Vgl. z.B. Johannes Chrysostomus 40,2 = 581 (Verurteilung); Augustin, CivD 20,30 = BKV I/28 1304f (neutral); Hilarius 12,10 = SC 254, 276 (Freispruch). In der Mitte steht die klassische katholische Interpretation: κρίσις = lex Evangelica, d.h. der Maßstab, mit dem Christus richten wird (Jansen 118; Lapide 260; Maldonat 249).
⁴⁰ Nur in der LXX als Übersetzungsvokabel von משפט, das diese besondere Bedeutung gelegentlich hat.
⁴¹ 23,23 ist die einzige Ausnahme von diesem Sprachgebrauch.
⁴² Elliger aaO (o. Anm. 20) 53f.206f.

spruch Gottes für die Heiden positiv ausfallen kann. V 41f werden negativ abgrenzen: Anders wird es aber für »diese Generation« sein[43]. Unvermittelt ist V 18d deshalb, weil Jesus ja bisher den Heiden Gottes heilsames Urteil noch gar nicht verkündet hat, sondern allein in Israel wirkte[44]. V 18d durchbricht also die Zeitebene der Jesusgeschichte und weist als Signal[45] voraus auf ihr Ziel. Darum wird er durch das Ende des Zitats (V 20d.21) wieder aufgenommen.

19 V 19f sprechen vom Verhalten des Sohns. Da der Text in V 19 das Gemeinte nur negativ andeutet und in V 20 bildhaft formuliert, läßt er den Assoziationen der Leser/innen weiten Raum. Ἐρίζω und κραυγάζω (V 19a) kann man entgegen einer beliebten Interpretation[46] nicht unter den gemeinsamen Oberbegriff des Streitens um Recht fassen[47]. Der Sinn wird zunächst durch V 16 angedeutet: Jesu Schweigegebot weist auf seine eigene »Verborgenheit«. Worin besteht sie in seiner ganzen Geschichte? Die kirchliche Auslegung formulierte dualistisch: Jesus sucht nicht eitlen weltlichen Ruhm[48]. »Nicht streiten und nicht schreien« deuten aber eher in eine andere Richtung: Zum Gottessohn gehört Frieden[49]. Darf man etwa an Jesu Gewaltlosigkeit in seiner Passion denken? Oder darf man an die Ruhe denken, die der friedliche und demütige Gottessohn nach 11,28f schenken will[50]? V 19b führt weiter. Ist damit *nur* der Rückzug Jesu gemeint – Jesus wird von 12,22 an seine Stimme in Israel wieder sehr laut erheben! –, oder darf man auch daran denken, daß niemand *auf* ihn hört, d.h. daß Jesus von den meisten in Israel abgelehnt wird[51]? Dann wäre z.B. 12,22-37.38-42 oder 13,53-58 eine Illustration des Gemeinten. Alles das muß offenbleiben.

20a.b Auch das geknickte Schilfrohr und der rauchende Docht sind wie bei Deuterojesaja offene Bilder, nicht etwa feste Metaphern oder Hinweise auf Sprichworte. Ein geknicktes Schilfrohr ist wertloser Abfall; ein rauchender Docht einer Öllampe muß gelöscht und geschnitten oder ersetzt werden. Das tut der Gottessohn Jesus nicht. Was tut er? Offenbar bewahrt er das Geknickte und läßt unvollkommenes Licht leuchten[52]. Was heißt das?

---

[43] Also genau umgekehrt wie bei Deuterojesaja!
[44] Vgl. nur 8,11f; 10,18.
[45] Vgl. Bd. I 23.
[46] Stendahl, School 111f; Rothfuchs, Erfüllungszitate 74; Verseput** 198f.
[47] Ἐρίζω verbindet Spicq, Notes I 288 am ehesten mit »disputes entres maîtres« und »rivalités personelles«; zu κραυγάζω notiert Allen 131 das Geschrei in einem Theater, das Bellen eines Hundes, das Rufen eines Betrunkenen, kurz: »discordant forms of utterance« und nicht den Schrei nach Recht!
[48] Z.B. Theophylakt 266; Dionysius d Karthäuser 151.
[49] Sehr schön formuliert Christian v Stavelot 1365: »Pacem portabit ore et opere«.
[50] Dafür könnte sprechen, daß es in 11,25-30 und 12,18-21 um den Gottessohn und sein Verhalten geht.
[51] Ἀκούω müßte dann »gehorchen« heißen (Liddell-Scott s.v. II 2; Bauer, Wb s.v. 4). – Von dieser Deutung aus hat die in der kirchlichen Exegese häufige Verbindung mit Mt 7,13f ihr relatives Recht: Wer auf der »breiten Straße« ist, hört Jesu Stimme nicht (seit Origenes fr 258 = 119).
[52] Luther (WA 38) 540 versucht, die Negativaussagen ins Positive zu übersetzen: nicht brechen = befestigen, stärken ...; nicht auslöschen = anzünden, erleuchten.

Mt 12,20f 249

Es ist kein Zufall, daß gerade bei V 20 die allegorische Auslegung der alten Kirche geblüht hat. Allegorische Auslegung war ja immer wieder der Versuch, einem Text Anwendungsfelder und Konkretionen zu erschließen. »Moralisch« hieß es etwa: Das geknickte Rohr und der rauchende Docht sind Sünder, die unter der Last der Sünde leiden, oder Gläubige, deren Glaube schwach und unsicher ist[53]. Es sind Menschen mit einem reuigen und demütigen Herzen[54]. Calvin spitzt zu: »Gleichen wir nicht alle einem geknickten Rohr?« Christus paßt sich unserer Schwachheit an, und wir sind auf seine Güte angewiesen[55]. Die »mystische« Deutung bedenkt die Heilsgeschichte: Geknicktes Rohr bzw. rauchender Docht sind Juden und Heiden. Dabei ist jede Zuordnung möglich: Die Heiden gleichen dem rauchenden Docht, weil ihre natürliche Gotteserkenntnis erloschen ist[56]. Mit dem rauchenden Docht können aber auch die wenigen christusgläubigen Juden gemeint sein und ihr »igniculum fidei«[57]. Mit Juden und Heiden hat Christus bis zum Gericht Geduld[58].

Wirkungsgeschichte

Der Text gibt den Lesern und Leserinnen Freiheit, die Bilder vom Rohr und vom Docht im Lichte der matthäischen Jesusgeschichte selbst zu konkretisieren. Wichtig ist ihm die *christologische* Grundrichtung, die er mit Hilfe dieser Bilder gibt: Sie zeigen Christi πραΰτης, seine Geduld, Gewaltlosigkeit, Friedfertigkeit, Güte und Liebe. Sie zeigen, daß Christus »nicht wiederschmähte, wenn er geschmäht wurde, nicht drohte, wenn er litt«[59]. Sie zeigen den Christus, der die Bergpredigt praktiziert, den gewaltlosen, gütigen König von Mt 21.

Das Zitat endet mit zwei konzentrierten Sätzen: V 20c nennt die göttliche Zukunftsperspektive: Dieser gewaltlose, liebevolle Gottessohn wird das Urteil Gottes zum Sieg führen. Man wird hier weniger an Jesu Auferstehung als an sein Richten als Menschensohn denken. Daß gerade der Gewaltlose, Liebende, Gehorsame, der die Versuchung der Weltherrschaft ausgeschlagen hat (Mt 4,8-10), das Urteil über die Welt im Namen Gottes vollziehen wird, ist ein schlechthin unberechenbares Wunder Gottes, das als letzte Perspektive über dem Weg Jesu steht. Diese Perspektive deutet Gott selbst in V 20c an, im Bibelwort. Und ebensowenig berechenbar ist die Verheißung, mit der in V 21 das Zitat schließt: Gottes Urteil bedeutet die Hoffnung der Heiden. Am Ende seiner Jesusgeschichte wird Matthäus dieses »Signal« konkretisieren (Mt 28,16-20). Mit den letzten beiden Sätzen öffnet er die Augen seiner

20c

21

---

53 Immer wieder zitiert wird Hieronymus 91: »Wer einem Sünder die Hand nicht reicht und die Last seines Bruders nicht trägt, zerbricht ein geknicktes Rohr. Und wer die mäßige Flamme des Glaubens bei den Kleinen verachtet, löscht einen rauchenden Docht.« Konkretionen: Bullinger 120: Schilfrohr = leichtsinnige und unbeständige Menschen; Rauch = Menschen mit großen Verbrechen; Dionysius d Karthäuser 151: geknicktes Rohr = Verderbnis durch die Sünden; rauchender Docht = geringfügiges intellektuelles Licht.
54 Luther (WA 38) 539.
55 I 357.
56 Rabanus 925.
57 Albertus Magnus 523.
58 Augustin, CivD 20,30 = BKV I/28 1304f (Jesus vernichtet seine jüdischen Verfolger nicht, sondern gibt ihnen vor dem jüngsten Gericht noch eine Chance); Hilarius 12,10 = SC 254, 276 (die Heiden werden nicht zerbrochen oder ausgelöscht, sondern für das Heil aufbewahrt).
59 Rabanus 925.

Leser für Gottes Zukunft und gibt seiner Jesusgeschichte die richtige Perspektive von Gottes Wort her.

Zusammenfassung

Zwei Punkte scheinen mir an diesem zentralen Text wichtig:
1. Durch dieses, den Kontext sprengende, überlange Erfüllungszitat öffnet Matthäus seinen Lesern die Augen für das Ganze der Geschichte Jesu. Er erzählte sie von Anfang seines Evangeliums an als Geschichte des Gottessohns und Immanuels. Nur wer bedenkt, daß in Jesus Gott selbst »bei uns« ist, versteht seine Geschichte. An ihrem Ende wird Jesus alle Gewalt im Himmel und auf der Erde haben und seine Jünger zu den Heiden schicken. Nur wer weiß, daß Jesu Weg des Gehorsams eine solche Zukunft hat, wird die Tiefen, in die er führt, richtig verstehen. Unser Text will die Leser/innen des Evangeliums für diese Perspektive öffnen. In einem Bild: Die Geschichte Jesu, der auf seinem Weg in Israel zunehmend angefeindet und bedroht wird, gleicht einer Wanderung bei schlechtem Wetter unter einer tiefliegenden Wolkenschicht. Unser Text will die Wolkenschicht für einen Moment wegreißen, damit der Himmel, der Sache nach: die wahre, göttliche Perspektive der traurigen Geschichte des Gehorsams Jesu, wieder sichtbar wird. Nur dann wird sie verstehbar. Denn nur, wer um den Himmel weiß, versteht die Welt. Nur, wer um Gottes Zukunft weiß, versteht die Gegenwart. Das deutet vor allem V 18.20cf an.
2. Die Geschichte Jesu, soweit sie sich unter der Wolkenschicht abspielt, ist eine Geschichte der »Sanftmut«, der Barmherzigkeit, der Gewaltlosigkeit und der Liebe. Matthäus hat in 12,1-14 zweimal die πραΰτης und ταπεινότης Jesu (11,29) illustriert. Ihr Ausdruck ist auch, daß er die Geheilten schweigen heißt (V 16). Das deutet V 19-20b an. Nachdem sich die Situation in Israel zuspitzt und Jesu Tod zum ersten Mal beschlossen ist, liegt ihm daran, seinen Gehorsam gegenüber Gott und seine Güte gegenüber den Menschen nochmals herauszustellen. Jesus ist dem in der Bergpredigt proklamierten Willen des Vaters stur, wörtlich und kompromißlos gehorsam. Daß dies Gottes Wille ist und daß so – nur so! – Gottes Gerichtsurteil zum Sieg kommt, will der Text sagen[60].

2 Die erste Abrechnung mit den Pharisäern (12,22-50)

Literatur: Green, H.B., Matthew 12,22-50 and Parallels: An Alternative to Matthean Conflation, in: C.M. Tuckett (Hrsg.), Synoptic Studies, 1984 (JStNT.S 7), 157-176; *Hummel*, Auseinandersetzung 122-128; *Jülicher*, Gleichnisreden II 214-240; *Malina*,

---

[60] Nicht verschwiegen sei, daß die Fortsetzung der Geschichte in Mt 12,22-45 mit dieser zentralen Schau eigentümlich kontrastiert: Statt des schweigenden und wehrlosen Sohns der unentwegt redende und seine jüdischen Gegner »fertigmachende« Gerichtsredner Jesus – gleichsam der vorweggenommene Richter!

B. – Neyrey, J.H., Calling Jesus Names (Foundations and Facets), Sonoma 1988, 3-67; Verseput, D., The Rejection of the Humble Messianic King, 1986 (EHS.T 291).

Auch der zweite Teil des Kapitels besteht aus drei allerdings sehr ungleich langen Abschnitten: V 22-37. 38-45. 46-50. Hauptsächlich enthält er eine lange, in V 31.38 durch apophthegmatische Neueinsätze unterbrochene Gerichtsrede Jesu an die Pharisaer (V 25-45). Nachdem der Konflikt zwischen Jesus und seinen Gegnern aufgebrochen ist (Kap. 11) und zum ersten Mal Jesu Tod als Perspektive auftauchte (12,14), macht unser Abschnitt die Reaktion Jesu auf seine Gegner deutlich. Wiederum hat die letzte Perikope eine Sonderstellung; die gegnerischen Pharisäer sind nicht mehr da, während die ὄχλοι bleiben (V 23.46).

2.1 Beelzebul und Gottes Geist (12,22-37)

Literatur: Augustinus, Sermo 71 = PL 38, 445-467; *Athanasius*, Epist. 4 ad Serapionem, BKV I/13 471-497; *Boring, M.E.*, The Unforgivable Sin Logion Mark 3,28-29/ Matt 12,31-32 / Luke 12,10: Formal Analysis and History of the Tradition, NT 18 (1976) 258-279; *Colpe, C.*, Der Spruch von der Lästerung des Geistes, in: Der Ruf Jesu und die Antwort der Gemeinde (FS J. Jeremias), hrsg. E. Lohse u.a., Göttingen 1970, 63-79; *Dewailly, L.M.*, La parole sans oeuvre (Mt 12,26), in: Mélanges offerts à M.D. Chenu, 1967 (BiblThom 37), 203-219; *Doyle, B.R.*, A Concern of the Evangelist: Pharisees in Matthew 12, ABR 34 (1986) 17-34; *Fitzer, G.*, Die Sünde wider den Heiligen Geist, ThZ 13 (1957) 161-182; *Flusser, D.*, Die Sünde gegen den heiligen Geist, in: Wie gut sind deine Zelte, Jaakow (FS R. Mayer), hrsg. E.L. Ehrlich, Gerlingen 1986, 139-144; *Fridrichsen, A.*, Le péché contre le Saint-Esprit, RHPhR 3 (1923) 367-372; *Fuchs, A.*, Die Entwicklung der Beelzebulkontroverse bei den Synoptikern, 1980 (SNTU B 5); *Jülicher*, Gleichnisreden II 116-128; *Käsemann, E.*, Lukas 11,14-28, in: ders., Versuche I 242-248; *Klauck*, Allegorie 174-184; *Kloppenborg*, Formation 121-126; *Laufen*, Doppelüberlieferungen 126-155; *Légasse, S.*, L'»homme fort« de Luc 11,21f, NT 5 (1962) 5-9; *Lövestam, E.*, Spiritus Blasphemia, 1968 (SMHVL 1966/1967:1); *Mangenot, E.*, Blasphème contre le Saint-Esprit, DThC II (1905) 910-916; *Neirynck, F.*, Mt 12,25a / Lc 11,17a et la rédaction des Evangiles, EThL 62 (1986) 122-133; *Robbins, V.*, Rhetorical Composition and the Beelzebul Controversy, in: B. Mack – V. Robbins, Patterns of Persuasion, Sonoma 1989, 161-193; *Sato*, Q 132-136; *Schaf, P.*, Die Sünde wider den heiligen Geist, Halle 1841; *Schürmann, H.*, Gottes Reich – Jesu Geschick, Freiburg 1983, 104-108; *Schulz*, Q 203-213.246-250.316-320; *Tödt*, Menschensohn 109-112.282-288; *Wanke*, Kommentarworte 26-31.51-56.70-75; *Wette, W.M.L. de*, Über die Sünde wider den heiligen Geist, Berlin 1819; *Wrege, H.T.*, Die Überlieferungsgeschichte der Bergpredigt, 1968 (WUNT 9), 164-180.
Weitere Literatur** zu Mt 12,22-50 o. S. 250f.

**22 Darauf brachte man einen Besessenen zu ihm, der blind und taub war, und er heilte ihn, so daß der Taube redete und sah.
23 Und die ganzen Volksmengen gerieten außer sich und sagten:**
   »Der ist doch nicht etwa der Sohn Davids?«
24 Die Pharisäer aber, die das hörten, sagten:

»Der treibt ja die Dämonen durch Beezebul[1] aus[2], den
    Herrscher der Dämonen!«
25 Er kannte aber ihre Gedanken und sagte ihnen:
»Jedes Reich, das gegen sich selbst gespalten ist,
    verödet,
und jede Stadt oder Haus, das gegen sich selbst gespalten ist,
    wird nicht stehen bleiben.
26 Und wenn der Satan den Satan austreibt,
    so wurde er gegen sich selbst gespalten:
    Wie soll also sein Reich stehen bleiben?
27 Und wenn ich durch Beezebul die Dämonen austreibe,
    mit wem treiben dann eure Söhne sie aus?
    Deswegen werden sie eure Richter sein!
28 Wenn ich aber durch Gottes Geist die Dämonen austreibe,
    so hat das Gottesreich euch (schon) erreicht!
29 Oder wie kann einer ins Haus des Starken eindringen
    und seine Habe rauben,
wenn er nicht zuerst den Starken fesselt?
    Und dann wird er sein Haus ausrauben!
30   Wer nicht mit mir ist, ist gegen mich,
    und wer nicht mit mir sammelt, zerstreut!
31 Deshalb sage ich euch:
Jede Sünde und Lästerung wird den Menschen erlassen werden,
    die Lästerung des Geistes aber wird nicht erlassen werden.
32 Und wer ein Wort gegen den Menschensohn sagt:
    es wird ihm erlassen werden;
wer aber gegen den heiligen Geist redet,
    ihm wird es nicht erlassen werden, weder in diesem Äon
    noch im künftigen.
33 Entweder nehmt an[3], der Baum sei gut, dann (müßt ihr auch
    annehmen,) seine Frucht (sei) gut[4],
oder nehmt an, der Baum sei unbrauchbar, dann (müßt ihr auch
    annehmen,) seine Frucht (sei) unbrauchbar,
    denn an der Frucht erkennt man den Baum!
34 Otternbrut! Wie könnt ihr Gutes reden, wo ihr doch böse seid?
    Denn wovon das Herz voll ist, redet der Mund.
35 Der gute Mensch bringt aus seiner guten Schatzkammer Gutes her-
                                                                              vor;

---

[1] Zum textkritischen Problem vgl. Anm 2 zu 10,24f.
[2] Die Konstruktion mit οὐκ ... εἰ μή ist semitisierend und dient der Heraushebung einer Sache, vgl. Beyer, Syntax 129-131.
[3] Ποιεῖν = (den Fall) annehmen: Liddell-Scott s.v. A VI. Auch aram. ist das möglich, vgl. Black, Muttersprache 302.
[4] Zur Übersetzung vgl. Beyer, Syntax 254f; Black, Muttersprache 202f (Parataxe mit konditionalem Sinn vom Semitischen her).

und der böse Mensch bringt aus seiner bösen Schatzkammer Böses hervor.
36 **Ich sage euch aber:**
 Für jedes nutzlose Wort[5], das Menschen reden werden,
 werden sie Rechenschaft ablegen am Tag des Gerichts;
37 **denn aus deinen Worten wirst du gerecht gesprochen werden;**
 und aus deinen Worten wirst du verurteilt werden«.

1. *Aufbau*. Eine kurze Dämonenaustreibung (V 22-24) leitet die folgende Rede Jesu ein. Sie nennt die anwesenden Personen: Jesus, die Pharisäer und das Volk. Bis V 45 setzt sich Jesus mit den Pharisäern auseinander; das Volk wird erst V 46 wieder genannt. Die Rede wird durch drei Leitworte zusammengehalten, die alle auf vorangehende Texte zurückweisen: κατά[6], ἐκβάλλω[7] und πνεῦμα[8]. Sie besteht in ihrem ersten Teil V 25-30 aus kurzen Logien: V 25f.27.28.29.30. V 28 ist nach den Argumenten V 25f und 27 die eigentliche »Gegendefinition« zur These der Pharisäer V 24. Διὰ τοῦτο λέγω ὑμῖν (V 31) ist ein Neueinsatz, der die Auseinandersetzung ihrem Höhepunkt zuführt. Dieser liegt im zweiten Redeteil V 31-37 bei den beiden Spruchkompositionen V 31f und 33-37. Beide enthalten ein feierliches λέγω ὑμῖν (V 31a.36a) und enden mit einem Hinweis auf die Verurteilung im letzten Gericht (V 32de.36f). Durch die Stichworte λόγος und ἄνθρωποι sind V 31f und 33-37 aufeinander bezogen. Die einzelnen Sprüche hat Mt in schönen Parallelismen aufgebaut und durch Stichworte verbunden: V 25f bestehen aus drei Gliedern, zwei parallelen Bildern in V 25 und der Anwendung in V 26[9]. V 27 ist ein dreigliedriges Disputationswort, das mit V 28 zusammen einen antithetischen Parallelismus bildet[10]. V 29 ist wieder ein zweigliedriges Disputationswort mit Frage und Antwort. Antithetischen Parallelismus finden wir weiter in V 31f[11]. Auch V 33-37 bestehen aus zahlreichen antithetischen Parallelismen (V 33a/b; V 35a/b; V 37a/b) und Gegensatzpaaren. Daneben sind die rhetorischen Fragen auffällig; drei sind mit πῶς eingeleitet (V 26.29.34). So hat man den Eindruck eines rhetorisch durchformulierten Abschnittes, in dem die Argumente Jesu Schlag auf Schlag auf die Gegner einprasseln, wobei die Antithesen dominieren. Sie gipfeln im Gegensatz Teufel / Geist Gottes. Wahrlich, starkes Geschütz gegen die angegriffenen Pharisäer! Die rhetorische Kunst des ganzen Abschnitts ist groß[11a].

---

[5] Semitisierender Casus pendens, im Hauptsatz mit αὐτοῦ aufgenommen, vgl. Bd. I 34 und Beyer, Syntax 191f.
[6] 12,25-32 5x, vgl. 12,14.
[7] 12,24-35 7x, vgl. 12,20.
[8] V 28.31.32, vgl. V 18.
[9] Verbindende Stichworte: πᾶσα ... μερισθεῖσα καθ' ἑαυτῆς, βασιλεία, σταθήσεται (je 2x); ἑαυτοῦ und μερίζω sogar 3x.
[10] Es ergibt sich so das prägnante Gegensatzpaar Beelzebul und Geist Gottes. Der Parallelismus ist durch die gleichlautende Einleitung εἰ ... ἐκβάλλω τὰ δαιμόνια betont.

[11] Doppelter antithetischer Parallelismus: V 32a nimmt V 31aβ, V 32b V 31b auf. Beide Glieder von V 32 steigern V 31: V 32a durch »Menschensohn«, V 32b durch den volltönenden Abschluß »weder in diesem noch im kommenden Äon«.
[11a] Robbins* 185 stellt fest: Der Abschnitt enthält fast alle Schritte, die nach Hermogenes für ein vollständiges rhetorisches Argument nötig sind.

2. *Quellen, Traditionsgeschichte und Herkunft.* Nach der einfachsten und gebräuchlichsten Annahme[12] hat Mt im Beelzebul-Streitgespräch den nach Mk 3,7-12 folgenden Mk-Text 3,22-30[13] mit dem Q-Text Lk 11,14-23 verbunden. Dabei folgte er im wesentlichen auch der Reihenfolge von Q[14]. Mt 12,22-45 ist abgesehen von einigen Einschüben und Umstellungen ein zusammenhängendes Q-Stück (= Lk 11,14-32), das letzte größere zusammenhängende Q-Stück vor der Endzeitrede. Wir betrachten die einzelnen Unterabschnitte:

22-24 a) Der Abschnitt beginnt mit dem einleitenden *Exorzismus V 22-24* aus Q = Lk 11,14f. Mk 3,20f läßt Mt ebenso wie Lk weg. Da die Griesbach-Hypothese, die Mk für das späteste Ev. hält, im ganzen wie im einzelnen unwahrscheinlich ist[15], bleiben nur die Möglichkeiten, daß entweder Mt und Lk unabhängig voneinander den anstößigen Vers vermieden[16] oder daß eine von ihnen benutzte Mk-Rezension das tat. Den Exorzismus hatte Mt in 9,32-34 schon einmal erzählt[17]. Anders als dort formuliert er hier ziemlich frei[18]. Wie in 9,32-34 reagieren das Volk und seine Führer auf den Exorzismus verschieden; entsprechend dem Erzählungsfaden des ganzen Kap. 12 spielen die Pharisäer die negative Rolle. Den Vorwurf der Gegner in V 24b hat Mt verschärft[19]. Der Exorzismus ist so knapp und ohne eigene Pointe, daß er schon sehr früh die Exposition des Folgenden gebildet haben muß.

25-30 b) Im *Streitgespräch V 25-30* kombiniert Mt Mk 3,24-27 mit Q = Lk 11,17-23. Lk ist dagegen von Mk nicht beeinflußt. Die in Mk und Q überlieferten Logien sind nur z.T. identisch. Im Doppelbildwort *V 25f* hat Mt nicht nur einige Vorzugswörter[20], sondern vor allem die schöneren Parallelismen und einen längeren Text als Lk. Hat er den Q-Text nach Mk 3,24-26 ergänzt, oder hat Lk gekürzt, so daß die Markuspar gerade das Alter des mt Textes bezeugte? Die Entscheidung kann nicht in einem Entwe-

---

[12] Abweichend vertritt A. Fuchs* in einer umfangreichen Monographie die These, ein Bearbeiter des Mk (Deuteromk) habe vor Mt und Lk den Q-Stoff in den Mk-Text eingearbeitet. Fuchs will einerseits zeigen, daß die gemeinsamen Abweichungen von Mt/Lk gegenüber Mk auf Deuteromk zurückgehen. Andererseits verzichtet er doch nicht auf die Q-Hypothese. M.E. machen die beiden Annahmen sich wechselseitig unnötig. Ich sehe selber in Deuteromk einen hilfreichen Versuch, die »Minor Agreements« zwischen Mt und Lk im *markinischen* Textbereich zu verstehen. Die Beelzebulperikope ist aber gerade ein Sonderfall, weil hier diese Übereinstimmungen unvergleichlich viel größer sind als üblich, da eine von Mt und Lk direkt benutzte Q-Variante vorliegt, vgl. die Übersicht bei Ennulat, Agreements 7-12.
[13] Mk 3,13-19 stand schon Mt 10,1-4.
[14] Q = Lk 10,23f wird er in 13,16f bringen; Q = Lk 11,1-4.9-13 standen schon in der BP. Sonst schließt in Q Lk 11,14-23 an die Aussendungsrede an (Lk 10,1-16.21f). Es folgen Q = Lk 11,29-32.24-26 = Mt 12,38-45.
[15] Hätte der »Epitomator« Mk eine so verächtliche Aussage über Jesus aus dem Mund seiner Angehörigen (ἐξέστη = »er hat den Verstand verloren« Mk 3,21) nachträglich seinen Quellen zugefügt? Farmer, Problem 163f weist darauf hin, daß ἐξίσταμαι sonst bei Mk nicht so negativ gebraucht ist, und interpretiert deshalb neutral. Aber der negative Sprachgebrauch ist profan reichlich belegt (vgl. Bauer, Wb s.v. 2). Er erklärt allein, warum Jesu Familie ihn heimholen wollte, und außerdem, warum so viele Textzeugen zu Mk 3,21 den Text milderten, vgl. Gnilka Mk I 148 Anm. 22.
[16] Ist das bei Mt singuläre ἐξίσταντο in V 23 eine Reminiszenz an Mk 3,21?
[17] Vgl. o. S. 62f; zum Problem der Erzählungsdubletten vgl. Analyse zu Mt 9,27-31.
[18] Mt sind: Τότε, προσφέρω + αὐτῷ, δαιμονίζομαι, τυφλός, θεραπεύω, ὥστε mit Inf., πᾶς, μήτι, οὗτός ἐστιν, υἱὸς Δαυίδ, ἀκούσας, vgl. Bd. I Einl. 3.2. Die Leser sollten also nicht merken, daß Mt dieselbe Wundergeschichte aus Q zweimal braucht; es geht deshalb bei Mt auch um einen *Blinden*!
[19] Zu οὐκ ... εἰ μή vgl. 14,17; 15,24.
[20] Zu ἐνθύμησις vgl. 9,4, zu πᾶς, πόλις, κατά (Leitwort in 12,14-32!), πῶς, οὖν Bd. I Einl. 3.2.

der-Oder bestehen²¹. Die Einleitung in V 25aα ist z.T. mt geprägt²². *V 27f* fehlen bei Mk. Die Übereinstimmung mit Lk V 19f ist sehr hoch; nur πνεύματι θεοῦ in V 28a ist red.²³. *V 29* entspricht fast wörtlich²⁴ Mk 3,27. Umstritten ist, ob die Par Lk 11,21f eine »eigenständige Variante«²⁵ ist oder aus Q stammt²⁶. Mk/Mt sprechen von einem Einbruch in das Haus eines Starken, Lk 11,21f vom Angriff »des Stärkeren« auf seine Burg. Nicht nur das Bild, sondern auch der Wortlaut²⁷ ist bei Lk sekundär. Trotzdem liegt m.E. ein von Lk sehr stark bearbeitetes Q-Logion vor: Es ist unwahrscheinlich, daß Mt und Lk unabhängig voneinander dasselbe Logion am selben Ort, aber nicht am selben Ort wie Mk, ergänzten²⁸. *V 30* entspricht schließlich wieder wörtlich Lk 11,23.

Welches war der älteste Kern des Streitgesprächs? Entweder schlossen sich ursprünglich V 25f an den Exorzismus an. Dafür spricht, daß V 25f in Mk und Q erhalten sind und auch ihre Stellung am Anfang in beiden Quellen²⁹. Oder das nur in Q erhaltene Logion V 27 = Lk 11,19 bildete die ursprünglichste Antwort Jesu auf den Beelzebul-Vorwurf. Dafür spricht, daß in V 27 von Beelzebul die Rede ist, und nicht, wie V 25f, vom Satan, und daß V 27 den Vorwurf der Gegner Jesu von V 24 wirklich aufnimmt, während V 25f mindestens sprachlich von etwas anderem sprechen, nämlich der Spaltung des Satans in sich selbst. Mir erscheinen die Argumente für die zweite Hypothese stärker. V 25fparr sind außerdem sprachlich und inhaltlich sehr merkwürdig: sprachlich deswegen, weil die Konstruktion eines Bedingungssatzes im Aorist (so Lk 11,18) mit anschließendem Hauptsatz im Futur einen *realen* Fall ausdrückt³⁰, den man aber, weil es um eine hypothetische Annahme geht, faktisch als Irrealis verstehen muß³¹. Inhaltlich sind V 25f deswegen schwierig, weil ja Jesus nach seinen eigenen Andeutungen das Reich des Satans zerstörte (vgl. Lk 10,18; Mk 3,27), aber in diesem Logion emphatisch in einer rhetorischen Frage die fortdauernde Existenz des satanischen Reichs voraussetzt. Ich vermute, daß Q = Lk 11,17f ursprünglich nicht in den Kontext des Beelzebul-Streitgesprächs gehörten. Vielleicht bezog sich die Spaltung des Reichs des Satans ursprünglich auf Jesu Sieg über ihn, der in den Exorzismen sichtbar wird, und nicht auf den hypothetischen und absurden Fall, daß in Jesu Exor-

---

21 Lk hat das Bild von Mt V 25b mißverstanden: Er faßte »Haus« als Gebäude auf und raffte daraufhin das Ganze. Darum stammt V 25c (ohne πόλις ἤ) aus Q. In V 26a hat wohl Mt das knappe Q-Logion durch »wenn der Satan den Satan austreibt« nach Mk 3,23b und 26a erweitert und inhaltlich besser in den Kontext integriert. Lk hatte offenbar dasselbe Bedürfnis und fügte deswegen die glossenartige Bemerkung V 18c zu.
22 Sie erinnert an 9,4, woher ἐνθύμησις stammt. Auffällig ist, daß in 9,2-8 und in 12,31f von Lästerung, vom Menschensohn und von Sündenvergebung die Rede ist (vgl. V 31f). Neirynck* möchte (m.E. zu Unrecht) für diese Einleitung überhaupt keinen Q-Text, sondern unabhängige mt/lk Red. annehmen.
23 Durch πνεῦμα wird V 18 aufgenommen und V 31f vorbereitet, vgl. Schlosser, Règne I 132-134, gegen Käsemann* 244 (Lk schreibt LXX-Sprache); Schürmann* 106.
24 Red. ist nur die mit πῶς eingeleitete Frageform, die V 26.34 entspricht.
25 Lührmann, Redaktion 33.
26 Légasse* (ausgiebige lk Red., die die Überwindung des Reichtums durch Jesus zeigen will).
27 Neben einigen Lukanismen ist vor allem die LXX-Sprache von Lk 11,21f auffällig, vgl. Marshall, Lk 476f.
28 Laufen, Doppelüberlieferungen 130f.
29 Dagegen spricht evt., daß Mt V 25a / Lk V 17a mit εἰδώς ... einen unnötigen Neueinsatz bieten.
30 Vgl. Bl-Debr-Rehkopf § 372 1c mit Anm. 2.
31 Ein Irrealis kann zwar ohne ἄν formuliert werden, aber das Tempus ist Impf. bzw. Aor., kaum Praes. oder Fut., vgl. Bl-Debr-Rehkopf § 360 Anm. 4; Moult-How-Turner III 93.

zismen der Satan gegen sich selbst agieren könnte. Dann deutete das Wort ursprünglich ähnlich wie Mk 3,27 indirekt *christo*logisch das Neue an, das sich in Jesus ereignet, und wurde erst später bei seiner Einfügung in die Beelzebul-Kontroverse zum hypothetischen *formal*logischen Argument degradiert.

Ich stelle mir also das Wachsen des Streitgesprächs so vor, daß an den ursprünglichen Kern Q = Lk 11,14f.19 zunächst das formal ähnliche, ursprünglich selbständige Logion Q = Lk 11,20, dann das inhaltlich verwandte Wort Q = Lk 11,21f (etwa in der Formulierung von Mk 3,27) und am Schluß der Entscheidungsruf Q = Lk 11,23 angefügt wurden. Das Logion Q = Lk 11,17f konnte, weil es vom Teufel spricht, nicht am Ende der Komposition angehängt, sondern mußte an der Spitze der schon feststehenden Komposition eingepaßt werden. Die Logien sind m.E. alle ursprünglich eigenständig. V 28 und 29, ebenso V 25f in ihrer vermutbaren Urform könnten auf Jesus zurückgehen, während über das Streitgespräch Mt 22-24.27[32] und über V 30 kaum Aussagen möglich sind.

31f c) Das *Wort von der Lästerung des Geistes V 31f* = Mk 3, 28f; Lk 12,10 steht bei Q im Zusammenhang der Verfolgungslogien Lk 12,2-12, bei Mk im Beelzebulgespräch. Beide Kontexte sind unpassend: Im mk Beelzebulgespräch hängt das Logion in der Luft, weil vorher nie vom Geist die Rede war; in Lk 12,10 erwartet man nach Lk 12,8f, daß die Sünde gegen den Menschensohn unvergebbar ist[33]. Auch der Wortlaut differiert erheblich: In Mk geht es um Lästerungen und Sünden der Menschen (Gen. subj.), in Q um böse Reden gegen den Menschensohn. Mt bezeugt beide Wortlaute, indem er in V 31 eine geraffte Fassung von Mk 3,28-29a, in V 32a-c den Wortlaut von Q = Lk 12,10 bietet. Auf seine Red. zurück geht vor allem die Einleitung V 31a[34], der Schluß von V 32d[35] und in V 32 vielleicht κατά[36].

Sehr schwierig ist die Frage nach dem ursprünglichsten erreichbaren Wortlaut. Viele Forscher halten den Mk-Text für ursprünglicher[37], ebenso viele den Q-Text[38]. M.E. spricht mehr für den Q-Text: Er enthält deutlichere Aramaismen[39]; formal zeigt er einen geschlossenen Parallelismus, während Mk 3,28f stärker zersagt wirkt. Der Q-Text ist außerdem inhaltlich eindeutig die lectio difficilior. Aber die Rekonstruktion der Traditionsgeschichte und Aussagen über die Herkunft bleiben extrem schwierig. Man kommt ohne inhaltliche Argumente nicht aus und kann eigentlich nur fragen, welche Hypothese die relativ geringsten Schwierigkeiten bietet.

---

[32] Da nach Mt 10,25 der Hausherr ebenso wie seine Jünger Beelzebul genannt wurden, kann eine solche Debatte z.Z. Jesu oder später in der Gemeinde stattgefunden haben.

[33] Ist Lk 12,10 einfach äußerlich ad vocem »Menschensohn« an 12,8f angefügt, oder ist V 10 ein »Kommentarwort«, das V 8f in der Situation nach Ostern, wo der Menschensohn nicht mehr da ist, aktualisieren und vielleicht korrigieren wollte (so Wanke, Kommentarworte 75)? Inhaltlich könnte man sich leichter denken, daß die Q-Gemeinde Lk 12,10 durch Lk 12,8f »korrigierte«, als umgekehrt.

[34] Διὰ τοῦτο, πᾶς, vgl. Bd. I Einl. 3.2.

[35] Die Erwähnung der beiden Äonen ist vielleicht durch mk αἰωνίου ἁμαρτήματος angeregt.

[36] Sonst läßt sich nichts Sicheres mehr sagen. Die Konstruktion der beiden Hälften von Lk 12,10 ist wohl (z.T. schon in Q?) an Lk 12,8f angepaßt.

[37] Z.B. Wellhausen 62; Manson, Sayings 109f; Colpe* 66-75 (weitgehend); Boring* 274-279 (eine vormk Urform).

[38] Z.B. Fridrichsen* 371; Percy, Botschaft 253-256; Fitzer* 176-182 (jede Lästerung wird *dem* Menschensohn vergeben werden); Tödt* 284-288; Berger, Amenworte 40.

[39] »Ein Wort sagen gegen« (vgl. Dan 7,25; Black, Muttersprache 194f); vorangestellter konditionaler Relativsatz (Beyer, Syntax 178); Casus pendens (Black, Muttersprache 53 [kein eindeutiger Semitismus]).

Die Deutung des Logions in Q geht meist von der Gegenüberstellung zweier Zeiten aus, der Zeit des irdischen Jesus, d.h. des Menschensohns, und der Zeit des Geistes. Was *früher*, gegen Jesus, gesagt wurde, ist vergeben. Was aber *jetzt*, gegen seine Boten, die als Propheten Gottes Geist haben, gesagt wird, ist unvergebbar[40]. Das titular verstandene Logion könnte in der Q-Gemeinde gebildet worden sein, um die Frage zu beantworten, warum sich die Jesusboten »trotz der Ablehnung, die Jesus in Israel fand, jetzt wiederum an das Volk« wenden[41]. Dann wäre Apg 3,17-19 eine Sachparallele. Die Hauptschwierigkeit dieser These besteht m.E. nicht darin, daß die Verben unseres Logions gerade nicht zwischen zwei Zeiten unterscheiden[42], sondern darin, daß Q sonst nirgendwo in dieser Weise die Vergangenheit Jesu von der Gegenwart unterscheidet und dann erst noch den »vergangenen« Jesus als »Menschensohn« bezeichnet. Für Q ist der Menschensohn Jesus der *jetzt* erhöhte kommender Weltrichter! Ich glaube also kaum, daß das Logion mit diesem Wortlaut in Q *gebildet* wurde. Hat die Q-Gemeinde ein aramäisches Wort übernommen, das »Menschensohn« nicht titular verstand? Der Spruch meinte dann ursprünglich, daß Gott dem, der etwas gegen einen Menschen[43] sage, vergeben werde, nicht aber dem, der etwas gegen den heiligen Geist sage[44]. Q hätte den Wortlaut erhalten, nicht aber den Sinn; der Mk überkommene griechische Text wäre eine Paraphrase, die dem ursprünglichen Sinn ziemlich nahe kommt, aber das als Titel mißverstehbare »Menschensohn« durch den Plural ersetzte[45]. Am wahrscheinlichsten ist mir, daß in Q das bereits trad. Logion ohne große theologische Reflexionen einfach ad vocem »Menschensohn« an Lk 12,8f angehängt wurde. Ist das nicht-titular verstandene aramäische Wort ein Jesuswort[46]? Das ist eine schwierige Annahme. Jesus hat sonst kaum vom heiligen Geist gesprochen. Böse Worte gegen Menschen nahm er sonst gerade nicht auf die leichte Schulter (vgl. Mt 5,21f.23f). Am leichtesten ist es m.E., das noch nicht titular verstandene Wort der aramäisch-sprechenden Gemeinde zuzuweisen. Aber das ist nur die »Lösung«, die relativ am wenigsten Schwierigkeiten bietet.

d) Das abschließende Stück *V 33-35* aus Q (= Lk 6,43-45) vom Baum und den 33–35 Früchten hatte Mt am entsprechenden Ort in der BP bereits verwendet (Mt 7,16-20). Damals konnte er es nur teilweise benutzen, so daß noch unverwertetes Textgut übrig blieb (Q = Lk 6,45). Diesmal bringt er es wörtlicher und vollständiger; nur Q = Lk

---

[40] So z.B. Fridrichsen* 369 (mit Verweis auf 2Kor 5,16 und Joh 16,8); Schlatter 410; Bornkamm, Enderwartung 31f; Tödt* 110f.

[41] Hoffmann, Studien 151. Eigentlich müßte das Gewicht dann aber auf Lk 12,10a und nicht auf 12,10b liegen.

[42] Gegen Sato, Q 135. Sobald das Wort als Jesuswort formuliert ist, z.B. im Kontext der mt oder lk Jesusgeschichte, können die Zeiten ohnehin nicht mehr unterschieden werden, denn man kann Jesus selbst nicht auf die zu seinen Lebzeiten geschehene Lästerung des Menschensohns zurückblicken lassen!

[43] Belege für aram. בַּר נָשׁ = Mensch bei G. Vermes, Der Gebrauch von בַּר נָשׁ / בַּר נָשָׁא im Jüdisch-Aramäischen, in: Black, Muttersprache 316-318 (undeterminiert). 323 (determiniert).

[44] So schon Grotius I 375f.

[45] Die Übersetzung von »reden gegen« durch βλασφημέω führte vielleicht dazu, daß »den Menschensöhnen« seinen Platz wechselte: In der LXX (nicht im Griech.!) impliziert βλασφημ- durchweg einen Bezug auf Gott, so daß βλασφημεῖν εἰς τοὺς υἱοὺς τῶν ἀνθρώπων nicht mehr paßte.

[46] Sato, Q 135 denkt an eine Situation ähnlich der Mk 3,22-30 vorausgesetzten: Man darf gegen Jesus als Menschen schimpfen, gegen Jesus als Exorzisten und Träger des Geistes Gottes aber nicht! Aber Jesus hat sonst nie sich als Gottes Beauftragten von sich als Privatperson unterschieden und das mit »Menschensohn« bezeichnet. Lk 12,8f tönt ganz anders!

6,44b (= Mt 7,16a) läßt er weg. Bis auf eine Umstellung[47] hält er sich an die Reihenfolge von Q (= Lk). Auf Mt gehen ferner zurück: die auf die Disputationssituation bezogene imperativische Aufforderung an die Gegner in V 33: ἢ ποιήσατε..., die an 3,7 erinnernde Anrede »Otternbrut« in V 34aα mit dem daran sich anschließenden Halbvers 34aβ[48] und einige Kleinigkeiten in V 34bf[49]. Das Q-Stück ist im ganzen einheitlich und besteht aus einem Bild (Lk 6,43f) und seiner Anwendung (Lk 6,45, evt. ursprünglich ohne 45c?). Über seine Herkunft kann man nichts Schlüssiges sagen[50].

36f e) Die *Schlußverse 36f* sind wohl red.[51].

Erklärung 22-24

Ohne erkennbaren Anschluß an die vorige Geschichte setzt der Erzähler neu ein: Man bringt Jesus einen tauben und blinden Besessenen. Der Leser erinnert sich an frühere Geschichten: 9,27-31; 9,32-34. So knapp wie möglich berichtet Matthäus die Heilung. Wie in 9,32-34 ist die Reaktion der Leute gespalten, führt aber über 9,33f hinaus: Gerieten dort die Volksmengen in Verwunderung, so geraten hier »die ganzen Volksmengen außer sich«. Stellten sie dort nur fest, daß Einzigartiges sich in Israel zuträgt, so dämmert ihnen hier die Ahnung auf, Jesus könnte gar der Davidssohn sein. Das Volk ahnt – mehr nicht – seinen Messias[52]. Demgegenüber verschärfen die Pharisäer ihre Ablehnung: Jesus steht im Dienste Beelzebuls[53]; er bedient sich satanischer Kräfte; er betreibt schwarze Magie. Ein solcher Vorwurf ist gegenüber religiösen Charismatikern verbreitet[54]; geschichtlich präludiert er eine lange Reihe von jüdischen Zeugnissen, die Jesus wegen Zauberei ablehnen[55]. Er pervertiert die Sache Jesu tief: Ausgerechnet Jesus, der von jeder Zauberei weit entfernt war und seine wunderwirkende Kraft im Dienste leidender Menschen einsetzte, soll im Namen des Teufels wirken! Den Teufel, dessen Herrschaft Jesus durch das Kommen des Gottesreichs gebrochen sah (vgl. V 28f), sehen seine Gegner in der Gestalt Jesu selbst am Werk! So etikettiert machen Jesu Exorzismen Angst, statt befreiend zu wirken. Das Nein zu Jesus sprechen seine Gegner mit Hilfe des Teufels, d.h. der größtmöglichen »metaphysischen« Macht. Jetzt lassen sich keine Brücken mehr bauen.

---

[47] Lk 6,45c wird von Mt nach vorne verschoben und erscheint jetzt hinter dem Zusatz 12,34a als V 34b. Das ermöglicht Mt einen besseren Anschluß von V 36f.
[48] Zu ἀγαθός, πονηρός vgl. Bd. I Einl. 3.2, zu πῶς 12,26.29, zu πονηροὶ ὄντες 7,11.
[49] Ἐκβάλλειν ist Leitwort in 12,20-35; in V 35b ergänzt Mt ἄνθρωπος und θησαυρός um der Klarheit und des Parallelismus willen; der Plur. ἀγαθά bzw. πονηρά entspricht dem Plur. λόγοι V 37.
[50] Vgl. Bd. I 402 mit Anm. 12.
[51] Zu λέγω δὲ ὑμῖν, πᾶς, ῥῆμα, ἄνθρωποι, ἀποδίδωμι, ἡμέρα κρίσεως, γάρ vgl. Bd. I Einl. 3.2, zu ἀργός vgl. 20,3.6, zu καταδικάζω 12,7.
[52] Μήτι erfordert eine ablehnende oder ggf. eine offene Antwort, vgl. Bauer, Wb s.v. Hier muß eine positive Nuance mitschwingen, da die Pharisäer als Antwort darauf (ἀκούσαντες!) ihren Vorwurf formulieren. Zum Davidssohntitel vgl. den Exkurs zu 9,27-31.
[53] Zu οὐκ... εἰ μή vgl. o. Anm. 2; zu Beelzebul vgl. o. Erklärung zu 10,25.
[54] Theißen, Wundergeschichten 241 weist hin auf Apollonius von Tyana, Simon (Magus!), Pythagoras, Empedokles und sogar Eliezer ben Hyrkan (Bill. I 127f).
[55] Justin, Dial 69,7; die jüdischen Belege sind zusammengestellt bei J. Klausner, Jesus von Nazareth, Jerusalem 1952, 19-29; Bill. I 38f.84f.631. Heilungen im Namen Jesu (durch Judenchristen) wurden deshalb später strikte zurückgewiesen (Bill. I 36).

Daß Jesus die Gedanken der Pharisäer kennt, ist nicht auf der Oberfläche der 25-30
Geschichte wichtig, da die Pharisäer ja ihre Gedanken ausgesprochen haben.
Matthäus will grundsätzlich sagen: Jesus durchschaut seine Gegner. In der
Auseinandersetzung, in die er nun eintritt, ist er der absolut Souveräne,
Überlegene. Er nimmt den Vorwurf der Pharisäer zunächst indirekt auf und
erweist in V 25-27 in zwei Logien seine Absurdität. Erst V 28f werden inhaltlich eine Gegenthese dazu aufstellen. V 25f bestehen aus zwei Bildern mit ei- 25f
ner Anwendung. Daß ein Königreich, eine Familie[56] und – wie Matthäus in
naheliegender Assoziation ergänzt – eine Stadt keinen Bestand haben, wenn
sie in sich gespalten sind, ist evident: Erfahrungen, z.B. in Bürgerkriegen, bestätigen dies und sind auch vielfach ausgedrückt worden[57]. Eine den Lesern
geläufige Erfahrung bereitet also die Anwendung in V 26 vor: Wenn in den
Exorzismen Jesu der Satan (durch sein Instrument Jesus) den Satan (in den
Dämonen, die seine Trabanten sind) austreibt, ist er in sich gespalten, und
sein Reich wird keinen Bestand mehr haben. Das ist aber absurd! »Wie wird
der Satan sich dazu verstehen, ein Bündnis (sc. mit Jesus) zur Zerstörung seines eigenen Reiches einzugehen«?[58] Die Logik ist formal überzeugend, wenn
man als selbstverständlich annimmt, daß das Reich des Teufels intakt ist und
wenn ausgeschlossen bleibt, daß die Wunder, die Jesus zugunsten des Menschen tut, ganz besonders raffinierte Tricks des Teufels sind. Das nächste Ar- 27
gument schließt mit »und« direkt an. Auch es ist rhetorisch wirksam: Wenn
Jesus in Teufels Namen Dämonen austreibt, was tun dann eure eigenen Exorzisten? Nach Matthäus geht es um Exorzisten aus den Reihen der Pharisäer[59].
Vorausgesetzt ist, daß Dämonenaustreibungen nicht nur auf der Ebene der
Volksfrömmigkeit, sondern auch ›offiziell‹ im Judentum anerkannt werden.
Das war im ganzen so[60], auch wenn die Grenze zwischen Exorzismen und unter Todesstrafe stehender Zauberei[61] nicht leicht festzulegen war. Da Jesus
keine Zauberpraktiken verwendete, konnte er sich nach den Normen der
Mischna mit anerkannten jüdischen Exorzisten allemal messen. Auch aus
diesem Argument ergibt sich: Ohne daß die Pharisäer ihre eigenen »Kinder«
verleugnen, können sie Jesus nicht Teufelswerk vorwerfen. Ihre eigenen
Leute würden sie dann verurteilen.
V 25f und V 27 sind mehr rhetorische als inhaltliche Argumente; sie sind rab-

---

[56] Bauer, Wb s.v. οἰκία 2. Nur schon aufgrund des Bildes von der »Familie« kann hier kein Wissen um die ursprüngliche Bedeutung von Beelzebul als »Herr des Hauses« (vgl. Anm. 15.20 zu 10,24f) vorliegen; gegen Zahn 458.
[57] Vgl. biblisch z.B. Dan 2,41f; 11,4, jüdisch Derek erez zuta 5 = Bill. I 635 (ein Haus, in dem Parteiung ist, wird zerstört); klassisch Soph Ant 672-674 (Anarchie zerstört Städte); Plut Aud Poet II 23E (Städte im Streit); Cic Fin 1,18 = 58 (Staat in Unruhe, Haus in Zwietracht) etc.
[58] J. Weiß, Die Predigt Jesu vom Reiche Gottes, Göttingen ³1964, 89.
[59] Nach Lk = Q um jüdische Exorzisten allgemein.
[60] Zu Exorzismen im Judentum vgl. K. Thraede, Art. Exorzismus, RAC VII 56-58. Unter den exorzistisch Bewanderten finden wir nicht nur Vater Abraham (1QGenAp 20,28f), sondern auch Autoritäten wie Johanan ben Zakkai und Schim'on bar Jochai (Bill. IV 534f).
[61] Sanh 7,4.

binisch gesprochen »Strohhalme«⁶². Sie wecken nur die Frage, was denn Jesu Exorzismen eigentlich positiv sind, wenn eben nicht Werke des Teufels. Dies machen V 28f deutlich. Δέ bedeutet einen antithetischen Neueinsatz: Im Gegensatz zu anderen Exorzisten ist in Jesus, dem Gott seinen Geist gegeben hat (vgl. V 18), das Gottesreich auf dem Plan. Rhetorisch wirksam stellt Matthäus zweimal »Gott« dem Teufel gegenüber⁶³. Jesu Exorzismen bedeuten, daß Gottes Reich zu »euch«, also auch den Pharisäern, gekommen ist. Trotz des dem Evangelisten überlieferten, ungewöhnlichen Wortes φθάνω⁶⁴ darf man unsere Stelle im Makrotext des Evangeliums nicht grundsätzlich anders deuten als »das Himmelreich ist nahe herbeigekommen« (4,17; 10,7); dort war ja auch von Dämonenaustreibungen die Rede (4,24; 10,8)⁶⁵. Das Gottesreich erreicht bei Matthäus die Menschen, ohne daß es in dem schon aufgeht, was sich in den Wundern und Exorzismen, in der Verkündigung des Evangeliums und vor allem in der neuen Praxis der Gerechtigkeit (6,33) ereignet. Es ist da, aber es behält seine Transzendenz bzw. seine Zukunft. So besteht kein Widerspruch zu 4,17; 10,7, auch wenn jene Stellen vor allem den zeitlichen Aspekt, die *nahe* Zukunft, unsere dagegen den schon gegenwärtigen Anfang und vielleicht auch den räumlichen Aspekt des Gottesreichs betont. Im Unterschied zum Vorwurf der Pharisäer und zu dem, was auch die jüdischen Exorzisten tun, betont also Matthäus: Jesu Exorzismen sind ein Erfahrungsfeld, wo etwas ganz Neues, etwas qualitativ anderes erscheint. Das läßt sich allerdings nicht mehr mit rhetorischen Schlüssen einleuchtend machen, denn die jüdischen Exorzisten tun ja faktisch das Gleiche. Hier setzt die Zumutung des Glaubens ein, auf die die Menschen nur mit Entscheidungen antworten können (vgl. V 30). Zwischen V 27 und V 28 liegt ein qualitativer Sprung. Bis zu V 27 waren die Argumente rational-rhetorisch; mit V 28 werden sie inhaltlich-

---

⁶² Jülicher, Gleichnisreden II 232 spricht von einer »unerträglichen« Abfolge V 27/28, denn faktisch konzediere Jesus den jüdischen Exorzisten die Kräfte des Gottesreichs. Vgl. das Gespräch von Johanan ben Zakkai mit einem Heiden über den Vorwurf der Zauberei bei der Reinigung mit der Asche der roten Kuh Pesiq 40a = Bill. IV 524. Johanan argumentiert damit, daß die Heiden dasselbe tun, und erhält deswegen von seinen Jüngern den Vorwurf eines »Strohhalms«, d.h. eines oberflächlichen Arguments.

⁶³ Das ungewöhnliche βασιλεία τοῦ θεοῦ ist nicht bloß Tradition, sondern vom Evangelisten sehr wirkungsvoll eingesetzt, vgl. Patte 177; Gundry 235.

⁶⁴ Φθάνω heißt klass. »zuvorkommen«, »voraussein«, in der Koine und der LXX auch »ankommen«, »erreichen«, »hingelangen zu«, »sich erstrecken bis«, vgl. Moult-Mill s.v. 2; Bauer, Wb s.v. 2. Das Wort ist synonym mit klass. ἀφικνεῖσθαι, nicht mit ἐγγίζειν. Sein Proprium ist, daß das Ziel erreicht ist, also nicht: nur beinahe erreicht ist. Wenn das Subjekt ein Raumbegriff ist, der sich nicht bewegen kann, heißt φθάνειν: »sich erstrecken bis«, vgl. z.B. den bis in den Himmel reichenden Baum Dan 4,8.17.19Θ. Diese Bedeutung könnte in 12,28 für die βασιλεία, die ja bei Mt auch eine räumliche Dimension hat, mitschwingen.

⁶⁵ Der Akzent mag (muß aber nicht!) bei Matthäus etwas anders sein als in der ältesten Gemeindetradition: Dort muß man fragen, warum das uns nicht sicher bekannte aram. Verb für »kommen« (Dalman, Worte 88f: מְטָא) mit φθάνω und nicht z.B. mit ἐγγίζω übersetzt wurde. Der Gegenwartsaspekt mag in früherer Zeit wichtiger gewesen sein als im mt Kontext, für den vielleicht die Formulierung von J. Weiß, aaO (Anm. 58) 220, daß das Gottesreich »vor der Thür« stehe, gar nicht schlecht ist.

christologisch. Bis zu V 27 müßten die Gegner eigentlich zustimmen; zu V 28f können sie nur »Nein« sagen, weil ihr Verständnis des Reiches Gottes und der Person Jesu ein anderes ist. Wir müssen aber vermuten, daß dieser qualitative Sprung Matthäus selbst verborgen blieb[66]. Auch das nun folgende Bild vom Starken hat einen anderen Charakter als das »rhetorische« Gleichnis V 25. Jesus spricht von einem Einbruch in das Haus eines »Starken«. Ein »Starker« 29 ist z.B. ein Held, ein Begleiter eines Königs oder auch ein Räuber[67]. Das Bild ist biblisch durch Jes 49,24f vorgeprägt, worauf vielleicht auch der bestimmte Artikel »*der* Starke« weist. Dort ist der »Starke« der Feind Gottes, dem Gott seine Kinder entreißt[68]. Auch »Fesseln« weckt Assoziationen: In der Endzeit werden die Widersacher Gottes, vor allem der Teufel selbst gefesselt werden[69]. Die Wortwahl ist also wohl nicht zufällig; Jesus hätte z.B. auch von einem »Mächtigen« und vom »Sieg« über ihn sprechen können (vgl. Lk 11,21f). Nicht zufällig ist wohl auch σκεῦος: Ein »Gefäß« ist eine häufige Metapher für den menschlichen Körper[70]. Kurz: Das Bild lenkt die Assoziationen in eine bestimmte Richtung. Jesus deutet an, daß der Teufel bereits gefesselt ist; nur dann kann man in sein Haus eindringen und von ihm beherrschte Menschen befreien. Spätere Auslegungen haben diese Metaphorik zu einer vollen Allegorie ausgebaut[71]. Wichtig ist aber nicht, daß sie an manchen Punkten über Matthäus hinausgeht, sondern, daß eine vollständige allegorische Ausdeutung den Charakter des Ganzen verändert: Man kann dieses Wort nicht aufschlüsseln, indem man Gleichheitszeichen setzt und dann »weiß«, was jede Metapher bedeutet. Was Jesus hier andeutet, erschließt sich bloßem »Wissen« noch nicht. Die rhetorische Frage läßt sich zwar leicht beantworten, aber für ihre Übertragung auf eine »Sachhälfte« liefert der Text keinen Schlüssel. Sie bleibt im halbdunkeln und läßt in den Hörern nur eine Ahnung aufblitzen

---

[66] Daß wir ihn empfinden, hängt mit der erst nach der Aufklärung möglichen Unterscheidung von Faktum und Bedeutsamkeit zusammen. Zu den Folgen, die diese Verborgenheit bei Mt hatte, vgl. u. S. 269-271.
[67] Schlatter 407.
[68] LXX Jes 49,24f übersetzt allerdings גִּבּוֹר mit γίγας, weil ἰσχυρός biblisch oft von Gott gebraucht wird. Das Bild wirkt nach in Ps Sal 5,3 (ἀνὴρ δυνατός). Möglicherweise wirkt auch Jes 53,12 ein (LXX: τῶν ἰσχυρῶν μεριεῖ [vgl. V 25f!] σκῦλα [vgl. Lk 11,21f!]).
[69] Fesseln des Teufels: äth Hen 10,4f; Jub 48,15.18; Test L 18,12; Apk 20,2f; Fesseln der Bösen: äth Hen 69,27f (Fesseln der Sünder und Verführer durch den Menschensohn); Fesseln der Dämonen in der Endzeit: äth Hen 54,3-5 (des Heers Azazels); Jub 10,7; vgl. Klauck, Allegorie 181 Anm. 168.
[70] C. Maurer, Art. σκεῦος, ThWNT VII 359,18ff; 360,14ff.47ff; Klauck, Allegorie 181 Anm. 172. Test N 8,6: »Der Teufel wird ihn (sc. den Bösen) bewohnen wie sein eigenes Gefäß«.
[71] Schon Lk 11,22 spricht vom ἰσχυρότερος und denkt dabei wohl an Jesus, vgl. Lk 3,16. Die Allegorisierung geht in der kirchlichen Auslegung weiter: Der Starke ist der Teufel (z.B. Origenes fr 268 = 121; Thomas v Aquino [Lectura] Nr. 1018); das Haus ist die Welt (z.B. Hieronymus 94; Theodor v Mopsuestia fr 68 = Reuß 119); die Gefäße sind die Menschen (z.B. Irenäus, Haer 3,8,2; Hieronymus ebd.; Theodor v Mopsuestia ebd.). Andere Vorschläge: Der Starke ist die Sünde, das Haus ist der Leib des Menschen (Origenes fr 267 = 121); die Gefäße sind die Dämonen (z.B. Photius v Konstantinopel fr 50 = Reuss 296). Luther (WA 38) 544f deutet den ganzen Text »consilio mystico« auf Christus, der nicht durch Gewalt, sondern durch seinen Tod den Satan besiegte und den Menschen, der einem guten Pferd gleicht, das von einem Räuber geritten wird, befreite.

von dem Unerhörten, was sich jetzt ereignet hat[72]. Das kann man nicht einfach wissen, sondern dazu kann man sich nur unter Einsatz seines Lebens verhalten. Ebendas deutet nun der abschließende V 30 an.

30 V 30 ist ein Entscheidungsruf[73] (nicht ein zusätzliches Argument[74]), der sich sinngemäß an offene und unentschlossene Menschen und nicht an die schon entschiedenen Gegner Jesu richtet. Als Interpretation der Zumutungen des Glaubens von V 28f ist er nötig und sachgemäß. »Sammeln« erinnert an die Ernte, an einen Hirten und seine Herde oder an die Hoffnung, daß Gott sein zerstreutes Volk wieder sammeln werde[75]. »Zerstreuen« ist etwas Negatives: Mit einem Hammer zerschlägt man Gegenstände in Stücke, der Sieger zerstreut die Armee eines Besiegten, oder die Feinde zerstreuen Israel unter die Völker[76]. Die bibelfesten Juden dachten wohl am ehesten an die von Gott erhoffte und in Jesu Wirken überraschend sich vollziehende »Sammlung« des Volkes Israel[77]. Die Leser/innen des Matthäusevangeliums dachten daran, daß in Jesus Gott »mit uns« ist (1, 23; 28,20), während umgekehrt Jüngerschaft darin besteht, »mit ihm« zu sein (vgl. 12,3f) bis zum Tod (vgl. 26,29.36.40.51.69.71)[78]. Unser Vers wird sich als »Signal«[79] erweisen, wenn die Leser/innen in der Passionsgeschichte auf die Weissagung stoßen, daß »die Schafe der Herde zerstreut werden« (26,31). In seinem Kontext meint unser Wort: Neutralität und Distanz gibt es gegenüber Jesus nicht[80]. Auf ihn kann man sich nur mit seinem ganzen Leben einlassen – oder man hat ihn verpaßt und steht bei Gottes Feinden.

Wirkungsgeschichte

Seit Cyprian wird V 30 ekklesiologisch gedeutet: »Wer anderwärts, außerhalb der Kirche sammelt, der zerstört die Kirche Christi«. »Wenn Christus mit uns ist, die Ketzer aber nicht mit uns sind, dann sind die Ketzer sicherlich wider Christus«[81]. Diese

---

[72] Jesus stellte vermutlich seine Exorzismen in den Zusammenhang des endzeitlichen Kampfes gegen den Satan und sein Reich, vgl. Jeremias, Theologie I 97. Eine Sachparallele zu Mt 11,29 ist Lk 10,18, wo auch indirekt, dort als Vision, der Sieg über den Satan angedeutet wird: »Ich sah den Satan wie einen Blitz vom Himmel fallen«.
[73] Die bei Bill. I 635f gegebenen Parr bringen inhaltlich nichts. Vgl. aber Cic Or 41 (Pro Quinto Ligario) 11 (31): Für uns sind alle Gegner, außer denen, die mit uns sind, für Caesar sind alle die Seinen, soweit sie nicht gegen ihn sind (vgl. Mk 9,40).
[74] Die alte Kirche bezog V 30 meistens auf den Teufel und interpretierte: Die Werke des Teufels, der zerstreut, und Christi, der sammelt, sind nicht vereinbar; darum mußte Christus den »Starken« zuerst besiegen. Vgl. Hieronymus 94; Johannes Chrysostomus 41,3 = 594f etc.

[75] Ernte: Mt 3,12, vgl. 9,38; 13,28f.39; Hirte: Jes 40,11; Ez 34,13; Gott wird Israel sammeln: Bar 4,37; Ps Sal 11,2; 17,44; Schemone Esre Ber 10 = Bill. IV 212; der Messias wird Israel sammeln Ps Sal 17,26, vgl. Mt 23,37; 24,31 etc.
[76] Zertrümmern: Ier 28,20-22; Gott zerstreut Israel: Ier 9,16, vgl. Sir 48,15; schlechte Hirten zerstreuen die Schafe: Ier 23,1f; die Feinde zerstreuen Israel und Juda: Sach 1,19.21.
[77] Vgl. bes. Ez 28,25; 29,13, wo beide Verben vorkommen.
[78] Vgl. Bd. I 105f.
[79] Vgl. Bd. I 23.
[80] Bengel 83: »Non valet neutralitas in regno Dei«. Vgl. Ryle 130: Es gibt kein Mittelmaß in der Religion, nach dem Motto: »not as bad as others«, »but ... not saints«.

Mt 12,31f 263

Deutung taucht auch bei Augustin auf: Er löst die Spannung zwischen Mt 12,30 und Mk 9,40 so: Mk 9,40 meint, daß die katholische Kirche den Ketzern den Gebrauch der Sakramente konzediert; übergeordnet ist aber Mt 12,30, denn die Trennung von der katholischen Kirche ist wider Christus[82]. Im ganzen ist diese Anwendung auslegungsgeschichtlich nicht sehr wirksam geworden, weil V 30 kaum je als Ruf zur Entscheidung, sondern als Argument[83] gedeutet wurde. Zur Wehr setzt sich in der Reformationszeit Musculus: Wer die »Tyrannis des römischen Papsts« und die »offenen Irrtümer« in der Kirche nicht akzeptiert, ist kein »desertor Ecclesiae«. Im Blick auf den Text ist vom mt Kirchenverständnis her wichtig, daß er den Akzent in V 30b auf das »Sammeln« legt: Daran, daß man sammelt, zeigt sich, daß man zu Christus gehört. »Jene Bischöfe, die heute nicht zum Reich Gottes sammeln, gehören nicht zu Christus«[84]. Die Kirche ist nicht einfach mit dem vorgegebenen Christus identisch, sondern sie hat die Vorgabe zu bewähren!

Mit V 31f setzt der zweite Teil der Gerichtsrede ein. Wie anderswo[85] leitet διὰ τοῦτο eine abschließende Konsequenz mit drohendem Charakter ein. Λέγω ὑμῖν verstärkt den feierlichen Charakter. Es folgt das berühmte Logion von der Lästerung des Geistes. Es ist bei Matthäus besonders eindringlich formuliert, weil zweimal das schroffe οὐκ ἀφεθήσεται dasteht. Was ist sein Sinn? Augustin bekennt, dies sei vielleicht die schwierigste und wichtigste Frage in der Bibel[86]. Es stellen sich Fragen auf zwei Ebenen: 1. Die exegetische Frage lautet: Worin besteht die Lästerung gegen den Geist? Die Texte führen das nicht aus, sondern setzen das Verstehen voraus. Besonders schwierig wird die Frage durch die Gegenüberstellung zur vergebbaren Rede gegen den Menschensohn. 2. Die theologische Sachfrage lautet: Gibt es eine Grenze für die Gnade? Widerspricht dieser Satz nicht der grenzenlosen Liebe Gottes, also dem Zentrum der Verkündigung Jesu, und damit auch der Überzeugung von der grenzenlosen Macht des heiligen Geistes? 31f

Das exegetische Problem schien wichtig, weil zahlreiche dogmatische Sachfragen darin enthalten waren. Dazu gehören: die Frage nach der Klassifikation von Sünden, die Frage nach der Ewigkeit der Höllenstrafen, die Frage nach dem Fegefeuer, die Frage nach der Möglichkeit der Reue. Mit ihr beschäftigten sich seit der alten Kirche unzählige Spezialabhandlungen[87] und in der klassischen Dogmatik der locus de blasphemia Spiritus Sancti. Wir haben hier also den seltenen Fall, daß eine schwierige Bibelstelle einen dogmatischen Locus »produzierte«. Der theologische Fleiß hatte aber nicht nur theoretische Gründe. Im Laufe der Kirchengeschichte ist uns aus vielen Biographien bekannt, wie sensible und fromme Menschen durch die Furcht, die unver-

Wirkungsgeschichte

---

[81] Cyprian, De ecclesiae unitate 6 = BKV I/34 138; ders., Ep 75 (Firmiliani),14 = BKV I/60 737.
[82] (Cons Ev) 4,5 = 400.
[83] Vgl. o. Anm. 74.
[84] Musculus 345.
[85] 13,13; 21,43; 23,34.
[86] *71,8 = 449.
[87] Schaf* 1f notiert für den deutschsprachigen Protestantismus zwischen 1619 und 1824 26 Monographien! Eine Übersicht über die klassischen altkirchlichen und katholischen Auslegungen gibt Mangenot*.

gebbare Sünde wider den heiligen Geist begangen zu haben, gequält wurden[88]. Heute ist die Sünde wider den heiligen Geist aus den Dogmatiken weithin verschwunden. Aber sie kommt immer noch in den Krankengeschichten frommer Menschen in psychiatrischen Kliniken vor.

Auslegungsgeschichtlich unterscheiden wir drei klassische Auslegungstypen, die sich später z.T. vermischten:

1. Besonders mit *Athanasius** verbunden ist eine Deutung, die man die »*trinitarische*« nennen könnte. Der Geist ist die Wesenheit des göttlichen Logos (4=474). Die Lästerung des Menschensohns ist nur eine Lästerung des *Menschen* Jesus, etwa wie es die Nazarener (Mt 13,54) (20=493) oder »dieses Geschlecht« (Mt 11,19)[89] taten. Dämonenaustreibungen aber sind *göttliche* Werke Jesu; die Pharisäer »leugneten ... seine Gottheit und nahmen ihre Zuflucht zum Teufel« (22 = 496). Die Lästerung des Geistes ist also die Leugnung der Gottheit Christi durch Nichtchristen[90], Juden[91] oder Häretiker trotz der offenkundigen Werke Gottes[92].

2. Der zweite Grundtyp geht m.W. auf *Origenes* zurück. Er deutet die Lästerung des Geistes als »*Christensünde*«. Origenes geht davon aus, daß der Geist ja nicht in allen, sondern nur in den Christen wohne und entsprechend nur von ihnen gelästert werden könne[93]. Diese Auslegung unserer Stelle verband sich mit derjenigen von Hebr 6,4-6 und 1Joh 5,16f. Sie ist zu der in der Kirche herrschenden geworden. Wollte man nicht die Sünde gegen den heiligen Geist mit der Todsünde überhaupt identifizieren[94], so galt es, sie einzugrenzen und zu definieren: Die Sünde gegen den heiligen Geist ist Abfall vom Glauben, sofern er aus Bosheit, unter voller Kenntnis der Wahrheit und aus Verachtung der Gnade in der Kirche erfolgt[95]. Die Reformatoren[96], die protestantische Orthodoxie[97] und die katholische Theologie der Gegenreformation[98]

---

[88] Eindrückliche Beispiele: Die Biographie des ehemals evangelischen Francesco Spiera (16. Jh.) bei Schaf* 173-210; die Briefe des Berner Pietisten Samuel Schumacher (1695) an A.H. Francke und an seinen Vater bei R. Dellsperger, Die Anfänge des Pietismus in Bern, 1984 (AGP 22), 185-188.

[89] Auf Mt 11,19 verweisen z.B. Theophylakt 269; Valdes 227.

[90] Athanasius* 12 = 483 wendet m.R. gegen Origenes (vgl. unten) ein, er könne nicht erklären, warum die Pharisäer, also gerade nicht Christen, die Sünde gegen den heiligen Geist begehen.

[91] So z.B. de Wette* 23f. mit antisemitischen Tönen: Als Strafe für die jüdischen Machthaber ist Jerusalem, »dieser Sitz des Unglaubens und der Verstockung«, und das öde und unfruchtbar gewordene Land Israel verflucht, »und seine verworfenen elenden Söhne schmachten unter Druck und Schmach«.

[92] Ähnlich wie Athanasius z.B. Theodor v Heraklea fr 86 = Reuss 81; Cyrill v Alexandria fr 156f = Reuss 203; Basilius, Inter 273 in Regula brevius = PG 31, 1076; Zwingli 290f.

[93] Princ 1,3,7.

[94] So faktisch bei Maldonat 255.

[95] Dionysius d Karthäuser 154 (»ex certa malitia, ex impugnatione agnitae veritatis, ex invidentia fraternae gratiae«); vgl. ähnlich Thomas v Aquino, STh 2/II qu 14 art 1 Sed Contra; art 2 Sed Contra und Corpus.

[96] Luther 442-450 (Predigt von 1528 = WA 28,10-20): Wer die Sündenvergebung, die der Geist schenkt, zurückweist, kann keine Sündenvergebung bekommen, vgl. ebd. 450; Calvin, Inst 3,3,21f.

[97] Vgl. vor allem H. Heppe, Die Dogmatik der evangelisch-reformierten Kirche, Neukirchen-Vluyn 1935, 258f.284-290 (Locus de peccato mit Belegstellen Anm. 27-32). Eine reformierte Besonderheit war die Verankerung dieser Sünde im Willen Gottes: Gott *will* sie nicht vergeben. Für das Luthertum vgl. H. Schmid, Die Dogmatik der evangelisch-lutherischen Kirche, Gütersloh 1979, 170.173f.

[98] Schön ist das Bild von Bellarmin, De poen 2,16 (bei Knabenbauer I 551): Wer die Sünde gegen den heiligen Geist begeht, gleicht einem Kranken, der die Einnahme des einzigen Medikamentes verweigert, das ihn heilen kann.

haben diese Bestimmung mit geringfügigen Neuakzentuierungen übernommen. Die Eingrenzung und genaue Definition der Sünde gegen den heiligen Geist hatte dabei eine doppelte Wirkung: Einerseits diente sie der Entlastung der Gewissen, weil sie zu einer Spezialsünde wurde; andererseits wurde sie nun greifbar, so daß alle sich fragen konnten, ob sie sie nicht eventuell doch begangen haben und auf ewig verworfen seien.

3. Die dritte Deutung, diejenige *Augustins**, ist eigentlich eine Modifikation der zweiten. Auch für Augustin geht es um den Abfall vom Glauben, das Sich-Abschneiden von der Quelle der Vergebung (34 = 464). Zwei Neuakzentuierungen fallen aber auf: Einmal ist Augustin die *ekklesiologische Dimension* der Sünde gegen den heiligen Geist wichtig: Sie begeht, wer »mit unbußfertigem Herz sich der Einheit der Kirche widersetzt« (36 = 465), denn nur in der Kirche wird der Geist geschenkt (37 = 466)[99]. Sodann – hier stoßen wir auf einen Akzent, der in der Folgezeit meist abgelehnt wurde – liegt Augustin daran, daß erst mit dem Tode eines Menschen sich entscheidet, ob er die Sünde gegen den heiligen Geist begangen hat (21 = 456; vgl. 37 = 466). Darum darf man an keinem Gottlosen verzweifeln, denn solange er lebt, hat er die Chance, den Weg zur katholischen Kirche (zurück) zu finden[100]. Für die Auslegung unseres Textes ist die Konsequenz, daß Augustin ausdrücklich und gegen die Meinung der meisten festhält, daß die Pharisäer *nicht* die Sünde gegen den heiligen Geist begangen haben können[101].

Die Auslegungsgeschichte macht ein doppeltes Problem deutlich: Das eine ist ein dogmatisches. Olshausen formuliert es mit der Feststellung, daß unser Bibelwort »für die Dogmatik die Hauptbeweisstelle für die Lehre von der Ewigkeit der Strafen« sei[102]. Sicher ist dies in unserem Wort impliziert. Aber ist eine solche Aussage, zur »Lehre« verfestigt, im Lichte der grenzenlosen Liebe Gottes vertretbar? Daß aus solcher Lehre viel seelische Not entsteht, ist nicht verwunderlich. Das andere Problem liegt in der Funktion dieses Wortes. Es eignete sich glänzend zur Verurteilung von Häretikern und damit zur eigenen Selbstbestätigung, nicht zuletzt in seiner augustinischen Zuspitzung auf die Kirche. Die Liste derjenigen, die mit seiner Hilfe von Kirchenmännern in die ewige Finsternis befördert worden sind, ist eindrücklich und reicht von Simon Magus[103] über die Arianer[104] bis zu »Papisten und Rotten, die sich mutwillig gegen unsere Lehre stellen«[105]. Sogar als Beleg für das Fegefeuer mußte unsere Stelle dienen[106]. Das ist nicht erfreulich. Kann die Exegese unser Wort gegen seine Wirkungsgeschichte in Schutz nehmen?

---

[99] Vgl. Sermo in Monte 1,22(75) = PL 34, 1267.
[100] Retract 1,18 = CSEL 36, 93f.
[101] Sermo in Monte 1,22(75) = PL 34, 1267 (im Zusammenhang einer Auslegung der 6. Antithese!).
[102] 411. Nicht ohne Grund wird auch immer wieder unsere Stelle als Beleg gegen die Allversöhnungsaussagen des Origenes aufgeführt, z.B. bei Athanasius, Fragmenta in Matthaeum, PG 27, 1384.
[103] Ambrosius, Paen 2,4 = CSEL 73, 172-175.
[104] Athanasius 22* = 496 (die athanasianische Deutung der Lästerung des Geistes auf die Leugnung der Gottheit Jesu war auf die Arianer »zugeschnitten«); Leo d Gr., Sermo 75,4 = BKV I/55 404f.
[105] Luther II 447.
[106] Augustin, CivD 21,24 = BKV I/28 1358f; Gregor d Gr., Dial 4,39 = BKV II/3 245 und andere schlossen aus der Formulierung »weder in diesem noch im kommenden Äon«, daß andere Sünden als die gegen den Geist im kommenden Äon vergeben werden könnten, d.h. auf das Fegefeuer, vgl. auch Conc. Lugdunense I DS[36] Nr 838. Luther (WA 38) 547f bestritt diese Schlußfolgerung. Gegenpolemik bei Maldonat 255f.

Erklärung Das Wort nimmt die jüdische Unterscheidung von vergebbaren und unvergebbaren
Gemeinde Sünden auf[107]. Die Formulierung »Reden gegen den heiligen Geist« ist allerdings im
jüdischen Kontext fast singulär[108]. Wenn man nicht annehmen will, daß das Wort
eine Lästerung der biblischen Prophetie meint (aber was wäre der Anlaß dazu?), dann
muß man an den Geist Gottes denken, der den urchristlichen Gemeinden und Missionaren geschenkt wurde. Sie haben das Logion aus der Gewißheit, den Geist Gottes
zu besitzen, formuliert. Sie haben durch ihn eine andere Autorität als eine bloß
menschliche und werden so selbst unangreifbar[109]: Wer vermag schon zwischen ihnen als Menschen und als Geistträger zu unterscheiden? So schärft das Logion die
»übermenschliche« Wichtigkeit ihrer Botschaft ein[110]: Wer sie ablehnt, »widerstrebt«
»halsstarrig« »dem heiligen Geist« (Apg 7,51). Das Logion verrät etwas von dem ungeheuren Anspruch, den die Jesusboten für ihre Botschaft erhoben haben. Sobald
»Menschensohn« titular verstanden wurde, war nicht einmal von Jesus her ihre Infragestellung möglich.

Matthäus Bei Matthäus wird die Warnung vor der Lästerung des Geistes durch die
Wiederholung und durch den feierlichen Abschluß »weder in diesem, noch
im kommenden Äon« verstärkt. Aus dem Kontext ist klar, daß die Pharisäer
mit ihrem Vorwurf, Jesus treibe im Namen des Teufels Dämonen aus, nicht
nur Jesus, sondern den Geistträger Jesus (V 18), der durch den Geist Gottes
wirkt (V 28), lästern. Ihnen gilt also Jesu Ankündigung: Eure Sünde wird –
von Gott[111] – in alle Ewigkeit nicht aufgehoben. Was aber soll dann die Unterscheidung zwischen dem Menschensohn und dem Geist, wo doch die Pharisäer gerade Jesus lästerten[112]? Ich muß gestehen: Sämtliche Erklärungen,

---

[107] Vgl. Moore, Judaism I 465-467; Bill. I 636-638: Keine Vergebung findet, wer Gott verleugnet, die Tora lästert und die Beschneidung verachtet. Sanh 10,1 fügt hinzu: wer die Totenauferstehung leugnet oder ein »Epikuräer« ist. Sl Hen 59f: wer an einer Seele frevelt (bemerkenswert: auch an der Seele eines Tiers!). AbothRN 39 = 58b (übers. J. Goldin [1955] 161): wer immer wieder sündigt und Buße tut oder wer sündigt mit der Absicht, Buße zu tun.

[108] Vgl. nur äth Hen 67,10: »den Geist des Herrn leugnen«. Äth Hen 20,6 (nur griech.) ist Sariel über diejenigen gesetzt, die ἐπὶ τῷ πνεύματι sündigen. Flusser* 143f deutet auf Gotteslästerung, allerdings mit Hilfe schwieriger Konjekturen. Wichtig ist CD 5,11f, wo Verunreinigen des heiligen Geistes mit Lästerungen gegen die Satzungen des Bundes parallelisiert werden. Lövestam* 26-31 verweist auf Ps 106,33; Jes 63,10.

[109] Die daraus auch für die Gemeinden entstehenden Schwierigkeiten illustriert die Rezeption des Logions in Did 11,7: Einen Propheten, der im Geist redet, darf man nicht prüfen oder beurteilen. Zur Beurteilung bleiben nur äußere Kriterien: die Lebensweise eines Propheten. Vgl. auch Ev Barth 5,2-4 (= Hennecke I⁵ 437): Jeder, der eine Verordnung erläßt gegen einen Menschen, der meinem Vater dient, lästert den Geist.

[110] Kloppenborg, Formation 213: »Warning ..., that opposition invites disastrous consequences«. Die – unsympathische! – Geschichte von Ananias und Sapphira kann die Konsequenzen illustrieren, vgl. Apg 5,9.

[111] Pass. Divinum.

[112] Verständlich ist die Korrektur von B, der in V 32a ein οὐκ einfügt.

die ich in der Literatur gefunden habe[113], befriedigen mich nicht. Am ehrlichsten ist die Auskunft, daß Matthäus hier einfach einen vorgegebenen Wortlaut bewahrt, wobei V 32a für ihn wohl »d'importance secondaire« war[114].

Blicken wir zurück auf die Wirkungsgeschichte: Die athanasianische Deutung der Lästerung des Geistes als bewußte Leugnung der Gottheit Jesu durch Nichtchristen und Häretiker kommt dem Text näher als die origenistische oder augustinische Deutung auf eine spezifische Christensünde, für die eine »zweite Buße« unmöglich ist. Bei Matthäus (und Markus) haben ja gerade die Pharisäer diese Lästerung ausgesprochen; für die Frühzeit vermuten wir, der hohe Anspruch christlicher Missionsverkündigung nach Ostern stehe hinter unserem Wort. Von da her kann der Verunsicherung von Christen über die Schwere der eigenen Sünde exegetisch der Boden entzogen werden: Für sie gilt Zwinglis Wort: »Hat er Rüwen« (Reue, d.h.: ist er verunsichert über sich selbst), »so hat er den Geist«[115]. Solange man Erkenntnis und Bewußtsein der Sünde hat, hat man nicht den heiligen Geist gelästert; die Sünde gegen den Geist ist grundsätzlich unerkennbar[116]. Damit sind aber noch nicht alle Probleme, vor die dieses Wort stellt, gelöst. Seine Wirkungsgeschichte gibt zu denken: Daß es immer wieder zur Untermauerung *eigener* Wahrheitsansprüche, zur Verabsolutierung der (eigenen!) Kirche und zur Vernichtung kirchlicher Gegner gebraucht worden ist[117], muß zur Frage führen, ob es wirklich ein guter Ausdruck des Evangeliums von *Gottes* Herrschaft und *Gottes* Liebe ist. Der matthäische Befund verstärkt solche Bedenken: Der Evangelist läßt Jesus dieses Wort als Keulenschlag gegen »die« bösen Pharisäer brauchen, die ja geschichtlich gar nicht so böse waren, sondern in der Retrospektive der abgelehnten und verfolgten matthäischen Gemeinde zu dem wurden, was sie heute im Matthäusevangelium sind. Hier ist etwas anderes passiert als das, was Jesus, dessen Gebote seine Jünger alle Tage bis ans Ende der Welt für die Völker zu verkündigen und zu leben haben, in der Bergpredigt meinte!

Zusammenfassung 31f

---

113 Eine Musterkarte: J. Weiss 329 unterscheidet den Geist von Jesus »als Privatperson«, Zahn 462 von Jesus als »ein Menschenkind«, France 210 vom »incognito character of Jesus' ministry«. Colpe* 76 meint, hier gehe das Wissen um die ursprüngliche Bedeutung von Menschensohn langsam verloren und der Titel werde »zur Bezeichnung Christi als des wahren Menschen«. Aber Mt weiß, das der Weg des Menschensohns über Tod und Auferstehung zum Weltgericht führen wird. Verseput** 239 unterscheidet Jesus als Person von seinem heilsamen Handeln im Geist, Schweizer 187 den bloßen »Bericht vom Menschensohn« und die wirklich geschehenden Taten des Geistes. Dagegen spricht 12,30!

114 Marguerat, Jugement 104.

115 425.

116 Luther II 449f: »Es wäre ... eine neue Art Sünde gegen den heiligen Geist, wenn man an keine Vergebung glauben ... wollte«.

117 Nicht ohne Bitterkeit (und nicht ohne einschlägige Erfahrungen!) formuliert Drewermann, Mk I 319: »Schließlich ist es sogar der Heilige Geist selbst, der die Freiheit (sc. zur Wahrheit) verbietet, so daß jeder einen ›bösen Geist‹ hat, der dem allgemeinen Schwindel den Garaus machen möchte«.

Ich möchte also von seiner Wirkungsgeschichte her dieses Wort kritisieren: Aus ihm sind kaum Früchte der Liebe entstanden[118]. Gewiß steckt auch in unserem Wort ein evangelisches Anliegen: Es geht darum, die Vergebung nicht zum Automatismus werden zu lassen und die Heiligkeit Gottes gegenüber dem menschlichen »Anspruch« auf Vergebung zu wahren. Aber es ist offensichtlich gefährlich, dieses Anliegen mithilfe des heiligen Geistes auszudrücken, weil dieser zu leicht exklusiv kirchlich beansprucht werden kann. Und zu oft wurde in persönlichen Deutungen die Lästerung gegen den Geist zum Mittel, mit dem ein starkes, religiös geprägtes Über-Ich ein schwaches Ego tötete. Bei diesem Wort überwiegen m.E. die negativen Folgen seine positiven Potenzen. Ich persönlich würde es nicht als Predigttext wählen, es sei denn für eine Predigt *gegen* den Text im Dienste einer Aufarbeitung seiner Folgen.

33-37 Der Schlußabschnitt spitzt die Anklage an die Pharisäer nochmals zu. Er besteht aus einem Bildwort (V 33), seiner Anwendung[119] (V 34f) und einem zu
33 den Pharisäern gesprochenen, aber allgemeingültigen Abschlußwort (V 36f). Das Bild vom Baum und den Früchten ist den Lesern aus 7,16-18 vertraut; die Metapher »Frucht« ist allgemein bekannt[120]. Im Unterschied zu 7,16 bleibt Matthäus hier im Bild[121]: Die Früchte sind »unbrauchbar«, nicht wie 7,17 »böse«. Der Sinn des Bildes ist evident: Wenn man gute Früchte sieht, wird man sagen, der Baum sei gut bzw. umgekehrt, denn nur aufgrund der Frucht
34 erkennt man, was ein Baum wert ist. Die Anwendung folgt in V 34 mit einem Paukenschlag: »Otternbrut« hatte schon der Täufer die Pharisäer und Sadduzäer genannt; Jesus nimmt seine Worte auf[122] und wird sie 23,33 nochmals wiederholen. Womit haben die Pharisäer sie verdient? Matthäus meint: Ihre bösen Worte gegen Jesus zeigen, daß sie durch und durch böse sind. Eine vertraute Sentenz belegt dies: Aus dem Mund kann man auf das Herz schließen[123]. Die Überzeugung, daß die Worte das Wesen eines Menschen entlarven, ist verbreitet; sie liegt im Urchristentum sowohl Mk 7,21parr (»aus dem Herzen des Menschen kommen böse Gedanken, Unzucht, Diebstahl etc.«), als auch der verbreiteten Polemik gegen Irrlehrer zugrunde, die aus ihrer falschen Lehre auf ihre moralische Schlechtigkeit schließt (z.B. Tit 1,10f; Did
35 11,8 etc.). V 35 entfaltet V 34b für gute und böse Menschen. »Schatzkammer« wird in vielfacher Weise metaphorisch gebraucht[124]; gedacht ist an die Fülle

---

[118] Vgl. Bd. I 82 (These 2.5).
[119] Lk 6,45ab/Mt 12,35 ist kein Bild (so Schürmann, Lk I 378: vom »guten oder schlechten Hausherrn« mit seinem Erntevorrat), sondern eine Sachaussage, die eine geläufige Metapher (θησαυρός) enthält.
[120] Vgl. Bd. I 404f.410 mit Anm. 28f.33.71f.
[121] Die in der altkirchlichen Auslegung umstrittene Frage, ob mit dem Baum Jesus gemeint sei (so z.B. Johannes Chrysostomus 42,1 = 602; Hilarius 12,18 = SC 254, 284) oder die Pharisäer (so z.B. Augustin, Sermo in monte 2,24 (79) = PL 34, 1305f) ist darum falsch gestellt. *Angewandt* wird das Bild in V 34 auf die Pharisäer.

[122] Ähnlich schon in 7,19, vgl. Bd. I 405 mit Anm. 36.
[123] Sir 27,6; Test N 2,6 (»wie sein Herz, so ist auch sein Mund ... wie seine Seele, so ist auch sein Wort«); rabbinisches Material aus der Auslegung von Gen 37,4 bei Bill. I 639.
[124] Am häufigsten ist der Schatz im Himmel Gegensatz zu irdischem Besitz, vgl. Bd. I 359 mit Anm. 29. Ferner z.B.: Test A 1,9 (Schatz des Ratschlußes); 4Esr 6,5 (Schätze des Glaubens); Plat Phileb 15e; Philo, Congr 127 (Schatz der Weisheit); moralisch: Philo, Fug 79 (Schatz von Bösem, bzw. Gutem); Sib 5,184; weiteres bei Bauer, Wb s.v. 1b.2bγ.

Mt 12,36f

der Güte bzw. Bosheit eines guten bzw. bösen Menschen. In V 34f liegt der Höhepunkt des Abschnitts: Hier kommt es zum ersten direkten Angriff Jesu auf seine Gegner[125]. Werden die Pharisäer bereits verurteilt? Augustin hatte diese Frage verneint[126]; die meisten Ausleger bejahen sie mit Recht. Matthäus *weiß* natürlich, daß die Pharisäer ihr Ziel, den Tod Jesu, weiterverfolgen werden. Seine ganze Geschichte ist ihm eine Bestätigung ihrer Bosheit. Jesus wird sich zwar weiter mit ihnen auseinandersetzen und sich weiter um sie bemühen – erfolglos. Das wird für Matthäus verdeutlichen, wie böse sie sind.

V 36f schließen ab. Jesus spricht zwar weiterhin zu den Pharisäern, aber er formuliert in V 36 einen allgemeingültigen Satz in der 3. Person. V 37 spitzt diese Sentenz als Mahnung, im traditionellen »du« des weishheitlichen Spruchs, auf das einzelne Gemeindeglied zu[127]. Ῥῆμα hat im Unterschied zu λόγος eine engere Bedeutung und meint das gesprochene Wort[128]. Ἀργός, eigentlich ἀ-εργός, meint in bezug auf Personen »arbeitslos, faul«, in bezug auf Dinge »ertraglos, nutzlos«[129]. Das entspricht dem matthäischen Sprachgebrauch (vgl. 20,3.6). Auf ein semitisches »Original« zurückzugehen erschwert und verunklärt nur das Verständnis[130]. Der Sinn des griechischen Textes ist vielmehr äußerst präzis und mildert außerdem den Widerspruch, daß die Früchte in 7,15-20 die Werke, in 12,33-35 aber die Worte sind: Jedes Wort muß zu einem Werk führen, sonst ist es ἀργός, folgenlos. Eben daraufhin werden im Gericht die menschlichen Worte unter die Lupe genommen[131]. Unser Wort ist also nur vordergründig eine allgemeine, weisheitlich und hellenistisch belegbare Warnung vor Geschwätzigkeit[132]. Im Matthäusevangelium erhält es einen prägnanteren Sinn: Am Tage des Gerichts werden die menschlichen Worte daraufhin befragt, ob sie Werke hervorgebracht haben, und das heißt bei Matthäus zentral: Liebe. Das gilt für die Pharisäer und ihre Worte, die sie gegenüber Jesus sprachen. Das gilt aber auch für die Gemeinde und ihr Reden und Handeln. Die Pharisäer sind hier zum ersten Mal[133] ein Negativbeispiel, das für die Mahnung an die Gemeinde »produktiv« umgesetzt wird.

36f

Der Sinn dieses Textes liegt also zunächst im Kontext der matthäischen Erzählung: In der Auseinandersetzung mit den jüdischen Führern, die zu einem vorläufigen Höhepunkt gekommen ist, ist unser Text Anklage und Antwort Jesu auf die Bosheit seiner Gegner. Zugleich ist er eine Ankündigung des

Zusammenfassung und Wirkungs-

---

[125] Verseput** 242.
[126] Vgl. o. Anm. 121.
[127] Die 2. Pers. Sing. nötigt weder zur Annahme eines vorgegebenen trad. Einzelwortes (Schweizer 185; dafür ist die red. Verklammerung im Kontext zu stark) noch zum Postulat eines Sprichwortes (Klostermann 111), das nicht belegbar ist.
[128] Dewailly* 205.
[129] Spicq, Notes I 142-145; Dewailly* 206-

209. Ἀργός meint also genau, wie Hieronymus 96 als erster von vielen formulierte, »sine utilitate et loquentis ... et audientis«.
[130] Z.B. Schwarz, Jesus 270-273 (בָּטֵיל = müßig, wertlos, ungültig).
[131] Inhaltlich ist in Jak 2,20 der Glaube ohne Werke (πίστις ... ἀργή) eine genaue Entsprechung.
[132] Vgl. Plutarch, De garullitate, II 502-515.
[133] Vgl. bes. die Auslegung zu Kap 23.

geschichte göttlichen Gerichts, von dessen Realität die Leser/innen, die das Ende der Je-
22-37 susgeschichte und zugleich das der Geschichte Israels¹³⁴ durch Zerstörung des Tempels im Jahre 70 kennen, etwas wissen. Es ist eine Stärke des Matthäusevangeliums, daß es seine Gemeinde nicht einfach mit dem Wissen, daß Gottes Gericht über die bösen Worte der Pharisäer stattgefunden hat, tröstet, sondern daß es dieses Wissen sofort zur Mahnung an seine Gemeinde werden läßt. Auch sie kann aufgrund ihrer folgenlosen Worte verurteilt werden!

Das Unbehagen, das der Text dennoch zurückläßt, sei mit einer Stelle aus einer Spätschrift Luthers illustriert, die in heutigen Lutherausgaben meist schamhaft verschwiegen wird. Auf die Frage, was aus unserer Bibelstelle für den Prediger zu lernen sei, antwortet Luther: Wir wollen »glauben, daß unser Herr Jesus Christus wahrhaftig sei, der von solchen Juden, die ihn nicht annahmen, sondern kreuzigten, ein solch Urteil spricht: ›Ihr seid Schlangengezücht und Teufelskinder‹«. Und dann läßt sich Luther durch unseren Text im Namen Jesu antisemitische Greuelmärchen seiner Zeit bestätigen: »Es stimmet aber alles mit dem Urteil Christi, daß sie giftige, bittere, rachgierige, hämische Schlangen, Meuchelmörder und Teufelskinder sind, die heimlich stechen und Schaden tun ... Darum wollte ich gerne, sie wären, da keine Christen sind«¹³⁵. Die matthäische Stilisierung von Jesu schroffem Urteil über die Pharisäer wird also bei Luther zur theologischen Legitimation, allen möglichen böswilligen Gerüchten – Worten! – über die Juden Glauben zu schenken. Ein gefährliches Phänomen, weil es sich in der Geschichte unzählige Male wiederholte!

Und nun ist leider festzustellen: Der *Boden* für solche Phänomene liegt in den neutestamentlichen Texten selbst. Ich denke hier nicht nur an extreme Worte wie Mt 12,31f, die im Namen des Geistes den eigenen Standpunkt unhinterfragbar machen, sondern an den ganzen Text und besonders das in ihm verborgene Wunderverständnis. Wer Wunder als eine sichtbare und klare Manifestation der Gottheit Christi auf Erden ansieht, wer Wunder so versteht, daß darin *formal* die Grenzen menschlicher Macht durchbrochen und überirdische Macht beansprucht werden¹³⁶, muß auf die Ablehnung solcher Macht ungehalten reagieren. Unser Text lehrt aber auch indirekt, daß ein solches formales Wunderverständnis in einer Aporie endet. Man kann offenbar *formal* solche Wunder genausogut dem Teufel wie Gott zuschreiben¹³⁷. Matthäus selbst deutet durch die »halbgläubige« Reaktion des Volkes in V 23 an, daß bloße Offenheit hier noch nicht zum Ziel führt¹³⁸. Auch er weiß also, daß

---

134 Im Sinn des Mt!
135 Von den Juden und ihren Lügen, in: M. Luther, Ausgewählte Werke, Ergänzungsreihe III, München ²1936, 198f.
136 Vgl. o. S. 68-70.
137 Malina-Neyrey** 42 sprechen kulturanthropologisch von einer »normal Mediterranian accusation in such circumstances« und – historisch recht pauschal – von einem »witchcraft-label«. R. Bultmann, Zur Frage des Wunders, in: GuV I 227: Wunder als konstatierbare Ereignisse »sind nicht dagegen geschützt, als teuflische Handlungen erklärt zu werden«.
138 Aus den staunend-freundlichen ὄχλοι wird ja in seiner Geschichte mehrheitlich der Jesus ablehnende λαός (27,25, vgl. schon 13,10-17).

Jesu Wundern gegenüber Glaube und Unglaube ins Spiel kommen muß. Historische Fakten *allein* sind noch nicht zureichender Grund des Glaubens.

Im Text und in seiner Auslegungsgeschichte wird die Schwierigkeit im Umgang mit V 27 sichtbar. Daß Jesus den »Söhnen der Pharisäer« mindestens rhetorisch zugesteht, daß sie dasselbe tun wie er, wird zum Skandal, wenn seine Wunder christologisch als Werke der Gottheit verstanden werden. Dann müssen ja eigentlich die jüdischen Exorzismen auch Werke der Gottheit sein! Darum hat die kirchliche Auslegung während Jahrhunderten fast einhellig »eure Söhne« (V 27) auf die Apostel gedeutet, die zwar auch Juden, aber doch eben vor allem Apostel Jesu waren[139]. In der Neuzeit wurde dann umgekehrt der richtig verstandene Text abgelehnt, weil er »die Zweideutigkeit aller bloßen Fakten ... verkennt« und »im Horizont religionsgeschichtlicher Vergleiche« bleibt[140]. Aber man muß m.E. von Jesus her das altkirchliche Wunderverständnis nicht nur weltanschaulich, sondern inhaltlich-christologisch neu fassen: »Der wahrhaftige und wirkliche Gott« übt »in seinen Werken keine größere Macht« aus als die jüdischen Exorzisten auch[141]. Auch die Jesusgeschichte ist eine zweideutige, ambivalente Geschichte und keineswegs eine klare Offenbarung der Gottheit Gottes. Unser Text verrät das gleichsam zwischen den Zeilen, nicht seiner Absicht nach. Zeichen, wie etwa die Heilung eines Blinden und Stummen, sind wirkliche Zeichen, aber sie bleiben weltanschaulich ambivalent. Nicht darin, daß sie besondere Macht offenbaren, sondern darin, daß in Jesu Wundern Liebe zugunsten leidender Menschen geschieht[142], zeigt sich sein Sieg über den Satan. Zwischen der weltanschaulichen Ambivalenz dieser Zeichen (vgl. V 22-27!) und dem Kommen des Gottesreichs (vgl. V 28!) bleibt ein qualitativer Sprung.

Matthäus hat diesen Sprung nicht gesehen; er konnte ihn nicht sehen. Darum mußte er den Pharisäern wegen ihrer böswilligen Verbohrtheit dem Wirken Gottes gegenüber Sünde gegen den heiligen Geist vorwerfen. Damit hat er die Liebe Gottes, die in Jesu Wundern aufleuchtet, in ihr Gegenteil verkehrt. Wir können heute diesen qualitativen Sprung sehen. Darum dürfen wir nicht – trotz Matthäus – Menschen, die sich der nur scheinbaren Evidenz des Wirkens Gottes in konstatierbaren Wundern verweigern, zu Ungläubigen stempeln, seien es Juden oder Nichtjuden.

2.2 Jonazeichen und Rückkehr der Dämonen (12,38-45)

Literatur: Bayer, H.F., Jesus' Predictions of Vindication and Resurrection, 1986 (WUNT II/20), 110-145; *Bittner*, W., Jesu Zeichen im Johannesevangelium, 1987 (WUNT II/26), 28-74; *Correns*, D., Jona und Salomo, in: Wort in der Zeit (FS K.H. Rengstorf), hrsg. W. Haubeck – M. Bachmann, Leiden 1980, 86-94; *Edwards*, R.A., The Sign of Jonah in the Theology of the Evangelists and Q, 1971 (SBT II/18); *Geist*, Menschensohn 275-290; *Higgins*, A.J.B., The Son of Man in the Teaching of Jesus,

---

[139] Von Johannes Chrysostomus 41,2 = 591f; Hieronymus 93 (als Möglichkeit); Hilarius 12,15 = SC 254, 280 bis zu Beza 56 und Maldonat 251.

[140] E. Käsemann, Lukas 11,14-28, in ders., Versuche I 244.

[141] Vgl. Athanasius* 15 = 486f.

[142] Vgl. o. S. 71-73.

1980 (MSSNTS 39), 90-113; *Jeremias, J.*, Art. Ἰωνᾶς, ThWNT III 410-413; *Kloppenborg*, Formation 126-134; *Laufen*, Doppelüberlieferungen 139-147; *Lührmann*, Redaktion 34-43; *Meyer, P.W.*, The Gentile Mission in Q, JBL 89 (1970) 405-417; *Mora, V.*, Le signe de Jonas, Paris 1983; *Nyberg, H.S.*, Zum grammatischen Verständnis von Matth. 12,44-45, AMNSU 4 (1936) 22-35; *Sato*, Q 150f.281-284; *Schmitt, G.*, Das Zeichen des Jona, ZNW 69 (1978) 123-129; *Schulz*, Q 250-257.476-480; *Seidelin, P.*, Das Jonazeichen, StTh 5 (1952) 119-131; *Tödt*, Menschensohn 48-50.194-197; *Vögtle, A.*, Der Spruch vom Jonazeichen, in: ders., Evangelium 103-136; *Wanke*, Kommentarworte 56-60.
Weitere Literatur* vgl. zu Mt 12,22-50 o. S. 250f.

38 Da antworteten ihm einige der Schriftgelehrten und Pharisäer und sagtén: »Meister, wir wollen von dir ein Zeichen sehen!« 39 Er aber antwortete und sagte ihnen:
»Eine böse und ehebrecherische Generation verlangt ein Zeichen, und es wird ihr nur das Zeichen des Propheten Jona gegeben werden:
40 Wie nämlich Jona im Bauch des Seeungetüms war
     drei Tage und drei Nächte lang,
so wird der Menschensohn im Herzen der Erde sein
     drei Tage und drei Nächte lang.
41 Die Leute von Ninive werden im Gericht mit dieser Generation auferstehen und sie verurteilen,
     weil sie umkehrten auf die Predigt des Jona hin,
     und siehe, hier ist mehr als Jona!
42 Die Königin des Südens wird im Gericht mit dieser Generation auferweckt werden und sie verurteilen,
     weil sie von den Enden der Erde kam, um die Weisheit Salomos zu hören,
     und siehe, hier ist mehr als Salomo!
43 Wenn aber ein unreiner Geist aus einem Menschen ausfährt, durchstreift er dürre Gebiete und sucht Ruhe und findet sie nicht. 44 Da sagt er: ›Ich will in mein Haus zurückkehren, woher ich ausgezogen bin‹. Und wenn er kommt, findet er es leer, geputzt und geschmückt. 45 Da geht er und nimmt sieben andere Geister mit sich, böser als er, und sie ziehen ein und wohnen dort; und am Ende ist es mit jenem Menschen schlimmer als am Anfang. So wird es auch mit dieser bösen Generation sein«.

Analyse 1. *Aufbau.* Nach einer kurzen Intervention der jüdischen Gegner (V 38) setzt Jesus zu einer weiteren Reihe von Gerichtsworten an. Sie ist dreiteilig: V 39f enthält den Rätselspruch vom Jonazeichen, der in V 40ab.cd durch einen weitgehend parallel formulierten biblischen Vergleich erklärt wird. 16,1-4 wird diesen Abschnitt streckenweise wörtlich gleich wieder aufnehmen: Unser Text gehört also zu den im Matthäusevangelium bewußt geschaffenen Dubletten[1]. V 41f sind zwei wiederum paral-

---

[1] Man darf bei synchroner Lektüre des Ev. die von Mt literarkritisch neu geschaffenen (z.B. 9,32-34/12,22-24) und die von ihm durch Verwendung von Doppeltrad. in Mk und Q übernommenen, u.U. akzentuierten Dubletten nicht voneinander unterscheiden.

lel formulierte Logien, durch die Stichworte Jona und γενεά mit V 39 verbunden. Herausgehoben ist das Stichwort κρίσις, das an V 36 anknüpft. Der dritte Abschnitt V 43-45 stürzt den Leser in Verwirrung. In einem Kontext, wo von Exorzismen die Rede war, wird er den Text zunächst als etwas rätselhafte Geistergeschichte verstehen. Erst in V 45fin realisiert er zu seiner Überraschung, daß Jesus ein Gleichnis formulierte. Ἀνάπαυσιν ... οὐχ εὑρίσκει ist in negativer Entsprechung zu 11,29c formuliert. Γενεὰ πονηρά in V 45fin weist auf den Anfang V 39 zurück und rahmt den ganzen Text.

2. *Quelle.* Unser Textstück stammt aus Q (= Lk 11,29-32.24-26). Das erste Stück von der Zeichenforderung hat auch eine Par in Mk 8,11f (= Mt 16,1-4). Die Einleitung ist bei beiden Evangelisten stark red. formuliert[2]. In Lk 11,29a fehlt die Zeichenforderung der Pharisäer und Schriftgelehrten. Die red. plazierte Notiz Lk 11,16 läßt vermuten, daß die Zeichenforderung in Q stand, aber die Schriftgelehrten und Pharisäer auf Mt zurückgehen. Die Besonderheit der Einleitung bei Mk und Lk besteht darin, daß die Pharisäer als Gegner Jesus *versuchen,* indem sie ein Zeichen *vom Himmel* fordern. V 39a ist ebenfalls stark red. geprägt[3]; Mt hat in V 39 seine Q-Quelle und in 16,2a.4 seinen Mk-Text gleichlautend bearbeitet. V 39b entspricht bis auf den Zusatz τοῦ προφήτου dem Q-Text. In V 40 geht Mt eigene Wege; nur die Grundstruktur von Mt V 40 / Lk V 30 stimmt überein. Obschon mt Red. sprachlich nicht bewiesen werden kann[4], scheint doch klar, daß Lk 11,30 den Q-Text wiedergibt: Lk hätte den christologischen Text von Mt V 40 sicher übernommen, hätte er ihn gekannt. Auf Lk 11,30 folgte vermutlich in Q das Wort von der Königin des Südens (Lk 11,31//Mt 12,42). Wahrscheinlich hat Mt das Jonawort Q = Lk 11,32 vorangestellt, um einen besseren Anschluß an V 39f zu haben[5]. Den Q-Text hat er in V 41f wörtlich erhalten. Auch der Q-Text des »Rückfallspruchs« Lk 11,24-26//Mt 12,43-45 ist sehr gut erhalten[6]. In Q stand er in der Beelzebulkontroverse im Anschluß an Lk 11,23. Die mt Umstellung hängt mit der neuen Deutung zusammen. Das Schlußsätzlein V 45fin, das den Spruch zum Gleichnis für »diese Generation« werden läßt, geht auf ihn zurück[7].

3. *Traditionsgeschichte und Herkunft.* Wir gehen davon aus, daß drei ursprünglich eigenständige Textstücke existierten: V 38-40, V 41f, V 43-45[8].

---

[2] Red. sind nach Bd. I Einl. 3.2 in V 38: τότε, ἀποκρίνομαι, γραμματεῖς καὶ Φαρισαῖοι (Gegner in Zweiergruppen: Bd. I 148), λέγων, διδάσκαλος (als Anrede von Außenstehenden vgl. Anm. 16 zu 8,18-27), evt. θέλω, ὁράω.
[3] Vgl. Bd. I Einl. 3.2 zu ὁ δὲ ἀποκριθεὶς εἶπεν. Μοιχαλίς könnte nach Mk 8,38 gebildet sein.
[4] Mt ist ὥσπερ γάρ und die Übereinstimmung des Zitats mit der LXX. Manche Forscher nehmen in Lk 11,30 / Mt 12,40 zwei unabhängige Rez. von Q an. Inhaltliche Bedenken gegen den mt Charakter von V 40 gibt es nicht.
[5] Oder hat Lk sekundär in V 29-32 eine Rahmung durch Ἰωνᾶς geschaffen? In diesem Falle würde Lk die chronologische Reihenfolge von Salomo und Jona herstellen, im anderen – m.E. wahrscheinlicheren – Fall wäre sie das Anordnungsprinzip der beiden Logien in Q. Correns* nimmt Einfluß der Fastenliturgie Taan 2,4 an, wo zuerst Jona, dann Salomo erwähnt wird, und hält deshalb die mt Reihenfolge für ursprünglich.
[6] Mt sind vermutlich V 43: δέ, V 44: τότε.
[7] Mt Vorzugsvokabular (Bd. I Einl. 3.2): οὕτως (ἔσται), πονηρός. Γενεὰ πονηρά: Inklusion mit V 39.
[8] Higgins* 105 rechnet mit einer ursprünglichen Einheit von V 38-42. Aber die beiden Logien V 41f waren ursprünglich eigenständig, weil a) nur V 41, nicht aber V 42 mit V 38-40 thematisch verbunden ist und weil b) sie in Mk 8,11-13 fehlen.

a) Die kleine Perikope vom *Jonazeichen V 38-40* ist extrem schwierig und umstritten. Wie ist traditionsgeschichtlich die offensichtlich nicht einheitliche Perikope Lk 11,29-32 entstanden? Für Q = Lk 11,29f gibt es drei Möglichkeiten:
(1) Lk 11,29f ist eine ursprüngliche Einheit[9].
(2) Der älteste Kern bestand aus Lk 11,29; V 30 ist eine sekundär zugefügte Erklärung des Jonazeichens[10].
(3) Die älteste Fassung sprach überhaupt nicht vom Jonazeichen, sondern entsprach dem Kern von Mk 8,11f = Lk 11,29a-c[11]. Bei dieser Lösung ist offen, ob
(a) in der Q-Tradition zuerst das Jonazeichen Lk 11,29d als Ausnahme und dann als Erklärung dazu V 30 angefügt wurde[12], oder umgekehrt, ob
(b) ein altes Logion Lk 11,30 mit Hilfe der späteren Übergangswendung εἰ μὴ τὸ σημεῖον Ἰωνᾶ Lk 11,29d an die Zeichenablehnung angefügt wurde[13]. Lk 11,30 kann (aber muß nicht) ein selbständiges Logion wie Lk 17,24.26f.28-30 gewesen sein.
Ich kann mir die Lösungen 1 und 3(b) vorstellen, aber nicht 2 oder 3(a), nach denen Lk 11,29a-d einmal ohne Lk 11,30 existierte. Nicht nur für uns heute ist Lk 11,29a-d ohne weitere Erklärung unverständlich, sondern auch für die jüdischen Hörer von damals[14]. Lk 11,29 wäre ein Rätselwort; aber ein Rätsel, das schlechterdings nichts an die Hand gibt, um es zu lösen, ist kein aussagekräftiges σημεῖον, sondern ganz simpel unverständliche Sprache. Lösung 1 hat den Vorzug, daß sie die einfachste ist.
Damit stehen wir vor der Frage nach dem traditionsgeschichtlichen Verhältnis der Q-Fassung zu Mk 8,11f. Dort fehlt das Jonazeichen; Jesus lehnt die Forderung nach einem Himmelszeichen bedingungslos ab. Auf der einen Seite ist gut verstehbar, wenn das – zumal für heidenchristliche Leser – fast unverständliche Jonazeichen später weggelassen wurde und der Text zu einer klaren und unmißverständlichen Ablehnung der Forderung nach einem Zeichen wurde. Auf der anderen Seite ist der mk abgekürzte Schwur εἰ δοθήσεται semitisierend. Er kann aber auch LXX-Sprache sein[15]. Bei Mk eindeutig sekundär ist das Motiv der Versuchung, vielleicht auch die Präzisie-

---

[9] Z.B. Marshall, Lk 486; Bayer* 131 (als Jesuswort, möglicherweise mit Lk 11,31f); P. Vielhauer, Jesus und der Menschensohn, in: ders., Aufsätze zum Neuen Testament, 1965 (TB 31), 112 (wahrscheinlich; als Gemeindebildung).
[10] Z.B. Schürmann, Gottes Reich 164; Wanke, Kommentarworte 57; Kloppenborg, Formation 130 (für K. ist sowohl die Auslassung des Jonazeichens in Mk 8,11f als auch seine Kommentierung in Q = Lk 11,30 sekundäre Erleichterung).
[11] Z.B. Lührmann, Redaktion 42; Edwards* 79f; Pesch, Mk I 409; Geist, Menschensohn 279f; Meyer* 407 (ein frühchristlicher Prophet führt den Hinweis auf den Heidenpropheten Jona als Gerichtszeichen gegen Israel ein). Schmitt* 128 vertritt diese These in einer interessanten Variante: Das Zeichen des Jona ist das in Vit Proph 10,10f (nur Rez. BCD) angekündigte τέρας eines schreienden Steins, der die Zerstörung Jerusalems ankündigt. Diese Verbindung des bekannten Motivs vom sprechenden Stein (vgl. Hab 2,11 und Wettstein I 788f zu Lk 19,40) mit Jona ist aber so singulär, daß ich nicht den Mut habe, sie als damals bekannt vorauszusetzen.
[12] Das hieße: Lösung 2 würde dann die zweite Etappe der Traditionsentwicklung innerhalb des Q-Kreises darstellen, vgl. z.B. Edwards* 85.
[13] Sato, Q 283.
[14] Vgl. u. S. 278-280.
[15] Vgl. z.B. Num 14,30; 32,11; Dtn 1,35; 1Bασ 3,14; 14,45; 28,10 u.ö.; insgesamt LXX ca 38x. Der »eindeutige Hebraismus« (Bl-Debr-Rehkopf § 454,5) stammt also aus der LXX und kommt als Biblizismus aram. nur in den Tg. vor (Moult-How-Turner II 469). Umgekehrt ist aber auch die Formulierung in Lk 11,29fin (εἰ μή ...) semitisierend, vgl. C. Colpe, Art. ὁ υἱὸς τοῦ ἀνθρώπου, ThWNT VIII 452 Anm. 349. Bei einem LXX-ismus sticht auch das Argument von Sato, Q 282 nicht, die als ursprünglich angenommene Negation mit εἰ hätte keine Erweiterung mit εἰ μή neben sich haben können.

rung des Zeichens durch »vom Himmel«, weil sie erläutert, worin die Versuchung besteht[16]. M.E. ist Mk 8,11f im ganzen eher jünger und entweder eine sehr alte Vereinfachung der Q-Überlieferung oder eine unabhängige Parallelüberlieferung[17]. Alle diese Überlegungen sprechen am ehesten für die Lösung 1. Dabei ist aber noch unklar, woher das Traditionsstück Lk 11,29f stammt. Ziemlich unbestritten ist nur, daß die Ablehnung der Zeichenforderung sachlich auf Jesus zurückgeht[18]. Ob das auch für das mutmaßlich älteste Traditionsstück Lk 11,29f gilt, kann erst von der Interpretation aus entschieden werden.

b) *V 41f*: Die beiden *Drohworte Q = Lk 11,31f* sind m.E. am ehesten als interpretierende »Kommentarworte« an Lk 11,29f angefügt worden[19]. Die Zufügung schließt formal an die Stichworte Νινευῖται und γενεὰ αὕτη (V 30.29) an[20]. Der »Kommentar« paßt dann am besten, wenn Lk 11,30b von der Predigt des »gegenwärtigen« Menschensohns an »diese Generation« handelt, die dem κήρυγμα des Jona an die Niniviten entspricht. Lk 11,31 (Salomo!) ist überschießend; das zeigt, daß das Doppellogion Lk 11,31f ursprünglich selbständig war. Gegen die Herleitung der beiden semitisierenden Logien[21] von Jesus sprechen höchstens inhaltliche Gründe: Das Gericht über Israel scheint definitiv zu sein, während Jesus bis zum Schluß seines Wirkens Israel zur Buße gerufen hat. Wie bei Lk 13,28f und vielleicht auch bei Lk 10,13f kann man aber die Worte auch als letzten, dringlichen Appell an Israel verstehen.

c) Der *»Rückfallspruch« V 43-45c* ist einheitlich. Über seine Herkunft kann man nur ausmachen, daß er auf semitische Sprachtradition zurückgehen muß[22].

Erklärung 38

Den Pharisäern als den hauptsächlichsten Gegnern Jesu des Kapitels 12 gesellen sich nun die Schriftgelehrten bei. Man darf nicht fragen, woher sie plötzlich kommen: Für den Evangelisten ist aus der Sicht seiner Zeit klar, daß sie mit den Pharisäern zusammengehören und weitgehend mit ihnen identisch sind (vgl. 23,2-29). Nach der langen Gerichtsrede Jesu formulieren sie ihre Antwort: Sie verlangen ein Zeichen. Σημεῖον ist ein offener und in der Tradition eher formal gebrauchter Begriff. Ein »Zeichen« ist meist etwas Sichtbares, wodurch man eine Sache eindeutig identifizieren kann[23], z.B. ein Siegel, eine Symbolhandlung, ein Wunder, ein Himmelszeichen, ein körperliches Merkmal. In biblischer und jüdischer Tradition sind insbesondere Gottes Exoduswunder und prophetische Symbolhandlungen »Zeichen«. Zeichen sind also nicht einfach mit Wundern (δύναμις, τέρας) identisch: Sie können, aber müssen nicht Wunder sein.

---

[16] Edwards* 76.
[17] Daß Jesus nicht bei einer Gelegenheit ein Zeichen bedingungslos abgelehnt haben, bei einer anderen eine Ablehnung mit dem (sachlich gleichbedeutenden!) »Jonazeichen« formuliert haben könne, scheint heute in der Forschung nahezu ein Dogma zu sein. Warum eigentlich nicht?
[18] Vgl. auch 1Kor 1,22.
[19] Wanke, Kommentarworte 58f.
[20] Gegen Lührmann, Redaktion 41, der ausgehend von der traditionsgeschichtlichen These 3(a) Lk 11,30 als eine späte »redaktionelle Klammer« zwischen Lk 11,29 und 31f versteht.

[21] Semitisierend ist artikelloses βασίλισσα νότου = die Königin des Südens (vgl. status constructus!); kein Semitismus ist ἀναστῆναι μετά — disputieren (gegen Black, Muttersprache 134); vgl. u. Anm. 60.
[22] Semitischen Hintergrund machen Nyberg* 29-35 und Beyer, Syntax 285f aufgrund der Parataxen mit konditionalem Sinn wahrscheinlich, z.B. V 44: »wenn er kommt und das Haus... findet, ...«.
[23] Vgl. Linton*; K.H. Rengstorf, Art. σημεῖον κτλ., ThWNT VII bes. 202-204.211-214.218.220-223.

Was versteht Matthäus unter einem »Zeichen«? Das Wort kommt abgesehen von den beiden Zeichenforderungsperikopen fast nur noch im Zusammenhang mit der Parusie des Menschensohns in der Endzeitrede Kap. 24 vor[24]. Für »Wunder« ist es, wie in der ganzen synoptischen Tradition, nie gebraucht. Außerdem hatte Jesus bisher schon viele Wunder getan, auch vor den Pharisäern und Schriftgelehrten[25]. Nachdem sie den Exorzismus des tauben Blinden für satanisch erklärten, fordern sie etwas anderes als ein weiteres Wunder. Im ähnlich formulierten Paralleltext 16,1 spricht Matthäus von einem »Zeichen aus dem Himmel«[26], das die Pharisäer und Sadduzäer verlangen, um Jesus zu »versuchen«. Der/die Leser/in erinnert sich dort an die Versuchungsgeschichte mit dem Brot- und dem Flugwunder. Obwohl Matthäus die Formulierungen der Quelle nicht ändert, denkt er wohl auch hier an ein ganz besonderes Zeichen, das Jesu Identität eindeutig macht. Wahrscheinlich geht es also nicht um prophetische Beglaubigungszeichen wie in der Bibel, um die man durchaus bitten durfte[27], und auch um mehr als die Legitimationswunder endzeitlicher Propheten[28]. Nach allem Negativen, was die Leser/innen des Evangeliums schon über die Pharisäer gehört haben, werden sie ihre Forderung als unerlaubt beurteilen; dafür spricht auch das gebieterische »wir wollen von dir ein Zeichen sehen«[29].

39f Die Antwort Jesu ist entsprechend schroff. Nur eine böse und ehebrecherische »Generation«[30] verlangt ein Zeichen. Indem der Evangelist die Pharisäer und Schriftgelehrten als »Generation« bezeichnet, verallgemeinert er ihr Verhalten, ohne sie explizit mit dem ganzen Volk Israel zu identifizieren[31]. Πονηρός trägt bei Matthäus das Gewicht dessen, was Gott im Endgericht verurteilt (7,17f; 12,34f; 13,38.49). Μοιχαλίς[32] erinnert den Leser an das bi-

---

[24] Vgl. bes. 24,3 (Zeichen deiner Parusie).30 (σημεῖον τοῦ υἱοῦ τοῦ ἀνθρώπου ἐν οὐρανῷ).
[25] In der kirchlichen Auslegung wird es gelegentlich als Ausdruck des Unglaubens der Pharisäer und Schriftgelehrten verstanden, daß sie nach so vielen bereits geschehenen Wundern Jesu immer noch »Zeichen« verlangen, z.B. Opus Imperfectum 30 = 787; Thomas v Aquino (Lectura) Nr. 1047; Calvin I 380.
[26] Der Ausdruck ist nicht technisch. Den unmittelbaren Hintergrund bilden wohl die kosmischen Zeichen, die die Apokalyptik für die Endzeit erwartete: Sib 3,796-806; 4Esr 4,52; 6,12.20; 7,26f; 8,63; 9,1.6, vgl. 5,1-13; 6,13-27; 7,39-42; Apk 12,1.3; 15,1. Rabbinisch: BM 59b = Bill. I 127 (eine bath-qol); SDt 13,2 § 83f = Bill. I 726f (Gestirne). Hieronymus 96f weist hin auf Samuel 1Sam 12,18 (Donner) und Elija 1Kön 18,38 (Feuer vom Himmel).

[27] Vgl. z.B. Dtn 13,1f; 1Sam 10,1-7; 1Kön 13,3; 2Kön 19,29; 20,8-11; Jes 7,10-16; rabbinisch: Sanh 98a = Bill. I 640f. Für die mt Red., die ihr Zeichenverständnis in 24,3.30 am deutlichsten zeigt, geht es also um mehr als die Legitimation eines (endzeitlichen) Propheten, die Bittner* 51-53 für die ursprüngliche Zeichenforderung hält.
[28] Vgl. Jos Bell 2,259.262 (der Ägypter); Ant 18,85-87 (der Samaritaner); 20,97-99 (Theudas; Jordandurchzug); Joh 6,30f (Manna).
[29] Im Unterschied zur Jüngerfrage in 24,3 geht es um das *Vollbringen* eines kosmischen Zeichens durch Jesus.
[30] Unsere St sagt nichts darüber aus, ob γενεά eher zeitlich die Zeitgenossen Jesu oder eher ethnisch das Geschlecht, d.h. das Volk meint. Man wird deshalb am ehesten von 11,16 her deuten; vgl. o. S. 187f.
[31] Man darf also nicht mit Baumbach, Verständnis 87 den Ausdruck auf die Schriftgelehrten und Pharisäer einengen.
[32] Nur hier und 16,4.

blische Bild des Ehebruchs³³, das für den Bruch des Bundes mit Gott steht (Hos 3,1; Ez 16,38; 23,45, vgl. Jes 57, 3-9; Jer 13,26f; Hos 1-3). Gott³⁴ wird dieser Generation wahrhaftig das Zeichen des Jona geben³⁵. Was ist damit gemeint?

Die Erklärung des Matthäus folgt in V 40. Sie knüpft an das an, was für jeden Juden an der Geschichte Jonas am wichtigsten war: an seine Errettung aus dem Bauch des Fisches nach drei Tagen und Nächten³⁶. Jona 2,1 wird wörtlich zitiert³⁷. Die Parallele zwischen Jona und dem Geschick Jesu ist um so deutlicher, als bereits der Psalm Jona 2 den Bauch des Fisches mit Hilfe von mythischen Todesbildern deutete³⁸: Jonas Errettung aus dem Fisch ist eine Errettung aus dem Tod. Drei Tage sind jüdisch eine symbolische Zahl: »Gott läßt den Gerechten nicht länger als drei Tage in Not«³⁹. Dasselbe wie Jona wird dem Menschensohn geschehen. Unser Wort ist ein ausgesprochen typisches, matthäisches Menschensohnwort: Der Menschensohn Jesus ist für Matthäus der, dessen Geschichte von seinem Leben, Leiden und Sterben, von seiner Auferstehung, Erhöhung und Parusie er in seinem Evangelium erzählt⁴⁰. Der Menschensohn Jesus »im Herzen der Erde«, d.h. wohl im Grabe; die in der kirchlichen Auslegung wichtige Höllenfahrt Jesu wäre in der synoptischen Tradition singulär und ist darum unwahrscheinlicher, ohne daß man sie ausschließen kann⁴¹. Den Gedanken der Auferstehung spricht Matthäus nicht aus, aber er muß vorliegen: Man kann weder an die Jonageschichte erinnern, ohne die Errettung des Propheten mitzudenken, noch als Jude von den »drei Tagen« reden, ohne daran zu denken, daß nach dieser Frist Gott zugunsten seiner Gerechten eingreift. Mt 27,62f nimmt unsere Stelle

40

---

³³ Es geht also nicht darum, daß die Pharisäer bzw. Juden wörtlich Ehebrecher gewesen seien. Was man hierzu bei Schlatter 415 lesen kann, ist so explizit antisemitisch, daß man es nicht mit Verschweigen »strafen« kann.
³⁴ Pass. divinum.
³⁵ Die Ausnahmebestimmung ist sinngemäß eine emphatische Zusage, vgl. A. Kuschke, Das Idiom der ›relativen Negation‹ im Neuen Testament, ZNW 43 (1950/51) 263.
³⁶ Jeremias* 412,27f: Von der jüd. Überlieferung her muß die Rettung Jonas aus dem Bauch des Meerungetüms als *das* Jona widerfahrene Wunder gelten. Nur im Zusammenhang damit ist jüd. einmal das Wort »Zeichen« überliefert (PREl 10 = Bill. I 644-646, dort 646). Vgl. das (meist späte!) Material bei Bill. I 643-647.
³⁷ LXX entspricht hier dem MT.
³⁸ Jona 2,3f: ἐκ κοιλίας ᾅδου; εἰς βάθη καρδίας θαλάσσης; 2,6: ἄβυσσος... ἐσχάτη. Vgl. aus der jüd. Jonaüberlieferung PREl 10 bei Bill. I 646: »Du wirst genannt der, welcher tötet und lebendig macht: siehe, meine Seele ist dem Tode nahe«. Vgl. bes. Seidelin* 123.125.
³⁹ Jalqut zu Jos 2,16 § 12 bei Bill. I 647. Biblisch: Gen 42,17f; Ex 19,11.16; Hos 6,2; weitere atl. und jüd. Belege bei K. Lehmann, Auferweckt am dritten Tag nach der Schrift, 1968 (QD 38), 180f.262-272.
⁴⁰ Vgl. den Exkurs zu 16,21ff u. S. 501f.
⁴¹ Jedenfalls kann man sich fragen, wie viele alte Ausleger taten, aus ἐν τῇ καρδίᾳ τῆς γῆς auf die Höllenfahrt schließen, weil das Grab sich ja an der Oberfläche der Erde befinde. Damit würde der symbolische Charakter des Ausdrucks mißverstanden. An den »descensus ad inferos«, nicht in spezifisch christologischem Sinn, denken Klostermann 111; Tödt, Menschensohn 196. Die kirchliche Auslegung ist an diesem Punkt gespalten: Während die Mehrzahl der Ausleger seit Irenäus, Haer 5,31,1 an den Descensus ad inferos im Sinn des Credos denkt, hat sich daneben die Interpretation auf den Aufenthalt Jesu im Grab durch den Einfluß von Johannes Chrysostomus 43,2 = 616 immer gehalten.

wieder auf. Dort spricht Matthäus nochmals von Jesu Auferstehung »nach drei Tagen«. Ausgerechnet die Pharisäer weisen vor Pilatus darauf hin, daß Jesus sie früher angekündigt hat. Zwischen den »drei Tagen und drei Nächten« und dem »dritten Tag« besteht für Matthäus keine Spannung, denn in 27,64 nimmt er »nach drei Tagen« durch »bis zum dritten Tag«, den bei ihm für den Zeitpunkt der Auferstehung üblichen Ausdruck, wieder auf[42]. Am exakten Zeitraum ist er wenig interessiert[43], so wichtig ihm ist, daß Jona, »der Prophet«, typologisch in seinem Geschick das *Ereignis* von Tod und Auferstehung Jesu vorausbildet. Sie sind also das »Zeichen«, das Gott dieser Generation geben wird. Zeichen für Israel werden sie aber in einem paradoxen Sinn sein: Israel wird am Tod Jesu schuldig sein und so das verheißene Zeichen auslösen. In Jesu Auferweckung wird dann Gott das Böse, was Israel getan hat, umkehren. Und eben dies wird zum »Zeichen«, aber nicht zum Zeichen *für* Israel, sondern vielmehr zu einem Zeichen, das Israel zurückweist und das so zu einem Zeichen *gegen* Israel wird[44]. 27,64 sprechen die Hohenpriester und Pharisäer von der »Täuschung« der Auferstehung und lehnen sie ab. 28, 11-15 zeigen dann, daß gerade die Rettung Jesu aus dem Tod »die Juden« »bis zum heutigen Tag« im Unglauben festhält. Die Auferstehung Jesu wird also den Unglauben Israels besiegeln; darum muß man im Sinn des Matthäus von einem σκάνδαλον der Auferstehung sprechen[45]. Die Antwort des Herrn auf den Unglauben Israels wird aber sein Ruf an die Heiden sein (28,16-20). Indem unser Text auf das Jonazeichen das Zeugnis von zwei Heiden gegen Israel folgen läßt (12,41f), signalisiert er auch diese große Wende des Weges Gottes von Israel zu den Heiden im voraus. Unser Text ist so das erste Präludium der matthäischen Passions- und Ostergeschichte und damit auch eine erste Antwort Jesu auf den Beschluß der Pharisäer von 12,14, Jesus zu töten.

Ursprünglicher Sinn

Schwierig ist die Frage nach dem ursprünglichen Sinn des Jonazeichens. Im älteren Text Lk 11,30 geht es nicht um Jona im Meerungeheuer, sondern um Jona in Ninive. Die jüdische Jonaüberlieferung hat sich mit diesem Teil der Jonageschichte wenig beschäftigt. Weder aus Lk 11,30, noch aus dem jüdischen Jonabild wird klar, wie Jona den Niniviten ein Zeichen wurde. Folgende hauptsächlichen Vorschläge werden vertreten:

1. Mit dem Jonazeichen ist die *Bußpredigt Jonas* bzw. des irdischen Menschensohns

---

[42] Für einen Juden beginnt der Tag mit Sonnenuntergang, so daß man mit dem angebrochenen Freitag, dem Sabbat und der Nacht Sabbat-Sonntag auf drei »Tage« kommt. »Drei ... Nächte« bleibt natürlich falsch. »Tag und Nacht« ist aber eine hebr. häufige Umschreibung für einen kalendarischen Tag, da יום zunächst die helle Zeit im Gegensatz zur Nacht meinte, vgl. z.B. Gen 7,4; 1Sam 30,12f.

[43] Die altkirchliche Exegese hat sich hier viel Mühe gegeben und sich auch Ungewöhnliches einfallen lassen, z.B. Didask 21 = Achelis-Flemming 106 (die Finsternis des Karfrei-

tags zählt als eine Nacht) oder Afrahat, Hom 12,5 = übers. G. Bert, 1888, 189 (A. rechnet vom »Tod« Jesu im Abendmahl an).

[44] Verseput** 276: »The only sign ... will be the reversal of Israel's murderous rejection of Jesus in the resurrection. This ... is not a sign to evoke faith, but a confirmation of God's wrath« über Israel.

[45] »Quod est signum Jonae? Scandalum crucis«! (Opus Imperfectum 30 = 788) Nein! Man nivelliert Mt, wenn man ihn von 1Kor 1,18-25 her liest.

Jesus gemeint⁴⁶. Es gibt also kein anderes Zeichen als die Predigt. Daß es die Predigt des Menschensohns, d.h. des kommenden Weltrichters Jesus ist, verstärkt den bedrohlichen Charakter dieses »Zeichens«. Diese Deutung vertritt das spätere Kommentarwort Lk 11,32. Für sie spricht, daß Jesu Verkündigung und die Bußpredigt Jonas in Ninive sich wirklich entsprechen. Gegen sie spricht nicht, daß eine Predigt kein »Zeichen« im üblichen Sinn sein kann: Wenn das Jonazeichen gerade ein »Nichtzeichen« sein will, ist der Begriff »Zeichen« verfremdet. Gegen sie spricht das Futur ἔσται Lk 11,30; aber wirklich schlüßig ist dieses Argument nur im griechischen Text, nicht im Aramäischen⁴⁷.

2. Mit dem Jonazeichen ist wie später bei Mt die *wunderbare Errettung Jonas aus dem Bauch des Fisches* gemeint⁴⁸. Dafür sprechen vor allem die jüdischen Parallelen⁴⁹. Für diese Deutung spricht auch, daß sie als einzige das Wort »Zeichen« in der üblichen Weise verwendet. Gegen sie spricht, daß in der jüdischen Jonaüberlieferung die Rettung Jonas nicht den Niniviten, die ja nicht dabei waren, ein Zeichen wurde⁵⁰. Sehr unklar bliebe auch, wie der auferstandene Menschensohn »dieser Generation« ein Zeichen werden soll. Ist an die Parusie gedacht? Dann wird der von Gott aus dem Tode gerettete Menschensohn allen Völkern offenbar werden⁵¹. Aber aus Lk 11,30b allein, ohne Kenntnis von Mt 12,40, läßt sich das alles nicht erschließen, es sei denn, man wisse bereits um die Auferstehung und die Parusie. Dann aber ist Lk 11,30 Gemeindebildung, wie viele Vertreter dieser Deutung annehmen. Aber auch als Gemeindebildung ist sie m.E. nicht wahrscheinlich, weil in der Bildhälfte nicht Jonas Rettung den Niniviten zum Zeichen wurde⁵². Erst die *neue* Formulierung des Mt in V 40a macht sie möglich. Hier aber ist Jona nicht mehr ein Zeichen für die Niniviten.

3. Das Zeichen besteht nicht in etwas, das Jona oder der Menschensohn taten oder erfuhren, sondern das Zeichen *sind sie selbst*. Der Genetiv σημεῖον Ἰωνᾶ ist nicht als Gen. subiectivus, sondern als Gen. appositivus oder epexegeticus zu verstehen. Wie Jona zur Gerichtsansage nach Ninive geschickt wurde, so wird der »Menschensohn« der endzeitliche von Jesu Zuhörern erwartete Richter oder Gerichtszeuge sein⁵³. Der Sinn des Jonazeichens ist also: Dieser Generation bleibt nur noch der Weltrichter selbst als »Zeichen«. Für diese Deutung spricht die Formulierung ἐγένετο ὁ Ἰωνᾶς ... σημεῖον. Alttestamentlich kann man die Propheten selbst als Zeichen verstehen⁵⁴. Auch bei dieser Deutung wird das Wort »Zeichen« verfremdet. Aber mindestens

---

⁴⁶ Z.B. Manson, Sayings 90f; Schulz, Q 255f; Kloppenborg, Formation 132f; Geist, Menschensohn 281. Die Deutung geht zurück auf den Rationalismus, vgl. z.B. Paulus II 116; de Wette 79f.
⁴⁷ Häufig ist zu lesen, daß im Griech. nach dem mehrdeutigen Fut. δοθήσεται das Fut. ἔσται gnomisch sei. Nach dem Aor. ἐγένετο und im Gegenüber zu τῇ γενεᾷ ταύτῃ ist aber ἔσται sehr auffällig.
⁴⁸ Z.B. Jeremias* 412f; Marshall, Lk 485; Bayer* 138; Mora* 40f.
⁴⁹ Vgl. o. Anm. 36.
⁵⁰ Zwar nehmen die Seeleute (PREl 10 = Bill. I 646) und die οἰκεῖοι des Jona (3Makk 6,8) von der Rettung Jonas Kenntnis, aber nie die Niniviten. Da hilft auch die Erinnerung Bayers* 135 nichts, daß Ninive »Fisch« bedeute, einen Fisch als Wappen habe und von einem Fischgott gegründet worden sei: »The tale of a sojourn in the belly of a fish must have proven most overwhelming to the Ninivites«! Aber diese einem Lokalkoloritforscher erfreuliche Tatsachen scheinen weder der atl. Text noch die jüdische Überlieferung zu kennen!
⁵¹ So Vögtle* 130.
⁵² Ist sie für Q, wo Lk 12,31f dazukamen, richtig? So z.B. Mora* 57-69: Das Zeichen des Jona wird darin bestehen, daß der auferstandene Menschensohn im Gericht die bekehrten Heiden zu Anklägern dieser Generation machen wird.
⁵³ Z.B. Bultmann, Tradition 124; Tödt* 49; Lührmann, Redaktion 40; Sato, Q 283.
⁵⁴ Vgl. Jes 8,18; Ez 12,6; Jub 4,24.

Matthäus spricht später vom endzeitlichen »Zeichen des Menschensohns« (24,30) und setzt damit wohl ein solches verfremdetes Verständnis von »Zeichen« voraus. Gegen diese Deutung spricht, daß sich keine rechte Entsprechung zwischen dem Gerichtsprediger Jona und dem künftigen Menschensohn, der das Gericht selbst bringt, einstellen will[55]. Die Niniviten sind dem Gericht, das Jona predigte, gerade entgangen; »diese Generation« wird das beim Kommen des Menschensohns nicht mehr tun können[56].
Dieses Argument gegen die dritte Deutung ist m.E. stark. Mir bleibt die erste Deutung am wenigsten unwahrscheinlich[57]. Die Frage nach der Herkunft von Lk 11,29f läßt sich von der Deutung her auch nicht klarer entscheiden. Sie hängt m.E. ausschließlich von der Gesamtsicht der Menschensohnproblematik ab[58].

41f Der Gedanke an den »Menschensohn« führt Matthäus weiter zum jüngsten Gericht[59]. Dort werden die Niniviten auferstehen[60] und »diese Generation« verurteilen. Das Wort knüpft m.E. weniger an die jüdische Vorstellung von der endzeitlichen Wallfahrt der Völker zum Zion an als daran, daß die Gerechten in Gottes Auftrag oder mit Gott die Welt richten werden[61]. Ähnlich wie Mt 8,11f; 11,21-24 ist das Schockierende dies, daß die Erwartung Israels umgekehrt wird: Die heidnischen Niniviten nehmen den Platz der Gerechten ein; diese Generation Israels sitzt auf der Anklagebank und wird verurteilt[62]. Ihre Schuld besteht darin und nur darin, daß sie Jesus abgelehnt hat. Worin das »Mehr« besteht, das bei Jesus gegenüber der Verkündigung Jonas geschieht, sagt der Text nicht: Die kirchliche Auslegung dachte hier an mancherlei: Jona ist Prophet, Christus Messias und Gottessohn; Christus hat Wunder getan, Jona nicht; Jona blieb im Meerungeheuer am Leben, Christus starb im Herzen der Erde; Jona hat den Niniviten einmal gepredigt, Christus Israel unzählige Male[63]. Alles das ist nicht falsch; am wichtigsten aber ist, daß

---

[55] Lösen könnte man m.E. dieses Problem nur, wenn man mit Higgins* 103 annähme, daß Lk 11,32 gerade diese Inkongruenz erklärte (»hier ist mehr als Jona«, nämlich der Menschensohn-Weltrichter). Aber Lk 11,32 ist kein ursprünglicher Bestandteil der Jonazeichenperikope, vgl. o. Anm. 8.
[56] Sato, Q 283 spricht von einer gewollten Inkonzinnität. Eine Verlegenheitslösung? Oder darf man auf Tob 14,4.8 verweisen? Dort ist vorausgesetzt, daß das Gericht über Ninive wirklich erging, vgl. Jos Ant 9,214.
[57] Sie paßt der o. S. 274 favorisierten traditionsgeschichtlichen Hypothese 1. Die Parallele zu Lk 17,24.26f.28-30 ist in diesem Fall nur formal.
[58] Vgl. o. S. 187.
[59] Nach 12,36 meint κρίσις das jüngste Gericht.
[60] Es geht nicht wie z.B. Mk 14,57 um das Aufstehen zur Anklage bei einer Gerichtsverhandlung (gegen Bauer, Wb s.v. ἀνίστημι 2c), sondern um die allgemeine Totenauferstehung, wie Dan 12,2; äth Hen 22; 51,1f; Apk 20,12 etc. Das zeigt m.E. die Variation in V 42 mit ἐγείρω klar.
[61] Dan 7,22 LXX; Sap 3,8; Jub 24,29; äth Hen 95,3; vgl. 96,1; 98,12; Bill. IV 1103f.
[62] In großer Einhelligkeit und gegen den Sinn von κατακρίνω finden viele Exegeten, daß die Niniviten bzw. die Königin von Saba Israel nicht verurteilen, sondern nur anklagen; so schon Beza 58 (»suo ... exemplo«); Grotius I 382f (Zeugen, Ankläger), heute z.B. Allen 140; Schmid 215; E. Lohse, Art. Σολομών, ThWNT VII 465,14f; Sand 267; Schnackenburg I 114 (»beschämende Beispiele«); Verseput** 268 (»condemn« in Anführungszeichen). Gott bzw. der Menschensohn muß doch der Richter bleiben! Damit wird die Schärfe der Umkehrung traditioneller israelitischer Gerichtserwartung gemildert.
[63] Vgl. z.B. Hieronymus 98; Strabo 128; Lapide 269.

Matthäus hier nicht einen »dogmatischen« christologischen Satz formuliert, sondern »offen« auf das verweist, was in Christus an Israel geschieht: Das »Mehr« konnte Israel erfahren; Matthäus erzählt davon in seiner Geschichte. Das parallele Wort von der Königin des Südens[64] erinnert an 1Kön 10,1-13. Salomo ist in der jüdischen Überlieferung der paradigmatische Weise: Er kennt alle Sprüche, die Dämonen, die Natur, sogar die Tora[65]. Wiederum läßt das Wort für viele Überlegungen Raum, worin das »Mehr« bei Jesus bestehen könnte: Salomos Weisheit beschäftigt sich mit irdischen Dingen, Christus mit himmlischen; so formulierte die kirchliche Auslegung meistens[66]. Gebildete Leser/innen werden auch daran denken, daß Jesus in 11,28-30 die Funktion der göttlichen Weisheit übernommen hatte[67]; aber wiederum liegt darauf kein Gewicht. Wichtig ist für den Evangelisten, daß in diesen Worten zweimal von Heiden die Rede ist: Beide, die Niniviten und die Königin von Saba, weisen als doppeltes »Signal« voraus auf die künftige Heidenmission der Gemeinde nach Ostern[68].

Matthäus schließt den Abschnitt mit dem sehr eigenartigen Wort über die Rückkehr der unreinen Geister. Man streitet sich darüber, ob es ursprünglich eine exorzistische Anweisung[69] oder ein Gleichnis[70] war. Für das zweite spricht m.E. nicht der Text, sondern das allgemein-menschliche Bedürfnis, einen Bibeltext ethisch anzuwenden, und seit der Neuzeit auch das Bedürfnis, Jesus möglichst weit weg von zeitbedingter exorzistischer Praxis zu rücken[71]. Der Text selbst enthält keine Andeutungen einer bildhaften Dimension[72], aber auch keine exorzistische Handlungsanweisung[73]. Es ging also vielleicht ursprünglich um eine exorzistische Volksweisheit, um eine »dämonologi- 43-45

---

[64] Νότος = יָמִין. Wellhausen 65 weist darauf hin, daß unsere St vermutlich der früheste Beleg (oder der Ursprung) der Lokalisierung der Königin von Saba im Jemen sei.
[65] Lohse, aaO (Anm. 62) 462f.
[66] Z.B. Euthymius Zigabenus 389; Lapide 270. Schön malt Zwingli 427 aus: Während die Königin von Saba eine weite Reise zu Salomo unternahm, gilt für Christus: »Ich kum zu üch, ich lauff üch nach; ich bring üch himmelsche Wisheit und ir verachtend mich, verschupffend mich«.
[67] Daß dieser Gedanke nicht im Vordergrund steht, zeigt aber der par V 41: Eine Identifikation Jesu mit »der Prophetie« gibt es nicht.
[68] Die kirchliche allegorische Auslegung nahm das auf, indem sie die Königin von Saba auf die Heidenkirche, Salomo auf Christus deutete (z.B. Origenes fr 277 = 124; Hilarius 12,20 = SC 254, 288; ähnlich Strabo 128; Thomas v Aquino (Lectura) Nr. 1058).
[69] O. Böcher, Christus Exorcista, 1972 (BWANT 96), 17 (»Summarium antiker Dämonologie«).

[70] Von Neueren etwa Jülicher, Gleichnisreden II 238; Bultmann, Tradition 176f; Jeremias, Gleichnisse 196.
[71] Wunderschön meint z.B. J. Weiß 331, »daß diese Dinge für ihn (sc. Jesus) genauso viel Wirklichkeit haben wie das Spielen der Kinder... Es läßt sich auch ein gewisser spöttischer Ton nicht verkennen«!
[72] Grotius I 383 hält den Text nicht für ein Gleichnis, sondern für ein bildhaftes Logion mit moralischem Sinn, vgl. 2Petr 2,20; Dio Chrys Or 5,22 = 94D (bei der Reinigung der Seele, die wie ein von bösen Tieren [= Begierden] voller Ort ist, geschieht es, daß man beim Nachlassen der Anstrengungen von den verbleibenden Begierden überwältigt und vernichtet wird). Abgesehen davon, daß jüd. die Dämonen auch Laster bewirken (Belege bei Gnilka I 467), gibt der Text aber keinen Anhaltspunkt für eine ethische Deutung.
[73] Wie etwa Jos Ant 8,47 (μηκέτ' εἰς αὐτὸν ἐπανήξειν); Mk 9,25 (μηκέτι εἰσέλθῃς εἰς αὐτόν); vgl. dazu Pesch, Mk II 94.

sche« Formulierung der Erfahrung, daß jeder Rückfall in eine Krankheit schlimmer ist als ihre erste Phase[74], und damit verbunden um die Furcht vor der Rückkehr böser Geister. Möglicherweise ist unser Text bereits in Q im Anschluß an den Entscheidungsruf Lk 11,23 bildhaft gedeutet worden: Bei Christus gibt es nur *ganze* Entscheidungen und keine Halbheiten, keine Neutralität[75], keine »leeren Räume«[76]. Klar ist, daß für Matthäus der Text ein Gleichnis ist, anwendbar auf »diese böse Generation« (V 45fin).

Betrachten wir zuerst seine Bildhälfte: Zugrunde liegt die verbreitete Vorstellung, daß der »Besessene« ein Haus der Dämonen bzw. des Teufels ist[77]. Ein ausgetriebener Dämon ist heimatlos, irrt an unbewohnbaren Orten umher und – so formuliert Matthäus in unheimlicher Erinnerung an 11,29 – »findet keine Ruhe«. Wenn er bei der Rückkehr in sein altes Heim dieses unbesetzt[78], geputzt und geschmückt findet – das erste Partizip notiert die Voraussetzung für die Wiederbesetzung des Hauses, das zweite und das dritte schildern seine Attraktivität im Gegensatz zur wasserlosen Wüste – , so wird der Dämon mit sieben anderen, d.h. einer Übermacht von Dämonen[79], zurückkehren und seine alte Wohnung wieder besetzen, so daß es dem nur vorübergehend Geheilten nun schlimmer geht als zuvor. Diesen Skopus wendet der Evangelist auf die »böse« Generation Israels, die Jesus ablehnt, an. Sein Zielpunkt ist klar: Es wird Israel, wenn es Jesus ablehnt, schlimmer gehen als zuvor. Nach V 41f hat Matthäus damit das jüngste Gericht vor Augen. In seiner Geschichte werden sich immer wieder Hinweise darauf finden, etwa die Ankündigung der Zerstörung Jerusalems als Strafe des Königs für die Ablehnung der Jesusboten im Hochzeitsmahlgleichnis (22,7) oder auch die fürchterliche Geschichte vom Tod des Judas (27,3-9). Im jetzigen Moment ist das alles aber noch nicht Wirklichkeit, sondern das Werben Jesu um sein Volk geht weiter. Doch der Leser des Evangeliums weiß, daß Jesu Zukunftsansagen eintreffen werden und daß deshalb die Zeichen für Israel auf Sturm stehen. Das katastrophale Ende »dieser Generation« kündigt sich an.

Wirkungs- Eine weitergehende *heilsgeschichtliche Allegorisierung*, wie sie später weithin üblich
geschichte war, verbietet sich vom Text her. So versuchte man die Zeit, in der Israels Dämonen

---

[74] Wettstein I 397. Vgl. auch die arabischen Sprichwörter bei Bultmann, Tradition 177.
[75] Kloppenborg, Formation 127.
[76] Gnilka I 469 (zu Mt). Schulz, Q 479 sieht im Q-Text eine Abwertung jüd. Exorzisten, die die Dämonen nicht eschatologisch, d.h. nur vorübergehend austreiben. Mt 12,27par differenziert aber nicht so.
[77] Test N 8,6 (der Teufel bewohnt den Bösen); Chull 105b; Git 52a = Bill. I 652, vgl. auch die ntl. Aussagen vom Wohnen des Geistes Gottes im Menschen Röm 8,9; 1Kor 6,19; Eph 2,21f. Die nächste Par ist der späte MidrSpr 24,31 (zit. nach Kloppenborg, For-

mation 127): »Ein König ging in die Steppe und fand Speisesäle und große Räume und wohnte in ihnen. So ist es mit dem bösen Trieb: Findet er nicht die Worte des Gesetzes (im Herzen) herrschend, so kannst du ihn nicht aus deinem Herzen vertreiben«.
[78] Σχολάζω (Muße haben für) bei Orten = leer sein.
[79] Euthymius Zigabenus 389; Maldonat 281: »Septem ... pro multis«. Test R 2,1-3,8 spricht von den sieben Geistern der Sinne und den dazu gehörenden sieben Geistern der Verirrung.

ausgetrieben waren, näher zu bestimmen. War es die Zeit des Mose in der Wüste[80], 43-45
die »reinigende« Zeit des Exils[81] oder die Gegenwart, nämlich die weithin positive
Antwort Israels auf Johannes den Täufer und anfänglich auch Jesus[82]? Keine Möglichkeit überzeugt. Vom Text her arbiträr und nicht durch vorgegebene Metaphern
nahegelegt ist ebenfalls die verbreitete Deutung der »wasserlosen Orte« auf die Heiden oder den einzelnen Heiden[83].
Bedrückend zeigt die Auslegungsgeschichte, wie jede Gerichtsankündigung pervertiert wird, sobald sie zur Betrachtung des Gerichtes, das über andere erging, durch solche wird, die selbst davon nicht betroffen sind. Schlimm ging es den »Häretikern« aller Sorten, die – von der erkannten Wahrheit einmal abgefallen – zu hoffnungslos Besessenen und unheilbar Verlorenen wurden[84]. Vor allem ist dieser Text massiv antijüdisch und antisemitisch ausgelegt worden. Aus der recht langen Galerie antijüdischer Zeugnisse seien zwei besonders bedrückende zitiert: Johannes Chrysostomus warnt in seiner ersten Judenpredigt ausgehend von unserem Text seine Christen: »Ihr versammelt euch also mit Besessenen, mit solchen, in denen so viele unreine Geister wohnen, mit solchen, die unter Morden und Würgen erzogen sind, und euch kommt kein Schauer an? Sollt ihr sie grüßen und mit ihnen reden, oder solltet ihr sie nicht vielmehr als Seuche und Pest der ganzen Erde fliehen? Denn welche Laster haben sie nicht begangen? Wie oft und wie lange sind sie nicht von den Propheten angeklagt worden?«[85] Dem sei eine neuzeitliche Auslegung unseres Textes angefügt: »Die Juden standen nach der Rückkehr (sc. aus dem Exil) in der That reiner da; allein statt des Götzendienstes kehrte der furchtbarere Pharisäismus, der am Ende derselbe Geist der Abgötterei in andern feinern, aber eben deshalb nur gefährlichern Formen war, zurück«[86]. Das Nötige dazu hat Jülicher schon gesagt: »Geschmacklosigkeiten«, die, wie er meint, »Mt nicht verschuldet«[87] hat.
Positivere theologische Potenzen des Textes zeigen sich m.E. in einem anderen Zweig der Auslegungsgeschichte. Nicht nur heilsgeschichtlich, sondern auch *individuell-paränetisch* ließ er sich deuten. Dann ist der unreine Geist die Sünde, und das Haus ist das menschliche Herz[88]. Der Text wird dann zur Warnung an die Gemeinde: Ein

---

[80] So der Normaltyp kirchlicher Auslegung seit Hieronymus 99; Hilarius 12,22 = SC 254, 290.292; Apollinaris v Laodicea fr 74 = Reuss 22; Cyrill v Alexandria fr 163 = Reuss 205f.

[81] So in der Neuzeit z.B. bei Grotius I 384f; Wolzogen 294; Olshausen 424.

[82] Z.B. Zahn 472; Plummer 184 (Joh d Täufer); Gaechter 420; Fabris 284. Die Schwierigkeit dieser noch am ehesten möglichen Deutung besteht darin, daß Jesus sein eigenes Wirken in Israel in V 43a nur gerade voraussetzte und bereits im ersten Hauptsatz des »Gleichnisses« V 43b vom Umherirren des Dämons in der wasserlosen Wüste spricht, was sich überhaupt nicht allegorisch deuten läßt.

[83] Z.B. Hilarius 12,22f = SC 254, 293; Anselm v Laon 1367; Dionysius d Karthäuser 158.

[84] Maldonat 261: Die schlimmsten Häretiker sind die, die vom kath. Glauben abgefallen sind; die schlimmsten Katholiken sind die abgefallenen Mönche; Lapide 271 denkt an den Apostaten Judas Iskariot und an spätere Apostaten von Nestorius und Pelagius bis zu Luther und Menno Simons.

[85] Hom adv Jud 1,6 = PG 48, 852.

[86] Olshausen 424.

[87] Jülicher, Gleichnisreden II 237.

[88] Klassisch formuliert schon Valentin bei Clemens v Alexandria, Strom 2,115,3-6 = BKV II/17 232: Mit dem Herzen ist es ähnlich wie mit einem Wirtshaus, mit dem alle möglichen Leute rücksichtslos umgehen, weil das Haus nicht ihnen gehört. »Ebenso ist auch das Herz, solange ihm keine Fürsorge zuteil wird, unrein, da es die Behausung vieler Dämonen ist«.

Rückfall in frühere Sünde ist das Schlimmste, was passieren kann[89]. Je höher man steht, z.B. als Priester oder Mönch, desto tiefer kann man stürzen[90]. Zwingli summiert: »Es muß also der, den Christus einmal durch seine Gnade den Stricken Satans entriß, wachen und intensiv beten, damit er nicht wiederum durch seine früheren Laster eingeholt wird und in Versuchung gerät. Der Satan schläft nicht...«[91]. »Diese böse Generation« wird hier »produktiv« als Negativbeispiel, vor dem sich die Gemeinde aktiv und tatkräftig hüten soll. Die Gemeinde hat also die Klippe Israels noch vor sich. Diese Dimension der Auslegungsgeschichte steht in tiefem Einklang mit dem, was Matthäus zwar nicht in diesem Text, aber im Ganzen seines Evangeliums mit dem Negativbeispiel Israel tut.

Zusammenfassung 38-45

Ob Matthäus die schroffen antijüdischen und antihäretischen Auswirkungen seines Textes wirklich nicht mitverschuldet hat? Seine Christuserzählung scheint auf eine Katastrophe hinzulaufen, von der nur noch zu fragen ist, ob es eine Katastrophe von ganz Israel oder nur seiner Führer und ob es eine totale Katastrophe Israels oder nur der damaligen »bösen Generation« ist. Der Grund für diese Katastrophe liegt darin, daß Matthäus sich ein Nein zu Christus, dem von den Propheten vorangekündeten Gottessohn, nur als schuldhaftes Nein denken kann. Jesu Wunder in seinem Volk hatten für Matthäus einen so hohen Grad von Eindeutigkeit, daß man sie nicht schuldlos ablehnen kann[92]. Wenn die jüdischen Führer darüber hinaus noch ein »Zeichen« fordern, das Gottes Wirken in Jesus noch eindeutiger macht, so werden sie zu Versuchern (16,1) und damit schuldig. Auf ein solches Ansinnen kann Jesus nur mit der Ankündigung des »Zeichens« von Kreuz und Auferstehung antworten. Es ist das letzte, tiefste Zeichen Gottes zum Heil auch für Israel, aber es macht Gott nicht eindeutig und verfügbar. Die weitere Geschichte Israels mit Jesus, auf die Matthäus zurückblickt, zeigte ihm, daß und wie in Israel dieses letzte Heilszeichen Gottes zum Unheilszeichen geworden ist.

Ebendas werfen nun Matthäus und – noch mehr als er – Teile der späteren Auslegungsgeschichte Israel vor und werden dadurch selbst schuldig. Warum? Die Christen haben in ihrer Geschichte das Gnadenzeichen Gottes, das im Sterben und in der Auferstehung Jesu besteht, in Besitz genommen und zum Vernichtungszeichen gemacht, das Israels Heillosigkeit demonstriert. Ein »Zeichen«, mit dem man selbst in dieser Weise über Gott verfügt, gehört aber doch wohl zu dem, was Jesus gerade verweigert hat, als man es von ihm verlangte. Für Zwingli war in seiner Auslegung unseres Textes das Wort das mächtigste Zeichen. »Wer nach der Verkündigung der Wahrheit Zeichen verlangt, zeigt, daß er in Wirklichkeit der Wahrheit widerstrebt«[93].

---

[89] Ein »Einfallstor« für paränetische Interpretation war die Deutung der sieben Geister auf die sieben Kardinallaster seit Hieronymus 100. Beispiele für paränetische Deutung: Johannes Chrysostomus 43,4 = 622f mit Hinweis auf Joh 5,14 (»sündige nicht mehr, damit dir nicht noch Schlimmeres widerfahre«); Augustin (Quaest) I 8 = 12 (cupiditas, neglegentia); Euthymius Zigabenus 392; Theophylakt 276.
[90] Augustin nach Maldonat 261.
[91] Zwingli 297.
[92] Vgl. Zusammenfassung zu 12,22-37 o. S. 270.
[93] Zwingli 294f.

Die Wirkungsgeschichte unseres Texts lehrt, daß auch das Wort der Verkündigung zum mißbrauchten Zeichen werden kann, nämlich dann, wenn es nicht mehr als Geschenk empfangen, sondern zum Besitz wird, zur theologischen Position, mit Hilfe derer man andere aburteilen kann. Dann wird aus dem von Jesus verweigerten Zeichen bzw. aus dem paradoxen Zeichen, das in Jesu Sterben und Auferstehen besteht, ein »gewußtes« Zeichen, ein theologischer Maßstab, der sogar noch entscheidet, wo die Dämonen am schlimmsten hausen. Bereits Matthäus machte Schritte in diese falsche Richtung, indem er das »Nichtzeichen« Jesu christologisch umdeutete, und vor allem, indem er die Auferstehung Jesu ähnlich wie seine Wunder als ein offenkundiges Gotteszeichen deutete, dessen Ablehnung durch die Juden den Höhepunkt ihrer Böswilligkeit zeigt[94]. Gegenüber Matthäus muß es heute m.E. darum gehen, die Verborgenheit auch der Auferstehung Jesu auszuloten, die ein Wunder bleibt, über das niemand verfügen kann, auch und gerade der Glaube nicht[95]. Oder »traditionsgeschichtlich« ausgedrückt: Während es Matthäus darum ging, das *paradoxe Jonazeichen als Auferstehung Jesu* zu interpretieren, muß es heute darum gehen, die *Auferstehung Jesu* erneut als *paradoxes und unverfügbares »Jonazeichen«* zu interpretieren, d.h. als ein Geschenk Gottes, das *sein* Geschenk und *sein* Geheimnis bleibt. Christologisch bedeutet das für mich: Die Majestät Gottes ist im menschgewordenen und gekreuzigten Gottessohn in so tiefem Maße menschlich-verborgen, daß es auf die Schuld des menschlichen Nicht-Erkennens Gottes in Christus vom Kreuz her immer nur erneute Verkündigung der Gnade als Antwort geben kann. Bei Matthäus aber gibt es eine Grenze der Gnade und in der kirchlichen Auslegung, wo das Zeichen der Auferstehung, das die Kirche besitzt, zum Kanon ihres Gerichts über Israel oder die Häretiker wurde, auch. Hier muß man fragen, ob vielleicht einmal der Menschensohn gegenüber dieser zeichen-besitzenden Kirche die christlichen Gerichtserwartungen umkehren wird[96], so daß im Endgericht z.B. Juden die Rolle der Niniviten übernehmen und die Christen, die das Jona-Zeichen der Auferstehung so lange besaßen, aufgrund dessen verurteilt werden, was sie mit diesem Zeichen gemacht haben.

2.3 Jesu wahre Familie (12,46-50)

Literatur: Ceruti, A., L'interpretazione del testo di S. Matteo 12,46-50 nei Padri, Mar. 19 (1957) 185-221.
Weitere Literatur** zu Mt 12,22-50 o. S. 250f.

46 Als er noch zu den Volksmengen redete, siehe, da standen die Mutter und seine Brüder draußen und wünschten mit ihm zu reden. 47 Es

---

[94] Vgl. die Interpretation zu 27,62-66; 28,11-15.
[95] Dazu eine Randbemerkung von R. Schnackenburg: »Die Auferstehung Jesu bleibt ein Geheimnis unter der Decke des Glaubens«.
[96] Vgl. o. S. 280f.

sagte ihm aber jemand: »Siehe, deine Mutter und deine Brüder stehen draußen und wünschen mit dir zu reden«[1].
48 Er aber antwortete und sagte zu dem, der es ihm sagte:
»Wer ist meine Mutter? Und wer sind meine Brüder?«
49 Und er hielt seine Hand über seine Jünger und sagte:
»Siehe, hier ist meine Mutter und meine Brüder!
50 **Denn wer den Willen meines Vaters in den Himmeln tut, der ist mein Bruder und Schwester und Mutter!«**

Analyse 1. *Aufbau.* Der kurze Text ist äußerst stereotyp. Nach einer knappen Anknüpfung an das Vorangehende in V 46a wiederholen sich fünfmal μήτηρ und ἀδελφοί mit Possesivpronomen, dreimal ἰδού, zweimal ἔξω (ἕστηκα), ζητοῦντες... λαλῆσαι und die Frage τίς ἐστιν (τίνες εἰσίν). Dazwischen stehen knappe Einleitungen der direkten Reden, die unsere Perikope gliedern: V 46 ist Exposition, V 47 erfolgt die Mitteilung an Jesus, V 48-50, wie oft in Apophthegmen übergewichtig, die Antwort Jesu. Sie beginnt mit einer Frage, wird durch eine Geste Jesu unterbrochen und endet in V 50 mit einem allgemeinen Abschlußsatz. Es bleiben schließlich zwei Sätzchen, die sich nicht wiederholen. Ebendadurch fallen sie dem Leser auf: »Und er hielt seine Hand über seine Jünger« (V 49a) und: »Wer den Willen meines Vaters in den Himmeln tut...« (V 50a). Das erste Sätzchen fiel uns schon auf wegen der die Antwort Jesu unterbrechenden Geste. Das zweite ist eine allgemeine, die konkrete Situation übergreifende Antwort. Auf diesen beiden Sätzchen liegt das Schwergewicht der Perikope.

2. *Quelle und Redaktion.* Diese straffe Form hat Mt geschaffen, indem er die viel lebendigere Geschichte Mk 3,31-35 rigoros kürzte. Alles, was nicht in sein Formschema paßte, hat er weggelassen (Mk 3,31b.32a.34a). Fast alle seine sprachlichen Änderungen entsprechen seinem red. Stil[2]. Zwei Minor Agreements sind schwierig[3]. Sprachlich auffällig ist nur in V 49a ἐκτείνας τὴν χεῖρα, das aber in 14,31 eine genaue Par hat.

Erklärung Noch während Jesus zu den Volksmengen, die der Evangelist V 23 zum letz-
46 ten Mal erwähnt hatte[4], redet, passiert etwas Neues: Die Mutter und die Brü-

---

[1] V 47 fehlt in ℵ B u.a. V 48 setzt den V wohl voraus. Ich rechne eher mit einem irrtümlichen Ausfall durch Haplographie als mit einer ursprünglichen kurzen Textfassung, die dann aufgrund der Parr ergänzt worden wäre.
[2] V 46: Gen. abs. ist an sich bei Mt selten; ἔτι αὐτοῦ λαλοῦντος ist aber ein Biblizismus (LXX ca 12x) und außerdem ein nicht verwendetes Überbleibsel aus Mk 5,35, vgl. Mt 17,5; 26,47 (= Mk). V 49: Zu ἐκτείνας τὴν χεῖρα vgl. 8,3; 12,13; 14,31 (Red.), inhaltlich anders 26,51; die Wendung stammt aus der LXX. Zu ὄχλοι, ἰδού (nach Gen. abs.: Schenk, Sprache 297), ὁ δὲ ἀποκριθεὶς εἶπεν, μαθηταί, θέλημα (πατρός), πατήρ ... ἐν τοῖς οὐρανοῖς vgl. Bd. I Einl. 3.2.

[3] V 47c ἑστήκασιν ist evt. mt Red. (Repetition von V 46c), aber kaum lk Red.; V 48a ὁ δὲ ἀποκριθεὶς εἶπεν ist gut mt, aber kaum lk. Die übrigen MA sind nicht signifikant oder können aus der jeweiligen Red. erklärt werden.
[4] Von 12,23 her sind die Volksmengen weder eine Präfiguration der Heidenkirche (so Gundry 248) noch ein indirekter Versuch des Evangelisten, mit den Pharisäern und Schriftgelehrten zusammen das ganze Volk als »diese böse Generation« darzustellen (so Verseput** 283), sondern relativ neutral (Noch-)Nicht-Anhänger Jesu.

der Jesu[5] stehen »draußen«. Da von einem Haus vorher nicht die Rede war, hängt die Ortsangabe in der Luft; erst 13,1 wird Matthäus das Haus nachtragen[6]. »Draußen« erweckt beim Leser einen Eindruck der Distanz von Jesu Angehörigen zu Jesus, den die kleine Erzählung bestätigen wird. Sie wollen ihn sprechen: Matthäus formuliert ihre Absicht neutral und blaß, nachdem er die starke markinische Aussage, daß die Familie Jesu ihren »verrückten« Sohn heimholen wollte (Mk 3,21), gestrichen hat. Um eine Polemik gegen die Familie Jesu kann es ihm also nicht gehen[7]. Jemand berichtet Jesus, was sich zugetragen hat. Die Wiederholung wirkt wie ein Ritardando; sie erhöht die Spannung. Jesus antwortet mit einer Frage. Er fragt Selbstverständliches: Wer sind meine Mutter und meine Brüder? Das scheinbar Selbstverständliche verstärkt die Überraschung, die seine Antwort darstellt. Sie wird durch eine Geste eingeleitet: Jesus streckt die Hand aus über seine Jünger. Das Auftauchen der Jünger ist für den Leser überraschend; sie waren seit V 2 nicht mehr erwähnt und werden an sich in dieser Perikope nicht gebraucht. Durch die Geste Jesu weist Matthäus besonders auf sie hin. In der Tradition hat die Geste des Hand-Ausstreckens vielfältige Konnotationen: Sie kann Hilfsbedürftigkeit (vgl. 12,13), Feindseligkeit (vgl. 26,51), Zuwendung[8], auch Gottes Zuwendung[9] oder – in der LXX sehr häufig – seine Macht und sein Gericht[10] andeuten. Bei Matthäus deutete sie in der Heilungsgeschichte 8,1-4 die liebe- und machtvolle Zuwendung Jesu zum Kranken an (8,3)[11], in der symbolträchtigen Geschichte vom sinkenden Petrus seine schützende Macht (14,31). Auch in unserer Geschichte geht es wohl nicht nur vordergründig darum, daß Jesus auf die Jünger zeigt[12], sondern auch darum, daß die Jünger unter dem Schutz ihres Herrn stehen[13]. So umschreibt V 49 gleichsam die »indikativische« Seite des Lebens der Jünger: Sie stehen unter dem Schutz desjenigen, der alle Tage bei ihnen ist bis ans Ende der Welt (28,20). Matthäus interpretiert die markinische Perikope, die hier vom ganzen Volk sprach (Mk 3,32a.34a), um und macht aus ihr eine paradigmatische Darstellung der *Jüngerschaft*. Die Jünger, nicht die Draußenstehenden, sind Jesu »Mutter« und »Brüder«. Für ἀδελφός knüpft er an eine erweiterte Wortbedeutung an: »Bruder« ist jüdisch ein Angehöriger des Volkes Israel, christlich ein Gemeindeglied. Überraschend ist nur, daß Jesus von den Jüngern als »meinen« Brüdern

---

[5] Die Frage nach den Geschwistern Jesu hat natürlich auch bei diesem Text die Auslegungsgeschichte beschäftigt. Sie sei hier zurückgestellt (vgl. u. S. 386-388 zu 13,53-58).
[6] Vielleicht paßte für Mt das Haus nicht zu den ὄχλοι als Zuhörern, vgl. 13,36.
[7] So Pesch, Mk I 224 für die ursprüngliche Perikope.
[8] Z.B. Gen 48,14 (Segen); JosAs 12,8; 19,10.
[9] Vit Ad 37,4.
[10] LXX vor allem bei Ez, aber auch Jer, Zef.
[11] Vgl. Anm. 12 zu 8,1-4.
[12] So Bauer, Wb s.v. ἐκτείνω 1.
[13] Die LXX, von deren Sprache Mt geprägt ist, braucht bei ἐκτείνω τὴν χεῖρα die Präp. sehr bewußt: Während πρός fast immer den Gebetsgestus gegenüber Gott meint, wird ἐπί gebraucht, wenn ein Mächtiger (Gott, Mose, Aaron, der König) seine Hand ausstreckt. Ἐπί bezeichnet dann den Bereich, über den der Mächtige Macht hat (z.B. das Meer, das Land Ägypten, die Bewohner des Landes, ein Volk); manchmal tendiert es zur Bedeutung »gegen«.

spricht; aber es ist eine Eigentümlichkeit gerade des Matthäus, daß er die Jünger als Jesu Brüder bezeichnet (28,10, vgl. 25,40; 23,8)[14]. Bei »meine Mutter« kann der Evangelist nicht an eine erweiterte Bedeutung im damaligen Sprachgebrauch anknüpfen. Hier wirkte die vorgegebene Geschichte sprachbildend: Offenbar hat die Mutter Jesu in Begleitung ihrer Söhne Jesus gesucht, während seine Schwestern, wie es der Sitte entsprach, zu Hause blieben[15]. Die Erweiterung der Bedeutung von »Mutter« wurde einerseits möglich durch die Ansätze zu einem Verständnis der Gemeinde als »Familie«, wo spärlich genug auch Mütter vorkommen (Mk 10,30; Röm 16,13; 1Tim 5,2), andererseits wohl durch die Frauen in den Gemeinden, die in diesem Ausdruck eine besondere Identifikationsmöglichkeit fanden. Doch ist dafür »Schwester«, was Matthäus denn auch in V 50 nachträgt, geeigneter[16]. Kurz, die wahre Familie Jesu ist also seine Gemeinde, die unter seinem Schutz steht.

50 V 50 führt weiter und weitet zugleich den Blick über die damalige Zeit Jesu hinaus: Jeder, der den Willen des Vaters tut, gehört zu Jesu Familie. Zweierlei ist an dieser »Definition«[17] des Jüngerseins wichtig: Einmal macht Matthäus hier die zweite, die »imperativische« Seite des Jüngerseins deutlich: Jünger Jesu sein heißt, den von Jesus verkündeten Willen des himmlischen Vaters zu tun. Das lebte Jesus selbst vor (26,42); darum betet die Gemeinde im Unservater (6,10), darin besteht die Missionsverkündigung der Gemeinde (vgl. 28,20), und darüber wird einst der Menschensohn richten (7,21-23). Christsein heißt Gehorsam, Handeln. Der Gehorsam aber gilt nicht einfach einer heteronomen Macht, sondern dem Vater, der mit seinem Sohn (1,23) und in ihm mit seiner Gemeinde ist (28,20). Inhaltlich hat der Wille des Vaters sein Zentrum in der Liebe, d.h. gerade darin, daß die Gemeindeglieder einander Bruder, Schwester und Mutter sind. Zweitens ist die Zeitstruktur der Jüngerschaft wichtig: Jünger sein heißt einerseits: bei Jesus sein und unter seinem Schutz stehen. Hierauf liegt das Gewicht in V 49, und damit ist auch die dauernde Bindung an die vergangene Geschichte Jesu festgehalten. Andererseits geschieht Jüngerschaft in der Gegenwart, wo der Gehorsam gegenüber dem Willen des Vaters zum Leuchten kommen soll (vgl. 5,16). Das drückt der ganz allgemein formulierte V 50 aus.

Zusammenfassung und   Die Bedeutung unserer Geschichte liegt wie oft auf zwei Ebenen. Einmal hängt sie »narratologisch« an ihrer Stellung im Evangelium: Nach der langen Gerichtsrede Jesu über Israel 12, 22-45 wollte Matthäus ein positives Gegen-

---

[14] Außer Mt in den Evv. nur noch Joh 20,17. Vgl. ferner Röm 8,29; Hebr 2,11f.
[15] Der zugrunde liegenden Begebenheit entspricht natürlich auch, daß »Vater« fehlt; Josef, der Vater Jesu, ist wahrscheinlich früh gestorben. Auch dies hat in der theologischen Sprache des Mt wieder eine Entsprechung: Vater ist allein Gott (vgl. 23,9 und auch den Negativbefund Mk 10,30).

[16] Ἀδελφή stand schon in Mk 3,35, hingegen nicht Mk 3,32, wo m.E. nur eine westliche LA vorliegt, mit B. Metzger, Zusatz, in: ders., Commentary 82. Μήτηρ wird in V 50 nachgestellt, weil die Frauen mit ἀδελφή schon erwähnt waren, kaum deswegen, weil damals Maria schon eine besondere Hochschätzung genoß (so Schnackenburg I 116).
[17] Trilling, Israel 30.

modell vor Augen stellen. Insofern entspricht der Aufbau von 12,22-50 dem- Wirkungs-
jenigen von 11,7-30 mit seinem positiven Schlußtext 11,25-30. In Israel ist geschichte[18]
durch das Wirken Jesu seine wahre Familie, die Gemeinde entstanden, während der andere Teil Israels dem Verderben entgegengeht. In mehreren Anläufen stellt Matthäus in Kap. 11-12 also den Bruch dar, der durch Jesu Wirken in Israel entstand.

Auslegungsgeschichtlich hat diese Sinnebene ihre Fortsetzung in der sog. »mystischen« Interpretation der alten Kirche gefunden, d.h. in der *heilsgeschichtlichen Allegorie*. »Fleischliche« Mutter und Brüder Jesu stehen hier für Israel bzw. die Synagoge; »draußen« heißt außerhalb der Kirche[19]. In anderer Akzentuierung und in anderen Kategorien nimmt diese Interpretation etwas von dem auf, was Matthäus im Rahmen seiner ganzen Geschichte sagen wollte. Dabei geht es der kirchlichen Allegorese ebensowenig wie bei Matthäus um eine Herabsetzung der Familie Jesu.

Zugleich macht unsere Geschichte eine »direkte« Aussage für die Gegenwart. Auch sie wird von der Wirkungsgeschichte her deutlicher.

Die Auslegungsgeschichte beschäftigte sich hauptsächlich nicht mit der positiven Aussage des Textes, sondern mit seiner *negativen*. Es ging um die Frage, warum Jesus seine eigene Familie und insbesondere »seine liebe Mutter, die heilige Jungfrau«, »über die Schnauze ... schlägt«[20]. Mit der positiven Familienethik der Kirche und insbesondere mit der zunehmenden Marienverehrung war das immer schwerer vereinbar. Gnostiker, Marcioniten und später Manichäer fanden in unserem Text einen Beweis dafür, daß Jesus gar nicht von irdischen Eltern, also fleischlich, geboren worden war[21]. Tertullian stellt mit Recht fest, die Geburt Jesu stehe hier überhaupt nicht zur Debatte. Für ihn ist der Unglaube der Familie Jesu – nicht nur seiner Brüder, sondern damals auch seiner Mutter – der entscheidende Grund für Jesu Nein[22]. In abgeschwächter Form tadeln auch Johannes Chrysostomus und von ihm abhängige Ausleger Maria und die Familie Jesu: Sie zeigen Eitelkeit (κενοδοξία), Ehrgeiz (φιλοτιμία), Unverstand und Zudringlichkeit: Sie können nicht warten, bis Jesus seine Predigt beendet hat, und wollen vor allen Leuten ihre Autorität über Jesus demonstrieren[23]. Für Augustin und andere geht es darum, daß ein »carnalis affectus« die geistlichen

---

[18] Zur Auslegungsgeschichte in der Antike vgl. den schönen Aufsatz von Ceruti*, eine Zusammenfassung seiner mir nicht zugänglichen Dissertation: L'interpretazione del testo Mt 12,46-50 nei Padri, Roma 1950.
[19] Schon Tertullian, De Carne Christi 7 = CSEL 70, 212 und Origenes fr 281 = 126 (die Seele, die den Willen des Vaters gebiert, ist Christi Mutter); ferner z.B. Hieronymus 101; Hilarius 12,24 = SC 254, 295; Gregor d Gr. 3,1f = 29 (der Prediger ist Christi Mutter).
[20] Luther II 459 (= Predigt von 1528).
[21] Referiert bei Tertullian, De Carne Christi 7 = CSEL 70, 208-211; Marc 4,19,6-13 = CSEL 47, 482f; Augustin, Contra Faustum 7 = CSEL 25, 302-305; Ephraem Syrus 201. Es gibt auch kirchliche Nachklänge dieser Interpretation, nämlich überall dort, wo die Gottheit Jesu besonders betont wird, z.B. Opus imperfectum 30 = 791: »Nescio parentes in mundo«.
[22] Tertullian, De Carne Christi 7 = CSEL 70,211; Marc 4,19,13 = CSEL 47,481; indirekt noch Ambrosius, In Luc 6,37 = BKV I/21 581: Sie hätten nicht draußen stehenbleiben sollen!
[23] Johannes Chrysostomus 44,1 = 630f; Euthymius Zigabenus 392f; Theophylakt 276 (»φιλόδοξος ... καὶ ἀνθρωπίνη γνώμη«); Petrus v Laodicea 144.

Werke oder die eigene Mission Jesu niemals behindern darf[24]. Jesus zeige hier, daß er seinem eigenen Wort Mt 10,37 treu ist[25]. Seit der ausgehenden Antike beherrscht die Antithese »fleischlich-geistlich« die Auslegungsgeschichte[26]. »Geistliche« Verwandte Jesu sind diejenigen, die Gottes Willen tun. Das Verhältnis von geistlicher zu leiblicher Verwandtschaft ist dabei kein antithetisches, sondern ein komparativisches: jene ist vorzuziehen[27]. Zu den geistlichen Verwandten Jesu zählt, wie seit Augustin betont wurde, gerade Maria, die exemplarisch Gehorsame[28], oder auch die Brüder Jesu, die in Wirklichkeit mit ihrem gutgemeinten Ansinnen Jesus aus der Hand seiner Gegner, der Pharisäer, befreien wollten[29]. Damit ist jeder Schatten von der heiligen Familie entfernt.

Die Reformation bedeutete an diesem Punkt eine Befreiung dazu, die *positive* Aussage des Textes wieder sehen zu können. Zwingli konstatiert bei den Alten die größere Freiheit, auch von den Schwächen der Heiligen zu reden, als in seiner eigenen Zeit, »wenn wir heute die Heiligen für Götter halten«[30]. Besonders eindrücklich ist Luthers Auslegung, dem man Verehrung für Maria gewiß nicht absprechen wird: Es geht nach ihm in unserem Text darum, Gehorsam gegenüber Gott über alle »Obrigkeit, Vater und Mutter, ja auch (die) christliche Kirche« zu stellen[31]. Musculus formuliert den *paränetischen* Skopus unserer Geschichte so: »Glaube nicht, daß jene Seligpreisung sich nur auf die Jünger bezieht... Denn *jeder*, der den Willen meines Vaters in den Himmeln tut, ist selbst mein Bruder, meine Schwester und Mutter. Deshalb, wenn auch du das tust, wirst auch du für Christus Bruder, Schwester und Mutter sein«[32].

Musculus hat genau erfaßt, was der Text den christlichen Gemeinden direkt, in ihre Gegenwart hinein sagen wollte: »Auch du« hast die Chance, Schwester oder Bruder Jesu zu werden! Der Text stellt also nicht statisch die Kirche den Pharisäern gegenüber, sondern der Skopus ist paränetisch: Die neue »Definition« von Jesu Familie fordert die Gemeinde auf, den Willen des Vaters zu tun. Aber der paränetische Skopus enthält zugleich ein Moment der Gnade und der Verheißung: Die Jünger stehen unter Jesu schützender Hand. Den Willen des Vaters zu tun bedeutet die Chance nächster Nähe zum Herrn: Als Behütete und Gehorsame sind seine Jünger ihm nicht mehr fremd, sondern »Nächste«: Brüder, Schwestern, Mütter.

---

[24] Augustin, Serm 25,3 in Mt 12,41-50 = PL 46, 934 mit der oft nützlichen Mahnung »audiant matres, ne impediant carnali affectu bona opera filiorum«.
[25] Basilius, Regulae brev 188 = PG 31, 1207; Ambrosius, In Luc 6,36 = BKV I/21 581; Hieronymus, Ep 14 ad Heliodorum 3 = BKV II/16 281.
[26] Z.B. Thomas v Aquino (Lectura) Nr. 1075 (generatio caelestis); Dionysius d Karthäuser 159 (conceptio spiritualis); Lapide 272.
[27] Z.B. Origenes fr 282 = 126; Ambrosius, In Luc 6,38 = BKV I/21 582; Anselm v Laon 1368; Bengel 86.
[28] Augustin, Tract in Joh 10,3 = BKV I/8 170; ders., De Sancta Virginitate 3.5 = CSEL 44, 237.239; Opus Imperfectum 30 = 791.
[29] Lapide 272.
[30] Zwingli 297.
[31] Luther II 462. Die Frage nach der »Ehrenrettung« Marias stellt sich in Luthers Auslegung nicht mehr.
[32] Musculus 355.

B Die Gleichnisrede (13,1-53)

Literatur: Burchard, C., Senfkorn, Sauerteig, Schatz und Perle in Matthäus 13, SNTU A 13 (1989) 5-35; *Carson, D.A.*, The ὅμοιος Word-Group as Introduction to some Matthean Parables, NTS 31 (1985) 277-282; *Crossan, J.D.*, The Seed Parables of Jesus, JBL 92 (1973) 244-266; *Dahl, N.A.*, The Parables of Growth, StTh 5 (1952) 132-166; *Denis, A.M.*, De parabels over het koninkrijk (Mt 13), TTh 1 (1961) 274-288; *Dupont, J.*, Le point de vue de Matthieu dans le chapître des paraboles, in: Didier, Évangile 221-259; *Friedrich, J.*, Wortstatistik als Methode am Beispiel der Frage einer Sonderquelle im Matthäus-Evangelium, ZNW 76 (1985) 29-46; *Gerhardsson, B.*, The Seven Parables in Matthew XIII, NTS 19 (1972/73) 16-37; *Kingsbury, J.*, The Parables of Jesus in Matthew 13, London 1969; *Krämer, M.*, Die Parabelrede in den synoptischen Evangelien, in: Theologie und Leben (FS G. Söll), Rom 1983, 31-53; *Lambrecht, J.*, Parabels in Mt 13, TTh 17 (1977) 25-47; *Marin, L.*, Essai d'analyse structurale d'un récit-parabole. Matthieu 13,1-23, ETR 46 (1971) 35-74; *Mellon, C.*, La Parabole. Manière de parler, manière d'entendre, RSR 61 (1973) 49-63; *Phillips, G.A.*, History and Text: The Reader in Context in Matthew's Parables Discourse, SBL.SP 1983, 415-437 (= Semeia 31 [1985] 111-137); *Pirot, J.*, Paraboles et allégories Évangéliques, Paris 1949, 91-160; *Plessis, J.G. du*, Pragmatic Meaning in Matthew 13,1-23, Neot 21 (1987) 33-56; *Schweizer, E.*, Zur Sondertradition der Gleichnisse bei Matthäus, in: ders., Matthäus 98-105; *Segbroeck, F. van*, Le scandale de l'incroyance. La signification de Mt 13,35, EThL 41 (1965) 344-372; *Vorster, W.*, The Structure of Matthew 13, Neot 11 (1977) 130-138; *Wailes, S.L.*, Medieval Allegories of Jesus' Parables, Berkeley u.a. 1986; *Weder, H.*, Die Gleichnisse Jesu als Metaphern, 1978 (FRLANT 120), 99-147; *Wenham, D.*, The Structure of Matthew 13, NTS 25 (1978/79) 516-522; *Wilkens, W.*, Die Redaktion des Gleichniskapitels Mark. 4 durch Matth., ThZ 20 (1964) 305-327.

1. *Stellung im Evangelium.* Wie bei den anderen Reden wird die Erzählung des Matthäus auch durch diese Rede nicht vorangetrieben; vielmehr geht der Erzählfaden nach ihrem Ende genau dort weiter, wo er vorher stand[1]. Insofern ist auch diese Rede ein die Erzählung unterbrechendes Manifest an die Leser. Sie unterscheidet sich aber durch eine Besonderheit von allen anderen Reden: Immer wieder ist sie durch Situationsangaben und Neueinsätze unterbrochen (V 10-11a.24aα.31aα.33aα.34-37aα.51-52aα). Bald ist das Volk, bald sind die Jünger ihre Adressaten. Mit den Jüngern führt Jesus kleine schulmäßige Dialoge. Diese Rede ist also in ganz besonderer Weise selbst eine Erzählung. Schon ganz vorläufige Beobachtungen weisen darauf hin, daß dem Evangelisten diese Situationsangaben und Neueinsätze wichtig sind: Die Ortsangabe in 13,1 – »Jesus kommt aus dem Haus heraus« – und die Hörerangabe in 13,2 – »große Volksmassen versammelten sich bei ihm« – sind un-

Stellung

---

[1] 13,53-58 knüpft mit den Stichworten μήτηρ, ἀδελφοί, ἀδελφαί unmittelbar an 12,46-50 an: Die feindlichen Nazarener gehören mit der Familie Jesu zusammen. Am deutlichsten wird das Problem an der Stellung des Volkes zu Jesus, die sowohl in Kap. 11-12 als auch in Kap. 14-16 positiv ist, während in der Gleichnisrede selbst das Volk nicht versteht und verstockt ist. Vgl. ferner u. S. 375 und S. 382.

vorbereitet bzw. redundant und darum für die Leser/innen auffällig[2]. Ebenso wichtig sind dann die Adressaten- und Ortswechsel V 10 und V 36, die auf V 1f Bezug nehmen. Das »Reden in Gleichnissen« (V 3a) taucht ebenfalls später wieder auf (V 10.34f).

Dem entspricht, daß durch den vorangehenden Erzählungsabschnitt fast nur die situativen Zwischentexte der Rede vorbereitet sind und im nachfolgenden fast nur sie anklingen: Bei 13,34f erinnern sich die Leser/innen an den negativen Teil des Jubelrufs Jesu: Du hast das vor den Weisen und Verständigen verborgen (11,25). Daß die Jünger verstehen bzw. verstehen sollen, ist nicht nur ein Hauptthema der Gleichnisrede, sondern klingt auch im folgenden Erzählteil an (16,12; 17,13, vgl. 15,10). Umgekehrt »hörten« die Pharisäer zwar »das Wort«, »nahmen« aber »Anstoß« daran (15,12, vgl. 13,19.21.23). Dem gegenüber ist die Verknüpfung des Rede*inhalts* mit dem Kontext schwach. Insbesondere ist wichtig, daß – im Unterschied zu Mk 3,23 – das Leitwort παραβολαί bisher nicht vorkam. Das Reden ἐν παραβολαῖς (V 3.10.13.34f) ist etwas ganz Neues. Die »Botschaft von der Himmelsherrschaft« wurde zwar bisher verkündet (4,17.23; 9,35, vgl. 10,7); aber noch nie war die Himmelsherrschaft selbst Gegenstand der Reflexion. Neu ist auch das Thema des Verstehens[3]. Auch von der Verstockung der Herzen hatte Matthäus noch nie gesprochen (diff. Mk 3,5).

Kurz, die Gleichnisrede ist als Erzählung strukturiert, obwohl sie den Hauptfaden der Matthäusgeschichte nicht vorantreibt. Welche Stellung hat also diese merkwürdige »Erzählung in der Erzählung« im Ganzen? Erst ihre Interpretation wird das klären können[4].

Nach *Kingsbury* ist Mt 13 der »turning point« des ganzen Matthäusevangeliums[5]. Nachdem die Juden in Kap. 11-12 Jesus als Messias und Inaugurator von Gottes endzeitlichem Reich zurückgewiesen haben, kehrt sich Jesus in Kap. 13 gegen sie. Er stellt fest, daß sie ein blindes und unverständiges Volk sind (13,13), und wendet sich nun seinen Jüngern, der Gemeinde, zu (vgl. bes. 13,36f). Dieser Interpretation entspricht die grundlegende Bedeutung von 13,36 als entscheidende Umbruchstelle innerhalb der Parabelrede. Dagegen spricht aber, daß bereits in 12,22-45, ja schon in 11,16-24 die Gerichtsrede dominierte. Nach dem »turning point« hat sich nichts geändert: Jesus wendet sich auch nach Kap. 13 immer noch dem Volk zu, und dieses ist ihm gegenüber immer noch offen. Der »turning point« erfolgt bei Mt offensichtlich in Etappen; außerdem ist die Rede Kap. 13 nicht einfach »gewöhnlicher« Teil des Erzählungsfadens des Evangeliums.

Aufbau 2. *Aufbau.* Die Forschung ist zu keiner übereinstimmenden Darstellung des Aufbaus von Mt 13 gekommen. Geht man für die Einteilung primär von formalen Kriterien aus[6], so stehen sich drei Grundtypen gegenüber:

---

[2] Vgl. u. S. 297.
[3] Συνίημι: Leitwort in Mt 13 (6x); vor Kap. 13: nie.
[4] Vgl. u. S. 375.
[5] Kingsbury* 130.
[6] Nach inhaltlichen Gesichtspunkten glie-

Aufbau

a) Ein *zweiteiliges Modell mit Zäsur nach V 23*[7]. Das Kap. besteht dann aus aus zwei parallelen Teilen mit folgendem Aufbau: öffentliche Parabelbelehrung (V 3-9.24-33); Gleichniszweck (V 10-17.34f); Parabeldeutung für die Jünger [mit weiteren Gleichnissen] (V 18-23.36-52)[8].
b) Ein *zweiteiliges Modell mit Zäsur bei V 36*[9]. Das Kap. besteht dann aus einer öffentlichen Parabelbelehrung am See, die allerdings in V 10-23 durch eine Jüngerbelehrung unterbrochen wird, und einer Jüngerbelehrung im Haus[10].
c) Ein *Inklusionsmodell*[11]. Die Eingangs- und Abschlußnotizen V 2.53 und V 3-9, V 51f, die einzigen beiden Parabeln, die *nicht* vom Himmelreich handeln[12], bilden die Rahmung[13]. Manche Vertreter dieses Modells führen es nicht konsequent durch, sondern sehen innerhalb der Inklusion zwei parallele Stränge, die je eine Jüngerbelehrung über den Sinn der Gleichnisse (10-17.34-36), eine Gleichnisdeutung für die Jünger (18-23.37-43) und drei Gleichnisse (24-33.44-50) enthalten[14].

Für die Disposition sind auf jeden Fall die beiden großen erzählenden Unterbrüche der Rede V 10-11a und V 34-37a zu berücksichtigen. Sie sind mit einem Wechsel der Hörer verbunden; der zweite Unterbruch bringt außerdem einen Ortswechsel. Darüber hinaus sind die erzählenden Neueinsätze in V 24.31.33.51 wichtig. Außerdem weisen zahlreiche Stilmittel auf einen sehr kunstvollen Aufbau. Wir beobachten:
(1) *Schlüsselworte*: παραβολή: 12x, davon 11x in V 3-36; 5x ἐν παραβολαῖς; βασιλεία: 12x, davon 8x mit τῶν οὐρανῶν; ἀκούω: 13x, davon 12x in V 9-23; λαλέω: 6x in 13,3-34; 13x in 12,22-13,34; συνίημι: 6x.
(2) *Inklusionen*: ganzes Kap.: V3/53 Beginn und Ende der Parabeln; V 3b-9/52 Parabeln, die nicht vom Himmelreich handeln (»parables about parables«[15]); V 10-23/52 Nichtverstehen-Verstehen. Im ersten Teil V 1-36a gibt es folgende Inklusionen: V 1/36β (Hinausgehen/Hineingehen ins Haus); V 2/36α (Zusammenkommen der Volksmenge / Jesus verläßt die Volksmenge); V 3/34 (λαλεῖν ... ἐν παραβολαῖς ... [αὐτοῖς]); im zweiten Teil V 36b-52 bilden V 40-43/49f (Deutungen der Gleichnisse

---

dert z.B. Denis*: Mt 13 erzählt eine fortlaufende *Geschichte* der Basileia von ihrer Gründung (13,3-23) über ihre Gegenwart (13,24-46) bis zu ihrer Vollendung (13,47-50). Die Schwierigkeiten zeigen sich an vielen Orten: Von gegenwärtigen Problemen ist z.B. auch 13,19-23 (= 3-9) die Rede, von der Vollendung der Basileia auch 13,28-30.40-43.
[7] Segbroeck* 352-354; Dupont* 231f; vgl. Marin* 50-54.
[8] Wichtige Nachteile dieses Modells: Die Erzählungsunterbrechung V 34-37a wird nicht fruchtbar gemacht. V 44-52 bilden einen »Überhang«.
[9] Lohmeyer 190f; Wilkens* passim, bes. 306f.319-321.324-327; Kingsbury* 12-16; Vorster*; Lambrecht*; Gnilka I 474f; Sand 276f; Burchard* 6-19.
[10] Wichtigster Nachteil dieses Modells: Die in den ersten Teil eingelegte Jüngerbelehrung V 10-23 ist schwer unterzubringen.

[11] Wenham* 516-518 (vollständiges Inklusionsmodell: Rahmengleichnis 3-9.52; Verstehen 10-23.51; 3 Gleichnisse 24-33.44-50; Mitte 34-43); ähnlich R. Riesner, Der Aufbau der Reden im Matthäus-Evangelium, ThBeitr 9 (1978) 177f. In beiden Modellen sind V 18-23 und V 37-43 nicht leicht unterzubringen. Ähnlich Gerhardsson* 27 für Mt.
[12] Darauf machte S.D. Toussaint, The Introductory and Concluding Parables of Matthew Thirteen, BS 121 (1964) 351-355 aufmerksam.
[13] Wichtigste Nachteile dieses Modells: Die große erzählende Unterbrechung 34-37a und die unterschiedlichen Hörer (V 24-33: Volk; V 44-50: Jünger) werden zuwenig wichtig genommen.
[14] So France 216, ähnlich Gundry 250f.
[15] Gundry 250.

vom Lolch bzw. Fischnetz, mit zahlreichen gemeinsamen Formulierungen) eine Inklusion.
(3) Wichtigste *Repetitionen und Entsprechungen*: V 1-3a.36 Einleitung in Volks- bzw. Jüngerteil (zugleich Inklusionen!); V 10f.36bf καὶ προσ(ελθόντες) οἱ μαθηταί... ὁ δὲ ἀποκριθεὶς εἶπεν; V 14.35 Einführungswendung zum Erfüllungszitat bzw. Variation in direkter Rede Jesu; V 24.31.33 ἄλλην παραβολὴν παρέθηκεν αὐτοῖς; V 31. 33.44.45.47 ὁμοία ἐστὶν ἡ βασιλεία τῶν οὐρανῶν; V 9.43 der Weckruf »wer Ohren hat, soll hören«.

Welches Aufbaumodell wird dem Befund am ehesten gerecht? Ähnlich wie bei der Bergpredigt gibt es viele Inklusionen; aber anders als dort führen sie nicht bis hinein in eine klare Mitte. Man muß m.E. von der großen erzählerischen Unterbrechung in V 34-37a ausgehen, die der Einleitung in die ganze Rede in V 1-3a gegenübersteht, denn die narrativen Partien bestimmen die direkte Rede. So gehen wir grundsätzlich vom zweiten Aufbaumodell aus und sehen in der Rede zwei Hauptteile – V 1-36a und V 36b-52 – mit je vier Parabeln[16]. Diese Einteilung wird durch die dreifache Inklusion um den ersten und die einfache Inklusion um den zweiten Hauptteil bestätigt. Dieser Einteilung entspricht auch, daß der erste Hauptteil eigene Schlüsselworte kennt (λαλέω, ἀκούω, παραβολή), die im zweiten Teil kaum noch tragend sind. Kap. 13 ist also eine zweiteilige Rede, die im Ganzen und in ihren Teilen durch Inklusionen gerahmt ist. Dazu gehören auch die beiden ungleich langen »Randgleichnisse« über das Verstehen der Parabeln (V 3-23.51f). Beidseits der Mitte V 34-37a folgen zwei parallele Stränge, die mit der Taumellolchparabel bzw. ihrer Erklärung beginnen (V 24-30.37-43). Daran schließen einige kurze, gleich eingeleitete Gottesreichgleichnisse an (V 31-33.44-50). Der Aufbau des ersten Hauptteils bietet besondere Schwierigkeiten. In ihn ist eine Rede an die Jünger eingelegt (V 10-23). Diese Einlage wird durch den Neueinsatz V 24 »und er legte ihnen ein anderes Gleichnis vor« beendigt, der impliziert, daß Jesus nun wieder zu »ihnen« (vgl. V 13.14), d.h. zur Volksmenge spricht. Die Repetition dieses Neueinsatzes in V 31.33 ist an sich nicht nötig, dient aber dazu, den Abschnitt V 24-33 zusammenzuhalten[17].
Im Unterschied zum ersten Aufbaumodell, das einer paränetischen Deutung der Rede günstig ist[18], ist bei unserem Aufbaumodell die Einordnung der Rede in die Matthäus*geschichte* für die Deutung grundlegend: Die ganze Rede reflektiert, wie Jesus sich vom Volk ab- und den Jüngern zuwendet. Dies geschieht in zwei Etappen, nämlich in V 10-23 gleichsam provisorisch, in V 36-52 definitiv. In der ersten Jüngerbelehrung erklärt Jesus, warum das Volk die ihm »vorgelegten« Parabeln im Unterschied zu den Jüngern nicht versteht (V

---

[16] Die vieldiskutierte Siebenzahl der mt Parabeln entstand nur, weil man nicht merkte, daß V 52 im Sinn des Mt auch eine Parabel ist.
[17] Die gleiche Funktion haben im 2. Teil die identischen Gleichniseinleitungen V 44.45.47 mit πάλιν.
[18] Vgl. bes. Dupont* 240: Beide Hauptteile gipfeln in einer Paränese (V 18-23.37-50); der Neueinsatz V 36f ist irrelevant.

Quellen

10-17). Die darauf folgende Erklärung des Gleichnisses vom vierfachen Acker (V 18-23) vertieft, was »nicht verstehen« und »verstehen« meint: Offensichtlich ist das Fruchtbringen das Entscheidende, das zum Verstehen gehört. Die öffentliche Rede Jesu schließt der Erzähler Matthäus durch ein Erfüllungszitat ab: Daß das Volk das Verborgene nicht versteht, entspricht dem Prophetenwort (V 34f). Der zweite Teil der Rede führt die Jünger weiter im Verstehen. Er setzt ein mit der Erklärung einer von Jesus öffentlich erzählten Parabel und macht gerade daran den Unterschied zwischen Volk und verstehenden Jüngern deutlich (V 37-43). Der Skopus dieses Abschnitts ist paränetisch. Es ist bezeichnend, daß zweimal das Gericht des Menschensohns als Perspektive christlichen Handelns in den Blick kommt (V 40-43.49). Wie die Ackerparabel schon andeutete, ist der Ausgang unseres Kapitels doppelt: Hier das nicht verstehende Volk (V 34f), dort die verstehenden Jünger (V 51).

3. *Quellen.* Die Gleichnisrede ist eine geschlossene und großartig komponierte matthäische Einheit. Daß sie zugleich eine aus verschiedenen Quellen stammende Traditionssammlung ist, wird auf der synchronen Ebene nur noch andeutungsweise an einzelnen Asymmetrien in der Komposition sichtbar. Zu diesen Unebenheiten gehört, daß die beiden Gleichnisse Mt 13,31f.33 im Jüngerteil nicht erklärt werden und daß im Jüngerteil das Doppelgleichnis vom Schatz und von der Perle etwas »verlassen« dasteht; was Matthäus damit will, ist nicht explizit.

Matthäus konnte eine der beiden großen markinischen Reden übernehmen (Mk 4,1-34). Sie steht auch bei Markus nach der Perikope von den wahren Verwandten Jesu (Mk 3,31-35 = Mt 12, 46-50). Er folgt seinem üblichen Verfahren[19] und erweitert eine vorgegebene markinische Rede am Schluß durch Q und Sondergutstraditionen[20].

Zum einzelnen: Das Gleichnis vom vierfachen Ackerfeld ist in seinem Zwischenstück V 10-18 erweitert durch ein Logion aus dem sonst fehlenden Logienkomplex Mk 4,21-25 (V 12 = Mk 4,25)[21] und durch eines aus Q (Lk 10,23f = V 16f). Das Gleichnis vom Lolch im Getreidefeld (V 24-30) steht an der Stelle des markinischen Gleichnisses von der selbstwachsenden Saat (Mk 4,26-29). Man hat vermutet, es stamme aus einer (schriftlichen?) Sammlung von fünf größeren Parabeln, die alle mit ὁμοιώθη

Quellen

---

[19] Vgl. bei Anm. 11 zu 9,36-11,1.
[20] Anders postuliert Gerhardsson* 16.28 als zweite Quelle neben Mk einen »Traktat der sieben Parabeln«, der die sechs Gleichnisse nach dem Sämannsgleichnis als Meditationen über die verschiedenen Möglichkeiten des Ackerbodens in Mt 13,3-9 versteht. Er korreliert 13,24-30 mit V 4, 13,31-33 mit V 5f, 13,44-46 mit V 7 und 13,47f mit V 8 (ebd. 18-25). Leider verzichtet er auf jede literarkritische Begründung und begnügt sich damit, daß er seine »Quelle« unabhängig von der mt Red., die ihre Struktur zerstörte, interpretieren kann. Mein Fazit: Daß ein Exeget eine Quelle, die er »entdeckte«, interpretieren kann, ist noch kein zureichender Grund dafür, daß sie wirklich existierte.
[21] Die übrigen Logien von Mk 4,21-25 haben Dubletten in Q und werden von Mt nur einmal und an anderer St wiedergegeben: Mk 4,21 = Lk 11,33Q = Mt 5,15; Mk 4,22 = Lk 12,2Q = Mt 10,26; Mk 4,24 = Lk 6,38Q = Mt 7,2. Der Weckruf Mk 4,23 findet sich in ähnlicher Weise Mt 13,43.

anfangen[22] und von der Scheidung im Gericht handeln[23]. Wahrscheinlicher ist mir bei vielen der für diese Sammlung beanspruchten Parabeln, daß sie von Mt aufgrund mündlicher Tradition erstmals verschriftlicht wurden[24]. Die Einzelanalyse wird zeigen, daß die meisten dieser Parabeln eine weit überdurchschnittliche Dichte von red. Spracheigentümlichkeiten aufweisen. Das Gleichnis vom Senfkorn V 31f steht bei Markus (4,30-32) und in Q, dort zusammen mit dem Sauerteiggleichnis (Lk 13,18-21). Deshalb hat es Mt auch hier eingefügt (13,33). Der Abschluß des Hauptteils am See, V 34f, knüpft an Mk 4,33f an. Das heißt: Die ganze Schlußszene mit der Jüngerbelehrung im Haus (V 36-52) ist eine von Mt neu gestaltete Erweiterung gegenüber Mk. Die Deutung des Lolchgleichnisses V 36-43 ist red.[25]. Die folgenden drei Gleichnisse vom Schatz, von der Perle und vom Fischnetz stammen wohl aus einer mündlichen Sonderüberlieferung[26], ebenso das kleine Schlußgleichnis vom Hausvater 13,52.

1 Einleitung (13,1-3a)

1 An jenem Tag ging Jesus aus dem Haus[1] hinaus und setzte sich[2] an den See. 2 Und große Volksmengen versammelten sich bei ihm, so daß er ins Boot einstieg und sich setzte; und das ganze Volk stand am Strand. 3 Und er redete vieles in Gleichnissen zu ihnen und sagte:

Analyse Die Einleitung in die Gleichnisrede ist kurz. Sie stellt zeitlich eine enge Verbindung zur vorangehenden Szene her (ἐν ἐκείνῃ τῇ ἡμέρᾳ), führt aber Jesus an einen neuen Schauplatz. Die Hörer, das Volk, werden neu eingeführt. V 1-2a entsprechen V 36a; dort wird sich die Szenerie wieder ändern. Als Opposition fällt das zweimal erwähnte Sitzen Jesu gegenüber dem Stehen der Volksmenge auf. V 3a ist eine allgemeine Bemerkung über Jesu Reden in Gleichnissen, die V 10.13.34.53 entspricht. Quellenmäßig lehnt sich Mt in V 1 sehr locker an Mk 4,1a, in V 2 und 3a enger an Mk 4,1bf an. Die Bearbeitung der Quelle geht vermutlich[3] auf den Evangelisten zurück[4].

[22] Carson* versucht, die verschiedenen Gleichniseinleitungen bei Mt inhaltlich zu interpretieren. Er ordnet diejenigen mit pass. ὁμοιόω den eschatologisch akzentuierten Gleichnissen zu, diejenigen mit ὅμοιος ... den nicht-eschatologischen. Sein Versuch geht aber nicht ganz auf: 13,47-50 und 20,1-16 sind mit ὅμοιος eingeleitete und eschatologisch akzentuierte Parabeln.
[23] Schweizer* 99f, vgl. Friedrich* 38-42; Bd. I 31. Für die Gleichniseinleitungen charakteristisch seien ὁμοιώθη + Gottesreich + ἀνθρώπῳ + Attribut (13,24; 18,23; 22,2; vgl. 20,1; 25,1).
[24] Βασιλεία τῶν οὐρανῶν und ἄνθρωπος mit substantivischem oder part. Attribut sind mt, vgl. Bd. I Einl. 3.2. Nur ὁμοιόω, das Mt bei Mk 4,30 und Lk 13,20 vermeidet, ist nicht mt. Friedrich* stellt nur auf den trad. Charakter der Gleichnisse ab und rechnet auch 13,47f; 25,31-46 zu dieser Sammlung.
[25] Vgl. u. S. 338f.

[26] Schweizer* 98f möchte die fünf kleinen Gleichnisse von Mt 13, die mit ὁμοία ἐστὶν ἡ βασιλεία τῶν οὐρανῶν anfangen (13,31.33.44.45.47), einer vormt Überlieferung zuschreiben. Wahrscheinlich ist aber die Einl. red., vgl. u. S. 367f.
[1] Τῆς οἰκίας fehlt aufgrund des schwierigen Anschlusses an Kap. 12 in D it sy^s.
[2] Κάθημαι = sich setzen: Bauer, Wb s.v. 2.
[3] Das MA πολλοί (vgl. Lk 8,4 Sing. πολλοῦ) entspricht mt und ist Red.; das Fehlen des Lehrens in Gleichnissen auch bei Lk (vgl. aber Lk 5,3) hängt damit zusammen, daß bei ihm die ganze mk Gleichnisrede auf ein einziges Gleichnis zusammenschrumpft.
[4] Zu ἡμέρᾳ, ἐξέρχομαι, ὄχλοι πολλοί, ἕστηκα, λαλέω vgl. Bd. I Einl. 3.2. Ἐν ἐκείνῃ τῇ ἡμέρᾳ (vgl. 3,1; 22,23) stammt vielleicht aus Mk 4,35 (diff. Mt 8,18). Ἐπὶ τὸν αἰγιαλόν wiederholt sich V 48. Εἱστήκει und ἐλάλησεν weisen auf 12,46f zurück.

Ohne zeitliche Unterbrechung geht die Erzählung weiter. Vom Haus, aus Erklärung
dem Jesus herausgeht, war vorher nicht die Rede; erst nachträglich merkt der 1
Leser, daß die vorangehende Geschichte offenbar in einem Haus spielte. Gerade dadurch, daß der Anschluß nach rückwärts so wenig glatt ist, »stolpern«
die Leser/innen über das Haus, und es fällt ihnen auf. Jesus setzt sich an den
See Gennesaret, der bei Matthäus bisher als Ort der Jüngerberufungen (4,18)
und der ersten Erfahrungen der Jüngergemeinde mit Jesus (8,24-27) eine
Rolle spielte. Von neuem versammeln sich große Volksmengen bei ihm – na- 2
türlich sind es im Ablauf der matthäischen Geschichte Juden[5]. Auch hier sind
die Leser/innen überrascht: Seit 12,23 denken sie sich die Volksmengen als
anwesend; warum müssen sie sich wieder versammeln? Entweder ist der
Evangelist gegenüber der äußeren Szenerie einfach nachlässig, weil ihm die
»innere Geschichte« seines Buches, also die Loslösung der Jüngergemeinde
vom Volk Israel, allein wichtig ist. Oder er setzt die äußeren Nachlässigkeiten
als Stilmittel ein, um auf die »innere Szenerie« aufmerksam zu machen. Wie
dem auch sei: Die Leser/innen stutzen und werden gerade so auf den Schauplatz und die (»neu-alten«) Zuhörer aufmerksam. Die großen Volksmengen
und die open-air-Szene entsprechen sich. Jesus steigt ins Schiff. Die Leser/innen werden dabei wieder an die Sturmstillung erinnert[6], wo der Weg der Jünger in die Nachfolge begann. Im Matthäusevangelium deutet das Schiff immer eine gewisse Distanz zu den Volksmengen an (vgl. auch 14,13; 15,39).
Daß die Jünger mit Jesus im Schiff sind, ist nicht eigens gesagt, aber vermutlich vorausgesetzt, wie ihre Frage in V 10 zeigt. Daß Jesus sitzt, während das
Volk steht, ist passend: In der Antike sitzt in der Regel der Lehrer[7]. Beim Stehen des Volkes muß man wahrscheinlich weniger an das Stehen in einem
Tempel oder in einer Synagoge denken als an das »Draußen-Stehen« der Familie Jesu (12,46f). Kap. 13 wird zeigen, wie das Volk den Platz der Draußenstehenden einnimmt.

Nun beginnt Jesus zum Volk zu reden. Matthäus vermeidet das markinische 3
»Lehren« und wählt für Jesu Reden das offene Verbum λαλέω. Nicht nur der
Wille, sprachlich die Verbindung zu Kap. 12 zu betonen[8], bestimmt ihn hier,
sondern auch sein eigener Sprachgebrauch: Διδάσκειν hat bei Matthäus eine
Nähe zur Gesetzesauslegung und zur ethischen Verkündigung und findet oft
in der Synagoge statt[9]; in der Parabelrede geht es weder um das eine noch um
das andere. Was bedeutet »reden in Gleichnissen«? Matthäus hat bisher zwar
schon Bilder und Gleichnisse, aber das Wort παραβολή noch nie gebraucht.
Im Evangelium ist es auf 13,1-36 konzentriert; einen weiteren Schwerpunkt
für παραβολή bildet der Abschnitt 21,28-22,14. Außerhalb dieser Abschnitte
kommt es nur noch dreimal vor. In 13,1-36 wird Matthäus also entfalten,

---

[5] Man darf also nicht die Volksmengen als direkte Präfiguration der Kirche – des corpus permixtum – sehen, gegen Gundry 251. Dagegen sprechen schon V 10-16.34-36a.
[6] Vgl. 8,23: ἐμβάντι αὐτῷ εἰς τὸ πλοῖον.
[7] Vgl. auch 5,1; 15,29; 23,2; 24,3; C. Schneider, Art. κάθημαι κτλ., ThWNT III 446,1ff.
[8] Vgl. 12,22.34.36.46.47.
[9] Vgl. Bd. I 181.

was für ihn Gleichnisse sind. Wir halten zunächst die allgemeine Wortbedeutung fest: Im biblischen Sprachgebrauch heißt das Wort entsprechend hebräisch מָשָׁל »Bildwort, Spruch, Fabel, Sprichwort, Rätsel«, im griechischen enger »Vergleichung«, in der Rhetorik »Gleichnis, Parabel«. Sodann notieren wir eine erste Beobachtung: Mit παραβολαί bezeichnet Matthäus Gleichnisse meist dann, wenn sie öffentlich und an das ganze Volk gerichtet sind[10]. Die weiteren Dimensionen von παραβολαί wird dann unser Kapitel sukzessive aufzeigen[11].

2 Die Rede zum Volk (13,3b-35)

2.1 Der Samen im vierfachen Acker: Vom Verstehen der Gleichnisse (13,3b-23)

Literatur: Cerfaux, L., La connaissance des secrets du Royaume de Dieu d'après Mt 13,11 et par, in: Recueil L. Cerfaux III, Gembloux 1962, 123-138; *Crossan, J.D.*, The Seed Parables of Jesus, JBL 92 (1973) 244-266; *Dalman, G.*, Viererlei Acker, PJ 22 (1926) 120-132; *Dietzfelbinger, C.*, Das Gleichnis vom ausgestreuten Samen, in: Der Ruf Jesu und die Antwort der Gemeinde (FS J. Jeremias), hrsg. E. Lohse u.a., Göttingen 1970, 80-93; *Drewermann, E.*, Tiefenpsychologie und Exegese II, Olten-Freiburg 1985, 739-746; *Dupont J.*, La parabole du semeur, in: ders., Etudes I 236-258; *Gerhardsson, B.*, The Parable of the Sower and its Interpretation, NTS 14 (1967/68) 165-193; *Gnilka, J.*, Die Verstockung Israels. Isaias 6,9-10 in der Theologie der Synoptiker, 1961 (StANT 3), 90-115; *ders.*, Das Verstockungsproblem nach Matthäus 13,13-15, in: Antijudaismus im Neuen Testament?, hrsg. W. Eckert u.a., München 1967, 119-128; *Hahn, F.*, Das Gleichnis von der ausgestreuten Saat und seine Deutung (Mk 4,3-8.14-20), in: Text and Interpretation (FS M. Black), hrsg. E. Best – R. McL. Wilson, Cambridge 1979, 133-142; *Heuberger J.*, Sämann und Gottes Wort. Beitrag zu einer Geschichte der Auslegung des Sämannsgleichnisses in der griechischen Patristik, Diss. masch. Graz 1979; *ders.*, Samenkörner des Sämanns auf griechischem Ackerboden, in: Anfänge der Theologie (FS J.B. Bauer), hrsg. N. Brox u.a., Graz 1987, 155-174; *Jeremias, J.*, Palästinakundliches zum Gleichnis vom Sämann, NTS 13 (1966/67) 48-53; *Jülicher*, Gleichnisreden II 514-538; *Klauck*, Allegorie 186-209.242-255; *Kuhn, H.W.*, Ältere Sammlungen im Markusevangelium, 1971 (StUNT 8), 112-122; *Léon-Dufour, X.*, La parabole du semeur, in: ders., Etudes d'Evangile, Paris 1965, 256-301; *Lohfink, G.*, Die Metaphorik der Aussaat im Gleichnis vom Sämann (Mk 4,3-9), in: A cause d'Evangile (FS J. Dupont), 1985 (LeDiv 123), 211-228; *ders.*, Das Gleichnis vom Sämann, BZ NF 30 (1986) 36-69; *Luther, M.*, in: D. Martin Luthers Evangelien-Auslegung III, hrsg. E. Mülhaupt, Göttingen ⁴1968, 117-132 (zu Lk 8,4-18); *Marguerat*, Jugement 415-424; *Mellon, C.*, La parabole. Manière de parler, manière d'entendre, RSR 61 (1973) 49-63; *Moule, C.F.D.*, Mark 4,1-20 yet once more, in: Neotestamentica et Semitica (FS M. Black), hrsg. E.E. Ellis – M. Wilcox, Edinburgh 1969, 95-113; *Quacquarelli, A.*, Il triplice frutto della vita christiana: 100. 60. 30 (Matteo 13,8 nelle diverse

---

[10] Kingsbury* 31: »Enigmatic form of speech directed primarily at outsiders«.
[11] Vgl. u. S. 366f.

interpretazioni), Roma 1953; *Payne, P.B.*, The Authenticity of the Parable of the Sower and its Interpretation, in: R.T. France – D. Wenham (Hrsg.), Gospel Perspectives I, Sheffield 1980, 163-207; *Via, D.*, Matthew on the Understandability of the Parables, JBL 84 (1965) 430-432; *Wenham, D.*, The Interpretation of the Parable of the Sower, NTS 20 (1974) 299-318; *White, K. D.*, The Parable of the Sower, JThS ns 15 (1964) 300-307; *Zumstein*, Condition 206-212.
*Weitere Literatur*** zur Gleichnisrede o. S. 291.

»Siehe, ein Sämann ging aus, um zu säen. 4 Und als er säte, fiel einiges auf den Weg. Die Vögel kamen und fraßen es auf. 5 Anderes aber fiel auf Felsboden, wo es nicht viel Erde hatte. Es ging sogleich auf, weil es keine tiefe Erde hatte; 6 aber als die Sonne aufging, wurde es versengt und verdorrte, weil es keine Wurzel hatte. 7 Anderes aber fiel in die Dornen; die Dornen wuchsen und erstickten[1] es. 8 Anderes aber fiel auf guten Boden und brachte Frucht, das[2] eine hundert, das andere sechzig, (wieder) anderes dreißig. 9 Wer Ohren hat, soll hören«.
10 Und die Jünger traten herzu und sagten ihm: »Warum redest du in Gleichnissen zu ihnen?« 11 Er aber antwortete und sagte ihnen:
»Weil es euch gegeben ist, die Geheimnisse des Himmelreichs zu erkennen;
jenen aber ist es nicht gegeben.
12 Denn wer hat, dem wird gegeben werden, und er wird Überfluß haben;
wer aber nicht hat, dem wird auch, was er hat, weggenommen werden.
13 Deswegen rede ich zu ihnen in Gleichnissen, weil sie
sehen und doch nicht sehen
und hören und doch nicht hören
und auch nicht verstehen.
14 Und die Prophezeiung des Jesaja wird an ihnen erfüllt, die lautet:
›Hörend werdet ihr hören und nicht verstehen.
Sehend werdet ihr sehen und nicht(s) erblicken.
15 Denn das Herz dieses Volkes wurde undurchlässig gemacht,
und mit ihren Ohren wurden sie schwerhörig,
und ihre Augen haben sie verschlossen,
damit sie nicht etwa sehen mit ihren Augen
und mit ihren Ohren hören
und mit ihrem Herzen verstehen
und umkehren,
und ich werde sie heilen[3]‹.

---

[1] Ἔπνιξαν. Ἀπέπνιξαν (Nestle²⁵) dürfte Anpassung an Lk sein. Es liegt kein MA vor.
[2] Relativpron. statt Art. bei ὁ μέν – ὁ δέ ist in der Koine häufig (Bl-Debr-Rehkopf § 293,3b).
[3] Durch καί verselbständigte Folge, darum Ind.: Bl-Debr-Rehkopf § 442 Anm. 8. Vgl. Mt 5,25; Lk 14,8f; Mayser, Grammatik II/1 253.

16 Eure Augen aber sind glücklich, weil sie sehen,
und eure Ohren, weil sie hören!
17 Amen, ich sage euch nämlich:
Viele Propheten und Gerechte sehnten sich,
zu sehen, was ihr schaut, und sie sahen es nicht,
und zu hören, was ihr hört, und sie hörten es nicht.
18 Hört *ihr* also das Gleichnis von dem, der gesät hat: 19 Bei jedem, der das Wort vom Reich hört und nicht versteht[4], kommt der Böse und raubt das in seinem Herzen Gesäte: Das ist der ›auf den Weg‹ Gesäte. 20 Der ›auf den Felsboden‹ Gesäte aber, das ist der, der das Wort hört und es sogleich mit Freuden aufnimmt. 21 Er hat aber keine Wurzel in sich, sondern ist ein Diesseitsmensch; wenn es eine Bedrängnis oder Verfolgung gibt wegen des Wortes, läßt er sich sogleich verführen. 22 Der ›in die Dornen‹ Gesäte aber, das ist der, der das Wort hört, und die Sorge um die Welt und der Trug des Reichtums ersticken das Wort, und er wird unfruchtbar. 23 Der ›auf den guten Boden‹ Gesäte aber, das ist der, der das Wort hört und versteht, der denn auch Frucht bringt und tut, ›das eine hundert, das andere sechzig, (wieder) anderes dreißig‹.«

Analyse 1. *Aufbau.* Das Gleichnis vom vierfachen Acker besteht aus drei ungleich langen Teilen. Das eigentliche Gleichnis (V 3b-9) und seine Erklärung an die Jünger (V 18-23) entsprechen sich: Das Gleichnis wird Absatz für Absatz gedeutet, wobei jeweils ein Stück aus dem entsprechenden Passus zitiert wird. Am längsten ist der Mittelteil (V 10-17). Nach der Frage der Jünger (V 10) zerfällt die Antwort Jesu in zwei Teile, V 11f und V 13-17. V 11 hat Titelfunktion: »Euch« (ὑμῖν) sind die Geheimnisse des Himmelreichs gegeben, »jenen« (ἐκείνοις) nicht. V 12 ist eine weiterführende Begründung. V 13-17 wird das im Titel Angedeutete in chiastischer Reihenfolge ausgeführt: Zu »ihnen« spricht Jesus in Gleichnissen – damit wird zugleich die Jüngerfrage V 10 aufgenommen und beantwortet –, weil sie nicht verstehen (V 13-15). »Eure« Augen und Ohren dagegen werden glücklich gepriesen, weil sie sehen und hören (V 16f). Durch die Wiederholung von ἀκούειν, βλέπειν, ἰδεῖν, ὀφθαλμοί und ὦτα werden beide Teile miteinander verklammert: Die nicht-sehenden und nicht-hörenden Volksmengen und die sehenden und hörenden Jünger bilden einen Kontrast. Bei diesem Kontrast liegt auf der ersten, negativen Hälfte das Hauptgewicht: Auf ihn zielte die Jüngerfrage V 10, und seine Hauptaussage bekräftigt Jesus selbst in V 14f – ein im Matthäusevangelium einmaliger Vorgang – mit einem Schriftzitat. Es ist ähnlich wie ein Erfüllungszitat eingeleitet und weist auf das abschließende Erfüllungszitat des ersten Redeteils, V 35, voraus. V 14f steht denn auch genau in der Mitte des ganzen Textes.

---

[4] Die Konstruktion ist im Griech. am Rande des Fehlerhaften. Mt wollte a) Casus pendens setzen, wie in V 20.22.23, b) mit einem Gen. abs. die Schwierigkeit vertuschen, daß von Mk her der Same zugleich das Wort und die Hörer sind, vgl. u. S. 316. Gen. abs. setzt Mt oft, obwohl eine Anknüpfungsmöglichkeit des Part. an ein Beziehungswort bestünde, vgl. Bd. I 34.

2. Redaktion und Quellen

a) V 3b-9 sind eine Bearbeitung von Mk 4,3-9 mit nur geringfügigen red. Eingriffen[5]. Der wichtigste ist die von Mt neu eingeführte absteigende Reihenfolge der Zahlen in V 8; sie entspricht dem Talentengleichnis 25,15. Einige wenige »Minor Agreements« lassen sich nur schwer red. erklären[6].

b) V 10-17: Der erste Teil *V 10-13* basiert auf Mk 4,10-12[7]. V 12 ist aus Mk 4,25 hierher verschoben; es ist das letzte der von Mt aus Mk 4,21-25 noch nicht verwendeten Logien[8]. Der red. V 13a nimmt nach dem Einschub von V 12 die Jüngerfrage von V 10b[9] und zugleich das aus Mk 4,11b ausgelassene ἐν παραβολαῖς auf. V 13b-d ist bei Mt nur noch eine Anspielung auf Jes 6,9f in dem für ihn charakteristischen schönen Parallelismus. Sehr auffällig sind eine Reihe von mt/ lk Übereinstimmungen in V 10-13, besonders die Änderung des komplizierten mk »die um ihn mit den Zwölfen« in οἱ μαθηταί, sowie ὑμῖν δέδοται γνῶναι τὰ μυστήρια τῆς βασιλείας, die Auslassung von τὰ πάντα γίνεται (Mk 4,11c) und von Mk 4,13aα.b sowie die Verkürzung der (bei Mt ersten) Aufnahme von Jes 6,9f um den μήποτε-Satz Mk 4,12c. Sie vereinfachen und glätten nicht nur den mk Text, sondern vermeiden das mk Jüngerunverständnis und betonen das Erkennen der Jünger. Als unabhängige mt/lk Red. lassen sie sich nicht vollständig erklären[10]. Am wahrscheinlichsten ist mir eine deuteromk Bearbeitung des Mk-Textes, die generell das mk Jüngerunverständnis reduziert[11].

V 14f sind schwierig. Wir haben eine z.T. unmt Einführungswendung[12] und ein Zitat, das fast exakt der LXX entspricht. Das ist genau umgekehrt wie bei den meisten anderen Erfüllungszitaten. Viele Autoren halten deshalb das in V 14f »verdoppelte« Zitat für eine nachmt Glosse[13]. Die These schafft m.E. mehr Schwierigkeiten, als sie löst: In der textlichen Überlieferung fehlt V 14f nirgends. Die Einführungswendung V 14a[14]

---

[5] Red. sind V 3 finaler Inf. mit τοῦ, V 5-8 und 8 μέν/δέ, V 5 εὐθέως, V 6 Gen. abs. vor Hauptverb (Sheret, Examination 229f), V 7f ἐπί (entspricht außerdem Ier 4,3); vgl. Bd. I Einl. 3.1 und 3.2. Mk 4,8 haben Mt und Lk in verschiedener Weise gestrafft. Die Kurzform des Weckrufs V 9 entspricht 11,15; 13,43.

[6] Auffällig sind das Fehlen von ἀκούετε Mk 4,3 (hat Mt die Inklusion Mk 4,3.9 zerstört?) und καὶ ἐγένετο Mk 4,4 (das lk Red. nicht entspricht).

[7] Red. ist V 10a προσελθόντες οἱ μαθηταί (vgl. Bd. I Einl. 3.2); V 10b (vgl. V 3.13.33f); V 11a ὁ δὲ ἀποκριθεὶς εἶπεν; V 11b τῶν οὐρανῶν; V 13 διὰ τοῦτο, οὐδέ, vgl. Bd.I Einl. 3.2.

[8] Der red. Zusatz καὶ περισσευθήσεται (vgl. Bd. I Einl. 3.2) entspricht der Wiederholung 25,29.

[9] Sie ist red. formuliert, aber nicht frei, sondern in Anlehnung an Mk 4,2 und vor allem an 4,33. Von dort stammt λαλέω, das bei Mt an die Stelle von mk διδάσκω tritt und im 1. Hauptteil von Mt 13 Leitwort wird.

[10] Γνῶναι stammt aus dem von Mt/Lk weggelassenen Vers Mk 4,13 und wird bei Mt/Lk gerade in einer positiven Aussage über die Jünger gebraucht; hier zeigt sich m.E. eine bewußte Tendenz (in einer möglichen dtr.mk Rez.?). Der Plur. μυστήρια könnte der mt Tendenz zur »Intellektualisierung« entsprechen (vgl. u. S. 318), ist aber bei Lk nicht red. erklärbar. Unabhängige Red. könnte die Streichung des μήποτε-Satzes sein: Mt verkürzt in V 13; Lk vertritt die These von der ἄγνοια der Juden z.Z. Jesu (Hinweis P. Hoffmann). Jedenfalls lassen sich nicht alle (und auch nicht die sehr große Dichte) der MA durch unabhängige Red. erklären.

[11] Ennulat, Agreements 120.125f.415; Cerfaux* 126-128 nimmt eine Mt, Mk und Lk gemeinsame Quelle, Gundry 255 mt Einfluß auf Lk, Bovon, Lk I 405 Einfluß mündlicher Tradition an.

[12] Ἀναπληρόω und προφητεία sind Hap. leg. Warum hat sie Mt nicht stärker an die Einführungswendung zu den Erfüllungszitaten angepaßt?

[13] Z.B. bei Stendahl, School 131f; Strecker, Weg 70 Anm. 3; Gnilka* (Verstockung) 103-105; dagegen Segbroeck* 349-351.

[14] Die Variationsbreite der Zitateinleitungen, die aus unterschiedlichen Gründen nicht als Erfüllungszitat stilisiert werden konnten, ist im übrigen bei Mt recht groß, vgl. z.B. 2,5; 3,3; 11,10; 15,7; 21,42; 22,31.

läßt sich fast ganz als mt verstehen: Dreierlei mußte Mt hier berücksichtigen: (1) Jesus formuliert selbst ein Zitat und nicht Mt – der Erzähler – einen Erzählerkommentar. (2) Bei der Verstockung Israels geht es wie 2,17; 27,9 um ein »negatives« Ereignis, das zwar in der Schrift geweissagt ist, aber nicht zum Zwecke (ἵνα!) der Schrifterfüllung geschieht. (3) Mt wollte eine Verbindung zur Prophetie des Jesaja in 15,7-9 herstellen, wo es wieder um das harte Herz Israels, sein Verstehen und anschließend um die Deutung eines Gleichnisses geht[15]. V 14bf trägt das ganze Zitat von Jes 6,9f (fast) wörtlich nach LXX nach. Der LXX-Text paßt formal gut zur mt Red.[16]: Wie z.B. auch bei Mt 1,23 ist es Mt und nicht irgendein Schriftgelehrter in der Gemeinde gewesen, der aufgrund seiner Kenntnis von Jes LXX[17] das bekannte Verstockungszitat ausformulierte. Er läßt seinen vollen Wortlaut auf eine vorangehende Anspielung folgen, wie auch anderswo[18]. Es erhält so mehr Gewicht. Auffälligerweise trägt auch Lk den vollen und mit Mt genau gleichen LXX-Wortlaut von Jes 6,9f später nach, allerdings erst Apg 28,26f. Der gemeinsame Wortlaut – mit einer kleinen gemeinsamen Auslassung gegenüber dem normalen LXX-Text – stammt aber nicht aus einer sekundären Mk-Rez., die auch Lk benutzt hätte[19], sondern aus LXXא. Beide Evangelisten haben an Jes 6,9f ein großes Interesse, aber nicht einfach dasselbe: Sie bringen das vollständige Zitat, aber an unterschiedlicher Stelle.

V 16f ist ein Q-Logion (= Lk 10,23f) – wahrscheinlich ein echtes Jesuswort. Es ist das letzte Wort aus dem Kontext der Aussendung von Q, das Mt noch nicht verwendet hat. In seiner ersten Hälfte hat er es red. erweitert und verändert[20], um eine engere Beziehung zu V 14f herzustellen. In V 17 stammen die »Gerechten« von ihm.

c) Auch in *V 18-23* sind die Abweichungen gegenüber Mk nur teilweise als red. zu erklären: Neben der Auslassung von Mk 4,13aβb fällt in V 19 ἐν τῇ καρδίᾳ (vgl. Lk 8,12.15) und die Konstruktion auf: Lk 8,14f und Mt V 19-23 formulieren mit Casus pendens aufnehmendem οὗτος. Die mt Textfassung mit ihrem durchgehenden Sing. verbessert dabei den recht unbeholfenen mk Text 4,15-20 konsequenter als Lk. Hat ein dtr.mk Redaktor Mk zunächst verbessert[21] und Mt dessen bei Lk erhaltene Konstruktion nochmals stilisiert[22]? Sicher mt Red. finden wir vor allem in V 19 und 23, wobei das zweimalige συνιείς am wichtigsten ist[23].

[15] Gemeinsame Stichworte und Motive: Ἐπροφήτευσεν ... Ἡσαΐας (15,7); καρδία (15,8); ἀκούετε καὶ συνίετε (15,10); προσελθόντες οἱ μαθηταί; ἀκούσαντες τὸν λόγον ἐσκανδαλίσθησαν (15,12, vgl. 13,19.21!); das Bild der Pflanzung (15,13, vgl. 13,3-9); die Bitte um Erklärung des »Gleichnisses« (15,15). Unerklärt bleibt von hier aus nur ἀναπληρόω statt des Simplex πληρόω.

[16] Vgl. Bd. I 138.

[17] Vgl. Bd. I 135.

[18] 21,2-5; 27,3-10; 27,35ΔΘ, vgl. 1Petr 2, 4-6. Mt 27,35ΔΘ zeigt, daß eine nachmt Glosse wahrscheinlich eine »stilechte« Zitateinführung bekommen hätte.

[19] Vgl. Ennulat, Agreements 119f. Gegen eine solche Erklärung des MA spricht auch, daß die vorausgehende Kurzfassung des Zitates Mt V 13bc / Lk 8,10b recht verschieden ist.

[20] Vgl. die Entsprechung zwischen Mt V 16 und V 13: Ὅτι ... βλέπουσιν ... ἀκούουσιν. Ὀφθαλμοί (trad.) und ὦτα knüpfen an V 15 an. Unsicher ist nur, ob die part. Formulierung οἱ βλέποντες Lk 10,23 nicht lk ist. Auf jeden Fall geht es Mt darum, *daß* die Jünger hören und sehen, Q darum, *was* sie hören und sehen (Schulz, Q 419). Mt ist auch die Voranstellung von ὑμῶν im Gegenüber zu αὐτοῖς V 13. Zu δίκαιοι vgl. Bd. I Einl. 3.2 (3x mit προφῆται). Das übrige bleibt unsicher.

[21] Wenham* 305-319 nimmt eine allen drei Evv. zugrunde liegende Grundschrift mit regelmäßigem Casus pendens an. So ist die Erklärung des mk Textes am schwierigsten; Wenham sagt selbst: »The result of his stylistic change was rather unfortunate« (312).

[22] Mit οὗτος aufgenommener Casus pendens ist mt, aber nicht lk, vgl. Bd. I 34 Anm. 93.

[23] Schwierig bleibt der Gen. abs. V 19, vgl. o. Anm. 4.

»Vierfach ist das Ackerfeld – Mensch, wie ist dein Herz bestellt?« – so beginnt Wirkungs-
eine Strophe des bekannten alten Volksliedes »Hört ihr Herrn und laßt euch geschichte
sagen«. Die Strophe deutet an, wie unser Gleichnis während vieler Jahrhunderte in Predigt und Volksfrömmigkeit ausgelegt wurde. Es ging beim Prediger um Paränese, beim Hörer um Gewissenserforschung. Bestimmend war die allegorische Auslegung des Gleichnisses Mt 13,18-23parr. Das dreifache Scheitern derer, die das Wort hörten – von den anderen ist meist gar nicht die Rede! –, setzte den Grundton. Er ist düster. Von vielfältigen Warnungen ist die Rede: vor den geflügelten Dämonen[24], vor dem steinernen Herz[25], vor der Täuschung des Reichtums, vor der Freßsucht[26], davor, doch nicht Menschen mit »asphaltierten Herzen« zu werden, die nur noch funktionieren[27], oder vor den Vögeln »aus dem Reiche des bloßen Intellekts«, welche die Samen des Gottesreichs wegpicken[28]. In den Predigten spiegeln sich die Probleme der jeweiligen Zeit und der jeweiligen Prediger. Kein Wunder, daß angesichts der vielen Warnungen schon Luther dieses Gleichnis »satis teribili(s)« fand[29]: Nur in ganz wenigen trägt das Evangelium Frucht! Nur ein klägliches Viertel wird gerettet![30] Die Schuld daran »liegt nicht am Sämann, sondern an dem Erdreich..., das heißt, an der Seele, die nicht acht gibt«[31]. Die Frage, die immer wieder gestellt wurde, lautete: »Zu welchem Hörer gehöre ich?« Bonhoeffer charakterisierte diese Frage als »gesetzlich-pietistisch«[32]. Trifft diese Auslegung bzw. ihre Bewertung den Text? Die Frage ist darum besonders brennend, weil sie – durch die allegorische Auslegung V 18-23 – in der Bibel selbst verankert scheint.

In der Tat war die *paränetische Auslegung* von der alten Kirche bis heute der Grundtyp kirchlicher Exegese unseres Textes. Er ruft mit seinen Aufzählungen in V 19-23 nach Menschen, die »durch die Gnade Gottes einem bessern Leben nachsinnen«, »wie wenn einer einen großen Felsen ... zu einem bestimmten Ort bewegen will«. Ein solcher Mensch »wird alle Sehnen dahin anspannen«, denn »das Leben der Frommen auf Erden ist ein Kampf« gegen das immer wieder neu sprießende Unkraut, das immer wieder ausgejätet werden muß. So formuliert es der Reformator Zwingli[33], gewiß nicht der Werkgerechtigkeit verdächtig. Ähnlich formulieren viele kirchliche Ausleger.

---

[24] Opus imperfectum 31 = 793; Strabo 130; Dionysius d Karthäuser 160.
[25] Zwingli 300.
[26] Johannes Chrysostomus 44,5 = 641-644. Bezeichnend ist übrigens, daß dieser große Prediger in Hom 44 nur V 19-22, nicht aber V 23 auslegt!
[27] H. Thielicke, Das Bilderbuch Gottes, Stuttgart 1957, 68.
[28] L. Ragaz, Die Gleichnisse Jesu (Furche-Stundenbuch 99), Hamburg 1971, 133.
[29] Predigt über Lk 8,5ff (1517), WA 1, 134,27 = Luther* 117.
[30] Theophylakt 280; Euthymius Zigabenus 397; Musculus 356.
[31] Johannes Chrysostomus 44,3 = 636.
[32] D. Bonhoeffer, Brief an R. Grunow, in: ders., Ges. Schriften II, München 1959, 590.
[33] 300f.

8.23 Im Dienste der Paränese stand auch die seit der alten Kirche verbreitete *allegorische Auslegung der verschiedenfältigen Früchte in V 8.23*. Schon Irenäus kombinierte unsere Verse mit dem Gedanken der verschiedenen Wohnungen im himmlischen Vaterhaus aus Joh 14,2[34]. Seit Origenes ist von den »drei Ordnungen« verschieden vollkommener Christen die Rede[35]. Leitender Gesichtspunkt war dabei immer der Dualismus »geistlich-weltlich« bzw. in anderer Akzentuierung die Freiheit von der sexuellen Konkupiszenz[36]. Origenes stellte die Martyrer als Menschen mit hundertfältiger Frucht an die Spitze und ließ dann die »Jungfräulichen« und die Witwen folgen[37]. Folgenschwer war, daß durch das Verschwinden des Martyriums seit dem vierten Jh. die »jungfräulichen« Kleriker und Ordensleute vor den Witwen und den Verheirateten an die Spitze rückten[38]. Mönchischen Idealen entsprach, wenn die Anachoreten vor den könobitischen Mönchen und den verheirateten Christen rangierten[39]. Solche Rangordnungen begegneten den Reformatoren[40] und wurden von ihnen schon früh bekämpft[41]. Sie sprachen von den verschiedenen »Ständen«, zu denen Herren, Knechte, Männer, Frauen, Ledige, Verheiratete etc. gehören. In allen »Ständen« sind gute Werke gefordert; kein »Stand« ist in sich schon ein gutes Werk[42]. Man soll darum die »Gewöhnlichen« in der Gemeinde nicht verachten; Gott liebt sie ebensosehr wie die anderen[43]. Demgegenüber hielt die Exegese der Gegenreformation daran fest, daß es auf jeden Fall einen verschiedenen Lohn für verschiedene Stufen der Vollkommenheit gebe. Welches aber die Stufen der Vollkommenheit seien, das sei nicht eine Frage der Wahrheit, sondern der Nützlichkeit, über die der Prediger bei der Paränese zu entscheiden habe[44]. Damit dürfte sie das Anliegen der altkirchlichen Väter verstanden haben, die sich über die verschiedenen Klassifizierungen nie stritten, sondern sie schiedlich-friedlich nebeneinander tradierten.

Neben der paränetischen Auslegung hat es in der Auslegungsgeschichte nicht an Versuchen gefehlt, das Gleichnis anders zu akzentuieren, so daß die göttliche Gnade deutlicher zum Tragen kam.

a) Diesem Anliegen konnte immer wieder die – an sich verbreitete – *christologische Allegorese des Sämanns* dienstbar gemacht werden. Schon die Oden Salomos lassen

---

[34] Haer 5,36,2.
[35] Fr 296 = 132. Zum Ganzen vgl. neben Quacquarelli* bes. die beiden Arbeiten von Heuberger*.
[36] Dionysius d Karthäuser 162: »a carnalibus ad spiritualia«, »continentia virginalis«; vgl. Knabenbauer I 581.
[37] Hom in Jos 2,1 = SC 71, 118, vgl. schon Exhort Mart 49 = BKV I/48 209-212. Vgl. ferner Cyprian, De Hab Virg 21 = BKV I/34 79; Augustin (Quaest) 1,9 = 13; Thomas v Aquino (Lectura) Nr. 1093.
[38] Erstmals bei Athanasius, Ep ad Ammun = H. Koch, Quellen zur Geschichte der Askese und des Mönchtums in der alten Kirche, 1933 (SQS NF 6), 51, vgl. Heuberger* (Sämann) 314f; ferner bei Hieronymus 106, ausführlicher ders., Adv Jovinianum I 3 = PL 23, 222f.
[39] Theophylakt 280 und hbrMt z. St.
[40] Noch Luther* 121 vertritt sie in seiner Predigt von 1517, allerdings mit der Einschränkung: Die Person kommt vor allem Werk und Verdienst.
[41] Für Luther vgl. Loewenich, Luther 36f, ferner Calvin I 396.
[42] Luther* 126f (Predigt von 1528). Luther sagt dort sehr nüchtern, daß Keuschheit wesentlich eine Frage der biologischen Vitalität und nicht der Tugend sei.
[43] Calvin I 396; Musculus 364 (»non minus charus est, qui trigecuplum, eo qui centuplum habet«).
[44] Lapide 280f; Maldonat 274: »Parabolam ad mores nostros alii (sc. der Väter) aliter, omnes utiliter accommodarunt«.

den Erlöser sagen: »Ich säte in die Herzen meine Früchte und verwandelte sie durch mich« (17,13). Cyrill von Alexandria betont: »Er selbst ist es, der alles Gute sät, und wir sind *sein* Ackerland; durch ihn und von ihm kommt jede geistliche Frucht«[45]. Mit vielen anderen Autoren deutet Thomas v Aquino das »Ausgehen« des Sämanns trinitarisch als das Ausgehen des Sohnes vom Vater[46]. So wird die aller menschlicher Applikation vorausgehende Gnade Gottes durch Christus gesichert.

b) Die *reformatorisch geprägte Deutung* legt in verschiedener Weise den Akzent auf die Gnade. Für Luther ist das Gleichnis nicht so sehr ein Gleichnis vom Ackerboden bzw. vom menschlichen Herzen, sondern vom Samen bzw. von »gluck und unglück verbi«[47]. Er wendet sich vor allem gegen die Verachtung des äußerlichen Wortes durch Schwärmer und Donatisten: Die Wahrheit des göttlichen Wortes hängt nicht von seiner Wirksamkeit ab; das Wort bleibt wahr, auch wo es keine Früchte hervorbringt, d.h. auch in den reformatorischen Volkskirchen[48]. So wird das Gleichnis zum Trost für Prediger, die am Erfolg ihrer Aussaat verzweifeln möchten[49]. In der reformatorisch geprägten Auslegung wird deshalb häufiger als anderswo der Sämann nicht nur mit Christus, sondern mit jedem Prediger identifiziert[50]. Auch andere Akzentuierungen der Gnade sind in reformatorischer Tradition möglich: Für Melanchthon ist das ausgesäte Wort das principium iustificationis[51]. Calov betont gegen einen breiten Strom altkirchlicher Auslegung, daß die »Wurzel« (V 21) der Glaube und nicht der Wille des Menschen sei[52]. Aber im ganzen muß man von der nachreformatorischen Auslegung und Predigt sagen: Der paränetische Grundton ist so ungebrochen wie eh und je. Nur Akzente verschieben sich: Es geht nun nicht mehr um die Praxis der Enthaltsamkeit, sondern um die Praxis des Hörens der Predigt und um die menschliche Antwort darauf im christlichen Leben.

c) Die *historisch-kritische Forschung* hat eine Deutung unseres Gleichnisses hervorgebracht, die in vielem reformatorischen Ansätzen nahekommt. Ihre Basis ist der Versuch, das ursprüngliche Jesusgleichnis von der allegorischen Deutung durch die Urgemeinde abzuheben. Unbelastet von dieser erkannte sie im ursprünglichen Gleichnis ein *Kontrastgleichnis*: Inmitten der Mißerfolge in der Gegenwart dürfen die Hörer/innen dennoch darauf vertrauen, daß das Gottesreich sich durchsetzt[53]. Oder: Jesus vertraut als zuversichtlicher Sämann auf die reiche Ernte[54]. Theologiegeschichtlich ist der unverzagte Sämann Jesus die historische Variante des von der reformatorischen Deutung getrösteten Predigers. Die Deutung unseres Gleichnisses als Kontrastgleichnis wurzelt indirekt in reformatorischer Theologie. Zugleich aber entspricht sie – verallgemeinert – einem tiefen Bedürfnis heutiger Menschen: Resignierte und von der Last ihrer Pflichten und den Erfordernissen des Alltags »erstickte« Menschen sollen über das eigene Scheitern hinaus die »unbedingte Zusage Gottes« sehen lernen[55]. Aus der Ermutigung des Predigers in der reformatorischen Deutung bzw. aus dem zuversichtlichen Sämann Jesus der historischen Kritik wird in heutiger

---

[45] Cyrill v Alexandria, Hom 41 in Lk = CSCO 140, 69 (zit. nach Heuberger* [Samenkörner] 157 Anm. 3).
[46] (Lectura) Nr. 1085.
[47] Predigt von 1525, WA 17/I, 46.
[48] Luther (WA 38) 553f, ähnlich Musculus 360.
[49] Luther, Predigt von 1524, WA 15, 426.
[50] Bullinger 133A; Brenz 505; Musculus 360.
[51] 177.
[52] 299.
[53] Dodd, Parables 135f.
[54] Jeremias, Gleichnisse 150.
[55] Drewermann, Mk I 326f, vgl. 332f.

psychologischer Interpretation die Ermutigung *jedes* Menschen: »Freilich ist unser ›Ertrag‹ nicht sichtbar und unser ›Erfolg‹ nicht vorweisbar; aber was wir Gott geben, ist niemals verschlissen..., was wir ihm überlassen, niemals vernichtet«[56]. Historisch-kritische und psychologische Exegese reichen sich hier die Hand. Beide haben ihre Wurzeln in reformatorischen Traditionen.

Die Auslegung wird zeigen müssen, ob sich diese Versuche, eine »Theologie der Gnade« im Sämannsgleichnis zu finden, im Text verankern lassen bzw. wieweit die Vermutung, unser Text sei »gesetzlich-pietistisch«, richtig ist.

Erklärung Da Matthäus seine eigene Deutung des Gleichnisses in V 18-23 gibt, sollen
3-9 zunächst nur einige Bemerkungen zur Bildhälfte und zum ursprünglichen Sinn folgen. Es fällt auf, wie vieles nicht erwähnt ist: Ist der Boden fett oder mager, feucht oder trocken, eben oder hügelig?[57] Geht es um Frühsaat im Herbst oder um Spätsaat im Frühwinter nach dem ersten Regen?[58] Wir wissen es nicht, weil vom Pflügen nicht gesprochen wird. Auch von den Witterungsverhältnissen wird nicht gesprochen, die für den Ertrag ebenso entscheidend sind wie die Bodenverhältnisse. Es wird nur berichtet, was für die Deutung wichtig ist. Das Gleichnis nennt den Sämann, beschäftigt sich aber nicht weiter mit ihm. Von V 4 an wird der ausgestreute Same Subjekt. Einiges fällt an den Wegrand[59]. Natürlich wirft der Bauer seinen Samen nicht absichtlich auf den Weg. Er wird ihn ja nicht unterpflügen; dann könnten die Vögel den Samen ja nicht mehr aufpicken[60]. Der Erzähler berichtet hier einen
5f Fall, der sich beim Säen wohl nie ganz vermeiden läßt. Einige Samen fallen auf felsigen Boden: Mancherorts ist im palästinischen Bergland die Humusschicht über dem Fels nur dünn, aber noch nicht erodiert, so daß man ihn be-
7 sät[61]; dieser Same geht auf, aber verdorrt bei Trockenheit an der Sonne[62]. An-

---

[56] Drewermann* 745.
[57] Das interessiert z.B. Columella, De re rustica 2,2,1-7 (hrsg. W. Richter I 1981).
[58] Jeremias* 49 nach E. Schneller: Bei Frühsaat wird der Samen vor dem Regen auf den ungepflügten Acker gesät. Dann wird Samen und alles im Sommer verdorrte Unkraut untergepflügt. Bei Spätsaat wird während der Regenzeit zuerst vorgepflügt. Dann läßt man das schon aufgegangene frische Unkraut zuerst verdorren, sät ein und pflügt nochmals unter. Dagegen das Zeugnis eines jordanischen Agronomen bei White* 305 Anm. 3: Die erste Methode habe er nie beobachtet. Jeremias* und – zurückhaltender – Dalman, Arbeit II 179-184.194-196 rechnen mit Frühsaat (einmaliges Pflügen nach der Aussaat) als Regelfall für Palästina. Es gibt aber auch andere Belege (Dalman ebd. 191.195; im AT z.B. Jes 28,24). Klauck, Allegorie 190f rechnet mit zweimaligem Pflügen. So empfiehlt es jedenfalls die antiken Autoren (Varro, Rer rust 1,29,2 [hrsg. J. Heurgon, Paris 1978], vgl. Columella, De re rustica 2,4 [hrsg. W. Richter I 1981]; Plin d Ä., Hist Nat 18,8 = 45), neuzeitliche Ratgeber (Dalman, Arbeit II 179f) und vermutlich auch Jer 4,3.
[59] So Bauer, Wb s.v. παρά III 1b. Die Präp. παρά (auch Mk; nicht: ἐπί) legt nicht nahe, daß der Bauer den nachher umgepflügten Weg besät.
[60] Gegen Dalman* 121-123; Jeremias, Gleichnisse 8. In der Par Jub 11,11 fressen die Vögel Mastemas den Samen vom ganzen Acker, bevor er umgepflügt wird.
[61] Dalman, Arbeit II 15f. Nach Kil 7,1 muß der Boden drei Finger tief sein, damit man ihn bearbeitet.
[62] Ähnlich wie in einer Keimschale: Samen keimen darin schneller, weil sie es bei der geringen Humusdichte wärmer haben, brauchen aber entsprechend mehr Wasser.

dere Samen fallen unter die Dornen. Wörtlich verstanden sieht das so aus, daß im noch ungepflügten Feld die verdorrten Dornpflanzen des Vorjahres noch stehen, so daß man wirklich »in« sie sät. Dann wäre der Acker beim Säen noch ungepflügt. Sicher ist das nicht: Man kann sich auch eine Breviloquenz vorstellen: Der Sämann sät im vorgepflügten Feld dort, wo später auch Unkraut wachsen wird[63]. Auf jeden Fall spielt die vieldiskutierte Frage, ob im Gleichnis der besäte Acker bereits gepflügt sei oder nicht, für das Verständnis überhaupt keine Rolle – untergepflügt wird *nach* dem Säen auf alle Fälle!
Anders ist es mit der zweiten Frage zur Bildhälfte, die in der Forschung heftig diskutiert wird: Ist der hundert-, sechzig- bzw. dreißigfache Ertrag, der auf dem guten Boden entsteht, eine realistische Aussage, oder wird hier mit Absicht eine überraschend große Fruchtbarkeit angenommen? Diese Frage ist mit einer anderen verbunden: Beziehen sich die Zahlen auf den Ertrag des ganzen Ackers oder auf den einzelnen Samen? Die zweite Frage läßt sich für Matthäus ganz klar beantworten: Er stellt ja einzelne Samengruppen mit ἃ μέν... ἄλλα δέ einander gegenüber; nur der auf guten Boden gesäte Same bringt Frucht. Das entspricht auch der Deutung V 18-23, wo es um die in verschiedene Böden gesäten Samen geht. Die Zahlen können sich also nicht auf den Gesamtertrag des Ackers beziehen[64], sondern nur auf den Samen in gutem Boden. Am einfachsten ist es, sie auf die kontrollierbare Zahl von Körnern, die aus einem einzelnen Samenkorn entstehen, zu beziehen[65]. Dann sind sie realistisch[66].
Bei Matthäus liegt also kein Kontrastgleichnis vor. Der Gedanke an einen überreichen Ertrag trotz vieler Widrigkeiten liegt ihm fern. Dafür sprechen verschiedene zusätzliche Beobachtungen: Da ist einmal die bei ihm absteigende Reihe der Zahlangaben in V 8[67]: hundert, sechzig, dreißig, die dem Kontrast zwischen einer Gegenwart voller Mißerfolge und dem trotzdem »überreichen« Ertrag ja die Spitze bräche. Zweitens ist wichtig, daß bei Matthäus dieses Gleichnis kein Gottesreichgleichnis ist, obwohl er besonders

[8]

---

[63] Sei es, weil die Samen des schon vorher untergepflügten Unkrauts auch aufgehen, sei es, weil das Saatgut nicht ganz sauber war.

[64] Nur dann sind sie unrealistisch hoch: A. ben David, Talmudische Ökonomie I, Hildesheim 1974, 104f spricht von 4-9fachen Erträgen; besonders gute Felder bringen einen 10-15fachen Ertrag, vgl. ähnlich Klauck, Allegorie 191. Plin d Ä., Hist Nat 18,21 = 94, der Beispiele von sehr großer Fruchtbarkeit aufzählt, berichtet von einem 150fachen Ertrag in Afrika, ähnlich Varro, Rer rust 1,44,2 von einem hundertfachen Ertrag in Afrika und bei Gadara, aber mit Vorbehalt (»dicunt«).

[65] Dafür spricht klar V 8: ἄλλα (σπέρματα) ... ὃ μέν. Es ist vom Samen die Rede, der Frucht bringt.

[66] Dalman, Arbeit II 243 rechnet bei vierzeiligen Ähren mit 15-40 Körnern; Sonnen (bei Dalman ebd.) mit 60-70 Körnern pro Ähre Weizen; bei Gerste rechnet Dalman aaO 252 mit 36-66 Körnern. Antike Darstellungen und moderne Experimente kommen auf durchschnittlich 30 Körner (Lohfink* [BZ NF 30] 53 Anm. 66f). Angesichts dieser relativ niedrigen Zahlen rechnet Lohfink 53-57 (mit zahlreichen antiken Belegen) mit Bestockung, d.h. damit, daß der Haupthalm sich unter der Erdoberfläche beim untersten Knoten verzweigen kann und dann durchschnittlich 2-5 Halme treibt. Plin d Ä., Hist Nat 18,21 = 95 kennt eine verzweigte Weizensorte, die man »centigranium« nennt. Weitere Belege aus Herodot, Theophr und Strabo bei Payne* 185.

[67] Vgl. ähnlich Mt 25,15.

viele Gleichnisse als Gottesreichgleichnisse überliefert. Drittens ist wichtig, daß das Gleichnis nicht die großen Schwierigkeiten betonen will, denen ein Bauer beim Aussäen begegnet: Es gehen ja nicht drei Viertel aller Samen verloren! Auf den Weg fällt nur weniges, je nachdem, wie sorgfältig der Bauer sät. Auch bei den Dornen fällt der Ertragsverlust auf ihn selbst zurück: Bei einem stark verunkrauteten Feld hat schon Jeremia den richtigen Ratschlag gegeben, zuerst das Brachland zu pflügen und nicht unter die Dornen zu säen (Jer 4,3)! Um übergroßen »Mißerfolg und Widerstand«, der einem Bauern auf dem »trostlosen Brachland«[68] begegnet, geht es dem Gleichnis jedenfalls nicht. Und schließlich gilt es viertens nochmals zu bedenken, daß V 8 vom Ertrag des einzelnen Samenkorns spricht. Das interessiert einen »normalen« Bauern nicht; ihm geht es um den Gesamtertrag des Ackers[69]. Das sog. »Sämannsgleichnis« ist nicht aus der Perspektive des Sämanns erzählt, der nach V 3 aus ihm verschwindet, sondern es geht um den Samen bzw. den Acker. Nur das interessiert Matthäus, Markus und vor ihnen den allegorischen Ausleger des Gleichnisses. Ihnen geht es darum, verschiedene Typen von Ackerboden um der Paränese willen einander gegenüberzustellen. Auf sie weist der Evangelist mit seinem Weckruf in V 9 auch schon hin. Mit anderen Worten: Die matthäische (und die markinische) Fassung unseres Gleichnisses ist völlig auf seine Deutung hin angelegt. Die Frage ist, ob dies von Anfang an so war.

Ursprünglicher Sinn

Wie die Urgestalt unseres Textes ausgesehen hat, ist heftig umstritten. Eine Reihe strittiger Vorfragen mündet in die Hauptfrage nach dem Sinn des ursprünglichen Gleichnisses ein:
1. *Ist die Geschichte eine Parabel oder ein Gleichnis?* Für eine Parabel spricht – aber nicht zwingend[70] – das Vergangenheitstempus. Gegen eine Parabel spricht, daß kein besonderer Vorgang erzählt wird, sondern das, was jedem Bauern beim Säen im palästinischen Bergland passiert. Die Aoriste unseres Textes sind nicht Teil einer fortlaufenden Geschichte; diese setzt vielmehr viermal neu ein. Es wird keine Geschichte erzählt, sondern verschiedenerlei Erfahrungen bei derselben Tätigkeit, dem Säen. Unser Text ist m.E. ein Vierfachgleichnis[71]. Nur eine traditionsgeschichtliche Dekomposition könnte daraus eine Parabel machen.
2. *Ist die Geschichte ein Gottesreichgleichnis?* In keinem Evangelium ist sie direkt als solches bezeichnet. Auch die Metaphern der Bildhälfte deuten überhaupt nicht in diese Richtung[72]. Zunächst spricht also alles gegen diese sehr verbreitete These.
3. *Ist die allegorische Deutung Mk 4,13-20 gegenüber dem Gleichnis sekundär?* Unbestritten ist, daß die Deutung sprachlich viele Berührungen mit frühchristlicher Missionssprache aufweist[73]. Weniger überzeugend sind die Semitismen, die das Gleichnis

---

[68] Jeremias, Gleichnisse 150.149.
[69] HLR 7,3 § 3 (= Freedman-Simon IX 283): Man mißt den Weizen vor dem Säen und dann wiederum nach dem Dreschen. Daraus darf man aber nicht schließen, daß es auch in unserem Gleichnis so sein muß, sondern muß gerade fragen, warum es nicht so ist!
[70] Vgl. z.B. Mt 13,33.47f.
[71] So z.B. Hahn* 134; Lohfink* (BZ NF 30) 50-57.
[72] Vgl. u. S. 316-318.
[73] Vgl. bes. Jeremias, Gleichnisse 75f; Klauck, Allegorie 203f.

Mt 13,3-9: Ursprünglicher Sinn

enthalten soll, die Deutung dagegen nicht⁷⁴. Äußerst schwierig wird es, einen gegenüber der Deutung unterschiedlichen Skopus des Gleichnisses zu erarbeiten. Hier sind die Interpretationsversuche so verschieden ausgefallen, daß manche Gelehrte den ursprünglichen Sinn des Gleichnisses für unerkennbar halten⁷⁵. Wir lassen die Frage vorläufig offen.

4. *Ist Mk 4,3-8 traditionsgeschichtlich dekomponierbar?* Es gibt hier verschiedene Versuche, die alle davon ausgehen, daß die einzelnen Gleichnisabschnitte verschieden lang sind. Vor allem ist der Abschnitt über den felsigen Boden Mk 4,5f übermäßig lang. Im einzelnen sind die Rekonstruktionen der Urfassung aber recht verschieden⁷⁶. In allen Fällen wird durch Verkürzungen die Distanz zwischen dem Gleichnis und seiner Deutung vergrößert – was ja wohl auch ein uneingestandener Zweck der Übung ist! Dabei paßt die jeweils rekonstruierte Urfassung phantastisch zur jeweiligen Gleichnisdeutung des Rekonstrukteurs. Ich möchte nicht bestreiten, daß in mündlicher Überlieferung Akzentuierungen und Veränderungen eines überlieferten Erzählungsgerippes um der jeweiligen Deutung und Applikation willen verbreitet sind; aber ähnliches ist offenbar diesen Forschern um *ihrer* Deutung willen auch passiert! Der Text legt jedenfalls nicht zwingend eine bestimmte Dekomposition nahe.

Damit kommen wir zur Hauptfrage: Was war der *ursprüngliche Sinn* des Gleichnisses? Man kann zunächst zwei Grundtypen von Deutungen unterscheiden:

a) Nach dem ersten Grundtyp⁷⁷ liegt das *Gewicht allein auf dem Schluß*, also dem reichen Ertrag des Samens auf gutem Ackerboden. Die drei Negativbeispiele davor haben dann entweder nur literarische Funktion; sie sollen die Spannung erhöhen und den Eindruck des Schlusses verstärken⁷⁸. Oder sie stehen für die Schwierigkeiten, denen die Verkündigung des Gottesreichs begegnet⁷⁹. Das Gleichnis dient dann der Ermutigung: Das Gottesreich hat schon begonnen, bzw. *Jesu Verkündigung wird zum Ziel kommen*⁸⁰. Dieser Deutungstyp neigt dazu, den außerordentlichen Reichtum der Ernte herauszuheben. Das Moment des Kontrastes spielt fast immer eine konstitutive Rolle. Meistens wird das Gleichnis als Gottesreichgleichnis verstanden.

---

⁷⁴ Ein deutlicher Semitismus ist das von den Seitenreferenten und sehr vielen Textzeugen vermiedene ἕν (= חַד + Zahl = ...-fach) Mk 4,8 *und* 20, vgl. Dan 3,19; Tg Onkelos Gen 26,12; Black, Muttersprache 124. Καρπὸν διδόναι = נָתַן פְּרִי (Mk 4,8) hat in der Gleichnisdeutung keine Entsprechung, kommt aber auch in der LXX vor. Im mk Gleichnis gibt es dem Erzählstil entsprechend keine Hypotaxen und Part., in der Erklärung einige wenige, eine semitisierende konditionale Parataxe in Mk 4,20 (Beyer, Syntax 266f). Der Befund ist nicht sehr eindrücklich.

⁷⁵ Z.B. Bultmann, Tradition 216; E. Linnemann, Gleichnisse Jesu, Göttingen 1961, 123.175; Kuhn* 112.

⁷⁶ Vgl. z.B. J.D. Crossan, In Parables, New York 1973, 40-42; Klauck, Allegorie 186-189 (Urfassung nach der Regel de tri: 3 parallele Strophen mit je 3 Verben; Schlußstrophe mit dreifach gestaffeltem Ertrag); Weder** 101f.108; Lohfink* (BZ NF 30) 37-46 (Urfassung mit zunehmend größerer Länge der einzelnen Glieder). Plausibel ist nur gerade, daß Mk 4,5f abundant ist.

⁷⁷ Zur seiner theologiegeschichtlichen Einordnung vgl. o. S. 305.

⁷⁸ Weder** 109, vgl. die Jotamfabel Ri 9, 7-15.

⁷⁹ Beispiele: Das Reich Gottes wird sich durchsetzen trotz der Katastrophe Joh. d Täufers (Dodd, Parables 136), trotz der Fehlschläge bei Jesus selbst (Dahl** 154). Der Sämann soll nicht verzagen »angesichts der vielen Widrigkeiten« (Jeremias, Gleichnisse 150).

⁸⁰ Vgl. o. S. 304f. Wo immer Samen gesät werden, »da ist gewiß, daß sie Frucht bringen« (Weder** 109). »Der Keim für den künftigen überwältigenden Erfolg ist schon grundgelegt« (Klauck, Allegorie 196). »Die Basileia ... kommt bereits mit der Aussaat« (Lohfink* [BZ NF 30] 66).

b) Nach dem zweiten Deutungstyp geht es in unserem Gleichnis um eine *Selbstreflexion des Predigers Jesus über Erfolg und Mißerfolg seiner Verkündigung*. Das Gewicht liegt hier gleichermaßen auf den drei negativen Abschnitten wie auf dem positiven Schlußabschnitt; der Text hat den Charakter einer Meditation. Wie jeder Lehrer, so hat auch der Verkündiger des Wortes Gottes mit »Niederlagen zu rechnen«[81]. »Viele Worte (sind) in den Wind geredet«[82]. Nur »in der Gefährdung (setzt sich) der Sinn der Sendung« Jesu durch[83]. Das Gleichnis kann (muß aber nicht!) bei dieser Deutung als Gottesreichgleichnis verstanden werden: »So ist Gottes Reich jetzt da, daß überall Widerstand dagegen aufbricht«[84]. Dieser Deutungstyp neigt oft (nicht immer) dazu, die drei ersten Fälle, wo der Samen verlorengeht, herauszuheben und je für sich zu interpretieren.

Die Vertreter beider Deutungstypen halten die allegorische Deutung Mk 4,13-20 für eine sekundäre Gemeindebildung. Im ersten Fall bedeutet sie eine erhebliche Verschiebung des ursprünglichen Sinns, im zweiten eher eine Konkretion. Die Grenze zur Allegorie gilt dann als überschritten, wenn das Gleichnis die Gründe einzeln darstellt, »um derentwillen sein (sc. Jesu) Wirken« keinen »Erfolg hat«[85], d.h. wenn die einzelnen Aussagen über den Samen gedeutet werden. Es ist aber die Frage, ob dies nicht von Anfang an die Absicht des vierfachen Gleichnisses war. Die Negativbeispiele sind sehr auffällig gewählt: In erster Linie hängt der Ertrag eines Feldes ja von seiner Lage und der Bodenqualität allgemein, in zweiter von den Witterungsverhältnissen, sodann von Schädlingsbefall etc. ab. Ein guter Bauer sät möglichst nicht auf den Weg; er kennt außerdem die Stellen, wo sein Acker felsigen Untergrund hat. Den Dornbüschen kommt man durch mehrmaliges Vorpflügen und durch Jäten bei[86]. Ich meine: Es mußte den Hörern der Geschichte auffallen, daß gerade *diese* Weisen des Samenverlustes genannt werden. Dazu kommt, daß wir in jedem einzelnen Vers auf »stehende Bilder«[87] stoßen, welche die Assoziationen der Hörer von vornherein in eine bestimmte Richtung lenkten[88]. Auf ein Gottesreichgleichnis lassen sie nicht schließen. M.E. haben diese konventionalisierten Metaphern die Wahl der Beispiele bestimmt. Selbst Jülicher fragte, ob diese sog. »Musterparabel« nicht allegorische Züge trage[89]. Ich kann ihn nur zu gut verstehen. Mit anderen[90] nehme ich an, daß das vierfache Gleichnis vom Samen genauso gemeint war, wie es in Mk 4,13-20 gedeutet wurde. Es war von Anfang an eine »parable about parables«[91] bzw. eine *Meditation über die verschiedenen Hörerinnen von Jesu Verkündigung*. Die Deutung trifft den ursprünglichen Charakter des Vierfachgleichnisses genau. Wenn wir annehmen, daß sie

---

[81] Jülicher, Gleichnisreden II 536. Ähnlich Krämer** 39: Mißerfolge sind unvermeidlich.
[82] J. Weiss 108.
[83] Dietzfelbinger* 92.
[84] Schweizer, Mk 50.
[85] Jülicher, Gleichnisreden II 537.
[86] Der Erzähler nimmt es offenbar in Kauf, daß der Eindruck eines »unusually bad farmer« (J. Drury, The Sower, the Vineyard, and the Place of Allegory in the Interpretation of Mark's Parables, JThS ns 24 [1973] 370) entsteht.
[87] Hahn* 139. Gemeint sind vorgeprägte, konventionalisierte Metaphern.
[88] Vgl. u. S. 316-318.
[89] Gleichnisreden II 537f.
[90] Z.B. Gerhardsson* 187; Moule* 109f; Flusser, Gleichnisse 63.122.125; Schmithals, Mk I 229f; Payne* 168-186. In die Nähe dieser Deutung kommt auch Pesch, Mk I 234. Krämer** 40-43 deutet die drei Negativbilder auf der Ebene Jesu phantasievoll auf die (verstockten) Pharisäer, das (zuerst begeisterte) Volk und die Reichen.
[91] Moule* 108.

durch die frühe Gemeinde formuliert wurde[92], dann wird die Frage nach Herkunft unseres Gleichnisses von Jesus ganz offen. Die Deutung Mk 4,13-20 *kann* zwar sachlich zutreffend, aber zeitlich gegenüber einem ursprünglichen Jesusgleichnis sekundär sein[93]. Gleichnis und Deutung *können* aber auch beide in der Gemeinde entstanden sein[94].

Wir formulieren mit Seitenblick auf die Wirkungsgeschichte ein *Ergebnis*: Die moderne Deutung unseres Textes als Gottesreich- und Kontrastgleichnis, die sachlich der reformatorischen Gnadentheologie entspricht und zugleich das Bedürfnis heutiger Menschen, der Aussichtslosigkeit eigener Anstrengungen und Entwürfe zu entrinnen, aufnimmt, entspricht dem Gleichnis nicht. Der Versuch, bei unserem Text Jesus von der Paränese der Urkirche zu unterscheiden, ist m.E. gescheitert. So stellt sich die Frage scharf, wie wir mit dieser auf manche »gesetzlich« wirkenden Paränese umgehen sollen.

Nach Jesu erstem Gleichnis kommen die Jünger auf ihn zu – an das Boot scheint Matthäus nicht mehr zu denken. Ihre Frage greift auf V 3 (πολλὰ ἐν παραβολαῖς) zurück und ist im Vergleich zu Mk 4,10 sehr präzis: Es geht um den Grund der Parabelrede für die Volksmenge (αὐτοῖς). Jesu Antwort in V 11 scheint einen tiefen Graben zwischen dem Volk (ἐκείνοις) und den Jüngern (ὑμῖν) aufzureißen: Die Jünger werden um ihres Sehens willen seliggepriesen (V 16f); das Volk dagegen wird in Abgründe des Nichtverstehens hinabgestoßen. Für die Leser des Evangeliums ist dies überraschend. Womit hat das Volk, das ja bisher Jesus immer treu zugehört und auf ihn sympathisch reagiert hat, diese »Verstoßung« verdient? Ist Jesus hier nicht unfair? Wenn das Volk die Geheimnisse des Reiches nicht verstehen kann, sollte Jesus eben verständlicher reden! Es beschleicht die Leserinnen und Leser das unheimliche Gefühl, daß hier alles nach Gottes Vorherbestimmung abläuft, für die das Volk eigentlich nichts kann.

Unser Abschnitt ist ein Musterbeispiel dafür, daß sich das Matthäusevangelium manchmal nicht aufschließt, wenn man es nur auf der Ebene der »story« liest. Sein Makrotext ist ja für die geschichtliche Erfahrung der Gemeinde transparent[95]. Er lehrt sie verstehen, wie es schon bei Jesus zu dem gekommen ist, was sie selbst in ihrer Geschichte erfahren hat: zum Nein der Mehrheit Israels und zu ihrer eigenen Trennung vom Volk. Das Nichtverstehen des

Erklärung 10

---

[92] Dafür sprechen weniger die einzelnen Vokabeln (vgl. o. Anm. 73) als die vorausgesetzten Situationen: Anfechtung, Verfolgung (Mk 4,17), Trug des Reichtums (Mk 4,18), das allgemeine »Begierden nach dem übrigen« (ebd.) und die eine längere Zeitspanne voraussetzende Formulierung von der anfänglichen Begeisterung und den fehlenden Wurzeln (Mk 4,16f).

[93] Mit einem kurzen Einleitungssatz (z.B. »mit den Hörern der Verkündigung verhält es sich wie mit...«) und mit Hilfe der sehr zahlreichen konventionalisierten Metaphern ließe sich das Vierfachgleichnis auch ohne Deutung gut verstehen, vgl. Ev Thom log 9; Justin, Dial 125,1.

[94] Hier liegt ein klassischer Fall vor, wo das »Unähnlichkeitskriterium« versagt: Die »Ähnlichkeit« zwischen Jesus und der Gemeinde schließt die Echtheit eines Textes nicht aus.

[95] Vgl. o. S. 66f.

Volkes ist Matthäus gleichsam vom Ende der Geschichte her – derjenigen Jesu und derjenigen seiner Gemeinde – vorgegeben[96]. Bereits Mk 4,10-12, das unserem Abschnitt zugrundeliegende Quellenstück, war ein Versuch, dieses Nichtverstehen Israels in der Gegenwart zu verstehen. Diesen Versuch nimmt Matthäus auf und führt ihn weiter.

11 Den Jüngern ist Erkenntnis der Geheimnisse des Reichs von Gott[97] geschenkt. Die Leser/innen werden sich bei diesem Satz an 11,25-27, vor allem an 11,27d, die Offenbarung des Sohnes an die Seinen, erinnern. An welche Geheimnisse ist gedacht? »Geheimnisse des Himmelreichs« ist wohl bei Matthäus analog zu den Ausdrücken »Evangelium vom Reich« und »Wort vom Reich« (V 19) zu deuten[98]: Es ist alles das, was Jesus in Gleichnissen lehrt[99]. Γινώσκω wird später in der Endzeitrede 24,32-50 als Leitwort gebraucht[100]. Das deutet an, daß die »Geheimnisse«, um die es hier geht, auch die eschatologische Dimension der Gleichnisse umfassen. Vor allem aber geht es bei Jesu Gleichnisauslegung in unserem Kapitel um ethische Mahnungen. Gegenüber der jüdischen Apokalyptik, deren Verständnis von »Gleichnis« Mk 4,11 und auch bei Matthäus nachwirkt[101], gilt, daß die »Geheimnisse«, die den Menschen offenbart werden, nicht nur himmlischer und jenseitiger Art sind, sondern eine handfeste diesseitig-praktische Dimension haben. Gegenüber Mk 4,11 deutet der Plural an, daß es nicht nur um *das* Geheimnis Christi geht. Der ganze Reichtum der Lehre Jesu ist also den Jüngern »geschenkt«, und das heißt durch Jesu Unterricht geoffenbart.

Umgekehrt ist es »jenen« nicht geschenkt: Der Text sagt nicht, was das Volk falsch gemacht hat. Wenn man hier nicht einfach pauschal vom »Unglauben« des Volkes sprechen will, so kann man von der Gleichnisauslegung in V 18-23 indirekt zurückschließen: Dort wird es darum gehen, daß die Jüngergemeinde mit Hilfe der Allegorien die verschiedenen Ackertypen auf sich selbst beziehen lernt. Die Zuhörer hätten also das Gleichnis auf sich selbst beziehen und sich fragen müssen, wie sie selbst das »Wort vom Reich« aufnehmen. Gleichnisse verstehen heißt im Sinne des Matthäus, wie David durch die Natanparabel sich sagen zu lassen: »Du bist der Mann!« (2Sam 12,7).

12 Ein von Matthäus hier eingefügtes urchristliches Wanderlogion[102] und Sprichwort, das von Hause aus darüber klagt, daß die Reichen immer reicher

---

[96] Anders deutet Gundry 255: Das Volk sind die falschen Christen im Sinn von Mt 13,36-43. Das widerspricht aber Gundrys sonstiger Deutung des Volkes als potentieller Kirche. Die ekklesiologisch-paränetische Dimension des Textes kommt erst V 18-23 heraus!
[97] Pass. divinum.
[98] Vgl. u. S. 316.
[99] Zumstein, Condition 208: die Themen der Gleichnisse; Marguerat, Jugement 417: »infléchissement didactique«.
[100] 5x, davon 4x bei Gleichnissen.

[101] Zu den himmlischen und künftigen Geheimnissen in der Apokalyptik, die dem Seher mittels verschlüsselter Rede und Visionen (Bilderreden: äth Hen 38,1 u.ö.; similitudines: 4Esr 4,3.47 etc.) geoffenbart und durch einen Engel gedeutet werden, vgl. M. Hermaniuk, La parabole évangélique, Bruges – Louvain 1947, 124-153; Cerfaux* 130-133; Klauck, Allegorie 75-88.
[102] Mt 25,29 hat das Log. einen vormt Haftpunkt im Talentengleichnis. Καὶ περισσευθήσεται ist an beiden St red. Zufügung, vgl. Bd. I Einl. 3.2.

und die Armen immer ärmer werden[103], deutet eine Begründung und zugleich die Perspektive von Jesu Antwort an: »Gott schenkt keinen ruhenden Besitz«[104]. Was »haben« die Jünger? Offenbar das, was ihnen nach V 11 »gegeben« ist: das anfängliche Verstehen des Gottesreichs[105]. Was wird ihnen »gegeben werden«? Hier denkt man natürlich zunächst an das fortwährende Wachsen im Verstehen (vgl. V 19-23.36-52) und im Leben[106], das der einzige Lehrer Jesus durch seine Unterweisung und seinen Beistand vermittelt. Spätestens 25,29 zeigt sich, daß in unserem Logion auch eine eschatologische Dimension steckt: Der Überfluß wird in der »Freude des Herrn« (25,21.23) enden. Noch deutlicher ist die eschatologische Dimension auf der Gegenseite: Was wird dem, der nicht hat, weggenommen werden? Es gibt ein matthäisches Logion, das – vermutlich von unserem Logion angestoßen[107] – das Gegenüber von ἀρθήσεται und δοθήσεται nochmals aufnimmt: »Darum sage ich euch, daß das Gottesreich von euch weggenommen und einem anderen Volke gegeben werden wird, das seine Früchte bringt« (21,43)[108]. Es geht also nicht darum, daß Jesus von jetzt an zum Volk nicht mehr reden wird – er wird es weiterhin tun –, sondern darum, daß Israel seine Erwählung verlieren wird, weil es sich auf Jesu Verkündigung nicht einläßt[109].

Nach dieser Perspektive nimmt Jesus die Frage von V 10 wieder auf und beantwortet sie. Deswegen[110] redet er zum Volk in Gleichnissen, weil es sieht und doch nichts sieht. Das Nichtsehen und Nichthören Israels ist für Matthäus eine feststehende Tatsache. Es wird nicht durch Jesu Gleichnisse bewirkt[111], sondern eher ist Jesu Gleichnisrede »Antwort«[112] auf dieses Nichtverstehen. Oder noch besser kann man sagen: In der Gleichnisrede wird das Nichtverstehen des Volkes erzählerisch verdichtet[113]. Nicht explizit ist dagegen die Gleichnisrede als »Strafe« für Israels Nichtverstehen bezeichnet[114]. Die Gleichnisse haben gegenüber Israels Verstockung nur eine negative Funktion: Sie heben sie nicht auf. Natürlich trägt nicht Jesus, sondern Israel selbst dafür die Verantwortung[115]. Auf die verschiedenen Typen von Hören-

13

---

[103] Vgl. Spr 9,9; 11,24; 15,6; 4Esra 7,25; MidrQoh 1,7 = Bill. I 661 (Gleichnis zum Thema »on ne prête qu'aux riches« = frz. Sprichwort); Mart 5,81; Juv 3,24f.204-222; Terentius, Phormio 1,1,7f (= hrsg. J. Marouzeau, II, Paris 1947, 119).
[104] Schniewind 167.
[105] Vgl. Hieronymus 103: fides, aber noch nicht virtutes; Photius v Konstantinopel fr 57 = Reuss 300: προαίρεσις, σπουδή; Theophylakt 280: Der Habende ist der ζητῶν. Thomas v Aquino (Lectura) Nr. 1102-1106 systematisiert: desiderium, studium, caritas, fides, und warnt zugleich: Niemand kann ex puris naturalibus die ewige Herrlichkeit erreichen.
[106] Vgl. 5,20: περισσεύσῃ ὑμῶν ἡ δικαιοσύνη.
[107] Trilling, Israel 58.
[108] Vgl. 13,8.23.

[109] Hilarius 13,2 = SC 254, 296: Die Juden werden das Gesetz verlieren.
[110] Διὰ τοῦτο weist wie 24,44 nach vorwärts und wird mit ὅτι aufgenommen.
[111] So Mk bei finalem ἵνα.
[112] Klauck, Allegorie 252. Wilkens* 312: Die Verstockung ist nicht Ziel, sondern Grund der Gleichnisreden.
[113] Gut Burchard** 10: »Die Gleichnisrede ist nicht die Fortsetzung der Predigt mit anderen Mitteln, sondern der dramatisierte Abbruch der Kommunikation«.
[114] So Gnilka* (Verstockung) 103; Lambrecht** 34; Klauck, Allegorie 252.
[115] Segbroeck** 347 sagt sehr scharf: Es ist »l'intention de Matthieu de bien établir la responsabilité des Juifs«. Hier sagt das Mt allerdings noch nicht direkt.

den in der Erklärung vorausblickend hält Matthäus fest: Das Volk »versteht« nicht (vgl. V 19.23).

Mt übernimmt also das apokalyptische und mk Verständnis von παραβολή als verschlüsselte, rätselhafte Rede. Eine kohärente »*Parabeltheorie*« hat er aber nicht[116]: 21,45f »erkannten« (ἔγνωσαν) die jüdischen Führer, daß »die Gleichnisse« von ihnen handelten, zogen aber die falsche Konsequenz aus dieser Erkenntnis. An unserer Stelle ist dagegen im Anschluß an Mk gerade das Nichterkennen für das Volk charakteristisch. Klar ist lediglich: Die Gleichnisse *schaffen* zwar nicht das Verstehen; das bewirkt allein der »Deuter« Jesus. Sie halten aber die Grenze zwischen Verstehenden und Nichtverstehenden fest.

14f Das Nichtsehen Israels ist für Matthäus so wichtig, daß er es mit Jes 6,9f, dem klassischen Schriftzitat[117], das im Urchristentum zum Verständnis des Nichtglaubens Israels verhalf, belegen wollte. Wie 4,15f; 21,42 wollte er den Weg der Erwählung von Israel zu den Heiden als Gottes in der Schrift geweissagten Weg verstehen. An »ihnen«, dem ungläubigen Volk, erfüllt sich vollständig die Prophezeiung Jesajas. Und nun läßt Matthäus einfach die Schrift sprechen. *Sie* sagt das unfaßbar Harte: Das Herz des Gottesvolks wurde »fett«, »undurchlässig«; seine Augen hat es »verschlossen«. Das finale μήποτε[118] ist wohl auf Israel und nicht auf Gott zu beziehen: Israel hat seine Ohren und Augen verschlossen, um nicht zum Verstehen zu kommen und umzukehren[119]. Μήποτε hält die Schuld Israels und nicht die Prädestination Gottes fest. Wenn Israel umkehren sollte, dann würde Gott es wahrhaftig heilen![120]

16f V 16 erfolgt ein abrupter Wechsel in Ton und Inhalt. Mit einer Seligpreisung der Jünger setzt Matthäus neu ein. Ὑμῶν ist betont – sogar stilwidrig – vorangestellt. Das Jesajazitat wird gleichsam auf den Kopf gestellt. An die Stelle der verschlossenen Augen und der verstopften Ohren des Volkes tritt das Sehen der Augen und das Hören der Ohren der Jünger. Die Formulierung ist bewußt ausführlich, damit der Gegensatz zu V 14f in die Augen springt. Was sehen und hören die Jünger? Der Leser erinnert sich an 11,4. Sie »sehen« die Krankenheilungen, die zur verheißenen und ersehnten[121] Heilszeit gehören.

---

[116] Richtig Kingsbury** 49-51.
[117] Vgl. Joh 12,39f; Apg 28,26f.
[118] Μήποτε, das bei Mk vielleicht (!) »vielleicht« heißt, hat bei Mt in sieben Fällen finalen Sinn (»damit nicht etwa«) und drückt ein Gefühl der Besorgnis aus, d.h. in dem so eingeleiteten Satz steht etwas Befürchtetes, Negatives. Nur 25,9 leitet es einen Hauptsatz ein, aber auch mit negativem Sinn.
[119] Die Kirchenväter interpretieren fast durchweg so, und wahrscheinlich mit Recht, denn nur so entsteht eine mit der Ersetzung von mk ἵνα durch ὅτι (V 13) kohärente mt Sicht. Johannes Chrysostomus 45,2 = 647 und die von ihm abhängige Auslegungstrad. fügt noch hinzu: Das ist ein versteckter Wink, daß Gott sie wirklich heilt, wenn sie umkehren. Vgl. u. Anm. 120.
[120] Ähnlich wie Mt 5,25 hat vielleicht der Ind. die Funktion, die Wirklichkeit des Schlußsatzes zu betonen. 5,25: Damit dich nicht dein Gegner dem Richter übergibt ... und du – wirklich – ins Gefängnis geworfen wirst! Vgl. o. Anm. 3.
[121] Vgl. Ps Sal 17,44 (»wohl denen, die leben in jenen Tagen«) und bei G. Quell – S. Schulz, Art. σπέρμα κτλ., ThWNT VII 538,6-15; 544,19-30; Lohfink* (Metaphorik) 223f.

Sie »hören« das »Evangelium vom Reich«. Wie in V 13 ist Sehen und Hören nicht einfach gleich Verstehen[122], gehört aber mit ihm zusammen: »Sehende Augen« und »hörende Ohren« sind die Grundlage, auf der Verstehen wachsen kann. Die Jünger *sind* nicht Verstehende, sondern sie *werden* es durch Jesu Unterricht. Geht es bei all dem nur um die historischen Jünger Jesu, die Augenzeugen seines Wirkens und Ohrenzeugen seiner Predigt waren? Zunächst schon, aber nicht nur: Daß Matthäus »Könige« (Lk 10,24) durch »Gerechte« ersetzt hat, ist wichtig, denn »Könige« sind die Christen der matthäischen Gemeinde selbst nicht, wohl aber »Propheten« und »Gerechte« (10,41; 23,34, vgl. 37). Die alttestamentlichen Frommen, die hofften, sind also die Entsprechung zur Gemeinde, die in der Gestalt der Jünger Jesu an der Heilszeit selbst teilnehmen darf[123].

Nach der überschwänglichen Seligpreisung der Jünger läßt Jesus sie in V 18 gleichsam auf den Boden der Wirklichkeit zurückkehren. Er nimmt das Gleichnis vom Sämann[124] wieder auf. Den markinischen Jüngertadel unterdrückt er; die Jünger sind gerade nicht unverständig. Aber es kommt nun darauf an, daß sie nicht nur äußerlich hören wie die Volksmassen, sondern sich von jetzt an durch Jesu Unterricht zum »Verstehen« führen lassen (vgl. 13,36-52; 15,10.12-20; 16,5-17,13). Das geschieht zunächst dadurch, daß er die vielen »stehenden Metaphern« unseres Gleichnisses erklärt. Formal knüpft er an die in der Apokalyptik geläufige allegorische Deutung von Visionen an, die sich auch im rabbinischen Judentum bei Gleichnissen vereinzelt belegen läßt[125]. Beim Säen des Samens denkt man natürlich zunächst an die verbreitete Metaphorik vom Säen des Wortes. Sie ist vor allem griechisch gang und gäbe[126], aber auch in jüdischen Texten gelegentlich anzutreffen[127]. Im Markustext besteht eine Unklarheit, weil der Same zunächst das Wort ist (Mk 4,14), dann aber ab V 16 die Menschen, die das Wort gehört haben. Vermutlich ist das nur eine auch sonst ähnlich belegbare »volkstümliche Nachlässigkeit«[128], die von der Sache her nötig ist und aus der keine weiteren Schlüsse

---

[122] Gegen Strecker, Weg 197.
[123] Richtig du Plessis** 51: V 16f mit ihrer »vivid directness« wenden sich an den impliziten Leser.
[124] Vgl. 13,36: παραβολὴ τῶν ζιζανίων. Natürlich ist nicht gemeint: die Parabel, die »der Sämann« (Christus) erzählt hat, gegen Gundry 258.
[125] Klauck, Allegorie 201. Rabb. Gleichnisallegoresen z.B. Bill. I 664f, dazu DtnR 11,6 (bei Schlatter 433f).
[126] Das Material findet sich bei Klauck, Allegorie 192-194; weiteres o. Anm. 121.
[127] 4Esra 9,31 (ich säe in euch mein Gesetz; es wird Frucht bringen); 4Esra 8,6 (Same für das Herz; Frucht); moralisch: Hos 10,12 (Ge-

rechtigkeit); Test L 13,6 (Gutes/Böses); 4Esr 4,29-32 (Böses/Gutes).
[128] Jülicher, Gleichnisreden II 533. Ähnliche Inkonzinnitäten kommen auch sonst vor, vgl. z.B. MidrQoh 5,10,28a bei Bill. I 665 (der Mensch ist im Bild zugleich Pächter und Pachtertrag); Mt 13,24-30 (die Gemeinde findet sich einerseits wieder in den wachsenden Getreide- oder Lolchhalmen, andererseits auch in den fragenden Knechten); Kol 1,6.10 (das Evangelium bzw. die Gemeindeglieder bringen Frucht); Herm s 9, 20,1-3 = 98,1-3 (die Disteln sind zugleich die Reichen und das Hindernis für sie, ins Gottesreich zu kommen).

19 zu ziehen sind[129]. Matthäus formuliert in V 19 ein bißchen klarer, indem er eine ausdrückliche Identifikation des Samens mit dem verkündigten Wort vermeidet, aber um den Preis einer recht unförmigen Partizipialkonstruktion. Ganz vermeidet er aber die Schwierigkeiten auch nicht[130]. Bei ihm sind also die Samen wie in V 38 vor allem die Menschen, die das Wort hören. Damit knüpft er an ein anderes jüdisches Bild an – Gott pflanzt sein Volk bzw. Menschen in die Welt. Seine Verwendung ist allerdings recht vielfältig[131]. In allen nun folgenden Deutungen verwendet Matthäus konsequent den Singular (οὗτος). Es geht um den einzelnen Menschen, der das »Wort vom Reich« hört. Diese Formulierung entspricht seinem »Evangelium vom Reich« (4,23; 9,35; 24,14) und meint die Verkündigung des irdischen Jesus vom Gottesreich[132]. Beim ersten Menschentyp fügt er bei: »und nicht versteht«. Erst der letzte Menschentyp wird hören »und verstehen« (V 23). Matthäus deutet durch diese Rahmung an, daß das »Verstehen«, das er V 13f den nur zuhörenden Volksmassen verweigerte, in unserem Text für ihn ein zentrales Anliegen ist. Wir werden bei V 23 darauf zurückkommen müssen. Beim ersten Menschentyp also raubt der Teufel[133] das gesäte Wort. Sowohl das Bild, daß der Teufel als Vogel dargestellt wird[134], als auch die Sache, daß sich der Teufel besonders gerne an Neubekehrte heranmacht[135], war den Lesern des Evangeliums vermutlich vertraut.

20f Auch in V 20f begegnen vertraute Bilder: Während in jüdischen Weisheitstexten der Weise einem Baum gleicht, der am Bach steht und feste Wurzeln hat, gleicht der Gottlose und der Zweifler einem Baum ohne Wurzeln, der bald verdorrt[136]. Dieses Bild braucht der Text hier und füllt es von den Erfahrungen der Gemeinde her: »Mit Freude« nehmen manche Neubekehrte das

---

[129] Euthymius Zigabenus 403 versucht, sie sprachlich mit der doppelten Möglichkeit eines Obj.s von »säen« zu erklären: Σπείρεται καὶ ὁ σπόρος ... σπείρεται καὶ ἡ γῆ. Lohfink* (Metaphorik) 225 verabsolutiert: Eine jüd. Metaphorik (im ursprünglichen Gleichnis das Säen des Volkes durch Gott [vgl. u. Anm. 131]) werde von einer griech. (vgl. o. Anm. 126) überlagert.

[130] V 19b wird der Same ja weggepickt, kann also hier trotz des mask. οὗτος nicht der hörende Mensch sein.

[131] Von hier aus möchte Lohfink* (Metaphorik) 225-227 den ursprünglichen Sinn des Gleichnisses in der Ansage der endzeitlichen Erneuerung des Gottesvolkes sehen. Dagegen spricht: 1. Nichts legt nahe, den Sämann auf Gott zu beziehen. 2. Abgesehen von Jer 31,27 (und äth Hen 62,8) braucht das AT hierfür das Bild des Pflanzens und nicht des Säens. 3. Σπείρω mit dem Volk als Obj. wird im AT meist im Sinn von »zerstreuen« (= διασπείρω) gebraucht. Vergleichbar sind aber 4Esra 5,48 und 9,41 (einzelne Menschen sind in die Welt gesät).

[132] Vgl. Bd. I 182.

[133] Anders als 5,39; 6,13, aber vermutlich wie 13,38. Ὁ πονηρός = der Teufel ist jüd. sehr selten belegt (vgl. nur BB 16a bei G. Harder, Art. πονηρός, ThWNT VI 552 Anm. 40), aber im NT häufiger (1Joh!, Eph 6,16).

[134] Jub 11,11f (Mastema schickt Raben und Vögel, die den Samen fressen), vgl. Apk Abr 13,3-7 (Azazel als unreiner Vogel). Weiteres bei Klauck, Allegorie 201.

[135] Test Ijob passim, bes. 6-8; JosAs 12,9-11; 1Tim 3,6, vgl. 1Petr 5,8.

[136] Positive Belege: Jer 17,8; Ez 31,2-5; Ps 1,3; vgl. Hi 14,8f; negative Belege: Sir 40,15 (die Wurzel des Frevlers stößt ans Felsgestein); Sap 4,3f (die Wurzeln der Gottlosen haben keine Tiefe); vgl. Jes 40,24; Sir 23,25. Christlich kommt Herm s 9 in große Nähe: 9,1,6 = 78,6; 9,21 = 98 (Zweifler gleichen Pflanzen, die in der Sonne [= θλῖψις] verdorren).

Mt 13,21f   317

Wort an (vgl. 1Thess 1,6), leben aber diesseitsbezogen[137]. »Verfolgung« ist eine Erfahrung, die die matthäische Gemeinde machen mußte, und zwar vor allem von seiten jüdischer Feinde (5,10-12; 10,23; 23,34). Von »Bedrängnis« wird der Evangelist erst wieder in seiner Endzeitrede 24,9.21.29 sprechen; es geht dabei auch um die Feindschaft der Heiden. Es ist also falsch, die »Bedrängnisse«, die Matthäus meint, von den Drangsalen der Endzeit zu unterscheiden[138]. Auch die Verfolgungen gehören in die Endzeit[139], und die Auslegung von Kap. 24 wird zeigen, daß die Matthäusgemeinde sich selber als in der Endzeit lebend versteht. Auch den Abfall der »Diesseitsmenschen« versteht Matthäus als eine Erfahrung der Endzeit (vgl. 24,10). Die endzeitliche Perspektive macht ein Stück weit auch den strengen Dualismus verständlich, der in unserer Erklärung herrscht: Der Satan taucht selber auf; und auch beim zweiten und dritten Menschentyp, wo der Same wenigstens keimt und etwas wächst, ist der Evangelist nicht an Zwischentönen interessiert: Ihm kommt es nur darauf an, daß keiner von den dreien Frucht bringt.

Mit den unter die Dornen Gesäten liegt wiederum ein Bild vor, das im Judentum viele Assoziationen an Böses ermöglicht[140]. Vielleicht ist sogar die Verbindung mit Reichtum und Geschäften in katechetischer Tradition verwurzelt[141]. Die Leser des Matthäusevangeliums werden sofort an 6,19-34 erinnert, wo zuerst vom Reichtum, dann vom Sorgen die Rede war. In der Bergpredigt, wo der Abschnitt über den Reichtum unmittelbar hinter den zentralen Gebetsteil plaziert war, in der Aussendungsrede, wo die Gemeindeglieder als potentielle Wanderradikale angesprochen werden, und hier, wo die Warnung vor dem Reichtum die einzige direkte ethische Ermahnung ist, zeigt sich, wie zentral für Matthäus diese Warnung ist[142]. Der »Betrug«, der der Reichtum ist, meint dabei am ehesten die objektive Gefahr, die der Reichtum als ein Teil dieser Welt darstellt[143]. Die »Sorge« um die »Welt«[144], die in den Auslegungen meist einseitig in den Vordergrund gerückt wird[145], meint den 22

---

[137] Πρόσκαιρος im Gegensatz zu αἰώνιος, vgl. 4Makk 15,2.8.23; JosAs 12,15; Test Abr l.R. 14,15; 2Kor 4,18. Luthers Übersetzung »wetterwendisch« – eine von Bauer, Wb s.v. übernommene Neuprägung Luthers mit dem Sinn »unstet wie das Wetter« – verpaßt die eschatologische Nuance.
[138] Gegen Strecker, Weg 44; mit Kingsbury** 57f.
[139] Vgl. die eschatologische Dimension von 10,23; 23,34.
[140] Dornen und Disteln sind ein verbreitetes bibl. Bild für Unheil. Vgl. bes. Gen 3,18; Jer 12,13 (Weizen säen, Dornen ernten); Nah 1,10 (Widersacher Gottes). Weitere Belege bei Klauck, Allegorie 195f.
[141] Vgl. Herm s 9,1,1 = 78,1; 9,19,1 = 97,1: Dornen und Disteln = Reiche und Geschäftsleute.

[142] Vgl. Bd. I 362f.371f; o. S. 23.78f.95-100.155 u. S. 353f.492f und Bd. III zu 19,16-30.
[143] Ἀπάτη = »Betrug« (vg: fallacia) kann aber auch »Lust« heißen (it b c g h q: voluptas). Eine sichere Entscheidung ist nicht möglich. Lk 8,14, der ἀπάτη wegläßt und ἡδοναί τοῦ βίου zufügt, verstand wohl im zweiten Sinn.
[144] Gen. obj. oder Gen. qual. (weltliche Sorge).
[145] Clemens v Alexandria, Quis Div Salv 11,2. Die Kirchenväter, bei denen die Warnung vor der Bindung an den Reichtum meist eine prominente Rolle spielt, verallgemeinern von Lk her (φιληδονία, μέριμναι βιωτικαί, ἐπιθυμίαι κόσμου), vgl. Heuberger* (Sämann) 241-283. Luther* 120 verinnerlicht und deutet auf den amor sui.

subjektiven Aspekt, das Verhältnis zu ihm. Wieder dominiert am Schluß die negative Perspektive: Dieser Mensch bleibt ohne Frucht. Zwischentöne gibt es wieder nicht.

23 Endlich kommt nach all den Negativbeispielen der positive Schluß: Es gibt auch Menschen, bei denen der Same auf guten Boden fällt. Es ist der Mensch, der das Wort versteht. Noch mehrmals wird Matthäus zeigen, wie die Jünger durch Jesus zum »Verstehen« kommen (15,10; 16,12; 17,13)[146]. Nur durch ihn gibt es Verstehen. Die Stellen zeigen, daß es beim Verstehen zunächst um eine Angelegenheit des Kopfes geht: Es ist eine Parabel (13,19-23), eine Scheltrede (15,10) oder ein rätselhafter Ausspruch (16,12; 17,12), also eine Lehre, die die Jünger mit Jesu Hilfe verstehen. Unser Text führt aber weiter und ist darum recht eigentlich der Grundtext matthäischer Hermeneutik: Verstehen ist mit dem Fruchtbringen[147] und, wie Matthäus neu einführt, mit dem »Tun« verbunden[148]. Hören, Verstehen und Tun gehören für ihn, wie schon im Judentum, zusammen[149]. Verstehen des Wortes vom Reich gibt es nur für den, der es mit dem Gehorsam, der Praxis verbindet[150]. Das ist für Matthäus hier offenbar der Sinn der Allegorie: Es geht nicht wie bei apokalyptischen Visionen um Entschlüsselung von Geheimnissen, die angesichts der zahlreichen »stehenden Bilder« so geheimnisvoll gar nicht sind, sondern die Allegorie ist für ihn das sprachliche Mittel, das Gleichnis auf die Hörer zu beziehen. Es geht hier um *sie selbst*[151] – das sollen die Jünger verstehen, und erst, wenn sie das verstanden haben, haben sie verstanden. Verstehen führt hin zum eigenen Leben und damit zu den Früchten. Darum hat Matthäus auch bewußt von den »Felsenmenschen« und »Dornenmenschen« nicht gesagt, daß sie »verstehen«[152]: Ihr Verstehen wäre kein anderes als das der Pseudopropheten, die durchaus »verstehend« ›Herr, Herr‹ sagen, aber die Früchte, die der Herr verlangt, nicht tun (7,16-23). Daß die Frucht hundert-, sechzig- oder dreißigfältig ist, heißt im Sinne des Matthäus selbstverständlich, daß sie verschieden groß ist, ähnlich wie z.B. im Talentengleichnis Mt 25,20.22. Hier können sich sogar die Abstufungen der altkirchlichen Exegese mit – einem nur gewissen! – Recht auf Matthäus berufen. Aber diese Differenzierungen ändern ebensowenig am positiven Gesamtbild wie das ansatzweise Wachsen von Ähren in V 20-22 am negativen. Matthäus malt schwarz-weiß. Es kommt ihm auf das Daß, nicht auf das Wieviel der Frucht an.

---

[146] Zu συνιέναι bei Mt: Barth, Gesetzesverständnis 99-104 (Verstehen als *Voraussetzung* zum Fruchtbringen); Luz, Jünger 148-151 (die Jünger verstehen die Lehre Jesu, sind aber kleingläubig). Strecker, Weg 228f betont m.R. die Untrennbarkeit von Verstehen und Tun, überzieht aber vermutlich, wenn er erwägt, ob συνιέναι noch ein geistiger Vorgang sei und nicht vielmehr »Chiffre des wahren christlichen Seins«.

[147] Δή ist hier emphatisch und nicht begründend, vgl. Bauer, Wb s.v. 1.

[148] Ποιεῖν in Verbindung mit Früchten: Mt 3,8.10; 7,17-19; 13,26 und vor allem 21,43.

[149] Vgl. 7,24.26 und Bd. I 412f Anm. 6.

[150] Episcopius 81: »non intellectus... actus, sed voluntatis«. Man müßte sagen: Et intellectus et voluntatis!

[151] Darum hat Drewermann* 716-721 grundsätzlich darin recht, daß eine psychologische Hermeneutik einen Dienst zur Erschließung solcher Texte leistet. Vgl. 2Sam 12,7!

[152] Gegen Gnilka I 486.

Das Gleichnis vom vierfachen Acker spiegelt die Situation der matthäischen Zusammen-
Gemeinde. Es geht nicht etwa nur um die Probleme der Neubekehrten[153], fassung
sondern um das Leben der ganzen Gemeinde in der Zeit vor dem Ende. Die
Jünger sollen das Gleichnis vom vierfachen Acker auf sich beziehen und so
zum Verstehen kommen. Die selbstkritische Frage: »Mensch, wie ist dein
Herz bestellt?« ist vom Text her nötig und richtig. Zum Verstehen unseres
Textes kommt man, wenn man nach den eigenen Früchten fragt. In der Auslegung von Mt 13,19-23 steckt ein gehöriges Stück Selbstkritik: Matthäus
rechnet offensichtlich damit, daß es in der Gemeinde Menschen gibt, die vom
Wort des Reichs überhaupt nicht berührt sind, und solche, in denen das Wort
verkümmert, bevor es zu Früchten kommt. Seine Gemeinde darf nicht damit
rechnen, daß in ihrem Schoß das Heil garantiert sei. Ebendarum soll sie sich
aufrütteln und in Bewegung bringen lassen. Das entspricht dem Gemeinde-
bild von 13,36-43[154] und dem Gast ohne Hochzeitskleid in 22,11-14. Das entspricht auch der ganzen, gewaltigen Perspektive von 24,37-25,46. Selbst-
sicher und selbstzufrieden ist Matthäus nicht und sollen auch seine Leser/in-
nen nicht sein.
Keiner der Versuche der Auslegungsgeschichte, unseren Text von der Gnade
her zu deuten[155], kam ihm auch nur irgendwie so nahe wie seine klassische
paränetische Auslegung. Wir kehren darum zurück zu unserer Ausgangsfrage: Ist er »gesetzlich-pietistisch«? Ich möchte sie auf das Problem der Heilsgewißheit konzentrieren: Worauf kann sich die Gemeinde verlassen? Offensichtlich *nicht* darauf, daß alle ihre Glieder am Schluß zu denjenigen gehören,
die Frucht bringen und dadurch vor dem Weltrichter bestehen. Aber sie kann
sich auf Jesus verlassen. Er ist »mit ihnen« (vgl. 28,20) in diesem Gleichnis-
kapitel. Er spricht sie für ihr Hören und Sehen selig. Und er macht diese Seligpreisung wahr, indem er ihnen als Lehrer das Gleichnis erklärt und sie gleichsam in seine Lebensschule nimmt. Darum geht es bei der Belehrung der Jünger durch Jesus im Haus (V 36-53). Er entschlüsselt ihnen auch das Geschick
des nicht hörenden und nicht verstehenden Volkes Israel. Daß der Gemeinde
geschenkt wird, das Nichtverstehen Israels zu verstehen, sich selbst zur Warnung, ist für sie wiederum eine positive Kraft. Hier steckt auch ein Hinweis
zum Umgang mit der Schwarz-Weiß-Malerei, die unseren Text beherrscht:
Man kann und muß wohl fragen, ob diese dualistische Bewertung des Menschen wirklich der Wahrheit Gottes entspricht. Man kann und muß fragen,
ob die vergeblichen Versuche z.B. derjenigen Menschen, die dem Druck einer
Verfolgung oder dem Reichtum nicht widerstehen konnten, wirklich rein
nichts wert sind, während schon die dreißigfältige Frucht eines Hörers und
Täters zu hundert Prozent positiv ist. Fatal war unser Text – und kann er wieder werden –, wenn man weiß, daß mit den ersten drei Ackertypen »die ande-

---

[153] So richtig Kingsbury** 54f.
[154] Die Nähe zwischen V 18-23 und 36-43 ist durch verschiedene Stichworte angedeu- tet: Σπείρω, αἰών, σκανδαλ-, πονηρός, βασιλεία.
[155] Vgl. o. S. 304f.

ren« gemeint sind, z.B. Israel oder die Randsiedler einer christlichen Gesellschaft. Dann wird der Text verfehlt. Er will ja nicht zu allgemeinen Überlegungen über »den« Menschen anleiten und schon gar nicht zur Selbstbestätigung der eigenen Fruchtbarkeit führen. Richtig verstanden ist er erst, wenn ihn Hörer/innen *selbstkritisch* als Anfrage an sich selbst verstehen.

Verläßlich sind also nicht die eigenen Früchte, zu denen der Text aufruft. Heilsgewißheit von ihnen her gibt es nicht, obwohl es im Gericht auf sie ankommt. »Gesetzlich« ist unser Text aber deshalb nicht, weil Jesus, der die Gemeinde zu Früchten aufruft, verläßlich ist und bei seiner Gemeinde bleibt bis ans Ende der Welt (28,20).

2.2 Der Taumellolch im Weizenfeld (13,24-30)

Literatur: Bacq, P. / Ribadeau Dumas, O., Reading a Parable: The Good Wheat and the Tares (Mt 13), LV 39 (1984) 181-194; *Bainton, R.H.,* Religious Liberty and the Parable of the Tares, in: ders., The Collected Papers in Church History I, Boston 1962, 95-121; *Barth, G.,* Auseinandersetzungen um die Kirchenzucht im Umkreis des Matthäusevangeliums, ZNW 69 (1978) 158-177; *Catchpole, D.,* John the Baptist, Jesus and the Parable of the Tares, SJTh 31 (1978) 557-570; *Corell, J.,* La parábola de la cizaña y su explicación, Escritos del Vedat 2, Torrente 1972, 3-51; *Friedrich, J.,* Gott im Bruder, 1977 (CThM.A 7), 66-87; *Geist,* Menschensohn 74-104; *Goedt, M. de,* L'explication de la parabole de l'ivraie (Mt 13,36-43), RB 66 (1959) 32-54; *Jeremias, J.,* Die Deutung des Gleichnisses vom Unkraut unter dem Weizen (Mt 13,36-43), in: ders., Abba 261-265; *Jülicher,* Gleichnisreden II 546-563; *Jüngel,* Paulus 145-149; *Luz, U.,* Vom Taumellolch im Weizenfeld, in: Vom Urchristentum zu Jesus (FS J. Gnilka), hrsg. H. Frankemölle – K. Kertelge, Freiburg 1989, 154-171; *Marguerat, D.,* L'église et le monde en Matthieu 13,36-43, RThPh 110 (1978) 111-129; *ders.,* Jugement 436-446; *Smith, C.W.F.,* The Mixed State of the Church in Matthew's Gospel, JBL 82 (1963) 149-168; *Theisohn, J.,* Der auserwählte Richter, 1974 (StUNT 12), 182-201; *Trilling,* Israel 124-127.151-154; *Vögtle, A.,* Das christologische und ekklesiologische Anliegen von Mt 28,18-20, in: ders., Evangelium 253-272.
Weitere Literatur** zur Gleichnisrede o. S. 291.

24 Er legte ihnen ein anderes Gleichnis vor und sagte: »Das Himmelreich ist einem Mann ähnlich[1], der guten Samen auf seinem Acker säte. 25 Als aber die Menschen schliefen, kam sein Feind[2] und säte Taumellolch darauf, mitten in den Weizen, und ging weg. 26 Als aber die Halme anfingen zu sprossen und Früchte zu tragen, da wurde auch

---

[1] Semitisierender Aor. statt konfektives Praes.: Bl-Debr-Rehkopf § 333,2 und Anm. 6; Ges-K [26]1896, 169 = § 106,2c (hbr. Perf. der »erfahrungsgemäßen Thatsache«).

[2] Voranstellung des Possessivpron. ist nur griech. möglich. Sheret, Examination 315 zählt bei Mt beim Possessivpron. der 3. Pers. nur 29 Voranstellungen bei 291 Fällen. Man darf deshalb nicht vom Semitischen her übersetzen »ein Feind von ihm« (so Jeremias, Gleichnisse 222), sondern wie o. Vermutlich ist der Art. von der Deutung her zu erklären: *der* Feind = der Teufel.

der Taumellolch sichtbar. **27 Es traten aber die Knechte des Hausherrn herzu und sagten ihm:** ›**Herr, hast du nicht guten Samen auf deinem Acker gesät? Woher hat er nun Taumellolch?**‹ **28 Er aber sprach zu ihnen:** ›**Ein Feind**[3] **hat das getan**‹**. Die Knechte aber sagen zu ihm:** ›**Willst du also, daß wir weggehen und ihn zusammenlesen?**‹ **29 Er aber spricht:** ›**Nein, damit ihr nicht etwa beim Zusammenlesen des Taumellolchs zugleich mit ihm die Wurzeln des Weizens ausreißt! 30 Laßt beides zusammen wachsen bis zur Ernte. Und zur Erntezeit werde ich den Schnittern sagen:** ›**Lest zuerst den Taumellolch zusammen und bindet ihn in Bündel, um ihn zu verbrennen; den Weizen aber sammelt in meine Scheune!**‹«

1. *Aufbau.* Die knappe Einleitung (V 24a) verbindet unser Gleichnis mit den beiden folgenden (V 31a.33a). Das Thema des Säens ist dasselbe wie im vorigen Gleichnis; die Stichworte ἀγρός, σπέρμα und σπείρω tauchen wieder auf. Sehr auffällig ist für den Leser, daß die Deutung in V 37-43 vom Gleichnis getrennt ist; sie erfolgt erst im Haus. Die Geschichte selbst zerfällt in zwei Teile, die Exposition V 24-26 und das Gespräch des Hausherrn mit den Knechten V 27-30. Der erste Teil dieses Gesprächs, V 27-28a, nimmt in Frage und Antwort lediglich die beiden Teile der Exposition wieder auf, nämlich das »Säen« des »guten Samens« »im Acker« (V 24b.27b) und die Tat des »Feindes« (V 25a.28a). Der zweite Teil V 28b-30 führt zur überlangen Antwort des Herrn. Verschiedenes ist eigenartig: Mehr als die Hälfte dieser Geschichte besteht aus einem Gespräch, in dem nichts geschieht. Die zeitliche Struktur ist kompliziert: Neben der Zeit der Aussaat und der Zeit des Wachstums kommt auch die Zeit der Ernte vor, aber nur antizipiert in der direkten Rede des Hausherrn. Die lange Antwort des Hausherrn V 29f enthält eine Rede in der Rede, nämlich das, was der Hausherr dannzumal den Schnittern sagen wird. Die Geschichte ist also ein Drama mit drei Akten, wobei der letzte Akt nur angekündigt wird[4]. Manche Einzelheiten scheinen unvermittelt oder unstimmig: Aus dem Bauern, der – offenbar selber! – sät (V 24), wird ein »Hausherr« mit vielen Knechten. Die Ernte aber wird er nicht mit diesen, sondern mit »Schnittern« (V 30a) durchführen. Elementare Erzählgesetze der Gleichnisse wie Geradlinigkeit und größtmögliche Reduktion der Zahl der beteiligten Personen[5] scheinen in dieser Geschichte durchbrochen. Wie viele Parabeln enthält sie ein Überraschungsmoment, nämlich die nächtliche Aktion des Feindes[6]. Es ist aber nicht, wie sonst oft, der Skopus der Geschichte[7], sondern Ausgangspunkt einer »Fragestunde« mit einer langen Absichtserklärung des Hausherrn. Seine Antwort formuliert der

Analyse

---

[3] Ἐχθρός kann Subst. oder Adj. sein. Ἄνθρωπος mit einem Subst. ist griech. üblich, vgl. Bauer, Wb s.v. 3αε. Die Annahme eines Semitismus ist unnötig (gegen Black, Muttersprache 106).
[4] Darum ist auch das »Dialoggleichnis« Lk 13,6-9 oder das ähnliche rabb. Dialoggleichnis vom Pächter PesK Anh IB (bei Thoma-Lauer, Gleichnisse Nr 76 = 321) keine echte Par.
[5] Bultmann, Tradition 203f.

[6] Jeremias, Gleichnisse 222 hält für diese Überraschung eine besondere Erklärung bereit, die auch wieder überraschend, weil in Jesusgleichnissen m.E. analogielos ist: Jesus habe an eine wirklich geschehene Begebenheit angeknüpft.
[7] Berger, Formgeschichte 54: In Parabeln hat »die *Pointe* ... die Struktur ...: ›Man staune, so etwas kann es auch geben‹«. Das trifft auf die Anweisung des Herrn zu, den Lolch nicht jäten zu lassen, nicht aber auf das überraschende Verhalten des Feindes.

Hausherr am Schluß mit den Worten Johannes des Täufers (vgl. Mt 3,12). Jülicher fand: »Diese Darstellungsform (entbehrt) innerhalb der Reden Jesu aller Analogie«[8]. Sehr eigenartig ist sie auf jeden Fall!

2. *Quelle.* Das Gleichnis steht an der Stelle des mk von der selbstwachsenden Saat (Mk 4,26-29), das auch bei Lk fehlt. Die Reminiszenzen an diese Geschichte sind auffällig: In gleicher Reihenfolge stehen ἄνθρωπος, καθεύδω, βλαστά(ν)ω, χόρτος, σῖτος, θερισμός. Man kann unsere Geschichte geradezu als Gegengeschichte zu Mk 4,26-29 lesen: Ein Mann säte *guten* Samen. Aber während er schlief, ging nicht etwa die Saat auf, sondern es kam ein böser Feind ... Wurde diese Gegengeschichte von Mt gebildet?[9] Das ist nicht unmöglich, aber m.E. doch eher unwahrscheinlich, denn sie ist sprachlich weitgehend trad. und nur mt überformuliert[10]. Ist die Geschichte trad., so wurde sie entweder von Mt bei der Plazierung mit auf Mk 4,26-29 bezogenen Anspielungen versehen. Oder ist sie in der mt Gemeinde als kritische Variante zum Gleichnis von der selbstwachsenden Saat erzählt worden? Beide Möglichkeiten sind denkbar. Unwahrscheinlicher ist, daß sie Mt bereits in seinem Markusexemplar an der Stelle von Mk 4,26-29 gelesen hat[11].

3. *Traditionsgeschichte und Herkunft.* Die Geschichte ist merkwürdig, wenn auch nicht widersprüchlich[12]. Sie lädt zu traditionsgeschichtlichen Dekompositionsversuchen geradezu ein. Da es keine eigentlichen Brüche gibt, sind die Entscheidungen schwierig. Man hat entweder a) versucht, den bösen Feind aus der Geschichte zu entfernen (etwa V 25.27.28a)[13]. Dann bleibt als Kern die Gegenüberstellung: Wachstum von Weizen und Unkraut jetzt und Scheidung beider erst bei der Ernte. Oder man kann b) die ausführliche Antwort des Herrn mit dem Ausblick auf die Ernte für sekundär ansehen (V 30)[14]. Dann blickt die Parabel ähnlich wie 13,3-8 nicht explizit auf das kommende Gericht. Oder man kann c) beide Lösungen miteinander kombinieren[15]. Schön wäre es, wenn wir eine exakte Parallelität zum Gleichnis vom Fischnetz erhielten, das schon Mt als Parallelgleichnis empfunden hat. Doch das ist bei den meisten Lösungsvorschlägen nicht der Fall[16]. *Alle* oben skizzierten Merkwürdigkeiten des Textes aufheben kann man nur, wenn man ihn z.T. ganz neu formuliert. Alle diese

---

[8] Jülicher, Gleichnisreden II 559.
[9] So Gundry 261: eine red. Vermischung zwischen Mk 4,26-29 und Mk 4,3-9. Auch Goulder, Midrash 367-369 rechnet mit mt Bildung.
[10] Mt ist: die Einl. V 24aα (ἄλλος, λέγων), ferner V 24 τῶν οὐρανῶν, ἄνθρωπος + Part.; V 25 δέ, ἀπέρχομαι (?); V 26 δέ, τότε, evt. καρπὸν ποιέω, φαίνομαι; V 27 προσελθόντες ... εἶπον, κύριε, οὖν; V 28 δέ, οὖν, ἀπελθών (?); V 29 φημί, μήποτε (?); V 30 ἕως, ἐρῶ, πρῶτον, συνάγω, πρὸς τό mit Inf., vgl. Bd. I Einl. 3.2.
[11] Die gemeinsame *Auslassung* von Mk 4,26-29 durch Mt/Lk ist sogar ein »Major Agreement«. Aber Mt bietet einen Ersatz; Lk streicht den ganzen Abschnitt Mk 4,26-34 und ersetzt ihn durch 8,19-21.
[12] Am schwierigsten ist καρπὸν ἐποίησεν V

26, weil die Zeitstufe des Wachstums durchbrochen zu werden scheint. Aber es ist auch in der Geschichte verstehbar, wenn man den Aor. wie ἐβλάστησεν ingressiv auffaßt (gegen Weder** 121 Anm. 120).
[13] J. Weiss 334; Knox, Sources II 130.
[14] Z.B. Jüngel, Paulus 148. Besonders radikal Kingsbury** 65: V 24b-26 sind der Kern der vormt Parabel.
[15] Schweizer 197 (V 25.27-28a und z.T. V 30 sind sekundär); ähnlich Beare 304-306; Weder** 122 (zwei Stufen der Gemeindebearbeitung; ursprünglich sind etwa V 24.26 und 30bc als Geschichte); Catchpole* 563-569 (ursprünglich sind V 24b.26b ... 30b).
[16] Das Fischnetzgleichnis ist in V 48 vom Standpunkt der »Ernte« aus formuliert, das Unkrautgleichnis blickt auf die künftige Ernte voraus.

Vorschläge gehen davon aus, daß es einmal eine ursprüngliche Parabel gab. Nur ist ihre Rekonstruktion offensichtlich schwierig, genauso schwierig, wie wenn z.B. von der Geschichte vom großen Gastmahl nur die Matthäusfassung 22,1-14 erhalten wäre. Ihren Sinn sehen die meisten in einer Warnung vor vorzeitiger Scheidung und einer Ermutigung zur Geduld bis zur Ernte: Gott wird zu seiner Zeit die Scheidung vollziehen![17] Die Jünger stehen nicht unter dem »Zwang zur Herstellung einer ›reinen‹ Gemeinschaft von Gerechten«[18]. Jesus hat ja selbst auf die Gründung einer eigenen Gemeinschaft des »wahren Israel« verzichtet. Diese beliebte »antiessenische« Deutung der ursprünglichen Parabel ist nur möglich, wenn die Dekomposition nicht zu radikal und mindestens ein Teil des erzählerisch so schwierigen Ausblicks auf die Ernte V 30 ursprünglich ist. Dann bleibt aber die Parabel *formal* eigenartig[19]. Außerdem setzt sie voraus, daß die Sachhälfte der Parabel »landwirtschaftlich« plausibel ist, so daß den Hörern das, was der Hausherr den Knechten sagt, einleuchtet. Das ist aber sehr fraglich[20]. Man hat deshalb auch andere Deutungen vorgeschlagen[21]. Fazit: Wenn es eine ursprüngliche Parabel gegeben hat, können wir ihren Sinn kaum mehr erkennen.

Es gibt aber noch eine grundsätzlich andere Erklärungsmöglichkeit: Nach ihr sind die Anspielungen auf Mk 4,26-29 nicht sekundär, sondern gehören von Anfang an konstitutiv zur Geschichte. Dann ist sie in der Gemeinde als vertiefende oder kritische Weiterführung von Mk 4,26-29 gebildet worden. Man braucht sie dann überhaupt nicht traditionsgeschichtlich zu dekomponieren, denn sie war von Anfang an eine konzis formulierte und inhaltlich stimmige, stark allegorische Geschichte[22]. Sie formuliert die Geschichte Mk 4,26-29 von der Erfahrung her neu, daß das Böse trotz der »Aussaat« des Gottesreichs weiterhin real wirksam ist, und versucht, die »Zwischenzeit mit ihren spezifischen ... Problemen« vom »Anfang und insbesondere (der) Vollendung der Basileia« her zu verstehen[23]. Die mt Deutung in V 37-43 bleibt zwar gegenüber dem Gleichnis sekundär; sie ist aber dann eine Akzentuierung im Rahmen der allegorischen Deutungspotentiale, die die Geschichte von Anfang an bereitstellte[24]. Diese Erklärungsmöglichkeit ist verführerisch, weil sie so einfach ist. Ich gebe ihr darum, ohne Beweismöglichkeiten zu haben, den Vorzug.

Wir haben uns zunächst nur mit der Bildhälfte zu beschäftigen, denn Matthäus wird ja seine Deutung in V 37-43 darlegen. Das Himmelreich ist einem Sämann ähnlich, der guten Samen in den Acker säte. Das scheinbar überflüs-

Erklärung 24

---

[17] Jeremias, Gleichnisse 224, ähnlich z.B. Dodd, Parables 38 (als Antwort auf den Einwand, daß das Gottesreich nicht kommen könne, solange es Sünde gibt in Israel); Braun, Radikalismus II 59 (mit Hinweis auf Mt 7,1f); Bonnard 198.204; Goedt* 54 (gegen Ungeduld der Jesusjünger).
[18] Weder** 125.
[19] Es sei denn, wenn man sie teilweise neu schreibt, wie etwa Catchpole* 569 oder Weder** 125.
[20] Vgl. die Erklärung u. S. 324.
[21] Z.B. Catchpole* 569f versteht die ursprüngliche, von ihm entsprechend dekomponierte Parabel als Warnung an das »corpus permixtum« Israel: Das göttliche Gericht über das Volk wird bei der Ernte bestimmt kommen.
[22] Manson, Sayings 193; Klauck, Allegorie 226f.
[23] P. Dschulnigg, Rabbinische Gleichnisse und das Neue Testament, 1988 (JeC 12), 496. Dschulnigg versteht den Text ohne traditionsgeschichtliche Dekomposition als Jesusgleichnis, das »verschiedene Stadien der Basileia« (ebd.) verdeutliche.
[24] Die allegorische Deutung würde dann die vorgegebene Geschichte ebenso gut treffen wie bei Mk 4,3-8.13-20.

25 sige »gut« bereitet auf die Überraschung vor, die folgt: In der Nacht kam sein Feind und säte Taumellolchsamen darunter. Ζιζάνια[25], Taumellolch, ist im ganzen Orient verbreitet und gilt oft als Entartung oder verhexte Form des Weizens[26]. Entgegen der Meinung des Hieronymus[27] ist er nicht nur im Reifestadium, sondern auch im Wachstumsstadium durch seine schmalen Blätter vom Weizen unterscheidbar[28]. Seine Giftigkeit kommt von einem Pilz, der häufig in ihm ist.

26f Mit dem Wachstum und dem Anfang des Reifens des Weizens wird auch der Lolch sichtbar. Es tauchen Knechte auf, die dem Bauern – nun ein Hausherr – die ganz überflüssige Frage stellen, ob er nicht guten Samen gesät habe und woher denn der Lolch komme. Die Frage ist unnötig, zumal die Knechte nicht nach der übergroßen Menge des Lolchs fragen. Wen wundert es, wenn in ei-
28 nem Getreidefeld der unvermeidliche Lolch auftaucht? Noch überraschender ist die Antwort des Hausherrn: Er weiß offenbar, daß ein böser Feind das angestellt hat! Aber welcher Feind käme denn schon auf diese Idee und hätte dann auch noch genügend Lolchsamen parat, um sie in finsterer Nacht auszustreuen![29]. Eher schneidet man in der Nacht heimlich das reife Getreide[30] oder zündet das Feld an! Verständlich ist dagegen der Vorschlag der Knechte,
29 den Lolch auszujäten, denn das wäre in der Tat das Normale[31]. Der Herr will das aber nicht, damit mit dem Lolch nicht auch das Getreide ausgerissen wird. Das Gleichnis will also nicht den gewöhnlichen Hergang der Landwirt-
30 schaft schildern. Das wird am Schluß besonders deutlich: Die Schnitter, nicht die fragenden Knechte, werden dann zuerst den Lolch sammeln, in Garben binden und verbrennen. Normalerweise ist es wohl umgekehrt: Trotz des Jätens stehengebliebener Lolch wurde von den Schnittern fallengelassen und nachher als Hühnerfutter gesammelt oder verbrannt[32].

Eine eigenartige Landwirtschaft also, bei der die Hörer/innen des Gleichnisses sich ihre Gedanken machten! Sie werden dadurch erleichtert, daß manche Ausdrücke sich leicht metaphorisch deuten lassen. Das gilt für Säen und Fruchtbringen und für den Feind, der in jüdischen Texten häufig den Teufel meint[33], während der Hausherr Gott[34], die Knechte die Frommen symbolisieren. Das Nebeneinander von Unkraut und Weizen steht in jüdischen

---

[25] Semitisches Lehnwort, vgl. Luz* 156, griech. αἶρα = lolium temulentum.
[26] Dalman, Arbeit II 249; Luz* 156.
[27] 112.
[28] Luz* 156 Anm. 11.
[29] Wer bewahrt schon Taumellolchsamen zu Hause auf? Die seit Dalman, Arbeit II 308f immer wieder angeführte blumige orientalische Story eines Mannes, der Schilfgras ins Feld seines Nachbarn gesät haben will, zeigt nur, wie gut man im Orient Geschichten erzählen kann.
[30] SDtn 43 zu 11,17f (übers. Bietenhard 158f).
[31] So für das arabische Palästina Dalman, Arbeit II 323-325. Die dort genannte Ausnahme bestätigt die Regel.
[32] I. Löw, Die Flora der Juden I, Nachdr. Hildesheim 1967, 726; Dalman, Arbeit II 325.327.
[33] Test D 6,3; gr Bar 13,2; Test Ijob 47,10; Apk Mos 2.7.25.28.
[34] So auch in dem eng verwandten Gleichnis vom Lebensbaum und vom Todesbaum PesK Anh IB, vgl. o. Anm. 4.

Gleichnissen nicht selten für die Völker und Israel³⁵. Die Ernte ist verbreitetes Gerichtsbild³⁶; auch »entwurzeln« wird in der Tradition häufig so gebraucht³⁷. Stimmig ist in diesem Kontext auch, daß die Lolchhalme zuerst eingesammelt und verbrannt werden, denn nach jüdischer Erwartung werden in den Enddrangsalen oder im Vernichtungsgericht die Bösen vernichtet und die Gerechten bewahrt³⁸. Stimmig ist schließlich die Unterscheidung zwischen den fragenden Knechten, nämlich den Frommen, und den Schnittern, die die Rolle der Strafengel übernehmen³⁹. Kurz, die Gemeinde dürfte in unserer Geschichte eine Rätselparabel gesehen haben⁴⁰, deren unwahrscheinliche Züge sie mit Hilfe ihr vertrauter Metaphern deutete. Sie bezog sie vielleicht auf ihr Verhältnis zum nicht-christusgläubigen Teil Israels, das dann im Gegensatz zu den jüdischen Gleichnissen⁴¹ unter dem Bild des Lolchs erscheint: Die Verkündigung Jesu hat in Israel Feindschaft erweckt. Aber man soll die Scheidung vom jesusfeindlichen Teil Israels nicht vorschnell erzwingen. Gottes Gericht wird sie bringen. Wahrscheinlicher ist mir aber, daß bereits vor Matthäus die Geschichte auf die Gemeinde selbst bezogen wurde und vom Auftauchen des Bösen *in der* Gemeinde sprach. Hier liegt dann der Skopus bei Matthäus selbst⁴².

Spätestens für Matthäus und für diejenigen seiner Leser, die das Gleichnis Mk 4,26-29 kannten, waren dann die Reminiszenzen daran wichtig: Auffällig ist insbesondere, daß in unserer Geschichte das Motiv des Schlafens anders eingesetzt ist. Während das Schlafen in Mk 4,26-29 eine natürliche und folgenlose Sache ist, naht sich hier der böse Feind, während die Leute schlafen⁴³. Den Hausherrn und seine Knechte hatte Matthäus in 10,24f schon erwähnt: Es geht um Christus und seine Jünger. Darum reden ihn die Knechte auch mit »Herr« an. Beim Verbrennen (κατακαίω) des Unkrauts und beim Sammeln des Weizens in die Scheunen (συνάγειν τὸν σῖτον εἰς τὴν ἀποθήκην) dachten sie an die Gerichtspredigt Johannes des Täufers in 3,12. Einmal mehr nimmt also Jesus ein Täuferwort auf⁴⁴. Kurz, die Geschichte erweist sich für die Leser des Evangeliums als doppelbödig. Was ist ihre Sachhälfte? Vom Kontext Mt 13,1-3 her haben sie vielleicht zunächst an ihr Zusammenleben mit dem »un-

---

³⁵ Belege bei Luz* 157 Anm. 19. NumR 4 (141b) = Bill. I 667 und AgBer 23 (= Buber 48, zitiert bei Flusser, Gleichnisse 135) stellen Lolch und Weizen einander gegenüber.
³⁶ Vgl. Anm. 11 zu 9,36-38 und Klauck, Allegorie 223f.
³⁷ Vgl. Weder** 121f Anm. 123.
³⁸ Vgl. Volz, Esch 157f.304f und Apk 19f.
³⁹ Vgl. äth Hen 53,3-5; 54,6; Ass Mos 10,2; Bill. I 672.974; Volz, Esch 276f.303f.
⁴⁰ Goedt* 52: »De la parabole-énigme à l'allégorie, la distance n'est pas grande«.
⁴¹ Vgl. o. Anm. 35.
⁴² Marguerat* 127f weist m.R. hin auf 1QS 3,13-4,26 als allgemeine Par: Auch dort wird

das stabile Nebeneinander von Gut und Böse bis zum Endgericht vom Verf. paränetisch fruchtbar gemacht.
⁴³ Vgl. die negative Besetzung von καθεύδω Mk 13,36; 1Thess 5,6 und in der Getsemaniperikope. Mt (und die Trad. vor ihm) mahnen zur Wachsamkeit (24,42; 25,13; vgl. 26, 38. 40). Wird an diesem Punkt ein Teil des Unbehagens spürbar, das die Gemeinde bei Mk 4,26-29 hatte? Christen sollen eben nicht schlafen, sondern wachsam sein, denn »euer Widersacher, der Teufel, geht umher wie ein brüllender Löwe« (1Petr 5,8).
⁴⁴ Vgl. Bd. I 405 Anm. 36.

gläubigen« Israel gedacht⁴⁵. Diese – vielleicht traditionelle – Deutung paßte aber nicht mehr, denn inzwischen hatte sich der Weizen, die Gemeinde, vom Lolch, der Synagoge, trennen müssen⁴⁶. Matthäus wird seinen Lesern bzw. Jesus seinen Jüngern deshalb eine neue Deutung abseits vom Volk im Haus geben.

2.3 Senfkorn und Sauerteig (13,31-33)

Literatur: Dupont, J., Les paraboles du sénevé et du levain (Mt 13,31-33; Lc 13,18-21), in: ders., Etudes II 592-608; *ders.*, La couple parabolique du sénevé et du levain, ebd. 609-623; *Hunzinger, C.H.*, Art. σίναπι, ThWNT VII 286-290; *Jülicher*, Gleichnisreden II 569-581; *Klauck*, Allegorie 210-218; *Kogler, F.*, Das Doppelgleichnis vom Senfkorn und vom Sauerteig in seiner traditionsgeschichtlichen Entwicklung, 1988 (FzB 59); *Kuss, O.*, Zur Senfkornparabel, in: ders., Auslegung und Verkündigung I, Regensburg 1963, 78-84; *ders.*, Zum Sinngehalt des Doppelgleichnisses von Senfkorn und Sauerteig, ebd. 85-97; *Laufen*, Doppelüberlieferungen 174-200; *Schultze, B.*, Die ekklesiologische Bedeutung des Gleichnisses vom Senfkorn, OrChrP 27 (1961) 362-386; *Schulz*, Q 298-309.
Weitere Literatur** zur Gleichnisrede o. S. 291.

31 Er legte ihnen ein anderes Gleichnis vor und sagte:
»Das Himmelreich gleicht einem Senfkorn,
    das ein Mann nahm und auf seinen Acker säte;
32 es ist zwar der kleinste¹ aller Samen,
    wenn es aber gewachsen ist,
    ist es die größte der Gemüsepflanzen und wird ein Baum,
        so daß die Vögel des Himmels kommen
        und sich in seinen Zweigen niederlassen²«.
33 Er redete³ zu ihnen ein anderes Gleichnis:
»Das Himmelreich gleicht einem Sauerteig,
    den eine Frau nahm und in drei Sat Weizenmehl verbarg,
    bis es ganz durchsäuert war«.

Analyse 1. *Aufbau.* Die beiden kurzen Gleichnisse vom Senfkorn und vom Sauerteig schließen Jesu öffentliche Gleichnisrede ab. Das Senfkorngleichnis bleibt beim Thema des vorangehenden Saatgleichnisses und ist durch mehrere Stichworte mit ihm verbun-

---

⁴⁵ Das schlagen Wilkens** 318f und Kingsbury** 72-76 vor.
⁴⁶ Vgl. Bd. I 70f.
¹ Der Komp. hat in der ntl. Sprache weithin auch die Bedeutung des Superl. übernommen, ohne daß beide Bedeutungen unterscheidbar wären (Bl-Debr-Rehkopf § 60.244).
² Κατασκηνόω (= »sich niederlassen, ausruhen, zelten, Wohnung nehmen«) heißt hier nicht notwendig »nisten« (so sicher nicht Mk 4,32!).
³ Am besten bezeugt ist hier ἐλάλησεν und in V 31 παρέθηκεν. Entspricht das dem Urtext, so hat Mt den exakten Parallelismus der Gleichniseinleitungen in V 33 preisgegeben und mit ἐλάλησεν bereits eine Brücke zu V 34 geschaffen.

den⁴. Auch die Gleichniseinleitung ist dieselbe wie 13,24. Im Gleichnis vom Sauerteig wird sie variiert. Beide Gleichnisse sind in ihren ersten Teilen parallel konstruiert, nicht jedoch in ihren Schlüssen.

2. *Quellen*. Beide Gleichnisse stammen aus Q⁵. Der Q-Text wird Lk 13,18-21 ziemlich wörtlich überliefert. Die Einleitungen V 31a und 33a sind red.⁶. Das *Senfkorngleichnis* fand Mt auch in Mk 4,30-32 vor. Für den Mittelteil V 32a-c stützt er sich auf Mk; den Anfang und den Schluß gibt er unter geringfügigen Änderungen⁷ nach Q wieder. Im *Sauerteiggleichnis* unterscheidet sich Mt nur durch den Wegfall der rhetorischen Eingangsfrage und durch τῶν οὐρανῶν von Q.

3. *Traditionsgeschichte*. Die Mk- und die Q-Fassung des *Senfkorngleichnisses* unterscheiden sich in manchen Punkten. Welche Fassung ist die ältere? Klar ist m.E. folgender Punkt: Bei Mk ist der Gegensatz zwischen dem »kleinsten aller Samen auf der Erde« und der »größten aller Gemüsepflanzen« betont, der in Q nur implizit durch die Bildwahl des winzigen Senfkorns vorausgesetzt ist. Hier ist die mk Fassung deutlich sekundär, weil durch ihre Akzente die Konstruktion des Gleichnisses gebrochen ist⁸. Darum ist auch δένδρον in Q ursprünglich⁹. Viel weniger klar ist die Hauptfrage: Der Q-Text ist eine *Parabel*, die von einem Sämann erzählt; Mk 4,30-32 ist ein *Gleichnis*, welches das Gottesreich mit einem Senfkorn vergleicht. In der mk Fassung ist der Kontrast zwischen dem kleinsten Samen und der am Schluß weit ausladend geschilderten größten Gemüsepflanze explizit betont, in der Q-Parabel ist er durch das Bild des Senfkorns nur implizit enthalten. Ist der Q-Text sekundär, weil das ursprüngliche Senfkorngleichnis an die Sauerteigparabel (Lk 13,20f) angepaßt worden wäre? Oder ist in der vormk Überlieferung die Parabel zum Gleichnis geworden, weil der Erzähler den Gegensatz zwischen winzigem Senfkorn und großer Pflanze ausdrücklich erwähnen wollte¹⁰? Beweisbar ist hier nichts. Mir scheint das Argument für das höhere Alter der Parabelform in Q gewichtiger¹¹. Unklar ist schließlich die biblische Anspielung am Schluß. Sie steht in Mk 4,32 am nächsten bei Ez 17,23, in Q am nächsten bei Dan 4,18 (= 4,21Θ). Es liegt in keinem Fall ein wörtliches Zitat vor. Welche Fassung die ältere ist, läßt sich nicht mehr aufhellen. Es ist auch möglich, daß die biblische An-

---

⁴ Ἄνθρωπος, σπείρω, ἐν τῷ ἀγρῷ αὐτοῦ, σπέρμα.
⁵ Kogler* lehnt Q als Quelle ab und nimmt dagegen eine deuteromk Rez. als alleinige Quelle von Mt/Lk an. Abgesehen von den Schwierigkeiten, die dann red. Plazierung von Lk 13, 18-21 zu erklären, scheitert diese These daran, daß die sog. overlap-Texte (Doppelüberlieferungen aus Mk und Q) eine *signifikant* höhere Dichte von MA aufweisen, die eine besondere Erklärung erfordert, vgl. Ennulat, Agreements 11.
⁶ Παρατίθημι mit λόγος, νόμος usw. ist LXX-Sprache.
⁷ Mt sind: die Einl. V 31a, die Auslassung der rhetorischen Einleitungsfragen, ἐν τῷ ἀγρῷ αὐτοῦ (vgl. V 24), μέν — δέ (vgl. Bd. I Einl. 3.2), αὐξάνω pass. (vgl. Mk 4,8).
⁸ Mk 4,32 repetiert ὅταν σπαρῇ und fügt die Erklärung μικρότερον ... im Neutr. an. Außerdem bekommt so γῆ Mk 4,31a und b einen verschiedenen Sinn. Aber auch der vormk Text hat vom Wachsen gesprochen (ἀναβαίνει / καὶ ποιεῖ κλάδους μεγάλους).
⁹ Καὶ ποιεῖ κλάδους μεγάλους Mk 4,32b ist dann als Übergang zu der trad. vorgegebenen bibl. Anspielung nötig.
¹⁰ Man braucht m.E. keinen inhaltlichen Unterschied zwischen der Mk- und der Q-Fassung anzunehmen. Vielleicht war es nur nötig, einem Nicht-Bauern, z.B. einem Städter, zu erklären, was das Besondere am Senfkornsamen ist.
¹¹ Ähnlich Dupont* (Couple Parabolique) 618f: Bei Mk hat die Erwähnung der Winzigkeit des Senfkornsamens zur Gleichnisform geführt.

spielung überhaupt sekundär zugewachsen ist; Ev Thom log 20 kennt sie nicht. Für sie könnte aber sprechen, daß sie bei Mk und Q ähnlich überliefert ist. Im ganzen ist also Q älter als die Mk-Fassung. Das *Sauerteiggleichnis* ist als Parabel formuliert und enthält mindestens keine evidente biblische Anspielung. Es ist nicht weiter dekomponierbar. Das Fehlen einer biblischen Anspielung in der Sauerteigparabel und die Mk-Überlieferung, die nur das Senfkorngleichnis bietet, sprechen dafür, daß die beiden Texte wahrscheinlich kein ursprüngliches Doppelgleichnis bildeten[12]. Bei beiden Texten herrscht Konsens, daß sie auf Jesus zurückgehen.

Wirkungsgeschichte Unsere beiden Gleichnisse besitzen im Matthäusevangelium keine allegorische Auslegung. Um so ungehinderter konnte die altkirchliche Auslegung ihren Geheimnissen nachspüren. Ihr Grundprinzip läßt sich folgendermaßen formulieren: »Das Himmelreich kann man dreifach annehmen, entweder Christus selbst ... oder die gegenwärtige Kirche ... oder ... das Evangelium«[13]. Dem Senfkorn bzw. dem Sauerteig entspricht dann Jesus, der in der Kirche als seinem Leib gegenwärtige Christus und der Logos. Die übrigen Züge der Gleichnisse konnten sich in verschiedener Weise allegorisch darum herum gruppieren. Es schälen sich in der Auslegungsgeschichte zwei Grundtypen des Verständnisses heraus, eine ekklesiologische und eine individuelle Deutung. Sie schlossen sich nicht aus, sondern ergänzten sich.

a) *Ekklesiologische Deutungen.* Die Grunderfahrung war die der als wunderbar empfundenen Ausbreitung der Kirche. Christus ist hier meist der Sämann, bei dem die Kirche ihren Anfang nahm. »Attika und die wunderbar zum Argumentieren geeignete Philosophie der Griechen wurden zugedeckt durch die Größe eines Evangeliums, das auf dem Land zu Hause war«[14]. Aus der »kleinsten aller Religionen« wurde »die ... universale Kirche der ganzen Welt«[15]. Augustin formuliert das Bild von der Kirche als Mond, der nach dem Neumond fast unsichtbar am Himmel erscheint, bis er schließlich rund und voll und unübersehbar ist[16]. Das sich ausbreitende Reich Gottes ist also die Kirche. Luther sagt geradeheraus: »Die Kirche ist das Reich Gottes, weil alle übrigen weltlichen Reiche gegen sie kämpfen, (sie), die allein und schwach und verachtet und nichts ist, aber sie nicht besiegen. Sondern sie besiegt schlußendlich alle Reiche und bekehrt sie zu sich ...«[17]. Gar nicht so unähnlich triumphiert Maldonat: »Einst war die Kirche im Staat, jetzt ist der Staat in der Kirche«[18], denn schließlich setzen sich Könige auf ihre Zweige! Ein Katholik versuchte sogar mit Hilfe des Senfkorngleichnisses, den Nichtkatholiken das Papsttum nahezubringen, das am Anfang »in der übrigen Kirche« (sc. abgesehen von Rom) nur »keimhaft« dagewesen sei. Heute sei dieser Keim zum Baum geworden, für den man sich entscheiden müsse, denn »aus dem Senfkörnlein« können sich ja nicht mehrere Bäume entwickelt haben![19] Im Sauerteiggleichnis ließ sich die Frau mit der Kirche identifizieren, die das

---

[12] Dafür spricht auch das Ev Thom, das die beiden Gleichnisse in log 20 und 96 getrennt überliefert. Gegenthese: Dupont* (Couple parabolique) 614-623.
[13] Paschasius Radbertus 496.
[14] Euthymius Zigabenus 408.
[15] Faber Stapulensis 61b (132).
[16] Bei Maldonat 276.
[17] (WA 38) 563.
[18] Maldonat 277.
[19] Schultze 371f.383 und passim.

Evangelium als Sauerteig in der Welt wirken läßt[20]. Die drei Sat Mehl wurden dann gerne auf die drei Söhne Noachs bzw. ihre Völkernachkommen gedeutet[21]. Alle diese Deutungen haben etwas Triumphalistisches an sich. Die ekklesiologische Deutung wandelte ihren Charakter, als die Kirche nicht mehr eine kleine, unscheinbare Herde war, die Ermutigung brauchte[22], sondern eine etablierte, mächtige Institution, die man nicht einfach *verbal* mit dem Prädikat »Senfkorn« versehen konnte. Ganz abgesehen von der naiven Selbstverständlichkeit, mit der jahrhundertelang Kirche und Reich Gottes identifiziert worden sind, könnte einen noch aus anderen Gründen ein Schrecken überkommen: Der noch für Bengel beim Stichwort »Baum« selbstverständliche Hinweis auf die Zeit Konstantins[23] verliert ja heute, in der Zeit schrumpfender und sterbender Volkskirchen, seinen erfreulichen Charakter. Die Kirche – eine kranke und sterbende Senfstaude? Ist *diese* Kirche immer noch das Reich Gottes?

b) *Individuelle Deutungen.* Ausgangspunkt ist hier die seit Irenäus geläufige Deutung des Senfkorns auf Christus als Logos[24]. Häufig finden wir auch einfach die Identifikation des Senfkorns bzw. des Sauerteigs mit dem verkündigten Wort, der Lehre der Kirche oder dem Evangelium[25]. Das Senfkorn kann auch mit dem Glauben identifiziert werden, wozu natürlich Mt 17,20 anleitete[26]. Augustin vertritt eine ethische Deutung des Sauerteigs auf die Liebe[27]. Bei diesem Deutungstyp ist die Erde, in die das Senfkorn gesenkt wird, z.B. der innere Mensch[28]; und die Vögel, die sich auf die Zweige des Baumes setzen, sind weniger die Völker oder Könige als »die Seelen, die das Himmlische betrachten«[29]. Vor allem die drei Sat Mehl des Sauerteiggleichnisses boten viele Möglichkeiten, an die verschiedenen Teile des Menschen zu denken: Am nächsten lag die vulgäre Dreiteilung in Körper, Sinne und Vernunft[30]. Gebildete Platoniker dachten hier an Begierde, Mut und Vernunft[31]. Oder Augustin denkt in Anlehnung an das שְׁמַע יִשְׂרָאֵל an Herz, Seele und Kräfte[32]. Ziel des Durchsäuerungsprozesses ist die Einigung der menschlichen Kräfte unter der Herrschaft Gottes, u.U. vermittelt durch die Vernunft. Diese Interpretation enthält zweifellos viele Potenzen für die individuelle Applikation der Gleichnisse. Ihr Problem liegt wieder bei der Bestimmung des Gottesreichs: Es wird hier faktisch mit dem einzelnen Menschen identifiziert, denn es ist ja »in euch« (Lk 17,21). Dadurch geht nicht nur seine eschatologische, sondern auch seine kosmische Dimension verloren.

---

[20] Origenes fr 302 = 135; Hieronymus 109f; Ambrosius, In Luc 7,191 = BKV I/21 727.
[21] Origenes aaO; Lapide 284 (Asien, Afrika, Europa); etwas anders Theodor v Mopsuestia fr 74 = 121 (Juden, Samaritaner, Griechen).
[22] Ephraem Syrus 207 formuliert als Skopus: Fürchte dich nicht, du kleine Herde!
[23] Bengel 90.
[24] Fr 29 = Harvey II 494, vgl. Clemens v Alexandria, Paed 1,11,96,1f = BKV II/7 289f.
[25] Z.B. der Gnostiker Markos bei Irenäus, Haer 1,13,2; Johannes Chrysostomus 46,2 = 657; Hieronymus 108f (praedicatio); Euthymius Zigabenus 408f; Theophylakt 285 (κήρυγμα, λόγος τῆς πίστεως); Brenz 514; Maldonat 276 (Evangelium, doctrina Evangelica).

[26] Ambrosius, In Luc 7,177 = BKV I/21 718; Augustin (Quaest) 1,11 (fervor fidei); ders., Sermo App. 87 und 88 = PL 39, 1913f. Nach ihm (ebd. 88,1 = 1914) und Luther (WA 38) 665 (zu 17,20) sind Glaube und Himmelreich austauschbar.
[27] (Quaest) 1,12 = 14.
[28] Markos bei Irenäus, Haer 1,13,2.
[29] Dionysius d Karthäuser 165.
[30] Z.B. Origenes fr 302 = 135; Ambrosius, in Luc 7,191 = BKV I/21 727.
[31] Z.B. Hieronymus 109 (τὸ λογιστικόν, τὸ θυμικόν, τὸ ἐπιθυμητικόν); Theophylakt 285; Paschasius Radbertus 500. Zusammenstellung aller möglichen Auslegungen bei Thomas v Aquino (Lectura) Nr. 1163-1169.
[32] (Quaest) 1,12 = 14.

In der Neuzeit tauchen noch zwei andere Deutungsansätze auf, die mindestens zum Teil als Korrektive zu den bisherigen Deutungen zu verstehen sind.

c) *Kosmopolitische Deutungsansätze.* Versuche, die Engführung der ekklesiologischen Deutung zu überwinden und das Gottesreich, dessen Weite die Kirche überschreitet, wiederzugewinnen, waren verschiedene Ansätze zu kosmopolitischer Deutung in der Neuzeit. Ein solcher liegt im Katholizismus im kirchlichen Anspruch auf »Durchsäuerung« der Welt: »Durch das messianische Reich werden alle Gewohnheiten und Bedingungen des Lebens, sowohl private als auch öffentliche, alle Institutionen, Gerichte, Handelsbeziehungen und alle Geschäfte gleichsam durch eine neue Farbe, durch Religion, Gerechtigkeit und Heiligkeit durchtränkt und geweiht«[33]. Ähnlich, wenn auch ohne solche *kirchlichen* Ansprüche, tönt es im liberalen Protestantismus: Das Gottesreich muß sich »über das ganze Volk ausdehnen und sein gesammtes Volksleben durchdringen«[34]. »The Christian must live in the world, for the leaven cannot work without contact«. Menschliches Leben muß also in allen Bereichen, Arbeit und Spiel, Religion und Freizeit, Politik und Handel, Wissenschaft und Kunst, durchdrungen werden »by the penetrating action of Christian morality and Christian ideals«[35]. Eine schlüssige Formulierung, die eine ekklesiale und eine individuelle Engführung unserer Texte vermeidet, gelingt einem Bauern in Solentiname, der – nota bene – nicht von politischen Aktionen, sondern vom Wort Gottes als Senfkorn spricht und dann sagt: Der »Baum ist die Veränderung der Welt«[36]. Es bleiben Fragen. Vor allem: Gibt es einen Unterschied zwischen dem künftigen *Gottes*reich und einer erneuerten Welt?

d) *Ansätze zu eschatologischen Deutungen.* Um die Jahrhundertwende setzte sich in der religionsgeschichtlichen Schule die Erkenntnis durch, daß das Gottesreich etwas Zukünftiges und Jenseitiges sei, das Ende der bisherigen Welt, jedenfalls nicht die Kirche und auch nicht Gottes Kraft, die »zu den einzelnen kommt, Einzug in ihre Seele hält«[37]. Der neuen Erkenntnis der religionsgeschichtlichen Schule entspricht bei unseren Gleichnissen exegetisch ihre Deutung als *Kontrast-* und nicht als Wachstumsgleichnisse[38]. Für A. Schweitzer steht »nicht das Natürliche, sondern das Wunderbare« beim Wachsen des Senfkornsamens im Vordergrund[39]. J. Weiss bezieht den Trost subjektiv auf Jesus selbst: Er kennt nur unscheinbare Anfänge des Reiches Gottes, blickt aber unbeirrbar auf seinen völligen Sieg. Für Weiss ist vor allem die »unbeirrte Glaubenszuversicht Jesu« im Blick auf seinen »Erfolg«, der »dereinst alle Erwar-

---

[33] Knabenbauer I 592f.
[34] B. Weiss 261.
[35] Plummer 194f.
[36] Das Evangelium der Bauern von Solentiname, hrsg. v. E. Cardenal, I, Wuppertal 1976, 198.
[37] A. v. Harnack, Das Wesen des Christentums, Leipzig 1908, 36 (Ende 3. Vorlesung).
[38] J. Weiss, Die Predigt Jesu vom Reiche Gottes, Göttingen ³1964, 48f.
[39] Geschichte der Leben-Jesu-Forschung, Tübingen ⁶1951, 403. Diese Feststellung ist die Wurzel einer seither oft wiederholten Behauptung, daß »der Morgenländer« (Jeremias, Gleichnisse 147f) das Keimen und Wachsen von Samen nicht als Naturvorgang, sondern als Wunder begriffen hätte. Diese Behauptung ist von 1Kor 15; 1Clem 23f; Joh 12,24 u.a. inspiriert, aber nicht von profanen antiken Texten. Die »Beweis«basis zerpflückt Kuss* (Senfkornparabel) 78-80; ders.* (Sinngehalt) 91-94.

tungen übertreffen« werde, wichtig⁴⁰. J. Jeremias versteht diese Texte als rhetorisches Mittel, um Zweifeln der Hörer an Jesu Sendung den Wind aus den Segeln zu nehmen: Aus seinem armseligen Jüngerkreis mit »viele(n) übel beleumdete(n) Gestalten« wird »Gottes Wunder ... das universale Gottesvolk der Heilszeit werden lassen«⁴¹.
Wie ist das Verständnis des Gottesreichs in der religionsgeschichtlichen Schule mit unseren Texten zu verbinden? Wie schon J. Weiss erkannte⁴², sind sie gegenüber der Grundthese der religionsgeschichtlichen Schule sperrig, war doch in ihren Bildern der Gedanke organischen Wachstums tief verankert und lief die gesamte Auslegungsgeschichte der Kirche in andere Richtungen. Sie konnten geradezu als Kronzeugen gegen die religionsgeschichtliche Schule gebraucht werden. Nach ihnen kommt ja das Gottesreich nicht als kosmischer Einbruch, nicht »with much show of power and glory«, sondern »unnoticed« und im Verborgenen⁴³. Ihr Grundgedanke schien der, daß das Gottesreich ein »(die Welt oder das jüdische Volk?) durchdringendes Prinzip«⁴⁴ sei. Loisy, der weiß, daß es in der Parabel um »l'avènement du royaume, non la communauté chrétienne« geht, vermutet, daß bereits den Evangelisten der Wachstumsgedanke wichtig geworden sein könnte⁴⁵. Nach Gräßer sind die Kontrastgleichnisse unter dem Eindruck der Parusieverzögerung in der Gemeinde sehr früh zu Wachstumsgleichnissen geworden, und zwar in je verschiedener Weise in allen Evangelien und in Q⁴⁶.

Sosehr diese eschatologischen Ansätze berechtigte Anfragen an die immanente individuelle, ekklesiologische und kosmopolitische Deutung unserer Gleichnisse aufnehmen, so sehr offenbaren sie auch ihre eigenen Schwierigkeiten: Ein absolut gefaßter Kontrast zerstört offenbar die Möglichkeit, eine *Beziehung* zwischen Anfang und Ende in unseren Gleichnissen auszumachen. Gerade darauf kommt es aber von den Bildern her an: Aus dem kleinen Senfkorn wird der große Baum, aus dem wenigen Sauerteig die ganze Teigmasse. Beziehung bedeutet zugleich: Das Reich Gottes ist nicht einfach das gegenüber der jetzigen Wirklichkeit total andere, sondern die eigenen Erfahrungen Jesu – und später der Kirche oder des einzelnen Menschen – müssen in diese Beziehung irgendwo eingesetzt werden. Die Frage lautet: Wo? Am Anfang? Oder am Ende? Oder dazwischen?

Wir betrachten zunächst die Bildhälfte: Der Senfkornsame ist von sprichwörtlicher Kleinheit⁴⁷: Während die Samen des schwarzen Senfs (brassica nigra) nicht viel mehr als einen Durchmesser von 1 mm haben⁴⁸, kann die Staude 2-3 m hoch werden und gehört somit zwar nicht zu den großen Bäu-

Erklärung 31

---

⁴⁰ J. Weiss aaO (Anm. 38) 83. Daß Jesus nicht an das Gottesreich, sondern an seinen überwältigenden Erfolg glaubt, ist von den eigenen Voraussetzungen von Weiss her inkonsequent.
⁴¹ Gleichnisse 148. Der Gedanke des Wachstums ist auch hier – implizit – vorhanden.
⁴² AaO 48.82.
⁴³ Plummer 194.
⁴⁴ Wellhausen 70, vgl. B. Weiss 261.
⁴⁵ I 771, vgl. 772.
⁴⁶ Gräßer, Problem 141f.
⁴⁷ Bill. I 669; Hunzinger* 287,21ff; Sprichwortbelege bei Löw, Flora (s.o. bei 13,24-30 Anm. 32) 522.
⁴⁸ Löw aaO 521. Gewicht: Ca 750 Samen = 1 Gramm.

men, aber zu den größten Gemüsepflanzen (V 32). Seine Blätter werden gekocht als Salat gebraucht, seine Körner dienen als Gewürz, für medizinische Zwecke und den Vögeln zum Futter[49]. Der Mischna gilt der schwarze Senf als Feld-, nicht als Gartenpflanze, doch wird man ihn in Palästina – wie sonst – ebenfalls im Garten angepflanzt haben[50]. Etwas merkwürdig säte ein Mensch »ein« Senfkorn in seinen Acker. Der Leser fühlt sich an die vorige Parabel erinnert (13,24); aber hier kommt es offenbar nicht auf Saat und Ernte, sondern auf eine Eigenart »des« Senfkorns an, mit der das Gottesreich verglichen wird: Matthäus weist wie Markus ausdrücklich auf den Größenunterschied zwischen dem Samen und der voll ausgewachsenen Staude hin. Die Bildwahl ist also nicht zufällig; es kann nicht irgendein Same an die Stelle des Senfkornsamens treten. Der Schluß des Gleichnisses ist überschwänglich: Die Vögel des Himmels kommen und sitzen in seinen Zweigen. Die Leser/innen werden das nicht unmöglich finden, denn Vögel picken gerne Senfsamen[51]. Die biblische Sprache lenkt ihre Aufmerksamkeit aber über die Bildebene hinaus und erinnert sie an die biblischen Bilder für Gottes kommendes Reich.

31f Welche Assoziationen löst das Gleichnis bei den Hörern aus? Man wird zwischen den ursprünglichen Hörern und denjenigen in der matthäischen Gemeinde unterscheiden müssen. Die ursprünglichen Hörer Jesu waren wohl vor allem durch die Bildwahl überrascht. Ein Senfkorn ist doch kein Vergleichsgegenstand für das Gottesreich[52], das Gottes Triumph über seine Feinde und die Freiheit seines Volkes Israel bringen soll! Daß das Gottesreich mit einem großen Baum verglichen wird, ist verständlich, denn der Baum ist ein biblisches Bild für ein Königreich[53]. Ez 17,22-24 ist die stolze Zeder als Bild für die künftige Wiederherstellung des Königtums Israels gebraucht. Daß Jesus seine Bilder nicht von den Bergen des Libanon, sondern aus dem Gemüsegarten holt, daß er nicht vom größten Baum, sondern vom kleinsten Samen spricht, das ist die eigentliche Überraschung des Gleichnisses. »Der Anfang hat es« also wirklich »in sich«[54]. Das Gleichnis sagt somit: Etwas anderes, als ihr denkt, wird zum biblischen Baum Gottes! Worauf bezieht sich dieser andere Anfang? Die vielfach geäußerte Vermutung, Jesus spreche hier von seinem eigenen Wirken, ist sicher richtig. Nicht mit himmlischen Heeren, sondern mit irdischen Jüngern, nicht im Sieg über die Römer, sondern in verborgenen Exorzismen und Heilungen ist das Gottesreich am Werk! Genau dieser unscheinbare Anfang wird eine ungeahnte Folge haben. Der Kontrast wendet sich also nicht gegen den Wachstumsgedanken, sondern gegen die bisher geläufigen Vorstellungen vom Gottesreich in Israel. Hier liegt in der

---

[49] Dalman, Arbeit II 293f.
[50] Kil 3,2; TKil 2,8 = Bill. I 669; anders Plin d Ä., Hist Nat 20,236.
[51] Das bezeugt Maldonat 277, der es als Spanier wissen muß.
[52] Paschasius Radbertus 495 hat das gut gespürt: »Mira et ineffabilis comparatio: ecce grano sinapis comparata est tota coelestis magnitudo«.
[53] Ez 17,2-10.22-24; 31,3-18; Dan 4,7-12.17-23; Altorientalisches bei F. Schmidtke, Art. Baum, RAC II 9.
[54] Jüngel, Paulus 153.

Tat ein unaufhebbarer Gegensatz gegenüber allen triumphalistischen Gottesreichhoffnungen.

Für die Leser/innen des Matthäusevangeliums ist das Bild vom Senfkorn keine Überraschung mehr. Sie kennen Jesu Bilder seit langem aus der Tradition. Beim Lesen des Evangeliums kommen sie von der Unkrautparabel her. Weil Jesus unser Gleichnis nicht erklären wird, werden sie es im Lichte dessen verstehen, was Jesus zum Taumellolchgleichnis erklären wird. Von daher denken sie wohl beim »Menschen«, der sät, an den Menschensohn, beim »Akker« an die Welt[55]. Weil es im Senfkorngleichnis keinen bösen Samen gibt, werden sie es als positives Kontrastbild zum Taumellolchgleichnis verstanden haben[56]. Es kann der Gemeinde Hoffnung schenken. Vom unscheinbaren Anfang des Menschensohns, von seinem Tod in Israel und von der angefeindeten und bedrängten Existenz seiner Jünger wissen sie wohl. Für sie verschiebt sich deshalb das Gewicht auf den Schluß, die Verheißung der Größe und Fülle des künftigen Gottesreichs. Es ist denkbar, daß sie beim »Kommen« und »Sich-Niederlassen« der Vögel an das endzeitliche Hinzuströmen der Heiden gedacht hat, zu deren Missionierung sie ja aufbricht; die Metapher »Vögel = Heiden« ist jedenfalls belegt[57]. Bei Matthäus verbindet sich also vielleicht der gegenwärtige Aufbruch zur Heidenmission mit der Hoffnung auf das kommende Reich Gottes[58]. Das Gottesreich ist aber deswegen nicht in der Kirche vorweggenommen; das ist durch die folgende Erklärung der Parabel vom Lolch im Weizenfeld ausgeschlossen (V 37-43). Das knappe überleitende ὅταν δὲ αὐξηθῇ deutet überhaupt nicht an, daß es die Gemeinde durch ihr eigenes Missionsprogramm erreichen oder beschleunigen zu können meint. Nur soviel ist gesagt: Das, was der Menschensohn Jesus tat, und das, was seine Jünger in seinem Auftrag tun, ist der Anfang des ganz Großen, das Gott schenken wird, des Himmelreichs!

Das Bild vom Sauerteig stammt aus der Küche. Sauerteig – die Hausfrau nahm ihn von altem Teig, kaufte ihn in der Bäckerei oder setzte ihn selbst an[59] – ist bei Juden und Griechen üblich beim Brotbacken. Auffällig ist die Formulierung »verbarg«; die Leser erwarten eher eine Schilderung des Knetens. Besonders auffällig ist die Menge des Mehls: Drei Sat entsprechen fast 40 Litern, genug für eine Mahlzeit für über 150 Personen oder für an die 50 kg Brot[60]. Der Text schildert also nicht, was eine Bäuerin üblicherweise tut. Für die *Hörer Jesu* war dieses Bild wohl wieder eine große Überraschung: Sauer-

---

[55] Dupont* (Paraboles) 605; Gundry 266.
[56] Weder** 136.
[57] Äth Hen 90,30.33.37; MidrPs 104,13 = Buber 222a, zit. bei T.W. Manson, The Teaching of Jesus, Cambridge 1963, 133.
[58] Wenn es stimmt, daß die mt Gemeinde zur Heidenmission erst *aufbricht* (vgl. Bd. I 66-69), ist der Baum, auf dem die »Heiden« sich niederlassen, ein Ausdruck der *Hoffnung*, aber noch nicht ein Ausdruck ihrer gegenwärtigen Wirklichkeit. Wenn die mt Gemeinde dagegen bereits längere Zeit Heidenmission betreibt, so rücken kirchliche Erfahrungen und Eschaton näher zusammen.
[59] Zur Herstellung vgl. Krauss, Archäologie I 99 und 458; Plin d Ä., Hist Nat 18,102f.
[60] Jos Ant 9,85: 1 Sat (aram. סָאתָא, hebr. סְאָה) entspricht 1 1/2 röm. modii (= ca 13 Liter); Dalman, Arbeit IV 120.

teig gehört nicht zu den Metaphern, die irgendeinen Bezug zum Gottesreich aufweisen. Von den Passariten her muß man sogar eher an etwas Negatives denken: Gesäuertes soll während der Passafeier entfernt werden und ist unbrauchbar zum Opfer[61]. Aber wahrscheinlich ist diese Assoziation gar nicht wichtig, denn Jesus spricht nicht vom Passa, sondern vom Brotbacken. Der Skopus liegt wohl nicht auf der Winzigkeit des Sauerteigs; davon ist im Text nichts angedeutet, und für 40 Liter Mehl braucht es immerhin fast 2 kg Sauerteig[62]. Für etwas Winziges, das den ganzen Teig verändert, hätte sich das Bild vom Salz besser geeignet! Eher geht es darum, daß der Sauerteig verborgen im Mehl ist, aber unaufhaltsam eine riesige Menge Mehl durchsäuert[63]. So ist es mit dem Gottesreich: Nachdem einmal der »Sauerteig« drinsteckt, führt ein unaufhaltsamer Prozeß zu übergroßer Fülle. In diesem Gleichnis ist der Gedanke des »Wachstums« zentraler als beim Senfkorngleichnis; seine nächste Parallele ist m.E. das Gleichnis von der selbstwachsenden Saat. Wo die *Gemeinde des Matthäus* in diesem Gleichnis ihre eigenen Erfahrungen wiederfand, ist nicht leicht zu sagen. Da das Wörtchen ἐνέκρυψεν von Matthäus nicht nur bewußt formuliert, sondern auch im Kontext verankert ist (vgl. V 35.44), wird man am ehesten hier einsetzen: Es ist die Erfahrung der Verborgenheit der Wahrheit, die sie immer wieder machte. Dem »verborgenen« Sauerteig entspricht die Verborgenheit der Wahrheit in den Gleichnissen (V 35) und die Verborgenheit des Schatzes im Acker (V 44). Ihre Aufgabe ist es, die verborgene Wahrheit durch Wort und Tat aufzudecken (10,26f, vgl. 5,13-16). So durchsäuert sie die Welt.

Zusammenfassung 31-33
Wo ist also der Ort der Gemeinde in dieser Bewegung, an deren Ende das Gottesreich steht? Klar ist nur eine negative Antwort: Die matthäische Gemeinde hat nicht triumphiert; sie hat noch nicht den Baum mit den vielen Vögeln verkörpert oder den vom Evangelium durchsäuerten Teig. Die Zukunft des Himmelreichs bleibt für sie *Hoffnung* auf Gott selbst. Darin unterscheidet sie sich von zahlreichen triumphalistischen, vor allem ekklesiologischen Auslegungen der späteren Zeit. Gerade im Kontext von Mt 13 darf man nicht vergessen, daß Matthäus das Gottesreich am deutlichsten mit dem *Gericht* verbindet, das auch über die Kirche ergehen wird. Wie aber sah sie die Beziehung zwischen sich selbst und dem kommenden Gottesreich? Wieder ist eine negative Antwort auffällig: Sie wird durch unsere Gleichnisse nicht definiert. Es ist klar, daß die Kirche etwas mit dem durch den Menschensohn

---

[61] Ex 12,15-20; 23,18; 34,25; Lev 2,11; 6,10, vgl. 1Kor 5,6-8. Gal 5,9 und Mt 16,6 ist Sauerteig etwas Ansteckendes, Böses. Lohmeyer 221 sieht deshalb einen »Gegensatz zu jüdischer ... Kultusanschauung«. Es gibt aber neben anderen negativen auch positive Verwendungen der Metapher Sauerteig, vgl. Philo, Spec Leg 2,184f (vollkommene Nahrung; Sauerteig als Symbol des Aufgehens und der Freude) und u. Anm. 20f bei 16,5-12.

[62] Plin d Ä., Hist Nat 18,103 rechnet 2 Pfund auf 2 1/2 modii (= ca 22 Liter).

[63] Unklar ist, ob sich damit, ähnlich wie am Schluß des Senfkorngleichnisses, auch eine bibl. Anspielung verbindet: 3 Sea (= Sat) Mehl hatte Sara Gen 18,6 für die Gottesboten gebraucht. Vgl. Ri 6,19; 1Sam 1,24 (1 Epha = 3 Sat).

ausgesäten Senfkornsamen und etwas mit dem Sauerteig, der am Säuern ist, zu tun hat. Aber es wird nicht gesagt, daß die Kirche Anfang des Gottesreichs sei oder gar seine geschichtliche Gestalt. Am ehesten könnte man sagen: Sie hat etwas zu tun mit der *Bewegung* des Wachsens, dem *Prozeß* des Durchsäuertwerdens des Teigs. In den Bildern von Mt 5,13-16: Sie ist Licht, das leuchtet, und Salz, das würzt. Und dabei ist sie getragen von der Hoffnung, daß am Ende der große Baum als Wohnstätte für alle Menschen und die riesige Menge Teig als Speise für viele stehen wird. Würde man Matthäus fragen, was von dem, das die Kirche tut und erfährt, mit der Zukunft des Gottesreichs in Beziehung stehe, so würde er vielleicht, ähnlich wie später Augustin[64], mit dem Hinweis auf die Liebe antworten.

Im Blick auf die hinter uns liegende »triumphalistische« und »kirchliche« Auslegungsgeschichte müssen wir m.E. heute deutlich anders akzentuieren: Was heute in einer Welt nach Auschwitz, voller Hunger und Ungerechtigkeit und vor zu befürchtender menschgemachter ökologischer Katastrophen durch das Evangelium an Zeichen der Hoffnung erfahrbar ist, ist Senfkorn und Sauerteig. Daß diese Zeichen Anfang von Gottes Reich sein könnten, ist nicht erfahrbar oder prognostizierbar, sondern nur überraschende Verheißung Gottes. Insbesondere die Gestalt der Kirche entspricht *bestenfalls* dem Senfkorn und dem Sauerteig, nicht dem Baum und dem durchsäuerten Teig. Am deutlichsten erinnert uns vielleicht die christologische Exegese des Senfkorngleichnisses in der alten Kirche daran, daß und warum es so ist: Hilarius sieht Christus selbst als Senfkorn, das in den Acker gesät und getötet und begraben wurde und gerade *so* allen Ruhm anderer übertraf[65]. Im Lichte des gesamten Neuen Testaments hat Hilarius an das Kreuz erinnert, um das Senfkorn zu verstehen. Nur von dorther wird verständlich, warum das Senfkorn (und nicht der Baum) bis zum Kommen des Reiches Gottes die Gestalt auch der Kirche bestimmt. Hat die Auslegung dies begriffen, so wird sie auf manche Aspekte der Auslegungsgeschichte mit Gewinn zurückgreifen können. Die »eschatologischen« Auslegungen halten fest, daß das Gottesreich dem Menschen verheißen, aber gerade nicht von ihm geschaffen wird. Die »individuellen« Deutungen sind nicht nur definierende Einengungen des Gottesreichs auf den einzelnen Menschen, sondern sie können zeigen, wie das zukünftige Gottesreich den einzelnen Menschen jetzt schon in Bewegung bringen will. Oder die »kosmopolitischen« Deutungen sind nicht nur Ausdruck von kirchlichem Imperialismus, sondern können zu Erinnerungen daran werden, daß das Gottesreich weiter und größer sein wird als die vollkommene Kirche.

---

[64] Vgl. o. Anm. 27.
[65] Hilarius 13,4 = 298; Augustin, Sermo 88 App = PL 39, 1915. Weitere Vertreter dieses Typs bei Wailes** 112f.

2.4 Abschluß der öffentlichen Rede (13,34f)

Literatur** o. S. 291.

34 **Das alles redete Jesus in Gleichnissen zu den Volksmengen, und ohne Gleichnis redete er nichts zu ihnen,**
35 **so daß erfüllt wurde, was durch den Propheten Jesaja[1] gesagt wurde:**
»Ich werde meinen Mund in Gleichnissen öffnen,
ich werde äußern, was von Anbeginn[2] verborgen war«.

Analyse V 34f schließen die öffentliche Rede mit einem Erfüllungszitat betont ab. Mt greift dabei auf V 2f und V 10.13 zurück. V 34 ist eine verkürzte und gestraffte[3] Wiedergabe von Mk 4,33f. Im Erfüllungszitat aus Ps 78,2 entspricht der erste Teil V 35b der LXX; nur sie bot den für Mt wichtigen Plural ἐν παραβολαῖς. V 35c entspricht keinem bekannten Bibeltext und ist auch nicht mt Sprache[4]. Im Vergleich zu anderen Textformen klingt V 35c grundsätzlicher: Das »Verborgene« läßt – anders als »Rätsel« (Ps 78,2 MT) -- an die verborgenen Geheimnisse Gottes, die im Himmel für die Zukunft aufbewahrt sind[5], denken, ἀπὸ καταβολῆς an den Anfang der Welt. Stammt das Zitat aus christlich-apokalyptischem Milieu, wo – ähnlich wie Mk 4,11parr – die Gleichnisse als rätselhafte Verschlüsselungen der himmlischen Geheimnisse Gottes verstanden wurden?

Erklärung Matthäus bündelt: Alles Bisherige redete Jesus in Gleichnissen zum Volk. An den Gleichnissen wird sichtbar, daß es sich von Jesus nicht zum Verstehen führen ließ. Das Nichtverstehen Israels ist eine so schwerwiegende Sache, daß Matthäus mit einem Erfüllungszitat zeigen will, wie Jesu Gleichnisrede dem Willen Gottes entspricht, ebenso wie der Weg von Gottes Licht zu den Heiden (vgl. 4,15f). Das Zitat selbst ist in seiner ersten Hälfte klar. Ἐν παραβολαῖς ist wieder mit dem Nebenton »rätselhafte Rede« zu verstehen[6]. Schwie-

---

[1] Ἡσαίου ist durch א* Θ f[1.13] u.a. nur schwach bezeugt, jedoch eindeutig lectio difficilior, da das Zitat aus Ps 78,2 stammt. Ein ähnlicher Irrtum des Mt, der ebenfalls von Abschreibern korrigiert wurde, findet sich 27,9. Die Streichung von Ἡσαίου ist eine einfache und sachgemäße Korrektur, denn der Tempelsänger Asaf galt als Prophet (vgl. 1Chr 25,2; 2Chr 29,30 und Stendahl, School 118). Auf den Irrtum des Mt wurde Porphyrius aufmerksam, gegen den sich Hieronymus, Tract in Psalm 77 = CChr.SL 78, 66f mit einer textkritischen Überlegung wehren muß, die er in seinem Mt-Kommentar (110f) in revidierter Fassung wieder bringt: Der Urtext habe »Asaph« gelautet, den ein Abschreiber, der diesen Propheten nicht kannte, in »Jesaja« verbessert habe. Nestle[26] folgt hier der äußeren Textbezeugung, vgl. Metzger, Commentary 33. Vgl. zum Ganzen die wichtigen Ausführungen von Segbroeck** 360-364.

[2] Unklar ist, ob τοῦ κόσμου von der Mehrheit der Textzeugen in Analogie zu den 9 anderen St im NT mit dieser Wortverbindung zugefügt oder ob der längere Text in Anpassung an den atl. Wortlaut verkürzt wurde. Ersteres ist mir wahrscheinlicher, da καταβολή nicht der LXX entspricht.

[3] Mk 4,33b fällt weg, ebenso Mk 4,34b, weil bei Mt der ganze folgende Hauptteil V 36-52 an seine Stelle tritt.

[4] Ἐρεύγομαι ist Hap. leg.; ἀπὸ καταβολῆς (κόσμου) kommt noch 25,34 vor. Κεκρυμμένα und das Kompositum ἐνέκρυψεν V 33 sind gerade nicht einander angeglichen.

[5] Vgl. z.B. äth Hen 43,3; 46,3.

[6] Vgl. o. S. 297f.314, u. S. 367.

riger ist seine zweite Hälfte, weil sie gerade von der *Offenbarung* des von Anfang an Verborgenen zu reden scheint[7]. Doch ist das wohl im Sinn des Matthäus nicht so: »Das von Anfang an Verborgene« ist zwar wie 25,34 das als präexistent gedachte Gottesreich. Das seltene Wort ἐρεύγομαι meint aber kaum »offenbaren«, sondern recht äußerlich »Lärm machen«, »ausstoßen«, »äußern«[8]. Es ist von daher wahrscheinlicher, daß ἐρεύγομαι in V 35c sich parallel zu V 35b lediglich auf das Lautwerden des Verborgenen bezieht. Verstanden aber wird das, was Jesus geäußert hat, vom Volk nicht[9]. Darum verstehen nur die Jünger, und Jesus zieht sich jetzt mit ihnen ins Haus zurück. Das Volk bleibt draußen. Der Leser fragt sich nochmals[10], was es eigentlich Böses getan hat, um diese schroffe Kehrtwendung Jesu zu verdienen. Auf der Textebene von Mt 13 muß man sagen: nichts. Ebendaran zeigt sich, daß das Erzählgerippe unseres Kapitels eine Antizipation ist, die durch die matthäische Jesusgeschichte an dieser Stelle noch gar nicht eingeholt ist. Aber die Leser des Matthäusevangeliums wissen: Auch das Volk hat geholfen, Jesus ans Kreuz zu bringen, und hat nachher immer wieder dessen Boten abgelehnt. Das ist hier vorausgesetzt und reflektiert.

3 Die Rede zu den Jüngern (13,36-52)

3.1 Die Erklärung der Geschichte vom Taumellolch (13,36-43)

Literatur* bei Mt 13,24-30 o. S. 320; *Literatur*** zur Gleichnisrede o. S. 291.

36 Da verließ er die Volksmengen und kam ins Haus. Und seine Jünger traten zu ihm und sagten: »Erkläre uns das Gleichnis vom Taumellolch im Acker!« 37 Er aber antwortete und sagte:
　»Der, welcher den guten Samen sät, ist der Menschensohn;
38 der Acker ist die Welt;
　der gute Same, das sind die Söhne des Reichs;
　der Taumellolch sind die Söhne des Bösen;
39 der Feind, der ihn säte, ist der Teufel;
　die Ernte ist das Ende der Zeit;
　die Schnitter sind Engel.
40 Wie nun der Taumellolch gesammelt und im Feuer verbrannt[1] wird, so wird es am Ende der Zeit sein: 41 Der Menschensohn wird seine En-

---

[7] Strecker, Weg 71f sieht darin einen Hinweis, daß das trad. Zitat unabhängig von seinem jetzigen Kontext entstanden ist. Kingsbury** 89f bezieht den zweiten Teil des Zitates auf die Jünger, denen Gott Verborgenes kundtut. Nach Wilkens** 320 ist Mt nur am Stichwort παραβολαί interessiert.

[8] Z.B. das Brüllen eines Löwen oder das Tosen des Meeres, vgl. Liddell-Scott s.v.
[9] Ähnlich Schmid 223; Segbroeck** 360.
[10] Vgl. o. S. 311.
[1] Κατακαίω ist besser bezeugt als καίω und darum ursprünglich. So entspricht die Formulierung V 30 und 3,12.

gel aussenden; und sie werden aus seinem Reich alle sammeln, die Anstoß geben und die gegen das Gesetz handeln, 42 und sie in den Feuerofen werfen; dort wird Heulen und Zähneknirschen sein. 43 Da werden die Gerechten wie die Sonne leuchten im Reiche ihres Vaters. Wer Ohren hat, soll hören!

Analyse 1. *Aufbau.* Der kurze, unverbundene Hauptsatz V 36a hat Gewicht. Er weist zurück auf 13,1f[2]. Die Frage der Jünger mit der dann folgenden Antwort Jesu hat ihre Entsprechung in V 51, wo Jesus fragt und die Jünger Antwort geben. Die Erklärung selbst zerfällt in zwei ungleichartige Teile: V 37-39 ist ein stereotyp formulierter, lexikonartiger Deutungskatalog einzelner Begriffe, der in jüdischen und christlichen Texten seine formalen Parallelen hat[3]. V 40-43 ist eine »kleine Apokalypse«[4], die mit einem Vergleich eingeleitet ist. Sie wird durch den Weckruf abgeschlossen, der bereits am Anfang von Jesu Rede ans Volk stand (vgl. V 9). Auffällig sind in dieser kleinen Apokalypse die engen Berührungen mit dem Schluß des Schleppnetzgleichnisses 13,49f[5]. Zahlreich sind auch die vokabelmäßigen Berührungen mit 25,31-46[6].

2. *Quellen.* Klar und weitgehend unbestritten ist, daß diese Deutung gegenüber V 24-30 sekundär ist. Sie ist selektiv: Der Schlaf der Menschen, die Knechte, ihr Gespräch mit dem Herrn, das reife Getreide, die Bündel und die Scheune werden nicht gedeutet. Vor allem spielt das, was in der Geschichte selbst entscheidend ist, nämlich das Warten bis zum Ende, keine Rolle: Die kleine Apokalypse deutet nur V 30bc. Umstritten ist, ob die Deutung ganz auf Mt zurückgeht[7] oder nur ein Teil. Die Vertreter der zweiten Hypothese gehen immer wieder aus vom (m.E. scheinbar!) unausgeglichenen Nebeneinander von Kirche und Welt in unserem Text. Sie sind sich wiederum nicht einig[8]: Manche meinen, der Deutungskatalog V 37-39 sei eine Gemeindetradition, die Mt durch die kleine Apokalypse aktualisiert habe[9]. Andere denken, die kleine Apokalypse, vielleicht im Wortlaut von V 49f, sei traditionell und V 37-39 von Mt als Einleitung dazu formuliert[10]. Ich denke, daß beide Teile der Deutung auf Mt zurückgehen. Sprachlich ist das möglich: In V 37-39 ist natürlich die Liste der zu deutenden Begriffe aus V 24-30 vorgegeben; daneben gibt es zahlreiche Matthäismen[11].

---

[2] Doppelte Inklusion, vgl. o. S. 293f.
[3] Luz* 159 Anm. 26.
[4] Jeremias, Gleichnisse 79, vgl. Goedt* 43.
[5] Οὕτως ἔσται ἐν τῇ συντελείᾳ τοῦ αἰῶνος ... καὶ βαλοῦσιν αὐτοὺς εἰς τὴν κάμινον τοῦ πυρός· ἐκεῖ ἔσται ὁ κλαυθμὸς καὶ ὁ βρυγμὸς τῶν ὀδόντων. Dazu ἄγγελοι, δίκαιοι.
[6] Friedrich* 66f.
[7] So vor allem Jeremias*.
[8] Besonders konservativ ist Friedrich* 67-82: Nur 36-37a und 43b gehen ganz auf Mt zurück. Friedrich kommt zu seinem Resultat, indem er nur die Vokabeln, nicht aber die Kontextbezüge berücksichtigt. Außerdem klammert er sämtliche Vokabeln, die aus dem Gleichnis stammen, aus. Aber wie hätte man ohne sie das Gleichnis deuten können?
[9] Z.B. Schweizer 201; Crossan** 260; Weder** 124; Goedt* 41.
[10] Z.B. Klostermann 123; Flusser, Gleichnisse 64.109; Trilling, Israel 125; ausführlich Theisohn* 190-201 (Einfluß der Bilderreden von äth Hen auf das Traditionsstück 13,49f).
[11] Οὗτοι (nach Casus pendens), κόσμος, υἱοὶ τῆς βασιλείας (vgl. 8,12); πονηρός, διάβολος (in Unterscheidung von τοῦ πονηροῦ), συντέλεια αἰῶνος, vgl. Bd. I Einl. 3.2.

V 40-43 ist sprachlich fast durchgehend mt¹². Wichtig sind vor allem zwei Beobachtungen: a) In beiden Teilen der Erklärung gibt es einen sprachlichen Rückbezug auf 8,12, nämlich υἱοὶ τῆς βασιλείας in V 38 und die Formel vom Heulen und Zähneknirschen in V 42. b) Die in V 37-39 nicht gedeuteten Begriffe sind zugleich die für die »kleine Apokalypse« V 40-43 irrelevanten. Die beiden Teile sind also aus einem Guß, d.h. wohl von Mt formuliert. Die Einleitung V 36 ist fraglos mt¹³.

Jesus verläßt die Volksmengen, die ihm bisher zugehört haben, und kehrt mit den Jüngern ins Haus zurück, aus dem er 13,1 gekommen war. Er wird nun die Jünger unterrichten. Das Verstehen kommt nicht durch einen übernatürlichen Offenbarungsvorgang zustande, sondern dadurch, daß der »einzige Lehrer« Jesus (vgl. 23,8) die Jünger belehrt. Jüngerschaft bedeutet fortgesetzte »Schule« bei Jesus – Unterricht *und* Lebensschule. Matthäus benennt die Parabel vom Taumellolch nach ihrem Negativpunkt, dem Unkraut, denn es wird ihm im folgenden auf die Warnung ankommen. Der lexikonartige Deutungskatalog V 37-39 bereitet die Applikation in V 40-43 vor. Der Sämann ist der Menschensohn. Damit ist nicht der irdische Jesus im Unterschied zum Weltrichter gemeint; V 41 wird deutlich machen, daß der Menschensohn nicht nur die Aussaat, sondern auch die Ernte und damit die ganze Weltgeschichte in seiner Hand hat. Der Menschensohn ist bei Matthäus der die Gemeinde auf ihrem ganzen Weg durch Niedrigkeit, Leiden und Auferstehung begleitende Herr des Gerichts¹⁴. Der Acker ist die Welt: 5,14 waren die Jünger das Licht der Welt. Jesus meldet hier einen universalen Anspruch für seine Botschaft an. Der Acker ist also nicht die Kirche. Dieser Gedanke ist für Matthäus nicht nur literarisch unmöglich, weil es an diesem Punkt seiner Jesusgeschichte, wo sich die Jünger noch nicht definitiv als besondere »Gemeinde« konstituiert haben, ja noch gar keine Kirche gibt. Er ist vor allem auch sachlich unmöglich, weil es für ihn, der sein Evangelium mit dem Missionsbefehl beendet, Kirche immer nur in ihrem Auftrag an die Welt gibt. Der Same sind, anders als im Ackergleichnis¹⁵, die Söhne des Reichs: Der Ausdruck erinnert

Erklärung 36

37-39

---

¹² Mt sind (vgl. Bd. I Einl. 3.2): Οὖν, συντέλεια τοῦ αἰῶνος, ὥσπερ – οὕτως (ἔσται), σκάνδαλον, ἀνομία, βάλλω, πυρός als st. c., τότε, δίκαιος, πατήρ. Zum Reich des Menschensohns vgl. 16,28; 20,21; ferner 19,28; 25,31.34 (βασιλεύς); 26,64. Ἀποστελεῖ τοὺς ἀγγέλους αὐτοῦ entspricht wörtlich 24,31, vgl. 16,27; zu σκάνδαλον vgl. 16,23; 24,10, zu ἐκεῖ ἔσται ὁ κλαυθμὸς καὶ βρυγμὸς τῶν ὀδόντων vgl. o. S. 13 zu 8,5-13, zu βασιλεία τοῦ πατρός 26,29, zum Vergleich mit der Sonne 17,2, zum Weckruf 11,15; 13,9. Gut zu Mt passen auch die zahlreichen LXX-ismen dieser Verse: Ποιεῖν ἀνομίαν, vgl. Mal 3,19; ψ 36,1; κάμινος τοῦ πυρός, vgl. Dan 3,6; 4Makk 16,21 etc; Leuchten der Gerechten wie die Sonne, vgl. Dan 12,3; Ri 5,31; Mal 3,20; Sir 50,7.

¹³ Red. sind, vgl. Bd. I Einl. 3.2: Τότε, προσέρχομαι . . . αὐτῷ, μαθηταί, λέγων, ὁ δὲ ἀποκριθεὶς εἶπεν. Benennung von Gleichnissen gibt es im NT nur noch Mt 13,18.
¹⁴ Vgl. Geist, Menschensohn 103 und u. Exkurs S. 501f: Es geht nicht um die Gegenüberstellung der Zeit des irdischen Menschensohns (V 37) und des kommenden Weltrichters (V 41), sondern der Menschensohntitel umschließt das Ganze des Wirkens Jesu und damit auch das »nachösterliche Wirken des Auferstandenen«. Das zeigt der (auf die Gegenwart bezogene) Ausdruck »Reich des Menschensohns«.
¹⁵ In der Auslegungsgeschichte wird von Mk 4,14 / Mt 13,19 her oft der Same auf das Wort gedeutet, vgl. z.B. Tertullian, Praescr Haer 31 = BKV I/24 339.

an 8,12. Dort waren damit die Israeliten gemeint. Hier ist offen, wer die »Söhne des Reichs« sein werden; das ganze Matthäusevangelium erzählt, wie anstelle der Israeliten die ἔθνη, die Früchte bringen (vgl. 21,43), zu »Söhnen des Reichs« werden. Die Taumellolchsamen sind die »Söhne des Bösen«: Ob τοῦ πονηροῦ maskulin oder neutrisch zu deuten ist, muß offenbleiben[16]. Der Feind ist der Teufel, den sich Matthäus wie 13,19 in der Gegenwart, wo der Same ausgesät wird, am Werk denkt. Die Ernte ist das Ende der Zeit, wie Matthäus mit einem geläufigen jüdischen Ausdruck formuliert[17]. Die Schnitter sind die Gerichtsengel, die im Judentum gerade im Umkreis der Menschensohnerwartung wichtig sind[18].

Wirkungsgeschichte Andere Ausdrücke der Parabel werden nicht allegorisch gedeutet. Hier ist dann später die kirchliche Auslegung weiter gegangen: Sie hat z.B. die schlafenden Menschen auf schlechte Hirten der Kirche, Lehrer, Pfarrer, kirchliche Vorgesetzte gedeutet[19]. Die Knechte, deren Eifer in der Auslegungsgeschichte oft lobend herausgestrichen wird, sind z.B. die Wortverkündiger[20]. Solche weitergehenden Allegorisierungen sind vom Text her nicht verboten, im Gegenteil: Sie dienen, genau wie die mt Allegorien im »Deutungskatalog«, der paränetischen Zuspitzung. Um es in »Verkehrung« der klassischen Parabeltheorie Jülichers zu formulieren: Hier bereiten gerade die allegorischen Einzeldeutungen den Boden vor, der es Mt erlaubt, einen aktuellen paränetischen *Skopus* der Geschichte zu formulieren. Genau wie bei 13,19-23 dient auch hier die Allegorisierung der Applikation des Textes auf den Hörer selbst[21].

Erklärung Nach den vorbereitenden Einzeldeutungen formuliert Matthäus in V 40-43
40 sein eigenes Anliegen. Ihm geht es nicht mehr um das Zuwarten mit der Scheidung von Weizen und Lolch, sondern um das Gericht als solches. Das Gewicht fällt entsprechend dem Titel (V 36) auf die negative Seite, die breit geschildert wird: Wie jener Hausherr bei der Ernte den Lolch sammeln und »mit Feuer verbrennen« läßt (vgl. 3,12), so wird es auch mit den Söhnen des
41 Bösen am Ende der Zeit geschehen. Der Menschensohn wird seine Engel aussenden, wie 24,31. Dort und Did 10,5 ist die Sammlung der Auserwählten das entscheidende, hier aber die Vernichtung der Bösen. Sie sind τὰ σκάνδαλα und »Täter der Gesetzlosigkeit«. Der letztere Ausdruck ist unmittelbar durch 7,23, mittelbar durch die Bibel angestoßen[22] und meint alle, die sich nicht an das im Liebesgebot gipfelnde biblische Gesetz halten. Wie 7,15-23 ist

---

[16] Vom jüd. Sprachgebrauch her ist beides möglich, vgl. Ausdrücke wie »Söhne Belials« (4QFlor 1,8) oder »Männer des Bösen (Spr 28,5). Für ein neutr. Verständnis spricht das Gegenüber zur »sachlichen« Formulierung υἱοὶ τῆς βασιλείας und die sprachliche Differenzierung zwischen πονηρός und διάβολος. Für mask. Verständnis spricht die vorangehende Stelle 13,19.
[17] Vgl. Luz* 160 Anm. 32; Bill. I 167; Schlatter 445; Dalman, Worte I 126f.
[18] Vgl. o. Anm. 39 zu 13,24-30.
[19] Z.B. Johannes Chrysostomus 46,1 = 654 (Vorsteher); Hieronymus 112 (magistri); Luther II 467 (Verkündiger).
[20] Zwingli 302.
[21] Vgl. o. S. 318.
[22] Ἀνομία mit ποιέω ist in der LXX vor allem bei Ez häufig (ca 10x); in LXX-Ps ist οἱ ἐργαζόμενοι τὴν ἀνομίαν formelhaft. Vgl. auch Bd. I 402 Anm. 10.

für Matthäus die Praxis, nicht etwa die rechte Lehre, der Punkt, an dem sich im Gericht alles entscheidet. Schwerer zu deuten sind die σκάνδαλα. In der Bibel wird der Ausdruck[23] immer auf Sachen und nicht auf Menschen bezogen[24]. Matthäus wird 18,6f vor der Verführung der Kleinen warnen und von der Notwendigkeit der σκάνδαλα sprechen. Der Ausdruck zeigt, wie sehr Matthäus implizit von der Gemeinde und den Gefahren her denkt, denen sie ausgesetzt ist. Das »Reich des Menschensohns« entspricht dem »Acker«, ist also die Welt[25]. Im Unterschied zu 16,28; 20,21 (vgl. 25,31.34) ist es hier nicht etwas, das mit der Parusie erst kommt, sondern etwas, das bereits in der Welt existiert: Es ist die Herrschaft des Erhöhten über Himmel und Erde, die er jetzt vor allem durch die Verkündigung und das Leben seiner Jünger sichtbar werden läßt (28,16-20!)[26]. Negativ muß man sagen: Der »Acker« und »das Reich des Menschensohns« sind nicht die Kirche[27] als besonderer Raum innerhalb der Welt. Natürlich *zielt* die matthäische Erklärung auf die Kirche: Er definiert sie aber nicht statisch, z.B. als von der Welt unterschiedenen Raum, in dem vorläufig noch Gute und Böse zusammen sind, sondern versteht sie dynamisch als Gemeinschaft, die Jesu Gebote praktiziert und verkündet. Ebendas ist auch sein Ziel für »alle Völker«, denen die Jünger »alles« lehren sollen, was Jesus »geboten hat« (28,20). Es geht also Matthäus nicht um eine Definition dessen, was die Kirche *ist*, sondern es geht ihm darum, daß die Kirche, die jetzt im Reich des Menschensohns, in der Welt, lebt und wirkt, das *wird*[28], was sie sein soll, nämlich eine Gemeinschaft von Gerechten, die einst leuchten werden im Reich des Vaters.

Die Kirche ist also in unserem Text nicht behandeltes Thema, sondern Adressatin der matthäischen Mahnung. Der Text ist paränetisch: Die Jünger im Haus sollen aufpassen, daß sie nicht zu den σκάνδαλα und den Tätern der Gesetzlosigkeit gehören, die es innerhalb und außerhalb der Gemeinde gibt. Darum folgt in V 42 der drastische Hinweis auf den Feuerofen – ein biblischer Ausdruck für das Gericht[29] – und das von Matthäus gerne gebrauchte

---

[23] Griech. ist das Wort nur in der Bedeutung »Falle« belegt. In der LXX enthält es im Anschluß an hebr. כשל = straucheln den Vorstellungsbereich des »Anstoßens«, der dann auch metaphorisch gebraucht werden kann. Vgl. ψ 140,9 τὰ σκάνδαλα (Fallstricke) τῶν ἐργαζομένων τὴν ἀνομίαν; Zef 1,3Σ; Ez 14,3'A; ψ 30,11'A (Texte bei G. Stählin, Art. σκάνδαλον κτλ., ThWNT VII 343,7.18.25).

[24] Stählin aaO 343,24f verweist auf Zef 1,3Σ, wo τὰ σκάνδαλα inhaltlich die Götzen meint.

[25] Vor allem Vögtle* 267-271 von Mt 28,18-20 her; ähnlich z.B. Strecker, Weg 218f; Kingsbury** 97; Trilling, Israel 126; Dupont** 229; Pregeant, Christology 109-112.

[26] Abgesehen von 28,16-20 ist auf 26,64 als Par zu verweisen: »Ihr werdet den Menschensohn ἀπ' ἄρτι sitzen sehen ...«.

[27] So z.B. Jülicher, Gleichnisreden II 555f; Schmid 224-226; Bornkamm, Enderwartung 17.40f; Smith* 153 (»the problem of the church in the world ... turns out to be that of the world in the church«); Marguerat, Jugement 440.445f (die *missionierende* Kirche).

[28] Vgl. die grundsätzlichen Ausführungen o. S. 159f. Von hier aus ist auch das *Ziel* der mt Ausführungen das gleiche wie in 22,11-14, obwohl es dort nicht um die Welt, sondern um diejenigen geht, die der Einladung Gottes Folge geleistet haben, also die Kirche.

[29] Vgl. zur Formulierung Dan 3,6-22 (6x!); zur Sache äth Hen 10,6; zur Formulierung und zur Sache äth Hen 98,3 (wörtliche Par), ferner Bd. I 253 Anm. 18.

»Heulen und Zähneknirschen«[30]. Die Verheißung an die Gerechten, wiederum im Anschluß an biblische Sprache und jüdische Vorstellungen[31], fällt nach den umfänglichen Ausführungen über das Schicksal der Ungerechten recht knapp aus. Das »Reich des Vaters« ist vom Reich des Menschensohns zu unterscheiden; nach der Vernichtung aller Bösen wird das Reich des Menschensohns in das Reich des Vaters verwandelt[32]. Mit seinem bekannten Weckruf – was Jesus erklärt hat, greift mitten ins Leben der Jünger! – schließt Matthäus die Erklärung ab.

Zusammenfassung Der Evangelist hat die ihm vorgegebene, bereits allegorisch verstandene Geschichte in doppelter Weise neu akzentuiert: Er hat ihr einen klaren universalistischen Horizont gegeben: Die *Welt* ist das Reich des Menschensohns. In der ganzen Welt hat er Gewalt; in ihr beansprucht er Gehorsam. Falls in der vormatthäischen Gemeinde die Geschichte vom Unkraut auf das Verhältnis der Gemeinde zu Israel angewandt wurde[33], zeigt sich deutlich die gewandelte Situation: Die Scheidung von Israel ist nun vollzogen; die Gemeinde bricht zur Heidenmission auf; nun wird die Welt ihr Arbeitsfeld[34]. Zugleich spitzt Matthäus den Skopus der Geschichte *nach innen*, auf die Gemeinde hin zu: Sie ist grundsätzlich in keiner anderen Situation als die Welt, die sie zum Gehorsam gegenüber den Geboten Jesu aufruft. Auch ihr steht das Gericht des Menschensohns noch bevor. Auch sie wird nach den Früchten gefragt werden, die sie bringt. So wird die Geschichte nach innen zur Mahnung und zur Warnung an die Gemeinde.

Unsere Geschichte hat also in neuer Situation ein neues Profil gefunden. Der Evangelist hat sie neu akzentuiert. Ihr Sinn war offenbar für ihn nicht einfach etwas Feststehendes, sondern veränderte sich. In Bewegung brachte ihn dabei der Auferstandene selbst, an den er glaubte und der ihn zur Verkündigung an die Heiden und zur Rechenschaftsablage gegenüber seinen Gemeinden führte. Die alte Geschichte funktionierte als eine Art Matrix, die neuen Sinn aus sich heraus entließ. Was aber bestimmte diesen neuen Sinn? Es sind drei Faktoren: Einmal natürlich die *vorgegebene Matrix und ihre Sinnpotentiale*. In diesem Fall ist der traditionelle Text nicht einfach eine bloße »Worthülse«[35], sondern eine Geschichte mit reichen, vor allem in den stehenden Metaphern enthaltenen Applikationspotentialen[36]. *Innovierend* wirkte als zweites die *Situation des Matthäus*: Hier nannten wir die bereits vollzogene Trennung von Israel, die Heidenmission und die Notwendigkeit, die Gemeinde zu ermahnen. Eine neue Situation hat zu einer neuen Akzentuierung des Textes ge-

---

[30] Vgl. o. S. 15f.
[31] Dan 12,3Θ; äth Hen 39,7; 104,2; formale Parr Sir 43,4; 50,7; Ep Jer 66; Mt 17,2.
[32] Vgl. 1Kor 15,24-28!
[33] Vgl. o. S. 325.
[34] Vgl. Bd. I 65-70.
[35] Vgl. o. S. 181f.
[36] Man kann aber nicht sagen, daß der Ursprungssinn des Textes seine Applikation reguliert. Für Mt gilt, daß er zwischen dem Ursprungssinn und dem ihm vorgegebenen Sinn des Textes in seiner Gemeindetrad. nicht unterscheiden konnte. Für uns kommt hier hinzu, daß der ursprüngliche Sinn und der ursprüngliche Autor unseres Textes nicht mehr mit hinreichender Sicherheit erkennbar sind.

führt. *Regulierend* wirkte drittens das *Ganze des matthäischen Christusverständnisses:* Der Sinn, den unsere Geschichte bei Matthäus bekam, entspricht in erstaunlichem Maße seiner Christologie und seinem Grundverständnis des Evangeliums. Ich erinnere: Christus ist der erhöhte, mit dem Irdischen identische Herr der ganzen Welt, der seine Gemeinde begleitet und ihr einen Missionsauftrag für die ganze Welt gibt; das Evangelium besteht in den Geboten Jesu; die Gemeinde ist gehorsame Jüngerschar, deren Gehorsam vom Weltrichter gewogen werden wird. Man kann also sagen: Der auferstandene Herr, so wie ihn Matthäus versteht, ist gleichsam der Maßstab für die Neuauslegung; er reguliert die Sinnpotenzen, die in der Matrix der alten Geschichte verborgen sind. Und nun ist für Matthäus der auferstandene Herr ja nicht ein diffuser und unklarer Geist-Christus, sondern der Irdische, dessen Geschichte uns Matthäus erzählt[37]. Das heißt: Nicht einfach sein subjektiver Glaube oder seine eigene geistliche Christusschau, sondern der Weg des irdischen Jesus und seine Gebote regulieren neue Applikationen des Textes in neuer Situation. Natürlich bleibt hier ein persönliches Moment – dem lebendigen Auferstandenen entspricht die eigene Theologie seiner Zeugen. Aber das andauernde Hören auf alle Gebote des einen Lehrers Jesus und die Orientierung an seiner modellhaften Grundgeschichte sind es, die das matthäische Christusbild bestimmen.

Auch in den späteren Auslegungen und Applikationen in der Wirkungsgeschichte unseres Textes geschieht das gleiche wieder: Für die Sinnpotentiale der alten Matrix des Textes erschloß in neuer Situation der Auferstandene neuen Sinn. Der biblische Text, auch in seiner fixierten und kanonisierten Form, hat die Freiheit des Auferstandenen, in neuer Situation neuen Sinn zu schaffen, gerade nicht zugesperrt, sondern eher ermöglicht. Auch hier war nicht der Einzeltext, sondern der auferstandene Herr Jesus Christus im ganzen, so wie er von der Kirche oder vom einzelnen Ausleger verstanden und geglaubt wurde, Maßstab für die Neuaktualisierung[38]. Die Frage ist, ob dieser Maßstab genügend deutlich ist, um angesichts der weitgefächerten Wirkungsgeschichte unseres Textes auch klare theologische Urteile zu ermöglichen. Oder bedeutet das Erschließen neuer Sinnpotentiale, wie wir es schon im Neuen Testament und erst recht in der Wirkungsgeschichte beobachten, *beliebige* Freiheit im Namen eines Christus, der *nur* Außenspiegelung des eigenen Glaubens ist? Hier ist gerade der matthäische christologische Grundansatz, daß der erhöhte Christus kein anderer ist als der irdische Jesus und daß an seinen Geboten aller Glaube gemessen werden muß, von großer Bedeutung.

Wirkungsgeschichte

---

[37] Vgl. Bd. I 106.
[38] Wenn der (Ursprungs-)Sinn des einzelnen Textes und nicht der in der Gegenwart geglaubte Christus die Auslegung reguliert, wie z.B. in der neuzeitlichen wissenschaftlichen Auslegung, kann es höchstens zu einer (mehr oder weniger) *richtigen*, aber nicht zu einer *wahren* Auslegung kommen, die in und für die Gegenwart Gültiges auszusagen beansprucht.

Man kann die kirchlichen Auslegungen danach einteilen, ob sie unter dem Acker
1. den einzelnen Menschen,
2. die Kirche oder
3. die Welt verstehen
und ob die Taumellolchsamen
a) dogmatisch auf die Irrlehre oder
b) ethisch auf das Böse bezogen wurden.

Dabei sind die Kombinationen von 2 mit a) und b) besonders häufig, ging es doch hier um das Problem der »reinen Kirche« und um den Umgang mit der Häresie, also um zwei Grundprobleme, die die Kirche in ihrer ganzen Geschichte immer begleitet haben. Es verwundert also nicht, daß in der Auslegungsgeschichte unseres Textes immer wieder Grundfragen der Ekklesiologie auftauchten. Ethische Deutungen (1b) sind spärlich, Deutungen auf die Welt (3) noch spärlicher.

a)   Das Problem der reinen Kirche (Deutung 2b)
Bereits für Kallist war unser Text wichtig, um die Wiederaufnahme von Sündern in die Kirche zu rechtfertigen: »Laßt den Lolch mit dem Getreide zusammen wachsen, d.h. die Sünder in der Kirche«, soll er gesagt haben[39]. Später wurde der Text wichtig in der Auseinandersetzung mit Novatianern und Donatisten, die die Kirche bzw. wenigstens den Klerus von Todsünden freihalten wollten. Auch wenn es in der Kirche Unkraut gibt, sagt Cyprian, so sollen wir sie deswegen nicht verlassen, denn unsere Aufgabe ist es, dafür zu sorgen, selbst Weizen zu sein[40]. Auch Origenes weist darauf hin, daß es in Jerusalem, d.h. der Kirche, auch Jebusiter gegeben habe[41]. Besonders prononciert hat sich Augustin geäußert: Er ist nicht völlig gegen Kirchenzucht, aber er ist sich bewußt, in einer Kirche mit sehr viel Unkraut zu leben. Das Unkraut soll man nicht ausreißen, damit nicht der Weizen zugleich ausgerissen wird. Nur wenn diese Gefahr nicht besteht, d.h. wenn der Weizen fest verwurzelt ist, soll man das Unkraut ausreißen[42]. Wo die Krankheit zu groß ist, bleibt nur Schmerz und Seufzen[43] und, das Böse wenigstens aus dem eigenen Herzen zu entfernen. Die reformatorischen Theologen sahen die Probleme der alten Kirche wiederkehren. In reformatorischen und nachreformatorischen Deutungen tauchte die Bestimmung der Kirche als »corpus permixtum« auf: »In der Kirche werden immer Böse und Heuchler mit guten und wahren Christen vermischt sein«[44]. Luther vergleicht die Kirche mit einem Menschen, der seinen Leib, »den unflätigen Sack«, nun einmal haben müsse[45]. Kirche gibt es nur »verborgen unter dem großen Haufen . . . der Gottlosen«[46]. Dennoch verzichteten die Reformatoren nicht auf Kirchenzucht. Nur ist sie relativ. Calvin versteht un-

---

[39] Hippolyt, Ref 9,20 = BKV I/40 250.
[40] Ep 54,3 = BKV I/60 522, vgl. Ep 55,25 = ebd. 190f.
[41] Origenes, Hom in Jos 21,1 = GCS 30,428f.
[42] Augustin, Contra Epist Parmeniani 3,2,13 = CSEL 51,115.
[43] Ebd. 3,2,14 = CSEL 51,116.
[44] Bucer 126C.
[45] Luther II 474.
[46] Apologie der Augsburger Konfession 7 = BSLK ⁴1959, 237-239, Zitat 238; ähnlich Luther (WA 38) 566 (»Ecclesiam plenam semper fore sectis, scandalis, malis«); Coccejus 26; Calov 300 (necessitas scandalorum).

seren Text als Trost für die Pfarrer, die mit ihrer Kirchenzucht nie dahin kommen, »die Gemeinde völlig von jedem Schmutz (zu) befreien«, und Zinzendorf mahnt später die »Geschwister«, dafür zu sorgen, daß »der Acker Jesu Christi sowenig Unkraut als möglich trage«, aber eine »Anstalt ... ohne Flecken und Runzeln« (Eph 5,27!) sei nicht möglich[47].

Von der kleinen Minoritätsgemeinde des Matthäus bis zum reformatorischen corpus permixtum ist ein weiter Weg. Man kann die theologische Lösung der Reformatoren konsequent finden: Wenn an die Stelle der Minderheitskirche die Volkskirche getreten ist, die sich an ihrem Ort von der Welt kaum mehr unterscheidet, so *muß* sie ja – auch im Sinn des Matthäus – ein corpus permixtum sein. Dennoch entsteht m.E. gerade in volkskirchlichen Verhältnissen die Gefahr, daß das Anliegen des Matthäus verlorengeht. Ihm ging es ja darum, die Gemeindeglieder zu ermahnen, Weizen und nicht Lolch zu sein. Ihm ging es um die Bewegung, um das Wachsen von Früchten, um das Bestehen im Gericht. Daß es in seiner Gemeinde durchaus Kirchenzucht gegeben hat, zeigt 18,15-18. Ich denke: Wenn immer gerade in einer Volkskirche – die Bestimmung der Kirche als corpus permixtum nicht nur eine Beschreibung ist, sondern zu einer Grundsatzdefinition über das Wesen der Kirche wird, dann besteht die Gefahr, daß eine solche Definition die Kirche auf ihrem Weg des Gehorsams lähmt und nicht fördert. Das *Wesen* der Kirche besteht nach Matthäus nicht darin, daß sie ein corpus permixtum ist. Daß in *Wirklichkeit* die Kirche (noch!) ein corpus permixtum ist, ist zwar wahr, aber ihre Aufgabe besteht darin, Weizen und nicht Lolch zu werden.

b)   *Der Umgang mit Häretikern* (Deutung 2a)
Daß der den Menschen verwirrende Taumellolch auf die Häresie gedeutet wurde, ist verständlich. Wie der Weizen vor dem Lolch gesät wurde, so war auch die wahre Lehre das Erste, die Häresie aber wurde »später hereingebracht, fremdartig und unecht«[48]. Luther formuliert bei der Auslegung unseres Textes die schmerzliche Erfahrung: »Wo Gott ein kirch bawet, da wil der teufel auch ein capel oder Kretzmer (= Wirtshaus) haben«[49]. Welche Anweisung zum Umgang mit Häretikern gab unser Text? Er schien auf einer »liberalen« Linie zu liegen; aber es entstand von vornherein das Problem, wie man ihn mit anderen, vor allem mit antihäretischen Briefstellen verbinden könne. So suchte man Kompromisse. Johannes Chrysostomus meint, man dürfe, ja solle Häretiker exkommunizieren und zum Schweigen bringen, aber töten dürfe man sie auf keinen Fall, denn damit verhindere man die Möglichkeit, daß Gott ihnen die Chance zur Reue gebe[50]. Theophylakt exemplifiziert: Wenn man den Zöllner Matthäus getötet hätte, hätten wir heute sein Evangelium nicht![51] Einflußreich war die Einschränkung, das Stehenlassen des Unkrauts geschehe, damit der Weizen

---

[47] Calvin I 399; Zinzendorf II 944.
[48] Tertullian, Praescr Haer 31 = BKV I/24 685, vgl. Hieronymus 112; Johannes Chrysostomus 46,1 = 655. Die meisten mittelalterlichen Exegeten deuteten im Anschluß an Augustin, Retract 2,28 auf die Häretiker *und* auf die Bösen. Schon im NT wurden die Häretiker moralisch verunglimpft.
[49] Luther (WA 38) 558.
[50] 46,2 = 656f.
[51] 285.

nicht gefährdet werde. Wo Unkraut ohne Gefahr für den Weizen entfernt werden könne, solle man das tun[52]. Indem man so aus der Begründung, die der Hausherr den Knechten gab, eine Einschränkung machte, wurde die Stoßrichtung der Geschichte entscheidend verändert. Thomas von Aquino konnte so im Interesse des Weizens Glaubenskriege bejahen[53], und ein Inquisitor des 16. Jh. konnte mit Hilfe unseres Textes die Inquisition so legitimieren, daß man am Rande des Feldes »zwei oder drei, ab und zu sechs oder acht oder sogar zehn oder zwölf, ja, sogar hundert Unkräuter ausreißen (könne), ohne den Weizen zu verletzen«[54]. Faktisch läuft das auf die Verweigerung der Toleranz hinaus, sobald man in sicherer Mehrheit ist. Die gegenreformatorische Exegese meinte: Dann, wenn der Papst sage, daß beim Ausreißen des Unkrauts auch der Weizen Schaden nehme, müsse man das Unkraut eben stehenlassen[55]. Aber auch die reformatorische Sicht des Problems war nicht grundsätzlich anders: Luther fragt: Meint »sinite utraque crescere« (laßt beides wachsen), daß man auch den Papst und die Klöster wachsen lassen solle? Das lehnt er entschieden ab. Das Wort wolle nicht Papsttum und Häresie bejahen, sondern die Gemeinde trösten und zur Geduld mahnen. Neu an der reformatorischen Interpretation ist eigentlich nur die grundsätzliche Unterscheidung des Auftrags des Staats und der Kirche. Die Kirche kämpft mit der Waffe des Worts: »Die Ketzer und Aufrührer ... mögen im Winkel murren, aber aufs Hölzlein, auf den Predigtstuhl, zu dem Altar sollst du sie ... nicht kommen lassen«[56]. Aber für die weltliche Macht gilt »sinite utraque crescere« nicht. Aufgabe der weltlichen Macht ist es, »Gotteslästerung, falsche Lehre, Ketzereien und ihre Anhänger am Leib zu strafen«[57].
Grundsätzlich anders war erst die Sicht des Humanismus. Erasmus fordert, daß für die Häretiker grundsätzlich und ohne Einschränkung die Möglichkeit der Buße offengelassen werden müsse[58]. Sebastian Castellio und Jakob Acontius melden mit Berufung auf unseren Text einen grundsätzlichen Toleranzanspruch an[59]. Seit der Aufklärung empfand man immer stärker die Geschichte des nachkonstantinischen Christentums als Last: »Anathemata wurden nicht gegenüber Menschen, sondern gegenüber Völkern ausgesprochen ... So geschah es, daß der Lolch mit dem Weizen ausgerißen wurde, Unschuldige mit Schuldigen, noch mehr: daß der Weizen oft für Lolch gehalten wurde«[60]. Für H.E.G. Paulus fordert unsere Parabel grundsätzliche Toleranz: »Im Reich der Moralität mache sich keiner mit Gewalt zum Herrn der Handlungsweise des andern. Jeder einzelne nach seiner individuellen Überzeugung!«[61]

L. Ragaz beschreibt angesichts unserer Parabel zwei mögliche Irrwege der Kirche: den häufig begangenen der Enge und den viel seltener begangenen, aber im neuzeitlichen Protestantismus öfters auftretenden des Relativismus.

---

[52] Vgl. Augustin o. Anm. 42f; ferner Johannes Chrysostomus 46,2 = 656; Thomas v Aquino (Lectura) Nr. 1149; Maldonat 275.
[53] STh 2/II qu 10 art 8 corpus (nicht, um sie zu bekehren, sondern damit sie den Glauben nicht behindern).
[54] Bainton* 106.
[55] Maldonat 275; Lapide 286.
[56] II 481 (Predigt von 1546).
[57] Melanchthon, Epist VII, Nr. 1494 = CR III 199f; ähnlich auch Luther nach 1531, vgl. Hauspostille von 1544, WA 52, 134f und Bainton* 112f. Calvin, Ref Err Mich Serveti (Opera VIII 472) vertritt die augustinische Position: »toleranda esse mala admonet quae sine pernicie corrigi nequeunt«.
[58] (Paraphrasis) 80.
[59] Bainton* 117f; G.A. Benrath, in: Andresen (Hrsg.), Handbuch III 40.43.
[60] Grotius I 410, ähnlich bereits Cocceius 26.
[61] Paulus II 222.

Demgegenüber laute ihre Quintessenz: »Nicht wir sind die Besitzer der Wahrheit, sondern Gott ... Nur er«[62]. Damit ist etwas sehr Zentrales gesehen. Die matthäische Parabel gibt die Scheidung allein und ausschließlich in die Hand des Weltrichters und unterstellt ihm alle Gewächse auf seinem Acker, auch und gerade die Kirche. Man wird von hier aus nicht nur ein physisches Töten von Häretikern ablehnen, wie es früher geschah, sondern auch Fragen an die Institution der Exkommunikation und des kirchlichen Lehramtes stellen: Eine Kirche, die im Namen einer Wahrheit, die sie als absolute zu besitzen meint, Menschen als Irrlehrer verurteilt oder exkommuniziert, muß sich fragen lassen, ob sie »Irrende« nicht in geistlicher Form tötet. M.E. ergibt sich aus Matthäus, daß eine Kirche nur dann und nur so urteilen und exkommunizieren kann, daß sie selbst ihren eigenen Wahrheitsbesitz und ihre eigene Praxis ebenso ernsthaft unter das Gericht des Weltrichters zu stellen bereit ist. Kirchenzucht oder lehramtliche Verurteilung kann keine Kirche so üben wie der Weltrichter, d.h. endgültig und für ewig[63]. Umgekehrt wird man aber dort, wo eine Kirche Kirchenzucht nicht einmal mehr zeichenhaft und um der Liebe willen übt und wo der »Binnenpluralismus«[64] jede verbindliche Wahrheit relativiert, fragen, ob eine solche Kirche überhaupt noch irgendwohin unterwegs ist und als Kirche irgendeine Wahrheit zu vertreten beansprucht.

c) *Ethische Deutungen* (Deutung 1b, 2b)
Angesichts der bisher beschriebenen Deutungen ruft Episcopius energisch zur Ordnung: In dieser Parabel gehe es nicht darum, den »status Ecclesiae« zu beschreiben oder das Problem der Häretiker zu diskutieren. Der Skopus sei vielmehr allein ethisch: Vom Gericht her erfordere das Evangelium »eine aufrichtige Gesinnung und Bekehrung des ganzen Lebens«[65]. Scharf sagt auch der Aufklärer H.E.G. Paulus: Nicht Toleranz sei der eigentliche Skopus der Parabel, sondern das praktisch-gute Handeln[66]. Oft wird hier der Acker mit dem einzelnen Menschen identifiziert: Unkraut und Weizen finden sich in ihm, aber nicht unveränderbar als fleischliche Materie und göttlicher Geist[67], sondern verbunden mit dem Gedanken des freien Willens: »Wenn du willst, kannst du dich ändern und Weizen werden!«[68]

---

[62] L. Ragaz, Die Gleichnisse Jesu, Hamburg 1971, 149.151 (Zitat).
[63] Zur Spannung zu 16,19; 18,18, die hier aufbrechen könnte, vgl. Auslegung zu 18,18.
[64] Das Stichwort stammt aus: Christsein gestalten, hrsg. vom Kirchenamt im Auftrag des Rates der EKiD, Gütersloh ⁴1986, 80. – Es ist wahrscheinlich nicht zufällig, daß hier mein katholischer Partner P. Hoffmann in einer Randbemerkung »zeichenhafte« Kirchenzucht für »Unfug« hält und nach »neuen Modalitäten der Konfliktlösung« ruft, während ich als evangelischer Christ und Mitglied einer schweizerischen reformierten Kirche, in der lehrmäßige oder ethische Konflikte schon gar nicht mehr auftreten können, weil der Glaubens- und Handlungsfreiheit des Individuums keine Grenzen gesetzt sind (es sei denn, die volkskirchliche ›Offenheit‹ der Kirche würde gefährdet!), den Akzent hier anders setze. Wir sind beide von unseren Kirchen negativ geprägt!
[65] 86.
[66] II 218f.
[67] Clemens v Alexandria, Exc ex Theod 53,1 = GCS 17,124 (Lolch = Fleisch).
[68] Athanasius, Hom de semente 5 = PG 28, 149. Auf den einzelnen Menschen deuten den Acker auch Origenes 10,2 = GCS Orig X 2; Hieronymus, Dial c Pelag 1,13 = BKV I/15 353f; Theophylakt 284; Rabanus Maurus 947; Zwingli 429f.

Die ethische Deutung ist matthäisch. Die Applikation auf den einzelnen Menschen (wie bei der Geschichte vom vierfachen Acker) oder (wie bei Mt 13,36-43) auf die Kirche standen sich dabei in der Auslegungsgeschichte nie als Alternativen gegenüber. Hier können und sollen die Prediger/innen je nach Situation wählen. Wichtig ist allein, daß die Hörer/innen und Leser/innen den Text als offene Frage an sich selbst verstehen: Sowohl die Kirche wie auch der einzelne Mensch tragen die Möglichkeit des Weizens und die Möglichkeit des Taumellolchs in sich[69].

d) *Die Welt als Acker* (Deutung 3)
Diese Dimension des Textes ist in der Auslegungsgeschichte nur ganz vereinzelt erkannt worden[70]. Seine innerkirchliche Deutung blieb vorherrschend. Das entsprach dem matthäischen Text insofern, als er ja nicht die Kirche und die Welt theoretisch miteinander identifizieren, sondern die Kirche durch seine Gerichtsparänese aufrütteln und ermahnen will. Worin besteht im Sinn des Matthäus das Prae der Kirche gegenüber der Welt, wenn die Welt das Reich des Menschensohns ist und ihre Glieder im Endgericht genauso wie die übrigen Menschen gefragt werden, ob sie in ihren Taten Weizen oder Taumellolch gewesen sind? Matthäus, der in seiner Deutung von der Kirche schweigt, gibt auf diese Frage dennoch eine sehr präzise Antwort. Sie lautet: Der Vorrang der Jesusjünger besteht darin, daß sie von Jesus ins Haus mitgenommen werden und dort alles von ihm erklärt bekommen. Er besteht also darin, daß sie verstehen, was auf sie und die Welt zukommen wird, und daß sie wissen, was sie zu tun haben. Und – ihr Vorrang besteht darin, daß sie ihren Weg nicht allein zu gehen haben, sondern von Jesus unterwiesen und begleitet werden. V 36, der daran erinnert, ist deshalb nicht nur eine belanglose Übergangsbemerkung, sondern von großer theologischer Tragweite.

3.2 Vom Schatz im Acker und von der Perle (13,44-46)

Literatur: Aurelio, T., Disclosures in den Gleichnissen Jesu, Frankfurt/M. u.a. 1977 (Regensburger Studien zur Theologie 8), 145-154; *Cochini, F.*, Un discorso sulla scrittura per Greci, Giudei, Gnostici e Cristiani, L'Aquila 1981 (Studi Storico-Religiosi 5), 105-133; *Crossan, J. D.*, Finding is the First Act, 1979 (Semeia S.); *Dauvillier, J.*, La parabole du trésor et les droits orientaux, RIDA III/4 (1957) 107-115; *Dehandschutter, B.*, La parabole de la perle (Mt 13,45-46) et l'Évangile selon Thomas, EThL 55 (1979) 243-265; *Derrett, J.D.M.*, Law in the New Testament I, Leiden 1969, 1-16; *Dupont, J.*,

---

[69] Darum hat Mt die Knechte nicht allegorisch auf die Jünger gedeutet, weil dann ihr Standort auf der Seite des Menschensohns eindeutig gewesen wäre.
[70] Z.B.: Origenes 10,2 = GCS Orig X 2; Thomas v Aquino (Lectura) Nr. 1134 und Albertus Magnus 562 deuten auf die processio des Wortes in die Welt bei der Schöpfung. Thomas v Aquino, STh II/II qu 64 art 2 wendet den Text säkular auf das Problem der Todesstrafe an (wenn der Weizen nicht in Gefahr kommt und es für die ganze Gesellschaft nützlich ist, ist sie erlaubt).

Les paraboles du trésor et de la perle, in: ders., Etudes II 908-919; *Gibbs, J.*, Parables of Atonement and Assurance: Matthew 13,44-46, CTM 51 (1987) 19-43; *Glombitza, O.*, Der Perlenkaufmann, NTS 7 (1960/61) 153-161; *Jülicher*, Gleichnisreden II 581-585; *Linnemann, E.*, Gleichnisse Jesu, Göttingen ⁴1966; *Merklein*, Gottesherrschaft 64-69; *Ragaz, L.*, Die Gleichnisse Jesu, Hamburg 1971, 116-124; *Usener, H.*, Die Perle. Aus der Geschichte eines Bildes, in: Theologische Abhandlungen (FS C. v. Weizsäcker), Freiburg 1892, 203-213; *Vona, C.*, La margarita pretiosa nella interpretazione di alcuni scrittori ecclesiastici, Div. 1 (1957) 118-160.
*Weitere Literatur*** zur Gleichnisrede S. 291.

44 **Das Himmelreich gleicht einem im Acker verborgenen Schatz:**
    Ein Mann fand ihn, verbarg ihn,
    und aus seiner Freude geht er und verkauft (alles)[1], was er hat,
    und kauft jenen Acker.
45 **Wiederum gleicht das Himmelreich einem Kaufmann auf der Suche**
                                                    nach schönen Perlen:
46 **Er fand aber eine kostbare Perle,**
    ging weg und verkaufte[2] alles, was er hatte,
    und kaufte sie.

1. *Aufbau und Quelle.* Die beiden kurzen Gleichnisse sind, von geringen Variationen abgesehen[3], formal gleich aufgebaut: Nach einem Titel (= »Thema«) in V 44a.45 setzt in V 44b.46 mit εὑρών und anschließenden finiten Verben die Geschichte (= »Rhema«) ein. Unterschiedlich ist, daß in V 45 das Gottesreich nicht, wie man es eigentlich erwartet hätte, mit der Perle, sondern mit dem Kaufmann verglichen wird. Sprachlich sind die beiden Gleichnisse ziemlich stark mit mt Vorzugsvokabular durchsetzt[4]. Weil Mt sonst nie Gleichnisse ganz neu bildet, ist am wahrscheinlichsten, daß er sie aus der mündlichen Tradition übernommen und selbst erstmals verschriftlicht hat. Im Kontext der Rede ist die Verbindung zu V 36-43 und V 47-50 relativ schwach; wohl aber liegen deutliche Reminiszenzen an V 31-33 vor: Die Gleichniseinleitungen V 31.33.44.46, die syntaktische Struktur der vier Gleichnisse und einige Vokabeln sind identisch[5].

Analyse

---

[1] Πάντα ist textkritisch unsicher. Eine spätere Ergänzung liegt aufgrund der vielen synopt. Parr nahe; der Kurztext ist aber fast nur durch B bezeugt.
[2] Das unpassende Perf. steht, weil der Aor. des alten Verbs πέρνημι (nachklass. Praes. = πιπράσκω) schon damals ungebräuchlich war, vgl. die Belege bei Liddell-Scott s.v.
[3] Der wichtigste Unterschied ist, daß V 46 die Geschichte in der Vergangenheitsform erzählt, V 44cd jedoch im Praes. Andere Unterschiede ergeben sich aus dem verschiedenen Sujet, vgl. u. Anm. 7.
[4] Zum mt Vorzugsvokabular (vgl. Bd. I Einl. 3.2) gehören: Ὅμοιος, βασιλεία τῶν οὐρανῶν, θησαυρός, κρύπτω, ἀγρός, ἄν-θρωπος, χαρά, ὑπάγω, πάντα ὅσα, ἐκεῖνος, δέ, πάλιν, ἀπελθών. Zu πωλέω mit θησαυρός vgl. 19,21; Mk 10,21, zu ἔμπορος vgl. 22,5 (in der älteren Fassung Lk 14,18 ist vom *Kauf* eines Ackers die Rede!); zu πολύτιμος vgl. 26,7 v.l., zu (πιπράσκω) πάντα ὅσα ἔχει vgl. 18,25. Gundry 275-279 rechnet mit mt Bildung beider Parabeln aufgrund von 18,25; 19,21; 22,5, doch ist eine hohe Dichte von mt Vorzugsvokabular auch üblich, wenn Mt selbst erstmals verschriftlicht.
[5] Struktur: Gleichniseinleitung + Dativ + Relativsatz mit Part. und anschließend finiten Verben. Zusätzliche gemeinsame Stichworte mit 13,31f: ἐν τῷ ἀγρῷ, ἄνθρωπος; mit 13,33: κρύπτ- (13,44 2x!).

2. *Traditionsgeschichte und Herkunft.* Die schriftliche Fassung, die Mt geschaffen hat, ist so knapp, daß kaum mehr als das bloße Erzählgerippe überliefert ist. Wir können die beiden Gleichnisse also nicht dekomponieren, dürfen aber auf der anderen Seite nicht ausschließen, daß frühere Erzähler/innen in der Gemeinde sie anders akzentuiert oder ausführlicher erzählt haben. Unbrauchbar für eine traditionsgeschichtliche Rekonstruktion sind die Parallelen im Thomasevangelium (log 76 und 109); sie sind sekundär, basieren z.T. auf anderen Traditionen und sind völlig gnostisch[6]. Unsicher ist auch, ob die beiden Gleichnisse schon vor Mt als Doppelgleichnis erzählt wurden oder ob erst Mt sie zusammengestellt hat[7]. Die Geschichte vom Schatz im Acker ist eine Variante eines in unzähligen Volkserzählungen und Märchen geläufigen Motivs[8]; zur Parabel vom Perlenkaufmann scheint es kaum nahe Parallelen zu geben. Daraus ergeben sich aber keine Argumente für oder gegen ihre Herkunft von Jesus: Daß Jesus ein verbreitetes volkstümliches Sujet benutzte, ist ebensogut möglich wie dies, daß er eine neue Parabel schuf.

Erklärung   Die Erklärung dieser beiden kurzen Parabeln scheint einfach. Aber schon der matthäische Kontext bereitet Schwierigkeiten. Zwischen der Erklärung der Taumellolchparabel und dem Fischnetzgleichnis passen sie nicht recht. Eine Quelle kann man für die Plazierung nicht verantwortlich machen. Die Auskunft, daß im Schatzgleichnis auch ein »Acker« vorkomme[9], ist doch etwas sehr vordergründig. Die beiden Gleichnisse sind in der Bildhälfte klar, aber offen; die Übertragung auf die Sachhälfte ist entsprechend schwierig.

44   Nicht nur der volkstümliche Gedanke, daß man irgendwo in einem Acker oder in einer Ruine einen Schatz entdecken könnte[10], sondern gerade Geschichten, nach denen ein Bauer oder Arbeiter in einem eigenen oder fremden Acker einen Schatz findet und so sein Glück macht, sind in der Antike verbreitet. Die vielen Parallelen geben uns die Chance, die *besondere* Anordnung der Motive in unserer Geschichte und ihre frei wählbaren Erzählelemente zu entdecken und so der Absicht des Erzählers auf die Spur zu kommen.

Horaz spielt auf sie an:
»O daß ein Topf voll Geldes sich mir darböte, wie jenem,
der mit gefundenem Schatz, einst Lohnarbeiter, denselben
Acker nunmehr sich gekauft und gepflügt hat, reich durch den Schutzgott
Herkules«[11].

---

[6] Dehandschutter*.
[7] Aus dem hier sekundären EvThom kann man m.E. kaum sichere Schlüsse ziehen. Die übrigen Unterschiede sind nicht erheblich und ergeben sich meist aus dem Sujet: Der Schatz muß verborgen sein, während der Kaufmann Perlen suchen muß. Πιπράσκω meint größere Geschäfte (Schenk, Sprache 11) und paßt gut zum Kaufmann. Am gewichtigsten ist die Nichtübereinstimmung des »Themas«, das in V 44 sachlich (»Schatz«), in V 45f personal (»Kaufmann«) gefaßt wird. Aber ist das mehr als eine stilistische Variation des Mt? Fazit: Ein ursprüngliches Doppelgleichnis ist mindestens möglich.
[8] Vgl. Crossan*, v.a. 53-71.
[9] Hill 237.
[10] Vgl. z.B. die Kupferrolle aus Qumran (3Q 15), ein Verzeichnis von 64 (während des jüdischen Krieges vergrabenen?) Schätzen.
[11] Sat 2,6,10-13 (Übers. J.H. Voss).

Sein Kommentator Porphyrio nennt diese Geschichte eine bekannte »fabula« und erwähnt, daß der Glückliche trotz seines Reichtums den Acker brav weiter gepflügt und bearbeitet habe[12]. Apollonius von Tyana kauft für einen armen frommen Mann mit vier heiratsfähigen Töchtern einen Acker mit einem Schatz[13]. In zwei jüdischen Varianten unserer Geschichte findet der Arme den Schatz im eigenen Acker[14]. Als Gleichnis gibt es die Geschichte vom Erben, der seinen verunkrauteten Acker um eine Kleinigkeit verkaufte; der Käufer fand dann beim Arbeiten darin einen Schatz (oder eine Quelle)[15]. Auch als schwieriges Rechtsproblem ist die Geschichte bekannt: Wem gehört der gefundene Schatz? Die Antwort des persischen Rechts lautete: dem König[16]. Weise Richter wie der legendäre König Kazia oder Philosophen wie Apollonius von Tyana finden menschlichere Lösungen: Bei einem Prozeß hatte König Kazia ein Urteil zu fällen; er verheiratete den Sohn des Finders und Käufers des Ackers mit der Tochter des Verkäufers; Alexander der Große hätte in diesem Fall die beiden Prozeßparteien töten und den Schatz einziehen lassen[17]. Apollonius findet heraus, welcher der beiden Prozessierenden der bessere Mensch ist, und gibt ihm den Schatz[18]. Im römischen Recht war der »Schatz im Acker« ein Modellfall einer Rechtsdiskussion. Sie endete schließlich damit, daß der Käufer eines Ackers auch den Schatz miterwirbt, sofern der vorige Eigentümer nichts davon wußte[19]. Im jüdischen Recht scheint die Praxis ähnlich gewesen zu sein[20].

Das Material zeigt, daß der Parabelerzähler eine ganz bestimmte ›Option‹ ausgewählt hat: Der Acker, und damit auch der Schatz, gehörte nicht dem Finder, sondern einem Fremden. Daß dies der Patron oder Verpächter sei,

---

[12] Pomponi Porfyrionis commentum in Horatium Flaccum, hrsg. A. Holder, Ad Aeni Pontem 1894, 313. Auch Persius, Sat 2,10-12 (hrsg. W. Clausen, Oxford 1956) spielt darauf an.
[13] Philostr Vit Ap 6,39.
[14] 1. Philo, Deus Imm 91 (als Beispiel für unverhofftes Finden der Erkenntnis); 2. jHor 3,4,7 = 48a,44-62 (Übers. G. Wevers, 1984, 99f); LevR 5,4 (Freedman-Simon IV 66f); DtnR 4,8 (Freedman-Simon VI 97f) (als Belohnung für Wohltätigkeit gegenüber den Rabbinen).
[15] Mekh zu Ex 14,5 = Winter-Wünsche 85f (2 Varianten: Quelle und Schatz mit Gold und Perlen); MidrHL 4,13 (116a) = Bill. I 674; PesK 11,7 = Thoma-Lauer, Gleichnisse I 181 u.ö. Das Gleichnis wird in der Regel heilsgeschichtlich auf den Pharao gedeutet, der Israel aus Ägypten ziehen ließ.
[16] BM 28b.
[17] jBM 2,8c,39 u.ö. = Bill. I 674. In der späten jüd. Legende von den bekehrten Niniviten verzichten beide auf den Schatz, und die Erben des ursprünglichen Eigentümers können ausfindig gemacht werden (Ginzberg, Legends IV 251; VI 351).
[18] Philostr Vit Ap 2,39.
[19] Paulus, Digesten 41,2.3,3 (bei G.F. Hill, Treasure-trove. The Law and Practise of Antiquity, London 1934, 8-11; Derrett* 3 Anm. 1). Vorausgesetzt ist, daß der Besitzer nicht mehr auszumachen ist. Hill aaO 27 und Dauvillier* 109 referieren älteres, hadrianisches Recht: Der Finder erhält nur die Hälfte; vor Hadrian hat vielleicht der Staat den Fund beansprucht.
[20] Dauvillier* 111 weist auf Qid 1,5 (Mobilien werden mit Immobilien erworben); Derrett* argumentiert komplizierter: Ein mobiler Gegenstand wird durch Aufheben oder An-sich-Ziehen erworben (vgl. z.B. Qid 1,4f). Das Verstecken des Schatzes erklärt er damit, daß die Arbeit eines Lohnarbeiters oder Pächters dem Patron, der den Lohn bezahlt, gehört. So hätte der Mann in Mt 13,44 den Schatz nur im Namen seines Patrons aufheben können (vgl. bes. BM 10a); er müsse also Taglöhner oder Lohnarbeiter gewesen sein. Das interessiert aber den Text nicht. Die juristische Argumentation von Derrett ist überdies in sich fragwürdig, vgl. Crossan* 91.

sagt die Parabel ebensowenig wie daß der Finder ein armer Tagelöhner gewesen sei[21]. *Zuerst*[22] findet der Mann den Schatz und hat damit eine unwahrscheinliche, normalerweise nur erträumte Chance. Das Finden des Schatzes ist also weder wie in anderen Varianten der Geschichte der Lohn für fleißiges Hacken oder Mildtätigkeit. Damit ist aber erst die Exposition, gleichsam das »Thema« der Parabel gegeben. Nun erst setzt mit den finiten Verben in V 44b die eigentliche Geschichte, das »Rhema« ein. Das Gewicht liegt also weder auf dem »unermeßlich hohen Wert« des Schatzes[23] – das ist vom Sujet her sowieso klar! – noch auf der Freude des glücklichen Finders[24], die nur im ersten Gleichnis erwähnt wird. Vielmehr kommt es darauf an, was der Mann jetzt tut. Auch hier kann der Erzähler zwischen verschiedenen Optionen auswählen. Der Mann hätte z.B. den Schatz heimlich stehlen können[25]. Oder er hätte dem Gesetz gehorchen und seinen Fund ausrufen lassen können, um einen eventuellen Besitzer zu entdecken[26]. Er deckt ihn aber wieder zu. Das war klug, denn niemand soll in der Zwischenzeit, bis der Kauf des Ackers erfolgt ist, seinen Fund entdecken. Ob sein Handeln legal oder moralisch war, interessiert den Erzähler nicht[27]. Dann kaufte er den Acker. Auch hier hätte der Erzähler andere Optionen gehabt: Der Mann hätte dazu sein Geld bei der Bank abheben, einen Teil seines Besitzes verkaufen oder Geld leihen können. Er tut das nicht, sondern »verkauft alles, was er hat«. Diese Variante ist nicht zufällig, zumal sie beim folgenden Gleichnis wiederholt wird. Darauf läuft offenbar alles hinaus: Darum muß der Mann den Schatz zuerst finden, und darum muß er ihn wieder zudecken. Es kommt dem Erzähler auf den »entschlossenen Einsatz« des Finders an, der »auf alles übrige (verzichtet), um das Himmelreich zu erwerben«[28].

Die Parabel zeigt, wie der Erzähler aus dem Repertoire von Möglichkeiten einer vorgegebenen Geschichte die ihm passende auswählt. Bestimmt ist die Auswahl durch die Sache, das Gottesreich. Von ihm her ist es z.B. undenkbar,

---

[21] Der Parabelerzähler interessiert sich nicht wie z.B. Horaz für den sozialen Aspekt, daß ein armer Schlucker zu großem Glück kommt. Der Mann hat immerhin soviel zu verkaufen, daß er aus dem Erlös den Acker kaufen konnte. Der Perlenkaufmann im Parallelgleichnis ist ohnehin nicht arm.
[22] Vgl. den Buchtitel von Crossan*: »Finding is the first Act«.
[23] Jülicher, Gleichnisreden II 585.
[24] Jeremias, Gleichnisse 199, vgl. Schweizer 202.
[25] Dann wäre er wirklich evident unmoralisch gewesen, und Crossans* Deutung, daß der Mann nicht nur seinen Besitz, sondern auch seine alte Moral um des Gottesreichs willen hinter sich gelassen habe (75.93. 106.112f), wäre richtig. So aber bleibt das Unmoralische im Verhalten des Mannes unbetont. Crossans* Deutung scheitert am Parallelgleichnis von der Perle, wo nichts Unmoralisches geschieht.
[26] Jeder Fundgegenstand, von drei aufeinanderliegenden Münzen an aufwärts, muß öffentlich ausgerufen werden (BM 2,2). Ausgerufen werden müssen ferner: Geld in einem Beutel, ein Geldhaufen, vgl. Crossan* 92. Vgl. die Niniviten o. Anm. 17.
[27] M.E. stehen der Parabel juristische und moralische Überlegungen ebenso fern wie etwa Lk 16,1-8; 18,1-8.
[28] Linnemann* 108; Flusser, Gleichnisse 131, vgl. Aurelio* 150. Von »Opfer« bzw. »Entsagung« (Schlatter 446) sollte man nicht sprechen; diese Begriffe sind zu religiös bzw. asketisch belastet.

daß der Finder den Acker mit dem Schatz schon längst besessen hätte[29], und ebenso undenkbar, daß der Finder für diesen Schatz z.B. nur einen Teil seines Vermögens aufgewendet hätte.
In ähnlicher Weise ist nun auch die folgende Parabel vom Perlenkaufmann in ihrer Bildhälfte von der Sache bestimmt. Ἔμπορος ist der Großkaufmann, der exportiert und importiert[30]. Perlen wurden in der Regel aus Indien importiert; seit der Zeit Alexanders des Großen kamen sie in Mode und galten als Inbegriff des Kostbaren[31]. In jüdischer religiöser Sprache konnte die Perle in verschiedener Weise als Bild für etwas ganz Kostbares gebraucht werden, z.B. für die Tora[32], für Israel[33], für einen treffenden Gedanken[34] oder auch, ähnlich wie der Schatz, als Ausdruck der überreichen Belohnung Gottes für die Frommen[35]. Im Unterschied zur Schatzparabel dürfte diese Erzählung aber von Jesus neu gebildet worden sein[36]. Das Thema der Geschichte ist ein Perlenkaufmann. Er findet eine sehr kostbare Perle. Daß es *eine* Perle ist, ist nicht belanglos[37], sondern von der Sachhälfte, dem Gottesreich her nötig[38]. Wiederum interessiert sich die Parabel nicht für die näheren Umstände des Kaufs, etwa dafür, ob der Kaufmann für die Perle einen reellen Preis bezahlt hat, auch nicht dafür, ob er sie nachher wieder verkaufen konnte. Wichtig ist ihm nur, daß der Kaufmann »wegging und alles verkaufte, was er hatte«, um die Perle zu kaufen. Der Perlenkaufmann hat nun nur noch die eine Perle, für die er alles gegeben hat. Darauf kommt es dem Erzähler offenbar an.
Die beiden Gleichnisse wollen also das menschliche Handeln angesichts der Chance des Himmelreichs einschärfen. Worin besteht es? Beim zweimaligen »er verkaufte alles, was er hatte« hat Matthäus sicher über die Bildebene hinaus sehr konkret an den Besitzverzicht gedacht, der zur Nachfolge der Wanderradikalen gehörte[39]. Ihm stand hier die Formulierung von Mk 10,21 vor Augen[40]. Wir sind der Forderung nach Verzicht auf irdische Schätze schon

---

[29] So kann der gnostische Verfasser von Ev Thom log 109 formulieren, denn der Pneumakern ist längst im Gnostiker, auch bevor er zur Gnosis kommt.
[30] Bauer, Wb s.v.
[31] F. Hauck, Art. μαργαρίτης, ThWNT IV 476, bes. Anm. 4-6.
[32] PesK 12,11 = Thoma-Lauer, Gleichnisse 191.
[33] AgBer 68 = Buber 133 (zit. bei Flusser, Gleichnisse 131).
[34] Bill. I 447f.
[35] Vgl. Schab 119a = Bill. I 675. ExR 20,9 zu 13,17 = Freedman-Simon III 250 wird ein Gleichnis von einem dummen Perlenbesitzer als Variante zum Gleichnis vom Erben (vgl. o. Anm. 15) erzählt.
[36] Jüd. Parr zum Sujet gibt es m.E. nicht; das Gleichnis vom Seefahrer, der im Sturm seine ganze Ladung preisgibt, um die reiche Stadt zu erreichen (Test Ijob 18,6-8), ist eine *Sach*parallele.
[37] Es geht also nicht um eine wörtliche Wiedergabe eines aram. Indefinitartikels חד.
[38] Im vorangehenden Gleichnis war εἷς überflüssig, da man nicht mehrere Schätze findet; beim Kaufmann, der viele Perlen einkauft, ist εἷς nötig, um den überragenden Wert dieser einen Perle herauszuheben. Bei einer christologischen Deutung des Perlenkaufmanns, die neuerdings wieder Gibbs* 27-38 und Burchard** 23-30 vorschlagen, läßt sich gerade dieser Zug nicht deuten: Warum erlöst der Menschensohn Jesus durch seinen Tod nur *eine* Perle und verkauft alle anderen?
[39] Richtig Dupont* 918. Hier wirkt die Sachhälfte, d.h. das Leben, ins Bild hinein und macht die Formulierung zur Metapher.
[40] Gemeinsame Worte: ὑπάγω, πωλέω, ὅσα ἔχεις.

6,19-34 im Zentrum der Bergpredigt begegnet⁴¹ und verstanden die Jüngerrede von Kap. 10 *auch* als Erinnerung an den grundsätzlich der ganzen Gemeinde aufgetragenen Weg der Armut in der Nachfolge⁴². In der Geschichte vom reichen jungen Mann wird der Gedanke nochmals begegnen, wiederum in Verbindung mit dem Stichwort »Schatz« (19,21). Matthäus versteht Besitzverzicht als einen Teil des *Wegs* der Gemeinde zur Vollkommenheit, der durch die Liebe gestaltet wird. Damit will ich nicht sagen, daß Matthäus hier *nur* vom Besitzverzicht als Antwort auf das Himmelreich sprechen wollte. In den Parabeln hat »alles verkaufen« *auch* eine bildhaft-metaphorische Dimension und meint mehr, als es sagt⁴³. Aber daß hier die Bildhälfte von der Sachhälfte strikte getrennt werden sollte (was Matthäus in seiner allegorisierenden Gleichnisauslegung sonst nie tut!), so daß vom Besitzverzicht hier *nicht* die Rede wäre, ist angesichts der Formulierungen und des Gewichts, das er im ganzen Evangelium hat, kaum glaubhaft.

Zusammenfassung und Wirkungsgeschichte

Die von Matthäus beabsichtigte Applikation der beiden Gleichnisse ist also klar. Dennoch haben sie in der kirchlichen Auslegung eine reiche Wirkungsgeschichte, die teilweise ganz andere Akzente betonte. Meistens schließen sich die verschiedenen Auslegungsrichtungen nicht aus, sondern ein.

1. *Christologische Auslegungen.* Schon früh wurde Christus zur Perle und zum Schatz⁴⁴. Das ließ sich entfalten, z.B. heilsgeschichtlich. Der im Acker verborgene Schatz ist der in den Schriften verborgene Christus⁴⁵. Gleich dem emsigen Perlenkaufmann, der viele Perlen suchte, hat sich Israel um das Gesetz Mühe gegeben, aber umsonst⁴⁶. Darum wurde ihm das Heil weggenommen wie dem Bauern sein Acker⁴⁷. Die christologische Auslegung des Perlengleichnisses schließt gern an antike Legenden über die Entstehung der Perle an. Die Purpurmuschel »trinkt hinab den himmlischen Tau und den Strahl der Sonne und des Mondes und der Sterne und bringt so die Perle zustande aus den Lichtern von oben«⁴⁸. Was lag näher, als auf den Inkarnierten zu deuten, der durch Gott in der Jungfrau gezeugt wurde⁴⁹? Wie die Perle, so ist Christus »lapis ex carnibus genitus«⁵⁰. Im Anschluß an diese Auslegung des Perlengleichnisses oder auch an den im Acker verborgenen Schatz erinnern viele Ausleger daran,

---

⁴¹ Vgl. Bd. I 362f.370-375.
⁴² Vgl. o. S. 78f.95-100.155.317f; u. S. 492f und Bd. III zu 19,16-30.
⁴³ Vgl. die ähnlichen Formulierungen 18,25.
⁴⁴ Acta Petr 20 = Hennecke ⁵II 276; Acta Joh 109 = ebd. 187f.
⁴⁵ Irenäus, Haer 4,26,1.
⁴⁶ Hilarius 13,8 = 302; Luther (WA 38) 567.
⁴⁷ Origenes 10,6 = GCS Orig X 6.
⁴⁸ Physiologus 44 (Übers. U. Treu, Berlin ²1981, 86); vgl. schon Plin d Ä., Hist Nat 9,54, 107. Von hier aus ist verständlich, warum die Perle in der Gnosis, bei den Mandäern und Manichäern verbreitetes Bild für die Seele wurde.
⁴⁹ Besonders eindrücklich bei Ephraem Syrus, Sermo 148, in: A. Caillau - M. Guillon (Hrsg.), Collectio selecta SS Ecclesiae Patrum 37, Paris 1834, 186-213. Usener* 206f weist darauf hin, daß Christus so zum Parallelfall der nach antiker Auffassung ebenfalls aus der Muschel geborenen Aphrodite wird.
⁵⁰ Ephraem Syrus aaO 8 = 192.

daß Christi Gottheit im Fleisch verborgen ist[51]. Sicher sind solche Auslegungen nicht exegetisch richtig, aber sie führen die neutestamentliche Erkenntnis weiter, daß Jesu Gleichnisse nach seinem Tod nur so weitergegeben werden können, daß der Parabelerzähler selber zum Inhalt der Parabeln wird.

Es ist aber nicht die Deutung des Schatzes und der Perle auf Christus, die die Mehrzahl der Auslegungen bestimmt. Die Meinung der meisten Ausleger drückt vielmehr Maldonat aus: »Das Himmelreich, denke ich, muß man ... wie in den vorigen Parabeln für den Glauben, das Evangelium oder die evangelische Lehre annehmen«[52]. Geht man von hier aus, dann kann man den Akzent entweder auf die Heilszusage oder auf die Mahnung legen.

2. Die *Heilszusage*. Was bedeutet hier der Schatz bzw. die Perle? Thomas von Aquino spricht im Anschluß an Dionysius Areopagita von der Wahrheit, die Einheit schenkt[53], Brenz von der Vergebung der Sünden[54], Zinzendorf vom »Universale«, das »gesund« und »selig« macht, nämlich der Botschaft von der Marter Jesu durch sein Blut[55], Ragaz vom »Wunder« und vom »Glück«, »wenn ... das Eine kommt«[56]. In modernerer – fast nur protestantischer – Exegese taucht diese Deutung der Gleichnisse auf die Gnade in eigentümlicher Variation wieder auf, wenn man subjektiviert »die große, alles Maß übersteigende Freude« als Skopus der Parabeln faßt[57] oder wenn man objektiv den »Mehr-Wert« der Gottesherrschaft, die menschliches Handeln »mit Selbstverständlichkeit« bewirkt[58], in den Vordergrund stellt. Hier wird m.E. die Voraussetzung der beiden Parabeln zu ihrem Skopus gemacht. Die Parabeln schenken sicher auch die Freiheit zu solcher Applikation, aber man sollte erstens erkennen, daß hier eine Applikation vorliegt und keine Exegese. Zweitens sollte man darüber nachdenken, warum für Mt offenbar der Verzicht auf den Besitz keine »Selbstverständlichkeit« ist. Drittens sollte man durchschauen, wie sehr der eigene protestantische Hintergrund solche Umdeutungen bestimmt.

3. Die *Mahnung*. Die klassische kirchliche Deutung gab auch der Mahnung ein großes Gewicht. Vielzitierte Parallelstellen sind Mt 10,37-39 oder auch das Beispiel des Paulus, der gegenüber dem Evangelium alles Bisherige für »Dreck« hielt (Phil 3,8). Dabei wird der Besitzverzicht meistens aus dem Zentrum gerückt, und die Mahnung wird verallgemeinert: Nicht nur um Besitzverzicht geht es, sondern darum, überhaupt »mit Freuden« zu entsagen und »eifrig im Guten« zu sein[59]. Prägnant formuliert z.B. Baronius, es gelte, »Geschäftsleute« und nicht »Müßiggänger« angesichts des Gottesreichs zu sein[60]. Besonders eindrücklich ist die kurze, rein paränetische Auslegung von Luther: Zugespitzt zieht er aus unseren Gleichnissen die Konsequenz, nie-

---

[51] Vgl. Clemens v Alexandria, Paed II,12 (118,5) = BKV II/8 124 (der »klare und reine Jesus, [das] sehende Auge im Fleisch, [der] durchsichtige Logos, um dessentwillen das Fleisch kostbar ist«); Dionysius d Karthäuser 169; Lapide 287 (deitas in humanitate).
[52] 279, vgl. z.B. Theodor v Mopsuestia fr 75 = 121 (Kerygma); Hieronymus 113 (scientia Salvatoris; die Bibel); Bullinger 128AB; Brenz 517f.519 (Evangelium).
[53] (Lectura) Nr. 1193.
[54] 518.
[55] II 979f.
[56] * 120.
[57] Vgl. Jeremias, Gleichnisse 199 und o. Anm. 24.
[58] Jüngel, Paulus 143.145; vgl. E. Fuchs, Was wird in der Exegese interpretiert?, in: ders., Zur Frage nach dem historischen Jesus, Tübingen 1960, 292 (»Jesus ... schenkt« den Zuhörern den Einsatz, indem »sie sein Wort empfangen«); Weder** 141 (die »Gottesherrschaft als agens ... [der] Hörer als reagens«).
[59] Johannes Chrysostomus 47,2 = 669.
[60] Bei Knabenbauer I 600: »Negotiatores, non otiatores«.

mand sei ein Christ, der meine, mehr als ein *werdender Christ* zu sein. »Stare in via Dei est retrogredi«[61] (Stehenbleiben auf dem Wege Gottes bedeutet Rückwärtsgehen). Andere warnen vor »Reichtum, Vergnügungen, Ehren und Bequemlichkeiten der Welt«[62] oder rufen auf zum Streben nach dem Himmel[63]. Im ganzen ist bemerkenswert, wie sehr in der Auslegungsgeschichte die geistlichen Formen des »Verzichtes auf die Welt« den wirklichen Besitzverzicht in den Hintergrund gedrängt haben.

Der springende Punkt der beiden Parabeln ist bei Matthäus so klar, daß Jesus sie seinen Jüngern nicht deuten muß. Um so auffälliger ist, daß aus der Auslegungsgeschichte die Mahnung zum Verzicht auf den Besitz fast verschwand und viele andere Aussagen in den Vordergrund traten. Gewiß: *Alle* diese Aussagen sind wichtig und wertvoll, und die meisten liegen nicht einfach völlig jenseits der Sinnpotentiale dieser Parabeln oder wenigstens der Jesusgleichnisse im allgemeinen. Aber dennoch gibt zu denken, daß »die Warnung vor dem Reichtum«, die »die einzige direkte ethische Ermahnung« unseres ganzen Kapitels ist[64], in der Auslegungsgeschichte wieder einmal nicht gehört wurde. Was soll man dazu sagen? Matthäus selbst hat es schon gesagt: »Die Sorge um die Welt und der Trug des Reichtums ersticken das Wort« (13,22).

3.3 Vom Schleppnetz (13,47-50)

Literatur: Dunkel, F., Die Fischerei am See Genesareth und das N.T., Bib. 5 (1924) 375-390; *Jülicher*, Gleichnisreden II 563-569; *Morrice, W.G.*, The Parable of the Dragnet and the Gospel of Thomas, ET 95 (1983/84) 269-273.
Weitere Literatur* bei Mt 13,24-30 o. S. 320.
Weitere Literatur** bei Mt 13 o. S. 291.

47 Weiter gleicht das Himmelreich einem Schleppnetz, das in den See geworfen wurde und (Fische) aller Gattung sammelte: 48 Als es voll wurde, zogen sie es an den Strand und setzten sich hin; das Gute lasen sie zusammen in Behälter; das Unbrauchbare aber warfen sie hinaus. 49 So wird es am Ende der Zeit sein: Die Engel werden herauskommen und die Bösen aus der Mitte der Gerechten aussondern 50 und sie in den Feuerofen werfen; dort wird Heulen und Zähneknirschen sein.

Analyse 1. *Aufbau.* Die Parabel vom Schleppnetz beginnt wie diejenige von der Perle und fast gleich wie die vom Senfkorn, vom Sauerteig und vom Schatz. Sie ist auch gleich aufgebaut wie jene: Nach einer einleitenden Themaangabe mit partizipialer Bestimmung (V 47) beginnt die knappe Erzählung in V 48 mit einem Relativsatz und geht

---

[61] (WA 38) 568 nach Bernhard v Clairvaux. Es folgt: »Igitur, qui Christianus est, non est Christianus, hoc est, qui se putat *factum* Christianum, cum sit tantum *fiendus* Christianus, ille nihil est« (Sperrungen nicht im Orig.).
[62] Calvin I 405.
[63] Gregor d Gr. 11,1 (= Homilien 83).
[64] Zitat aus der Auslegung von 13,22 (o. S. 317).

weiter mit finiten Verben. Die Deutung in V 49f nimmt nur V 48 auf. Sehr eng sind ihre Berührungen mit der Deutung der Taumellolchparabel: V 49f entsprechen V 40-43. Im Unterschied zu dort wird aber nicht gesagt, was mit den Guten geschieht. Die Gerichtsankündigungen 13,40-43 und 13,49f rahmen also die dazwischenliegenden Gleichnisse. Einige Vokabeln stimmen auch mit 13,24-30 überein[1]. Darüber hinaus ist unser Text mit drei Texten besonders verbunden: Das Gleichnis V 47f erinnert an die einleitende Szene des ganzen Kapitels 13,1f (θάλασσα, καθίζω, συνάγω, ἐπὶ τὸν αἰγιαλόν). Der Gegensatz καλός/σαπρός erinnert an das Wort vom Baum und seinen Früchten 7,17f und 12,33. Relativ dicht sind auch die Wortverbindungen zur Weltgerichtsschilderung 25,31-46 (συνάγω, καθίζω, ἀφορίζω, δίκαιος, πῦρ).

2. *Redaktion und Quelle.* Die Deutung V 49f scheint mir ebenso wie V 40-43 ganz red. zu sein[2]. Auch das Gleichnis ist abgesehen von den durch den Stoff bedingten Hapaxlegomena σαγήνη, ἀναβιβάζω und ἄγγος sprachlich weitgehend red.[3]. Soll man eine vom Evangelisten erfundene Geschichte annehmen[4]? Dagegen spricht nicht nur, daß Mt sonst keine Gleichnisse erfindet, sondern auch, daß Gleichnis und Deutung nicht so gut zusammenpassen wie beim Taumellolchgleichnis: Das Gerichtsfeuer hat in der Bildhälfte beim Fischsortieren keine Entsprechung[5]. Mir ist deshalb am wahrscheinlichsten, daß Mt das Schleppnetzgleichnis V 47f aus mündlicher Überlieferung übernommen und schriftlich formuliert hat; für die Deutung V 49f hat er seine eigene Deutung des Taumellolchgleichnisses V 40-43 variiert. Ein »Deutungskatalog« wie in V 37-39 war hier weder nötig noch möglich; das Gleichnis ist dafür zu kurz und entbehrt klar deutbarer Metaphern. Für Mt waren die beiden Gleichnisse also ein Gleichnispaar. Sie sind aber kein ursprüngliches Doppelgleichnis, sondern unterscheiden sich erheblich: In 13,24-30 ist der Zeitfaktor, nämlich das Warten bis zur Ernte, entscheidend; hier spielt er keine Rolle. 13,24-30 schildert einen extrem unwahrscheinlichen Fall aus der Landwirtschaft; hier geht es um ein durchaus normales und alltägliches Beispiel aus der Fischerei. 13,24-30 ist ein zeitlich komplexer, dreistufiger Ablauf; hier ist nur von der »Ernte« der Fische die Rede.

3. *Traditionsgeschichte und Herkunft.* Lassen sich V 47f traditionsgeschichtlich dekomponieren? Die Variante im Ev Thom log 8 hilft dazu nichts; sie ist deutlich sekundär. Das Gleichnis handelt dort von einem besonders kostbaren Fisch, der der Gnosis entspricht; Mt 13,45f hat eingewirkt! Da Mt die Geschichte wohl erstmals verschriftlichte, kann man wie bei Mt 13,44.45f kaum mehr etwas ausmachen über

---

[1] Συνάγω, συλλέγω, καλός, vgl. ἀνὰ μέσον / ἐκ μέσου.
[2] Vgl. Analyse 2 zu 13,36-43. Zu ἐξέρχομαι, δίκαιοι, πονηροί vgl. Bd. I Einl. 3.2. Ἀφορίζω (bes. Fut.) und (ἐκ) μέσου sind LXX-Sprache. Zu βάλλω vgl. u. Anm. 3. Zu den Bezügen zum Kontext, bes. zu 13,36-43 und 25,31-46, vgl. o. Abschnitt 1. Theisohn* 190-201 und Friedrich* 82-85 halten V 49f für Trad., vgl. o. Anm. 8 und 10 zu 13,36-43.
[3] Zu βάλλω, πληρόω vgl. Bd. I Einl. 3.2. Wichtiger sind die Berührungen mit 12,33; 13,1f.24-30.40-43; 25,31f; dazu vgl. o. Abschnitt 1. Zum eschatologischen »Hinauswerfen« vgl. 3,10; 5,13; 7,19; 8,12; 18,8; 22,13; 25,30. Entscheidend ist, daß das Gleichnis ganz auf die red. Deutung hin formuliert ist, vgl. u. S. 359.
[4] So Goulder, Midrash 374 und Gundry 279, die im Menschenfischerwort (Mt 4,19) den Anstoß zur Bildung der Parabel sehen.
[5] Die unbrauchbaren Fische wirft man in den See zurück! Sie bleiben am Leben, während die »guten« Fische am Schluß in die Bratpfanne kommen!

unterschiedliche Akzente, die sie vielleicht früher bei anderen Erzählern oder bei Jesus hatte[6]. Daß sie auf Jesus zurückgeht, hat eine allgemeine Wahrscheinlichkeit für sich.

Wirkungs-geschichte   Die Geschichte vom Netz stand immer im Schatten derjenigen vom Taumellolch und wurde von dorther interpretiert. Wie jene, so wurde auch sie vor allem in reformatorisch geprägten Deutungen zur Darstellung der Kirche als corpus permixtum aus Guten und Bösen[7]. Und wie bei jener, so war auch bei ihr diese Deutung möglich aufgrund einer Verschiebung des Blickpunktes vom Ende auf den Anfang, vom Gottesreich auf die Kirche. Ja, sie bot von der Bildhälfte her sogar die Chance, die Kirche direkt im Gleichnis festzumachen: In der allegorischen Interpretation entsprach sie dem Netz[8], das Fische von allerlei Arten, also z.B. aus allen Nationen, enthielt[9]. So wurde aus der eschatologischen Parabel eine missionsgeschichtliche. Die in ihr nicht erwähnten Fischer wurden dann flugs eingeführt und mit den »Menschenfischern« (Mt 4,19), den Aposteln und ihren Nachfahren identifiziert[10]. Auch neuere Interpretationen sind oft durch die Taumellolchgeschichte bestimmt. So führt man z.B. von dort einen Zeitfaktor ein: Die Ausstoßung aller Bösen wird »nicht eher als bei der Endvollendung« erfolgen[11]. Oder das »Danach« der Scheidung und das »Zuvor« der Sammlung werden einander gegenübergestellt, wobei das entscheidende das Zuvor ist: »Denn wo keine Fische gefangen werden, da kann man sie auch nicht sortieren«[12]. Dann fällt das Gewicht auf das Jetzt: »Jetzt ist den Menschen ›Raum zur Entscheidung‹ gewährt«[13]. Auf der Strecke bleibt oder an den Rand gerückt wird bei solchen Deutungen das letzte Gericht. Moderne Exegese kann sich bei dieser theologisch und weltanschaulich schwierigen Sache dann so aus der Affäre ziehen, daß sie darauf hinweist, daß das Gericht eben das Interesse erst des Matthäus sei, der das Moment der »Sammlung« unbeachtet lasse[14]. Jesus selber habe anders akzentuiert. Es ist schon erstaunlich, was man mit einem hypothetisch re-

---

[6] Manson, Sayings 197f und Schweizer 204 vermuten im Anschluß an R. Otto, Reich Gottes und Menschensohn, München 1934, 101f, daß das ursprüngliche Gleichnis nur V 47 umfaßt habe. Dahinter steht ein größeres Interesse am Fischnetz, in dem die verschiedenen Fische beisammen sind, als am Endzustand, bei dem die guten Fische im Behälter und die schlechten auf dem Abfallhaufen liegen. Sie merken wenigstens, daß ein solches Interesse schlecht zum jetzigen Text der Parabel paßt! Morrice* sieht den Skopus des ursprünglichen Gleichnisses (auch für ihn nur 13,47) im Universalismus (ἐκ παντὸς γένους!), im Unterschied zur Beschränkung der Verkündigung auf Israel.
[7] Luther (WA 38) 569 (gegen Donatisten, Müntzeraner); Calvin I 406; Brenz 520f.

[8] Z.B. Gregor d Gr. 11,4 = I 85; Strabo 134; Thomas v Aquino (Lectura) Nr. 1197 (neben der Deutung auf die Lehre); Olshausen 464 (»das Reich Gottes in seiner realen Erscheinung«).
[9] Thomas v Aquino aaO; Theophylakt 292.
[10] Z.B. Theophylakt 289; Lapide 288.
[11] Jülicher, Gleichnisreden II 567; vgl. Dahl** 151.
[12] Jüngel, Paulus 146; vgl. Weder** 144: Es gehe um die »Bedingungslosigkeit« der Sammlung und die »Selbstverständlichkeit« der Scheidung.
[13] Gnilka I 510.
[14] Weder** 146.

konstruierten Jesustext alles vermuten kann! Aber über Jesu Urfassung wissen wir nichts. Angesichts der Ergebnisse der Analyse bleibt nichts anderes übrig, als den matthäischen Text zu deuten.

Er ist von großer Stringenz. Wie in den vorigen Gleichnissen wird auch hier zunächst, nämlich V 47, das Thema angegeben. In V 48 wird dann die eigentliche Geschichte (das »Rhema«) in finiten Verben erzählt. V 47 ist also gleichsam das Subjekt, V 48 folgen die Prädikate. Matthäus erzählt also nicht von Sammlung und Scheidung, sondern von der Scheidung des zuvor im Netz Gesammelten. Das entspricht genau seiner eigenen Deutung, die nur an den Schluß anknüpft. Auch sonst zeigt sich, daß die Bildhälfte auf die Deutung in V 49f ausgerichtet ist: Matthäus formuliert das Thema unpersönlich mit dem Stichwort σαγήνη und führt erst V 48 ein personales, aber nicht genanntes Subjekt ein, nämlich »sie«, d.h. die Fischer. Warum diese Ungeschicklichkeit? Ihr Zusammenlesen und Wegwerfen, das mit finiten Verben beschrieben wird, entspricht der Tätigkeit der Engel in V 49f. Dem Auswerfen und Fischen im Titel aber entspricht auf seiten der Engel nichts[15]. Matthäus wollte offensichtlich gerade keine Assoziationen an die »Menschenfischer« wachrufen und hat deshalb das Gleichnis unpersönlich »vom Schleppnetz« formuliert. Ebenso erwähnt er anders als V 30 nicht, wohin die unbrauchbaren Fische geworfen werden. Der Grund ist klar: Ins Feuer wurden sie jedenfalls nicht geworfen! Kurz: Einmal mehr hat Matthäus das Gleichnis von seiner Deutung her formuliert.

Erklärung 47f

Eine σαγήνη ist ein Schleppnetz. Schleppnetze am See Gennesaret sind nach neuzeitlichen Beschreibungen ca 250 m oder bis 450 m lang und ca 2 m breit. An beiden Enden ist ein Seil befestigt. Die eine Längsseite ist mit Gewichten beschwert, so daß sie sinkt, die andere mit Kork oder leichtem Holz versehen, so daß sie schwimmt. Das Schleppnetz wird per Boot ausgefahren und dann an Land gezogen[16]. Fischnetz und Fischfang waren keine konventionalisierten Metaphern[17]. Aber es gibt doch einige Formulierungen, die die Hörer und Leser möglicherweise aufmerken ließen: Ἐκ παντὸς γένους ist inhaltlich überflüssig, aber es bereitet V 48b vor. Die Leser werden dort merken, daß die brauchbaren und unbrauchbaren Fische gemeint waren. Πληρόω ist nicht nur in unserem Evangelium, sondern schon im Judentum ein theologisch befrachtetes Wort; vielleicht klingt hier hinter der vordergründigen Bedeutung der Gedanke an das Vollwerden der von Gott bestimmten Zeit oder des von Gott bestimmten Maßes an[18]. Daß ein Fischer nach dem Einziehen des Net-

---

[15] Spätere Ausleger dachten hier an die Mission der Kirche, vgl. o. Anm. 4 und 10.
[16] Vgl. die Beschreibungen bei Lagrange 279; Dunkel* 377-379; Dalman, Arbeit VI 348-350.
[17] Bill. I 675 notiert nur, daß die Frommen aus der Tora leben wie die Fische vom Wasser. Flusser, Gleichnisse I 37 kennt keine rabb. Gleichnisparr.
[18] Vgl. G. Delling, Art. πληρόω κτλ., ThWNT VI 287,5-18; R. Stuhlmann, Das eschatologische Maß im Neuen Testament, 1983 (FRLANT 132), 189.191f.

zes sich hinsetzt, den Fang sortiert und ungenießbare oder unreine[19] Fische ausscheidet, ist zwar selbstverständlich. Trotzdem erinnert sie das Sitzen der Fischer vielleicht an das Sitzen des Menschensohn-Weltrichters (19,28; 25,31; 26,64) und des zur Rechten Gottes erhöhten Herrn und Lammes Gottes (vgl. z.B. Kol 3,1; Eph 1,20; Apk 4f passim). Das Gegensatzpaar καλός und σαπρός haben die Leser des Evangeliums vom Bild der Bäume mit ihren Früchten her im Ohr; dort waren damit die Werke bzw. die Worte der Menschen im Visier (7,16-20; 12,33). Das eigenartige »Hinaus«werfen – am See Gennesaret sind die Fischer ja ohnehin im Freien – weckt Assoziationen an andere Gerichtstexte im Evangelium[20]. So ahnen die Leser/innen, daß der Text hintergründig ist, wobei diesmal nicht die Bilder an sich, sondern die sehr bewußt gewählten Formulierungen diese Ahnung auslösen[21]. Vor allem erinnern sie sich an die Eingangsszene zur ganzen Rede. Dort am »See« – 13,1f – stand die große Volksmenge »am Strand« »versammelt«, während Jesus im Boot »saß« und in Gleichnissen redete. Es ist, als ob unser Gleichnis jene Eingangsszene aufnähme und kommentierte. Die Leser/innen wissen, daß dieses Reden Jesu die Scheidung zwischen Volk und Jüngern auslöste. Sie hat, wie die folgende Deutung zeigt, im Endgericht ihre Entsprechung. Unsere Parabel hat also, obwohl der Menschensohn in ihr nicht explizit vorkommt, einen christologischen Hintersinn: Das, was durch Jesus schon passiert ist, wird sich im Gericht wiederholen.

49f So sind die Leser/innen vorbereitet auf die nun folgende Deutung. Sie kennen sie schon aus V 40-43. Es geht in dieser Himmelreichparabel um das Endgericht. Der Menschensohn ist diesmal nicht direkt erwähnt; die Bildhälfte erlaubte das nicht. Daß es im Gericht um das Leben, um die Praxis geht, wird durch das Gegensatzpaar πονηροί — δίκαιοι klar. Wie in 13,24-30 die Aussaat des Teufels zuerst aus dem Acker des Menschensohns entfernt wird, so werden auch hier, jüdischen Gerichtsvorstellungen entsprechend[22], die Bösen aus der Mitte der Gerechten entfernt: Auch hier ist die Welt, mit den guten und bösen Menschen in ihr, Welt des Menschensohns bzw. Gottes. Nicht die Gerechten werden durch die Engel in den Himmel transferiert, sondern die Bösen werden von der Erde entfernt. Vom Schicksal der Gerechten ist diesmal nicht die Rede, denn das Gewicht der Parabel liegt ausschließlich auf der Warnung.

Zusammenfassung Wiederum kam die Kirche in dieser Parabel nicht vor. Sie ist nicht, wie man in der alten Kirche meinte[23], mit dem Schleppnetz identisch. Die Kirche ist

---

[19] Vgl. Lev 11,10-12; Dtn 14,9f.
[20] Vgl. o. Anm. 3.
[21] Es ist bemerkenswert, daß abgesehen von βάλλω (in ganz anderer Verwendung) und θάλασσα nichts an 4,18-22 erinnert. Insbesondere das Wort ἁλιεύς fehlt; die Ausdrücke für »Netz« sind dort andere. Mt hätte sehr leicht Reminiszenzen schaffen können, wenn ihm dies – und damit die Sache von 4,18-22, nämlich die Mission – wichtig gewesen wäre. Mindestens für ihn ist also das Menschenfischerwort 4,19 kein Schlüssel zu dieser Parabel.
[22] Vgl. o. Anm. 38 zu 13,24-30.
[23] Vgl. o. Anm. 8.

auch hier nicht eine vorgegebene Größe, sondern werdende Kirche. Die Kirche soll sich in den Jüngern erkennen, die Jesus mit dieser Geschichte anspricht. Innerhalb der Parabel gehört sie, wie die übrigen Menschen, zu den Fischen. Und hier liegt nun der entscheidende Punkt, wo die Parabel nicht stimmt: Während Fische von Natur aus rein oder unrein, eßbar oder nicht eßbar sind, sind die Menschen durch ihre Taten »die Ursache, daß (sie) gute Arten sind und würdige für die Behälter«[24] – oder eben nicht. Die Jünger haben es selbst in der Hand, wo sie einst sein werden!
Jesus lehrte sie in diesem Kapitel verstehen, was mit dem am Strande stehenden Volk geschehen wird, er deutete ihnen die Zukunft und den Kaufpreis des Gottesreichs an und endet nun mit einem warnenden Appell: Die Praxis wird zeigen, wo wahre Kirche gewesen ist[25]. Der Hinweis auf das Vernichtungsgericht, das auch der Gemeinde bevorstehen kann, soll sie in Bewegung bringen und gerade nicht ängstlich machen und lähmen.

3.4 Abschluß: Vom verstehenden Schriftgelehrten (13,51f)

Literatur: Betz, O., Neues und Altes im Geschichtshandeln Gottes, in: ders., Jesus. Der Messias Israels, 1987 (WUNT 42), 285-300; *Dupont, J.*, Nova et Vetera (Mt 13,52), in: ders., Etudes II 920-928; *Hoh, J.*, Der christliche γραμματεύς, BZ 17 (1926) 256-269; *Jülicher*, Gleichnisreden II 128-133; *Kremer J.*, ›Neues und Altes‹. Jesu Wort über den christlichen Schriftgelehrten (Mt 13,52), in: J. Kremer – O. Semmelroth – J. Sudbrack, Neues und Altes, Freiburg u.a. 1974, 11-33; *Légasse, S.*, Scribes et disciples de Jésus, RB 68 (1961) 321-345. 481-506; *Orton*, Scribe 137-176; *Schnackenburg, R.*, ›Jeder Schriftgelehrte, der ein Jünger des Himmelreichs geworden ist‹ (Mt 13,52), in: Wissenschaft und Kirche (FS E. Lohse), hrsg. K. Aland – S. Meurer, Bielefeld 1989, 57-69; *Simonetti, M.*, Origene e lo scriba di Matteo 13,52, VetChr 22 (1985) 181-196; *Tilborg*, Leaders 131-134; *Zeller, D.*, Zu einer jüdischen Vorlage von Mt 13,52, BZ NF 20 (1976) 223-226.
*Weitere Literatur*** bei Mt 13 o. S. 291.

51 Habt ihr das alles verstanden?« Sie sagen zu ihm: »Ja«. 52 Er aber sagte ihnen: »Deswegen gleicht jeder Schriftgelehrte, der zum Jünger für das Himmelreich (gemacht) wurde, einem Hausherrn, der aus seiner Vorratskammer Neues und Altes hervorholt«.

1. *Aufbau.* Unser Text ist ein kurzer Dialog. Jesus stellt den Jüngern eine Frage, diese antworten, und Jesus führt den Dialog durch ein kurzes Gleichnis weiter. Die Abschlußfunktion des Textes ist deutlich: V 51 greift auf V 34 zurück. Im Unterschied

Analyse

---

[24] Origenes 10,11 = GCS Orig X 12. Der entscheidende Gegensatz lautet: nicht φύσις, sondern προαίρεσις.
[25] Insofern hat Maldonat 280 in der positiven These durchaus recht, wenn er (contra novos haereticos!) betont: »Non omnes, qui Evangelium ... recipiunt, salvos futuros, sed eos tantum, qui boni fuerint pisces«.

zum Volk haben die Jünger ταῦτα πάντα verstanden. Außerdem taucht das in V 13-23 wichtige Stichwort συνίημι nochmals auf. Den Abschluß der Rede Jesu bildet auch ein Gleichnis; aber wie das erste, V 3-9, ist es kein Himmelreichgleichnis. Gegenüber V 3-23 ist der Aufbau umgekehrt: Der Text beginnt mit der Frage nach dem Verstehen und schließt mit dem Gleichnis ab. Über die Gleichnisrede zurück erinnert V 52b an 12,35.

2. *Redaktion und Tradition.* V 51 ist ganz[1], V 52 fast ganz red.[2]. Mit einer rein red. Bildung von V 52[3] wird man aber aus zwei Gründen nicht rechnen dürfen: Einmal ist mindestens die Gegenüberstellung καινὰ καὶ παλαιά nicht mt. Sodann – und das ist wichtiger – ist es nach der Jüngerunterweisung 13,36-52 überraschend, daß Mt jetzt plötzlich von den *Schriftgelehrten* spricht. Das Verstehen der *Jünger,* nicht nur einiger Christen in besonderer Stellung, stand doch zur Debatte! Das deutet m.E. darauf hin, daß in V 52 ein traditioneller Kern steckt. Ich denke aber nicht an ein Gleichnis: Dagegen sprechen die abstrakten Ausdrücke »Altes und Neues«. Warum sollte ein Hausherr aus seiner Vorratskammer[4] »Neues und Altes« hervorholen[5] und nicht vielmehr Früchte, Wein, Korn, Kleider oder Werkzeuge[6]? Das Bild hat also in sich keinerlei Evidenz. Wohl aber leuchtet bei einem jüdischen Schriftgelehrten ein, daß es seine Aufgabe ist, die Schätze der Weisheit zu öffnen[7], die alte Weisheit der Väter zu überliefern und selbst neu sprudeln zu lassen[8] oder die Tora vom Sinai zu tradieren und selbst für seine eigene Situation neu anzupassen[9]. In diesem Gleichnis wird also die Bildhälfte erst von der Sachhälfte her evident! Ist also ein jüdischer Spruch über den Schriftgelehrten nachträglich in ein Gleichnis verwandelt worden? Von der Sprache her könnte Mt dafür verantwortlich sein[10]. Aber warum? Aus dem formalen Grund, weil der Text so besser als Abschluß des Gleichniskapitels paßte? Oder aus

---

[1] Zu συνίημι, ταῦτα πάντα vgl. Bd. I Einl. 3.2; zu V 51b: 9,28; 21,16.

[2] Zu ὁ δὲ εἶπεν, διὰ τοῦτο, πᾶς, μαθητεύω, βασιλεία τῶν οὐρανῶν, ὅμοιος, ἄνθρωπος, οἰκοδεσπότης, ὅστις vgl. Bd. I Einl. 3.2. Γραμματεύς ist mt Vorzugsvokabel, hier aber themabedingt. Zu ἄνθρωπος mit Subst. vgl. Anm. 24 zu Mt 13 (o. S. 296). Zu ἐκβάλλει ἐκ τοῦ θησαυροῦ vgl. 12,35.

[3] So z.B. Goulder, Midrash 375; Tilborg, Leaders 133; Gundry 281; Orton, Scribe 172f rechnet mit einer freien Weiterentwicklung von Lk 6,40.45.

[4] Vgl. Bauer, Wb s.v. 1β (diff. 13,44!). Zur Sache: Jüd. Quellen berichten nach Krauss, Archäologie I 355f von אוֹצָרוֹת für Wein, Öl und Früchte. Ein »Schatzhaus« paßt zu einem Tempel oder einem König, aber nicht zu einem Hausvater.

[5] Nur bei Wein würde »Altes« einleuchten, aber davon ist nicht die Rede. An alte Lappen zu denken (im Anschluß an Jer 38,11!) ist ebenso weit hergeholt wie der Vorschlag von Walker, Heilsgeschichte 27-29 und Tilborg, Leaders 132, hier die »seltsame Bedenkenlosigkeit« (Walker 29) des Hausvaters, der Neues und Altes vermische, zum tertium comparationis zu machen.

[6] Von einem solchen Bild geht Ev Phil log 119 (Hennecke [5]I 170f) aus: Der Hausherr bringt für die Kinder Brot, Öl und Fleisch, für die Sklaven Korn und Rizinusöl (!), für die Tiere Gerste und Gras, für die Hunde Knochen und für die Schweine Eicheln. Eine bildgerechtere, aber sekundäre Applikation von Mt 13,52 auf die verschiedenen gnostischen Menschentypen!

[7] Vgl. Σιρ 1,24; 20,30; 40,18f; 41,14; Sap 7,14.

[8] »This is clearly ... the picture of the scribe rather than of a householder« (Orton, Sribe 152). Vgl. Σιρ 21,15; 39,6; 50,27 und Zeller* 225.

[9] Er 21b = Bill. I 677 deutet R. Chisda die alten und die neuen Früchte von Hld 7,14 auf die Tora und die Worte der Schriftgelehrten. Vgl. auch Jad 4,3 (= ebd.): Das »Neue« (חדש) im Lehrhaus entspricht der Halaka des Mose vom Sinai.

[10] Gleichnisse vom οἰκοδεσπότης sind bei ihm beliebt, vgl. 13,27; 20,1; 21,33 (Red.!); 24,43.

hermeneutischen Gründen, weil ein Gleichnis im Unterschied zu einem Spruch eine Entschlüsselung verlangt und die Leser zwingt, darüber nachzudenken, was mit »alt« und »neu« gemeint sein könnte? Oder war das Bild ursprünglich ausführlicher und klarer?

Jesus hält inne und fragt, ob die Jünger verstanden haben. »Verstehen« gehört zu ihrer Existenz. Es geht nicht darum, daß die Jünger nur, wenn sie verstehen, der Kirche die Tradition vermitteln können[11], sondern »Verstehen« heißt: mit dem Kopf begreifen, was die Gottesreichparabeln mit dem Leben zu tun haben. So gehört das Verstehen zum Fruchtbringen[12]. Dieses Verstehen hat Jesus selbst sie gelehrt. Mit einem letzten Gleichnis schließt er die Rede ab. Διὰ τοῦτο ist hier, wie z.B. 6,25; 18,23, nicht begründend, sondern bekräftigend[13] oder noch eher weiterführend: Und so (sc. beim Verstehen) geschieht es, daß jeder Schriftgelehrte... Μαθητεύω ist bei Matthäus als transitives Verb (»zum Jünger machen«, wie 28,19) und vielleicht auch als intransitives Deponens (»Jünger werden«, vgl. 27,57) bezeugt; eine sichere Entscheidung ist kaum möglich[14]. Der Dativ τῇ βασιλείᾳ τῶν οὐρανῶν kann ein Dativ der Beziehung[15] oder ein Dativus commodi (»Jünger werden für das Himmelreich«)[16] sein; auch hier ist eine Entscheidung kaum möglich. Deutlich ist hingegen von den beiden Parallelstellen her, daß auch hier die übliche Bedeutung »zum Jünger machen« (bzw. »Jünger werden«) anzunehmen ist und nicht die an sich auch mögliche engere Bedeutung »belehren«[17]. Wer aber ist »jeder zum Jünger gemachte Schriftgelehrte«? Manche Ausleger denken an jüdische Schriftgelehrte, die Anhänger des Gottesreichs geworden sind[18]. Wir hören aber sonst nichts davon, daß die christlichen Schriftgelehrten, die es in der matthäischen Gemeinde und auch sonst im Urchristentum gab[19], zuvor jüdische Schriftgelehrte gewesen sind. Außerdem hat γραμματεύς von Hause aus auch eine offene, untechnische Bedeutung[20] (= schriftkundig). 23,8-12 spricht nicht dafür, daß die Schriftkundigen einen klar abgrenzbaren Stand in der Gemeinde gebildet haben. So wird man an christliche Schriftgelehrte denken, die sich wohl vor allem mit der Exegese des Alten Testament

Erklärung
51

52

---

11 Gegen Trilling, Amt 33.
12 Vgl. o. S. 315.318.
13 Euthymius Zigabenus 420: Οὐκ ... αἰτιολογικόν, ἀλλὰ βεβαιωτικόν, ἀντὶ τοῦ ›Ἀληθῶς‹.
14 Die Grundbedeutung von μαθητεύω ist intrans.: »Schüler sein«, vgl. Bl-Debr-Rehkopf § 148 Anm. 5.
15 So die meisten, vgl. Strecker, Weg 192.
16 Faktisch: Jünger des Himmelreichs, vgl. 27,57. Bei trans. μαθητεύω ist auch ein Dat. instrumentalis möglich.
17 Vg: doctus in regno caelorum. Diese Übersetzung erleichtert eine Applikation auf den professionellen Theologen: »Nur der so qualifizierte γραμματεύς gleicht diesem Hausvater, nicht jeder ›Jünger des Himmelreichs‹ schlechthin« (Trilling, Amt 146).
18 Vgl. 8,19! So z.B. Origenes 10,14 = GCS Orig X 17 (ein Jude legt qua Jude die Schrift nur buchstäblich aus = γραμματεύς, vgl. dazu Simonetti* 183f); in neuerer Zeit M'Neile 206; Hoh* 266-268; Dupont* 922f.927 (für das vormt Log.).
19 Mt 23,34. Christliche Schriftgelehrte erwähnt auch Luc Peregr Mort 11.
20 Griech. ist γραμματεύς ein Sekretär oder Beamter. Jüd. wird der סוֹפֵר (gleiche Bedeutung) nachexilisch zum Schriftkundigen. Die spätere Selbstbezeichnung der Rabbinen lautet nicht סוֹפֵר, sondern חָכָם, vgl. Bill. I 79f.

beschäftigten, ohne daß man genau definieren könnte, wer dazugehörte. Manche Exegeten meinten, hier eine Selbstdarstellung des Evangelisten entdecken zu können²¹. Je weniger man γραμματεύς als technische Bezeichnung eines Berufsstandes faßt, desto mehr wird man sagen können, daß der Verfasser zu diesen »christlichen Gebildeten« *auch* gehörte. Auch 23,8-10.34 zeigen, daß er an christlichen Lehrern Interesse hatte. Aber es geht nicht um ein individuelles Selbstportrait etwa in ähnlicher Weise, wie sich mittelalterliche Maler auf biblischen Bildern selbst portraitierten; dagegen spricht eindeutig das generalisierende πᾶς. Klar ist, daß mit dem Ausdruck nicht einfach alle von Jesus unterwiesenen Jünger gemeint sind, wie es eigentlich vom Kontext her zu erwarten wäre²², sondern nur die Schriftkundigen unter ihnen²³. Alle von Jesus Unterrichteten haben die Aufgabe, zu verkündigen (Mt 28,19f). Die Schriftkundigen unter ihnen aber haben noch eine besondere Aufgabe. Matthäus vergleicht sie mit einem Hausvorsteher, der seine Vorratskammer verwaltet. Auch die christlichen Schriftkundigen verwalten einen »Schatz«²⁴. Was ist das »Alte« und »Neue« in ihm? Von der traditionellen Bedeutung von γραμματεύς her liegt es am nächsten, unter dem »Alten« die Bibel und unter dem »Neuen« Jesu Evangelium vom Gottesreich zu verstehen. »Neues« entspricht also der Jüngerschaft für das Himmelreich, »Altes« der wichtigsten traditionellen Aufgabe des Schriftgelehrten. Das paßt auch gut zum theologischen Grundanliegen des Matthäus: Da Jesus Gesetz und Propheten erfüllt (5,17), ist er daran interessiert, die Kontinuität zwischen »Altem« und »Neuem« aufzuzeigen²⁵. Nicht in der Botschaft, sondern bei ihren Empfängern, dem Gottesvolk, geschieht nach ihm der Bruch zwischen »Altem« und »Neuem«. Diese Deutung paßt im Kontext gut zum Erfüllungszitat 13,35, wo die Geheimnisse des Gottesreichs, die das Volk nur hört, die Jünger aber verstehen, als »von Anbeginn verborgen« genannt werden: Längst Beschlossenes, längst Existierendes, gleichsam »Ur-Altes« wird in Jesu Verkündigung

---

21 Z.B. Hoh* 268; Kremer* 26 (beide denken nicht *nur* an Mt); Légasse* 490; Goulder, Midrash 375f; Frankemölle, Jahwebund 145f (Mt habe bei der Abfassung von Kap. 13 den alten, mk Gleichnissen neue, eigene zugefügt); Davies, Setting 233 (z.B. das Taumellolchgleichnis und die neue mt »Gemara« in 13,37-43); Beare 317f (Mt »holds a position of authority« – aufgrund von οἰκοδεσπότης!).

22 Dahin tendiert Kingsbury** 126, ähnlich Grundmann 357. Dieser Deutungstyp herrscht auch in der alten Kirche vor, wo der »Schriftkundige« selbstverständlich mit den Aposteln identifiziert wurde, den »scribae et notarii Salvatoris« (Hieronymus 115). Da andererseits der οἰκοδεσπότης gleich Christus ist, verbindet sich der Gedanke des apostolischen »scriba« häufig mit demjenigen der imitatio Christi.

23 Dupont* 926 versteht auf der Ebene der mt Red. den γραμματεύς allein vom Verstehen des Gottesreichs her. Ich denke nicht, daß man von der Wortbedeutung von γραμματεύς her auf die Schriftkenntnis als entscheidendes Moment verzichten kann.

24 Nach 12,35 wird der Leser θησαυρός von vornherein metaphorisch verstehen. Ob Mt dabei – wie 12,35 – an ihr »Herz« oder an ihre Kenntnisse oder sogar an das Evangelium gedacht hat, muß offenbleiben.

25 Sachlich entspricht das der seit Irenäus, Haer 4,9,1 die kirchliche Deutung bestimmenden Auslegung von »Altem« und »Neuem« auf die beiden Testamente. Für Irenäus sind sie beide vom selben Hausvater, dem Logos Christus, gestiftet.

laut. Ob Matthäus beim »Alten« eher an die auf Christus bezogenen prophetischen Weissagungen, also z.B. die Erfüllungszitate, oder eher an die biblischen Gebote dachte, kann von der allgemeinen Formulierung »Neues und Altes« her nicht entschieden werden. Zu seinem Denken paßt auch, daß das »Neue« vorangestellt wird: Das entspricht 5,17, wo Jesus kraft seiner Sendung die Kontinuität zu Gesetz und Propheten selbst setzt, und 5,21-48, wo er nicht die Tora auslegt, sondern in Kontinuität zu ihr den Willen des Vaters proklamiert[26]. Das bedeutet mindestens gegenüber rabbinischer Schriftauslegung einen neuen Akzent[27], ohne daß dadurch die Kontinuität zum jüdischen Schriftkundigen bewußt aufgehoben würde[28]. Das »Neue« hat also einen Vorrang, aber die besondere Aufgabe der Schriftkundigen ist es, das »Neue« mit dem »Alten« zu verbinden[29].

»Altes« und »Neues« bedeutet also nicht die überlieferte Jesustradition und ihre Aktualisierung für die Gemeinde[30]. Diese Interpretation ist m.E. unmöglich: Die Verkündigung (und damit auch Aktualisierung) der Jesusüberlieferung ist nach 28,19f Aufgabe jedes Jüngers, nicht nur der Schriftgelehrten. Daß Mt das »Neue«, nämlich die Applikation und Veränderung der Jesustradition, vor das »Alte«, nämlich die Jesustradition selbst, gestellt hätte, halte ich von 28,20 her auch für ausgeschlossen. Mt unterscheidet bei der Jesusüberlieferung gerade nicht zwischen »Altem« und »Neuem«, sondern für ihn ist entscheidend, daß die gegenwärtige Verkündigung des erhöhten Herrn keine andere ist als die der »alten« Gebote des irdischen Jesus.

Die größte Schwierigkeit unseres kurzen Textes besteht in seiner Einordnung in den Kontext: Warum ist am Schluß der Gleichnisrede vom Schriftgelehrten die Rede? Nachdem die *Jünger* Jesu Gleichnisse verstanden haben, erwartet man einen Schlußsatz Jesu, der von ihrer Aufgabe handelt. Statt dessen spricht er vom christlichen γραμματεύς, also ausschließlich vom »Theologen« und seiner *besonderen* Aufgabe. Diese Schwierigkeit kann man nicht beseitigen. V 52 ist nicht eigentlich das Ziel der ganzen Rede, sondern ein für Matthäus allerdings sehr wichtiger Zusatzgedanke. Warum ist er für ihn so wichtig? Vielleicht darum, weil ihm die Zusammengehörigkeit von Altem

Zusammenfassung

---

[26] Vgl. Bd. I 236.242f.
[27] Weniger gegenüber den Schriftauslegern in der Apokalyptik und in Qumran, die mit Hilfe der Schrift neue Texte schreiben und die Schrift durch die Pescher-Auslegungen tiefer verstehen als sie sich selbst. Darauf weist Orton, Scribe 77-151 hin.
[28] Die Voranstellung des Neuen gab in der Auslegungsgeschichte Gelegenheit, traditionelle christliche Vorurteile über die jüd. Schriftgelehrten zum besten zu geben. Vgl. z.B. Jülicher, Gleichnisreden II 132: »Die γραμματεῖς fürchteten nichts mehr als Neuerungen; die Überlieferung der Väter ..., das waren ihre Götter«.

[29] Darum kann Jes 43,18f nicht die Wurzel unseres Spruches sein, denn dort geht es um die Überholung des »Alten« durch das »Neue«, nicht um ihre Verbindung, gegen Betz* 288-292. Ebenso besteht ein wichtiger Akzentunterschied zwischen Mt, der das »Alte« dem »Neuen« zuordnet, und Stellen wie Mk 2,21f; 2Kor 5,17; Apk 21,4f, die »Neues« und »Altes« eher antithetisch einander entgegenstellen.
[30] So z.B. Schlatter 450f; Trilling, Amt 33f; Schnackenburg* 67f als Möglichkeit. Für Mt selbst vertreten z.B. Davies, Goulder und Frankemölle die gleiche Hypothese, vgl. o. Anm. 21.

Testament und Jesu Geschichte und Verkündigung gerade in seiner Situation, nach dem Bruch mit Israel, ein zentrales Anliegen ist[31]. Ebendarum haben die γραμματεῖς, die Bibelkundigen, in seiner Gemeinde eine so wichtige Aufgabe. Und darum wurden gerade sie neben den Propheten und Weisen zur Missionsverkündigung in Israel ausgeschickt (23,34).

Wirkungsgeschichte
Nicht zu Unrecht wurde also in der Auslegungsgeschichte unsere Stelle auf die Theologen gedeutet. Oft folgt bei der Deutung ein kleiner Exkurs mit Konsequenzen für die Gegenwart der Ausleger. Vor allem in zwei Richtungen hat der Text die Ausleger zu eigenen Betrachtungen angeregt, die hier je mit einem Beispiel vertreten sein sollen. Im Blick auf die theologische Arbeit wurde die gründliche Arbeit an der Bibel, die der Schatz für »Altes« und »Neues« ist, eingeschärft. »Weitaus am scheußlichsten irren die, die glauben, ein Kirchenmann sei schon genug gebildet, wenn er das Testament in deutscher Übersetzung oder ein Predigtbuch lesen oder ein paar lateinische, griechische oder hebräische Vokabeln pfeifen kann, im übrigen aber in allen Dingen völlig ahnungslos ist, vor allem den Grund des Redens nicht hat oder lernen will, sondern sich noch etwas darauf einbildet, das entschlossen zu verachten«. Solche Pfarrer kann sich Bullinger am besten als Schweinehirten (»pastores porcorum«) vorstellen[32]. Geht es aber ums Predigen, so greifen die Ausleger gern auf die Parabelrede zurück und interpretieren sie als homiletisches Beispiel: »So ist es auch eine Aufgabe eines ›doctor Ecclesiae‹, ... Selbstverständliches neu und Neues verständlich zu entfalten«[33]. Das heißt: Im Alten das Neue entdecken und das Neue an Vertrautes anzuknüpfen ist die Aufgabe des Predigers.

Exkurs: Zur matthäischen Gleichnisdeutung

Es gibt viele Monographien zu den Gleichnissen Jesu, aber praktisch keine Literatur, die die Gleichnisdeutung des Matthäus zum Gegenstand hat. Darum ist der folgende Versuch als Skizze zu betrachten, die eine erste Schneise durch ein Gebiet schlägt, das weitere Bearbeitung verdient.

1 *Übersicht.* Es gibt im Mt-Ev *drei Blöcke von Gleichnissen*: 13,3-52; 21,28-22,14 und 24,42-25,30. Sie sind vom Evangelisten gestaltet worden, jedesmal aufgrund von Vorgaben in der Mk-Quelle. Zwei dieser Gleichnisblöcke sind öffentliche Jesusrede. Sie haben im Ablauf der mt Erzählung eine wichtige Funktion. In Kap. 13 geht es um die Scheidung zwischen dem nicht verstehenden Volk und den Jüngern, die Jesu Belehrung empfangen. In 21,28-22,14 geht es um den polemischen Introitus zur letzten großen Gerichtsrede Jesu an Israel, der dann zur endgültigen Trennung vom Volk führen wird (24,1-3). In diesen beiden Blöcken kommt das Wort παραβολαί gehäuft vor[34]. Παραβολαί sind für Mt öffentlich gesprochene Geschichten, die ohne Erklä-

---

[31] Vgl. Bd. I 140f und U. Luz, Das Matthäusevangelium und die Perspektive einer biblischen Theologie, Jahrbuch für biblische Theologie 4 (1989) 236-238.
[32] Bullinger 139A.
[33] Brenz 511 (»ut ... κοινά explicet καινῶς, & καινά explicet κοινῶς«).
[34] 13,3-36: 11x; 21,28-22,14: 3x; sonst im ganzen Ev. nur noch 3x.

rung durch Jesus verschlüsselt und ohne Gehorsam »unfruchtbar« bleiben[35]. Gleichnisse als παραβολαί scheiden Jünger von Außenstehenden und Insider von Outsidern. So werden παραβολαί auch ein hervorragendes literarisches Mittel, um die Unterscheidung zwischen Gemeinde und Israel darzustellen: In beiden Blöcken verstehen die Jünger bzw. die impliziten Leser/innen des Mt *mehr* als die in der Geschichte durch die Parabeln direkt angesprochenen Hörer. Sie verstehen auch das Nichtverstehen der primären Hörer; sie deuten es mit den Augen Gottes.
Etwas anders ist es mit dem dritten Gleichnisblock 24,42-25,30: Hier geht es um Gerichtsparänese an die Adresse der Gemeinde, großartig komponiert in zuerst kürzeren, dann immer länger werdenden Einheiten (24,42-44.45-51; 25,1-13.14-30). Dieser Gleichnisblock bringt den »plot« der mt Geschichte nicht mehr voran, sondern ist – als Teil der letzten mt Rede – eine abschließende Predigt an die Leser/innen, damit *sie* die richtigen Konsequenzen ziehen.

2 *Die Himmelreichgleichnisse.* Besonders auffällig ist, wie häufig bei Mt Βασιλεία-Gleichnisse vorkommen. Bei Lk ist nur zweimal das Gottesreich als Sachhälfte genannt (13,18.20, vgl. 14,15; 19,11), bei Mt zehnmal (13,24.31.33.44.45.47; 18,23; 20,1; 22,2; 25,1). Es gibt aber auch bei Mt eine stattliche Reihe von Gleichnissen, die nicht zu Himmelreichgleichnissen geworden sind (vgl. 7,9.24; 11,16; 12,43; 13,3.52; 18,12; 21,28.33; 24,32.43.45; 25,14). Unsere These lautet, daß *der Evangelist für die große Zahl von expliziten Himmelreichgleichnissen verantwortlich ist.* Es gibt dafür zwei Gründe: Einmal sind die meisten Gleichniseinleitungen vom Evangelisten stark bearbeitet oder ganz redaktionell. Der zweite Grund liegt in der Beobachtung, daß Mt insbesondere solche Gleichnisse als Himmelreichgleichnisse bezeichnet, die den Akzenten seines eigenen Himmelreichverständnisses entsprechen[36]: 1. Das Himmelreich, in das die Gerechten eingehen werden, ist primär eine zukünftige Sache[37]. Darum sind Himmelreichgleichnisse (fast) immer eschatologische Gleichnisse, in denen es um die *Zukunft* geht, die *Gott* für seine Welt vorhat[38]. Ausschließlich auf die Gegenwart bezogene Gleichnisse sind bei Mt in der Regel keine Himmelreichgleichnisse[39]. 2. Es ist das von Gott geschenkte Leben, in das die Gerechten durch das Gericht des Weltrichters gelangen. Darum hat in den Himmelreichgleichnissen die Zukunft Gottes meist einen doppelten Aspekt: Sie ist Leben und Heil, aber auf dem Hintergrund von Tod und Gericht. 3. Das Himmelreich bestimmt die Gegenwart so, daß die Menschen jetzt schon ihm entsprechend handeln, d.h. seine Gerechtigkeit tun (vgl. 6,33). Darum sind viele Himmelreichgleichnisse Gerichtsgleichnisse, stellen Leben und Tod vor die Le-

---

[35] Mt 13,3-36 verstehen die Leute Jesu Geschichten nicht. 21,28-22,14 verstehen sie sie, ziehen aber nicht die richtigen Konsequenzen daraus (vgl. 21,45f).
[36] Vgl. Bd. I 144f.173.182.208.370.
[37] So M. Pamment, The Kingdom of Heaven according to the first Gospel, NTS 27 (1980/81) 211-229. Sie enthält allerdings im Unterschied dazu die βασιλεία τοῦ θεοῦ für eine gegenwärtige Größe, während ich nur mit einer sprachlichen Variation des Mt aus jeweils verschiedenen Gründen rechne.

[38] Darum sind etwa 21,28-32.33-42 keine Himmelreichgleichnisse; in ihnen ist Gottes endgültige Zukunft noch nicht thematisiert. Anders ist es in 22,1-14 wegen V 11-14. Auch 7,24-27; 13,3-9 sind keine Himmelreichgleichnisse, denn sie formulieren aus menschlicher Perspektive.
[39] Ausnahmen sind 13,44.45f, die von Mt schon als Gottesreichgleichnisse aus der Tradition übernommen wurden.

ser/innen und rufen zur Entscheidung⁴⁰. Im ganzen kann man sagen, daß zwischen dem mt Verständnis des Himmelreichs und den Himmelreichgleichnissen Entsprechungen bestehen. Darüber hinaus ist βασιλεία vermutlich eine Art »Kennwort«, die einen Text als Jesusverkündigung kennzeichnet, ähnlich wie in den Ausdrücken εὐαγγέλιον τῆς βασιλείας und λόγος τῆς βασιλείας (13,19).

Mt hat die Tendenz, Gleichnisse sooft wie möglich als »Himmelreichgleichnisse« zu bezeichnen. Ist ein Gleichnis kein Himmelreichgleichnis, so hat das meist erkennbare Gründe: Entweder ist dem Evangelisten eine andere Sachhälfte überliefert (7,9.24; 11,16; 13,3.52; 18,14; 21,28-32; 24,32f). Oder (und!) die rhetorische Gestaltung verbietet die Angabe einer Sachhälfte, und zwar bei Gleichnissen, die mit Fragen eingeleitet sind (7,9; 18,12; 24,45) oder die in Imperative ausmünden (24,33.44).

Als wichtige Folgerung aus diesen Beobachtungen ergibt sich: Die Zahl der expliziten Βασιλεία-Gleichnisse der vormt Jesusüberlieferung ist vermutlich klein gewesen. Es ist problematisch, die Gleichnisse Jesu unbesehen zum Schlüssel von Jesu Gottesreichverständnis zu machen und vice versa, wie dies insbesondere in der durch C.H. Dodd und E. Jüngel bestimmten Forschung geschieht⁴¹.

3 Die Interpretationsmittel matthäischer Gleichnisse

Unter Interpretationsmitteln verstehe ich grundlegende Verfahrensweisen in der Textproduktion bzw. -reproduktion, die Matthäus bei der Niederschrift seiner Gleichnisse benutzte. Dazu gehören vor allem die Allegorie, die Repetition, die Reminiszenz, der Merkvers und die Einordnung in den Makrotext des ganzen Evangeliums.

3.1 *Allegorien*⁴² und Verwandtes.

Das Matthäusevangelium gilt als das die Gleichnisse am stärksten allegorisierende Evangelium⁴³. Das Ausmaß der Allegorie ist aber sehr verschieden, z.B. bei Mt 13,24-30; 21,33-43 oder 22,1-14 sehr hoch, bei 13,44f; 18,23-35 oder 20,1-16 recht niedrig.

3.1.1 Die allegorische Deutung erfolgt oft durch *»konventionalisierte« Metaphern* mit fester Bedeutung wie z.B. Same, Ernte, Vater, Knecht, Abrechnung, Lohn, Hochzeit etc. Sie sind für die Leser nicht innovativ, sondern bewegen sich in aus Bibel und Tradition vertrauten Horizonten. Schon Jesus hat immer wieder konventionalisierte Metaphern aus dem Repertoire der jüdischen Tradition ausgewählt und dadurch bei seinen Hörern bestimmte Assoziationen und Applikationen nahegelegt. Matthäus ist auf diesem Wege weitergegangen. Er hat vorgegebene konventionalisierte Metaphern verdeut-

---

⁴⁰ Von hier aus müßten sowohl 24,45-51 als auch 25,14-30 Himmelreichgleichnisse sein. In 24,45-51 machte die trad. vorgegebene Einleitung das unmöglich. Für 25,14-30 habe ich keine Erklärung.
⁴¹ Dodd, Parables; Jüngel, Paulus, bes. 135-139.
⁴² Ich verstehe unter Allegorie nicht eine Textgattung, sondern eine »rhetorische und poetische Verfahrensweise« in der Textproduktion (Klauck, Allegorie 354; Lausberg, Handbuch 441f: τρόπος; figura sententiae; Quint Inst Orat 8,6,44), bei der Wort- und Sinnebene sich unterscheiden, aber einander durch Metaphern verschiedener Art oder andere sprachliche Mittel (z.B. Ironie, Rätsel) kontinuierlich zugeordnet werden.
⁴³ Vgl. Jeremias, Gleichnisse 84.

licht und in allegorischen Deutungen ausformuliert. Neue Allegorien geschaffen hat er nur selten; im ganzen ist er an diesem Punkt traditionsgeleitet[44] und m.E. nicht grundsätzlich von Jesus zu unterscheiden. Das entspricht der kommunikativen Funktion der konventionalisierten Metaphern: Sie ermöglichen Erzählern/innen, mit ihren Gleichnissen bestimmte Kommunikationsabsichten zu verbinden, die ihre in der gleichen Tradition lebenden Hörer/innen verstehen, und sie ermöglichen einer traditionsbestimmten Gemeinschaft einen intersubjektiven Konsens in der Deutung eines Gleichnisses. Außerdem erleichtern sie die Bewahrung eines Gleichnisses über einen längeren Zeitraum. Die Allegorie mit konventionalisierten Metaphern ist m.E. das traditionsorientierteste aller matthäischen Deutemittel. Auch die spätere allegorische Gleichnisdeutung der alten Kirche arbeitet weitgehend mit den gleichen biblisch vorgegebenen konventionalisierten Metaphern, die sie manchmal erweitert und auf neue Situationen anwendet. Die konventionalisierten Metaphern sind m.E. eines der wichtigsten formalen Bindeglieder zwischen der Gleichnisdeutung Jesu, des Matthäus und der alten Kirche[45].

3.1.2 Umgekehrt tritt die sog. »kühne Metapher«[46] bei Matthäus zurück. Kühne Metaphern verfremden oft die Wirklichkeit und lehren, sie in neuem Licht zu sehen. Neben überraschenden Wendungen der Geschichte, die viele Jesusparabeln auszeichnen, auch wenn sie ein geläufiges Sujet verwenden[47], gehören kühne Metaphern zu den wichtigsten innovatorischen Zügen der Gleichnisse Jesu[48]. Hier unterscheidet sich Matthäus von Jesus, denn er hat m.E. keine Gleichnisse gebildet, sondern nur tradiert und gedeutet. Die Umbildung der Parabel vom großen Gastmahl und ihre Verbindung mit der Geschichte vom Gast ohne Hochzeitskleid (22,1-14), die vielleicht dem Evangelisten zuzuschreiben ist, ist die einzige hier zu behandelnde »Kühnheit« des Matthäus, die ich kenne. Die kühnen Mataphern Jesu aber sind z.Z. des Matthäus bekannte Metaphern geworden, die nicht mehr überraschen oder verfremden können: Man weiß ja längst, daß das Reich Gottes einem Senfkorn gleicht oder daß der König die Menschen von den Landstraßen und Zäunen einladen wird. Hier steckt ein fundamentales Problem: Die weitergehende Tradierung von Jesusgleichnissen nimmt ihnen mindestens einen Teil ihrer

---

[44] Vgl. Klauck, Allegorie bes. 357f. Beispiele: Vgl. zu 13,24-30.37-43 o. S. 322f., zur mt Interpretation mk Gleichnisse o. S. 315-318 und Bd. III zu 21,33-46; zur mt Interpretation von Q-Gleichnissen vgl. o. S. 188f und Bd. III zu 24,45-51; 25,14-30.
[45] Ein eigenartiger Gedanke für die, die von Jülicher herkommen, aber nicht unvertraut für die, die wissen, was andere Forscher, u.a. von jüdischen Gleichnissen her, immer schon gegen Jülicher eingewandt haben. Hier sei z.B. P. Fiebig (vgl. z.B. Altjüdische Gleichnisse und Gleichnisse Jesu, Tübingen – Leipzig 1904, 98-102) Tribut gezollt.
[46] Zur kühnen Metapher vgl. W. Harnisch, Die Gleichniserzählungen Jesu, Göttingen 1985, 125-141.
[47] Z.B. daß der Bauer von Mt 20,1-15 die Auszahlung mit den letzten Tagelöhnern beginnt und dann allen das Gleiche zahlt.
[48] Z.B. wenn das Gottesreich – ausgerechnet! – mit einem Senfkorn verglichen wird.

Wirkungskraft. Es ist zu fragen, wo bei Matthäus die innovativen, überraschenden und verfremdenden Potenzen der jesuanischen Gleichnisse zum Tragen kommen.

Die folgenden beiden Interpretationsmittel sind der Allegorie verwandt. Im Unterschied zu den konventionalisierten Mataphern sind sie mindestens zum Teil matthäisch und für die Leser/innen Innovationen.

3.1.3 *Direkte Eintragungen der Sachhälfte in die Bildhälfte*, die enthüllen, worum es in den Geschichten geht, sind z.b. die Berufung der »Bösen und Guten« zum Hochzeitsmahl in 22,10, das »Eingehen in die Freude des Herrn« in der Geschichte von den Talenten (25,21.23) oder – bereits traditionell – der »Ort« des bösen Knechts »mit den Heuchlern« (24,51)[49].

3.1.4 *Neue Sachhälften von Gleichnissen* hat Matthäus zweimal geschaffen, nämlich durch seine heilsgeschichtliche Deutung des Gleichnisses von den zwei Söhnen (21,31f) und durch die »Umfunktionierung« des Exorzismusratschlages 12,43-45 in ein Gleichnis.

3.2 *Deutung der Gleichnisse durch Einordnung in den Kontext.* Wenn die matthäischen Gleichnisse gegenüber der Tradition neue Sinnpotenzen bekommen, so geschieht dies in erster Linie durch den Makrotext des Evangeliums, in dem sie nun stehen.

3.2.1 Die *Reminiszenzen* an andere Texte stoßen den Leser auf den Sinn einzelner Gleichnisse bzw. vertiefen ihren Sinn. So erinnern 13,30 z.B. an 3,12, 16,27f und 24,31 an 13,41, 18,30.34 an 5,25f, 19,21 an 13,44-46, 22,13 an 8,12 oder 25,11f an 7,23. Die Leser/innen erinnern sich an frühere direkte Aussagen, bzw. ein Gleichnis kommt ihnen an späterer Stelle im Evangelium wieder in den Sinn. Durch die fortlaufende Lektüre des Evangeliums oder durch seine »relecture« wird die Deutung der Gleichnisse vertieft.

3.2.2 Matthäus verwendet ausgiebig die *Repetition* von Motiven als Kunstmittel, so daß die Gleichnisse sich gegenseitig erhellen: In 13,3-32 deuten die drei Saat-Gleichnisse sich gegenseitig. 21,33-43 und 22,1-10 repetieren das Motiv der Sendung der Knechte. Auch 24,45-51 und 25,14-30 sind δοῦλος-Gleichnisse, die sich gegenseitig deuten. Eine ähnliche Funktion haben Doppelgleichnisse. Verwandt mit den Repetitionen sind wiederholte Merkverse, so 24,42; 25,13 (»wacht...«); 19,30; 20,16 (»die Letzen werden Erste sein...«), und repetierte Formeln (z.B. vom Heulen und Zähneknirschen 5x

---

[49] Verwandt sind: der Hinweis auf die Zerstörung Jerusalems 22,7 und die Hinweise auf das »Heulen und Zähneknirschen«, sofern sie nicht Erzählerkommentare sind, in 22,14; 24,51; 25,30.

am Ende von Gleichnissen!). Auch hier schärft die Repetition den entscheidenden Punkt ein.

3.2.3 Am wichtigsten aber ist die *Plazierung der Gleichnisse in den Makrotext des ganzen Evangeliums.* Matthäus fügt seiner Geschichte immer wieder Gleichnisse als »Begleitgeschichten« ein, die für die Jünger den Gang der Geschichte deuten (z.B. 12,43-45; 13,24-33; 21,28-22,14; 25,1-30)[50]. Ihr Ausgangspunkt entspricht meist dem »Stand« der Geschichte: Jesus verkündet in Israel – zu diesem Zeitpunkt dominiert in den Begleitgeschichten das Bild der Aussaat (13,3-32). In den »heilsgeschichtlichen« Gleichnissen 21,28-22,14 wird vor allem Israels Unglaube gedeutet, entsprechend dem Stand, den nun die matthäische Geschichte erreicht hat. In 25,1-30 ist der Blickpunkt derjenige der Gemeinde und die Perspektive das Gericht, wiederum dem Kontext entsprechend. Gleichnisse und Makrotext sind also einander zugeordnet; in den Gleichnissen deutet Jesus den Jüngern – und damit der Gemeinde – seine Geschichte – und damit ihre eigene Geschichte unterwegs von Israel zu den Heiden. Die Einordnung in den Makrotext ist das grundlegendste Deutemittel für die gleich zu besprechende heilsgeschichtliche Aussagerichtung der matthäischen Gleichnisse.

4 *Die Aussagerichtungen der matthäischen Gleichnisse*
Matthäus läßt seine Gleichnisse inhaltlich in zwei hauptsächliche Richtungen sprechen, nämlich einerseits heilsgeschichtlich und andererseits paränetisch.

4.1 *Die heilsgeschichtliche Aussagerichtung.* Zu den Gleichnissen, in denen Jesus den Jüngern seine und ihre Geschichte mit Hilfe von »Begleitgeschichten« deutet, gehören vor allem 12,43-45; 13,24-33.37-43.47-50; 21,28-22,14; 25,14-30. Der heilsgeschichtlichen Deutung dienen dabei die konventionalisierten Metaphern (z.B. Saat, Ernte, Weinberg, Knechte, Abrechnung), vereinzelte »kühne« Neuerungen (z.B. 22,7 und der überraschende Schluß 22,11-13), Reminiszenzen (z.B. von 22,13 an 8,12) und Repetitionen (z.B. die Sendung der Knechte in 21,34-36 und 22,3-6), aber vor allem die Einordnung in den Kontext der Geschichte Jesu, die sie kommentieren und deuten. Die heilsgeschichtlichen Gleichnisse öffnen den Lesern immer wieder den Blick für das Ganze der Geschichte Jesu: Schon in der Jüngerbelehrung 13,36-52 weitet sich der Horizont bis zum Gericht. 21,28-22,14 öffnet sich die Perspektive sukzessive: Ging es in 21,28-32 nur um die Ablehnung von Johannes und Jesus, so wird in der Allegorie von den bösen Pächtern das Gericht angekündigt, und 22,2-14 erzählt im Gleichnis die Heilsgeschichte bis zum Welt-

---

[50] M.A. Tolbert, Sowing the Gospel, Minneapolis 1989, 103: »Third degree narratives«.

gericht. Zugleich öffnen jene beiden Gleichnisse den Blick in die Vergangenheit und beziehen die Zeit der Propheten des alten Bundes ein. So öffnen die Gleichnisse den Jüngern die Perspektive über ihren jeweiligen Standort hinaus und lassen sie immer wieder den Sinn und das Ziel der ganzen Geschichte erkennen. Sie funktionieren in der matthäischen Geschichte als Einblendungen, die den Leser/innen deutlich machen, wo sie stehen und wohin der Wagen fährt.

Damit nimmt Matthäus einen Grundzug der Gleichnisse Jesu auf: Kann man bei Jesus selbst sein Verhalten als »Kommentar seiner Gleichnisverkündigung«[51] verstehen, so werden bei Matthäus die Gleichnisse zu »Kommentaren« der Jesusgeschichte. In beiden Fällen läßt sich der Gleichniserzähler Jesus von den erzählten Geschichten nicht trennen. Christologisch ist Matthäus wichtig, daß Jesus und niemand anders den Jüngern die Gleichnisse erzählt und deutet. Er tritt also an die Stelle des Deuteengels bei apokalyptischen Visionen. Jesus erschließt als einziger Lehrer der Gemeinde die Erkenntnis der Geschichte, deren zentraler Orientierungspunkt er selbst ist.

4.2 *Die paränetische Aussagerichtung.* Paränetische Gleichnisse können verschiedenes beabsichtigen: Sie können die Leser vor die grundsätzliche Alternative für oder gegen das Himmelreich stellen (z.B. 25,1-13); sie können aber auch auf ein ganz konkretes Verhalten zielen (z.B. 18,12-14). Der paränetischen Zuspitzung dienen viele Allegorien: Nicht nur in 13,19-23 und in 13,37-39 ist das deutlich[52], sondern auch anderswo: Wenn z.B. in der Geschichte vom abrechnenden König die Hauptperson ein ὀφειλέτης ist (18,24, vgl. 6,12), wenn es in der Geschichte von den Arbeitern im Rebberg um ἐργάται ἀργοί und um Lohn geht (20,1-3.6, vgl. 9,37f; 12,36; 5,12; 6,1-18), wenn im Jungfrauengleichnis nicht nur das Gegensatzpaar μωρός / φρόνιμος (vgl. 7,24-27), sondern auch γρηγορέω und ἕτοιμος (vgl. 24,42-44) auftauchen oder wenn es in 24,45-51 um Essen, Trinken, Trunkenheit und Schlagen der Mitknechte geht, so stehen diese Metaphern unmittelbar in der Lebenswelt der Hörer. Allegorien machen immer wieder das Gleichnis im Leben der Hörer fest. Der paränetischen Aussagerichtung dienen aber auch Reminiszenzen, z.B. wenn die Gleichnisse vom Schatz und von der Perle an die Geschichte vom reichen jungen Mann anklingen[53] oder wenn für die Leser von 18,23-35 das Bergpredigtwort vom Gang zum Richter 5,25f und die Vergebungsbitte des Unservater 6,12 wieder lebendig werden und sich als Schlüssel zum Verstehen der Parabel entpuppen. Dem entspricht der in 13,3-23 sichtbare Grundzug matthäischer Hermeneutik: Zum Verstehen der Gleichnisse gehört, die von ihnen gewollten Früchte zu bringen.

---

[51] Weder** 95. Weil Jesus in seinen Gleichnissen »sein eigenes Verhalten mit dem Verhalten Gottes« theologisch expliziert (ebd.), mußte nach Ostern der Erzähler zum Erzählten werden. Diesen Grundzug nachösterlicher Gleichnisdeutung hat Mt aufgenommen, indem er Jesusgleichnisse als Deutemittel der Jesusgeschichte verwendete.

[52] Vgl. o. S. 318.341f.

[53] Vgl. o. S. 353.

In alldem hält sich m.E. ein zweiter Grundzug der Gleichnisse Jesu durch. Auch sie wollten nicht so sehr gedeutet als vielmehr appliziert werden. Gerade die großen Parabeln Jesu sind ja nicht *Gleichnisse*, die vom Gottesreich reden und die dann entsprechend in *Aussagen über* das Gottesreich übersetzt werden könnten, sondern es sind *Geschichten*, die vom Leben handeln, es neu interpretieren und die *ins Leben übersetzt* werden wollen[54]. Matthäus hat diesen Zug der Jesusgleichnisse verstanden und vertieft. Man muß präzisieren: Er hat ihn imperativisch verstanden und die Gleichnisse darum auf die Paränese hin zugespitzt.

4.3 *Das Verhältnis beider Aussagerichtungen.* Die Unterscheidung von heilsgeschichtlicher und paränetischer Deutung der matthäischen Gleichnisse ist eine Hilfskonstruktion. In den meisten Gleichnissen kommen beide Aussagerichtungen vor. In vielen heilsgeschichtlich angelegten Gleichnissen erweist sich das Gericht als ein »Scharnier«, das sie in Paränese »umkippen« läßt. So sind die meisten heilsgeschichtlichen Gleichnisse zweidimensional. Umgekehrt gibt es kaum Gleichnisse, die nicht in irgendeiner Art und Weise von der neuen Wirklichkeit ausgehen, die durch die Geschichte Jesu entstanden ist. Sei es die Aussaat, sei es der große Nachlaß der Schuld, sei es die Suche nach dem verirrten Schaf, sei es das Betrautwerden mit dem Haushalt (24,45) – in irgendeiner Weise nehmen fast alle matthäischen Gleichnisse die neue Wirklichkeit Jesu auf, auch wenn sie keine heilsgeschichtlichen Etappen oder Perspektiven entfalten. Die meisten Gleichnisse sind also nicht einlinig zu deuten, sondern haben eine zweischichtige Sinnpotenz[55].
Darin zeigt sich eine überraschende Nähe des Matthäus zur altkirchlichen Schriftexegese. Auch dort dienten die allegorischen Deutungen vor allem zwei Aussagerichtungen, nämlich der Übertragung auf das Leben des Hörers in der moralischen und der heilsgeschichtlichen Glaubenserkenntnis in der allegorischen und anagogischen Deutung. Dabei gilt auch in der altkirchlichen Schriftauslegung, daß die verschiedenen Schriftsinne *nebeneinander* und nicht gegeneinander stehen: Sie sind Ausdruck von Potenzen, die ein und derselbe Text hat. Entsprechend ist auch Verstehen mehrschichtig: Die Gleichnisse wollen zugleich Erkenntnis stiften und Handeln bewirken; Verstehen ist zugleich Begreifen und Handeln (vgl. Mt 13,19-23). Da Matthäus mit seiner Gleichnisdeutung zugleich entscheidende Anliegen Jesu aufnimmt, nämlich den Bezug der Gleichnisse auf sein eigenes Wirken einerseits und ihre Übersetzung ins Leben andererseits, ergibt sich, daß es eine kontinuierliche Linie gibt, die in der Gleichnisdeutung von Jesus über Matthäus zur

---

[54] P. Ricoeur, Stellung und Funktion der Metapher in der biblischen Sprache, in: Metapher, EvTh 34 (1974), Sonderh., 70: »Auf die Unübersetzbarkeit (sc. des Gleichnisses) in gewöhnliche Sprache antwortet nur die applicatio ... durch die Praxis des Lebens«.

[55] Dabei entspricht der heilsgeschichtliche Aspekt in gewisser Weise dem, was wir für die ganze mt Geschichte als »indirekte Transparenz« bezeichneten, der paränetische Aspekt der »direkten Transparenz«, vgl. o. S. 65-68.

alten Kirche führt. M.E. ist die Nähe der altkirchlichen Gleichnisauslegung zu Jesus im ganzen größer als die der Jülicherschen Rationalisierung und Verallgemeinerung der Gleichnisse. *Die matthäische Gleichnisdeutung ist eine Brücke zwischen Jesus und der alten Kirche, die die Nähe zwischen beiden deutlich machen kann.*

5 Die matthäischen Gleichnisse als Gerichtsgleichnisse

In den matthäischen Gleichnissen gewinnt das Gericht eine unheimlich prominente Stellung. Bereits das vermutlich sekundäre Gleichnis vom Taumellolch, wo aus der Ernte von Mk 4,29 die Scheidung von Mt 13,40-43 wird, zeigte dies. Der Spruch vom Heulen und Zähneklappern wurde zum stereotypen Schluß von fünf Gleichnissen[56]. Gerichtsgleichnisse haben bei Matthäus fast immer den Akzent auf dem negativen Ausgang[57]. Sie wollen die Gemeinde warnen. Traditionsgeschichtlich ist es zwar oft schwierig, zwischen ursprünglicher Gestalt und allfälligen mt Neuformulierungen exakt zu unterscheiden. Im Vergleich mit den Gleichnissen des Lukassonderguts fällt aber auf, daß Matthäus im ganzen Gleichnisse mit tragischem Ausgang bevorzugt bzw. diesen oft akzentuiert[58].

Die Gleichnisse handeln also immer wieder vom Gericht: Die ersten beiden Gleichnisblöcke enden mit Gerichtsbildern (13,40-43.49f; 22,11-14). Im dritten Gleichnisblock 24,42-25,30 ist das Gericht selbst das Thema. Umgekehrt sind für die matthäische Gerichtsankündigung Gleichnisse die dominante Sprachform. Vom Gericht ist bei Matthäus abgesehen von einigen kurzen Logien (z.B. 7,21-23; 10,32f) nur in Gleichnissen die Rede. Vor allem bei synchroner Lektüre von Kap. 24f fällt dies auf: Hier berichtet Matthäus die Endzeitereignisse bis zur Sammlung der Auserwählten und zur Klage der Völker (24,29-31) als direkte Ankündigung Jesu. Dann wechselt die sprachliche Gestalt abrupt, und es setzen zugleich die direkte Anrede an die Gemeinde *und* die Gleichnisse ein. Sogar die Schilderung dessen, was der Menschensohn mit den versammelten Völkern am Ende tun wird, erfolgt im berühmten Text von der Scheidung der Schafe und Böcke (25,31-46) in so bildhafter Weise, daß man in ihm – zu Unrecht, aber nicht zufällig – immer wieder ein Gleichnis zu sehen meinte. Form und Inhalt gehören also zusammen: Matthäus redet in seinen Gleichnissen immer wieder vom Gericht. Und: Vom Gericht will Matthäus offenbar vor allem in Gleichnissen reden.

Der Befund stellt vor schwerwiegende Fragen: Was bedeutet diese Akzentverlagerung auf das Gericht theologisch? Ist hier Jesu Botschaft verschoben worden, ins Ethische, Imperativische, vielleicht ins »Gesetzliche«? Und was

---

[56] 13,42.50; 22,13; 24,51; 25,30.
[57] Vgl. 13,40-43.49f (von den Gerechten ist in V 43 nur kurz die Rede); 18,32-35; 22,11-13; 24,43 (Negativbild des Einbrechers); 24,50f; 25,11f (das Gewicht liegt auf den dummen Mädchen); 25,24-30. In den Kategorien von D.O. Via, Die Gleichnisse Jesu, München 1970, 97: Die »tragischen« Gleichnisse dominieren eindeutig über die »komischen«.
[58] Es fehlen bei Mt z.B. Lk 15,8-10.11-32; 16,1-8; 18,1-8.

bedeutet es, daß die Gleichnisse zur hervorragenden sprachlichen Ausdrucksform der Gerichtsverkündigung werden? Wird hier durch Matthäus eine jesuanische Sprachform mißbraucht? Wir können diese Fragen hier noch nicht beantworten, sondern stellen sie vorläufig zurück[59].

Zusammenfassung: Grundaussagen der Gleichnisrede

Literatur* o. S. 291.

A Die Gleichnisrede als Teil der Jesusgeschichte

Die erzählenden Unterbrechungen dieser Rede (V 10-11a.34-37a) zeigen, daß es in Kap. 13, ähnlich wie später in Kap. 23-25, zunächst um ein Stück *Geschichte* geht. Sie schildert, wie die Jünger durch den Unterricht Jesu das Nichtverstehen des Volkes und das praktische Ziel der Parabeln verstehen lernen. Auf der Seite der Jünger geht es also um die Geschichte eines *Wegs* zum Verstehen. Demgegenüber steht als Negativfolie das Volk, dessen Weg in einer Sackgasse endet. Dennoch aber ist die Gleichnisrede nicht eine bloße Etappe in der matthäischen Geschichte. Das zeigt sich daran, daß im folgenden Abschnitt 13,53-16,20 die Geschichte zunächst so weitergeht, wie wenn die Gleichnisrede gar nicht dastehen würde: Jesus wendet sich weiterhin dem Volk zu; dieses ist nicht verstockt, sondern Jesus gegenüber offen und sympathisch eingestellt. Der Graben verläuft weiter zwischen Jesus und den jüdischen Führern, nicht zwischen Jesus und dem Volk. Erst 16,13-20 zeigt sich eine gewisse Distanz – nicht Feindschaft – zwischen Jesus und dem Volk[1]. Und erst in der Passionsgeschichte zeigt sich, daß das Volk im ganzen Jesu Ruf zur Himmelsherrschaft ablehnt. Was aber ist dann der Sinn der narrativen Unterbrechung durch die Gleichnisrede? Wir formulieren als These: *Sie verdichtet und antizipiert die Geschichte des ganzen Matthäusevangeliums in konzentrierter Form.* Hier wird vorweggenommen und den Jüngern gelehrt, was in der Jesusgeschichte im ganzen passieren wird. Insofern – und nicht aus formalen Gründen[2] – ist die Gleichnisrede das Zentrum des ganzen Evangeliums.

B Die Gleichnisrede als Anrede

Diese Verdichtung der matthäischen Geschichte in Kap. 13 ist zugleich Anrede an die Gemeinde. Dies gilt in doppelter Hinsicht. 1. Einmal ist das Nicht-Verstehen Israels für die Gemeinde keineswegs Anlaß zur Selbstbestätigung und Beruhigung. Vielmehr hat es performative Kraft und will selbst Verstehen bewirken. Matthäus will die Jüngergemeinde gerade durch das Verstehen dieses Nichtverstehens ins Verstehen und damit ins Leben führen.

---

[59] Vgl. den Exkurs zum mt Gerichtsverständnis bei 25,31-46.

[1] Vgl. u. S. 459f.466.

[2] Vgl. Bd. I 17f.

Dabei gehört zum Verstehen: Jesu Wort vom Himmelreich auf sich anzuwenden und seine Früchte zu bringen (vgl. V 19-23). Ebendarum, weil das Volk dies nicht tat, wird es zum warnenden Negativmodell.   2. Daneben ist unser Kapitel direkter Zuspruch und Anspruch an die Gemeinde: Von den Früchten ist die Rede, von der Zukunft des Himmelreichs, das die Zukunft einer sich bewegenden Gemeinde ist, und einmal mehr vom Weggeben des Besitzes. Vor allem erstreckt sich die zeitliche Perspektive unseres Kapitels bis zum Endgericht[3]. Der Ausblick auf das Endgericht des Menschensohns ist ein Schlüssel, denn es ist entscheidender Motor für das Handeln der Gemeinde. Es verhindert, daß die von Israel getrennte Kirche als neues Heilsvolk Gottes triumphiert und sich selbstzufrieden ihrer Größe und der herzuströmenden Heiden freut. Es bewirkt, daß die Kirche in unserem Kapitel nur als handelnde Kirche vorkommt, die zum Früchtebringen aufgerufen ist und die ihre eigene Bewährungsprobe im Gericht noch vor sich hat. Die Gemeinde lernt: Alles, was Jesus über das Himmelreich in Gleichnissen lehrt, soll von ihr in ihr eigenes Leben und in ihre eigene Praxis übersetzt werden. Daran zeigt sich, daß sie verstanden hat.

Zum Sinn der Gleichnisrede heute

Für das heutige Verständnis des Gottesreichs ist von Matthäus her zweierlei zentral:
1.   Auf der einen Seite ist das Himmelreich deutlich etwas Transzendentes, das erst in der Zukunft offenbar werden wird. Gott selbst wird es schaffen; Sache der Gemeinde ist das Hören auf Jesu Evangelium, das Gebet (Mt 6,10) und die Hoffnung (Mt 26,29).
2.   Der zweite Grundgedanke ist der der aktiv handelnden und gehorsamen Jüngergemeinde: Das zukünftige Reich des Vaters, an dessen Anfang das Gericht des Menschensohns Jesus steht, befreit und ermutigt die Gemeinde jetzt zum aktiven Handeln. Die matthäischen Gleichnisse vom Gottesreich haben performative Kraft: Sie lehren nicht nur, sondern sie stiften den Gehorsam[4], der jetzt schon zu ihm gehört.
Demgegenüber scheinen heute für viele Menschen genau diese beiden Dimensionen des Gottesreichs, seine Zukünftigkeit und Transzendenz einerseits und die menschliche Aktivität auf es hin andererseits, auseinanderzubrechen. Handeln kann man in der Geschichte auf weltliche, immanente Ziele, Hoffnungen oder Utopien hin, auf die Menschen sich verständigen und die sie verwirklichen können. Das kommende Gottesreich aber, das Gott und

---

[3]   Vgl. das »geschichtliche« Aufbaumodell von Denis** (o. S. 293 Anm. 6).
[4]   Insofern ist es richtig, wenn du Plessis* und vor allem Phillips* nach dem pragmatischen Sinn des Kap. fragen. Phillips* 425: »The reader of Matt 13 is manipulated by the narrator into acquiring a cognitive and pragmatic ability to hear and to speak Jesus' parables and to engage in a praxis that produces both word and deed«.

nicht der Mensch schafft, scheint menschliche Geschichte und damit auch menschliches Handeln gerade zu beenden. Unser eigenes, vom neuzeitlichen Grundgedanken der Autonomie und Handlungsfähigkeit des menschlichen Subjekts geprägtes Wirklichkeitsverständnis stößt hier auf ein grundsätzlich anderes Wirklichkeitsverständnis, das uns sehr fremd ist. Zwei Hinweise auf die neuzeitliche Wirkungsgeschichte des Gottesreichgedankens mögen das verdeutlichen:

a) *I. Kant* berührt sich mit Mt darin, daß er sich einen sittlichen Menschen immer nur als aktiven, praktisch-tätigen Menschen vorstellen kann. Reich Gottes bricht für ihn dann an, »wenn ... das Prinzip des allmählichen Überganges des Kirchenglaubens zur allgemeinen Vernunftreligion und so zu einem (göttlichen) ethischen Staat auf Erden allgemein und ... auch *öffentlich* Wurzel gefaßt hat«[5]. Reich Gottes ist also nichts Transzendentes und zukünftig nur in dem Sinn, als seine Errichtung jetzt noch von uns entfernt liegt. Aber gerade dies, daß das Reich Gottes für Kant letztlich die kollektive Selbstverwirklichung der moralischen Menschen und nicht ein Warten auf etwas Ganz-Anderes ist, bedeutet bei Kant die Befreiung zum Handeln. Der Mensch selbst wird dabei zum Vollstrecker des göttlichen Weltplans[6]. Mit dem transzendent-zukünftigen Charakter des Gottesreichs fällt für Kant konsequenterweise auch der Gedanke unbedingter Gnade als letztlich unsittlich weg[7]. Kant zeigt m.E., wie ein mit menschlicher Verwirklichung nicht identisches, transzendentes Gottesreich vom Gedanken des autonom handelnden menschlichen Subjekts her undenkbar wird.

b) Umgekehrt ist für die *religionsgeschichtliche Schule* das Reich Gottes etwas völlig Jenseitiges, der neue Äon, der sich nicht geschichtlich entwickelt, sondern plötzlich und allgemein sichtbar über diese Welt als Krise hereinbricht. Zu ihm gehört das ganze Arsenal apokalyptischer Hoffnungen und Vorstellungen der damaligen Zeit. Aber diesem Reich Gottes erging es wohl im neuzeitlichen Europa wie dem historischen Jesus Albert Schweitzers: Es wurde entdeckt, »aber ging an unserer Zeit vorüber und kehrte in die seinige zurück«, denn es ist »eine übersittliche Größe«[8] und vermag kein weltliches Handeln zu begründen. Bestenfalls läßt sich historisch verstehen, was das Gottesreich für Jesus und andere Menschen, die an es zu glauben vermochten, brachte: Die mit der Hoffnung auf es verbundene »prophetische Begeisterung« und »pneumatische Ekstase«[9] vermittelten solchen Menschen Zuversicht und Mut. Die religionsgeschichtliche Schule zeigt, wie ein transzendentes und zukünftiges Gottesreich für neuzeitliche Menschen Handeln gerade nicht zu begründen und zu tragen vermag.

Beide, Kant und die religionsgeschichtliche Schule, weisen auf das heutige Dilemma angesichts des Gottesreichs hin: Ein kommendes und transzendentes Gottesreich ist

---

[5] Die Religion innerhalb der Grenzen der bloßen Vernunft, hrsg. K. Vorländer, ³1903 (PhB 45), 141.
[6] Vgl. M. Bussmann, Art. Reich Gottes, in: Neues Handbuch theologischer Grundbegriffe IV, hrsg. P. Eicher, München 1985, 55.
[7] »Diesen Glauben (sc. an eine für ihn umsonst geleistete Genugtuung) kann kein überlegener Mensch, so sehr auch die Selbstliebe öfters den bloßen Wunsch eines Gutes, wozu man nichts tut oder tun kann, in Hoffnung verwandelt, ... in sich zuwege bringen« (aaO 134).
[8] A. Schweitzer, Geschichte der Leben-Jesu-Forschung, Tübingen ⁶1951, 632.640.
[9] J. Weiss, Die Predigt Jesu vom Reiche Gottes, Göttingen ³1964, 90.

heute für die meisten Menschen nach wie vor kein gültiger Ausdruck ihrer eigenen Hoffnungen, sondern eine fremd gewordene religiöse Chiffre, ein etwas merkwürdig artikulierter Großer Traum. Das Gottesreich im Sinne des Reiches menschlicher Moralität dagegen hat durch geschichtliche Erfahrungen unseres Jahrhunderts Schiffbruch erlitten: Zwei Weltkriege, der Holocaust, die globale ökonomische Ungerechtigkeit, die drohende Zerstörung der natürlichen Lebensgrundlagen und die explosiv expandierende Technologie, die die Menschheit immer mehr beherrscht statt befreit, haben uns so weit vom Glauben Kants an den Menschen entfernt, daß man ihm wohl nur noch in einem zustimmen wird: »Die wirkliche Errichtung« des Gottesreichs liegt »noch in unendlicher Weite«[10].

Kann hier die Kirche helfen, in der gerade in der Auslegungsgeschichte der Gleichnisse unseres Kapitels das Himmelreich immer wieder wirksam gesehen wurde? Ich denke, gerade für solche Menschen, die auch heute ernsthaft um den Großen Traum vom Reich Gottes ringen, sei die Verbindung, ja Identifikation von Gottesreich und Kirche, die jahrhundertelang in verschiedener Weise die Auslegung unserer Texte prägte, zutiefst fragwürdig geworden. Was soll das Gottesreich mit einer Kirche zu tun haben, die man selber immer wieder katholisch als beherrschende und entmündigende Hierarchie oder protestantisch als unverbindliches Sowohl-Als-auch erfährt? Die Kluft zwischen Anspruch und Wirklichkeit erfahren wir gerade bei der Kirche als riesig. Wollte man die Kirche heute in die Gleichnisse von Mt 13 einsetzen, so legte sich für viele Menschen nicht das Bild des Weizens, des Schatzes oder des Senfkorns nahe, sondern bestenfalls das Bild eines sehr steinigen und unfruchtbar gewordenen Ackers, der dringend einer tiefgreifenden Pflügung bedarf[11].

Richtungssinn heute   Es versteht sich von selbst, daß in dieser Situation die Gleichnisrede heute nicht dieselbe Faszination ausüben kann wie etwa die Bergpredigt, obschon oder gerade weil sie deutlicher von jener Zukunftsperspektive redet, die das in der Bergpredigt gebotene Handeln trägt. Es sei mir erlaubt, von den matthäischen Texten her drei Impulse zu ihrem Verständnis heute zu geben[12]:

1. *Kontrafaktische Hoffnung der Leidenden.* Das Himmelreich ist ein Wort der Hoffnung. Hoffnungsworte geben denjenigen Kraft, die von Hoffnung leben. Sie sprechen anders zu Menschen in konkreter Not, z.B. Kranken in einer Klinik, Frauen und Männern in einem Slum in Südamerika, oder zur kleinen, ungesicherten matthäischen Gemeinde zwischen feindlichem Judentum und übermächtigem Heidentum als zu Menschen in saturierten Konsumgesellschaften, die ihre eigene Not gar nicht mehr erkennen und sich von der Not anderer nicht ergreifen lassen. Leidende Menschen vermögen kräftige Bilder

---

[10] AaO 141.
[11] Bild im Anschluß an L. Ragaz, Die Gleichnisse Jesu, Hamburg 1971, 118.
[12] Diese Impulse sind natürlich sehr subjektiv; einige mögen sie etwas zu prophetisch, andere etwas zu pathetisch finden. Aber wie soll ich der matthäischen Gleichnisauslegung gerecht werden, die darin bestand, die Jesusgleichnisse, z.B. mit Hilfe der Allegorie, auf das Leben zuzuspitzen und anzuwenden, wenn ich mir als Ausleger alle Mühe gebe, mein eigenes Leben aus dem Geschäft der Auslegung auszuklammern? Es ist gut, wenn andere andere Impulse geben; die Hauptsache ist, wenn sie begreifen – auch als Neutestamentler –, daß man matthäischen Texten nicht gerecht werden kann, wenn man *neben* ihnen stehenbleibt.

von Gesundheit, Gerechtigkeit, Fülle, Leben und vom Reich Gottes zu entwerfen. Die primäre Frage ist dabei nie, ob solche Bilder und Entwürfe in das Weltbild einer Zeit einzupassen sind, sondern ob und wie sie zu trösten, zu ermutigen und zu aktivieren vermochten und vermögen. In weltliche Prognosen paßten sie nie; kontrafaktisch waren sie immer. Eine Gesellschaft, in der solche Bilder zu religiösen Fossilien geworden sind, muß sich die Frage stellen lassen, ob sie wirklich schon so weit am Ziel ist, daß sie solche Hoffnungsbilder nicht mehr braucht, oder ob sie die Not, eigene und fremde, nur so geschickt auf Distanz hält und verdrängt, daß sie für kontrafaktische Hoffnungsbilder sprachunfähig geworden ist. *In der guten Stube kann man die Hoffnung auf das Reich Gottes nicht verstehen.* Mit der Hoffnung auf das Gottesreich ist es vielleicht so wie mit der Brotbitte des Unservaters[13]: Es ist für viele Westeuropäer erst das aktive Mit-Leiden mit Menschen in wirklicher Not, das uns die Kraft für solche Bilder wieder zugänglich macht. Oder vielleicht genügt es, die Fenster der guten Stube aufzumachen und die eigene Not an uns herankommen zu lassen, d.h. mit Entsetzen zu realisieren, was die apokalyptischen Worte unserer Tage, z.B. atomare Bedrohung, »Treibhauseffekt«, Heimatlosigkeit, Irreversibilität und Beschleunigung technischer Entwicklung, *wirklich* bedeuten[14].

2. *Engagiertes Verstehen im Zirkel von Hören und Tun.* Das Verstehen matthäischer Himmelreichgleichnisse geschieht in einem Zirkel, der besteht zwischen hoffnungschaffenden Geschichten, Jesu Unterricht, Verstehen, Applikation im Leben und Gericht des Menschensohns, von dem wiederum in den Geschichten die Rede ist. Kein Element aus diesem Zirkel läßt sich herausbrechen; er kennzeichnet im ganzen die *Bewegung*, die das Himmelreich auslöst und die auf es hinführt. Verstehen des Himmelreichs ist also für Matthäus ein integrierter Vorgang und gehört mit Glauben und Leben zusammen. Ein Verstehen, das sich nicht auf diesen Zirkel einläßt, kann es für ihn nicht geben. Verstehen bedeutet also immer, daß man das eigene Leben in diesen Zirkel einsetzt und in ihm aufs Spiel setzt. *Auf dem Sofa kann man die Himmelreichgleichnisse nicht verstehen.* Dann wird in der Tat das Gottesreich zu einen religiösen Fossil, das man zwar bereden, aber aufgrund dessen man nicht handeln kann, weil einen ein Fossil nicht ergreift. Dann wird Handeln zu einer autonomen Tätigkeit des Menschen, die keinen göttlichen Grund und auch keine göttliche Verheißung mehr hat. Im Angesicht heutiger Apokalypsen ist das m.E. ein recht hoffnungsloser Versuch. Und dann wird auch die Kirche zur betrachtbaren Größe, die, mit dem Gottesreich identifiziert,

---

[13] Vgl. Bd. I 347 mit Anm. 91. Vgl. auch die analoge Feststellung zu den Wundern o. S. 71f: Sie sind nicht »wunderbar« im Gegenüber zu naturwissenschaftlichen Gesetzen, sondern zu wirklich durchlittener Not.

[14] Ganz knapp hat E. Bloch diesen Sachverhalt in einer Kapitelüberschrift zusammengefaßt: »Hunger, ›Traum von einer Sache‹, ›Gott der Hoffnung‹, Ding für uns« (Atheismus im Christentum, Frankfurt a.M. 1968, 344 [Kap. 52]).

unwahr und, von ihm gelöst, irrelevant wird. Auf diese Art *kann* es, würde Matthäus wohl sagen, gar nicht zum Verstehen der Himmelreichgleichnisse kommen.

3. *Neue Bilder vom Leben.* Zu Jesu Reden vom Gottesreich gehört die Sprache der *Bilder.* Bilder erfassen Menschen; sie machen betroffen; sie lösen von weltanschaulichen Fixierungen; sie enthalten Leben und erschöpfen dennoch dieses Leben nicht. Matthäus weiß darum; er weiß, warum er vom Himmelreich und vom Gericht fast ausschließlich in Bildern redet. Es ist eine fatale Eigenart der Wirkungsgeschichte der Jesusgleichnisse, daß sie zwar massenweise begriffliche Auslegungen, in geringerem Maße auch Variationen und Neuakzentuierungen der alten Bilder, aber kaum ganz neue Geschichten freizusetzen vermochten. Zuerst wurden die überraschenden Bilder zu altbekannten Bildern, dann zu kanonischen und exegetisch erklärten Bildern und schließlich zu bildlosen Lehren. Ist das ein Grund, warum das Leben aus diesen Bildern weithin verschwunden ist? *Durch Exegese allein kann man die Himmelreichgleichnisse nicht verstehen.* Zum einzigen Lehrer Jesus in die Schule gehen bedeutet mehr, als seine Geschichten genau nacherzählen zu lernen (das auch!), sondern noch dazu: selber Geschichten zu erfinden, Geschichten, wie Jesus sie erzählte, aber eigene, von Hoffnung und Leben erfüllte, mit dem eigenen Leben gedeckte. An der Unfähigkeit hierzu zeigt sich m.E. etwas von der Übermacht der Tradition in der christlichen Geschichte[15].

C *Der Rückzug Jesu aus Israel und die Entstehung der Gemeinde (13,53-16,20)*

Literatur: Aarde, A.G. van, Matthew's Portrayal of the Disciples and the Structure of Mt 13,53-17,27, Neot 16 (1982) 21-34; *Gooding, D.W.*, Structure littéraire de Matthieu 13,53 à 18,35, RB 85 (1978) 227-252; *Léon-Dufour, X.*, Vers l'annonce de l'Eglise. Mt 14,1-16,20, in: ders., Etudes d' Evangile, Paris 1965, 231-254; *Murphy-O'Connor, J.*, The Structure of Matthew 14-17, RB 82 (1975) 360-384.

Der auf die Gleichnisrede folgende Berichtsteil Mt 13,53-16,20 enthält nicht nur viele Reminiszenzen an Kap. 11 und 12[1], sondern auch Wiederholungen. Dazu gehören die beiden Speisungen 14,13-21; 15,32-39 (vgl. 16,8-10), die beiden Gottessohnbekenntnisse 14,33; 16,16, die beiden »Rückzüge« Jesu vor den feindlichen Führern des Volkes 14,13; 15,21 (vgl. 16,4) und die beiden Heilungssummare 14,34-36; 15,29-31 (vgl. 14,14). Gerade wegen der vielen

---

[15] Auf ein geglücktes Beispiel für das, was ich meine, möchte ich wenigstens hinweisen, nämlich auf ein Büchlein des chinesischen Theologen Choan-Seng Song, Die Tränen der Lady Mveng, Basel 1982: Es erzählt die Legende einer leidenden chinesischen Mutter, die der Gewalt des Kaisers trotzt, weil sie eine andere Hoffnung hat. Die Geschichte ist vom Kreuz her erdacht, gedichtet und gezeichnet und ist kräftiger als eine ganze Dogmatik oder als ein mehrbändiger neutestamentlicher Kommentar.

[1] Vgl. o. S. 225f.

Wiederholungen ist 13,53-16,20 nicht leicht zu gliedern². Wir schlagen eine Untergliederung in drei Abschnitte vor: 13,53-14,33³; 14,34-15,39; 16,1-20. Grundlegend ist für diesen Vorschlag der dreimalige Rückzug Jesu von den Führern Israels⁴. Zweimal ist er, wie schon 12,15, mit ἀνεχώρησεν... εἰς formuliert (14,13; 15,21). Das dritte Mal heißt es: καταλιπὼν αὐτοὺς ἀπῆλθεν (16,4c). Vor diesen Rückzügen stehen immer Perikopen, in denen die Gegner Jesu am Werk sind (14,1-12; 15,1-20; 16,1-4b). Nach den Rückzügen Jesu folgen zweimal Speisungsgeschichten (14,13-21; 15,32-39, vgl. 16,8-10) und zweimal Szenen, die in einem Bekenntnis der Jünger zum Gottessohn gipfeln (14,33; 16,16). Den Abschluß des zweiten Gottessohnbekenntnisses bildet übergewichtig eine Antwort Jesu, die an die Offenbarung des Sohns am Ende des ersten Hauptteils (11,25-27) erinnert.

So klar der Kern der jeweiligen Abschnitte ist, so unklar ist jeweils ihr Anfang und Ende. Weder zwischen 14,33 und 34 noch zwischen 15,39 und 16,1 liegt eine Zäsur. Der Erzähler Mt wollte eben gar keine »Abschnitte«, sondern einen ununterbrochenen Erzählungsfaden schaffen⁵. Keinem bestimmten Schema folgt Mt auch in der Anordnung der Heilungsszenen (14,14.34-36; 15,29-31, vgl. 13,58)⁶. Mt 13,53-58 und 15,21-28 haben keine Parallelabschnitte im Ganzen. Hier zeigt sich, daß Mt zunächst einfach dem Markusfaden folgt, ihn zwar mit eigenen Gliederungsmerkmalen versieht, aber keine durchgreifende Neugestaltung vornimmt. Er verändert in 13,53-16,20 die Markusakoluthie von Mk 6,1-8,30 nie, sondern läßt nur drei Perikopen weg (6,7-13⁷; 7,31-37⁸; 8,22-26).

Die einzelnen Abschnitte bauen aufeinander auf, führen die Handlung weiter und vertiefen das Verständnis der Leser. Blicken sie auf die Aktanten, so merken sie den Fortschritt der Handlung. Die *Jünger* kommen im Erkennen und Bekennen tiefer zu Jesus: Das zweite Gottessohnbekenntnis in 16,16 bedeu-

---

² Viele Gliederungsvorschläge gehen von der Erzählungseinheit 13,53-17,27 aus. Es gibt verschiedene Vorschläge: Z.B. Murphy-O'Connor* gliedert in zwei Hauptteile 13,54-16,4 mit 15,10-20 als »Mitte«, 16,5-17,27 mit 17,1-8 als »Mitte«. Gooding* sieht je zwei par Stränge 13,53-14,36 // 15,1-16,12; 16,13-17,21 // 17,22-18,35. Es ist zuzugeben, daß bei den vielen Repetitionen und bei der mt Tendenz, verschiedene Abschnitte seines Ev. nicht zu trennen, sondern zu verbinden, jeder Gliederungsvorschlag etwas Künstliches hat. Dennoch scheint in diesen Gliederungsvorschlägen die Hauptlinie der mt Geschichte, nämlich von der Trennung von Israel (Kap. 12-16,20) zur Gemeinde und ihrem Leben (Kap. 16,21-20), übersehen.
³ Patte 206f sieht in 13,54-14,36 einen Hauptabschnitt zum Thema »Wunder«, der durch 13,54-58 und 14,34-36 (wenige Wunder in Nazaret, viele in Gennesaret) gerahmt sei. Aber damit übersieht er die unterschiedlichen »Empfänger« dieser Wunder (13,53-58; 14,34-36: Volk; 14,15.22-33: Jünger). Sein (nie wirklich begründetes!) Vor-Urteil besteht darin, daß er in seinen Abschnitten immer nach einem »Thema« fragt und so die *Erzählung* in eine Sequenz von thematischen Diskursen auflöst. Es folgt dann bei ihm ein Abschnitt zum Thema »Jesus und die Pharisäer« (15,1-16,12).
⁴ Das ist auch bei Léon-Dufour* der entscheidende Gliederungsgesichtspunkt. Mit seiner Gliederung (vgl. 249) stimme ich weithin überein.
⁵ Vgl. o. S. 5f.
⁶ Immerhin steht zweimal eine Heilungsszene in Verbindung mit einer Speisung.
⁷ In Kap. 10 schon verarbeitet.
⁸ Durch das red. Summar 15,29-31 ersetzt.

tet gegenüber dem ersten in 14,33 eine Vertiefung, denn Jesus nimmt es auf und antwortet mit einer Verheißung. Umgekehrt treten die *Gegner Jesu* auf der Stelle: Ihre Zeichenforderung in 16,1 zeigt nicht nur, daß sie seit 12,38 nichts gelernt haben, sondern ihre Bosheit wird offenkundiger: Matthäus sagt nun klar, daß sie Jesus nur versuchen wollen. Das *Volk* schließlich erfährt in unserem Abschnitt nach wie vor Jesu Zuwendung, wird aber nicht in den Prozeß des Erkennens und Bekennens hineingenommen: Es wird zum Verstehen aufgefordert (15,10), reagiert aber nicht. Der Schlußabschnitt 16,13-20 deutet eine neue Opposition an, die nun auch zwischen den Jüngern und dem Volk besteht: Während jenen der himmlische Vater die Gottessohnschaft offenbart, halten »die Menschen« Jesus für Johannes den Täufer, Elija oder einen Propheten. So fallen sie gleichsam zwischen den Gegnern und den Jüngern aus der Auseinandersetzung um Jesus heraus: Die Aufforderung zur Leidensnachfolge 16,24 wird sich bei Matthäus im Unterschied zu Markus nur noch an die Jünger richten. Die Erzählung macht also am Schluß jene Unterscheidung von Volk und Jüngern sichtbar, die Kap. 13 bereits vorwegnahm. Auch sonst wird der Fortschritt der Handlung deutlich: 14,1-12, der Tod des Johannes, ist gleichsam die Fortsetzungsgeschichte von 11,2-6, wo Johannes im Gefängnis war. Die zweite Sturmstillung 14,22-33 knüpft deutlich an die erste 8,23-27 an, vertieft aber die Erfahrungen der Jünger in der Nachfolge durch die Episode vom Seewandel des Petrus und endet in einem Bekenntnis. 15,1-20 erinnert in vielem an 13,3-23, führt aber durch ein Gerichtswort an die Pharisäer darüber hinaus (15,13f). 15,24 knüpft an 10,5f an, aber dadurch, daß die Kanaanitin Jesu Widerstand überwindet, kündigt sich der in der Jüngerrede von Kap. 10 noch verbotene Weg des Heils zu den Heiden bereits an. So wird schon bei einer ersten Durchsicht deutlich, wie die Erzählung voranschreitet: Sie ist nicht einfach irgendwie angeordnetes Erzählmaterial, sondern zielgerichtet: Sie steckt zwar voller Reprisen früherer Motive, Themen und Situationen, vertieft sie aber zugleich und führt sie weiter. Die verschiedenen Geschichten sind in ihrer Stellung im Makrotext nicht einfach austauschbar.

Unser Gliederungsvorschlag versteht also den Erzählungsteil 13,53-17,27 nicht als einen einzigen, zusammenhängenden *Petrusteil* mit drei Unterabschnitten, die jeweils in einem Petrusabschnitt gipfeln würden (14,28-32; 16,16-20; 17,24-27)[9]. Zwar spielt Petrus in 13,53-17,27 eine außerordentlich wichtige Rolle. Er taucht viel häufiger als bei Mk in Schlüsselrollen auf. Dem entspricht, daß er in der folgenden Gemeinderede die einzige narrative Unterbrechung einleitet (18,21). Er wird erst in der Passionsgeschichte wieder eine ähnlich wichtige Rolle spielen. Andererseits wird ge-

---

[9] Ellis, Matthew 66f (»Lead up to Peter«); van Aarde*. Die drei Unterabschnitte sind 13,54-14,33; 14,34-16,20; 16,21-17,27. Die Einteilung in die Unterabschnitte ist aber fragwürdig: Es wird vor allem in 16,21-17,27 nicht ersichtlich, inwiefern das Vorangehende die Petrusszene vorbereitet. Und warum soll z.B. die Petrusszene 17,24-27 wichtiger sein als die Petrusszenen 16,22f; 17,1-4?

rade bei der Petrusgestalt ein Erzählungsfortschritt von 13,53-17,27 nicht sichtbar: Er erscheint als Kleingläubiger (14,28-31), als Glaubender (16,16-18), als Versucher (16,22f), als bloßer Frager (15,15; 17,24), allein und mit anderen zusammen (17,1-4). Petrus hat m.E. in 13,53-18,35, wo es um die Entstehung (13,53-16,20) und das Leben (16,21-17,27; 18,1-35) der Kirche geht, eher die literarische Funktion eines Bindeglieds zwischen den verschiedenen Abschnitten.

1   Der Mord an Johannes und der erste Rückzug Jesu (13,53-14,33)

1.1   Jesus lehrt in Nazaret (13,53-58)

Literatur: Blinzler, J., Die Brüder und Schwestern Jesu, 1967 (SBS 21); *Oberlinner, L.,* Historische Überlieferung und christologische Aussage. Zur Frage der ›Brüder Jesu‹ in der Synopse, 1975 (fzb 19), 350-355 und passim; *Segbroeck, F. van,* Jésus rejeté par sa patrie (Mt 13,54-58), Bib. 48 (1968) 167-198; *Zahn, Th.,* Forschungen zur Geschichte des neutestamentlichen Kanons und der altkirchlichen Literatur VI/2: Brüder und Vettern Jesu, Leipzig 1900, 227-372.

53 Und es geschah, als Jesus diese Gleichnisse beendet hatte, begab er sich von dort weg.
54 Und er kam in seine Heimat und lehrte sie in ihrer Synagoge,
  so daß sie erschraken und sagten:
  »Woher hat der diese Weisheit und die Machttaten?
55 **Ist der nicht der Sohn des Zimmermanns?**
    Heißt nicht seine Mutter Mariam
    und seine Brüder Jakobus und Josef[1] und Simon und Judas?
56 **Und sind nicht seine Schwestern alle bei uns?**
    Woher hat also der das alles?«
57 Und sie ärgerten sich über ihn.
  Jesus aber sagte ihnen: »Nirgends ist ein Prophet verachtet,
  außer in seiner Heimat und in seiner Familie!«
58 Und er vollbrachte dort nicht viele Machttaten wegen ihres Unglaubens.

V 53 ist die red. Abschlußwendung zur Gleichnisrede. Sie ist 19,1a besonders ähnlich, während das Erschrecken der Nazarener über Jesu Lehre an 7,28 erinnert. Die folgende kleine Geschichte ist konzentrisch und chiastisch aufgebaut. Das Zentrum bilden die Fragen der Nazarener, mit je einer πόθεν-Frage am Anfang und am Schluß (V 54c.56b) und drei verneinten Fragen in der Mitte. V 54a.b und V 57a.b bilden den Rahmen[2]. V 58 ist in dieser konzentrischen Struktur überflüssig und fungiert als eine

Analyse

---

[1] Einige MSS lesen nach Mk Ἰωσῆς bzw. Ἰωσῆ, was der galiläischen Namensform entspricht. Ἰωάννης (א*?) dürfte Irrtum eines Abschreibers sein (Metzger, Commentary 34).

[2] Vgl. die graphische Anordnung der Übersetzung und Segbroeck* 184.

Art Anhang³. Bei den Fragen der Nazarener fällt die ausführliche Aufzählung von Mutter, Brüdern und Schwestern Jesu auf. Damit greift Matthäus auf die Perikope von den wahren Verwandten Jesu (12,46-50) zurück, auf die vielleicht auch das im Sinn den Kontext sprengende »und in seiner Familie« (V 57) zurückweisen will. Gegenüber Mk 6,1-6 ist die Erzählung etwas gestrafft und in ihrem Christusbild leicht »retouchiert«⁴, aber nicht wesentlich verändert. Die Veränderungen sind alle redaktionell⁵; »Minor Agreements«, die eine andere Textgrundlage als den uns bekannten Mk-Text voraussetzten, gibt es hier nicht⁶. Die Entstehungsgeschichte des Textes vor Markus braucht uns hier nicht zu beschäftigen; mit Gnilka⁷ nehme ich an, daß die Erinnerung an eine geschichtliche Begebenheit sekundär durch die geläufige Sentenz vom verkannten Propheten (Mk 6,4) ergänzt worden ist.

Erklärung Mit seiner üblichen Abschlußwendung schließt der Evangelist die Gleichnis-
53 rede ab. Jesus zieht vom See weg und kommt in seinen alten Heimatort⁸ Na-
54 zaret. In der dortigen Synagoge beginnt er zu lehren. »Ihre« schafft Distanz und deutet an, daß Matthäus und seine Leser sich nicht mehr der Synagogengemeinde zugehörig wissen. Die Hörer erschrecken über seine Lehre, wie am Schluß der Bergpredigt (7,28; vgl. 22,33). Daß hier das Erschrecken keinen positiven Beiklang hat, zeigt sich aus ihrer skeptischen Reaktion. »Weisheit« bezieht sich im Kontext auf die Predigt Jesu, »Machttaten« nach matthäischem Sprachgebrauch immer auf Jesu Wunderheilungen, von denen in den
55 galiläischen Orten schon viele geschehen sind (vgl. 11,21.23). Beides paßt schlecht zu einem Handwerkerssohn, den man ja kennt. Τέκτων kann jemanden meinen, der aus Holz oder Stein Dinge herstellt, z.B. Häuser oder auch Werkzeuge⁹. Im Markusevangelium ist Jesus selber τέκτων; bei Matthäus wird er »Sohn des Zimmermanns« genannt. Die Gründe für die Änderung sind nicht ganz klar: Es mag sein, daß Matthäus einfach in jüdischem Stil¹⁰ den Beruf des Vaters angibt; es mag aber auch sein, daß die Berufsangabe Jesu

---

³ Segbroeck* 190.
⁴ Vgl. die Erklärung zu υἱὸς τοῦ τέκτονος und zu V 58.
⁵ Vgl. Bd. I Einl. 3.2 zu V 54 ἐλθών, ὥστε; V 55 pass. λέγω bei Namen. V 56 πᾶς, οὖν, ταῦτα πάντα. Vgl. ebd., zu »in ihrer Synagoge« Bd. I 70.
⁶ Ennulat, Agreements 150-154 weist bes. hin auf Mt V 55 // Lk 4,22 (ὁ τοῦ τέκτονος υἱός // υἱὸς Ἰωσήφ und auf Mt V 54 / Lk 4,15 ἐν τῇ (ταῖς) συναγωγῇ(-αῖς) αὐτῶν. Ersteres ist aber kein MA, sondern nur eine (unterschiedliche) Änderung am selben Ort. Lk 4,15 ist nicht Par zu Mt 13,54 (vgl. Lk 4,16!), sondern eher, wie Lk 4,44, von Mk 1,39 inspiriert (Plural συναγωγαί!).
⁷ Mk I 228f.
⁸ Vgl. 4,13. Πατρίς kann den Heimatort oder in einem weiteren Sinn die Heimat meinen. Nazaret ist wie bei Mk nicht erwähnt, muß aber nach 2,23 gemeint sein. In seine Heimat im weiteren Sinn müßte Jesus gar nicht aufbrechen, da er sich am See Gennesaret schon in ihr befindet. Man kann also nicht, wie Segbroeck* 171-179 vorschlägt, πατρίς auf Galiläa überhaupt beziehen und dann ἐδίδασκεν von 4,23; 9,35 her generalisieren.
⁹ Vgl. Bauer, Wb s.v.; Schlatter 455. Für einen Holzarbeiter (z.B. Zimmermann) spricht die Unterscheidung von τέκτων und οἰκοδόμος in LXX und bei Jos (vgl. Schlatter aaO), die Kindheitserzählung des Thomas 13 = Hennecke I⁵ 357 (Zimmermann, der Pflüge und Joche herstellt) und das Prot Ev Jk 9,1; 13,1 = Hennecke I⁵ 342f (Bauhandwerker, der mit der Axt arbeitet). Für einen Maurer spricht nur die allgemeine Überlegung, daß Häuser im holzarmen Galiläa aus Lehm oder Stein gebaut wurden, d.h. fast gar nichts.
¹⁰ Belege bei Schlatter 455.

störte, wohl weniger, weil man sich schämte, einen Bauarbeiter als Heiland zu haben¹¹, als deswegen, weil die Überlieferung sonst nirgendwo etwas von einer Berufstätigkeit Jesu weiß, sondern ihn als Wanderprediger lehrend durch das Land ziehen läßt. Neben dem Vater wird Maria als Mutter Jesu genannt, hier in der semitischen Namensform »Mariam«, wie es für Nazarener passend ist¹². Das Geheimnis der Jungfrauengeburt deutet Matthäus hier nicht an – nicht, weil er sagen wollte, daß seine Landsleute »das Geheimnis (seiner) Herkunft (nicht) kennen«¹³, sondern weil Jesu Jungfrauengeburt für sein Christusverständnis nicht zentral ist¹⁴. »Brüder« und »Schwestern« müssen natürlich nach dem nächstliegenden Verständnis auf leibliche Geschwister Jesu gedeutet werden; es gibt keine Anhaltspunkte im Text, welche die Leser zu einem anderen Verständnis führen würden¹⁵. Die Nazarener sind 56 also mit der Familie Jesu vertraut und benutzen diese Vertrautheit, um ihre Distanz zu Jesus auszudrücken. Sie »ärgern sich« über ihn. Für die Leser des 57 Matthäusevangeliums hat dieses Wort eine starke Bedeutung: Sie erinnern sich an die Warnung, die Jesus 11,6 ausgesprochen hatte, und an die σκάνδαλα, die der Menschensohn am Ende der Geschichte aus ihrer Mitte entfernen wird (13,41). 15,12 werden die ungläubigen Pharisäer sich »ärgern«. Das »Erschrecken« der Nazarener wird also hier ganz klar negativ interpretiert. Noch einmal lehrt in V 57b Jesus seine Landsleute: Er spricht zu ihnen eine geläufige Erfahrung oder sogar Sentenz¹⁶: Kein Prophet gilt etwas in seiner Vaterstadt oder in seiner Familie! »Prophet« drückt im Sinne des Matthäus

---

11 Bauer, Wb s.v. τέκτων verweist auf Aristoxenus fr 115 und die Vita Sophoclis 1, wo aus dem Vater des Sophokles, der τέκτων war, ein τέκτονες als Sklaven besitzender Unternehmer wurde. Im semitischen Milieu des Mt, wo Rabbinen selbstverständlich ein Handwerk ausübten, wird aber nicht das der Punkt des Anstoßes gewesen sein, vgl. EWNT III 820f. In der Auslegungsgeschichte nahm man meist mit Augustin (Cons Ev 2,42 = 193 an, daß der Zimmermannssohn Jesus bis zu seinem dreißigsten Altersjahr den Beruf seines Vaters ausgeübt habe. Vgl. aber z.B. Origenes, Cels 6,34.36 = BKV I/53 140.143 (Celsus nennt Jesus einen Zimmermann; Origenes bestreitet, daß so etwas in den kanonischen Evv. stehe) oder Lapide 289, der katholische Exegeten aufzählt, die Jesus bis zu seinem dreißigsten Altersjahr in reiner Kontemplation leben ließen.
12 Auf Zweisprachigkeit des Mt kann man daraus nicht zwingend schließen, wie Lk zeigt, der im Prolog in semitischer Weise diese Namensform fast immer setzt, sonst fast nie. Vgl. aber Bd. I 63.
13 Schnackenburg I 131; ähnlich schon Origenes 10,17 = GCS Orig X 21 (»sie meinten nämlich, er sei Sohn Josefs und Marias«). Aber daß Jesus Sohn Marias ist, erfassen sie ja richtig! Im übrigen ist ja für Mt nach 1,18-25 Jesus wirklich (adoptierter) Sohn Josefs.
14 Vgl. Bd. I 111.
15 Natürlich kann ἀδελφός/ἀδελφή im Griech. übertragen gebraucht werden (»Kollege, Gesinnungsgenosse, Stammesgenosse«), auch im religiösen Sinn oder als freundschaftliche, kollegiale oder ehrende Anrede. Belege für »nahe Verwandte« gibt es in semitischen Sprachen (bibl.: E. Jenni, Art. אח, THAT I 100; jüd. Belege bei Blinzler* 44f) gelegentlich, im Griech. notieren V. Tcherikower - F.M. Heichelheim, Jewish Religious Influence in the Adler Papyri, HThR 35 (1942) 32f nur zwei vereinzelte Fälle, wo in einem Papyrus ein »Neffe« bzw. »Großneffe« ἀδελφός genannt wurde.
16 Bibl. gibt es keine wörtlichen Parr, sondern nur die Erfahrung z.B. Jeremias mit den Leuten von Anatot (Jer 11,18-23). Hell. ist die wörtlichste Par bei Dio Chrys Or 30(47),6 (vom Philosophen), vgl. Sen Ben 3,3,1 (allgemein); Apollonius, Brief 44 (Philostrat I 354,12 Kayser); Epict Diss 3,16,11 (vom Philosophen).

ein noch nicht zureichendes Verständnis Jesu aus (vgl. 16,14; 21,11.46); Jesus paßt sich mit diesem Spruch dem Verständnis der Nazarener an. Die Familie Jesu ist zwar an seiner Ablehnung nicht mitbeteiligt, aber weil Matthäus in unserer Geschichte an 12,46-50 zurückerinnert[17], muß ἐν τῇ οἰκίᾳ von dorther gefüllt werden. Die Familie Jesu tritt also hier indirekt auf die Seite seiner ungläubigen Landsleute.

58 Eine kurze Bemerkung über Jesu Wunder in Nazaret folgt: Matthäus, der Jesus als souveränen Herrn und Wundertäter darstellt, war offenbar über die markinische Formulierung, daß Jesus in Nazaret keine Wunder tun konnte (Mk 6,5), nicht glücklich und milderte sie, so daß seine Souveränität unangetastet blieb[18]. Wichtig ist für Matthäus die Schlußbemerkung des Markus: Was sich in Nazaret zeigte, ist »Unglaube«. Wie es beim Glauben der Kranken gegenüber Jesus um viel mehr geht als um das Zutrauen zum Heiler in der Not, so meint auch ἀπιστία mehr, als daß die Nazarener die Machttaten Jesu nicht annehmen, sondern eine Entscheidung über Heil und Unheil.

Zusammen-fassung Die konzentrisch angeordnete Geschichte hat einen klaren Schwerpunkt: die ungläubigen und spöttischen Fragen der Nazarener in V 54b-56. Um »den Anstoß«, den sie nehmen, ihren »Fall, die Verwerfung«[19] geht es. Es ist nicht zufällig, daß Jesus im Makrotext des Evangeliums hier zum letzten Mal in einer Synagoge ist[20]. So nimmt unsere Erzählung auf, was sich in der Parabelrede mit dem Rückzug Jesu ins Haus bereits ereignet hat. Im Kontext der Matthäuserzählung steht sie noch verfrüht: Jesus wird noch oft zum Volk sprechen, und dieses wird ihn nicht ablehnen, sondern ihm mindestens zuhören. Die Nazarener nehmen also vorweg, was sich für das ganze Volk erst später bewahrheiten wird: sein Nein zu Jesus, seinen Unglauben. Unsere Geschichte hat also für das, was kommen wird, Signalcharakter. Daß sie am Anfang eines neuen Hauptteils des Buches steht, ist nicht zufällig[21].

Wirkungs-geschichte In der Wirkungsgeschichte unseres Textes hat sich der Streit um die *Schwestern und Brüder Jesu* als das schwierigste und heikelste Thema erwiesen. Die herrschende kirchliche These war, hier handle es sich um Cousins und Cousinen Jesu. Sie wird entschieden und vermutlich zum ersten Mal durch Hieronymus vertreten[22]. Sein Anliegen ist das asketische der Jungfräulichkeit, die er auch für Josef behauptete[23]. Seither ist diese These in der katholischen Auslegung herrschend, aber auch in der humanistischen und evangelischen Exegese bis ins 19. Jh. Vor und neben Hieronymus wurde

---

[17] Vgl. o. Analyse.
[18] Der Sache nach gibt Mt den weggelassenen Vers Mk 6,5b wieder, der zu 6,5a in Spannung steht.
[19] Vgl. Segbroeck* 198.
[20] France 232.
[21] Origenes 10,18 = GCS Orig X 23; ders., Hom 33 in Luc = GCS Orig IX 185 deutet Nazaret geistlich auf Israel, Kafarnaum auf die Heiden. Vom Makrotext des Ev. her hat er recht.
[22] Adv Helv 13f = BKV I/15 276-281 (Jakobus und Josef sind mit den 27,56 genannten Söhnen der dortigen Maria identisch); weitere St bei Zahn* 320-325; Blinzler* 143f. Vgl. auch Bd. I 108 zu Mt 1,25.
[23] Hieronymus aaO 19 = 287.

vor allem in der griechischen Kirche die These vertreten, daß es sich um Kinder Josefs aus erster Ehe handle[24]. In der alten Kirche rechnete noch Tertullian und dann später vor allem der Römer Helvidius mit später geborenen Kindern Josefs und Marias[25]. Diese Auffassung wird in der protestantischen Exegese seit Beginn des 19. Jh.s wieder vertreten[26] und ist ihr heute selbstverständlich[27]. Auch in der katholischen Exegese gibt es heute Stimmen, die vorsichtig beipflichten. Sie sind allerdings (noch?) selten; dominant ist in der katholischen Forschung eine geradezu unglaubliche Vorsicht, die ich nur dogmatisch oder kirchenpolitisch verstehen kann[28]. Die Frage ist wegen des Dogmas von der immerwährenden Jungfräulichkeit Mariens heikel. Philologisch ist sie klar. »Die nach dem Semitischen bestehende Möglichkeit, daß in einzelnen Fällen« mit ἀδελφοί/ἀδελφαί »weitere Verwandte bezeichnet werden, kann erst dann zu einem solchen Urteil führen, wenn das jeweils positiv nachgewiesen wird«[29]. Wenn »Brüder« bzw. »Schwestern« im Griechischen ausnahmsweise »weitere Verwandte« heißen soll, muß das also durch den Kontext klar sein. Auch alte Kirchenväter wissen zwischen Brüdern und Vettern Jesu sehr wohl zu unterscheiden[30]. Hundertprozentige Gewißheit gibt es im Rahmen historischer Forschung nie; aber in diesem Fall ist die historische Wahrscheinlichkeit so hoch, wie sie nur sein kann. Das von der immerwährenden Jungfräulichkeit Mariens herkommende Problem ist nicht ein Problem der Exegese, sondern der katholischen Dogmatik. Als protestantischer Beobachter, der die Diskussion darüber und auch die Art, wie sie ausgetragen wird, nicht ohne Sorge und Angst betrachtet, kann ich nur sagen: Aus biblischer Sicht steht das Zentrum des Glaubens bei der Frage nach den Brüdern und Schwestern Jesu nicht auf dem Spiel[31]. Aber es könnte sein, daß bei der Art und Weise, wie bei dieser nicht zentralen Frage die katholische Kirche heute ihr dogmatisches Erbe gegenüber der

---

[24] Seit Prot Ev Jk 8,3; 9,2; 17,1f = Hennecke I⁵ 342.345; Ev. Ps.Mt 8,4 (hrsg. C. v Tischendorf, Evangelia Apocrypha, Leipzig ²1876, 69); Hist Jos fabri 2 (hrsg. S. Morenz, Berlin 1951, 2); weitere apokryphe St bei Zahn* 309. Origenes 10,17 = GCS Orig X 21f nennt die These als Meinung einiger. Einflußreich war vor allem Epiphanius, Haer 77,36 = PG 42,696 und das Sendschreiben 78,2-24 = PG 42,700-737.

[25] Aus antidoketischen Gründen: Marc 4,19 = CSEL 47,482f; De Carne Christi 7 = CSEL 70,208f. Die Stellung des Irenäus ist unklar. Nach Zahn* 319 ist die Meinung des Helvidius die in der vorkonstantinischen Kirche bei den einfachen Christen herrschende, während die gebildeteren eher die o. Anm. 24 vertretene These teilten.

[26] Z.B. von D.F. Strauss, Leben I 241-246 (mit vielen Vorbehalten).

[27] Forschungsgeschichtlich wichtig war vor allem Zahn*.

[28] Beispiele: Oberlinner* umgeht bei der historischen Frage klare Urteile und konzentriert sich auf die Evangelisten, für die die Existenz leiblicher Brüder Jesu selbstverständlich gewesen sei. R.E. Brown (Hrsg.), Mary in the New Testament, London 1978, 72 läßt die Frage ebenfalls offen. Gnilka, Mk I 234f meint sibyllinisch, »historisch stringent« lasse sich keine Annahme beweisen. J. Gilles, Les ›frères et soeurs‹ de Jésus, Paris 1979, 125 und vor allem Pesch, Mk I 322-324 (Exkurs) sind an diesem Punkt nicht nur klare, sondern auch mutige Ausnahmen. Peschs Verteidigung (Mk I³ 453-462 [Ergänzungsheft]) ist historisch brillant und klar und auch als kirchen- und zeitgeschichtliches Dokument lesenswert.

[29] Gutachten von R. Schnackenburg, zit. bei Pesch, Mk I, Ergänzungsheft zur 3. Auflage 1980, 454.

[30] Insbesondere Hegesipp unterscheidet zwischen einem Cousin = ἀνεψιός (Symeon, Sohn des Klopas [Euseb, Hist Eccl 4,22,4, vgl. 3,32,6]) und den Brüdern des Herrn = ἀδελφοί (Jakobus, Judas [τοῦ κατὰ σάρκα λεγομένου ... ἀδελφοῦ, Euseb, Hist Eccl 2,23,4; 3,20,1]); weitere Belege bei Pesch aaO (o. Anm. 28) 456.

[31] Gnilka, Mk I 235: »Für den Glauben wäre ein solcher Beweis ... nicht besonders erheblich«.

1.2 Der Tod Johannes des Täufers (14,1-12)

Literatur: Cope, L., The Death of John the Baptist in the Gospel of Matthew, CBQ 38 (1976) 515-519; Daffner, H., Salome. Ihre Gestalt in Geschiche und Kunst, München 1912; Theißen, Lokalkolorit 85-102; Trilling, W., Die Täufertradition bei Matthäus, in: ders., Studien 45-65.

**1 Zu jener Zeit hörte der Vierfürst Herodes die Kunde von Jesus, 2 und er sagte zu seinen Sklaven: »Der ist Johannes der Täufer! Er ist von den Toten auferweckt worden! Und darum sind in ihm die Kräfte wirksam!«
3 Herodes ließ nämlich Johannes gefangensetzen, ihn fesseln und ins Gefängnis legen wegen Herodias, der Frau seines Bruders Philippus. 4 Denn Johannes hatte ihm gesagt: »Es ist dir nicht erlaubt, sie zu haben!« 5 Und er hatte die Absicht, ihn zu töten, fürchtete sich aber vor dem Volk, weil es ihn für einen Propheten ansah. 6 Als aber Herodes Geburtstag hatte[1], tanzte die Tochter der Herodias in (ihrer) Mitte und gefiel dem Herodes. 7 Daher versprach er mit einem Eid, ihr zu geben, was sie nur verlangen würde. 8 Sie aber spricht, angeleitet von ihrer Mutter: »Gib mir hier, auf einer Platte, den Kopf von Johannes dem Täufer!«. 9 Da wurde der König traurig, befahl aber wegen der Eide und der Gäste, daß er ihr gegeben würde. 10 Und er schickte (Leute) und ließ Johannes im Gefängnis enthaupten. 11 Und sein Kopf wurde auf einem Teller gebracht und dem Mädchen gegeben; und sie brachte ihn ihrer Mutter.
12 Und seine Jünger kamen herzu, holten die Leiche und begruben ihn. Und sie kamen und meldeten es Jesus.**

1. *Aufbau.* Die Verknüpfung mit dem vorangehenden Text ist durch ἐν ἐκείνῳ τῷ καιρῷ und den Stichwortanschluß mit δυνάμεις eng. Die Geschichte selbst ist kunstlos und sehr knapp. Nach einer kurzen Szene mit der Reaktion des Herodes auf Jesus (V 1-2) folgt wie bei Mk chronologisch gesehen eine Rückblende, die allerdings nicht sehr deutlich als solche markiert ist. Die eigentliche Erzählung von der Ermordung des Täufers gliedert sich in eine Exposition (V 3-5), die Tanzszene, in der die Herodiastochter die wichtigste Gestalt ist (V 6-8), und die Szene von der Erfüllung ihres Wunsches, in der der König hauptsächlicher Handlungsträger ist (V 9-11). Die Schlußnotiz vom Begräbnis des Johannes durch seine Jünger (V 12) führt die Rückblende wieder zum Hauptfaden der Jesusgeschichte zurück. An Querverbindungen

---

[1] Zur Konstruktion vgl. Bl-Debr-Rehkopf § 200 Anm. 10. Manche MSS ersetzen die Mischkonstruktion durch einen Gen. abs. Der sehr auffällige »Dat. abs.« ist vielleicht durch die Verkürzung von Mk 6,21a entstanden.

und Reminiszenzen innerhalb des Ev. sind vor allem erwähnenswert: die Reminiszenz an 11,4 in V 12 und der Vorverweis auf 21,46 in V 5.

2. *Quelle.* Mk 6,14-29 ist die alleinige Quelle. Das zeigt sich daran, daß die mt Besonderheiten meistens red. sind². Mt hat den mk Text stark gekürzt, insbesondere bei Mk 6,15f.19-21.22b.24f.27. Bei Mk ist die Aussendung und die Rückkehr der zwölf Jünger 6,7-13.30 die Rahmenhandlung. Die »Rückblende« 6,14-29 überbrückt literarisch geschickt die Zeit ihrer Abwesenheit. Bei Mt, der die Aussendung bereits in Kap. 10 vorweggenommen hatte, fällt der Rahmen weg. Dadurch wird ein neuer Übergang zu V 13 nötig. Ihn bildet Mt, indem er ἀπήγγειλαν aus Mk 6,30 übernimmt und daraus die 11,4 umkehrende Notiz bildet, daß die Johannesjünger Jesus Bericht erstattet hätten. Dieser Bericht begründet dann den Rückzug Jesu ans andere Ufer in V 13.

3. *Der Text als geschichtlicher Bericht.* Wie informiert ist Mt über die geschichtlichen Verhältnisse? Die mk Erzählung ist eine volkstümliche, d.h. weder spezifisch christliche noch täuferische Erzählung, die in einiger Distanz zu den Begebenheiten entstanden sein muß und offensichtliche Unrichtigkeiten enthält³. Ihre Bearbeitung durch Mt gibt Gelegenheit, seinen Informationsstand zu überprüfen. Er hat einige Irrtümer des Mk-Berichts vermieden, wobei schwer zu sagen ist, wo er sie bewußt vermieden hat und wo sie einfach seiner Kürzungstendenz zum Opfer gefallen sind. Er weiß, daß Herodes »Vierfürst« ist (V 1)⁴; aber die korrekte Titulierung ist ihm offensichtlich nicht wichtig, denn er nennt ihn V 9 trotzdem »König«. Er macht in V 6 aus der eigenen Tochter des Herodes, die auch Herodias heißt (Mk 6,22)⁵, eine seiner Frau, ohne ihren Namen, Salome, zu nennen. Die treibende Rolle der Herodias fällt bei ihm weg, und Herodes Antipas selbst wird zum negativen Hauptakteur – wie bei Josephus⁶. Damit erreicht er *auch* ein theologisches Ziel: Die Parallelität zwischen Jesus (Mt 2!) und Johannes wird größer, als wenn Johannes einer reinen Damenintrige zum Opfer gefallen wäre. Aber der erste Gatte der Herodias heißt wie bei Mk Philippus; erst die westliche Textüberlieferung hat den Irrtum korrigiert⁷. Mt hat also ein wenigstens rudimentäres historisches Wissen⁸, ist aber nicht sehr interessiert, es konsequent anzuwenden.
Das entspricht seiner gerade in dieser Geschichte auffälligen massiven Kürzung und seiner Neigung, anschauliche Einzelheiten wegzulassen. Auf der Ebene des Berichtes entstehen so Ungereimtheiten, die Mt offensichtlich nicht kümmern oder gar nicht auffallen: Nach V 1f muß der Tod des Johannes etwas zurückliegen; sonst könnte sich nicht mit dem Wundertäter Jesus die Meinung verbinden, er sei der auferstandene Johannes. Nach V 12f aber melden die Johannesjünger Jesus den soeben geschehenen Tod ihres Meisters; er zieht sich daraufhin ans andere Ufer des Sees zurück, wo Hero-

---

² Vgl. Bd. I Einl. 3.2 zu ἐν ἐκείνῳ τῷ καιρῷ (V 1); εἶπεν, παῖς, οὗτός ἐστιν, βαπτιστής (V 2); ὅθεν (V 7); φημί, ὧδε (V 8); λυπέω, κελεύω (V 9); πέμψας (V 10); προσελθών, ἐλθών (V 12). Zu ἠγέρθη ἀπὸ τῶν νεκρῶν (V 2) vgl. 27,64; 28,7; zu V 5 vgl. 21,46; zu μεθ' ὅρκου (V 7) vgl. 26,72, zu ὁμολογέω (ebd.) 7,23. Auffällig unmt ist ἀπέθετο (V 3) und προβιβάζω (V 8).
³ Vgl. bes. Lührmann, Mk 114-116 und

Theißen, Lokalkolorit 85-102. Der wichtigste Vergleichstext ist Jos Ant 18,240-256.
⁴ Ebenso Lk 9,7. Unabhängige Red. von Mt und Lk ist bei diesem offensichtlichen historischen Irrtum wahrscheinlich.
⁵ Mit Nestle²⁶ ist zu lesen θυγατρὸς αὐτοῦ Ἡρῳδιάδος, vgl. Metzger, Commentary 89f.
⁶ Vgl. Theißen, Lokalkolorit 95f.
⁷ D lat zu V 3.
⁸ Vgl. auch o. S. 31f, u. S. 406.

des Antipas nicht mehr regiert⁹. Da Mt nach 13,54-58 nicht von einer Ortsveränderung Jesu erzählt, müßte man, wenn man genau sein wollte, annehmen, er sei von Nazaret mit dem Schiff abgefahren. Die Gäste des Herodes Antipas werden in V 6a gestrichen, aber in V 9 selbstverständlich vorausgesetzt. V 5 betont Mt anders als Mk, Herodes wolle Johannes töten; von den dunkeln Plänen der Herodias (Mk 6,19) schweigt er. Dennoch läßt er ihn in V 9 über die Bitte des Mädchens »traurig« sein¹⁰. Es ergibt sich also: Mt ist ein gar nicht so uninformierter, aber auf der Ebene der berichteten Geschichte an Klarheit und Kohärenz wenig interessierter Erzähler.

Erklärung 1f Jesu Landesfürst Herodes Antipas hört über seine Wunder. Die Leser, die seinen Vater und seinen Bruder schon aus Jesu Kindheitsgeschichte kennen (vgl. 2,1-12.16-18.22), ahnen, daß das nichts Gutes bedeutet. Herodes hält Jesus für den auferstandenen Johannes den Täufer. Wie er auf diese Idee kam, wird nicht gesagt¹¹; am ehesten paßt der Gedanke, das schlechte Gewissen des Herodes Antipas rege sich und er fürchte, daß Johannes von irgendeinem Wundertäter auferweckt worden sei¹². Die Reaktion des Herodes macht jedenfalls deutlich, daß Johannes und Jesus dieselben Feinde haben¹³. Jesus und sein Vorläufer gehören zusammen, sogar in den Augen des bösen Vierfürsten.

3-5 Matthäus erzählt nun, wie Johannnes der Täufer ums Leben kam. Wann das geschehen ist, ist ihm nicht wichtig. Er schiebt wie Markus seine Geschichte als Rückblende ein. Daß der Tod des Johannes aber noch nicht lange zurückliegen kann, ergibt sich nicht nur aus V 13, sondern auch aus 4,12 und 11,2: Die bisherige Wirksamkeit Jesu dachte sich Matthäus offensichtlich während der Zeit, als Johannes gefangen war. In der matthäischen Erzählung steht Herodes im Vordergrund. Herodias, nach Markus die eigentlich böse Gestalt, tritt zurück. Johannes hatte dem Fürsten verboten¹⁴, die Frau seines Bruders zu heiraten, weil das unter die Inzestverbote fällt (vgl. Lev 18,16; 20,21); die von den Damen der herodeischen Familie nach hellenistischem Recht aktiv betriebenen Scheidungen zählten für den Täufer natürlich nicht. Herodes will deshalb Johannes töten (während er ihn nach Markus in einer Art Schutzhaft hält, um ihn vor den Anschlägen seiner Frau zu bewahren). Nur die Rücksicht auf das Volk, das Johannes für einen Propheten hält (vgl. 21,26), hindert ihn daran. Das Volk spielt hier, wie im folgenden Erzählteil überhaupt, wieder eine positive Rolle: Es ist Johannes – und Jesus – gegenüber freundlich gesinnt. Die Konstellation ist also dieselbe, wie sie in 21,46 sein wird: Dort wol-

---

⁹ Cope* will deshalb V 3-12 als erklärende Parenthese fassen und V 13 an V 2 anschließen. Aber die Parenthese ist zu lang und zu undeutlich gekennzeichnet, als daß der Leser das merkte. Dagegen spricht ferner die Reminiszenz an Mk 6,30 in V 12.
¹⁰ Harmonisierende Ausleger wie Gundry 287 denken, daß Herodes Antipas den Johannes lediglich gerne auf eine etwas weniger spektakuläre Art und Weise beseitigt hätte.
¹¹ Daß die judenchristlichen Leser des Mt dem »bösen« Herodes irgendwelche frommen Gedanken, z.B. an die Auferstehung der Märtyrer oder gar an Erwartungen eines Endzeitpropheten, zugedacht haben könnten, ist unwahrscheinlich.
¹² Vgl. Bill. I 560 zum jüd. Glauben an Auferweckungswunder.
¹³ Vgl. schon 3,7: Pharisäer und Sadduzäer; ferner 11,18f; 21,23.32.
¹⁴ Impf. mit der Nuance der Vorzeitigkeit, vgl. Mayser, Grammatik II/1 137.

len die Hohenpriester und Pharisäer Jesus töten, aber auch sie hält die Furcht vor dem Volk davon ab. Zugleich weisen die Stichworte »Prophet« und »töten« auf die alttestamentliche Prophetenmordtradition[15], die Matthäus noch oft benützt (5,12; 17,12; 21,33-41; 22,3-6; 23,29-36): Immer schon wurden Israels Propheten verfolgt und getötet. So, wie es ihnen ergangen ist, ergeht es auch Johannes und wird es auch Jesus ergehen. Jeder positive Zug verschwindet also von Herodes Antipas; er gehört zu den schlimmsten jüdischen Feinden Jesu und seines Vorläufers Johannes.

Am Geburtstagsfest des Vierfürsten, das er mit Gästen feiert, tanzt die Tochter der Herodias vor den eingeladenen Männern. Matthäus nennt ihren Namen nicht; er stellt sie sich offensichtlich als ein noch unverheiratetes Mädchen (V 11) vor. Natürlich werden sich die Leser ihren Teil über die Sitten am Hof des Herodes gedacht haben, wenn sie hören, daß eine Prinzessin an diesem Männerbankett eine Rolle spielt, die sonst Hetären spielen[16]. Sie gefällt dem Vierfürsten, und deswegen schwört er, daß sie sich etwas wünschen dürfe. Auch daran zeigt sich wieder seine Bosheit: Die Leser des Evangeliums wissen aus der Bergpredigt, was Gottes Wille in bezug auf den Eid ist (5,33-37). Herodes Antipas mißbraucht den Namen Gottes, so daß sein Eid zum Verbrechen führt[17]. Das Mädchen wird von seiner Mutter angestiftet[18], den fürchterlichen Wunsch nach dem Kopf Johannes des Täufers zu äußern. Der König wird zwar traurig, aber befiehlt doch, dem Wunsch des Mädchens zu entsprechen. Von nun an ist er wieder die handelnde Person[19]. Umgehend wird der gefangene Johannes enthauptet und sein Kopf wie einst derjenige von Königin Waschti in der Ester-Überlieferung[20] auf einer Platte in den Saal gebracht und dem Mädchen bzw. der Herodias übergeben.

6-8

8-11

Die makabre Geschichte ist zu Ende. Der Erzähler braucht sie nicht zu kommentieren; sie spricht für sich selbst. Er erwähnt noch, daß die Jünger des Johannes den Leichnam abholten und bestatteten. Dann gehen sie und melden Jesus das Geschehene. Matthäus denkt hier an 11,4 zurück, wo die Jünger des Johannes mit einer Botschaft von Jesus zu Johannes zurückgekehrt sind. Nun kommen sie umgekehrt von Johannes zu Jesus. Beide, der Täufer und Jesus, gehören für ihn zusammen[21]. Sie verkünden dieselbe Botschaft, erleiden dasselbe Geschick und haben dieselben Gegner. Darum ist es für ihn selbstverständlich, daß die verwaisten Jünger des Johannes zu Jesus gehen.

12

---

[15] Dazu vgl. Steck, Israel passim.
[16] Zur Illustration vgl. die Geschichte vom Tobiaden Joseph, Jos Ant 12,187-189, der sich an der königlichen Tafel in Alexandria in eine Tänzerin verliebt. Auch bei den Griechen wäre diese Szene total ungehörig, vgl. Theißen, Lokalkolorit 96-101.
[17] Μεθ' ὅρκου auch 26,72 bei der Petrusverleugnung.
[18] Προβιβάζω, eigentlich: »vortreten lassen«, kann auch übertragen gebraucht werden: »unterrichten« (Dtn 6,7 LXX) oder »motivieren« (Belege bei Spicq, Notes II 745; Bauer, Wb s.v.).
[19] Der von Mk in V 27 eingeführte Scharfrichter fehlt; dadurch wird Herodes noch direkter als bei Mk mit dem Mord belastet.
[20] MidrEsth 1,19 (91a) bei Bill. I 683.
[21] Vgl. Bd. I 144.154.173.405; in diesem Bd. o. S. 179f.188f und u. S. 513, ferner Bd. III zu 21,23-32 und Trilling* 57-61.

Zusammen-fassung	Die Geschichte hat im Makrotext des Evangeliums ihre Bedeutung. Nach der Verwerfung Jesu in Nazaret passiert ein weiteres Signal für die Zukunft: der Tod des Vorläufers, des wiedergekommenen Elija, der Jesus auf seinem eigenen Leidensweg vorangeht. Wie ihm wird es auch dem Menschensohn ergehen (17,12). Die Leser des Matthäusevangeliums kennen die deuteronomistische Tradition vom Ungehorsam Israels, das allezeit seine Propheten verfolgt und ermordet hat. Die Anspielung auf sie ist das wichtigste matthäische Interpretament[22]. Das Geschehene ist ein Ausdruck des Ungehorsams, der schon in biblischen Zeiten für Israel kennzeichnend war. Was Herodes Antipas getan hat, ist zwar besonders schrecklich, aber kein Einzelfall. Die Leidensgeschichte Jesu wird das bestätigen. So wird durch die Anspielung auf die Prophetenmordtradition der Tod des Johannes gleichsam typisiert und in die matthäische heilsgeschichtliche Schau eingeordnet. Daß dabei der gewiß nicht besonders jüdische Herodessohn Antipas gleichsam den negativen Vorläufer der jüdischen Führer und des ganzen Volkes in der Passion Jesu spielt, ist Israel gegenüber sehr ungerecht und liegt ganz auf der Linie der Geschichtskonstruktion von 2,3f, wo der Evangelist schon den älteren Herodes im Einklang mit »ganz Jerusalem« handeln ließ[23].
Wirkungs-geschichte	Aus der namenlosen Herodiastochter wurde in der Neuzeit die farbenprächtige Gestalt der Salome, die uns aus Literatur und Kunst vertraut ist. Sie ist aber nicht eine neuzeitliche Erfindung, sondern Ergebnis einer langen Entwicklung, die schon gelegentlich bei den Kirchenvätern einsetzt[24].

In der alten Kirche ist nur wenig von ihr die Rede; es steht eher Herodes oder die Bosheit der Herodias im Vordergrund. Geht es um Salome, so geht es um ihren Tanz: »Wo ... ein Tanz ist, da ist auch der Teufel dabei. Nicht zum Tanz hat uns ja Gott die Füße gegeben, sondern damit wir auf dem rechten Wege wandeln; nicht ... damit wir Sprünge machen wie Kamele, sondern damit wir mit den Engeln den Chorreigen bilden«[25]. Manchmal entzündet sich ihre Phantasie leidenschaftlich und dennoch voller Entsetzen an ihm. Ambrosius schildert den Tanz im Detail (»neckisches Liebäugeln, Halsdrehen und fliegendes Haar«) und fährt dann weiter: »Von da (ist) zur Beleidigung Gottes nur ein Schritt. Wie könnte es denn dort, wo getanzt, gestrampelt, geklatscht wird, eine Ehrbarkeit geben?«[26] Ein literarischer Höhepunkt ist die kraftvolle Schilderung des Theophanes Ceramäus aus dem 12. Jh.: »Als sie in der Mitte der Zecher war ..., tanzte sie, rasend wie eine Bakchantin, schüttelte ihr Haar, drehte sich würdelos, strecke die Arme aus, entblößte die Brüste, warf die Füße abwechslungsweise in die Höhe, entblößte sich in schneller Bewegung ihres Körpers und zeigte vielleicht auch etwas vom Unaussprechlichen. Mit unanständigem Blick lenkte sie

---

[22] Trilling* 47: »Das Geschehen ... scheint nur dem Nachweis zu dienen, daß ein Prophetenmord in Israel geschehen ist«.
[23] Vgl. Bd. I 119.
[24] Den Entwurf des folgenden Abschnitts verfaßte Frau Isabelle Noth.
[25] Johannes Chrysostomus 48,3 = 684.
[26] Ambrosius, Virg 3,6 = BKV I/32 1192; vgl. den Frauenhaß des Petrus Chrysologus 173 = 158 (»Auswurf aller Schlechtigkeit« ... »ganz verweichlicht und ganz entfesselt«).

die Augen aller Anwesenden auf sich und erschreckte mit allerlei Bewegungen die
Gedanken der Zuschauer«[27]. Daß ihn die Fürstentochter so zu fesseln vermochte und
daß seine Augen so intensiv auf ihren Bewegungen und ihrem Körper ruhten und das
dennoch mit solcher Abwehr und Verwerfung taten, läßt uns etwas von der Strenge
sexueller Askese und den damit verbundenen Problemen ahnen.
Hatte also die Auslegung der Kirchenväter den ersten Schritt zur Weiterbildung der
Salomegestalt getan, so begannen sich seit dem Spätmittelalter die Vertreter der
weltlichen Literatur des Stoffes zu bemächtigen. Nun löste sich Salome langsam von
der Rolle der gehorsamen Tochter, die sie bislang spielte. Ins Zeitalter der Renaissance und der Reformation fielen die entscheidenden literarischen und künstlerischen Bearbeitungen der nun selbständig gewordenen Gestalt der Salome. In den
Johannesspielen des 16 Jh.s wurde sie zur treibenden Kraft und zur »listigen
Schlange«[28]. Noch wichtiger als die Johannesspiele ist, daß seit der Frührenaissance
der Tanz der Salome ein beliebtes Sujet der bildenden Kunst wurde (Filippo Lippi,
Ghirlandaio, Botticelli, R. von Weyden, Donatello, Andrea del Sarto)[29]. Ein biblisches
Thema wurde hier um seiner Weltlichkeit willen attraktiv. Einen entscheidenden
Wendepunkt bedeutete für die Salomedarstellungen die durch Leonardo da Vinci
entscheidend geprägte Porträtmalerei. Jetzt entstehen die klassischen Bilder reifer
Frauenschönheit, bei denen es im Grunde genommen gleichgültig ist, ob sie Judit,
Maria, Salome oder Magdalena darstellen und ob das Accessoire »eine Schale mit
Früchten oder eine Schale mit dem abgeschlagenen Haupt«[30] ist. Hier sind aus der
lombardischen Schule z.B. Cesare da Sesto und Bernardo Luini, aus der venezianischen Bartolomeo Veneto und Tizian zu nennen. Diese Entwicklung löste Salome aus
unserer Geschichte heraus; sie wurde selbständiges Bildthema und alleiniger Mittelpunkt.
Eine ähnliche Emanzipation der Salomegestalt nicht von ihrer Geschichte, sondern
von ihrer kirchlichen Bewertung und moralischen Verdammung brachte in der Literatur das 18. und 19. Jahrhundert. Der Tanz kann nun auch positiv gewertet werden.
Als Beispiel wählen wir Heinrich Heines »Atta Troll« (1841), der nicht von der Bibel,
sondern vom Volksglauben ausgeht, in dem Herodias (!) zur Strafe in der Johannisnacht als Nachtgespenst daherfahren muß, weil sie Johannes den Täufer geliebt hat:

Denn sie liebte einst Johannem –
   In der Bibel steht es nicht . . .
Anders wär ja unerklärlich
   Das Gelüste jener Dame –
Wird ein Weib das Haupt begehren
   Eines Manns, den sie nicht liebt?
War vielleicht ein bißchen böse
   Auf den Liebsten, ließ ihn köpfen;
Aber als sie auf der Schüssel
   Das geliebte Haupt erblickte,

---

[27] Hom 71 = PG 132,1065.
[28] Daffner* 159 zum Johannesspiel des Solothurner Priesters Johannes Aal. Bekannter als dieses wichtige Spiel ist das Johannesspiel von Hans Sachs von 1550, wo Salome ihrer Mutter vorschlägt, den Täufer durch Gift oder heimlichen Mord aus dem Weg zu räumen (Tragedia mit 6 personen. Die Enthauptung Johannis, hrsg. A. v Keller, Werke II, Tübingen 1878, 198-212).
[29] Daffner* 106-137.163-182.
[30] Daffner* 181.

Weinte sie und ward verrückt,
Und sie starb in Liebeswahnsinn.
(Liebeswahnsinn! Pleonasmus!
Liebe ist ja schon ein Wahnsinn!)[31].
Der Höhepunkt der literarischen Salomedarstellung wurde 1893 in Oscar Wildes Einakter »Salome« erreicht[32]. Mit prachtvollen Bildern schildert Wilde den glühenden Liebesrausch der Salome zu Johannes, läßt den Leser die schwüle, drückende und geladene Stimmung spüren, die Erlösung beim Küssen von Johannes' Lippen, das Entsetzen, das Herodes bei diesem Anblick überkommt, so daß er Salome töten läßt. Wildes Drama hat viel Protest gefunden, war aber damals auch Anlaß für eine ganze Flut neuer literarischer und künstlerischer Salomedarstellungen. Ihre Vollendung findet seine Darstellung ekstatisch-lustvoller Sinnlichkeit wohl in der Oper »Salome« von Richard Strauss, die 1905 uraufgeführt wurde.

Ein Stoff emanzipiert sich von der Bibel und der kirchlichen Tradition. Was ist daran theologisch bedenkenswert? Es ist vielleicht nicht ganz zufällig, daß die Wirkungsgeschichte unseres Textes um diejenige Person kreist, deren Namen der biblische Text nicht einmal nennt, um eine Frau, die Salome. Während im biblischen Text das moralisch Verwerfliche ihres Tanzes nur eben gerade vorausgesetzt ist, kann die Wirkungsgeschichte zeigen, wie in einer durch die Bibel geprägten Welt Sexualität und Lust unterdrückt werden konnten. Und es ist wohl auch nicht ganz zufällig, daß diese Frau in der Geschichte erst dann zu echtem Leben kam, als sie sich von der Bibel emanzipierte. Wirkungsgeschichte als ein Stück Emanzipationsgeschichte der Frau? Nein, insofern auch die Porträts der schönen Frau Salome und die neuzeitliche Gestalt der leidenschaftlich liebenden Salome von Männern entworfene Frauenbilder sind. Und doch ja, insofern in ihr eine ursprünglich anonyme Frau ins Zentrum des Interesses trat, und indirekt ja, insofern die Wirkungsgeschichte in der Neuzeit wenigstens Ansätze zu einer Neubewertung von Schönheit, Tanz und Liebe zeigte. Die Theologie sollte sich selbstkritisch damit befassen, warum diese Neubewertung nicht mit, sondern gegen die kirchliche Tradition erfolgte.

1.3 Die Speisung der Fünftausend (14,13-21)

Literatur: Boismard, M.E., The Two Source Theory at an Impasse, NTS 26 (1979/80) 1-17; *Cangh, J.M. van*, La multiplication des pains et l'eucharistie, 1975 (LeDiv 86); *Heising, A.*, Die Botschaft der Brotvermehrung, 1966 (SBS 15); *Held*, Matthäus 171-174; *Iersel, B. van*, Die wunderbare Speisung und das Abendmahl in der synoptischen Tradition, NT 7 (1964/65) 167-194; *Luther, M.*, D. Martin Luthers Evangelienauslegung IV, hrsg. E. Mülhaupt, Göttingen ²1961, 218-234; *Neirynck, F.*, The Matthew-Luke Agreements in Mt 14,13-14 / Lk 9,10-11 (par. Mk 6,30-34), EThL 60 (1984) 25-

---

[31] H. Heine, Sämtliche Schriften, hrsg. K. Briegels, IV, München 1971, 543.

[32] Französisch geschrieben, vermutlich aufgrund eines literarischen Anstoßes durch eine Novelle Flauberts.

44; *Patsch, H.,* Abendmahlsterminologie außerhalb der Einsetzungsberichte, ZNW 62 (1971) 210-231; *Repo, E.,* Fünf Brote und zwei Fische, SNTU A 3 (1978) 99-113; *Roloff,* Kerygma 251-254; *Schenke, L.,* Die wunderbare Brotvermehrung, Würzburg 1983, 157-164.

**13 Als es aber Jesus hörte, zog er sich von dort in einem Boot zurück, allein an einen einsamen Ort. Und als es die Volksmengen hörten, folgten sie ihm auf dem Landweg aus den Städten. 14 Und als er ausstieg, sah er viel Volk. Er bekam Erbarmen mit ihnen und heilte ihre Kranken.
15 Als es aber Abend geworden war, traten die Jünger zu ihm und sagten: »Der Ort ist einsam und die Stunde ist schon vergangen: Also[1] schick die Volksmengen weg, damit sie in die Dörfer gehen und sich Speise kaufen!« 16 Jesus aber sagte ihnen: »Sie brauchen nicht wegzugehen; gebt ihr ihnen zu essen!« 17 Sie aber sagen ihm: »Wir haben hier nur fünf Brote und zwei Fische!« 18 Er aber sagte: »Bringt sie mir hierher!« 19 Und er befahl, daß die Volksmengen sich auf dem Gras niederlegen sollten. Da nahm er die fünf Brote und die zwei Fische, blickte zum Himmel empor, sprach das Dankgebet, brach sie und gab die Brote den Jüngern, die Jünger aber (gaben sie) den Volksmengen. 20 Und sie aßen alle und wurden satt; und sie hoben den Überschuß von den Brocken auf, zwölf volle Körbe.
21 Die (Zahl der) Essenden aber war etwa fünftausend Männer ohne Frauen und Kinder.**

1. *Aufbau.* Der nun folgende Abschnitt besteht aus drei »Akten«[2], nämlich einer Exposition (V 13f), die noch nichts mit der Speisung zu tun hat, einem Gespräch Jesu mit den Jüngern (V 15-18) und dem eigentlichen Wunder (V 19f). V 21 ist nicht Teil der Erzählung, sondern eine Zusatzbemerkung des Erzählers. Der Aufbau macht deutlich, ein wie großes Gewicht das Gespräch mit den Jüngern hat. Der Anfang V 13 erinnert an 4,12; außerdem sind V 13.15 mit dem Anfang der folgenden Geschichte V 22f durch mehrere Stichworte verbunden, u.a. ὀψίας δὲ γενομένης. Wieder zeigt sich, daß dem Erzähler Mt die Geschlossenheit auf der Berichtsebene nicht so wichtig ist: Es entgeht ihm, daß die unmittelbar nach der Speisung stattfindende Geschichte vom Seewandel nicht auch »als es spät geworden war« (V 15.23) stattfinden kann! Der dritte »Akt« der Geschichte, die eigentliche Speisung und die Schlußbemerkung V 21, nicht aber die Einleitung und das Jüngergespräch[3] wiederholen sich bei der Speisung der Viertausend in 15,32-39 fast wörtlich[4].

2. *Quellen.* Mt fährt in seiner Neubearbeitung von Mk 6 fort und kommt nun zu Mk 6,32-44. Die mk Geschichte hat er um ein Drittel gekürzt. Durch die Kürzungen

---

[1] Οὖν ist textkritisch ganz unsicher. Ist es ein nachträglich zugefügter Matthäismus, oder wurde es aufgrund der Parr weggelassen?
[2] Fabri 331f.
[3] Hier gibt es nur einzelne Berührungen, vor allem in V 14 zu 15,32 und in V 17 zu 15,34 (Red.!).
[4] »Sondergut« von V 19b-21 sind nur: die Zahlenangaben, ἀναβλέψας εἰς τὸν οὐρανόν, εὐλογήσας, das Wort für »Körbe« und einige geringfügige Formulierungsnuancen.

wird die Geschichte formelhafter; die Stichwortbrücken rücken näher zusammen[5]. Die meisten Änderungen gegenüber Mk sind als mt Diktion[6] verstehbar. Die umständliche mk Überleitung V 30f ist – wie auch bei Lk – weggefallen. V 13 ist stark red. gestaltet und bietet in seinen beiden Versteilen einen schönen, typisch mt Parallelismus. Den mk Vergleich des Volkes mit einer hirtenlosen Herde brachte Mt bereits in 9,36. Einschneidend ist die Umgestaltung des Gesprächs mit den Jüngern im 2. Akt: Mt leitet es neu ein (V 16a.b), streicht Mk 6,37b-38b und kürzt es dadurch um einen Gesprächsgang. Dafür bildet er den abschließenden Befehl Jesu in direkter Rede neu (V 18).

Besonders auffällig sind die *Minor Agreements*: Sie sind hier besonders zahlreich. Manche sind nicht leicht als unabhängige mt oder lk Red. erklärbar[7]. Beispiele: Βρώματα (V 15/Lk 9,13) ist nicht mt Red.; der Topos vom »nachfolgenden Volk« (V 13/Lk 9,11) ist nicht lk Red.[8]. Auffällig sind auch die gemeinsamen Auslassungen: Beide Evangelisten streichen Mk 6,31[9]. Beide ersetzen bzw. ergänzen das mk Lehren (Mk 6,34d) durch eine red. formulierte Notiz über Jesu Heilungstätigkeit[10]. Beide streichen denselben Gesprächsgang Jesu mit den Jüngern (Mk 6,37b-38a) und bilden dann einen ähnlichen Übergang (17a/Lk 9,13b); dadurch bringen sie den krassesten Ausdruck des mk Jüngerunverständnisses in unserer Geschichte zum Verschwinden[11]. Beide schweigen auch vom gruppenweisen Sich-Lagern des Volkes (Mk 6,39b) und von der Verteilung der Fische (Mk 6, 41fin)[12]. Einige Minor Agreements haben außerdem Parr in der joh. Speisungsgeschichte[13]. Da diese von den synoptischen Überlieferungen nicht literarisch abhängig ist, dürften solche MA vorred. entstanden sein, z.B. durch den Einfluß anderer mündlicher Varianten unserer Geschichte. Damit muß man zumal bei einer so oft erzählten Geschichte wie der unsrigen rechnen. Bei diesem Text können also bei den MA sowohl unabhängige Red. durch die Evangelisten als auch eine »deuteromk« schriftliche Rezension des Mk als auch eine von Mk unterschiedene mündliche Überlieferung eine Rolle gespielt haben.

---

[5] Z.B. ἔρημος τόπος V 13.15; δίδωμι V 16.19. Mt bildet auch neue Stichwortbrücken (ἀπέρχομαι V 15f; ὧδε V 17f).

[6] Vgl. Bd. I Einl. 3.2: V 13 ἀκούσας δέ, ἀναχωρέω, ἐκεῖθεν, ὄχλοι mit ἀκολουθέω. V 14 θεραπεύω. V 15 (οὖν,) ὄχλοι. V 17 δέ, ὧδε. V 18 δέ, ὧδε. V 19 κελεύω, ὄχλοι. V 20 περισσευ-, ὡσεί. Ἄρρωστος (V 14) ist ein »Überbleibsel« aus Mk 6,5.13, auf das Mt nicht verzichten will. Οὐ χρείαν ἔχουσιν (V 19) entspricht 9,12.

[7] Vgl. dazu Boismard* und die Replik von Neirynck*. Boismard sucht eine Erklärung, die *allen* MA gerecht wird, und kann sie nur in seiner eigenen (überaus komplizierten: Bd. I 30) synoptischen Theorie finden. Neirynck vertritt für die ersten beiden Verse die These von der unabhängigen Red. des Mk durch Mt und Lk (m.E. nicht überall überzeugend). Ich selber möchte darauf verzichten, alle MA durch dieselbe Theorie zu erklären.

[8] Das erste MA kann man nicht durch Abhängigkeit des Mt von Lk, das zweite nicht durch Abhängigkeit des Lk von Mt erklären. Also sind beide auch nicht Nebenquellen, sondern voneinander unabhängig.

[9] Daß Jesus wegen des Zudrangs des Volkes nicht zum Essen kam, wurde schon Mk 3,20 von Mt/Lk gestrichen.

[10] In diesem Fall würde ich am ehesten unabhängige Red. annehmen. Mt folgt in V 13f seinem eigenen Schema von 12,15: Erkenntnis Jesu – ἀνεχώρησεν ἐκεῖθεν – Nachfolge der Volksmengen – Heilungen.

[11] Ennulat, Agreements 166 sieht hier einen durchgehenden Zug der von ihm vermuteten nachmk Bearbeitung des Mk.

[12] Vgl. auch das Fehlen von καὶ ἀπὸ τῶν ἰχθύων (Mk 6,43parr).

[13] Nachfolgen des Volkes Joh 6,2 / Mt 14,13 / Lk 9,11; εἶπεν Joh 6,10 / Mt 14,18 / Lk 9,14; περισσεύω Joh 6,12 / Mt 14,20 / Lk 9,17 sowie weniger deutliche MA in Auslassungen.

Unsere Geschichte gehört mit derjenigen von der Hochzeit von Kana (Joh Erklärung
2,1-12) zu den sog. Geschenkwundern, bei denen »Analogien in der Erfahrung« kaum vorhanden sind[14]. Sie war darum ein klassisches Beispiel für die Fruchtbarkeit der sog. »mythischen« Erklärung evangelischer Geschichten durch D.F. Strauss[15]. Das entscheidende alttestamentliche Vorbild, das auf Jesus übertragen wurde und zur Bildung unserer Geschichte führte, war das Speisungswunder Elischas 2Kön 4,42-44[16]. Es genügt aber nicht, ihre Entstehung einfach abstrakt durch die Übertragung bestimmter literarischer Traditionen auf Jesus zu erklären. Eine solche Übertragung geschieht nicht im luftleeren Raum, sondern in einer konkreten Situation. Es dürfte eine Situation voll Dürftigkeit und Hunger gewesen sein. Dazu paßt die urmenschliche Sehnsucht nach Brot und Fülle, und Geschichten, die vom Sattwerden handeln, gewinnen besondere Bedeutung[17]. Hinzu kamen bestimmte Erfahrungen, nämlich die Erinnerung an die Mahlzeiten, die Jesus mit anderen Menschen gehalten hat, die gemeinsamen Agapen und das Herrenmahl in der Gemeinde[18]. Alles das schlug sich in der vorsynoptischen Textüberlieferung und in unterschiedlicher Weise auch in den verschiedenen evangelischen Texten nieder. Hingegen wird man die Suche nach einem geschichtlichen Kern im Sinn einer einmaligen Begebenheit hier wohl aufgeben müssen, wenn man sie nicht gegen alle verifizierbare Erfahrung einfach behaupten will[19].

Gerade weil die Speisungsgeschichte keinen solchen geschichtlichen Kern Wirkungs-
hat, sondern eine aus Erinnerungen, Bedürfnissen, Erfahrungen und Tradi- geschichte
tionen entstandene symbolische Geschichte ist, gehört sie zu denjenigen evangelischen Texten, an die sich auch in der Auslegungsgeschichte besonders viele Erfahrungen und Bedürfnisse der Gemeinden und einzelner Ausleger anhängen konnten. Symbolische, für Gemeindeerfahrungen transparente Deutungen gibt es in reicher Fülle, und sie sind angesichts der Entstehungsgeschichte des Textes auch prinzipiell berechtigt. Das Problem, das bei der Auslegung entsteht, ist folgendes: Gerade weil hinter unserer Erzählung

---

[14] Theißen, Wundergeschichten 113.
[15] Strauss, Leben II 212-235. Seine Auslegung ist literarisch ein Glanzstück, gerade weil sie inhaltlich so stark ist.
[16] Strauss, Leben II 233. Bereits Strauss aaO 231f wies außerdem auf die Mannaspeisungen Ex 16,11-36 und Num 11 hin, vgl. Joh 6,14.31.
[17] Man vergleiche die vielen Bilder von paradiesischer Fülle oder vom Schlaraffenland in Märchen und Legenden.
[18] Damit sind Faktoren und Trad. benannt, die in der Überlieferungsgeschichte unseres Textes eine Rolle gespielt haben, ohne daß ich hier einen differenzierten Vorschlag machen könnte und wollte, wie und auf welcher Stufe was eingewirkt hat. Dazu vgl. Gnilka, Mk I 255-258.262f; Bovon, Lk I 475.
[19] Wer nicht mit R. Otto, Reich Gottes und Menschensohn, München 1934, 299f damit rechnen will, daß Jesus ein unwiderstehlicher Charismatiker war, der sogar leere Bäuche füllen kann, mag bei H.E.G. Paulus (II 266-278) oder bei A. Schweitzer (Geschichte der Leben Jesu-Forschung, Tübingen ⁶1951, 421-424) weiterlesen. Ersterer vertritt die These, das Beispiel von Jesu menschenfreundlicher und kluger Freigebigkeit habe ansteckend gewirkt, letzterer rechnet mit einem eschatologischen Sakrament, das vieles, nur keine Sättigung bewirkt habe.

kein eindeutiger geschichtlicher Kern steht, scheint es schwierig, von ihr her gegenüber dem großen Reichtum symbolischer Deutungen irgendwo Einspruch zu erheben. Symbolisierungen menschlicher Erfahrungen und Sehnsüchte scheinen immer wahr, sofern sie authentisch sind. Wird das anders, wenn sie sich, wie hier, mit dem Namen Jesus verbinden? Wir betrachten nun die »symbolischen« Deutungsebenen der Speisung in der Auslegungsgeschichte und die hinter ihnen stehenden Erfahrungen, Sehnsüchte und theologischen Reflexionen:

a) Bis zur Reformationszeit und auf katholischer Seite auch später wurde unser Text mit Hilfe der allegorischen Auslegung *heilsgeschichtlich* gedeutet. Die Speisungsgeschichte drückte dann den Inhalt des Glaubens im ganzen aus. Besonders die Zahlenangaben gaben dazu reiche Möglichkeit. Die fünf Brote entsprachen den fünf Büchern Mose[20], die beiden Fische den Propheten und Hagiographen[21] bzw. den Büchern Josua und Richter[22]. Die zwölf Körbe entsprachen den zwölf Aposteln[23]. Jesus verwandelte also Tora und Propheten in die neue geistliche Speise[24], die in der Wüste, d.h. im Heidenland fern von Gott[25], dem Volk dargereicht wird. In ähnliche Richtung zielt in neuerer Zeit die Unterscheidung einer Speisung für Juden (Mk 6,32-44) und einer Speisung für Heiden (Mk 8,1-10) auf der Ebene der Markusred.[26].

b) Seit der alten Kirche hält sich auch eine *moralische* Deutung unseres Textes durch. Sie knüpft vor allem an das Gespräch Jesu mit den Jüngern an: Jesus will den Geiz der Jünger überwinden und sie zum Teilen anhalten[27]. Jesus, so sagt ein armer zentralamerikanischer Bauer eindrücklich, zeigt, »daß wir mit wenig viel machen können«[28]. Oder: Die wenigen Brote und Fische, die die Jünger haben, zeigen, wie einfach und bedürfnislos Christen leben sollen[29].

c) *Sozial* könnte man einen dritten Deutungstyp nennen, der die Fürsorge Gottes für den *Leib* betont: Nicht nur um das geistliche Wohl des Menschen kümmert sich Gott, sondern »auch die Leiber weidet Jesus, der doch gekommen war, um die Seelen

---

[20] Z.B. Hieronymus 121; Strabo 134. Der Knabe von Joh 6,9 kann dann bequem auf Mose gedeutet werden. Eine andere Deutung ist diejenige auf das äußerliche, sinnenhafte Wort der Schrift (nach den 5 Sinnen), z.B. bei Origenes 11,2 = GCS Orig X 35; Luther* 220 (Fastenpostille von 1525).
[21] Anselm v Laon 1382; Thomas v Aquino (Lectura) Nr. 1243.
[22] Paschasius Radbertus 518.
[23] Hieronymus 122f: »Jeder der Apostel ... füllt seinen Korb, damit er entweder etwas habe, woraus er später den Heiden Speise gebe, oder aufgrund der Überreste lehre, daß es wirkliche Brote gewesen seien, die ... vermehrt wurden«.
[24] Er schafft die geistliche Speise nicht aus dem Nichts! Der Text wird so zum Argument gegen Marcioniten und Manichäer (Johannes Chrysostomus 49,2 = 86; Hieronymus 122).
[25] Origenes 10,23 = GCS Orig X 32.
[26] Vgl. die bei Gnilka, Mk I 304 Anm. 19 Genannten. Entscheidend für diese Deutung ist die red. mk Geographie.
[27] Z.B. Luther* 222-226 (Predigt von 1532 zu Joh 6). Dasselbe bezweckt natürlich die rationalistische Deutung, vgl. Paulus o. Anm. 19.
[28] E. Cardenal (Hrsg.), Das Evangelium der Bauern von Solentiname II, Wuppertal 1978, 66.
[29] Johannes Chrysostomus 49,1f = 697.699f und die von ihm abhängige Auslegungstrad.

zu weiden«³⁰. Der Text bildet eine Antwort auf die Brotbitte des Unservaters³¹. Die zahlreichen mittelalterlichen Legenden von wunderbaren Speisungen durch Heilige knüpfen zwar selten direkt an unsere Geschichte an, zeigen aber, wie wichtig dieser Grundgedanke in der Frömmigkeit war³².

d) Ein vierter, *spiritueller* Deutungstyp zielt gerade in die entgegengesetzte Richtung. Der Mensch lebt nicht vom Brot (allein)! Brot und Fische sind »das faßbar und schmeckbar gewordene Wort des Erbarmers« und gerade nicht soziale Hilfe, sagt heute Schmithals³³. Ähnlich hatte es früher nicht nur gelegentlich Luther³⁴, sondern auch schon Thomas v Aquino gesagt³⁵.

e) Zwischen der »sozialen« und der rein »spirituellen« steht die *eucharistische* Deutung. In ihrer modernen Form geht sie vor allem von der Ähnlichkeit der Danksagung und des Brotbrechens Jesu (V 19parr) mit den Abendmahlseinsetzungsworten aus³⁶. In der alten Kirche steht sie am Rand³⁷. In der katholischen Exegese der Gegenreformation wurde die Eulogie bzw. Eucharistie Jesu als wirkungsvolle Segnung des Brotes in Analogie zu den Einsetzungsworten in der Meßliturgie und die Vermehrung selbst in Analogie zur Transsubstantiation gedeutet³⁸, was evangelische Exegeten zu heftigsten Protesten veranlaßte³⁹.

f) Mit der heilsgeschichtlichen und der eucharistischen Deutung verwandt sind *ekklesiologische* Deutungsansätze im weiteren Sinn. Meistens sind hier die Jünger der Ansatzpunkt: Als Apostel werden sie in Zukunft die Güter Christi verteilen⁴⁰. Die eucharistische Deutung sieht in ihrer Mittlerfunktion gegenüber dem Volk (V 19fin) die Rolle der Priester bzw. Pfarrer beim Abendmahl präfiguriert⁴¹. Vor allem die moderne redaktionsgeschichtliche Matthäusinterpretation versteht die ambivalente Haltung der Jünger gegenüber Jesus als den für die mt Gemeinde charakteristischen »Kleinglauben«⁴².

Viele dieser Deutungen spielten schon in den neutestamentlichen Texten bzw. in ihren traditionsgeschichtlichen Vorstufen eine Rolle. Wenn ein Er-

---

30 Erasmus (Paraphrasis) 85, vgl. Calvin II 23.
31 G. Dehn, Der Gottessohn, Berlin ³1932, 126, ähnlich z.B. Schniewind 178.
32 Beispiele: Columban vermehrt Brot und Bier (HdWA 8,222); Bischof Richardus speist mit einem Stück Brot, das ihm in der Hand wächst, 3000 Arme (bei Abraham a Santa Clara, HdWA 8,223 Anm. 655).
33 Schmithals, Mk I 326, vgl. 323.
34 * 230 (Predigt zu Joh 6 von 1526).
35 (Lectura) Nr. 1242: »Spiritualis escae praeponendae sunt carnalibus«.
36 Prägnant bei van Iersel* 169-173; Heising* 61-65; Patsch* 212-216 (Mt 15,36 steht dem pln. Abendmahlseinsetzungsbericht nahe); Gundry 294 (nicht nur die Jünger, sondern das Volk = die ganze Kirche ißt das Herrenmahl).

37 Ambrosius, In Luc 6,94 = BKV I/21 606f spricht von einem »Hinweis« auf das kommende Abendmahl.
38 Eine direkte Deutung der Brote auf das Brot der Eucharistie konnte ich nicht belegen. Maldonat 294f deutet die benedictio als effektive Segnung des Brotes in Analogie zu Gen 1,22.28. Lapide 295 hält die transmutatio des Brotes in Mt 26,26 und hier für dieselbe.
39 Luther* 231 (Predigt von 1524); Musculus 382f. Episcopius 88 weist darauf hin, daß diese Deutung von εὐλόγησεν nur Lk 9,16 möglich sei, wo die Brote als Obj. genannt sind.
40 Musculus 383.
41 Held, Matthäus 174f; van Iersel* 192f; Schenke* 163 (»Jünger als Mittler«).
42 Vgl. u. Anm. 52.

zähler wie Matthäus unsere Geschichte neu erzählte, hat er bestimmte Aspekte aus dem traditionellen Sinnpotential der Geschichte akzentuiert, andere dagegen zurücktreten und brach liegen lassen[43]. Letzteres muß nicht bedeuten, daß er sie kritisieren oder zensieren wollte. Die Auslegungsgeschichte trug dem auch so Rechnung, daß sie fast nie nur von *einer* biblischen Textfassung ausging, sondern immer die evangelischen Texte zusammen sah und dann aus ihrer Fülle diejenigen Deutungen hervorhob, die der eigenen Situation und der eigenen kirchlichen Tradition besonders entsprachen. Deshalb ist es hier sehr schwierig, von der Auslegung einer einzigen Textfassung her an die Auslegungsgeschichte kritische Fragen zu stellen. Wir versuchen jetzt nachzuzeichnen, wie Matthäus von *seinem* Bild des »Gott-mit-uns« Jesus her unsere Geschichte akzentuierte.

Erklärung Die Einleitung verknüpft die Geschichte mit dem Makrotext: Zum zweiten
13f Mal (nach 12,15) zieht sich Jesus wegen der Bedrohung durch Israels Führer zurück. Das Volk folgt Jesus: Es ist also *noch* potentielle Kirche[44] und noch nicht, wie es Kap. 13 vorausschauend andeutete, unverständig und von den Jüngern getrennt. Um Details des Berichtes kümmert sich der Evangelist wenig; er sagt weder, wo die Speisung stattfand, noch macht er klar, woher Jesus in V 14 »herauskommt«. Wie 9,36 ist das Erbarmen Jesu der Grund alles dessen, was er nun tun wird. Aus Erbarmen heilt er zunächst die Kranken des Volkes. Das ist keine Floskel: Das Erbarmen des Messias Israels mit seinem Volk ist Matthäus wichtig; es zeigt sich fast immer in seinen Heilungen[45]. Ebenso grundlegend ist der Heilungsauftrag der Jünger in der Mission[46]. An die Heilungen schließt sich die Speisung an. Nach den »konkreten« Heilungen ist es schwierig anzunehmen, die Speisung habe nur symbolischen oder nur sakramentalen Charakter. Sie ist ebenso »konkretes« Wunder.

15-18 Sie wird durch eine Aufforderung der Jünger eingeleitet: Weil es schon spät ist, soll Jesus die Leute in die Dörfer schicken, um Essen zu kaufen. Die Formulierung zeigt vielleicht, daß das Volk nicht in erster Linie das arme, »durch die Sorge um das Brot bedrückte«[47] Volk war. Matthäus nimmt selbstverständlich an, es könne sich etwas kaufen. Vielleicht verrät die präzisere Formulierung[48] »als es spät geworden war«, daß er Städter ist: In den Städten scheint es eher üblich gewesen zu sein, die Hauptmahlzeit am Abend einzunehmen[49]. Die Antwort in V 16 deutet schon an, was Jesus tun wird: Von vornherein sagt er, daß die Leute nicht weggehen müssen. Matthäus zeichnet ihn also als den überlegenen, souveränen Herrn, der den Jüngern scheinbar

---

[43] Daß bei Mt ganz neue Akzente auftauchen, ist eher unwahrscheinlich, weil er die Geschichte fast durchweg kürzte.
[44] Vgl. Bd. I 180 zu 4,25.
[45] Durch ἐλεέω (9,27; 15,22; 17,15; 20,30f) oder σπλαγχνίζομαι (9,36 [nach 9,35]; 15,32 [nach 15,29-31]; 20,34).
[46] Vgl. die Auslegung zu 10,7f o. S. 93f.
[47] Schlatter 467.
[48] Ὥρα πολλή (Mk 6,35) ist als relative Zeitangabe offener.
[49] Krauss, Archäologie III 30f.

Unmögliches befiehlt, aber genau weiß, was er tut. Die markinische Antwort der Jünger, die fast »frech« klingt, weil sie ja niemals zweihundert Denare, d.h. zweihundert Taglöhne eines Arbeiters bei sich tragen (Mk 6,37), wird ersetzt. Bei Markus drückte sie krasses Unverständnis aus. Bei Matthäus bleibt in V 17 nur Zweifel: sie haben ja nur fünf Brote[50] und zwei Fische[51]. Er denkt also wohl an den »Kleinglauben« auch in seiner Gemeinde, der irgendwo zwischen Vertrauen und Verzweiflung steht[52], auch wenn das Wort erst in der nächsten Geschichte wieder explizit fällt. Das bedeutet aber nicht einfach eine Spiritualisierung: Für Matthäus gehören konkrete Fragen wie Lebensmittel auch zum Glauben (vgl. 6,25-34). Das Gespräch mit Jesus, in dem sich Glaube oder Kleinglaube zeigt, findet wieder vor dem eigentlichen Wunder statt[53]: Glaube gründet sich nicht auf das Wunder, sondern erhofft und erbittet es. Jesus geht auf die Skepsis der Jünger gar nicht ein, sondern läßt sich Brote und Fische bringen.

Mit einem Befehl, der wieder Jesu Souveränität andeutet, leitet der Erzähler 19 das eigentliche Wunder ein. Der Hinweis auf die Lagergemeinschaften zu hundert und zu fünfzig aus Mk 6,40 fehlt; sofern Matthäus für die Auslassung verantwortlich ist, zeigt sich, daß ihm der Gedanke an die Restitution des Gottesvolkes der Wüstenzeit, der damit verbunden ist[54], nicht wichtig ist. Jesus nimmt das Brot und die Fische, blickt zum Himmel[55], spricht den üblichen Lobspruch[56], bricht die Brote, gibt sie den Jüngern, und diese geben sie dem Volk. Die judenchristlichen Leser/innen erinnerten sich bei diesen Formulierungen zugleich an ihre eigenen Mahlzeiten in Familie und Gemeinde *und* an das Herrenmahl. Sie verstanden unsere Geschichte zunächst als Bericht über ein Wunder, das sie aber an etwas erinnerte, was sie selber immer wieder mit ihrem Herrn erlebten: die Gemeinschaft des Essens und des Herrenmahls.

Ob unser Text an das Herrenmahl erinnern will, ist freilich in der Forschung umstritten. Dafür wird angeführt: Gegenüber Mk habe Mt die nicht zum Herrenmahl passende Verteilung der Fische (Mk 6,41fin, vgl. 43) gestrichen. Außerdem entspreche ὀψίας δὲ γενομένης (V 15) der Einleitung zum Herrenmahl in Mk 14,17 / Mt 26,20[57]. Dagegen spricht, daß Mt die Fische nicht völlig wegließ und daß die Angleichung sei-

---

[50] Sind die fünf Brote hier symbolisch gemeint? Repo* 109 erinnert daran, daß rabb. Brot ein Symbol für die Tora sein kann (vgl. Bill. II 483f sub c), so daß an die fünf Bücher Mose gedacht wäre. Dazu passen aber die beiden Fische nicht. Auch 16,5-12 weist nicht in diese Richtung.
[51] Brot und gesalzene oder gepökelte Fische als Zukost sind die übliche Mahlzeit der kleinen Leute.
[52] Held, Matthäus 173; van Cangh* 146-148. Vgl. auch o. die Erklärung zu 8,26 S. 29.

[53] Vgl. 8,26; 9,22.28f und die Erklärungen dazu.
[54] Vgl. Gnilka, Mk I 260f.
[55] Ein möglicher, aber nicht üblicher jüd. Gebetsgestus, vgl. Bill. II 246f.
[56] Vgl. Bill. IV 613f.621.623. Natürlich »segnet« er nicht die Brote (so Mk 8,7 [diff. Mt] und Lk 9,16); in einem jüd. Milieu wird Gott gepriesen, nicht die Speise gesegnet.
[57] Vgl. vor allem van Iersel* 172f.

nes Wortlautes an den Einsetzungsbericht nur partiell ist[58]. M.E. ist die Alternative: Herrenmahl oder jüdische Mahlzeiten falsch. Es ist zwar nicht beweisbar, daß Mt gegenüber Mk die Bezüge zum Herrenmahl bewußt verstärkt hat[59]. Aber sie waren schon im Mk-Ev, dessen nicht-judenchristliche Leser/innen sich ja an das Herrenmahl erinnert fühlen *mußten*[60], selbstverständlich da, und Mt hat sie nicht »zensiert«. Hingegen scheint mir sehr fraglich, ob er in den Jüngern die »Tischdiener« beim Herrenmahl präfiguriert sah. Daß der »Hausvater« Jesus nicht allein seinen fünftausend »Gästen« das Brot brechen konnte, ist auf der Ebene des Wunderberichts evident und braucht keine weitere Erklärung.

20 V 20 bildet den Schluß der Geschichte mit der Demonstration des Wunders. Wenn zwölf Körbe von Brocken übrig bleiben – κόφινος (Tragkorb) ist zugleich ein Hohlmaß und faßt etwa zehn Liter –, ist klar, daß alle Leute satt geworden sein müssen, weil ein Wunder geschehen ist. Durch nichts im Text ist angedeutet, daß die 12-Zahl hier einen Bezug zu den zwölf Jüngern haben könnte. Daß Matthäus an die zwölf Stämme Israels dachte[61], ist nach der Auslassung von Mk 6,40 sogar unwahrscheinlich.

21 Matthäus endet mit einem kommentierenden Nachtrag für seine Leser, der die Zahl der Teilnehmer angibt. Er präzisiert die markinische Angabe, ohne sie zu korrigieren. Auch hier zeigt sich, daß er das faktisch geschehene Wunder ernst nimmt: Zur Zahl von 5000 Männern, die aßen, muß man die Frauen und Kinder noch dazurechnen.

Wirkungs-geschichte
Diese Schlußnotiz ist wirkungsgeschichtlich interessant: Während in der griechischen Auslegungstradition klar ist, daß Frauen und Kinder mit dabei sind[62], sind sie in der westlichen Auslegung der alten Kirche und des Mittelalters ausgeschlossen: Sie sind z.B. als »sexus fragilis et aetas minor« unwürdig[63]; nach Anselm v Laon sind die Frauen »verweichlicht und den Lastern ergeben«[64]; Paschasius Radbertus findet Kinderspiele dem Götzendienst ähnlich[65]. Origenes ist der geistige Vater der östlichen und der westlichen Auslegung[66], ohne daß die Tiefpunkte der westlichen Väter sich bei ihm schon fänden. Seit dem 16. Jh.[67] sind die Frauen und Kinder wieder dabei, zur Vergrößerung der Zahl der Teilnehmenden und damit des Wunders.

---

[58] Die Nähe des Mt zu Mk 14,22f ist an einem Punkt (ἔδωκεν) sogar größer als zu seinem eigenen Einsetzungsbericht. Natürlich! Mk 14,22f hat er gekannt, seinen eigenen Bericht hat er noch nicht geschrieben. Bei 13,44-46 // Mk 10,21 war es ähnlich. Mt hat Mk auch vorausschauend überblickt, vgl. auch Analyse 2 zu 9,27-31. Einen Bezug auf das Herrenmahl bestreitet z.B. Roloff, Kerygma 253f. Nach ihm will Mt die hellenistische Speisungsgeschichte Mk 8,1-9 rejudaisieren. Aber hier ist ja Mk 6,41 seine Quelle, die er gar nicht zu rejudaisieren braucht!

[59] Mk 6,41fin fehlte vielleicht schon in der mt Quelle; außerdem strafft Mt generell. Ὀψίας δὲ γενομένης V 15 kann auch auf die übliche (vgl. o. bei Anm. 49) Zeit des Abendessens hinweisen.

[60] Gegen Gnilka, Mk I 261f; Pesch, Mk I 352f: Das Herrenmahl war für sie ja die einzige »jüdische« Mahlzeit, die sie kannten.

[61] Heising* 54; Repo* 103.

[62] Euthymius Zigabenus 436 betont sogar die Familienspeisung!

[63] Hieronymus 123.

[64] 1383. Christian v Stavelot 1383: »instabilis sexus et mutabilis«. Nach dem Mittelalter verschwindet diese Deutung.

[65] 521.

[66] Origenes 11,3 = GCS Orig X 37f.

[67] Musculus 384.

Für Matthäus, der die überlieferte Speisungsgeschichte durch seine Bearbei- Zusammen-
tung akzentuierte, war die absolute Souveränität Jesu, der seine Macht ganz fassung
konkret gegenüber Krankheiten und Hunger zeigt, wichtig. Wichtig war
ihm, daß das Volk einmal mehr die Macht und die Zuwendung seines Messias erfuhr. Wichtig waren ihm auch die Jünger, denen dieses Wunder in besonderer Weise galt. Sie sind zwar kleinmütig, aber sie erfuhren die barmherzige Macht ihres Herrn; sie werden sie wieder erfahren (15,32-39) und durch
solche Erfahrungen auch zum Verstehen kommen (16,5-12). Hinter den Jüngern steht die Gemeinde, die in ihrem Leben mit dem auferstandenen Herrn,
in ihren gemeinsamen Mahlzeiten und im Herrenmahl, auch etwas von dem
Wunder nach-erfahren darf, das sich damals am See ereignet hat[68]. Nicht
wichtig waren ihm hier die heilsgeschichtlichen Dimensionen, die Erinnerung an die Speisung Elischas und an das Manna, die er in seiner Erzählung
zurücktreten ließ.
Wie verhält sich der matthäische Text zur reichen Palette »symbolischer«
Deutungen in der Auslegungsgeschichte? Die »ekklesiologische« (f), aber
auch die konkrete »soziale« (c) und die »eucharistische« Deutung (e) stehen
ihm relativ nahe. Andere Deutungsebenen sind vom Ganzen der synoptischen Tradition her wichtig. Dazu gehört die heilsgeschichtliche Deutung (a),
die in ihrer Weise die biblischen Bezüge der traditionellen Speisungsgeschichte auf Elischa und auf die Wüstenzeit Israels weiterführt. Auch die moralische Deutung unseres Textes (b) hat ihr Recht, führten doch die Gemeinden in ihren Gemeindemahlzeiten nach Ostern die Praxis Jesu der Mahlge-
meinschaften weiter. In allen Fällen ist es so, daß eigene Erfahrungen der Gemeinden mit dem Auferstandenen diese Geschichte, die vom irdischen Jesus
handelt, prägen und gleichsam weiterführen. Es scheinen also fast alle Deutungen irgendwo ihr Recht zu haben; nur die Frage nach der »richtigen« Deutung unseres Textes ist offenbar unmöglich. Im Gegenteil: Gerade die Vielfalt
der verschiedenen Deutungsansätze könnte ein Ausdruck der Lebendigkeit
des auferstandenen Jesus sein, der in den Gemeinden seine damalige Geschichte fortführt. Auslegen heißt also im Fall dieser Geschichte in erster Linie: den Reichtum von Erfahrungen in den Texten entdecken, nicht: ihn begrenzen. Nur bei der »spiritualistischen« Deutung (d) denke ich, daß sie am
Text vorbeigeht, wenigstens insofern sie von der Konkretheit und der Leib-
haftigkeit der Zuwendung Gottes ablenkt, von der unser Text und die Erfahrungen der frühen Gemeinden zeugen.

---

[68] Das Ineinander des Berichts über das einmalige, damalige Brot- und Fischwunder und der es »transparent« machenden Erfahrung des Herrenmahls hat also den Sinn, die gegenwärtigen Erfahrungen der Gemeinde in der damaligen Geschichte Jesu zu verankern, vgl. Luz, Jünger 153.

1.4 Jesus und Petrus auf dem See. Das erste Gottessohnbekenntnis (14,22-33)

Literatur: Berg, W., Die Rezeption alttestamentlicher Motive im Neuen Testament – dargestellt an den Seewandelerzählungen, Freiburg 1979 (Hochschul-Sammlung Theologie. Exegese 1); *Braumann, G.*, Der sinkende Petrus, ThZ 22 (1966) 403-414; *Brown, W.N.*, The Indian and Christian Miracles of Walking on the Water, London 1928; *Denis, A.M.*, La marche de Jésus sur les eaux, in: De Jésus aux Évangiles, hrsg. J. de la Potterie, 1967 (BEThL 35), 233-247; *Derrett, J.D.M.*, Why and how Jesus walked on the Sea, NT 23 (1981) 330-348; *Drewermann, E.*, Tiefenpsychologie und Exegese II, Olten-Freiburg 1985, 27-35; *Heil, J.P.*, Jesus Walking on the Sea, 1981 (AnBib 87); *Smit-Sibinga, J.*, Matthew 14,22-33. Text and Composition, in: New Testament Textual Criticism (FS B. Metzger), hrsg. J.E. Epp – G.D. Fee, Oxford 1981, 15-33; *Stehly, R.*, Boudhisme et Nouveau Testament. A propos de la marche de Pierre sur l'eau (Matthieu 14,28s), RHPhR 57 (1977) 433-437.

22 Und sogleich forderte er die Jünger auf, ins Boot einzusteigen und ihm ans jenseitige Ufer voranzufahren, bis er die Volksmengen weggeschickt hätte. 23 Und er entließ die Volksmengen und stieg für sich hinauf auf den Berg, um zu beten. Als es aber spät geworden war, war er dort allein.
24 Das Boot aber befand sich schon viele Stadien vom Land entfernt. Es war bedrängt von den Wellen, denn es war Gegenwind.
25 In der vierten Nachtwache aber kam er zu ihnen, wobei er über den See hinging. 26 Als aber die Jünger ihn sahen, wie er auf dem See ging, gerieten sie in Verwirrung und sagten: »Es ist ein Gespenst!« Und vor Furcht schrien sie. 27 Sogleich aber redete Jesus[1] zu ihnen und sagte: »Faßt Mut! Ich bin es! Fürchtet euch nicht!«
28 Petrus aber antwortete ihm und sagte: »Herr, wenn du es bist, so befiehl mir, zu dir zu kommen über die Wasser hin!« 29 Er aber sagte: »Komm!« Und Petrus stieg aus dem Boot herab und ging über die Wasser hin und kam[2] zu Jesus. 30 Als er aber den Wind[3] bemerkte, bekam er Furcht, fing an zu ertrinken, schrie und sagte: »Herr, rette mich!« 31 Aber sogleich streckte Jesus die Hand aus, ergriff ihn und sagt zu ihm: »Kleingläubiger! Wozu hast du gezweifelt?«
32 Und als sie hinaufgestiegen waren ins Boot, legte sich der Wind.
33 Die im Boot aber fielen vor ihm nieder und sagten: »Wirklich, du bist Gottes Sohn!«

Analyse 1. *Aufbau.* V 22f sind Überleitung, die zugleich die Speisungsgeschichte abschließt und das Folgende vorbereitet. Die Geschichte ist symmetrisch aufgebaut: Der Exposition mit der Schilderung des Sturms V 24 steht seine Stillung in V 32 gegenüber. Da-

---

[1] Ὁ Ἰησοῦς ist schlecht bezeugt. Smit-Sibinga* 25f rechnet damit, daß es wegen Homoioteleuton zufällig ausfiel (ΟΙΣΑΥΤΟΙΣ).
[2] Καὶ ἦλθεν wird oft in ἐλθεῖν geändert: Petrus will ja bloß zu Jesus kommen, aber er versinkt vorher!
[3] Ἰσχυρόν ist spätere Verdeutlichung (gegen Nestle[26]).

zwischen stehen die beiden Episoden von der Begegnung der Jünger mit dem seewandelnden Jesus (V 25-27) und von Petrus (V 28-31). Sie sind eng miteinander verbunden; das »κύριε, εἰ σὺ εἶ« des Petrus (V 28) nimmt das »ἐγώ εἰμι« Jesu (V 27) auf. Den ganzen Abschnitt bündelt das Glaubensbekenntnis der Jünger als Schlußsatz (V 33). Die einzelnen Abschnitte sind durch Repetitionen[4] und Oppositionen[5] eng miteinander verklammert, so daß ein Text von großer Geschlossenheit entsteht. Zahlreich sind auch die Verbindungen zum äußeren Kontext: Am wichtigsten sind die zahlreichen Erinnerungen an 8,18.23-27[6]. Der Anfang erinnert an 14,13-15[7]. Das Ausstrekken der Hand Jesu (V 31) erinnert die aufmerksamen Leser/innen an 12,49. Das Gottessohnbekenntnis V 33 wird ihnen 16,16 und vor allem 27,54[8] wieder in den Sinn kommen.

2. *Quellen. V 22-27.32f* sind eine leicht gekürzte Bearbeitung von Mk 6,45-52. Inhaltlich ist das Fehlen von »und er wollte an ihnen vorbeigehen« (Mk 6,48fin)[9] und des red. Verses Mk 6,52 mit seinem schroffen Jüngerunverständnis wichtig. Die meisten übrigen Veränderungen sind Verbesserungen gegenüber Mk[10] oder Umformulierungen in mt Diktion[11]. Zwei »Minor Agreements« mit Joh 6,19[12] sind bemerkenswert; sie zeigen wie in 14,13-21[13] Einfluß von anderen mündlichen Versionen unserer Geschichte.
Der Seewandel des Petrus, *V 28-31*, ist mt Sondergut. Liegt eine red. Bildung oder eine Tradition vor? Die engen sprachlichen Verknüpfungen mit dem Rest der Perikope, die keine Brüche sichtbar werden läßt, zeigen Mt als Meister redaktioneller Gestaltung. Das Vokabular dieser Verse ist von wenigen Ausnahmen abgesehen[14] red.[15], Übernahme aus V 24-27 oder bewußte Reminiszenz an 8,25f und 12,49. Für das Vorliegen einer Tradition spricht aber die österliche Szene mit Petrus und den Jüngern am See Joh 21,7f: Auch dort springt Petrus ins Wasser; die anderen Jünger bleiben im Boot. Es ist denkbar, daß diese Episode vor Mt oder durch Mt aufgrund biblischer und anderer Analogien zu einer Seewandelgeschichte umgestaltet und derjenigen von Mk 6,45-52 eingefügt wurde. Die Umgestaltung kann man sich nur als bewußten

---

[4] Ἀπολύω τοὺς ὄχλους (V 22f); περιπατεῖν ἐπὶ τὴν (τῆς) θάλασσαν (-ης) (V 25f, vgl. 29).
[5] Ἐμβῆναι εἰς τὸ πλοῖον / καταβὰς ἀπὸ τοῦ πλοίου / ἀναβάντων ... εἰς τὸ πλοῖον (V 22.29.32); φάντασμά ἐστιν / ἐγώ εἰμι (V 26f); ἦλθεν πρὸς αὐτούς / ἐλθεῖν πρός σε (Ἰησοῦν) (V 25.28f); angstvoller Petrus / souveräner Jesus (V 30f); ἦν ... ἐναντίος ὁ ἄνεμος / ἐκόπασεν ὁ ἄνεμος (V 24.32).
[6] Vgl. Anm. 2 zu 8,18-27.
[7] Vgl. o. Analyse 1 zu 14,13-21.
[8] Ἀληθῶς!
[9] Erkannte Mt nicht, daß das Motiv aus atl. Theophanien (Ex 33,19.22; 1Kön 19,11) stammt?
[10] Zum Fehlen von Betsaida V 22 vgl. u. S. 406. Daß Jesus allein war (V 23fin), steht vor der Seenot des Bootes (V 24), was einen geschlosseneren Bericht ergibt. Der nachklappende und z.T. repetierende mk V 50a wird gestrichen bzw. in den mt V 26 eingearbeitet; die zeitliche Abfolge in V 26 ist besser.

[11] Vgl. Bd. I Einl. 3.2 zu V 22 εὐθέω, ἕως οὗ, ὄχλοι, V 23 ἐκεῖ, V 24 δέ, V 25 ἐπί mit Acc., V 26 μαθηταί, λέγων, φόβος (vgl. 28,4), V 27 λέγων, V 33 δέ, προσκυνέω, λέγων, υἱὸς θεοῦ. Die meisten übrigen Veränderungen haben mit Querverbindungen zu anderen Texten oder textinternen Stichwortwiederholungen zu tun.
[12] Σταδίους, φοβ-, vgl. V 24 bzw. V 26.
[13] Vgl. o. Anm. 13 zu 14,13-21.
[14] Βλέπω, ἄρχομαι, ἐπιλαμβάνω. Eigenartigerweise kommen ἐπιλαμβάνομαι (mit χείρ, βλέπω und περιπατέω) in der weggelassenen Wundergeschichte Mk 8,22-26 vor. Eine bewußte Reminiszenz?
[15] Vgl. Bd. I Einl. 3.2. V 28: ἀποκριθεὶς δέ + Subj., κύριος, κελεύω, ὕδατα, V 29: ὁ δὲ εἶπεν, ἐπί mit Acc., V 30: δέ, φοβέομαι, λέγων, V 31: εὐθέως, ὀλιγόπιστος. Zu καταβάς vgl. 8,1; 28,2; zu καταποντίζεσθαι vgl. 18,6; zu διστάζω vgl. 28,17.

Versuch einer »symbolischen« Verwendung einer anders gemeinten Überlieferung denken. Unbeweisbar ist die Vermutung, daß eine vormt Petrusepisode bereits mit einem Gottessohnbekenntnis geendet habe[16]. Dafür könnte sprechen, daß auf der Ebene des mt Makrotexts das Jüngerbekenntnis eine zu frühe Antizipation von 16,17f zu sein scheint. Aber Mt selber empfand das offenbar nicht so, sonst hätte er es gestrichen. Er konzipierte seine Geschichte in 13,53-16,20 ja nicht linear, sondern in mehreren parallelen Fäden. Das Petrusbekenntnis 16,16 ist für ihn wohl gerade kein erstmaliges Bekenntnis, sondern Aufnahme und Vertiefung dieses Bekenntnisses aller Jünger.

Erklärung Unmittelbar im Anschluß an die Speisung veranlaßt Jesus die Jünger, ins
22 Boot zu steigen. Die Szene erinnert an 8,23. Die Leser merken aber sofort den entscheidenden Unterschied: Jesus selbst ist diesmal nicht dabei. Wohin die Jünger fahren sollen, sagt Matthäus nicht: Es ist gut denkbar, daß er wußte, daß Betsaida, wohin sie nach Mk 6,45 aufbrachen, nicht bei Gennesaret liegt, wo sie schließlich ankommen (Mk 6,53). Dann behob er, wie anderswo[17], einen offenkundigen Irrtum des Markus, ohne andererseits an einem klaren
23 geographischen Ablauf interessiert zu sein[18]. Jesus steigt allein auf den Berg, um zu beten. Er ist wie 17,1-8 Ort besonderer Gottesnähe. Es wird Nacht.
24 Der Standort des Erzählers wechselt nun zum Boot. Es ist schon viele Stadien[19] vom Land entfernt und wird von den Wellen »gequält«. Der Gedanke an menschliches Leiden, der beim Wort βασανίζω unweigerlich kommt, ist vermutlich beabsichtigt[20]. Wasser, Sturm und Nacht sind Symbole von Not, Angst und Tod, die der Gemeinde vor allem aus der Psalmensprache vertraut
25 sind[21]. Die vierte Nachtwache, also die Zeit des Morgengrauens von 3-6 Uhr, ist zugleich die biblische Zeit des hilfreichen Eingreifens Gottes[22] und für Christen die Zeit der Auferstehung Jesu (vgl. 28,1). Zu dieser Zeit kommt Jesus zu den Jüngern über den See. Der Kontext der Geschichte macht es völlig eindeutig, daß er nicht etwa am Ufer ging[23], sondern auf dem Wasser auf die Jünger zuging. Wir stoßen hier auf ein Bild bzw. eine übernatürliche Fähigkeit, von der in der Antike oft die Rede war. Was assoziierten die damaligen Leser/innen bei diesem Bild?

[16] Gnilka II 12.
[17] Vgl. o. S. 31f.389f.
[18] Die andere Erklärung geht dahin, Mt habe Betsaida wegen des Weherufes 11,21 nicht mehr genannt. Aber nach Kafarnaum (vgl. 11,23) geht ja Jesus auch wieder, vgl. 17,24!
[19] Ein Stadion = 192 m.
[20] Βασανίζω wird (selten!) in bezug auf eine Sache (Bauer, Wb s.v. 3), normalerweise aber in bezug auf Not, Folter, Qualen, Krankheiten von Menschen gebraucht. Speziell an die Drangsale der Endzeit (vgl. Apk 9,5; 12,2) muß man nicht denken.
[21] Wasser: Ps 18,16f; 32,6; 69,2f.15; Nacht: Ps 91,5; 107,10-12; Sturm: Ps 107,23-32; Jona 1f.

[22] Vgl. Ex 14,24; Ps 46,6; Jes 17,14.
[23] Sprachlich kann ἐπὶ τῆς (τὴν) θαλάσσης (-αν) auch »zum Meer« (bzw. »am Meer«) heißen. Daran knüpften eine Reihe älterer und neuerer rationalistischer Rekonstruktionen des ältesten Kerns unserer Geschichte an, z.B. Paulus II 299-318 (daß Jesus über das Wasser lief, ist nicht ein wirkliches, sondern ein philologisches Wunder!) oder Jeremias, Theologie I 91 Anm. 11 (Jesus stand am Ufer und stillte den Sturm). Die neueste Variante dieses Erklärungstyps gibt Derrett* 335-335.342-347: Die Szene spielt am Nordufer des Sees bei der Jordanmündung, wo das Wasser nur wenig tief ist.

Wie oft, so werden auch in der Exegese dieses Textes gerne die alttestamentlich-biblischen Assoziationen zum Seewandel in den Vordergrund gerückt. Sie sind aber nicht so zahlreich: Es geht in unserem Text ja nicht um einen *Durch*zug durch das Wasser. Texte wie der Durchzug durch das Schilfmeer (Ex 14; vgl. Jos 3f; 2Kön 2,7f; Jes 43,2f.16f etc.)[24] sind keine direkten Parallelen. Es geht auch nicht um ein Gehen in die Tiefe des Urmeers (Ijob 38,16; Sir 24,5 etc.), sondern um ein Gehen *auf* dem Wasser. Hierzu gibt es recht wenige alttestamentliche, aber viele außerbiblische Analogien. Da die »interpretatio hellenistica« dieses Textes oft durch Verschweigen des Materials verdrängt wird, gebe ich eine kurze, thematisch geordnete Übersicht über die antiken Parallelen aus dem Mittelmeerraum, ohne das Material im einzelnen inhaltlich zu beschreiben[25]:

a) Über das Wasser zu gehen ist allein eine göttliche Fähigkeit. Menschen können dies nicht oder erlangen diese Fähigkeit nur durch Zauberei:
Gilgames 10,71-77 (nur der Sonnengott Schamasch kann über das Wasser fahren); Hymnus an Schamasch e 29f.35[26]; Pap Berol 5025,121f; Pap Leid J 395 [= 8Mose] 7, 20-25[27]; Ijob 9,8 (vor allem LXX!); unsicher ist Ps 77,20. Caligula baut als »Herr des Meeres« und »Gott« eine Brücke über den Golf von Puteoli (Jos Ant 19,5f) – ein Zeichen seines Wahnsinns.

b) Auch Göttersöhne, d.h. Heroen oder »göttliche Menschen«, können diese göttliche Fähigkeit haben:
Hes = Ps.-Eratosthenes fr 182[28]; (Ps.-) Apollodor, Bibl. 1,4[29] (Orion, Sohn des Poseidon); Apoll Rhod Arg 1,181-184 (Tityos, Sohn des Poseidon); Dio Chrys 3,30 (allgemein »göttliche Menschen«); Porphyr Vit Pyth 29 (der »Luftdurchschreiter« Abaris, ein Schüler des Pythagoras); Jamblich, Vit Pyth 19,91[30] (Pythagoras).

c) Xerxes, der eine Brücke über den Hellespont bauen ließ, wird als Überschreiter des Meeres gefeiert:
Isoc Panegyricus 88f, in negativer Wertung Sib IV 76-79[31]. Die Erinnerung an seine Vermessenheit taucht in negativer Wertung in jüdischen Bildern von *Antiochus IV* (2Makk 5,21) und des *Antichrists* (Apk Eliae 33,1) wieder auf.

d) Überschreiten des Meeres ist Menschen vollkommen unmöglich[32]; wer solche Dinge glaubt, ist lächerlich:
Luc Philops 13 (implizit). Anderswo erzählt Lukian die »wahre Geschichte« von »Menschen« mit Korkfüssen, die über das Wasser gehen können (Ver Hist 2,4).

e) Das Gehen über das Wasser kommt im Traum vor und ist ein Vorzeichen für eine gute Schiffahrt:
Artemid Onirocr 1,5; 3,16; 4,35[33].

---

[24] G.A. van den Berg van Eysinga, Indische Einflüsse auf Evangelische Erzählungen, ²1909 (FRLANT 4), 54f.
[25] Besonders hilfreich dafür ist die ausgezeichnete Arbeit von Berg*.
[26] AOT ²1926, 171 (= Gilgames).245 (= Hymnus).
[27] Preis Zaub I 8; II 102.
[28] Diels I, ⁶1951, 40 (Nr. 182).
[29] Hrsg. R. Wagner, Mythogr. Gr. I, ²1926.
[30] Übers. M. v Albrecht, Zürich 1963, 99.
[31] Weitere Belege bei Berg* 62 Anm. 35.
[32] Vgl. Gilgames o. bei (a); Horapollon, Hieroglyphica I 58 bei Berg* 71.
[33] Nicht in diese fünf Gruppen einzuordnen waren zwei Belege: Apk Eliae 25,4f (nur bei Riessler; vom Friedenskönig); Vergil, Aen 7,810 (poetische Beschreibung der kriegerischen Camilla).

Die Übersicht ergibt: Das Gehen über das Wasser hat in der Antike die Menschen – nicht nur und nicht primär die Juden – sehr beschäftigt. Es war ein Traum, ein faszinierender Gedanke. Es ist Menschen unmöglich und Gott vorbehalten, es sei denn, Menschen seien in besonderer Weise Göttersöhne oder erlangten durch Zauber göttliche Kräfte – oder sie dringen in ihrer Vermessenheit in Dimensionen ein, die den Göttlichen vorbehalten sind. Daraus ergibt sich ziemlich deutlich, in welchen Kategorien damalige Leser und Hörer den Seewandel Jesu – und dann auch des Petrus – interpretiert haben mußten. Schon jetzt sei auch darauf hingewiesen, daß im indischen Kulturkreis, wo es ebenfalls zahlreiche Parallelen gibt, die Grenzen zwischen Göttlichem und Menschlichem noch in ganz anderer Weise fließend sind[34].

26 Die Jünger sehen eine Gestalt über das Wasser kommen. Daß sie Jesus für ein überirdisches Wesen, ein Gespenst halten, ist verständlich, ebenso ihre Furcht: Furcht ist in der Antike überall[35], nicht nur in der Bibel, die natürliche Reaktion eines Menschen, wenn etwas Unbekanntes, sein Fassungsvermö-
27 gen Sprengendes, Göttliches ins Leben einbricht. Nun beginnt das göttliche Wesen zu sprechen. Ἐγώ εἰμι hat kein Prädikativ: Jesus sagt nicht, daß er dieser oder jener sei[36], sondern einfach: »Ich bin es«. Das ist vordergründig ein einfacher Verweis des Sprechers auf sich selbst[37]: Jesus »entdämonisiert« also das Gespenst, indem er auf sich selbst hinweist, den die Jünger ja kennen. Hintergründig aber erinnert sein »ich bin es« an die Selbstvorstellung Jahwes in der Bibel[38]. Mit »Fürchte dich nicht, denn ich bin ...« hatte der biblische Gott die Väter und Israel angeredet[39]. Der Text ist also mehrdimensional: Die Jünger werden durch das »ich bin es« vordergründig an den Menschen Jesus verwiesen, den sie kennen. Und gerade darin erfahren sie etwas vom biblischen Gott. Die spätere Zweinaturenlehre, die in der Auslegungsgeschichte die Kategorien für das Verständnis auch dieses Textes geliefert hat, knüpft also an etwas an, was von Anfang an in ihm steckt[40]. Religionsgeschichtlich ist der ganze Text synkretistisch. Man könnte sagen: Jesus präsentiert sich hier im Gewand eines hellenistischen Heros und mit der Sprache des alttestamentlichen Gottes.
28 Jesus stillt noch nicht den Sturm. Dafür gibt ihm Petrus eine Antwort. Petrus war den Leser/innen bisher als Erstberufener (4,18; 10,2) bekannt. Er redet Jesus mit dem Jüngerausdruck »Herr« an und bittet, daß dieser Herr ihm den

---

[34] Vgl. u. S. 410.
[35] Vgl. H. Balz, Art. φοβέω κτλ., ThWNT IX 191, 1ff.
[36] Die meisten atl. ἐγώ-εἰμι-Aussagen haben ein Prädikativ und sind Selbstvorstellungsaussagen. Vgl. z.B. Gen 15,1 (»ich bin dir Schild«); 26,24 (»ich bin der Gott deines Vaters Abraham«) und Berg* 282-305.
[37] Vgl. z.B. LXX 2Βασ 2,20; 15,26.
[38] Hebr. אֲנִי הוּא, griech. ἐγώ εἰμι. Vgl. z.B. Dtn 32,39; Jes 41,4; 43,10; 45,18f; 48,12;

51,12. Die Formulierung ist dabei hebr. und griech. nicht immer identisch. »Furcht« und Sturm sind Theophaniemotive (vgl. Ex 19,16; Ez 1,4 etc.).
[39] Μὴ φοβοῦ in Verbindung mit ἐγώ εἰμι der göttlichen Selbstvorstellung: Gen 15,1; 26,14; 28,13; 46,3; Jes 41,13, vgl. 10; 43,1.3; Apk Abr 9,2f.
[40] Vgl. z.B. Albertus Magnus I 602: Christus zeigt seine göttliche Natur »in potestate«, seine menschliche »in veritate incidentis«.

Befehl geben solle⁴¹, zu ihm zu kommen. Nun will also statt des »Gottes« Jesus der Mensch Petrus auf dem Wasser gehen. Jeder weiß, daß das unmöglich ist, so unmöglich wie Berge versetzen (vgl. 17,20). In dieser Bitte um Unmögliches zeigt sich der Glaube des Petrus, d.h. sein Vertrauen zu dem, der alle Macht im Himmel und auf der Erde hat (Mt 28,18)⁴². »Wenn du es bist« bereitet den Zweifel vor, der sich in seiner Angst auf dem See wieder zeigen wird. Jesus gibt ihm den erbetenen Befehl. Er ist die Grundlage, auf der Petrus 29 handeln kann. Für Matthäus ist das wichtig: Menschliches Handeln verdankt sich dem grundlegenden Befehl Jesu⁴³. Dieser Grund ermächtigt zu ihm und bewahrt es vor Eigen-Mächtigkeit. Petrus versucht also nicht, die Rolle eines Goeten oder Magiers zu spielen, der seine übernatürlichen Fähigkeiten ausprobiert oder demonstriert, sondern er gehorcht seinem Herrn. Dann be- 30 kommt er Angst. Es ist nicht mehr dieselbe Angst wie die der Jünger im Boot bei der Begegnung mit einem erschreckenden göttlichen Wesen. Es ist vielmehr die Angst vor dem Sturm, der Bedrohung, dem Ungesichertsein. Matthäus schildert das mit Worten des Passionspsalms 69(= ψ 68),2f, vgl. 15f. Wie Petrus über die »Wasser« geht, den Wind statt den Herrn anblickt und anfängt zu »ertrinken«, »schreit« er: Herr, »rette mich«⁴⁴. Die Leser, die diesen Psalm kennen, beten hier mit. Die Psalmsprache ist ihre eigene Gebetssprache. Sie erkennen in Petrus sich selbst und im Wasser das, was sie selbst bedroht: Tod, Ungesichertheit, Unglaube, Feindschaft, Krankheit, Schuld. Sie wissen aus ihrem eigenen Leben, wie es ist, wenn alles das übermächtig wird, wenn man den Wind »anschaut« und nicht auf den Herrn hört⁴⁵. Die Bilder sind offen; sie laden ein, eigene Erfahrungen in sie einzusetzen. Es geht also um Erfahrungen des einzelnen, nicht der ganzen Gemeinde im Boot. Matthäus appliziert die Seewandelgeschichte nicht ekklesiologisch, sondern auf den einzelnen Christen⁴⁶.

Jesus streckt seine Hand nach Petrus aus und spricht zu ihm. Das Ausstrecken 31 der Hand ist vordergründig nötig, damit Petrus nicht ertrinkt. Wieder klingt hier religiöse⁴⁷, für Matthäus wohl biblische Sprache⁴⁸ an, so daß die Geste mehr als Vordergründiges sagt: Jesus gewährt göttlichen Schutz. Für Matthäus ist wichtig: Diese rettende Gegenwart Gottes besteht nicht darin, daß gar keine Stürme aufkommen, sondern *in* den Stürmen erfährt man sie. Wer Gehorsam wagt und sich aus seinen Sicherungen hinausbegibt, erfährt sie.

---

⁴¹ Zur Jüngeranrede κύριος vgl. Bd. I 405; zu κελεύω 8,18.
⁴² Die altkirchliche Auslegung betont den »großen Eifer« des Petrus, vgl. z.B. Johannes Chrysostomus 50,1 = 713.
⁴³ Sehr klar betont das Augustin, Sermo 76,5 = PL 38,481: »Non enim possum hoc in me, sed in te«. Für Matthäus eine grundlegende Denkfigur: der Imperativ als Indikativ!
⁴⁴ Die Worte in Anführungszeichen stammen aus ψ 68.
⁴⁵ Luther (WA 38) 580 interpretiert sehr tief von der Antithese von Sehen und Hören und von Hebr 11 her: »Res visibiles tollunt verbum«.
⁴⁶ Der Hauptskopus der mt Geschichte ist nicht christologisch (so Heil* 84. 97) wie in Mk 6,45-52.
⁴⁷ Auch im Hellenismus rettet Gott durch seine Hand, vgl. E. Lohse, Art. χείρ κτλ., ThWNT IX 414, 25ff.
⁴⁸ Vgl. ψ 143,7 (Rettung aus Wasser); weiteres bei Kratz* 90 und Anm. 9-11 zu 12,46-50.

Die Hilfe Gottes besteht nicht darin, daß der Glaube leuchtend und unangefochten die Stürme des Lebens negiert. Glaube ist einmal mehr[49] »Kleinglaube«, d.h. jene Mischung von Mut und Angst, von Hören auf den Herrn und Schauen auf den Wind, von Vertrauen und Zweifel, die nach Matthäus ein grundlegendes Merkmal christlicher Existenz bleibt. Daß »Zweifel« zum Glauben gehört, ist ihm wichtig, wie die Wiederaufnahme des Wortes in seinem allerletzten Text, in 28,17, zeigt. Nicht, daß Matthäus den Zweifel zum notwendigen Wesensmerkmal des Glaubens erklärte, aber auch nicht, daß er ihn verdammte: Darin besteht offenbar gerade die Erfahrung, die der Glaubende macht, daß der Herr seinen Zweifel aufnimmt und überwindet.

Die Geschichte vom Seewandel des Petrus hat in den buddhistischen Jatakas[50] eine sehr enge Parallele: Ein Laienbruder, unterwegs zu einem Meister, kam an das Ufer eines Flusses. Der Fährmann war nicht mehr da. »Von freudigen Gedanken an Buddha getrieben«, ging der Bruder über den Fluß. »Als er aber in die Mitte gelangt war, sah er die Wellen. Da wurden seine freudigen Gedanken an Buddha schwächer, und seine Füße begannen einzusinken. Doch er erweckte wieder stärkere Gedanken an Buddha und ging weiter auf der Oberfläche des Wassers«[51]. Der buddhistische Text ist die engste Parallele zu Mt 14,28-31, die es gibt. Er zeigt eine charakteristische buddhistische Eigenart: Die Zuwendung der Transzendenz wird dort nicht durch die Zuwendung eines personalen Gegenübers, sondern durch das Erwecktwerden des Lebens im Menschen selbst erfahren[52]. Diese Geschichte gehört hinein in eine reiche indische und buddhistische Überlieferung seit dem Rigveda, die von Levitation oder vom wunderbaren Überqueren oder Überfliegen von Flüssen als religiöser Fähigkeit, in der Kraft der Meditation oder als Wahrheitserweis handelt[53]. Da diese Überlieferung sehr reich und vorchristlich ist, scheint mir ein indirekter buddhistischer Einfluß auf das NT durchaus möglich[54]. Wichtig ist aber vor allem, daß zwei so ähnliche Geschichten in zwei verschiedenen Religionen auf eine tiefe Konvergenz von Erfahrungen hinweisen.

32 Nun geht die Geschichte rasch zu Ende. Jesus und Petrus steigen miteinander ins Boot, und Jesus stillt den Sturm. Wieder passiert das Wunder Jesu erst
33 nach dem entscheidenden Zuspruch des Glaubens[55]. Die Jünger werfen sich

---

[49] Vgl. Bd. I 369 und o. S. 29 zu 8,26; u. S. 447f zu 16,8; S. 523f zu 17,19f.
[50] Geschichten aus früheren Leben Buddhas; nach Stehly* 436 als Sammlung existent im 5. Jh., aber mit sehr viel älteren, z.T. schon vorchristl. auf Skulpturen bezeugten Stoffen.
[51] Jataka 190, zit. bei J. Aufhauser, Buddha und Jesus in ihren Paralleltexten, 1926 (KlT 157), 12.
[52] Völlig falsch wäre die landläufige christliche Formulierung des Gegensatzes: Der Christ wird durch das Gegenüber eines anderen (Gottes!), der Buddhist durch sich selbst und seine eigenen Gedanken gerettet.

[53] Brown* 3-29. Besonders wichtig für das NT sind Mahavagga 1,20,16 im Vinaya Pitaka des Pali-Kanon (= Brown* 20), weil hier das »ich bin es« Buddhas als Antwort auf das Nichterkennen durch einen Jünger vorkommt, und die Legende von Yasa (Mahavagga 1,7,10 u.ö., vgl. Brown* 24), wo Yasa seine Angst überwindet und zu Buddha kommt, indem er den Varuna überquert. Eine Flußüberquerung von Buddha selbst ist als Relief am Osttor der Stupa von Sanchi dargestellt (2/1 Jh. v.Chr.).
[54] So R. Garbe, Indien und das Christentum, Tübingen 1914, 57f, Brown* 69-71 und Stehly*.
[55] Vgl. o. S. 53 mit Anm. 21.

zu Boden und huldigen Jesus, was ja im »Schiff der Gemeinde« viel besser denkbar ist als in einem Boot auf einem eben noch stürmischen See[56]. Sie bekennen Jesus als Gottessohn. Damit sprechen sie den für Matthäus wichtigsten christologischen Titel[57] und zugleich wohl das zentralste Bekenntnis der Gemeinde aus. Es gibt keinen Grund, daran zu zweifeln, daß für Matthäus dieses Bekenntnis ein volles und wahres Bekenntnis ist[58], obwohl es in eine seltsame Nähe zu Berichten über seewandelnde Göttersöhne in der griechischen Heroenwelt tritt. Matthäus will ja die Jünger, im Unterschied zu Markus, trotz allem Verzagen und Noch-Lernen-Müssen als Glaubende und Verstehende zeichnen.

Unsere Geschichte berichtet, wie der Christ, dargestellt an Petrus, im konkreten Wagnis des Gehorsams sein Boot verläßt und ungesichert im bloßen Wasser über sich hinauswächst und dabei das eigene Versagen und zugleich das Gehaltensein durch den Herrn erfährt. Sie handelt von der Möglichkeit des Wagnisses menschlicher Überschreitung eigener Grenzen im Glauben mitten in der Bodenlosigkeit von Not, Angst, Unglück, Leiden und Schuld. Die entscheidende Frage, die an den Text zu stellen ist, lautet: Wie geschieht solche Erfahrung von Grenzüberschreitung und Transzendenz?

Zusammenfassung und Wirkungsgeschichte

Goethe, der unsere Geschichte »eine der schönsten Legenden«, »die ich vor allen lieb habe«, nannte, antwortete: »Es ist darin die hohe Lehre ausgesprochen, daß der Mensch durch Glauben und frischen Mut im schwierigsten Unternehmen siegen werde, dagegen bei anwandelndem geringsten Zweifel sogleich verloren sei«[59]. Er spricht also nur vom Menschen. Die buddhistische Jatakageschichte sagte: durch das Denken an Buddha. Sie denkt in einer Kategorie, die man als »immanente Transzendenz« bezeichnen könnte. E. Drewermann* versteht das Wasser als Symbol »für alles, was im Leben nur irgend an Haltlosigkeit, an Bodenlosigkeit, an Abgründigem zu erfahren ist: die Angst vor dem Tod, die Angst vor dem Scheitern, die Angst vor der Sinnlosigkeit, die Angst vor dem Andrängen der Triebmacht des eigenen Unbewußten, die Angst vor allem noch Unfertigen, Ungestalteten«. Helfen kann uns das »Licht vom anderen Ufer«[60], das in Christus aufschien, das aber auch in anderen Menschen begegnen kann, ebenso wie es den Schamanen, Ägyptern etc. in den »Augen (ihrer) Seele« durch »heilige Bilder« und »träumende Weisungen« begegnet ist[61]. Die drei Antworten haben etwas Gemeinsames: Sie transzendieren die Besonderheit der christlichen Religion und scheinen von einer Erfahrung zu sprechen, die universalmenschlich ist und unter verschiedenen Gestalten und Symbolen gemacht wurde. Muß christlicher Glaube dem widersprechen und apodiktisch auf Jesus Christus und seine Geschichte als *den* Ort hinweisen, wo Gott sich offenbart?

---

[56] Auch daran wird die Transparenz des Textes deutlich.
[57] Vgl. Bd. I 156f.
[58] Die kirchliche Auslegung differenziert oft, aber zu Unrecht, zwischen unserem Bekenntnis und dem von 16,16: Hier gehe es nur um Jesu Messianität, in 16,16 um die wahre Gottessohnschaft im Sinn der Zweinaturenlehre. Vgl. z.B. Cajetan (nach Knabenbauer II 18); Jansen 140; aber auch Calvin II 29.
[59] J.P. Eckermann, Gespräche mit Goethe I (Insel-Taschenbuch 500), Baden-Baden 1981, 416 (Gespräch vom 12. 2. 1831).
[60] 30.31.
[61] Vgl. ebd. 35.

Heutiger Sinn
: Unsere Geschichte mit ihren vielen religionsgeschichtlichen Parallelen ist ein wichtiger Grundtext, um der Frage der sog. »Absolutheit« des christlichen Glaubens nachzugehen. Sie stellt sich für uns heute gegenüber der Zeit des Matthäus völlig neu, weil wir um die Herkunft der Parallelen wissen und sie aus ihrem eigenen Kontext heraus interpretieren können. So wird gerade unser Text ein Beispiel für die Konvergenz religiöser Vorstellungen und Erfahrungen. Wir begegnen hier einem Christus, der dem Orion und dem präexistenten Buddha mehr gleicht als dem irdischen Jesus, der sonst mit beiden Füßen auf der Erde und nicht dem Wasser wandelte! Nimmt man ernst, daß unsere Geschichte unhistorisch ist und grundlegende urchristliche Transzendenzerfahrungen mythologisch symbolisiert, so ist es nicht leicht, von christlicher Einzigartigkeit zu reden. Haben sie sich in unserem Text zufällig und äußerlich mit dem Namen Jesu verbunden? Jesus wäre dann kontingentes Vehikel einer Gotteserfahrung, die auch ihn selbst transzendiert.

Man *muß* m.E. die religionsgeschichtlichen Parallelen in dieser Richtung ernst nehmen und darf sie nicht als Kulissen interpretieren, die einen geeigneten Hintergrund für eine dann um so deutlicher erkennbare christliche Einzigartigkeit abgeben. Es *gibt* eine Konvergenz religiöser Erfahrungen, die es zu verstehen und dankbar anzunehmen gilt. Es gibt menschlich-religiöse Grunderfahrungen, die so tief im gemeinsamen Grundbesitz der menschlichen Psyche verwurzelt sind, daß sie immer wieder in ähnlichen Texten verbalisiert werden. Es gibt aber auch eine christliche Besonderheit, auf die ich nicht wertend, aber ebenfalls dankbar hinweisen möchte. Sie wird im Matthäusevangelium nicht in unserem Text allein, sondern erst im Kontext der ganzen Jesusgeschichte sichtbar: Matthäus erzählt die Seewandelgeschichte als Teil seiner Geschichte des Gottessohns, in dem Gott »mit uns« ist. Er ging im Gehorsam gegenüber dem Willen des Vaters, in der Liebe und im Leiden seinen Weg ans »andere Ufer«. Dieser Weg des Gottessohns macht *inhaltlich* klar, wie der Weg auch des Petrus über das Wasser aussieht. Es ist nicht irgendein Weg, sondern es ist der Weg der Liebe und des Gehorsams. Durch Jesus getragen werden im Abgrund des Wassers heißt nicht, *irgendwie* über sich selbst hinauszuwachsen und Transzendenzerfahrungen zu machen, sondern auf Jesu Weg der Liebe sich einzulassen und dann, in einer abgründig lieblosen Welt, das Getragensein durch ihn zu erfahren. Die 39. Ode Salomos, also ein gnostisch-»häretischer« Text (!), hat diese konkrete »Vorgabe« für den Weg über das Wasser gültig ausgedrückt:

> »Es überbrückte sie (sc. die Ströme) der Herr durch sein Wort,
> und er ging hin und überschritt sie zu Fuß.
> Und seine Fußstapfen waren dauerhaft auf dem Wasser und wurden nicht zerstört,
> sondern sie waren wie Holz, das wirklich eingerammt ist«[62].

Das »Holz, das wirklich eingerammt ist«, ist das Kreuz.

---

[62] Od Sal 39,9f.

2 Der Streit um wahre Reinheit und der Rückzug nach Phönizien (14,34-15,39)

2.1 Heilungen in Gennesaret (14,34-36)

34 Und als sie hinübergefahren waren, kamen sie ans Land, nach Gennesaret. 35 Und als ihn die Männer jenes Orts erkannten, sandten sie in jene ganze Umgegend. Und man brachte ihm alle Kranken. 36 Und sie baten ihn, nur die Quaste seines Gewandes berühren (zu dürfen). Und alle, die berührten, wurden gerettet.

Die kurze Volksszene zerfällt in eine verknüpfende Überleitung (V 34) und ein Heilungssummar (V 35f). Es wirkt auf den Leser vertraut: Mehr als die Hälfte des Textes nimmt frühere Formulierungen auf (vgl. 4,24; 8,16; 9,20f). Der größere Teil des Textes entspricht der Quelle Mk 6,53-56, die stark gekürzt wird. Das Mittelstück V 35, das Mk 6,54-56a weitgehend ersetzt, ist nur in seinem zweiten Teil sprachlich eindeutig red.[1]. In seinem ersten nimmt es Ausdrücke aus der Speisungsgeschichte[2] und eine nicht gebrauchte Wendung aus Mk 1,28 auf.

Analyse

Bruchlos geht die Erzählung nach dem Höhepunkt des Gottessohnbekenntnisses weiter. Wie immer bei Matthäus gibt es keine Zäsuren zwischen den einzelnen Abschnitten, in die ihn heutige Kommentatoren einteilen[3]. Jesus und seine Jünger landen in Gennesaret. Der Name ist als Ortschaft nicht sicher bezeugt[4]; gemeint ist vermutlich die fruchtbare Ebene am Westufer des Sees nördlich von Magdala. Wie schon in 4,24 hat Jesus eine große Breitenwirkung: Die einheimischen Männer[5] lassen alle Kranken der Gegend kommen. Auch diese erwarten viel von ihm. Sie berühren sein Gewand. Was damals die blutflüssige Frau tat (9,20f), wiederholt sich. Alle Wolken scheinen sich wieder verzogen zu haben; alle Konflikte sind wie weggeblasen: Matthäus zeigt den frommen Juden Jesus[6] inmitten eines ihm freundlich gesinnten Volks. Jesus wendet sich seinem Volk zu und heilt alle seine Kranken. Die vielen Heilungssummare bei Matthäus[7] zeigen, wie wichtig gerade für den sonst die Gebote Jesu so sehr betonenden Evangelisten Jesu heilende Zuwendung zu seinem Volk ist.

Erklärung

---

1 Vgl. 4,24; 8,16.
2 Ἄνδρες (V 21), τόπος (V 13.15).
3 Vgl. Bd. I 19 und o. S. 381.
4 Vgl. die Belege bei Schlatter 473f.
5 Ἄνδρες meint bei Mt »Männer« und nicht »Menschen«, vgl. 14,21. Warum nur die Männer? Man kann etwas spitz formulieren: Die Frauen sind vermutlich »nur« aus philologischen Gründen nicht da, nämlich wegen der »sprachlichen Brücke« zu 14,21. Das zeigt aber indirekt, daß Mt auf die neue Stellung der Frau im Umkreis Jesu und auch darauf, daß Jesus viele Frauen heilte, kaum aufmerksam wurde.
6 Mit Quasten, d.h. Schaufäden am Gewand; vgl. zu 9,20.
7 4,24; 8,16; 9,35; 12,15; 14,14; 15,29-31; 21,14.

2.2 Der Streit um Rein und Unrein (15,1-20)

Literatur: Barth, Gesetzesverständnis 80-84; *Berger,* Gesetzesauslegung I 272-277. 497-507; *Booth, R.P.,* Jesus and the Laws of Purity, 1986 (JStNT.S 13); *Broer, I.,* Freiheit vom Gesetz und Radikalisierung des Gesetzes, 1980 (SBS 99), 114-122; *Carlston, C.E.,* The Things that defile (Mark 7,14 [sic!] and the Law in Matthew and Mark), NTS 15 (1968/69) 75-96; *Hübner,* Gesetz 176-182; *Hummel,* Auseinandersetzung 46-49; *Käsemann, E.,* Matthäus 15,1-14, in: ders., Versuche I, 237-242; *Klauck,* Allegorie 260-272; *Krämer, H.,* Eine Anmerkung zum Verständnis von Mt 15,6a, WuD NF 16 (1981) 67-70; *Paschen, W.,* Rein und Unrein, 1970 (StANT 24); *Slusser, M.,* The Corban Passages in Patristic Exegesis, in: Diakonia (FS R. T. Meyer), hrsg. T. Halton – J. Williman, Washington 1986, 101-107.

**1 Darauf kommen von Jerusalem Pharisäer und Schriftgelehrte zu Jesus und sagen:
2 »Weswegen übertreten deine Jünger die Überlieferung der Alten? Sie waschen sich ja die Hände nicht, wenn sie Brot essen!« 3 Er aber antwortete und sagte ihnen: »Weswegen übertretet auch ihr das Gebot Gottes wegen eurer Überlieferung? 4 Denn Gott sagte: ›Ehre den Vater und die Mutter!‹ und ›Wer Vater oder Mutter schmäht, soll des Todes sterben!‹ 5 Ihr aber sagt: ›Wer dem Vater oder der Mutter sagt: Eine Opfergabe ist, was dir von mir zusteht, 6 der darf seinen Vater nicht ehren!‹[1] Und (so) habt ihr Gottes Wort wegen eurer Überlieferung außer Kraft gesetzt! 7 Heuchler! Gut hat Jesaja über euch prophezeit, der sagte:
8   ›Dieses Volk ehrt mich mit den Lippen;
         ihr Herz aber ist weit entfernt von mir!
9   Zwecklos verehren sie mich;
         sie lehren als Lehren Menschengebote!‹«
10 Und er rief die Volksmenge herzu und sagte ihnen: »Hört und versteht!
11   Nicht was in den Mund hineingeht,
         verunreinigt den Menschen,
       sondern was aus dem Mund herauskommt,
         das verunreinigt den Menschen«.
12 Dann traten die Jünger herzu und sagen ihm: »Weißt du, daß die Pharisäer sich ärgerten, als sie das Wort hörten?« 13 Er aber antwortete und sagte: »Jede Pflanze, die mein himmlischer Vater nicht gepflanzt hat, wird ausgerissen werden. 14 Laßt sie! Sie sind blinde Führer![2] Wenn**

---

[1] Krämer*: Οὐ μή mit Fut. meint griech. entwender eine sehr bestimmte Verneinung oder als Semitismus (vgl. z.B. LXX Lev 19,13; Dtn 1,42) ein kategorisches Verbot als Verstärkung des verbreiteten οὐ mit Fut. in Gesetzestexten.

[2] Τυφλῶν (so Nestle²⁶) fehlt bei den besten MSS. Der kürzere Urtext wird von ℵ* B D vertreten. Vielleicht entstand durch einen Abschreibefehler zuerst aus τυφλοί τυφλῶν (K pc sy^{s.c}), dann wurde τυφλοί wieder ergänzt.

aber ein Blinder einen Blinden führt, so werden beide in die Grube fallen!«
15 Petrus aber antwortete und sagte zu ihm: »Deute uns dieses[3] Gleichnis!« **16** Er aber sagte: »Seid auch ihr (immer) noch verständnislos?
17 Begreift ihr nicht, daß
alles, was in den Mund hineingeht,
weiter geht in den Bauch und auf den Abort weggeworfen wird?
18 Was aber aus dem Mund herausgeht,
kommt aus dem Herzen heraus;
jenes verunreinigt den Menschen.
19 Aus dem Herzen kommen nämlich böse Gedanken, Morde, Ehebrüche, Unzuchtsünden, Diebstähle, falsche Zeugnisse, Lästerungen.
20 Das ist es, was den Menschen verunreinigt; aber mit ungewaschenen Händen zu essen verunreinigt den Menschen nicht!«

1. *Aufbau.* Dieses Streitgespräch ist sehr lang. Ist es überhaupt richtig, es als eine einzige Perikope zu betrachten? Oder handelt es sich um zwei Perikopen, die hintereinander a) polemisch das Thema der Überlieferung der Alten (V 1-9) und b) thetisch-lehrhaft das Thema der Reinheit (V 10-20) behandeln? Doch sind die beiden Abschnitte eng miteinander verklammert: Der Schlußvers 20b greift auf das Problem des Händewaschens (V 1f) zurück. V 12-14 führt die Polemik gegen die Pharisäer von V 1-9 indirekt weiter. Die Quellenanalyse wird zeigen, daß diese Verklammerungen von Mt geschaffen worden sind. So darf man den ganzen Abschnitt als eine Einheit betrachten.

Der erste polemische Abschnitt *V 1-9* besteht aus einer Exposition, in der die Pharisäer und Schriftgelehrten das Problem der Überlieferung der Alten anhand des Händewaschens aufrollen (V 1-2), und einer langen Antwort Jesu, die einen Analogiefall behandelt und in einem Schriftzitat gipfelt (V 3-9). Eine Antwort gibt Jesus nicht, sondern er entlarvt die Frager als Heuchler. Durch viele Oppositionen wirkt dieser Abschnitt schroff und polemisch[4].

Der zweite thetisch-lehrhafte Abschnitt über die wahre Reinheit setzt ein mit einer Belehrung an das Volk (V 10f). Sie besteht aus einem einzigen Logion in antithetischem Parallelismus (V 11). Ab V 12 geht sie in eine Jüngerbelehrung über. Der Abschnitt V 12-14, eine Gerichtsansage an die Pharisäer (V 12-14), ist auffällig, weil er Jesu Unterricht über die Reinheit unterbricht und sich erneut mit den jüdischen Gegnern beschäftigt, aber nur indirekt im Rahmen einer Jüngerbelehrung. Die folgende Jüngerbelehrung V 15-20a erklärt das Logion V 11. Die Struktur dieses Schlußabschnitts ist durch das Logion V 11 bestimmt, das erklärt wird. Wie das Logion zerfällt er in einen negativen (V 17) und einen positiven (V 18-20a) Teil. Schon an ihrer unterschiedlichen Länge läßt sich das Übergewicht des Ethos gegenüber dem Ritualge-

---

[3] Ταύτην ist wohl Urtext. Die Auslassung konnte (a) als Anpassung an Mk erfolgen oder (b), weil es ja nicht um »dieses« unmittelbar vorliegende Gleichnis (vom blinden Führer), sondern um das (bereits zurückliegende) vom Verunreinigen geht.

[4] Παράδοσις τῶν πρεσβυτέρων (ὑμῶν) / ἐντολὴ τοῦ θεοῦ. θεὸς εἶπεν / ὑμεῖς δὲ λέγετε. λόγος τοῦ θεοῦ / παράδοσις ὑμῶν. χείλη / καρδία.

setz ablesen. Im positiven Teil schließt sich an den Ausdruck ἐκ τῆς καρδίας (V 18), der das »aus dem Mund herauskommen« präzisiert und zugleich inhaltlich auf das Jesajazitat V 8 zurückgreift, in V 19f ein siebengliedriger Lasterkatalog an, auf dem das Achtergewicht des Abschnitts liegt.
In vielem erinnert unser Streitgespräch an Kap. 13. Es besteht auch aus einer öffentlichen Belehrung und einer Jüngerbelehrung (V 1-11; 12-20, vgl. 13,1-35.36-52 und 13,3-9.10-23). Von den zahlreichen Reminiszenzen sind die Stichworte παραβολή und συνιέναι sowie das polemische Jesajazitat in beiden Kapiteln am wichtigsten[5]. Die inhaltliche Gliederung in einen polemischen und einen thetischen Teil (V 1-9.10-19) und die formale Gliederung in eine öffentliche und eine Jüngerbelehrung (V 1-11. 12-20) überlagern sich also; V 12-14 mit ihrer indirekten Polemik fallen ohnehin aus dem Rahmen. So verbinden sich in unserem Abschnitt mehrere Anliegen: die Auseinandersetzung mit Pharisäern und Schriftgelehrten über ihre Überlieferung, die Gerichtsankündigung über sie, die Frage nach der wahren Reinheit und das Verstehen der Jünger.

2. *Quellen.* Die Hauptquelle ist Mk 7,1-23. Die mt Änderungen gegenüber Mk sind verhältnismäßig geringfügig, aber inhaltlich oft bedeutsam. Sie verfolgen drei Ziele: Mt will erstens die etwas ungeordnete und in V 14 inhaltlich ganz neu einsetzende mk Perikope vereinheitlichen[6]. Er gestaltet zweitens die Auseinandersetzung von seinem eigenen, vom mk unterschiedenen Gesetzesverständnis her um. Und er verschärft drittens die Polemik gegen die Pharisäer und Schriftgelehrten. Die wichtigsten einzelnen Änderungen seien hier genannt:
(1) Als Gegner Jesu treten V 1 Pharisäer und Schriftgelehrte, nicht, wie bei Mk, die Pharisäer und nur einige der Schriftgelehrten auf.
(2) Die mk Erklärung der Praxis der Pharisäer und »aller Juden« Mk 7,3f und die damit verbundene Situationsangabe Mk 7,2 fallen weg. Für die judenchristlichen Leser/innen des Mt ist eine solche Erklärung nicht nötig; um das Problem der Reinigung von Geschirr geht es außerdem in diesem Text nicht. Zudem ist die Erklärung falsch: Es ist keineswegs so, daß sich »alle Juden« an diese Vorschriften hielten. Daß man sich nach einem Gang auf den Markt durch Besprengen reinigt, ist ebenfalls unrichtig[7].
(3) Mt stellt die beiden Blöcke Mk V 6-8 (= Jesajazitat) und V 9-13 (Korban-Diskussion) um und schafft so in V 4-9 eine thematisch geschlossene, klar aufgebaute und gegenüber Mk verschärfte[8] Auseinandersetzung, die die »Überlieferung der Alten« und das Dekaloggebot Gottes[9] einander gegenüberstellt und im Jesajazitat V 8f gipfelt. Dabei verschwindet auch die Wiederholung Mk V 8/9.
(4) Das Logion V 11 = Mk 7,15 ist leicht umformuliert. Ὃ δύναται κοινῶσαι αὐτόν

---

[5] Zu den besonders engen Berührungen mit 13,3-23 vgl. dort Anm. 15. V 12f erinnert an das Taumellolchgleichnis: Zu σκανδαλίζομαι vgl. 13,41; zu ἐκριζόω vgl. 13,29.
[6] Dupont, Béatitudes III 582: »rigoureuse unification«.
[7] Daß die Pharisäer nach einem Gang auf den Markt sich, ihre Hände oder gar das Eingekaufte »besprengen«, ist nicht bekannt und ritualgesetzlich überdies sinnlos: Die Pharisäer nehmen ein Tauchbad, wenn sie vom Markt zurückkehren, vgl. Booth* 200. Deshalb korrigieren viele MSS in Mk 7,4 in βαπτίσωνται. Nestle[26] hat das als Text übernommen, obwohl ῥαντίσωνται als unkorrekte Angabe vermutlich die schwierigere LA ist.
[8] Auffällig ist insbesondere die Neufassung von Mk V 12: Die Pharisäer und Schriftgelehrten sagen selbst, daß man die Eltern nicht ehren dürfe.
[9] V 4: θεός statt Mk V 10 Μωϋσῆς.

Mt 15,1-20: Analyse 417

fehlt hier ebenso wie in V 17 (= Mk 7,18fin). Οὐδέν ist durch οὐ ersetzt. Das explizite Gegenüber von »außen« und »innen« fehlt hier wie im ganzen Text[10].
(5) In V 16 sind aus den unverständigen Jüngern (Mk 7,18) *noch*[11] unverständige Jünger geworden.
(6) Mk 7,19 fehlt fast ganz. Damit ist aus der doppelten Erklärung von Mk 7,15 in Mk 7,18f.20-23 eine einfache geworden. Die erste, »rationalistische« Interpretation des Mk, der Jesus »alle Speisen für rein erklären« läßt, fällt weg[12].
(7) Der Lasterkatalog in Mk 7,21f ist erheblich gekürzt, vor allem um diejenigen Laster, die nicht direkt Dekaloggeboten entsprechen, dafür aber in den hellenistisch bestimmten Lasterkatalogen der ntl. Briefe häufig auftauchen[13].
(8) V 20b hat Mt eine Schlußbemerkung zugefügt, die nochmals zum Problem des Händewaschens zurücklenkt.
(9) Viele generalisierende Andeutungen im mk Text werden gestrichen: Es fehlt aus Mk 7,13 καὶ παρόμοια τοιαῦτα πολλὰ ποιεῖτε, die allgemeine Bemerkung Mk 7,19fin und οὐδέν aus Mk 7,15.
(10) Die wichtigste Änderung ist aber der Einschub des Wortes von den blinden Führern *V 12-14*. V 14bc hat eine Par in der Feldrede Lk 6,39b. Es ist aber wie bei Lk 6,40 par Mt 10,24f[14] sehr fraglich, ob das Wort in Q stand: Es ist Lk 6,39 red. eingeleitet und paßt schlecht in den paränetischen Zusammenhang der Feldrede. Das Motiv war hellenistisch sprichwörtlich[15]. Am ehesten hat Mt eine mündliche Tradition übernommen und mit einer ausführlichen Rahmung verbunden: Auf ihn zurück geht die neue Einleitung V 12a[16], die Jüngerfrage V 12b[17], V 14a[18] und der Neueinsatz mit der Petrusfrage V 15a[19]. Am schwierigsten zu beurteilen ist das Logion V 13: Sprachlich ist es nicht durchweg mt[20]. Das Bild vom Pflanzen Gottes ist aber aus der Bibel geläufig und durch ἐκριζόω im Makrotext des Mt verankert[21], so daß Mt das Logion gut selbst gebildet haben kann. V 12-15 sind also fast ganz mt.
Die übrigen Änderungen des Mt sind weniger wichtig. Sie entsprechen durchweg mt Stil[22]. Die atl. Zitate in V 4b und 8f entsprechen wie bei Mk fast wörtlich der LXX und nicht dem MT[23]. Durch die Umstellung von ὁ λαὸς οὗτος (V 8a) steht Mt der LXX noch etwas näher als Mk.

---

[10] Vgl. Mk 7,18.21.23.
[11] ᾽Ακμήν ist ein unmt Hap. leg. Die zeitliche Begrenzung des Jüngerunverständnisses ist bei Mt häufig, aber er braucht normalerweise οὔπω.
[12] Nur die bei Mt funktionslose Erwähnung von Bauch und Abort V 17 erinnert noch daran.
[13] Vgl. die Parr bei Pesch, Mk I 382f.
[14] Vgl. o. S. 118.
[15] Vgl. 23,16 und die Parr bei Klostermann 133.
[16] Mt sind τότε, προσέρχομαι, λέγω (vgl. Bd. I Einl. 3.2).
[17] Sprachlich mt ist nur ἀκούσαντες. Dazu kommt aber der Rückbezug auf 13,19-23.
[18] Zu ἄφετε vgl. 3,15; 13,30; zum Ganzen 23,16.24.

[19] Zu ἀποκριθεὶς δέ vgl. Bd. I Einl. 3.2; zu Petrus als Jüngersprecher Exkurs zu 16,13-20 Nr. 2; zu φράσον ἡμῖν τὴν παραβολήν 13,36.
[20] Zu ὁ δὲ ἀποκριθεὶς εἶπεν, πᾶς, πατήρ μου ὁ οὐράνιος vgl. Bd. I Einl. 3.2. Φυτεία ist Hap. leg. im NT.
[21] Vgl. 13,29.
[22] Vgl. Bd. I Einl. 3.2: V 1: τότε, προσέρχομαι, γραμματεῖς / Φαρισαῖοι, λέγων. V 3: ὁ δὲ ἀποκριθεὶς εἶπεν. V 5: ὃς ἄν. V 7: λέγων. V 11: στόμα, οὗτος (nach Casus pendens vgl. 13,19-23). V 17-19: στόμα, πονηρός, ἐξέρχομαι. V 20: οὗτός ἐστιν, δέ. Zu ὑποκριτής als Anrede (V 7) vgl. 23,13-29 passim. In V 11 wird der Parallelismus verbessert, vgl. Bd. I 33. Unmt ist fast nur παραβαίνω V 2f.
[23] Stendahl, School 54-58; Gundry, Use 12-16.

Erklärung Die *Hauptfrage*, vor die unser Abschnitt stellt, ist, welches Verständnis von Gesetz und pharisäischer Überlieferung der matthäischen Bearbeitung zugrunde liegt. Die Antworten, die hier gegeben werden, sind kontrovers. Es gibt zwei Thesen zur Gültigkeit des Ritualgesetzes:

1. Matthäus unterscheidet zwischen dem Sittengesetz in der Tora, das für ihn verbindlich bleibt, und den rituellen Gesetzen, die er ablehnt. Er steht damit grundsätzlich in der Nähe der markinischen Position und redigiert Markus vor allem stilistisch[24].

2. Er lehnt das Ritualgesetz nicht grundsätzlich ab, sondern ordnet es in konkreten Konfliktfällen dem Liebesgebot und den sittlichen Geboten unter[25].

Ebenso gibt es zwei verschiedene Auffassungen zur Frage nach der παϱάδοσις der »Ältesten«:

a) Matthäus vertritt die Gültigkeit der Tora, lehnt aber die Gültigkeit der Überlieferung grundsätzlich ab[26].

b) Er lehnt die Gültigkeit der Überlieferung nicht generell ab, sondern nur diese pharisäische Überlieferung. An die Stelle der pharisäischen Vorschriften über das Händewaschen setzt er eine neue, christliche Halaka, die das Händewaschen freigibt[27].

Die Position 1 kann nicht mit der Position b), die Position 2 dagegen kann mit a) und b) kombiniert werden.

Die Kontroverse hat ihre Gründe in verschiedenen historischen und textlichen *Schwierigkeiten*, die unterschiedlich gewichtet und interpretiert werden:

a) Unklar ist, wie das pharisäische Reinheitsgesetz im 1. Jh. aussah. Das spätere rabbinische System verschiedener Reinheitsstufen ist damals noch nicht sicher vorauszusetzen. Was konnten damals unreine Hände überhaupt verunreinigen?

b) Historisch ist unklar, wie weit im 1. Jh. die pharisäischen Vorschriften über das Händewaschen schon akzeptiert waren. Geht die Auseinanderset-

---

[24] Strecker, Weg 30-32 (der Heidenchrist Mt stellt nicht so sehr das atl. als das »christliche« Sittengesetz der »Zeremonialgesetzlichkeit« gegenüber); Schweizer 213 (das *biblische* Gesetz wollte nach Mt »nie Opfergaben oder rituellen Gehorsam« [vgl. die Position des Barn!]); Walker, Heilsgeschichte 141; Berger, Gesetzesauslegung I 504-506 (Jesus tritt als Lehrer des Gesetzes auf, legt aber die Reinheit vom Dekalog her nur sittlich aus).

[25] Bacon, Studies 352f; Barth, Gesetzesverständnis 82f (die Auslegung des Gesetzes vom Liebesgebot her durchbricht de facto den rabb. Traditionsgedanken = Position 2a); Dupont, Béatitudes III 582; Sand, Gesetz 70; Gnilka II 26f.

[26] Das wäre eine Art »sadduzäische« Position. Vgl. Schmid 239; Davies, Setting 104; R. Guelich, Not to annul the Law ..., Diss. Hamburg 1967, 75 (G. kommt faktisch in die Nähe von Strecker, nur mit dem Unterschied, daß es nach ihm Mt nicht um das *christliche*, sondern das *biblische* Sittengesetz geht); Broer* 121.128 (ähnlich wie Guelich).

[27] Hummel, Auseinandersetzung 48f; Hübner, Gesetz 180f (Mt argumentiert unausgesprochen rabb.: Mit bloß verunreinigten Händen ist kein Mensch ein »Vater von Unreinheit«).

zung um ein »opus supererogatorium« einer einzelnen jüdischen Gruppe, oder geht es um eine verbreitete jüdische Praxis, die Matthäus für jüdisches Gesetzesverständnis überhaupt exemplarisch zu sein scheint?
c) Unklar ist die logische Kohärenz des Abschnitts. Es werden drei verschiedene Fälle verhandelt, nämlich 1. Händewaschen, 2. die Korbanpraxis und 3. die Frage nach der wahren Reinheit. Die Korbanfrage hat nichts mit Reinheit zu tun. Die Frage nach wahrer Reinheit betrifft nicht die Überlieferung der Alten, sondern die Tora. Nur das Händewaschen hat mit der Überlieferung *und* mit der Reinheit zu tun.
d) Umstritten ist das matthäische Gesetzesverständnis. Klar ist, daß Matthäus im ganzen heidenchristlich-gesetzesfreie (Markus!) und judenchristlich-gesetzestreue (Q-Sondergut) Traditionen aufgenommen hat. Wo steht er selbst? Jede Einzelinterpretation unseres Textes ist von einem Gesamtverständnis des Gesetzes bei Matthäus bestimmt. Es gibt kein solches Gesamtverständnis, das nicht mit einzelnen matthäischen Texten Schwierigkeiten bekäme. Je nachdem wird man unseren Text als Schlüsseltext oder als Text, mit dem Matthäus eben irgendwie fertig werden mußte, interpretieren.
e) Mk 7,15-23 ist wohl der klarste »heidenchristliche« Text des Markusevangeliums und setzt m.E. in der Tat voraus, daß das Zeremonialgesetz in der markinischen Gemeinde nicht mehr gilt. Wie ist nun seine matthäische Bearbeitung zu interpretieren? Hat Matthäus die Intention von Mk 7,15-23 grundsätzlich aufgenommen und den Text vor allem stilistisch gestrafft? Oder hat er durch seine Straffungen die Intention des markinischen Textes verändert und den Text gleichsam »eingedämmt«? Hat Matthäus in V 11 die grundsätzliche Bedeutung von Mk 7,15 uneingeschränkt übernommen[28]?
f) Matthäus scheint einerseits die Tendenz zu haben, den Streitfall einzugrenzen, und ist darin vielleicht »jüdischer« als Markus. Andererseits verschärft er die Polemik gegen die Pharisäer und Schriftgelehrten und stellt sie unter das Gericht Gottes. Wie geht beides zusammen?

Die Pharisäer und Schriftgelehrten, stereotypes matthäisches Paar der Gegner Jesu[29], tauchen erstmals seit 12,38-45 wieder auf. Sie kommen aus Jerusalem – nach 2,3f für den Leser ein schlechtes Omen und ein »Signal« dafür, daß Jesu Passion sich nähert. Sie beschuldigen Jesu Jünger, die Überlieferung der Alten zu mißachten. Sind mit den Alten die ersten Glieder der Traditionskette gemeint, denen nach Aboth 1,1 Josua die von Mose empfangene mündliche Tora weitergab? Das ist kaum anzunehmen[30]; vielmehr wird Matthäus an die besonderen »Gesetze ... aus der Überlieferung der Väter« (Jos Ant 13,297)[31] denken, die die Pharisäer im Unterschied zu den Sadduzäern dem Volk einschärften. Das wird durch den »Fall« bestätigt, um den es geht, das

1

2

---

[28] Vgl. Barth, Gesetzesverständnis 83: »Kann (Mt) übersehen haben, daß 15,11 sich gegen das Mosegesetz selbst richtet?«
[29] Vgl. Bd. I 148.
[30] Dafür hätte Mt wohl eher wie 5,21 ἀρχαῖοι gesagt.
[31] Rabb. Belege zu diesem Ausdruck bei Lachs 245.247.

Händewaschen vor dem Essen, das nicht zum biblischen Ritualgesetz gehört.
3 Jesus holt zum Gegenangriff aus. V 3 vertritt er eine angriffige These: Die pharisäischen Traditionen stehen im Gegensatz zum Gebot Gottes selbst. Es geht Matthäus also nicht in erster Linie, wie Markus[32], um das Problem der menschlichen Tradition und darum, daß *formal* Gottes Gebot und menschliche Traditionen verschiedene Autorität haben und daß *formal* neben dem Gebot Gottes keine Überlieferung normativ sein darf. Es geht vielmehr um eine *inhaltliche* Frage: Die Überlieferung der Pharisäer widerspricht *inhaltlich* dem Gebot Gottes, wie das Beispiel des Korban zeigen wird. Deshalb »übertreten« die Pharisäer und Schriftgelehrten im Namen der Überlieferung Gottes Gebot. Es geht also um ihr *Verhalten*. Wie immer entscheidet sich bei Matthäus alles an der Praxis: Weil sie inhaltlich Gottes Gebot übertreten, bekämpft Matthäus die Pharisäer[33].

Was heißt »eure« Überlieferung? Man sollte den Ausdruck nicht zu eilig in Analogie z.B. zu »ihren Synagogen« oder »ihren Schriftgelehrten« (z.B. 4,23; 9,35; 13,54; 7,29[34]) als »jüdische« Überlieferung im Unterschied zu derjenigen der Gemeinde deuten. Jesus spitzt vielmehr zu: Es geht nicht um die »Überlieferung der Alten« (V 2), sondern um »eure Überlieferung« (V 3), d.h. diejenige der Pharisäer und Schriftgelehrten. Das entspricht der historischen Situation seiner Zeit.

Rituelles Händewaschen

Mk 7,1-5 (und vielleicht Joh 2,6) sind die frühesten Belege für regelmäßiges rituelles Waschen der Hände vor dem Essen im Judentum. Im AT ist nur Lev 15,11, an einer Stelle, die sich sprachlich mit Mk 7,2f berührt, davon die Rede, daß ein an Gliedfluß Leidender, der nach rabbinischer Terminologie ein Verursacher (אב) von Unreinheit ist, die Hände abspülen muß, damit er nicht durch Berührung seine Unreinheit weitergibt. Sonst gab es Vorschriften über rituelles Händewaschen nur für den Tempel: Dort war ein Becken, das das »Meer« hieß, aufgestellt, das den Priestern zur Reinigung der Hände und Füße vor dem Altardienst diente[35]. Nach dem Traktat Schabbat[36] gehört das Händewaschen zu den 18 Dingen, über die sich Hillel und Schammai verständigten; historisch ist das aber ganz unsicher. In der Mischna wird das Händewaschen bis ins einzelne geregelt[37]. Aber noch in talmudischen Quellen wird auch die Meinung vertreten, daß nur das Händewaschen nach den Mahlzeiten Pflicht sei, nicht aber dasjenige vor dem Essen[38]. Aller Wahrscheinlichkeit nach war das Händewaschen ein besonderes Anliegen der Pharisäer, die versuchten, die für den Tempel geltenden Gesetze ritueller Reinheit auch außerhalb des Tempels für das ganze Land

---

[32] Mk, der das Zitat aus Jes 29,13 voranstellt, ordnet die ganze Auseinandersetzung diesem Gesichtspunkt unter (V 7f). Bei Mt wird diese »Potenz« von Jes 29,13 nicht mehr ausgeschöpft.
[33] Origenes 11,9 = GCS Orig X 47: »wegen der notwendigsten Gebote Gottes«.
[34] Gemeint ist jeweils: die des *Volkes* Israel.
[35] Jos Ant 8,86f. Ebd. 12,106 ist davon die Rede, daß die Bibelübersetzer zuerst den Ptolemäus begrüßt und sich dann die Hände im Meer gewaschen hätten, vgl. Ep Ar 305f.
[36] Vgl. Schab 1,4; Schab 13b-14b; pSchab 1,3d,40 = Bill. I 696, vgl. ferner Chullin 106a bei Bill. I 697f.
[37] Traktat Jadajim.
[38] pBerakh 8,12a,28; pChalla 2,58c,35; TBerak 5,13 (12) bei Bill. I 697.

Israel durchzusetzen³⁹. Nach TDemai 2,11⁴⁰ ist die Übernahme des Händewaschens eine Aufnahmebedingung für die pharisäische Gemeinschaft. Dabei ist das Händewaschen nur eine zusätzliche Maßnahme der »Genossen«, um Verunreinigung von Speisen zu verhindern; grundlegend ist das Eintauchen in eine Miqweh (Tauchbad), das allein einen Leib, der z.B. durch Ausfluß oder durch einen anderen »Vater von Unreinheit« unrein geworden ist, reinigen kann (vgl. Lev 15,16.18). Die Pharisäer werden also vermutlich jeden Morgen und auch bei der Rückkehr von öffentlichen Plätzen ein Tauchbad genommen haben⁴¹. Montefiore, Neusner und Booth vertreten übereinstimmend die These, daß im 1. Jh. das Händewaschen vor den Mahlzeiten noch nicht allgemeine Regel, sondern eine Besonderheit pharisäischer »Pietisten« war, während Laien und Rabbinen mit traditioneller Gesetzesauffassung sich nicht daran hielten. Erst im 2. Jh. habe sich die pharisäische Observanz allgemein durchgesetzt⁴².

Das erlaubt m.E. eine präzisere historische Einordnung des Mt-Ev: Während andere jüdische Gruppen, wie die Sadduzäer und die Essener, durch den jüdischen Krieg zum Verstummen gebracht wurden, galt dies für die Pharisäer und die Minderheitsgruppe der schon vor 70 innerhalb des Judentums marginalisierten und nun wohl aus der Synagoge ausgeschlossenen Judenchristen nicht. Beide, die Judenchristen und die Pharisäer mindestens zum Teil, hatten vorher zur Friedenspartei gehört. Nachdem sie die Katastrophe überlebten, ist es verständlich, daß nach 70 zwischen ihnen der Streit, wer wahres Israel und was wahre Auslegung des Gesetzes sei, nochmals mit großer Heftigkeit aufbrechen mußte. Mt 15,1-20 und das Mt-Ev überhaupt dokumentieren diesen Streit. Der Judenchrist Mt erfährt mit seiner Gemeinde, wie die Pharisäer ihre Torauffassung als für das ganze Judentum normativ durchzusetzen beginnen. Im Kampf gegen ihre Ansprüche war ihm unser Text wichtig. Innerjüdisch kann man also das Mt-Ev als eines der wenigen erhaltenen Dokumente antipharisäischer Reaktion in der Zeit nach der Tempelzerstörung bestimmen.

»Eure Überlieferung« ist also wohl ambivalent. Insofern als die matthäische Gemeinde von der pharisäisch bestimmten Synagoge bereits ausgeschlossen ist, ist damit eine Abgrenzung gegen das zeitgenössische Judentum überhaupt gemeint. In der matthäischen Innensicht aber stimmt das nicht. Für ihn dauert die theologische Auseinandersetzung um das, was »wahres Israel« ist, an. Auch die Jesusanhänger, nicht nur die Pharisäer beanspruchen – im Namen Jesu –, wahres Israel zu sein. Die von den Pharisäern so genannte »Überlieferung der Väter« ist darum für Matthäus, den Nicht-Pharisäer und jesusgläubigen Israeliten, »eure« Spezialtradition und nicht das für ganz Israel verbindliche Gesetz Gottes. Nach seinem Verständnis kommen die Pharisäer

---

³⁹ J. Neusner, Das pharisäische und talmudische Judentum, 1984 (TSaJ 4), 24f.62. Die Sadduzäer achteten demgegenüber nur auf Reinheit für den Tempel, die Essener auf Reinheit für die heiligen Bezirke ihrer Niederlassungen.
⁴⁰ Bill. II 502.
⁴¹ Vgl. o. Anm. 7.
⁴² C.G. Montefiore, The Synoptic Gospels I, Nachdr. New York 1968, 135-143; Booth* 202f. Für Neusner aaO 90f ist »nach dem kultischen Holocaust des Jahres 70« das Volk selbst das »letzte, wenn auch reduzierte Heiligtum«, wo die von den Pharisäern für den Alltag geforderte priesterliche Reinheit praktiziert werden konnte – eine Situation, die für die Durchsetzung der pharisäischen Grundidee besonders günstig war.

und die mit ihnen zusammengehörenden Schriftgelehrten und werfen Jesus vor, daß seine Jünger nicht das besondere, der Tora widersprechende Gesetzesverständnis der pharisäischen Partei vertreten. Exegetisch heißt das: Mindestens in 15,1-3 steht für Matthäus nicht das Ritualgesetz als solches zur Debatte, sondern ein besonderes pharisäisches Ritual. Er kämpft also nicht gegen, sondern für das Gesetz. Er, und nicht seine pharisäischen Gegner, stehen in der Frage des Händewaschens auf dem Boden traditioneller Auslegung der Tora. Matthäus führt den Kampf allerdings nicht von der traditionellen Toraauslegung, sondern von derjenigen Jesu her, der durch sein Lehren und Leben das Gesetz Israels erfüllt hat.

4 Beim Händewaschen leuchtet es nicht ohne weiteres ein, warum man dadurch Gottes Gebot übertritt. Darum bringt Matthäus ein anderes, einleuchtenderes[43] Beispiel, nämlich die Gelübde für den Tempel, die auf Kosten der Eltern gehen, die man nach dem vierten Gebot ehren muß. Die Dekaloggebote galten im Diasporajudentum[44], vielleicht aber im Judentum überhaupt[45] und auch im Urchristentum als besonders zentrale Gebote und als eigenhändig von Gott gegeben. Das vierte Gebot gilt den Rabbinen als ein schweres Gebot und war jedenfalls einschneidend, weil es selbstverständlich auch erwachsene Kinder betraf und nicht nur Gehorsam, sondern auch Unterhalt,
5f Fürsorge und körperliche Dienstleistungen einschloß[46]. Dieses Gebot setzen die Pharisäer durch ihre Überlieferung bewußt[47] außer Kraft.

Korban Zu den jüdischen Gelübdevorschriften und insbesondere dem hier angedeuteten Fall, daß den Eltern der ihnen von den Kindern zustehende Nutzen entzogen werden konnte, indem sich Kinder mit Hilfe eines Gelübdes vor der Unterhaltspflicht drückten, ist hinlänglich viel geschrieben worden[48]. Die mt Formulierung[49] entspricht der jüdischen Gelübdeformel. Bekannt ist auch, daß der Fall eines Generationenkonflikts, um den es hier geht, tatsächlich vorkam[50]. Umstritten ist, ob ein dem Tempel geweihter Besitz vom Weihenden selbst noch genutzt werden konnte[51]. Die urchrist-

---

[43] Einleuchtender für die Übertretung des Willens Gottes! Nicht einleuchtend ist dagegen, daß diese Übertretung im Namen der »Überlieferung der Väter« geschieht, vgl. u. S. 423.
[44] Philo, Decal 18f (Dekaloggebote als νόμων ... κεφάλαια). 175; Praem Poen 2f; vgl. Jos Ant 15,136; Pseud-Philo, Lib Ant 11 und Berger, Gesetzesauslegung I 262-267.
[45] Vgl. Berger aaO 267: Es gibt Spuren, wonach in früher Zeit der Dekalog zum Sch^ema^c Israel gehört hat. Aufgrund der Vorliebe der ›Minim‹ (Ungläubigen) für ihn ist das nach späteren rabb. Quellen geändert worden. Vgl. auch Bill. IV/1 190f.
[46] SLev 19,3 (343a); TQid 1,11 (336) bei Bill. I 706 (speisen, kleiden, waschen, zudecken, spazierenführen, nicht widersprechen).

Pea 1,1 (ebd.): Für die Erfüllung dieses Gebots gibt es wie für Liebeswerke und Friedensstiften Lohn in dieser *und* jener Welt.
[47] Vgl. o. Anm. 1 und Übersetzung.
[48] Insbesondere Z.W. Falk, On Talmudic Vows, HThR 59 (1966) 309-312; J.D. Derrett, KOPBAN, O ΕΣΤΙΝ ΔΩΡΟΝ, NTS 16 (1969/70) 364-368 (dort Lit. 364 Anm. 2); Pesch, Mk I 374f; Material bei Bill. I 711-717.
[49] Δῶρον ist korrekte Wiedergabe des hebr. und aram. (gegen Pesch, Mk I 374) קרבן. Mt vermeidet gern Aramaismen, vgl. Bd. I 56 Anm. 98.
[50] Ned 5,6, vgl. 9,1 (bei Bill. I 716).
[51] Nach Schab 127b ist Nutzung durch den Weihenden verboten; nach Ned 33b-35a wird die Frage differenziert gelöst.

liche Polemik ist aber nicht gerecht: Die rabbinischen Diskussionen zeigen, daß den Schriftgelehrten das Problem unmoralischer Gelübde sehr wohl bewußt war und daß sie nach Möglichkeiten suchten, um solche Gelübde zu lösen. Eine Lösung war aber nur möglich, wenn der Gelobende selbst darum bat und wenn die Rabbinen das Vorliegen triftiger Gründe bejahten. Die Schwierigkeit bestand eben darin, daß für die Rabbinen an diesem Punkt gerade nicht Tora und Überlieferung gegeneinanderstanden, sondern Tora und Tora, nämlich das Gebot, die Eltern zu ehren, und die Unantastbarkeit der von Gott gebotenen Gelübde (Num 30,3; Dtn 23,24). Zugespitzt: Das Gelübdegebot war ein Stück der Tora, während die Überlegungen der Rabbinen, wie man unmoralische Gelübde aufheben könnte, den »Überlieferungen der Alten« zuzurechnen sind. Der Unterschied zwischen der rabbinischen und der frühchristlichen Auslegungstradition besteht darin, daß hier unter keinen Umständen die Grundgebote der Liebe und des Dekalogs durch ein Gelübde aufgehoben werden dürfen, während dort von Fall zu Fall kasuistische Lösungen gesucht wurden[52]. Doch gibt es auch im Judentum Ansätze, die in dieselbe Richtung weisen, die das Urchristentum ging: Es ist die Heiligkeit Gottes selbst, die unmoralische Gelübde verbietet[53]. Schon der Quellenbefund sollte also unschöne christliche Überlegenheitsgefühle gegenüber dem Judentum verbieten, die leider an dieser Stelle immer wieder auftauchen[54].

Mit einem Text aus dem im Urchristentum häufig zitierten[55] 29. Kap. des Jesajabuchs gipfelt Jesu Gegenangriff auf die Pharisäer und Schriftgelehrten. Betont redet er sie als »Heuchler« an, d.h. als Menschen, die etwas anderes tun, als sie sagen[56]. Sie reden vom Gehorsam, aber »ihr Herz« ist weit entfernt von Gottes Gebot. Was sie sagen, ist Menschenlehre; so formuliert das Bibelwort. Wird dadurch die Antithese zwischen Tora und »menschlicher« Überlieferung am Schluß doch zum Zentrum des ganzen Abschnitts? Das Zitat klingt so; aber weil es durch die bei Matthäus vorangehende Korbandiskussion bestimmt ist, in der es nicht um die bloß »menschliche«, sondern um die Gottes Gebot widersprechende Lehre und Praxis der Pharisäer und Schriftgelehrten ging, wird man nicht hier den Hauptakzent setzen[57]. Wie 13,14f ist es ein Bibelwort, das die Anklage formuliert. Und wie dort sagt das Bibelwort mehr als der Text: Nicht nur Israels Führer, sondern »dieses Volk« ehrt Gott

7–9

---

[52] Z.B. sind neue, nicht vorher vermutbare Umstände ein Grund für die Aufhebung von Gelübden: Ned 64b, vgl. Bill. I 715.
[53] Philo, Spec Leg 2,10-23 verbietet um der Wahrhaftigkeit des Eides willen alle Gelübde aus unfrommen Motiven. Ned 9,1 ist die »Ehre Gottes« ein Grund für die Auflösung von Gelübden, d.h. Gelübde können aufgelöst werden, wenn ein Mensch dadurch sündigt.
[54] Schon Origenes 11,9 = GCS Orig X 48 weiß (von einem »Hebräer«!), daß Geldgier (vgl. Lk 16,14) das heimliche Motiv der Pharisäer gewesen sei, die von den Zuwendungen an den Tempel profitiert hätten (sic!). Der Schweizer (!) A. Schlatter, auffällig durch wiederholte antisemitische Entgleisungen, schreibt 1933 (!), daß es »Rettung... für Israel nur dann (gebe), wenn es vom Pharisäismus befreit wird« (484). Sogar der Deutsche E. Käsemann, selbst gewiß kein blind Gehorsamer, geißelt (trotz der Erfahrungen mit der eigenen deutschen Geschichte 1933-1945!) den »für das Judentum so charakteristischen blinden Gehorsam« (* 239). Beschämend!
[55] 11,5; Röm 9,20; 1Kor 1,19; vgl. Kol 2,22.
[56] Bd. I 323.
[57] Dagegen sprechen auch die mt Änderungen in V 3-6, während der Wortlaut des Zitats vorgegeben ist. Gegen Pesch, Mk I 373 darf man auch nicht von einer festen Trad. sprechen, daß in der Endzeit »Gottes Gebot ... durch Menschensatzungen abgelöst werde«. Nur Test A 7,5 zeigt diesen Gegensatz.

nur mit den Lippen. Die Anklage gegen das ganze Volk ist im Kontext von Mt 15 noch grundlos; wir haben hier ein Signal, das auf das Ende der matthäischen Jesusgeschichte hinweist.

10 Jesus ruft das Volk zusammen, denn seine nun folgende Belehrung hat grundlegende Bedeutung für alle. Das ganze Volk ist zum Verstehen aufgerufen. Durch den Aufruf zum Verstehen und die nachfolgende besondere Jüngerbelehrung will der Evangelist wieder den ihm grundsätzlich wichtigen Tatbestand einschärfen: Zum Verstehen kommt es in der »›Schule‹ bei Jesus«[58].

11 Der nun folgende Spruch Jesu ist im matthäischen Kontext eine crux interpretum.

Bei *Markus* zielte 7,15 klar auf eine grundsätzliche Aufhebung des Unterschieds von Rein und Unrein[59]. Das ist vor allem von Mk 7,19 her eindeutig. Ebenso verstand wohl Paulus dieses Jesuswort, vgl. Röm 14,14. Sein ursprünglicher Sinn bei Jesus ist weniger klar. Da Jesus anderswo von einer *Vorordnung* innerer vor äußerer Reinheit zu sprechen scheint (Mt 23,25f, vgl. 23,23) und geschichtlich das Reinheitsgesetz vermutlich im Urchristentum erst mit dem Übergang zur Heidenmission aufgegeben wurde (vgl. Apg 10,9-16), ist es wahrscheinlicher, daß Jesus das Reinheitsgebot nicht grundsätzlich aufgab, sondern nur von Fall zu Fall den gewichtigeren Geboten, vor allem dem Liebesgebot, unterordnete. Dann ist Mk 7,15 in seinem Munde eine zugespitzte rhetorische Formulierung, die das Judenchristentum (zu Recht!) anders als im pln oder mk Sinn verstand.

Bei *Matthäus* besteht die Schwierigkeit darin, daß er den mk Text zwar bearbeitet hat, aber nicht so stark, daß sich eine andere Deutung als diejenige des Mk zwingend ergeben würde: Er präzisiert das mk εἰς αὐτόν / ἐκ τοῦ ἀνθρώπου durch στόμα und macht dadurch klar, daß es ihm vor allem um »Zungensünden« und um Speisen geht; Speisevorschriften aber machen für einen Juden nur einen Teil der Reinheitsgebote aus[60]. Noch wichtiger ist, daß Mt die exklusive und grundsätzliche mk Formulierung mit οὐδέν ἐστιν . . . ὃ δύναται κοινῶσαι vermieden hat. So wird das Logion bei Mt ein Stück weit »entgrundsätzlicht«. Sprachlich kann man es allerdings kaum als sog. dialektische Negation (»Nicht so sehr das, was in den Menschen hineingeht, als vielmehr

---

[58] Vgl. o. S. 315.318.339, u. S. 448f.
[59] Wortgeschichtlich ist die judengriech. Spezialbedeutung von κοινόω = »profanieren, verunreinigen« wohl in der vormakkabäischen Zeit entstanden, als um die Frage gestritten wurde, ob durch Identifikation der verschiedenen Kulte und durch Aufhebung ritueller Barrieren »Gemeinsamkeit« zwischen Juden und Griechen hergestellt werden könnte. Für die Hellenisten unter den Juden wird das Wort eine positive Bedeutung gehabt haben (»Gemeinsamkeit herstellen«), während ihm die übrigen Juden wohl, vielleicht in Anknüpfung an eine negative Spezialbedeutung »gemein, gewöhnlich«, einen negativen Sinn gaben (»gemein machen, entweihen, verunreinigen«). Mk 7,15 übernimmt den negativen Sprachgebrauch, wertet aber in der Sache das jüd. Urteil um. Vgl. Paschen* 165-168.
[60] Vgl. die Aufzählung der »Unreinheitsherde« Kelim 1,1-4, wo Speisen fehlen und nur indirekt dazu werden (bei nicht geschächtetem Fleisch durch das Blut und allenfalls beim Verzehr von Leichen). Viel häufiger sind die Fälle sekundärer Unreinheit von Speisen (durch unreine Dinge oder Menschen bzw. Flüssigkeiten), die in den Mischnatraktaten Toharot und Machschirin behandelt werden. Hier ist der Grad der Unreinheit leichter. Unreinheit von Speisen ist also nur ein kleiner Teil der Reinheitsgesetze!

Mt 15,11-14 425

...«) deuten. Auf der anderen Seite aber entstehen von V 17-20a her Schwierigkeiten, wenn man das Logion im Sinn eines grundsätzlichen Neins gegenüber dem Reinheitsgesetz deutet. Das wird die mt Bearbeitung von Mk 7,18f zeigen. Noch größer sind die Schwierigkeiten, die sich von anderen mt Texten, z.B. von 5,17-19; 8,1-4; 23,23-26, her ergeben.

V 11 bleibt schwierig. Ich nehme an, daß Matthäus – wahrscheinlich im Sinne des Judenchristentums vor ihm – nicht das Reinheitsgebot grundsätzlich aufheben wollte, sondern unser Jesuswort als eine zugespitzte Formulierung verstand, die auf die *Überordnung* des Liebesgebots über die Reinheitsvorschriften zielt. Was in den Mund hineingeht, verunreinigt, so müßte man von V 16 her ergänzen, nicht den ganzen Menschen, sondern nur seinen *Bauch*. Was aber aus dem Mund herauskommt, kommt aus seinem *Herzen* und zeigt darum, daß der ganze Mensch unrein ist. Klar für diese Deutung spricht der Gesamtbefund des Matthäusevangeliums, während der Text von V 11.16-20 für sich allein nicht eindeutig erklärbar ist. M.E. ist die Haltung des Matthäus gegenüber der Reinheitstora gleich wie diejenige Jesu und auch nicht weit entfernt von derjenigen des nicht-pharisäischen Diasporajudentums, für das das Sittengesetz im Vergleich zum Ritualgesetz immer das Gewichtigere war[61].

Im Kontext des Evangeliums hat der Grundsatz V 11 einerseits eine polemische Funktion gegen die Pharisäer. Die Lehre, die aus ihrem Mund kommt und die Gottes Gebot aufhebt, ist es, die sie verunreinigt. Bereits 12,33-37 hatte der Evangelist in einer Polemik gegen die Pharisäer auf die ungerechten Worte hingewiesen, die den ganzen Baum unbrauchbar machen. Diese Polemik wird Matthäus in V 12-14 vertiefen. Andererseits hat der Grundsatz V 11 auch eine paränetische Bedeutung für die Gemeinde. Davon wird Jesus in der Jüngerunterweisung V 15-20 sprechen.

Begreiflicherweise reagieren die Pharisäer, die jetzt als zur Zeit des Matthäus 12–14 wichtigste Exponenten des Judentums allein genannt werden, unwirsch. Jesus spricht nicht mehr zu ihnen, sondern zu den Jüngern, und kündigt in einem Bild das Gericht Gottes über die Pharisäer an. Das Bild der Pflanzung Gottes läßt an das Volk Israel oder an die auserwählte Heilsgemeinde denken[62]. Daß die Pharisäer nicht Pflanzung Gottes sind, wie Jesu Wort indirekt andeutet, schlägt ihrem Erwählungsbewußtsein ins Gesicht. Die Leser des Matthäusevangeliums denken an das Gleichnis vom Taumellolch im Weizenfeld zurück, wo auch ein Same wuchs, der nicht vom himmlischen Vater

---

[61] Vgl. z. B. Pseud Phok 228: Ἁγνεία ψυχῆς, οὐ σώματος εἰσι καθαρμοί (dialektische Negation?); Philo, Spec Leg 3, 208f (Unreinheit ist in erster Linie Ungerechtigkeit und Gottlosigkeit). Nimmt man dagegen an, Mt wende sich im Namen des Sittengesetzes gegen das Reinheitsgesetz, so rückte er in die Nähe der Position der von Philo bekämpften »Allegoristen« in Alexandria, des Barn oder einer Position des antiken Antijudaismus, für den das Ritualgesetz eine spätere Entartung des ursprünglichen von Mose gegebenen bildlosen Monotheismus ist (Strabo, Geogr 16,2,37 = C 761).

[62] Besonders nahe kommen Jer 45,4; Ps Sal 14,3f. Weitere Belege bei Gnilka II 25.

stammte und der von den Engeln des Menschensohns ausgerissen werden wird. Ἐκριζωθήσεται ist ein Passivum divinum mit einer Ankündigung göttlichen Gerichts. Die Jünger sollen mit den Pharisäern nichts mehr zu tun haben, denn sie sind blinde Führer (vgl. 23,16.24)[63], im Unterschied zu Jesus, der die Blinden heilt[64]. Die Blindheit der Pharisäer besteht auch nach 23,16-26 in ihrer Auslegung des Gesetzes, die Wichtiges von Unwichtigem nicht zu unterscheiden versteht und so den Willen Gottes *ganz* verfehlt. Sie wird in einer Katastrophe enden[65].

15f Ganz ähnlich wie in 13,10.36 bitten die Jünger Jesus durch Petrus als ihren Sprecher[66] um eine Erklärung der Parabel. Jesus will das Nichtverstehen der bisher noch unverständigen Jünger (vgl. 13,18-23.36-52; 16,9) durch seinen
17 »Unterricht« überwinden. In seiner Erklärung ist am interessantesten, was aus dem markinischen Text nicht mehr dasteht: Es fehlt, daß alles, was von außen in den Menschen kommt, ihn nicht verunreinigen *kann*, weil es nicht ins Herz hineingeht. Es fehlt die grundsätzliche markinische Opposition von außen und innen. Matthäus sagt nur: Die unreinen Speisen, die in einen Menschen hineingehen, gehen wieder hinaus, nämlich durch den Bauch auf den Abtritt. Er sagt auch nicht: Jesus erklärte alle Speisen für rein (Mk 7,19 fin). Vom ganzen Baum des rationalistischen Arguments gegen äußerliche Reinheit in Mk 7,18f ist bei Matthäus noch ein Stumpf übriggeblieben. Seine Kürzungen sind m.E. inhaltlich zu einheitlich, als daß sie als bloße Straffungen erklärt werden könnten.

18-20 V 18-20a entfalten die positive Seite des »Gleichnisses«: Was aus dem Mund kommt, kommt auch aus dem Herzen und betrifft damit nicht nur den Bauch, sondern den ganzen Menschen[67]. Matthäus setzt hier zwei Akzente: 1. Er betont Zungen- und Gedankensünden, die die Aufzählung der Laster rahmen[68]. 2. Er reduziert den markinischen Lasterkatalog und konzentriert ihn auf Sünden gegen die zweite Tafel des Dekalogs[69]. Die zweite Dekalogtafel – gegenüber Markus durch »falsches Zeugnis« ergänzt – erscheint bei Matthäus in korrekter, dem hebräischen Text entsprechender Reihenfolge. Wie für Philo und andere hellenistisch-jüdische Schriften ist für ihn der Dekalog grundlegender Ausdruck des Willens Gottes. Es geht ihm also in unserem Text nicht um Aufhebung des Gesetzes, sondern um seine Erfüllung und zugleich um seine Neugewichtung. Für ihn ist nicht nur – in biblischer Tradi-

---

[63] Das Logion nimmt vielleicht einen jüd. oder pharisäischen Anspruch auf Führerschaft auf, vgl. Röm 2,19; Jos Ap 2,41 und Wilckens, Röm I (EKK VI/1), 148 Anm. 381.
[64] Vgl. 12,22 mit nachfolgendem Einspruch der Pharisäer, 15,30f und die beiden »verdoppelten« Blindenheilungen 9,27-31 und 20,29-34.
[65] Gnilka II 25 mit Anm. 29: »in die Grube fallen« als bibl. Bild für ein katastrophales Ende.

[66] Vgl. Exkurs zu 16,13-20 (u. S. 467).
[67] Hieronymus 131f bemerkt zu Recht, in dieser Anthropologie sei das »animae principale non secundum Platonem in cerebro sed iuxta Christum in corde«.
[68] Διαλογισμοὶ πονηροί / ψευδομαρτυρίαι, βλασφημίαι. Vgl. äth Hen 5,4 (hochmütige und harte Worte aus unreinem Mund).
[69] Vgl. Berger, Gesetzesauslegung I 503.

tion – Unreinheit etwas Ganzheitliches[70], sondern dieses ganzheitliche Verständnis ist akzentuiert: Reinheit ist *primär* eine solche des Herzens und äußert sich in Worten und Taten.

Ganz zum Schluß lenkt Matthäus wieder zum ursprünglichen »Fall«, dem Händewaschen, zurück. Jesus hatte die in V 1f gestellte Frage der Pharisäer und Schriftgelehrten noch gar nicht beantwortet, sondern statt dessen die Fragesteller als Heuchler entlarvt. Nun erhalten die Jünger, die es betraf (V 2), die Antwort. Sie knüpft sprachlich an V 11 an und macht deutlich, daß auch gegenüber dem Händewaschen der Grundsatz von V 11 gilt. Mit ungewaschenen Händen essen verunreinigt den Menschen nicht. Warum fügt Matthäus diesen Schluß an? Man kann eine formale Antwort geben. Das lange Streit- und Schulgespräch braucht literarisch eine Abrundung. Man kann auch inhaltliche Antworten geben. Die eine lautet: Matthäus ging es in dieser ganzen Auseinandersetzung *nur* um eine eigene, christliche Halaka zum Händewaschen, und darauf hat er den ganzen markinischen Text hingelenkt[71]. Dann hätte aber die lange Auseinandersetzung ein Mäuschen geboren. Man muß darum eine andere Antwort geben und auf die Situation der matthäischen Gemeinde hinweisen: Sie versteht sich im Gegenüber zur pharisäisch bestimmten Synagoge als die wahre Erbin von Gesetz und Propheten. Das Händewaschen ist für Matthäus ebenso wie die Reinheit eine Schlüsselfrage in der Auseinandersetzung mit den Pharisäern um das, was Israel zu Israel macht. Darum geht es bei diesem Problem um weit mehr als nur um irgendeine spezielle halakische Frage. Und darum ist der ganze Text so voller schroffer Polemik. 20b

Auch bei V 20b muß am Schluß das Eingeständnis stehen, daß er bei keiner Deutung sich wirklich stringent in den Gedankengang einfügt. Nähme man an, Mt wolle in V 11 das Zeremonialgesetz aufheben (Deutung 1), so bliebe in V 20 eine Unklarheit, denn das Händewaschen ist gar nicht Teil des Gesetzes, sondern nur der pharisäischen Überlieferung. Nimmt man aber an, daß es Mt um eine Vorordnung des Sittlichen vor dem Rituellen geht (Deutung 2), so ist V 20b zu knapp: Eigentlich müßte Jesus sagen, daß das Händewaschen ein Adiaphoron sei, das man auch tun könne, solange es die Erfüllung der zentralen Gebote Gottes nicht behindere[72]. Daß Mt dies nicht sagt, hängt m.E. damit zusammen, daß es von pharisäischer Seite her eben kein Adiaphoron war, sondern ein für die damalige Auseinandersetzung entscheidender Punkt, wo die Judenchristen um der Pharisäer willen Farbe bekennen mußten.

Wir rekapitulieren zunächst den schwierigen Aufbau der Perikope. Die Frage der Pharisäer nach dem Händewaschen wird in doppelter Weise abgehandelt: Öffentlich polemisiert Jesus gegen die Art und Weise, wie sie mit Hilfe der

Zusammenfassung und

---

[70] Vgl. z.B. Jes 1,16; Hag 2,14; 1QS 3,46; rabb. Belege bei R. Meyer, Art. καθαρός κτλ., ThWNT III 436,22ff. Umfassende Darstellung des bibl. und qumranischen Befundes bei Paschen* 17-151.

[71] Vgl. o. S. 418 mit Anm. 27.

[72] Zwischen dem Händewaschen und dem Korban besteht ein Unterschied!

Wirkungs- Überlieferung der Väter den Willen Gottes umgehen (V 3-9). Der zweite Ar-
geschichte gumentationsgang V 10-20 weitet das Problem aus und behandelt die Frage
inhaltlich: Das Händewaschen gehört zu den Fragen äußerer Reinheit, die
nicht den ganzen Menschen betreffen.
Kehren wir zurück zu den eingangs[73] gestellten Interpretationsalternativen:
Wir haben uns – eindeutig aufgrund des Textbefundes bei Matthäus im ganzen, weniger eindeutig aufgrund unseres Einzeltextes – dafür entschieden,
daß für Matthäus die grundlegenden Sittengebote des Dekalogs und die
Wahrhaftigkeit der Rede auf alle Fälle den Vorrang vor ritueller Reinheit haben, ohne daß er deswegen Teile der Tora grundsätzlich außer Kraft setzen
möchte (= Deutung 2). Seine Sicht der mündlichen, nachbiblischen Überlieferung der Väter ließ sich dagegen nicht eindeutig bestimmen. M.E. ging es
Matthäus in diesem Text weder darum, die Überlieferung der Alten grundsätzlich abzulehnen (Deutung a), noch darum, sie grundsätzlich zu bejahen
und nur die pharisäische Halaka durch eine eigene zu ersetzen (Deutung b).
Von der Überlieferung sprach er nur polemisch, nicht thematisch. So kann
man nur sagen: Wo die Überlieferung der Ältesten mit Gottes Gebot selbst in
Konflikt kommt, lehnt Matthäus sie kategorisch ab. Nur vom Ganzen seines
Gesetzesverständnisses her kann man sagen: Matthäus versteht Jesu Verkündigung nicht als (zur Tora hinzukommende und sie aktualisierende) Überlieferung, sondern als direkte, die Tora von ihrem Zentrum her erfüllende Proklamation des Willens Gottes (5,17-48). Für ihn entscheidet sich wie für Jesus
jeweils in konkreter Situation von der Liebe als zentralem Gebot her, welchen Stellenwert die einzelnen Gesetzesvorschriften haben. Von daher
scheint es für eine Überlieferung im jüdischen Sinn keinen Raum mehr zu geben.
Darüber hinaus ist ihm dieser Text noch aus zwei anderen Gründen wichtig:
Er spitzt die Polemik gegen die Pharisäer und Schriftgelehrten bis zur Gerichtsankündigung zu und bereitet so Jesu dritten »Rückzug« vor (15,21).
Und er enthüllt den fragenden Jüngern die ethische Bedeutung seines Gleichnisses und führt sie zum Verstehen.
Die Frage nach den pharisäischen Vorschriften des Händewaschens wurde
durch die spätere Geschichte, die die matthäische Gemeinde in die Gemeinschaft des Heidenchristentums führte, schon früh erledigt. Die kirchliche
Auslegung, die den Text aktualisieren wollte, hat deshalb zu den jüdischen
Ritualgesetzen Analogien in der eigenen kirchlichen Situation gesucht: Sind
z.B. die kirchlichen Fastengebote im Lichte von Mt 15,11 richtig? Hier muß
unterschieden werden: Nicht das Fleisch oder andere Speisen sind schädlich
(vgl. 1Tim 4,4), sondern das, was durch sie im Herzen ausgelöst wird: Gier,
Luxus[74]. Es geht also beim Fasten nicht um Vermeidung von Fleisch, sondern

---

[73] Vgl. o. S. 418.
[74] Origenes 11,12 = GCS Orig X 53f (πλεο-
νεξία, Vergötzung des Bauches; mit Verweis
auf Röm 14,23); Lapide 303 (gula, luxuria).

Sehr präzise formuliert Wolzogen 309: Es ist
die mala intentio, die den Menschen verunreinigt.

um Selbsterziehung oder um Einübung der Freiheit zum Verzichten. Eine andere, wichtige Anwendung gibt Johannes Chrysostomus gegenüber sexuellen Enthaltsamkeitsvorschriften: Nicht durch sexuelle Enthaltsamkeit an sich ist man Gott gehorsam oder durch Geschlechtsverkehr in der Ehe ungehorsam, sondern erst dann lebt man am Gebot Jesu vorbei, wenn man nach dem ehelichen Geschlechtsverkehr nicht zu beten wagt, »obwohl darin nichts Böses liegt«. Das ist offenbar ein Problem seiner Zeit, während man in anderen Dingen »tolerant« war: »Wenn du aber geschmäht oder gelästert hast,... erhebst du deine Hände?«[75] Unser Text enthält ein Sinnpotential, das sich gegen alle asketisch-gesetzlichen religiösen Vorschriften richtet, die den Menschen nur äußerlich betreffen.

2.3 Die Begegnung mit der kanaanäischen Frau (15,21-28)

Literatur: Dermience, A., La pericope de la Cananéenne (Mt 15,21-28), EThL 58 (1982) 25-49; *Harrisville, R.*, The Woman of Canaan, Interp. 20 (1960) 274-287; *Kasting, H.*, Die Anfänge der urchristlichen Mission, 1969 (BEvTh 55), 109-115; *Légasse, S.*, L'épisode de la Cananéenne d'après Mt 15,21-28, BLE 73 (1972) 21-40; *Lovison T.*, La pericopa della Cananea Mt 15,21-28, RivBib 19 (1971) 273-305; *Neyrey, J.H.*, Decision Making in the Early Church, ScEs 33 (1981) 373-378; *Ringe, S.H.*, A Gentile Woman's Story, in: L.M. Russell (Hrsg.), Feminist Interpretation of the Bible, Oxford 1985, 65-72; *Rusche, H.*, Für das ›Haus Israel‹ vom ›Gott Israels‹ gesandt, in: H. Goldstein (Hrsg.), Gottesverächter und Menschenfeinde?, Düsseldorf 1979, 99-122; *Russell, E.A.*, The Canaanite Woman and the Gospels (Mt 15,21-28; cf. Mk 7, 24-30), in: Studia Biblica 1978 II (JStNT.S 2), 263-300; *Theißen, G.*, Lokal- und Sozialkolorit in der Geschichte von der syrophönikischen Frau (Mk 7,24-30), ZNW 75 (1984) 202-225; *Trilling*, Israel 99-105.

21 Und als Jesus von dort hinausging, zog er sich zurück in die Gegend von Tyrus und Sidon.
22 Und siehe, eine kanaanäische Frau aus jenem Gebiet kam heraus, schrie und sagte: »Erbarm dich meiner, Herr, Sohn Davids! Meine Tochter ist schlimm besessen!« 23 Er aber antwortete ihr kein Wort. Und seine Jünger traten herzu, baten[1] ihn und sagten: »Schick sie weg, denn sie schreit hinter uns her!«
24 Er aber antwortete und sagte: »Ich bin nur zu den verlorenen Schafen des Hauses Israel gesandt!«
25 Sie aber kam, fiel vor ihm nieder und sagte: »Herr, hilf mir!« 26 Er aber antwortete und sagte: »Es ist nicht gut, das Brot der Kinder wegzunehmen und es den Hunden vorzuwerfen!« 27 Sie aber sagte: »Gewiß,

---

[75] 51,5 = 735.
[1] Ἠρώτουν statt ἠρώτων: Vermischung der Flexionstypen auf -ᾶν und -εῖν kommt in der Koine manchmal vor (Bl-Debr-Rehkopf § 90).

Herr! Und (doch) fressen ja die Hunde von den Brocken, die vom Tisch ihrer Herren fallen!«
28 Da antwortete Jesus und sagte ihr: »Frau, dein Glaube ist groß! Es geschehe dir, wie du willst!« Und ihre Tochter wurde von jener Stunde an gesund.

Analyse 1. *Aufbau.* Der einleitende V 21 enthält wieder einen Rückzug Jesu, wie 12,15; 14,13. Der Schauplatz wechselt also gegenüber der vorangehenden Geschichte. Vor allem wechselt Jesu Gegenüber ganz abrupt: Nach den jüdischen Führern tritt eine heidnische Frau auf. Die Heilungsgeschichte beginnt erst in V 22. Gegenüber dem stilgemäßen Aufbau von Fernheilungen[2] fällt auf, daß die Bitte der Stellvertreterin und die abschließende Heilungszusage ganz kurz sind (V 22.28 mit Inklusion: γυνή, θυγάτηρ). Das Gewicht liegt auf dem dazwischen liegenden Dialog und dort vor allem auf der Erschwerung der Erfüllung der Bitte durch Jesus. Sie geschieht in V 23f in drei Etappen: durch das Schweigen Jesu, durch den Vorschlag der Jünger, die Frau wegzuschicken, und schließlich durch eine Antwort Jesu, die diesem Vorschlag der Jünger eine sehr grundsätzliche Begründung gibt. Die Ablehnung ist so massiv, daß die Frau in V 25 ihre Bitte wiederholen muß[3]. Die kategorische Antwort Jesu in V 26 ist eine neue Erschwerung. Diese Antwort biegt die Frau in V 27 um und liefert so den Vertrauensbeweis. Nach V 28 tritt wieder ein Wechsel des Schauplatzes und der Personen ein; die Verklammerung der Geschichte im unmittelbaren Kontext ist also ganz schwach. Hingegen fallen eine Reihe von wörtlichen Beziehungen zum weiteren Kontext auf: Die Anrede der Frau an Jesus V 22 erinnert an 9,27. Die Antwort Jesu in V 24 nimmt 10,5f auf. Der Schluß in V 28 erinnert an 8,13.

2. *Quellen.* Quelle unseres Textes ist Mk 7,24-30; es gibt keine anderen oder Nebenquellen[4]. Vor allem in V 22-25 und 28 ist er von Mt vollkommen neu geschrieben worden; in diesen Versen sind die red. Sprachmerkmale außerordentlich dicht[5]. Mt hat hier nur einige Vokabeln von Mk verwendet; außerdem wirkt Mk 10,47f ein. Auch V 24 ist also wohl red. Da er Teil eines ganz red. gestalteten Dialogs ist, wird man nicht mit einem traditionellen Jesuslogion[6], sondern mit einer mt Formulierung im Anschluß an das trad. Logion 10,5f rechnen[7]. Der mt Neubearbeitung fällt wie öf-

---

[2] Pesch, Mk I 386 nimmt folgende Topoi an: 1. Bitte des Stellvertreters, 2. Erschwernis, 3. Vertrauensäußerung des Stellvertreters, 4. Zuspruch und Entlassung.
[3] V 22 und 25: zweimal ἐλθοῦσα und κύριε.
[4] Vgl. vor allem Lovison* und Dermience*.
[5] Vgl. Bd. I Einl. 3.2 zu ἰδού, ἀπό, ἐκεῖνος, ἐξέρχομαι, κράζω, λέγων, ἐλεέω, κύριε, υἱὸς Δαυίδ, κακῶς, δαιμονίζομαι (V 22), δέ, ἀποκρίνομαι, προσελθών, μαθητής, λέγων, κράζω (V 23), ὁ δὲ ἀποκριθεὶς εἶπεν (V 24), δέ, ἐλθών, προσκυνέω, λέγων, κύριε (V 25), τότε, ἀποκριθεὶς εἶπεν, γενηθήτω, θέλω, ἀπὸ τῆς ὥρας ἐκείνης (V 28). Θυγάτριον (Diminutiv!) und ἀκάθαρτος sind Meidevokabeln, vgl. Bd. I Einl. 3.3. Zu οὐκ... εἰ μή (V 23) vgl. 12,24; 14,17; [17,21] (immer red.). Zu οὐκ ἀποκρίνομαι λόγον (V 23) vgl. 22,46; 27,14 (LXX: 3Βασ 18,21; 4Βασ 18,36; Jes 36,21; 1Makk 15,35). Zu V 24 vgl. 10,5f. Ἀπεστάλην ist LXX-Sprache (Dermience* 36-38).
[6] So vor allem J. Jeremias, Jesu Verheißung für die Völker, Stuttgart 1956, 24 (V 24 ein Jesuswort) und Bultmann, Tradition 38 (V 24 trad. Herrenwort; Mk ist demgegenüber sekundär, vgl. auch Hahn, Mission 45 (V 24 stammt aus einem partikularistischen Judenchristentum).
[7] Vgl. o. S. 88-90. So schon v Dobschütz, ZNW 27 (1928) 339 und wiederum Trilling, Israel 99f.105. Frankemölle, Jahwebund 137-139 hält auch 10,5f für red. Strecker, Weg 108.194f rechnet im Anschluß an Bultmann (o. Anm. 6) damit, daß 15,24 gegenüber 10,5f primär sei.

ters das mk Geheimnismotiv (Mk 7,24a) zum Opfer. Ebenso entfällt die mk Exposition, die das Problem der Frau benennt (Mk 7,25a.b). Bei Mt kommt – viel eleganter – die Frau sofort zu Jesus und spricht in direkter Rede ihre Not aus (V 22). V 28 ist nach Analogie von 8,13 neu formuliert: Aus dem fernwirkenden Exorzismus zugunsten einer Heidin (Mk 7,29f) ist bei Mt ein Glaubenswunder geworden. In seinem Aufbau erinnert der Text jetzt an Mk 10,46-52, wo ebenfalls der Kranke die Bitte um Heilung zweimal formuliert, weil die Umstehenden ihn wegzudrängen versuchen. Die ganze mt Bearbeitung verrät hohe literarische Kunst.

In der Auslegungsgeschichte unseres Textes standen immmer zwei Deutungsrichtungen nebeneinander: a) die heilsgeschichtliche und b) die paränetisch-existentielle. Beide konnten im Mittelalter durch den mehrfachen Schriftsinn miteinander verbunden werden. *Wirkungsgeschichte*

a) Die *heilsgeschichtliche Deutung* bediente sich der allegorischen Methode. Ihre einflußreichsten Vertreter sind Hilarius und Hieronymus. Die Kanaanitin deutet Hilarius als Proselytin, die für ihr Kind, die Heiden, bittet[8]. Die Fernheilung entspricht der Situation der Heiden: Sie werden nicht durch die Begegnung mit Jesus, sondern durch sein Wort gerettet[9]. Vor allem V 26 wird allegorisch verstanden: Die Hunde sind die Heiden, die Kinder sind Israel. Das Brot ist nicht wirkliches Brot, sondern die Lehre, das Evangelium[10]. Der Tisch ist die heilige Schrift[11]. Hier zeigt sich besonders deutlich, wie die allegorische Auslegung die Wundergeschichte spiritualisiert und theologisiert. Oft wiederholt wird eine prägnante und schroffe Formulierung des Hieronymus: Früher waren die Juden Kinder und die Heiden Hunde, jetzt ist es umgekehrt[12]. Sehr prägnant und exegetisch richtig formuliert Calvin: Unsere Geschichte gehört zu den »Vorzeichen« dessen, was nach Ostern sein wird[13].

b) Die *paränetische Deutung* spiegelt stärker die geschichtlichen und auch die konfessionellen Wandlungen. In der alten Kirche, im Mittelalter und in der nachreformatorischen katholischen Auslegungstradition wird der Glaube vor allem als Tugend verstanden. Zu ihm gehören z.B. Bescheidenheit, Beharrlichkeit, Ehrfurcht, Klugheit, Vertrauen[14], aber vor allem *Demut*. Den stärksten Ausdruck der Demut der Frau sahen die Ausleger im Anfang von V 27: »›Hund‹ hatte sie der Herr genannt. Sie sagte nicht: ›Ich bin es nicht‹, sondern sie sagte: ›Ich bin es!‹«[15]. Während ein mittelalterlicher Ausleger im Verhalten der Frau männliche Tugenden sah[16], war für einen neuzeitlichen protestantischen Exegeten das demütige Empfangen der Gnade der Inbe-

---

[8] Hilarius 15,3 = SC 258,36.
[9] Augustin (Quaest) 1,18 = 17.
[10] Theodor v Mopsuestia fr 83 = 126 (Lehre durch Worte und Zeichen); Maldonat 314 (Evangelica gratia).
[11] Christian v Stavelot 1390.
[12] 134, vgl. Rabanus 980; Dionysius d Karthäuser 184. In antijüd. Version Johannes Chrysostomus, Adv Jud 1,2 = PG 48, 843: Die Juden, die ihre Propheten getötet haben, sind zu Hunden degeneriert.
[13] II 42, ähnlich klar schon Zwingli 335: Mt 15,24 hat eine zeitlich begrenzte Bedeutung.
[14] Vgl. Lapide 307; Hieronymus 133 (fides, patientia, humilitas); Johannes Chrysostomus 52,2 = 742-745 (Ausdauer, Klugheit, Demut).
[15] Augustin, Sermo 77,11, vgl. 77,1.13 = PL 38,487, vgl. 483.488f; Petrus Chrysologus, Sermo 100,4 = CChr.SL 24A,619.
[16] Albertus Magnus 618: »masculinum sibi ingerens animum«.

griff der weiblichen Seele[17]. In unserem Jahrhundert ändert sich die Grundstimmung: Demütige Unterwerfung ist nicht mehr gefragt. Das Wort von den Kindern und den Hunden wird als »atrocious saying« und »worst kind of chauvinism« empfunden[18], und der Gedanke ist für manche unvorstellbar geworden, daß Jesus solche Unterwürfigkeit verlangt haben könnte. Aber zum Glück hat ihn inzwischen die historisch-kritische Exegese von der Verantwortung dafür entlastet, indem sie das Logion oft für unecht erklärte[19]!

In der reformatorischen Tradition wird der *Glaube* statt der Demut zum Zentrum der Geschichte. Vor allem Luther hat in zwei eindrücklichen Predigten[20] unsere Geschichte auf den Glauben wider allen äußeren Anschein hin ausgelegt. »Christus stellt sich hier so, wie das Herz es fühlt. Es meint, es sei lauter Nein da, und ist doch nicht wahr. Darum muß sich das Herz von seinem Fühlen abkehren und das tiefe heimliche Ja unter und über dem Nein mit festem Glauben auf Gottes Wort fassen und halten, wie dies Weiblein tut«[21]. Für die meisten reformatorisch bestimmten Ausleger wird unsere Geschichte zur Glaubensgeschichte[22], auch wenn die Akzente sich ändern: An die Stelle der unbeirrbaren, im Gebet sich äußernden Zuversicht der Frau traten oft die Hindernisse, die der als Tat verstandene Glaube überwinden mußte[23]. Die in heutiger Exegese »klassische« Deutung unserer Geschichte durch H. J. Held, der sie als lehrhaften Dialog zum »Thema des Glaubens«[24] versteht, gehört in diese protestantische Auslegungstradition.

Erklärung 21 Wir versuchen, diese beiden Deutungsrichtungen im Text selbst zu verfolgen und zu präzisieren. Schon im ersten Vers wird der heilsgeschichtliche Skopus deutlich. Nach den Angriffen der Pharisäer und Schriftgelehrten zieht sich Jesus wiederum zurück. Er geht in die Gegend von Tyrus und Sidon[25] und trifft dort eine heidnische Frau, die zu ihm herauskommt. Χαναναῖος ist nicht nur ein biblischer Ausdruck für »heidnisch«[26], sondern vermutlich auch die Selbstbezeichnung der Phönizier[27] zur Zeit des Matthäus[28]. Der Syrer Matthäus, der vielleicht Aramäisch konnte, hätte dann die typisch »westliche«

---

[17] Olshausen 506: »Glaube und Demuth sind so innig eins . . .; sie locken das himmlische Wesen selbst ins Irdische hernieder. Es erscheint hier . . . der Glaube . . . als innerer Seelenzustand . . ., als die vollkommene Weiblichkeit der Seele«.
[18] Beare 342f.
[19] Zur Echtheitsfrage vgl. Pesch, Mk I 390f.
[20] Predigt vom 21. 2. 1524 = WA 15,453-457; Fastenpostille 1525 = WA 17/II 200-204.
[21] Luther II 510 (= Fastenpostille 1525).
[22] Vgl. z.B. Bucer 136; Bullinger 151. Eindrücklich ist Zinzendorf II 1030: »»Ja Herr! Aber doch«. Man kans nicht kürzer fassen; es ist wirklich die ganze Glaubens-Theorie beysammen in den drey, vier Worten«.
[23] Vgl. z.B. Dickson 214f: Die Geschichte handelt von vier »trials of faith«.
[24] Matthäus 186-189, Zitat 182.

[25] Beliebtes atl. heidnisches Städtepaar, vgl. o. 11,21 und S. 194 Anm. 20.
[26] Vgl. Klauck, Allegorie 274.
[27] »Phönizier« ist griech. Übersetzung von »Kanaanäer«: Φοῖνιξ ist griech. und vom Adj. φοῖνος = rot abgeleitet (G. Wallis, BHH III 1465). Kanaan bezeichnet »bis in die hellenist. Zeit die syr. Küste, das Gewinnungsgebiet des *kinachchu*, des roten Purpurs, mit Hinterland« (J. Hempel, BHH II 926). Daß Phönizien zu Kanaan gehört, zeigt Jes 23,11f.
[28] Nach Augustin, Expos in Rom 13 = CSEL 84,162 nannten die »rustici« in Hippos sich »Chanani«. Mittelhebr. כְּנַעֲנִי heißt »Kanaanäer«, »Phönizier« und »Kaufmann« (Jastrow I 650). »Kanaan« als Landbezeichnung ist auf Münzen des 2. Jh.s v.Chr. und nach O. Eissfeldt (Art. Phoiniker [Phoinikia], PW XX/1 354) bei Philo Byblius bezeugt.

Bezeichnung Συροφοινίκισσα²⁹ (Mk 7,26) durch eine eigene, »einheimische« ersetzt³⁰.

Aber ging Jesus nach Mt wirklich in heidnisches Land? Dies wird bestritten³¹, und zwar aus zwei sich widersprechenden Gründen: a) Geographisch war das Stadtgebiet von Tyrus damals sehr groß und reichte bis nach Kedesa (weniger als 10 km nordwestlich des Merom-Sees). Es umfaßte weite Gebiete, die nach biblischer Sicht zum heiligen Land, nämlich zu den Stämmen Asser, Dan und Naftali, gehörten und sicher damals z.T. jüdisch besiedelt waren³². Jesus kann sich also in tyrischem Gebiet, aber in jüdischen Dörfern aufgehalten haben. Biblisch gesehen bliebe er im »heiligen Land«. Der ›heidnische‹ Ausdruck »die Gegend von Tyrus und Sidon« zeigt aber, daß Matthäus nicht am Gedanken des »biblischen« heiligen Landes interessiert war. b) Philologisch könnte V 22 heißen, daß die Frau »aus jenem Gebiet herauskam«, so daß sie Jesus in Galiläa und nicht im tyrischen Gebiet getroffen hätte. Dann müßte εἰς τὰ μέρη Τύρου καὶ Σιδῶνος »in Richtung auf« das Gebiet von Tyrus und Sidon heißen. Aber das ist unwahrscheinlich: Ἀπὸ τῶν ὁρίων ἐκείνων ist fast sicher auf γυνή und nicht auf ἐξελθοῦσα zu beziehen³³. Für εἰς ist es ohnehin naheliegender, die übliche Deutung »in (hinein)« anzunehmen³⁴.

Jesus ging also vorübergehend in das Gebiet der heidnischen Städte Tyrus und Sidon, ebenso wie 8,28-34 ins Land der Gadarener, trotz 10,5f. Bereits in der nächsten Perikope wird er wieder in Israel sein. Am heilsgeschichtlich-geographischen Problem des heiligen Landes scheint Matthäus weniger interessiert zu sein als an den Personen: Wichtig ist für ihn die Begegnung Jesu mit einer Heidin. Sie ist wie diejenige mit dem Hauptmann von Kafarnaum eine Ausnahme, die Matthäus als solche hervorhebt. Aber diese Ausnahme hat Zukunft.

Wie andere, die bei Jesus Heilung suchen, schreit³⁵ die Frau in ihrer Not andauernd³⁶. Daß sie eine ledige Mutter oder eine Witwe ist, weil sie und nicht wie 8,5f; 9,18; 17,14f der Vater wegen des Kindes zu Jesus »herauskommt«³⁷, ist ebenso unbeweisbar wie dies, daß sie eine griechischsprachige Städterin aus besseren Verhältnissen gewesen sein könnte³⁸. Aber Matthäus ist an bei-

---

²⁹ Theißen* 222. Die Karthager waren Lybophönizier. Vor allem aus westlicher (römischer?) Perspektive mußten die Phönizier von den näher wohnenden Karthagern unterschieden werden.
³⁰ Daß er Phönizier gewesen ist (so Kilpatrick, Origins 132f), muß man deswegen nicht annehmen.
³¹ Z.B. von Manson, Sayings 200; Kasting* 113; Légasse* 24-26; Donaldson, Jesus 132; Schweizer 215.
³² A. Alt, Die Stätten des Wirkens Jesu in Galiläa, in: ders., Kleine Schriften zur Geschichte des Volkes Israel II, München 1953, 453f; A.H.M. Jones, The Cities of the Eastern Roman Provinces, Oxford ²1971, 270; Theißen* 217-219.
³³ Das ergibt sich aus der Wortstellung, vgl. 4,25; 27,57. Sonst würde bei Mt das Verb voranstehen, vgl. 14,13; 19,1; 20,29; 24,1. Ἐξέρχεσθαι kann bei Mt gut absolut stehen, 9,31; 14,14 [Hinweis C. Riniker].
³⁴ Wie Mk 7,24. Eine Korrektur deutet Mt hier nicht an.
³⁵ Vgl. 8,29; 9,27; 20,30f, vgl. 21,15.
³⁶ Impf.!
³⁷ Ringe* 70.
³⁸ Das vermutet Theißen* 211-213 aufgrund von Ἑλληνίς (Mk 7,26) und κλίνη (Mk 7,30).

dem nicht interessiert. Seine Angaben über die Frau sind spärlich; nur ihr unentwegtes Schreien deutet die Größe ihrer Not an. Not lehrt beten: Sie redet Jesus in biblischer Psalmsprache[39], also in der Gemeinde vertrauter Gebetssprache an. Das ermöglicht den Leser/innen die Identifikation mit ihr. Κύριε ist Christusanrede von Jüngern und Hilfesuchenden[40]. Mit der Anrede »Davidssohn« drückt die Heidin aus, daß sie sich an den Messias Israels wendet, der in seinem notleidenden Volk schon viele Menschen geheilt hat[41]. Sie weiß also, daß Jesus zu Israel gesandt ist; und gerade darin, daß sie trotzdem zu ihm schreit, zeigt sich ihr Glaube.

23f Die Jünger versuchen, die Frau zu verscheuchen. Ihre Rolle ist eine negative, wie 14,15; 19,13. Ihre Interpretation des Schreiens der Frau ist nicht sehr freundlich; sie hören nicht ihre Not, sondern daß sie hinter ihnen her schreit und sie belästigt.

Es ist verständlich, daß diese Unfreundlichkeit nicht ins hergebrachte kirchliche Jüngerbild paßte und daß man die Jünger zu entlasten versuchte. Die alte Kirche deutete weithin ἀπόλυσον αὐτήν als »laß sie frei«, d.h. »willfahre ihrer Bitte«[42]. Diese Deutung hatte wieder theologiegeschichtliche Konsequenzen: Die fürbittenden Jünger wurden offenbar im Spätmittelalter Typen für die Fürbitte der Heiligen. Dagegen wandte sich die reformatorische Exegese, die den eigentlichen Sinn von V 23b wieder entdeckte. Für Luther zeigt so der Text, daß die Fürbitte der Heiligen unnötig ist[43].

Das Jesuswort V 24 steht nicht unverbunden im Kontext[44], sondern hat rhetorisch gegenüber der Frau eine präzise Funktion: Jesus verstärkt die Ablehnung durch die Jünger und gibt ihrer Unfreundlichkeit gleichsam heilsgeschichtliche »Würde«. Die verlorenen Schafe des Hauses Israel[45] sind nicht nur die »schwarzen Schafe« in Israel, sondern das ganze Gottesvolk, dem Jesu Sendung gilt. V 24 ist feierlich als Sendungswort, in biblischer Sprache[46] und so grundsätzlich und exklusiv[47] formuliert, daß für die Erfüllung der Bitte der Frau kein Raum mehr bleibt. Die Ablehnung von Heiden, die Jesus schon 8,7 in einem konkreten Fall formulierte, wird hier zum Prinzip, das sich aus seiner Sendung durch Gott[48] ergibt. Von hier aus ist klar, daß der Missionsbefehl zu den Heiden (28,18-20) eine grundsätzliche Wende des göttlichen Plans bedeuten wird[49]. Im Rückblick der matthäischen Gemeinde, die vom Herrn den

---

[39] Ἐλέησόν με κύριε: ψ 6,3; 9,14; 26,7; 30,10; 40,5; 85,3; 122,3 etc.
[40] Vgl. o. S. 9.
[41] Vgl. zu 9,27 o. S. 58f und den Exkurs dort. Man darf natürlich nicht fragen, wieso die Heidin wußte, daß Jesus der Davidssohn ist (deswegen wurde sie auslegungsgeschichtlich zur Proselytin, vgl. o. Anm. 8), sondern nur, was Mt mit dieser Anrede sagen wollte.
[42] Z.B. Hilarius 15,2 = SC 258,34. Vgl. noch die Einheitsübersetzung: »Befrei sie (von ihrer Sorge)«. V 24 lehnt dann die Bitte der Jünger ab. Die Begründung der Jüngerbitte im ὅτι-Satz wird dann allerdings sehr merkwürdig.
[43] II 504 = Predigt vom 21. 2. 1524.
[44] So Trilling, Israel 101; Lachs 248.
[45] Gen. epexegeticus, vgl. o. S. 90.
[46] Vgl. Anm. 21 zu 10,5-15.
[47] Οὐκ ... εἰ μή.
[48] Ἀπεστάλην: Pass. divinum.
[49] Mk sieht das anders, vgl. Z. Kato, Die Völkermission im Markusevangelium, 1986 (EHS.T 252).

Auftrag zur Heidenmission empfangen hat, ist V 24 »historisch«[50], aber deswegen nicht überholt und nichtssagend: Die Gemeinde hört daraus, daß Gott seinen besonderen Verheißungen gegenüber Israel treu blieb, als er den Davidssohn Jesus sandte. Sie hört auch, daß Israel durch seine Ablehnung Jesu Schuld gegenüber Gott auf sich geladen hat[51]. Seine Zuwendung zu den Heiden nach Ostern ist ein neuer, unerhörter Gnadenakt des Auferstandenen. Das, was Jesus in unserer Geschichte mit der heidnischen Frau tut, ist ein »Signal« auf diese kommende, unerhörte Gnade Gottes hin.

Die Frau wendet sich Jesus nochmals zu und fällt vor ihm huldigend zu Boden 25 (vgl. 8,2; 9,18). Wieder redet sie ihn als »Herr« an, und wieder fleht sie ihn mit Worten an, die aus der Gebetssprache der Psalmen stammen[52]. Wieder ant- 26 wortet ihr Jesus abschlägig. Die Interpretation des Bildwortes von den Hunden und den Kindern schwankt zwischen verharmlosender Entschuldigung, die das Beleidigende des Vergleichs mit den Hunden verniedlicht[53], historischer Erklärung aus den sozialen Spannungen der Gegend[54] und Empörung über Jesu Engstirnigkeit[55].

Für die Deutung des Bildgehaltes ist wichtig: Κυνάριον meint nicht das junge oder kleine Hündlein, sondern den Haushund[56]. In der Antike waren Haushunde in allen Schichten genauso verbreitet und geschätzt wie in irgendeiner anderen Zeit[57] – vom 20. Jh. und seiner in der Ersten Welt manchmal überbordenden Hundefreundlichkeit einmal abgesehen. Auch im Judentum gab es keine besondere Hundefeindlichkeit; hingegen fürchtete man sich offensichtlich vor den zahlreichen streunenden Hunden[58]. Während man herumstreunenden Hunden gelegentlich etwas zum Fressen vorwarf und sie dann wieder verscheuchte, fütterte man selbstverständlich Haushunde mit Tischabfällen. In der antiken Literatur ist das ein stehender Topos[59].

---

[50] Strecker, Weg 109.
[51] Trilling, Israel 105.
[52] ψ 43,27; 69,6; 78,9; 108,28 (immer Imp. Aor.).
[53] Z.B. M'Neile 231: »Half-humorous tenderness«! Oft wird darauf hingewiesen, daß κυνάριον ein Diminutiv sei: »Hündlein« tönt im Deutschen, besonders in einer modernen, hundefreundlichen Gesellschaft, niedlich!
[54] Theißen* 214.221 weist hin auf die sozialen Spannungen zwischen abhängiger jüd. Landbevölkerung und hellenisierter reicher Stadtbevölkerung im Gebiet von Tyrus.
[55] Vgl. Beare o. Anm. 18.
[56] Bauer, Wb s.v. Das übliche Diminutiv ist κυνίδιον.
[57] F. Orth, Art. Hund, PW VIII 2557f. »Hund« ist ebenso Schimpfwort wie Kunstgegenstand, Göttertier und Symbol der Treue, vgl. W. Richter, Art. Hund, KP II 1245-1249.

[58] Darum werden in der Mischna die Hunde zu den wilden Tieren gerechnet (Kil 8,6 = Bill. I 722).
[59] Aristot Gen An 2,6 = 744b (in der οἰκονομία wird die beste Nahrung den Freien, die schlechteste den Haustieren gegeben); Eur Cret 469 [626] (die Überbleibsel für die Hunde); Phaedrus Fab 3,7 [hrsg. A. Benoit, Paris ³1969] (Knochen vom Tisch des Herrn); Apul Met 7,14 (die Überreste für die Hunde); Quint Inst Orat 8,3,22 (Hunde füttern ist lobenswert); Philostr Vit Ap 1,19 (wie Hunde die Abfälle vom Tisch fressen, so sammelt Damis die kostbaren Abfälle vom »Tisch« des göttlichen Apollonius). Vgl. das rabb. Gleichnis von den Hunden beim Königsmahl MidrPs 4 § 11 (24a) = Bill. I 724f und die Geschichte von Jonathan b. Amram BB 8a (= Bill. I 726), eine auch in der Sache enge Par zu unserem Text.

Das Bild stammt aus dem Bereich des Haushalts und handelt nicht von den verachteten wilden Hunden. Nur beim Haushund ist die Gegenüberstellung von Hunden und Kindern sinnvoll. Verächtlich ist es also nicht, weil Hunde ganz besonders elende Tiere gewesen wären, sondern nur insofern, als die heidnische Frau nicht mit einem Kind verglichen wird. Markus brauchte es so, daß er Prioritäten setzte: Die Kinder werden *zuerst* gespeist; die Hunde erhalten nachher die Überbleibsel. Das entspricht den realen Verhältnissen. Die Antwort der Frau Mk 7,28 akzentuierte das Bild um: Auch die Hunde unter dem Tisch erhalten etwas! Matthäus läßt Mk 7,27a und damit das relativierende πρῶτον weg. Das entspricht seinem grundsätzlichen V 24. Das Bild bekommt so einen anderen Akzent: Es geht nicht mehr um die Überreste des Essens der Kinder, die die Hunde nachher kriegen, sondern darum, daß Kinder und Hunde nicht das gleiche Essen bekommen. Auch damit bleibt das Bild im Rahmen des Alltäglichen[60]. Im Matthäustext wird es selbstverständlich allegorisch verstanden: Nach dem redaktionellen V 24 wird man die Kinder mit den Israeliten[61] und die Hunde mit den Heiden identifizieren, obwohl »Hunde« nicht unbedingt eine konventionalisierte Metapher für »Heiden« war[62]. Erst diese Identifikation macht auch die unterschiedliche Akzentuierung des Bildes gegenüber Markus verständlich. Der Unterschied zwischen Juden und Heiden ist also für den Judenchristen Matthäus ein prinzipieller; es geht nicht nur um die Frage des Zeitpunkts ihrer Missionierung.

27 Die Frau stimmt Jesus zu. Daß sie sich selbst damit als »Hündin« bezeichnet hätte[63], ist eine Überforderung des Textes durch eine ihm fremde Anschauung von Demut. Sie benutzt vielmehr das Bild, um Jesus zu widersprechen: Auch für die Haushunde fällt vom Brot der Kinder etwas ab, wenn die Brocken vom Tisch der Herren fallen[64]. Die Frau läßt sich also – trotz mehrfacher Zurückweisung – nicht entmutigen und bleibt bei ihrer Bitte an den Herrn.

28 Jetzt endlich geht Jesus auf sie ein. Das bedingungslose Zutrauen der Frau, das sich in ständig wiederholtem Bitten äußert, bezeichnet er als Glauben[65]. Wie meist, spricht Jesus vom Glauben der Bittstellerin und nicht diese selbst von ihrem eigenen Glauben. Das ist wichtig, denn Glaube besteht darin, daß man selbst nichts hat, außer dem Vertrauen zu Jesus. Das Ende ist gleich wie bei der Geschichte vom Hauptmann von Kafarnaum: Der Frau, die unablässig gebeten hat, geschieht nach ihrem Willen. Ihre Tochter darf gesund werden. Das unbedingte Vertrauen zum Herrn und Davidssohn schließt auch die konkrete Erfahrung von Heilung ein.

---

[60] Vgl. Aristot o. Anm. 59.
[61] Eine konventionalisierte Metapher! Vgl. Ex 4,22; Hos 11,1; Aboth 3,14 (15); weiteres bei E. Lohse, Art. υἱός κτλ., ThWNT VIII 360,11ff.
[62] Bill. I 724f bringt zwar dafür Belege, aber zugleich 722-726 Beispiele für andere bildliche Verwendungen und Bewertungen von Hunden. Abrahams, Studies II 195 protestiert m.R. gegen diese übliche Verzeichnung in »commentaries on Mt«.
[63] Vgl. o. Anm. 15.
[64] Auch τῶν κυρίων αὐτῶν kann vom Bild her erklärt werden und setzt nicht notwendigerweise Zustimmung zur Erwartung der Juden, in der messianischen Zeit Herren über die Heiden zu sein, voraus.
[65] Vgl. 8,10.13; 9,22.29.

Die Botschaft der Geschichte hört die matthäische Gemeinde auch für sich: Zusammen-
In ihren eigenen Erfahrungen von Krankheit und Mutlosigkeit hört sie, was fassung
Jesus von der Kraft des Gebets und des Glaubens sagt. Daneben bedeutet und
diese Geschichte für sie, die unter den Heiden lebt und ihnen Jesu Botschaft heutiger
verkündigen soll, nach 8,5-13 im Makrotext des Evangeliums ein weiteres Sinn
heilsgeschichtliches »Signal«: Jesus hat Gott nicht in den Grenzen Israels eingesperrt, sondern sich vom Glauben der Heidin bewegen lassen. Für die von Israel geschiedene matthäische Gemeinde bestärkte das von Jesus her die Möglichkeit, sich unter den Heiden einen neuen Lebensraum und ein neues Arbeitsfeld zu suchen.

Der ursprüngliche Sinn unserer Geschichte liegt also tatsächlich in der Richtung der beiden hauptsächlichen Auslegungsweisen der kirchlichen Auslegung, der »heilsgeschichtlichen« und der »paränetischen«. Da diese durch die Kirchengeschichte hindurch ziemlich konstant blieben, könnte man meinen, hier sei ein für allemal der Sinn eines Textes in der Auslegungsgeschichte treu bewahrt worden. Aber dem ist nicht so. Die Auslegungsgeschichte zeigt m.E. exemplarisch, wie der Sinn eines Textes auch verfehlt werden kann, wenn er nur repetiert und in neuer Situation nicht verändert wird.

a) In einer Situation, wo die Heidenkirche fest etabliert und das Judenchristentum praktisch verschwunden war, belegte die *heilsgeschichtliche Deutung* unseres Textes nicht mehr die die Grenzen Israels sprengende Kraft von Gottes Liebe, sondern fast nur noch die Legitimität des kirchengeschichtlichen status quo. Sie öffnete jetzt keine neuen Türen mehr, sondern schadete nur noch den in der Kirche nicht anwesenden Juden. Wie könnte heute eine neue »heilsgeschichtliche« Deutung aussehen, die etwas von der Sprengkraft des alten Textes bewahrt? Neue Kraft, z.B. ökumenische Sprengkraft, könnte der Text dann bekommen, wenn eine auslegende kirchliche Gemeinschaft bereit wäre, sich selbst einmal probeweise mit den Pharisäern und Schriftgelehrten zu identifizieren, aus deren Gebiet Jesus aufgebrochen ist, und nicht mit der Kanaanitin oder ihrer Tochter, wie dies üblich wurde. Denn Kirche geschieht nach unserem Text, wo Gott auf menschlichen Glauben antwortet, nicht, wo eine Institution sich dafür hält.

b) Bei der *paränetisch-existentiellen Auslegung* entdeckte die Reformation neu die tiefe Kraft des Glaubens, von der diese Geschichte erzählt. Aber indem diese exegetische Entdeckung weiter tradiert wurde, drohte sie wieder verlorenzugehen: Aus der Entdeckung wurde eine tradierbare Lehre. So wurde im Verlauf der Auslegungsgeschichte im Protestantismus die *Geschichte*, die Matthäus erzählte, zur narrativ verbrämten *Lehre*[66], z.B. zu einer »Stellungnahme (Jesu) zu einer Streitfrage, nämlich zur Heidenmission«[67] oder zum »Ausdruck einer geschichtstheologischen Reflexion über die Bedeutung des Glaubens«[68]. Was für ein Wirklichkeits- und Erfahrungsverlust verbirgt sich hinter einer solchen Reduktion dieser Geschichte auf eine Lehre! Wenn

---

[66] Vgl. Held, Matthäus 288 (zu V 28): Mk ist die Tatsache der Heilung wichtig; bei Mt »kommt nur die Tatsache des Glaubens und seine Vollmacht zur Sprache«.

[67] Held, Matthäus 188.
[68] Frankemölle, Jahwebund 135.

uns hier der Text – quer zu einem dominanten Zug seiner Auslegungsgeschichte und in gewisser Weise auch quer zur mt Redaktion – einen Sinnimpuls gibt, dann den, seine Gestalt als *Geschichte* wieder ernst zu nehmen. Denn eine Geschichte vermittelt Erfahrungen, und Erfahrungen kann man ebenso wie Geschichten nur verstehen, wenn man sich auf sie einläßt.

2.4 Heilungen und die zweite Speisung (15,29-39)

Literatur: Donaldson, Jesus 122-135; *Lange,* Erscheinen 407-415; *Ryan, T.,* Matthew 15,29-31: An Overlooked Summary, Horizons 5 (1978) 31-42; *Schottroff,* Volk 151-157; *Trilling,* Israel 132-134.
Weitere Literatur** bei Mt 14,13-21 (S. 394f).

29 Und als Jesus von dort weggegangen war, kam er an den See von Galiläa. Und als er hinaufgestiegen war auf den Berg, setzte er sich dort. 30 Und große Volksmengen traten zu ihm, die mit sich Gelähmte, Blinde, Krüppel, Stumme[1] und viele andere hatten; und sie legten sie zu seinen Füßen. Und er heilte sie, 31 so daß das Volk sich wunderte, als sie sahen, wie die Stummen sprachen, die Krüppel gesund (wurden), die Gelähmten umhergingen und die Blinden sahen. Und sie priesen den Gott Israels.
32 Jesus aber rief seine Jünger zu sich und sagte: »**Ich habe Erbarmen mit dem Volk, denn sie harren schon drei Tage bei mir aus und haben nichts zu essen. Und ich will sie nicht hungrig entlassen, damit sie nicht unterwegs von Kräften kommen!**« **33 Und die Jünger sagen ihm:** »**Woher sollen wir in der Einöde so viele Brote (nehmen), um so viel Volk satt zu machen?**« **34 Und Jesus sagt ihnen:** »**Wie viele Brote habt ihr?**« **Sie aber sagten:** »**Sieben, und ein paar Fischlein!**«
35 Und er forderte das Volk auf, sich auf den Boden niederzulegen, 36 nahm die sieben Brote und die Fische, dankte, brach sie und gab sie den Jüngern, die Jünger aber den Volksmengen. 37 Und sie aßen alle und wurden satt; und den Überschuß von den Brocken hoben sie auf, sieben volle Zainen[2]. 38 Die (Zahl der) Essenden aber war viertausend Männer ohne Frauen und Kinder.
39 Und er schickte die Volksmengen weg, stieg ins Boot und kam ins Gebiet von Magadan.

---

[1] Die Reihenfolge der vier Adjektive ist textkritisch ganz unsicher. Ziemlich große Übereinstimmung besteht darin, daß χωλούς am Anfang steht. Zwischen der Reihenfolge von ℵ u.a. (= Nestle[26]) und derjenigen von B u.a. (= Nestle[25]) kann nicht entschieden werden.

[2] Das (altertümliche) Wort ist eine Verlegenheitslösung; die deutsche Hochsprache ist arm an Ausdrücken für Körbe. Gemeint ist ein großer oder kleiner geflochtener Korb, der z.B. für Speisereste und Fische (Poll Onom 6,94) oder Getreide (Hesych s.v. = IV/1 [1968] 68) gebraucht werden konnte.

1. *Aufbau.* Das Heilungssummar V 29-31 und die folgende Speisung V 32-38 bilden Analyse eine Einheit[3]: Der Berg am See von Galiläa ist Schauplatz für Heilungen und Speisung; das Volk, das gespeist wird, ist mit den Kranken bereits in V 30 gekommen. Eine einleitende Bemerkung zur zweiten Speisung wie bei Mk 8,1a gibt es deshalb nicht. So ergibt sich ein ähnlicher dreiteiliger Aufbau wie bei 14,13-21: Nach einer Einleitung mit Heilungen (V 30f) folgt ein ausführliches Gespräch mit den Jüngern (V 32-34) und dann die Speisung (V 35-38). Zwei geographische Überleitungsbemerkungen rahmen das Ganze (V 29.39). Die Einleitung und das Summar wirken für die Leser bekannt. Fast alles haben sie früher im Evangelium schon einmal gehört[4]. Mt will hier ein vertrautes Bild des Wirkens Jesu in Erinnerung rufen; Repetitionen und Reminiszenzen sind ein sprachliches Mittel hierzu. Die Speisungsgeschichte bedeutet insofern einen Neueinsatz, als nun die Jünger und nicht mehr das Volk das direkte Gegenüber Jesu sind. Im Dialog zwischen Jesus und ihnen fällt auf, daß die einleitende Absichtserklärung Jesu (V 32) mehr Raum einnimmt als der ganze folgende Dialog (V 33f): Jesus steht im Zentrum. Die eigentliche Speisung (V 35-38) stimmt ab V 36 bis auf wenige Wörter mit 14,19b-21 überein[5]. Wieder endet die Speisung mit einer Überfahrt (V 39), die in der Formulierung an 14,22f erinnert.

2. *Quelle.* Das einleitende Heilungssummar hat Mt weitgehend selbst gestaltet[6]. Es tritt an die Stelle der Taubstummenheilung Mk 7,31-37. Diese Heilungsgeschichte mit ihren magischen Praktiken, den fremdländischen Zauberworten des Wundertäters, einem Geheimhaltegebot und nur geringen Möglichkeiten für eine symbolische Deutung hat Mt weggelassen; nur noch wenige Reminiszenzen erinnern an sie. Daß Mt aber nicht völlig frei bzw. aus Reminiszenzen an sich selbst ein Bild von der Wirksamkeit Jesu gestaltet, ergibt sich aus der Einleitungsszene zur joh Speisungsgeschichte 6,2f, wo ebenfalls Heilungen Jesu, sein »Hinaufsteigen auf den Berg« und sein »Sitzen dort« erwähnt sind. Ähnlich wie bei den Übereinstimmungen zwischen Mt 14,13-21 und Joh 6 wird man mit dem Einfluß mündlicher Überlieferung rechnen[7]. Die Speisung entspricht Mk 8,1-10. Mt kürzt seine Quelle geringfügig am Anfang um Mk 8,1a, in V 32fin um die überflüssige Zwischenbemerkung, daß »manche von ihnen von weit her gekommen sind« (Mk 8,3b), und vor allem um die von Mk gesondert erzählte Fischverteilung Mk 8,7. Dafür erwähnt er in V 34.36 die Fische mit den Broten. Sein Verfahren ist hier genau gleich wie bei der ersten Speisung. Im Vergleich zu Mk verstärkt er die Parallelität zur ersten Speisungsgeschichte im Schlußabschnitt V 35-39. Seine stilistische Überarbeitung des Mk-Textes ist gering[8].

---

[3] Vgl. Trilling, Israel 133.
[4] Μεταβὰς ἐκεῖθεν: 12,9; παρὰ τὴν θάλασσαν τῆς Γαλιλαίας: 4,18; ἀνα(βαίνω) εἰς τὸ ὄρος... (καθίζομαι): 5,1; 14,23; χωλοί (περιπατέω), τυφλοί (+ βλέπω), κωφοί: 11,5; ὄχλος, θαυμάζω: 9,33; δοξάζω θεόν: 9,8; Herzuströmen von großen Volksmengen mit Kranken: 4,24f; 12,15; 14,35f; Blindenheilungen: 9,27-31, vgl. 12,22; Stummenheilungen: 9,32f; 12,22; Gelähmtenheilung: 9,2-8; Heilung eines Verkrüppelten: 12,9-14. Dieses reiche Arsenal von Reminiszenzen macht es m.E. unmöglich, mit Donaldson, Jesus 119.131 eine Inklusion zwischen 4,23-5,1 und 15,29-31 besonders herauszuheben.

[5] »Sondergut« sind: die unterschiedlichen Zahlen, εὐχαριστέω statt εὐλογέω und σπυρίς.
[6] Vgl. o. Anm. 4 zu den innerm Reminiszenzen und Bd. I Einl. 3.2 zu μεταβαίνω, ἐκεῖθεν, ὄρος, ἐκεῖ, προσέρχομαι αὐτῷ, ὄχλοι πολλοί, ἑαυτοῦ, ἕτερος, θεραπεύω, ὥστε, Ἰσραήλ. Zu ῥίπτω vgl. 9,36; 27,5. Τοὺς πόδας αὐτοῦ ist ein nichtverwendetes »Schnipsel« aus Mk 7,25.
[7] Vgl. o. Anm. 13 zu 14,13-21.
[8] Red. Vokabular sind θέλω, μήποτε (V 32), ὥστε (V 33), ἐπί mit Acc. (V 35), ὄχλοι Plur. (V 36), πᾶς (V 37), vgl. Bd. I Einl. 3.2; zu λέγει Praes. hist. bei Jesusworten vgl. Bd. I 34.

Erklärung	Jesus kehrt vom heidnischen Gebiet zurück an das Ufer des Sees. Über die
29	Reiseroute verlautet im Unterschied zu Markus nichts. Matthäus weiß zwar, daß Jesus im heidnischen Phönizien war, aber er hat kein Interesse daran, eine »Reise ins Heidenland« geographisch auszumalen. Seine Ausflüge über die Grenzen Israels in 8,28-34 und 15,21-28 sind Ausnahmen, genau wie die Begegnungen mit einzelnen Heiden[9]. Wenn er sich nun »auf den Berg« begibt, so denkt man aufgrund der Formulierung an den gleichen Berg wie 14,23 oder vielleicht auch 5,1. »Der Berg« ist Ort der Nähe Gottes (14,23; 17,1), manchmal auch der »erhöhte« Ort der Ausübung satanischer (4,8) oder göttlicher (28,16) Macht und Ort der Lehre (24,3; 5,1). Er hat keine feste sym-
30f	bolische Bedeutung[10]. Die folgende Aufzählung von Kanken ist eine Zusammenfassung und erinnert den Leser an die Szenen, wo Jesus Blinde, Stumme, Gelähmte oder Verkrüppelte[11] im Volk Israel geheilt hatte. Die Massenheilungen entsprechen so sehr den bisherigen Heilungen Jesu in Israel, daß schon von daher die häufig vertretene These unmöglich ist, Jesus heile hier das heidnische Volk[12]. Nein! Jesus tut hier nicht etwas, was er noch nie getan hat, sondern er hilft den Kranken des Gottesvolks Israel, wie er es immer getan hat. Galiläa ist hier nicht das 4,15 in prophetisch-proleptischer Andeutung sogenannte »Galiläa der Heiden«, sondern das Land, in dem das von Matthäus erzählte Wirken des Messias Israels zugunsten seines Volkes stattfand. Noch einmal, zum letzten Mal in seinem Evangelium, schildert also Matthäus zusammenfassend, wie der Messias Jesus für sein Volk Gutes tut. Das Volk selber leidet Not; es gibt viele Kranke, die Jesus zu Füßen gelegt werden[13]. Trotz der Feindschaft der Pharisäer und Schriftgelehrten tritt hier noch einmal das ganze Volk hilfesuchend und freundlich gesinnt vor Jesus. Wenn es von ihm am Schluß heißt, es habe den »Gott Israels gepriesen«, so klingt Psalmsprache an: Das gottesdienstliche »gepriesen sei der Gott Israels« war der matthäischen Gemeinde vermutlich aus ihren eigenen Gottesdiensten vertraut[14]. Jesus handelt also als heilender Messias Israels im Auftrag des Gottes Israels.

Schwierig zu entscheiden ist, wie bewußt Mt der biblische Hintergrund dieser Szene ist bzw. wie bewußt er Jesu Heilungstätigkeit in Israel als Erfüllung eschatologischer

---

[9] Richtig Bonnard 234: Es gibt bei Mt nur Begegnungen mit einzelnen Heiden und nicht mit dem heidnischen Volk.
[10] Vgl. Bd. I 197f. Donaldson, Jesus passim denkt durchweg an ein Einwirken der bibl. Zionstradition. Das ist unwahrscheinlich: »Der Berg«, nicht der »heilige Berg« oder der »Berg Zion« wie in der Bibel, liegt meist in Galiläa und ist an mindestens zwei St gerade *nicht* der Zion (4,8 und 24,3, wo Jesus gerade vom Zion weg »auf den Berg« geht).
[11] Vgl. o. Anm. 4. Κυλλός ist ὁ πεπηρωμένος (verstümmelt) οὐ μόνον πόδα, ἀλλὰ τὴν χεῖρα (Suid III 210 Adler). Der Mensch mit der erstorbenen Hand 12,9-14 ist ein Musterbeispiel für einen κυλλός.
[12] Prägnant vertreten z.B. durch Frankemölle, Jahwebund 117; Gundry 319 mit dem Hauptargument, nur Heiden könnten den »Gott Israels« preisen. Zu diesem merkwürdigen Argument vgl. u. Anm. 14.
[13] Auch der Gedanke der Proskynese (so Schottroff, Volk 153), wie er in manchen Heilungsgeschichten vorkommt (8,2; 9,18; 15,25), mag anklingen.
[14] Vgl. ψ 40,14; 71,18; 105,48; Lk 1,68; Schlatter 493.

Weissagungen verstanden hat. Hinter Mk 7,31-37 stand Jes 35,5f, eine Stelle, die auch zum allgemeinen Hintergrund von Mt 11,5 gehört, ohne daß dort ein eigentliches Zitat vorliegt. Vielleicht darf man auch an Jes 29,18.23 denken, weil Mt einen Vers dieses Kapitels bereits 15,8f aus Mk übernommen hat[15]. Der allgemeine biblische Hintergrund war Mt sicher bewußt. Aber auf der anderen Seite gleicht er wie in 11,5 den Wortlaut nicht an eine bestimmte Bibelstelle an, sondern faßt zusammen, was er selber von Jesu Heilungen berichtet hat[16].

Auch die nun folgende zweite Speisung will das Erbarmen Jesu gegenüber dem Volk zeigen. Jesus selbst ergreift die Initiative und sagt den Jüngern, was er, ganz souverän, nun »will«. Daß die Leute teilweise von weit her gekommen sind (Mk 8,3b), läßt er als überflüssig weg oder weil er jede Andeutung vermeiden möchte, es könnte sich um Heiden handeln[17]. Denn in der Markusvorlage ist diese zweite Speisung, die nach der großen Reise Jesu ins Heidenland am heidnischen Ostufer des Sees stattfindet, vermutlich eine Speisung von Heiden, bei Matthäus dagegen sicher nicht[18]. Die von Markus übernommenen unverständigen Fragen der Jünger sind bei Matthäus, dem nicht wie Markus an einem totalen Jüngerunverständnis liegt, schwerer verständlich; Matthäus gibt hier einfach seine Markusüberlieferung treu wieder. Außerdem wird er in 16,9f auf ihren Kleinglauben zurückkommen.
Die Speisung selbst erinnert die Leser besonders deutlich an 14,13-21. Jesus tut das, was er schon einmal getan hat, von neuem. Matthäus folgt zwar in V 36-39a seiner Vorlage Mk 8,6-10a recht genau, aber zugleich stimmt fast sein ganzer Text mit 14,19b-21 überein. Dadurch wird die grundsätzliche Bedeutung der Speisung betont: Es ist wirklich so, daß Jesus den Hunger seines Volkes beseitigt. Auch der Bezug zum Herrenmahl ist wiederum spürbar, und zwar nicht nur dadurch, daß Matthäus Mk 8,7 wegläßt und so wie in 14,19-21 die Fischmahlzeit der Brotmahlzeit zuordnet, sondern auch ganz einfach dadurch, daß er jene Worte aus der ersten Speisung, die seine Leser an das Herrenmahl erinnern mußten, wiederholt[19]. Gewiß ist die Speisung kein Herrenmahl, sondern eine Sättigungsmahlzeit mit Brot und Fischen; gewiß ist auch hier die Übereinstimmung mit den Einsetzungsworten nicht wörtlich[20], aber sie erinnerte die Gemeinde *auch* an das Herrenmahl und half ihr so zu begreifen, daß etwas von dem, was hier berichtet wird, auch in ihrem ei-

---

[15] Ryan* 38 ist der Meinung, Jes 29 im ganzen bestimme die Grundstruktur von Mt 15.
[16] Geht man über die Aufzählung von Kranken hinaus und sucht unsere Szene auf dem Hintergrund allgemeiner bibl. Aussagen über die endzeitliche Sammlung des Volkes zu interpretieren (so Donaldson, Jesus 129: Jer 31,10-14; Ez 34,14.26f), gerät man in unkontrollierbare Spekulationen.
[17] Vgl. Gnilka II 36.
[18] Gegen Lohmeyer 258; Gundry 321. Vgl. o. zu V 30f.

[19] Die wichtigste Variation ist εὐχαριστήσας statt εὐλόγησεν. Εὐχαριστήσας kommt neben εὐλογήσας auch in den mt Einsetzungsworten vor; das zeigt, daß beide Wörter für Mt (wie überhaupt für Judengriechen) synonym sind. Ein Rückgriff auf die pln Form der Einsetzungsworte (1Kor 11,24) ist angesichts der lockeren Anknüpfung an den Einsetzungsbericht nicht nötig, gegen Patsch** 215.
[20] C L W und 𝔐 u.a. haben sie in V 35f verstärkt: λαβών, ἔδωκεν.

38 genen Erfahrungsbereich vorkam. Auch der Schluß der Geschichte erinnert stark an die erste Speisung; nur die Zahlen und das Wort für »Korb« sind verschieden.

39 Wie nach der ersten Speisung schickt Jesus das Volk weg, besteigt das Boot und kommt diesmal in die Gegend von Magadan. Wo das liegt, wissen wir fast sowenig wie beim markinischen Dalmanuta. Viele Handschriften[21] vermuten, hier sei Magdala am Westufer des Sees gemeint. Es gibt zudem in Jos 15,37 eine Analogie, die darauf hinweist, daß Magadan eine volkstümliche Form des Namens Magdala gewesen sein könnte[22].

Zusammen- Eine Zusammenfassung bereitet Schwierigkeiten. Bezeichnenderweise hat
fassung   unsere Geschichte die Exegese nie sehr interessiert. Sie fehlt oft in alten Kom-
und   mentaren, zumal dann, wenn ihre Interpreten nur an ihrem geistlichen Lehr-
Wirkungs-   gehalt und nicht an der Geschichte selbst interessiert waren. Dann war ja al-
geschichte les Nötige schon bei 14,13-21 gesagt. Aber auch wenn man die Erzählung als solche ernst nehmen möchte, bestehen Probleme: Warum erzählt Matthäus zwei Speisungen? Um eine Juden- und eine Heidenspeisung geht es ihm ja nicht. Offensichtlich liegt in der zweiten Speisung gegenüber der ersten auch keine Steigerung vor.

Soweit die altkirchlichen Exegeten nicht einfach über diese Perikope schweigen, bringen sie ziemlich phantasievolle Ideen. Sie gehen z.B. aus von der unterschiedlichen Zahlensymbolik: Hier verwandelt Jesus nicht mehr wie bei den fünf Broten das alttestamentliche Gesetz, sondern das Brot ist »die Schrift des Neuen Testaments, in dem die siebenfache Gnade des heiligen Geistes offenbart und gegeben wird«[23]. Auch daß es sich um eine Heidenspeisung gehandelt habe, wird mit den Zahlen begründet, kommen doch die viertausend Leute aus den vier Himmelsrichtungen[24]. Nach Origenes sind diejenigen, die bei der zweiten Speisung dabei waren, besser als die Leute in der früheren Geschichte, weil es hier nicht mehr wie dort nur Gerstenbrote (Joh 6,9) gegeben habe und weil die geringere Menge der Reste zeige, daß sie aufnahmefähiger gewesen seien[25]. Überall setzen die Ausleger bei den Unterschieden beider Speisungen ein, statt zu fragen, warum Mt die beiden schon in der Tradition unterschiedlichen Speisungen so ähnlich erzählt hat.

Man kann eigentlich nur eine Antwort geben: Matthäus wollte die Unterschiede nicht herausheben. Er wollte die beiden Speisungen nicht unterscheiden, sondern eher typisieren. Er wollte sagen: So, wie es in den vielen Krankenheilungen und in beiden Speisungen berichtet ist, hat Jesus immer und immer wieder an seinem Volk Israel gehandelt. So konkret, so körperlich hat er ihm geholfen. Er wollte das noch einmal deutlich machen, bevor er Jesus

---

[21] C L Θ f[1.13] mae bo 𝔐 etc.
[22] LXX gibt Migdal Gad mit Μαγαδαγαδ wieder.
[23] Strabo, Glossa 140, vgl. Hilarius 15,10 = SC 258,45.
[24] Hilarius 15,10 = SC 258,47.
[25] Origenes 11,19 = GCS Orig X 68f.

vor allem innerhalb der Jüngergemeinde wirken läßt. Die Ablehnung, auf die Jesus am Schluß bei ganz Israel stoßen wird, ist dann um so unheimlicher und rätselvoller. Aber auch für die Gemeinde wollte er etwas grundsätzlich Gültiges sagen: So konkret und so körperlich wie bei der Speisung ist Jesus nicht nur einmal, sondern immer wieder neu in der Gemeinde gegenwärtig und erfahrbar: in Krankenheilungen, in der Mahlgemeinschaft der Gemeinde, im Herrenmahl.

3 Die zweite Zeichenforderung und der Rückzug nach Cäsarea Philippi (16,1-20)

3.1 Zweite Zeichenforderung und Rückzug Jesu (16,1-4)

Literatur: Hirunuma, T., Matthew 16,2b-3, in: New Testament Textual Criticism (FS B.M. Metzger), hrsg. E.J. Epp – G.D. Fee, Oxford 1981, 35-45; *März, C.P.,* Lk 12,54b-56 par Mat 16,2b.3 und die Akoluthie der Redequelle, SNTU A 11 (1986), 83-96.

1 Und die Pharisäer und Sadduzäer traten herzu. Und um ihn zu versuchen, baten sie ihn, ihnen ein Zeichen aus dem Himmel vorzuführen. 2 Er aber antwortete und sagte ihnen: 4 »Eine böse und ehebrecherische Generation verlangt ein Zeichen; und es wird ihr nur das Zeichen des Jona gegeben werden«. Und er verließ sie und ging weg.

1. *Textkritik.* Zahlreiche Manuskripte, aber nicht die Mehrzahl der ägyptischen   Analyse
Zeugen und auch nicht alle Zeugen der übrigen Familien, haben nach V 2aα einen Zusatz: »Wenn es Abend ist, sagt ihr: ›Es wird gutes Wetter, denn es ist Abendrot‹. 3 Und am Morgen: ›Heute regnet es, denn es ist Morgenrot und trüb‹. Das Aussehen des Himmels versteht ihr zu beurteilen, die Zeichen der Zeiten aber könnt ihr nicht [beurteilen]?« Ist dieser Zusatz ursprünglich? Die Antwort wird aus folgenden Gründen eher negativ ausfallen[1]:
a) Textkritisch ist der Kurztext von den besten Handschriften bezeugt, aber geographisch schwergewichtig in Ägypten; er fehlt im Westen[2]. Die Zeugenliste für den Langtext ist vor allem quantitativ eindrücklich. Von den Textzeugen her ist m.E. dem Kurztext der Vorzug zu geben.
b) Inhaltlich spricht eher gegen den Langtext, daß die hier gegebene Wetterregel im Unterschied zu derjenigen von Lk 12,54-56 zu den verbreitetsten und selbstverständ-

---

[1] Die Forschung ist gespalten. Für den Kurztext votieren z.B. K. u. B. Aland, Der Text des Neuen Testaments, Stuttgart 1982, 309; Hirunuma*; Gnilka II 40f; Sand 320; für den Langtext votieren z.B. März*; Schnakkenburg I 147 und A. Huck – H. Greeven, Synopse der drei ersten Evangelien, Tübingen [13]1981; die meisten enthalten sich mit Nestle[26] der Stimme.
[2] Zur Verteilung auf die Textfamilien vgl. Hirunuma* 36.

lichen der Antike gehört³. Sie kann also irgendwo eingefügt worden sein. Inhaltlich könnte der Kurztext erweitert worden sein, weil die Perikope als zu kurz und blaß empfunden wurde.

c) Nur ein geringes Indiz ist, daß πυρράζω ein ganz spätes Verb ist, das erst wieder byzantinisch bezeugt ist.

Für den Langtext könnte sprechen, daß die Kürzung eine Anpassung an die Parr Mt 12,38-40; Mk 8,11-13 sein könnte. Aber ebensogut ist eine Glosse ad vocem σημεῖον denkbar.

Ist V 2aβ-3 ein Zusatz, so stammt er nicht aus Q = Lk 12,54-56⁴. Das ist auch sonst eher unwahrscheinlich: Nur die Struktur und ganz wenige Worte stimmen überein; vor allem nennt Lk andere Wetterregeln. Spuren einer red. sprachlichen Bearbeitung durch Mt finden sich in Mt 16,2f nicht. Mt 16,2f ist als Glosse vermutlich ohne direkten Einfluß von Lk 12,54-56 entstanden.

2. *Kontext und Quelle.* Die zweite Zeichenforderung spielt in Magadan und schließt wieder ohne Unterbrechung an das Vorangehende an. Mit der folgenden Jüngerbelehrung ist sie durch das Gegnerpaar Φαρισαῖοι καὶ Σαδδουκαῖοι verbunden (vgl. V 6.11.12). Natürlich erinnern sich die Leser sofort an die erste Zeichenforderung 12,38-40, aus der die Antwort an diese »böse und ehebrecherische Generation« stammt (V 4a.b = 12,39b.c ohne τοῦ προφήτου). Als Quelle liegt Mk 8,11-13 zugrunde. Mt kürzt die mk Perikope um Mk 8,12a und wählt anstelle von Mk 8,12b seine eigene Formulierung aus 12,39. Die übrigen geringfügigen Änderungen sind red.⁵. In Einzelheiten wirkt auch der Q-Text ein, der hinter Lk 11,16 steht.

Erklärung Der Abschnitt bringt inhaltlich wenig Neues; sein Sinn ergibt sich aus seiner
1f Stellung im Kontext. Jesus ist wohl allein. Seine Jünger werden ihn erst am jenseitigen Ufer (V 5) wiedertreffen. Sie haben schon nichts mehr mit den jüdischen Führern zu schaffen⁶; nur Jesus setzt sich nochmals ihrem Angriff aus. Wie in 3,7 bei Johannes dem Täufer tauchen wieder die Pharisäer und Sadduzäer auf. Die Zusammenstellung ist in 16,1-12 stereotyp; man darf also nicht fragen, warum ausgerechnet die Sadduzäer aus Jerusalem an den See Gennesaret kommen und ob sie mit Jesus überhaupt schon etwas zu schaffen hatten. Vielleicht wollte Matthäus wie zu Beginn des ersten Erzählstrangs 14,3-12 an die Parallele zwischen Jesus und dem Täufer erinnern: Sie haben dieselben Gegner. Die Pharisäer und Sadduzäer, die sonst so Uneinigen, sind gegenüber Johannes und Jesus einig⁷. Im Vergleich mit 12,38-40 ist ihre Bos-

---

³ Plin d Ä., Hist Nat 18, 78; Arat Phaen 858-871; vgl. Vergil, Georg 1,438-456 [gefleckter Morgen- und Abendhimmel = Regen; feuriger Abendhimmel = Ostwind]; Aristot Probl 4,26,8 = 941a [klarer Sonnenuntergang = schönes Wetter]. Dieselbe Wetterregel (»Abendrot bringt heiteren Tag, Morgenrot nicht weilen mag«) gibt es nördlich der Alpen, vgl. HWDA I 55-57; IX [Nachträge] 14f).
⁴ So März* 90-95.
⁵ Vgl. Bd. I Einl. 3.2 zu προσελθών, ὁ δὲ ἀποκριθεὶς εἶπεν, καταλείπω. Ἐπερωτάω, an sich gegenüber Mk Meidevokabel, braucht Mt gern bei Fragen von Feinden (12,10; 22,23.35.46; 27,11, vgl. 22,41). Zu ἐπιδείκνυμι (3,0,1) vgl. 22,19; 24,1. Zu den jüd. Gegnerpaaren vgl. Bd. I 148.
⁶ Vgl. Schweizer 217; Gundry 325.
⁷ Maldonat 318 weist als Analogie darauf hin, daß der Antikatholizismus der gemeinsame Nenner von Calvinisten und Lutheranern sei.

haftigkeit noch größer. Betont stellt Matthäus voran, daß ihre Frage in böswilliger, versucherischer, satanischer (vgl. 4,1.3) Absicht geschieht. Von jetzt an ist das klar; Matthäus wird es noch öfters wiederholen (19,3; 22,18.35). Nach zwei wunderbaren Speisungen, an denen große Volksmengen teilnahmen, und nach zwei Massenheilungen ist diese Zeichenforderung eindeutig böswillig. Auch die Präzisierung »aus dem Himmel«, die Matthäus diesmal einfügt, bedeutet eine Steigerung und macht klar, was die Gegner wollen: nicht ein Wunder, sondern ein kosmisches Zeichen[8].

Jesus kann mit diesem Ansinnen kurzen Prozeß machen. Er hat längst gesagt, was zu sagen ist. Bei der Antwort Jesu besteht die Steigerung gegenüber 12,38-45 darin, daß sie so kurz ist und gar nicht mehr expliziert, was das Zeichen des Jona ist. Die Gegner wissen Bescheid; weitere Worte sind ganz überflüssig. Das Zeichen des Jona, Jesu Sterben und Auferstehen nach drei Tagen[9], wird demnächst zum Ernstfall. So ist diese Antwort Jesu ein eigentlicher Kommunikationsabbruch. Es ist denn auch konsequent, daß er nun die Pharisäer und Sadduzäer stehenläßt und weggeht. Er wird sie erst in Judäa bzw. in Jerusalem wiedersehen (19,3; 22,23).

3.2 Warnung vor der Lehre der Pharisäer und Sadduzäer (16,5-12)

5 Und als die Jünger ans jenseitige Ufer gekommen waren, hatten sie vergessen, Brote mitzunehmen. 6 Jesus aber sagte zu ihnen: »Seht zu und nehmt euch in acht vor dem Sauerteig der Pharisäer und Sadduzäer!« 7 Sie aber machten sich Gedanken und sagten: »Wir haben keine Brote mitgenommen!«

8 Als es aber Jesus erkannte, sagte er: »Warum macht ihr euch Gedanken, ihr Kleingläubigen, weil ihr keine Brote habt? 9 Begreift ihr noch nicht, und erinnert ihr euch nicht an die fünf Brote für die Fünftausend und wie viele Körbe ihr zusammengelesen habt? 10 Auch nicht an die sieben Brote für die Viertausend und wie viele Zainen ihr zusammengelesen habt?

11 Wie (kommt es, daß ihr) nicht begreift, daß ich nicht über Brote zu euch redete! Nehmt euch aber in acht vor dem Sauerteig der Pharisäer und Sadduzäer!« 12 Da verstanden sie, daß er nicht gesagt hatte, sie sollten sich in acht nehmen vor dem Sauerteig [der Brote][1], sondern vor der Lehre der Pharisäer und Sadduzäer.

---

[8] Vgl. Anm. 27 zu 12,38-45.
[9] Vgl. o. S. 284f.
[1] Textkritisch ist ἀπὸ τῆς ζύμης τῶν ἄρτων (B lat co Or u.a.) bzw. ... τοῦ ἄρτου (C 𝔐 sy^p.h u.a.) besser bezeugt. Von der von D Θ sy^s u.a. vertretenen Kurzlesart aus ist aber das leichteste Stemma möglich: Einerseits wurde das wörtliche Verständnis von »Sauerteig« durch τῶν ἄρτων gesichert. Andererseits wurde τῶν Φαρισαίων καὶ Σαδδουκαίων (א* u.a.) ergänzt und eine rhetorisch klare Antithese geschaffen. Aber man kann zur Not auch annehmen, daß man ζύμη τῶν ἄρτων als pleonastisch empfand und zunächst kürzte. Fazit: Ich neige etwas eher zur Kurzlesart.

Analyse 1. *Aufbau.* Die Deutung dieser Perikope ist schwierig. Die Schwierigkeiten hängen m.E. damit zusammen, daß ihr Aufbau oft nicht richtig bestimmt wird. Das Problem der Jünger, daß sie keine Brote bei sich haben (V 5), wird in V 7 wieder aufgenommen[2]. Die Warnung Jesu vor dem Sauerteig der Pharisäer und Sadduzäer von V 6 wird in V 11b wörtlich repetiert. Jesus wendet sich in einem ersten Redegang in V 8-10 zunächst der Sorge der Jünger um die Brote zu. V 11 lenkt er zu seiner Warnung von V 6 zurück. Er wiederholt sie mit einer pointierten Negation, und Mt erklärt sie im Schlußvers 12[3]. Der Abschnitt hat also nach der Exposition in V 5f zwei Themen, die hintereinander abgehandelt werden: 1. das Problem der Jünger, nämlich die fehlenden Brote (V 7-10); 2. die Warnung Jesu vor dem Sauerteig der Pharisäer und Sadduzäer (V 11f). Im ersten Gesprächsgang beziehen sich V 9.10 auf 14,13-21; 15,32-39 zurück; im zweiten Gesprächsgang erinnern νοέω und συνίημι an die Jüngerbelehrungen von Kap. 13 und 15,10-20.

2. *Quelle.* Die Quelle ist Mk 8,14-21[4], eine künstliche und vermutlich weithin red. Perikope[5]. Die mt Bearbeitung ist sprachlich durchweg red.[6], soweit sie nicht, wie in V 11f, das »Binnenvokabular« des Textes repetiert. Für den mt Stil charakteristisch sind die zahlreichen Stichwortwiederholungen: ἄρτος (7x), προσέχω, ζύμη, λαμβάνω (je 3x), διαλογίζομαι ἐν ἑαυτοῖς (2x), die Wiederholung der Mahnung (V 6.11) und die Ansätze zu Parallelismen (V 8.9). Die wichtigsten mt Änderungen sind folgende: 1. Die Szene findet nicht, wie bei Mk, im Boot, sondern nach der Überfahrt am jenseitigen Ufer statt. 2. Die unnötige Bemerkung, daß die Jünger nur ein Brot im Boot gehabt hätten (Mk 8,14b), entfällt. 3. Herodes (Mk 8,15) wird durch die Sadduzäer ersetzt (vgl. 16,1). Damit entfällt der Rückbezug auf Mk 3,6.4. Der mk Rückbezug auf die (bei Mt fehlende) Verstockung der Jünger (Mk 6,52) und auf das Nichtsehen und -hören Israels (Mk 4,12) in Mk 8,17b-18 entfällt. 5. Die beiden unnötigen Jüngerantworten Mk 8,19fin und 8,20fin fallen weg. V 8b-11 sind eine kompakte Lehre Jesu. 6. Der kurze mk Schluß, der in einer offenen Frage endet, wird V 11f durch einen längeren Abschluß ersetzt, der a) die Warnung vor dem Sauerteig der Pharisäer und Sadduzäer nochmals einschärft, b) mitteilt, was die Jünger nicht verstanden, und c) als Ergebnis des ganzen Gesprächs festhält, daß die Jünger jetzt verstehen und wie das Jesuswort gemeint war. Dadurch wird die mt Perikope äußerlich viel klarer. 7. Die danach bei Mk folgende Blindenheilung 8,22-26, die symbolisiert, wie die blinden Augen der Jünger geöffnet werden, paßt bei Mt nicht, weil die Jünger bereits »sehen«. Darum fällt sie weg.

---

[2] Stichworte ἄρτους, λαμβάνω V 5/7.
[3] Die Stichworte Φαρισαῖοι καὶ Σαδδουκαῖοι und ζύμη verbinden V 6.11.12.
[4] Ein in Lk 12,1 erhaltenes Q-Logion (Streeter, Gospels 279, vgl. Gnilka II 43), das auf V 6 eingewirkt hätte, gibt es nicht: Προσέχετε ἑαυτοῖς ist Lukanismus; die Heuchelei der Pharisäer entspricht sachlich Lk 20,20; Mt hätte sie sich außerdem kaum entgehen lassen, wenn er sie in Q vorgefunden hätte. Eher muß man mit einer lk Reminiszenz an den in der großen Lücke liegenden Text Mk 8,14f rechnen.

[5] Vgl. Gnilka, Mk I 309f.
[6] Zu ἐλθών, μαθηταί (V 5), δέ, εἶπον mit Dat., προσέχω, Σαδδουκαῖοι (V 6), ἐν ἑαυτοῖς, λέγων, λαμβάνω (V 7), δέ, εἶπον, ἐν ἑαυτοῖς, ὀλιγόπιστος (V 8), οὐδέ, λαμβάνω (V 9f), πῶς mit Frage für Unmögliches, περί mit Gen., τότε, ἀλλά (V 11f) vgl. Bd. I Einl. 3.2. Die übrigen Wörter der red. V 11f sind abgesehen von διδαχή Repetitionsvokabeln. Zu διαλογίζομαι ἐν ἑαυτοῖς vgl. 21,25 red.

Matthäus stellte sich offensichtlich vor, daß Jesus 15,39 allein nach Magadan Erklärung
gegangen war. Er stieß dort mit den Pharisäern und Sadduzäern zusammen 5
und ging nachher weg. Nun kommen die Jünger (ohne Boot!) wieder zu ihm.
Sie haben vergessen, Proviant mitzunehmen. Wie üblich hat sich Matthäus
die Geographie nicht genau vorgestellt[7]; wichtig ist ihm die durch πέραν ausgedrückte Distanz zu den jüdischen Gegnern.
Es entsteht nun eine Art »gestörte Kommunikation«. Statt sich um das Pro- 6
blem der Jünger zu kümmern, kommt Jesus auf das zu sprechen, was ihn nach
16,1-4 beschäftigt: Er warnt die Jünger vor dem »Sauerteig« der Pharisäer
und Sadduzäer, mit denen er es eben zu tun hatte. Aber die Jünger sind mit
ihren Proviantproblemen beschäftigt und nehmen gar nicht zur Kenntnis,
was er sagte. Es entsteht ein Kommunikationsbruch: Jesus und die Jünger reden aneinander vorbei.

»Diese paar Verse haben die Exegeten immer in Erstaunen versetzt«, schreibt Bonnard[8]. In der Tat ist die Logik des Abschnitts merkwürdig. Die Jünger haben kein Brot
bei sich. Jesus spricht daraufhin ein Rätselwort über Sauerteig. Was hat dieses Wort
mit ihrer Sorge zu tun? Die Jünger verstehen Jesu Wort nicht, weil er es metaphorisch
meint. Aber was hilft es für das Verständnis der Metapher, wenn Jesus an die Speisungen erinnert, wo es ja um wirkliches Brot ging? Wenn es Matthäus nur um »das
zeitweilige Nichtverstehen eines Rätselwortes«[9] ginge, warum dann der massive Vorwurf des Kleinglaubens (V 8), der bei Matthäus sonst gerade nicht intellektuelle Mißverständnisse meint[10]? Sollten die Jünger etwa denken, daß einer, der 5000 Menschen speise, doch auch ein metaphorisches Wort formulieren könne? Oder man
meinte, Jesus greife »in einer typisch jüdischen Vorgehensweise (!) aufs Geratewohl
ein Wort aus dem Gespräch seiner Jünger auf«[11]. Hat er sich etwa verhört und gemeint, die Jünger hätten über Sauerteig gesprochen? Oder meinten die Jünger, Jesus
wolle sie warnen, »Brot von den Pharisäern und Sadduzäern anzunehmen«[12]? Standen sie in Gefahr, die Pharisäer und Sadduzäer für Bäcker zu halten? Solche exegetischen Bemühungen führen offensichtlich zu Unsinn. Noch weniger hilft hier theologischer Tiefsinn: Jesus zeige der palästinischen Kirche, daß »ihre Bedrängnis, die ihr
den Erwerb der natürlichen Lebensmittel erschwert, ... ihn nicht (ängstige)«, daß er
dagegen »darin eine große Aufgabe (sehe), daß sie von jüdischem Einfluß frei
bleibe«[13]! In den Speisungen, an die er die Jünger erinnert, hat er aber den Mangel an
»natürlichen Lebensmitteln« sehr ernst genommen!

Jesus erklärt sein eigenes Wort noch nicht, sondern geht zuerst auf die Angst 8-10
der Jünger ein. Er erkennt[14], was ihr Problem ist, und schilt sie deswegen als

---

[7] Nach 15,39 (Magadan) vermutet man nun das Ostufer.
[8] 239.
[9] Barth, Gesetzesverständnis 107.
[10] Sand 322: »Kleinglaube besteht im ›Noch-nicht-verstehen‹«. Bei Mt gerade nicht!
[11] Bonnard ebd. Welches Wort eigentlich?

[12] Bill. I 728.
[13] Schlatter 501 (1929 bzw. ²1933, z.Z. der Wirtschaftskrise und des Arierparagraphen!).
[14] Da διαλογίζομαι ἐν ἑαυτοῖς auch »unter sich diskutieren« heißen kann, braucht γνούς nicht ein göttliches Durchschauen menschlicher Gedanken zu meinen, gegen Gundry 326.

»kleingläubig«. Nach den beiden Speisungen hätten die Jünger darauf vertrauen dürfen, daß Jesus imstande ist, für ihre notwendigen Bedürfnisse zu sorgen! Wenn er schon Fünftausend und Viertausend sättigen konnte, um wieviel mehr dann den kleinen Jüngerkreis! Kleinglaube ist also, hier wie immer, mangelndes Vertrauen in die schöpferische Macht Jesu. Nur so geben die Verweise auf die beiden Speisungen in V 9f einen Sinn. Zur Erläuterung des Sauerteigwortes helfen sie nichts. Im Unterschied zu Markus, dem es darum geht, das fast groteske Unverständnis der Jünger herauszustellen, haben V 9f bei Matthäus ihr eigenes Gewicht: Jesus überwindet den Kleinglauben der Jünger durch die Erinnerung an erfahrene Wunder. Man darf also nicht die (falschen) leiblichen Bedürfnisse gegen die (wahren) geistlichen ausspielen, wie das in der Auslegungsgeschichte sehr häufig geschah. Legte man so aus, so hätte Jesus den Jüngern vorgeworfen, sie kümmerten sich in falscher Weise um die Bedürfnisse des Fleisches[15], und hätte gesagt, daß irdisches Besorgen »vom Eigentlichen wegführt«[16]. Der matthäische Jesus sagt aber, daß die Jünger – in einer sehr leiblichen Angelegenheit – zuwenig Vertrauen in ihn haben.

11f Jesus leitet nun zu seiner eigenen Warnung zurück. Er hat ja nicht von Broten, sondern von etwas ganz anderem[17] gesprochen, nämlich vom Sauerteig der Pharisäer und Sadduzäer. Er lenkt also zum Sauerteigwort zurück[18], dessen Deutung in seiner Markusquelle offenblieb, und wiederholt es. Damit erreicht er, daß die Jünger nicht, wie bei Markus, unverständig bleiben, sondern wie 13,11-23.36-50 und 15,15-20 durch Jesus zum Verstehen kommen[19]. »Sauerteig« ist eine offene Metapher, die positiv[20] wie – viel häufiger – negativ[21] gebraucht werden kann. Das Tertium comparationis besteht darin, daß

---

[15] Luther (WA 38) 607: »Preoccupati carnis sensu nunc magis soliciti fiunt pro ventre«. Origenes 12,5 = GCS Orig X 75: Die Jünger sind zwar ans jenseitige Ufer, aber nicht von den σωματικά zu den πνευματικά hinübergegangen.
[16] Gnilka II 44.
[17] Ζύμη kommt griech. und jüd. m.W. nie als pars pro toto für Brot vor. Hingegen ist das Wort offen für metaphorische Deutungen, vgl. o. Anm. 20f.
[18] In V 11a liegt die einzige Schwierigkeit für die vorgeschlagene Deutung: Die Wiederholung von νοεῖτε und οὐ περὶ ἄρτων erweckt den Eindruck, als ob Jesus bei seinen Jüngern ein falsches Verständnis des *Sinns* von V 6 vermute. Vermutlich ist das aber eine Überinterpretation, und V 11a ist bloße Überleitung. Νοέω ist bei Mt offen und unspezifisch gebraucht; die bloße Repetition von V 6 in V 11b spricht auch dagegen, daß Jesus eine falsche *Deutung* korrigieren will.

[19] Συνίημι meint ein »intellektuelles« Verstehen, das sich wie 13,19-23.51 und 15,10 auf die Auslegung von Jesusworten bezieht. Vgl. o. S. 318.
[20] Lk 13,21; pChag 1(!), 76c,37 bei Bill. I 728 (Sauerteig ist Bild für die Kraft der Tora); Pereq ha-Schalom bei Abrahams, Studies I 53 (Friede ist für die Welt wie Sauerteig für den Teig). Vgl. auch Anm. 61 zu 13,31-33.
[21] Im Judentum hat die negative Wertung wohl indirekt damit zu tun, daß Sauerteig nicht geopfert werden kann (Lev 2,11). Bei Philo ist Sauerteig Bild für den Stolz (Quaest in Ex 1,15 zu 12,8) oder für sinnliche Vergnügen (Quaest in Ex 2,14 zu 23,18). Für die Rabbinen wird später Sauerteig zu einer stehenden Metapher für den bösen Trieb (Bill. IV 469.474 [Berakh 17a!].478). Vgl. auch Plut Quaest Rom II 289F (der durch Sauerteig erzeugte Gärungsprozeß ist in Wirklichkeit eine Fäulnis).

»ein bißchen Sauerteig den ganzen Teig durchsäuert«[22], also im Ansteckenden des Sauerteigs. Was Mk 8,15 mit dem Sauerteig der Pharisäer und des Herodes gemeint haben könnte, war für Matthäus vermutlich genauso unklar wie für uns. Er gibt nun seine Deutung: Damit ist ihre Lehre gemeint. Nicht vor Sauerteig im wörtlichen Sinn – was ja sinnlos wäre –, sondern vor der Lehre der Pharisäer und Saduzäer sollen sich die Jünger in acht nehmen. Jesu Impuls von V 11 hat ihnen die metaphorische Bedeutung seines Wortes erschlossen.

Der matthäische Sinn ist nur im großen und ganzen klar. Nach seinem letzten, entscheidenden Rückzug aus Israel, den seine Gegner erzwungen haben, warnt Jesus die Gemeinde grundsätzlich vor der Lehre der jüdischen Führer. Da Pharisäer und Saduzäer bekanntlich recht verschiedene Lehren vertreten haben, kommt es Matthäus offenbar nicht auf ihre Besonderheiten, sondern auf das Ganze an: Ihre Lehre ist schädlicher Sauerteig, weil sie nicht mit der Lehre des »einen Lehrers« (23,8) Jesus übereinstimmt. Nun, da sich die Jüngergemeinde vom übrigen Israel zurückzieht[23], muß sie sich auch in der Lehre neu orientieren. Darum geht es hier.

Zusammenfassung und Wirkungsgeschichte

Schwierig ist es, 16,11f mit anderen mt Aussagen zu verbinden. Zu 12,33-37 besteht kein direktes Verhältnis: Dort ging es ja nicht um eine Warnung vor spezifischen *Lehren* der Pharisäer, sondern um eine Warnung vor ihren »fruchtlosen«, d.h. nicht von Taten begleiteten Worten[24]. Sehr schwierig ist das Verhältnis zu 23,3: »Alles nun, was sie euch sagen, tut und haltet...«. Dieser Vers läßt sich mit 16,11f nicht harmonisieren, aber auch nicht unmittelbar nachher mit 23,8, wo Jesus einziger Lehrer der Gemeinde ist[25]. Das Problem ist schon früh erkannt worden. Während die kirchliche Exegese meistens pauschal den Sauerteig auf die Gesetzesauslegung der Pharisäer deutete[26], um gegebenenfalls »judaisierende« Christen daran zu erinnern, daß das geistliche und nicht das wörtliche Verständnis des Gesetzes das christliche sei[27], sah schon Maldonat die Spannung zu 23,3 und meinte, es müsse sich beim Sauerteig um pharisäische und saduzäische Sonderlehren gehandelt haben, die jenseits der mit den Christen gemeinsamen Schriftauslegung stünden[28]. Zu dieser Auslegung kamen er und andere um so eher, weil sich die Stelle dann ausgezeichnet zur Warnung vor Häretikern eignete, deren Spezialität es war, über die Schrift bzw. die Kirchenlehre hin-

---

[22] 1Kor 5,6; Gal 5,9 – vermutlich ein Sprichwort.
[23] Vgl. u. S. 459f.
[24] Anders Strecker, Weg 138f, der in 12,33-37 ebenso wie in 15,1-20; 16,11f die Abrogation des pharisäischen Zeremonialgesetzes sieht und 23,3 als vorred. Trad. nicht berücksichtigt.
[25] Vgl. Erklärung zu 23,3.
[26] Von Hieronymus 137 bis Lapide 313. Diese Deutung wurde dadurch erleichtert, daß man die Speisung gerne als »Verwandlung« des mosaischen Gesetzes durch Jesus deutete, vgl. o. S. 398. Auf diese Weise lassen sich auch V 8-10 in einen einheitlichen Gedankengang integrieren.
[27] Origenes 12,5 = GCS Orig X 76; vgl. Johannes Chrysostomus 53,3 = 761: Die Jünger befolgten damals noch die jüd. Reinigungs- und Speisevorschriften.
[28] 320.

aus Sonderlehren vorzutragen. So wurden die Pharisäer und Sadduzäer zu »Typen« für die jeweiligen anderen, seien es Papisten, Calvinisten oder Lutheraner[29].

Solche Wirkungen biblischer Texte sind betrüblich, sei es für die als »Typen« mißbrauchten Pharisäer und Sadduzäer, sei es für die jeweils damit abqualifizierten häretischen Brüder, vor deren »Teufelslehre« man sich hüten wollte. Matthäus, dessen Gemeinde sich nach der Trennung von der Synagoge vom Judentum abgrenzen *mußte*, ist an ihnen nicht unschuldig. Sucht man in unserem Text eine zu dieser Wirkungsgeschichte gegenläufige positive Sinnpotenz, so kann man vielleicht daran erinnern, daß für Matthäus Jüngerschaft darin besteht, bei Jesus immer wieder neu in die »Schule« zu gehen. Schule bei Jesus könnte heute bedeuten, von Jesus her Sachkritik an der Überlieferung und an kirchlichen Irrwegen zu üben. Solche Jesusschule bedeutet bei Matthäus aber auch, wie Luther formuliert[30], daß Jesus die Jünger »nicht weg wirfft«, sondern daß sie von ihm getragen bleiben, also Vergebung.

3.3 Das zweite Gottessohnbekenntnis und die Verheißung an Petrus (16,13-20)

Literatur: Betz, O., Felsenmann und Felsengemeinde, ZNW 48 (1957) 49-77; *Brown*, C., The Gates of Hell and the Church, in: Church, Word & Spirit (FS G. W. Bromiley), hrsg. J. Bradley – R. Muller, Grand Rapids 1987, 15-43; *Bultmann*, R., Die Frage nach dem messianischen Bewußtsein Jesu und das Petrus-Bekenntnis, in: ders., Exegetica 1-9; *ders.*, Die Frage nach der Echtheit von Mt 16,17-19, ebd. 255-277; *Caroll*, K., ›Thou art Peter‹, NT 6 (1963) 268-276; *Claudel*, G., La confession de Pierre, 1988 (EtB.ns 10); *Cullmann*, O., Petrus. Jünger. Apostel. Märtyrer, München – Hamburg ³1967 (Siebenstern TB 90/91), 173-263; *Dell*, A., Matthäus 16,17-19, ZNW 15 (1914) 1-49; *Denis*, A.M., L'investiture de la fonction apostolique par ›apocalypse‹, RB 64 (1957) 335-362.492-515; *Duling*, D., Binding and Loosing, Forum, Sonoma 3 (1987) 3-31; *Dupont*, J., La révélation du Fils de Dieu en faveur de Pierre (Mt 16,17) et de Paul (Gal 1,16), in: ders., Etudes II 929-939; *Emerton*, J., Binding and Loosing – Forgiving and Retaining, JThS NS 13 (1962) 325-331; *Farmer*, W.R. – *Kereszty*, R., Peter and Paul in the Church of Rome, New York u.a. 1990; *Fitzmyer*, J., Aramaic Kephaʿ and Peter's Name in the New Testament, in: Text and Interpretation (FS M. Black), hrsg. E. Best – R.McL. Wilson, Cambridge 1979, 121-131; *Frankemölle*, Jahwebund 155-158.220-247; *Hahn*, F., Die Petrusverheißung Mt 16,18f, in: Das kirchliche Amt im Neuen Testament, hrsg. K. Kertelge, 1977 (WdF 439), 543-563; *Harnack*, A., Der Spruch über Petrus als Felsen der Kirche (Mt 16,17f), SPAW 1918, 637-654; *Hiers*, R., ›Binding‹ and ›Loosing‹: The Matthean Authorizations, JBL 104 (1985) 233-250; *Hoffmann*, P., Der Petrus-Primat im Matthäusevangelium, in: Neues Testament und Kirche (FS R. Schnackenburg), hrsg. J. Gnilka, Freiburg u.a. 1974, 94-114; *Hommel*, H., Die Tore des Hades, ZNW 80 (1989), 124f; *Jeremias*, J., Golgotha, 1926 (Angelos.

---

[29] Z.B.: Calvin II 56 (der papistische Antichrist benutzt die Theologie, um sein Reich zu festigen); Maldonat 320 (die »perniciosi haeretici« sind nicht besser, als wenn der Teufel Christus bekennte).

[30] (WA 38) 609.

Beih. 1), 68-77; *Kähler, C.*, Zur Form- und Traditionsgeschichte von Mt 16,17-19, NTS 23 (1976/77) 36-58; *Kreyenbühl, J.*, Der Apostel Paulus und die Urgemeinde, ZNW 8 (1907) 81-109.163-189; *Kümmel, W.*, Jesus und die Anfänge der Kirche, in: ders., Heilsgeschehen I 289-309; *Künzel*, Studien 181-193; *Lambrecht, J.*, ›Du bist Petrus‹, SNTU 11 (1986) 5-32; *Lampe, P.*, Das Spiel mit dem Petrus-Namen – Mt 16,18, NTS 25 (1978/79) 227-245; *Marcus, J.*, The Gates of Hades and the Keys of the Kingdom (Mt 16,18-19), CBQ 50 (1988) 443-455; *Menken, M.*, The References to Jeremiah in the Gospel according to Matthew, EThL 60 (1984) 5-25; *Oepke, A.*, Der Herrnspruch über die Kirche Mt 16,17-19 in der neuesten Forschung, StTh 2 (1950) 110-165; *Papsttum als ökumenische Frage*, hrsg. von der Arbeitsgemeinschaft ökumenischer Universitätsinstitute, Mainz – München 1979; *Rigaux, B.*, Der Apostel Petrus in der heutigen Exegese, Conc (D) 3 (1967) 585-600; *Robinson, B.*, Peter and his Successors: Tradition and Redaction in Mt 16,17-19, JStNT Nr. 21 (1984) 85-104; *Schenk, W.*, Das ›Matthäusevangelium‹ als Petrusevangelium, BZ NF 27 (1983) 58-80; *Schmid, J.*, Petrus der ›Fels‹ und die Petrusgestalt der Urgemeinde, in: J.B. Bauer (Hrsg.), Evangelienforschung, Graz 1968, 159-175; *Schmidt, K.L.*, Die Kirche des Urchristentums, in: Festgabe A. Deissmann, Tübingen 1927, 258-319; *Schnackenburg, R.*, Das Vollmachtswort vom Binden und Lösen, traditionsgeschichtlich gesehen, in: Kontinuität und Einheit (FS F. Mußner), hrsg. P. G. Müller – W. Stenger, Freiburg u.a. 1981, 141-157; *Spinetoli, O. da*, Il Vangelo del primato, Brescia 1969; *Thyen, H.*, Studien zur Sündenvergebung, 1970 (FRLANT 96), 218-259; *Vögtle, A.*, Messiasgeheimnis und Petrusverheißung. Zur Komposition Mt 16,13-23, in: ders., Evangelium 137-170 (zuerst erschienen 1957/58!); *ders.*, Ekklesiologische Auftragsworte des Auferstandenen, ebd. 243-252; *ders.*, Das Problem der Herkunft von ›Mt 16,17-19‹, in: ders., Offenbarungsgeschehen und Wirkungsgeschichte, Freiburg u.a. 1985, 109-140; *Wilcox, M.*, Peter and the Rock: A Fresh Look at Matthew 16,17-19, NTS 22 (1975/76) 73-88.

Literatur zum Petrusbild des Mt: Blank, J., Petrus und Petrusamt im Neuen Testament, in: Papsttum (vgl. o.) 59-103; *Brown, R., Donfried K.P. und Reumann, J.* (Hrsg.), Peter in the New Testament, Minneapolis 1973, 83-101 (deutsch: Der Petrus der Bibel, Stuttgart 1976); *Grässer, E.*, Neutestamentliche Grundlagen des Papsttums?, in: Papsttum (vgl. o.) 33-58; *Hoffmann, P.*, Die Bedeutung des Petrus für die Kirche des Matthäus, in: Ratzinger, Dienst (vgl. u.) 9-26; *Kingsbury, J.D.*, The Figure of Peter in Matthew's Gospel as a Theological Problem, JBL 98 (1979) 67-83; *Mußner, F.*, Petrus und Paulus – Pole der Einheit, 1976 (QD 76), 11-22; *Pesch, R.*, Simon-Petrus, 1980 (PuP 15), 96-109.140-144; *Schnackenburg, R.*, Petrus im Matthäusevangelium, in: A cause de l'Evangile (FS J. Dupont), 1985 (LeDiv 123), 107-125; *Wilkins*, Concept 173-216.

Literatur zur Wirkungsgeschichte: Berger, K., Unfehlbare Offenbarung. Petrus in der gnostischen und apokalyptischen Offenbarungsliteratur, in: Kontinuität und Einheit (FS F. Mußner), hrsg. P. G. Müller – W. Stenger, Freiburg u.a. 1981, 261-326; *Burgess, J.A.*, A History of the Exegesis of Matthew 16,17-19 from 1781 to 1965, Ann Arbour 1976; *Fröhlich, K.*, Formen der Auslegung von Matthäus 16,13-18 im lateinischen Mittelalter, Tübingen 1963; *Glez, G.*, Art. Primauté du Pape, DThC XIII (1936) 248-344; *Gillmann, F.*, Zur scholastischen Auslegung von Mt 16,18, AKathKR 104 (1924) 41-53; *Haendler, G.*, Zur Frage nach dem Petrusamt in der alten Kirche, StTh 30 (1976) 89-122; *Kasper, W.*, Dienst an der Einheit und Freiheit der Kirche, in: Ratzinger, Dienst (vgl. u.) 81-104; *Koch, H.*, Cathedra Petri. Neue Untersuchungen über die

Anfänge der Primatslehre, 1930 (BZNW 11); *Ludwig, J.*, Die Primatsworte Mt 16,18.19 in der altkirchlichen Exegese, 1952 (NTA 19/4); *Obrist, F.*, Echtheitsfragen und Deutung der Primatsstelle Mt 16,18f in der deutschen protestantischen Theologie der letzten dreißig Jahre, 1961 (NTA 21/3-4); *Ohlig, K.H.*, Braucht die Kirche einen Papst?, Düsseldorf 1973; *Ratzinger J.* (Hrsg.), Dienst an der Einheit, Düsseldorf 1978; *Stockmeier, P.*, Das Petrusamt in der frühen Kirche, in: G. Denzler u.a. (Hrsg.), Zum Thema Petrusamt und Papsttum, Stuttgart 1970, 161-179; *ders.*, Papsttum und Petrus-Dienst in der frühen Kirche, MThZ 38 (1987) 19-29; *Vorgrimmler, H.*, Das ›Binden‹ und ›Lösen‹ in der Exegese nach dem Tridentinum bis zu Beginn des 20. Jahrhunderts, ZkTh 85 (1963) 460-477; *Vries, W. de*, Der Kirchenbegriff der von Rom getrennten Syrer, 1955 (OrChrA 145); *ders.*, Die Entwicklung des Primats in den ersten drei Jahrhunderten, in: Papsttum (vgl. o.) 114-133.

13 Als Jesus aber in die Gegend von Cäsarea Philippi gekommen war, fragte er seine Jünger und sagte: »Wer sagen die Menschen, daß ich[1] sei, der Menschensohn? 14 Sie aber sagten: »Die einen (sagen:) ›Johannes der Täufer‹, andere aber: ›Elija‹, (wieder) andere aber: ›Jeremia oder einer der Propheten‹.« 15 Er sagt ihnen: »Aber ihr, wer sagt ihr, daß ich sei?« 16 Simon Petrus aber antwortete und sprach: »Du bist der Christus, der Sohn des lebendigen Gottes!«

17 Jesus aber antwortete und sprach zu ihm: »Glücklich bist du, Simon Barjona, denn nicht Fleisch und Blut haben dir das offenbart, sondern mein Vater in den Himmeln!

18 Und ich aber sage dir: Du bist ›Stein‹ (Petrus),

    und auf diesem ›Gestein‹[2] werde ich meine Kirche bauen,

    und die Tore der Totenwelt werden nicht stärker sein als sie.

19 Ich werde dir die Schlüssel des Himmelreichs geben,

    und was du auf der Erde bindest, wird in den Himmeln gebunden sein,

    und was du auf der Erde lösest, wird in den Himmeln gelöst sein.«

20 Dann befahl er den Jüngern, niemandem zu sagen, daß er der Christus sei.

Analyse 1. *Aufbau*. Die Perikope setzt nach einem Ortswechsel neu ein. Sie zerfällt in drei Teile: a) Das Jüngergespräch V 13-16. Es ist durch die beiden parallelen Fragen Jesu nach der Meinung der Menschen (V 13c) und der eigenen Meinung der Jünger (V 15) klar gegliedert. b) Eine kleine Rede Jesu V 17-19. Durch die formale Entsprechung der beiden Prädikationen »du bist der Christus...« und »du bist Petrus...« in V 16.18 ist

---

[1] Der Text mit με ist eindeutig schwieriger, weil nach der Einfügung von τὸν υἱὸν τοῦ ἀνθρώπου (diff. Mk, Lk) einer der drei Acc. redundant ist. Der von Nestle[25.26] vertretene Text hat nur die Majuskeln ℵ B, wenige Übersetzungen und Kirchenväter (ohne Orig griech.!) für sich. M.E. ist nicht die Einfügung von με eine Anpassung an Mk/Lk, sondern seine Auslassung eine Erleichterung des redundanten Texts.

[2] Das Wortspiel πέτρος/πέτρα ist im Deutschen nicht nachzuahmen. Πέτρος war in der damaligen Zeit kein Eigenname (vgl. u. S. 457) und darf deshalb nicht mit »Petrus« übersetzt werden. Πέτρος heißt eindeutig »Stein« (= λίθος), πέτρα eindeutig »Fels«. Das Wortspiel ist im Griech. darum raffiniert, weil es mit verschiedenen Bedeutungen desselben Wortstamms spielt.

sie eng an das Vorangehende gebunden; sie ist Jesu Antwort auf das Petrusbekenntnis. Die drei Logien V 17.18.19 haben formal eine gewisse Ähnlichkeit. Nach einem Eingangssatz folgt in allen ein antithetischer oder weiterführender Parallelismus. Alle drei sind durch die 2. Pers. Sing. bestimmt; in V 18f dominieren Futura. Aber sie sind formal im einzelnen recht verschieden, so daß man besser nicht vom einem dreistrophigen Gedicht³ spricht. Außerdem wechseln die Bilder⁴. c) Der Schlußvers 20 greift über die Verheißung an Petrus wieder auf sein Bekenntnis in V 16 zurück. Er wirkt überraschend: Jesus spricht nur vom Christus-, nicht vom Gottessohnbekenntnis und wendet sich wieder an alle Jünger.

Offensichtlich hat die Perikope eine wichtige Funktion im ganzen Evangelium. Sie weckt nicht nur Erinnerungen an 14,2.5 (V 14), 14,33 (V 16) und 13,16f (V 17), sondern vor allem an den grundlegenden Text von der Offenbarung des Sohnes 11,25-27⁵. Und sie präludiert nicht nur 18,18⁶ (V 19bc) und das Wort 23,13 von den Pharisäern, die das Himmelreich verschließen (V 19a), sondern vor allem die grundlegende Offenbarungsszene vor dem Synhedrium 26,61-64⁷. Dort ist Petrus nur von ferne dabei (V 58), und der Hohepriester übernimmt in eigentümlicher Verkehrung seine Rolle.

Mit der folgenden Perikope 16,21-28 ist unser Text eng verbunden⁸. Beide Abschnitte ergeben einen Chiasmus: Ein Jüngergespräch bzw. eine Jüngerbelehrung mit dem Menschensohntitel bildet den Rahmen (V 13-15. 24-28). Ein Gespräch mit Petrus mit dem Gegensatz Menschen-Gott schließt sich an (V 16-19.22f), und eine erneute Anrede an die Jünger bildet das Zentrum (V 20.21f). Vor allem im Petrusteil ist eine antithetische Entsprechung deutlich: Wieder wird Petrus von Jesus persönlich angesprochen (εἶ), aber diesmal nicht als Fels, sondern als Satan und σκάνδαλον. Durch die Stichworte υἱὸς τοῦ ἀνθρώπου und υἱὸς (θεοῦ), durch Elija und Johannes den Täufer, durch Petrus und die Offenbarung der Gottessohnschaft Jesu durch Gott selbst ist unser Abschnitt außerdem mit dem christologisch zentralen Abschnitt 17,1-13 besonders verklammert.

2. Quelle und Redaktion

a) Für V 13-16.20 ist Mk 8,27-30 Quelle. Die Bearbeitung ist fast durchgehend als mt erkennbar⁹. Mit dem Ende der großen lk Lücke beginnt hier wieder die Dreifachüberlieferung. Damit setzen auch die Minor Agreements zwischen Lk und Mt wieder ein¹⁰. Zwei Änderungen fallen gegenüber Mk besonders auf: In V 13 zieht Mt den

13–16.20

---

³ Z.B. Jeremias* 68f, Oepke* 151f, Gnilka II 47.
⁴ Vgl. u. S. 455.
⁵ Gemeinsame Stichworte ἀποκαλύπτω, υἱός, πατήρ, οὐρανός/γῆ.
⁶ Auch in 18,17f steht das Wort über das Binden und Lösen nach dem Stichwort ἐκκλησία.
⁷ Gemeinsame Stichworte οἰκοδομέω, τοῦ θεοῦ τοῦ ζῶντος, ὁ Χριστὸς ὁ υἱὸς τοῦ θεοῦ, vgl. τὸν υἱὸν τοῦ ἀνθρώπου.
⁸ Lambrecht* 6 spricht von einem Diptychon.
⁹ Vgl. Bd. I Einl. 3.2 zu ἐλθών, δέ (V 13), μέν – δέ, ἕτερος (V 14), ἀποκριθεὶς δέ + Subj. + εἶπεν (V 17a), τότε, μαθητής (V 20). Zu εἰς τὰ μέρη vgl. 2,22; 15,21, zum Praes. historicum λέγει in Jesusworten Bd. I 34. Θεὸς ζῶν ist Bibelsprache und auch urchristl. verbreitet (Gnilka II 59).
¹⁰ Am auffälligsten ist τοῦ θεοῦ nach χριστός in V 16/Lk 9,20. Hier rechne ich mit unabhängiger (und verschiedener!) Red. von Mt/Lk. Χριστός im Sinn von »der Gesalbte (Gottes)« steht noch Apg 2,36; 3,18 im Munde des Petrus, vgl. 4,26. Claudel* 225.245 rechnet aufgrund der MA damit, daß Mt und Lk Zugang zu einer vormk Textrez. gehabt haben. Ihr Schluß ist nach ihm Mt 16,18.

Menschensohntitel aus Mk 8,31 vor; und in V 14 halten die Leute Jesus für den wiedergekommenen Jeremia. Der harte Übergang von V 19 zu V 20 erklärt sich nur literarkritisch: Nach seinem Einschub kehrt Mt zur Mk-Quelle zurück; da in dieser aber das Petrusbekenntnis ganz anders bewertet wird, paßt der Anschluß nicht.

17 b) *V 17* kann nicht für sich allein stehen, weil ein Objekt fehlt, das den Inhalt der Offenbarung an Petrus angibt. Was also ging ursprünglich voraus? Hält man V 17 für eine alte Tradition, so sind drei Antworten möglich: (1) V 17(-19) war die ursprüngliche Antwort Jesu auf das Petrusbekenntnis, die dann in der mk Überlieferung verdrängt worden ist[11]. Als entscheidend für das hohe Alter von V 17-19 galten die Semitismen, die man hier zu erkennen glaubte. Heute rechnen die meisten nicht mit echten Übersetzungssemitismen, sondern mit einem ursprünglich griechischen Text mit biblischer Färbung[12]. Vor allem wäre in der Mk-Redaktion eine nachträgliche Streichung der Antwort Jesu auf das Petrusbekenntnis kaum verständlich. Man wird also auch hier die übliche Priorität von Mk vorziehen. (2) Oder muß man annehmen, ein unbekanntes, verlorengegangenes Traditionsstück sei V 17 vorausgegangen[13]? Eine beliebte Antwort ist, Mt 16,17-19 sei Teil eines nicht mehr ganz erhaltenen Erscheinungsberichts gewesen[14]. Aber warum ging er verloren bzw. blieb davon nur noch der zweite Teil erhalten? Ein solcher Erscheinungsbericht mit der Antwort Jesu auf ein Bekenntnis als Spitze wäre außerdem ein formales Unikum. Auch diese Annahme ist also schwierig. (3) Dann aber bleibt nur die Möglichkeit übrig, daß V 17 als Antwort Jesu auf das mk Petrusbekenntnis nachträglich angefügt worden ist. Durch wen? Ist der Evangelist oder ein Bearbeiter vor ihm dafür verantwortlich? Man kann natürlich nicht ausschließen, daß die Erweiterung des mk Petrusbekenntnisses um den Bekenntnistitel »Gottessohn« und Jesu Antwort darauf auf eine vormt Bearbeitung von Mk 8,27-30 in der Gemeinde zurückgehen. Es gibt aber einige Matthäismen[15]. Vor allem machen die Anklänge an 11,25-27 die These wahrscheinlich, daß Matthäus selbst der Autor von V 17 ist[16]. Dann hat er V 17 als Übergangswendung zu V 18f gebildet.

18f c) *V 18f und V 19bc* sind m.E. eindeutig vorred[17]. In *V 18* dürfte die Einführung κἀγὼ δέ σοι λέγω ὅτι[18], kaum aber »meine Kirche«[19] auf Mt zurückgehen. Mehrere ganz

---

[11] Früher war diese These bei den alten Vertretern der traditionellen Mt-Priorität verbreitet, aber z.B. auch Bultmann, Tradition 277f vertritt sie.

[12] Das trifft in V 17 zu auf σὰρξ καὶ αἷμα, vgl. z.B. Sap 12,5; 1Kor 15,50; Gal 1,16; Eph 6,12; Hebr 2,14. Schwierig ist Βαριωνᾶ: Daß aber solche (auf Traditionswissen beruhenden) Semitismen in griech. Texten stehen können, zeigen Mk 10,46; Apg 13,6. In der LXX steht Ἰωνᾶς mehrmals für hebr. יְהוֹחָנָן, vgl. J. Jeremias, Art. Ἰωνᾶς, ThWNT III 410,10ff. Wilcox* 82 urteilt: »»Semitisms«... of thought rather than of grammar«.

[13] Spinetoli* 28 nimmt an, Mt 16,13-20 sei eine »Anthologie« von Petrustexten.

[14] Vgl. die u. Anm. 31 Genannten.

[15] Zu ἀποκριθεὶς δέ + Subj., εἶπον mit Dat., πατήρ μου ὁ ἐν τοῖς οὐρανοῖς vgl. Bd. I Einl. 3.2. Zu οὐκ — ἀλλά vgl. Schenk, Sprache

21. Σίμων als Anrede kann mt sein (vgl. 17,25). Schwierig bleibt Βαριωνᾶ, da Mt Aramaismen eher vermeidet (Bd. I 56 Anm. 98).

[16] Diese These vertrat erstmals in sehr vorsichtigen Worten Vögtle* (Messiasgeheimnis) 166f.169; sie hatte 1961 ein Monitum des heiligen Offiziums zur Folge (Burgess* 163). Heute findet Vögtle weithin Zustimmung, u.a. bei Brown-Donfried-Reumann* 89.

[17] Anders vor allem Schenk* 73f; Goulder, Midrash 383-393.

[18] Vgl. Bd. I Einl. 3.2 s.v. κἀγώ, δέ, λέγω.

[19] Vorangestelltes Possessivpron. μου ist nicht markant mt: Mt 7 (vorangestellte): 66 (nachgestellte μου); Mk 1: 29; Lk 10: 71. »Kirche des Herrn« findet sich wieder in den Gebeten der Did (9,4; 10,5); ohne Abhängigkeit von Mt). Vgl. auch u. Anm. 20.

unmt sprachliche Eigentümlichkeiten zeigen, daß das Logion trad. ist[20]. *V 19bc* hat in 18,18 eine fast wörtlich gleiche und in Joh 20,23 eine ähnliche Variante, die die Vollmacht, zu binden und zu lösen, allen Jüngern zusprechen. Das spricht dafür, daß V 19bc ein ursprünglich von V 19a unabhängiges trad. Logion war. Läßt sich eine der beiden Fassungen als red. Bearbeitung der anderen erklären? Sowohl der Plur. als auch der Sing. von οὐρανός[21] und sowohl ὃ ἐάν als auch ὅσος ἐάν[22] können red. sein. Die Einführung durch ἀμὴν λέγω ὑμῖν in 18,18 kann (aber muß nicht) red. sein. Eine Entscheidung über die Priorität kann also nur durch traditionsgeschichtliche Überlegungen fallen.

d) Für *V 19a*, das Schlüsselwort, muß man red. Ursprung erwägen. Es hat in 18,18; Joh 20,23 keine Entsprechung. Im Kontext ist es Übergangswendung zwischen V 18 und V 19bc. Ein Übergang ist nötig, weil Petrus in V 19bc nicht mehr Fundament der Kirche, sondern ihr bevollmächtigter Lehrer ist und weil ihr als Opposition in V 19bc nicht mehr der Hades, sondern der Himmel gegenübersteht. Die futurische Verbform δώσω entspricht οἰκοδομήσω in V 18. Das Bild von den Schlüsseln nimmt die Vorstellung des Hauses wenigstens assoziativ auf und deutet die Vollmacht des Petrus an, die dann in V 19bc inhaltlich beschrieben wird. »Reich der Himmel« nimmt die Gegenüberstellung von »auf der Erde« und »in den Himmeln« in V 19bc vorweg. Dagegen, daß die Übergangswendung red. ist, spricht zwar das Hapaxlegomenon κλείς. Für mt Red. spricht aber, daß das Bild vom Aufschließen des Gottesreichs im zeitgenössischen Judentum nicht belegt ist[23], sondern nur bei Mt, der besonders häufig vom »Eingehen ins Himmelreich« spricht. 23,13, wo die Schriftgelehrten und Pharisäer das Himmelreich zuschließen, ist die einzige Parallele zu unserem Text und tönt wie eine Gegenformulierung zu ihm[24]. So ist V 19a als red. Übergangswendung denkbar (nicht beweisbar!)[25].

3. *Traditionsgeschichte und Herkunft von V 18f* 18f

a) *V 18 und 19bc* könnten nach den bisherigen Überlegungen zwei ursprünglich nicht zusammengehörende *Einzellogien* sein. Dafür sprechen die Varianten: Zu V 19bc sind es 18,18 und Joh 20,23; für V 18a kann man auf Mk 3,16 und Joh 1,42 verweisen. Dafür spricht auch, daß die Bilder uneinheitlich sind: Petrus ist V 18 der Fundamentfels, auf den das Haus Kirche gebaut ist, in V 19a der Schlüsselmann, der aber nicht die Kirche, sondern den Himmel auf- oder zuschließt, und in V 19bc der Rabbi, der bindet und löst. In V 18 ist die Kirche, in V 19a der Himmel ein Bau; V 19bc verläßt das Bild des Baus überhaupt. Kähler* hat versucht, den ganzen Text, mit Einschluß von V 17, aufgrund von Parallelen als »Investitur des Offenbarungstradenten«

---

[20] Unmt sind: Ἐκκλησία für die Gesamtkirche, die Vorstellung von der Kirche als Bau, das Hap. leg. κατισχύω, auch ἐπί mit Dat.

[21] Für mt Red. in 16,19 spricht, daß der Plur. οὐρανοί sich harmonisch in den Kontext einfügt, während in Mt 18 nur V 18 der Sing. steht (neben 8x Plur.). Für mt Red. von 18,18 spricht aber, daß bei der Gegenüberstellung οὐρανός/γῆ Mt den Sing. vorzieht.

[22] Zu ὃς ἐάν vgl. Bd. I Einl. 3.2; ὅσος ἐάν: 6/2/1, vgl. 7,12; 22,9; 23,3.

[23] Gr Bar 11,2 ist später und wahrscheinlich christliche Übermalung. Vorgegeben ist nur die allgemein orientalische und antike Vorstellung vom Himmel als Raum oder Gewölbe mit Toren (J. Jeremias, Art. θύρα, ThWNT III 176,23ff) und Schlüsseln (J. Jeremias, Art. κλείς, ThWNT III 744,9ff.18ff), was aber zum in der Trad. nicht primär räumlichen »Reich Gottes« schlecht paßt.

[24] In 23,13 ist m.E. βασιλεία τῶν οὐρανῶν red. und γνῶσις Lk 11,52 Q-Text, vgl. Polag, Fragmenta 56f und Bd. III z.St. Weitere red. Sprüche vom εἰσέρχεσθαι in das (bei Mt räumlich gedachte!) Himmelreich Bd. I 40.

[25] Ebenso Gnilka II 56.

zu erklären²⁶. Aber seine Parallelen sind nur solche zur Seligpreisung in der 2. Pers. Sing.; die Kontexte sind jeweils ganz verschieden. Ein festes Formschema hat es m.E. nie gegeben. *Fazit*: Die beiden Logien müssen für sich betrachtet werden.

18 b) Für V 18, das Felsenwort, stehen drei Herleitungsmöglichkeiten zur Diskussion: Das Wort kann

(1) von *Jesus* stammen. Diese Möglichkeit wird heute allerdings immer weniger vertreten²⁷. Innerhalb von etwa dreißig Jahren hat sich an diesem Punkt das Bild auch der katholischen Forschung radikal verändert. Man kann heute bei diesem für die römisch-katholische Kirche so wichtigen Text kaum noch sagen, daß der konfessionelle Standort die Forschungsergebnisse bestimmt. Das wichtigste Argument gegen die Echtheit ist das singuläre Vorkommen von »meiner Kirche« in einem Jesuswort²⁸. Ἐκκλησία kommt in der gesamten synoptischen Jesusüberlieferung nur noch 18,17 (im Sinn von Einzelgemeinde) vor, gehört also nicht zur Jesussprache. Jesus hat zwar das Gottesvolk Israel gesammelt und im Zwölferkreis zeichenhaft dargestellt und könnte deshalb grundsätzlich schon von der »Versammlung« (= קהל) des Gottesvolks gesprochen haben, die er »baut«²⁹. Man erwartete dann aber das biblische »Versammlung Gottes« o.ä., nicht aber »meine Versammlung«, denn dieser Ausdruck schließt den Gedanken an eine Sondergemeinschaft in oder neben Israel ein³⁰. Jesus sammelte das Gottesvolk, nicht den heiligen Rest Israels. Der Ausdruck ἐκκλησία μου ist am leichtesten aus einer Situation verständlich, in der die christlichen Gemeinden bereits neben den jüdischen Synagogen existierten. Auch die Etymologie des Petrusnamens spricht für eine Bildung einer griechischsprachigen Gemeinde (vgl. u.).

Nimmt man eine *Gemeindebildung* an, so kann das Wort entweder

(2) eine Bildung der *aramäischsprachigen Gemeinde* sein. In diesem Fall denkt man gern an die Ersterscheinung des Auferstandenen vor Petrus (Lk 24,34; 1Kor 15,5)³¹, bei welcher Gelegenheit dem Simon auch der Amts- oder Ehrenname »Fels« (Kepha, Petrus) verliehen worden sein könnte. Oder es stammt

(3) aus einer *griechischsprachigen Gemeinde*. Dann dachte man meistens an Syrien, und zwar entweder

---

[26] 46-56. Seine wichtigsten Parr sind 4Esra 10,57; JosAs 16,14; hbr Hen 4,9; Memar Marqah 2,9 (= Macdonald 72).

[27] Im deutschsprachig-prot. Bereich waren K.L. Schmidt* 281-302; Oepke* 148-151 und Cullmann* 201-207 (Abschiedsmahl Jesu [Lk 22] als historischer Haftpunkt) die letzten großen Vertreter der Echtheit; im kath. Raum gibt Schmid* 170-175 die prägnanteste neuere Verteidigung der Echtheit. Klassisch gewordene Widerlegungen der Echtheit sind Bultmann (Echtheit)* und Kümmel* 299-308. Im kath. Bereich vertreten die Echtheit ferner z.B. A. Feuillet, ›Chercher à persuader Dieu‹ (Gal 1, 10), NT 12 (1970) 356; Sabourin 214-216; Albright-Mann 195f.

[28] Ἐκκλησία kommt nur noch 18,17, aber im Sinn von Einzelgemeinde, vor.

[29] Zum oft belegbaren jüd. Sprachgebrauch vom »Bauen« der Gemeinde vgl. P. Vielhauer, Oikodome, 1979 (ThB 65), 6-8.

[30] Gerade K.L. Schmidt, der zu den entschiedensten Vertretern der Echtheit unseres Logions in unserem Jh. gehört, versteht so: Es geht um eine »Sonder-כְּנִישְׁתָּא« in Israel, der sich der »Rest Israels« darstellt, vergleichbar dem »Neuen Bund« der Gemeinde der Damaskusschrift (Art. καλέω κτλ., ThWNT III 529,27; 530,6).

[31] Z.B. Bultmann (Bewußtsein)* 5-7; Strekker, Weg 206f; Gerhardsson, Memory 267; Künzel, Studien 188-190 (alle für die Einheit 17-19); Brown-Donfried-Reumann* 92 (für V 18); Vögtle (Problem)* 113-118 (für V 18f); ähnlich Claudel* 368f (Grundschrift von Mt 16,13-16.18). Für eine Ostertrad., aber nicht für die Ersterscheinung oder für eine alte Trad., spricht die Par Joh 21,15-17 (3x Σίμων Ἰωάννου!).

(3.1) an die Zeit nach dem antiochenischen Konflikt³², als Petrus sich gegen Paulus durchgesetzt hatte, oder
(3.2) an die späte Zeit nach dem Tod der Apostel, als der Rückbezug auf die Apostel als »Felsen« der Tradition überhaupt wichtig wurde³³ oder als sich die syrische Kirche von der Synagoge löste³⁴. An Kriterien für die Entscheidung stehen zur Verfügung: a) historische Überlegungen, b) die Semitismen, c) Überlegungen zum Namen Kepha/ Petrus.

ad a): Mit *historischen Überlegungen* läßt sich nichts entscheiden: Petrus empfing zwar die erste Erscheinung und ist für Paulus Gal 1,18 in der frühesten Zeit der wichtigste Mann in Jerusalem. Je mehr man aber seine Vorrangstellung in der Urkirche betont, desto schwieriger wird es, zu verstehen, wieso er aus Jerusalem wegzog und schon z.Z. des Apostelkonzils nur eine (und nicht die zuerst genannte!) von mehreren Säulen im Bau der Kirche war (Gal 2,9). Auch in Antiochien hat Petrus eine wichtige Rolle gespielt. Im Rückblick der späten, nachapostolischen Zeit war Petrus als erster Apostel ohnehin wichtig.

ad b): Auch die *Semitismen* helfen nicht viel: Πύλαι ᾅδου ist sogar eher griechisch als semitisch formuliert³⁵. Das Wortspiel mit dem Petrusnamen ist griechisch wie aramäisch möglich (vgl. u.).

ad c): Πέτρος existierte als griechischer Name vorchristlich nicht; für einen aramäischen Namen Kepha gibt es einen einzigen, unsicheren Beleg³⁶. Für den Beinamen Kepha ist also die Wortbedeutung von כֵּיף entscheidend. כֵּיף meint, wie P. Lampe* in einer gründlichen Untersuchung gezeigt hat, in der Regel einen runden Stein (Stein, Edelstein, Hagelkorn, Klumpen, auch: Ufer) und nur selten, fast nur in Targumen in Anlehnung an hebr. סֶלַע, einen »Fels«. Ein Aramäer hätte also aus כֵּיף zunächst »Stein« herausgehört und sich dann gewundert, wieso man auf einen runden Stein etwas bauen kann. Erst in zweiter Linie hätte er daran gedacht, daß כֵּיף selten auch »Fels« heißen kann³⁷. Im Griechischen ist das Wortspiel klarer, da man mit verschiedenen Vokabeln spielen kann³⁸. Πέτρος heißt »Stein« und ist somit wörtliche Übersetzung von כֵּיף; πέτρα heißt »Fels«. Das spricht für ein griechisches Wortspiel, auch wenn es einen aramäischen Urtext nicht beweiskräftig ausschließt. »Kephas« ist zwar im Urchristentum seit alters verbreitet, zunächst wohl nicht als Name und schon gar

---

³² Z.B. Pesch* 101; Thyen* 232f; Caroll* 275f (»declaration of independence« der Antiochener Kirche gegenüber Jerusalem).
³³ Z.B. H. v Campenhausen, Kirchliches Amt und geistliche Vollmacht in den ersten drei Jahrhunderten, 1953 (BHTh 14), 142; Hoffmann* (FS Schnackenburg) 102-106; Lampe* 243f; Kähler* 43f; Lambrecht* 25 (»ein später Text«).
³⁴ Vermutung von Schweizer 220.
³⁵ Griech. seit Homer häufig, hebr. nur Jes 38,10; Sir 51,9; im AT und im Jdt. sind »Pforten des Todes« üblicher, vgl. J. Jeremias, Art. πύλη, ThWNT VI 923,35ff; Hommel*. Das Fehlen des Art. besagt nichts; viele der bei Wettstein I 430f gesammelten griech. Belege sind ohne Art. formuliert.

³⁶ Aus den Elephantinepapyri, 5. Jh. v.Chr.! Vgl. Fitzmyer* 127. Unklar ist, ob der Name aram. ist.
³⁷ Von der Etymologie her (כוף = beugen) wird man dann zunächst an freistehende, runde Felsen (Petra, Sinai, Wadi Ram!) denken, die kaum geeigneter Baugrund sind. Vgl. Lampe* 232.235f.
³⁸ Lampe* 243; Pesch* 102. Eine formal ähnliche Etymologie gibt im Lat. Act Petr 23: (Petrus = paratus), übrigens in einem Text, der von Mt 16,17-19 geprägt ist, aber die Etymologie von Mt 16,18 nicht übernimmt! Ähnlich leitet Optatus v Mileve Kephas von κεφαλή ab (Contra Parm Donatist 2,2 = CSEL 26,36).

nicht als Amtsname[39], sondern als Beiname[40]. Wahrscheinlich geht er auf Jesus zurück[41]. Seine ursprüngliche Bedeutung ist aber unklar[42]. Man muß dabei von der normalen Wortbedeutung »Stein« ausgehen; Petrus könnte z.B. »Edelstein« meinen[43] oder eine Anspielung auf die Entschlossenheit = Härte des Simon sein[44]. Wir wissen das nicht. Klar scheint nur, daß »Kephas« keine negative Bedeutung gehabt haben kann, denn sonst hätte das Wort sich nicht so schnell als Eigenname durchsetzen können. *Fazit*: Der Beiname Kephas ist alt, aber Mt 16,18 nicht. Der Vers ist wahrscheinlich nicht die Deutung, sondern eine *Um*deutung des Beinamens Kephas. Im ganzen scheint die Herleitung aus einer griechischsprachigen Gemeinde wahrscheinlich (= [3]).

M.E. ist das Wort am ehesten im Rückblick auf das abgeschlossene Wirken des Petrus formuliert worden. Dafür sprechen die ebenfalls späten Parallelen, die von den Aposteln als Fundament des Baus der Kirche sprechen (Eph 2,20; vgl. Apk 21,14). Dafür spricht auch die enge Sachparallele Joh 21,15-17 im Nachtrag zum syrischen Johannesevangelium. Umgekehrt gibt es m.E. in V 18 keine polemische Note, sei es gegen Jerusalem, sei es gegen den Apostolat des Paulus, die für eine frühe Deutung sprechen könnte. Das Wort ist deshalb wohl nicht als Polemik gegen den Anspruch des Paulus Gal 1,16f, sondern unabhängig davon entstanden[45]. Es stammt am ehesten aus einer Zeit, als der Rückblick auf die für die Kirche grund-legende Zeit der Apostel wichtig wurde.

19bc c) Beim Wort vom Binden und Lösen *V 19bc* ist zunächst zu klären, ob die pluralische Fassung von 18,18 oder die singularische von 16,19 primär ist. Die Forschung urteilt hier sehr verschieden[46]. Das Hauptargument zugunsten von 16,19 war, daß dieser Vers besser im Kontext verankert ist. Unsere traditionsgeschichtliche Analyse hat dieses Argument brüchig gemacht. Das Hauptargument für das höhere Alter von

---

[39] Das könnte man erst aufgrund von Mt 16,18 sagen!

[40] Schmid 248 weist mit Recht darauf hin, daß Πέτρος aram. als Beiname entstanden sein muß, da Eigennamen nicht ins Griech. übersetzt wurden. Dafür spricht vielleicht auch der status determinatus des aram. כֵּיפָא (Hinweis C. Riniker). Pls versteht »Kephas« bereits als Eigennamen und braucht darum meist die Transkription Κηφᾶς. Πέτρος ist also ein Beiname, der sehr rasch zum Eigennamen wurde, ähnlich wie Χριστός.

[41] Vgl. Mk 3,16f neben dem altertümlichen Boanerges.

[42] Eine exakte Analogie ist der Beiname des Aristokles = Platon (Diog L 3,4): Er erhielt ihn von seinem Lehrer Dionysius. Er war von Anfang an so verbreitet, daß der wirkliche Name Aristokles kaum mehr bekannt ist. Seine Bedeutung ist unbekannt; Diogenes nennt u.a. die Breite seiner Stirn oder seines Stils als mögliche Gründe. Lampe* 238 Anm. 3 erinnert mit Recht daran, daß Simon einen Beinamen bekommen mußte, damit man ihn vom »Kanaanäer« Simon unterscheiden konnte.

[43] Vorschlag von Pesch* 30.

[44] Bullinger 156A leitet die deutschen Familiennamen »Steiner«, »Velser«, »Kißling« von der Härte des Charakters ab.

[45] Das ist angesichts des ganz anderen Gebrauchs von σὰρξ καὶ αἷμα und der sonst nur sehr spärlichen Wortberührungen sowieso das wahrscheinlichste. Abhängigkeit von Gal 1,16f nehmen an: Kreyenbühl* 163-169 (antipln Polemik der Urgemeinde); Denis* 507-509; kritisch dazu: Dupont* 931-935. Daß umgekehrt Gal 1,16f von Mt 16,18 abhängig ist, nehmen an: Gerhardsson, Memory 270; Dupont* 937, vgl. Pesch* 100; kritisch dazu: F. Mußner, Gal (HThK IX), 90 Anm. 60.

[46] Priorität von Mt 16,19 vertreten z.B. Bultmann, Tradition 150f; Bornkamm* 45-49; Strecker, Weg 223; Trilling, Israel 157f; Schnackenburg* (Vollmachtswort) 151. Priorität von Mt 18,18 vertreten z.B. E. Dinkler, Die Petrus-Rom-Frage, ThR NF 27 (1961) 36; Vögtle (Auftragsworte)* 250-252; W. Pesch, Matthäus der Seelsorger, 1966 (SBS 2), 42; Hoffmann* (FS Schnackenburg) 101; Hahn* 557f; Thyen* 237f; Claudel* 316f.

18,18 ist, daß die Variante Joh 20,23, ein fast sicher vorjoh Wort, auch im Plur. formuliert ist. Ein weiteres Argument ist, daß vermutlich Mt 18,18 bereits vormt an 18,15-17 angefügt wurde[47]. Wir halten also die plur. Fassung von Mt 18,18 für älter. Das Wort ist ein sehr altes frühchristliches Logion, das sprachlich und gedanklich im Judentum wurzelt. Es drückt das urchristliche Verständnis des Apostels oder des Wandermissionars als eines bevollmächtigten Vertreters des erhöhten Menschensohns aus. Die nächsten Parallelen sind die Q-Logien Lk 10,5f.10f.13-15 und vor allem 10,16: »Wer euch hört, der hört mich, und wer euch verwirft, der verwirft mich, wer aber mich verwirft, der verwirft den, der mich gesandt hat«. Ob im traditionellen Logion ursprünglich eher an Lehrentscheidungen, an Rechtsentscheidungen oder an den gültigen Zuspruch von Heil und Unheil gedacht ist, ist kaum auszumachen, da die Formulierung sehr allgemein ist (ὅσα). Für das letzte sprechen die Parallelen aus der Aussendungsrede von Q.

Die sing. Formulierung Mt 16,19 ist demgegenüber wohl sekundär. Es spricht viel dafür, daß Mt, wenn erst er den ganzen Zusammenhang von V 17-19 geschaffen hat, auch dafür verantwortlich ist. V 19bc ist dann wohl eine von ihm geschaffene Dublette zu 18,18. Ist das richtig[48], so ist eine wichtige Erkenntnis gewonnen: Mt 16,18f enthalten zwar wahrscheinlich kein altes Material über einen »historischen« Petrusprimat. *Aber für den Evangelisten war offensichtlich die besondere Stellung des Petrus wichtig.* Man kann gerade nicht sagen, daß Mt die Sonderstellung des Apostelfürsten Petrus »eliminiert« habe[49]. Im Gegenteil: Er hat sie betont. In welchem Sinn? Das muß im Rahmen des mt Petrusbildes interpretiert werden.

Jesus kommt in die Gegend von Cäsarea Philippi ganz im Norden Israels bei der Jordanquelle. Er fragt die Jünger nach der Meinung der »Menschen« über den »Menschensohn«. »Menschensohn« ist durch das Wortspiel und durch die appositionelle Stellung betont. Das Wortspiel drückt Distanz aus: Die Menschen erfassen offenbar nicht, wer der ist, der in Wirklichkeit der Menschensohn ist. Die Wirkung der Frage wird dadurch verstärkt, daß hier Matthäus erstmals in seiner Erzählung die Reaktion der Menschen auf Jesus derjenigen der Jünger gegenüberstellt. Über den »Menschensohn« haben die Jünger (und noch mehr die christlichen Leser/innen des Evangeliums!) ein Vorwissen, denn Jesus hat ihnen schon einiges über seine Rolle selbst gesagt (10,23; 13,37.41). Die Außenstehenden hatten Jesu öffentliche Menschensohnworte schon bisher nicht verstanden (11,19; 12,40, vgl. 8,20). Von jetzt an bis zur Passion wird Jesus nicht mehr öffentlich vom Menschensohn reden. Erst in der großen Verhörszene vor dem Synhedrium, die wir formal als eine Art Umkehrung unseres Textes verstanden haben, wird er als Antwort auf die Frage des Hohenpriesters, ob er der Christus und der Gottessohn sei, nochmals öffentlich von sich als Menschensohn sprechen (26,64). Matthäus

Erklärung 13

---

[47] Vgl. Bd. III Analyse zu 18,15-20.
[48] Zur Evaluation dieser traditionsgeschichtlichen Rekonstruktion: Manche Einzelentscheidungen (z.B. für V 19a als red.) sind sehr hypothetisch. Die verschiedenen Entscheidungen stützen sich aber gegenseitig und geben ein bemerkenswert kohärentes Gesamtbild.
[49] So Strecker, Weg 206: »Elimination der Sonderstellung des Petrus« durch 18,18 auf der Ebene der mt Red.

beginnt also an dieser Stelle seiner Erzählung einen Spannungsbogen, der in der endgültigen Verurteilung Jesu durch die Führer Israels zu seinem Gipfel kommen wird. Der Menschensohntitel dient hier dazu, die »wissenden« Jünger vom Volk zu unterscheiden[50].

14 Die Jünger berichten von den Meinungen der Leute: Sie halten Jesus wie der Bösewicht Herodes Antipas (14,2) für den auferstandenen Johannes den Täufer oder für Elija. Beides ist Jesus gerade nicht (vgl. 17,12!). Oder sie halten ihn für Jeremia. Das ist nicht sicher erklärbar. Es ist gut denkbar, daß es eine volkstümliche Erwartung gab, die mit der Wiederkunft Jeremias rechnete[51]. Ob für Matthäus, der Jeremia in 2,17 und 27,9 explizit zitiert, dieser Prophet eine besondere Bedeutung hatte, muß unsicher bleiben[52]. Jedenfalls erfaßt die Meinung der Leute das, was Jesus ist, nicht. Es ist nicht zufällig, daß Matthäus hier auf die Frage des Volkes, ob nicht Jesus der Davidssohn sei (12,23), d.h. die bisher positivste Aussage des Volks über Jesus, nicht zurückkommt.

15f Jesus fragt nun die Jünger nach ihrer eigenen Meinung. Wie 15,15 formuliert Petrus die Jüngerantwort[53]. Ist Petrus hier *nur* Jüngersprecher? Dafür, daß er Jüngersprecher ist, spricht, daß er das Gemeindebekenntnis[54], das alle Jünger nach dem Seewandel Jesu im Boot schon gesprochen haben (14,33), wiederholt. Daß Petrus nicht als erster das Gottessohnbekenntnis formuliert, ist kein schriftstellerischer Mißgriff des Matthäus[55]. Vielmehr hat er auch hier bewußt formuliert und Petrus absichtlich ebendas sagen lassen, was auch die Jünger bekannten und was die Gemeinde bekennt. Nur voller und feierlicher ist V 16 formuliert: Ὁ Χριστός ist wie 1,17; 2,4; 11,2; 22,42; 26,63 der Messias Israels. Dieser Messias ist Gottes eigener Sohn, in dem der lebendige Gott »mit uns« handelt[56]. Θεὸς ζῶν ist eine biblische, im griechischsprachigen Judentum und im Neuen Testament besonders in der Missionsverkündigung

---

[50] Weiteres im Exkurs zu 16,21-28 u. S. 500-502.
[51] Vgl. 2Makk 15,14-16 (Jeremia als himmlischer Fürbitter); 5(=4)Esra 2,18 (Wiederkunft von Jesaja und Jeremia, was m.E. keine christl. Vorstellung ist); Vita Proph 2 = Jeremiae, 19 recensio anonyma (hrsg. T. Schermann, Leipzig 1907, 74: Mose und Jeremia sind »zusammen bis heute«).
[52] Menken* 17-24 läßt Mt an den leidenden Propheten Jeremia denken. Aber die Leute denken hier kaum an das Leiden Jesu, das er erst von 16,21 und nur den Jüngern andeuten wird.
[53] Petrus antwortet also »pro multis« (Augustin, Sermo 76,1 = PL 38,479), ähnlich Hieronymus 140 und die meisten alten und mittelalterlichen Autoren. In der Gegenreformation werden die Akzente anders gesetzt: Petrus antwortet »tamquam ... summus Ecclesiae praeco« (Jansen 150; vgl. Lapide 315:

Petrus wollte, daß alle sein Bekenntnis übernehmen).
[54] Die Formulierung entspricht dem Abschluß der ebenfalls syrischen Semeiaquelle Joh 20,31; Joh nimmt sie 11,27 auf.
[55] Solche Lapsus passieren Mt sonst nicht. Schweizer will 220 die »Spannung« traditionsgeschichtlich lösen: Mt könne V 16f nicht selbst geschaffen haben, sonst hätte er dem Petrusbekenntnis durch 14,33 sein Gewicht geraubt! Schnackenburg* (Petrus) 122 unterscheidet zwischen dem »kultischen Preis der Gemeinde« und dem »vollen« Bekenntnis des Petrus. Beide fußen auf altkirchlichen Trad.: Nach Euthymius Zigabenus 466 bekennen die Jünger 14,33 Jesus nur als großen Wundertäter, während Petrus ihn φύσει als Gottessohn bekenne. Vgl. o. Anm. 58 zu 14,22-33.
[56] Vgl. Bd. I 129.156f, o. S. 208-210. 214.246f und u. S. 510f.

und als Kurzformel für den Glauben wichtig gewordene Gottesbezeichnung, die den wirklichen, in der Geschichte handelnden Gott im Unterschied zu den toten heidnischen Götzen meint[57]. Dazu kommt der volle Doppelname »Simon-Petrus«. Er ist in dieser Weise einmalig; nur 4,18; 10,2 steht »Petrus« als Beiname unmittelbar neben »Simon«. So ergibt sich ein eigenartiger Befund: Der Evangelist will die Aufmerksamkeit seiner Leser/innen auf Petrus und sein Bekenntnis lenken, obwohl er auf eine an alle Jünger gestellte Frage als ihr Sprecher antwortet und kein anderes Bekenntnis ausspricht als das, das alle schon einmal ausgesprochen hatten.

Daß es in ganz besonderer Weise um Petrus geht, zeigt die nur an ihn gerichtete Seligpreisung. Aber auch hier gilt es noch einmal innezuhalten: Nicht nur Petrus, sondern alle Jünger wurden bereits früher, 13,16f, von Jesus seliggesprochen. Und auch der Gedanke, daß nicht Menschen[58], sondern allein der himmlische Vater den Menschen seinen Sohn offenbart, ist den Lesern des Evangeliums bereits bekannt, und zwar aus 11, 25-30 und dort in einer offenen, alle Jünger einschließenden Weise. Wenn V 17 vom Evangelisten selbst gebildet wurde, ist die Nähe zu jenen Stellen besonders zu beachten. Und dennoch geht es um eine Seligpreisung, die in besonderer Weise dem erstberufenen Jünger Petrus, dem Sohn des Johannes[59], wie Matthäus semitisierend sagt, gilt. Wieder begegnen wir also dem merkwürdigen Nebeneinander des einmaligen Offenbarungsträgers Petrus, den Jesus seligpreist, und der ihm widerfahrenen Offenbarung des Vaters, die jedem Jünger geschenkt ist. 17

In dem berühmten Felsenwort führt Jesus seine Seligpreisung mit einer Verheißung an Petrus in feierlicher Weise weiter. Hier ist vieles schwierig und umstritten. Einigermaßen klar scheint, daß nicht von der Verleihung des Petrusnamens die Rede ist, sondern von seiner Deutung; Petrus trägt diesen Namen schon längst (vgl. 4,18; 10,2)[60]. Klar scheint auch, daß ἐκκλησία μου die Gesamtkirche meint und nicht nur eine Einzelgemeinde, z.B. in Syrien. Das ergibt sich erstens daraus, daß Jesus ja nur *eine* ἐκκλησία bauen kann. Das ergibt sich zweitens aus dem Bild der Kirche als »Bau«: Im Hintergrund steht der Gottesvolkgedanke und der biblische Sprachgebrauch vom Haus Israel. Besonders in den Qumran-Texten ist häufig von der Gemeinde als Tempel, 18

---

[57] 2Makk 7,33; 15,4; 3Makk 6,28; Bel et Draco Θ 24f; Sib 3,760-763; Test Ijob 37,2; Test Abr 17,11; JosAs 8,5f; 11,10; Historicus Callisthenes 44 (= Denis, Concordance 919); 1Thess 1,9; Apg 14,15; 2Kor 6,16; Hebr 3,12; 9,14; 1Tim 4,10.
[58] Σὰρξ καὶ αἷμα: ein frühjüd. Ausdruck (E. Schweizer, Art. σάρξ κτλ., ThWNT VII 109,4ff), der rabb. oft dort gebraucht wird, wo menschliche Vergänglichkeit göttlicher Allmacht gegenübergestellt wird (ebd. 115,34ff).
[59] Vgl. Joh 1,42; 21,15-17. Der Name Jona kommt im damaligen Judentum kaum vor (J. Jeremias, Art. Ἰωνᾶς, ThWNT III 410,8ff); hingegen gibt es in der LXX Ἰωνᾶς für hebr. יְהוֹחָנָן, vgl. o. Anm. 12. Der Ausdruck hat also weder etwas mit dem Propheten Jona noch mit dem schwierigen בַּרְיוֹנֵי = Zeloten (?) zu tun, vgl. M. Hengel, Die Zeloten, ²1976 (AGJU 1), 55-57.
[60] Das unterscheidet unseren Text auch von den bibl. Namengebungen Gen 17,5.15, wo mit dem Namenswechsel eine Verheißung verbunden ist.

als »heiligem Haus«[61] die Rede, die der Lehrer der Gerechtigkeit erbaut (4QpPs 37 3,16). Im Urchristentum ist der Gedanke der Kirche als Bau oder Tempel verbreitet[62]. Und schließlich ergibt sich das drittens auch aus dem Makrotext des Evangeliums: Nachdem der Evangelist bisher in mehreren Etappen erzählt hat, wie Jesus und seine Jünger sich aus Israel »zurückzogen«, kündigt er jetzt, wo die Scheidung der Jünger auch vom Volk deutlich wird, den Bau »seiner Kirche« an. Für Matthäus, der seine Jesusgeschichte durchweg transparent für die Geschichte seiner Kirche erzählt[63], geht es nun um die »Gründung« der Kirche. Klar ist schließlich aus dem Bild die Grundbedeutung des Felsens: Mit einem Felsfundament wird der Kirche Stabilität und Dauerhaftigkeit zugesprochen. Ein auf Fels gebautes Haus bleibt stehen (vgl. 7,24f). Das entspricht der Grundtendenz der Verheißung von V 18c, auch wenn diese sehr schwer zu deuten ist. Klar ist schließlich, daß Petrus in der Kirche eine unvertretbare Funktion hat: Er ist der Baugrund, unterschieden von allem, was dann darauf gebaut wird. Unausgesprochen, aber naheliegend ist auch der Gedanke an die Einheit der Kirche, die auf *einem* Fundament ruht[64]. Soviel ist klar. Unklar sind vor allem zwei Fragen:

Fels   1.   Was steckt hinter dem Felsen, der Fundament des Baus Kirche ist? Aus der jüdischen Überlieferung ergeben sich zwei Assoziationsmöglichkeiten.

a) Es gibt eine personale Tradition, die sich an Jes 51,1f anschließt: Abraham ist der Fels, aus dem Israel gebrochen wurde[65]. Das Bild ist allerdings nicht das des Bauens; nur in einer einzigen und überdies wohl von Mt 16,18 beeinflußten späten Stelle wird Abraham im Anschluß an Jes 51,1 zum Fundament-Fels[66]. Fazit: Der »Fels« Petrus ist nicht der neue Abraham.

b) Eine sehr verbreitete Tempeltradition weiß um einen »Grund-Stein«, der im Allerheiligsten aus dem Boden ragte[67]. Dieser Stein hat in der jüdischen Überlieferung vielfältige Funktionen: Er ist Eingang zur Himmelswelt[68], aber zugleich Verschlußstein gegen die Sintflut, den Gott selbst zu Beginn der Weltschöpfung in die Fluten warf, und schließlich Verschlußstein gegenüber der Totenwelt[69]. Diese Traditionen gehören zu den alten Zionsüberlieferungen des Jerusalemer Tempels, wie vor allem der wichtige Text vom Eckstein, Jes 28,14-22, zeigen dürfte[70].
Knüpft unser Text an diese alten Zionstraditionen an? Der Gedanke ist verführerisch, denn er würde zur Fortsetzung, daß die auf den Felsen Petrus gebaute Kirche ein Bollwerk gegen die Unterwelt ist, gut passen. Der Teufel sitzt aber im Detail: In diesen Traditionen ist immer von einem »Stein« (אֶבֶן, λίθος), nie von einem »Fels« die Rede. Das Bild der feindlichen »Pforten des Hades« von V 18 wird dort ganz anders ge-

---

[61] Z.B. 1QS 8,5-10; 9,6; 11,9; CD 3,19; 1QH 6,26f; 4Qflor 1,6; Betz* 52f.
[62] Vgl. z.B. Gal 2,9 (Säulen!); 1Kor 3,9-17; Eph 2,20-22; Herm v 3,2,4-9 (= 10,4-9); s 9,3,1-4,8 (= 80f).
[63] Vgl. o. S. 66f.
[64] Knabenbauer II 56.
[65] Pseud-Philo, Lib Ant 23,4f.
[66] Jalqut 1 § 766 = Bill. I 733. Auffällig ist, daß für »Fels« das seltene Lehnwort פֶּטְרָא ge-

braucht wird. Lampe* 243 vermutet hier mit guten Gründen eine jüd. Antithese gegen christliche ϑεμέλιος- und πέτρα-Aussagen.
[67] Joma 5,2 (אֶבֶן ... שְׁתִיָּה).
[68] Darum ist Mohammed von hier aus in den Himmel gefahren!
[69] Belege bei Jeremias* 54-58.
[70] Vgl. H. Wildberger, Jesaja III, 1982 (BK X/3), 1075-1077.

braucht: Von den Zionstraditionen her müßte gerade der Schlußstein des Gewölbes, das die Urflut zurückhält, Pforte des Hades sein. Davon, daß der Tempel auf den »Grund-Stein« im Allerheiligsten erbaut worden sei, hören wir dort nie etwas. Obwohl solche Vorstellungen wie die vom Stein auf dem Zion durchaus nicht logisch und kohärent zu sein brauchen, sind doch die Unterschiede sehr groß. Ich denke also kaum, daß unser Vers ursprünglich von diesem mythologisch-symbolischen Hintergrund her entworfen wurde[71]. Er setzt m.E. nur den Namen Kephas-Petrus, den Gedanken der Kirche als Tempel und Bau und die Tendenz der nachapostolischen Zeit, die Apostel als Fundamentgestalten der Kirche zu verstehen, voraus (Eph 2,20; Apk 21,14). Der Evangelist, der im Rahmen seiner großen »Reprise« unseres Textes im Verhör vor dem Synhedrium auch das Stichwort οἰκοδομέω wieder aufnimmt (26,61), hat dann vielleicht in der Kirche den neuen Tempel gesehen, den Jesus in drei Tagen baut. Sekundäre Assoziationen an den kosmischen Stein im Tempel, der die Urflut zurückdrängt, sind beim Evangelisten natürlich nicht auszuschließen, aber auch nicht nötig und legen sich vom Bild der feindlichen »Pforten des Hades« her gerade nicht nahe[72]. Sie sind erst in die Auslegungsgeschichte zu belegen, wo sich verschiedene Traditionen mischten[73].

2. Was heißt »die Tore des Hades werden sie nicht überwältigen«? Wir beginnen mit einigen sprachlichen Feststellungen: Κατισχύω wird normalerweise mit »die Oberhand haben, den Sieg davontragen« übersetzt und suggeriert dann das Bild eines Kampfes[74]. Κατισχύω heißt aber normalerweise abgeschwächt »überlegen sein, stärker sein als«[75]. »Tore« kann abgesehen von der wörtlichen Bedeutung auch das durch sie umschlossene Gebiet, also z.B. eine Stadt, meinen[76], aber nicht die es beherrschenden Mächte. »Hades« ist der Wohnort der Toten und entspricht hebräisch שְׁאוֹל. Davon zu unterscheiden ist der Strafort für die Bösen, die »Hölle« = der Gehinnom, der sachlich und sprachlich im rabbinischen Judentum immer wichtiger wird[77]. Πύλαι ᾅδου ist ein fester Ausdruck, der biblisch meist und griechisch oft in Verbindung mit einem Verbum der Bewegung (»zu den Pforten des Hades gelangen« o.ä.) Tod oder Todesgefahr meint[78]. Der philologische Befund schränkt die Palette möglicher Deutungen stark ein. Wir wenden uns nun ihnen zu.

Tore des Hades

---

[71] Anders Jeremias* 69-74: Petrus ist der kosmische heilige Fels.
[72] Nicht die Urflut ist Mt 16,18 das Bedrohende. Vgl. das andere Bild 1QH 6,24-27: Der Text ist ein Psalm eines Menschen, der Zuflucht vor der Urflut im Bau der Gemeinde gefunden hat, die Gott auf einen Felsen (סלע) gebaut hat; dabei wird Jes 28,16f assoziiert. Die Pforten dienen hier gerade zum Schutz.
[73] Vgl. Ephraem Syrus 241f. Ein vereinzelter jüd. Beleg zeigt das Zusammenfließen von Trad. schön: ExR 15,7 (zu 12,2) deutet im Anschluß an Num 23,9 die Patriarchen als Fels (צור), auf dem die Welt ruht, und assoziiert dabei die Bedrohung der Welt durch die Urflut.

[74] Itala: vincent (neben praevalebunt); Peschitta: *chzn* = superare.
[75] Bei Thes Steph IV s.v. ist das die Grundbedeutung (viele Belege), vgl. auch Harnack* 639f; Hommel* 24. Die Vg übersetzt mit einem Teil der Itala mit »praevalebunt«.
[76] J. Jeremias, Art. πύλη κτλ., ThWNT VI 925 Anm. 44. Claudel* 335 versucht, die Bedeutung »Mächte des Todes« mit Hilfe eines Semitismus zu retten. Unnötige Umwege!
[77] Bill. IV 1022.
[78] Jes 38,10; Sap 16,13; Ps Sal 16,2; 3Makk 5,51, vgl. 1QH 6,24 und die weiteren Parr bei Jeremias aaO 925,1ff.

a) Die *Deutung auf Petrus* bezieht αὐτῆς auf den Felsen Petrus und nicht auf die Kirche. Sie versteht »Tore des Hades« als symbolischen Ausdruck für »Tod«. V 18c verheißt also Petrus, daß er vor der Parusie nicht sterben werde. Diese Deutung Harnacks* hat nicht wenige der ältesten kirchlichen Auslegungen auf ihrer Seite[79]. Sie ist aber schwierig, weil αὐτῆς sich naturgemäß auf das nächstliegende Wort ἐκκλησία und nicht auf das entferntere πέτρα bezieht[80].
b) Die *übertragene Deutung* versteht unter »Tore des Hades« Sünde oder Häresien. Diese Deutung war in der alten Kirche und im Mittelalter sehr verbreitet[81]. Sie ist eine praktische Applikation des Textes, wie sie im Rahmen der »moralischen« Deutung oft vorkommt und als *Applikation* auch ihre Berechtigung hat. Philologisch ist sie unmöglich, weil »Tore des Hades« den Tod meint.
c) Die *Deutung auf die Mächte* erweitert »Tore des Hades« mit Hilfe der rhetorischen Stilfigur der Synekdoche (pars pro toto) und denkt an die Hadespförtner oder noch plausibler an die »gegen den Felsen anstürmenden gottfeindlichen Mächte der Unterwelt«. Das Futur κατισχύσουσιν kann dann (muß aber nicht!) eschatologisch auf die endzeitlichen Drangsale gedeutet werden[82]. Nahe Parallelen sind z.B. Apk 9,1-12, wo der Schlund der Hölle sich öffnet und die Heuschrecken der fünften Posaune sich auf die Menschen stürzen, oder Apk 20,3.7-10, wo der Satan zum letzten Mal aus der Hölle losgelassen wird. Diese Deutung ist beliebt, aber auch sie strapaziert m.E. die »Tore des Hades« in sprachlich unzulässiger Weise.
d) In der Deutung der Zusage Jesu auf die *Glieder der Kirche* geht es um ihre künftige Auferstehung: Christus wird seine Verstorbenen zu sich rufen, und die Tore des Hades werden sie nicht zurückhalten können[83], denn er ist selbst auferstanden und hat nun »die Schlüssel des Todes und des Hades« (Apk 1,18). Diese Deutung ist zwar kerygmatisch ertragreich, hat aber den Nachteil, daß von V 18b her ἐκκλησία auf den *Bau* der Kirche zu beziehen ist, also auf die Institution Kirche und nicht auf ihre einzelnen Glieder.

Einfacher ist es m.E., von der intransitiven Deutung von κατισχύω im Sinn von »stärker sein als«, »die Oberhand haben« auszugehen. Dann zielt die Verheißung V 18c auf einen Vergleich und nicht auf einen Kampf[84]: Die Tore des Hades als Inbegriff des für Menschen unüberwindbaren Totenreichs werden nicht stärker sein als die auf Fels gebaute Kirche. Das heißt: Der Kirche wird »unvergängliche Dauer, solange diese Weltzeit besteht, verheißen«[85], denn ihr Herr wird alle Tage bei ihr sein bis ans Ende der Welt (28,20).

---

[79] Ephraem Syrus und vor allem Origenes (Belege bei Harnack* 641-643); Ambrosius, In Luc 7,5 = BKV I/21 625; von Hieronymus 141 abgelehnt.
[80] Um das zu vermeiden, hat Harnack* 649-652 V 18b als römische Interpolation gestrichen und damit auch die Schwäche seiner Interpretation deutlich gemacht.
[81] Origenes 12,12 = GCS Orig X 90; Hieronymus 141; Ambrosius, In Luc 6,99 = BKV I/21 614f; seither oft.
[82] Jeremias aaO 926,26f (Zitat; eschatologische Deutung), Betz* 70f (nicht-eschatologische Deutung). Marcus* versteht die Kirche als Schlachtfeld zwischen den durch die Hadesporten heraufkommenden dämonischen Mächten und dem durch die geöffnete Himmelspforte (V 19a!) die Gemeinde in ihren Entscheidungen leitenden erhöhten Christus.
[83] Schlatter 509f, vgl. Cullmann* 226-228.
[84] Die »Tore des Hades« als Kampfpartei ist sowieso ein eigenartiger Gedanke. Maldonat 327: »Neque ... solent portae vincere, sed resistere«.
[85] Schmid 250; vgl. Barth, KD IV/2 760-762.

Mit einem neuen Bild fährt Matthäus fort. Was V 18a »architektonisch« aus- 19a
drückte, sagt V 19 funktional. Nun wird gesagt, worin die Felsenfunktion des
Petrus besteht. Es geht nicht mehr um den »Bau« Kirche, sondern um die
Schlüssel zum Himmelreich. Der, der die Schlüssel besitzt, ist entweder der
Türhüter oder – bei mehreren Schlüsseln wahrscheinlicher – der Verwalter[86],
der die Vollmacht über die Räume und Gebäude seines Herrn hat. Zwar ist
die Vorstellung eines göttlichen »Pförtners« in der Antike sehr verbreitet[87],
aber an unserer Stelle ist nicht an den himmlischen Pförtner Petrus des späteren Volksglaubens, sondern an die dem irdischen Petrus übergebene Vollmacht gedacht. Das kommende Himmelreich, in das man »hineingehen
wird«, ist bei Matthäus ebenso klar von der Kirche unterschieden wie V 19bc
der Himmel von der Erde, wo Petrus ist.

Worin besteht die »Schlüsselgewalt« des Petrus? Diese Frage muß V 19bc be- 19bc
antworten. Man erwartet eigentlich einen Spruch über das Öffnen und
Schließen wie Jes 22,22 oder Apk 3,7. Statt dessen ist vom Binden und Lösen
die Rede. Was ist gemeint? Man hat an den Binde- und Lösezauber erinnert[88]
und von daher an das »Binden« von Dämonen (vgl. Mk 3,27) und das (seltener belegte) »Lösen« von Besessenen[89] gedacht[90]. Besser paßt die übliche Interpretation, die vom rabbinischen Begriffspaar הִתִּיר/אָסַר (aram. שְׁרָא/אֲסַר)
ausgeht. Es meint in erster Linie das »Verbieten« und »Erlauben« durch eine
halakische Entscheidung der Rabbinen[91], also die Gesetzesauslegung. Seltener, aber zeitgenössisch belegbar, ist eine richterliche Tätigkeit gemeint;
»binden« und »lösen« entspricht dann »in Fesseln legen« bzw. »freispre-
chen«[92]. Außerdem ist es rabbinische Überzeugung, daß Gott bzw. der himmlische Gerichtshof die halakischen Entscheidungen und die Urteile rabbinischer Gerichtshöfe anerkennt[93]. Nicht nur das Begriffspaar »binden/lösen«,
sondern das ganze Wort wurzelt also in jüdischen Denken. An unserer Stelle
ist vermutlich eher an das Lehren, in 18,18 an das Richten gedacht, ohne daß
beide Bedeutungen sich ausschließen.

Diese Interpretation wird bestätigt durch 23,13, einen Vers, der geradezu ein 19abc
Gegenbild zu V 19a ist und ihn beleuchtet: Hier klagt Jesus die Schriftgelehr-
ten und Pharisäer an, das Himmelreich vor den Menschen zu verschließen.
Im Visier ist offensichtlich ihre Auslegung des Gesetzes, die Grundlegendes

---

[86] Vgl. Jes 22,22; hb Hen 48C (Anhang) 3f (Vollmacht über die himmlischen Paläste) und J. Jeremias, Art. κλείς, ThWNT III 749,23ff.
[87] Dell* 35-38 erinnert an Helios, die Horen, Dike, Janus, Schamasch. Im Judentum sind es Engel (Test L 5,1; gr Bar 6, 13), besonders Michael (ebd. 11,2). Das Moment der Vollmacht ist dabei allerdings meist auch mitenthalten.
[88] Dell* 38-46, vgl. Duling* 7f.21-23.
[89] Hiers*.
[90] Aber was soll dann der Zuspruch, daß die Gebundenen bzw. Gelösten auch im Himmel gebunden und gelöst sein sollen? Auch das neutrische Objekt ὃ ἐάν paßt schlecht.
[91] Bill. I 739-741.
[92] Vgl. Jes 58,6; CD 13,9f; Jos Bell 1,111, vgl. Overman, Gospel 180f. In späterer rabb. Terminologie gibt es einen Beleg für »den Bann verhängen« bzw. »aufheben«: MQ 16a = Bill. I 739.
[93] Material bei Bill. I 741-746.

von Nebensächlichem nicht zu unterscheiden vermag. Im Rückschluß von jenem Text kann man sagen: Die Aufgabe des Petrus ist es, das Himmelreich für die Menschen zu öffnen, und zwar durch seine verbindliche Auslegung des Gesetzes[94]. Er soll den Willen Gottes von Jesus her auslegen, um so die Menschen auf denjenigen schmalen Weg zu führen, an dessen Ende die schmale Pforte zum Himmelreich aufgeschlossen wird (vgl. 7,13f). Der Schlüssel zum Himmel sind also die Gebote Jesu, die Petrus verkündigt und auslegt. Schlüsselmann und »Fels ist Simon als Bürge und Garant der Lehre Jesu«[95]. Von hier aus ist es auch richtig, wenn viele Autoren in der Perspektive unseres Textes den »Petrusdienst« in der Kirche »in der ständigen kompromißlosen Zurgeltungbringung der Lehre Jesu« sehen[96]. Die allgemeine Formulierung mit ὃ ἐάν legt allerdings nahe, so offen wie möglich zu deuten und z.B. den Gedanken der Kirchenzucht bzw. der Sündenvergebung nicht grundsätzlich auszuschließen. Er wird in 18,18 vom dortigen Kontext her im Vordergrund stehen. Matthäus konzentriert hier diese Vollmacht auf den Gründerapostel Petrus: Es geht um seine, des in Rom schon vor einigen Jahren verstorbenen Apostels ganz besondere Vollmacht. Trotzdem ist es, wie 18,18 zeigen wird, die Vollmacht jedes Jüngers und jeder Gemeinde. Wieder stoßen wir auf das Ineinander von geschichtlicher Einmaligkeit des Petrus und seinem für jeden Jünger typischen Charakter.

In der kirchlichen Deutung wurde V 19 weithin auf das Bußsakrament bzw. die Exkommunikation und Wiederaufnahme in die Kirche bezogen[97]. Exegetisch trifft sie also die hauptsächliche Stoßrichtung von V 19 nicht. Hermeneutisch ist sie aber darum wichtig, weil sie vom Gesamtzeugnis des Neuen Testament ausgeht, d.h. V 19 mit 18,18 und Joh 20,23 zusammensieht. Dazu kommen die Erfahrungen der Ausleger, die kirchliche Vollmacht vor allem im Bußsakrament erfuhren. Beides, der Rückgriff auf das Gesamtzeugnis der Bibel und auf eigene Erfahrungen, ist hermeneutisch legitim. So ist diese Deutung ein Beispiel dafür, wie alte Worte neuen Sinn gewinnen können.

20 Mit V 18f ist der Höhepunkt der Perikope erreicht. V 20 lenkt Matthäus etwas abrupt wieder zum Christusbekenntnis von V 16 zurück. Wie Markus versieht er es mit einem Schweigegebot. Aber anders als bei Markus kann es nur den Sinn haben, die Grenze zwischen Jüngern und Volk, die in V 13-16 aufgebrochen ist, festzuhalten: Das Wissen darum, daß Jesus der Christus ist, gehört den Jüngern allein. Sie bilden jetzt die Kirche, die sich auch vom Volk unterscheidet.

---

[94] In einem vereinzelten jüd. Beleg SDt 32,25 = Bill. I 741 wird »öffnen« und »schließen« auch für Lehrentscheidungen gebraucht.

[95] Gnilka II 64.
[96] Mußner* 21; ähnlich Pesch* 143f; Gnilka II 69; Schnackenburg* (Petrus) 124f.
[97] Material vgl. u. S. 479f.

Exkurs: Petrus im Matthäusevangelium

Literatur vgl. o. S. 451.

Petrus scheint im Matthäusevangelium unter zwei Aspekten wichtig. Er ist einerseits in verschiedener Weise Typus jedes Jüngers oder der Jünger insgesamt. Er ist andererseits geschichtliche Einzelgestalt und spielt eine einzigartige Rolle.

1. *Überblick.* Kein Jüngername ist bei Mt so häufig wie Petrus. Er hat in seinem Evangelium Petrus anstelle der Jünger eingesetzt (15,15; 18,21). Er hat Sondertraditionen eingefügt, die er mit dem Namen des Petrus verbunden hat oder die schon vor ihm mit diesem verbunden waren (14,28-31; 16,18; 17,24-27). Aber er hat auch das Umgekehrte getan: Er hat Petrus durch die Jünger ersetzt (21,20; 24,3[98]) oder weggelassen (9,22f[99]; 28,7). Vergleichen wir den Befund mit demjenigen bei den Zebedäiden, die Mt 5-6mal weggelassen, aber nie hinzugefügt hat, so muß man sagen: Petrus hat offenbar in der Tat für Mt eine besondere Bedeutung. Nicht jeder beliebige Jüngername könnte an seiner Stelle stehen.

2. *Petrus als Typus I: Jüngersprecher und »Schüler«.* Die erste Funktion des Petrus ist die eines Jüngersprechers. Er stellt für die Jünger Fragen (15,15; 18,21). Er wird von Außenstehenden anstelle Jesu angesprochen (17,24). Er macht Einwände und wird von Jesus korrigiert (16,22f; 19,27-30; 26,33f). Schwieriger ist die Frage, ob die »Schülerrolle« des Petrus von Mt bewußt inhaltlich akzentuiert wurde. Taucht etwa sein Name vorzugsweise dort auf, wo es um Fragen der Gemeindeordnung bzw. der christlichen »Halaka« geht[100]? Ich möchte diese Frage vorsichtig verneinen: Nicht immer geht es in Petrusperikopen um »halakische« Fragen[101]. Bei den wichtigsten »halakischen« Perikopen im Matthäusevangelium (z.B. 12,1-14; 19,1-9) taucht Petrus nicht auf. Die typische Funktion des »Schülers« Petrus ist m.E. allgemeiner. In allen diesen Fällen gilt aber: Petrus übernimmt als Schüler eine typische Jüngerrolle, denn bei Jesus in die »Schule« gehen macht das Wesen der Jüngerschaft überhaupt aus. Daß aber diese typische Jüngerrolle so oft auf Petrus übertragen wird, fällt auf.

3. *Petrus als Typus II: Sein Verhalten.* Typisch ist Petrus nicht nur als »Schüler« Jesu. Ebenso wichtig scheint Petrus als Paradigma christlichen Verhaltens bzw. Fehlverhaltens: Er wagt den Glauben, und er versagt (14,28-31). Er bekennt Jesus als Gottessohn und scheut sich zugleich vor dem Leiden (16,16.22). Wie andere Jünger vermag er nicht zu wachen (26,36-46). Er verleugnet Jesus mit einem Eid und bereut (26,33-35.69-75). Dabei wird sein Bild gegenüber der Markustradition teilweise dunkler:

---

[98] Οἱ μαθηταί anstelle der vier Jünger Petrus, Andreas, Jakobus, Johannes.
[99] Zusammen mit Jakobus und Johannes, vgl. Mk 5,37.
[100] So mit Hinweis auf 16,19; 15,15 und 17,24-27 vor allem Hummel, Auseinandersetzung 59f.63; Gnilka II 25f.

[101] 15,15-20 geht es um mehr als eine spezielle christliche Halaka über das Händewaschen (gegen Hummel, Auseinandersetzung 49). Auch 18,21f geht es – im Unterschied zu 18,15-17 – um Grundfragen, die das Halakische sprengen, ebenso in 19,27-30.

16,23 wird er mit dem harten Wort σκάνδαλον getadelt; 26,72 schwört er einen Meineid. Teilweise wird es heller: 26,40 wird nicht nur Petrus getadelt; 26,75 weint er »bitterlich«[102]. Im ganzen fällt eine »Ambivalenz«[103] im Verhalten des Petrus auf: Er ist Bekenner und Versucher, Verleugner und Reuiger, Mutiger und Schwacher. In alledem ist er typisch für die Jünger überhaupt.

Im Vergleich mit Mk kann man sagen: Dort, wo Petrus keine typische Funktion als »Schüler« oder als Paradigma christlichen Verhaltens hat, sondern einfach in einer Geschichte vorkommt, kann Mt ihn ähnlich wie die Zebedaiden weglassen (9,22f; 28,7). Nur dort, wo er typische Funktion hat, fällt er nicht ersatzlos weg, sondern bleibt stehen, wird gar hinzugefügt oder auch durch »die Jünger« ersetzt.

4. *Petrus als einmalige Gestalt.* Daneben spielt aber Petrus eine einmalige Rolle. Die relative Häufigkeit, mit der er im Mt-Ev vorkommt, muß erklärt werden. Insbesondere muß erklärt werden, warum er in Mt 13-18, also dem »Kirchengründungsteil« der Matthäusgeschichte, so häufig vorkommt[104]. Petrus kann nicht *nur* typischer Jünger sein[105]. Schon der statistische Befund auf der synchronen Ebene verbietet es, die Sonderstellung des Petrus allein als traditionelles Erbstück zu erklären, an dem Mt nicht mehr interessiert sei[106]. 10,2 hatte Mt Petrus als πρῶτος bezeichnet. Hier allein darauf hinzuweisen, daß Petrus eben als erster berufen worden sei[107], ist schwierig, weil man nach 4,18-20 Auskunft geben müßte, warum Andreas außer Betracht fällt. Wir interpretierten V 17-19 als red. Komposition aufgrund trad. Einzelmaterials und wiesen auf seine Stellung im Makrotext hin: Gerade hier, wo aus Israel die Kirche entsteht, ist Petrus wichtig. Es genügt also nicht, *funktional* von Petrus als »Rabbi supremus«[108] zu reden, denn in der mt Geschichte ist Petrus offensichtlich eine einmalige und einzigartige Gestalt. Es genügt aber auch nicht, von einem »heilsgeschichtlichen« Vorrang des Petrus zu sprechen[109], denn seine Einmaligkeit zeigt sich gerade darin, daß der »einmalige« Petrus in der Gegenwart eine typische *Funktion* hat.

5. *Die Verbindung des Einmaligen und des Typischen.* Wenn der einmalige Petrus im Matthäusevangelium zum typischen Jünger wird, so hat das theologische Implikationen: Petrus wird zum lebendigen Ausdruck dafür, daß die Kirche dauernd an ihren geschichtlichen Anfang zurückverwiesen ist. Petrus, der Jünger, der Jesus fragt, der von ihm unterrichtet und korrigiert wird, der mit Jesus seine Erfahrungen des Glaubens macht, der ihm gegenüber versagt und von ihm trotzdem gehalten wird, drückt aus, daß es christlichen Glauben immer nur als Rückkehr zu denjenigen Erfahrungen gibt, die Petrus in geschichtlich einmaliger Situation mit Jesus machte. »Gerade das einmalige Geschehen während der Zeit des irdischen Jesus ist . . . die Grundlage für das,

---

[102] Vermutlich ist das aber ein vormt MA.
[103] Hoffmann* (FS Schnackenburg) 106f.
[104] Vgl. o. S. 382f.
[105] Diese These Streckers, Weg 205 ist um so auffälliger, weil Strecker sonst den geschichtlich einmaligen Charakter der zwölf Jünger Jesu betont.
[106] Vgl. Strecker, Weg 206 zu 16,19: »Nicht als historisierende Aussage über eine Sondervollmacht des Petrus ist es redaktionell von Belang«.
[107] Vgl. o. S. 85f mit Anm. 22f.
[108] Formulierung von Gnilka II 66. Ganz abgesehen davon ist nach 23,8 Christus und nicht Petrus »Rabbi unicus«.
[109] Kingsbury* 81f.

Exkurs: Petrus 469

was sich in (der) Gemeinde laufend wiederholt«[110]. An der historisch-einmaligen Petrusgestalt »konkretisiert sich, was für Matthäus zur bleibenden Eigenart der Kirche gehören muß: ihre Bindung an Jesus«[111]. Dem entspricht, was wir für 16,19 als Zentrum des Bindens und Lösens vermuteten: das Zur-Geltung-Bringen der Gebote *Jesu*.

Eine exakte Parallele zur mt Petrusgestalt ist der *johanneische Lieblingsjünger*. Auch er, der nach Joh von Jesus geliebt wird, in seiner Nähe lebt und ihn erkennt, ist Typus des Jüngers. Und auch er ist m.E. eine historisch einmalige Gestalt, Zeuge und Traditionsträger[112]. Der sachlichen Parallelität beider entspricht, daß Petrus und der Lieblingsjünger im Joh-Ev fast immer zusammen vorkommen. M.E. gilt: Was der Gründerapostel Petrus für das syrische Christentum im ganzen bedeutete, das bedeutete der Lieblingsjünger für den joh Kreis im besonderen und in noch höherem Maße. Es ist durchaus denkbar, daß die Bedeutung, die Petrus für die syrische Kirche als Traditionsträger und Typus hatte, für die Ausbildung der Lieblingsjüngertexte prägend wirkte. So konnte Johannes das Verhältnis seiner eigenen Gemeinde zur Großkirche im Verhältnis des Lieblingsjüngers zu Petrus spiegeln[113].
In einem weiteren Sinn wurden auch andere Apostel in der nachapostolischen Zeit ähnlich gesehen. Man darf an den Paulus der Pastoralbriefe erinnern: Auch er ist Verkünder und Ursprung der der Kirche anvertrauten Tradition und zugleich, wie der 2Tim zeigt, Lebensmodell. Auch das lk Paulusbild zeigt parallele Züge. Jedenfalls gehört das mt Petrusbild in die nachapostolische Zeit und ist typisch für sie.

6. *Warum wurde gerade Petrus zur apostolischen Grundgestalt der Kirche?*
»Paulus« in den Pastoralbriefen oder der Lieblingsjünger im Johannesevangelium stehen zugleich für eine bestimmte Theologie und Frömmigkeit. Gilt das für Petrus im Matthäusevangelium auch? Wir wissen hier sehr wenig. M.E. läßt sich etwa folgendes sagen:
a) Petrus wurde geographisch in der ganzen Kirche, nicht nur z.B. lokal in Syrien oder Rom, und theologisch in allen Bereichen des Christentums, nicht nur z.B. im Judenchristentum, zur Grundgestalt. Hier besteht ein relativer Unterschied zu anderen Grundgestalten wie Paulus oder dem Herrenbruder Jakobus. Das Besondere am nachapostolischen Petrusbild ist, daß Petrus am deutlichsten zur Gründergestalt der *Gesamt*kirche wird. So sieht ihn nicht nur Matthäus, sondern auch Joh 21,15-17 und die Apostelgeschichte. Dem entspricht, daß im Unterschied zum johanneischen Lieblingsjünger der matthäische Petrus gerade keine Sonderrolle spielt; er tut und ist exakt das, was *alle* Jünger tun und sind. Ist das Matthäusevangelium unter dem »Patronat« des Petrus ein ökumenisches Evangelium? Es wurde jedenfalls sehr schnell von der gesamten Kirche rezipiert[114]. Es hat selber, indem es in das heiden-

---

[110] Schweizer 224.
[111] Hoffmann* (FS Schnackenburg) 110.
[112] Vgl. R. Schnackenburg, Joh III (HThK IV/3), 449-463.

[113] C. Link – U. Luz – L. Vischer, Sie aber hielten fest an der Gemeinschaft, Zürich 1988, 165-168.
[114] Vgl. Bd. I 75f.

christliche Markusevangelium die judenchristliche Q-Überlieferung einarbeitete, eine »ökumenische« Brückenfunktion.

b) Petrus wurde nicht in erster Linie durch seine eigene Theologie zur Grundgestalt des nachapostolischen Christentums. Allenfalls kann man darauf hinweisen, daß Petrus, der Israel- und spätere Heidenmissionar, wohl kirchlich immer wieder eine vermittelnde Rolle gespielt hat und vielleicht weniger durch seine eigene Position als durch seine Brückenfunktion zwischen Judenchristentum und Heidenchristentum wirkte. Er stellte gleichsam den Weg des Evangeliums von Israel zu den Heiden harmonisch dar. Bei der programmatischen Offenheit des Matthäus für die Heidenmission mag das wenigstens indirekt eine Rolle gespielt haben. Jedenfalls wird auch von hier aus die gesamtkirchliche Bedeutung des Petrus verständlich.

c) Petrus wurde nicht ausschließlich durch seine führende Rolle, die er in der Urgemeinde spielte, zur wichtigsten apostolischen Grundgestalt der Kirche. Natürlich war wichtig, daß Petrus nach Ostern die erste Erscheinung hatte und eine zentrale Rolle in der frühesten Jerusalemer Gemeinde spielte. Aber es ist doch erstaunlich, daß es im Neuen Testament keinen ausführlichen Bericht von der Ersterscheinung des Petrus gibt und daß die anfängliche Führungsrolle des Petrus in der Jerusalemer Urgemeinde nur in der späten Apostelgeschichte wirklich wichtig wird.

d) Viel wichtiger scheint mir, daß Petrus durch seine Bindung an Jesus zur apostolischen Grundgestalt der nachapostolischen Zeit wurde. Darin unterscheidet er sich von Paulus und dem Herrenbruder Jakobus. Sein Gewicht in der späteren Zeit entspricht weithin dem Gewicht der Jesusüberlieferung in der nachapostolischen Kirche[115]. In allen synoptischen Evangelien ist seine Erstberufung viel wichtiger als seine Ersterscheinung. Das meint auch Matthäus, wenn er unmittelbar nach der »Gründung« der Kirche (16,18) von der Aufgabe des Petrus spricht, zu binden und zu lösen, d.h. verbindlich alles das zu lehren, was Jesus geboten hat (vgl. 28,20). Petrus ist nach Matthäus für die Kirche grundlegend, weil *Jesus* grundlegend ist.

7. *Petrus in Syrien.* Anhangsweise soll noch ein kurzer Blick auf die besonderen Verhältnisse Syriens geworfen werden, woher Mt stammt. Mt 16,18 und Joh 21,15-17 sind die frühesten und wichtigsten Zeugnisse für eine besondere Rolle des Petrus in Syrien. Mt 16,18 wurde in Syrien, anders als in anderen Kirchengebieten, früh rezipiert: In den judenchristlichen Pseudoclementinen Hom 17,18f wendet sich »Petrus« mit Hilfe von Mt 16,18 als Fels gegen den nur auf einer Vision gründenden Anspruch des Paulus; »Fels« meint hier Petrus als Traditionsgarant und -träger. Die Cathedra Petri steht nach den Pseudoclementinen in Antiochia[116]. Auch in gnostischen Petrustexten wird Mt 16,17-19 rezipiert, ohne daß wir diese Schriften mit Sicherheit nach

---

[115] Von daher kann man nicht sagen, daß »am Ausgang des neutestamentlichen Zeitalters ... ›theologisch‹ weithin Paulus« und nicht Petrus gesiegt habe (gegen Mußner* 133).

[116] Vgl. die jeweiligen Schlußabschnitte Hom 20,23 und Rec 10,68-71.

Syrien lokalisieren können: Petrus ist hier Typos des geistlichen Menschen und Offenbarungsträgers[117]. In späterer kirchlicher Tradition wurde Petrus zum ersten Bischof von Antiochia[118]. Petrusschriften spielen im syrischen Raum eine große Rolle; das berühmteste Beispiel dafür ist die Überlieferung, daß Bischof Serapion von Antiochia (gegen Ende des 2. Jh.s) in einer Gemeinde in seiner Umgebung die Lektüre des Petrusevangeliums verbot, weil er es als häretisch erkannte (Euseb, Hist Eccl VI 12,3-6)[119]. Die Passionsgeschichte des Petrusevangeliums hat stofflich und im Aufbau besonders enge Beziehungen zu Mt[120]. Joh 21,15-17 und die Rezeptionsgeschichte von Mt 16,18 zeigen, daß das Mt-Ev in die syrische, petrinisch geprägte kirchliche Landschaft paßt.

Matthäus fügte seine Petrusepisode aus einem doppelten Grund in die markinische Szene von Cäsarea-Philippi ein. Einmal kommt er jetzt in seiner »inneren« Geschichte zur Gründung der Kirche in Israel, die sich vom Volk unterscheidet. Jesus hat sie gewollt, und, indem er sie auf Petrus baute, auch ihren Weg von Israel zu den Heiden eingeleitet. Sodann hat Petrus aber auch direkt für die Kirche seiner Gegenwart eine grundlegende Bedeutung: Eine »petrinische« Kirche ist wie Petrus dauernd auf den Lehrer Jesus angewiesen und seiner Lehre verpflichtet. Und eine »petrinische« Kirche wird immer wieder die Erfahrungen machen, die Petrus mit Jesus gemacht hat. In unserem Text geht es besonders um das wahre Bekenntnis der Kirche, das Petrus der Kirche vorgesprochen und das Jesus für sie bekräftigt hat. In alldem ist Petrus für die Kirche grund-legend. Dauernd bleibt »der *historische* Petrus« »der Fels, das Fundament für alle Kirchen aller Zeiten«, und zwar wegen der »Verwurzelung des Bleibenden im Einmaligen«[121], in Jesus.

Zusammenfassung 17–19

Aber gerade deswegen ließ sich dieses Einmalige nicht fortsetzen. Die alte protestantische, von Cullmann besonders kräftig betonte[122] These, daß Mt 16,17-19 keine Sukzession im Petrus*amt* ins Auge faßt, ist heute weit mehr als nur eine protestantische These. Sie entspricht dem Richtungssinn des Textes: Der Fels, das Fundament, ist von dem, was darauf gebaut wird, dem Haus, grundsätzlich verschieden. Der Fels bleibt; das darauf gebaute Haus wächst in die Höhe. »Die Vorstellung von einem beständig wachsenden Fundament ist ... eine innere Unmöglichkeit«[123]. Sie wird durch die historische Entwicklung bestätigt: Zwar ist eine Sukzession in dem Sinn, daß durch Apostel in den Lokalkirchen Amtsträger eingesetzt wurden, also z.B. Älteste, Bi-

---

[117] Vgl. bes. die Akten des Petrus und der 12 Apostel, NHC VI 8,35-9,21 (Petrus *und* die 11 Jünger erhalten die Offenbarung!); Apk Petr NHC VII 71,14-72,4 (Petrus als ἀρχή und Typos des Offenbarungsträgers). Weiteres Material bei Berger* 278f.
[118] Zusammenstellungen bei G. Downey, A History of Antioch in Syria from Seleucus to the Arab Conquest, Princeton 1961, 584-586. Der früheste Beleg ist Origenes, Hom in Luc 6 (GCS Orig IX, ²1959, 32).
[119] Weiteres Material bei Berger* 274f.
[120] Köhler, Rezeption 437-448; eine literarische Abhängigkeit ist nicht nachweisbar.
[121] Cullmann* 263.235.
[122] Cullmann* 243: »Die Apostel übergaben jenen Männern die Leitung (sc. der Gemeinden), nicht aber ihr eigenes Apostelamt«.
[123] Blank* 83.

schöfe oder Diakone, bereits gegen Ende des 1. Jh.s klar bezeugt. Nicht bezeugt ist dagegen eine Sukzession der Apostel in ihrem apostolischen, für die ganze Kirche geltenden *Amt*. Amtsträger kennt die nachapostolische Zeit – auch die Gemeinde des Matthäus – nur auf Gemeindeebene. Fast alle neutestamentlichen und nachneutestamentlichen Informationen über Einsetzung von Amtsträgern durch die Apostel beziehen sich auf die Einzelgemeinden[124].

Anders ist es mit dem Petrus*dienst*, worunter ich im Anschluß an Mt 16,16.19 die öffentliche Bezeugung des »ungekürzten Christusglaubens« und die bleibende Verpflichtung der Kirche auf das »Programm Jesu«[125] verstehe. Er ging nach dem Tode der Apostels weiter. In der nachapostolischen Zeit »übernahmen« primär die apostolischen Überlieferungen und das lebendige Bild der Apostel und später das Neue Testament diesen Dienst. Sekundär und daran sich orientierend übernahmen besonders die Presbyter und Bischöfe den Dienst an diesem Petrusdienst[126].

Negativ heißt das: »So etwas wie ein ›Petrus*amt*‹«[127] in seiner Kirche kennt Matthäus gerade nicht, sondern er kennt *nur* den Jesusjünger Petrus, dessen Bild er seiner Gemeinde bewahren muß, weil sie Kirche Jesu ist und damit sie Kirche Jesu bleiben kann. Positiv heißt das: Eine sachliche Kontinuität, d.h. ein Weitergehen des Petrus*dienstes*, faßt Matthäus durchaus ins Auge. Dafür steht nicht nur Mt 18,18, sondern vor allem die »typische« Funktion des Petrus, die davon lebt, daß das, was Petrus damals von Jesus als Auftrag erhielt, für die Kirche dauernd wichtig bleibt.

Wirkungs-
geschichte
17-19

Kann dieser Petrus*dienst* in der »Zielrichtung«[128] unseres Textes auch durch ein zentrales Petrus*amt* übernommen werden? Das Interesse an der Wirkungsgeschichte[129] konzentriert sich auf seine Rezeption durch das römische Papsttum. Daß V 18 in großen Lettern die Kuppel der Peterskirche in Rom schmückt, ist dafür ein Symbol. Von der Exegese her kann als Konsens formuliert werden, daß »vom Petrus der Bibel zum Papst in der Ewigen Stadt nur ein qualitativer Sprung führt«[130]. Daß »der selige Apostel Petrus nicht vom Herrn Christus als Führer (princeps) aller Apostel und als sichtbares

---

[124] Vgl. z.B. Apg 14,23; 1Clem 42,4f; 44,1-3; die Bischofslisten einzelner Gemeinden aus dem 2. Jh. Einzige mögliche Ausnahme sind die Apostelschüler Timotheus und Titus in den Past. Wieweit spiegelt dort die literarische Fiktion eine wirkliche Rolle, die sie in der Gesamtkirche spielten? Jedenfalls übernehmen sie nicht die Rolle des Apostels und einzigen Traditionsspenders Paulus, sondern weisen auf ihn hin und bewahren sein Erbe.
[125] Formulierungen von Mußner* 137 und Hoffmann* (FS Schnackenburg) 114. Vgl. o. Anm. 96.
[126] Gerade die aus dem 2. Jh. für verschiedene Orte bezeugten Bischofslisten waren nicht um ihrer selbst willen, sondern im Interesse der Trad.-Sicherung (gegen die Gnosis!) wichtig.
[127] Gegen F. Mußner, Petrusgestalt und Petrusdienst in der Sicht der späten Urkirche, in: Ratzinger* 27-45, dort 33. Sperrung von mir.
[128] Brown-Donfried-Reumann* (Übers.) 158.
[129] Hier verdanke ich viel den Vorarbeiten von A. Ennulat.
[130] Gräßer in: Papsttum* 104; zustimmend aufgenommen von Blank, ebd.

Mt 16,18: Wirkungsgeschichte   473

Haupt der ganzen kämpfenden Kirche eingesetzt worden sei oder daß derselbe nur einen Ehrenprimat, nicht aber einen Primat wahrer und eigentlicher Jurisdiktion von unserem selben Herrn Jesus Christus direkt und unvermittelt empfangen habe«[131], diesen von den Konzilsvätern von 1870 unter das Anathema gestellten Satz vertritt heute auch die katholische Forschung in ihrer großen Mehrheit. Aber nicht nur von der Exegese her türmen sich die Schwierigkeiten auf. Ebenso schwierig geworden ist der Traditionsbeweis, jedenfalls wenn man unter Tradition im klassischen, vom Vaticanum II wieder aufgenommenen Sinn »das Wort Gottes« versteht, »das von Christus dem Herrn und vom Heiligen Geist den Aposteln anvertraut« und von diesen »unversehrt an deren Nachfolger weiter«gegeben wurde[132]. Denn auch in der Erforschung der Anfänge des römischen Primats und der frühen Rezeptionsgeschichte von Mt 16,18 hat sich ein Umbruch vollzogen, der von sehr großen Teilen der katholischen Forschung mitgetragen wird[133]. Die wichtigste Erkenntnis ist wohl die, daß zwischen beidem unterschieden werden muß; erst relativ spät sind die Anfänge des römischen Primats mit der Rezeption von Mt 16,18 verbunden worden. Die wichtigen Punkte des interkonfessionellen Forschungskonsenses sind:
1. Anspruch auf besondere Autorität hat die römische Gemeinde schon früh erhoben. Der 1. Clemensbrief bezeugt ihn für eine Zeit, als es in Rom noch keinen monarchischen Episkopat gab[134]. Gegen Ende des 2. Jh.s bezeugt das Verhalten des römischen Bischofs Viktor im Osterterminstreit zugleich römische Ansprüche und ihre Zurückweisung durch fast alle anderen Bischöfe[135]. Die Faktoren, die vom 2.-4. Jh. zur Ausbildung der römischen Vorrangstellung in der Kirche geführt haben, waren sehr verschieden: Rom war Reichshauptstadt; die Gemeinde war groß und durch ihre Liebestätigkeit bedeutend; sie war ein wichtiges Zentrum der Orthodoxie; sie besaß apostolische Gründer und Apostelgräber, insbesondere das Petrusgrab. Besonders in späterer Zeit begünstigte und erforderte die politische Struktur des Reichs hierarchische Strukturen und eine monarchische Spitze auch der Kirche.
2. Mt 16,18 wurde im Unterschied zu Mt 16,17 in der Frühzeit sozusagen nicht rezipiert[136]. Die frühesten Rezeptionen von V 18 verstehen Petrus fast alle typisch, d.h. als »idealen« Jünger. Außer der gnostischen Petrusapoka-

---

[131] Vaticanum I, Pastor Aeternus I Canon = DS Nr 3055.
[132] Vaticanum II, De Div. Revelatione II 9 = LThK XIII 522f.
[133] Man vergleiche etwa die »klassische« Darstellung von Glez*, die überhaupt nur die Frage, ob der päpstliche Primat heilsgeschichtlich-notwendig oder geschichtlich-zufällig mit Rom verbunden sei, offenläßt, mit den Darstellungen von Ohlig*, de Vries* (Papsttum) oder Stockmeier* (MThZ 38).
[134] Ignatius kennt in Rom keinen mon-
archischen Bischof als Ansprechpartner. Herm v 1,4 = 8,3 bezeugt für Rom eine Presbyterialverfassung. Nach P. Lampe, Die stadtrömischen Christen in den ersten beiden Jahrhunderten, ²1989, 334-341 ist die starke Fraktionierung der römischen Gemeinde schuld an der zeitlich verspäteten Ausbildung eines monarchischen Episkopats in Rom.
[135] Euseb, Hist Eccl 5,23f.
[136] Deswegen wurde der Vers früher von einigen Protestanten, vor allem Harnack*, zur Glosse erklärt – natürlich zu Unrecht.

lypse und den gnostischen Akten des Petrus und der 12 Apostel[137] ist vor allem Origenes grundlegend: Er versteht Petrus als den Prototyp des Jüngers, der »den durch das Wort bewirkten Bau der Kirche in ihm (sc. dem Jünger) erfaßte und (dadurch) ... Stärke gewann« (Cels 6,77). Im Kommentar sagt er ausdrücklich: »Fels ist nämlich jeder Jünger Christi, der aus dem geistlichen Felsen Christus (1Kor 10,4) trinkt«[138]. Auch Tertullian deutet die dem Petrus gegebene Vollmacht als Vollmacht von pneumatischen Menschen[139].

3. Im 3. Jh. ist die prägnanteste Exegese unserer Stelle diejenige Cyprians, der in Petrus das Urbild jedes Bischofs sieht. Gleichwie die Vollmacht *aller* Bischöfe sich von dem *einen* Petrus herleitet, so erweisen die »Bischöfe, die ... in der Kirche den Vorsitz haben ..., das Bischofsamt als ein einziges und ungeteiltes«[140].

4. Erst seit dem 3. Jh. wird die römische Vorrangstellung mit Mt 16,17-19 legitimiert. Wann dies erstmals geschah, ist unklar. War es schon im frühen 3. Jh.? Tertullian polemisiert gegen einen »apostolischen Herrn«, der für sich und jede »dem Petrus nahe Kirche« in Anspruch nimmt, wie Petrus Sünden zu binden und zu lösen[141]. Denkt er an Kallist von Rom? Das ist umstritten, wenngleich es mir am wahrscheinlichsten scheint. Auch Origenes, der einmal in Rom war, polemisiert gegen die, die meinen, »auf jenem Petrus allein werde von Gott die ganze Kirche auferbaut«[142]. Es ist ganz unsicher, ob er an Rom denkt. Bischof Stephan (254-257) ist der erste, von dem wir eindeutig *wissen*, daß er das Felsenwort auf den Bischof von Rom bezogen hat[143]. Als Fazit gilt: *Mt 16,17-19 wurde aller Wahrscheinlichkeit nach etwa seit der ersten Hälfte des 3. Jh.s in Rom sekundär zur Legitimierung von Ansprüchen verwendet, die die römische Gemeinde schon vorher erhoben hatte.*

5. Auch die Verbindung einer rechtlich verstandenen Vorrangstellung des Petrus und des Gedankens seiner Sukzession durch die römischen Bischöfe mit Mt 16,18 hat sich nur zögernd angebahnt. Zum ersten Mal ist so etwas in den Pseudoclementinen belegt[144], aber dort gerade in Verbindung mit einem

---

[137] Vgl. o. Anm. 117.
[138] 12,10f = GCS Orig X 85-88; Zitat 12,10 = 86.
[139] Pud 21 = BKV I/24 813f. Weiteres zur Verwendung von Mt 16,18f durch Tertullian bei Farmer-Kereszty* 69-80.
[140] Cyprian, De Unitate Eccl. 4f = BKV I/34 135-138 (Zitat 5 = 137). In seinen Briefen weist Cyprian mit Hilfe der Petrusgestalt römische Ansprüche gerade ab, u.a. in der eindrücklichen Ep 71,3 mit dem Hinweis, daß auch Petrus sich den vernünftigen Argumenten des Paulus beugte und »keinen übermütigen Anspruch« erhoben habe (BKV I/60 684). Zur Interpretation ist die Arbeit von H. Koch* nach wie vor wichtig, der für seine nicht-päpstliche Interpretation Cyprians 1912 mit dem Verlust von Lehrbefugnis und Lehrstuhl zahlte.
[141] Tertullian, Pud 21 = BKV I/24 809-812; Zitate 809.811.
[142] 12,11 = GCS Orig X 86. Der Kommentar gehört allerdings wohl zu den späten Schriften des Origenes. Sein Rombesuch fällt aber in seine frühe Zeit (Euseb, Hist Eccl 6,14,10).
[143] Cyprian, Ep 75,17 = BKV I/60 739. Cyprians Meinung dazu: »Aperta et manifesta Stephani stultitia«.
[144] Epistula Clementis ad Jacobum 1f = GCS 42,5f: Petrus setzt Clemens (!) in Rom zum Bischof ein. Zugleich gilt aber für die Pseudoclem.: Die »Cathedra« des Petrus steht in Antiochia (o. Anm. 116).

Primat des Jakobus. Dann läßt sich bei Bischof Stephan diese Verbindung vermuten, nach ihm bei Optatus von Mileve[145]. Im späteren 4. und 5. Jh. ist der Gedanke einer fast mystisch verstandenen Identität des römischen Bischofs mit Petrus oft wichtiger als der Sukzessionsgedanke[146].
Was ergibt sich aus diesem Befund? Der päpstliche Primat ist geschichtlich gesehen eine aufgrund neuer geschichtlicher Faktoren in vorkonstantinischer Zeit vorbereitete und in nachkonstantinischer Zeit sich durchsetzende *neue* Institution, die sich im Westen bei der Abwehr politischer Stürme und häretischer Ansprüche bewährte. In diesem Sinn ist er das Ergebnis einer »Entwicklung«[147]. Die Frage bleibt dabei offen, ob und ggf. warum diese Entwicklung irgendeine höhere theologische Dignität beanspruchen kann als andere Entwicklungen auf dem Boden der alten Kirche, z.B. die Entwicklung hin zu den autokephalen ökumenischen Patriarchaten. Historisch gesehen muß man sagen: Die Deutung von Mt 16,18 auf den römischen Primat ist eine *neue* Auslegung aus dem 3. Jh. Sie ist eine aufgrund »geschichtliche(r) ... Erfahrungen des Glaubens« entstandene, spätere »relecture der Schrift«[148], oder etwas schärfer formuliert: eine »nachträgliche Legitimierung« eines sich seit dem 3. Jh. herausbildenden römischen Führungsanspruchs[149]. Es ist also m.E. nicht übertrieben, mit dem katholischen Dogmatiker W. Kasper von einer eigentlichen »Legitimationskrise« des Papsttums[150] zu sprechen. Da sie im ganzen in der Literatur recht vorsichtig umschrieben wird, ist man dankbar, wenn ein in seiner Kirche verwurzelter katholischer Dogmatiker sie so offen beim Namen nennt. Bleibt etwas anderes übrig, als auf einen Legitimierungsversuch des Papsttums aufgrund von Bibel und Tradition überhaupt zu verzichten? Kardinal Newman tat das mit den Worten, es sei nicht die Geschichte, sondern »the Church's use of History, in which the Catholic believes«[151].
Nun ist es aber hohe Zeit, eine ganz andere Schwierigkeit zu benennen, und zwar eine eigene: Ich vertrete in diesem Kommentar – als Protestant mit dem Übergewicht des »sola scriptura« ringend – eine Hermeneutik des »Richtungssinns« biblischer Texte und habe mich immer wieder zum Anwalt von *Neu*entdeckungen des Freiheitspotentials biblischer Texte in neuer Situation gemacht. Der Sinn eines biblischen Textes besteht für mich nicht einfach in der *Re*produktion seines Ursprungssinns, sondern in der *Produktion* von neuem Sinn in neuer Situation, geleitet durch den Richtungssinn der Texte

---

[145] Ludwig* 61f.
[146] Für Siricius (384-399) vgl. Ludwig* 84f; für Leo d Gr. u. Anm. 175.
[147] Vries* (Papsttum) 132. Von »neutestamentlichen Keimen« (de Vries) zu sprechen scheint angesichts von Mt 16,18 allerdings fragwürdig. M.E. ließen Lk 22,32 und Joh 21,15-17, wo Petrus einen Auftrag erhält, das noch eher zu.

[148] Kasper* 85.
[149] H. Döring, Papsttum, in: Neues Handbuch theologischer Grundbegriffe III, München 1985, 318.
[150] *83.
[151] J.H. Newman, A Letter adressed to His Grace the Duke of Norfolk..., London 1875, 105 (zit. nach Burgess* 87).

und gehalten durch das Ganze des christlichen Glaubens[152]. Deshalb möchte ich auch für die im 3.-5. Jh. gewachsene neue römische »relecture« von Mt 16,18 grundsätzlich offen sein. Die selbstkritische Frage an mich lautet, ob vom Richtungssinn des Textes her überhaupt kritische Fragen an diese Auslegung gestellt werden können oder ob ich schlicht sagen muß: Das Sinnpotential von Mt 16,18 ist unbegrenzt und auch eine Auslegung auf den Papst ist eine seiner legitimen Entfaltungsmöglichkeiten. Die hier auf dem Prüfstein stehende Frage ist die, ob es in einer Hermeneutik der Wirkungsgeschichte und der Sinnproduktion überhaupt eine Möglichkeit gibt, daß die Schrift zur kritischen Instanz einer Kirche werden kann, wie dies dem reformatorischen Grundansatz entspricht[153].

Diese Frage soll die weiteren Betrachtungen leiten. Zunächst haben wir festzuhalten, daß der päpstliche Primat in seiner jurisdiktionellen Gestalt von der Gesamtkirche nie ganz rezipiert worden ist, d.h. weder im Osten noch im Westen, wo später die Reformation sich teilweise durchsetzte. Entsprechend blieb auch die »päpstliche« Auslegung unseres Textes immer nur eine unter anderen. Drei Deutungstypen des Felsens standen sich in der Geschichte seit der Spätantike gegenüber. Die erste und die dritte bezogen den Text auf Petrus persönlich, die zweite nicht.

1. *Die »östliche« Deutung: Das Bekenntnis bzw. der Glaube des Petrus ist Fundamentfels der Kirche.* Wir sahen schon, daß in den ältesten Auslegungen von Mt 16,18, vor allem bei Origenes und Tertullian, die typische Auslegung des Petrus als eines »geistlichen Christen« vertreten wird[154]. Die Deutung des Felsens auf den Glauben bzw. das Gottessohnbekenntnis des Petrus muß als Weiterentwicklung dieser ältesten »typischen« Deutung betrachtet werden. Sie ist schon bei Origenes vorhanden[155] und prägt dann die ganze griechische Exegese. Das Bekenntnis des Petrus »ist nicht dem Petrus allein zu eigen, sondern geschah für alle Menschen: Indem er (Jesus) sein Bekenntnis einen Felsen nannte, machte er deutlich, daß er darauf die Kirche bauen

---

[152] Systematisch bin ich gar nicht weit entfernt von der Position, die einst J. Ratzinger in seiner Münsteraner Antrittsvorlesung vertrat: Überlieferung ist »Auslegung des Christusereignisses ... vom Pneuma her«, und das heißt »zugleich von der kirchlichen Gegenwart her«, weil Christus in der »Kirche, die sein Leib ist, in dem sein Geist wirkt«, lebendig ist (K. Rahner – J. Ratzinger, Offenbarung und Überlieferung, 1965 [QD 25], 40f). Nur würde ich daraus nicht ein irgendwie geartetes qualitatives »Mehr« einer »kirchlichen Theologie des Neuen Testaments«, eines Dogmas oder einer regula fidei gegenüber dem Ursprungssinn der Texte postulieren (was R. ebd. 43-48 sehr vorsichtig und differenziert versucht). Vielmehr ist für mich *ein ständiger offener Diskurs* zwischen möglichem Ursprungssinn und eigenen und fremden neuen Deutungen ein *konstitutives Moment von Kirche.*

[153] Es ist hier, wo es um das Papsttum geht, angebracht, daran zu erinnern, daß auch die Gestalt der protestantischen Volkskirchen des 20. Jh.s weithin von der Legitimität des faktisch Gewordenen und nicht von der Bibel bestimmt ist. Erstaunlich ist nur, wie schmerzlos, selbstverständlich und undiskutiert man sich in den »Kirchen der Schrift« damit abfindet!

[154] Vgl. o. S. 473f.

[155] Fr 345 II = GCS Orig XII 149; Tertullian, Praescr Haer 22,4f = BKV I/24 674 versteht Petrus als Garanten der unverfälschten und öffentlichen apostolischen Tradition.

werde«¹⁵⁶. Die Deutung stützt sich auf den Kontext von V 18: Als Antwort auf das Glaubensbekenntnis des Petrus hatte Jesus ihn seliggepriesen und ihm die Verheißung von V 18 zugesprochen. Auch bei den syrischen Jakobiten und Monophysiten ist das die dominierende Auslegung¹⁵⁷. Durch Ambrosius, Hilarius und den Ambrosiaster wurde sie auch im Westen bekannt¹⁵⁸ und dann in der westlichen Auslegung durch das ganze Mittelalter hindurch neben der augustinischen Deutung (vgl. u.) vertreten¹⁵⁹. Ihre Absicht war nicht, die Felsen-Funktion, die Petrus persönlich hatte, zu bestreiten. Vielmehr ging es zunächst darum, sie zu interpretieren und zu applizieren. Erst dort, wo sich ihre Vertreter gegen römische Ansprüche abgrenzen mußten, konnte der Glaube oder das Bekenntnis als »Fels« an die Stelle des Petrus treten¹⁶⁰. In antirömischer Akzentuierung wurde diese Deutung auch von den Reformatoren vertreten¹⁶¹. Aber es wäre irreführend, sie als eine spezifisch reformatorische Deutung zu bezeichnen. Die Täufer vertraten sie wiederum mit antireformatorischem Akzent: Auf das »eigne, freye ... bekantnuss« »aus der offenbarung des vatters« soll die Kirche gebaut werden¹⁶². Zur Zeit der Reformation war diese »östliche« Deutung die verbreitetste, d.h. die »ökumenische« Deutung der damaligen Zeit.

2. *Die augustinische Deutung: Christus ist der Fundamentfels der Kirche.* Auch diese Deutung hat ihre Wurzeln bei Origenes, der zum ersten Mal auf 1Kor 10,4 als Parallelstelle hinwies¹⁶³, bei Tertullian und bei Euseb¹⁶⁴. Ihr eigentlicher Vater aber ist Augustin, der sie immer und immer wieder vertreten hat: »Denn nicht von Petrus hat die Petra, sondern Petrus von der Petra ... den Namen«. Den Fels, der *Christus* ist (1Kor 10,4), hat Petrus bekannt. »Auf diesem Fundament ist auch Petrus selbst erbaut. Denn ein anderes Fundament kann niemand legen als das, welches gelegt ist, welches ist Jesus Christus« (1Kor 3,11). In dieser Deutung ist Petrus nicht der Fels, sondern er repräsentiert die Kirche »wegen des Primates seines Apostolates, in sinnbildlicher Allgemeinheit«¹⁶⁵. Diese Repräsentation konnte Augustin in eindrücklicher Weise auslegen: Er ist »kurz zuvor selig, darauf Satan, in einem Moment«, stark und schwach, eine »figura« des Christen, sogar des Amtsträgers, der nicht nach der Forderung der Donatisten vollkommen sein kann¹⁶⁶. Augustin hat selbst diese Deu-

---

¹⁵⁶ Theodor v Mopsuestia fr 92 = Reuss 129; ähnlich z.B. Euseb, Praep Ev 1,3,1 = GCS 43/1, 10; ders., Theoph 4,11 = GCS 3/2, 181f; Johannes Chrysostomus 54,2 = 771; Euthymius Zigabenus 465f; Theophylakt 320; weitere griech. Vertreter dieser Deutung bei Ludwig* 48-51.97-104.
¹⁵⁷ Vries* (Kirchenbegriff) 24-33.61-67.
¹⁵⁸ Ambrosius, In Luc 6,98 = BKV I/21 614; Hilarius, De trin 6,36 = BKV II/5 310; Ambrosiaster zu Eph 2,20 = PL 17,380.
¹⁵⁹ Beispiele bei Gillmann* 43-51.
¹⁶⁰ Z.B. in der Frühzeit bei Ambrosius, der De Inc Dom Sacr 4,32 = CSEL 79,238f bei Petrus vielsagend einen Primat »confessionis ..., non honoris, ... fidei, non ordinis« feststellt. Vgl. später Faber Stapulensis 178 = 75 (damit nicht jemand sage, Petrus selbst sei der Fels, hat Jesus nachher das Satanswort

gesprochen) und Erasmus (Adnotationes) 88 (mit Berufung auf Origenes).
¹⁶¹ Z.B. Zwingli 321; Melanchthon, Tractatus de potestate papae = BSLK ⁴1959, 80.
¹⁶² P. Walpot, Das große Artikelbuch I 93 = QGT 12 (1967) 108. Die Antithese richtet sich gegen die reformatorischen Kirchen mit ihrer Kindertaufe, die ihre Kirche nicht auf ein eigenes, selbstverantwortetes Bekenntnis, sondern auf »göttel, göttin (= Pate, Patin) und gefatern« bauen.
¹⁶³ 12,10 = GCS Orig X 86.
¹⁶⁴ Tertullian, Marc 4,13,6; Euseb, In Ps 17,15 = PG 23, 173D.
¹⁶⁵ In Joh 124,5 = BKV I/19 1174f.1174. Weitere St bei Fröhlich* 151; Haendler* 114-117.
¹⁶⁶ Hom 76,3 = PL 38,480.

tung als eine Alternative zur petrinischen empfunden. Es ist für ihn eine neue Deutung, an der ihm viel liegt, über deren Berechtigung er aber dem Leser seiner Werke das Urteil überlassen wollte[167]. Ihre hermeneutische Stärke hat sie jedenfalls darin, daß sie Mt 16,18 vom Gesamtzeugnis des Neuen Testaments her interpretiert. Die späteren Leser/innen Augustins haben ihr Urteil gefällt: Die augustinische Deutung ist im Mittelalter im Westen zur schlechthin herrschenden geworden[168]. Sie erwies sich offenbar als überzeugender Ausdruck der Christusfrömmigkeit und ermöglichte die Identifikation aller unvollkommenen Christen mit Petrus. Ich kenne kaum einen Kommentar, der sie nicht vertritt, entweder allein oder zusammen mit der »östlichen« Deutung des Felsens auf den Glauben. Das ist verblüffend, denn man erwartet in der mittelalterlichen Kommentarliteratur des Westens ja auch die »päpstliche« Auslegung von Mt 16,18. Es gibt aber davon nur ganz spärliche Spuren, und zwar in doppelter Weise: Entweder dient die augustinische Deutung als Basis, um gegen die päpstliche zu polemisieren: Nicht der Papst ist das Fundament der Kirche, sondern die Kirche ist das Fundament und die Mutter auch des Papstes[169]. Oder man kann bei einem papstfreundlichen Theologen wie Thomas v Aquino den Versuch finden, die päpstliche Deutung wenigstens sekundär an die christologische anzufügen: Christus ist Fundament »secundum se«, Petrus nur, insofern er Christus bekannte[170]. Thomas hat durch diese Unterscheidung die spätere katholische Exegese und durch seinen »Traktat gegen die Irrtümer der Griechen« auch die Auseinandersetzungen des 19. Jh.s entscheidend geprägt. Daß die reformatorische Exegese die augustinische Deutung aufgriff und sie antipäpstlich akzentuierte, braucht nicht zu verwundern[171]. Auch hier ist aber wieder wichtig, daß dies keine besondere reformatorische Exegese gewesen ist. Man konnte im übrigen in reformatorischer Tradition durchaus, z.B. im Anschluß an die »östliche« Deutung des Felsens auf den Glauben, zugeben, daß auch Petrus ein Fels sei, wenigstens insofern dieser Fels den Glauben und nicht Gewalt verkörpere[172]. Schon früh hat man übrigens auch in reformatorischer Tradition erkannt, daß Augustins Deutung *exegetisch* den Sinn von Mt 16,18 nicht trifft und daß die Felsenverheißung ausschließlich auf Petrus bezogen werden muß[173].

3. *Die römische Deutung. Petrus und nach ihm der Papst ist der Fundamentfelsen der Kirche.* Die wichtigsten Grundtexte aus dem 5. Jh. sind die dritte und vierte Predigt Leos d Gr. zum Jahrestag seiner Bischofsweihe. Eindrücklich an ihnen ist eine echte Petrusfrömmigkeit: In Petrus und seiner besonderen Vollmacht ruht die Vollmacht der übrigen Apostel: »In Petrus wird also die Kraft aller gefestigt«. In Petrus ruht auch die Vollmacht des Papstes, denn alles, was der Papst anordnet, ist der gegenwärtigen Wirksamkeit des Petrus durch ihn zuzuschreiben. Petrus ist also nicht in erster Linie der »erste Papst«, sondern als »Petrus vivus«[174] ist er in seinen Nachfolgern gegenwär-

---

[167] Retr 1,20,2 = CSEL 36,97f.
[168] Das aufgezeigt zu haben ist nach den Vorarbeiten von Gillmann* das Verdienst Fröhlichs*, vgl. bes. 117-126.
[169] Paschasius Radbertus 560; Tostatus IV (Ausgabe 1596 = Opera 21, 169f nach Gillmann* 51).
[170] (Lectura) Nr. 1384.
[171] Z.B. Luther (WA 38) 618-620; ders., II 539 (»Er will einen Fels haben und sie [sc. die Päpstlichen] wollen zwei haben); Calvin II 65; Musculus 413.
[172] Luther II 537: »Wenn der Papst ihm (sc. Petrus) darin folgt, so wollen auch wir ihn einen Fels nennen«.
[173] Z.B. eindrücklich Episcopius 98f, unter den Aufklärern z.B. Grotius II 47.
[174] Fröhlich* 114.

tig¹⁷⁵. Für die Folgezeit ist bedeutsam, daß die »päpstliche« Auslegung unseres Textes vor allem und fast nur in Dekreten zu finden ist¹⁷⁶. Besonders wichtig ist das Decretum Gelasianum, weil hier Mt 16,18 zum Beweis dafür dient, daß der päpstliche Primat nicht menschlichen, sondern göttlichen Ursprungs ist¹⁷⁷, und das Decretum Gratianum aus dem 12. Jh., die Urzelle des späteren Codex Iuris Canonici¹⁷⁸. In die katholische Exegese hat die päpstliche Deutung erst mit der Gegenreformation Einzug gehalten und hier einen echten Umbruch bedeutet¹⁷⁹. Mit der Polemik gegen die reformatorische Exegese der Stelle wird nun auch die altkirchliche abgelehnt: Augustin, der zwischen Petrus und petra (= Christus) unterscheidet, habe leider kein Hebräisch gekonnt¹⁸⁰. Der Glaube könne nicht der Fels sein, weil Christus ja den Namen des Petrus erkläre und mit »hanc« auf Petrus weise¹⁸¹. Mit der Gegenreformation begann auch die erst in unserem Jahrhundert überwundene Zeit der »päpstlichen« Deutung der Kirchenväter, die nun oft für römische Positionen beansprucht wurden, die sie jedoch nie vertraten¹⁸².
Für die heutige Situation der Kirchen ergibt sich aus dieser Etappe in der Geschichte von Mt 16,18 eine wichtige Frage: Was bedeutet es für die katholische und die evangelischen Kirchen, daß die »päpstliche« Interpretation von Mt 16,18 ihren späten Erfolg indirekt der Reformation verdankt, gegen die man sich abgrenzte? Was bedeutet es, daß der endgültige Sieg des päpstlichen über das konziliare Prinzip in der katholischen Kirche und die damit verbundene Umbildung des Papsttums im 19. Jh. mindestens indirekt eine Negativfolge der reformatorischen Antithese war?

4. *Konsequenzen für V 19.* Die verbreitetste kirchliche Deutung von V 19 ist diejenige auf die Vergebung der Sünden im Bußsakrament bzw., damit verwandt, auf Exkommunikation und Wiederaufnahme in die Kirche¹⁸³. Zu ihr paßte, daß die Ausleger in V 19 normalerweise eine priesterliche Vollmacht sahen¹⁸⁴. Die verschiedenen Deutungen des Felsens konnten aber zu besonderen Akzentuierungen auch von V 19 führen, die in den verschiedenen Konfessionen wichtig wurden:
4.1 Die augustinische Deutung, die in Petrus einen Repräsentanten der Kirche sah, betonte, daß die Schlüssel der ganzen Kirche gegeben sind: »Was jenem einzigen gegeben wurde, wurde der Kirche gegeben«¹⁸⁵. An Augustin konnte sich die reformatorische Deutung anschließen, die von 18,15-18 her betont, daß auch in der mutua con-

---

¹⁷⁵ Vgl. bes. Serm 4,3f = BKV I/54 15f; Zitat 4,3 = 16.
¹⁷⁶ Fröhlich* 117: »Der Primatsbeweis ist ... der einzige Ort, an dem (sie) ... sich gegen den siegreichen Strom der augustinischen und östlichen Konkurrenzdeutungen behaupten konnte«.
¹⁷⁷ DS Nr. 350. Zeit: 6. Jh.?
¹⁷⁸ Vgl. Gillmann* 42f. Gratian selbst deutet augustinisch.
¹⁷⁹ Cajetanus 91; Maldonat 323-326; Salmeron 3,2 = IV 387-400; Lapide 316-318; Jansen 150f. Am wirkungsvollsten war R. Bellarmin, De Romano pontifice, Sedan 1619, 1,10-13 = 72-105.
¹⁸⁰ Lapide 317.
¹⁸¹ Jansen 150f.

¹⁸² Vgl. die »Testimonien« bei Bellarmin (o. Anm. 179) 76-79; Salmeron 3,2 = IV 394-397; Maldonat 325f.
¹⁸³ So deutete schon Kallist (?) bei Tertullian, Pud 21 = BKV I/24 810f. Weitere Beispiele: Theodor v Mopsuestia fr 92 = Reuss 129; Thomas v Aquino, STh Suppl. qu 18 art 3; Luther II 533; ApolCA 13 = BSLK ⁴1959, 291; Catechismus Romanus 2,5,11; zur nachtridentinischen kath. Interpretation vgl. Vorgrimmler* 462-469. Vgl. auch o. S. 466.
¹⁸⁴ Z.B. Thomas v Aquino (Lectura) Nr. 1388-1392. Thomas betont als Ausnahme in der Auslegungsgeschichte die Vermittlung der priesterlichen potestas durch den Papst (ebd. Nr. 1393).
¹⁸⁵ Sermo 149,7 = PL 38,802.

solatio fratrum, wo zwei oder drei Menschen in Jesu Namen versammelt sind, kirchliche Schlüsselgewalt stattfinde[186].

4.2 Von der in der Reformation übernommenen Deutung des Felsens auf das Bekenntnis des Petrus her wird verstehbar, warum die Reformatoren die Binde- und Lösegewalt der Kirche auch in der Predigt am Werk sahen. »Wir wissen ja, daß nur das Wort Gottes uns die Tür zum Leben auftun kann«. Darum ist »die Predigt des Evangeliums dazu bestimmt..., unsere Bande zu lösen«[187]. Diese Deutung wurde im Calvinismus, wo die Ohrenbeichte durch die »offene« Beichte im Gottesdienst vor der Predigt ersetzt wurde, besonders deutlich vertreten. Von der katholischen Exegese wurde sie bekämpft.

4.3 Die katholische Exegese jener Zeit dehnte die Binde- und Lösegewalt auch auf die regierende Gewalt des Papstes aus. Die Schlüssel sind ein »Zeichen der Könige und Regenten, nicht der Doktoren und Lehrenden oder Prediger«[188]. Die Schlüssel bezeichnen die »authoritas gubernandi«, wobei dann das Himmelreich mit der Kirche identifiziert wurde[189]. Die evangelischen Exegeten protestierten dagegen, weil das eine Verwechslung der beiden Reiche bedeute[190].

Was für Folgerungen können aus der Wirkungsgeschichte gezogen werden? Welche Perspektiven ergeben sich aus dem Bibeltext selbst für seine stärkste Wirkung, das Papsttum[191]?

Heutiger Sinn

1. Die Wirkungsgeschichte zeigte die *Vielfalt* der »Verwirklichungen« unseres Textes in den geschichtlichen Erfahrungen der Kirche. Es läßt sich zeigen, daß in *allen* Deutungsmustern Aspekte des biblischen Grundtextes aufgenommen sind. In allen lebt ein Stück Wahrheit des christlichen Glaubens[192]. Daraus ergibt sich für mich: *Wenn im Namen einer Deutung unseres Textes andere unterdrückt und diszipliniert werden, wird ein Stück des christlichen Glaubens unterdrückt.*

Die Nähe zum biblischen Grundtext ist allerdings unterschiedlich geartet und unterschiedlich groß. Sie zeigt sich bei der »östlichen« Deutung im Interesse an der apostolischen Jesustradition, die Fundament der Kirche ist. In der augustinischen Deutung zeigt sie sich einerseits in der christologischen Grundlage, die das Zeugnis des *ganzen* NT aufnimmt, andererseits in der Möglichkeit, Petrus als Repräsentanten der ganzen

---

[186] Luther (WA 38) 630.
[187] Calvin II 63, vgl. ders., Institutio 4,6,4.
[188] Lapide 319.
[189] Jansen 151f.
[190] Brenz 569.
[191] Ich konzentriere mich auf das Papsttum, weil es die wichtigste Wirkung des Textes ist. Obwohl ich evangelischer Christ bin, möchte ich hier, bei allem Respekt vor der Besonderheit der katholischen Schwesterkirche, nicht schweigen, da auch wir Evangelische als Glieder der zukünftigen (sichtbaren!) Una Sancta Ecclesia von der Gestalt unserer Schwesterkirche mitbetroffen sind. Da für Evangelische dieser Text nicht die gleiche fundamentale Bedeutung hat, gehen die kritischen Fragen zunächst in erster Linie an die katholische Schwesterkirche.

[192] Es sei mir erlaubt, hier eine mich bewegende Reaktion eines – betroffenen – katholischen Freundes, der diesen Text las, zu zitieren, gerade weil ich als evangelischer Christ hier offener formulieren kann als er: »In allen? Es gibt auch Perversionen des Textes! Du bist zu konziliant!«

Kirche, auch aller ihrer Glieder, zu verstehen. Die römische Deutung hat mindestens dies aus Mt 16,18 aufgenommen, daß Petrus selbst zum Fels der Kirche wurde. Vom mt Petrusverständnis her muß ich allerdings sagen, daß mir die Nähe der origenistischen »typischen« Vergegenwärtigung des historischen Petrus in *jedem* Jünger zum mt Text größer zu sein scheint als die der »römischen« Vergegenwärtigung des Petrus in *einem* besonderen Amtsträger, dem Papst. Diese Deutung ist m.E. am weitesten vom Text entfernt.

2. Die Wirkungsgeschichte zeigt, daß in allen Deutungsmustern *kontingente geschichtliche Erfahrungen* von Kirchen und Christen sichtbar werden, die die Auslegungen mitbestimmt und gestaltet haben. Dies gilt nicht nur für die römische Auslegung, die für das Bedürfnis nach institutioneller Einheit der Kirche in der Spätantike, für das Ringen der Kirche um Eigenständigkeit gegenüber den Staaten im Mittelalter und auch für die Angst vor den bedrohlichen »Toren des Hades« im 19. Jh.[193] eine Antwort darstellte, sondern auch für andere Deutungen. Das Festhalten am überkommenen Glaubensfundament war die grundlegende Notwendigkeit der östlichen Kirchen im Kampf gegen die Häresien des 4.-6. Jh.s; und das Bewahren der Tradition begründete später ihre Identität in einer islamisch gewordenen Welt. Das Bild des geschichtlichen Petrus als des mit geistlicher Erkenntnis vom lebendigen Gott beschenkten Christen bei Origenes war zugleich sprechender Ausdruck seiner eigenen Existenz als begnadeter Gnostiker in der und für die katholische Kirche. Die augustinische Deutung schließlich kam der Gnadenfrömmigkeit der »gewöhnlichen« Christen am nächsten. So gehören die jeweils geschichtlich kontingenten Erfahrungen mit zur Wahrheit von Auslegungen unseres Textes. Von dieser Erkenntnis her *bin ich gegenüber dem absoluten Anspruch, der entsteht, wenn bestimmte geschichtliche Erfahrungen zum verpflichtenden »ius Divinum« werden, mehr als skeptisch.* Man kann sich nur wünschen, der Reichtum und die Vielfalt von Glaubenserfahrungen, die unser Text auslöste, möchte in unseren Kirchen wieder bewußt werden.

Gerade wenn auch katholische Kirchengeschichtler neuerdings Gewicht auf die geschichtlichen Erfahrungen legen, die zur Entstehung des Papsttums geführt haben, seien mir als evangelischem »Zweifler« von der Wirkungsgeschichte her Fragen erlaubt: Um wessen Erfahrungen hat es sich dabei eigentlich gehandelt? Angesichts der Tatsache, daß die »römische« Deutung bis zur Reformationszeit weithin eine *nur* römische Deutung blieb, d.h. eine Deutung der Päpste selbst und ihrer Theologen und Juristen, während in der augustinischen Deutung sich offenbar die Frömmigkeit der Menschen auch in der westlichen Kirche viel besser spiegelte, ist diese Frage berechtigt. Dazu kommt, daß die »römische« Interpretation in ihrer Geschichte immer wieder in besonderer Weise mit kirchlichen Machtansprüchen verbunden war. Der Weg

---

[193] »Portae inferi ... maiore in dies odio undique insurgunt«: So beginnt Pastor Aeternus (DS Nr. 3052). Man denkt an Revolution, junge Nationalstaaten, den drohenden Verlust des Kirchenstaates, bürgerlich-aufklärerisch-egalitäre Ideen! Die Angst davor hat das I. Vaticanum geprägt.

des Papstamtes von einem Herrschaftsamt zu einem Dienstamt ist angesichts seiner Geschichte besonders schwierig.

Leitlinien für ein Petrusamt

3. Versucht man, positiv von Mt 16,17-19 und dem matthäischen Petrusbild aus eine Leitlinie zu formulieren, die für ein kirchliches Petrusamt eine Orientierung sein könnte, so scheint mir besonders wichtig, daß *Matthäus über den einmaligen Petrus nichts sagt, was nicht für alle anderen Jünger auch gilt.* Damit zusammen gehört die bruderschaftliche und nicht-hierarchische Struktur der matthäischen Kirche, die 18,1-22 und 23,8-11 besonders deutlich machen werden. Daraus ergibt sich für mich: Wenn sich in einer Kirche der Petrus*dienst* in *einem* Petrus*amt* konzentriert, dann ist das nur so möglich, daß in diesem *einen* das deutlich in Erscheinung tritt, was von Jesus Christus her *alle* sind, *und nicht ein Mehr.* Oder anders: *In der Perspektive von Mt 16,18f liegt vielleicht ein Petrusamt als Repräsentation der ganzen Kirche, aber nicht als ihre Spitze.*

Von daher wird ein protestantischer Außenseiter mit besonderem Interesse lesen, was katholische Brüder über die notwendige »kommuniale Tendenz« des Petrusamts schreiben[194]. Und er wird mit besonderem Schmerz verfolgen, was katholische Schwestern und Brüder an Erfahrungen der Repression in ihrer eigenen Kirche, nicht im Dienste der Einheit der Kirche, sondern ihrer Einheitlichkeit, erleiden müssen.

4. Petrus, im Matthäusevangelium Gründergestalt der Kirche, ist zugleich Verkörperung der Einheit der *ganzen* Kirche. Von daher gehört zum Richtungssinn unseres Textes, daß er *an alle Kirchen die kritische Frage stellt, inwiefern »Petrusämter« in ihnen der Einheit der ganzen Kirche dienen.*

Für Katholiken und Protestanten stellen sich hier verschiedene Fragen. Protestantische Kirchen sind zu fragen, ob ihre eigenen Erfahrungen der Zersplitterung seit der Reformation nicht darauf hinweisen, daß über die Fundamente des Glaubens hinaus »Petrus*ämter*« nötig sind, die eine *gelebte* Einheit verkörpern. Sie sind zu fragen, inwiefern die mannigfachen »Petrusämter«, die auch sie geschaffen haben, z.B. Lehrämter wie theologische Fakultäten oder Ämter für ökumenische Beziehungen, für ihre Kirchen wirklich »fundamental« sind und nicht bloß beiläufig. Die katholische Kirche und besonders die Träger des päpstlichen Petrusamtes sind zu fragen, was es für sie bedeutet, »daß der Papst das größte Hindernis auf dem Weg zum Ökumenismus ist«[195]. Zugespitzt und bewußt protestantisch formuliert lautet die Frage: Ist der Petrusdienst des Papstes ein Petrusdienst für die römisch-katholische *Teil*kirche oder im Richtungssinn unseres Textes ein Dienst für die *ganze* christliche Kirche? Bisher haben es die nicht-römischen Kirchen, denen paradoxerweise gerade das gemeinsame Nein zum päpstlichen Petrusamt zum Anlaß wurde, ihren eigenen Weg zu grö-

---

[194] Kasper* 95.
[195] Paul VI. (1967) nach Papsttum* 263. Die Wahrheit dieses Satzes wird dadurch bestätigt, daß heute lebendige Einheit der Kirche an der Basis vielfach gelebt und erfahren wird – aber das Papsttum ist darin nicht eingeschlossen.

ßerer Einheit zu suchen und zu finden, kaum in diesem eigentlichen Sinn erfahren[196]. Es müßte nicht so sein. Wenn es anders wäre, wenn wir Protestanten in unserer Sehnsucht nach Einheit der Kirche uns durch den Papst repräsentiert und nicht beurteilt erführen, würde wohl einiges in Bewegung kommen, zumal wir ja von der Bibel her um die Vielfalt möglicher Gestalten des Petrusdienstes wissen. Auch einen päpstlichen Petrus*dienst*, der im Dienste der Jesusüberlieferung für die Einheit der *ganzen* Kirche einsteht, bräuchten wir nicht iure Divino abzulehnen. Doch dieses Kapitel der Wirkungsgeschichte von Mt 16,18 ist noch nicht geschrieben.

---

[196] Wird der Pontifikat von Johannes XXIII., der in ungeahnter Weise die Hoffnung der ganzen Kirche auf Einheit *repräsentierte* und wie der ntl. Petrus zu ihrem lebendigen Typos wurde, einmal eine Fortsetzung finden?

IV Jesu Wirken in der Gemeinde (16,21-20,34)

Nachdem Jesus sich von seinen Feinden zurückgezogen (16,4) und die Gründung der Kirche angedeutet hat (16,18f), wirkt er vor allem für die Jünger, die transparent für die Gemeinde stehen. Jüngerunterweisungen (16,21-28; 17,9-13.19f.22f.25-18,35; 19,10-12.23-20,28) und Jüngergeschichten (17,1-8.14-18; 19,13-22) dominieren diesen Abschnitt. Jesu Gegner, die Pharisäer, treten nur noch einmal aktiv auf (19,3). Auch das Volk steht nicht mehr im Zentrum: Nur zweimal spielt es eine entscheidende Rolle als Aktant (19,2; 20,29-31). Einmal tritt es »passiv«, gleichsam als Kulisse einer Geschichte auf (17,14); einmal erscheint es gleichsam »anonym« als Handlungsträger (19,13). Gegenüber dem vorangehenden und dem folgenden Abschnitt Kap. 21-25, wo wiederum das Volk und die Gegner Jesu eine zentrale Rolle spielen werden, zeigt also unser Abschnitt eine markante Gewichtsverlagerung. Ihr entspricht sein Inhalt: Zu einem wesentlichen Teil geht es jetzt um Fragen der Gemeinde, ihres Lebens, ihrer Erfahrungen, ihrer Ordnung und ihres Verhaltens. Auf der Tiefenebene der matthäischen Geschichte sind wir nun in den Raum der Gemeinde getreten, die in Israel entstanden ist, von seinen Führern bekämpft wird, sich aber noch nicht von Israel getrennt hat.
Der Abschnitt ist wie der vorangehende 12,1-16,20 dreiteilig und besteht wieder aus zwei Erzählungsteilen (16,21-17,27; 19,1-20,34) und einer dazugehörigen Rede (Kap. 18). Wie dort, so lehnt sich auch hier der Evangelist an den Aufbau des Markusevangeliums an, dessen Hauptabschnitt über die Leidensnachfolge (Mk 8,27-10,52) er aufnimmt und ergänzt. Er beginnt mit der ersten Leidensankündigung Jesu an seine Jünger 16,21; 17,12.22f und 20,18f wird Jesus seine Leidensankündigungen wiederholen. Damit verbindet Matthäus nicht nur einen erzählerischen Zweck: Die Leidensankündigungen bilden ein Leitmotiv dieses Hauptabschnitts, verbinden seine beiden erzählenden Teile und weisen zugleich voraus auf den letzten Abschnitt der Matthäuserzählung, die Kap. 26-28. Darüber hinaus haben sie auch theologisch eine zentrale Funktion, denn es ist die *Geschichte* Jesu, insbesondere die Geschichte seines Leidens und Sterbens, die das Leben der Gemeinde, um das es in unserem Abschnitt vor allem geht, prägt. Bereits in 5,10-12 und in der Jüngerrede Kap. 10 wurde das sichtbar; und der Eingangsabschnitt 16,21-28 wird das programmatisch deutlich machen.

Ich folge damit dem heute am verbreitetsten »narrativen« Gliederungsmodell des Mt-Ev[1] mit Modifikationen[2]. Faßt man 16,21-28,20 als einen einzigen Hauptteil und 16,21 als seine Überschrift[3], so kommt vor allem der besondere Charakter von 21,1-25,46 nicht zur Geltung: Hier wendet sich Jesus nach außen an das Volk und nicht nach innen an die Jünger; inhaltlich geht es nicht, wie in 16,21-20,34, primär um Gemeindefragen und das eigene Leiden der Jünger, sondern um die Auseinandersetzung mit Israels Führern und die endgültige Scheidung der Gemeinde von Israel. Nicht zufällig taucht nach 20,17-19 die nächste Leidensankündigung des Menschensohns erst 26,2 auf. 21,1-25,46 aber sind, wie 12,1-16,20, primär nach außen gerichtet und führen den »heilsgeschichtlichen« Erzählungsfaden von Kap. 12-16 weiter. Insofern bilden diese beiden Abschnitte einen Rahmen um den Gemeindeteil 16,21-20,34, ebenso wie das im Hauptteil 16,21-20,34 zunächst angekündigte und dann in Kap. 26-28 erzählte Leiden und Auferstehen des Menschensohns einen Rahmen um den vorwiegend heilsgeschichtlichen Teil Kap. 21-25 bilden. Diese Besonderheit von Kap. 21-25 möchte ich in meinem Gliederungsvorschlag herausheben. Mit den Vertretern des »markinischen« Gliederungsmodells bin ich aber darin einig, daß die *Erzählung* die für die Gliederung entscheidenden Gesichtspunkte liefert.

A Jüngererfahrungen auf dem Weg ins Leiden (16,21-17,27)

Mit 16,21 wendet sich der Blick Jesu in die Zukunft, nach Jerusalem. Er blickt auf sein Leiden voraus und gibt damit das Leitmotiv des Abschnitts 16,21-17,27. Er ist durch je eine Ankündigung des Sterbens und Auferstehens Jesu gerahmt (16,21; 17,22f)[4]. In der Mitte steht eine weitere Leidensankündigung des Menschensohns (17,12b). Das Ziel der bisher geschilderten Feindschaft der Gegner Jesu wird nun also sichtbar. In die Leidensankündigungen Jesu gleichsam »kontrapunktisch« eingelegt sind die Verklärungsgeschichte und die Heilungsgeschichte des Epileptischen, in denen Jesus in Herrlichkeit und Macht erscheint.

Der Übergang zum neuen Hauptabschnitt erfolgt nicht durch eine Zäsur, sondern so, daß die beiden einander chiastisch zugeordneten Abschnitte 16,13-20 und 16,21-28 eine verbindende Brücke bilden[5]. Eine wichtige Brücke zwischen den beiden Abschnitten 13,53-16,20 und 16,21-17,27 bildet auch die Gestalt des Petrus, der in beiden Teilen eine zentrale Rolle spielt[6].

---

[1] Vgl. Bd. I 18 (»markinisches Gliederungsmodell«), prägnant vertreten durch Kingsbury, Structure 7-25 und Bauer, Structure, bes. 73-108.
[2] Vgl. Bd. I 24-26.
[3] Bauer, Structure 108: »16,21 encapsulates the majour themes in the material that follows«, nämlich den eigenen Weg Jesu zur Passion und die Jüngerunterweisung über ihr eigenes Leiden.
[4] 17,24-27 läßt sich im Aufbau nicht recht unterbringen, vgl. u. S. 528f.
[5] Vgl. o. S. 453, u. S. 486.
[6] Vgl. o. S. 382f.

1 Der Leidensweg (16,21-28)

Literatur: Dautzenberg, G., Sein Leben bewahren, 1966 (StANT 14), 68-82; *Friedrich*, J., Gott im Bruder, 1977 (CThM A 7), 46-53; *Geist*, Menschensohn 127-144; *Künzi*, M., Das Naherwartungslogion Markus 9,1 par. Geschichte seiner Auslegung, 1977 (BGBE 21); *Marguerat*, Jugement 85-100; *Riesenfeld*, H., The Meaning of the Verb ἀϱνεῖσθαι, CNT 11 (1947) 207-219.
Weitere Literatur** bei Mt 10,34-39 o. S. 133.

21 Von da an fing Jesus[1] an, seinen Jüngern zu zeigen, er müsse nach Jerusalem weggehen und viel leiden von den Ältesten und Hohenpriestern und Schriftgelehrten und getötet werden und am dritten Tag auferweckt werden. 22 Und Petrus nahm ihn zu sich, fing an, ihm Vorhaltungen zu machen, und sagte: »(Gott) sei dir gnädig, Herr! Das soll dir gewiß nicht passieren!« 23 Er aber wandte sich um und sagte zu Petrus: »Weg mit dir, hinter mich, Satan! Du bist mir ein Anstoß, denn du hast nicht die (Dinge) Gottes im Sinn, sondern die der Menschen!«
    24 Da sagte Jesus zu seinen Jüngern:
    »Wenn jemand hinter mir hergehen will,
        soll er sich selbst verleugnen
        und sein Kreuz aufnehmen
        und mir nachfolgen!
25 Denn wer sein Leben retten will, wird es verlieren,
    wer aber sein Leben um meinetwillen verliert, wird es finden.
    26   **Denn was wird ein Mensch davon haben, wenn er die ganze Welt**
        gewinnt, aber sein Leben einbüßt?
    Oder was wird ein Mensch als Gegenwert für sein Leben geben?
27 Denn der Menschensohn wird kommen in der Herrlichkeit seines
        Vaters mit seinen Engeln,
    und dann wird er jedem vergelten nach seinem Verhalten.
28 Amen, ich sage euch: Es sind einige unter denen, die hier stehen, die den Tod nicht kosten werden, bis sie den Menschensohn kommen sehen werden in seinem Reich!«

Analyse   **1. *Aufbau*.** Die V 21-28 werden am besten zusammengenommen, obwohl Jesus in V 24 neu einsetzt und nun zu allen Jüngern, nicht mehr allein zu Petrus redet. Aber sie sind inhaltlich eine Einheit: Vom Leiden Jesu über das Leiden der Jünger in seiner Nachfolge bis zum endgültigen Kommen des Menschensohns zieht sich ein einziger Spannungsbogen. Der Abschnitt entwirft eine Gesamtperspektive der Jüngerschaft. Außerdem ist er formal eine chiastische Umkehrung des vorangehenden Abschnitts 16,13-20[2], so daß er auch von daher zusammengehört und mit ständigem Rückblick auf das Petrusbekenntnis interpretiert werden muß. Mit dem Makrotext ist er eng

---

[1] Ἰησοῦς Χριστός ℵ* B u.a. (= Nestle[25]) ist nur in ägyptischen Texten bezeugt und wahrscheinlich sekundäre Ergänzung nach 16,16.

[2] Vgl. o. S. 453.

verklammert: Nach rückwärts nehmen V 24f Logien aus der Jüngerrede (10,38f) auf. Nach vorne ist V 21 mit den folgenden Leidensankündigungen Jesu, vor allem mit 17,22 und 20,17-19, sprachlich eng verbunden. Die Stichworte Ἱεροσόλυμα, πάσχω und ἀποκτείνω, aber auch die πρεσβύτεροι, ἀρχιερεῖς und γραμματεῖς als Gegner weisen auf das Kommende. Sie werden in der Passionsgeschichte wieder zusammen vorkommen (27,41, vgl. 26,3.47.57; 27,1.3.12.20; 28,11f). Das Kommen des Menschensohns zum Gericht (V 27) schließlich formuliert Mt mit Worten, die in 24,30 und 25,31[3] wieder auftauchen werden. So sind V 21-28 wiederum, wie schon V 13-20, ein im ganzen Evangelium besonders stark verklammerter Schlüsselabschnitt, der in wenigen Worten die gesamte Zukunftsperspektive Jesu und seiner Jünger bündelt.

Auch diesen Abschnitt kann man in drei Teile einteilen. V 21 wendet sich Jesus wie in V 20 an die Jünger. V 22f folgt wie in V 16-19 ein Dialog mit Petrus. V 24-28 richten sich wieder, wie V 13-15, an die Jünger: Formal sind sie kein Dialog, sondern abschließende Rede Jesu. V 24-26 sind drei Logien mit Ansätzen zu Parallelismus. V 27f ist feierlicher Redeschluß. Der Menschensohntitel bildet den Rahmen um 16,13-28 (V 13.27f).

2. Die *Quelle* unseres Abschnitts ist Mk 8,31-9,1. Die größeren und kleineren Änderungen sind fast alle red.[4]; das gilt auch für den weitgehend neu formulierten V 27[5]. An größeren Änderungen fallen auf: 1. Petrus formuliert in V 22b seine Vorhaltungen in direkter Rede. 2. In V 23a sind die übrigen Jünger nicht erwähnt. 3. Die Einleitung zu V 24b-e wird verkürzt; Jesus spricht nur zu den Jüngern, nicht auch zum Volk. 4. In V 27 wird Mk 8,38 stark verkürzt. V 27b ist gegenüber Mk neu. Mt hatte das gleiche Logion schon in 10,32f nach der Q-Fassung gebracht und wiederholt es hier nicht, sondern bildet de facto ein neues Wort. V 27 wird unmittelbar zur Begründung von V 24-26. 5. V 28 wird nicht neu eingeleitet und wird zum Menschensohnwort, das Reich Gottes zum Reich des Menschensohns. So rücken V 27 und 28 zusammen. Im ganzen gewinnt der Abschnitt durch die Änderungen gegenüber Mk an Geschlossenheit. Einige Minor Agreements fallen auf: In V 21 = Lk 9,22 könnte ἀπό statt ὑπό beim Passiv und eventuell τῇ τρίτῃ ἡμέρᾳ ἐγερθῆναι auf eine deuteromk Textrezension zurückgehen[6], während das Fehlen des mk red. καὶ τοῦ εὐαγγελίου in V 25 = Lk 9,24 eher auf den Einfluß der Q-Rezension oder der mt Redaktion zurückgeht.

---

[3] Die Berührungen erklären sich z.T. durch die gemeinsame Menschensohntrad. (zwischen Mk 8,38 und 13,26). Im Falle von 25,31 muß man mit bewußter mt Gestaltung rechnen, die sehr verschiedene St (außer 16,27; 24,30 noch 13,49 und 19,28) anklingen läßt, gegen Friedrich* 53.
[4] Vgl. Bd. I Einl. 3.2 zu V 21 ἀπὸ τότε, μαθητής, ἐγείρω (vgl. aber u. Anm. 6), V 22 λέγων, κύριε, V 23 στρέφω (vgl. 9,22), V 24 τότε, V 25 εὑρίσκω, V 26 ἐάν, δέ, ἤ, V 27 μέλλω, γάρ, τότε, ἀποδίδωμι. Zu ἑκάστῳ κατά (V 27) vgl. 25,15. LXX-Sprache (vgl. Bd. I 32) sind ἵλεως mit κύριος (V 22; vgl. 1Βασ 14,15; 2Βασ 20,20; 23,17; Am 7,2; Jes 54,20 etc.; bes. häufig judengriech. in 2/4Makk) und V 27fin (vgl. ψ 61,13; Spr 24,12; Σιρ 35,22).

Unmt, aber von der red. Interpretation her verständlich sind V 21 die Meidevokabel (Bd. I Einl. 3.3) ἤρξατο (vgl. aber 4,17), δεικνύειν, Ἱεροσόλυμα und die Zusätze οὐ μὴ ἔσται σοι τοῦτο und σκάνδαλον εἶ ἐμοῦ in V 22f, vgl. Erklärung dazu.
[5] Strecker, Weg 27f hält V 27b für vorred. V 27b ist aber kein Zitat aus einem (hebr. beeinflußten) Bibeltext, sondern eine griech. Ad-hoc-Formulierung in bibl. Sprache.
[6] Obwohl ἀπό bei Mt beliebt ist, ist es in diesem Gebrauch nicht red. Τῇ τρίτῃ ἡμέρᾳ ἐγερθῆναι ist nicht lk, entspricht aber der kerygmatischen Sprache des Urchristentums, vgl. 1Kor 15,4 und Ennulat, Agreements 184. Mk 10,34 ist in ähnlicher Weise verändert.

3. Zur *Traditionsgeschichte* und *Herkunft* der einzelnen Logien vgl. die Analyse zu 10,37–39[7]. Besonders schwierig ist die Frage nach der Herkunft des »Terminwortes« V 28 = Mk 9,1. Es wird heutzutage meist Jesus abgesprochen und der Urgemeinde zugewiesen, ähnlich wie 10,23 und 24,34 = Mk 13,30. Eine solche Herleitung muß sich aber die Frage gefallen lassen, ob sie nicht die Tatsache, daß Jesus sich in seiner Naherwartung getäuscht hat, auf neuzeitliche, historisch-kritische Weise umgehen möchte. Ist also der Wunsch, Jesus von einem Irrtum zu entlasten, der Vater des Gedankens? Der Unterschied zum Trostwort 10,23, dessen Herkunft von Jesus eine Möglichkeit bleibt, ist nicht groß: Er besteht nur darin, daß die Naherwartung hier noch mehr im Zentrum steht. Auf der anderen Seite belegen die urchristlichen Prophetensprüche 1Kor 15,51f und 1Thess 4,16f, daß es im Urchristentum gebildete Herrenworte mit zeitlich terminierter Naherwartung wirklich gegeben hat. Man wird die Frage ehrlicherweise offenlassen müssen.

Erklärung 21 Nach dem Geheimhaltegebot V 20, das die Jünger gegenüber dem Volk zu Insidern mit einer besonderen Erkenntnis machte, kündigt ihnen Jesus sein Leiden und seine Auferstehung an. Er vertieft jetzt also das besondere Wissen der Jünger. Die Ankündigung ist völlig offen, nicht mehr geheimnisvoll wie 12,40; sie gilt aber nur den Jüngern[8]. Die matthäische Einführung ist relativ ausführlich, denn die Leidensankündigung ist nicht mehr wie bei Markus die direkte Antwort Jesu auf das Petrusbekenntnis, sondern Jesus setzt zu einer neuen Belehrung an. Er wird sie bis zur Ankunft in Jerusalem öfters wiederholen (17,12.22f; 20,17-19); darum sagt Matthäus »von da an fing Jesus an . . .«. Δεικνύειν setzt er, weil διδάσκω (Mk 8,31) bei ihm vor allem ethische Unterweisung meint[9]; man sollte das seltene Wort nicht theologisch überfrachten[10]. Δεῖ deutet die von Gott verhängte Notwendigkeit des Leidens und Sterbens Jesu an. Trotzdem wird es von den jüdischen Führern in freier Entscheidung und eigener, selbstverantworteter Bosheit vorbereitet. Gottes Plan und menschliche Verantwortung schließen sich bei Matthäus ebensowenig wie sonst im Neuen Testament und im Judentum aus. Jesus kennt diesen Plan: Seine Ankündigung nimmt bereits die ganze Passionsgeschichte in groben Zügen vorweg. Die passiven Verben zeigen, daß nicht er, sondern die jüdischen Führer bzw. letztlich Gott die Handelnden sind. Dennoch wird die Passionsgeschichte zeigen, daß auch Jesus aktiv ist: Er geht seinen ihm vorgegebenen Weg als gehorsamer Sohn Gottes. Sein kommendes Leiden und seine Auferstehung werden nun den Fortgang der matthäischen Geschichte überschatten.

22 Petrus nimmt Jesus zu sich[11] und macht ihm Vorwürfe. Ἵλεώς σοι ist vermut-

---

[7] S.o. S. 134f.142–144, außerdem Gnilka, Mk II 12-14.22f.
[8] Die Streichung von Mk 8,32a ist keine Korrektur, sondern die Auslassung von etwas, was für Mt ohnehin klar ist.
[9] Vgl. Bd. I 181 mit Anm. 2.
[10] Man darf z.B. nicht von Apk 1,1 her an die Mitteilung endzeitlicher Geheimnisse denken.
[11] Für die heute übliche deutsche Übers. »nahm ihn beiseite« nennt Bauer, Wb s.v. außer unserer St und Mk 8,32 keine sicheren ntl. und überhaupt keine profanen Belege.

lich eine Wendung der Bibelsprache[12] und abgeblaßt zu verstehen im Sinn von »Gott bewahre!« oder »Da sei Gott vor!«[13]. Warum will Petrus Jesus vor dem Leiden bewahren? Leitet ihn ein jüdisches Messiasverständnis, wonach der Messias eine politisch-kriegerische Gestalt ist[14]? Oder denkt Matthäus hier einfach »menschlich«, denn der Schmerz des Petrus ist verständlich, weil er Jesus liebt und nicht möchte, daß er stirbt?[15]. Solche Überlegungen sind bei Matthäus aber selten nachweisbar. Da Jesus in V 24-26 über das Leiden in der Nachfolge belehrt, hat er vermutlich ebenso wie Markus den Protest des Petrus nicht nur als Protest gegen das Leiden Jesu, sondern auch als Protest gegen das eigene Leiden der Jünger – und der Gemeinde – verstanden. Petrus ist dann auch hier Jüngersprecher, genauso wie er sein Bekenntnis in V 16 mit den Worten des Jünger- und Gemeindebekenntnisses formulierte. Als Jünger steht er in der Ambivalenz von Vertrauen und Zweifel, von Bekennen und Angst vor den Konsequenzen dieses Bekennens und von Verrat und Reue (26,69-75)[16]. Es geht nicht darum, daß Petrus schlechter wäre als die übrigen Jünger[17], etwa weil er Jesus verleugnen wird, ebensowenig wie er 16,16-19 besser war als sie.

Die Reaktion Jesu auf diese Schelte ist äußerst schroff. Ὕπαγε ... Σατανᾶ erinnert an die letzte Versuchung 4,10. Dort lehnte Jesus die vom Teufel angebotene Weltherrschaft ab. Σκάνδαλον[18] ist ein starkes Wort und meint sachlich die Veranlassung zur Sünde. Der Ausdruck ist vermutlich biblisch-feierlich und von Matthäus in direktem Gegenüber zum Fels formuliert, der Petrus 16,18 war[19]: Dort hatte Jesus Petrus »Fels« um dessentwillen genannt, was ihm nicht Fleisch und Blut, sondern der himmlische Vater offenbarte. Hier ist er deswegen ein »Anstoß«, weil er nicht nach Göttlichem, sondern nach Menschlichem trachtet. Der fundamentale Gegensatz zwischen Gott und den Menschen bestimmt V 17f und V 23. Durch Gottes Geschenk ist Petrus Fels, aus seinem eigenen Denken heraus ist er »Anstoß«. Sein Einwand hat also typische Bedeutung: Petrus denkt, wie »der Mensch« gegenüber dem Leiden denkt – vernünftig, egoistisch, vielleicht auch menschlich-liebevoll.

23

---

12 Vgl. z.B. 2Βασ 20,20; 23,17; 1Chr 11,19; hebr. חלילה. Vgl. auch Bill. I 748.
13 Die griech. Parr meinen dagegen wörtlich: Gott sei gnädig, vgl. Soph Oed Col 1480 und die Inschriften bei Allen 181.
14 Vgl. Bonnard 248.
15 So z.B. Hieronymus 144 (»de pietatis affectu veniens«). Für eine »freundliche« Deutung spricht evt. das die Gemeinschaft heraushebende προσλαβόμενος. Eindrücklich formuliert S. Kierkegaard, Der Liebe Tun, Ges. Werke, 19. Abt., Düsseldorf – Köln 1966, 123: Nicht ein gottloser, sondern »der, menschlich gesprochen, beste und liebevollste Mensch« stößt hier mit Jesus zusammen und muß erst lernen, »was, im göttlichen Sinne, Liebe sei«.

16 Der Katholik J. Blank (* Lit. zu 16,13-20) 101 formuliert zugespitzt, aber sachlich richtig: Petrus wird hier gesehen als »simul iustus et peccator«.
17 Z.B. Plummer 234: »A primacy of evil rather than of good«.
18 Vgl. Anm. 23f zu 13,36-43. Auch 13,41 wird das Wort auf Personen bezogen.
19 Es ist gut denkbar, daß Mt – nicht die vormt Tradition, die σκάνδαλον ja noch nicht enthielt – von Jes 8,14 bestimmt ist, wo Aquila στερεὸν σκανδάλου liest (Field 446). Dafür spricht, daß Röm 9,33; 1Petr 2,8 (in einem Testimonium) auch diesen Wortlaut kennen.

Jesus formuliert dazu eine schroffe Antithese: Vor Gott gelten diese menschlichen Maßstäbe nicht. Seine Botschaft gegenüber dem Menschen ist einzig und allein der Ruf in die radikal verstandene Nachfolge. Das deutet ὀπίσω μου vermutlich schon an. Es erinnert an 4,19, deutet voraus auf V 24 und weist Petrus den einzig möglichen Platz an: hinter Jesus.

Wirkungs-
geschichte
22f

Ich möchte auf zwei Auslegungen besonders hinweisen, weil sie diesen fundamentalen Gegensatz zwischen Gott und Mensch in seiner ganzen Tiefe erfassen: *Calvin* stellt die wohlmeinenden Absichten des Petrus der harten Antwort Jesu gegenüber und fragt, warum Jesus hier so hart losfahre. Seine Antwort lautet, daß die Begierden des Fleisches zwar schwer zu beherrschen seien, aber es gebe »kein schlimmeres Ungeheuer als die Klugheit des Fleisches«[20]. Von hier aus kommt er zu seiner Deutung der Selbstverleugnung: Sie ist für ihn die »Hauptsumme des christlichen Lebens« und die Eingangspforte zum Weg des Kreuzes. Sie besteht zuerst darin, daß die menschliche Vernunft nicht mehr »Meisterin über den Menschen« ist und nicht mehr »Herrschaft über die Sitten hat«[21]. »Selbstverleugnung« steht von daher für Calvin in einem radikalen Gegensatz zu jeder klugen christlichen Anpassung an die Gegebenheiten und gehört zu dem, was wir von der Bergpredigt her radikale »Kontrastzeichen‹ des Reiches Gottes« nannten, die die Gemeinde Christi setzen muß[22]. Noch eindrücklicher stellt *Kierkegaard* die Unbedingtheit Gottes der menschlichen Vernunft gegenüber: »Dem Unbedingten gegenüber kommt der Verstand zum Stehen. Der Widerspruch ist: von einem Menschen verlangen, daß er die stärksten nur möglichen Aufopferungen mache, sein ganzes Leben zum Opfer weihe – und warum? Ja, da ist kein Warum; so ist es Tollheit, spricht der Verstand. Da ist kein Warum, denn da ist ein unendliches Warum. Aber überall, wo der Verstand so zum Stehen kommt, ist die Möglichkeit des Ärgernisses. Soll man sieghaft hindurchdringen, so muß der Glaube herzu«[23].

Erklärung
24f

Das Leiden Jesu und die Leidensnachfolge der Jünger gehören untrennbar zusammen. Aus dem Markusevangelium hatte Matthäus gelernt, daß wirkliches Verstehen Jesu nur in der Leidensnachfolge möglich ist (vgl. Mk 8,31-34; 9,30-37; 10,32-45). Er selber formulierte als Grundsatz, daß bloßes »Herr, Herr«-Sagen im Gericht des Menschensohns nichts hilft (7,21). Vielmehr kommt es auf den Gehorsam an. 13,19-23 machte er darauf aufmerksam, daß »Verstehen« und »Fruchtbringen« zusammengehören. Petrus hat wohl im Sinn des Matthäus »verstanden«, wer Jesus ist, ist aber nicht bereit, dieses Verständnis zu leben. Deshalb sagt jetzt Jesus – nur zu den Jüngern und nicht, wie bei Markus, auch zum Volk –, was die Konsequenzen seines Leidenswegs sind. Matthäus wiederholt dabei zunächst die Logien von der Kreuzesnachfolge und vom Leben-Verlieren, die er schon am Schluß der Jüngerrede, 10,38f, gebracht hatte. Er tut dies nicht zufällig, weil sie in seinen beiden

---

[20] II 69.
[21] Inst III 7,1.
[22] Vgl. Bd. I 304.420.

[23] Einübung im Christentum, Ges. Werke, 26. Abt., Düsseldorf – Köln 1951, 115.

Hauptquellen standen[24], sondern weil sie grundlegend wichtig sind. Noch deutlicher als in 10,38[25] ist nach V 21, daß er von Christus her denkt: Es geht ihm also nicht darum, an die Stelle eines Lebensideals, das in der Freiheit von Leiden das Glück des Menschen sieht, nun Leidenssucht oder Askese zu stellen, sondern allein um Christusförmigkeit der Jünger, die etwas kostet. Deutlich ist auch, daß Leiden nicht passives Hinnehmen, sondern aktive Lebensform ist: Εἴ τις θέλει... Wie in 10,39 weist das Wort vom Leben-Verlieren darauf hin, daß das Martyrium die letzte Zuspitzung der Kreuzesnachfolge ist, ohne ihre Bedingung zu sein: Durch den Tod hindurch wird dem Nachfolger sein Leben geschenkt werden. Das voranstehende Kreuztragen ist dagegen wieder nicht auf das Martyrium eingeengt, sondern umfassend verstanden und meint alles Leiden um der Sache Jesu willen. Positiv bedeutet »Kreuztragen« im Sinn des Matthäus: sich an Jesus als Lebensmodell orientieren und sich darin als vom erhöhten Herrn getragen erfahren. Am Anfang der Nachfolge steht die Aufforderung, sich selbst zu verleugnen, die Matthäus hier, anders als 10,38, aus dem Markusevangelium übernimmt. Gemeint ist damit eine bewußte Entscheidung, »Widerspruch gegen die eigenen Vitalinteressen«[26] in der Zuwendung zu Christus.

Ἀπαρνεῖσθαι in Verbindung mit dem Reflexivpronomen ἑαυτόν ist in Mk 8,34 eine sprachliche Neubildung. Die Grundbedeutung des Verbums ἀρνέομαι ist »nein sagen«, »sich weigern«. Das Kompositum ἀπαρνεῖσθαι ist intensiv oder mit dem einfachen Verb bedeutungsgleich. Religiös und zwar in bezug auf heidnische Götter wurde das Simplex fast nur im hellenistischen Judentum gebraucht[27]. In der synoptischen Tradition ist es im Logion vom Bekennen (Lk 12,8f) und in der Geschichte von der Petrusverleugnung (Mk 14,66-72) verwurzelt. »Sich selbst verleugnen« ist vermutlich als Gegenformulierung zu »Christus verleugnen« gebildet worden. Da die Wendung neu ist, kann nur der Kontext bei Mk (und Mt) über den Sinn entscheiden. Sie deutet die negative Seite dessen an, was positiv mit »Christus bekennen« bzw. »nachfolgen« umschrieben ist. Es geht also nicht um ein allgemeines asketisches Ideal. Zu was aber muß man »nein« sagen? Der Imp. Aor., der neben ἀκολουθείτω auffällt[28], könnte darauf hinweisen, daß es um einen einmaligen Akt zu Beginn der dauernden Kreuzesnachfolge geht, also z.B. um ein Taufversprechen. Im mk wie im mt Kontext ist wohl die Entscheidung gemeint, in der Nachfolge nicht mehr das ›Leben-retten-Wollen‹ zum eigenen Lebensprinzip zu machen (Mk 8,35a) und den eigenen »Ichstandpunkt« loszulassen[29]. Mk 8,36 scheint anzudeuten, daß dabei die Absage an das »Gewinnen«

Selbstverleugnung

---

[24] 16,27 diff. 10,32f zeigt, daß er Dubletten auch vermeiden kann.
[25] Vgl. o. S. 144.
[26] Pesch, Mk II 59.
[27] Riesenfeld* 210f; Spicq, Notes III 67.
[28] Grammatikalische Parr bei Mayser, Grammatik II/1 149f.
[29] Drewermann, Mk I 581. Er formuliert prägnant: »Selbstverleugnung« steht nicht gegen »Selbstfindung«, sondern gegen die äußerlich vielleicht aggressive, aber letztlich angstvolle Selbstbewahrung dessen, der auf sein eigenes Ich fixiert lebt. Gut auch Bovon, Lk I 483: »... sein eigentliches, nüchternes, fragiles Ich in der Beziehung zu Christus zum Vorschein bringen«.

von Besitz wichtig ist. Damit hängt die Bereitschaft zum Verzicht und zum Leiden zusammen[30].

Die Forderung der »Selbstverleugnung« hatte in Verbindung mit unserem Logion eine reiche Wirkungsgeschichte, die hier im einzelnen nicht nachzuzeichnen ist[31]. Sie war oft mit ich- und weltverneinender Askese verbunden. Noch in einem in der zweiten Hälfte unseres Jahrhunderts entstandenen katholischen ethischen Standardwerk waren bei der »freiwillig geübte(n) Selbstverleugnung und Abtötung« die »Abtötung der Phantasie, der leibseelischen Affekte und der fünf Sinne« entscheidend[32]. Seither scheint man dieses problematische Erbe christlicher Tradition mindestens in der Theologie, wenn auch nicht unbedingt überall in der kirchlichen Praxis[33], gründlich verdrängt zu haben. Nur ein Vierteljahrhundert später ist in einem ökumenischen ethischen Standardwerk von »Selbstverleugnung« überhaupt nicht und vom ganzen Bereich eines *besonderen* christlichen Lebensstils oder einer *besonderen*, von der Welt unterschiedenen Ethik der christlichen Gemeinde kaum mehr die Rede. Die christliche Ethik weiß sich hier »vor das Forum der kritischen Vernunft gestellt« und zielt auf »Universalität«[34]. Die Trendwende ist wahrhaft fundamental[35] und angesichts der faktischen Selbstverständlichkeit eines völlig säkularen Lebensstils einer ehemals christlichen Gesellschaft für mich beängstigend konform. In dieser Situation, in der die Zahl der religiösen Menschen, die eine leib- und lebensfeindliche christliche Tradition zu verarbeiten hat, rapide abnimmt, habe ich keine Lust, auch noch in den allgemeinen Chorgesang über diese uns belastende Tradition einzustimmen, sondern möchte als Exeget, der zugleich Anwalt seiner Texte für die Gegenwart ist, an die von Matthäus gemeinte *Sache* erinnern: »Selbstverleugnung ... heißt nicht Selbstmord, weil auch hier noch der Eigenwille des Menschen sich durchsetzen kann. Selbstverleugnung heißt nur Christus kennen, nicht mehr sich selbst, nur noch ihn sehen, der vorangeht, und nicht mehr den Weg, der uns zu schwer ist«. Diese bewußte Entscheidung für eine andere, nicht ich-orientierte Ausrichtung des Lebens ist für alle Evangelien fundamental. Es geht dabei nicht um die Praktizierung christlicher Gesetze

---

[30] Die Unterscheidung von »Haben oder Sein« von E. Fromm (Haben oder Sein. Die seelischen Grundlagen einer neuen Gesellschaft, Stuttgart 1976) hat mit dem, um was es hier geht, viel zu tun, vgl. z.B. ebd. 167f. Fromm soll uns hier daran erinnern, daß die Lebensform, um die es bei der Selbstverleugnung und der Kreuzesnachfolge geht, zwar durch Jesus gefordert und durch die Gemeinschaft mit ihm ermöglicht ist, aber zugleich mehr ist als eine bloße christliche Spezialität, vielmehr die Möglichkeit, »Leben« im vollen Sinn des Wortes zu »finden« (vgl. V 25).
[31] Vgl. o. S. 146–148 und L. Beirnaert, LThK IX (1964) 630f.
[32] B. Häring, Das Gesetz Christi. Moraltheologie III, Freiburg 61961 (11954), 73.69. Vgl. o. S. 147 a) zum Richtungssinn unseres Textes.
[33] Drewermann, Mk I 574–577 bringt eindrückliche Beispiele aus der Praxis der Eheberatung in seiner Kirche, die *jede* Ehe für unauflöslich erklärt. Vielleicht liegen die Probleme in einer protestantischen Volkskirche, in der das »Gesetz Christi« längst verblaßt ist, etwas anders: Hier dominiert eher die – notfalls als »Selbstverwirklichung« gerechtfertigte – Selbstverständlichkeit des Habens und des Konsums. Gegen *diese* Art der Selbstverwirklichung, nicht aber gegen das echte »Leben« (V 25!) richtet sich Mt 9,24.
[34] Handbuch der christlichen Ethik, hrsg. v. A. Hertz, W. Korff, T. Rendtorff, H. Ringeling, 2 Bde, Freiburg – Gütersloh 1979, dort I 6. Im Register fehlt nicht nur »Selbstverleugnung«, sondern z.B. auch »Bergpredigt«, »Gebet« oder »Mönchtum«. Zufall? – Doch s. jetzt Ch. Frey, Theologische Ethik (Neukirchener Arbeitsbücher), Neukirchen-Vluyn 1990, s.v. »Bergpredigt« (bes. 10ff.15ff.159ff).
[35] Vgl. damit die Deutung Calvins o. Anm. 20f, die davon ausgeht, daß die Vernunft des Menschen nicht neutral, sondern als »Klugheit des Fleisches« ein Instrument seines Leben-haben-Wollens ist.

oder um asketische Selbst(!)vervollkommnung, sondern um eine alternative, nicht ich-orientierte Lebensform, die durch die Bindung an Jesus, d.h. in der Nachfolge, und in der durch ihn entstandenen *Gemeinschaft* der Nachfolgenden überhaupt erst möglich wird[36]. Dabei ist die von jedem kirchlichen Zwang gelöste Freiwilligkeit eines solchen Lebens vorausgesetzt; das zweimalige θέλειν in V 24f bedeutet vermutlich eine für die Gegenwart wichtige Sinnpotenz unseres Textes. Aber eine – jedenfalls in protestantischen Volkskirchen fast übliche – »Christlichkeit, die die Nachfolge nicht mehr ernst« nimmt und »die bürgerliche und christliche Existenz nicht zu unterscheiden weiß«[37], steht wohl etwa dort, wo Petrus nach V 22 stand, und wird sich auch das sagen lassen müssen, was Petrus in V 23 zu hören bekam.

V 26a begründet V 25. Das aus Markus übernommene und kaum veränderte Logion setzt eine Erfahrung voraus: Man kann offenbar die ganze Welt gewinnen und dabei sein Leben verlieren. Κερδαίνειν τὸν κόσμον ist ganz wörtlich zu verstehen[38]: Man kann Unmengen von Geld verdienen und dann plötzlich tot sein. »Warum will er (sc. der Habsüchtige) denn auf Sammeln bestehen, wo doch er, der sammelt, nicht verweilen kann?«[39] Diese Erfahrung ist in der Geschichte vom reichen Kornbauern (Lk 12,16-21) plastisch dargestellt und auch sonst belegt[40]. Der zweite Spruch V 26b klingt in der Formulierung an ψ 48,8f an[41]; inhaltlich geht es aber nicht, wie dort, darum, daß keiner so reich ist, daß er sich von Gott loskaufen kann, sondern wie in verwandten griechischen Sprichwortern vordergründig darum, daß es für das Leben kein Austauschmittel, keinen Gegenwert (= ἀντάλλαγμα) gibt: Das Leben ist mehr als alles Gold; es ist das Kostbarste, was es gibt[42]. Es geht also Matthäus bei der Selbstverleugnung zentral um ein Nein gegenüber dem Streben nach Besitz. Das paßt zur zentralen Stellung, die die Warnung vor dem Reichtum bei ihm hat[43]. Inhaltlich geht es ihm aber – ganz anders als in den griechischen Texten – gerade nicht darum, daß das irdische Leben das höchste aller Güter ist. Vielmehr transzendiert ψυχή bei ihm das irdische Leben: Die Futura sind real und beziehen sich auf das kommende Gericht: Erst der Weltrichter wird in einem letzten Sinn Leben zusprechen oder wegnehmen. Am Ende des Kreuzweges, den der Nachfolger Jesu geht, wird ihn Jesus selbst als Weltrichter empfangen.

Darum ist nun vom Menschensohn die Rede, der mit seinen Engeln kommen

---

[36] Vgl. U. Luz, Selbstverwirklichung? Nachdenkliche Überlegungen eines Neutestamentlers, in: F. de Boor (Hrsg.), Selbstverwirklichung als theologisches und anthropologisches Problem, Halle 1988, 132-152.
[37] Zitate aus D. Bonhoeffer, Nachfolge, München 1971, 63f.
[38] Auch ζημιόω hat häufig finanziellen Sinn und meint »jemanden büßen« bzw. pass. »gebüßt werden, eine Buße zahlen, finanziellen Verlust erleiden« (Liddell-Scott s.v. II 1).
[39] Gregor d Gr. 32,5 = II 122.
[40] Vgl. Sir 11,18f; Menander fr 301 = CAF III 85; Ijob 2,4.
[41] Ἄνθρωπος, δώσει, τῆς ψυχῆς αὐτοῦ, vgl. Dautzenberg* 71-74.
[42] Hom Il 9,401 (οὐ γὰρ ψυχῆς ἀντάξιον); Anacr Od 23 (= Griechische Lyrik, Berlin – Weimar 1976, 163); Aesch Pers 842 (den Toten nützt der Reichtum nichts); Pollux 3,113 (τὴν ψυχὴν ἂν ἀνταλλάξαις τοῦ χρυσίου). Wettstein I 434: »Sententia proverbialis«.
[43] Vgl. Bd I 356f.361f.371f (zu 6,19-34) und o. S. 354 und die dort genannten St.

und die Welt richten wird. Matthäus spricht vom Gericht in einer biblischen Wendung, aber nicht in einem eigentlichen Zitat[44]. Natürlich ist vom Gericht über das menschliche Handeln die Rede, das der Evangelist vor allem in 25,31-46 ausführlicher beschreiben wird. Die Verwendung des von der LXX eher vermiedenen Verbalabstraktums πρᾶξις (= Verhalten) ist gegenüber der Tradition auffällig: Matthäus formuliert hier vielleicht so, weil im Kontext nicht in erster Linie von den aktiven »Taten« (= ἔργα), sondern vom aktiven Leiden der Jünger die Rede ist[45].

Wirkungs-
geschichte

Reformatorische, vor allem lutherische Exegese hatte mit diesem Gerichtsverständnis ihre Schwierigkeiten. Das kommende Gericht gilt ja bei Mt gerade der nachfolgenden Gemeinde[46]. Wie verhält es sich zur Rechtfertigung sola gratia? Luther unterscheidet Person und Werke: »Nicht die Werke (opera), sondern der Bewirkende (operans) wird Lohn empfangen. Der Bewirkende aber ist der, der schon vor dem Werk gut oder böse ist«. »Christus spricht aber hier nicht von der Rechtfertigung, sondern von seinem Richterstuhl, in welchem er Gerechte und Gottlose richten wird. Er lehrt also hier nicht, wie wir gerecht werden, sondern wie bei Gerechten und Ungerechten zu unterscheiden ist, ob sie gerecht oder ungerecht waren«[47]. Dabei kommt man in Schwierigkeiten: Entweder hat die Rechtfertigung allein aus Gnade im Endgericht keine Wirksamkeit mehr, oder sie hebt die Verurteilung nach Werken bei den gerechtfertigten Christen auf. In letzterem Sinn »löst« etwa Brenz das Problem: *Alle* werden nach Werken nicht nur gerichtet, sondern verurteilt, weil ja alle Sünder sind. Aber »die, die an Christus glauben, werden bewahrt werden«; »denn auch wenn sie Sünder sind, haben sie, weil sie an Christus glauben, in Christus die Vergebung der Sünden«[48]. Matthäus denkt nicht so: Der Schluß seiner letzten Rede 24,37-25,46, wo es um das Gericht des Menschensohns über die Werke der *Gemeinde* geht, macht unüberhörbar deutlich, daß die »Jünger« im Gericht das Leben tatsächlich verlieren können.

Es fällt auf, daß Matthäus das bevorstehende »Gericht nach dem Verhalten« nicht als Bedrohung und Schrecken empfindet, auch wenn es gerade der Gemeinde gilt. Das wird spätestens in V 28 deutlich: Dort geht es um seine zeitliche Nähe; und diese ist für die Gemeinde ein Trost. Wie geht das zu? Eine Antwort kann aus dem Text nur indirekt erschlossen werden. Den einen Hinweis gibt Matthäus dadurch, daß er von der Nachfolge Jesu redet: Der kommende Weltrichter-Menschensohn Jesus ist derjenige, der jetzt bei den Jün-

---

[44] Es klingen an: ψ 61,12; Spr 24,12; Sir 35,22, vgl. äth Hen 45,3; 69,26-29; Röm 2,6; Apk 2,23 (meist mit ἔργα formuliert).

[45] Vorschlag S. Schwarz. Πράσσω ist nicht nur das Handeln, sondern schließt auch die Erfahrungen eines Menschen ein. Auch das Verbalabstractum πρᾶξις kann (selten) die Nuance »faring well or ill« haben (Liddell-Scott s.v. IV). Während ἔργον meist die (abgeschlossene) Tat bezeichnet, bezeichnet πρᾶξις eher den Vorgang des Handelns in einem sehr offenen Sinn, vgl. die Übersetzung »Verhalten«.

[46] Vgl. 7,21-27; 13,36-43.47-50; 24,37-25,30. Marguerat, Jugement 87: Das Gericht gehört bei Mt gerade *nicht* in die Missionsverkündigung.

[47] (WA 38) 646.645 (Übers. Mülhaupt).

[48] Brenz 581.

gern ist, sie unterweist, ihnen ins Leiden und die Auferstehung vorangeht, sie seligpreist, sie, wenn sie versagen, wieder »hinter sich« ruft und auch als Erhöhter bei ihnen ist »alle Tage bis ans Ende der Welt« (28,20). Das Gericht verliert seinen Schrecken, weil der erwartete Menschensohn kein anderer ist als *Jesus*, den die Gemeinde kennt und der denselben Weg durch die Geschichte gegangen ist, den sie gehen wird[49]. Der andere Hinweis steckt im Wörtchen »Vater«: Der Gott, dessen Herrlichkeit der Menschensohn offenbaren wird, ist kein anderer als der Vater, von dem Jesus sprach und der die Gebete der Gemeinde hört (vgl. 6,7-13).

Der Ausblick auf das Gericht des Menschensohns endet mit einem feierlichen Trostwort. Der Trost besteht in der Ankündigung, daß das Kommen des Menschensohns so nahe bevorsteht, daß »einige der hier Stehenden« es noch erleben werden. Matthäus hat das ihm vorgegebene Wort Mk 9,1 als Menschensohnwort formuliert und es dadurch an V 27 angenähert. Daß dadurch aus dem kommenden »Reich Gottes« das kommende »Reich des Menschensohns« wurde, machte ihm offensichtlich nichts aus, trotz der Spannung, die so zu 13,38.41 entsteht. Noch größer ist das Problem, daß das Kommen des Menschensohns wie in 10,23 und 24,34 zeitlich terminiert ist: Er kommt noch zu Lebzeiten »einiger« der ersten Generation. 28

Es ist schwierig zu sagen, wieweit die vielen Umdeutungen, die die Auslegungsgeschichte[50] bezeugt, ein Zeichen dafür sind, daß das Problem erkannt wurde. Eher war es umgekehrt: Die verbreitete Deutung des Gottesreichs auf die Kirche, die gnostische, später origenistische Suche nach einem vertieften, »geistlichen« Schriftsinn und die unmittelbare Nähe der Verklärungsperikope[51] ließen das Problem gar nicht erst aufkommen. Im Thomasevangelium werden diejenigen, die die Worte des lebendigen Jesus verstehen, den Tod nicht kosten[52]. Auch Origenes deutete das Wort geistlich auf das Sehen des herrlichen und alles überragenden Wortes Gottes durch den geistlichen Menschen[53]. Am verbreitetsten war in der östlichen und westlichen Kirche die Deutung auf die Verklärung, wobei »einige« dann Petrus, Jakobus und Johannes waren[54]. Daneben gibt es seit Gregor d Gr. die von Mt 13,36-43 gestützte Deutung der βασιλεία auf die Kirche, ihre Mission und Größe[55]. Seit der Reformation bzw. schon seit dem Mittelalter kommt die Deutung auf die Auferstehung Jesu[56] bzw. seine Himmelfahrt[57] dazu. Die Reformation hat auch die bisherigen Deutungen übernommen. Die Aufklärung brachte als ersten Versuch einer »historischen« Deutung den Hinweis auf die Zerstörung Jerusalems[58]. Sehr oft wurden diese Deutungen mit derjenigen auf die Parusie verbunden, wobei dann Verklärung, Auferstehung, Him- Wirkungsgeschichte

---

49 Vgl. Exkurs in Bd. III.
50 Vgl. Künzi*.
51 Schon Mk hat vielleicht in der Verklärung eine Antezipation der βασιλεία gesehen, vgl. Gnilka, Mk II 27.
52 Log 1, vgl. log 18.19.
53 12,33 = GCS Orig 10, 146.
54 Z.B. Johannes Chrysostomus 56,1 = 800; Cyrill v Alexandria 424f; Hilarius 17,1 = SC 258,62; Augustin, Serm 78,1 = PL 38,490; Zwingli 326f; Maldonat 339.
55 32,7 = II 124. Ähnlich z.B. Beda 80; Strabo 143; Musculus 422.
56 Z.B. Luther (WA 38) 649; Calvin II 72; Bucer 164.
57 Dionysius d Karthäuser 193.
58 Z.B. Lightfoot II 422 (zu Mk 9,1); Wettstein I 434.

melfahrt etc. die ferne Parusie »typologisch« vorabbildeten[59]. Daß unser Logion nicht von der fernen, sondern von der nahen Parusie spricht, hat als erster Reimarus beiläufig gesagt[60]. Seit dem 19. Jh. war die Unechtheitserklärung[61] ein beliebtes Mittel, sich von der Erkenntnis zu entlasten, daß Jesus sich getäuscht habe[62].

Warum konnte Matthäus dieses Terminwort weiter tradieren und als Trost empfinden, obwohl er mehr als ein halbes Jahrhundert nach Jesus und nach dem Tode sicher der meisten Apostel mit seiner Formulierung Schwierigkeiten haben mußte? Die enge Verbindung mit dem Wort vom Gericht des Menschensohns V 27 und seine übrigen Terminworte sprechen dagegen, daß Matthäus in der Verklärungsgeschichte eine Erfüllung dieser Weissagung sah; dort ist ja weder vom Menschensohn noch von seinem »Kommen« die Rede. Die Schwierigkeit besteht nicht nur bei Matthäus: Es gibt im Urchristentum und auch im zeitgenössischen Judentum ähnliche Terminworte[63]. Aus verschiedenen Gründen vermuten wir, daß Matthäus selber in starker Naherwartung gelebt hat[64]. Sie macht verständlicher, warum unser Jesuslogion für ihn ein wirkliches Trostwort war, löst aber die Probleme ebensowenig wie bei 10,23. Hier wie dort bleibt m.E. eine Aporie. Matthäus hat die Jesusüberlieferung auch dann treu bewahrt, wenn er sie nur ihrer Zielrichtung nach aufnehmen konnte.

Zusammenfassung

Unser Textabschnitt gehört zu den wichtigsten des Evangeliums. Der zweite Teil des »Diptychons«[65] Mt 16,13-28 bietet nicht eine »lehrhafte Zusammenstellung« wichtiger christologischer Aussagen[66] – Matthäus entfaltet keine christologische »Lehre«. Vielmehr führt er das christologische Bekenntnis des Petrus ins Leben hinein. Insofern ist unser Text eine Parallele zu 7,21-23, wo Matthäus zum ersten Mal deutlich machte, daß Bekenntnis ohne Praxis nichts nützt. Insofern ist er auch eine Parallele zur Jüngerrede Kap. 10, wo es darum ging, daß die Jünger Jesu Auftrag übernehmen und Jesu Lebensform und sein Leiden abbilden. Wie dort geht es darum, daß gelebte und erlittene Christusförmigkeit die entscheidende nota ecclesiae ist. So führt auch dieser Text von der Christologie hinein in die Ekklesiologie, die konstitutiv zur Christologie gehört. Er entspricht auch 11,28-30, jenem Heilandsruf also, der die von Gott dem Sohn und den Seinen geschenkte Offenbarung ins Leben »übersetzt«. Und er hat seine hermeneutische Parallele in Kap. 13, wo deut-

---

[59] Vgl. Künzi* 188f.
[60] Vom Zwecke Jesu und seiner Jünger, hrsg. von G.E. Lessing, Braunschweig 1778, 188 (II § 38).
[61] Künzi* 105-112 nennt F.C. Baur, H.A.W. Meyer, C.H. Weisse, O. Pfleiderer, H.J. Holtzmann u.a.
[62] Anders Loisy II 18.28: Mk 8,31parr ist unecht, Mk 9,1parr dagegen entspricht vermutlich der Erwartung Jesu.

[63] Vgl. abgesehen von 10,23; 24,34parr: 1Kor 15,51f; 1Thess 4,16f; 4Esra 4,26; 7,28. 4Esra ist Mt zeitgenössisch und bezeugt Naherwartung. Joh 21,18-23 deuten Schwierigkeiten mit solchen terminierten Erwartungen an.
[64] Vgl. Bd. III Auslegung zu Kap. 24.
[65] Vgl. o. S. 453 Anm. 8
[66] Geist, Menschensohn 161.

lich wurde, daß das Verstehen von Jesu Unterweisung und die Früchte des Wortes zusammengehören. Christologisch drückt das Matthäus so aus, daß er das *Gottessohn*bekenntnis des Petrus durch einen Abschnitt, der vom Weg des *Menschensohns* handelt, gerahmt sein läßt. Ging es ihm beim Gottessohnbekenntnis des Petrus um das Einzigartige Jesu, das nur der Vater offenbaren kann, so beim Menschensohn um den Weg, den der künftige Weltrichter mit den Seinen durch Niedrigkeit, Feindschaft, Leiden und Auferstehung *gehen* muß und an dem seine Jünger *partizipieren*. Hier liegt für Matthäus der Schlüssel zum Leben. Richter über das, was wahres Bekenntnis zum Gottessohn ist, ist also weder ein kirchliches Lehramt noch eine theologische Fakultät, sondern allein der Menschensohn, der die *Praxis* der bekennenden Jünger beurteilt.

Exkurs: Der Menschensohn im Matthäusevangelium

Literatur: Colpe, C., Art. ὁ υἱὸς τοῦ ἀνθρώπου, ThWNT VIII 462-465; *Geist*, Menschensohn; *Fitzmyer*, Aramean 143-160; *Hare*, D., History of the Son fo Man Tradition, Minneapolis 1990, Kap. 5; *Kingsbury*, J., The Title ›Son of Man‹ in Matthew's Gospel, CBQ 73 (1975) 193-202; ders., The Figure of Jesus in Matthew's Story: A Literary-Critical Probe, JStNT Nr 21 (1984) 3-36; *Lange*, Erscheinen 188-211; *Marguerat*, Jugement 67-83; *Müller, M.*, Der Ausdruck ›Menschensohn‹ in den Evangelien, 1984 (AThD 17), 104-123.189-200; ders., Mattaeusevangeliets messiasbillede. Et forsog at bestemme Mattaeusevangeliets forstaelse af Jesu messianitet, SEA 51-52 (1986 /87) 168-179; *Theisohn*, J., Der auserwählte Richter, 1975 (StUNT 12), 156-201; *Tödt*, Menschensohn 62-88.117-131; *Weist*, C., Wer ist dieser Menschensohn? Die Geschichte der Exegese zum Menschensohnbegriff, Diss. masch. Wien 1972.

1. *Überblick*. Die mt Menschensohnworte sind nicht gleichmäßig über das Evangelium verteilt. Ein grober Überblick zeigt, daß sie in der Bergpredigt fehlen und erst von 8,20 an beiläufig einsetzen. Zwischen 16,13 und 17,22 fällt eine gewisse Massierung auf (6 Logien). Eine noch stärkere Massierung ist am Schluß des Evangeliums zwischen 24,27 und 26,64 zu beobachten (12 Logien). Noch weitere Beobachtungen an der Textoberfläche sind zu machen: Vor 16,13 sind mehrheitlich das Volk oder/ und die Gegner Jesu Adressaten der Menschensohnworte (8,20; 9,6; 11,19; 12,8.32.40) und nur seltener die Jünger (10,23; 13,37.41). Nach 16,13 redet Jesus ausschließlich zu den Jüngern von sich als Menschensohn (20x). Nur an der letzten Stelle, 26,64, spricht er nochmals öffentlich vom Menschensohn[67]. Geht man inhaltlich vorläufig von der hergebrachten Grobeinteilung der Menschensohnworte in solche vom gegenwärtig wirkenden, vom leidenden und auferstehenden und vom kommenden

---

[67] »Menschensohn« ist deshalb nicht – im Unterschied zum Bekenntnistitel »Gottessohn« – »›public‹ in character« (so Kingsbury* [CBQ 73] 201). Es ist zwar richtig, daß Jesus mit Hilfe dieses Ausdrucks »his relationship to the world« (ebd.) beschreibt, aber eben: gegenüber den Jüngern und nur zu einem geringen Teil direkt der Welt gegenüber. »Public« ist mindestens sehr mißverständlich!

Menschensohn aus[68], so kann man sagen: Vom kommenden Menschensohn spricht Jesus abgesehen von der letzten Verhörszene 26,64 nie in der Öffentlichkeit und vom leidenden und auferstehenden Menschensohn abgesehen vom paradoxen Jonazeichen 12,40 auch nie. Öffentlich sind also allein die Worte von seinem gegenwärtigen Wirken, die fast alle im ersten Teil des Evangeliums stehen[69]. Relativ oft ist dabei in polemischen Texten vom Menschensohn die Rede (9,6; 11,19; 12,8.32.40). Vom Leiden, Sterben und Auferstehen des Menschensohns spricht Jesus in den Kapiteln 17; 20 und 26 (Ausnahme: 12,40). Von seinem Kommen zum Gericht spricht er konzentriert in 24,27-25,31 (7x), aber auch vorher deutet er es den Jüngern gegenüber immer wieder an (10,23; 13,41; 16,27f; 19,28). Die Verteilung der Menschensohnworte über das Mt-Ev ist also auch inhaltlich nicht zufällig.

2. *Quellen.* Mt übernimmt die Menschensohnworte meist aus seinen Quellen Mk, Q und dem Sondergut. Ihnen entspricht auch, daß der Ausdruck »Menschensohn« nur in Jesusworten, nie in Erzähltexten und, anders als »Gottessohn«, »Herr« oder »Davidssohn«, nie als Anrede oder Bekenntnis vorkommt. Grammatikalisch ist deshalb »Menschensohn« nie Prädikativ[70], aber sehr oft Subjekt. Sehr viele Menschensohnworte machen also Aussagen darüber, was Jesus (= der Menschensohn) tut oder erleidet, aber nie wird mit Hilfe eines Menschensohnwortes gesagt, wer Jesus ist[71]. Mt läßt kein Menschensohnwort seiner Quellen weg, wohl aber ersetzt er in einzelnen, wenigen Fällen ὁ υἱὸς τοῦ ἀνθρώπου durch »ich« (5,11; 10,32; vgl. 16,21)[72]. Hingegen bildet er red. zusätzliche Menschensohnworte, und zwar aus allen drei »Gruppen«, aber am häufigsten solche vom kommenden Wirken des Menschensohns (13,41; 16,28; 24,30a; 25,31)[73].

3. *Traditionelle Bedeutung*
a) Für eine/n durchschnittliche/n Syrer/in z.Z. des Mt ist der Ausdruck ὁ υἱὸς τοῦ ἀνθρώπου befremdlich und unverständlich. In der griechischen Alltagssprache kommt er nicht vor. Für die, die Aramäisch konnten – und das ist weder für die Leser/innen noch für den Evangelisten in Syrien undenkbar –, existierte in der Alltagssprache der – meist undeterminierte[74] – Ausdruck בַּר אֱנָשׁ im Sinn von »ein Mensch, jemand«, der auch, aber selten, in Verbindung mit der 1. Pers. Sing. im Sinn von »ich als Mensch«, »ein Mensch [also auch ich]« gebraucht werden konnte[75]. Aber der christliche, durchweg doppelt determinierte Ausdruck ὁ υἱὸς τοῦ ἀνθρώπου ist gerade keine wörtliche Übersetzung davon und mußte auch jemanden, der Aramäisch sprach, befremden. Auf der Ebene der Alltagssprache war also ὁ υἱὸς τοῦ ἀνθρώπου durchweg ein ganz besonderer, befremdlicher und entsprechend geheimnisvoller Ausdruck.

---

[68] Diese Grobeinteilung ist traditionsgeschichtlich (bedingt!) richtig, trifft aber das mt Verständnis nicht mehr, vgl. u. S. 501f.
[69] Ausnahme: 20,28. Bei Mk ist das ebenso.
[70] Ausnahme: 13,37 im Rahmen der allegorischen Deutung.
[71] Kingsbury* (JStNT 1984) 22-27.
[72] Umstellung nach 16,13.
[73] Bei 19,28 ist sehr unsicher, ob ein trad. Menschensohnwort vorliegt oder (m.E. eher) nicht. Von den übrigen Neubildungen sind 13,37 und 16,13 kaum einer bestimmten »Zeit« zuzuordnen, während 26,2 sich inhaltlich an andere Worte vom »Ausliefern« des Menschensohns anlehnt.
[74] In der Liste von G. Vermes bei Black, Muttersprache 310-328 gibt es nur ganz vereinzelte Belege für determiniertes בַּר נָשָׁא und natürlich keine für doppelte Determination.
[75] Colpe* 405f; zurückhaltender Fitzmyer, Aramean 152f.

b) In der biblischen und jüdischen religiösen Tradition ist Dan 7,13 der »Grundtext« (»einer *wie ein* Menschensohn«). Mt hat nachweislich bewußt Dan 7 für einige Menschensohnworte verwendet: In 24,30 und 26,64 hat er den ihm vorgegebenen mk Text an Dan 7,13f angeglichen[76] und so die biblische Reminiszenz verstärkt. Eine Reminiszenz an Dan 7,13f ist auch in 28,18f wahrscheinlich. Alle anderen Worte vom kommenden Menschensohn knüpfen nicht verbal an Dan 7 an. Auch ein direkter literarischer Einfluß der Bilderreden des Henochbuches auf Mt ist m.E. nicht beweisbar[77]. Wie auch immer dieser Befund traditionsgeschichtlich zu erklären ist: Für Mt und seine Leser heißt das, daß ihr Wissen um den Menschensohn mit Hilfe des Danielbuchs vertieft wurde, aber nicht primär von daher stammte[78].

c) Wer der »Menschensohn« ist, wissen Mt und seine Leser/innen vielmehr aus der christlichen Überlieferung. In ihr ist der Ausdruck durchweg doppelt determiniert, was ihm den Charakter einer titelartigen Bezeichnung eines einzigen Menschen gibt[79]. Der christlichen Tradition entstammt auch das relativ feste Wort- und Motivfeld, das sowohl die Worte vom Leiden und Auferstehen des Menschensohns[80] als auch diejenigen von seinem Kommen[81] charakterisiert. Ein solches festes Wort- und Motivfeld muß ebenso wie die durchgehende doppelte Determination des Ausdrucks auf mündliche christliche Tradition zurückgehen. Wir können daraus schließen, daß die christlichen Leser/innen des Mt sehr viele der Menschensohnworte, die sie im Evangelium fanden, bereits aus der Gemeindeüberlieferung kannten. Wenn sie auch die Logienquelle oder das Mk-Ev kannten, was m.E. möglich ist, aber sicher nicht bei allen der Fall war, so gilt das um so mehr. *Mt kann also bei seinen Leser/innen ein Vorwissen voraussetzen.* Dieses Vorwissen stammte nicht in erster Linie aus dem Danielbuch oder aus der jüdischen Überlieferung, sondern aus den überlieferten Menschensohnworten Jesu. »Menschensohn« war also für sie nicht ein an sich bedeutungsloser

---

[76] Ἐπὶ τῶν νεφελῶν τοῦ οὐρανοῦ (Mk: ἐν bzw. μετά).

[77] So Theisohn* 158-182.198-200 für 13,40-43; 19,28; 25,31. T. kann aber m.E. nur Kongruenz von Motiven, nicht literarische Abhängigkeit wahrscheinlich machen, vgl. Hare*.

[78] In der Meinung, daß der direkte Einfluß von Dan 7 auf Mt (und Mk) nur sehr begrenzt ist, treffe ich mich mit Müller* (Menschensohn) 89-154. Traditionsgeschichtlich kann man daraus verschiedene Folgerungen ziehen: Man kann wie z.B. Müller annehmen, daß Jesus an den nicht titularen aram. Ausdruck für »jemand, ein Mensch« anknüpfte und daß die Gemeinde diesen Sprachgebrauch an einigen St von Dan 7 LXX her interpretierte. Man kann aber auch, wie das Gros der deutschsprachigen Forschung, annehmen, daß die Gemeinde (oder m.E. Jesus) an eine Erwartung eines endzeitlichen Menschensohns anknüpfte, die sich längst von Dan 7 verselbständigt hatte. Dann ist Jesu Selbstbezeichnung als »›der‹ Menschensohn« innerjüd. eine Parr zu äth Hen 70f und – in gewisser Weise – zu den Bilderreden. Für die Interpretation des mt Sprachgebrauchs ist diese Frage nicht von Bedeutung.

[79] Determiniert ist der Ausdruck in der Regel auch in den Bilderreden des äth Hen, vgl. M. Black, The Book of Enoch or I Enoch, 1985 (SVTP 7), 206f. Die Determination dürfte sprachlich mit dem titularen Charakter und der Tatsache, daß Dan 7 »messianisch« appliziert wird (»dieser [= der von Dan 7 genannte] Sohn des Menschen«), zusammenhängen. Die Datierung der Bilderreden ist nach wie vor umstritten. M.E. bezeugen sie eine nicht-christliche »messianische« Auslegung von Dan 7, die zur Menschensohnerwartung, die die Kreise um Jesus (und Johannes d. Täufer?) voraussetzen, parallel ist.

[80] Παραδίδωμι (5), ἐγείρω (3), χείρ (2) (in Klammern die Zahl des Vorkommens in den entsprechenden mt Logien).

[81] Ἔρχομαι (7), δόξα (4), ἄγγελοι (4), καθίζω/κάθημαι (3). Das Wort ἄγγελοι stammt nicht aus Dan 7,9-13. Insbesondere das red. Wort 25,31 enthält fast alle diese Ausdrücke und ist somit eine Art Summar der mt Vorstellung vom Kommen des Menschensohns.

Ausdruck, mit dem Jesus sich selbst bezeichnete[82], aber auch nicht einfach ein bloßes Erbstück apokalyptischer Messias- und Gerichtserwartung[83], sondern ein Stück »Christussprache«, das voller Erinnerungen[84] steckte. Zu den Erinnerungen an »Menschensohn« gehörte für sie alles, was Jesus in seinen überlieferten Menschensohnworten über sich selbst gesagt hatte. Das heißt: Bereits beim ersten mt Menschensohnwort wußten die Leser, daß dieser Menschensohn sterben, auferstehen, zur Rechten Gottes sitzen und einmal als Weltrichter kommen würde. Und: Der Autor Mt wußte, daß seine Leser dies wußten[85].

4. *»Menschensohn« in der Matthäuserzählung.* Der Evangelist braucht den Ausdruck 9,6; 11,19; 12,8.32.40 in Polemiken Jesu gegenüber seinen jüdischen *Gegnern.* Haben diese verstanden, welche Konnotationen Jesus (und die Gemeinde!) mit diesem Ausdruck verband? Die Antwort auf diese Frage wird durch den Makrotext des Evangeliums möglich und muß lauten: nein. Im Falle des »Jonazeichens« ist das direkt belegt: Der »Menschensohn« ist für sie »jener Betrüger« (27,64)[86]. Auch im Falle von 12,8 ist eine Antwort möglich, denn die Pharisäer beschließen, den Menschensohn zu vernichten (12,14). Im Falle von 11,19 und 12,32 ist es ohnehin klar, denn »diese Generation« spricht ja in beiden Fällen »ein Wort gegen den Menschensohn«. In 8,19f ist »Menschensohn« mit einem Hinweis auf seine Heimatlosigkeit verbunden, die seine Nachfolger/innen teilen müssen, um ihn verstehen zu können. Was auch immer die Gegner Jesu verstanden haben mögen, auf seinen mit dem Ausdruck »Menschensohn« verbundenen Anspruch haben sie sich nicht eingelassen. Dem entspricht, daß Matthäus offenbar ganz bewußt Jesus vom künftigen Schicksal, von der Auferstehung, der Erhöhung und der Parusie des Menschensohns zum Gericht nur zu seinen Jüngern sprechen läßt[87]. Erst 26,64 spricht er im letzten Menschensohnwort öffentlich zum Hohenpriester und seinen Richtern. Aber da ist es zu spät: Der Menschensohn kündigt das Gericht über seine Richter an; und diese merken es nicht. Der Hohepriester zerreißt zwar seine Kleider, was er nach der Meinung des Evangelisten und seiner Leser/innen in der Tat tun müßte, aber gewiß nicht deswegen, weil Jesus gelästert hätte (26,65f). Eine gespenstisch-hintergründige, »johan-

---

[82] So die These von Hare*, der seinerseits u.a. von R. Leivestad (Der apokalyptische Menschensohn ein theologisches Phantom, ASTI 6 [1968] 49-105) bestimmt ist.

[83] In diese Richtung deuten Tödt, Menschensohn 85-88 und Marguerat, Jugement 71, die v.a. »die verstärkte Anknüpfung an apokalyptische Tradition« (Tödt 86) hervorheben.

[84] Für Hare* ist »Menschensohn« eine Selbstbezeichnung Jesu, die aber als solche keine andere Bedeutung als die durch das Wörterbuch gegebene hat. Weil diese verhältnismäßig nahe bei »Mensch« liegt und weil alle christologischen Hoheitsaussagen und apokalyptischen Vorstellungen als Konnotationen auszuschließen sind, hält es Hare für denkbar, daß schon für Mt ὁ υἱὸς τοῦ ἀνθρώπου »the Human Being par excellence« meinte.

[85] Hier liegt ein klassisches Beispiel dafür vor, wie wichtig die Reflexion über den »impliziten Leser« für das Verständnis eines Textes sein kann.

[86] Während sie Pilatus als κύριος anreden!

[87] Daß Mt in der »öffentlichen« Bergpredigt in 5,11 den Menschensohntitel durch »ich« ersetzt und ihn in 7,21-23 gerade nicht braucht, könnte auch damit zu tun haben.

neische« Szene! Der Ausdruck »Menschensohn« dient also insgesamt dazu, den Bruch zwischen Jesu Gegnern und den Jüngern zu konstituieren und zu manifestieren. Die Jünger bzw. die Leser des Evangeliums wissen hier mehr als Jesu Gegner. Sie wissen, in welchen Abgrund jene laufen, weil sie sich auf den Anspruch des Menschensohns nicht einlassen[88]. Es gibt im Matthäusevangelium ein Geheimnis des Menschensohns Jesus, das durch den narrativen Aufriß entsteht und vom Evangelisten nur ausnahmsweise durch explizite Geheimhaltegebote akzentuiert zu werden braucht (16,20; 17,9). Es besteht nicht darin, daß Jesus der Menschensohn ist, sondern darin, daß nur seine Jünger um die Gottessohnschaft, die Verklärung, die kommende Auferstehung und Erhöhung des Menschensohns und um sein Kommen als Richter wissen.

Wenden wir uns nun der Perspektive der *Jünger und Leser/innen* zu: Sie haben ein Vorwissen über den Menschensohn Jesus. Sie wissen, was es heißt, daß ausgerechnet der später in den Himmel erhöhte und als Richter kommende Menschensohn auf der Erde keine Bleibe hat (8,20) und von »dieser Generation« als Fresser und Säufer gescholten wird (11,19). In der Gestalt der Jünger erfahren die Leser/innen, wie es zu ihrem Wissen kam: Jesus nahm seine Jünger, die ihm nachfolgten, immer wieder beiseite und belehrte sie über sein kommendes Leiden, Sterben und Auferstehen. Sie lernten so, daß er bzw. Gott und nicht seine Feinde die Geschichte seines Leidens lenkte. Er tröstete sie (10,23; 16,28; 19,28) bzw. warnte sie (13,41; 16,27; 24,37-44; 25,31-46), indem er auf sein Kommen als Menschensohn zum Gericht hinwies. Es ist richtig, daß bei Matthäus auf dem zukünftigen Kommen des Menschensohns Jesus zum Gericht ein besonderer Akzent liegt. Er hat ja die Warnung an die Gemeinde besonders ausgebaut: Die Wiederaufnahme von 24,30f in 25,31f macht den ganzen dazwischenliegenden Abschnitt 24,32-25,30 zur zuspitzenden paränetischen Applikation des 24,29-31 angekündigten Kommens des Menschensohns. Mit 13,40-43 und 25,31-46 geht Matthäus ferner formal über die bloßen Menschensohn*logien* hinaus und gibt andeutende und bildhafte *Schilderungen* des Gerichts des Menschensohns[89].

Zugleich macht aber das Ganze der Unterweisung Jesu deutlich, daß »Menschensohn« keineswegs nur den Gerichtsherrn bezeichnet: *Vom »Menschensohn« spricht Jesus vielmehr dann, wenn er von seiner Geschichte und seinem Weg spricht.* Als Menschensohn ist Jesus der Heimatlose, der Geschmähte, der Vollmächtige, der Ausgelieferte und Getötete, der Auferstandene, der Erhöhte und der zum Gericht Kommende[90]. Matthäus kennt also auch den erhöhten Menschensohn: Von ihm spricht er nicht nur im traditionellen Wort 26,64, sondern der Sache nach auch in 28,18. Die Vollmacht, Sünden zu vergeben und den Sabbat zum Wohl des Menschen einzusetzen, übt nicht nur

---

[88] Von hier aus wird nochmals deutlich, wie schlecht 12,32 in die Theologie des Mt paßt, vgl. o. S. 266f.

[89] Tödt, Menschensohn 72.

[90] Ähnlich Kingsbury* (JStNT 1984) 30-32.

der Irdische aus, sondern auch der Erhöhte durch seine Gemeinde (9,6.8; 12,1-8)[91]. Dem entspricht, daß es gerade in einigen vom Evangelisten neu geschaffenen Worten nicht mehr möglich ist, sie einer der traditionellen »Gruppen« von Worten klar zuzuteilen: Der »Menschensohn« sät nicht nur während seiner irdischen Wirksamkeit aus, sondern auch als Erhöhter durch seine Jünger (13,37-41); seine βασιλεία wird nicht nur in der Zukunft offenbar (16,28, vgl. 25,31.34), sondern bestimmt bereits in der Gegenwart die ganze Welt (13,41, vgl. 11,27; 28,18). Menschensohn ist Jesus in seinem ganzen Wirken (16,13). »Menschensohn« ist also erstens ein »*horizontaler*« Titel, mit dem Jesus seinen Weg durch die Geschichte beschreibt, im Unterschied zum Bekenntnistitel »Gottessohn«, dem ein »vertikales« Element innewohnt: Als Gottessohn offenbart Gott selbst Jesus (1,22f; 2,15; 3,17; 11,27; 16,17; 17,5), und mit dem Gottessohnbekenntnis antworten die Menschen auf diese Offenbarung. »Menschensohn« ist zweitens auch ein *universaler* Titel[92], der Jesu Weg bis zur Herrschaft und zum Gericht über die ganze *Welt* bezeichnet, im Unterschied zum Titel »Davidssohn«, der eine beschränktere Reichweite hat und ausschließlich das Verhältnis Jesu zu seinem Volk Israel ausleuchtet.

5. *Ausblick auf die Wirkungsgeschichte.* Bereits Ignatius verbindet in Eph 20,2 die Menschensohnchristologie mit der Gottessohnchristologie des Bekenntnisses von Röm 1,3f und erhält so die Gegenüberstellung von »Menschensohn« und »Gottessohn«. Sie präludiert die altkirchliche Auslegung im Rahmen der Zweinaturenlehre[93]. »Menschensohn« ist schon bei ihm der inkarnierte Mensch Jesus, der Davidssohn nach dem Fleisch[94]. Von Matthäus zu Ignatius, der ihn kannte, aber vielleicht nicht sehr liebte, ist ein weiter Weg. Aber dennoch ist eine Brücke erkennbar[95]: Wenn »Menschensohn« bei Matthäus »horizontal« den Weg andeutet, den Jesus durch die Geschichte hindurch bis zu seiner Herrschaft als Weltrichter geht, und wenn demgegenüber »Gottessohn« die vertikale Perspektive einbringt, also gleichsam Jesus mit göttlichen Augen sehen läßt, so bedeutet die Neufassung dieser Christologie bei Ignatius und in der späteren alten Kirche zwar eine Transformation der matthäischen Aussagen, aber eine Transformation, die m.E. mehr vom matthäischen Denken bewahrt als die johanneische Transformation, die den Menschensohn mit dem vom Himmel herabgekommenen Gottessohn identifiziert. Später wurde der Ausdruck »Menschensohn« nicht nur von der In-

---

[91] Geist* 340.411 sagt nicht zu Unrecht, daß Menschensohn bei Mt auch eine ekklesiale Dimension habe.
[92] Geist* 368.
[93] Vgl. Colpe* 480f und v.a. die ausgezeichnete, die ganze Geschichte der Exegese überblickende Arbeit von Weist* zur weiteren Entwicklung.
[94] In charakteristischem Unterschied zum genuin gnostischen Sprachgebrauch, wo »Sohn des Menschen« (genealogisch verstanden!) den Sohn des *Gottes* Anthropos meint und damit die himmlische Herkunft Jesu; vgl. Colpe* 478-480.
[95] Gegen Weist* 30, der eine nur formale Übernahme des Menschensohnbegriffs aus dem NT, aber unter Verzicht »auf seine Füllung mit neutestamentlichen Inhalten«, konstatiert.

karnation, sondern auch von der Geburt Jesu aus Maria her gefüllt, die nach der kirchlichen Exegese bereits Dan 7 voraussah[96]. Menschensohn war also grundsätzlich Jesus hinsichtlich seiner menschlichen Natur. Die neutestamentlichen Hoheitsaussagen über den Menschensohn, z.B. die Aussagen über den kommenden Weltrichter, konnte man von der communicatio idiomatum her integrieren[97].

2 Die Verwandlung des Gottessohns und das Leiden des Menschensohns (17,1-13)

Literatur: Baltensweiler, H., Die Verklärung Jesu, 1959 (AThANT 33); *Boobyer, G.H.,* St. Mark and the Transfiguration Story, Edinburgh 1942; *Daniel, F.H.,* The Transfiguration (Mk 9,2-13 and parallels), Diss. Vanderbilt 1976, 97-157; *Dinkler, E.,* Das Apsismosaik von S. Apollinare in Classe, 1964 (WAAFLNW 29); *Donaldson,* Jesus 136-156; *Eichinger, M.,* Die Verklärung Christi bei Origenes. Die Bedeutung des Menschen Jesus in seiner Christologie, Wien 1969; *Feuillet, A.,* Les perspectives propres à chaque Évangéliste dans les récits de la transfiguration, Bib. 39 (1958) 281-301; *Geist,* Menschensohn 144-162; *Habra, G.,* La transfiguration selon les Pères Grecs, Paris 1973; *Lange,* Erscheinen 415-436; *Harnack, A. von,* Die Verklärungsgeschichte Jesu, der Bericht des Paulus (1 Kor 15,3ff) und die beiden Christusvisionen des Petrus, SPAW.PH 1922, 62-80; *McGuckin, J.A.,* The Transfiguration of Christ in Scripture and Tradition, Lewiston – Queenston 1986 (Studies in Bible and Early Christianity 9); *Müller, U.B.,* Die christologische Absicht des Markusevangeliums und die Verklärungsgeschichte, ZNW 64 (1973) 159-193; *Neirynck, F.,* Minor Agreements Matthew-Luke in the Transfiguration Story, in: ders., Evangelica 297-810; *Niemand, C.,* Studien zu den Minor Agreements der synoptischen Verklärungsperikopen, 1989 (EHS.T 352); *Nützel, J.M.,* Die Verklärungserzählung im Markusevangelium, 1973 (fzb 6), 275-288; *Onasch, K.,* Die Idee der metamorphosis (Verklärung) in den Liturgien, in der russischen Philosophie und im russischen Frömmigkeitsleben, Danzig 1944; *Pedersen, S.,* Die Proklamation Jesu als des eschatologischen Offenbarungsträgers, NT 17 (1975) 241-264; *Riesenfeld, H.,* Jésus transfiguré, Kobenhavn 1947; *Sabbe, M.,* La rédaction du récit de la transfiguration, in: La venue du Messie, 1962 (RechBibl 6), 65-100; *Schiller,* Ikonographie I 155-161; *Turowski, I.,* Geschichte der Auslegung der synoptischen Verklärungsgeschichte in vornizänischer Zeit, Diss. masch. Heidelberg 1966.

1 Und nach sechs Tagen nimmt Jesus den Petrus, Jakobus und seinen Bruder Johannes mit und führt sie allein auf einen hohen Berg hinauf.

---

[96] Z.B. Justin, Dial 76,1 (Jungfrauengeburt); 100,3 (ebenso und Jesus als zweiter Adam); Irenäus, Haer 3,16,3 (Inkarnation).5 (Leidensfähigkeit); Tertullian, Marc 4,10,6-16 (Daniel weissagt Jungfrauengeburt).

[97] Weist* zeigt das besonders eindrücklich für Thomas v Aquino und J. Gerhard (68f.88-91).

2 Und seine Gestalt verwandelte sich[1] vor ihnen. Und sein Antlitz leuchtete auf wie die Sonne, seine Kleider aber wurden weiß wie das Licht. 3 Und siehe, da erschien ihnen Mose und Elija und redeten mit ihm. 4 Petrus aber antwortete und sagte zu Jesus: »Herr, es ist gut, daß wir hier sind. Wenn du willst, werde ich hier drei Hütten machen, für dich eine, für Mose eine und für Elija eine!« 5 Als er noch redete, siehe, da überschattete sie eine Lichtwolke, und siehe, eine Stimme (kam) aus der Wolke, die sagte: »Dieser ist mein geliebter Sohn, an dem ich Gefallen fand. Hört auf ihn!« 6 Und als es die Jünger hörten, fielen sie auf ihr Antlitz und gerieten in heftige Furcht. 7 Und Jesus trat herzu, berührte sie und sagte: »Steht auf[2] und fürchtet euch nicht!« 8 Als sie aber ihre Augen erhoben, sahen sie niemanden außer ihm, Jesus allein. 9 Und als sie vom Berg hinabstiegen, gebot ihnen Jesus und sagte: »Sagt niemandem (etwas von dem) Gesicht, bis der Menschensohn von den Toten auferweckt ist!«
10 Und die Jünger fragten ihn und sagten: »Warum sagen denn die Schriftgelehrten, daß Elija zuerst kommen muß?« 11 Er aber antwortete und sagte: »Elija kommt freilich und ›wird alles wiederherstellen‹. 12 Ich sage euch aber, daß Elija schon gekommen ist, und sie haben ihn nicht erkannt, sondern haben an[3] ihm getan, was sie wollten. So wird auch der Menschensohn durch sie leiden!« 13 Da verstanden die Jünger, daß er von Johannes dem Täufer zu ihnen geredet hatte.

Analyse 1. *Aufbau*. Die Perikope besteht aus der Verwandlungsgeschichte (V 1-9) und einem angehängten Gespräch mit den Jüngern (V 10-13). Obwohl hier die Gesprächspartner »die« Jünger und nicht nur die drei Jünger von V 1 zu sein scheinen, entsteht der Eindruck einer einzigen Perikope: Die Jüngerfrage V 10 knüpft an die Verwandlungsszene mit der Elijaerscheinung an. V 9b, die Ansage der Auferstehung des Menschensohns, und V 12, die Ansage seines Leidens, entsprechen sich. V 9 hat Scharnierfunktion zwischen beiden Teilen: Der Vers ist zugleich der dem Aufstieg auf den Berg V 1 entsprechende Abschluß der Verwandlung und der Übergang zum Gespräch mit den Jüngern.

[1] Μεταμορφοῦσθαι = lat. transfigurari wird in den meisten europ. Sprachen wörtlich übersetzt (z.B. engl. »transfigure«). Im Deutschen hat sich seit den Bibelübersetzungen der Reformationszeit (Luther, Zürcher Bibel, aber auch Eck und Emser) »verkleren« bzw. »erkleren« durchgesetzt. Dieses Wort hatte mittelhochdeutsch den doppelten Sinn von »erläutern« (= declarare) und »erhellen« (= dilucidare), vgl. M. Lexer, Mittelhochdeutsches Handwörterbuch, Stuttgart 1979, s.v. Die Bibelübersetzungen sind hier inhaltlich vom Gedanken des Lichtleibs bestimmt; Luther kann im Joh-Ev δοξάζω mit »verkleren« übersetzen (7,39; 12,16 u.ö.). Im heutigen dt. Sprachgebrauch ist dieses Wort verweltlicht (»er sieht ganz verklärt aus«); es wird darum in unserer Übersetzung vermieden. Vgl. F. Melzer, Der christliche Wortschatz der deutschen Sprache, Lahr 1951, 475f. Bereits die Sprachgeschichte des Wortes »Verklärung« zeigt, wie sehr wir Westlichen das Verständnis dieser Geschichte verloren haben.
[2] Der Anklang von ἐγέρθητε an ἐγερθῇ (V 9) ist in der Übersetzung nicht nachahmbar.
[3] Ἐν ist vermutlich Urtext, da es bei Mk fehlt. Es ist kein Semitismus, sondern eine auch griech. mögliche Formulierung mit dem Sinn »etwas mit jemandem machen«, vgl. Bauer, Wb s.v. ἐν 2.

Der erste Teil, die Verwandlungsgeschichte, zeigt Spuren eines chiastischen Aufbaus: Es entsprechen sich antithetisch: der Aufstieg auf den bzw. der Abstieg vom Berg (V 1.9), der verwandelte Jesus in Gesellschaft des Mose und des Elija bzw. Jesus allein, ohne sie (V 2f.7f). Das Zentrum bildet die Gottesstimme (V 5f)[4]. Sie ist für Mt offenbar auch sachlich das wichtigste, wie die ausführlich geschilderte Reaktion der Jünger darauf zeigt. Im Unterschied zu den übrigen Synoptikern hat er also klar die *Audition* (nicht die Vision des Verwandelten!) zum Zentrum seiner Geschichte gemacht. Der zweite Teil, das Gespräch V 10-13, setzt mit einer Jüngerfrage nach der jüdischen Erwartung der Wiederkunft Elijas ein. Die Antwort Jesu besteht aus drei Teilen: Er bestätigt erstens die jüdische Erwartung mit Worten der Bibel (V 11). Er interpretiert sie zweitens in eigenen Worten von dem her, was wirklich geschehen ist (V 12ab). Und er fügt drittens eine Ankündigung des Leidens des Menschensohns hinzu (V 12c). Danach war er nicht gefragt worden; darum liegt auf diesem »Überschuß« das Gewicht. Der abschließende V 13 korrespondiert mit der einleitenden Frage V 10.

Die Perikope ist wiederum, wie die vorangehenden, sehr eng mit ihrem Kontext verklammert. Nach rückwärts sind die Beziehungen zu 16,13-23 besonders eng: Wie 16,14 taucht Elija auf. Wie 16,16.22 ist Petrus der Sprecher. Wie 16,16f geht es um die Offenbarung der Gottessohnschaft durch den Vater. Wie 16,20 sollen die Jünger schweigen. Die beiden Menschensohnworte V 9b und 12c entsprechen zusammen der Leidensankündigung 16,21. Die ganze Perikope wirkt wie eine narrative »Reprise« von 16,13-23[5]. Darüber hinaus ist die Himmelsstimme in V 5 identisch mit derjenigen in der Taufgeschichte 3,17. Der »hohe« Berg erinnert an 4,8. Vom Leiden des Johannes war in 11,12-14; 14,3-12 schon die Rede. Nach vorwärts weist unser Text hin auf die Passions- und Ostergeschichte: Die Berührungen mit dem Gottessohnbekenntnis des Hauptmanns unter dem Kreuz 27,54 in V 5f umfassen nicht nur οὗτος ... υἱός, sondern auch die Furcht der Dabeistehenden (ἐφοβήθησαν σφόδρα). In der Perikope vom leeren Grab kommt nicht nur das Schlüsselwort ἐγείρεσθαι, sondern auch der Zuspruch μὴ φοβεῖσθε und das Motiv des weißen Gewands vor (28,3-7)[6]. Auch mit der Getsemaniperikope existieren Berührungen[7]. Wichtig ist ferner, daß in der Abschlußperikope Mt 28,16-20 nicht nur wieder vom Berg und vom Sohn die Rede ist (28,16), sondern auch – nur hier noch im Mt-Ev – vom »Herzukommen« Jesu (28,18). Die Berührungen mit der Passions- und Ostergeschichte sind also zahlreich.

2. *Quelle.* Die Quelle ist Mk 9,2-13. Die wichtigste mt Änderung in der *Verwandlungsgeschichte* ist die Zufügung von V 6f, die von der Furcht der Jünger erzählen und wie Jesus sie aufrichtet. Durch V 6f gewinnt unsere Geschichte einen ganz neuen, für die Jünger positiven Ausgang. Die Zufügung stammt sprachlich aus der Feder des

---

[4] In der mk und lk Fassung ist das anders. Dort bildet sie eher den abschließenden Höhepunkt.
[5] Donaldson, Jesus 153f: Mt 17,1-9 ist eine Demonstration der Offenbarung von Mt 16,16f in einer »dramatic fashion«.
[6] D u.a. haben in V 2 die Verbindung zu 28,3 verstärkt: λευκὰ ὡς χιών.
[7] Wie schon bei Mk. Bei Mt ist die Getsemaniperikope die einzige Perikope, in der Jesus sonst noch mit den drei Jüngern allein ist. Gegenüber Mk neues gemeinsames Stichwort ist ἐγείρεσθαι (V 7; 26,46). Beide Perikopen enden mit einem Hinweis auf das Leiden des Menschensohns (V 12b; 26,45b).

Evangelisten[8], in dessen Mk-Exemplar aber vielleicht schon das in Mk 9,6b sehr auffällige Motiv der Jüngerfurcht an eine passendere spätere Stelle gerückt war[9]. Auch die gemeinsame Auslassung des Hinweises auf den Walker Mk 9,3b ist von einer Reihe kleinerer Agreements[10] gerahmt, so daß eine Mt und Lk vorliegende deuteromk Rezension als Quelle nicht ausgeschlossen scheint. Sicherheit ist aber nicht zu gewinnen; viele MA in diesem Text können unabhängige Red. sein[11]. Die übrigen geringfügigen Unterschiede zwischen Mt und Mk gehen fast immer auf mt Red. zurück[12]. Das *Jüngergespräch* hat Mt stark umgestaltet. Er streicht Mk 9,10 das Jüngerunverständnis und bezieht so die Jüngerfrage V 10 unmittelbar auf das Jesuswort V 9b zurück. Das Leiden des Menschensohns taucht nicht mehr in Jesu Frage (Mk 9,12b), sondern in seiner Antwort auf (V 12c). Die beiden Hinweise auf die Erfüllung der Schrift (Mk 9,12bα und 9,13fin) fehlen. Den Satz über das Verstehen der Jünger V 13 hat Mt ähnlich wie 16,12 zugefügt. Im ganzen ist das bei Mk etwas chaotische Gespräch in der mt Fassung viel übersichtlicher und klarer geworden. Das Sondervokabular des Abschnitts ist fast durchwegs red.[13].

Erklärung Die Verwandlungserzählung ist schwierig zu deuten. Sie enthält eine Menge von Assoziationsmöglichkeiten und Erinnerungen an biblische und jüdische Stoffe. Aber es gibt keinen Schlüssel in der Tradition, der sie ganz erschließt. Immer wieder gibt es einzelne Aussagen, die zu einem bestimmten Hintergrund oder einer bestimmten Erwartung gerade nicht passen oder die zu mehreren passen. So hat man den Eindruck, die Verwandlungsgeschichte sei ausgesprochen »vieldeutig«. Damit hängt zusammen, daß ihre Entstehung und älteste Überlieferungsgeschichte im dunkeln liegt. Matthäus hat die Geschichte einerseits redaktionell bearbeitet, andererseits dem Makrotext seines Evangeliums eingefügt. Dadurch entstehen neue Akzente, ohne daß traditionell vorgegebene Deutungsmöglichkeiten ausgeschlossen würden.

Tradition Wir versuchen zunächst, die aus der Tradition vorgegebenen Deutungshorizonte abzuschreiten. Sie entsprechen den in der neueren Forschungsge-

---

[8] Red. können ἀκούσας, μαθητής, πίπτω, πρόσωπον (26,39!), φοβέομαι, σφόδρα (27,54!), προσέρχομαι, ἅπτω, ἐγείρω sein, vgl. Bd. I Einl. 3.2. Πίπτω ἐπὶ πρόσωπον, φοβέομαι σφόδρα, μὴ φοβεῖσθε und ἐπαίρω τοὺς ὀφθαλμούς sind LXX-Wendungen.

[9] Neben dem übereinstimmenden, aber verschieden plazierten ἐφοβήθησαν fällt die finite Form ἐπεσκίασ(ζ)εν αὐτούς in V 5 / Lk 9,34 als MA auf. Der verschieden formulierte einleitende Gen. absolutus (ebd.) ist bei Mt wohl red., bei Lk nicht unbedingt.

[10] Fehlen von τόν, μόνους (Mk 9,2) und στίλβοντα Mk 9,3; πρόσωπον V 2 / Lk 9,29; Umstellung Mose – Elija.

[11] Das vertritt für alle MA Neirynck*; eine deuteromk Rezension für einen Teil der MA vertreten Ennulat, Agreements 193-200 und die ausführliche Arbeit von Niemand*; eine Sonderüberlieferung für Lk nimmt T.

Schramm, Der Markusstoff bei Lukas, 1971 (MSSNTS 14), 136-139 an. Die Zahl der MA in Mt 17,1-9 ist mit 14 außerordentlich hoch.

[12] Vgl. Bd. I Einl. 3.2 zu λάμπω, πρόσωπον (beides nur schwach red., vgl. aber 13,43!), δέ, ἰδού, μετά, ἀποκριθεὶς δέ + Subj., εἶπον, κύριε, εἰ θέλεις, ὧδε, αὐτοῦ λαλοῦντος (Übernahme aus Mk 5,35, vgl. 12,46; 26,47), λέγων, ἐντέλλομαι (nur schwach red.), ἕως οὗ, ἐγείρω. Nicht mt ist das Hap. leg. ὅραμα, das aber LXX Dan 24x und auch sonst vorkommt. Undeutlich ist der Befund bei φῶς, φωτεινός.

[13] Vgl. Bd. I Einl. 3.2 zu μαθητής, οὖν, ὁ δὲ ἀποκριθεὶς εἶπεν, μέν — δέ, οὕτως, μέλλω, τότε, συνίημι, βαπτιστής. Das Fut. ἀποκαταστήσει entspricht LXX Mal 3,23. Zu ἐπιγινώσκω vgl. Bd. I 401 Anm. 3. Auffällig ist πάσχω ὑπό (16,21 ἀπό).

schichte vorhandenen Deutungstypen der traditionellen Geschichte, die allerdings nicht rein vorkommen, sondern sich überlagern:

a) Die Verwandlungsgeschichte erinnert an die *Exodustradition* und vor allem an *Mose*: Mose steigt mit Aaron, Nadab und Abihu auf den Berg Sinai. Dieser ist von einer Wolke bedeckt. Am siebten Tage ruft ihn Gott aus der Wolke heraus zu sich (Ex 24,1.9.15f). An Mose, den Propheten, erinnert auch die Aufforderung ἀκούετε αὐτοῦ am Schluß der Himmelsstimme (vgl. Dtn 18,15). Als Mose vom Sinai herabstieg, war sein Antlitz strahlend (Ex 34,29-35); auch er hatte also eine Art Verwandlung erlebt. Will die Verwandlungsgeschichte Jesus als neuen Mose, vielleicht als eschatologischen Endzeitpropheten zeigen[14]? Aber dazu paßt weder der Gottessohntitel noch daß in V 3 der alte Mose in himmlischer Gestalt zusammen mit Elija auftritt. Auch manche Einzelheiten passen nicht zu Ex 24[15]. Die Verwandlung des Mose in Ex 34 ist auch etwas anderes: Sie wurde sichtbar, nachdem Gott mit ihm geredet hatte, und dauerte an; die Verwandlung Jesu aber geschah, bevor Gott sprach, und war nur vorübergehend. Die Wolke weist nicht nur auf die Sinaiszene hin, sondern ist ein über sie hinaus weitverbreitetes biblisches Symbol für Gottes Gegenwart: Sie bedeckte nicht nur den Sinai, sondern begleitete Israel auch auf seiner Wüstenwanderung, lag über dem Stiftszelt (Ex 40,34-38) und erfüllte den Tempel (1Kön 8,10f). Kurz: Unsere Geschichte enthält zweifellos Erinnerungen an die Sinaitraditionen, aber sie läßt sich nicht ausschließlich von hier aus verstehen.

b) Nach einer jüdischen Überlieferung lag die Wolke auch über dem *Berg Morija*, als Abraham seinen »geliebten Sohn« Isaak opferte (Gen 22,2.12.16)[16]. Damit ist eine zweite biblische Geschichte genannt, an die unsere Szene anklingen könnte. Insbesondere der »geliebte Sohn« der Himmelsstimme erinnert an die Opferung Isaaks und nicht an Mose auf dem Sinai[17]. Aber diese Geschichte ist im ganzen von der Verwandlung Jesu sehr verschieden; alle anderen Züge der Morijaerzählung passen nicht dazu.

c) Die Verwandlungsgeschichte erinnert an eine *Inthronisation*. Am wichtigsten scheint mir hier nicht das altägyptische Thronbesteigungszeremoniell mit seinen drei Stufen der Erhöhung und Begabung des Gott-Königs mit himmlischem Leben, seiner Präsentation vor den himmlischen Mächten und der Übertragung der Herrschaft zu sein[18], obwohl es auch für das Verständnis anderer neutestamentlicher Texte herangezogen wurde[19]. Wendet man es auf unseren Text an, so kommt man in Schwierigkeiten: Zwar könnte die Verwandlung Jesu (V 2) der ersten Stufe, der Erhöhung und Begabung mit himmlischem Leben, entsprechen. Der Verkehr Jesu mit den himmli-

---

[14] Pesch, Mk II 76f und Davies, Setting 50-56. Mit einer direkten Übertragung von Mosezügen auf Jesus rechnete Strauss, Leben II 286-292.

[15] Die »Verwandlung« des Mose in Ex 34 wurde sichtbar, nachdem Gott mit ihm geredet hatte, und dauerte an; Jesus aber wurde zuerst und nur vorübergehend »verwandelt«. Mose wurde nicht nur von den drei Gefährten, sondern auch von 70 Ältesten begleitet und trat dann allein in die Wolke.

[16] TgJ I zu Gen 22,4; QohR 9,7 § 1 (= Freedman-Simon VIII 231).

[17] Vgl. D. Flusser, Jesus, Reinbek 1968 (Rowohlt TB), 93f.

[18] Vor allem Müller* 185-187 im Anschluß an E. Norden, Die Geburt des Kindes, Darmstadt ³1958, 116-128.

[19] Man hat seine Nachwirkungen in der vierten Ekloge Vergils und im christologischen Hymnus von 1Tim 3,16 gesehen. Nach P. Vielhauer, Erwägungen zur Christologie des Markusevangeliums, in: ders., Aufsätze zum Neuen Testament, 1965 (TB 31), 199-214 bestimmt es die Christologie des Mk; die drei Stufen sind Mk 1,9-11; 9,2-8; 15,39.

schen Gestalten Mose und Elija ist aber keine Präsentation vor himmlischen Mächten. Die dritte Stufe, die Machtübertragung an den König, kommt in der Verklärungsgeschichte überhaupt nicht vor. Auf sichererem Boden sind wir, wenn wir an den hinter der Gottesstimme V 5 stehenden Ps 2,7 erinnern, der aus dem Thronbesteigungsritual der Jerusalemer Könige stammt und der die neutestamentliche Gottessohnchristologie überhaupt maßgeblich geprägt hat. Im alten Bekenntnis Röm 1,3f wurde die »Inthronisation« Jesu zum Gottessohn mit der Auferstehung verbunden (vgl. Apg 13,33f). Sie bedeutete zugleich Jesu Erhöhung und seine Verbindung mit göttlichem Geist und Macht. Vor allem die Gottesstimme in V 5 ist auf diesem Hintergrund zu deuten. Von hier aus wird m.E. auch verstehbar, warum später in der Petrusapokalypse die »Verklärung« mit der Himmelfahrt Jesu verbunden wurde[20]. Der Schluß der Geschichte bei Matthäus wird dann allerdings besonders auffällig: Statt des himmlischen Weltenherrschers ist plötzlich nur noch »Jesus allein« (V 8) da und redet zu seinen Jüngern vom Leiden des Menschensohns. Auch andere Motive wie der Berg oder die Wolke lassen sich in diese Sicht nur mit Mühe[21], wieder andere, wie die sechs Tage und die Hütten des Petrus, gar nicht integrieren.

d) Für viele Forscher weckte die Verwandlungsgeschichte Erinnerungen an das *Laubhüttenfest*[22]. Der offenkundige Anknüpfungspunkt sind die σκηναί, die Petrus für die drei himmlischen Männer bauen will. Außerdem beginnt das Laubhüttenfest am sechsten Tag nach dem Versöhnungstag (vgl. V 1 mit Lev 23,27.34). Die Berührungspunkte sind aber spärlich[23]. Vor allem gehen die Himmlischen auf den Vorschlag des Petrus, Hütten zu bauen, ja gar nicht ein. Man kann wohl nicht diese Hütten zum Angelpunkt einer Deutung machen.

e) Unsere Geschichte erinnert an jüdische und christliche Zukunftshoffnungen, vor allem an die *Verwandlung in den künftigen Auferstehungsleib*. Diese Erinnerungen sind für V 2f wichtig: Von einer künftigen Verwandlung in einen eschatologischen Herrlichkeitsleib sprechen Paulus wie die jüdische Apokalyptik (1Kor 15,51f[24]; s Bar 49,2f; 51,3.5.9-12). Weiße Gewänder und leuchtende Gesichter werden die Gerechten in der neuen Welt haben (vgl. Dan 12,3; äth Hen 62,15f; 4Esr 7,97 [Gesicht wie die Sonne]; s Bar 51,3)[25]. Aber diese Berührungen sind nicht spezifisch: Herrliches Aussehen und weiße Gewänder sind überhaupt ein Kennzeichen der Zugehörigkeit zur himmlischen Welt, vgl. z.B. die Engel. Assoziationen an Zukunftshoffnungen weckt auch die Gestalt Elijas, der nach Mal 3,23; Sir 48,10 kommen soll, um Israel

---

[20] Äth Apk Petr 15-17 = Hennecke ⁵II 575-578.
[21] Für den Berg erinnert Donaldson, Jesus 147 an den Zion als Ort des Throns Jahwes und der Inthronisation des judäischen Königs. Bei ἐπισκιάζειν durch die Wolke erinnert Norden aaO 92-97 an die wunderbare Geburt des Götterkindes. Aber von einer Geburt ist hier nicht die Rede.
[22] Z.B. Riesenfeld*, der das Laubhüttenfest vom orientalischen Thronbesteigungsfest, wie es die Schule Mowinckels angenommen hat, her deutet; Baltensweiler* (vgl. u. Anm. 80).
[23] Daube, New Testament 30-32 erinnert daran, daß die Hütte aram. מְטַלְּתָא (»Beda-

chung«) heiße, abgeleitet vom Verbum טלל = bedecken. Das Wort wird aram. oft für Präsenz der Schekina bzw. der »Wolke der Herrlichkeit« gebraucht und kann griech. mit ἐπισκιάζω wiedergegeben werden. Das Bild stimmt dann allerdings nicht: V 4f »bedeckt« die Lichtwolke gerade nicht die »Bedachung«, d.h. die Hütte. An die Schekina bzw. die Stiftshütte denkt auch hbrMt, der σκηνή mit מִשְׁכָּן übersetzt (nicht: סכה). Der Gedanke an das Laubhüttenfest liegt hier fern. Vgl. auch u. Anm. 35.
[24] Allerdings verwendet Pls das »hellenistische« Verb μεταμορφοῦσθαι gerade anders, vgl. Röm 12,2; 2Kor 3,18.
[25] Weitere Belege bei Bill. I 752f.

wiederherzustellen. Auch mit einer Wiederkunft des Mose rechnete man gelegentlich[26]. Im ganzen ist der wiederkommende Elija meist Vorläufer, der »historische« Mose dagegen Typus des Messias; beide treten in rein jüdischen Texten denn auch kaum zusammen auf. Von den Aufgaben und Funktionen, die sie nach jüdischer Erwartung am Ende der Zeit haben werden, wird in unserer Geschichte nichts sichtbar: Sie treten bloß als Vertreter der Himmelswelt auf und unterhalten sich mit dem verwandelten Jesus. Dazu paßt, daß im Judentum beide als in den Himmel entrückt gelten[27]. Kurz, die Assoziationen, die unser Text an eschatologische Zukunftshoffnungen erlaubt, sind unspezifisch. Es gibt Züge, die sich *auch* eschatologisch deuten lassen, und auch die Jünger wurden durch die Erscheinung Elijas mit den jüdischen Zukunftshoffnungen konfrontiert (V 10). Aber das sind zugleich auch allgemein »himmlische« Züge. Man ist deshalb heute von der früher vertretenen Deutung unserer Geschichte als vorweggenommener Parusie[28] eher wieder abgekommen.

Fazit: Die Matthäus vorgegebene Verwandlungsgeschichte ist eine »polyvalente« Geschichte, die manche Assoziationsmöglichkeiten erlaubt. Am wichtigsten sind dabei die aus der Sinai-Theophanie übernommenen Züge (= a) und der Inthronisationsgedanke (= c). Jesus wird als Gottessohn inthronisiert und auf dem neuen »Sinai« offenbart. Die anderen skizzierten Assoziationsmöglichkeiten stehen dagegen eher (vgl. b.e) oder sogar deutlich (vgl. d) am Rand. Unsere Geschichte ist eine sehr eigenständige, in ihrer Art einzigartige christologische Legende, die keinesfalls durch simple Übertragung anderer Motive und Bilder auf Jesus entstanden ist. Matthäus hat sie verändert, indem er ihr durch V 6f und durch die enge Verbindung mit V 10-13 einen anderen Ausgang gegeben hat.

Wir betrachten nun die matthäische Ebene. Dabei interessiert uns zunächst Matthäus die matthäische Interpretation der *Christusgestalt*. Jesus führt die drei Jünger 1 auf einen »hohen Berg«. Deutlich ist die Erinnerung an 4,8-10, wo der Satan auf einem hohen Berg dem Gottessohn die Weltherrschaft antrug[29]. Jesus ist nicht den satanischen Weg der Weltherrschaft, sondern den ihm von Gott vorgezeichneten Weg des Gehorsams gegangen. Er ist in Israel auf Feindschaft gestoßen, und der Weg zum Tod ist ihm vorgezeichnet (16,21). In diesem Augenblick seiner Geschichte entwirft Matthäus ein positives Gegenbild zu 4,8-10. Die Verwandlung ist auch ein Kontrastbild zum Leben Jesu in Verborgenheit, Heimatlosigkeit und Anfeindung. V 9 bezeichnet er dieses Bild 9 mit einem apokalyptischen Ausdruck[30] als ὅραμα, als geoffenbarte Schau.

---

[26] J. Jeremias, Art. Μωϋσῆς, ThWNT IV 861,2ff.
[27] Zur Entrückung des Mose, die im Judentum wohl eine ziemlich verbreitete Annahme war, die sich schließlich aber nicht durchsetzte, vgl. Jos Ant 4,320-323; (spärliche) spätere jüd. Belege bei Bill. I 753f und bei K. Haacker / P. Schäfer, Nachbiblische Traditionen vom Tod des Mose, in: O. Betz u.a. (Hrsg.), Josephus-Studien (FS O. Michel), Göttingen 1974, 166-174. Zur Ass Mos, die hierfür m.E. ein positives Zeugnis ist (Name und 10,12!), vgl. E. Brandenburger, JSHRZ V 61f.
[28] Boobyer*.
[29] An denselben Abschnitt 4,8-10 erinnerte schon 16,23!
[30] Vgl. o. Anm. 12.

Damit verbindet er nicht das neuzeitliche historische Interesse, die Entstehung unserer Geschichte aufgrund einer »bloßen« Vision verständlich zu machen, sondern das theologische Anliegen, daß der Anblick des verherrlichten Jesus eine von *Gott* geschenkte »Schau« ist, nicht einfach ein gewöhnlicher Teil des Lebens der Jünger mit Jesus. Es geht um eine besondere Offenbarung Gottes, die kontrafaktisch zu den alltäglichen Erfahrungen die Wahrheit
6f über Jesus aus der Perspektive Gottes erschließt. Matthäus stilisiert diese Schau in der Art und Weise des Offenbarungsempfangs des Apokalyptikers im Danielbuch: Nach der »Schau« und dem Hören der »Stimme« »fällt« Daniel voller Schreck »auf sein Gesicht«; der Engel aber »berührt« ihn, »weckt ihn auf« und sagt: »Fürchte dich nicht!« (Dan 8,16f; 10,9-12.16-19)[31].
2 Was aber ist der Inhalt dieser Offenbarung? Es ist eine Schau Christi in der kommenden Herrlichkeitsgestalt des Auferstandenen: Ebenso wie »sein Antlitz aufleuchtete wie die Sonne«, werden dermaleinst die Gerechten im Reiche des Vaters leuchten (13,43). Seine Kleider werden weiß wie Licht: Weiß ist das Kleid des Engels am Ostermorgen (28,3), und lichtvoll ist die Wolke, aus der Gott selbst spricht (V 5). Mose[32] und Elija sind hier vermutlich nicht Repräsentanten von Gesetz und Propheten, wie dies ältere[33] und neuere[34] Exegese vermutete: V 5fin = Dtn 18,15 erinnert eher an den Propheten Mose als an den Gesetzgeber; und warum sollte gerade Elija *der* typische Prophet sein? Wie schon in der Tradition sind sie einfach Vertreter der Himmelswelt.
5 Und das alles interpretiert Gott selbst, der mit seiner Lichtmacht in der Wolke präsent ist und die drei himmlischen Gestalten überschattet[35]. Er spricht als Stimme aus der Lichtwolke und präsentiert Jesus als seinen Sohn. Matthäus wiederholt hier die Taufstimme (3,17). Dadurch hebt er Jesus gegenüber Mose und Elija heraus, von denen jetzt nicht mehr die Rede ist[36]. Die Leser des Evangeliums wissen: Der Sohn Gottes[37] ist der, »mit« dem Gott in einzigartiger, besonderer Weise handelte (1,18-25; 2,15; 3,17). Er ist der, der satanische Herrschaft verweigerte und seinem Vater in einzigartiger Weise gehorsam war (4,1-11). Sie ahnen: Er ist der, dem Gott alle Herrschaft und alles

---

[31] Vgl. ferner Ez 1,28-2,2; äth Hen 14,14.25; 15,1; Apk 1,17.

[32] Die Voranstellung des Mose erklärt sich (wie bei Lk) mit der Herstellung der »historischen« Reihenfolge.

[33] Z.B. Didask 26 = Achelis-Flemming 129; Hieronymus 148; Johannes Chrysostomus 56,1 = 802f (Mose zeugt gegen die Juden, die Jesus vorwerfen, er übertrete das Gesetz). Häufig wird auch das Verschwinden von Mose und Elija darauf bezogen, daß nun die Zeit von Gesetz und Propheten vorbei sei (seit Hieronymus 150).

[34] Z.B. Pedersen* 255.259; Feuillet* 293; Lange, Erscheinen 426.

[35] Ἐπεσκίασεν αὐτούς: vielleicht in bewußtem Gegenzug zum Stiftszelt (Ex 40,34f) bzw. dem Jerusalemer Tempel (1Kön 8,10f), wo Mose bzw. die Priester nicht eintreten dürfen, solange die göttliche Wolke es »überschattet«.

[36] Schon Marcion hat αὐτοῦ betont: Hört *ihn*, nicht Mose oder Elija (Tertullian, Marc 4,22,1 = CSEL 47,491). Ohne sich ihres Ahnherrn bewußt zu sein, haben das viele wiederholt, z.B. Calvin II 78; Lapide 336 (»non Mosen, qui iam abijt«). Der Text gibt das nicht her, obwohl er nur Jesus als Sohn herausstellt. Richtig Strabo 144: Mose und Elija sind »servi«.

[37] Vgl. Bd. I 156f.

Wissen übergeben hat (11,27). Sie werden sogleich erfahren: Er ist der Menschensohn, den der Gehorsam gegenüber dem Vater ins Leiden und in den Tod führen wird (17,12). Ihn offenbart die göttliche Stimme und die den Jüngern geschenkte Schau in seiner wahren österlichen Herrlichkeit. Und es ist nicht zufällig, daß unsere Perikope Querverbindungen nicht nur zur Geschichte vom Ostermorgen (28,3-7), sondern auch zur abschließenden Epiphanie Jesu auf dem galiläischen Berg enthält (28,16.18f). Die Himmelsstimme, die für Matthäus das Zentrum der Geschichte ist, verweist also die Leser formal auf den Makrotext des Evangeliums, der erläutert, wer der Gottessohn ist. Inhaltlich ist das von großer Bedeutung: Es ist die *Geschichte* vom Auserwählten, vom Gehorsamen, vom Leidenden und Auferstandenen, die den Gottessohn offenbart, nicht allein und nicht in erster Linie seine nur hier auf dem Berg geschaute himmlische Glorie. Ihn sollen die Jünger *hören*. In der Erzählung ist das ἀκούετε αὐτοῦ der Gottesstimme gleichsam der Zeigefinger Gottes vom Berg hinab: Unten, in der Ebene des Alltags, wird der Gottessohn seinen Jüngern den Willen des Vaters und das Evangelium vom Reich verkünden. Daß er zu ihnen gleich nach der Verwandlung auf dem Berg vom Leiden des Menschensohns sprechen wird (V 11f), ist für Matthäus wichtig. Es ist ebenso wichtig wie dies, daß die drei Jünger nach diesem »Höhepunkt« auf dem Berg das nächste Mal wieder in der Getsemani-Szene zusammen auftreten werden, also auf dem absoluten »Tiefpunkt« der Geschichte Jesu (26,37).

Matthäus interpretiert auch die *Jüngerperspektive* sehr bewußt. Petrus, wieder Jüngersprecher, will, überwältigt vom Anblick der himmlischen Gestalten, »Hütten« bauen. Es ist nicht an die Laubhütten des Festes gedacht und auch kaum an die himmlischen Wohnungen für die Gerechten (vgl. äth Hen 41,2; Joh 14,2). Entweder geht es ganz simpel um Behausungen für die himmlischen Gäste[38]. Dann will Petrus ganz unpassend die Himmlischen nach der Art der Irdischen empfangen. Daß die Himmlischen in Zelten auf Bergen wohnen, ist ein unmöglicher Gedanke![39] Oder es geht ihm um das »Wohnen« der Himmlischen auf dem Berg, so wie die Schekina im Tempel oder in der heiligen Stadt wohnte (vgl. Ez 37,27; Sach 2,14; Apk 21,3)[40]. Dann möchte er die Himmlischen auf diesem Berge festhalten. Darf man noch mehr vermuten? Will er wie 16,22 Jesus vor dem Leiden in Jerusalem bewahren[41]? Matthäus läßt es offen; es geht ihm hier nicht wie Markus darum, Petrus zu tadeln[42]. Die Gegenwart Gottes entwickelt auf diesem Berge vielmehr ihre ei-

4

5f

---

[38] Gaechter 568 weist mit Recht darauf hin, daß nach arabischer Sitte jeder vornehme Gast bei den Beduinen sein eigenes Zelt bekommt.

[39] Eindrücklich später Proklos v Konstantinopel, Or 8,3 = PG 65,769: »Ein Zelt für Christus, der mit mir die Himmel ausspannte?! Ein Zelt für ihn, der mit mir die Fundamente der Erde legte?! ... Ein Zelt für den Adam, der keinen Vater, und für den Gott, der keine Mutter hat?!«

[40] Vgl. o. Anm. 23.35.

[41] Eindrücklich Johannes Chrysostomus 56,2 = 806: Auf dem Berg wird Jesus sicher sein, und kein Mensch wird erfahren, wo er ist.

[42] Mk 9,6 fällt weg. V 4 fügt Mt dem Petrusvorschlag ein frommes εἰ θέλεις an.

gene Dynamik und geht über den Vorschlag des Petrus einfach hinweg. Die Wolke erfaßt die drei Himmlischen; die Jünger bleiben mit ihren Hütten-Gedanken draußen und hören nur die Stimme. Sie hat eine solche Kraft, daß sie vor Furcht zu Boden stürzen. Es ist die göttliche Herrlichkeit und Wahrheit, die sie zu Boden wirft und ihnen Furcht einflößt.

7f Und jetzt *erfahren* sie die Zuwendung des Gottessohns. Sie haben das Gesicht noch vor Schreck über die Begegnung mit dem Göttlichen auf den Boden gerichtet, da berührt sie jemand, richtet sie auf und nimmt ihnen die Angst. Es ist nicht mehr der himmlisch verwandelte Jesus, der dies tut, sondern der, den man sehen kann ohne Schrecken, Jesus »allein«, in seiner menschlichen Gestalt. In dieser Gestalt kommt es zur Begegnung Jesu mit den Jüngern.

9 Beim Abstieg vom Berg befiehlt er ihnen, von ihrer Berg-Erfahrung zu schweigen bis zu seiner Auferstehung. Wie 16,20 dient das Schweigegebot der Abgrenzung nach außen: Die Offenbarung auf dem Berg ist den Jüngern allein geschenkt, die dem Volk als eine besondere Gruppe gegenüberstehen. Seine zeitliche Begrenzung bis zur Auferstehung wirft nochmals Licht auf den Charakter der Berg-Erfahrung: Sie ist ein Stück vorweggenommene Osterherrlichkeit; darum kann man sie erst von Ostern her verstehen und verkündigen. Ostern schließt den Weg in die Passion ein: Daß der Menschensohn in der Herrlichkeit, die auf dem Berg deutlich wurde, der Gottessohn ist, wird erst dann stimmig und wahr, wenn der Gottessohn als Menschensohn in der Niederung seinen Weg ins Leiden gegangen ist. Davon wird jetzt Jesus zu den Jüngern reden; »auf ihn« sollen sie »hören« (V 5b). Beide Aspekte gehören im matthäischen Jesusbild zusammen, damit die »Hütten«, wo das Göttliche wohnt, in den Niederungen entstehen und nicht auf den Spitzen der hohen Berge, wohin nur wenige Jünger gelangen.

10-13 Damit ist auch schon der theologische Sinn des Jüngergesprächs V 10-13 deutlich. V 10 bezieht sich auf die ganze Verwandlungsperikope zurück: Die Jünger haben auf dem Berg den verwandelten Gottessohn Jesus und Elija gesehen und erinnern sich nun an die jüdische Erwartung, daß Elija »zuerst«, d.h. vor dem Ende, kommen müsse[43]. Die Leser/innen in der Gemeinde des Matthäus mögen auch daran gedacht haben, daß diese Erwartung jüdischen Feinden als Argument gegen Jesu Messianität diente: Da Elija noch nicht wiedergekommen ist, kann Jesus nicht Messias und Gottessohn sein[44]. Jesus nimmt in seiner Antwort in V 11 zunächst die jüdische Erwartung auf und formuliert sie »biblisch« mit den Worten von Mal 3,23LXX. Wie dort steht ἀποκαταστήσει im Futur. Rechnete Matthäus damit, daß Elija vor der Parusie Jesu nochmals erscheinen werde[45]? Das ist unwahrscheinlich: Die Reihen-

---

[43] Übersicht über das jüd. Material bei Bill. IV 779-798.
[44] Belegt bei Justin, Dial 49,1.
[45] Justin, Dial 49,2. Viele kirchliche Ausleger rechnen damit, daß Elija bei seiner zweiten Parusie insbesondere das ungläubige Israel bekehren werde, z.B. Johannes Chrysostomus 57,1 = 821. Die reformatorische Exegese gibt die These vom »duplex Elia« (Thomas v Aquino [Lectura] Nr. 1447) auf und vertritt die o. gegebene Auslegung, z.B. Calvin II 81.

folge der beiden Wiederkünfte Elijas in V 11f wäre dann zeitlich verkehrt. Das Futur ist wohl nur Anpassung an den biblischen Wortlaut und vom zeitlichen Standort des Propheten Maleachi aus gedacht[46]. V 12ab stellt Jesus der Weissagung der Schrift die betont als eigenes Wort formulierte Erfüllung gegenüber: Die Weissagung des Maleachi ist durch das Kommen Johannes des Täufers bereits erfüllt[47]. Die Jünger wissen schon, daß der Täufer der wiedergekommene Elija ist (11,10.14). V 13 erinnert aber Matthäus nochmals daran und verdeutlicht so einmal mehr, wie die Jünger durch »Unterricht« bei Jesus zum Verstehen kommen. Ihnen gegenüber stehen die jüdischen Gegner, die nicht »erkannt haben«, wer Johannes war, und »mit ihm machten, was sie wollten«[48]. Das Zentrum von Jesu Belehrung aber liegt in V 12b: Den gleichen Weg des Leidens wie Johannes der Täufer muß der Menschensohn Jesus auch gehen[49].

Jesus weist also in dieser Belehrung nach der Verwandlung auf dem Berg die Jünger darauf hin, daß es einen Weg auf den Berg, wo der Auferstandene ihnen wieder begegnen wird, nur als Weg durch das Leiden gibt, das die Konsequenz des Gehorsams des Sohns gegenüber dem Vater ist. An seinem Ende, dem Kreuz, wird Gott mit seinen Zeichen gegenwärtig sein (27,51-53), und der Hauptmann wird Jesus als Gottes Sohn erkennen (27,54). Und danach, nach Ostern, wird Gott auf dem Berg seinem Sohn alle Macht übertragen (28,16-20). Den Weg durch das Leiden ist Johannes der Täufer schon gegangen. Jesus und seine Jünger werden ihn zu gehen haben. Christologisch müssen der auferstandene Gottessohn, dessen Herrlichkeit die Jünger auf dem Berge ahnen konnten, und der leidende Menschensohn, dessen Weg nach Jerusalem vor ihnen liegt, zusammenbleiben[50].

Die Verwandlungsgeschichte hat in der griechischen und russischen Kirche eine besonders intensive Wirkung gehabt[51]. Sie ist eng verbunden mit dem Fest der Metamorphosis, das im Osten seit dem 6. Jh. gefeiert wird und zu den zwölf großen Kirchenfesten gehört[52]. Die wichtigsten Zeugnisse der Wir-

Wirkungsgeschichte

---

[46] Ähnliche Futura z.B. in 1,23; 12,18-21.
[47] Da das »Wiederherstellen« im Licht der späteren rabb. Erwartungen u.a. die Wiederherstellung der Reinheit Israels, des Friedens, die Verkündigung der wahren Halaka und die Bußpredigt umfaßte (Bill. IV 792-797), konnte man die Wirksamkeit des Täufers gut damit verbinden.
[48] Es stört Mt nicht, daß nicht die Schriftgelehrten Johannes getötet haben; er reiht sie ein in die gemeinsame Negativfront der jüd. Gegner Jesu.
[49] Vgl. o. S. 179.188.392 zur Parallele zwischen dem Geschick des Täufers und dem Geschick Jesu.

[50] Vgl. den Exkurs zu 16,21-28 (o. S. 501f).
[51] Zur Geschichte der frühen Auslegung vgl. Eichinger*, Turowski* (mit rein dogmatischem Interesse am Verhältnis von Geschichte und Offenbarung); die nachnizänischen Väter behandeln Habra* (systematisch aufgebaut; seine Belege sind z.T. nur schwer als Textinterpretation von Mt 17 erkennbar) und McGuckin* (mit ausführlich reproduzierten Textbeispielen).
[52] In der Westkirche gehört die Verklärung nur zu den partikularen Feiertagen (6. August).

kungsgeschichte unseres Textes sind Festtagspredigten der Metamorphosis[53] und daneben die künstlerischen Darstellungen des Themas auf Ikonen, Wandmalereien und Bildern[54]. Onasch meint, daß die »Verklärung« für die Ostkirche etwa dieselbe zentrale Bedeutung habe wir für den Westen der Gedanke der iustificatio[55]. »Verklärung« bedeutet dabei allerdings nicht unsere Geschichte Mt 17,1-13, sondern die mystische und hoffende Teilhabe der Gläubigen an der Auferstehungswirklichkeit Christi; ebendas symbolisiert unsere Geschichte. Die Predigten und Ikonen sind darum wichtig, weil sie die beiden Ebenen aufnehmen können, die für die matthäische Geschichte grundlegend waren, nämlich die christologische Ebene der Offenbarung der Herrlichkeit Christi und die Ebene der Jünger, die nach-erfahrend an der Kraft der Metamorphosis beteiligt sind. Die Darstellung der Wirkungsgeschichte will zeigen, daß nur dann, wenn beide Ebenen aufeinander bezogen bleiben, nur dann, wenn die Leser/innen dieses Textes sich als Mit-Beteiligte von Jesus auf den Berg und wieder von ihm hinunter führen lassen, ein dem Text selbst angemessenes Verständnis möglich wird.

1. *Christologisch* geht es nach der Meinung der Ausleger um die Offenbarung der *Gottheit* Christi. »Darum führte er sie auf den Berg, um ihnen die Herrlichkeit der Gottheit zu zeigen«. Die Propheten Mose und Elija hatten bisher die Menschheit Jesu nicht gekannt und freuten sich nun; für die Apostel aber war die Gottheit Jesu etwas Neues[56]. Johannes Chrysostomus schreibt: »Er öffnete ein bißchen seiner Gottheit und zeigte ihnen die inwendige Göttlichkeit«[57]. Auf dem Berg »erscheint die ganze Trinität . . ., Christus der Sohn in herrlicher Gestalt; der Vater in der Stimme . . ., der Heilige Geist in der Lichtwolke, die sie überschattete«. So formuliert Luther und nimmt dabei die ganze kirchliche Auslegung auf[58]. Dabei geht es nicht um eine direkte Offenbarung der Gottheit, die ja unkörperlich und den Sinnen nicht zugänglich ist, sondern offenbart wird nur eine »abgeleitete« Herrlichkeit, die von seiner Gottheit auf ihn »übergeht, wie wenn die Luft beleuchtet wird von der Sonne«[59].
2. Die christologischen Aussagen blieben aber nie eine abstrakte Lehre, sondern die kirchlichen Ausleger nahmen immer in vielfältiger Weise das auf, was wir bei Mt die *Jüngerperspektive* nannten. Im Unterschied zum Evangelisten aber sprachen sie nicht

---

[53] Wichtig sind vor allem Ephraem Syrus, Rede über die Verklärung = BKV I/37 184-195; Pseudo Johannes Chrysostomus, In transfigurationem = PG 61,713-716; Proklos v Konstantinopel, Or 8 = PG 65,763-772; Cyrill v Alexandria, Hom div 9 = PG 77,1009-1016; Basileios v Seleukia, Or 40 = PG 85,451-462; Timotheos v Antiochia, In crucem et in transfigurationem = PG 86, 255-266; Johannes v Damaskus, Hom in transfigurationem = PG 96,545-576; Andreas v Kreta, Or 7 = PG 97,931-958; Pantaleon v Konstantinopel, Or 2f = PG 98,1247-1260; Gregorios Palamas, Hom 34f = PG 151, 423-449; aus dem Westen Leo d Gr., Sermo 51 = BKV I/55 258-266. Ausgewählte Übers. gibt McGuckin* 172-235.
[54] Vgl. Schiller*, zur *metamorphosis* als Grundmoment der gesamten Ikonenmalerei Onasch* 45-65.
[55] * 7.
[56] Ephraem Syrus, Rede über die Verklärung 5.7 = BKV I/37 185(Zitat).187.
[57] Hom 21 = PG 63,700.
[58] (WA 38) 660f, vgl. Strabo 144.
[59] Thomas v Aquino, STh III qu 45 art 2 corpus. Die Scholastiker reden von der claritas als einer »dos« (Mitgift) des Herrlichkeitsleibs, die »dispensative« in Christus aufleuchtete, als »divinitatis . . . index« (Lapide 330).

nur vom Erschrecken der Jünger angesichts des Göttlichen, sondern auch von ihrem eigenen Beteiligtwerden an der Verklärung. Es ging für sie nicht nur um die Verklärung Christi, sondern in gewisser Weise auch um ihre »transfiguratio«, die »consistit in configuratio cum Christo«[60]. »Auch wir müssen daran teilhaftig werden. Das Reich Christi ist nämlich in uns. Seine Majestät und Herrlichkeit muß also in uns aufleuchten«, formuliert ausgerechnet ein Reformierter, Musculus[61]. Das Fest der Metamorphosis ist das Fest Christi und zugleich auch unser Fest, das Fest der künftigen »Vergöttlichung der Natur, ihrer Verwandlung in einen besseren Zustand, ihrer Entrückung und ihres Aufstiegs vom Natürlichen zum Übernatürlichen«[62]. So hat man die Verwandlungsgeschichte auch als Modell einer Erfahrung der Gläubigen verstanden und konnte von ihrem Aufstieg auf den Berg, ihrer Erfahrung auf dem Berg und ihrem erneuten Abstieg sprechen. Symbolisch drückt es das Apsismosaik von San Apollinare in Classe in Ravenna aus (7. Jh.): Hier ist nicht nur der verklärte Christus (in Gestalt eines Kreuzes) mit Elija und Mose und den Aposteln (in Gestalt von Lämmern) dargestellt; sondern auch der Titelheilige Apollinaris in Gebetshaltung und die Gemeinde in Gestalt von Lämmern sind dabei. Wird damit die Perspektive gegenüber dem Text verschoben[63]? Ich denke, es käme wie bei Mt alles darauf an, *wie* die Erfahrungen auf dem Berg mit dem Abstieg vom Berg in die »Ebene« verbunden werden.

a) Der *Aufstieg zum Berg* schließt eine Absage an irdische Sorgen und Wünsche ein: Der Berg ist der »Berg der Weisheit«, und in den sechs Tagen geht es darum, »nicht mehr das Sichtbare anzuschauen und nicht mehr die Welt... zu lieben«[64]. Es geht darum, »den Staub dem Staub zurückzulassen, diesen Leib der Niedrigkeit zu transzendieren und sich auszustrecken zu dem hohen und göttlichen Spiegel der Liebe und so Unschaubares zu sehen«[65]. Besonders einflußreich war an dieser Stelle die lukanische Textfassung, weil Lk 9,28f Jesus mit den Jüngern zum Beten auf den Berg steigt: Der Aufstieg besteht in häufigem und intensivem Gebet, denn »Gebet ist die Verwandlung der Seele«[66].

b) Die Aussagen über das, was *auf dem Berg* geschieht, sind sehr zurückhaltend. Es geht um eine geistliche, *mystische Erfahrung*. Vieles wird schon von Origenes ausgesprochen: Es geht darum, nicht äußerlich, sondern »in sich selbst dem Wort Gottes Hütten zu bauen«. Es geht darum, daß die Lichtwolke, welche der Geist ist, die »Gerechten ... beschützt, erleuchtet und bescheint«[67]. Zurückhaltend sind sie darum, weil den Vätern im allgemeinen sehr wohl bewußt war, daß Christi Verwandlung auf dem Berg eine Vorwegnahme endzeitlicher Herrlichkeit war[68] und daß solche Erfah-

---

[60] Lapide 331.
[61] 424.
[62] Andreas v Kreta, Or 7 = PG 97,933.
[63] Dinkler* 87-103 interpretiert das ganze Mosaik stark eschatologisch: Das Kreuz ist das eschatologische Siegeszeichen (Konstantin!), die Lämmer sind von Apk 7 her zu verstehen. Ist das richtig, so ist die Zeitdifferenz zwischen Gegenwart und Eschaton die entscheidende Barriere gegenüber einer direkten Präsenz der Gläubigen beim Verherrlichten: Sie schauen die Zukunft, sind aber noch nicht dabei. Die Interpretation des Mosaiks ist aber strittig.

[64] Origenes 12,37.36 = GCS Orig X 153. 151.
[65] Johannes v Damaskus, Or de Transfig 10 = PG 96,561.
[66] Lapide 331.
[67] Origenes 12,41.42 = GCS Orig X 163. 165.
[68] Vgl. die Verbindung mit 16,28 in der kirchlichen Exegese o. Anm. 54 zu 16,21-28: Der Zusammenhang zwischen Verklärung und Parusie ist darum in der kirchlichen Exegese im ganzen stärker als bei Mt selbst, wo 16,28 nicht in dieser Richtung entfaltet wird.

rungen in diesem Leben nur bruchstückartig möglich sind. So spricht einer der eindrücklichsten Verwandlungstexte von der Endzeit, wenn die Gläubigen Engelsgestalt haben und auf ewig mit Christus vereinigt sein werden: »(Wir werden) erfüllt (sein) in heiligen Betrachtungen von seiner sichtbaren Theophanie, die uns leuchtet mit glänzenden Strahlen, wie den Jüngern in jener göttlichsten Metamorphosis. Wir haben Anteil an der geistigen Erleuchtung von ihm her in leidenschafts- und materielosem Sinn und an der Einung, die den Geist übersteigt«. . . »Aber für die Gegenwart sind wir, soweit wir die Möglichkeit haben, auf angemessene Symbole für das Göttliche angewiesen«[69]. Von der gegenwärtigen Offenbarung der Jünger spricht Maximus Confessor: Die Jünger gelangten »auch vor ihrem fleischlichen Lebensende vom Fleisch zum Geist«. Sie »lernten mystisch, daß der Glanz seines Gesichts . . ., der die Macht aller Augen übersteigt, ein Symbol seiner Gottheit ist, die jeden Verstand oder Sinn oder Wesen oder Wissen übersteigt«[70]. Aber das sind keine sinnlichen Erfahrungen; die griechische Exegese betonte immer, daß das Licht der Gestalt Jesu und seiner Kleider kein natürliches Licht gewesen sei[71]. In der spätmittelalterlichen Mystik der Hesychasten wurde das »Licht vom Tabor« zu einem Zentrum ihrer Frömmigkeit: Christus hat nicht zwei, sondern drei Hypostasen[72]; die allererste ist das göttliche Licht, als das er im Kerygma des Evangeliums wirkt und durch das er zu jeder Zeit Menschen verwandelt, die »den göttlichen Glanz von oben anziehen und verwandelt werden zur Ähnlichkeit mit der Herrlichkeit des Herrn, dessen Gesicht auf dem Berg heute (!) so glänzend leuchtete wie die Sonne«[73]. Die griechische Ikonenmalerei hat das oft so ausgedrückt, daß sie vom verwandelten Christus Lichtstrahlen ausgehen ließ.

c) Der *Abstieg vom Berg* war darum nichts Nebensächliches, weil hier immer wieder, wie bei Mt selbst wohl auch, Einsichten in die Grenze von »Berg-Erfahrungen« auftauchen. Ausgerechnet Origenes, der von der Spiritualität der geistlich Vollkommenen ja nicht wenig hält, sagt: »Jesus tat nicht, was dem Petrus gut schien«, sondern »stieg hinab von dem Berg zu denen, die nicht auf ihn hinaufsteigen und seine Verklärung schauen können, damit sie ihn wenigstens so schauen, wie sie ihn zu sehen vermögen«[74]. Leo d Gr. und viele mit ihm verstehen die ganze Berg-Episode als Stärkung für diejenigen, die nachher den Kreuzweg gehen müssen, und betonen gegenüber Petrus, daß es in den »Versuchungen dieses Lebens« wichtiger sei, »um Geduld als um Glorie« zu bitten[75]. Petrus wird scharf getadelt, und zwar nicht nur, weil er seine übrigen neun Gefährten völlig vergessen habe[76], sondern weil es seine Aufgabe sei, auf der Erde die Kirche und nicht auf dem Berg eine Hütte zu bauen[77]. Besonders eindrücklich ist hier der Schluß einer Predigt Augustins: »Steig herab, Petrus! . . . Verkündige das Wort! Bleib dabei zur Zeit und zur Unzeit! Überführe! Mahne! . . . Arbeite! Schwitze dich ab! Erdulde Foltern! . . . Steig ab, um auf der Erde zu arbeiten, auf der Erde zu dienen, verachtet zu werden, gekreuzigt zu werden auf der Erde. Das Leben steigt ab, um getötet zu werden; das Brot steigt ab, um auszugehen; der Weg steigt

---

[69] Pseudo-Dionysius Areopagita, De Div Nom 1,4 = PG 3,592.
[70] Ambiguorum Lib = PG 91,1128.
[71] »Wenn er leuchtend gewesen wäre wie die Sonne, wären die Jünger nicht zu Boden gefallen, denn die Sonne sahen sie jeden Tag« (Johannes Chrysostomus, Hom 21 = PG 63, 700).
[72] McGuckin* 119.232.
[73] Gregorios Palamas, Hom 35, PG 151, 437.
[74] Origenes 12,41 = GCS Orig X 163f.
[75] Sermo 51,5 = BKV I/55 263.
[76] Dionysius d Karthäuser 197.
[77] Ephraem (o. Anm. 55) 8 = 188; Proklos v Konstantinopel, Or 8,2 = PG 65,768.

ab, um unterwegs müde zu werden; die Quelle steigt ab, um dürr zu werden: Und du weigerst dich, zu arbeiten? Suche nicht das Deine! Habe Liebe! Verkündige die Wahrheit! Dann wirst du zur Ewigkeit kommen, wo du Gewißheit findest!«[78]
Die neuzeitliche Exegese unseres Texts führt uns in eine andere Welt. Sie fragt nicht nach der Art und Weise, wie Hörer/innen und Leser/innen an dieser Geschichte beteiligt sind, sondern fragt vor allem historisch nach der Herkunft unserer Geschichte. Man leitet sie entweder äußerlich ab, z.B. von einer Begegnung Jesu mit zwei Anhängern beim Sonnenaufgang an einem nebligen Frühmorgen, wobei die schlaftrunkenen Jünger nicht ganz alles mitgekriegt hätten[79]. Oder man leitet sie psychisch ab von einer Vision, die die Jünger vor oder nach Ostern gehabt hätten[80]. Oder man leitet sie geistesgeschichtlich ab und bekleidet den verklärten Jesus je nachdem z.B. mit den Gewändern des Mose oder eines Königs[81]. Gemeinsam ist solchen Erklärungen, deren relatives Recht ich keineswegs bestreiten möchte, daß sie die Geschichte als fremd empfinden und diese Fremdheit zu rationalisieren versuchen.

Demgegenüber ist überraschend, wie lebendig unsere Geschichte in der kirchlichen Exegese ist und wie sehr sie ins Leben hineingreift. Woran liegt das? Die altkirchlichen Ausleger legten eine Geschichte wie die unsrige immer als Beteiligte aus. Sie identifizierten sich und ihre Leser/innen mit den Jüngern, wanderten mit ihnen auf den Berg und wieder herunter, erlebten das dort Geschehene mit und ließen sich davon bewegen. Wir stellen in der Exegese fest, unsere Geschichte enthalte eine christologische Perspektive und eine Jüngerperspektive, die beide ineinander verwoben und aufeinander bezogen seien. Die altkirchlichen Ausleger wußten das von vornherein, weil sie selber in der Jesusgeschichte mit dabei waren und sie auf ihre eigene Lebensperspektive hin hörten. Die Lehre vom vierfachen Schriftsinn half ihnen, diese Perspektiven methodisch zu bündeln, wobei die christologische Perspektive bzw. der Glaube in der Regel in der allegorischen, die Jüngerperspektive bzw. ihr eigenes Leben in der moralischen Auslegung zum Zuge kam. Unsere Geschichte zeigt exemplarisch die hermeneutische Fruchtbarkeit des vierfachen Schriftsinns[82].

Hat man das begriffen, so begreift man auch, daß es in der Verwandlungsgeschichte letztlich um das Verhältnis von besonderer religiöser Erfahrung und alltäglichem Leben und Leiden geht. Auch Matthäus ist auf den Berg mitgegangen; auch er hat an der Sehnsucht nach einem erleuchteten Gesicht und einem weißen Gewand, die die spätere griechische Exegese bewegte, partizipiert. Er hat den Höhepunkt auf dem Berg nicht für eine Illusion oder eine

Zusammenfassung

---

[78] Sermo 78,6 = PL 38,492f.
[79] Paulus II 539-543.
[80] Seit J.G. Herder, Vom Erlöser der Menschen, Werke XIX, hrsg. von B. Suphan, Berlin 1880, 180. In neuerer Zeit sind prägnante Vertreter der Visionshypothese z.B. Harnack* 73-80 (Vision des Petrus zu Lebzeiten Jesu); E. Meyer, Ursprung und Anfänge des Christentums I, Darmstadt ⁶1962, 152-157; Baltensweiler* 87-90 (Vision anläßlich eines Laubhüttenfests, als Jesus die Versuchung zum politischen Messiasideal in sich niederkämpfte).
[81] Vgl. o. S. 507f.
[82] Da sie vom künftigen Herrlichkeitsleben spricht, eröffnet sie auch die Möglichkeit einer anagogischen Auslegung.

Projektion gehalten. Aber er hat, und hier liegt wohl sein Proprium gegenüber einem Großteil der griechischen Exegese, auch darum gewußt, daß es zu einer *Begegnung* mit Gott, die dem Menschen aufhilft, erst dann kommt, wenn »Jesus allein«, ohne himmlische Glorie und Begleitung, ihn anredet. Anders als Lk 9,34 hat er die Jünger nicht in die Wolke hineingehen lassen. Nach ihm passiert das Entscheidende für die Jünger nicht auf dem Berg, sondern danach. Um es nochmals in der Sprache eines Griechen zu sagen: »Wenn er nämlich nicht wie wir geworden wäre, wer von uns könnte den von oben hervorbrechenden Gott ertragen und wer seine aufscheinende unaussprechliche Herrlichkeit, die wohl keiner von den geschaffenen Wesen ertragen kann?«[83]

3 Die Kraft des Berge versetzenden Glaubens (17,14-20)

Literatur: Aichinger, H., Zur Traditionsgeschichte der Epileptiker-Perikope Mk 9,14-29 par Mt 17,14-21 par Lk 9,37-43a, SNTU A 3 (1978) 114-143; *Barth, G.*, Glaube und Zweifel in den synoptischen Evangelien, ZThK 72 (1975) 269-292; *Bornkamm, G.*, Πνεῦμα ἄλαλον, in: ders., Geschichte und Glaube II, 1971 (BEvTh 53), 21-36; *Duplacy, J.*, La foi qui déplace les montagnes (Mt 17,20; 21,21 et par), in: A la rencontre de Dieu (Mém. A. Gelin), hrsg. A. Barucq, 1961 (BFCTL 8), 272-287; *Frankemölle*, Jahwebund 21-27; *Hahn, F.*, Jesu Wort vom bergeversetzenden Glauben, ZNW 76 (1985) 149-169; *Held*, Matthäus 177-182; *Klein, H.*, Das Glaubensverständnis im Matthäusevangelium, in: F. Hahn – H. Klein (Hrsg.), Glaube im Neuen Testament (FS H. Binder), 1982 (BThSt 7), 29-42; *Lesky, E. – Waszink, J. H.*, Art. Epilepsie, RAC V, 1962, 819-831; *Vaganay, L.*, Les accords négatifs de Matthieu-Luc contre Marc. L'épisode de l'enfant épileptique (Mt 17,14-21; Mc 9,14-29; Lc 9,37-43a), in: ders., Le problème synoptique. Une hypothèse de travail, 1954 (BT.B 1), 405-425; *Zmijewski, J.*, Der Glaube und seine Macht, in: J. Zmijewski – E. Nellessen (Hrsg.), Begegnung mit dem Wort (FS H. Zimmermann), 1980 (BBB 53), 81-103; *Zumstein*, Condition 435-443.

14 Und als sie zum Volk kamen[1], trat ein Mensch zu ihm, fiel vor ihm auf die Knie 15 und sagte: »Herr, erbarm dich meines Sohns, weil er mondsüchtig und krank ist[2], denn er fällt oft ins Feuer und oft ins Wasser. 16 Und ich habe ihn zu deinen Jüngern gebracht, und sie vermochten nicht, ihn zu heilen«.
17 Jesus aber antwortete und sagte: »O ungläubige und verdrehte Generation! Bis wann werde ich mit euch sein? Bis wann werde ich euch aushalten? Bringt ihn mir hierher!« 18 Und Jesus herrschte ihn an, und der

---

[83] Cyrill v Alexandrien 425.
[1] Gen. abs. ohne Gen.: Bl-Debr-Rehkopf § 423 Anm. 3.
[2] Nestle[26] liest πάσχει statt ἔχει. Obwohl die idiomatische Wendung κακῶς ἔχειν lectio facilior ist, muß das Gewicht der Handschriften ausschlaggebend bleiben: Die MSS-Gruppe C D W f[1.13] 𝔐, verstärkt durch Teile der lat. und syr. Überlieferung, wiegt geringer. Ebendiese Zeugen überliefern überdies den sicher sekundären V 21, vgl. die v.l. ποιήσωμεν in V 4 und ἀπιστία V 20.

**Dämon fuhr aus von ihm, und das Kind wurde von jener Stunde an geheilt.
19 Da traten die Jünger für sich zu Jesus und sagten: »Weswegen vermochten wir nicht, ihn auszutreiben?« 20 Er aber sagt ihnen: »Wegen eures Kleinglaubens! Amen, ich sage euch nämlich: Wenn ihr Glauben habt wie ein Senfkorn, werdet ihr zu diesem Berg sagen: ›Geh von hier weg, dorthin!‹ Und er wird weggehen, und nichts wird euch unmöglich sein!«**[3]

1. *Aufbau*. Die Perikope ist dreiteilig und besteht aus Exposition (V 14-16), Heilung (V 18) und dem abschließenden Jüngergespräch (V 19f). Es nimmt V 16 wieder auf und ist bei Mt nicht wie bei Mk Anhang, sondern Ziel des ganzen Textes. Wichtigstes Leitwort ist οὐκ ἠδυνήθη . . . V 16.19, vgl. οὐ . . . ἀδυνατήσει V 20. Das Scheltwort V 17 unterbricht den Zusammenhang. Der Text ist nach rückwärts wie nach vorwärts im unmittelbaren Kontext unverbunden. Das Schlußlogion V 20 ist Mt wichtig, denn er nimmt es 21,21 nochmals auf.

Analyse

2. *Quellen*

a) V 14-18. Der Text ist im Vergleich zu Mk 9,14-27 auf ein gutes Drittel seines Umfangs geschrumpft. Fast ganz verschwunden ist die mk Einleitung Mk 9,14-17a. Von Mk 9, 20-25 übernimmt Mt nur einen Teil der Schilderung der Krankheit aus Mk 9,22. Er bringt sie bereits in V 15 an der Stelle von Mk 9,18a. Die Heilung in V 18 ist gegenüber Mk 9,25b-27 ganz stark gekürzt. Kürzungen sind in Wundergeschichten bei Mt an sich nichts Ungewöhnliches, aber hier sind sie quantitativ sehr auffällig. Das besondere Problem besteht darin, daß Lk 9,37-43 etwa die gleichen Teile der mk Geschichte wegläßt, obwohl der lk Text einen ganz anderen Skopus hat als der mt: Bei Lk geht es um die Heilung durch das Wort Jesu; bei Mt ist diese nur der Auftakt zu einer Jüngerbelehrung über ihren Glauben. Es gibt drei Erklärungsmöglichkeiten:
(1) Mt und Lk haben unabhängig voneinander den Text des Mk redigiert[4]. Die Schwierigkeit dieser These liegt darin, daß die Agreements zwischen Mt und Lk quantitativ außerordentlich zahlreich sind und nicht nur gemeinsame Auslassungen umfassen. Einige positive Übereinstimmungen lassen sich m.E. kaum als Red. erklären[5]. Bei den Auslassungen mögen die mt Kürzungen der langen Wundergeschichte Mk 9,14-27 noch verständlich sein[6]; die lk dagegen sind es m.E. nicht mehr[7]. Fazit:

---

[3] V 21 ist ein sekundärer Nachtrag aufgrund von Mk 9,29 in der westlichen, byzantinischen und geringen Teilen der ägyptischen Überlieferung.

[4] Z.B. Allen 190; Gnilka II 105.

[5] V 16 / Lk 9,40 καὶ οὐκ ἠδυνήθησαν: Hätte Lk das bei ihm sehr beliebte ἰσχύω ersetzt? V 17a stimmt im ganzen mit Lk 9,41a überein: Haben zwei Evangelisten unabhängig voneinander nach Dtn 32,5LXX καὶ διεστραμμένη ergänzt, ohne im übrigen dem Wortlaut dieser St zu folgen?

[6] Das gilt auch für die Streichung von Mk 9,23f, des Gesprächs über den Glauben, an dem Mt ja an sich interessiert ist: »Nach der ersten Leidensweissagung wird nicht mehr vom Glauben derer gesprochen, die Jesus um Hilfe angehen« (Klein* 32), sondern nur noch vom Glauben der Jünger. Vgl. 20,29-34 im Unterschied zu 9,27-31!

[7] Lk ging es ja um das Wunder selbst! Warum hätte er dann gerade dieses so radikal kürzen sollen, u.a. um die eigentliche Austreibung Mk 9,25bf! Vgl. Lk 4,33-37; 8,26-39 als Gegenbeispiele!

Mir scheint die These, Mt/Lk hätten hier Mk-Text so, wie er uns vorliegt, benutzt, unwahrscheinlich.

(2) Mt und Lk haben eine ältere Variante von Mk 9,14-29 als Quelle oder Nebenquelle benutzt, die insbesondere das mk Glaubensgespräch nicht enthielt[8]. Wenn in Mk 9,14-27 nicht nur V 14-17, sondern auch V 23f weitgehend red. sein sollte (was m.E. unwahrscheinlich ist), ist die mt/lk Quelle mit derjenigen des Mk eng verwandt. Wo man, wie früher oft[9], Mk 9,14-29 als literarische Verbindung zweier Heilungsgeschichten verstand, deren eine die Gegenüberstellung Jesu und der unfähigen Jünger und deren andere das Glaubensmotiv enthielt, dachte man, daß Mt und Lk nur die eine der beiden Quellen des Mk benutzt hätten. Ich neige zu großer Zurückhaltung gegenüber allen Dekompositionsversuchen der m.E. sehr farbenreichen, aber nicht widersprüchlichen Geschichte Mk 9,(14)17-27[10]. Dann kann man nur noch vermuten, eine im Wortlaut schon ziemlich feste mündliche Überlieferung habe Mt und Lk beeinflußt[11]. Diese Hypothese ist bei Minor Agreements fast immer möglich und fast nie beweisbar.

(3) Mt und Lk haben eine deuteromk Rezension von Mk 9,14-29 benutzt, die den mk Text kürzte und vereinfachte[12]. Schwierig ist an dieser These nicht nur, daß man hier ausnahmsweise mit einer recht einschneidenden Red. durch Deuteromk rechnen müßte, sondern auch, daß Mt aus Mk 9,20-24 einen Teil von V 22, Lk dagegen V 20a aufnimmt[13]. Für diese These spricht m.E. nicht unser Text, sondern daß sie bei sehr vielen anderen Texten wahrscheinlich ist. Fazit: Eine Entscheidung zwischen der zweiten und dritten Hypothese ist mir nicht möglich und vielleicht auch nicht nötig. Man kann z.B. einen redigierten Mk-Text *und* Einfluß mündlicher Tradition annehmen. Jedenfalls hat Mt selbst am Text auch intensiv gearbeitet[14]. Vor allem hat er das Mk 9,28f als Anhang überlieferte Jüngergespräch zum eigentlichen Zentrum der Geschichte gemacht.

(b) In *V 19f* hat Mt an die Stelle des mk »Exorzismusrezepts« (Mk 9,29) das Wort über den Berge versetzenden Glauben gesetzt. Seine Quelle war vermutlich das Wort vom Senfkornglauben aus Q = Lk 17,6[15], das eine Variante in Mk 11,23 besitzt. Mt hat es z.T. an Mk 11,23 angepaßt, indem er das Bild des Maulbeerbaums durch das viel geläufigere vom Berg[16] ersetzte[17]. Auch die übrigen Änderungen im Text sind

---

[8] Z.B. Vaganay* (Quelle: griech. Urmt); Schweizer 229; Roloff, Kerygma 147; Theißen, Wundergeschichten 139.
[9] Z.B. Bultmann, Tradition 225f; Bornkamm* 24; Schweizer, Mk 101.
[10] Vgl. Pesch, Mk II 86.95.
[11] Bovon, Lk I 507f.
[12] Aichinger* 117-129; Ennulat, Agreements 200-205.
[13] Dieser Schwierigkeit kann die Hypothese (2) entgehen, wenn sie annimmt, daß Mt/Lk neben der alten Variante auch den uns vorliegenden Text von Mk 9,14-27 kannten.
[14] Red. sind V 14 προσέρχομαι, ἄνθρωπος mit Part. V 15 λέγων, κύριε + ἐλεέω, κακῶς. V 16 προσφέρω, θεραπεύω. V 17 ἀποκριθείς δέ + Subj., μετά mit Gen., ὧδε. V 18 θεραπεύω, παῖς, ἀπὸ τῆς ὥρας ἐκείνης, vgl. Bd. I Einl. 3.2. Zu γονυπετέω (V 14) vgl. 27,29; zu σεληνιάζομαι (V 15) vgl. 4,24; ἐξέρχομαι + ἀπό (V 18): 4x Red.
[15] Lk 17,1-6 dürfte ein Q-Zusammenhang sein, vgl. die Nähe der Parr bei Mt: 18,6f.15.21f; 17,20.
[16] »Berge versetzen« war jüd. eine sprichwörtliche Redensart für Unmögliches, vgl. Bill. I 759. Darum ist das mk Bild vom Berg gegenüber der »originellen« Q-Fassung wohl sekundär.
[17] So Hirsch, Frühgeschichte II 154; Zmijewski* 87f.

red.[18]. Das Logion selbst ist eine bedingte Ankündigung[19] prophetischen Stils, die sehr wohl auf Jesus zurückgehen kann.

Ganz knapp erzählt Matthäus diese Wundergeschichte. Außer unserer Geschichte ist nur diejenige vom besessenen Gadarener (8,28-34) ebenso massiv gekürzt. Matthäus hat offensichtlich Exorzismen nicht sehr geliebt[20], denn er vermied in unserer Geschichte alle Hinweise darauf, daß der kranke Junge besessen war, bis er es wirklich nicht mehr verschweigen konnte (V 18!)[21]. So steht statt der bei Markus so farbigen Erzählung fast nur das nackte Erzählgerippe: Jesus kommt zum Volk (V 14); der Vater bringt seinen mondsüchtigen Sohn (V 15); Jesus treibt den Dämon aus (V 18). Dazu kommen der V 19f vorbereitende Hinweis des Vaters auf die Unfähigkeit der Jünger und das prophetische Scheltwort V 17.

Erklärung 14–18

Einige Bemerkungen zur Geschichte selbst: Die äußeren Umstände sind wenig genau erzählt. Ἐλθόντων in V 14 müßte sich eigentlich vom Kontext her auf Jesus und die drei Jünger beziehen, die auf dem Verwandlungsberg waren. V 16 ist aber nicht von den übrigen neun Jüngern, sondern nur von »den Jüngern« die Rede. Das Volk ist fast das einzige, was aus der ausführlichen markinischen Einleitung bei Matthäus und Lukas noch vorkommt; es ist wohl wegen des Scheltwortes an die »ungläubige Generation« (V 17) nötig. Wie andere Hilfesuchende redet der Vater Jesus als »Herr« an und bittet in feierlichem Psalmstil um Erbarmen für seinen Sohn[22]. Vom Wüten des Dämons berichtet Matthäus nichts[23]; nur gerade, daß der Knabe oft ins Feuer und ins Wasser fällt, wenn er seine Anfälle bekommt, ist ein Hinweis darauf, wie lebensgefährlich die Krankheit ist. Daß die Jünger den Jungen nicht heilen konnten (V 16), ist wichtig; die Schlußverse 19f werden dadurch vorbereitet. Ganz knapp und formelhaft (vgl. 8,13; 9,22; 15,28) konstatiert Matthäus die Heilung.

Mondsucht ist *Epilepsie*, die »heilige Krankheit«, die nach verbreiteter antiker Auffassung von der Mondgöttin Selene verursacht werden und mit den Phasen des Mondes zusammenhängen konnte[24]. In der Antike erklärte man die Epilepsie entweder übernatürlich als »Besitzergreifung« (ἐπιληψία) durch eine göttliche Macht (= »ἱερὰ

---

[18] Vgl. Bd. I Einl. 3.2 zu τότε, προσέρχομαι, εἶπον, λέγω Präs. historicum, ὀλιγοπιστ-, ἀμὴν γὰρ λέγω ὑμῖν, ἐάν, ἐρῶ, μεταβαίνω, ἐκεῖ. Διὰ τί ist 4x red. (Schenk, Sprache 176); das Hap. leg. ἀδυνατέω nimmt das Leitwort δύναμαι auf.

[19] Konditionierung durch Bedingungssatz oder Part. + Ankündigung, vgl. z.B. Jes 1,19; Duplacy* 281; Sato, Q 121.124.

[20] Ein generelles Zurücktreten magischer Elemente bei Mt stellt O. Böcher, Matthäus und die Magie, in: Schenke, Studien 11-24 fest.

[21] Mt kümmert sich wieder einmal wenig um den äußeren Ablauf. Er beachtet nicht, daß in V 18a Jesus eigentlich den kranken Jungen »anfährt«, denn vom Dämon, den er natürlich meint, hat er noch gar nicht gesprochen.

[22] Vgl. Bd. I 60 und 9,28; 15,22; 20,30f.

[23] Im Unterschied zu Lk 9,39 läßt er keine über die Trad. hinausgehende Beschreibung der Krankheit aus eigener Anschauung einfließen, vgl. Bovon, Lk I 510.

[24] Belege bei Klostermann zSt und bei Lesky-Waszink* 820f.

νόσος«) oder durch Dämonen oder aber in ärztlicher Literatur als natürliche Krankheit, die »nicht göttlicher oder heiliger zu sein scheint als die anderen Krankheiten«[25]. Mk 9,14-29parr partizipieren an der dämonologischen Sicht. In der Auslegungsgeschichte markiert Origenes[26] einen wichtigen Wendepunkt. Als erster setzt er sich vom biblischen Text her mit der natürlichen, ärztlichen Erklärung der Krankheit auseinander und lehnt sie mit Berufung auf die Schrift ausdrücklich ab. Der Einfluß des Origenes war groß[27]; die medizinische Erklärung der Epilepsie trat seit der Spätantike stark zurück. Heilige traten an die Stelle der Ärzte[28]. Auf der anderen Seite steckte in der biblischen Geschichte auch ein positives Sinnpotential: Krankheiten wie die Epilepsie entsprechen nicht dem von Gott selbst gewollten Bild des Menschen, und ihre Bekämpfung geschieht mit dem Willen Christi und aus seiner Kraft[29].

17 Nur V 17 ist in dieser knappen Erzählung ein fast störender »Haltepunkt«. Störend ist V 17 deswegen, weil er gar keine Antwort auf die Bitte des Vaters enthält, sondern eine doppelte Klage Jesu gegenüber »dieser ungläubigen und verdrehten Generation« in biblischem Stil[30]. Auf wen bezieht sich das? Vom Kontext her liegt der Gedanke an die Jünger am nächsten, denn von ihrer Unfähigkeit war eben vorher die Rede[31]. Aber Matthäus bezeichnet in seinem ganzen Evangelium nie die Jünger als »diese Generation«. In V 20 spricht er in bewußter Unterscheidung gerade nicht von ihrem »Unglauben«[32], sondern von ihrem »Kleinglauben«[33]. Vor allem aber paßte das generalisierende γενεά überhaupt nicht, wenn Jesus nur von einigen wenigen sprechen würde. Da in V 14 das Volk immerhin erwähnt ist, wird man den Ausdruck wie an den anderen Stellen[34] auf Jesu jüdische Zeitgenossen, also das Volk deuten. Das Matthäusevangelium im ganzen wird zeigen, daß das Verhalten »dieser Generation« typisch ist: Israel hat schon gegenüber den Propheten gezeigt, daß es immerzu »ungläubig« und »verdreht« war (vgl. 23,34-36). Die beiden »Bis-wann«-Fragen gewinnen im Kontext des ganzen Evangeliums Bedeutung: 23,37-39 wird Jesus ankündigen, daß er Jerusalem und den Tempel verlassen wird. 24,1f wird er das tun und zu den Jüngern auf dem Ölberg u.a. von der über Israel heraufziehenden Katastrophe sprechen. Dazu kommt eine redaktionsgeschichtliche Beobachtung: Die erste der beiden Fragen lautet: »Bis wann werde ich *mit euch* sein?« Matthäus hat hier das markinische πρὸς

---

[25] Hippocr, Morb Sacr 1 (die wichtige Schrift ist auszugsweise abgedruckt bei Lührmann, Mk 274-279).
[26] 13,6 = GCS Orig X 193.
[27] Vgl. F.J. Dölger, Der Einfluß des Origenes auf die Beurteilung der Epilepsie und Mondsucht im christlichen Altertum, AuC 4 (1934) 101-107.
[28] H.J. Schneble, Krankheit der ungezählten Namen, Bern 1987, 60-67: In Deutschland wurde St. Valentin (von Terni), in Frankreich Johannes (meist der Täufer) zum Schutzpatron gegen Epilepsie.
[29] Vgl. O. Temkin, The Falling Sickness, Baltimore – London ²1971, 170-172 zu Arnald v Villanova und Paracelsus.
[30] Dtn 32,5: Γενεὰ σκολιὰ καὶ διεστραμμένη, vgl. 32,20-42. Zur Klage mit »bis wann« vgl. Num 14,27; weitere St bei Pesch, Mk II 90.
[31] So Held, Matthäus 181; Zumstein, Condition 439.
[32] So bei den Nazarenern 13,58.
[33] Ἀπιστία, LA des textus receptus, ist Anpassung an V 17.
[34] Vgl. 11,16 (und Erklärung dort); 12,39.45; 16,4; 23,36; 24,34. Auch Dtn 32,5 bezieht sich auf das Volk.

ὑμᾶς in μεθ' ὑμῶν geändert und dadurch einen Bezug zu seiner sein ganzes Evangelium rahmenden Immanuel-Christologie (1,23; 28,20)[35] geschaffen. »Jesus, der Emmanuel, der μεθ' ὑμῶν ὁ θεός, ... droht seinen Entzug an, der mit dem Entzug Gottes identisch ist«[36]. V 17 ist also ein »Signal«, das auf das kommende Gericht an Israel verweist. Literarisch gesprochen: Seine Funktion hat dieser merkwürdig störende Haltepunkt unserer Geschichte nicht so sehr auf der vordergründigen Ebene des Berichteten, sondern auf seiner hintergründigen Tiefenebene, wo es um die Trennung der Jesusgemeinde von Israel und das Gericht Gottes an ihm geht. Das zeigt sich am deutlichsten daran, daß hier »diese Generation« gar nichts getan hat, was Jesu Schelte verdiente; wie 13,10-15 denkt Matthäus nicht an eine konkrete Schuld auf der Oberfläche seiner Geschichte, sondern an den Unglauben Israels überhaupt.

Ihr Ziel erreicht die Erzählung erst mit V 19f. Hier steht das Unvermögen der Jünger, den Dämon auszutreiben, zur Debatte. Bezieht sich die Frage der Jünger nur auf die damalige Geschichte Jesu? Dann wäre kaum verständlich, warum Matthäus die markinische Antwort geändert und durch einen Hinweis auf den Kleinglauben der Jünger ersetzt hätte, der bei ihm immer auf die konkrete Gemeindesituation zielt. Jesus hatte zu Beginn der Jüngerrede den zwölf Jüngern die Vollmacht und den Auftrag erteilt, Kranke zu heilen und Dämonen auszutreiben (10,1.8). Wir interpretierten diesen Auftrag als aktuellen, der Gemeinde grundsätzlich geltenden Auftrag[37]. Daß in der Gemeinde nach wie vor, auch auf fragwürdige Art und Weise, Wunder geschahen, wissen wir aus 7,22. Wir deuten also die Jüngerfrage auf dem Hintergrund, daß in der charismatischen Matthäusgemeinde manchmal die Heilungserfahrungen ausblieben[38]. Auch die hinter dem Markusevangelium stehenden Gemeinden hatten wohl, wie Mk 9,28f zeigt, ähnliche Probleme; dort ist ebenso wie Jak 5,13-16 das intensive Gebet für den Erfolg einer Heilung entscheidend.

Die von Matthäus gegebene Antwort ist grundsätzlicher als die markinische. Sie besteht aus einer eigenen Antwort des Evangelisten und dem traditionellen Jesuswort vom Senfkornglauben. Die eigene Antwort lautet: Das Ausbleiben von Heilungserfolgen ist ein Ausdruck des Kleinglaubens. Kleinglaube ist wie 6,30; 8,26; 14,31; 16,8[39] mutlos gewordener Glaube und mangelndes Zutrauen in Gottes wunderbare Hilfe. Matthäus denkt also nicht, daß Krankenheilungen und Dämonenaustreibungen besondere Erfahrungen sind, die manchmal auftreten und manchmal nicht. Er ist viel »enthusiastischer« und hält Heilungen und Exorzismen für Erfahrungen, die konstitutiv zum Glauben gehören; wo sie ausbleiben, ist der Glaube hinter sich selbst zurückgeblieben. »Kleinglaube« *muß* überwunden werden, indem die Macht Jesu wirklich

---

35 Vgl. Bd. I 105f.
36 Frankemölle, Jahwebund 26.
37 Vgl. o. S. 93.

38 Ebenso Zumstein, Condition 439.
39 Vgl. Bd. I 369; o. S. 29.410.448.

in Anspruch genommen wird. Der eigenen Antwort fügt Matthäus das Logion vom Berge versetzenden Glauben an, das ihm so wichtig war, daß er es zweimal überliefert hat (vgl. 21,21). Es stellt dem »Kleinglauben« den »Glauben wie ein Senfkorn«, also offenbar wieder einen »kleinen« Glauben, gegenüber. Die Unterscheidung ist auf den ersten Blick verwirrend[40]. Was ist gemeint?

Die Ausleger neigten oft dazu, unter dem Vorzeichen des so unklaren »Senfkornglaubens« ihr eigenes Glaubensverständnis darzulegen: Das Senfkorn ist dann nicht etwa klein, sondern im Geschmack kräftig und brennend[41]. Oder es geht um den »Glaube(n), der um ... die eigene Gottlosigkeit (Röm 4,5) weiß«[42]. Oder: Es ist der »sich ganz von Gott her verstehende, an seiner Kraft teilnehmende« Glaube[43]. Man darf nicht überinterpretieren: Der Vergleich des Glaubens mit einem Senfkorn dient im traditionellen Jesuswort Lk 17,6 dazu, das unfaßbar Kleine, nämlich den Glauben, dem unfaßbar Großen, nämlich dem, was er bewirkt, also dem Entwurzeln einer Sykomore mit ihren riesigen Wurzeln, gegenüberzustellen. Es geht also nicht um einen besonderen »Senfkornglauben«, sondern um den Glauben schlechthin. Er steht auch bei Mt nicht dem Kleinglauben, sondern dem Versetzen eines Berges gegenüber. Auch hier muß man sich vor Überinterpretationen hüten: Es gibt zwar biblische Aussagen, die davon reden, daß Gott in seiner Heilszukunft Berge eben machen (aber nicht: versetzen!) werde (Jes 40,3-5; 49,11; Sach 14,10). Aber »Berge entwurzeln« oder »ausreißen« ist eine verbreitete jüdische Hyperbel für »etwas Unmögliches tun«, die man sehr verschieden anwenden konnte[44]. Entgegen einer beliebten Interpretation geht es also m.E. in dem Logion nicht darum, daß der Glaube »an Gottes schöpferischem Wirken« oder am »Wunder der endzeitlichen Erneuerung« teilhaben wird[45], sondern viel einfacher darum, daß ihm scheinbar Unmögliches verheißen wird. Was? Es spricht nichts dagegen, daß es in diesem Wort schon bei Jesus mindestens auch um Wunder ging[46].

Dem Kleinglauben stellt Matthäus in V 20 den Glauben gegenüber. Glauben heißt: auf Jesus vertrauen, daß er »das tun kann« (9,28) bzw. daß »euch nichts unmöglich sein wird«. Zwar sind auch bei Matthäus alle Gemeindeglieder »glaubend« (18,6), aber seine eigentliche Stunde hat der Glaube, wenn es um Wunder und um außerordentliche Bewährungen und Erfahrungen geht. Wagnis, Gebet, Gehorsam auf der einen, die uneingeschränkte Macht Jesu auf der anderen Seite konstituieren ihn. Glaube bedeutet Aufbruch, Gebet, Wagnis, Inanspruchnahme der uneingeschränkten Macht des Immanuel, die der Gemeinde verheißen ist (28,20). Und da diese Macht nach Matthäus im-

---

[40] Viele kirchliche Exegeten machten nach dem Vorbild von Hieronymus 153 aufgrund von 1Kor 13,2 (πᾶσαν τὴν πίστιν) aus dem Senfkornglauben einen »großen« Glauben! Dann werden die philologischen und die inhaltlichen Probleme »lösbar«!
[41] So Augustin, In Joh 40,8 = BKV I / 11 599.
[42] Schniewind 195.
[43] Zmijewski* 98.
[44] Bill. I 759. Biblisch kommt Jes 54,10 am nächsten.
[45] Z. B. E. Lohse, in: H.-J. Hermisson – E. Lohse, Glauben, 1978 (BKon), 95; Hahn* 166.
[46] Das würde am besten dazu passen, daß der Wortstamm »Glauben« in der synoptischen Tradition vorwiegend im Zusammenhang mit Wundern auftaucht.

mer wieder in konkreten Wundern erfahrbar wird, die keineswegs *nur* symbolischen Sinn haben, heißt das, daß auch in diesem Text das Wunder nicht einfach belanglos und zu einer bloßen Einleitung einer Lehre wird, obwohl es Matthäus so sehr kürzte. Vielmehr: Daß in der Gemeinde wunderbare Heilungen wirklich geschehen, ist für den Evangelisten eine Zentralfrage für den Glauben.

Spätestens hier wird die *Sach*frage brennend. Der Glaube hat noch nie Berge versetzt! Normalerweise heilt er auch keine Epileptiker und sonstige Kranke. Es ist erstaunlich, wie es einer bald zweitausendjährigen Exegese eines Bibelwortes gelang, dieses Problem zu verschweigen. Die Apostel hätten ja keinen triftigen Grund gehabt, Berge zu versetzen, meint Johannes Chrysostomus[47]. Es gehe darum, »nüchtern« zu sein und nur das zu wünschen, »was der Herr verheißt«, meint Calvin[48]. Einmal mehr begegnen wir der bekannten These, Wunder seien vor allem im Anfang der Kirchengeschichte nötig gewesen, später nicht mehr[49]. Die »Exzentrik« der Ausdrucksweise zeige, daß es gerade nicht auf »groteske« Mirakel, wie das Bewegen von Bergen, ankäme, sondern die »Teilhabe an der Allmacht Gottes« werde »auf dasjenige bezogen, was Sache des Glaubens ist«[50]. Eine schöne, herrlich allgemeine Formulierung! Aber was ist Sache des Glaubens? Nach Matthäus ist es offenbar gerade das Heilen von Kranken bzw. andere *außergewöhnliche* Beanspruchungen der Macht Gottes. Gerade dadurch unterscheidet sich nach ihm Glaube von Kleinglaube.

Nun wird man hier gewiß seine Fragezeichen machen dürfen. Manifestierte sich voller Glaube erst in der Fähigkeit, Wunder zu tun, so wäre es auch so, daß »je mehr einer wächst in Glauben und Vertrauen, er um so mehr (auch) in dieser Fähigkeit wächst«[51]. Bzw. umgekehrt: Je weniger jemand die Fähigkeit, Wunder zu tun, hat, desto mehr muß sie/er daraus schließen, vom vollen Glauben und von Gott entfernt zu sein. Hier rückt das, was dem Glauben *verheißen* ist, gefährlich in die Nähe einer eigenen Potenz. Paulus ist an diesem Punkt theologisch weitergekommen, wenn er konsequent Heilungen als χαρίσματα versteht, d.h. als Gaben, die der freie Gott der Gemeinde, nicht jedem/r Gläubigen schenkt. Nicht jede/r, die/der keine Wunder tun kann, ist kleingläubig! Matthäus denkt vielleicht zu enthusiastisch. Dennoch sollte seine Stimme in unseren Kirchen heute gehört werden, die nicht nur oft charismatische Erfahrungen (bestenfalls!) als etwas extreme Zugaben zum Glauben, nicht aber als seine Sache verstehen, sondern die darüber hinaus oft überhaupt verlernt haben, Gott als Kraft zur Erlangung von scheinbar Unmöglichem zu beanspruchen. Dann verändert Glaube nichts, sondern er läßt

Zusammenfassung und Wirkungsgeschichte

---

[47] 57,3 = 827.
[48] Calvin II 87.
[49] Luther (WA 38) 665. Vgl. o. Anm. 39.69 zu 10,5-15.
[50] G. Ebeling, Dogmatik des christlichen Glaubens II, Tübingen 1979, 464.
[51] Lapide 339.

Gott zwangsläufig zur Autorität werden, die das Bestehende sanktioniert und die Kraft zum Sich-Abfinden mit dem »Möglichen« gibt.

4 Jesus kündigt sein Leiden an (17,22f)

Literatur: Thompson, W.G., Matthew's Advice to a Divided Community. Mt 17,22-18,35, 1970 (AnBib 44), 16-49.

22 Als sie sich aber in Galiläa versammelten, sagte Jesus zu ihnen: »Der Menschensohn wird in die Hände der Menschen ausgeliefert werden, 23 und sie werden ihn töten, und am dritten Tag wird er auferweckt werden«. Und sie wurden sehr traurig.

Analyse Nach der Heilung des Epileptischen geht Mt recht unvermittelt zur Leidensankündigung über. In ihrer Formulierung erinnert sie an 16,21. 20,18f wird dann die vorausgehenden Leidensankündigungen aufnehmen. Die Quelle ist Mk 9,30-32. Mt hat die ausführliche Einleitung Mk 9,30b-31a gekürzt und an die Stelle des Leidensunverständnisses (Mk 9,32) die Trauer der Jünger gesetzt. Die Bearbeitung ist sprachlich überwiegend, aber nicht durchweg red.[1].

Erklärung Die matthäische Einleitung ist schwierig. Συστρέφεσθαι heißt nach einer häufig belegten Bedeutung »sich versammeln«[2]. Aber warum versammeln sich die Jünger, wo sie ja nach V 19 ohnehin bei Jesus sind[3]? Liegt hier eine der üblichen erzählerischen Unaufmerksamkeiten vor? Auch die Erwähnung Galiläas ist nicht ganz einfach. Wahrscheinlich weiß Matthäus, daß Cäsarea Philippi nicht in Galiläa liegt, und läßt Jesus nun dahin zurückkehren. Vielleicht denkt er auch schon an 19,1: Bald wird Jesus Galiläa für immer verlassen und nach Jerusalem ziehen. Galiläa ist Matthäus wichtig als Ort des Wirkens Jesu (4,12), als Ort der Jüngerberufungen (4,18) und als Ort des Anfangs der Kirche (28,16). So schlägt er, der in V 24 »Jesu Stadt« Kafarnaum (vgl. 4,13) nochmals erwähnen wird, in V 22.24 einen großen Bogen zurück zum Anfang seiner Geschichte. Das Wirken Jesu in seinem Land Galiläa wird bald zu Ende sein.

Die Leidensankündigung selbst ist kurz und knapp. Μέλλει deutet nicht wie δεῖ (16,21) die Notwendigkeit, sondern das unmittelbare Bevorstehen von

---

[1] Sprachlich mt sind δέ, μέλλω, ἐγείρω, λυπέω, σφόδρα, vgl. Bd. I Einl. 3.2. Τῇ τρίτῃ ἡμέρᾳ ἐγερθήσεται entspricht wörtlich 20,19 und fast wörtlich 16,21 (jeweils diff. Mk), ἐλυπήθησαν σφόδρα 18,31. Nicht mt ist V 22a, insbesondere das Hap. leg. συστρέφομαι.
[2] Belege bei Liddell-Scott s.v. IV; jüd. und bibl. Belege bei Thompson* 17f. Alternative: »sich zusammendrängen« (um einen Führer, als kompakte Gruppe; Belege ebd. V). Diese Nuance ist semantisch von »sich versammeln« nicht klar abgrenzbar und deshalb auch möglich. Unmöglich ist: »move about together« (M'Neile 257). Das entspräche ἀναστρεφομένων und damit der Korrektur der durch die »schwierige« LA des Textes auch etwas verwirrten MSS C D W Θ 𝔐 f13 etc.
[3] Sicher nicht, weil sie seit 17,1 von ihm getrennt waren (so Bonnard 263). Vgl. V 19!

Sterben und Auferstehen Jesu an. Das Gegenüber von »Menschensohn« und »Menschen« betont das Paradox: Jesus, um dessen künftige Hoheit als Menschensohn-Weltrichter die Jünger wissen (16,27f), wird den Menschen ausgeliefert werden. Mit »Menschen« sind, wie 16,21; 20,18f und die Passionsgeschichte zeigen, die jüdischen Gegner Jesu und die Römer gemeint. Παραδίδωμι ist ein den Lesern des Evangeliums vertrautes Wort mit christologischen Konnotationen: 10,4 (»Judas Iskariot, der ihn auch auslieferte«) zeigt, daß Matthäus an Leser denkt, die die Passionsgeschichte kennen. Anders als Markus sagt Matthäus nicht, daß die Jünger Jesu Wort nicht verstanden hätten. Da »verstehen« bei Matthäus eher etwas »Intellektuelles« bedeutet[4], muß er gegenüber Markus präzisieren: Die Jünger »verstanden« sehr wohl, was Jesus sagte, aber sie können das Verstandene nicht akzeptieren; darum wurden sie sehr betrübt[5]. Ihre Ablehnung erinnert an die Reaktion des Petrus in 16,22f; sie kontrastiert mit der Klarheit und Entschlossenheit, mit der Jesus selbst auf sein Sterben vorausblickt.

Markus hat seine zweite Leidensankündigung durch die Perikope vom Rangstreit der Jünger (Mk 9,33-37) »existenziell« gedeutet. Matthäus hat diese Perikope einerseits zu seiner Gemeinderede ausgebaut und so ihre ekklesiologische Relevanz betont, sie aber andererseits durch den kurzen Text von der Tempelsteuer (V 24-27) von der Leidensankündigung getrennt. So steht die Leidensankündigung isoliert und ist entsprechend schwer zu deuten. Im Makrotext des Evangeliums weist sie voraus auf das Rätsel der Passion: Dort wird der Menschensohn den feindlichen Menschen ausgeliefert, von den »betrübten« Jüngern verlassen und seinen Weg allein zu Ende gehen. Gott wird aber den Menschensohn am dritten Tage auferwecken und ihm alle Macht im Himmel und auf der Erde geben. Schon den alten Kommentatoren ist aufgefallen, daß die Jünger auf die Auferstehungsankündigung Jesu überhaupt nicht zu reagieren scheinen; es ist, als ob sie im Leeren verhallte[6]. Hier sind offenbar menschlicher Verstehensfähigkeit Grenzen gesetzt: Das Wunder der Auferstehung kann man nur erfahren, nicht im voraus verstehen.

Zusammenfassung

5 Die Tempelsteuer (17,24-27)

Literatur: Cassidy, R.J., Matthew 17,24-27 – A Word on Civil Taxes, CBQ 41 (1979) 571-580; *Daube, D.*, Appeasement or Resistance?, Berkeley u.a. 1987, 39-58; *Derrett, J.D.*, Law in the New Testament I, London 1970, 247-265; *Garland, D.*, Matthew's Understanding of the Temple Tax, (Matt 17,24-27), SBL.SP 1987, 190-209; *Horbury, W.*, The Temple Tax, in: E. Bammel – C.F.D. Moule (Hrsg.), Jesus and the Politics of his

---

[4] Vgl. o. S. 318.
[5] Richtig Gnilka II 113: »ablehnende Betroffenheit«. Vgl. 19,22; 26,22.
[6] Ebenso 16,21 und in den Parr 20,19 wird sie mißverstanden. Vgl. Origenes 13,9 = GCS Orig X 206; Hieronymus 154.

Day, Cambridge 1984, 265-286; *Légasse, S.*, Jésus et l'impôt du Temple (Mt 17,24-27), ScEs 24 (1972) 361-377; *Liver, J.*, The Half-Shekel Offering in Biblical and Post-Biblical Literature, HThR 56 (1963) 173-198; *Mandell, S.*, Who paid the Temple Tax, when the Jews were under Roman Rule?, HThR 77 (1984) 223-242; *Meyer, R.*, Der Ring des Polykrates, Mt 17,27 und die rabbinische Überlieferung, OLZ 40 (1937) 665-670; *Montefiore, H.*, Jesus and the Temple Tax, NTS 10 (1963/64) 60-71; *Thompson*, Advice (Lit. bei Mt 17,22f) 50-68; *Vollenweider, S.*, Freiheit als neue Schöpfung, 1989 (FRLANT 147), 171-177; *Wilhelms. E.*, Die Tempelsteuerperikope Mt 17,24-27 in der Exegese der griechischen Väter der alten Kirche, 1980 (Suomen eksegeettisen seuran julkaisuja 34).

24 Als sie aber nach Kafarnaum kamen, traten die, welche die Doppeldrachmen einzogen, zu Petrus und sagten: »Zahlt euer Lehrer keine Doppeldrachmen?« 25 Er sagt: »Doch!«
Und als er ins Haus kam, kam ihm Jesus zuvor und sagte: »Was meinst du, Simon? Von wem ziehen die Könige der Erde Abgaben oder Steuer ein? Von ihren Söhnen oder von den Fremden?« 26 Als er aber sagte: »Von den Fremden«, sprach Jesus zu ihm: »Also sind die Söhne frei! 27 Damit wir ihnen aber keinen Anstoß geben, geh zum See, wirf die Angel aus und nimm den ersten Fisch, der heraufkommt! Und wenn du seinen Mund geöffnet hast, wirst du einen Stater finden! Nimm jenen und gib ihn ihnen für mich und für dich!«

Analyse 1. *Aufbau*. Die Perikope besteht aus zwei Szenen, nämlich dem Gespräch der Steuereinnehmer mit Petrus (24-25aα) und dem Gespräch Jesu mit Petrus im Haus (25aβ-27). Beim letzteren redet fast nur Jesus: Er ergreift die Initiative und gibt die Antworten; Petrus ist nur – subordiniert mit Genetivus absolutus[1] – dazwischengeschobener Statist. Mit V 26, der eine grundsätzlich negative Haltung Jesu zur Tempelsteuer nahezulegen scheint, könnte die Perikope enden, wenn nicht Petrus den Steuereinnehmern vorher in V 25aα eine bejahende Antwort gegeben hätte. So ist das in V 27 dem Fischer Petrus angekündigte Fischwunder, das die Bezahlung der Steuer ermöglicht, nötig, damit die Perikope eine Einheit wird. Das Eintreten des Wunders wird nicht mehr berichtet. Die Perikope ist sehr knapp und mit auffällig vielen Partizipien formuliert. Mit dem Kontext ist sie nicht verklammert.

2. *Quelle*. Die Situationsangabe in V 24 und das Haus in V 25 entsprechen Mk 9,33 und sind wohl von dort übernommen. Dennoch paßt die Lokalisierung in Kafarnaum auch zur Perikope, denn die Tempelsteuer wurde am Wohnort (des Petrus und Jesu[2]) eingezogen. War eine traditionelle Lokalisierung der Geschichte in Kafarnaum für Mt der Anlaß, sie bei Mk 9,33 einzuschieben, obwohl sie zwischen der Leidensankündigung Jesu und ihrer ekklesiologischen Applikation auf die Gemeinde in Kap. 18 eine störende Unterbrechung schuf? Jedenfalls paßte sie in Kap. 4 und 8f, die auch in Kafarnaum spielen, noch schlechter. Die Geschichte selbst enthält zahlreiche Mat-

---

[1] So wohl der V 26 vielfach veränderte und später auch durch Dittographie erweiterte Urtext.

[2] Vgl. Bd. I 169f.

thäismen³, aber auch zahlreiche Besonderheiten und Hapaxlegomena⁴, die nur z.T. vom Inhalt her notwendig sind. Sie wird normalerweise als Mt vorgegebene mündliche Überlieferung erklärt. Das ist unbeweisbar; es spricht aber auch nichts dagegen.

3. *Traditionsgeschichte.* Die Geschichte ist formal sehr eigenartig. Ihr Anfang läßt den Gedanken an ein Streitgespräch aufkommen; in der zweiten Szene findet ein Lehrer-Schülergespräch statt; sie endet mit der Ankündigung eines Wunders. Trotzdem ist sie in ihrer jetzigen Gestalt geschlossen: Die positive Antwort des Petrus in V 25aα erfordert eine irgendwie geartete positive Stellung Jesu zur Tempelsteuer. Man kann also nicht einfach den ganzen V 27 als sekundäre Zufügung zu V 24-26 erklären⁵. Zu fragen ist aber, ob nicht die negativ klingende Antwort Jesu in V 25bf älter ist als die übrige Szene⁶. Dafür könnte die doppelte Szenerie V 24-25aα und V 25aβ-27 sprechen. Mehr als eine Möglichkeit ist dies aber noch nicht; Überlegungen zur geschichtlichen Situation und zur Interpretation müssen die traditionsgeschichtliche Vermutung ergänzen.

4. *Die Tempelsteuer.* Klar ist, daß es um die jüdische Halbschekel- oder Doppeldrachmensteuer zugunsten des Tempels geht und nicht um eine staatliche, römische Steuer⁷. Bei der Halbschekelsteuer handelt es sich um eine von jedem freien und erwachsenen Israeliten, nicht aber von Frauen, Sklaven und Kindern jährlich zu bezahlende Steuer, die den Kultusausgaben des Tempels diente. Unsere Hauptquelle dafür sind die beiden ersten Abschnitte des Mischnatraktats Scheqalim, der allerdings die rabbinische Theorie über die nach der Zerstörung des Tempels nicht mehr eingezogene Steuer enthält⁸. Historisch sind drei Dinge klar: 1. Es handelt sich um eine relativ junge, erst in späten biblischen Texten bezeugte⁹, ursprünglich nicht regelmäßige Abgabe. 2. Nach der Zerstörung des Tempels wurde an ihrer Stelle von den Römern

---

³ Zu ἐλθών (als Gen. abs. 4x Red.), δέ, προσέρχομαι, λαμβάνω, εἶπον, διδάσκαλος als Bezeichnung Jesu von Außenstehenden (vgl. 9,11), λέγει (Praes. historicum), λέγων, τί + Dat. + δοκεῖ, ἔφη + Dat. + Subj., ἆρα γε, σκανδαλ-, πορευθείς, βάλλω, εὑρίσκω, ἐκεῖνος, λαβών und der großen Zahl der Part. vgl. Bd. I Einl. 3.1 und 3.2. Zur Anrede »Simon« neben »Petrus« vgl. 16,16f; zur Frage mit τίς und vorangestelltem Subj. (V 25) vgl. 16,15. Βασιλεῖς τῆς γῆς ist LXX-Sprache, vgl. Strekker, Weg 200. Zum Haus als Ort der Jüngerbelehrung vgl. 13,36. Für Gundry 356 ist die Perikope ganz red.
⁴ Δίδραχμον und στατήρ (beachte den Wechsel!), τελέω (in dieser Bedeutung), προφθάνω, ἀλλότριος, ἐλεύθερος, ἄγκιστρον, ἀνοίγω τὸ στόμα (in dieser Verwendung).
⁵ Z.B. Kilpatrick, Origins 41f; vgl. Roloff, Kerygma 118; Schweizer 232; Gnilka II 114. Vollenweider* 173f möchte nur das Fischmotiv für sekundär erklären (etwa V 27aβb), aber seine Märchenhaftigkeit (vgl. u. S. 535) ist dafür kein zureichender Grund.
⁶ So Bultmann, Tradition 34. Die umgekehrte These, daß V 25bf nachträglich zugewachsen sind (erwogen von Frankemölle, Jahwebund 175), ist m.E. undenkbar: V 27 schließt nicht an V 25a an.
⁷ So die viele kirchliche Ausleger (vgl. Wirkungsgeschichte) und neuerdings Cassidy*. Die Existenz einer solchen Steuer ist aber für Palästina nicht zu belegen.
⁸ Scheq 8,8. Weiteres Material bei Bill. I 760-770.
⁹ Die älteste St ist Neh 10,32f (Selbstverpflichtung von Vornehmen, Leviten, Priestern und Frommen, jährlich 1/3 Schekel für die Kultausgaben des Tempels zu zahlen); später ist die Grundstelle Ex 30,11-16 (Vorschrift für jeden militärdienstfähigen Israeliten, ein halbes Schekel Silber als כֹּפֶר [Lösegeld] für sein Leben zu geben). Nach den Kommentatoren ist dieser Text nachexilisch: Es ist eine einmalige Abgabe gemeint. Ob sich 2Chr 24,6.9 auf Ex 30,11-16 oder auf Ex 25,1; 38,25 beziehen, ist umstritten; hier geht es um eine einmalige Abgabe zur Wiederherstellung des Tempels.

der sog. fiscus Judaicus, eine gleich hohe Steuer, die alle Juden im Reich dem Juppiter Capitolinus zu bezahlen hatten, eingerichtet (Jos Bell 7, 218)[10]. 3. Entgegen einem verbreiteten Mißverständnis hat Kaiser Nerva diese Sondersteuer nicht aufgehoben, sondern nur die »Fisci Iudaici calumnia«, d.h. die Tatsache, daß man aufgrund von Denunziation zu ihrer Zahlung gezwungen werden konnte[11].

Historisch umstritten ist, wann und wie weit sich die Tempelsteuer als für alle Juden obligatorische jährliche Steuer durchsetzte. Die ältere Auffassung nahm an, daß sie z.Z. Jesu längst selbstverständlich war, und zwar ebenso in der Diaspora wie im Land Israel. Neuerdings wurden an dieser These erhebliche Zweifel geäußert[12]: In Qumran wurde die biblische Grundstelle Ex 30,11-16 so ausgelegt, daß die Tempelsteuer von jedem Israeliten nur einmal im Leben bezahlt wurde (4Q 159, 6f)[13]. Vor allem aber zeigen uns mehrere Quellen, daß die sadduzäische Priesterschaft sie offenbar ablehnte, und zwar nicht, weil, wie man böswillig sagte, die Priester sie aus egoistischen Gründen nicht zahlen wollten (Scheq 1,4)[14]. Die Sadduzäer waren vielmehr grundsätzlich der Meinung, daß das Tamid-Opfer aufgrund freiwilliger Spenden bezahlt werden sollte[15]. So war es früher; in der persischen und hellenistischen Zeit war nicht zuletzt der König für die Kultusausgaben verantwortlich[16]. Daß die Quellen aus persischer Zeit (1.2Chr, Tob, auch Jub) über die Tempelsteuer schweigen, ist eine indirekte Bestätigung für die Freiwilligkeit. Wann wurde diese Praxis geändert? Es gibt gute Gründe, dies für die Zeit von Alexandra Salome (76-67 v.Chr.) anzunehmen[17]. Die Pharisäer wollten wohl, daß die Kultusausgaben aus reinem Geld von Israeliten bezahlt wurden, während die Sadduzäer Anhänger der traditionellen Regelung waren. Dann wäre die jährliche Tempelsteuer seit der Mitte des 1. Jh.s v.Chr. von allen Juden verlangt worden. So wird einerseits verständlich, warum aus ganz verschiedenen Quellen bezeugt wird, daß die Diaspora große Summen an den Tempel ablieferte[18], und auch, warum die Römer nach 70 den fiscus Judaicus selbstverständlich für

---

[10] Jos erwähnt ausdrücklich: »wo auch immer sie sich aufhielten..., wie sie früher an den Tempel in Jerusalem gesteuert hatten«.
[11] Vgl. die bekannte Münzaufschrift aus der Zeit des Nerva. Von der »calumnia« berichtet Suet Caes Domitianus 12: Aufgrund von Denunziationen wurden unter Domitian sowohl unbeschnittene σεβόμενοι als auch nicht mehr praktizierende, aber beschnittene Juden gezwungen, an den fiscus zu zahlen. Die Steuer schuf also unter Domitian für alle Juden- und Heidenchristen Probleme, seit Nerva nur noch für gesetzestreue Judenchristen und praktizierende Juden. Den späteren status quo hält Dio C 66,7,2 fest: Bezahlen müssen praktizierende Juden.
[12] Liver* 185-190 (grundlegend); Horbury* 277-282 (ausgewogen); Mandell* nimmt gar an, daß nur die Pharisäer die Tempelsteuer bezahlten (m.E. überzogen; die u. Anm. 18 genannten Belege werden überhaupt nicht berücksichtigt).
[13] DJD V (1968) 7. Umstritten ist: Spiegelt die Stelle eine alte Regelung? Oder handelt es sich um einen spezifisch qumranischen Kompromiß zwischen Gesetzestreue und dem »illegitimen« Tempelkult? Letztere Meinung vertritt Schürer – Vermes II 271 Anm. 52. Die erste These paßt aber besser zu Ex 30,11-16 und zu den übrigen historischen Daten.
[14] Bill. I 762 (im Namen von Johanan b. Zakkai).
[15] Men 65a; Schol. zu Meg Taanit bei Liver* 189.
[16] Esra 6,8-12 (Darius); 7,15-18 (Artaxerxes: Königsspenden + freiwillige Spenden der Diaspora); Jos Ant 12,140f (Antiochus III.); 2Makk 3,3 (Seleukos IV.); vgl. 1Makk 10,39f (Demetrius schenkt dem Hohenpriester das heidnische Gebiet von Ptolemais zur Bestreitung der Kultusausgaben).
[17] Vgl. Meg Taanit 1 (= Riessler 346) und S. Freyne, Galilee from Alexander the Great to Hadrian 323 b.C.E. to 135 C.E., Wilmington 1980, 279.
[18] Philo, Spec Leg 1,76f (jährliche Abgabe), vgl. Rer Div Her 186 (Ägypten); Jos Ant 18,312f (Babylonien); Scheq 2,1. Andere Belege können nicht eindeutig mit der Tempelsteuer verbunden werden.

alle Juden im ganzen Reich einrichteten. Auf der anderen Seite erinnerte man sich z.Z. Jesu durchaus noch an die alte Meinung der Sadduzäer, und man kannte wohl auch die abweichende Praxis der Essener. Wir wissen auch, daß es in Israel, und vielleicht besonders in Galiläa, mit der Bezahlung der Tempelsteuer nicht zum besten stand[19]. So war die Frage der Steuereinnehmer an Petrus bzw. die judenchristliche Gemeinde schon eine echte Frage.

5. *Herkunft.* Ausgeschlossen ist, daß der Text V 24-27 aus der Zeit nach der Zerstörung des Tempels stammt und die Probleme behandelt, die die Gemeinde in der Zeit Domitians mit dem fiscus Iudaicus bekommen hat[20]. Dagegen spricht sowohl die in V 24 angedeutete Freiwilligkeit der Steuer als auch vor allem das Bildwort V 25f, das die Christen ja zu »Söhnen« der heidnischen »Könige der Erde« gemacht hätte[21]. Der Text muß also aus einer judenchristlichen Gemeinde aus der Zeit vor 70 stammen. Über den Ort seiner Entstehung und Tradierung ist nichts auszumachen[22]. Dafür, daß das ganze Apophthegma eine Gemeindebildung ist[23], spricht m.E. zwingend, daß die Steuereinnehmer die Frage an Petrus, d.h. den Jüngersprecher stellen. Angesprochen ist also die Gemeinde; und diese läßt sich dann, wieder in der Gestalt des Petrus, vom »einzigen Lehrer« Jesus belehren. Die kompromißbereite Haltung des Petrus paßt zudem auch gut zu dem, was wir über die Haltung des Petrus nach Ostern wissen (vgl. Gal 2,11-13)[24]. Die Vorsicht der Gemeinde, die den Juden keinen Anstoß geben möchte (V 27a), setzt voraus, daß die Tempelsteuer sich allgemein durchgesetzt hat, und paßt gut zur allgemeinen Situation des palästinischen Judenchristentums vor dem jüdischen Krieg.

Für das tendenziell anders ausgerichtete Wort V 25f – einmal vorausgesetzt, daß es immer schon von der Tempelsteuer handelte[25] – gibt es zwei Möglichkeiten: Es kann a) aus einer kultkritischen judenchristlichen Gemeinde stammen, die sich vom Tempelkult schon grundsätzlich gelöst hatte und sich in ihrem Nein zum Kult als wahre Söhne Gottes verstand[26]. Man müßte sich eine Gemeinde wie die des Hebräerbriefs

---

[19] Freyne aaO 280 weist hin auf Ned 2,4 (die Galiläer kennen die Hebe [= Halbschekelsteuer] bei der Tempelhalle nicht) und darauf, daß die Pilgerreisen nach Jerusalem nicht regelmäßig erfolgten. Ein allgemeiner, nicht spezifisch galiläischer Beleg ist Mekh zu Ex 19,1 = Winter – Wünsche 192 (die Unterwerfung Israels unter die Fremden nach 70 ist nach Johanan b. Zakkai die Strafe für die Verweigerung der Tempelsteuer).

[20] Viele nehmen dies für die jetzige Fassung als Sitz im Leben an, z.B. Kilpatrick, Origins 42; Davies, Setting 390f (V 24-27 eine ›Gemara‹ zu den ἄνθρωποι von V 22f); Montefiore* 66f; Walker, Heilsgeschichte 101-103 (die Christen sind die »Freien«, die aus missionarischen Gründen, um die Könige nicht zu ärgern, die Steuern zahlen).

[21] Schon Wolzogen 324 formuliert als Gegenargument gegen die herrschende Auslegung: Dann müßten Christus und die Jünger Söhne des Caesar sein!

[22] Daß nur in Damaskus und in Antiochia der Stater zwei Doppeldrachmen wert gewesen sei, gehört zu den fleißig tradierten Apokrypha ntl. Forschung, vgl. Bd. I 73 Anm. 184. Ein στατήρ ist ein Gewichtsstandard, der früher zwei, in ntl. Zeit vier attischen oder ptolemäischen Drachmen entsprach, vgl. F.C. Madden, Coins of the Jews, London 1881, 293f.

[23] Die ganze Perikope (z.T. ohne V 27aßb) führen Derrett*, Montefiore* 67f und Horbury* 282-286 auf Jesus zurück.

[24] Schnackenburg II 166.

[25] Das *wissen* wir natürlich aufgrund von V 25bf allein nicht. Das Logion kann aber nie ohne Themaangabe tradiert worden sein. Die einfachste Annahme ist, daß das Thema das gleiche blieb und durch die Gemeinde in V 24-27 nur neu umschrieben und der veränderten Situation angepaßt wurde.

[26] Vgl. Vollenweider* 175.

denken, die aber in einer jüdischen Umgebung lebte und sich, wie V 24.27 zeigen, ihrer Umgebung anpaßte. Dabei kann man entweder traditionsgeschichtlich und historisch V 25f für älter halten – was wohl hieße, daß sich eine Gemeinde, die sich vom Zeremonialgesetz frei wußte, nachträglich an ihre jüdische Umgebung anpaßte, z.B. in der Zeit vor dem jüdischen Krieg, als der Anpassungsdruck stärker wurde. Oder man kann die ganze Perikope für gleichursprünglich halten – dann hätte eine Gemeinde, die sich nur innerlich vom Zeremonialgesetz frei wußte, sich äußerlich aber angepaßt. Die historische Situation erlaubt aber auch b), das Logion auf Jesus zurückzuführen. Das wird die Interpretation zeigen.

Erklärung 25f Gemeinde Jesus

Die rhetorische Frage V 25f bedient sich eines traditionellen Bildes[27]: »Von wem nehmen die weltlichen Könige Abgaben[28] oder Steuer[29]? Von ihren Söhnen oder von den Fremden?« Ein »König von Fleisch und Blut« ist das beliebteste Sujet rabbinischer Gleichnisse[30]. Das Bild ist nicht völlig klar: Am wahrscheinlichsten sind mit den »Söhnen« im wörtlichen Sinn die königlichen Prinzen gemeint: Dann sind die ἀλλότριοι in etwas ungewöhnlicher Formulierung alle, die nicht der königlichen Familie angehören[31]. Das Bild ist fast absurd und darum evident: Niemandem würde der Gedanke kommen, daß königliche Prinzen Steuern und Abgaben zahlen[32]! Vorgeschlagen wurde auch, daß daran gedacht sei, daß römische Bürger im Unterschied zu den unterworfenen »Fremden« keine Kopf- und Grundsteuern zahlten und vielfach auch von Abgaben befreit waren[33]. Diese Deutung paßt besser zu ἀλλότριοι, ist aber unwahrscheinlich, weil υἱός in Verbindung mit einer Person kein allgemeiner Zuordnungsbegriff ist, sondern ein wörtliches Verständnis erwarten läßt[34].

---

[27] Formal ähnlich sind Mt 7,3f; 10,29.
[28] Indirekte Steuern. H. Balz, EWNT II 709: Zölle bzw. Verbrauchs- oder Verkehrssteuern.
[29] Römischer Ausdruck für das griech. φόρος = Tribut, direkte Steuer. Gemeint ist damit das tributum soli und das tributum capitis, vgl. Schürer – Vermes I 401f.
[30] Vgl. die großartige Sammlung von I. Ziegler, Die Königsgleichnisse des Midrasch beleuchtet durch die römische Kaiserzeit, Breslau 1903. Eine exakte Par fand ich allerdings nicht.
[31] Die Opposition »Kind bzw. Sohn – Fremder« ist ungebräuchlich; üblich ist die Opposition »Volk (Israel) – Fremde«. Vgl. aber immerhin Jos Bell 7,266: ἀλλότριοι – οἰκειότατοι. Prinzen sind in rabb. Gleichnissen häufig, vgl. Ziegler aaO 391-453.
[32] Denselben Gedanken benutzt auch das Gleichnis Sukka 20a = Bill. I 771: Ein König zahlt freiwillig Zoll. Vgl. auch 1Sam 17,25: Der König befreit die Familie seines Schwiegersohns von Steuern.
[33] Zur Steuerbefreiung für Römer (und Italiker) seit dem 1. Jh. v.Chr. vgl. J. Marquardt, Römische Staatsverwaltung II, Leipzig 1876, 173. Der Census hatte 6 n.Chr. zum Aufstand des Galiläers Judas geführt, vgl. Jos Bell II 118. Vgl. auch die Bedeutung der den Makkabäern von den Seleukiden zu verschiedenen Zeiten gewährten Steuerbefreiungen als Symbol der Freiheit (z.B. 1Makk 10,31; 11,35f; Meg Taanit 6 = Riessler 346; für andere Städte und Territorien Th. Mommsen, Römisches Staatsrecht III/1, Leipzig 1897, 737f). Von Lokal- und Provinzialzöllen waren römische Bürger nicht generell befreit, aber sehr oft aufgrund von Verträgen oder Einschränkungen in an Städte gewährten Privilegien, vgl. Mommsen aaO 691f; Schürer – Vermes I 373f mit Anm. 94-97.
[34] Semitisches »Sohn« ist zwar ein »Zuordnungsbegriff im erweiterten Sinn« (G. Fohrer, Art. υἱός κτλ., ThWNT VIII 345,18, vgl. ebd. 346,7-347,19; E. Lohse, ebd. 359,9-360,10; E. Schweizer, ebd. 366,20-367,3), wird aber dann mit einer Sachbezeichnung verbunden, vgl. 8,12 υἱοὶ τῆς βασιλείας.

Schwierig ist aber die Übertragung auf die Sachhälfte. Deutet man (a) V 25f als Wort einer kultkritischen judenchristlichen Gemeinde, so ist es eine programmatische Erklärung von grundlegender theologischer Bedeutung. Es geht dann um »die Freiheit Jesu gegenüber dem Tempel, dem Sabbat, dem ganzen Mosegesetz«[35]. Es geht um mehr als um bloße Kritik an einer einzelnen Vorschrift. Dies gilt nicht darum, weil mit der Tempelsteuer der daraus finanzierte »Tempelkult überhaupt in Frage gestellt«[36] wird, sondern das ergibt sich aus dem Bild von der Freiheit der Söhne: »Söhne« sind die Christen, weil ihre Beziehung zum »König« nicht mehr in einem Kult gründet, wo man wie die »Fremden« Steuern bezahlt. »Das eschatologische Sohnverhältnis tritt an die Stelle des Tempels und suspendiert das Kultgesetz in seinem Herzstück«[37]. Um ein Analogon zur Abgabenfreiheit, die die jüdischen Priester für sich beanspruchten[38], geht es dann gerade nicht, denn die Judenchristen haben ja nie einen besonders zentralen Platz im Tempel für sich beansprucht wie die Priester. Vielmehr trat für sie an die Stelle des Tempelkults das einmalige Sühnopfer Jesu (Röm 3,25) und die himmlische Priesterschaft in der Weise Melchisedeks. Dann konnte man zwar am Kult noch teilnehmen und »den Juden wie ein Jude« werden (1Kor 9,20), wie das Beispiel des Paulus zeigt (vgl. Apg 21,23-26), aber das war ein Akt der Freiheit, um des Evangeliums willen oder um keinen Anstoß zu geben. Manche Exegeten wußten auch, worin diese grundsätzliche Freiheit wurzelt: »Das Bekenntnis von Tod und Auferstehung Jesu«, von dem die vorangehende Leidensankündigung sprach, »liefert ... die Begründung für das Freisein der Jünger«[39]. Oder in anderer Variante: Jesus zahlt nicht, aber nicht, »weil er Galiläer ist, sondern weil er ›der Sohn‹ ist«[40]. »Stammväter« solcher Auslegungen sind zunächst Paulus (Gal 3,24-27; 4,6f; Röm 8,14f), theologiegeschichtlich dann vor allem die großen Allegoristen der alten Kirche, Cyrill und Hilarius[41]. Unser Text wäre dann ein Ableger des kultkritischen Stephanuskreises[42]. Diese Deutung ist m.E. möglich, aber sie bereitet große Schwierigkeiten: V 25f spräche nämlich dann gerade das, worum es eigentlich geht, nämlich den Gedanken eines gei-

---

[35] Schniewind 176.
[36] Vollenweider* 175. Gegenbeispiele: Sadduzäer und Essener.
[37] Vollenweider* 176 mit Verweis auf Mk 14,58, die Umdeutung des Tempels auf die Gemeinde, die vielleicht auf die Jerusalemer Urgemeinde zurückgehe. Ähnlich Gnilka II 116 (»die Gemeinde hat einen neuen Gottesbezug gewonnen, der nicht mehr an den Tempel ... gebunden ist«) und Grundmann 410.
[38] Daube* 39-47 meint, Jesus beanspruche für sich und die Seinen »priestly status« (47), vgl. die Debatte in Scheq 1,3.
[39] Frankemölle, Jahwebund 176.
[40] Schmid 266. Vgl. Garland* 206: »As God's son, Jesus should never have been obligated to pay a tax imposed by his Father... Jesus lays claim to a status for which no Israelite qualified. He presumes to be above the law«.
[41] Cyrill v Alexandria, In Joh 2,5 = PG 73, 309: »Wir meinen nicht, man solle dem Herrn aller Dinge ταῖς ἔξωθεν δωροφορίαις dienen«, sondern im Geist und in der Wahrheit; Hilarius 17,11 = SC 258,70: »Ut ostenderet legi se non esse subiectum et ut in se paternae dignitatis gloriam contestaretur«.
[42] Gnilka II 118. Schweizer 233: »volle und grundsätzliche Freiheit der Gemeinde von der jüdischen Tempelgemeinschaft«.

stigen Tempels und eines geistigen Kultes, gar nicht explizit aus und bliebe insofern sehr mißverständlich. Außerdem bestehen große Schwierigkeiten, eine solche Interpretation mit einem Verständnis des Gesetzes zu vereinbaren, das ernst nimmt, daß der matthäische Jesus das Gesetz auch in seinen Jotas und Häkchen zu erfüllen gekommen ist (5,17-19)[43].

Darum möchte ich (b) eine andere Interpretationsmöglichkeit von V 25f vorschlagen: Im damaligen Judentum sind »Söhne« eine naheliegende stehende Metapher für die Israeliten[44]. Versteht man sie so, so nimmt das Wort zur innerjüdischen Streitfrage der Tempelsteuer mit einem neuen Argument Stellung: Die Israeliten sind wie Söhne und gehören zu Gottes Familie. Darum soll im Tempel nicht eine Ordnung herrschen, wie sie sich für Könige der Welt gegenüber Fremden, aber niemals für einen Vater gegenüber seinen Kindern ziemt[45]. So verstanden kann das Wort sehr wohl auf Jesus zurückgehen. Es paßt auf der einen Seite zu Jesu Gottesverhältnis: Gottes Vaterschaft steht im Mittelpunkt seiner Frömmigkeit. Auf der anderen Seite paßt es zum relativ distanzierten Verhältnis, das Jesus auch gegenüber dem Zehnten (vgl. 23,23par) hatte. Vielleicht ist auch die Vertreibung der Geldwechsler aus dem Tempel (Mk 11,15-17) hier wichtig; gerade für die Tempelsteuer, die in Schekeln bezahlt werden mußte, aber so aus der Diaspora nicht transportiert werden konnte, brauchte man sie[46]. In einem weiteren Sinn paßt Jesu Antwort zur distanzierten bis oppositionellen Haltung gegenüber dem Tempel, die in Galiläa wohl da und dort anzutreffen war[47]. Der Galiläer Jesus vertrat in der Praxis vielleicht die alte Position der Sadduzäer, daß die Spenden an den Tempel freiwillig sein sollten, aber seine Gründe waren andere. Er wandte sich gegen eine von den Pharisäern eingeführte Praxis, aber nicht gegen die Tora, die auch nach der Meinung mancher damaliger Juden gar nicht von einer Pflicht zu einer jährlichen Tempelsteuer sprach. Er fordert für die Armen Galiläas die Freiheit vom Zwang, jährlich eine erhebliche Menge Bargeld an den fernen Tempel in Jerusalem beisteuern zu müssen, aber nicht die Freiheit vom Kultgesetz. Diese Interpretation des Logions ist auch möglich. Sie hat den Vorteil, daß das Logion alles, was es meint, explizit sagt. Sie paßt gut in das vormatthäische palästinische Judenchristentum, das sich noch als Teil Israels verstand und nicht in einem exklusiven Sinn als Gottes »Söhne«. Sie kommt ohne Eintragungen von Paulus her aus. Daß eine Jesusgemeinde, die sich noch als Teil Israels wußte, dann um des Friedens willen die Tempelsteu-

---

[43] Sie bereitet denen nicht große Schwierigkeiten, die annehmen, daß für Mt das Zeremonialgesetz abgeschafft ist und Texte wie 5,18f nur bedeutungslos gewordene Traditionen sind, vgl. Bd. I 239f.
[44] G. Fohrer – E. Lohse, Art. υἱός κτλ., ThWNT VIII 352,21-354,14; 355,26-44; 360,11-361,6.
[45] Über die stehende Metapher »Sohn« hinaus sind keine allegorischen Deutungen des Bildes nötig, z.B. nicht bei den »Fremden«.
[46] Vgl. Scheq 1,3; 2,1.
[47] Vgl. G. Theißen, Die Tempelweissagung Jesu, in: ders., Studien 144-153.

er doch zahlte, ist gut verständlich. Das besagt das ganze Apophthegma V 24-27. Ihm wenden wir uns jetzt zu.

Diejenigen, die die Doppeldrachmensteuer einziehen, fragen nicht, wie es Jesus mit dem Kultgesetz und dem Tempel halte, sondern sie fragen nach seiner Stellung gegenüber der Tempelsteuer. Petrus gibt den Steuereinnehmern eine uneingeschränkt bejahende Antwort, wie sie der Praxis der judenchristlichen Gemeinden vor der Tempelzerstörung entsprochen haben dürfte. Überraschend ist aber die Fortsetzung: Im Haus kommt Jesus, dessen wunderbares Wissen hier ganz beiläufig anklingt, einer Rückfrage des Petrus zuvor und unterweist Petrus über seine eigene Haltung zur Tempelsteuer. Sie bestimmt das Verhalten der Gemeinde nicht mehr. V 25f bereiten im ganzen Apophthegma lediglich V 27 vor und werden von der Gemeinde zur Erinnerung daran überliefert, daß ihre eigene Praxis ein Kompromiß um des Friedens und um der Liebe willen ist, aber nicht eine Position, an der Grundsätzliches, nämlich die Treue zur Tora, hängt[48]. So gipfelt die jetzige Perikope in V 27, der Ankündigung des aus verschiedenen volkstümlichen Erzählungen bekannten Wunders vom Geldstück oder Schmuckstück im Fisch[49]. Warum wurde es hier aufgenommen? Sicher spielt die Erinnerung an die Armut Jesu und des Jüngerkreises eine Rolle. Und sicher war der Fischer Petrus auch für diesen Fisch ein geeigneter »Anknüpfungspunkt«[50]. Wichtig war auch das Vertrauen, daß Gott bzw. der Herr auch für die materiellen Bedürfnisse der Gemeinde sorgt, und sei es auf ganz überraschende Weise[51]. Ähnlich wie bei der lukanischen Spätfassung der Berufungslegende des Petrus Lk 5,1-11 wird in unserer Legende das Wissen und die Vollmacht Jesu zu einem wesentlichen Skopus[52]: Jesus ist nicht nur Herr auch über die Fische, sondern darüber hinaus stimmt sogar die notwendige Summe exakt. Wichtig war für die Gemeinde auch das wunderbare Vorherwissen Jesu, der ja schon in V 25 wun-

24–27
Gemeinde

---

[48] Auch das ist nicht unjüd.: In ähnlicher Weise »tolerant« hat post festum das Rabbinat festgesetzt, Priester, die sich weigerten, die Tempelsteuer zu bezahlen, seien »wegen der Wege des Friedens« nicht zu pfänden (Scheq 1,3).
[49] Hdt 3,42; Strabo 14,1,16 (Ring des Polykrates); GenR 11 (8b) = Bill. I 614; Schab 119a = Bill. I 675 (Perle im Fisch als Belohnung für Feiern des Sabbats bzw. des Versöhnungstags); BB 133b (ein Fisch mit einer Perle wird dem Tempelschatz verkauft); weitere jüd. Belege bei Meyer* 668f; Ginzberg, Legends IV 171; VI 300 (von Salomo). Indische Parr bei Derrett* 259 Anm. 2. Zahlreiche Parr aus Märchen und Legenden bei R. Köhler, Kleinere Schriften II. Zur erzählenden Dichtung des Mittelalters, Berlin 1900, 208f (meist als Geschichte von einem verlorenen Schmuckstück, oft mit Zauberkraft). Gegenüber den Parr ist Mt 17,27 vor allem dadurch,

daß ein Geldstück im Fisch*mund* liegt, eine bemerkenswert unabhängige Variante.
[50] Petrus spielt also in diesem Text keine betonte Rolle als erster Apostel oder gar als einziger, für den Jesus bezahlt.
[51] Protestantische Auslegung konnte in V 27 ihre Berufsethik wiederfinden. Vgl. schon Brenz 593f: Der Fischer Petrus erwirbt sich das Geld für die Steuern durch Fischen, ein Bauer aus dem Acker, ein Kaufmann aus dem Handel. Paulus II 614f weiß, daß der Fischer Petrus den Stater durch den Verkauf des Fisches »gefunden« hat. Es geht also um fleißige »Berufsarbeit« (Holtzmann 262) bzw. um den »Segen des Gewerbes« (K. Hase nach Meyer 301). Morgenstund hat Gold im Mund!
[52] Vgl. Hieronymus 155: »Quid primum mirer... nescio utrum praescientiam an magnitudinem Salvatoris«. Johannes Chrysostomus 58,2 = 837: Jesus ist Gott und Herr über alles, auch über das Meer.

derbar gewußt hatte, was Petrus draußen vor dem Haus gefragt worden war. Das macht auch verständlich, warum die Perikope weitertradiert wurde, obwohl die Tempelsteuer nicht mehr existierte und obwohl sich bei ihrer »Nachfolgerin«, der Steuer für den fiscus Judaicus, die Frage, ob man sie bezahlen solle oder nicht, angesichts des kaiserlichen Drucks gar nicht stellte.

Matthäus Was ist das Interesse des *Matthäus* an unserer Geschichte? Die Tempelsteuer gab es zu seiner Zeit nicht mehr. Das gute Einvernehmen mit der Synagoge war bereits zerbrochen. Unser Text ist das Dokument einer vergangenen Solidarität[53], die von der Geschichte überrollt wurde. Wenn Matthäus selbst die jährliche Doppeldrachmensteuer für ein Gebot der Tora hielt, so bezeugte unser Text die faktische Erfüllung des Gesetzes durch Jesus aus seiner eigenen Vollmacht heraus. Wußte Matthäus noch, daß die Doppeldrachmensteuer kein Gebot der Tora ist, sondern zur »Überlieferung der Väter« gehörte, so zeigte er, wie solche Überlieferungen um der Liebe willen auch einmal übernommen werden konnten. Und er bezeugt natürlich auch Freude darüber, daß Jesus nicht nur Herzen, sondern auch die Natur durchschaut und beherrscht. Einen aktuellen Sitz im Leben aber kann ich in der Zeit nach 70 für diesen Text nicht mehr erkennen. Matthäus hat ihn aus Treue gegenüber der Tradition überliefert.

Wirkungs- Seine wichtigste Wirkung hatte unser Text aufgrund einer Fehldeutung, die schon
geschichte früh zu belegen ist[54]: Man verstand die Doppeldrachmensteuer als staatliche Steuer, u.a. weil die »Könige der Erde« und die technischen Ausdrücke τέλος und κῆνσος im Text vorkamen. Dann ließ sich der Text mit Mk 12,13-17 und Röm 13,1-7 verbinden und sprach davon, daß die Christen nicht de iure, aber de facto sich dem Staat unterzuordnen und Steuern zu zahlen hätten[55]. Insbesondere reformatorische Deutungen konnten den Text als Beweis für die Zweireichelehre brauchen: Der Mensch, der aus Körper und Seele besteht, ist hinsichtlich des Körpers dem Magistrat unterworfen, während der Geist dem Geist Gottes gehorcht. Christus, »der völlig geistlich war«, gibt hier ein Beispiel für die äußere Unterordnung unter die weltliche Obrigkeit[56]. Luther verstand die staatlichen Steuern als »Gastgeld«, weil die Menschen im Reich der Welt »Gäste« sind[57]. Daß Christus, »der einzige Sohn Gottes«, »freiwillig mit den andern ein Knecht« wurde, ließ sich als Argument sowohl gegen die frühen Täufer verwenden, die mit dem Staat nichts zu tun haben wollten, als auch gegen die katholische Kirche[58], die unter Berufung auf diesen Text offenbar im Spätmittelalter für den Klerus staatliche Steuerfreiheit beanspruchte[59]. Während in den reformatorischen Auslegungen die Grenzen der Ansprüche des »Reichs der Welt« immerhin deutlich zu spüren waren, traten sie später zurück: Es ging dann in unserem Text nur noch

---

[53] Légasse* 372: In der Zeit des Mt wird diese nun »überholte« Geschichte zur Parabel, die »une attitude conciliante vis-à-vis des Juifs« empfiehlt.
[54] Seit Irenäus, Haer 5,24,1.
[55] Z.B. Origenes 13,10 = GCS Orig X 207; Hieronymus 184f.

[56] Zwingli 331f.
[57] (WA 38) 667.
[58] Calvin II 116.
[59] In Kommentaren schlägt sich das nicht nieder. Lapide 342 spricht von »nonnulli Canonistae« und bekämpft ihren Anspruch.

darum, daß Christus »durch ein verblüffendes Wunder und sein erinnerungswürdiges Beispiel den dem politischen Magistrat geschuldeten Gehorsam bekräftigte«[60].
Humanistische Exegese entdeckte wieder, was vor allem die Ostkirche zum Teil noch wußte, nämlich daß unser Text gar nicht von den staatlichen Steuern sprach[61], sondern von der kultischen Tempelsteuer. Die evangelische Exegese rezipierte diese Erkenntnis langsamer als die katholische, nicht in erster Linie, weil der Text als Argument für christliche Staatstreue nun wegfiel, sondern vor allem, weil man so ein Argument gegen die Privilegien katholischer Kleriker verlor[62].
Ging man von der jüdischen Tempelsteuer aus, so kamen alte christologische Auslegungen unseres Textes wieder zum Zug: Je nachdem, ob man das Gewicht auf die Freiheit des Sohns (V 25f) oder die freiwillige Bezahlung der Tempelsteuer um des Friedens willen betonte, konnten die Akzente sehr verschieden sein: Petrus, der die Frage der Einnehmer so schnell bejahte, war offenbar noch nicht überzeugt von der Gottheit Jesu, sagt Ischodad v Merv, denn »Gott nimmt nie einen Tribut von seinem Sohn, der sein Partner in seinem Reich ist«[63]. Oder man konnte – gar nicht unmatthäisch – herausheben, daß der inkarnierte Gottessohn »nicht kam, um das Gesetz aufzulösen, sondern zu erfüllen«, und darum die vom Gesetz geforderte Steuer bezahlte[64]. Für die Standortbestimmung vor allem deutschsprachiger evangelischer Exegese nicht uninteressant ist, daß es ihr in der Regel recht leicht fiel, V 26 und damit die Freiheit Jesu und seiner Söhne zu betonen, weil es für sie um Kult und Gesetz ging[65], während ihre protestantischen Väter sich mit der Freiheit Jesu recht schwer taten und lieber mit V 27 seine freiwillige Unterordnung betonten, weil sie den Text auf die Steuern und den Anspruch des Staates bezogen. Ein schönes Beispiel dafür, wie dogmatische und andere Prämissen die Exegese bestimmen!

---

[60] Aretius 158.
[61] Grotius II 74f; Wolzogen 324 (vgl. o. Anm. 21); Episcopius 109f.
[62] Calov 339f beklagt sich über die Rezeption des Grotius durch die Jesuiten!
[63] 70.
[64] Cyrill v Alexandrien fr 211 = Reuss 222.
[65] Vgl. o. Anm. 37.39f.42.